中国近代商会史料丛刊

汉口商会史料汇编

3

郑成林
刘望云 主编

国家出版基金项目
NATIONAL PUBLICATION FOUNDATION

华中师范大学中国近代史研究所
武汉市档案馆

中原出版传媒集团
中原传媒股份公司
大象出版社
·郑州·

图书在版编目(CIP)数据

汉口商会史料汇编. 3 / 郑成林, 刘望云主编.— 郑州：大象出版社, 2020. 3
ISBN 978-7-5711-0182-4

Ⅰ. ①汉… Ⅱ. ①郑… ②刘… Ⅲ. ①商会-商业史-史料-汉口 Ⅳ. ①F729

中国版本图书馆 CIP 数据核字(2019)第 098441 号

汉口商会史料汇编 3
HANKOU SHANGHUI SHILIAO HUIBIAN 3
郑成林 刘望云 主编

出 版 人 王刘纯
责任编辑 曲 静
责任校对 陶媛媛 倪玉秀 张英方 安德华
装帧设计 付铗铗

出版发行 大象出版社(郑州市郑东新区祥盛街 27 号 邮政编码 450016)
发行科 0371-63863551 总编室 0371-65597936
网 址 www.daxiang.cn
印 刷 洛阳和众印刷有限公司
经 销 各地新华书店经销
开 本 787 mm×1092 mm 1/16
印 张 54.75
字 数 1328 千字
版 次 2020 年 3 月第 1 版 2020 年 3 月第 1 次印刷
定 价 1450.00 元(全 5 卷)

印厂地址 洛阳市高新区丰华路三号
邮政编码 471003 电话 0379-64606268

凡　例

1.本辑是基础文献资料的汇编,为保持文献的完整性和原始性,除明显的字词讹误外,原则上不做现代汉语规范。

2.文件标题除部分报刊资料照原文录用,大多数文件标题由编者按发文者、内容、受文者、文件类型四方面拟定。

3.原件大多无标点,由编者统一校点。

4.文件原注和说明,一律用“( )”标出,置于文内。编者注用数码①②③等标示,置于页末。

5.凡能辨明的错字、别字径改之。

6.凡残缺或难以辨认的文字,均以“□”代替。

7.文件时间一律使用公历,用阿拉伯数字标示,置于标题之下。其中,报刊资料标注的是见刊时间。

目　录

1931 年

1 月

2月

3 月

4月

5 月

6 月

7月

8月

9 月

10月

11 月

12 月

1932 年

1 月

2 月

3 月

4 月

5 月

6 月

10 月

11 月

12 月

1933 年

1 月

2 月

3 月

4 月

5 月

6 月

8 月

9月

10月

11 月

12月

1934 年

1 月

2 月

3 月

4 月

5月

6 月

7 月

8月

9 月

10 月

11月

12 月

1935 年

1 月

2月

3 月

4 月

5 月

6 月

7 月

8月

9 月

10 月

11 月

12 月

1936 年

1 月

2 月

3 月

4月

5月

6 月

7 月

8 月

11 月

12 月

1937 年

1 月

2 月

3 月

4 月

5 月

6 月

7 月

8 月

9 月

10 月

11月

12月

1938 年

1 月

2 月

3 月

12 月

1931 年

1 月

1.(湖北建设厅)批武昌市商会筹备委员会据呈报组设武昌市商会筹备委员会请予备案等情应俟武昌市党部将此案函知到厅再行核办由

(1931 年 1 月 8 日)

呈暨章程名册均悉。查此案暨据称,已另文呈请武昌市党部鉴核转报有案,应俟武昌市党部函知到厅,再行核办。惟该筹备会刊用钤记,核与中央法令实有未合。查前奉省政府转奉国民政府第四九八号训令,以准中央训练部规定办法,凡各种新组织人民团体筹备会之图记,可由该筹备会参照各该团体正式成立后之印信大小、式样自行刊用,但须将印文、印模及启用日期,呈报当地高级党部及主管官署备案。俟团体正式成立并奉颁正式印信后,即将此筹备会图记呈报毁销。应俟核准备案后,即遵照中央规定办法刊用图记,以符法令。仰即知照,章程名册暂存。此批。

兼厅长　方达智

(《湖北建设月刊》第 3 卷第 1、2 合期)

2.各种人民团体指导员应冠以各该团体名称

(1931 年 1 月 10 日)

湖北省整委会训练部顷训令各县市训练部云,为令遵事,案奉中央执行委员会训练部,第一三四九号训令内开:为令行事,据广东省执行委员会训练部呈称,为呈请事,查人民团体组织指导员任用规则,经奉中央颁□□在案,惟查此项人民团体组织指导员,是否通称为人民团体组织指导员,抑指导某团体组织者则称为某团体组织指导员,抑通称为某团体组织指导员。规则内未奉规定,为此备文呈请钧部察核,恳予释示祇遵等情。查各种人民团体组织指导员之任用,以各该团体申请组织之性质不同,而其任用之时间与职权之范围,亦因之而异,如各地党部派员指导某一团体,而通称为人民团体组织指导员,则易滋权限不明之弊,则对外发生关系,亦易滋混淆,是各种人民团体组织指导员,应冠以其所指导之各该团体名称,以示区别,而专责成。除指令并分行外,合行令仰该部遵照会。此令。等因,奉此。除分令外,合行令仰该部遵照为要。此令。

(《湖北中山日报》P33)

3.(行政院)令汉口市政府呈据汉口市总商会呈请变通结账日期乞核示由

(1931年1月10日)

呈悉。查此案,上年十二月间,据上海市总商会拟具国历年终结账办法两项,呈由上海市政府转呈到院。经报告本院第六次国务会议核准备案,令行实业部知照,旋接汉口市商会马电,复交该部核明。转饬仿照上海市办法办理各在案,仰即知照。此令。

(《行政院公报》第219期)

4.财政部因汉口市总商会关于裁厘后举办消费、营业两税的意见复咨实业部

(1931年1月12日)

为咨复事,准大咨开:以据汉口市总商会径代电,以全国裁厘实现,此后举办新税,事前考虑周审,则利未形而实先统观。特陈述对于举办特种消费税及营业税意见,请采纳。等情。并嘱酌核办理见复。等因。抄附代电一件,准此。查此案,前核该总商会径电到部,当经本部电复,并将该电通行各省市商会知照在案,准咨前因,相应复请实业部。

财政部长　宋子文

5.汉阳商会维持电气事业

(1931年1月14日)

汉阳商会主席萧登云及常务周文轩等,日昨在本市普海春欢宴当地党政军警各界,与宴者有省公安局长苏静山,保安第四团陈团长,要塞司令部成高两营长,十三师七十七团范营长,县党部杨博泉委员,稽查处宗主任及湖北省电联会等三十余人。首由周文轩主席致词,谓今日欢宴各界各位局长、委员及各官长,不避风寒,惠然光降,不胜荣幸之至。敝会今日宴请各位,第一是新年联欢;第二是因为汉阳电灯公司现状不能维持,敝会有几句话要向各位报告一下。电灯事业与地方治安及商业发展均有密切关系,凡一个市场,有了电灯,就是全市光明,没有电灯,马上就成了黑暗世界,所以电灯事业,我们党政军警各界及市民,都负有协助维护爱惜的责任,仅代公司要求各点于下:(一)党政军警已照章报装者,请照中央规定优待电价,按月付费。(二)请按月付费。(三)各机关职员用电,须照章十足付费,不得假借名义,私自接火。祈各界

共同维持为幸。次由苏静山答词。直至八时,宾主尽欢而散。

(《湖北中山日报》P84)

6.实业部因汉口市总商会关于裁厘后举办消费、营业两税的意见咨财政部文

(1931 年 1 月 14 日)

为咨请事,案据汉口市总商会径代电,以全国裁厘实现,此后举办新税,事前考虑稍失周密,则利未形而害。现特陈述,对于举办特种消费税及营业税意见,请采纳征言,咨商办理。等情,据此。查全国厘金及类似厘金之一切捐税,业于本月一日一律裁撤,原定抵补新税,即将分别□□,除此新税施行之先,对于实施办法且为考虑,自不厌求详,将来自不至发生流弊。原电所陈各节,不无可资参考之处,相应抄附原电,咨请实部酌核办理见复为荷。

此咨

财政部

7.公电:财政部复汉商会电

(1931 年 1 月 14 日)

(财政部复汉商会电)各省市商会各报馆均鉴:顷复汉口市商会一电文曰,汉口市商会览,径代电悉,查裁撤厘金及类似厘金之一切税捐,已于本年元旦实行。各省及部辖各常关局所,亦经遵限办理结冻各在案。第是废除恶税,固为政府当务之要政;担负纳税,亦属国民应尽之义务,取民有□,古有常经,无米为炊,难为巧妇。方今军事甫定,建设方殷,库藏空虚,来源枯竭。诚如来电所称国家财政所关,不得不另谋抵补,事实如此,毋庸讳言。若一般人民,昧于常识,相率误解,以为裁厘之后,从此商货贸迁,不经纳税,纯任自由,甚或假借代表团体,阳示结好商帮,阴谋破坏国计,非惟社会之蟊贼,亦即□□之罪人。该会列举四点,意在拥护革新政策,所陈不为无见,姑准留备采择,本部综司财赋,关于创办消费营业税项,正在集合中外专家研究妥善方法,呈候政府核夺施行,以期国计民生,兼筹并顾。鄂省为革命首义之邦,汉口为九省商业巨埠,该会领导群商,素明大义,尚冀勠力宣传,以期共喻,实所厚望。等语。特电布闻,财政部鱼印。

(《申报》)

8.汉口市总商会、汉口市银行公会、汉口市钱业公会为没收逆产致省市府函

(1931 年 1 月 16 日)

为呈请事,窃照遽分逆产一案,恭读钧府会呈行政院备案,呈文数载迁延,一朝明决,文章精耿,江汉昭回。凡商民难达之隐情未伸之苦,况仰蒙恩惠,悉予敷宣而直接妨碍私权,间接影响金融等情。复呈郑重声明称为实在,以论为重,以威信为衡,以推延为非,以责备为儆,非盛德无此圣明。向以为要案久悬乃钧府过于慎重,今而知中央反复致鄂省无可执行备案一文,真

足以再造生民重光日月矣。兹谨将商民等之继续请求者,为我钧府一再陈说焉。

一发还者发还,谨按备案呈文发还,此发还钧意盖谓悬案多年不能再有拘泥手续,是以力除延宕,以速补迟。惟阅报载,福厅所派职员等呈文第二项,有俟公产经理处暨各转将各项逆产填报齐全,再将户名公布,取具商保,提供证据,复俟登记审核,然后布告发还等语。窃谓发还各产取具商保,提供证据乃一定办法,惟案件甚多,俟省市县一律填报拟齐全,旷日持久,虽数年亦难办竣,应请该为一案一办,随到随办,不独一省一市之案不能以甲候乙,即一县之案亦不能以李待张,只须呈报之人呈明证据,取有商保。无论属省属市属县,一经民厅审核无异,即会同市府立即发还。此请将职员等所拟第二项办法加以变通而迅为执行者也。

一没收者没收,谨按备案呈文没收者没收。钧意盖谓逆产涉及债务者,殊多亟宜设法清结,是以假定处分以保私权。惟阅职员等呈文第三项有没收各案,暂由财政所局接收保管。俟中央核准再为执行,等语。窃谓没收各产,先行保管,俟中央复到再为执行。此极为审慎之意,惟中央核复杳杳无期。查行政院前令内政部转行省市政府之交以没收产中,如有抵押债权,果系定约在先,确不知情即应依法保障,依照处理逆产条例第八条。但书之规定办理此与钧府呈文亟宜设法清结债务一番德意适相吻合。令阅职员等第三项办法,只云保管逆产而于逆产先行清理债务,未及叙明、商明等殊为惶惑,应请仍本钧府设法清结之意,准于逆产中有关于抵押债权者,先行指定机关,准予号验证据。一经登记,核明确,即于该产案中由债权者先行依约处分,有余再行保管以彰公道而免分歧。此请将职员等所拟第三项办法加以补充而迅为执行者也。一补完手续,各案另候议定处分,如有申诉不服,经中央核准,应予获更者另案办理。谨按备案呈文叙明以上情形,实以逆产范围再修正处理。逆产条例第一条规定极为狭小,并以各案合于前开规定者甚少。而与逆产性质毫无关系,误被查封业甚多,故有补完手续,另候处分,准于上诉再行变更三种办法,宽大之政,悉本爱民之心,仁人之言,尤合大赦之例。俾无逆可指者,沉冤昭雪,去逆效顺者,天下归仁,法外施恩,圣人之量。

兹阅职员等所拟第一项办法。拟定表式限令公产经理处将各机关管理逆产者,依据特刊记载,逐项查核,并以二十日为限。又谓不动产部分尚有省市行政教育军事各机关及各局借住拨用,而动产部分由财政部直接提请及由管理逆产机关过户等语。此盖仰承,主旨始能阐切陈明,查不动产被各机关借住占用,动产被各机关过户提款,要不外乎发还而未实行没收,尚未核定两大端。兹既据联员等将以上种种苦情和盘托出,应请完将发还一部分已借住者,无论何项机关,转知即日退出。其已经收租者,记明账款,以后连同产业一并发还。而无辜误被查封者其发还给领尤为刻不容缓,即动产已被财部提请,亦应主张公道,请其照数发还,不能以事过情迁毋庸再议,致失国家之恩信,此请将职员等所拟第一项办法加以体恤而迅为执行者也。以上三节琐琐渎陈,惟钧府之爱人既无微而不至,故商民之呼吁必含意而尽申,我湖北商民之处于困厄也久矣。似逆非逆将还未还,人人自危,处处荆棘。钧座谓不敢进行投资与建筑事业等,不还财产为一极大原因,一言兴邦,群生苏复。夫欲兴实业,必仗投资,欲求建设,尤须建筑。今投资之人驱而他去者,盖恐挟嫌举发,终至皂白难分。其建筑之人望而裹足者又虞久假不归,徒为他人作嫁,何以江浙发展,何以沪上繁荣？盖一则为资本家所会归,一则有国际上之依附,鄂省既处南北铁路长江上下游,军事冲繁之地,元气未复,□患又乘,以致有产者等于零,□□□□□□而反招逆迹之嫌疑,思之不无寒心,言之亦为有罪。

钧座所云虽受军事□患之影响,而逆产案件未能解决,以致每多借口者可谓言人民所不敢言，使数年来云雾所蒙。而一旦青天复见也，其为功德，岂有涯涘。所有商民等请将逆产发还各案，各迅予逐案办理，毋庸久候，汇齐其没收案中债权在先者，指定机关准其呈报登记，迅予清结。暨各机关借用房屋，关于发还者迅予让出，收租者迅予记账，各缘由理合沥诉下情。会同具文呈请钧座俯予鉴核，迅赐恩准批示施行，以保产权而兴商务，不胜惶悚，感激待命之至。除呈汉口市政府、湖北省政府鉴核外，谨呈湖北省政府、汉口市政府。

汉口市总商会
汉口市银行公会
汉口市钱业公会

9.三公会为处分逆产案致湖北民政厅函

（1931 年 1 月 16 日）

为呈请事，窃照处分逆产一案，恭读湖北省汉口市政府会呈行政院备案呈文云云，向以为要案久悬，乃两府过于慎重云云，为钧厅一再陈说焉，一发还者发还，谨按备案呈文发还者发还。盖谓照案多年，不能再有拘泥手续，是以力除延宕以弥补迟。惟阅两府钧厅会派职员等呈文云云，一经钧厅审核无误云云，加以变通迅为执行者也。一没收者没收，谨按备案呈文没收者没收。盖谓逆产涉及债务者殊多云云，此与两府呈文亟宜设法清结债务云云。应请仍本两府设法清结之意云云。处处荆棘，备案呈文谓不敢进行投资云云，言之亦为有罪，呈文所云虽受军事□患之影响云云。呈文请钧厅俯予鉴核云云，除呈湖北省政府、汉口市政府鉴核外，谨呈湖北民政厅。

三会谨呈

10.省银行函请汉商会清偿关税库券借款

（1931 年 1 月 21 日）

省银行昨函汉商会云：径启者，案查贵会筹缴应募十九年关税短期库券，曾向敝行抵押借款申钞洋五十万元，业经订立合同，自十九年十月十一日起，分三个月还清，此次押款，除陆续收还洋三十三万四千四百八十四元外，结欠洋一十六万五千五百一十六元，现在押款期届满，相应函请贵会，迅予清还本息，以清手续为荷。

（《湖北中山日报》P172）

11.商联会推张星垣等为劳资仲裁委员

（1931 年 1 月 21 日）

建设厅前为仲裁劳资争议起见，曾令商联会及湖北纱厂联合会各推十人，请省党部转饬各工会总合推选二十人，充任劳资仲裁委员，以平劳资双方争议。昨商联会已推选张星垣、陈吉安、朱松珊、但更生、王开庭、易宾臣、萧均之、徐莲甫、陶心澄、万雨香等十人，充任劳资仲裁委员，当备文复厅，听候召集。

（《湖北中山日报》P172）

12.商银钱会呈省市当局请迅速处理逆产案

（1931年1月22日）

关于处理逆产一案，汉口总商会、银行公会、钱业公会昨又会呈省市当局，陈述三项意见，请迅速处理，以彰公道，其大意如次：（一）发还各产，取具商保，乃一定办法，惟案件甚多，若俟省市县一律填报齐全，旷日持久，虽数年亦难办竣，应请改为一案一办，随到随办，不独一省一市之案，不能以甲候乙，即一县之案，亦不能以张待李，只需呈报之人，呈明证据，取有商保，无论属省属市属县，一经民厅审核无异，即会同市府，立即发还。（二）没收各产，先行保管，俟中央复文到，再为执行，此极审慎之意，惟中央核复，查匕无关，查行政院前令内政部转省市政府之文，以没收产中，如有抵押债权，果是定约在先，确不知情，即应依法保障，依照处理逆产第八条之规定办理，准于逆产中有关抵押债权者，先行指定机关，准予呈验证据，一经登记，审核明确，即于该产案中由债权者先行依约处分，有余再行保管，以彰公道，而免分歧。（三）补完手续各案，另候议定处分，如有申诉不服，经中央核准，应予变更者，另案办理（余略）云云。

（《湖北中山日报》P184）

13.训令所属各机关、部队暨稽查处据汉口总商会会董戴辰纶禀诉被劫一案令一体严缉文

（1931年1月22日）

为通令严缉事案，据汉口总商会会董戴辰纶禀称为无端被劫，损失不资灖请迅赐严缉追取赃物，事窃辰纶寓居本镇法租界昌年里十二号房屋，楼上分租于第九师军需处处长陈逸风君，楼下自居。原于一月十日民人及眷属适因事外出，讵知傍晚六句三刻至七句半时，突有穿军服四人手持纸包，一个入门询问陈处长在家否，仆人答以住在楼上，该四人即行上楼，因见楼上房门关闭，即举足打门，门坚未破随即下楼直闯民人房内不问情由，二人以手枪向吓，余即打开纸包取出绳索、棉花将民人所雇厨司、女仆各一人并楼上陈姓厨司一人一并捆绑，用棉花塞口，一面即倒箧搜劫以去。事后民归寓见此情形，遂将被捆仆役释去绳棉，询知该四军人因找陈处长而来，以未获遇乃竟起劫抢，致民人遭此意外损失甚巨，该军人遗落之包纯棉用之纸上有团务排等字样，失单另纸开呈。惟匆促间未克详细检点，现在约计受损失六七千元之数。民人适兹无妄，损失不资，为此据情开单呈报，仰祈鉴察迅赐严缉追回赃物，以免冤遭损害，无任迫切待命之至。等情。附抄呈失单一纸。据此查安和长裕两钱庄先后被匪抢劫，迭经严令该处缉查处比缉在案。兹值冬防吃紧，军警戒备极严，似此劫案迭生，匪气未戢，非严密缉拿殊不足以肃法纪而保安宁。除分令暨批示外，合行抄发该戴辰纶失物单一纸，令该□遵照饬属一体严缉，务获归案，究毋忽为要切切，此令。

计抄发失物单一纸

司令　夏斗寅

1931年1月22日

附抄戴辰纶失物单一纸　计开
大钻戒(五克拉)一只
中钻戒一只
珠镯珠　60 立、钻 16 立一只
别针珠　10 立、钻 5 立一只
牛奶珠环一对
红宝戒一只
三宝小戒一只
金镯(一根葱)三只
金镯(纹丝)二只
金表连练一付
金表(景太蓝)一只
翡翠戒二只
咖啡包莫本缎团花葡萄嵌袍一件
钻圈一对
金英磅四个
湖绉虎狐嵌袍一件
珠花珠 150 立一只
申钞　五十元

14.筹备汉口市商会改选委员会紧要通告

(1931 年 1 月 24 日)

敬启者,查前此大会议决关于各同业公会依法举派出席商会之会员代表,截止之期原以廿年一月十五日为限,曾经分别函达并检同表式送请各同业公会查照办理在案。昨因限期届满,各同业公会依法选派代表填报到会者固多,其尚未照办者亦属不少。本应如期截止不再展限,但以尚未举派代表之各公会或因手续关系赶办不及亦为事所难免。本会为谋组织健全起见,自不得不酌量展期以示通融,经于一月十九日开□□□筹备会议公同决议,所有未经举派出席商会会员代表之各同业公会应再行通告赶速依法举派,展限至一月二十八日为止,如再逾期延不照办,则是自甘放弃,将来代表录印就即不能再为追加以重选务。等语。记录亦在案。惟此次展限实属特别通融,且为日无多,余已函催各同业公会务须查照前送表格,将应举出席商会之会员代表名额,准于一月二十八日依法举派填表送会,以凭汇案核办,倘仍观望自误,决不再事通融外,用特登报郑重声明,万祈特别注意,至盼至祷。此请公□。

(《湖北中山日报》P194)

15.民财两厅武阳商会会办武阳区冬赈

(1931 年 1 月 26 日)

省府日昨训令民财两厅,暨武阳两商会云:为令饬事,案查本府委员会第八十八次会议讨论事项第九案,民政厅呈拟办理武阳冬赈办法,祈核示案。又第十案本主席提议,拟由省库于万难中拨洋二万元,办理武阳城区冬赈,以济贫民,请公决案。以上两案,经并案决议,办法准予备案,令财政厅拨款二万元,以一万五千元划归武昌城区,以五千元划归汉阳城区,并责成武昌商会筹募五千元,汉阳商会筹募二千元,作为办理武阳城区冬赈之用。等因。除指令并分行外,合行抄发民政厅原呈及所拟办法,令仰该□□遵照办理。此令。附民厅原呈,呈为呈复事,案奉钧府处字第八五号指令,以据职厅转呈汉阳善堂联合会及武昌慈善会等,先后呈请拨给米款办理冬赈一案,业经提会议决交民政厅妥拟办法呈核。等因。仰即遵照妥拟呈复,以凭核夺。等因,奉此。查十八年办理冬赈,是由钧府核拨赈款一万五千元,并令由武昌商会筹款五千元,现赈务会所存赈款,经提会议决举办各县急赈,自不能再行挪用,拟请在省库拨给款项,购米发放,谓此项米粮,如在武汉购买,恐米价过高,虚糜赈款,如向外购办,又恐多费时日,缓不济急,兹查平粜局在赣所购之米七千担,不日即可运回,但此项米,本是由借贷堤工存款而来,自不能捐办冬赈,拟将此米按照平粜价目,籴买发放,复查十九年因各处□□肆虐,武汉难民增加,而房赈区域,又包括汉阳城区在内,故办理武阳冬赈,拟请增加大宗款项,俾一般灾民普受实惠,奉令前因,遵经拟具办法数项,是否可行,理合具文呈钧府鉴核迅予示遵,实为公便。谨呈。

(《湖北中山日报》P232)

16.呈省政府请转咨实业部规定武昌总商会名称并指定何项机关为该会直接主管官署以便遵循由

(1931年1月26日)

呈为呈请鉴核转咨事,窃查接管卷内,前建设厅于十六年五月间,奉到湖北省政府令发暂行整理湖北商会条例,关于第三条载有总商会之设立须在行政最高机关所在地及商务总汇之区域等语。武昌总商会会址设在湖北省会,即系依照前项条文设立,并不在武昌县政府主管范围之内。自中央颁布商会法及其施行细则之后,原有各商会均应依照改组职厅,前奉钧府训令,以武昌总商会因意见分歧,会务发弛,且逾法定期限,改组未能完成,应即停止该会职权,另行改组。等因。当经转令该会遵照在案。现武昌总商会正在从新筹备组设中,惟查商会法第五条只规定各特别市各县级各市均得设立商会,繁盛之区镇,亦得单独或联合设立商会,并未载有商会字样。查武昌市政府业经中央命令裁撤武昌市之名称,似应在取消之列。关于武昌总商会,从新组设之后,其名称究改为武昌市商会,抑或改为武昌县商会,又或改为湖北省会商会,并以何项机关为该会直接主管官署,均不能不先行规定,以便有所遵循。所有拟请规定,武昌总商会从新组设,应用何种名称,并指定何项机关为该会直接主管官署,各缘由理合备文呈请钧府鉴核,并乞转咨实业部查核见后,令示祇遵,实为公便。

谨呈

湖北省政府主席何

兼建设厅厅长　方达智

(《湖北建设月刊》第3卷第1、2号)

17.三会请发还逆产案

（1931年1月28日）

汉口市政府前据汉口市总商会、银行公会、钱业同业公会呈请将逆产发还各案，迅予逐案办理毋庸汇齐，其没收案中债权在先者，指定机关呈验证据，先行依约处分，以保产权，而与商务，昨特批示云：呈悉。据称，各委员所拟执行办法第二项（俟公产经理处暨各县报齐取保登记审核后再行发还），恐以甲候乙，旷日持久，请改为一案一办、随到随办等语。为迅速执行起见，原无不可，惟一案一办，孰应先办，孰应后办，殊无标准。兹拟改定凡逆产坐落武汉者，俟公产经理处具报后，即行办理，不必再俟各县。原办法限于文到二十日内具报，限期紧促，亦不至于久延，可毋庸虑。又称，各委员所拟执行办法第三项（没收各案暂由财政厅局接收保管，俟中央核准再为执行），恐中央核复，杳杳无期，且办法中于先行清理债务，未曾叙明，请指定机关，准予呈验证据，由债权者先行依约处分等语。为保护债权起见，亦无不可，惟于中央职权，亦不能概行抹煞，兹拟改定先准各债权人，将抵押证据呈送审查，并准该三会各派代表列席，以资考询，仍应依照修正处理逆产条例第三、第八两条办理。至所称补完手续等项，俟后分类核办。再逆产纠葛，至为繁复，且非省或市一方所能处理，拟由本府及湖北省政府，并民政厅会同组织一处理逆产机关，专司其事，以资便捷。以上各改定办法，统俟会商湖北省政府决定后，再行饬遵。此批。

（《湖北中山日报》P256）

18.武昌商会名称与隶属

（1931年1月29日）

武昌总商会自奉令从新改组后，正在积极进行。惟商会法第五条只规定，各特别市、各县及各市，均得设立商会，至繁盛之区镇，只得单独或联合设立之商会，并未载有总商会字样。再者武昌市政府业经中央明令裁撤，武昌市之名称，似应在取消之列。关于武昌总商会从新组设之后，其名称究应改为武昌市商会，抑或改为武昌县商会，又或改为湖北省会商会，并应以□□机关为该会直接主管官署，省政府特于昨（二十八）日咨□实业部查核见复云。

（《湖北中山日报》P268）

19.汉商会推销戏券

（1931年1月29日）

汉口市商会昨日转函各业云：径启者，案奉汉口市党部临时整理委员会训令开，为令饬事，案准救济辛亥首义铁血伤军筹赈委员会第四五号公函开：敬启者，窃辛亥首义伤军，自恤饷中断后，生计以频于绝境。现值严寒，冻馁交迫，肘断肢残，谋生乏术。以首造民国，铁血伤军，如坐视其乞食街头，不仅遗政府羞，即同人目睹苦状，心亦有所难忍，爰特组织救济委员会演剧筹资，以救伤残，武汉各界均一致赞成。素仰贵会仁慈为怀，对于首义伤军，尤必竭诚援助。敝会已定于二月四五两日，假座长乐美成两舞台演戏，业将戏券分别函送，并派员分途呼吁。惟商场名目繁多,接洽匪易,用特函请贵会转令总商会通知各帮同业公会,尽量推销,俾完善举,则不胜诚恳盼祷之至。等由,准此。合行令仰该会遵照,转知各帮同业公会尽量推销,以襄善举为要。此令。等因,奉此。相应函达贵会查照转知各同业尽量推销,以襄善举为荷。除分函外,此致云云。

(《湖北中山日报》P268)

20.市民训会召集各同业公会委员谈话

(1931 年 1 月 31 日)

汉口市党部民众训练委员会,自去几奉中央令改组本市人民团体以来,进行不遗余力,近因遵照中央限期,亟谋将人民团体改组完竣,选举成立,工作更形紧张,日前曾分别召集全市工会委员谈话,详情曾志报端。兹又定于昨日(三十)起,分别召集各同业大会委员谈话,计每日召集两个工会委员,其谈话要末如下:(一)解释从前店员与店主分别组织之害及现在将店员与店主合同组织之利。(二)详询组织经过及目前实际状况。(三)实际与理论说明,希望努力团结,以期获谋共同利益。(四)说明国民会议之重要,希望产生良好代表,并多多准备提案。(五)请各公会委员申述意见。

(《湖北中山日报》P288)

21.(湖北)省政府准实业部咨催各商会速依新颁法令改组合仰建设厅转饬各商团体遵照

(1931 年 1 月 31 日)

为令饬事,案准实业部咨开:查商会法及施行细则,早经国民政府颁布并经前工商部通饬,遵照法定限期一律改组完成有案,国内各省、市、县、镇商会依法如限改组者固有,而迄未改组仍称总商会及会长董事制者尚多,未免玩视法令,殊有未合。现各地尚未改组之旧商会,既已逾期,现任职员即不得行使职权,亟应依据商会法第六、第七两条规定之设立程序及修正商会法施行细则第十条之规定办理,并应遵照中央颁布人民团体组织程序,申请当地高级党部许可指导,以重功令。除分行外,相应咨请查照,严饬所属各县镇商人团体一体从速遵办,毋任玩延为荷。等由,准此。除咨复并函请中国国民党湖北省党部临时整理委员会转饬各县市党部知照外,合亟令仰该厅即便严饬所属各县镇商人团体一体从速遵办为要。此令。

(《湖北省政府公报》第 130 期)

22.(湖北)省政府准实业部咨催工商同业公会速组联合会由本部奖励指导等情令建设厅转饬所属遵照

(1931 年 1 月 31 日)

为令饬事,案准实业部商字第五六五号咨开:为咨行事,查前工商部卷内全国工商会议会员卫挺生提出"政府应奖励指导工商同业作全国联合组织,以谋改进工商事业案",经大会议决通过在案。查商会法、工商同业公会法均有联合会之规定,该案所陈各节实属要图,按之商会法第三条、工商同业公会法第二条各规定,已将筹议工商业之改良及发展事项定为各该会主要职务之一,自应努力以求国产事业之合理化,与生产自足初步政策之实现。至联合会之组织及办法,应由各地商会、公会依法筹备,呈请本部指导审核备案,以资完善。相应抄录原案,咨请查照转饬所属一体遵照办理。等由。附工商会议提案一件。准此。除咨复外,合行抄发原件,令仰该厅转饬所属一体遵照办理。此令。

主席　何成浚

附工商会议提案:

政府应奖励指导工商同业作全国联合组织以谋改进工商事业案(提案者:卫挺生)

查国内工商事业种种落后,其原因固多,然概括之,不外二大端:一因政治不良,多生阻碍,例如厘金之层层剥削、步步为难,运输之不便,车运、轮运时时停止,以至阻碍横生,难期发达;二因社会民众喜用洋货,现在社会中上流分子类多好骛时髦崇尚新奇,日用所需几非洋货不用,以致国货销场日益低落;三因工商技术不谋改进,我国工商业之渐就进步者固有,然而墨守成规毫无改良者仍属大多数,以致出品品质甚鲜进步,长此以往,非特不能与外货抗衡,更恐有日益衰落之虞也。现在战事告终,交通方面可以渐上轨道,运输一层可以不成问题,而厘金之撤废亦经政府竭力筹划,期于今年年底完全裁撤,则政治上之障碍可以无须顾虑。至于民众之喜用洋货大率因心理关系,目下提倡国货运动甚嚣尘上,若能继续努力广事宣传,并一面将国货品质改良,自能令现在之爱用洋货者逐渐弃洋货而用国货。盖货物品质之优劣,实为销路畅滞之关键,货品精良,不虞国人之不用也,故最大问题仍系国产货物自身之品质及推销问题,易言之即国内工商业者应如何努力以改进自身之技术耳。工商业之技术问题,在吾国因缺乏大规模之工商业,无力雇用专家以致力于研究工商专门技术而改良之,故技术方面甚难改进。惟一方法,只有大规模之通力合作,以聘用专家终年致力于研究改良之工作耳。是项通力合作之法,即由工商部奖励各地工商业组织同业公会,然后各地同业公会再合为全国联合会。关于各该会之组织及办法,由工商部指派专门人员任指导之职,迨组织成功之后,即由各该会抽资聘用专家,悉心研究技术方面之改进,其资力充裕者,或奖励其单独聘人研究,务使货品之生产、装运、广告、推销等等均本各国最新经验,并用最新科学发明,使在最短期间国货品质能及洋货,或竟驾而上之,则民众自必乐用而国内销场自必日广。此时,若并在外洋竭力宣传,推广销路,则我国货物在国际贸易市场上必能占得胜利。能如是,则虽无大资本之组织,而吾国之工商事业亦得精进而有能力与洋货竞争矣。是否有当,提请公决。

(《湖北省政府公报》第130期)

23.财政部训令湖北印花烟酒税局为批复汉口总商会主席黄文植转呈康成酒厂请将国货火酒及舶来品火酒分别待遇一案令仰知照

(1931年1月)

为令知事,据汉口总商会主席黄文植呈称据本市康城酒厂函,请将国货火酒及舶来品火酒，分别待遇。当地行销减轻印花运往别省发给运单，在行销地点将凭证贴足发售。等情。转呈鉴核示遵。等情，到部。查汉口康成酒厂产销状况前经饬，据该局查复，并分别批令在案。兹据前情，除照案批复外，合将呈批一并抄发，令仰该局知照。此令。

（《财政日刊》第 973 期）

24.（财政部批）汉口总商会主席黄文植呈一件为据汉口康成酒厂请将国货火酒及舶来品火酒分别待遇，当地行销减轻印花运往别省在行销地点将凭证贴足发售等情，转请核准由

（1931 年 1 月）

呈悉。据称汉口康成酒厂呈请将国货火酒及舶来品火酒分别待遇，当地行销减轻印花，运往别省发给运单，在行销地点将凭证贴足发售。等情。查洋酒类税章程无论舶来仿制一律待遇，均须遵章贴足凭证，方准售卖。早经通饬遵行在案。该厂火酒既系属于机制，何得又称土造，未免意存规避至援举原料用途等项，尤属各不相涉，更无理由。所请碍难照准，应仍查照本部于字第一一四七三号批示办理，毋庸再渎。除令知湖北印花于酒税局外，仰即转行知照。此批。

1931 年 1 月

（《财政日刊》第 973 期）

25.省政府令民、财政厅暨武阳商会会办武阳城区冬赈并颁发民政厅原呈

（1931 年 1 月）

为令饬事，案查本府委员会第八十八次会议讨论事项第九案民政厅呈拟办理武阳冬赈办法祈核示案。又第十案本主席提议拟由省库于万难中拨洋二万元办理武阳城区冬赈以济贫民请公决案。以上两案经并案决议办法，准予备案，令财政厅拨款二万元，以一万五千元划归武昌城区，以五千元划归汉阳城区，并责成武昌商会筹募五千元，汉阳商会筹募二千元，作为办理武阳城区冬赈之用。等因。除指令并分行外，合行抄发民政厅原呈及所拟办法，令仰该遵照办理。此令。

主席　何成浚

附原呈

呈为呈复事，案奉钧府处字第八五号指令，以据职厅转呈汉阳善堂联合会及武昌慈善会等先后呈请拨给米款办理冬赈一案，业经提会议决交民政厅妥拟办法呈核。等因。仰即遵照妥拟呈复，以凭核夺。等因，奉此。查十八年办理冬赈，系由钧府核拨赈款一万五千元，并令武昌商会筹款五千元，现赈务会所存赈款经提会议决，举办各县急赈，自不能再行挪用，拟请在省库拨给款项购米发放。惟此项米粮如在武汉购买，恐米价过高，虚糜赈款，如向外购办，又恐多费时日，缓不济急。兹查平粜局在赣所购之米七千担，不日即可运回，但此项米本系由借贷堤工

存款而来，自不能捐办冬赈，拟将此米按照平粜价目籴买发放；复查十九年因各处□□肆虐，武汉难民增加倍蓰，而放赈区域又包括武阳城区在内，故办理武阳冬赈，拟请增加大宗款项，俾一般灾民普受实惠，奉令前因，遵经拟具办法数项。是否可行，理合具文呈赍钧府鉴核迅予示遵。实为公便。谨呈。

（《湖北省政府公报》第 129 期）

2 月

1.鄂财厅复汉商会函，营业税问题准向省府建议

（1931 年 2 月 1 日）

（汉口）财厅三十一日函汉商会，对营业税准向省府建议，惟不得逾越中央颁定大纲，并准各市县商人向各局筹备主任陈述意见。

（《新闻报》）

2.财厅昨函汉商会准对营业税则提出建议

（1931 年 2 月 1 日）

财政厅长张贯时，以鄂省营业税行将起征，特于二十九日晚假银行公会，宴请省市两府及武汉商会负责者，即席说明鄂省举办营业税之理由。前（三十）日省府委员会议，对此项问题，亦一度非正式交换意见，结果除由财厅遵照财部颁行大纲与补充办法及该府通过各项暂行章程，行政院筱日电令负责办理外，如有困难之处，即俟何主席返鄂，再行提会核办。至市府方面，刘市长文岛接奉行政院筱电后，即已致函省府，饬令财政厅会商办法，闻仍本省市合作精神，促成市营业税于最短期间实现。商会方面，对此极为了解，惟尚须开一联席会议，征询各业代表意见。闻财厅已允商人对于此税各种章程意见，以书面经向省府建议，但不得逾越财部营业税实施大纲和补充办法之原则。盖因中央规定，是通行全国，在地方行政官吏职权上，固不容有变更余地，将来各市县实施时，如手续上发生困难，可向各该局筹备主任商洽办理。现已将上述各点，交科拟备公□，于昨（三十一）日连同各项章程，送交武汉两商会及各县商会查照办理，并据该厅某君语记者云：此次奉令举办营业税，曾顾及商民痛苦，例如登记费，湘省有抽至五百元者，本省则概行免除，只按店各收手续费二角，又如税率，浙省有抽至千分之五十者，本省仅抽至千分之二十，且为数只有三项，如此体恤商艰，决不致发生困难，又省府议决继续设立之应城县营业税局，昨日财政厅已委邢绳武为该局筹备主任云。

（《湖北中山日报》P305）

3.市整委会救济辛亥伤军令总商会劝销戏券

（1931 年 2 月 2 日）

汉特市党部临时整理委员会昨令行汉口市总商会云：为令饬事，案准救济辛亥首义铁血伤军筹赈委员会第四五号公函开：敬启者，窃辛亥首义伤军，自恤饷中断后，生计已迫于绝境。现值严寒，冻馁交迫，肘断肢残，谋生乏术。以首造民国，铁血伤军，如坐视其乞食街头，不仅遗政府羞，即同人目睹苦况，必亦有所难忍，爰特组织救济委员会演剧筹资，以济伤残，武汉各界均一致赞成。素仰贵会仁慈为怀，对于首义伤军，尤必竭诚援助。敝会已定于二月四五两日，假座长乐美成两舞台演戏，业将戏券分别函送，并派员分途呼吁。惟商场名目繁多，接洽匪易，用特函请贵会转令总商会通知各帮同业公会，尽量推销，俾完善举，则不胜诚恳盼祷之至。等由，准此。合行令仰该会遵照，转知各帮同业公会，尽量推销，以襄善举为要。

（《湖北中山日报》P313）

4.推行人民团体组织办法

（1931 年 2 月 2 日）

湖北省党部临时整理委员会，奉中央训令，规定各种人民团体组织法推行办法，特转令各县市党部遵照云。原文略谓：案奉中央执行委员会第二一五零零号训令内开：查各种人民团体组织法规，早经本会及国民政府次第颁行，并经中央训练部迭此令饬各地党部积极办理及限期指导依法成立造册呈核各在案。近查各地党部，对于所属人民团体，呈报依法改组，或从新组织者，为数尚不多见，推厥录由，虽间有因军事影响，或因地方，□□交织，不得不暂时维持现状，而各地党部之因循故习，指导不力，实亦为一重大原因。查扶植及指导人民团体之组织，为训政时期训练民众之重要工作，不容因循懈怠。兹为促进人民团体之健全组织及切实推行新颁法规起见，特规定办法如下：

（一）各种人民团体改组期限，除农会俟农会法公布后，另为规定，商会大应依照国民政府国务会议决议照修正商会法第六、第七两条办理，暨法令另有规定外，工会及社会团体，统限于民国二十年一月底，一律改组完竣。（二）各种人民团体，法定改组期限已满，而尚未改组完竣者，应依照人民团体组织方案及各该团体有关系之法令，一律从新组织。（三）各种人民团体之重新组织者，限于民国二十年二月十五日以前，一律正式组织成立。（四）各地党部，应限于民国二十年三月一日以前，将所属各种人民团体成立经过情形，依照中央训练部前颁指导人民团体改组总报告方式之规定，填具总报告呈报，俾凭查考。除分令外，为此令仰各该党部，切实遵办，并转行所属一体遵办，是为至要。此令。等因，奉此。除分令外，仰即遵照。此令。

（《湖北中山日报》P313）

5.省政府训令准实业部咨复武昌商会重新组织应称武昌县商会，以县政府为直接主管官署等由令仰转饬遵照由

(1931年2月3日)

为令知事，案查前据该厅呈请转咨，规定武昌总商会从新组织应用何种名称，并指定何项机关为该会直接主管官署。等情，到府。当经转咨实业部核复并指令在案。兹准咨复略开：查武昌市既已裁撤，依据商会法第五条之规定，该会应称武昌县商会，以县政府为直接主管官署，并须依照修正人民团体组织方案各规定办理。至湖北省会商会之名称，于法无据，未便使用。准咨前因，相应复请查照饬知为荷。等由，准此。合行令仰该厅即便转饬遵照。此令。

主席　何成浚

(《湖北建设月刊》第3卷第3号)

6.何、刘定期宴武汉商界

(1931年2月4日)

省主席何成浚、汉市长刘文岛为办理汉口营业税，特定于本月五日，假银行公会大楼，宴武汉三商会主席暨各委员；银行钱业两公会正副会长，各业公会负责人暨商界巨子，即席报告关于政府办理营业税之重要意义，解释各项章则之内容、各商会营业税，如有正当之意见提出，政府为体恤商艰计，在可能范围内自当予以采纳，其请柬今日可分别发出，此举关系吾鄂财政前途，届时官商欢怡，定有一番盛况云。

又讯：市府昨三日咨省府□□：(上略)查敝市财政，原已入不敷出，自裁厘时，复将类似厘金之猪牛羊牛皮蛋等捐裁去，每月减少收入数万元，愈呈捉襟见肘之象，即欲举办营业税，以资弥补。前奉行政院第一二二号训令，适值裁厘之后，又当□□之际，贵府收入大减，支出骤增，就现在情况言，自当依照院电，尽力协助。惟新增之营业税全部，除照院电分配敝府三成外，所有敝府原征各捐税，应由敝府继续征用，既不失贵府共存具荣之旨，且与中央补充办法第十一条顾全地方收入原案之立法本意相符，云云。(下略)

(《湖北中山日报》P340)

7.汉商会讨论营业税

(1931年2月5日)

(汉口)省府三日政务会议，对汉商会请设官商审查营业税委员会否决，但请商会尽量陈述意见。商会定四日晚召开执监会议，讨论营业章程。

(《新闻报》)

8.汉商会争持营业税

（1931 年 2 月 7 日）

（汉口）汉商会四日执监联席会议决，推周星棠、陈经畬、贺衡夫等分谒省市府当局，请准官商讨论营业税则，酌加修改。并定八日开全市各业大会，集中意见，转呈政府。

（《新闻报》）

9.湖北建设厅训令各县县长各商会奉实业部令为公司商号、商标各项注册费不再附收教育费令仰遵照由

（1931 年 2 月 7 日）

为令遵事，案奉实业部商字第六四八号训令内开：为令行事，案查公司商号、商标各项注册，自全国注册局成立时起，均按照应缴注册费额，附收取教育费三成，迨全国注册局裁撤设立商标局专办商标注册，将公司商号注册收归部办，以上各项注册，仍照向章办理。现本部业经组织成立组织法，并经公布关于公司商号、商标等注册事宜，仍由本部主管。兹由本年二月一日起，所有以上各项注册一律免予附收教育费，以轻商民负担。除布告及分别咨令外，合行令仰遵照，并转饬所属一体遵照。此令。等因，奉此。除分行外，合行令仰该县转饬所属各商号公司一体遵照。此令。

兼厅长　方达智

（《湖北建设月刊》第 3 卷第 1、2 号）

10.汉商界对办营业税极谅解

（1931 年 2 月 9 日）

省政府主席何成浚、汉口市长刘文岛关于解释举办营业税事，经于日前在本市普海春宴会武汉三商会各委员，以及各业公会代表，说明个中苦衷，俾得具体办法，所有经过各情形，已志昨报。兹悉汉商会全体执监委员，对于营业税事，固已深明谅解。惟在此开始举办中，一切归纳办法，须有详切研究。因特于昨（八）日下午五时，召集各业公会代表，在总商会内开扩大会议，讨论一切妥善办法，同时讨论关于组织营业税研究委员会进行方针。是时出席代表计一百三十余人，由陈经畬主席，议案繁多，不及备载，直至晚间八时，始宣告散会云。

本市各同业公会常委及主席，于昨（八）日在汉商会开临时大会。兹悉八日下午五时，同业会常委等莅止者，达一百四十余人，社会局监督改选之张介僧亦至会，公推陈经畬主席。首即研讨改选问题，佥以前推选之筹备委员十五人，与中央法令不合，亟应取消，另行依法推选，众意一致，乃推选黄文植、马煋垣、郑燮卿、周允齐、贺衡夫、余蓉樵、高伯常、杨显式、任汉臣、陈经畬、李德齐等十一人为筹备委员，以利进行。继乃提及营业税问题，以兹事体大，不可不慎重于始，故公决组织营业税对内研究委员会，公推潘云鹏、万雨香、梅云章、贺衡夫、朱松珊、杨显卿、郑燮卿、周允齐、高伯常、杨松圃、罗伯良、予服民、杨辉廷、张群叔、李德齐、王苏生、杨和清、

吴镜波等四十九人为委员,并决议将来出席官方代表,即在研究会委员中推出。迨散会时,已届七时,万家灯火阑珊矣。

(《湖北中山日报》P400)

11.汉口市总商会为取缔废历一案致函(附计划取缔废历新年办法一份)

(1931 年 2 月 9 日)

敬启者,本月奉汉口市政府社会局总字第一五六八号训令开:令汉口市总商会,为令遵事,查取缔废历一案迭送中央明令,并经本局先后通饬禁止在案。兹值废新年转瞬即届,诚恐无知愚民拘囿旧羽,仍有庆祝情事,亟应严禁,以重功令,而利国历之推行,特规定取缔废历新年办法。除呈报并函令及布告通知外,合即检同该项办法,令仰该会遵照转饬所属,一体遵照为要,此令。等因,计划取缔废历新年办法一份到会,奉此。除分别通告外,相应照抄转达贵公会,请查分知一体,遵照至为企盼。

此致

贵公会

汉口总商会启

12.官商合组营业税研究会

(1931 年 2 月 10 日)

昨据财厅消息,官商双方为讨论关于本省营业税各项章则,以期尽善起见,拟即日组织成立湖北省营业税研究会。会员除由政府指派外,汉商会三人,武阳两商会各推二人,武汉三营业税局各推一人。闻省府派夏赋初,财厅派钱提飞等。其简章业经财厅拟就,并已派员将该简章带向市府洽商,提出今日省府会议通过施行云。

另函:汉总商会,昨日函知各业代表云:径启者,关于营业税一案,昨于大会,当场报告经过情形,并请各同业公会代表各抒意见。嗣经决议,应将所举各委员,定期组织研究税则委员会,一致赞成,记录在案。兹特定于本月十日下午四时开研究大会,查执事为公推委员之一,除分别函达外,务祈如期准时莅会。至为企盼。

另函:财厅昨令各县,凡距省穹远小县,营业税登记由县长兼办。又武昌商会推苏汰余等七人,专讨论营业税事项,并征求各帮陈述意见云。

(《湖北中山日报》P413)

13.营业税官商合组促进会

(1931 年 2 月 11 日)

关于官商合组营业税促进会,前原命名为研究会,嗣经省府派员将章程揣至市府接商后,遂改为湖北省汉口市营业税促进会。组织内容,亦略有变更。委员人选省市两府各二人,财厅市财局各一人,武汉三税局各一人,汉商会四人,武昌商会一人,汉阳商会一人,全省商联会二人,互推主席一人。下设文牍一人,录事二人。会址设汉总商会内,该会存在期限为两个月。

闻省府昨已派定科长夏赋初及省银行长南夔为委员，并由省市两府通知各有关系机关，迅推委员，以便早日组织成立云。

另函：财政厅举办营业税，曾经委定各局筹备主任，并先行办理登记，昨特令迅速赴任，以期早日实行征收。又财厅日前据全省商联会执委某贡献意见，略以中央裁厘，准各省举办营业税以资抵补，商人自应竭诚赞助，不过进行途径，非审查周详，恐致扰商病民。值此实行登记期间，而商民之所以尚未踊跃登记者，一则不明了新税则之良便，一则畏蹈厘金之覆辙，应恳将登记事宜交由商会着转交各商同业会，先自行登记，限期汇齐，汇送筹备税收机关登记，严予抽查，如有短瞒，始以开导纠正，继以照章惩敬，如此步骤进行，虽辗转汇送，一月之内，定能遵照定期实行征收矣。省市既已推行，而县而镇，有所圭臬，自不难于同时并举云。财厅以各县营业税，以登记为入手办法，务须办理妥善，依期竣事，庶无短瞒情弊，其所呈将登记交由商会转交各同业会先自登记，限期汇送筹办税收机关登记，如有短瞒，照章惩敬各节，颇有见地，特录原呈令各专员知照，会同县财局长或县长参酌办理云云。

另函：鄂省创办之营业税，其营业及登记等证，已由财厅赶饬制就。各县登记专员，昨日纷向财厅具领，以资应用。武汉各局，即日通告各商号前往领取登记名表，填妥报局，以凭调查，俾三月初即开始征收二月份税款云。

另函：本市工商同业公会，对于营业税则组织研究委员会一节，已志前报。昨（十）日在汉商会开第一次会议，莅会者二十六人，公推黄文植主席。鉴于研究会之委员原四十九人，而一次一次会出席者仅过半数，苟无负责之人，保无流会之虑，故决议组织审查委员会，负责审查税则。当举陈经畬等七人为审查委员，黄文植随时参加，规定每日下午二时至五时开会，且公决嗣后与官方接洽，由所举七委员互推，黄文植亦另行参与云。

另函：财厅以应城膏盐税性质与营业税相近，特令知将该税归并于应城营业税局征收，并令各商仍照旧章踊跃完纳云。

（《湖北中山日报》P424）

14.省政府准实业部咨开各地商会应先组同业公会等由转令建设厅饬属遵照

（1931年2月11日）

为令遵事，案准实业部咨开：查各地商会改组已逾法定限期，其遵限依法改组完竣者固多，有以组织不尽合法尚未核准备案者亦属不少。缘商会法根本之解释，工商同业公会实为产生商会之母，而各地商会改组或设立往往不依法加入公会会员，即各业会员亦不知同业已有七家以上即应先组同业公会，不得以商店资格加入之规定。本部再三解释当以商会与同业公会之关系，如非依法产生，商会分子既欠健全，则商会以后之进行不能为系统之研究，而商会与公会间亦失却密切之联络，安能共谋工商业之发展。讵本部虽迭经指示，而各地商会呈请备案之章程仍多不依法办理，遂致批饬更正辗转需时，实于完成商运工作不无迟滞。以后各地商会改组或设立，除同业不满七家得以商店资格加入外，如不先组同业公会依法加入商会者，该主管官署自应明白指示，不予呈转，以免稽延。再各地商会同业公会改组或设立多不遵照中央颁布修正人民团体方案各规定，先行申请当地最高党部许可指导，再行呈由地方主管官署核转，殊与法令不合,亦应由主管官署指导遵办,勿遽呈转。除分咨外,相应咨请查照转饬遵照办理为荷。等由,准此。除咨复外,合行令仰该厅遵照并转饬所属一体遵照办理为要。此令。

主席 何成浚

(《湖北省政府公报》第 133 期)

15.何成浚宴武汉商界,诚恳解释营业税办法

(1931 年 2 月 12 日)

汉口通讯 全国裁厘,鄂省府已遵令实行,而省府行政费建设费地方□□,遂感缺乏,中央虽允月协三十万,一月份协款并已于五日汇到,顾实际上收支仍相差甚远,故不得速办营业税。现已着手组设分局,始登记期以三月一日开始正式实行征税。在此筹备期间,商界初难明悉,故多所要求。幸当局与商民开诚相见,一再解释,并容纳商界意见。各省主席,与汉市长何刘两氏,更于七日下午六时假座普海春宴请武阳夏三商界及新闻界,对营业税作最后诚恳之说明与宣传,计到汉口商界百二十余人,武昌商界五六十余人,汉阳商界四五十余人,新闻界到本市及外埠驻汉记者共三十余人,省府各委员及市府各局长均陪席。首由省府主席何雪竹氏起立致词,恳切申述,略谓今日湖北省政府与汉口市政府请武阳夏三商界领袖及新闻界诸位先生到此,均蒙蚤光,荣幸之至。查湖北从前一□人均认为肥富之区,而现在情形事实上竟成为反比例。以前每月因有特税、烟酒印花盐税维持,现在上述各种均归中央办理,所余之税,仅田赋与厘金两项,而厘金已遵令裁撤,至田赋项下每年至多可收一年以后,政费十九年核算为二千六百万,无论如何缩减,亦须两千万。为抵补本省财政计,故营业税势在必征。所有一切详细办法,均照中央规定,商界如有意见,请随时与本人或刘市长商酌办理,即实行征收后,如犹有所提议,亦可随时互相讨论,征收营业税,系征地方之款,办地方之事,务使人民能安居乐业,商业发达。如果办理人员有违法等情事,请随时检举,当从严惩办,如本人中饱,各位可随时质问,或弹劾。总之营业税之征收系办湖北的事,任何人办事需钱,既认定事要办,钱也是当要。甚望商界特别援助等语。何致词毕,刘市长亦起立说明营业税由省市政府合办,系照江苏成例,但举办之先,应注意税率方面应如何遵照中央规定参照本省情形,再行订定。且货物种类,应按照日用品、消耗品、洋货等分析而征收,手续更须不扰民不漏税。以上数点,本人与何主席已经商妥,由省市双方组织一委员会(名称未定),聘请或准许商界推举代表参加互相研究。查市府每月所收市税,每月平均约四十万,内特占十六万五千元,猪、牛、羊、蛋捐三万元。现在既办营业税,约有七万余元,应划入营业税,如此则市府本身收入仅十二三万元,只够警察费。其他事业费可以说一毫无着落。营业税既由省市府合办,双方当可按照各个本身现状彼此互相协助。本人对营业税常竭力援助,祈希商界忍痛拥护等语。随由汉商会代主席陈经畬演说,对何刘两氏爱护商界实行裁厘并准参加讨论营业税举办办法,深致谢意,并代表到武阳夏三商界全体对营业税表示同情。复由周台齐氏申述,谓商人全体均愿顺纳此营业税,但求做到“不病不扰”四字。最后何氏复致词答谢,至九时半,始尽欢而散云。

(《民国日报》)

16.湖北省政府训令建设厅准实业部咨复分别解释武昌总商会不允移交该市商会筹备委员会纠纷情形请查照饬遵等由令仰分别转饬遵照由

（1931 年 2 月 12 日）

为令遵事，案查前据该厅呈为据武昌总商会呈明不能移交情形及准武昌市党部函送该市商会筹备委员会章册，请饬令前商会克日移交，由该筹备会代行商会职权。等因，并案呈请提会公决。等情，到府。当经转咨实业部查核，并指令知照在案。兹转咨复略开：查商会改组已逾法定期限，依据商会法施行细则第十九条之规定，前任职员自不得行使职权，但该筹备会既经市党部发给许可证书，所有章册亦经党部核转有案，自应依照商会法第六、第七两条设立程序之规定，赓续办理。所有该商会改选及接收旧商会印信卷宗，暨代行商会职权等项，由筹备委员会负责办理。以商会核准备案之日，为筹备委员责任终止之日，当无疑议。但应参照商会法施行细则第四条之规定办理，即该筹备会之撤销，至迟不得逾两个月，以免延玩。准咨前因，相应复请查照饬遵。等由，准此。合行令仰该厅即便分别转饬遵照，并函知武昌市党部查照。此令。

主席　何成浚

（《湖北建设月刊》第 3 卷第 1、2 合期）

17.省政府准实业部咨称修正工商同业公会法施行细则第十条条文令建设厅转饬各商会公会知照

（1931 年 2 月 13 日）

为令知事，案准实业部商字第八八二号咨开：为咨行事，查修正工商同业公会法施行细则，业由工商部于上年九月商字第一二六二九号咨行有案。兹准中央训练部以上海市党部拟具整理该市各工会节略第四项请求另定店员组织团体之法规一案，核与该项法令有关，函请本部派员会议决议，将该法施行细则第十条条文加以修正，俾多予店员以参加团体组织之机会。除已由本部于本月二十七日公布并分别呈令外，相应检同修正条文三纸，咨请查照转饬所属各商会及工商同业公会一体知照。等由。计附送修正工商同业工会法施行细则第十条条文三纸。准此。除咨复外，合行检发原件，令仰该厅知照，并转饬所属各商会及工商同业公会一体知照。此令。

主席　何成浚

附修正条文：

第十条　本法第七条之会员代表，每一公司行号得派一人至二人，以经理人或主体人为限。其最近一年间平均店员人数每超过十人时，应增派代表一人，由各该公司行号之店员互推之，但至多不得逾三人。

（《湖北省政府公报》第 132 期）

18.汉口总商会为逆产处分执行办法致汉口银行公会函

(1931 年 2 月 13 日)

敬启者,案查敝会与贵会暨钱业公会呈省市政府对于逆产假定处分执行办法历陈意见,请求核示一案。除奉汉口市政府指令业经照转外,兹奉湖北省政府批,开会呈悉。正核办间,准汉口市政府咨以据该总商会等呈同前节开查所称执行办法第二项,恐以甲候乙旷日持久,请改为一案,随到随办等语。为迅速执行起见,原无不可惟一案一办,孰应先办,孰应后办,殊无标准。兹拟改定凡逆产坐落武汉者,俟公产经理处具报后即办理,不必再俟各县。又执行办法第三项恐中央核复杳杳无期,且办法中于先行清理债务,未曾叙明,请指定机关准予呈验证据,由债权者先行依法约处分等语。为保获债权起见,似无不可。惟于中央专权,亦不能概行抹煞。兹拟改定先准各债权人抵押证据,呈送审查,并准该三会各派代表列席以资考询,仍应依照修正处理逆产条例第三、第八两条办理。至所称补完手续等项,俟分数核办。再逆产纠葛至为繁复,且省市双方往返磋商颇费时日,拟由敝府及贵府并民政厅会同组织一审理逆产机关专司其事,以资便捷。

以上各改定办法,除批令俟会商贵府决定后再行饬遵外,相应咨请贵府查照如荷,同意即希见复,并转饬民政厅知照。等由,准此。经并案提交本府委员会第九十三次会议决议:(一)已经决定发还之各案,应即会商市政府于七日内布告周知,并责成民政厅、财政厅会同汉口市政府、财政局照案迅速执行。(二)没收各案,应照市政府意见详商办理。(三)关于没收各案内之纠纷,应由省市两府派员组织委员会处理之。等因。查一前据本府暨市政府并民政厅所派各员会呈拟订三项执行办法,请核示一案,提经本府委员会第八十八次会议决议,准照该委员等所呈三项办法办理至调查及登记审核手续,应由执行机关迅速限期办竣。等因,分别咨行在卷。兹复经议决前因,除咨复并分令外,仰即知照。此批。等因,奉此。除分函外,相应录转贵会,即希查照为荷。

此致

汉口银行公会

19.中训练部解释商会法

(1931 年 2 月 15 日)

本市整委会,顷接中央训练部公函,对于商会法解释二点,兹将原文探录如后:

敬启者,查纯粹外货之公司行号,不得加入商会一案,业经本部指令浙江省执行委员会训练部遵照,并函知国民政府文官处转饬遵照有案,中外合资商店加入商会办法,亦经前工商部具呈行政院转函到部,并经本部修正为:(一)推派之代表应依法以中华民国人民为限。(二)该公司商店之资本,须有半数以上为华服。(三)该公司商店,须中国方面有过半数之表决权。(四)该公司董事,须半数以上为中华民国人民,函复行政院转饬遵照在案,所有各地华洋商店,自应分别遵照前项办法及例案办理。至各该华洋商店之营业性质,各有不同,应遵照有关法令,分部性质加入各业公会或商会。除分别函知外,相应函达,希烦查照,并转饬遵照办理为荷，此致云。又另一函云：敬启者，案据浙江省执行委员会训练部呈为转请解释报社是否加入书坊印刷同业公会，或单独加入商会。等情，到部。查报社为商店之一种，应联合同业组织工商同业公会，其营业性质与书坊印刷业有异，不能混合组织，倘当地报社同业不满七家，可遵照商会法第十二条之规定，单独加入商会为商店会员，除指令遵照，并分别函知外，相应函达查照，并希转饬所属知照为荷，此致云。

（《湖北中山日报》P469）

20.省政府训令准实业部咨据各地商人团体纷纷呈请称各地会馆公所时被侵占没收及变卖一案仰即转饬严切保护由

（1931年2月18日）

为令遵事，案准实业部商字第九三五号咨开：查各省市商行会馆向为当地旅居商人或同业所合力经营，借以联络情感，发展商业，法本良善。近据各地商人团体纷纷呈称，该地馆所往往有被人侵占没收或将产业变卖等情事。如果属实，殊有未合本部职责所在，正谋集中商人力量，实行团结，共图对外，此等具有历史之团体机关，自应维持改进，不宜遽事摧残。除分行外，相应咨请查照转饬查明，严切保护以安商业。至纫公谊。等由，准此。除咨复并分行外，合行令仰该厅即便遵照转饬所属查明，保护为要。此令。

主席　何成濬

（《湖北建设月刊》第3卷第3号）

21.汉总商会请展期改组

（1931年2月18日）

汉市总商会依照中央规定实施改组，各情已志前报。惟该会曾以限期迫急，恐为事实所不许，曾呈请汉口市政府请求展限，以便切实办理。但市府以中央规定势难延期，业经批令不准，该会当又将困难情形再呈市府，市府当根据所呈困难，派员切实调查，所有各业同业公会，因时间短促，未能如期改组，各情尚属事实，闻将咨部协商，暂准展期办理云。

（《湖北中山日报》P509）

22.汉口商会筹备委员会紧急通告

（1931年2月19日）

案查本委员会昨于二月十二日奉汉口市政府社会局总字第一五九九号训令内开：为令遵事，查商会改选在即，所有会员登记表暨出席商会代表资格及名额亟待审查，以昭慎重。兹定于本月十三日下午二时在本局第二科开会审查。除分函外，合行令仰该会准时派员参加为要。此令。等因，奉此。当经推派本委员会高委员伯常，任委员汉臣带同会员登记表暨出席开会代表名额表前往社会局第二科参加审查。兹据高、任两委员回会报告，所有会员登记表暨出席商会代表资格及名额，并商店会员代表资格及名额，已于二月十四日在社会局第二科开会，经伯常汉臣与民训会杨惊和社会局张介僧公同审查完竣,应将审查结果登报通告,以便周知。等语,前来。除登报通告外,用特例表录后,即希贵公会转知各代表查照,于二月二十二日开选举大会持凭出席证到会,换领选票,依法填投,以重选政。是为至盼。

此致

贵业同业公会(表略)

(《湖北中山日报》P521)

23.武昌市商会筹备委员会紧急通告

(1931 年 2 月 19 日)

本会拟定二月二十二日为各同业公会、各单独商店规定代表来会之截止日期。凡公会组织手续尚未齐全者,盼于二月二十二日以前赶办完竣,同时按照商会法第十、十一、十二、十三各条举定出席大会代表,通知来会为要。

(《湖北中山日报》P521)

24.营业税促进会定今日成立开始办公

(1931 年 2 月 19 日)

湖北省政府及汉口市政府所组织之营业税促进会,已假汉市总商会为会址筹备,即日成立,以便会同讨论营业税之促进事宜,各节已迭志本报。兹悉该会筹备就绪,定于今(十九)日正式成立,开始办公。昨日并有省政府代表蒋石阜、财政厅代表陈次溥、汉市财政局代表张镜怀等三人到总商会,拟开谈话会一次。嗣因各委员人数多有未到,谈话会遂告中止云。

又讯:湖北省汉口市营业税促进会简章,经省府会议通过后,所有省市政府、省财厅、市财局及商界代表均已选出,并于昨(十八)日午后一时,在总商会召集谈话会,筹备进行,嗣因商界代表到者寥寥,改定于今(十九)日午后举行谈话会,同时即宣告正式成立,开始办公云。

又讯:关于召集营业税促进会,前经省市政府联席会议议决,由财厅会同市财局召集在案,省府昨特咨市府云:为咨请事,案查本月十四日,省市两政府联席会议第二条,召集省市营业税促进委员会,即日开始讨论税则案。经决议,关于汉口营业税各项章则,应准追加"汉口市"三字,并由省财政厅、市财政局召集促进会议。等语,记录在卷。除令财政厅遵照外,相应录案咨达贵府,即希查照转饬为荷。此咨"汉口市"政府云云。同时又令财政厅遵照办理具报云。

又讯:汉口市政府为举办营业税,昨为照会各国领事云:径启者,案据湖北汉口营业税局筹备处呈称,案奉湖北财政厅第六六九号委令开:为令委事,照得本省厘金,业经奉令裁撤,极应照章举办营业税,以资抵补,现在各项重要章则,均经提奉省政府,分别通过在案。惟事属举办新税,一切设局进行事宜,自应妥为筹备,以便办理。所有汉口营业税筹备主任一职,查有梅锦业堪以委充副主任一职,查有朱亮承堪以委充。除钤记另令颁发外,合将营业税各项章则,随令发出,仰即遵照,克日前往筹备。即将应设稽征分所地点、各项预算、各项服务细则及登记事宜及其他应行规划事项,妥为筹备,俾利进行,仍将筹备情形,随时具报为要。此令。复奉令颁发木质钤记一颗,文曰"湖北汉口营业税局筹备处"之钤记。各等因,奉此。主任等遵于一月二十九日到差，启用钤记，开始筹备，并择定中山路永康里第二十九号房屋为筹备办公地点，除分呈外，理合具文呈请鉴核备案，并恳转予照会各国驻汉领事，暨各局署查照。等情，据此。除分别函令外，相应函请查照为荷。

此致

□领事署

市长　刘文岛

（《湖北中山日报》P520）

25.汉口市棉花出口业同业公会章程

（1931 年 2 月 19 日）

第一条　□者不在此限。前项代表每一公司行号得派一人，以经理或主体人为限，但其最近一年间平均使用人数超过十五人者，得增加店员代表一人。

第二条　公司行号选派代表时，应给委托书，并通知公会改派时亦同。

第三条　有下列各款情事之一者，不得为本会会员之代表：

一、剥夺公权者；

二、有反革命行为者；

三、受破产之宣告尚未复权者；

四、无行为能力者。

第四条　本会会员有遵守本章程与服从决议案之义务。

第五条　会员代表有提议权、代表权、选举权、被选举权。

第六条　凡在本市营同样业务者，均须加入本会为会员，但加入时须有老会员之二人介绍，向本会登记且由本会给予凭证。

第七条　本会会员之出会，须向执行委员会声请。

第八条　本会设执行委员会，由会员大会就代表中用无名连举法选任委员十一人组织执行委员会，由委员互选常务委员三人，就常务委员中选任一人为主席，均为名誉职。

第九条　本会委员之任期为四年，每两年改选半数，不得连任，前项第一次之改选，以抽签定之，但委员人数为奇数时，留任者之人数不得较改选者多一人。

第十条　常务委员有缺额时，由执行委员会补选之，其任期以补足前任任期为限。

第十一条　会员大会开会时，由常务委员组织主席团轮流主席。

第十二条　本会事务所延用雇员由常务委员处理之。

第十三条　委员有下列各款情事之一者，应即时解任：

一、因不得已事故，经会员大会议决令其退职者；

二、旷废职务，经会员大会议决令其去职者；

三、于职务上违背法令，营私舞弊或其他重大之不正行为，经会员大会议决令其退职或由工商部或地方监督官署令其退职；

四、发生第七条各款情事之一者。

第十四条　会员大会分定期会议与临时会议两种，定期会议每年开会一次，于国历九月间举行;临时会议于执行委员会认为必要或经会员代表十分之一以上之请求时召集之。

第十五条　会员大会之决议,以会员代表过半数之出席,代表过半数之同意行之,出席代表不满过半数者得行假决议,将其结果通告各代表于一星期后二星期内重行召集会员大会,以出席代表过半数之同意,对于假决议行其决议。

第十六条　下列各款之决议,以会员代表三分之二以上之出席,出席代表三分之二以上之同意行之;出席代表超过半数而不满三分之二者,得以出席代表三分之二以上之同意行假决议,将其结果通告各代表,于一星期后二星期内重行召集会员代表,以出席代表三分之二以上同意,对于假决议行其决议:

一、变更章程;

二、会员之除名;

三、职员之退职;

四、清算人之选任及关于清算事项之决议。

第二十一条　召集会员大会应于十五日前通知之,但有紧要事项召集临时会议,不在此限。

第二十二条　会员有下列各款情事之一者,应受除名之处分:

一、破坏本会定章不受劝告者;

二、不遵大会议决案致碍同业公共利益者;

三、有意假冒牌号或商标希图渔利者。

第二十三条　本会经费分下列两种:

一、会员不收入会费,常年费用按照各会员装运出口之花衣包额收取之,洋架子每付洋三分,大包(二百斤以下)每包洋一分五厘,中包(一百斤以下)每包洋一分,小包(七十斤以下)每包洋五厘,木栈包每包洋二分,各会员于每月初将上月装运出口之包额实数报告到会,由会出具收据,于五日以前照致收清;

二、临时费临时召集大会议决筹集之。

第二十四条　本会常费之预算决算,每年于会计年度终了时由执行委员会造册公告。

第二十五条　本会事务所办事细则另订之。

第二十六条　本章程呈请汉口市党部民众训练委员会、汉口市政府社会局核准后施行,并呈报实业部备案。

(注:原文缺第十七条至第二十条)

26.营业税促进会今日在汉开成立会

(1931 年 2 月 20 日)

湖北省汉口市营业税促进委员会,定今(二十)日午后二时,在总商会开成立会,筹备处昨发出通知云:径启者,本年二月十六日,转奉湖北省政府平字第一二零六号令开:案查本府委员会第九十三次会议,兼财政厅长提议,组织湖北省汉口市营业税促进委员会拟具简章,请公决案,当经决议照准。等因,记录在案。除分别咨令,并由本府令派夏赋初、南夔为该会委员外,合行抄发简章,令仰遵照办理,并分函武昌汉阳两商会,暨分令武昌汉口汉阳各营业税局,一体遵照为要。等因。计抄发湖北省汉口市营业税促进委员会简章,奉此。查该会简章第二条,本委员会之组织内载省政府二人,市政府二人,财政厅一人,汉口市财政局一人,武昌营业税局一人,汉口市营业税局一人,汉阳营业税局一人,武昌商会一人,汉口总商会四人,汉阳商会一人,湖北全省商会联合会二人。原敝会组织,是谋官商融洽,俾得促成进行之顺利,自应迅速成立。兹定本月二十日星期五下午二时,在汉口总商会开成立会,并共同讨论一切进行事宜,除分函外,相应函达贵委会希即查照,届时莅会讨论为荷云云。

又函:各关系机关将指派之委员姓名、住址送会。原函云:径启者,案查湖北省汉口市营业税促进委员会简章第二条,本委员会之内载省政府二人,市政府二人,财政厅一人,汉口市财政局一人,武昌营业税局一人,汉口市营业税局一人,武昌商会一人,汉口总商会四人,汉阳商会一人,湖北全省商会联合会二人。前项委员,由各机关指派之。等因,兹查贵□应派委员□人。除分函外,相应检同通知贵□所派委员函件,函请贵□查照转致该委员,届时莅会,并希先将指派委员之姓名、住址开送过会,实纫公谊。

(《湖北中山日报》P532)

27.武汉商界定明日开联席会议,研究营业税章则

(1931年2月22日)

汉总商会,昨二十一日函武昌汉阳两商会及省商联,定二十三日下午二时,在总商会举行联席会议,研究营业税则云。

另讯:财厅以各县营业税局,业经分别委员筹备,遵照国府颁定征收营业税大纲及本省营业税评委会章程之规定,自应设立评议委员会,昨特颁发各局聘书十份,令各筹备主任延聘委员,以图着手进行,组织成立。兹将令文照录于后:

为令发事,案查国民政府颁布各省征收营业税大纲第五条内载,各省征收营业税时,应设立营业税评议委员会,其委员以征收官吏与商会代表及指定之会计师充之。又湖北省营业税评议委员会章程第一条,营业税评议委员会,在各征收机关所在地设立之。各等语。兹查该处营业税局,业经令该委员筹备在案,所有前项委员会委员,亟应照章延聘,以利进行。除分行外,合行检发聘书,令仰该主任即便遵照定章延聘具报备案。此令。

另讯:昨据武昌营业税局筹备处主任吴操全语记者谓,自奉委后,即着手筹备,并依照财厅所颁法规,厘定办法大纲,分为四步进行。第一步分三项:(甲)派员分途调查商业概况及其相关事项。(乙)草拟办事细则及各种规则。(丙)筹备一切应办事项。第二部分四项:(甲)按武□区域及商业状况,分区设立登记处。(乙)散发登记报告表,限期登记。(丙)组织评议委员会。(丁)审查报告表编号登记。第三步分两项:(甲)通知营业商人缴费领取证牌。(乙)分类评定税率及税额。第四步分两项:(甲)登记账簿,随时查核或抽查。(乙)决定稽征所地点,定期开征。第一步,业经分别办竣。刻已从事于第二步之进行,着手登记武昌营业商人。余先定本月二十三日开始,但商人方面,因武汉一水之隔,要求与汉口一律,须俟汉口解决后,再行着手登记。余意无论如何,本月二十五日须实行登记。武昌城内外,以三月三日为登记截止之期,四乡以三月十五日为截止期。武昌区域,拟分设六分所。其他点暂决定为土地堂、金口、油坊岭、豹子海、山前、山后,仍视将来登记之情形再为最后决定。至商人要求登记事宜,各业登

记各业，各帮登记各帮，余已允其所请云。

(《湖北中山日报》P557)

28.汉商会今日举行选举大会

(1931 年 2 月 22 日)

民训会派员协助监选，社会局派员前往指导汉市总商会。

今(二十二)日上午九时，正式举行第一届代表选举大会。昨(二十一)日市民训会，已派定方承焱、杜贤达、胡元寿、杨惊和、陈之光等五人协助监选，市社会局亦派定张介僧指导。总商会改组委员会昨已发出请柬，并规定仪式如下：

选举仪式：一、奏乐开会；二、会员代表就席；三、公推主席团；四、全场肃立；五、唱党歌；六、向党国旗暨总理遗像行三鞠躬礼；七、主席恭读总理遗嘱；八、静默三分钟；九、主席报告选举意义；十、汉口特别市党部委员训词；十一、汉口市政府市长训词；十二、民众训练委员会委员训词；十三、社会局局长训词；十四、来宾惠词；十五、会员代表致词；十六、主席答词；十七、举行投票；十八、宣布当选；十九、茶点；二十、奏乐散会。

组织条例：

汉口市商会会员代表大会组织条例如下：

一、本市商会会员代表大会之代表，由本会所属之同业公会商店举派之。二、本市商会会员代表大会之主席团定为七人，由本会筹备委员会推定三人，出席代表推定四人组织之。三、本市商会现在之筹备员，除被推举为主席团者，应出席于代表大会外，其余亦得列席。四、本市商会会员代表大会，应由市商会筹备委员会呈准汉口特别市党部临时整理委员会及汉口市政府后召集之，并应于举行代表大会前十日通知各代表。五、本市商会会员代表大会之职权如下：甲、接纳本会筹备委员会及出席会员代表之报告；乙、计划本市工商实业之改良及发展；丙、规划本会会务之进行；丁、选举本会执监委员。六、本市商会会员代表大会应分别推定三人至五人，组织下列各处会：甲、秘书处；乙、代表资格审查委员会；丙、提案审查委员。七、本市商会会员代表大会之会期定为三日，遇必要时，得延长之，但最多不得过五日。八、本市商会会员代表大会，须有代表过半数之出席，方得举行。九、本市商会会员代表大会秘书处代表资格审查委员会提案委员会之组织细则，另定之。十、本条例由汉口特别市党部临时整理委员会议决，呈请中央执行委员会核准施行。

选举细则：

汉口市商会执监委员选举简则：一、本市商会执行委员监察委员(以下简称“执监委员”)之选举，依法本简则之规定行之。二、本市商会执监委员之选举，应于十日前通知各选举人，五日前呈请市党部派员指导，市政府派员监选。三、本市商会执监委员之选举，应由会员代表大会用无记名连选法选出之。四、本市商会执监委员之选举权及被选举权之取得，应以本市商会登记合格取得证明书之会员代表为限。五、本市商会执监委员之选举，须有会员代表过半数之出席，与指导人员监选人员之到场，方得举行。六、本市商会执监委员之选举，应用本市商会制定之选举票，否则无效。七、本市商会执监委员之选举，应以得票较多者为当选，票数相同时，用抽签法决定之。八、本市商会选举执监委员时，应另选候补执行委员及候补监察委员。

九、本市商会选出执监委员之名次，应以得票多寡为序，票数相同时，用抽签法决定之。十、本市商会执监委员之选举，应由会场之主席就出席代表中指定发票员、收票员、唱票员、记票员及监票员等各若干人，其开票须当场举行。十一、选举人入场须在签名簿上签名，并呈验本市商会登记合格证明书。十二、选举人有下列各项之一者，由会场主席加以警告，不服警告者，由主席按情节轻重，征得监选员之统一，宣布取消其选举及被选举资格：甲、交换选举票；乙、乱离席次；丙、互相谈笑；丁、互相窥望；戊、夹带名单。十三、选举人不能填写选举票时，可先举右手，请监选员代填，但填写完毕后，务使本人签名或盖章。十四、选举票有下列各项之一时，由监票员报告主席，征得监选员之同意，宣布无效：甲、一部分无效；子、被选举人之姓名与会员代表名册不符者；丑、被选举人之姓名模糊不能辨认者；乙、全部分无效；子、选举票非本市商会制定者；丑、字迹模糊不能辨认者；寅、填写不依定式或夹写其他文字者；卯、选举人未签名未盖章或其名章与会员代表名册上不符者。十五、本市商会执监委员之选举，应于办理完毕后三日内通知各当选人，并将其姓名、机关、年龄、历略及通信地址呈报汉口特别市党部及汉口市政府备案。十六、本简则由汉口特别市党部临时整理委员会议决，呈请中央执行委员会，核准施行。

（《湖北中山日报》P556）

29.汉市筹备民会选举

（1931 年 2 月 22 日）

（汉口）市府派杨在春等筹备国民会议选举，汉商会定二十二日开选举会。（二十一日专电）

（《申报》）

30.复汉口市总商会

（1931 年 2 月 23 日）

径复者，接准贵会公函，以据情转请桥口起卸货物，准予援案以六小时为限，夜间免卸，以恤商艰，并希见复。等由，准此。查所称桥口卸车困难各节，自系实情，应按部章以六小时为限。惟夜间免卸一节，现值车辆缺乏之时，未便坐令虚縻，致损路收，碍难照办。相应函复，即希查照。

此致

（《平汉日刊》第 21 期）

31.汉商会昨开选举大会

（1931 年 2 月 23 日）

汉口总商会，照新商会法改组，于昨（二十二）日上午十一时举行第一届选举大会，到各业代表一三八二人，来宾有市社会局长杨在春，财政局局长吴国桢，市民巡会常委单成仪，何成浚代表宾振远，省党部代表崔从灏，高等法院何奇阳等二十余人。由到会代表共推黄文植、高伯常、任汉臣、周星棠、蓝熙周、胡治初、陶公迪七人为主席团，并互推黄文植为总主席，行礼如仪后。

首由主席黄文植报告选举意义。略谓:今天是汉市新商会法成立的基础,各业代表踊跃参加。又承各界来宾惠临指导,无任荣幸。此次选举,承市党部市政府指示周详,得筹备完善,吾人应时刻不忘。查此次选举,是按照新商会法改组,谋全市商业之进行,其图训政之建设云云。

次由市党部代表民训会常委单成仪训词。略谓:总商会这次改选,意义很重大,实行新商会法后,能使全市的商民,有组织,有训练。兄弟今日代表市党部参加盛会,极为愉快。这次中央改组各地人民团体,其主旨在使民众有相当组织,切实训练,能运用四权。现在汉商会既有相当组织,各位尚须负责训练,仰副中央期望,以完成训政工作。今日选举,尤盼不以感情用事,推举真能为商民谋利益者为执监委员,以免遗误将来云云。

次市社会局局长杨在春训词。略谓:今日汉商会改选,各代表参加甚整齐,深为欣慰。商人常有地域观念,每有只顾自己,不顾全体的,或以帮别不同,互相诽谤,此种不良习气,亟应改除。吾人理想之代表,当以能代表全体商人利益者为标准,深望诸君注意。此外商人并要负责抵制帝国主义者经济的侵略,努力提倡国货运动,步骤要一致,精神要团结,此种责任,相信各位不但能做,而且容易办到。

次由省党部代表崔从灏致词。略谓:过去民运错误,无手段,现在力谋纠正,以符训政时期需要。过去商运,为店东店员之斗争,并非为发展商运。现在合谋劳资协调,如代表大会,为各业推选之代表,店东店员同谋发展。再帝国主义者经济侵略,新商会产生以后,以全体力量谋商业发展,以汉口为中心,必可于短期内奏效云。

次由何主席代表宾振远演说。谓:现在是商战时代,汉市居全国中心,关系重要。各位能认定潮流努力做去,必可挽危亡局面。又何主席以公事太忙,不克亲来道贺,嘱兄弟代表致意云云。

此外演说者尚有何奇阳、张介僧等。最后由主席黄文植答词。谓:今日大会足能表现团体精神,将来必可为国家做一番事业,方才单委员、杨局长均以此点希望我们,今后我们当努力做去云云。

迄十二时,开始投票,四时方毕,由唱票委员按此高唱,直至深夜始竣事。选举执监结果约今(二十三)日可揭晓。闻主席一职,须二十六日可选出云。

(《湖北中山日报》P568)

32.汉商会改选执监委

(1931年2月24日)

(汉口)廿二日,汉商会改选。因各业代表到一千三百八十二人之多,为空前所未有,故执委十五监委七人票,自申迄亥尚未唱完,须廿三日丑时始可揭晓。

(《新闻报》)

33.汉口商会改选

(1931年2月24日)

汉口廿三日上午九时十分,本报转电□养(廿二日),汉商会改选,各业代表到一三八二人,为空前未有。执委十五,监委七人,票自申迄亥尚未唱完,须漾(廿三)丑亥始可揭晓。闻执委以李德齐、余蓉樵、贺衡夫、郑燮卿,监委周星棠、黄文植得票最多。

(《益世报》)

34.汉商会前日选举结果

(1931 年 2 月 24 日)

李德齐等当选执委,朱瑞峰等当选监委,昨晚全体执监委开谈话会交换复选意见。

武昌商会定二十八日开成立会。

汉商会前(二十二)日改选执监委员,因各业同业公会暨商店会员出席代表人数达千余人,投票□标,辗转需时,其选举结果直至昨(二十三)晨四时半始告完竣。当选名单及所得票数兹特录下:计当选执行委员李德齐(七百三十九票),黄文植(七百二十二票),余蓉樵(七百一十五票),贺衡夫(六百七十二票),高伯常(六百三十三票),周星棠(六百一十三票),任汉臣(五百七十票),陈经畬(四百九十四票),陶公迪(四百八十七票),何文炳(四百七十三票),郑燮卿(四百七十一票),杨辉廷(四百二十三票),杨松圃(四百二十二票),周允齐(四百一十二票),刘少岩(三百七十四票)。又当选监察委员朱瑞峰(三百四十八票),王森甫(二百三十八票),吴叔云(一百八十五票),马煌垣(一百八十一票),吴镜波(一百六十四票),蓝熙周(一百五十六票)。

汉商会新委产生后,即于昨晚(二十三)六时召集全体执委谈话会,交换复选常委及主席意见,以便于二十六日复有所结果。届时到者,有周星棠、陈经畬、李德齐、余蓉樵、高伯常、黄文植等十余人,据闻主席呼声最高者黄文植、刘少岩两氏。至商会内部组织,将有所变更。市府方面之意见,拟令其分科办事,内设一二三等科。新委下月一日就职后,即将实现云。

武昌市商会筹备已达一月,刻遵奉省党部整委会命令定本月二十八日开成立会,选举执监委员,并互选常委主席,已通知各同业分会代表,并呈报党政机关矣。但在未成立以前,职权问题,已经建设厅令准筹备委员会得代行之。

(《湖北中山日报》P580)

35.汉商会新选执监委员定明日宣誓就职,同时互选常委及主席

(1931 年 2 月 25 日)

本市商会选举结果,已志昨日本报。顷悉各执监委,定于本月二十六日,在会宣誓就职,同日下午一时,互选常委及主席,并函请社会局派员监选,市党部民训委员会派员莅会指导,一面通知执监委员届时莅会。通知原文,附录于此。查本委员会,昨以汉口市商会第一次会员代表大会,依法选举执监各委员,所有当选人姓字、票数业经列表分别通知在案。兹订于二月二十六日上午十时,为执监各委宣誓就职之期,并于是日下午一时,由执行委员依法互选常委委员五人,并就当务委员中选任一人为主席,执事是当选执委之一,届时务祈莅会宣誓就职,并举行复选,以符法令云云。

另讯:本市国货运动委员会,于昨日(二十四日)发出代电,致贺商会执监委员,兹将原文

采录如下:汉口市商会执监委员公鉴:阅报欣悉,贵会于养日举行代表选举大会,诸君以经济之盘才,兼商场之健将,众望所归,同膺荣选,遂听下风,无任钦迟。敝会提倡国货,矢志无二,惟声嘶力竭,愧乏实效,所望登高大呼,以匡不逮,共杜外货之侵略,以立国富之基础。谨有驰贺,并祝努力。汉口市国货运动委员会叩敬。

(《湖北中山日报》P593)

36.建设厅转令指示工商团体组设办法

(1931 年 2 月 26 日)

建设厅昨训令各县县长云:为令遵事,案奉湖北省政府统字第六三一号训令开:为令遵事,案准实业部咨开:查各地商会改组,一逾法定期限,其遵限依法改组完竣者固多,有以组织不尽合法尚未核准备案者亦属不少。缘商会法根本之解释,工商同业公会实为产生商会之母,而各地商会改组或成立,往往不依法加入公会会员,即各业会员亦不知同业已有七家以上即应组同业公会,不得以商店资格加入之规定。本部再三解释,当以商会与同业公会之关系,如非依法产生商会分子既欠健全,则商会以后之进行,不能为系统之研究,而商会与公会间亦失却密切之联络,安能共谋工商业之发展。讵本部虽迭经指示,而各地商会呈请备案之章程仍多不依法办理,遂致批饬。更正辗转需时,实于完成商运工作,不无迟滞。以后各地商会改组或设立,除同业不满七家得以商店资格加入外,如不先组同业公会依法加入商会者,该主管官署自应明白指示,不予呈转,以免稽延。再各地商会同业公会改组或设立,多不遵照中央颁布修正人民团体方案各规定,先行申请当地最高党部许可指导,再行呈由地方主管官署核转,殊与法令不合,亦应由主管官署指导遵办,勿逾呈转。除分咨外,相应咨请查照转饬遵照办理为荷。等由,准此。除咨复外,合行令仰该厅遵照,并转饬所属一体遵照办理为要。此令。等因,奉此。除分行外,合行令仰该县遵照,并转饬各工商团体一体遵照。嗣后各商会及工商同业公会之组设,所有章程及会员当选委员名册,务须负责依法详加审核,毋得率尔呈转,驳斥需时,是为至要。此令。

(《湖北中山日报》P605)

37.武昌商会续募赈款,凑足省府核准五千元之数

(1931 年 2 月 26 日)

武昌市商会筹备委员会,因急需劝募冬赈赈款,特出通告云:案查本届冬赈募捐,截至本月二十日,计收到刘鹊臣先生移筵作赈捐洋一千元正,第一公安分局地段各商号捐洋四百六十元正,第二公安分局地段各商号捐洋八十七元正,第五公安分局地段各商号捐洋一百九十一元正。以上三地段商号牌名,俟全数募齐,另行详布。再前奉省府核准提借商会公款五千元,垫缴本届赈款,仍应如数募齐归还垫款。等因。省令至为详明,自当恪遵办理,继续劝募足数,以符原案,除分函外,特此通告。

(《湖北中山日报》P605)

38.汉商会选常委

(1931 年 2 月 27 日)

本报汉口电　新执监为二十六日就职,杨在春监誓,张介僧监选,贺衡夫、黄文植、任汉臣、李德齐、陈经畬当选常委,贺衡夫当选主席,定一日视事。

(《民国日报》)

39.汉商会执监委就职

(1931 年 2 月 27 日)

(汉口)汉商会新选执监委,二十六日就职。贺衡夫当选主席,黄文植等当选常委。(二十六日专电)

(《申报》)

40.武昌市商会筹备委员会紧急通告

(1931 年 2 月 28 日)

窃本会因选举在即,业已于本月二十六日上午截止报到,定于本月二十八日开选举大会,持凭出席证到会换领选票,以便依法填投而重选政,是为至盼。(表略)

(《湖北中山日报》P607)

3 月

1.武昌市商会昨日举行代表大会

(1931 年 3 月 1 日)

武昌市商会,自去几呈请建设厅批准,经武昌市党部派傅光海、丁良坦、李国器参加指导,筹备多日,于二月二十八日举行代表大会。各机关团体代表参加者,有省政府吕承着,建设厅朱树馨,省党部崔从灏,市党部傅光海,警备司令部稽查处邹海清,公安局陈金瑞,营业税局吴操全等,会员代表到会者三百八十三。是日原定开会时间上午九时,迟至十二时始振铃开会,推定苏汰余、舒文钦、姚竟成、范燮亭、吕厦千等五人为主席团,苏汰余为总主席,开会如仪。

首由总主席苏汰余致词。略谓:以前武昌已过去的旧商会,因为不能团结,得到成效甚少。现在大家都很有觉悟,希望此次改选,能树稳本会的根基,一致合作,同谋商业发展,俾副党部政府及各界的期望。

次由省政府代表吕承着训词。略谓:武昌商会过去的组织,完全是受军阀和□党的压迫摧残,不是腐化,就是恶化,这次才是遵照国府新颁的组织法,谋新的商会成立,兄弟觉得要注意的有三大点:第一,要打破地域观念,群策群力,去谋新的进步。第二,要化除旁观的观念,个人认定商会的利益就是个人的利益。第三,要本着良心的决定,慎选执监委员人选,至于劳资的观点,更要通力合作,以收指臂之效。

次省党部代表崔从灏训词。略谓:希望各代表,对选举出发点,大家要站在革命的方面,不要站在感情的方面,各位代表是代表大多数会员的,大多数会员是希望各位代表来替他们选举能替大家做事的人出来做事的,所以我们应代表大家意思,站在革命方面,屏除感情用事的成习。所选举出来的委员,兄弟断定必能胜任,必能站在共同利益方面去做事云云。

次建设厅代表张正性致词。略谓:近年世界潮流趋重商战,我国经济落后,已处危险地位。现在复以金贵银贱,我商业上更蒙极大影响。此金贵银贱问题,匪独与我商业上具极大关系,即关系全世界商业亦甚巨,故各国政治与商界,莫不注意。我政府对此救济法,正在详加考虑,我商界对此问题,尤为切肤。当共同研究,如有所得,当陈之政府,以备考核。此兄弟对贵会改组后所希望的云云。

次市党部代表梁阴仑训词。词毕,即举行散票。至投票结果,共三百六十七张。因唱票需时,监委须延至次日举行,所有当选执委,以苏汰余、李贡廷、范燮亭、陈松樵、胡书城、尹仲涛、邬海清、曹云阶等呼声为最高,结果明日续志。

(《湖北中山日报》P9)

2.汉口市营业税促进会昨开第一次会议

(1931年3月1日)

汉口市营业税促进委员会,自经省市政府核准成立后,昨(二十八)日下午二时,特在总商会内开第一次会议,出席人夏赋初(省政府代表),张楚玉(汉阳营业税局代表),吴国桢(市府代表),陈次溥(财厅代表),黄振兴(市府代表),张友三(武昌营业税局代表),蒋育仁(汉税局代表),南口(省府代表),戴维夏(市府代表),杨显卿(商联会代表),郑燮卿(汉商会代表),陈经畲(汉商会代表),周文轩(汉阳商会代表)。主席夏赋初,开会如仪,由主席报告成立经过,继讨论章程,自第一条至第九条。因时已晚,遂散会,决定下星期三开会继续讨论。又通过营业税征收方法,由该会呈请省市两府采择,开会时定每星期三六举行云。

又讯:汉口营业税局,自奉令筹备以来,已于本月二十日起开始登记,但在汉市方面,原有与营业税性质相同之税捐,前由省市两政府联席会议议决,仍暂由财政局照旧征收,兹录其布告于后:为布告事,案奉市政府训令,以本月十四日省市两政府联席会议议决,汉口市原有与营业税性质相同之税捐,暂归市府照旧率征收,赛马捐不在营业税之内。等因。合行布告,本市市民一体周知。此布。

(《湖北中山日报》P9)

3.汉商会昨开欢迎会欢迎新主席

(1931年3月2日)

本市商会第一届执监常各委,于昨(一)日下午一时,举行欢迎主席大会,全体委员出席,首由黄文植致欢迎词。略谓：今日为欢迎贺新主席之日，各位踊跃参加，殊深荣幸。在前之商会，无法规遵守，而以前各会长办得井然有序。自文植接任主席，虽有单行法规，但因文植知识浅陋，毫无建树，幸各位指导，得无陨越。此次商会改组，是依新商会法改组成立，当此正式法团成立之日，须有非常之人，方能胜任。贺新主席学术经验，为同人所钦佩的，以后必能发扬光大，为全市商人造幸福云云。继周星棠致词，谓黄文植任事两年，异常辛勤，今日贺新主席荣任，黄主席交卸，兄弟无任荣幸。再余蓉樵致词，不外谓黄过去为商人谋福利。郑燮卿致词，谓黄因回梓办学与修谱，所以不敢以继任相逼迫，但脱主席职务，然对商会，仍望负责。旋由贺衡夫答词，略谓今日的欢迎会，衡夫殊不敢当，适各位训词的几□，当敬慎授受，衡夫在商会虽属多年，但短于言辞，今天拉杂的几句，民国二十年来常在军事扰攘时期，自民九始由万前会长泽生建筑会址，嗣后迭因环境关系，商会日处风雨飘摇之中，以致各种设施，不克实现。现在衡夫根据前任周郑雨会长及黄主席所拟办的几点，报告一下：（一）商业特刊；（二）商业补习学校；（三）商品陈列所；（四）商业统计。均为亟须举办事项。况当训政时期，政治已上轨道，衡夫拟就上列四点，徐谋推进。至于衡夫今日受职心甚惶悚，因为黄主席在任两年零两月来，而内有十八个月，在军事期内，而黄主席态度雍容，应付裕如，并无论任何时局，日必签到，对于来往文件，案无积牍。在桂系崩溃时候，使全市商人，不受虚惊，值得我们钦感。再黄主席对慈善事业，更极热心，如办陕灾，均为其主动，可以说先后辉映。今日衡夫临此重任，所以不胜惶惧，各常委乃执监均为先进，仍希随时指导。（贺致答之前，尚有王森甫、惠纯卿、马煜垣、周少垣、蓝熙周、朱有孚、吴叔云、王民仆等均有演说，因限篇幅，从略）贺致答既，旋摇铃散会，时已三时矣。

（《湖北中山日报》P21）

4.鄂省政费支绌拟向汉商会借款

（1931 年 3 月 3 日）

本报汉口电：张贯时因二月尚差政费，拟向商会息借五十万。

（《民国日报》）

5.武昌商会名称确定

（1931 年 3 月 4 日）

实业部顷咨复鄂省府，以武昌总商会改组，应称武昌县商会，以县政府为直接主管官署。省府据情后，昨持训令建设厅饬属遵照，原文如下：为令知事，案查前据该厅呈请转咨规定武昌总商会从新组织，应用何种名称，并指定何项机关，为该会直接主管官署。等情，到府。当经转咨实业部核复，并指令在案。兹准咨复，略闻，查武昌市既已裁撤，依据商会法第五条之规定，该会应称武昌县商会，以县政府为直接主管官署，并须依照修正人民团体组织方案各规定办理，至湖北省会商会之名称，于法无据，未便使用。准咨前因，相应复请查照饬知为荷。等由，准此。合行令仰该应即便转饬遵照。此令。

又讯：武昌总商会，此次依照国民政府新颁商会法，业于上月二十八日，召集各业公会代表，举行成立大会，选举执监委员，从事新商会法之规定，谋全市商人之利益，各方面对于新委员之希望颇大。刻闻该会,定期本月五日,召集执监联席谈话会,正式接收筹委会移交文件册簿,并对于本届常委及主席人选之意见,加以交换。但就此届新委员,有主席资格者,以胡书城、李贡廷、曹云阶、舒文钦等较有希望云。

(《湖北中山日报》P45)

6.武昌商会新选委员定八日宣誓就职

(1931年3月6日)

武昌总商会执监委员,均依法产生,自应即日宣誓就职,特于昨(五)日下午二时,召集执监委员谈话会,交换意见,并定期举行宣誓就职礼暨选举常委。是日到会执委苏汰余、李贡廷、胡书城、范燮亭、舒文钦、尹仲涛、邬海清、陈松樵、宋伯珩、陈善长、姚竟成、郑希文等,监委唐亚生、黄巨封、徐春轩、邓华生等,公推范燮亭为临时主席,范余基记录。开会如仪后,首由主席报告,略谓今天召集谈话会,有两点意义:一、此次当选各委员,有向未谋面者,借此彼此联络认识;二、急需定期举行宣誓就职典礼。其他对于筹委会经过及账项,亦应报告,现在急待解决之款,有党部指导员办公处经费,尚欠一千一百元之谱,各筹委借垫之款,亦应归结。继提出讨论事项:一、决定三月八日,为执监委员宣誓就职期,笺请各机关团体派员参加,以昭慎重。二、营业税局请将出席评议委员姓名函知,以便延聘,应俟各执委就职后再议。三、定期召集各业工会主席来会谈话定三月十日。四、将营业税各种章程,即日翻印,分发各同业公会,征求意见。

(《湖北中山日报》P69)

7.汉商会昨开会欢迎曾中委养甫

(1931年3月9日)

汉口总商会,昨(八)日下午二时,在该会大礼堂,开会欢迎中央委员曾养甫先生。到会委员及该会全体执监委员,各同业公会代表百余人。首由该会主席委员贺衡夫致欢迎词,次曾委员演说,大意是谓工商业与国家之关系至为重要,要国家富强,非提倡工商业不可,对于发展工商业办法,亦详细阐明(全文尚在整理中)。直至四时许,始摄影散会。

(《湖北中山日报》P104)

8.鄂省府再向商界借款

(1931年3月10日)

汉口通讯:湖北省政府主席何成浚,昨(七)日在普海春欢宴武汉两商会各执监委员及汉阳商会、全省商联会、汉口银钱两公会、业主特业两会,以及中国交通等银行行长,并请市长刘文岛及市府各局长省府各委员厅长作陪。七时入席,席中,何致词,略谓国历新年关头,曾承商界与银界以互助精神,借得六十万元,得渡过难关,极为感谢。最近省政府因裁厘而举办之营业税,甚希此种新税有新的进步。武汉方面,虽正在积极会商一切征收手续与标准,而宜沙方面,刻尚在调查中,政府现虽急将此税开征,然事实上尚不能到手,而省府财政之困难,又无以复加,现因营业税缓不济急,故不得已特与汉口商会商量,即以营业税为担保,酌借若干,以济眉急。至一切筹备办法,即由张财政厅长从详计议,务请商界诸执监委员,特别谅解省府苦衷,予以援助云云。何词毕,汉口总商会主席贺衡夫起立致答,略谓今日蒙何主席召宴,实不敢当,政府财政困难情形,同人深知,此次举办营业税,商界曾一再声言,当极力拥护。此种抵补财政政策,现在官商合组之促进委员会,对营业税之一切办法,大致均已议有具体方案,日内当有详细呈文,呈请省市政府采纳施行。今日何主席面谕借款一层,谨代表商界全体敬谨接受云云。

(《申报》)

9.何主席容纳商界意见,对征营业税标准将提委员会决定

(1931 年 3 月 10 日)

关于开征营业税纳税标准,汉商会前向省府提出意见,以各商号十七、十八、十九三年营业状况平均数计算纳税。兹闻何主席为体恤商艰起见,拟予以采纳,俟提出省府政务会议通过云。

(《湖北中山日报》P117)

10.官商谈话会,讨论劝销善后公债,结果决定三项办法

(1931 年 3 月 12 日)

财政厅长张贯时为劝募善后公债问题,柬请武、阳、汉商界于昨日下午二时在省银行开谈话会,计到黄文植、贺衡夫(汉口商会),周少垣、胡治初(汉口业主会),俞重威(汉口银行公会),李德齐(汉口钱业公会),苏汰余(纱厂联合会),赵典之(特业公会),夏子文(武昌业主会),周仲宣(汉阳商会)。由张贯时主席,如仪开会后,主席报告,略谓政府此次为筹□□经费发行善后公债,确为全省人民谋永远安居乐业之需,全省安定武汉商场必益发达,且公债基金担保可靠,复由各界组织委员会保管,基金诚非他项公债可比,希望今日在座诸公体谅斯旨,特别协助,俾可期于有成实鄂省之幸。次报告摊认数目请先垫现款,以应急需,并希各位对于劝募办法尽量发表意见,便于讨论尽善办法以利进行云。经讨论结果如下:(一)摊销公债数额问题,俟各团体分别召集会议讨论办法后,再于下星期三,召集官商联席会议;(二)组织基金保管委员会,容纳商人意见,酌量办理;(三)武、阳、汉房租业主劝销一个月,商铺捐劝销半个月,计共可劝五十万元,因商铺已由商会摊销,改由房租业主劝销半个月,又财厅之意,此项房租劝销数额,拟请业主会先行垫缴,以济急用,业主会允尽先劝募监收随拨云。

(《湖北中山日报》P130)

11.鄂财厅筹措政费之办法向汉商会借六十万元发二月份政费还银团借款六十万元收回善后债券

(1931 年 3 月 15 日)

汉口航讯　鄂财厅日前向汉商会借款六十万,现商会正在向银行团接洽,并由商会呈准政府以善后公债一百二十万元做抵押品,刻财厅以需用在即,特向商会催促,务于本月底以前交

款,以便发给二月份政费。至利息一层,财厅则以为系代政府筹措政费,将来究由何方担任,尚未议定,利率若干亦未设及云。

湖北善后公债,原定发行额为三百万元,财厅前次向汉口银行团借款,曾拨此项债券一百二十万元为担保品,现在商会筹借六十万元,请拨公债二十万元担保品,是善后公债已仅存六十万元,财厅刻已发行在即,拟即偿还前次银行团借款,拟收回做抵押品之公债一百二十万元,按其次银行团借款偿还期限,原定为六个月,每月付还十万元。现财厅以省府议决摊派善后公债清单,计银行团摊销数额为八十万元,拟即在此八十万元中扣还上次六十万元借款,另由双方办理转账手续极为简易,尚余二十万元,则由银行团缴纳现款,至抽回之善后公债,除应付银行团摊派之八十万元外,尚多四十万元,连同所存之六十万元,共计百万元,则准备发行各县市及纱厂等团体云。

(《民国日报》)

12.(湖北建设厅)呈省政府为此次组设之武昌市商会及各同业公会既经党部许可又呈由职厅派员监选拟准其变更名称以免另行组设以后关于武昌县境内公司行号拟准其随时加入县商会及各同业公会是否可行祈鉴核转咨由

(1931 年 3 月 20 日)

呈为呈请事,案据武昌市电料业同业公会主席尹仲涛呈称,窃属会于本月三日奉钧厅指令俭字四百号内开:呈及附件均悉。已据情并连同原件,呈请湖北省政府转咨核示矣,仰即知照。此令。等因,奉此。查属会成立之始事务纷繁,现奉钧令核准,特遵照工商同业公会法施行细则第九条,随缴国币四元,恳刊发图记应用,以昭信守。等情,据此。本年二月十六日,据该同业公会呈赍章表前来,当经呈奉钧府指令,已咨部查核备案复查三月三日奉钧府统字第九九一号训令,以准实业部咨复略开:查武昌市既已裁撤,依据商会法第五条之规定办理。等因,奉此。经令饬遵照在卷。惟本厅在未奉到钧府统字第九九一号训令以前,曾准武昌市党部函送武昌市商会筹备委员会章程名册过厅,业于二月二十日呈奉钧府统字第六三五号令准实业部咨复照准,所有旧商会改选及接受旧商店印信卷宗,以及代行商会职权等项,并准由该筹备委员会负责办理有案。该筹备委员会奉到前项令知,即着手组织正式商会,并申请武昌市党部发给许可证书,于二月二十八日呈,由本厅派员会同党部指导员监选就绪,至关于武昌市各同业公会之组设,曾申请武昌市党部指导许可,并呈经本厅派员监选者,共计五十九会,不独该电料同业公会为然。现在武昌市商会既已改为武昌县商会,武昌市各同业公会亦系事同一律均应改为武昌县某业同业公会,归县直接主管。兹据武昌市已经成立之各同业公会呈赍章程名册,请予核转到厅。本厅以武昌市商会暨武昌市各同业公会,此次筹备组设,既经申请党部许可,又呈经本厅派员监选,似不能作为无效。只因更改名称,订立章程、名册呈由武昌县政府依次递转,以符法定手续,并应依照工商同业公会法施行细则第九条之规定,由各公会呈请武昌县政府刊发图记应用。除分别指令遵照外,所有本厅办法本案情形是否有当,理合将重新组织之武昌市商会暨武昌市各同业公会,现应更改名称者,缮具清单二份,备文呈请钧府鉴核,并乞转咨实业部查核见复令示下厅,以便祗遵。再武昌市商会,既应改为武昌县商会。武昌市同业公会又应改为武昌县同业公会。查县与市之区域范围,各有不同。为兼筹并顾起见,以后关于武昌县辖境内之其他公司行号,如有与清单所开各业性质相同者,拟准其加入。此次组设之县同业公会充当公会会员,如有与清单所开各业性质不同,另行组设同业公会者,拟准其加入。此次组设之县商会充当公会会员,如有与清单所开各业性质不同,而同业又未满七家以上者,拟准其加入。此次组设之县商会充当商店会员,所拟是否可行,迅恳一并咨部核复,实为公便。如会员所拟是否可行,迅恳一并咨部核复,实为公便。

谨呈

湖北省政府主席何

计呈来清单二份

兼建设厅厅长　方达智

谨将职厅派员监选武昌市商会及武昌市各同业公会,现应更改名称者逐一开呈鉴核,计开:武昌市商会(该商会系申请武昌市党部指导许可,现应遵令改为武昌县商会)。

武昌市洋广杂货同业公会

武昌市电料业同业公会

武昌市照相业同业公会

武昌市香业同业公会

武昌市盆澡业同业公会

武昌市煤焦业同业公会

武昌市汾酒业同业公会

武昌市西菜业同业公会

武昌市旅栈业同业公会

武昌市木器业同业公会

武昌市鞋业同业公会

武昌市首饰业同业公会

武昌市油漆业同业公会

武昌市饮片业同业公会

武昌市砖瓦业同业公会

武昌市书业同业公会

武昌市车业同业公会

武昌市花包脚花纱头同业公会

武昌市粤汉转运业同业公会

武昌市寿木业同业公会

武昌市五金皮骨发货业同业公会

武昌市纸业同业公会

武昌市米业同业公会

武昌市糕面业同业公会

武昌市军装翻衣业同业公会
武昌市五金玻璃业同业公会
武昌市包席业同业公会
武昌市车木毛刷业同业公会
武昌市粮食行业同业公会
武昌市杂货业同业公会
武昌市印刷业同业公会
武昌市卷烟业同业公会
武昌市炭行业同业公会
武昌市皮箱业同业公会
武昌市茶食业同业公会
武昌市线麻业同业公会
武昌市茶叶业同业公会
武昌市丝烟业同业公会
武昌市建筑业同业公会
武昌市石灰业同业公会
武昌市布业同业公会
武昌市染业同业公会
武昌市制革业同业公会
武昌市磁铁业同业公会
武昌市土果业同业公会
武昌市煤油业同业公会
武昌市机器制面业同业公会
武昌市洗染业同业公会
武昌市棉花业同业公会
武昌市钱业同业公会
武昌市家货业同业公会
武昌市芦柴业同业公会
武昌市花圈业同业公会
武昌市鱼行业同业公会
武昌市猪行业同业公会
武昌市衣业同业公会
武昌市菜馆业同业公会
武昌市铜货业同业公会

以上五十九会系申请武昌市党部指导许可，现应遵令，改为武昌县某业同业公会。

（《湖北建设月刊》第 3 卷第 3 号）

13.武昌县商会据呈报筹委会成立日期请派员指导等情在未奉省府转到部示以前未便派员出席由

（1931 年 3 月 20 日）

呈悉。案查前准武昌市党部函送武昌市商会筹备委员会章程名册到厅，当经呈奉省政府令准实业部咨复照准有案。该筹委会奉到本厅前项令知，即着手组织正式商会，并申请武昌市党部指导许可，暨呈经本厅派员监选就绪。嗣奉实业部明令，以武昌商会应改为武昌县商会。复经本厅将武昌市商会组设经过及应改为武昌县商会各情形，呈请省政府转咨实业部核示在卷。在未奉省府转到部示以前，未便派员出席，仰即知照。此批。

兼厅长　方达智

（《湖北建设月刊》第 3 卷第 3 号）

14.商会今后之责任，曾养甫演讲

（1931 年 3 月 21 日）

中央委员曾养甫三月八日，在汉口市商会欢迎会之演讲词。兹已整理完竣，特披露如次：

主席，各位委员，今日兄弟得此机会，与汉口商界负责诸君及实业领袖相见一堂，非常欣幸，刚才主席要兄弟对于各位将来工作贡献些意见。兄弟并非商人，对于商业是外行，要向各位发表意见，研究汉口商业改良进步的方法，不是易事。所以兄弟今天只将商会今后之责任及商人与国家社会的关系，提出几个原则，和各位讨论。

各位知道，无论任何国家，假使仅取保守主义，但求他的社会安定，人民生活稳固，只要提倡农业便足。如果要使他的国家富裕，社会发达，人民生活日见向上，非再求工商两业的兴盛不可。因为农业进步，受土地报酬渐减律之限制，增加收入极其困难，不论科学如何进步，技术如何改良，农业还是不见得有迅速的发展。倘然大家努力工商两业，他的进步和发展，却是很快。我们知道日本自明治维新至今，已有六十年，以前是重农的国家，如今亦并未轻视。不过维新以后，国家所定政策，看得工商业与农业同样重要，应该求其平均发展。五六十年来所得的结果，农业的进步，不过增加十分之三，而工商业之发达，在此短促之时期中，竟增加到四五百倍。日本土地，不过我们四川一省，人口亦不过五六千万，而今日竟列为五大强国之一，他们自己并且看不起法兰西和意大利，以为全世界只有英美日本三大强国，大家知道，日本所以会如此强盛，那完全是注重工商业的效果。

我国几千年以来，一向是重农轻商，他的好处是使国家社会安定，然而国家不能发达强盛，社会事业不能进，亦是重农轻商的结果。本党总理所定政策，主张重农，继续以农业立国，以适应历史习惯，但是并非不要工商业。须知农业国家，只能生存于闭关自守的时代，我国五口未能通商以前，虽然勉强能够应付，到鸦片战争以后，门户大开，以重农之国，与东西注重工商诸国竞争，就觉相形见绌，处处失败，数十年来，外人统以我国为他推销制造品的最大市场。当初以为重农重商，各有所长，两无妨碍，但其结果，非特我国工商业无立足之地，就是农业亦大受影响。每年入超五六万万元，大家知道是商业的失败，不知道却影响到农业，弄到全国的农村组织和农业经济，完全濒于破产。虽然连年战争，是农业衰落的一种原因，但是商业的失败，影响于农村更大。每年流出五六万万元，至今已数十年，尚无转机之望，何能支持？有如吾人血液，不断向外流出，何能生存？所以我们要认清，要靠农业来安定今日的社会，先要努力发展工商业，使农业不致破产，本党的政策要重农，要耕者有其田。同时，总理定下了一部博大精深的实业计划，积极发展工商业。我们知道本党的政策是农工商业同时并进，既谋挽回工商业之厄运，同时扶助农业之发展，与英美诸国偏重工商业的政策不同。

我国工商业的失败，原因何在，是否永无挽回之望？这就是今日要提出讨论之点，近几年来，国际贸易入超的数目，日见加大，失败的程度，日见加深。这种原因，总理早已详细告诉我们，对内由于政治不良，工商业无法发展，对外由于帝国主义经济的压迫，以不平等条约为武器，摧残我们幼稚的工商业。我们最感痛苦的治外法权、租借地、协定关税、内河航权等等不平等条约，这些条约似乎是外人政治的侵略，但实在他们是以假政治的力量来达到经济侵略的目的。我国工商业失败的最大原因，完全在此。总理三民主义所讲，关于此事占最大部分。所以我们要解除工商业的束缚，挽回工商业的厄运，非完全实现本党的主义和政策，不能达此目的。刚才主席说，汉口商业对于本党主义极端信仰，对于本党政府是竭诚拥护，这自然是汉口商人很有觉悟，很有眼光的地方。因为本党主义政策实现之后，以前所说对内对外两种障碍，方能完全解除，工商业方能日趋发达。不过依兄弟的见解，要发达我国工商业，解除工商业的苦痛，除希望商会诸君领导全体商人努力拥护本党政府实现本党主义之外，同时对于商人的本身缺点亦希望加以改良商人的本身的最大缺点，依兄弟的眼光，约有三种：第一种是无组织，第二组是无眼光，第三种是无计划。商人经营商业，倘不注意组织，只知各自为谋，商业绝不容易发展。外国商人之所以如此厉害，就因为他有组织，有大规模之组织，工厂如此，商场亦是如此。中国商人不知组织的重要，并且以前日中为市，无人竞争，也不觉得组织的重要。近来与生产有组织，推销有组织的外国商人接触，就不免着着失败。现在国内政治就使改良，国外不平等条约就使解除，假使商人本身没有组织，还是免不了失败，还是不能与外人竞争。经营商业，一定要有远大的眼光，在这种商战剧烈的时代，商人应该知道成功失败的前因后果，外国人的优点何在，我国人的劣点何在，应该用何种方法竞争和应付，这是商人应有的眼光。我国商人只知图一己之利，图目前之利，毫无远大的眼光。须知凡事先要知彼知己，倘然不顾将来，不顾他人，就一己目前的小利，也不能保。

我们经营商业，如有精密的计划，外人任凭如何压迫，不必怕他。我们知道，我们如果有组织，有计划，虽然不能打倒他人，必定能够抵抗他人的侵略，不至如以前的束手无策。

上述三点，是我国工商业的失败原因，是商人本身的缺点。希望各位于竭诚拥护政府实行主义之外，再努力改革这无组织、无眼光、无计划三种缺点。（未完）

（《湖北中山日报》P211）

15.商会今后之责任，曾养甫演讲（续）

（1931 年 3 月 22 日）

汉口是我国国内的最大市场，情形与上海完全不同。上海是货物入口之所，汉口是货物输出之地，上海多投机商人，汉口是注重实际的贸易。汉口对于中国商业的地位，可说是一种坚固的壁垒。我们在前线的沿海口岸,已被外人攻破,幸而这内部的城池,还很坚固。我们知道汉口每年出口达三万七千余万两,当然是很可乐观,同时觉得汉口商人要保持这坚固的壁垒,责任是非常的重大。照现在的情形看来,这种壁垒虽然坚固,可是外人进攻的势力,着实不小,我们要十二分的注意防守,并且要准备着反攻。

调查汉口一埠的出口货品,以桐油、棉花、茶叶、药材及麻为大宗。桐油一项,又占出口货物的第一位。但是据近来的消息,此项国际销场,前途亦很危险。兄弟八九年以前,曾任美国一最大油漆公司工程师,工作是化验各种原料的密度、速度及湿度,以便配合制造。其间最有趣味而最不愿见到的一件事,就是化验中国运出的桐油。一百余桶桐油,可说没有两桶相同,外人对于这种货品最不欢迎,一有其他油类替代,销路必定日见减少。这都是我国工人制造不留心,商人有掺和杂质来图小利,不知道要失却所有的销路。近闻美国仿植桐树,不遗余力,成效亦很良好,三五年后,我国桐油的销路,必受影响,这是大家应该注意的。

棉花一项,汉口虽有输出,但是品质不佳,纤维粗短,不能纺成二十支以上的细纱,并且商人喜欢掺和水分,希图厚利,弄到品质恶劣,不能与外货竞争。现在各地运往日本的棉花,每年值银六千万两,而日本每年运到中国来出售的棉织品价值在一万万两以上,是用华棉掺和日美等棉制成。中国棉花不求改良,只能纺成十六支纱,将来精细棉质品,仍非购用外货不可。

茶叶是我国以前最多的出口品,近来因品质不良,制造不洁,现在国际市场,竟被锡兰茶和日本茶夺去,以第一位出产的茶,今日竟是一落万丈,这是怎样一件可耻可痛的事。

药材是中国出的,也是中国人用的,大家以为总没有危险了。以兄弟看来,中国的药材商业,还是有很大的危机,目前是在日本,将来是在德国。我们知道,日本现在医界的趋势,以为西医已经弄清楚了,大家用心来研究汉医,并且种植中国药材,用科学方法制造中国药材,现在香港、上海两处,多有日本的药材出售,已非我国的地道货了,因为日本货价目较□,所以大家乐得购用。党参一种,多不用西□货而采关东出品,就是一个证据。

麻也是汉口出品,现在日本人取去造人造丝,来打倒我们的丝绸业,浙江绸缎商肆多数倒闭,就是受人造丝的影响,这是只能出产原料,不能制造精品的缘故。

上述这几种货物,完全是我们汉口的输出品。因为不知世界大势,不能有组织、有计划经营之故,弄到销路日见减少,或者是反而拿来打倒自己其他的工商业,危险可想而知。这虽由于政治的不良,外力的压迫,而商人本身不知努力,不能改良,无组织、无眼光、无计划,亦是重大原因。所以各位要认清上述几点,努力做去,挽回这商业的厄运,坚固我内地的壁垒。汉口的地位,将来比现在还要重要,粤汉铁路如果造成,则四川、湖北、湖南、陕西、河南、贵州这几者的货物,统统要拿汉口做出口的总汇,所以一定要保持我们腹地的壁垒,不让外人攻入。如果不保此腹地,将来全国没有一处不受外人经济势力的压迫了。今日在座诸君,都是汉口商界的领袖,责任之重大,不言可知。这许多问题,大家也都知道,不过行而不知,习而不察,抱一种得过且过主义,不知将来出产没有销路,就是目前的苟安,也不可得。农民固然不能生活,工商业也因之完全失败。

我们能够认清工商业与国家社会的关系,能够明了以前失败的原因,一方面拥护国民政府,实现三民主义,解除一切束缚,一方面检查本身缺点,努力改良,使工商业为有组织有眼光有计划的经营,方能够抵抗外人,方能够发达工商业。而我们的国家社会,方能日见进步,这就是商会今后之责任,也就是诸君今后之责任。今天承诸君欢迎,谢谢诸君的盛意。

(《湖北中山日报》P223)

16.汉市商会组织细则，民训会决议会同社会局拟订

（1931 年 3 月 23 日）

汉口市党部民众训练委员会，于昨（十九）日上午十时开第三十九次会务会议。出席者高朗、沈亮、杨惊和、曹尔泰、柯愈珊、杜贤达、方承炎、田种玉、单成仪、周兰亭、倪元、胡元寿、段振吾、罗相材，主席单成仪，记录曹尔泰。

（甲）报告事项：一、秘书报告工作；二、组织科报告工作；三、训政科报告工作。

（乙）讨论事项计十六项，兹将可发表者录后：一、本市商会业经正式成立各同业公会，为商会直属团体，嗣后对于本会有所呈请，应由商会核转，本会一切命令，亦须由商会转知请公决案，决议令商会转饬所属知照；二、本市商会组织细则亟应拟订案，决议交组织科会同社会局办理；三、查各工会多不明了理事监事及候补者之职责，以致主张分歧，事权不一，拟请通令晓谕案，决议交训政科拟具解释要点，分别定期召集各工会理事监事来会谈话。至十二时始行散会云。

（《湖北中山日报》P243）

17.汉市营业税登记情形

（1931 年 3 月 25 日）

汉市营业税登记，现已逾四万户。总核各商店资本登记，十元至五百元者，占两万户以上；五百元至万元者，亦占两万户。至各银行，尚未登记。至营业税促进会，因收到各业公会，要求减轻税率来函甚多，该会定今日召开第三次各业公会代表会议，讨论一切云。

（《湖北中山日报》P272）

18.省政府据财政厅呈复办理甲债收回官票办法令仰全省商联全会、汉口市总商会知照

（1931 年 3 月 30 日）

为令知事，案查前据汉口市总商会、该会及业主会等呈请饬发行省公债价偿还甲债收回官票。又据该会、湖北全省商会联合会转呈汉阳荆门等县市商会请速实现清理官票各等情，先后到府。节经令饬财政厅分别拟具清理办法，呈候核夺并先行批示，嗣经迭次令催该厅迅速呈报各在卷。兹据复称，案奉钧府训令平字第一九六八号内开：案查关于部定甲中债务迭经本府令饬该厅分别拟具清理办法，呈候核夺在卷。迄今数月尚未据复，事关要案，合再令催该厅遵照，迭令于文到五日内，将前项清理办法呈报，以凭核夺，勿延。此令。等因。查本案前奉钧府令饬核办，即照案督饬赶办，以期早日竣事。惟本省前项旧债为数甚巨，积时已久，而内容尤为复杂，刻虽登记期限初告终结，所有一切债额均须分别种类及性质，逐项列表检卷审查，庶可明其真象。而职厅档案前于十五年党军入鄂时又多散失，以致查封颇感困难。况其中债务多与前官钱局有关，如可冲抵，即须照案冲抵。自清理前官钱局资债委员会裁撤以后，所有档卷据报

须经相当日期,方可全部移交完竣。故职厅屡次派员前往接洽,均以前项关系迄未检到。又台票一项本系资债委员会清理之事。现该会既已裁撤,亦须照案由职厅并入甲债部分一并清理,其一切债额及偿还之数虽可约略估计,而精确之数尚须经过若干调查方可核定。此办理本案略须时日之原因一也。又偿还此项债务非发行公债不可,此为已定之计划。而发行公债又非指定公产作为担保品不可。盖约计公债总额暂定为一千二百万元,姑无论还本以公产担保外,即以息金一项以四厘计算,每年需四十八万元。查目下公产中稍有收入者,多因债务关系抵押在外,或产业额数甚巨,如丹水池、南湖、羊子洲基地等。又因各种关系收益甚小,故公产经理处每月收入不过二万五千余元。除开支处用经费外,每年公家净收不过二十万元。以之拨给前项息金,尚属不敷。是以职厅对于公产曾定整理四项计划,即从速调查明确于其中可清理者则清理之,可整理者则整理之,可设计者则设计之。此外,收入甚微无关重要者则酌量标卖之,务使有一部分之公产即有一部分相当之收入。似此办法如能实施后,每年收入约可增至一百万元之谱。但无论如何,总须若干时日,故为偿还甲债发行公债计,曾经派员督同公产处指定担保公债基金之公产,一面仍以公债所需息金限度从速整理收入,以期促成还债之用。但近因公产处主任易人之故,此事又不免稍感停顿,现正按照原定方案督饬认真赶办,不久即可完成具体办法。此办理本案稍须时日之原因二也。

有此上述原因致未免即时办竣者,亦属情势使然,非办理者故为延缓也,然而外界未明底蕴,遂疑及办理迟延。其实,职厅对于本案始终抱定官商互益之原则,为解除商场纠纷之计划,初不因办理困难稍行搁置。日前商界负责者来厅询问,当即告以办理本案经过情形,均已明白一切,且谓此项债务积欠已有数年之久,官厅如能确定根本办法,商人决不因稍缓须臾引为遗憾等语,是此间各界商人均已洞悉此中症结,毫无疑义。目下职厅对于本案步骤,第一即详细审查债务之种类及历史,以便从速组织审查会从事复审;第二即查明指令发行公债还本之担保品及息金所需之款,以便拟订还债公债条例,借可取信于大众;第三即查明未经收回之台票尚有若干,以便酌定换票之价值,以免商人之损失。以上三项办法,已督饬承办科股,克日办理完竣,即将各项章则及一切手续整个呈请钧府核夺办理。总之,偿还甲债及台票为职厅行政计划之一,前此一般舆论稍持反对,嗣经职厅详为解释,均归谅解,是各方既已解除隔阂。而职厅岂敢因循延误,用致上无以副钧府顾念商民之意,下无以慰商民渴望之情?此则奉令之余,益觉引为惶悚难安者也。除整个办法另行呈核外,理合将办理本案经过情形先行具复,仰祈鉴核。等情。据此。除提出本府委员会报告并指令暨分行外,合行令仰该会知照并分转知照。此令。

主席　何成浚

(《湖北省政府公报》第 137 期)

19.汉口市棉花出口业同业公会会员代表一览表

(1931 年 3 月)

牌号	使用人数	代表人姓名	地址
万丰	七人	冯愚安	小夹街松寿里
振业	十二人	谢有标	济生一马路东山里

（续表）

牌号	使用人数	代表人姓名	地址
德泰	十四人	朱苏吾	中山路永康里
裕盛恒	五人	罗伯良	万年街福勤里
恒泰祥	九人	张森祥	中山路永康里
大有恒	七人	刘悠宽	中山路永康里
义昌	十人	林德麒	扬子街钦一里
松茂长	五人	黄少山	模范区华商街
立大	八人	谢伯勤	保仁路天隆里
仁丰	十一人	马广仁	特二区界限路
德益公	四人	刘香陔	歆生路聚星坊
成记	十六人	陈兆圣、关英鑑	前花楼德兴里
瑞记	七人	徐菊棠	帝主宫
震大	七人	赵明生	大蔡家巷宝华坊
振丰	五人	张焜山	小夹街流通下巷
永泰和	六人	查泉生	中山路同善里
裕记	六人	张粹如	中山路永康里
永丰	四人	叶季贤	升平正街
永记	七人	朱伯昂	民生路坤元里
福丰	四人	魏海鸿	戏子街江苏巷
瑞华	九人	赵松如	特三区汉润里
益丰永	七人	陈三余	广益桥
和记	八人	周愕卿	后花楼永兴里
德康	九人	黄咏孙	河街周家巷口
顺记	三人	黄汝舟	堤口正街
国民	六人	沈兰舫	模范区泰安里
洪泰	六人	陈椿庭	中山路永康里
源丰	五人	乐裕廷	中山路永康里
谦泰	四人	陈楚卿	大夹街保安里
元盛	三人	陶镕卿	大董家巷
协心乾	五人	陈熙臣	大董家巷
鑫春	六人	李雨亭	猪巷忠和里
和祥	四人	郑立人	河街
利大	六人	浦朗眉	特三区鼎安里

（续表）

牌号	使用人数	代表人姓名	地址
勤慎源	三人	曹宝善	三皇阁堤街其德里
和记汉号	五人	胡泽黎	中山路永康里
勤记	三人	吴瑞卿	模范区华商街
祥丰	四人	谭镜湖	黄陂街
和兴永	四人	程赞卿	法界巴黎街七政里
群记	二人	赵树生	花楼街七区
义兴	五人	赵慕开	后花楼方正里
润大	五人	顾松涛	民生路坤元里
德成庆	八人	罗建章	汉阳外河街

20.汉口市棉花出口业同业公会职员表

（1931 年 3 月）

职别	姓名	年龄	籍贯	营业牌号	地址
主席	罗伯良	四十八	湖北麻城	裕盛恒	万年街福勤里
常务委员	谢伯勤	四十七	浙江上虞	立大	保仁路天隆里
常务委员	刘悠宽	四十二	江苏武进	大有恒	中山路永康里
执行委员	黄少山	五十	湖北监利	松茂长	模范区华商街
执行委员	赵明生	四十三	浙江上虞	震大	大蔡家巷宝华坊
执行委员	张粹如	四十二	湖北江陵	裕记	中山路永康里
执行委员	刘香陔	四十八	湖北天门	德益公	歆生路聚星坊
执行委员	俞明甫	五十二	湖北汉阳	仁丰	特二区界限路
执行委员	林德麒	三十五	广东	义昌	扬子街钦一里
执行委员	朱苏吾	三十九	江苏嘉定	德泰	中山路永康里
执行委员	冯愚安	六十	湖北沔阳	万丰	小夹街松寿里
候补执行委员	关英镒	四十四	湖北夏口	成记	前花楼德兴里
候补执行委员	叶季贤	四十一	江苏吴县	永丰	升平正街

21.汉口市商会改选经过

(1931 年 3 月)

本市社会局,自商会法颁布后,当令汉口总商会,依照商会法施行细则第十九条之规定,由现任职员负责办理改选事宜。嗣以逾期仍未成立,当奉行政院令,依照商会法第六、第七条等,由该会各业公会,推定筹备人十一人,并组织筹备汉口市商会改组委员会,依法进行改组改选事宜,并责令该会于二月十五日前正式组织成立。嗣后又因选举手续繁多及事实上之困难,由该会呈请推迟至二月二十二日开成立大会,依法选举执监委员,于二十六日互选常委及主席。事前当由社会局派员前往该会监督并指导一切选举事宜。届时并由局长前往监选以昭慎重。发出席证一千二百二十八张,连同商店会员十四个,共代表十七名,合计共发出席证一千二百四十五张。是日会员代表大会到会者计一千一百三十五人。当日开票选举,结果执行委员当选者十五人,监察委员当选者七人,又候补执行委员当选者七人,候补监察委员当选者三人,并于二月二十六日由执行委员互选贺衡夫、黄文植、任汉臣、李德齐、陈经畬五人为常务委员,复由常务委员中选贺衡夫为主席。自经各委员及主席委员选定后,汉口市各商会改组遂得告一段落矣。兹将本届市商会当选各委员履历表附列于后。

当选执行委员

李德齐,现年五十七岁,湖北汉口人,协成钱庄经理,被举为执委,得七百三十九票。

黄文植,现年五十二岁,江西南昌人,通益精盐公司经理,被举为执委,得七百二十二票。

余蓉樵,现年四十八岁,安徽休宁人,裕昌煤号经理,被举为执委,得七百一十五票。

贺衡夫,现年四十四岁,湖北汉口人,怡利油号经理,被举为执委,得六百七十二票。

高伯常,现年三十二岁,湖北武昌人,乐嘉旅社经理,被举为执委,得六百三十三票。

周星棠,现年五十四岁,浙江绍典人,盈丰玉机器米厂经理,被举为执委,得六百一十三票。

任汉臣,现年四十五岁,安徽太平人,玉兰斋颜料号经理,被举为执委,得五百七十票。

陈经畬,现年五十一岁,江苏江宁人,义顺成华洋百货号经理,被举为执委,得四百九十四票。

陶公迪,现年六十二岁,湖北黄冈人,富源焦煤公司经理,被举为执委,得四百八十七票。

何文炳,现年四十六岁,湖北咸宁人,丰成海味糖盐号经理,被举为执委,得四百七十三票。

郑燮卿,现年五十二岁,湖北武昌人,元记生药材号经理,被举为执委,得四百七十一票。

杨辉廷,现年四十九岁,湖北汉口人,星记棉花堆栈经理,被举为执委,得四百二十三票。

杨松圃,现年五十八岁,湖北黄陂人,杨裕隆泰记苎蔴夏布行经理,被举为执委,得四百二十二票。

周允齐,现年五十九岁,湖北汉口人,启华染织纱布号经理,被举为执委,得四百一十二票。

刘少岩,现年四十一岁,浙江嘉善人,既济水电公司经理,被举为执委,得三百七十四票。

当选监察委员

朱瑞峰,现年五十岁,湖北汉州人,天详茶行经理,被举为监委,得三百四十八票。

叶苑乡，现年三十六岁，安徽人，益和钱庄经理，被举为监委，得二百四十八票。

王森甫，现年五十岁，安徽太平人，福民连销厂布商店经理，被举为监委，得二百三十八票。

吴叔云，现年四十三岁，江苏人，普裕报关行经理，被举为监委，得一百八十五票。

马煋垣，现年四十八岁，江苏江宁人，裕原公食品杂货店经理，被举为监委，得一百八十一票。

吴镜波，现年五十八岁，江西宜黄人，安裕祥国产纸号经理，被举为监委，得一百六十四票。

蓝熙周，现年五十五岁，湖北汉阳人，蓝金秀纸厂经理，被举为监委，得一百五十六票。

候补执行委员

徐炽卿，现年五十岁，江苏吴县人，徐协盛绸庄经理，被举为执委，得三百四十九票。

潘云鹏，现年四十八岁，湖北武昌人，撷云针织袜厂经理，被举为执委，得三百四十二票。

喻燮卿，现年四十七岁，湖北汉阳人，嘉福和记鞋帽洋货号经理，被举为执委，得三百〇二票。

余服民，现年四十六岁，湖北孝感人，豫升恒布匹经理，被举为执委，得二百九十票。

苏汰余，现年四十四岁，四川人，裕华纱厂经理，被举为执委，得二百二十二票。

朱福田，现年四十七岁，湖北汉阳人，生记五金铁业号经理，被举为执委，得一百七十一票。

桂森，现年五十二岁，安徽人，胡元泰茶叶店经理，被举为执委，得一百三十二票。

候补监察委员

(万)凤逸，现年三十八岁，湖北黄陂人，新昌煤焦公司经理，被举为监委，得八十八票。

石和湘，现年四十一岁，湖南人，石宏大山货纸张行经理，被举为监委，得八十七票。

方少岩，现年五十八岁，浙江嘉兴人，康成酒厂经理，被举为监委，得八十二票。

（《新汉口：汉市市政公报》第 2 卷第 9 期）

4 月

1.呈省政府据武昌市商会呈称属会甫经依法成立忽被推翻谨拟具办法呈请鉴核等情理合据情转呈祈迅予转咨实业部核示由

（1931 年 4 月 1 日）

呈为据情转呈仰祈迅予转咨实业部核示事案，据武昌市商会主席苏汰余呈称，为请事，案奉钧厅训令第三八一号内开：为令遵事，案奉湖北省政府统字第九九一号训令内开：为令知事，案查前据该厅呈请转咨规定武昌总商会从新组织，应用何种名称，并指定何项机关，为该会主管官署。等情，到府。当经转咨实业部核复，并指令在案。兹准咨复略开，查武昌市既已裁撤，依据商会法第五条之规定,该会应称武昌县商会,以县政府为直接主管官署,并须依照修正人民团体组织方案各规定办理。至湖北省会商会之名称,于法无据,未便使用。准咨前因,相应复请查照饬知为荷。等由,准此。合行令仰该厅即便转饬遵照。此令。等因,奉此。查此案会由本厅呈奉湖北省政府,指令已据情转咨实业部查核在案。兹奉前因,合行令仰该会遵照办理,并转知武昌市各业同业公会一体遵照办,切切。此令。等因,奉此。遵查属会定名为湖北省武昌市商会,历奉武昌市党部发给许可证书,所有章册,亦经党部核转有案,自应依照商会法第六、第七条设立程序之规定赓续办理。等因。(原文附录)是实业部对于市党部之发给许可证书及核转章册,并无异议。而武昌市商会之名称与区域相连,按商会法第五条各特别市各县及各市均得设立商会,即以各该市县之区域为其区域,是市商会与县商会之区域,有广狭之不同,即组织商会之分子亦因之略异。现如变更名称是否变更区域,变更区域是否变更现在组织。如果变更现在组织,不仅属会甫经依法成立历奉政府党部核准之组织忽被推翻,不仅属会及全市商民蒙受损失,即市党部之威信、钧厅之威信、实业部之威信亦均不免损失,其影响于民众运动之前途至深且巨。或谓武昌市政府既经撤销,武昌市商会何能存在,似又不然。商会区域虽以行政区域为标准,并不定以行政机关之存废或变更为转移。行政机关之存废自有其行政上之理由。商会之名称与区域自有其商民本身上之需要。假如区镇商会之地不尽设有行政机关,其区域划分,不过就商业集合地区,由主管官厅加以决定而已。况武昌市政府虽经暂时撤销,尚有其畸形之组织,如省公安局、省会建筑工程处、省会税捐局均以旧市区为管辖区域,而分别隶属于省政府及各厅,并且省政府决议案在武昌市政府撤销后,武昌市政府直接由省政府及各厅办理。故属会定名为武昌市商会,并定明会务区域以武昌市政府管辖区域为标准,“在市政府未设立前,以省会公安局管辖之武昌区域为标准”(已奉钧厅核准)。又属会自筹备,以迄成立,奉钧厅为主管机关。属会请求钧厅批答,省政府认定,实业部认定其文书往返不下数十次时间。经过约有两三月,盖在法律事实成案习惯上,政府、商民均认为适当与便利也。再关于事实上之窒碍,有必须考虑者,武昌商会以省会即武昌市为区域行之已数十年。从前商会系以帮为基本,现在商会系以同业公会为基本。现如改市商会为县商会,并须改市同业公会为县同业公会,即各乡商店(未设立区镇商者)均须与本市商店共立公会。虽各乡商店具有加入与否自由,而按照实业部筱代电(附录原文),凡同一区域之商店未加入公会者亦须于相当条件之下,遵守公会规约,则以市乡之经济状况、生活程度、营业习惯之不同,又加以距虽远在百里外,其不便合组公会,或共守规约,自可推定。属会遵从部咨兼顾法律事实,谨拟具以下两种办法:一、仍用武昌市商会之名称,及区域在武昌市政府未设立前,以武昌县行政公署为主管官厅;二、改用武昌县商会之名称,并以武昌县行政区域,除已设立区镇商会者外,为区域当然以县行政公署为主管官厅。但现在甫经依法成立,历奉政府党部核准之新商会,并不因变更名称而变更既定组织。对于以后成立之同业公会及其他商店加入商会,适用商会法施行细则第六条之规定。又甫经依法成立历奉政府党部核准之新同业公会,亦不因变更名称区域而变更既定组织。对于以后加入之商店适用同业公会施行细则第十六条之规定,即仍适用商会法施行细则第六条之规定。如此第二项办法,庶足保全政府党部之威信,纳民众运动于轨道,免全市商民之损失,杜组织分裂之纠纷。而各乡商店除已设立区镇商会者外,究居极少数,并未牺牲丝毫权利。属会感于情势迫切,全市商民意志已不免发生惶惑,故不禁缕晰上陈,实无任屏营待命之至。理合具文呈请钧府鉴核转呈省政府,转咨实业部核示。等情,并附抄件一件。据此。查所呈办法第二项,似可采取。除指令知照外,理合据情备文,连同抄件呈请钧府鉴核转呈实业部,迅予示遵,实为公便。

谨呈

主席何

附来原抄件一件(略)

兼建设厅厅长　方达智

(《湖北建设月刊》第3卷第4号)

2.京市商人民选争议电平汉粤各商会一致力争

(1931年4月2日)

(南)京市商人团体,以国选总事务所解释商人选举疑义四点:有商会应以其所属之同业公会会员及直接加入商会商店会员之代表为选举人,年龄无须限制等语,认为事关商人人格。一日特推赵连文等至市党部请愿救济,并提出两点:一、何以工人加入工会,即每人有一选举权,而商店店员,则需十人方有一选举权?二、何以代表商店之同业公会会员有选举权,而店员本身反无选举权?市党部由狄膺接见,未得结果。代表等当将此意电津、平、汉、粤各处商会,请一致力争。

(《新闻报》)

3.鄂政费艰窘一再向汉商筹借

(1931年4月6日)

汉口四日下午八时五十分本报专电:省府六十万借款事,经汉商会负责,官商双方进行,始借成三十万,冬(二日)已交款。闻四月政费尚差三十万,势将仍责商会代募。

(《益世报》)

4.令实业部为汉口市政府呈报商会成立案由

(1931年4月6日)

为令知事,兹据汉口市长刘文岛呈称,窃查汉口市商会改组未能依限召集大会情形及改定二月二十二日成立一案,业经呈奉均院第六七二号指令内开:已饬处函送实业部核议在卷。兹据社会局呈称,为呈报汉口市商会成立情形,并转呈职员名册,祈鉴核备案事,窃查前汉口市商会自商会法颁布后,当经转饬该会依法改组,并照商会法施行细则第十九条规定,由现任职员负责办理。嗣以逾限仍未成立,奉行政院令转饬依照商会法第六、第七等条规定办理。等因。遵即转饬该会遵照,由各业公会发起推定筹备人十一人,并组织筹备汉口市商会改组委员会,依法进行改组及改选事宜。复责令该会于二月十五日前正式组织成立。旋据该筹备会呈称,选举手续繁多及事实上发生困难,在二月十五日以前实赶办不及,拟请推缓至二月二十二日开成立大会,依法选举执监委员,于二十六日互选常委及主席,决不再延。等情,据此。正核办间,适奉钧府明字第六一三号训令,案同前因,尾开:除指令呈悉。既称有种种困难情形,准以二月二十二日为召集大会之期。除分别呈咨外,仰即知照。此令。等语。印发及分别呈咨外,合行令仰该局知照。此令。等因。遵即先期派员前往该会监督,并指导一切选举事宜。届时并由局长前往监选,以昭慎重。查该会公会会员计一百一十二个,共代表一千二百二十八名,发出席证一千二百二十八张。连同商店会员十四个,共代表十七名,合计共发出席证一千二百四十五张。是日会员代表大会到会者计一千一百三十五人,当日开票选举结果,执行委员当选者计十五人,监察委员当选者七人,又候补执行委员当选者七人,候补监察委员当选者三人。正拟呈报间,据汉口市商会呈报,为呈报就任日期并造具各委员名册仰祈鉴核,分别存转以资备案事,窃查属会遵照国民政府商会法改组,并经呈奉汉口市政府,令准于本年二月二十二日召集会员代表大会,选举执行委员十五人,监察委员七人,候补执行委员七人,候补监察委员三人。并于二月二十六日由执行委员互选,衡夫与黄文植、任汉臣、李德齐、陈经畬五人为常务委员,复由常务委员中选任衡夫为主席。所有每次开会期间,均蒙大局、民训会派员莅会指导,监选在案。衡夫自维谫陋,谬膺斯选,深惧弗胜,只以公益所关,众情相属,固辞不获,遵于三月一日随同执监各委员到会任事。除分别呈报函咨外,理合造具各委员名册三份具文呈送大局即祈鉴核分别存转,以资备案,实为公便。等情,并附呈名册三份。据此除抽存一份备案并分存外,理合将汉口市商会成立及选举情形暨职员名册一并呈请备案。等情。附汉口市商会执监各委员履历表册一份。据此除咨实业部及指令外,理合检同各委员履历表册一份具文呈赍均院鉴核备案,并乞指令祇遵。等情。附呈赍汉口市商会执监各委员履历表册一份。据此查此案前据该市长呈以汉口市商会改组委员会陈明未能依限改组改定二月二十二日成立,据情转请核示到院。经饬据该部复称,该会所陈困难各点,尚属实情,似可通融照准。等情。当以事关变更法令,业据情函请中央秘书处转陈核示随准中央训练部第一四三零一号函开:准中央秘书处检送贵院第一五三九号函为据汉口市长刘文岛呈为汉口市商会改组未能依限召集,改定二月二十二日成立,请鉴核备案。案经饬据实业部复称,该会所陈困难各点,尚属实情,似可通融照准,函请转陈核示。等由,到部。查该汉口市商会既因故障未能依限成立,且事属过去,自可免予置议。惟仍应限于三月二十五日前正式成立新商会,准函前由,相应函复贵院希为查照,并希转饬知照。等由。各在案据呈前情。除照准备案并指令汉口市政府转饬知照外,合行抄发原表册令仰该部知照。此令。

(《行政院公报》第 243 期)

5.令汉口市市长刘文岛为呈报汉口市商会成立情形并呈各委员名册请鉴核备案由

(1931 年 4 月 6 日)

呈暨表册均悉。查此案前据该市长呈为汉口市商会改组委员会陈明,未能依限改组,改定二月二十二日成立,据情转请核示到院。经交实业部核议,并指令知照在案。旋据该部复称,该会所陈困难各点尚属实情,似可通融照准。等情。当以事关变更法令,业经函请中央秘书处转陈核示。兹准中央训练部第一四三零一号函复内开:查该汉口市商会既因故障未能依限成立,且事属过去,自可免予置议。惟仍应限于三月二十五日前正式成立新商会,准函前由,相应函复贵院希为查照,并希转饬知照。等由,准此。据呈前情除准予备案,并令实业部知照外,合行令仰该市长转饬知照。此令。表册存。

(《行政院公报》第 243 期)

6.(湖北建设厅)批武昌市照相同业公会据呈请沿用武昌市名称一节核与法令不符应毋庸议由

(1931 年 4 月 8 日)

呈悉。查武昌商会业奉实业部明令改为武昌县商会,所有从新组织设之武昌市各同业公会均系事同一律,应即改为武昌县某业同业公会,以县政府为直接主管官署。本厅前拟武昌市工商同业公会呈请,派员监选者共计五十九会,曾将其组设经过,以及应行更改名称,并将更改名称后关于增加会员办法,一并呈请省政府转咨实业部核复在案。应俟奉到部示,再行饬遵。所请沿用武昌市名称一节核与法令不符,应毋庸议,仰即知照。此批。

兼厅长　方达智

(《湖北建设月刊》第 3 卷第 4 号)

7.筹募善后公债标准

(1931 年 4 月 12 日)

财厅为筹募善后公债,对业主会所提半月与一月筹募之标准,特由张财厅长于前日在汉口该会召集业主会代表谈话。当由张氏再三解说利害及□□需款孔殷情形,请勿固执,以筹募一月房租为标准。旋业主会代表,允俟召集全体业主开会讨论后,再行答复。刻闻财厅对于业主会筹募标准将一月分为两期,即每次筹募半个月,在一个月募清,姑志所闻于此,以待后证。至筹募委员会,现决定于下星期三开第二次会议,讨论开始收款日期及一切进行事项。又财厅向汉商会六十万元借款事,昨闻商会仍只允筹借三十万元,财厅则以本月份政费不敷甚巨,意仍欲借给足数,借资维持,连日尚在进行中云。

(《湖北中山日报》P478)

8.实业部为市证券业同业公会章册存在问题令汉口市社会局

(1931 年 4 月 15 日)

呈暨附件均悉。据呈送汉口市证券业同业公会会章及会员职员表各件,请鉴核备案。该会既经党部许可指导,所具章册大致尚合,应准备案。惟原章第五条第二项,“但”字应改为“惟”字,“超过十人者”句应改为“每超过十人时”,“得”字应改为“应”字,并应于末尾增“但至多不得逾三人”一句,第十条“老”字、“之”字均应删除。又会员表中未将各商店使用人数列入,应即补报备查核,仰即转饬遵照。此令。

9.商人力争普选，北平商会再电中央，呼吁如不更正即不参加选举，汉商会亦有同样表示

（1931 年 4 月 16 日）

北平快讯：北平总商会以商人国选以代表为单位，前日曾电请中央明令更订，商人一律有普选之权。前日下午复召开大会，一致决议，再电力争。该电昨日发出，略谓请中央对商人勿予歧视，迅赐更正，否则未便参加选举。又该会昨接汉口市商会快邮代电称，对商人参加国选以代表为单位办法，表示反对。除呈请中央更订外，并请全国商界一致主张等语。兹录北平总商会昨呈中央原电如次：南京中央党部、国民政府，全国国民会议选举总事务所、立法院钧鉴，本会因此次选举权，农工各团体以个人为单位，商人团体则以会员代表为单位，认为剥夺商人权利，寒日依据南京市商会代电电请删除代表条文，以昭公允在案。本日向本市选举事务所函索加增选举调查表册，经该所派员出示纪密码电开：民政厅选举总监督，各市政府长官公署管理公署选举监督员，纪密查第二号训令第六款所称，加入商会商店主体人与店员，系指直接加入商会之商店会员代表而言，特电令知照。总事务所马印。等因。经于寒日开会报告，佥请一律平等待遇，倘歧视商人，对本会要求不予容纳，则商人既多负纳税义务而选权特予剥削，似非法理之平，况总理遗款中并未示明我商人选举须由代表投票，今如此不平，实难缄默，迅请赐予更正，否则未便参加选举，北平总商会删印。又总商会定今日下午二时，仍在该会开全体大会，讨论参加国议选举，以及定期改组等重要问题云。

（《益世报》）

10.武昌县商会筹委今日就职

（1931 年 4 月 16 日）

由武昌县党部指导筹备之武昌县商会，于前（十四）日举行商民大会。民厅、县党部、县政府均派有代表参加。当场通过筹备委员会章程草案，并选出筹备委员张源亭、张群叔、杨达夫、陈承仁、鄢少霖、董锦轩、程凌霄、姚竟成、余□峰、赵少卿、江奎轩、陈文山、吴竟成、高海波、姚达夫、曹云阶、广晓山、刘质夫、殷树齐、陈锦山、萧鑫山、叶炼卿、谭玉山、傅燮卿、张正齐等二十五人。该委员等特定于今（十六）日举行宣誓就职典礼，以便切实进行一切筹备事宜云。

（《湖北中山日报》P527）

11.营业税促进会，商民请延期两月撤销

（1931 年 4 月 17 日）

汉市营业税促进会成立以来，对于推行杂税颇多协助，官商两方均成便利。现以限期两月，已届满期，应即撤销，而商民等以该会一旦撤销，则以后税务上应行协商之处无从商议，诸多不便，昨（十六）日特呈省府，请再延期两月，以便解决一切未了事件。闻省府定今（十七）日提出省府会议解决云。

又讯：筹备已久之汉市营业税，曾传于本月十六日开始征收，记者以新税之开征，自有多向之消息探讨，而足以报告于阅者。爰于昨午访汉市营业税副局长朱良丞君，据告，本局前据省府预定计划，准于今（十六）日实行开征，但截至昨日（十五日）止，尚未接奉财厅转来省府之核准税率及章则令，是以未便发出布告实行开征。但本局截至现在止，关于征收营业事前之各项手续，均已分别办理完竣。昨日据各分所报告，商店之来领营业证（是一种磁牌）者，颇为踊跃，目下只候省府明令到达，即可布告并发出纳税通知，实行开始征收，并无他项之周折云云。

（《湖北中山日报》P539）

12.鄂财厅向汉商会借款三十万元维政费

（1931年4月24日）

鄂财政厅前因财政困难，曾与汉市商会商洽，借款六十万元，并已于上月先借三十万元各情，已志前报。兹闻鄂省财政当局，以本月份财政情形，仍极困难，而各项应支政费，急需付出。厅长张贯时氏，特再贺主席衡夫，仍请维持前议筹借三十万元，贺主席当允尽力设法筹借，故日来已分向银行界商洽，结果尚属圆满，并拟向钱业公会筹借，连日正与商洽中。闻钱业公会已经允可，特于昨日召集钱业全体会员会议，讨论各家摊借数额，一俟办妥即由财厅与商会签订借款合同后，即行缴款，最迟当在本月月底以前云。

（《湖北中山日报》P49）

13.省政府准实业部咨为规定商人团体选举请人代填选举票之办法两项请查照等由令所属遵照

（1931年4月）

为令饬知事，案准实业部商字第三零一三号咨开：准中央训练部函开：查各地商人团体选举职员时，往往因少数不识字之会员代表请人代填选举票致生纠纷，本部为消弭此项纠纷起见，特规定划一办法两项：（一）商会之会员代表（公会会员举派之代表、直接加入商会之商店会员举派之代表）应以识字者为限，不识字者不得充任；（二）同业公会之会员代表（公司行号举派之代表）不受此限制，选举时如有不识字代表，呈由当地党部、政府会同指定录事一人或二人代书选举票，不得任意请人代书。除分行外，相应函达查照并希转饬所属遵照办理。等因，准此。除分咨外，相应咨请查照转饬一体遵照为荷。等由，准此。除咨复并分行外，合行令仰该厅知照遵照并转饬所属一体遵照。此令。

主席　何成浚

（《湖北省政府公报》第141期）

5 月

1.财政厅向汉商会借款
(1931 年 5 月 1 日)

财政厅向汉商会借款三十万,二十八交二十万,三十交清。(三十日专电)

(《申报》)

2.财政厅为筹募善后公债通令各营业税局催促各商会早日筹齐
(1931 年 5 月 4 日)

为令遵事,案据湖北财政厅筹募善后公债委员会主任委员孔墉呈称,窃查属会奉钧厅令开:查民国二十年湖北省善后公债档案,业经令发该会遵办在案,兹为统一事权起见,嗣后关于各县局及各市商会请领公债临时印收及公债票额并缴款事宜,应径函该会办理,以一事权。除分行摊派公债各县局商会等遵照外,合亟令仰知照。等因,奉此。遵经分函各县县长及财政局长暨各商会等遵照办理,并请务将摊募债额迅速筹解以济要需在案,惟查筹募公债事务繁重,加以需款孔殷,尤须早日筹齐,为当务之急,但事关筹款,推诿迁延者,在所不免,徒凭函牍往复,诚恐收效稍迟,似必派员督催,庶可便利进行。属会职员各有专责,无可派往,除关于各县者由属会函致各财政局长帮同催募外,其宜昌、沙市、武穴、樊城、老河口、新堤、蔡甸、岳口等商会应募之款为数较巨,拟请钧厅令行该地营业税局派员就近督促进行,并请将各营业税局长衔名令行下会,俾可随时去函接洽,借免稽延。等情,据此。除指令暨分行外,合亟令仰该局长即便知照就近督促该商会早日募齐径解该委员会,以济急需是为至要。此令。

厅长　张贯时

(《湖北省政府公报》第 143 期)

3.财政厅以善后公债押借三十万元
(1931 年 5 月 13 日)

财政厅因军政各费,无款应付,将善后公债面额六十万元为抵押品,由汉商会转向汉口裕商公记息申钞三十万,其合同业经双方签订,款已交割,财厅于昨日提出省府会备案,兹将该合同内容择尤探采于后:(一)借款总额,申钞三十万元。注:由担保人汉口市商会转商各业商行号,分别认借凑集而来。(二)交款日期,自合同成立日起,即日一次交足。(三)利率,按月一分二厘算息,自交款日起,至本息还清日为止,利随本减。(四)抵押品,以湖北善后公债票面额六十万元,作为本借款抵押品。(五)付还本息期限自民国二十年五月三十一日起,最迟至十月三十一日止,分月按成还清,利息本付。(六)还款基金,在劝募善后公债之房租及职工薪津两项收入款内，自五月起，每月底以三成拨还本息。（七）公记代表，乙方公推汉口协成钱庄为公记代表，经收还款及保管抵押品事宜。（八）本合同一式三份，甲乙双方各执一份，以一份由甲方送呈湖北省政府备案。

又讯：昨据财政界确悉，财厅以五月份上半月应发之各项维持费，刻已向中国农工银行借款四万八千元，凑合汉口营业税局解缴税款一万数千元及善后公债募款三万元，分别发放云。

（《湖北中山日报》P274）

4.平汉铁电各地商会请推代表来汉会商运输办法

（1931 年 5 月 16 日）

平汉铁路管理委员会，以整理运输，为路商双方免除隔阂共谋发展起见，拟邀各地商会及矿盐杂粮转运各商各推代表一人来汉开一会议，互为咨询，疏解困难。已由该会令车务处理电各地商会及杂运各商，于十五日前开示代表衔名，以便定期召集开会云。

（《湖北中山日报》P331）

5.函财政厅关于武昌两商会应以何商会为合法一案在未经省党部解决以前应暂以武昌市商会改称武昌县商会为主体由

（1931 年 5 月 16 日）

径复者，案准贵厅征字第七四七号公函以据武昌县营业税局局长呈为同一城区两商会并峙，对于税收事项，接洽一方，他方必生阻碍，双方接洽，将来难免推诿，究应承认现在选举就绪之市商会改名县商会，抑承认新成立之县商会筹备委员会，恳予转咨等情，嘱为查明见复。等因，准此。查武昌市商会前系依法组设，曾申请武昌市党部指导许可，并呈经敝厅派员监选就绪。嗣奉省政府令转部咨，以武昌市政府业已裁撤武昌商会，应称为武昌县商会。敝厅当将武昌市商会之组设经过，以及只应更改名称，并更改名称后增加会员办法一并呈奉省政府。指令已转咨实业部查核见复。旋据该县商会呈报，另有武昌县商会筹备委员会之组设，恳立予制止等情，复令武昌县制止其活动，并俟奉到部示再行饬遵在案。准函前因，正拟函复间，适奉省政府训令以武昌市商会更名纠葛一案，准实业部代电略开：经与中央训练部会商，兹准函复，已函请湖北省党部会同湖北省政府依据法令事实，妥为调处，相应复请查照办理。等由。除函请湖北省党部迅速主持办理外，合行令仰知照。等因，奉此。是此案既经省政府转函省党部主持办理，应候省党部解决一切。在未解决以前，应暂以武昌市商会改称武昌县商会为主体，相应函请贵厅查照，并希转令知照为荷。

此致

财政厅

兼厅长　方达智

（《湖北建设月刊》第 3 卷第 5 号）

6.国际商会之结果

（1931 年 5 月 18 日）

国际商会等六次大会在美京开会的结果，决议在本年内召集一个银会议，以解决目下金贵银贱之问题。因为案经通过，而且拥护这案的人也不少，只要能够开得成会，将银价问题完全解决，则国际商务上的困难至少可以解决一半，所以照决议案看来，这次会的成绩是很值得赞美的。这并不是因为中国代表所提的提案得到通过，而且银价跌落只有中国所受影响最深的缘故，中国才重视这一案，而盼望其实现，实在就全世界的金融凋敝的情形看来，这个问题的解决，都是刻不容缓。不过中国是首当其冲，直接受影响的，所以拥护这案的意味，来得比别的国家更为诚恳，这并不是自私，也不是自大，就是这次与会的各国代表与实业界巨子，都是一致承认的。

本来世界经济不振的来由是很多的，并不只是银价跌落一个问题。中国市场只是欧美货物的一部分市场，各国也未始没有想提高银价，与振兴中国市场以图解决自身经济不振的局部问题的心理。然而矛盾的冲突太大，所以他们对于这个议案实行的促成，是不容易起真正的诚意的。丰只对于国际商会的决议案与银价问题，各国的态度是如此的不纯粹，就是在其他许多国际性的会议里，甚至军缩会议里，都是如此。在冠冕堂皇的演词与文告里，没有不是正大光明的，就是旁观者从他那文章的题目上看来，都是与会者共同利害所关，不容漠视，而应该一致努力的。然而一关公共利害，则先就各人的私见一考察，互相猜忌，不肯稍作让步，结果共同的利益牺牲，积极发展本身的欲望，最后本身的利益还是受到损害，这是可以在历届稍涉重要的国际会议里看得出来的。至于这次拟议的银会，想解决银问题，在共同利害上说，像美议□波拉氏所报告，银价惨跌，关系八美美人的购置力锐减，同时也可以说是这般欧美资本主义国失掉了他们货品的八美美的消耗者，世界贸易的不能振兴可以说是无关吗？这样的切肤利害，而银价稳定并无损于某一国家，如此有利无害的举动应该是一致赞助，进行无阻的了。然而赞助则都是赞助，进行则大家观望不前，发起人的推诿，开会的地点，大家也不肯决定，这样还有什么诚意，将来的结果，也就可以想见了。

要是银会不能开成，则这次国际商会开会的结果等于零。虽则这次国际商会里也有其他很多重要的决议案，而银价问题可以说是其骨干。因为差不多目下重要的商务问题都牵涉到金银问题上面去，如果金银问题不能解决，其他的商务问题也难得解决。即如这次大会还有一个重要问题为大众所注目的，就是战债问题。从战债牵涉到赔偿，赔偿问题就与金银有关。在上月的时候，德国获奖银行行长曾经说过现时经济之不振，由于金货分配不均。而银价之跌落也直接影响于金货之分配问题，固然银价跌落是银产量增多，金产量减少的缘故，而现在法美囤积金货不使流通，就愈加感觉金货之少，银价当然更跌□。现在大家不共同设法，确定一个金银比价使银价稳定，则丰只是□银国之利益。而现在竟互相推诿，都不肯做发起人召集这会，这真是从来未有之现象。历来国际性质的会议都有人做发起人召集开会，而这次大家就畏首畏尾地不肯出头，好像是一经做了发起人，本身就要蒙受损害的，真是一件不可理解的事。而这一案既经国际商会决议，国际商会的负责人就应该负责召集发起之责，如果国际商会不能负责，则其他的决议案，也一样的只是纸上空文，其结果还是等于零。

（《湖北中山日报》P332）

7.警备部令知汉商会保护游艺场办法

(1931 年 5 月 18 日)

武汉警备司令部,昨指令汉商会文云:呈悉。查该场于前四月二十六日夜发生炸弹一案,当场拿获犯兵魏义齐等二名,本部正在严讯,尚待判决,并经呈奉行营命令召集各军师驻汉办事长,于五月二日开会,决议整饬军人纪律,取缔伤兵滋事各案,共三十条全体通过,于五月十一日起实行,当经检同该项会议录,呈请□峰通饬各军遵照,并由本部分别通函令行暨布告各在案。不料将届实行之时,忽又发生掷弹杀伤人命重案,当据汉口区指挥官及本部稽查处长先后禀报,查是该场管棚人,时常因兵士不购票入场发生争执,兵士因此怀恨,遂次掷弹施以报复,意在妨害该场营业,以致出此不幸事件,军纪荡然,天理汩没,殊深愤,本部维护不逮,良用疚心,比经据情,呈请行营通令各军激发天良,一体查缉,该掷弹之犯兵归案究办,以免部队掩护,破案困难。又嗣后一经拿获揣带炸弹外出滋事之士兵,即依军法处以极刑,以戒凶顽,并由本部通饬各警备机关部队,严密侦缉务获凶犯解办,复于五月十二日本部第五十七次警备会报决议防止办法五条:(一)各大游戏场所由各区指挥官酌量增加驻兵。(二)游艺场周围各要点或隐僻处配置复哨或三人哨。(三)由各区指挥官及稽查处长召集各游艺场经理决定于剧场中须设备巡查或弹压部队之座位。(四)入场弹压或巡查部队(除驻场部队外)由各区指挥部订定班次入场。(五)各机关部队纠查纪律班入夜会增哨于游艺场由各区指挥官切实遵照施行各在案,且每日派出纠查纪律,共计三十余班,连日共捕获不法军人二百人以上,以严整纪律,嗣后当不致再有此类事件发生,仰即转饬遵照此令。

(《湖北中山日报》P335)

8.平汉商运咨询会议汉商会请拨庚款购车

(1931 年 5 月 27 日)

本报汉口电　平汉商运咨询会议二十六日午前正式会议,计八案。通过车务处提由运商垫款修理车二百辆经煤矿商代表承认案及汉商会提移庚款购车等案,余分别审查保留。午后审查会,闻提案共五十件,合格代表五十四人,全路积货三万吨。

本报汉口电　汉商会在咨询会提议,提请铁部向国府建议,拨庚款添购平汉车辆,以利运商,而裕收入。

(《民国日报》)

9.平汉路商运会议开幕,以各地商会及转运商为限

(1931 年 5 月 27 日)

汉口通讯:平汉铁路因连年战事影响,年久失修,致机车损坏,车皮破缺,枕木腐烂,桥梁不坚,非但行车不速,且时有出险之虑。货运不畅,则经济来源涸竭。故铁道部将该局管理制度改为委员制,既可集思广益,复便公开整理。改组以来,积极进行,不遗余力。近复由该路局车务处召集沿线各地商会及矿盐杂粮转运各商代表,开商运咨询会议。到各方代表四十七人,于

本月廿五日在汉口该局大礼堂开幕，会期约需时一周，兹将开幕情形照述如下：

【开幕情形】各商代表由该局派黄士华等招待，在东方、中央等旅社下榻。是日下午三时许，各代表纷纷莅场，如仪开会。首由该局车务处副处长袁绍昌主席宣读该会宣言。次由该局委员周钟岐宣读委员会致辞。再由委员章祐演说，历述该路历史及各代表应持之态度，与今后改革之方针。平汉路特别党部代表李中铎亦继起演说。再由鄂省委兼行营总参议陈光组、行营参谋长朱传经致词，表示军政当局愿极力维护交通。平汉路军事管理处处长徐承熙致词，谓该处之设立，乃为统一□□部队之运输，一方可免军队随便扣车或多索车辆之弊，借以维护商运。复有代表杨以检，来宾周星棠演说，亦各有所见。末由主席致答词，复摄影而散。定廿六日开始讨论提案。

（《新闻报》）

10.平汉商运会议各商愿代修车辆

（1931年5月28日）

国闻汉口电：商运咨询会议各商代修机车车辆案，并附各商自购机车车辆案，曾将各商代修车辆数量需为配定，除煤商照案承认外，余鉴杂粮各商意见均归纳审查会中。

（《民国日报》）

11.呈省政府据湖北全省商联会呈请规定经售及转运食粮填报格式并应填报何项机关请核示衡情恳咨部核复由

（1931年5月30日）

呈为呈请事，案据湖北全省商会联合会呈称，奉钧厅俭字第七二七号训令，以奉湖北省政府令准实业部咨请转饬所属通知各商人遵照定章于经售及转运食粮时，应将姓名、住址及产地、起运日期详细填报一案，由厅转行到会。奉此。遵即转函各县市商会查照，分知去后。兹据汉阳县商会以据汉阳外河粮食行业同业公会陈称，此项粮食查验登记，关系民食统计，至为重要。但应如何填报有无一定格式，应用何种手续暨填报何项机关，未奉有登记章程，无凭遵办。等情。转请核给前来。理合备文呈请，伏乞鉴核抄发登记章程，并规定填报方法及格式，以便转发遵办，而免分歧，实为公便。等情，据此。查前奉钧府中字第三九七一号训令，以准前农矿部咨送进出口及转口食粮查验登记章程，关于各机关采办粮食，应照章程第十一条办理。等因。当经印发前项章程，饬属一体知照。嗣奉钧府统字第一一八五号训令，以准实业部咨请转饬通知各商人遵照定章于经售及转运粮食时，应将姓名、住址及产地、起运日期详细填报。等因。复经转令各县及湖北全省商会联合会分别函令各商会通知各商遵办各在案。兹据前情，复查前项章程第一条规定，执行食粮查验登记机关为农矿部农矿物检查所，或由农矿部委托之地方机关。又第八条规定，第七条所列各事项应由农矿部规定表格式样发交各地食粮查验登记机关，依式制成，饬商人或公司商号照填。现湖北各县关于商人经售及转运食粮事项极为繁琐，不独该汉阳外河粮食行业一处，究应以何项机关为执行食粮查验登记照章应由实业部明白指定前项表格式样，亦应由部制发。除抄发前项章程指令转函知照外，所有本厅拟请指定湖北各地食粮查验登记机关，并请制发表式各缘由，理合备文呈请钧府鉴核，并乞咨请实业部查核见复令示下厅，以便饬遵，实为公便。

谨呈

湖北省政府主席何

兼建设厅厅长　方达智

（《湖北建设月刊》第 3 卷第 5 号）

6 月

1.汉商会电留驻军负责肃清□□

（1931 年 6 月 1 日）

鄂省各县为□□正在围剿之际，深恐军队有所调动，纷向汉口市商会请求设法。汉口市商会，特于二十九日推由该会主席贺衡夫等晋谒何主任成浚，请勿调动，并电呈蒋总司令呼吁，词极恳切。原电略谓："年来叛乱纷乘，盗匪充斥，途满荆棘，民尽流离。幸赖钧座'勘乱'，救民昭苏，有望清乡□□，雷厉风行，何图蔓草，将除风雨。又作鄂地要衢，动关大局。如四境再陷于不治，则滔滔江汉祸水东流，瞻念前途，不寒而栗。此各地商会不仅为目不忍睹之灾黎请命也。万恳钧座俯察下情，令各地负责□□之军队限期肃清，以固后防而保民命。不胜涕零，待命之至。"（五月二十九日）

（《申报》）

2.平汉商运会三四两次大会详报第三次会

（1931 年 6 月 2 日）

第三次会【汉口二十九日快讯】：

平汉路商运资讯会议，昨（二十八）上午九时，举行第三次会，出席代表五十六人，主席袁绍昌，报告本日新到长芦盐运使代表王源，旋即开始讨论，首由四十四号代表张协衷作。

审查报告

关于第五案"请迅赐扣还债务以维商业而全信用案"及六十二案"路局急应清济理郾城欠款"两案，并案讨论，经审查结果，规定办法如下：一、查民十五之际，路局各总分段，直接向沿路各商借款及借煤矿。当时因在军事时期，情势混乱，总局多无案可稽，应先由车务处会同各商查明本案及其他同一情形之临时借款及借用煤矿，其全数若干及其用途，呈报路局委员会，查核备案。二、查明借款确数后，按预缴运费抵扣办法办理。所借煤矿斤，以路煤在原借地点，分十个月摊还。但对于十五年在汉口所用怡立公司之煤，如查明尚未为路局本账者，得并案办理。又第十六案及八十二案，并案审查结果，规定办法如下："岔道地租，得以预缴运费或借款完全抵解。至应缴运费,暂准以预缴运费或借款完全抵解,百分之十为限,但遇路收畅旺时,也酌量加扣。以上各节,仍俟呈候本路委员会核夺办法。又第十七案及二十二案,并案审查结果,规定办法如下:一、恢复应付运输;二、押款旧欠利息截至恢复应付运费之日止,按照预缴运费办减,以比较路局透支银行款项利息减轻一厘(假定九厘)为标准,仍呈候路局委员会核夺办理,旋即继续。

讨论提案

第二十七案"拟请责成郑州以南各警段及押车巡警彻底铲除匪盗,避免运货损失案",议决,并十二案办理。第二十八案,"请取缔押车警队,以防小偷案",议决,并十二案办理。第二十九案"请认真加油,以防烧轴,而免商家损失案",议决,并入第二十五案办理。第三十案,"请取消压制郾驻两站添设转运公司案",议决,并入第十八案办理。第三十一案,"请各站甩挂车,按一定次序,以免货车损坏案",议决,并第八案办理。第三十二案,"新乡积货四五千吨,请扩大批列车输运案",议决,由路局设法办理。第三十三案,"请迅速装卸车辆,勿使虚糜案",议决,原则通过。第三十四案,"集中新货封锁小站案",议决通过,其理由因现值车辆缺乏,此后新货集中大站,以便分批拨车设注输运。所有小站暂时封锁,以避免沿途分车之劳,节省甩挂时间,增加运输效率。第三十五案,"运出各货,请与所装包厢外皮,注明种类,俾便检查案",议决通过。第三十六案,"严禁员工舞弊请各商互相监督,不得再有贿赂情事案",议决通过。第三十七案,"凡应完纳捐税之货物,于报运之先,务请预为完纳,以免中途扣留,而减路商双方困扰案",议决,通过。第三十八案,"同证据,或提出证人,秘密直函本路以便惩办案",议决,通过。第一号代表杨以俭,希望路局建议铁部,提高员司薪级,并规定养老金,以资养廉。第三十九案,"路矿合作互相发展,应顾全信用,恢复旧有运价案",提案人怡立公司代表杨以俭,其理由,各国铁路运章,对于人民日用必须之燃料,均有特殊减价之规定,借以提倡实业维持民生。我国运价,适与各国相反,开滦外国矿商,运价特殊减轻,苛税概行豁免,使其自由发展,贿赂区域,几遍中国。国人自办之矿,不敢望其肩背,坐失槽利。更可怪者,同一路线,同一煤质,而运费有高低数倍之差。有六二五者,有六八二五者,有三十二款者,有三十二款七折者。此后为奖励出口,及对外竞争起见,极须另立特价,并须划一,尤须议而实行,庶不负商人跋涉千里之苦。议决,付审查,并指定陈寿芝、刘季祯、金振勋、李廷辉、吴廷柏、汤毅、许建康、杨以俭、魏子晍、王景春、陈星楼、金纬霖、郑耘乡十三人审查,由陈寿芝召集。第四十案,"正礼矿煤公司函请与各矿同等待遇运煤案",决议,并三十九案审查。第四十一案,"北平市煤栈同业公会,函请运煤仍照专价收费免予再增案",议决,并三十九案审查。第四十二案,"井陉矿局代表提议,减轻运价,并增拨车皮三列及机车等,以救济平津煤荒案",议决,并三十九案审查。第四十三案,"拟仍请提部力争,划一平汉陇海两路运价,维持平衡发展,牢固汉口繁荣案",议决,并第九案审查。第四十四案,"陕豫土货下输及沪来洋货上运,向由本路运输各货目,现改由陇海路专运者,拟请减轻车价案",议决,并第九案审查。第四十五案,"议请规定用容量较小车辆运茶及装不足吨时,按照实数核收运费,以资提倡案",议决,保留。因平汉运茶,年约二三万吨,现因车辆缺乏,普通均用三十吨或四十吨装茶,此后当由车务处尽量抽调十五吨或二十吨小车装茶,并由会函路局委员会查案再议。讨论至此时间已到,遂散会。

第四次会【汉口三十日快讯】：

平汉路商运咨询会议，昨日（二十九日）举行第四次会，出席代表五十七人，中原煤矿公司监督李文浩昨亦赶到，亲自出席，路局方面，委员宁章祐、周钟岐，均出席说明，主席袁绍昌。开会后，首由代表汤毅起立，作审查报告。对于第九、四十三、四十四三案，经并案审查结果，规定办法如下：查陇海运价过于低廉，因之豫西陕甘大宗运出货物，从昔由平汉运出者，今皆改由陇海直运，不仅平汉营业丧落，而汉口市场亦深受影响，殊与繁荣有关，兹为挽救计，拟订特价如下：一、豫陕甘出产外运者，如棉花年产约五万吨，兰州水烟年产约万吨，兰州药材年产约一万五千吨，兰州花生年产约四万吨，兰州子瓜柿饼年产约万吨。二、由汉口运郑州转豫西者，如是头年运约万吨，红白糖年运约二万吨，海蜇、海带、干菜年运约二万吨，面粉年约二万吨。以上一二两项，各种货物，均按定价核减百分之二十五。惟仅许汉口郑州，或郑州汉口来往直运，不得在半途卸车。三、沿线各站出产与各路有关系者，为竞争起见，亦照以上原则办理。又干枣或红枣，查照平汉附则第四十款特价拟改订为按善通四等运价核减百分之十五。无论由何站运至何站，以上各项由会通过后请管理委员会转呈铁道部，次路局委员。

章祐报告，平汉路现有车辆及支配状况，现为补救起见：一、与北宁路合作办理联运。二、请路商自修机车车皮。三、路商增购道木，如是三年以后，可恢复平汉固有运输能力。章氏并令机务处王承祖报告，最近调查损坏车辆辆数，并拟日内分三组（即盐商、煤商、杂粮商），讨论各商自修车辆办法。报告毕，时已一时许，即散会。

（《益世报》）

3.省政府准实业部咨复解释商会法细则第十九条意义转饬建设厅知照

（1931 年 6 月 3 日）

为令饬事，案查前据该厅呈据安陆县商会执行委员会电请解释商会法施行细则第十九条，转请鉴核咨部解释。等情，到府。当经据情转咨并指令在卷。兹准实业部咨复内开：查商会法施行细则第十九条所谓届期在改组之时，依商会法第四十二条“本法施行前，已成立之商会及商会联合会应于本法施行后一年内，依本法改组之”之规定，即为本法公布施行后一年之期，在改选之时，依商会法第十九条任期四年之规定，即为任满之期。等由，准此。合行令仰该厅即便转饬遵照为要。此令。

主席　何成浚

（《湖北省政府公报》第 146 期）

4.（湖北建设厅）训令各县县长据湖北度量衡检定所呈请转令各县市商会征集度量衡旧器一案仰转饬各商会遵照办理由

（1931 年 6 月 3 日）

为令遵事，案奉据湖北度量衡检定所呈称，窃查本省度量衡业经中央规定限于二十年终完成划一在案，现距完成划一之期为时甚近，属所对于推行新制，自应积极进行，如期完成，以符功令。惟在新制未推行以前，仍须先从调查旧器着手，以免对于人民旧日习惯有所隔膜。拟请钧厅转令各县市商会,择要征集度量衡到厅转发下所,以便考核。理合备文,呈请鉴核,俯予转饬遵办并乞指令祗遵,实为公便。等情。附赍现行度量衡器简明表式一份。据此。除分令各县转饬遵办并指令外,合行印发前项表式,令仰该县长遵照,务即转令所属各商会,择要征集,并照表填注,一并呈由该县赍厅转发,切切。此令。

附发现行度量衡器表式一份(见调查栏)

兼厅长　方达智

(《湖北建设月刊》第 3 卷第 6 号)

5.平汉商运咨询会议昨日闭幕并发宣言

(1931 年 6 月 4 日)

本报汉口电　平汉路商运咨询会三日闭幕,关衍麟主席并发宣言,恳□希望路商合作,平汉南路段各分部执委三日宣誓,□伯棠监誓。

国闻汉口电　咨询会议附加案二日审查结果,修理费决由运商照现在运货吨数为标准,预备若干予路局,仍在运价内分期扣还。

(《民国日报》)

6.人民团体改组总报告

(1931 年 6 月 5 日)

人民团体改组总报告应遵照方式速报略云:为令遵事,查各地党部对于所属之人民团体,按照限期依法改组或组织完毕后,均应遵照指导人民团体改组总报告方式,或人民团体组织指导员总报告方式,详细填报,早经通令遵照在案。迄今逾限已久,而各地党部,遵照规定方式填报者,尚属少数,且此少数所填报之内容,如会员人数、负责人员及经济状况等,尚有缺漏。为便于查考起见,凡未遵照规定方式填报者,固应赶紧详细填报,即已经填报而尚有缺漏者,亦赶紧详细补报。除分令外,合行令仰该都会遵照办理。此令。

(《湖北中山日报》P540)

7.汉市营业税开征一月后之实况

(1931 年 6 月 5 日)

汉市营业税,自夏赋初接事后,即开始征收,迄今一月,其税收情形及办理经过,想为一般人所注意。记者特于昨(四)日访夏氏于营业税局,采询一切,当承详细见告,兹记其大要如下:(以下皆夏氏语)汉口营业税局,最初成立筹备处,办理登记,费时数月,未征分文,本人接事之初,第一步即实行开征,第二步缩小预算。迄今一月,仅收得税款五万余元,开支方面,则减去三分之一。营业税本是创办,个人精力耗费殆尽,而局内诸同人亦皆纷忙不堪。所幸市面并未因开征营业税而发生纠纷,税收虽然不多,营业税之基础确已创立。但汉口为全国通商大埠,所收营业税何止五万余元。因种种关系,实已费去九牛二虎之力。盖因筹备数月,登记既未完毕,而一切问题多未解决。如:(一)在中央规定之营业税征收规则中,有(资本不足五百元者免收营业税）之一条，但当中央规定此条之本意，原为爱护小商人之好意，而一般圆滑商人，明有资本一千元或七八百元者，则一律借词资本不满五百元，多不肯纳税，局方又无法证明其资本若干。（二）每一铺家有兼营各业者，如杂货店，此种店铺，中央规定以其所营货物之大宗，作为征税标准，而一般店家则多就其中纳税较轻者报告，局方又无法制止。（三）本市各殷实大商店，如银行、旅馆、酒楼等等，皆在市税范围以内，加之中央直接征税者，如洋火、面粉等类，一概免征营业税，因此现在所征之营业税，皆是一般零星小商店。（四）租界内华洋商以及华界之洋商，现多未能依照纳税，现正由中央统行交涉，此事非局方权力所能解决，但现在对于经理洋货之商家，尚在劝导纳税中，已经纳税者已有数家。（五）过客行商，一般往来过客号栈客商，营业既无一定，又无确实地址与时间，而其营业税者，现在正设法征税，顷闻曾召集各庄客号商，来局共同讨论收税方法。（六）中央规定中，凡是整卖之货物，只纳半税，但一般商人，明明售出货物是零卖，应纳全税者，则托言整卖，应纳半税。因此种种困难未能一一解决，以致税收不振，如能经过相当时间之整理，各种困难自可逐一解决。因凡创办一种新税，自应经过筹备、创办、整理三个时期。现在筹备时期虽过，正在创办时期中，故困难较多，但各商人如故意借词抗税者，当呈请省政府依法严办云云。

（《湖北中山日报》P543）

8.警备部具呈行营设立募夫处，请两商会略筹经费以资垫用

（1931年6月6日）

警备部第五十九次会报公决，具呈行营建议设立募夫处，不唯解除各机关许多困难，借可维持地方安宁秩序，法良意美，无逾于此。但闻警部现尚未奉到行营指令，昨省会公安局苏局长，又召集武汉两县党部、两商会并各署长及民厅，与本部均派员参加紧急会议。苏局长世安临时主席报告：略以雇夫万分困难，经武汉警备司令部五十九次会议公决各项，业具呈行营建议设立募夫处，以解除一切困难而免再有拉夫情事，是否准行，尚未奉到明令。惟武昌省会公安局连日办夫，已是声嘶力竭，水尽山穷，而军差急如星火，又必须遵照警备部拉夫之要旨办理。且武阳无夫可雇，码头夫计共仅有三千余名，业已派出不少，倘再有军差，必致贻误戎机。特邀请武阳两商会、两县党部及工会并省府民厅与警备部派员指示机宜云云。经讨论数小时，难得良好办法，最后决定两项：一、根本办法：遵照警部呈行营组募夫处之建议案，以商会党部工会民厅等团体机关，既一致主张，应各呈行营，催促早速设置募夫处，庶可排除万难，以维地方而利戎机。二、救济目前办法：（一）党部工会筹划切劝导工人，勉应军差，忍耐短时间之痛苦，体察公安局之苦衷，遇有办夫急切时，务求谅解，幸勿误会。（二）武汉两商会即日召集紧急会议，筹少数经费，为现金雇夫之用，此项短时间军差垫款，俟将来设法请拨，或由募夫处归垫云云。

（《湖北中山日报》P556）

9.汉商会之欢践，刘市长致答词

（1931年6月7日）

汉市商会主席贺衡夫及全体执监委员，并各帮主席等共约二百余人，于昨（六）日午一时

在商会大礼堂欢送刘市长文岛及各局局长。来宾方面到有刘文岛、黄振兴、杨在春、吴国桢、陈克明、何复州等,该会执监委员周星棠、黄文植、陈经畬、任汉臣等,事前均莅场分别招待,二时许,刘文岛始由武昌渡江抵汉,遂入席。首由商会主席贺衡夫致词。略谓:今日汉市举行欢送会,实为第一次,两年以来,汉市有惊人进步,建设方面,如修理沿江马路,修饰中山公园,学校较前增加,失学儿童日见减少。此外如社会局之办理冬赈,协调劳资纠纷,均使社会得安居乐业。至于财政方面,自吴国桢局长接事以后,不但将亏欠还清,而且并未增加苛捐杂税。上述种种,均使吾民永远不能忘怀。今当各位贤明长官升调省府,当可将推爱汉市之德,普及全省,同人等深为鄂民前途称幸不置云云。

刘文岛答词。略谓,今天承汉商界以很亲爱的态度来欢送,使同人等对往事抱愧。回忆两年以来,承各位监督指导,未致陨越,同人感谢之余,此后更当自勉。兄弟觉得吾人在社会服务,第一件事,要确定我们的人生观。只有义务,没有权利,拿出良心来做事,以人民的痛苦为前提,鞠躬尽瘁,死而后已,更要有牺牲精神,这样才能成功。兄弟向以(有义务无权利)勉励市府同人,此后自当本此原则向前奋斗。第二件事,用钱要经济。以目前湖北的贫困,百姓血汗换来的金钱,凡是有良心的人,是不忍随意浪费的。所以这次省府改组,和主席和同人的意志相同,在第一次谈话会里,就把各骈技机关一律裁撤。民厅内有不到差者,统统革职,如此,金钱可省,办事反而有效。希望各位帮助我们,完成此种计划。第三件事,我们要知道训政到惠政的过程中,最重要的是地方自治。人民是国家的主人翁,一切官吏不过是雇佣者,如果人民临时能监督政府,铲除贪官污吏,而后始能有良好政治。将来地方官吏,完全由人民选举,谁违背人民的意旨,就是人民的公敌云云。刘氏演说毕,群在商会前院摄影,以留纪念,遂散会。

(《湖北中山日报》P567)

10.(湖北)省政府训令据武昌市商会呈报遵令更改名称恳饬警封闭非法团体等情令仰转饬武昌县政府将该县商会筹委会封闭具报由

(1931 年 6 月 16 日)

为令饬事,案据武昌市商会呈称,窃属会于三月二十八日奉建设厅第三八一号训令内开:案奉钧府统字第九九一号训令内开:准实业部咨复,以武昌市既经裁撤,依据商会法第五条之规定,该会应称武昌县商会,以县政府为直接主管官署,合行令仰该厅转饬遵照。此令。等因,奉此。查此案曾由本厅呈奉政府指令,已据情转咨实业部查核在案。兹奉前因,合行令仰该会遵照办理,转饬武昌市各同业公会一体遵办,切切。此令。等因,奉此。属会遵于四月六日,缮具章程、名册各四份,具文呈请武昌县政府鉴核转呈在案。乃前县长李遂先置之不理,以迄李县长离职之日,致使属会会务不能进行,枝节横生均系李遂先造成,厉阶至今为梗,先后称明钧府在案。兹属会改定名称,另呈请武昌县政府新县长检查前赍呈章程表册迅予转呈,并饬各同业公会改称武昌县某业公会,以符定案,而利会务进行,所有改定名称各缘由,理合具文呈请鉴核。再罗竺僧等私设之非法团体,属会迭奉钧府暨建设厅命令严厉制止其活动。伊等现仍于夜深开秘密会议,擅发传单。近更私刻图记,公然张贴布告。可否提交政务会议,立饬该管警局迅予封闭,以维法令,而全威信之处,合并陈明。等情,据此。除以呈悉,查此案业经电准。

中央训练部函复略开：查武昌县市商会纠纷一案，经呈奉中央第一四一次常务会议决议：（一）武昌市党部应即取消所属党员，并入武昌县党部，并将县党部执监委员改选。（二）武昌县商会筹备委员会停止活动，原有武昌市商会候县党部改选后，由县党部指导全县商人，依法组织县商会。等因。并分行在案。准电前由，相应函复查照。等由。当即令行建社厅分别转饬遵照，并函请中国国民党湖北省党部临时整理委员会，从速办理，以利商运在卷。据呈前情，除令建设厅转饬武昌县政府迅将该县商会筹备委员会封闭具报外，仰即遵照。此令。等语。指令印发外，合行令仰该厅，即便遵照办理具报。此令。

主席　何成浚

（《湖北建设月刊》第3卷第6号）

11.（工商部）准咨（上海市政府）据社会局呈转请通令全国各厂商取缔工业物品假手外人试验一案，本部除再咨催各省市政府转饬主管机关将各试验所遵照前案竭力进行并分令上海、汉口等商会转知各同业公会深加注意外，复请查照由

（1931年6月18日）

为咨复事，案准贵府咨据社会局呈转请通令全国各厂商取缔工业物品假手外人试验请察核施行见复一案。查该试验所所长沈熊庆所呈各节颇能中肯，殊堪嘉尚，惟查工业原料及物品之必须试验而执行试验，尤须由国家地方社会或厂家所公设之试验机关，早经一再通令使全国工商注意，且机关务宜多设，设备须求完善，方足以昭信用而广招来。是以前工商部既在首都设立工业试验所，复择要分咨各省市政府请速筹设试验分所，并通令各重要商会转饬各同业公会联合同类之工厂自设技术试验研究处，以期通力合作相辅而行，急图制品之改良而促工商之发展，本部成立以来，亦本此旨赓续进行，并曾准各省市政府将酌量筹设，或正着手计划，或已经设立，现拟整顿扩充各情形先后咨复过部。准咨前因。除再继续咨催各省市政府转饬主管机关遵照前案竭力进行并分令上海、汉口、广州、青岛、天津、营口各商会转知各同业公会，对于该所长所呈各节深加注意，力矫前非，切实遵照办理外，相应咨请查照。

此咨

上海市政府

部长　孔祥熙

（《实业公报》第24期）

12.（湖北）省政府训令准实业部咨奉令以一镇分属两县管辖应各别设商会等由令仰转饬遵照由

（1931年6月19日）

为令饬事，案准实业部商字第四七一一号咨开：查一镇分属两县管辖，应如何设立商会一案。经前工商部呈奉行政院令开：经咨准立法院议复，应以该镇之行政区域为区域，准其以各本县境为界限，在同一镇内，各别设立镇商会。等因，行知到部，奉此。除分行外，相应咨请查

照转饬所属,凡有类此情形之镇商会一体遵照办理,如有不合于商会法第六条及同法施行细则第十条者,应依商会法第八条,由该县商会设置分事务所,以符法则,即希一并饬知为荷。等由,准此。除咨复外,合行令仰,该厅转饬所属一体遵照。此令。

主席　何成浚

(《湖北建设月刊》第 3 卷第 6 号)

13.铁道部训令第三九号各铁路管理局:关于本届全国商运会议汉口总商会所提严正解释路章处罚标准以利实施而免流弊一案业经决议将货运通则第三十五、第三十八两条修文加以修正由

(1931 年 6 月 25 日)

为令知事,案查本届全国商运会议第三十二案,汉口总商会所提,拟请严正解释路章处罚标准以利实施而免流弊一案。业经大会议决交货等运价委员会加以讨论。现由该会议决将部颁货车运输通则第三十五条内"倘查有高等货物捏报低等者,其全批货物运费应照捏报货品之运价责令补足,并照补收之运费加十倍处罚"一节改为"倘商人以高等货物捏报低等货物经查验确实,除责令将高等货物补足运费并加十倍处罚,在罚款未付清前暂将全批货物扣留"。又第三十八条条文内"货单所开"等字改为"货主报运"四字。等情,据此。合行令仰该即行遵照转饬所属照改正办法办理。此令。

署理部长　连声海

(《铁道公报》第 183 期)

7 月

1.鄂省营业税则,省府将依立法院规定由官商会议重新修改

(1931 年 7 月 16 日)

汉市营业税自创设以来,基础渐见树立,税收渐见增加,较之京沪平津各地,远胜数倍。兹闻湖北省政府根据最近立法院之规定,即将从事修改营业税则,以资平稳,而免纠纷,并已决定即日由官商合组修改营业税税则委员会,讨论进行。其委员人选共十五人,省府二人,财厅四人,汉口营业税局长,阳夏营业税局长,汉商会四人,武阳两商会各一人,省商联会一人。所有组织条例及办事细则等,皆在拟具中。又汉口营业税局,原是省市合设,现市府改隶省府,该局昨已奉到财政厅新颁关防,布告启用。原文云:为布告事,案奉湖北财政厅总字第七六号调令开:为令发事,案照汉口市政府业经改组直隶湖北省政府管辖,所有该局前颁关防,自不适用。兹由本厅刊就铜镶木质关防一颗,文曰:湖北省汉口营业税局之关防,随文颁发,仰即查收遵照启用具报,并将前颁关防截角缴销为要。此令。等因,附发关防一颗,奉此。遵于本月九日敬

仅启用,并将前颁关防截角缴销。除分别呈报并函令外,合亟布告本市各业商民一体周知。此布。又该局第六稽征所,原设汉街。现以天气炎热,房屋狭小,已于昨日起迁,至总局内办公矣。

（《湖北中山日报》P425）

2.汉营业税局举行复查,昨函汉商会请派员会同办理

（1931 年 7 月 17 日）

汉口营业税局,以商户登记后,应施行复查,以昭核实,昨函请总商会派员会同办理。原函云:径启者,关于本市各业商户乃应施行复查,以昭核实,案前准贵会公函,并检送登记证过局,经转各稽征所遵照查明该管商户。

（《观海》1931 年第 2 期）

3.反日护侨运动

（1931 年 7 月 21 日）

（汉口）汉商会为鲜事通电,主坚壁清野,实行经济绝交。省商联及武昌等商会,亦均通电抗争。（二十日专电）

（《申报》）

4.百年仅见之鄂水灾,被害深巨者近五十县,避灾到汉者已五千人,汉商会筹款救济难民,汉口全市已成泽国,米价飞涨,大雨未止

（1931 年 7 月 30 日）

国闻汉口电　鄂水灾为近百年所仅见,深受水害者近五十县,余亦均苦雨。尽连雨二十余天,截至二十八日止各县避灾来汉者已五千人,汉商会刻正联合各正绅,筹设水灾难民收容所。假定十万人,约为期两个半月,连各个到汉急需及离汉回县川资路费,每人十元,总计须筹百万元,人少则少筹,准日内分呈省市政府备案。江水二十七日已溢岸入街,江汉关至怡园及交通路生成里均水深一尺,中山路水横溢,商会及商务印书馆门前均上水。米价飞涨,查武汉存米虽仅六十万石,可供半月民食,只要天晴,水陆米一涌到,价立即可平。

电通汉口电　因长江及汉水泛滥,汉口市中除一部高低外,已全部浸水,浸水区域住民之避难状况不能以言语形容,似有相当死伤。武汉三镇各银行公司及一般商店均停止营业,日本租界二十七日晚七时起,四周被浊流包围,接近中国街之和平街,以小舟通行,与外部交通完全断绝。日侨已总动员,为防水应急工作,租界内除江岸外,尚未浸水,至午后九时,军舰平户船员登岸,在江岸努力防水,同时因市中谣言蜂起,□□警戒,物价因水灾无不倍涨。又因粮食缺乏,人心渐有恶化之倾向,此点颇堪忧虑,据一般观察,长江水势,倘将□□,果尔则其结果更可忧云。

电通汉口电　重庆方面增水三尺,宜昌方面虽稍减退,然由洞庭湖入口岳州一下至汉口止之两岸,化为大河,一望无际,仅能望见极少之山岳。询诸故老,均云从未之见,武汉一带,二十

九日晨九时,复下大雨,江岸之水继长增高,日本租界之防水工车,虽高至五十一尺,然再涨数寸,即可浸水,日侨二十九日于大雨中全体出动,努力于防水警戒。

(《民国日报》)

5.汉口市商会主席贺衡夫为呈转临时证章请备案饬属通行碍难照准文

(1931 年 7 月 31 日)

呈悉。查特别戒严期间,入夜遮断交通,原以严警备而保治安。除军政机关执行公务有特许通行之规定外,其他一概不准通行。且营钱业者,如有日间未完手续,可提前于夜十一时前未断交通时办理,无妨于事。所请临时证章,饬属通行一节碍难照准,仰即转饬知照。此令。

司令　夏斗寅

1931 年 8 月 2 日

附原呈

呈为据情转呈事,顷据汉口市钱业公曾函称:敬启者,近日雨水连绵,本市马路暨花楼以下皆成泽国,政府因恐匪徒乘间滋事,业经宣布临时戒严。惟查敝业逐日往来收交为数甚夥,时间稍晚,交通多感不便。缘以金融所关,与钱业周转信用极为重要,刻拟制就一种临时证章,用白色竹布上盖本会图记,并注明某某钱庄及佩带人姓名等字样,以为夜间通行之证。为此将证章样式六枚一并送请大会查核,即希分转武汉警备司令部暨公安局鉴核备查,以维商业而利进行,实深公感。等情,并附证章样式六枚前来。除分转外,理合检同证章样式二枚,据情转呈大部即祈鉴核备查,并恳分饬知照。实为公便。

谨呈(下略)

(《水灾中武汉警备特刊》)

8 月

1.(武汉警备司令部)函汉口、武昌总商会为请速将平定米价情形见复以凭转报行营文

(1931 年 8 月 8 日)

敬启者,本部前奉武汉行营令饬,即日平定米价,晓谕通衢,并派员密查,如有奸商故违,严重罚办一案,当经函请贵会召集各米商平定米价,以凭办理并呈复在案。兹奉行营参字第一〇一四六号指令开:呈悉。仰即从速催办,并限文到二日,将办理情形具复为要。此令。等因,奉此。除分函外,相应再行函达即希查照,请将平定米价情形,克日赐复,以凭呈复而便饬属遵

办,是为至荷。

此致

汉口、武昌总商会

司令　夏斗寅

附宪兵营营长苏耀增呈复文

为呈复事,案奉钧部参字第一九八〇二号训令,以本市水势汹涌,难民猬集,奸商乘机提高米价,活坑民命,令饬查拿一案。除原文有案邀免全录外,尾开:合行令仰该营长即便遵照,密派干员分别详细调查监视,如有奸商故违功令,高抬米价情事,随时具报,以凭拿办为要。此令。等因,奉此。遵已令饬各连队,妥派干员,密查具报,以凭拿办矣。理合将遵办情形,具文呈报钧鉴。

谨呈(下略)

8月13日

(《水灾中武汉警备特刊》)

2.省政府准实业部咨工商同业联合会仍以工商同业公会为组织单位等因令建设厅、汉口市政府遵照

(1931年8月13日)

为令遵事,案准实业部商字第六四九三号咨开:案奉行政院第三五二零号训令开:为令行事,案查前据工商部呈为准上海市政府,咨请解释修正工商同业公会法第十四条条文各点,请转咨立法院解释示遵。等情,当经据情咨请立法院核复去后。兹准复开:当经令交本院商法起草委员会核明具报,嗣经审查完毕,缮具审查报告,请提交大会公决前来。于二十年五月十九日,本院第一百四十三次会议议决,再付商法起草委员会,会同委员陈长衡、孙镜亚审查。又经审查完毕,缮具审查报告,请提交大会公决。等情。于二十年七月四日,本院第一百四十九次会议,议决工商同业公会联合会仍以工商同业公会为组织单位,不得仅以各地域同业组织联合会在案。相应录案。咨复查照。等由,准此。合行令仰该部即便知照。此令。等因,奉此。除分行外,相应咨请查照,转饬所属各工商团体一体遵照为荷。等由,准此。除咨复并分行外,合行令仰该厅、府即便遵照,并转饬所属各工商团体一体遵照为要。此令。

主席　何成濬

(《湖北省政府公报》第158期)

3.批令:第二二六号具呈人汉口市商会呈为同蔚厚号亏款倒闭将秀油出卖,油款送前汉口总商会,旋由原中蔡辅卿取去,彭姚氏请求赔偿与会涉讼一案,法院偏私,借法文过,商会冤屈,请转咨司法院救济由

(1931年8月14日)

呈及附件均悉。案关司法,既据分呈,仰即静候司法院核示。所请转咨之处,碍难照准。

此批。附件发还。

（《行政院公报》第 281 期）

4.（武汉警备司令部）指令嘉慰汉口市商会主席贺衡夫文（附原呈）

（1931 年 8 月 17 日）

呈悉。该商会所称，米价并无骤涨情形，深用嘉慰。除转报武汉行营外，仰即转饬知照。此令。

司令　夏斗寅

附原呈

呈为据情呈复事，案查前奉钧部训令内开：以米商高抬米价囤积居奇，即应设法平价免干咎罚一案，当经录案分转米商各业公会遵照办理，并召集该业代表到会重申本会迭次决议救济民食原案及政府严禁抬高米价之德意，当场一致担任，协力维持各在案。兹据米粮店业同业公会复函内称：敬复者，查此次洪水为灾，亘古未有，富者转成饿殍，贫者悉就死亡，观之惨目，言之痛心，人所同危，情所共慨，人非金石，应具急切赈济之心。窃属会奉大会转来各机关函，令米粮平价，以维民食而保治安等情。属会已召集同业开会，对于平价当有合宜办法，应即知照同业一致遵行，不容稍懈。惟属会同业范围甚狭，所有拟定价格，概行照市，循序营业，毫无骤涨之行为。迩来哀鸿遍野，人心摇动，当局不避艰辛，极力维持，而属会岂忍更令沧胥高抬市价，以困民生。至云将米浸湿，红朽不堪，属会曾一再召集同人垂询事实，勉令谋守秩序，绝无越轨情事。倘有前项行为，属会即予以相当取缔，以重明令而正营业。欲求信用之昭彰，务须革除积弊。属会同人夙抱信实之宗旨，决不至有呵斥及不法之举。应恳请大会转请各机关随时密查各节，用特函复，并祈转达各机关查核为祷。等情，前来。除分呈外，理合据情呈复钧部俯赐鉴核，准予存案备查，实为公便。

谨呈（下略）

八月十三日

附呈总部行营为转据汉市商会呈报平定米价情形并赍呈武汉警备区米粮密查报告表乞钧鉴备查文

呈为平定米价据情呈报并赍武汉警备区米粮密查报告表式仰祈钧鉴备查事，窃本部前奉钧令转饬武、汉两商会召集米商平定米价一案情形节经呈复在案。兹复据汉口市商会主席贺衡夫呈称，呈为据情呈复事（原文见前），实为公便。等情，据此。除拟订武汉警备区米粮密查报告表式，令发所属派员密查，逐日填表具报并指令外，理合检同米粮密查报告表式，据情备文赍呈钧鉴备查。

谨呈

陆海空军总司令武汉行营主任何

武汉警备司令　夏斗寅

（《水灾中武汉警备特刊》1931 年 10 月）

5.(湖北)省政府训令以工商同业联合会仍以工商同业公会为组织单位不得仅以各地域同业组织联合会仰转饬各工商团体遵照由

(1931 年 8 月 17 日)

为令遵事,案准实业部咨开:奉行政院训令开:案查前据工商部呈为准上海市政府咨请解释法修正工商同业公会法第十条条文各点,请转咨立法院解释示遵。等情,当经据情咨请立法院核复去后。兹准复开:当经令交本院商法起草委员会核明具报,嗣经审查完毕,缮具审查报告,请提交大会公决前来。于二十年五月十九日,本院第一百四十三次会议议决,再付商法起草委员会,会同委员陈长衡、孙镜亚审查。又经审查完毕,缮具审查报告,请提交大会公决。等情。于二十年七月四日,本院第一百四十九次会议,议决工商同业公会联合会仍以工商同业公会为组织单位,不得仅以各地域同业组织联合会在案。相应录案,咨复查照。等由,准此。合行令仰该部,即便知照。此令。等因,奉此。除分行外,相应咨请查照,转饬所属各工商团体一体遵照为荷。等由,准此。除咨复并分行外,合行令仰该厅、府即便遵照,并转饬所属各工商团体一体遵照为要。此令。

主席　何成浚

(《湖北建设月刊》第 3 卷第 9、10 号)

6.拨款派员救汉灾

(1931 年 8 月 20 日)

国民政府水灾委员会委员宋副院长,对于汉口洪水上楼,人民倒悬,亟应施赈,以救灾黎,业已提拨现款十七万元,派李晋乘飞机驰往汉口,曾商由市商会致电汉口商会接洽。电云:汉口商会何主席暨周星棠、刘少岩、黄文植、王毅灵诸公鉴,洪水上楼,顷已商妥太古等五公司轮随时载送难民。宋部长已电何云竹主席,会同商会银钱两公会,组织机关,处理一切。李晋二十一日乘飞机来汉,乞洽。虞洽卿、王晓籁、徐寄庼皓。

(《申报》)

7.武汉灾情日重

(1931 年 8 月 21 日)

(汉口)汉商会二十日通电全国,为灾民请赈。(二十日专电)

(《申报》)

8.各省水灾急赈会要讯

(1931 年 8 月 23 日)

上海筹募各省水灾急赈会,昨日关于赈募及开会之重要消息,分志如下:

常务委员会昨日下午四时开第三次常务委员会,出席者王晓籁、刘鸿生、虞洽卿、许世英、胡熙生、黄涵之、胡孟嘉、秦润卿、闻兰亭、杜月笙、邬志豪、张之江(翁国勋代),公推许世英主席。(甲)报告事项:(一)各地报灾函电,计安徽十三件,河南三件,江苏六件,浙江一件,大冶一件;(二)八月七日至二十一日止,计收赈款洋八万八千六百四十一元二角五分;(三)收到赈品,已分送各慈善团转代散放(另列清单从略);(四)本会宣传,由张竹平君召集成立;(五)劝募组第一次会议经过;(六)支付赈款,由常委黄涵之签字拍定,并由张公权、秦润卿两财委加署,以昭郑重;(七)冠生园本日以全天营业收入助赈;(八)添聘各组委员经过;(九)沈良骅函告奇异电器公司发起工人水灾救济会。(乙)讨论事项:(一)本会募款,办理急赈,志在速救灾民。据会计员报告,连今日所收赈款,共计有十万余元,除已拨二万元交朱弃尘君赴鄂散放外,其余赈款,亟应支配早日散放案。(二)杜月笙君捐助汉口面粉五千包,已运交汉口商会担任散放,又杜君捐助安徽面粉五千包,亦已派员克日往放。(三)汉口赈务,本会已聘朱弃尘君担任,安徽及其余各省,亦宜遴选老于办赈人员,负责担任案。以上三案,合并讨论,决议,本会既聘请朱弃尘君赴鄂办赈。安徽方面,亦由本会拨二万元,连同杜君所助面粉五千包,一并聘请翟展成、刘玲生两君赴皖散放。(四)王委员晓籁临时提议,本会募款须积极进行,惟放赈方法,宜妥筹统一办法案,决议通过。(五)邬志豪、陶乐勤、丁济万、董子厚、唐思诚、王永康、乐树滋、翁国勋、王尧臣等九人来函,陈述募捐办法案,决议,交劝募组整理后,俟张市长宴客时提出公开讨论,六时散会。

(《申报》)

9.汉商会通电请赈解囊端赖仁人成裘待乎集腋

(1931 年 8 月 24 日)

(中央社)汉口航讯:汉商会主席贺衡夫及各委员,以此次水灾极重,亟待拯救,昨(二十)日特通电全国呼吁请赈。原电如下:(衡略)均□(鉴),窃维此次大水为灾,以鄂省为最重,以武汉为最惨,洪荒均见,浩劫当前,秋水长天,祸犹未已。缘以湖北位于长江中流,湖汉最多,自古号为泽国。武昌夏口,又当汉水合流之冲,以故年年有夏汛,即年年有水患。本年入夏以来,淫雨兼旬,倾然不止,山洪暴发,渠塘已成浊流;平地风波,潦倒即成巨浸。汉之广永,川之巫峡,水高十丈,异道同流。而滨江带湖之各属,向恃堤防以为生命者,计有四十余县之众。急流奔放,冲溃无余。矮屋有渡顶之舟,长足无行陆之野。死者随波逐流,遑问田禾?生者蚁集沙汀,境缘悬绝。频惊噩耗,闻者伤心。于斯时也,本会同人,勉从各界诸公之后,筹办急赈,抢险防河,缩食减衣,但期有济。不料汹涌之势,防不胜防,汉市所赖为保障之分金炉、丹水池、单洞门各堤口,先后溃决,淹毙人命无算,赀财房屋,半付洪涛,深者数丈,浅者数尺,有水面而无市面,有舟子而无行人,一切生机,均归断绝。以云急赈,则灾民数十万,收容百余所,流离转徙,一日三迁,以云救灾,则官尽灾官,民尽灾民,以灾民救灾民,以幸存救垂毙。后死之责,固不敢辞,而杯水车薪,声嘶力竭。中央政府轸念民瘼,虽已电拨赈洋一十七万元,然总计鄂省灾民,近将千万,一饭一粥,日费不赀,待哺嗷嗷,徒呼负负。近且武昌又为汉市之续,举目无一块干净土矣。哀我孑遗,穷愁莫复,累累山冢,与鬼为邻,露宿风餐,饥疫交迫。人生到此,天道宁论,此非郑侠《流民图》所能形容其万一也。夫人急难则呼天,以上天有好生之德也;偶病则呼父母,以父母有保赤之诚也。诸公或主持国计,或“戡乱”救民,或桑梓关怀,或同舟共济,望本一夫莫获之心，再施百万不红之粟。损上有义，逮下为恩。载米分周，莫先劳于车马；开仓赈济，宁待罪于都门。解囊端赖夫仁人，成裘有待夫集腋。活人一命，蛇雀有知；救苦之途，神明共佑。此本会代表奄奄垂毙之千万灾民，顿首百拜，呼天呼父母以求立赐援手于诸大君子之前也。临电迫切，不尽凄怆。汉口市商会叩智。

（《民国日报》）

10.指令汉口市商会主席贺衡夫为卷烟、布匹各业添备船只请求补行登记一案令仰遵照文

（1931年8月24日）

呈悉。查市面船只过多，所关交通、消防、匪患者至巨，本部严行限制，良非得已。若据该主席呈转卷烟布匹两业请求补行登记，并尚有各帮商人纷请。等情，前来。特准补行登记，限数一百号，仰即统筹支配造具清册，径送临时船舶登记处登记，此后概不补发。除令临时船舶登记处遵照外，仰即遵照此令！

司令　夏斗寅

1931年8月24日

11.汉商会乞赈电

（1931年8月25日）

（汉口）各报鉴，窃维此次大水为灾，以鄂省为最重，以武汉为最惨，洪荒均见，浩劫当前，秋水长天，祸犹未已。缘以湖北位于长江中流，湖汉最多，自古号为泽国。武昌夏口，又当汉水合流之冲，以故年年有夏汛，即年年有水患。本年入夏以来，淫雨兼旬，倾然不止，山洪暴发，渠塘已成浊流；平地风波，潦倒即成巨浸。汉之广永，川之巫峡，水高十丈，异道同流。而滨江带湖之各属，向恃堤防以为生命者，计有四十余县之众。急流奔放，冲溃无余。矮屋有渡顶之舟，长足无行陆之野。死者随波逐流，遑问田禾？生者蚁集沙汀，境缘悬绝。频惊噩耗，闻者伤心。于斯时也，本会同人，勉从各界诸公之后，筹办急赈，抢险防河，缩食减衣，但期有济。不料汹涌之势，防不胜防，汉市所赖为保障之分金炉、丹水池、单洞门各堤口，先后溃决，淹毙人命无算，赀财房屋，半付洪涛，深者数丈，浅者数尺，有水面而无市面，有舟子而无行人，一切生机，均归断绝。以云急赈，则灾民数十万，收容百余所，流离转徙，一日三迁，以云救灾，则官尽灾官，民尽灾民，以灾民救灾民，以幸存救垂毙。后死之责，固不敢辞，而杯水车薪，声嘶力竭。中央政府轸念民瘼，虽已电拨赈洋一十七万元，然总计鄂省灾民，近将千万，一饭一粥，日费不赀，待哺嗷嗷，徒呼负负。近且武昌又为汉市之续，举目无一块干净土矣。哀我孑遗，穷愁莫复，累累山冢，与鬼为邻，露宿风餐，饥疫交迫。人生到此，天道宁论，此非郑侠《流民图》所能形容其万一也。夫人急难则呼天，以上天有好生之德也；偶病则呼父母，以父母有保赤之诚也。诸公或主持国计，或“戡乱”救民，或桑梓关怀，或同舟共济，望本一夫莫获之心，再施百万不红之粟。损上有义，逮下为恩。载米分周，莫先劳于车马；开仓赈济，宁待罪于都门。解囊端赖夫仁人，成裘有待夫集腋。活人一命，蛇雀有知；救苦之途，神明共佑。此本会代表奄奄垂毙之千万灾民，

顿首百拜,呼天呼父母以求立赐援手于诸大君子之前也。临电迫切,不尽凄怆。汉口市商会叩哿。

(《新闻报》)

12.洪水中之汉口商业民食及金融机关遵令营业商会拟定以货押款之计划

(1931 年 8 月 26 日)

汉口通讯:汉市自沦于水灾后,全市商行,无形等于全体停市。盖各水区商店,自动停业者,已二十余日,刻仅米店、油粮、煤炭字号遵令照常营业,以重民生。各大银号钱庄,亦奉令交易如恒,庶金融得以周转。市商会复有以货押款计划,该会系责成汉口商界闻人周星棠氏办理。周竭二日之力,昨商得以三千两银租得隆茂为堆栈,直至水退为止,银行公会押款之额数为二百万元。兹缘该会通知各同业公会之原函于次:敬启者,查本市为全国中心,集合中外贸易,欲使金融之周转,端赖货物之流通,稍一阻滞,百业皆停。此次大水为灾,全市淹没,金融市面,俱濒于危。本会有鉴于此,连日向银行团预商,如有以货押款者,尤予充分接济,尽量维持,并指定隆茂平和安利英三打包厂准存货物,已函请特三区饬市政管理局队保护在案。钱业公会,亦有维持押款之组织。用特通告贵公会,分知贵同业,倘因水势梗阻,周转不灵,借押货以活泼市面,如持有栈单或提单,尽可向本会陈明确数,以便与银行团或钱业公会切实磋商负责押款,此为救济金融之唯一办法,务祈注意及之。除分函外,此致本市贵业同业公会。汉口市商会启。

(《益世报》)

13.平津要讯

(1931 年 8 月 27 日)

天津张学铭二十五电:汉口商会,刻正联合各界募款,克日汇上,以济难民。(二十六日专电)

(《申报》)

14.批示平汉路转运同业公会主席林顺夏,据呈请求该会划旗免予扣留批向汉口商会请求在百号内补行登记仰即知照文

(1931 年 8 月 28 日)

呈悉。查船舶入市,任何机关或团体均须在临时船舶登记处登记,以杜冒滥而免疏虞,如未经登记概不得行驶,市街曾经令饬办理在案。所请饬属,如遇该会盖草划旗免予扣留一节碍难照准。前经令行汉口市商会各业船旗特准统筹支配,补行登记一百号,仰迅即经向商会请求在百号内补行登记可也。此批。

司令　夏少寅

1931 年 8 月 28 日

附转运同业公会原呈

敬呈者,顷据属会大同同业公司函称,敝公司于八月二十三日下午二时派人乘划一只前赴药王庙办事,随带贵会发来之第十七号自备旗一面,以资识别。讵由六渡桥中南旅社门口经过,被该处警备司令部巡查获见,以此旗未曾登记,不计作用,遂将此旗扣留,并将划头用斧砍伤两处。为此合即奉闻,恳即函转请警备司令部将所扣留之旗发还以便交通为荷。等因。到会。据此属会所备发各同业公司之旗,业经呈请船舶登记处登记。不料因该处已奉令截止,嗣后只得备文呈请市商会转呈钧部备案请予通过。等情。各在案。惟此次水灾奇重,全市波及。所有属会各同业不得不自备划舟,以资救济,并非借此紊乱秩序。嗣后如发见属会盖印之划旗或有不端情弊,由属会完全负责。据函前因,相应备文呈请钧部鉴核,伏祈传饬将扣留之旗发还,并恳再令贵处巡查,谨呈(下略)嗣后如遇有属会盖印之划旗免予扣留,一律容其通行,俾资救济,而免望洋是为至荷。

八月二十五日

(《水灾中武汉警备特刊》)

15.贝克氏报告武汉灾情华人抵抗能力之证明,官商救灾进行之可佩,接济赈品款项之必要

(1931 年 8 月 31 日)

国民政府救济水灾委员会,前派贝克工程师,前往武汉视察灾情。兹于本月二十九日回沪,据报告武汉情形如下:中国人民,素具强大抵抗能力。经此次武汉水灾,更足以证明。现汉口水虽未退,而小贩已能将杂货等安置木桶中,涉水推移,沿门叫卖;商人等亦已准备修葺城厢;受灾房屋官吏及银行家,且在准备将此次被水冲毁茅棚区域,改建新式市区。

贝克氏对于此次武汉三镇官商通力合作,救灾进行至为敏捷,殊深钦佩。武汉商会,能集合一百四十私人团体及三十慈善机关,办理急赈事宜,其魄力殊不在小。

中外商人,多以货栈改充灾民收容所。至居民亦能收容户外被水漂流之人民,援其登楼,暂为安插,以待移往各收容所。所有灾民食物,多由上述商人及居民所供给,亦有商会发给者。

贝克氏之意,以救济水灾委员会,应先在武汉设立分会,以便与当地官商合作。武汉急赈,现已办有头绪,但当地财力食品,将次告竭,其情形有亟待官赈义赈各机关,迅即输送赈品接济款项之必要。至于组织一完善办赈机关,及派遣技术人员,修缮堤坝,亦属目前急务云。

(《申报》)

9 月

1.各地热烈筹赈
(1931 年 9 月 1 日)

(南京)汉商会代表周星棠等来京,向当局报告灾况,并筹商根本救济方法。(三十一日专电)

(《申报》)

2.鄂省灾黎在千万以上,湖北商会通电呼吁平津鄂人报告灾情
(1931 年 9 月 1 日)

【平讯】平市商会昨接湖北全省商会联合会电称,该省云梦、潜江等四十余县,遍成泽国,幸存灾黎在千万以上,请筹备大宗赈款赈济。原电如下:中华民国全国商会联合会、各省商会联合会、各市商会均鉴,查本年入夏以来,山洪暴发,天降奇灾,鄂省位居江汉中心,灾情较之他省尤重。敝会迭据云梦、潜江、大冶等四十余县商会先后电报灾况,皆因水势浩大,堤坝溃决,人民不及趋避,葬身鱼腹者,每一村落,动以千计,所有幸存之灾黎,综计在千万以上。虽生命暂保安全,而残喘难延旦夕。盖因庐舍为墟,田禾尽没,求食无方,生计绝灭。且终日暴露于烈日之下,即不死于饥,亦将毙于疫。情形愁惨,实非笔墨所能尽其万一,现省政当局,固已会同绅商统筹急赈,并蒙国府准予惠拨赈款十七万元,但灾区广大,难民众多,杯水车薪,难以普济。且秋收绝望,来日正长,千万灾民生机已断,瞻念前途,不寒而栗,诸君子痌瘝在抱,慈悲为怀,伏恳顾念鄂省灾情重大,迅赐筹拨大宗赈款,俾全鄂灾黎,得以昭苏,不致坐以待毙。临电凄怆,伏乞矜察。湖北全省商会联合会叩马印。

【平讯】湖北省旅平津同乡水灾赈济会,于昨日下午三时在中山公园董事会招待新闻界,到各报社、通讯社记者二十余人,届时由陈皋致词,略谓湖北水灾奇重,旅平津同乡成立水灾赈济会,募款救济,深望新闻界予以援助。继由孔庚报告水灾情形及该会组织经过,略谓:(一)湖北水灾情况:甲、武汉三镇。第一,平地水深丈余,溺毙数千人。现汉市仍在洪水中,全市民众,嗷嗷待哺,有因求生不得而投水者,房屋塌毁四分之三。第二,自青山武丰堤溃后,大水直扑武昌。时在夜中,人民毫无准备,男女多裸体奔命,哭啼之声,惨不忍闻,溺毙者无算,全市工厂均停工。第三,汉阳地势尤为低下,现已全部浸没水中,死数千人,待赈尤急。乙、各县灾情,湖北全省共六十九县,现被水者已五十六县。鄂西鄂北一小部,以地势较高,尚未被水。其被水最重者,如汕阳、汉阳、天门、嘉鱼、蒲圻、京山、宜昌、大冶、蕲水、广济等五十三县均已全部浸入水中。受害最惨者如沙市、武穴,全镇人民尽饱鱼腹。新堤街市被水卷去二十余里。总计全省死亡人口达一百万,财产损失不可计数。(二)本会成立经过及工作情形:本会由钟翼

翘、朱绶光、周斌、熊斌、李钦、蔡继纶等人发起，于八月二十三日，在中山公园开成立会。尚推钟翼翘、陈登山、朱绶光、李芳等公总副干事，并推干事等多人，以孟公府三号为本会址。本会即于二十四日开干事会分配工作，每日下午三时至七时，均在会办公参加，同乡均异常踊跃，并极热心。游艺事宜已接洽妥当，不日即可表演。募捐事正在进行中。张副司令允捐款万元，万福麟主席允捐粮数百担，其他在平各省府主席及军长等已捐洋一万元。尚在继续募捐中，本会并拟派陈登山、李芳、何佩镕、张伯烈、燕汉卿等赴津办募，将来成绩定有可观。此外并定不日派员赴汉放赈。

（《益世报》）

3.（湖北建设厅）训令武昌市商会为遵令转饬该会仍俟武昌县党部改选后由该部指导组织县商会由

（1931年9月3日）

为令遵事，案奉省政府统字第四八零二号训令内开：查前据武昌县各工商同业公会呈请依法解散武昌市商会一案到府，当经查案批示并转函暨令饬该厅分别办理在卷。兹准中国国民党湖北省党部临时整理委员会函复内开：查武昌市党部业奉中央令饬撤销并入武昌县党部，并令将该县党部执监委员改选。等因。旋据本会组织科签称，现该武昌市县党部交代手续已办理完竣，应即令行武昌县党部遵令筹备改选。等情。经提本会第一百九十四次会议，决议照办各在卷。准函前由，相应函复即希查照，转令该商会仍遵前令办理为荷。等由，准此。合亟令仰该厅遵照转饬，迅速依法改组具报。此令。等因。正拟转令遵办间，适奉省政府统字第四六七六号训令内开：案准中国国民党湖北省党部临时整理委员会第一五五零号函开：前准贵府函，以据武昌县各工商同业公会呈请解散武昌市商会等语，函请查案，分别撤销改选武昌市县党部，以便改组商会而免再滋纠纷。等由，过会。当经函复武昌市党部已奉令撤销武昌县党部，刻正令饬筹备改选。至武昌县商会筹委会，曾由本会前训练部遵照中央电示转令停止活动，并令武昌市商会俟武昌县党部改选后，由该县党部指导全县商人依法组织县商会各等语在卷。兹准贵府第四三零一号复函，尾开：已转令建设厅转饬武昌市商会迅速依法改组等由，似与原案不符。用特申述前由，再行函达贵府请烦查照，迅令建设厅转饬该市商会仍俟武昌县党部改选后，由该县党部指导依法组织县商会，以符原案而免抵触为荷。等由，准此。当以查本府前准贵会函请，转令该商会仍遵前令办理，并对武昌县党部已饬筹备改选等因，则该县党部正式成立之日，当不在远。故令厅转饬依法改组，该县党部果能依法改组，当与原案不致不符。兹准前由，为预防错误起见，除再令建设厅转饬仍遵前令俟县党部改选指导组织县商会外，相应函复贵会即希查照为荷。等语。除函复外，合亟令仰该厅迅速遵照办理具报。此令。等因，奉此。除呈复外，合行令仰该会遵照，应俟武昌县党部改选后，由该县党部指导依法组织县商会，以符原案。此令。

（《湖北建设月刊》第3卷第9、10合期）

4.电复汉口市商会为准咨电报灾请赈除，本会已议拨赈款奉派委员急赈外，再抄件函请救济水灾委员会核办文

（1931 年 9 月 8 日）

汉口市商会台鉴：案准贵会咨电称，汉市惨被水患，灾情奇重，待赈孔殷，展牍之余，良深惘恻。查本会各省水灾重大，百年未有。本会除分登京沪各报劝募赈款外，呈请政府续发赈灾公债一千万元，并请拨现款一二百万元以资急赈，准财政部拨交监税库券二百万元在沪向银钱界分抵现款一万元。经本会改组后第一次会议分配，湖北省急赈十七万元，呈请政府交由行政院令派委员李晋携带赈款前赴贵省，择灾情最重各县施放急赈。又以二万元交由内政部令饬衙生署派员前往汉市，办理防疫事宜各在案。准电前因，除抄同远见函请救济水灾委员会合办外，特电复。赈务委员会阳。

（《赈务月刊（南京）》第 2 卷第 9 期）

5.两种公债，昨日抽签还本

（1931 年 9 月 11 日）

公厘公债一百零五万，金融公债一百二十万。

民国十四年八厘公债第八次还本，及民国十七年金融短期公债第六次还本，昨日下午二时，在香港路银行公会举行抽签。兹将各项情形，分志如下：

▲到会代表财政部公债司长郑莱，监视员审计部王昉，江海关二五基金委员会林康候，上海市商会方椒伯，上海银行业公会胡孟嘉，上海钱业公会斐云卿，市政府代表吴粥采，高等法院等二分院代表载鸿茎，第一特区地方法院代表潘咏挺，汉口商会代表刘善甫，抽签员中央银行李惕生，中国银行程慕灏，交通银行卫勃，管理员朱祖□、陆树棠、何孝涓、庞泽恩、梁耀宗，登录员尤敦悌、陈少朝、朱培根，文牍员黄启宗、许祖璜、黄美钊，招待员何尧胃、周岐瑞、袁文岳、杨在等五十余人。

▲主席报告财政部公债司长郑莱报告云：今日为民国十四年八厘公债第八次还本，及民国十七年金融短期公债第六次还本抽签之期。承诸君莅场参观，不胜欣幸。查民国十四年八厘公债，发行总额为一千五百万元。除第一次至第七次还本，业已按期抽还外，今日抽还第八次本银，计抽签七支，每支十五万元，共一百零五万元。民国十七年金融短期公债发行总额为三千万元，照章自民国十八年起，开始还本，每日抽还二次。除第一次至第五次还本，业已按期抽还外，现又届第六次还本之期。此次应抽签四支，每支三十万元，共一百二十万元。前项两种中签债票，均定于本月三十一日起，在各地中央、中国、交通三银行，连同到期利息，一并发付。无论何地，一律支付现洋。请监视员查验签人及签支底簿，以便执行抽签。

▲中签号码民国十四年八厘公债第八次还本中签号码为十二、二十七、五十二、六十五、七十五、八十七、九十四等七支，共计还本一百零五万元。民国十七年金融短期公债第六次还本，中签号码为三十五、六十三、八十七、九十五等四支，共计还本一百二十万元。

（《申报》）

6.训令汉口市商会仰严重警告各米商毋得抬高字号暗涨米价致干咎戾文

（1931 年 9 月 15 日）

为令遵事，案据汉口公安局局长注世鉴呈称，据该局派出米粮密查员报称，警察第五署辖内大夹街下段三五一号新记米店所售天字一号之未成色既劣，黑点尤多，与统一街义盛米店天字一号米样比较，相差甚远。检同该新记、义盛两店米样，报请鉴核。又据本部稽查处处长任本昭呈据稽查萧洪升、吴震等报告，略称查桥口路振丰及三善巷兴泰两店所售月字号米样，与同德米厂月字号米样两相比较，成色实有天壤之别。足见以贱售贵渔利取巧，请鉴核查办。各等情，前来。本部为考查确实起见，当经据情转饬第十军宪兵营汉口公安局本部、稽查处分别交互，详细复查去后。旋据复称，新记米厂米色实劣，惟据该店与义盛店主声称系旧年陈稻，与本年新稻之别，而实质并无差异。至振丰、兴泰两店之月字号米颗粒虽碎，而成色价值均与他店相符。各等情，据此。本部以所呈各节尚属情有可原，应予免究。但恐仍有不明事理之商人只知贪图个人利益，不顾贫民生计，将劣米提高字级，以贱售贵等情事。除分别指令外，合行令仰该主席对于本市米商加以严重警告，毋得故违，致干咎戾为要。此令。

司令　夏斗寅

1931 年 9 月 15 日

（《水灾中武汉警备特刊》）

7.指令汉口市商会据呈评议日需物品会议记录间有未妥应再详议，除派秘书杜衡英出席会议外仰即知照文

（1931 年 9 月 18 日）

呈暨会议记录均悉。查阅该会议决议第二条，如遇甲帮发生高抬市价情事，则派乙帮会同甲帮调查，以杜弊端而示慎重云云。查平抑物价首重调查盖物价之明涨暗涨，非调查无由得悉其已否发生。该会议案关于调查实为欠缺，宜再详议办理。又决议第四案节载米业，如以次色米抬高字号出售，经机关调查有上列情事，亦应请由该会派员复查属实核议呈请惩办云云。亦有未合，盖奉令调查平抑米价之机关在命令系统与遵行命令之观点，不能受该决议案之限制也。至油、盐、面粉均为平民日需要品，亦宜设法平抑价格，以维民食。除指派本部秘书杜衡英赴该会出席外，仰即转饬知照。此令。

司令　夏斗寅

1931 年 9 月 18 日

附原呈

呈为呈请核示饬遵以利进行事，案查迭奉钧部训令以据调查报告本市米店时有抬高米价情事，饬即严为监视以维民食。等因。属会对于此次大水，入市之初并与米粮各业协商维持类能相互劝勉，共济时艰。前因兆泰米店发生劣色被罚一案，当经召集米粮、杂货、煤、油各业临时会议，设法救济，并蒙钧部叶参谋长莅会指导一切，当场推定代表组织评议日需物价临时委

员会,并于本月十四日开第一次会议。对于日需各种物品,分别议定评价办法,以期无负钧部维持民食之至意。理合抄陈议案一份,备文呈请钧部俯赐察核。如以所拟办法尚属可行,即乞批示饬遵,并请每于开会时指派委员到会指示一切,以利进行而免陨越。实为公便。

谨呈(下略)

9月16日

评议日需物价临时委员会第一次会议记录

谨将评议日需物价临时委员会第一次会议记录抄呈钧鉴

计开

讨论事项:

一、关于平民日需品不可任意抬高价格应如何通告案

决议:分别通知有关系各业。

二、凡属发售日需品各同业如发生高抬市价情事应如何调查案

决议:如甲帮发生,则派乙帮会同甲帮调查,以杜弊端而示慎重。

三、价遇于涨跌应否陈明官厅案

决议:米价涨跌应向本会声明,以便据情转呈主管官厅,以资解释而免误会。

四、米业如以次色米抬高字号出售,经民众报告或由机关调查有上列情事者,应如何办理案

决议:应由本会派员复查,如果属实,交评议会核议,呈请官厅惩办。

五、洋油价格应如何规定案

决议:该业早经主管官署规定有案,应函请该业照原案办理。

六、油、盐、面粉价格应如何限制案

决议:油之涨跌无一定准绳,不能有所限制。至于食盐、面粉有官价、厂价为范围,自有一定限制。如发生抬高事实,调查属由评议会核议,呈请官厅惩办。

(《水灾中武汉警备特刊》1931年10月)

8.营业税:呈复省政府核办汉市商会请缓收金银业营业税案

(1931年9月18日)

呈为呈复事,案奉钧府平字第九一二一号训令,以据汉口市商会主席贺衡夫电称,本市金银首饰业同业公会,对于补缴营业税税款,全体否认,请制止强收,并通令在水患期内,暂缓收税一案,行厅核办具报。等因,奉此。遵查金银首饰业照章系按营业金额课以税率千分之十。前据汉口、武昌、沙市、宜昌、新堤、武穴、黄石港、老河口等处金银首饰业同业公会代表梅瑞芝,迭呈税率过高,请求核减到厅,节经明白批示不准,并将该业税率未便变更各缘由,呈请财政部核示。嗣据汉口营业税局呈拟暂改该业税率为千分之五,提经评议委员会第五次会议决议录案呈请核示前来。当经指令准暂照所议办理,以示通融。如将来奉到部令未准减轻,仍当补缴各在案。旋奉财政部赋字第四四三六四号指令,本厅呈一件为梅瑞芝等请将金银首饰业营业税率修正一案。因鄂省营业税,甫经开征,该营业税率似未便更改,致咨纷扰,祈鉴核示遵由。内开:呈悉。此令。等因,复经通令各县局一体遵照,并饬对于金银首饰业,仍按原定税率千分

之十征税。如已征税款,有按照千分之五计算者,应依短缴数目,责令补缴,以符原案。该汉口营业税局遵照此项通令,责令该业补缴税款,尚无不合。兹查汉口市商会原电,竟谓金银首饰业以未奉财政部不准减轻之明文,对于补缴一节,全体否认,该金银首饰业殊属藐视功令,借词抗违。至汉口水患,不过暂时影响,该业所谓饬局制止强收,并暂缓收税各节,均难照准。除令汉口营业税局,仍当遵照通案,责令该业补缴税款,并照章依限征收,勿稍延误外,所有遵令核办汉口市商会电请制止强收营业税款,并通令暂缓收税一案缘由,理合具文呈复钧府鉴核。谨呈。

(《湖北财政月刊》第4卷第3号)

9.救国运动中之抵制劣货与经济绝交——汉商会贯彻经济绝交政策

(1931年9月28日)

(本报廿七汉口电)

汉商会为反日事,今日召各业代表会议。贺衡夫主席痛述沈阳事件,当公约自今日起,各业暂不再定货,俾贯彻经济绝交政策,背约者当严自制裁。贺氏并促各业速一致团结救国,勿贻凉血动物之奇耻。各代表均愤慨演说。散会。(9月28日《时事新报》)

(《观海》第4A期)

10.抗日救国运动

(1931年9月29日)

(汉口)汉商会二十八日起,停止购买及起运日货,违者重办。至日租界电网,已安置完竣。(二十八日专电)

(《申报》)

11.各省赈灾消息湖北赈款交商会主持

(1931年9月29日)

湖北省政府、湖北水灾急赈会启事云:查鄂省本年江汉暴涨,灾情惨烈。迭经多方乞赈,冀拯此孑遗,荷蒙各省市政府各机关团体以及中外各大善士慈悲为怀,续布鸿施,高谊云情,无任代感。惟急赈会系由地方各人民团体所组成,省政府不过居于协助地位,所有赈款收支悉由商会主持,省政府并未经手。嗣后如蒙赈赐,希即径交原指定之收款银行,或汉口商会,以期简捷而利赈济。恐性质未明,特此周布,诸希亮察。

(《申报》)

12.省党部整委会致各省各级党部各商会电

(1931年9月30日)

各省各级党部、各商会钧鉴:查□□袭据我疆土,杀辱我人民,极恶穷凶,天人共愤,势非举国一心,共图挽救,不足以维国脉,而保生存。除积极方面,应静候中央决定方针,一致奉行外,其消极方面,应以不与合作,厉行经济绝交,为不二之武器。兹经本会议决,电请全国各地商会监督商人,自动抵制日货,并厉行不合作主义等议,记录在卷。特此电闻,尚希本匹夫有责主义,抱众志成城之心,劝导同人,忍痛一时,坚持到底,则□□难狡,不难使其降心相从也。临电迫促,诸维垂照。湖北省党部临时整理委员会叩陷。

(《湖北省政府公报》第 162 期)

13.救济水灾委员会为汉口商会马电报灾请赈除本会已拨急赈外抄件函请核办文

(1931 年 9 月)

敬启者,案据汉口市商会马电称,大水为灾,鄂省最重,请续拨巨款,急救垂危。等情,到会。查湖北赈款,本会前于改组后第一次会议分配鄂省急赈十七万元。内以七万元专办汉市急赈,呈请政府交由行政院令派委员李晋携带赈款前往施放急赈。又择洋二万元交由内政部办理汉市防疫事宜各在案。现在本会所筹赈款,均已分拨无余。准电前情,除径复外,相应抄同原电函请贵会查核办理为荷。

此致

救济水灾委员会

计抄送原电一件

许世英

(《赈务月刊(南京)》第 2 卷第 8 期)

14.安南中华商会暨华侨各团体准萧委员佛成函以据报宋子文借救济水灾为名派员向安南筹募内战捐款假公济私,请各华侨勿受所愚,凡水灾捐款应悉数直汇汉口市商会放赈由

(1931 年 9 月)

径启者,案准本会萧委员佛成函,略开:现据安南同志报告,宋子文近借救济水灾名义派员向安南华侨劝捐,已由中华商会着手办理。恐此款落在蒋政府之手,即挪为内战之资。请函知越侨毋为所愚。等由,准此。查救灾恤难,人有同情,惟宋子文借救灾之名派员到越捐款,难保其不假公济私,将来移作内战之用。除分函外,用特函达查照,请将此次水灾捐得之款,悉数直接汇交汉口市商会放赈,以惠灾黎,是所切盼。

此致

安南中华商会、华侨各团体

国民政府侨务委员会

(《侨务月报(广州)》第 2 期)

10 月

1.武汉市上日货将绝迹商会主席贺衡夫对日本商人谈

(1931 年 10 月 3 日)

汉口二日下午六时本报专电:日商人大石初雄多冬(二日)偕朝日访员佐藤十良一,访市商会主席贺衡夫,详询我方反日工作进展情形。贺氏谓自此次沈阳消息到汉后,武汉各界对救国运动,均极力进行,期与全国一致团结,共雪此耻。更相信在最短期内,武汉市上当无一件日货。此乃市民救国决心,凡属人类应表同情。至此次事件之解决,如足下云,可由双方直接交涉,不需第三者干涉一层,但彼代人类鸣不平者,未免双方各趋极端,致影响世界,自当出任调停,冀公理战胜强权。

(《益世报》)

2.实业部批原具呈人汉口市商会呈一件准汉川县商会函称关于执行委员每二年改选半数一节及会员代表之资格均有疑义转请解释示遵由

(1931 年 10 月 6 日)

呈悉。查商会法对于未抽出之执行委员,并未丧失其会员代表资格,当然可以投票。如开票时,仍系以前之执行委员当选,虽得票最多,法律上既有不得连任之限制,自不能认为有效。据呈前情仰即转行该会知照。此批。

部长　孔祥熙

(《实业公报》第 40 期)

3.汉口日侨亦阴谋挑衅汉商会开会筹备对日经济绝交鄂省利用美面实施工赈

(1931 年 10 月 13 日)

汉口十二日下午十一时三十分本报专电:文(十二)日汉商会开对日经济绝交筹备会,到百余代表,当通过简章及宣言,定于十六日票选执监委员。闻在汉日侨收买失业华工,暗购大批军服,及武汉中央军校旧制服,与青天白日军徽,意图乘机假造我方向彼挑衅之局,武力破坏武汉治安。鄂分会与急赈会,因第一批美麦即可拨鄂,决利用实行工赈计划,先将汉市各马路,武昌大东门一段之环城马路,青山汽车道及其他汽车道完全修竣成功,至修筑全省各堤,须俟陈克明赴京接洽后再办,财厅豁免鄂营业税,以济商情。

(《益世报》)

4.(行政院)令内政部、财政部为湖北省政府呈据汉口市商会请拨发赈灾公债案由

(1931 年 10 月 14 日)

为令行事,案据湖北省政府呈据汉口市商会呈为受灾甚重,损失过巨,拟具治标治本办法,所请拨给赈灾公债一节,请饬部核拨。等情,据此。除交救济水灾委员会核办并分行内政部、财政部知照外,合行抄发原件令仰该部知照。此令。

(《行政院公报》第 298 期)

5.政府责令省银行尽量贷款调剂市场,商人亦应互相提携维渡难关,省府昨训令汉口市商会知照

(1931 年 10 月 17 日)

湖北省政府,昨训令汉口市商会云:为令知事,案查前据该会呈以汉市受灾过重,拟具善后治标治本办法祈鉴核转呈施行一案,当经提交本府委员会第二十七次会议,决议:治标办法,交财政厅核办,治本办法,转呈中央。等因,并分别呈会令交暨指令知照各在卷。兹据财政厅呈复称,遵查本省官营业金融机关,仅湖北省银行一所(中略)。值兹库空民穷之际,遭此巨大灾害,惟有本互助之精神,无谕官民,竭其所有,以补不足。在政府方面,责令省银行就可能范围内,尽量贷款调剂。各该商会方面,亦应转饬各商,互相提携。似此办理,则百岁未有之难关,或可勉强渡过。而汉市重镇,亦得徐图恢复矣。奉令前因,除将原呈拟请暂免税捐一节,另文呈核外,所有核议,拨款调剂金融情形,理合具文呈复钧鉴府鉴核。等情,据此。除将本府委员会第二十一次会议,决议通过兼财政厅长提拟具减免汉武阳被水地方税捐办法,业另案令饬该厅遵办并指令外,合行令仰该会知照。此令。

(《观海》1931 年第 5 期)

6.参谋处奉谕代电复汉口市商会对于治安配置周密勿信谣诼并盼冬令筹划救济办法文

(1931 年 10 月)

汉口市商会贺主席各执监委员勋鉴,并转各同业公会钧鉴,顷奉敝司令交下贵会径代电一件,以武汉此次水灾收容之难民数十万,益以外属之灾民良莠不齐,难保无匪徒混迹其间,乘隙蹈瑕再造人祸,请速调劲旅震慑。等由,奉谕。查本部对于维护治安一节,自武汉被水灾以来,为严密警备安定人心计,已作周密之配置与充分之准备。且本地灾民多有身家,收容所内虽属分子复杂,本部早经派兵监护,并日常检查而外来之乞赈灾民亦经令饬绝对禁止入境,并施行严密检查。倘无远大之外力直越要塞地带,而进迫警备区,关于武汉警备区内之治安,本部在职责上决敢担保阛阓无惊也。且各属□□,早经行营追派劲旅分途兜剿。近复增兵到汉内外分防,均极充实,亦决无任何外力直越要塞地带之事与可能,惟虑转瞬冬令将届,灾民救济之方

亟应预为筹划。苟能始终善为救济,使无冻馁之虞,市面自可益臻安谧。望勿轻信谣言,自相惊扰为要。附寄各种警备图表及最近会报会议录备阅。着电复查照。等因,奉此。特达。武汉警备司令部参谋处叩俭印。

附汉口市商会原代电

武汉警备司令夏钧鉴,此次洪水滔天,灾情奇重,武汉三镇俱成泽国渔民。而难民数十万,收容百余所,急迫丛集,良莠不齐。益以外属灾民来此乞赈成群千百,狼狈不堪,既须给以口粮,又须安以栖息。手续极为麻烦,情形更为复杂,难保无匪徒肆虐混迹其间,乘隙蹈瑕再造人祸。倘一旦内外各有所乘,则鱼烂江河,穷劫莫复。凡我侥幸之民众逃生无路,遑问救灾求死不能,同归于尽。用敢电陈钧座,速调劲旅震慑武汉,使水深火热之灾黎不至再罹意外之惨祸,则万幸矣。临电迫切万分,不胜悚惶待命之至。汉口市商会叩径。

(《水灾中武汉警备特刊》)

11 月

1.汉商抵制日煤,合组国煤公司

(1931 年 11 月 3 日)

本报汉口电:汉煤商为抵制日煤,特合资组中华国煤公司,专销北方四大矿煤。二日电四矿代表李晋,来汉商办。

(《民国日报》)

2.军政部令各属厅为汉口市商会于本年 11 月 1 日启用新钤记仰饬属知照由军政部令陆字第三七号

(1931 年 11 月 9 日)

为令知事,据汉口市商会主席贺衡夫呈称,属会于民国二十年十月十九日奉汉口市政府仁字第四五零号训令开:为令遵事,案奉湖北省政府统字第五七五四号训令内开:为令遵事,案准实业部总字第一六四二号咨开:案据汉口市商会呈请换发钤记一案,准贵府咨送该会章册到部当经核准备案,并准换发钤记,俟刊就另文寄请转发咨复在案。兹刊就本质钤记一颗,文曰“湖北汉口市商会之钤记”。相应咨送贵府,即希查收转饬该市商会具领遵照启用,并将启用日期连同印模二纸径行呈部备查。再该商会原用旧关防一颗,并请饬知截角呈缴为荷。等因,附咨送汉口市商会木质钤记一颗转行到会,奉此。遵于民国二十年十一月一日敬谨启用,除将旧关防截角呈请汉口市政府缴销外,所有启用新钤记日期,理合呈报鉴核备案。等情,据此。除准予备案外,合行令仰该厅署长即便知照,并饬属一体知照。

此令。

1931 年 11 月 9 日

(《军政公报》第 119 期)

3.抗日救国运动

(1931 年 11 月 14 日)

(汉口)反日会定十七日开始总检查,汉商会十三日函各业接受检查。(十三日专电)

(《申报》)

4.汉商会电中央拨款

(1931 年 11 月 20 日)

(汉口)汉商会电中央财委会财部,请速汇协款来鄂,以安定武汉。(十九日专电)

(《申报》)

5.(湖北)省政府令据汉口市国货运动委员会请再令饬武昌市商会转各商店将国货另行陈列等情令仰严饬迅办由

(1931 年 11 月 25 日)

为令饬事,案据汉口市国货运动委员会呈称,窃查属会第四次委员会议讨论事项第八项调查股提,查本会前经呈准省市政府通令各商店将国货洋货分别陈列,以资识别一案。武汉各商店迄今尚未遵行,应如何办理请讨论案,经决议再行呈请令饬武汉两商会转饬各商店一律切实遵照办理。等语,记录在卷。伏思此项分别陈列办法,原为使人民便于识别购买,借资提倡起见,与各商店营业无丝毫影响。其或万一,因手续困难,虽则最低限度,亦应将货物之上,另行分别标明,俾民众得以认识采购,方足以重功令,而符钧府提倡国货、发展实业之意见。况近来外货充斥,鱼目极易混珠,若不再行呈请,令饬切实遵行,其何以杜混淆而资识别。除分呈外,理合录案呈请钧府鉴核,伏乞迅赐令饬武昌市商会严饬各商店一律切实遵照办理,以重功令,而利提倡,实为公便。等情,据此。除指令以呈悉,查此案前据建设厅呈复,业经遵令再饬湖北国货陈列馆暨湖北全省商会联合会转行各县市商会,严饬各商店切实遵照办理在卷。据呈前情,除再令催建设厅严饬武昌市商会迅即督促各商店一律切实遵照办理,毋得玩延外,仰即知照。此令。等语。除印发外,合行令仰该厅即便遵照办理。此令。

主席　何成浚

(《湖北建设月刊》第 3 卷第 11、12 号)

6.汉日侨筹款供给军费

(1931 年 11 月 26 日)

(汉口)日人公开宣传,日政府决永占东三省。经侨汉日人计议结果,决筹款供给政府,增兵中国扶助东省独立,破坏反日运动。交侨汉商会长携沪,使与沪侨联合提出。又日海外代议士神田正雄抵汉,在演讲会中极力鼓吹大陆政策,实施麻醉宣传。(二十五日专电)

(《申报》)

12 月

1.汉口银行公会为归还逆产一案致汉口市商会函

(1931 年 12 月 2 日)

敬启者,准汉口市商会函开:十二月二十一日奉湖北省政府民政厅批办字第三零七号,原具呈人汉口市商会业主会、银行公会、钱业公会呈一件,呈请准函前案发还没收各案产业由奉批开:呈悉。查审定应予发还逆产案,迭经本厅布告并登报催领有案,在各当事人来所具领者固多其迟迟未领者,仍复不少,现在设法催促甚盼,早日请领,毋自延误。至经审定没收各案,前奉省政府令以议决变更处理并由省府秘书处同高等法院与四所各派员会商办法,业经会呈省府核定,一俟核示到所即可执行。其关于该项案内纠纷事件,亦经呈奉省府令准由债权人直接交涉,自行清理,以免牵众。除俟孰行获更处理时布告周知外,仰即知照并转知各业主银行庄号一并知照。此批。等因,到会,奉此。查此项会衔呈稿前已抄送贵会查阅在案,奉批前因,除各知外,相应函达即希查照分别转知为盼。等因,准此。除分函外,相应函转即希。

2.省政府据武昌土布业同业公会呈请提倡土布销路转咨军政部饬所属被服厂遵办

(1931 年 12 月 3 日)

为咨请事,案据武昌县土布业同业公会呈称,窃湖北为产棉织布大宗出品之区,自洋纱、洋布进口日增,土布销场一落千丈。而被服厂所制军士服装,多取洋货材料,以致湖北土布滞销,乡间织布之妇女停机辍业,困顿不堪。今年水灾惨重,受灾民众流落武汉,棚居食粥,无路谋生。倘蒙上峰提倡推广土布用途,扩充土布销路,劝令归耕勤织,湖北灾后恢复原状,实觉不难。土布大宗出产之利,亦可挽回矣。兹将管见所及,条举于后:一请饬湖北被服厂制造军士衣帽衫裤,均采购土布为原料,制就发放各军民。十四年湖北旱荒受灾,前省政府方代主席,时任江西督军,曾令部下办理被服厂人员,将江西军界服装移原籍黄冈采办。同时湖北萧督军,亦令武昌商会土布帮董呈送土布式样数匹,交湖北被服厂照式购制。黄冈及湖北是年全活无算。殷鉴不远,前事可师,牢补亡羊,尚未为晚。一请饬党政军学各机关员役师生工作上课时间,一律着本地出产土布之布衣,西装制服概禁呢绒,违者停职、裁汰、记过、开除。近日湖北省党部曾令党员布衣运动游行一日,敷衍外面,殊非根本解决之法。一请通令各工厂、各商会、各民众团体,多印传单布告,劝导杂色居民,提倡俭朴,仿卫文公大布之衣、大帛之冠,上下一心,酿为风气,庶几生聚教训兴国御侮。一请饬令湖北建设厅及各县署建设股印刷各种新式华产铁制、木制织布机图样及出品所在地名暨价目与商办各织厂教师技士姓名、籍贯、住址,并令湖北教育厅及各县署教育股公布省立私立男女职业学校毕业生姓名、住址、籍贯,编发各村庄,使其自治改良,自由延聘为指导师资。以上四端,倘蒙不弃刍荛,采择施行,不特土布畅销,即灾后余生,亦有重苏之望矣。等情,据此。除批示并分别函令外,相应据情转咨贵部,请烦查照,转饬所属各被服厂遵照办理,并希见复为荷。

此咨

军政部

主席　何成浚

(《湖北省政府公报》第 173 期)

3.(湖北)省政府令据武昌县土布业公会呈请提倡土布销路以裕利用源等情令仰饬属遵照由

(1931 年 12 月 4 日)

为令遵事,案据武昌县土布业同业公会呈称,窃湖北为产棉织布大宗出品之区,自洋纱、洋布进口日增,土布销场一落千丈。而被服厂所制军士服装,多取洋货材料,以致湖北滞销,乡间织布之妇女停机辍业,困顿不堪。今年水灾惨重,民众流落武汉,棚居食粥,无路谋生。倘蒙上峰提倡推广土布用途,扩充土布销路,劝令归耕勤织,湖北灾后恢复原状,实觉不难。土布大宗出产之利,亦可挽回矣。兹将管见所及,条举如后:一请饬湖北被服厂制造军士衣帽衫裤,均采购土布为原料,制就发放各军民。十四年湖北旱荒受灾,前省政府方代主席,时任江西督军,曾令部下办理被服厂人员,将江西军界服装移原籍黄冈采办。同时湖北萧督军,亦令武昌商会土布帮董呈送土布式样数匹,交湖北被服厂照式购制。黄冈及湖北是年全活无算。殷鉴不远,前事可师,牢补亡羊,尚未为晚。一请饬党政军学各机关员役师生工作上课时间,一律着本地出产土布之布衣,西装制服概禁呢绒,违者停职、裁汰、记过、开除。近日湖北省党部曾令党员布衣运动游行一日,敷衍外面,殊非根本解决之法。一请通令各工厂、各商会、各民众团体,多印传单布告,劝导杂色居民,提倡俭朴,仿卫文公大布之衣、大帛之冠,上下一心,酿为风气,庶几生聚教训兴国御侮。一请令饬湖北建设厅及各县署建设股印刷各种新式华产铁制、木制织布机图样及出品所在地名暨价目与商办各织厂教师技士姓名、籍贯、住址,并令湖北教育厅及各县署教育股公布省立私立男女职业学校毕业生姓名、住址、籍贯,编发各村庄,使其自治改良,自由延聘为指导师资。以上四端,倘蒙不弃刍荛,采择施行,不特土布畅销,即灾后余生,亦有重苏之望矣。等情,据此。除批示并分别咨行函令外,合行令仰该厅,即便遵照,并转饬所属一体遵照为要。此令。

主席　何成浚

(《湖北建设月刊》第 3 卷第 11、12 号)

4.抗日救国运动

（1931 年 12 月 19 日）

（汉口）汉商会函反日会，认为检查日货办法不当，主由各同业公会检查组负责，并拟退出反日会。十七日经反日会监察会议决，提请全会警告，并定开二次扩大制裁会议，处理吴寿康案。（十七日专电）。

（《申报》）

5.省政府准实业部咨称公会会员退出商会一案业由司法院来文解释等情转饬各厅知照

（1931 年 12 月 31 日）

为令行事，案准实业部商字第九五六九号咨开：案奉行政院第六一六七号训令内开：为令遵事，案查前据该部呈，据南京市社会局呈，为公会会员退出商会之解释，应如何办理一案，到院，业经咨请司法院解释并指令知照在案。兹准司法院咨复内开：此案业经本院统一解释法令会议议决，依商会法第七条，商会章程应载明会员入会、出会及除名之规定。是工商同业公会，已入商会为公会会员者，其出席之要件及方法如何，应依商会章程之所定。如其声明脱离，与商会章程关于会员出会之规定不符，自不发生效力。相应咨复贵院查照饬知。等由，准此。合行令仰该部知照，并转饬所属一体知照。此令。等因，奉此。除分行外，相应咨请查照，转饬所属各厅局知照，并转饬所属商会及同业公会一体知照。等因，准此。除咨复并分行外，合行令仰该知照，并转饬知照。此令。

主席　何成浚

（《湖北省政府公报》第 176 期）

1932 年

1 月

1.湖北省政府、汉口市政府呈报汉口中国农工银行加入汉口市银行业同业公会为会员情形，请查核备案咨实业部

（1932 年 1 月 3 日）

为咨转事，案据汉口市政府呈称，“据汉口市银行业同业公会主席浦拯东呈称，窃查工商同业公会法第七条内载：‘同业公会之公司行号均得为同业公会之会员，推派代表出席于公会。’又公会章程第五条：‘凡在汉口市区域以内经营合法组织之本国银行，其总行成立在二年以上，经公会会员二人以上之介绍，由执行委员会审查合格，提交会员大会通过者，始得加入本公会为会员。’又第六条内载‘入会银行须填写入会志愿书，缴纳入会银圆五百元及抄送最近一年之营业报告’等语。汉口中国农工银行系于上年设立，其总行设在上海，成立于民国七年，并于十九年先后呈请财政、工商两部注册。兹依公会章程邀请公会会员金城、大陆两银行介绍填具志愿书，缴纳入会费，抄送二十年度营业报告，申请入会前来。当由执行委员会审查合格，于九月二十五日第二次会员大会常会提出报告，经会员代表三分之二以上出席，全体通过。复由该行填送会员登记，计使用人数，除经副理二人以外，共有二十五人，照章应推出席代表合共四人，业准该行推定，计经理吕志琴、副经理胡莘、襄理李鸿球、营业主任葛之干，均各备具委托考函到会。除登记并通告各会员暨分呈外，所有汉口中国农工银行加入公会为会员银行，各缘由。理合备文呈报敬祈察照备案，并请转报湖北省政府、财政部、实业部备案”。等情，据此。查所称各节系属依法办理，尚无不合。理合据情转呈钧府鉴核，分别转咨。等情，据此。除以呈悉，已据情转咨实业部查核办案矣，仰即知照。再查该市银行业同业公会会员名册向例未咨财政部备案，所请分咨一节，应毋庸议，并仰遵照。此令。等语。指令外，相应据情转

咨贵部,即希查核办理见复为荷。

　　此咨

实业部主席

夏斗寅

2.湘鄂财政竭蹶

(1932 年 1 月 15 日)

(汉口)省府决在武、阳、汉(指武昌、汉阳、汉口三地)借房租一月维政费,先指定作抵,向汉商会借现款八十万济急。财厅长吴国桢辞职,再慰留。(十四日专电)

(汉口)财厅长吴国桢,因财政困难,十二日向省府坚决辞职。(十四日专电)

(《申报》)

2 月

1.汉商会慰劳十九路军

(1932 年 2 月 2 日)

(汉口)汉商会汇万元慰劳十九路军,市民并筹募救国基金济饷。(一日专电)

(《申报》)

2.鄂商组义勇军

(1932 年 2 月 11 日)

(汉口)省商联会十日函各商会,速组义勇军。汉商会亦定十三日开会,商组商界救国会,为政府外交后盾。(十日专电)

(《申报》)

3.汉商开市商铺倒闭者颇多

(1932 年 2 月 12 日)

汉口十一日电　银行、商店十日开市,商铺倒闭者颇多。

(《益世报》)

4.武汉江防巩固

(1932 年 2 月 15 日)

(汉口)汉商会十三日成立募捐救国会,推周星棠等为委员。(十三日专电)

(《申报》)

5.汉市申汇收交办法

(1932 年 2 月 15 日)

(汉口)汉钱业会十四日订定申汇收交办法六项,函汉商会转知各业。(十四日电)

(《申报》)

6.汉商会募捐援沪并拟建立捐躯将士纪念碑

(1932 年 2 月 26 日)

(汉口)商界募捐,二十四日已将捐册收条散发完毕。各银行各号店提成捐款,亦决自二月份起实行。□□二十四日收费到□□委员十五人共捐洋二万余元,美孚行华员捐洋千五百余元,零星捐洋千五百余元,一周后即有大批捐款收入。(中央社)

(汉口)商界募捐会,拟在汉为在沪抗日捐躯各将士建立纪念碑,以资景仰,并以为应由政府与人民担任其抚恤费,已电沪抗日各军事长官,请将捐躯各将士略历查明示知。(中央社)

(《新闻报》)

7.汉商会致(上海)市商会函

(1932 年 2 月 26 日)

汉口市商会昨函市商会云:敬复者,来示谨悉。暴日炮轰沪市,破坏世界商场。幸我十九路军将士奋勇抗拒,死中求生,为国家争人格,为民族争生存,凡有血气,无不感奋。敝会于事变之次日,即汇万元,借资慰劳,并一面召集各业同业公会组织商界救国募捐委员会,以期筹集大宗捐款,用济我军长期对抗之需。正在积极进行,自当陆续运解。倭奴未去,何用家为?各尽所能,共图挽救;存亡旦夕,匹夫之责,无可逃避。贵会诸公同在炮火烈焰之下,与□□□□□□□生,敝会同人,利害相接,何敢稍存顾虑,不为沉舟破釜之随。准函前因,相应函复贵会,请烦查照,至纫难谊。

(《新闻报》)

8.有力拼命无力输财,汉商会通电全国奋起平讯

(1932 年 2 月 27 日)

汉市商会与救国募捐会,昨有通电到平,请举国输将,作抗日军费。原电如次:钧鉴,慨自

“九一八”国难发生以来,暴日肆行无忌,既以武力占领我东北三省,复欲建设伪国,以期永久割据我领土主权。我政府沉痛隐忍,维持世界和平,满冀国联能以正义制止其积极侵略行为。乃强权足以屈服公理,公已同发纸具文。黑暗如斯,成何世界,而暴日则固行其所无事也。近更炮轰沪市,举世震惊。我守土各将士为国家争人格,为民族争生存,为世界争和平,忍无可忍,奋勇抗敌,浴血饮泣,苦战□旬,敌不得逞,而犹继续增援,始欲以暴力灭亡我神明黄帝之胄裔而后快。国亡在即,凡我四万万同胞,应即一直奋起,抗倭图存。当沪变发生之始,本会即通电主张有力者拼命,无力者输财,以全国人口计算,各一元,亦可立集四万万元,作救国军费长期抵抗,人各有责。本会业已发起组织商界救国募捐委员会,决定募捐方案,先就工商厂店按照员工薪数每月抽收十分之二,东伙各半,以抵抗暴日侵略之战事终了为止,一面分向各界尽力劝募,必能集成巨数,其用途则随时汇往前方,以充军实,绝不得移作他用。本与日偕亡之旨,作背城借一之谋,保国保种,胥以是赖,伏希全国上下共起图之。汉口市商会及汉口商界救国募捐委员会同叩敬(二十四)印。

(《益世报》)

9.抗日救国运动

(1932 年 2 月 28 日)

汉口日驻浔军舰所需煤炭,传系汉商供给,浔各界特电汉商会,请侦察制止。(二十七日专电)

(《申报》)

3 月

1.抗日救国运动

(1932 年 3 月 2 日)

汉口何成浚、徐源泉等定二日假汉商会,召集商会委员、银行行长、各业代表,商筹款救济沪难民办法。(一日专电)

(《申报》)

2.汉商会决收容难民

(1932 年 3 月 5 日)

(汉口)汉商会决定俟沪难民到汉,设所收容,并募捐救济。(四日专电)

(《申报》)

3.汉商界募捐

(1932 年 3 月 11 日)

汉口十日下午六时四十五分本报专电:汉商界救国募捐委员会决组二十劝募队,十济食队,十一日起出发全市工作。沪战区难民,于十日已完全分别资送回里,每人一元。

(《益世报》)

4.汉商会购飞机铁帽运往前方应用

(1932 年 3 月 18 日)

汉口十七日下午八时二十分本报专电:汉商界救国募捐会,决即购大壮铁帽战斗机两架,运前敌应用。

(《益世报》)

4 月

1.汉口市商会呈一件据卷烟业公会函请解释会员重行票选变更办理各节请解释示遵由

(1932 年 4 月 16 日)

呈悉。查该公会呈准本部备案章程第十三条关于委员任期已有每二年以抽签法改选半数之语,核与工商同业公会法第十条准用商会法第十九条之规定职员改选办法相合,所请变更改选半数,重行全体票选一节,未便准予通融。至第二次商店营业收歇后其会员及其代表之资格已不存在,则委员之资格自无存在之可能。第三次某业店员既经改业或失业,即不能再行担任该业会员代表或执行委员。据呈前情,仰即知照。此批。

部长 陈公博

1932 年 4 月 16 日

(《实业公报》第 68—69 期)

2.汉商会爱国捐资购军用品

(1932 年 4 月 17 日)

汉口十五日电:市商会募捐救国基金达六万余元,拟即购办高射炮及钢盔,定十六日开募捐会,讨论收缴特别捐,以促速成。

(《益世报》)

3.省政府为武昌市商会与县商会互相攻击一案准中央民众运动会函请派员调解转令本府科员朱辉会同省党部前往办理

（1932 年 4 月 29 日）

为令遵事，案准中国国民党中央执行委员会民众运动指导委员第二四九号公函开：迭准贵府真歌两代电，为武昌市商会与县商会因改组争执，请迅予查办。等由，准此。查本案据武昌市商会呈称，罗竺僧等违背法令，勾结无赖，请迅饬鄂省党部立予制止，并恳准予暂缓改组，暨武昌县商会筹备会主席俞菊身等呈称，武昌县商会筹委会依法成立，请迅予转饬鄂省府饬属准予备案。各等情。双方情词各执，长此相持，影响商业，诚非浅鲜。际此国难期间，为消弭纠纷起见，应请会同湖北省党部派员调解，并令武昌市商会及县商会筹委会同时停止活动，再由该县党部依法指导全县商人于最短期间，组织成立正式商会。准电前由，除分别函批外，相应抄同原呈，函复查照办理见复为荷。等因，附抄原呈二件，准此。除函复及函请湖北省党部派员会同调解，并分饬该会等停止活动，暨令武昌县政府知照外，合行检发原抄件，令仰该员即便遵照会同调解具报。此令。

主席　夏斗寅

（《湖北省政府公报》第 2 期）

5 月

1.汉商界认借□□经费

（1932 年 5 月 14 日）

（汉口）何成浚、夏斗寅十三日晚招待银界，商借□经费。闻已非正式承认，但数目未详，借款成立后，绅富所纳之公债现金，将另组委员会保管。（十三日专电）

（《申报》）

2.指令稽查处处长任本昭据报派员赴汉口商会维持汉川同乡开会情形已悉文

（1932 年 5 月 17 日）

报告悉。如该同乡等再召集开会时，仍仰派员到场维持为要。此令。

司令　叶蓬

中华民国二十一年五月十七日

附原报告

为报告事,据本处稽查郑世桥等报称,窃职等奉派赴汉口商会维持汉川同乡举行开会。等因,遵即驰赴商会秘密监视。查此会系因汉川尽成赤区,其乡人等逃难流落在汉者甚多。兹经汉川籍省委晏勋甫等于本日下午一时许集合开会,欲遣该灾民还乡。奈灾民均无盘费,故晏某等拟定改日再行开会筹谋川资。今日到会者千余人,至二时始散。理宜呈报,等情。前来,据此。理合据情报告,仰祈钧座鉴核。

谨呈(下略)

武汉警备司令部稽查处处长　任本昭

中华民国二十一年五月十五日

(《警备专刊》第5期)

3.汉商会赞同现金禁令主张各银行改发汉钞

(1932年5月21日)

(汉口)中国银行运现洋四十万赴沪被阻,银团特派代表赴商会,征意见。商会对禁令表同情,并主张各银行改发汉钞,就地兑现。银团定二十一日召集会议讨论。(二十日专电)

(《申报》)

4.实业部为汉口市银行业同业公会章册应准备案请饬知由咨湖北省政府

(1932年5月23日)

案查前据汉口市政府呈称,查前据本市证券同业公会呈,为本年六月一日午后二时,在生成里十九号本会所,依法开会改选职员,请核示。等情。当经呈奉驻鄂特派"绥靖"主任公署指令。呈悉。准予如期开会。等因。转行该会知照,并令本市公安局派警暨饬本府职员张宽,届时前往监视。嗣据该会呈报改选情形,附呈执监委员表,祈备案。等情。复经指令遵章送呈会章册表各三份到府,以凭存转各在卷。兹据该会遵令缮具公会章程、会员名册、职员履历表前来。除指令,并将原会章册表各提一份存查外,理合检呈原会章册表各二份,具文转呈,鉴核转咨,并乞指令祗遵。等情。计呈汉口市证券业同业公会章程表册各一份。到府。当查该公会章程稍有未合,暨职员表内所列留任与新选各执监委员,核与该市政府前呈之汉口市同业公会一览表。所列该公会职员姓名额数,除少列候补执委李鼎安一人外,其余完全相同,前呈一览表所列该公会各委员,显系此次改选员名,而非成立时各委员名单,经将章程代为改正,连同表册暂存,指令迅将该公会成立时各委员查明表报后凭核转去复。兹据后称,遵查前呈钧府咨准实业部商字第一九八五八号咨复,准予备案之。汉口市业同业公会一览表,内列各公会委员姓名,多系查照汉口特别市党部底表抄录。兹经派员前往查明,该项底表所载尚未改选之,各公会委员姓名,固系各公会成立时之委员,至所载现已改造之各公会委员姓名则为改选之委员,故本府前制之一览表,内列改选之各公会委员姓名,亦为改选之委员,其各公会成立时之委员,则极未填载,并经汉口市证券业同业公会成立时之委员漏未列入也。现谨详查汉口特别市党部及本市前社会局备案,将汉口市证券业等同业公会成立时之委员姓名。奉令前因,除令汉口市证券业同业公会遵照外,理合检同,汉口市证券业等同业公会成立时委员姓名表,具文呈请鉴核，伏乞并案转咨。等情。附呈汉口市证券业等同业公会成立时委员姓名表二份。据此，除指令准予汇转外，相应检同原呈汉口市证券业同业公会章程表册各一份，暨证券业等同业公会成立时委员姓名表一份，转咨贵部，请烦查核办理见复，以便饬遵，至纫公谊。

此咨

实业部主席　张群

5.汉商会主张各银行发汉钞

（1932 年 5 月 30 日）

（汉口）商会对金禁问题，仍主由各银行发汉钞，已列五大理由呈省府。钱会亦同意此项主张，并进一步表示，谓不发行汉钞，即不列申钞行市。闻中南已首拟发行汉钞四百万元。（二十九日专电）

（《申报》）

6 月

1.汉商会请缓办牌照税

（1932 年 6 月 7 日）

（汉口）汉商会六日开各业代表大会，决请当局缓办营业牌照税并请市府核办房屋减租。（六日专电）

（《申报》）

2.鄂省牌照税将缓办

（1932 年 6 月 12 日）

（汉口）汉商会十日呈省府，请缓办营业牌照税，省商联十一日继起反对。闻当局有缓办说。（十一日专电）

（《申报》）

3.汉商会响应废内战

（1932 年 6 月 13 日）

（汉口）汉商会十一电复沪全国商联会等团体，响应废止内战，并主张：一、各军师长以至诚发表消灭内战意见。二、请中央彻底革新政治，庶政公开，以杜战源。（十二日专电）

（《申报》）

4.汉商会讨论三问题

（1932 年 6 月 16 日）

（汉口）汉市商会昨开会员大会，讨论取消营业税，缓解牌照税，减让房租等问题。

（《新闻报》）

5.汉市商会大会闭幕

（1932 年 6 月 18 日）

（汉口）汉市商会会员大会，十七日闭幕。该会决议：㈠请蒋、何、徐等积极□□清乡；㈡请绥署令各军，取消保商捐；㈢免征营业、牌照税，减收营业税；㈣申钞须在汉兑现，并与现洋平价；㈤铜圆请省政府收回，改铸单铜圆。

（《新闻报》）

6.汉市商会续开大会

（1932 年 6 月 18 日）

（汉口）汉商会十七日续开大会旋闭幕，议决要案：（一）申钞须在汉兑现；（二）房屋减租由商业两会协商；（三）请政府免办营业牌照税；（四）请绥署通令驻军，取消类似厘金之保商捐，并以大会名义请政府清乡□□。（十七日专电）

（《申报》）

7.汉口市商会为维持金融六件提案致汉口银行业同业公会函

（1932 年 6 月 23 日）

敬启者，窃查敝会于六月十五日开第二次会员代表大会，旋据各业提议关于转请维持金融一案，共计六件。

一、贸易人力车商业公会提为铜圆充斥影响市面，请提交大会议决，转呈当局设法流通案。

二、米业公会提为双铜圆价落影响贫民生计，请设法维持以资接济案。

三、煤业公会提为洋价暴跌影响商业，请予救济，以维持市面金融案。

四、钱业公会提议对于禁运现金出口及维持金融意见五点请公决实施案。

五、五金铁业公会提为禁运现金出口以后，洋价日落，物价日高，影响商业，妨碍民生，请设法维持案。

六、杨松圃、朱瑞峰、石和湘、祝庸齐、徐炽野五代表提为流通汉市申钞，请商准各银行一律兑现，以免现金阻滞案。

当经大会决议，先交审查委员会经济组并案审查，再行讨论。据该组审查员审查意见四点，缮具报告：

（一）申钞须在汉兑现，与汉钞现洋一律平价，并知钱业公会制止申钞价格。

（二）发行汉钞及辅币券各银行应据照上海成例，由各法国组织监察委员会随时审核，其发行准备金额借昭大信。

（三）双铜圆应请政府收回改铸单铜圆，并划一价格。至各行发行之辅币券，尤须加以限制，俾资调剂。

（四）在此禁运现金期间，如有确系向外省购办货物须带现洋出境者，得由该业公会具函证明转请市商会呈请政府核准给照放行以期两全，等因。提请大会讨论，佥以审查意见之第一点，缘钞票为货币之代替品，其发行地点，无论在汉在申，均应有随时兑现之可能，而信用乃得以巩固。今就申钞而论，既须在汉兑现，尤应与汉钞现洋一律平价，不能另定申钞价格，致启操纵之弊，转增紊乱之虞。此应予赞同者其一。第二点，监察委员会之组织既有上海之成例可援，而一方得启大众信仰之心，一方表示各行公开之义，法良意美，急盼实行。此应予赞同者二。其第三点，系以双铜圆之充斥市面，顾由于四乡之匪患未清，不能流通外埠所致，而此项铜圆在九江以下即拒绝收用（缘下游一带均用单铜圆），销路阻塞亦其一因。加以各行辅币券发行之额为数尤多，仅仅武汉一隅，遂有供过于求之势，故不惟铜圆之价格日落，即洋价亦同受其影响。是改铸单铜圆及限制辅币券发行额之办法，均为目前切要之图，亦即全体代表至所请愿。此应予赞同者三。其第四点，于禁运现金之中，为兼筹并愿之计，果能办理得法，当无流弊可言。此应予赞同者四。

以上各案均经大会公决，依照审查报告修正通过，即日呈请省市政府鉴核，并分别转饬遵照，一面分函银钱两同业公会查照。等语。记录在卷。事关维持金融，除已分呈省市政府并分别函达外，相应录案转达贵会请烦查照协助进行，并希见复为荷。

此致

汉口银行业同业公会

汉口市商会启

8.糖业公会报告日糖大批运汉市商会函汉商会密查

（1932年6月24日）

上海市商会因据糖业公会报告，日糖大批运汉，特函请汉口市商会制止买卖。函云：径启者，本月二十二日据本市糖业同业公会函称，窃以暴日侵略，毫未悔祸，吾民族为求生存起见，对日经济绝交，自不容中道而辍。况今白山黑水，尚渝异域，淞滨沪土，犹存腥血，正我人卧薪尝胆之日，痛定思痛之时。兹得确息，本埠日方商行，近有大批日糖运往汉口，想此糖抵汉之后，定必由华商之少数败类，不恤腼颜事仇，为其批销。若不设法防范，为患何堪设想。敝会心所为危，不敢缄默，为此函恳贵会俯赐鉴核，迅予转请汉口市商会，转饬该同业公会力杜瞻徇，切实制止，以贯彻对日经济绝交之主旨。等情，据此。查暴日蔑视我国，沪案虽告一段落，而东北风云，更有愈逼愈紧之势，苟国人具有天良，对于抵货一事，应各自劝勉，坚持到底，或可以收最后之效果。今据称日商竟有大批商糖运汉，倘我汉地同业，届时代为承销，非特腼颜事仇，甘为凉血，且风声所播，不几为日人所窃笑。相应据情函达，务希贵会察照，如果有大批日糖运汉，请即先行密查，转知糖业，群起制止该糖买卖，是所至盼云。

（《申报》）

9.鄂省府允停办牌照税

（1932 年 6 月 25 日）

（汉口）汉商会全体执委，二十四日赴省府，请停办营业牌照税，夏斗寅接见，允停办。（二十四日专电）

（《申报》）

10.省政府命令财政厅为汉口营业税既改定按月征收则滞纳处分亦应随之而缩短令仰该营业税局长遵照

（1932 年 6 月）

为令遵事，案据汉口营业税局局长沈质清呈称，查本省营业税款，原定每三个月征收一次，本局前以汉市特殊情形，经呈奉钧令准予按月征收在案。惟查征收期限，既经遵令变更，关于营业税征收章程第二十五条各项内载，处罚滞纳限期，似应同时核予缩短，以资适用。且查疲玩商户，自非照章处罚，不足以儆效尤，但仍照旧章办理，又虑处罚滞纳期限与征收期限迟速悬殊，必致前后税款辗转积压，尤足影响税收。局长考虑至再，拟请将前条第一项逾限至半个月者，酌改为五日。第二项逾限至一个月者，酌改为十日。第三项逾限至一个半月者，酌改为十五日。第四项逾限至两个月者，酌改为二十日。均仍照原级科罚，以期适合征收期限，而利税政。是否有当，理合呈请钧厅鉴核，指令祇遵。等情，据此。本厅以事关变更定章，当经据情转呈湖北省政府鉴核令遵在案。兹奉省政府国字第四五八五号指令内开：呈悉。经提交本府委员会第十三次会议决议，准予修改等因，仰即知照，并转饬遵照。此令。等因，奉此。除令知并分行外，合行令仰该长遵照办理。此令。

兼财政厅厅长　沈肇年

（《湖北省政府公报》第 4 期）

7 月

1.（湖北建设厅）训令武昌县政府奉省政府指令以据本厅转报武昌县商会筹备会组织情形一案暂准备查等因令仰知照并转令知照由

（1932 年 7 月 4 日）

为令知事，案前据武昌县商会筹备会主任唐晓山，常委陈承仁、凌霄、苏汰余、俞菊身、柯舜卿、杨达夫呈报该会组织情形，并定于五月三十一日，在原商会旧址开始办公，请予备查一案到厅。当查接管卷内二十年十一月间曾奉湖北省政府统字第六四六一号训令，以武昌市商会与武昌县商会筹备委员会发生纠纷一案,经函请中央训练部转请中央核示见复,自应静候解决。等因。请筹备委员所请备查一节,因中央对于武昌商会纠纷案,是否定有解决办法,未奉知,下厅无从遵照,业经呈请省政府核示在案。兹奉省政府团字第四二三八号指令内开:呈悉。查中央解决武昌商会纠纷办法,业于该厅呈报武昌县石灰船业公会案内,详细指令遵照在案。该武昌县商会筹备会,既经武昌县党部指导成立,自可暂准备查,仰即遵照。此令。等因,奉此。合行令仰该县长知照,并转令该筹备会知照。此令。

厅长　李书城

(《湖北建设月刊》第4卷第2号)

2.汉口市银行同业公会为关于各业维持金融提案六件之意见致汉口总商会函

(1932年7月10日)

敬启者,案准六月二十三日贵会来函,以六月十五日第二次会员代表大会,依据各业关于维持金融提案六件,交由审查委员会经济组并案审查。旋据该组将审查意见四点缮具报告提请大会讨论,经已逐点赞同并公决,依照审查报告,修正通过。即日呈请省市政府鉴核,转饬遵照,一面分函银钱两会查照。等语。记录在卷。相应录案转达,查照协助进行并见复。等因。具见贵会关怀商业,注意金融,莫名钦佩。窃以经济事情,各有原则,虽社会情况变化不同,而一切设施要能本末兼顾,方足以适合环境而不发生干戈。兹就敝会研究所得,谨为贵会逐案缕析言之。

一、申钞须在汉兑现,而汉钞现洋一律平价,并知照钱业公会制止申钞价格一案。查吾国货币复杂,迄尚未能统一各地。洋货因供求关系,原有参差。各地银行发行钞票,自发随各地事实于票面加印地名,以资区别。因发行之区域不同期,准备之地点有异,何处发行则准备集中何处。此为国内发行之通例,亦为势所必然,否则无益于金融社会,势必发生不良之影响。今汉若兑现,则所有准备必须沪汉分存。究竟汉存多少,更难定等标准。过与不及,均有流弊。且此贸易入超,申钞价昂之时,更孰愿以为高价之申钞来兑低价之汉洋。故敝会以为申钞在汉兑现一层,因为事实所不可能,似亦事理所不要。至申钞来汉,乃纯顺自然之趋势,初非出于人为。自各发行,银行订定免费通汇在沪取现办法以来,市面称便。兹敝更就兑现二字之义加以研究,以为兑现云者随时取得现洋之意也。申钞兑现者云,自当随时取得上海现洋,为其归结。故敝会本此意义,经已决议,由各发行行规定电沪兑现办法。即凡持钞者,不论数目多寡,可以持向各发行行电沪兑现,以适应持钞人即期之需要。并已于七月四日各行下期开业之日起实行,是申钞既合准备集中三原则,后获适应之电兑,市面应益称便矣。至于申钞现洋一律平价一层,敝会认为于事实上亦不无窒碍。缘申钞乃代替上海银圆,其价格与汉口银圆不同。七月一日以后,钱业公所虽不公开行市,而仍不能无申钞之暗盘,此其未能一律与不能无行市之情形,已有事实之证明。但既原暗盘即不能为一切债权债务计算之标准,收受申钞者转得借口于钞现一律而溢中渔利,是更将使一般持钞人受种种无形之损失。故敝会为使市面全体明了金融真相与顾全一般持钞人利益起见,因议决于本月四日即各行下期开业之日起,参酌上海洋厘与洋市,需供实情,每日开出申钞行市,悬牌公告,俾全市收付有所准绳,而纠纷之端无形泯灭,此中苦衷想示贵会所鉴许也。

二、发行汉钞及辅币券各银行应援照上海成例，由各法团组织监察委员会随时审核，其发行准备金额借昭大信一案。查发行汉钞及辅币券之银行，或本月公开之制度，原有检查之办法，经已分函各行查照矣。

三、双铜圆应请政府收回改铸单铜圆，并划一价格，至各行发行之辅币券，尤须加以限制，俾资调剂一案。查国币条例规定二分铜币，每枚重量二钱八分，成色应铜九五锡四铅一，每双元五十枚，总重十四两，合纯铜十三两三钱。按现在铜价每担二十六两计算，则双元五十枚，所含之纯铜应净值洋例贰钱一分一厘一毫有余。即使现所流通之双元杂质，过多成色不敷，似亦不应落到一钱一分之低价。敝会以为行市之所以惨落，实由于用途之减少，四乡不靖，农村破产，去路既减，价格自落。而各地市票之未能完全取缔，或亦为拥挤之一因。救济之道，似可请由政府洽商邻省酌予调节。如苏省徐州等处现方苦双元之缺乏，正可以鄂之盈济。彼之拙至请求政府改铸一节，敝会以为价格涨落视其数量与双单。如流通数目不逾需要，虽系双元，其价格亦可维持；若超过需要，则虽单元亦比落价。果能调剂盈虚，则酌量收回实已可供维持之能事，似尚无取乎？改铸致划一价格，果能办到？自属要所，惟言关全国整个之问题，是否于现在状况之下所能企及，似尚不无疑问。至辅币券之推行，只要适应市面之需要，发不逾量，准备充足，自当有利无弊者云，一定限制其标准，恐亦不易定也。

四、在此禁运现金期间，如有确向外省购买货物须带现洋出境者，由该案公会具函证明转请市商会呈请政府核准给照放行以期两全一案。查市面现金之存底贵在多寡，适得其平等，固不可多，亦不宜少，近来汉口洋底太丰，洋价低落，非但不枯，实于过剩。现金禁运实非必要，试自禁令须步以来，洋厘迭而申汇高，申汇高则货价昂，价格昂则消费者之负担增，而生活程度亦随之以提高。向之汇价于超过运送现洋之一切费用时，既可运现抵解，以跻其平。今以禁运之故，无法将汇价压平，而使进口商与一般消费者负此不必负之负担，不但此也彼小行号商店之短缺，上海疑项者除汇价损失外，且备感周转不灵之昔。一面物价高则营业减，市面亦将日益呆滞而不活动，此等现象今已无可讳言。兹贵会目观现状力主更张，拟请政府为一部分之解禁，其因时制宜之怀，实足予市民以共见。敝会钦佩之余，认为此项办法，虽属急则治标，窃尚尤其未能彻底。盖汇价原则，进口商人需要沪汇。出口商人供给，沪汇出入互抵，则运现以抵补斯乃金融业对于社会服务责任之一部分，亦即社会组织之所以需要金融业也。

盖进口商家需用款项巨至累万者有之，而小至数百者，亦有之。今必责其白领护照运现以办货。零星请领，既不胜其烦，积趸请领又搁呆利息且必须以两副资本做一分营业。如作两万元之业者，必须另以两万元备途中之运送，决不能俟两万元之货售出，一面停业，一面运现购货而后再开业也。故敝会以为此种办法于真正之进口商人非惟无益或再害之，抑有进者运现出入，原为调剂盈虚起见，应本其自然之趋势而不必加以勉强之制裁。存底不敷则洋价高，自非案运不能保市面之需求，反之存底过剩，洋价自低则非弛禁不足以疏压遏之气脉。一张一弛，实贵因时以制宜，似未可一成而不获。况市场情形之地之洋价高于他埠时，则他埠之现洋自必如水就下源之而来。有不待禁令重张而洋价自趋于平者，往事可征非虚语也。即令各埠同感枯竭，需要俱多则届时再行相机申禁，亦非事事之不可能，似不必于今日，应弛之时而不弛也。敝会就汉埠自下情形而论，认为运现似更有全体弛禁之必要。

以上各节，谨就敝会研究所及缕陈采择，是否有当仍请卓裁。准函前因，相应函复即希查照为荷。

此致

汉口总商会

汉口市银行业同业公会启

3.关于查禁反动刊物之件:公函汉口市商会为依据本部第一百一十八次警备会报查禁代反动派印刷刊物之商店办法

（1932年7月19日）

敬启者,本月十二日本部第一百一十八次警备会报主席报告第四项载,严密查拿代反动派印刷刊物之商店,叠据本部邮件检查所查获之反动刊物大都由上海或其他商埠寄来。惟国家主义派之生机刊物一种,诋毁政府,言论激烈,其通讯地点系武昌中华大学,经本部函请中华大学查禁去后。旋准复函,否认并声述意见,请查禁承印反动刊物之印刷商店,现虽无从证明此项刊物之究在何处出版,然查其邮递戳记,则此项刊物之在武汉发行已无疑义。兹特提出会报并即席决定办法如下:1.请本部稽查处两公安局特三区警察署严密查察(尤应注意抽查)各印刷商店承印刊物之内容。2.函商会转饬印刷工会负责考查,果能举发到部,则酌给奖金,如隐匿不报,定连带科刑,印刷商店职工,亦准此办理。3.租界内由稽查处派员随时秘密究查。等语。记录在卷。相应录案函达即希查照办理见复为荷。

此致

汉口总商会

司令　叶蓬

中华民国二十一年七月十九日

(《警备专刊》第5期)

4.(湖北省建设厅)训令省商联会等奉省府令转中国驻外领事馆发给领事签证货单章程并修正条文下厅令仰知照由

（1932年7月27日）

为令行事,案奉湖北省政府团字第五零零四号训令内开:案奉行政院第二五零一号训令开:为行事,案奉国民政府洛字第一一二号训令开:查中华民国驻外领事馆发给领事签证货单章程,业经制定明令公布,亟应通饬施行,合行抄发原章程,令仰知照并转饬一体知照。又奉洛字第一二六号训令开:查中华民国驻外领事馆发给领事签证货单章程,前经明令公布,并通饬施行在案。兹将该章程第十四条施行期间,另加改正。除公布并分行外,合抄发修正条文,令仰知照,并转饬所属一体知照各。等因,奉此。除分令外,合行抄发原章程及修正条文,令仰知照并转饬所属一体知照。此令。等因,附抄发中华民国驻外领事馆发给领事鉴证货单章程一份,又修正条文一纸,奉此。除呈复并分令外,合行抄发原件,令仰该厅知照,并转饬所属一体知照。此令。等因。附发章程一份,又修正条文一纸,奉此。除分令外,合行抄发原件令仰。

附抄发中华民国驻外领事馆发给领事签证货单章程一份，又修正条文一纸(见法规栏)。

厅长　李书城

(《湖北建设月刊》第 4 卷第 2 号)

5.省政府令建设厅、汉口市政府、汉口市商会等省政府准实业部咨公司依法改正章程自本年七月一日起再展限六个月等由令仰所属转饬遵照

(1932 年 7 月 29 日)

为令遵知事，案准实业部商字第一二六一零号咨开：案查公司章程，有与公司法抵触者，应依法于公司法施行后六个月内修正呈核，截至二十年十二月底限期届满，当经备具应行展限理由，呈奉行政院令准展限六个月，由部通咨各省市政府转饬一体遵照在案。现查此项限期，截至本年六月三十日又复届满，各地公司依照改正者固多，而以种种困难未克如期改正者仍属不少。且以各该公司章程，原系核准有效之件，依照旧法，本无不合，法定限期修改，系因新法既经施行，不能任其永久抵触。限期短促，意在早日一体悉与新法符合。现既不能依期改完，兹为体恤商艰及使各公司章程一律尽合新法起见，复经呈奉行政院第一八三八号指令，准由本年七月一日起，再行展期六个月。等因，奉此。除分别咨令外，相应咨请查照转饬尚未依法修改章程各公司，务于展限期内遵照办理，勿再违延为荷。等由，准此。除分行外，合行令仰该厅即便转饬所属厅局即便知照，市政府即便转行该商会转知各公司一体遵照。此令。

主席　夏斗寅

(《湖北省政府公报》第 8 期)

8 月

1.(武汉警备司令部)指令湖北省会公安局局长贾云蒸据呈报武昌旅栈同业公会改选日期已悉文

(1932 年 8 月 9 日)

呈悉。此令。

司令　叶蓬

中华民国二十一年八月九日

附原呈

呈为呈报事，案据武昌市旅栈业公会主席陈叔辉呈称，为呈请派员指导，以昭郑重事，窃属会呈奉武昌县党部许可证，命即日改选武昌县旅栈同业公会等因，兹特订于八月十日上午九时，假本城兰陵街武昌总商会会址改选。除分别呈函暨通告外，理合呈祈钧长俯准，届时派员

指导,实为公便。等情,据此。除令该管第一分局届时派员监视外,理合具文呈请钧部鉴核。谨呈。(下略)八月八日。

(《警备专刊》第 5 期)

2.汉商会之通告

(1932 年 8 月 17 日)

汉口市商会为抵制仇货事,昨(九)日通告此间各同业公会,一致坚持到底,并请一面登报宣誓,以后绝对不进仇货。其原文云:敬启者,查关于抵制仇货一事,本会曾经设立提倡国货专门委员会,继续办理,并随时分函各业公会查照,一致进行在案。诚以抵制仇货,须从提倡国货为入手,庶免徒托控言,乃克借收实效。不谓上海战事协定以后,虽国货已极力推销,而仇货仍未尝绝迹,此固本会所引为深贼者也。近自上海有锄奸团之发现,彼方同业,鉴于情势之严重,一致紧张其绝交工作。人心未死,事尚可为。乃消息传来,该仇货因不得倾销于沪埠者,意欲运销于汉地。报纸既迭有登载,本会时接有□函。人之爱国,谁不如我。关于私销仇货之事,以汉地之大,人类之众,固不敢谓其必有,亦不能决其必无。只以困难当前,情形险恶,彼既急以谋我,我犹不知觉悟,而同心御侮,不□□为人所耻笑,□□□天良,亦容有未安者。今与各同业约,设有私售之家,请于接到通告之日起,如系以前曾经登记之货,即须限期售罄,以表示抵制之决心,而免为他人所借口,一面并请登报宣誓,以后绝对不进仇货。既以尊重人格,亦免发生危险。两全之法,莫善于此。除分致外,用特掬诚奉达,务希查照,切实遵行。此颂钧绥。汉口市商会启。

(《益世报》)

3.汉商封仇货锄奸团警告之功效

(1932 年 8 月 20 日)

汉口十九日下午八时本报专电:市商会接血魂锄奸团警告后,顷函各商店仇货,限一周内自动封存,汇总拍卖,立不再卖仇货誓书,拍卖后秘售仇货者,宣告其人格破产,与之断一切往来。

(《益世报》)

4.行政院咨据汉口市商会请修正民法债编第六百八十一条条文一案咨请查照由

(1932 年 8 月 28 日)

据汉口市商会主席陈经畬呈(略)称,现行民法债编第六百八十一条,影响商业,窒碍难行,恳请咨行立法院修正该条条文,俾商业经济,日进繁荣。等情,到院。事关修正法律,应请贵院核办。除原呈已据分呈,不再抄送,并批示外,相应咨请查照。

此咨

立法院

(《立法院公报》第 52 期)

9 月

1.张难先筹办洪湖善后,朱懐冰亦出发潜江等县

(1932年9月2日)

(汉口)党政会监察处主任张难先以洪湖指日可下,惟劫后垂毙之民,急待赈救。三十一日下午三时,访汉商会主席贺衡夫,商沔阳洪湖招抚流亡善后事宜。(一日中央社电)

(《申报》)

2.汉口市银行同业公会为汉钞一律通用致汉口市商会函

(1932年9月24日)

敬启者,接准九月十二日大函,以拟本市钱业公会函称,近来汉钞与现洋用途日渐分歧,恐钞现价格即有高下。各银行对于钞票未能一律收用,而客商以钞票兑现,为过例假及封关日期或时间稍晏,银行扃门休息,只有抑价贬售以求现金。以即钞现价格有别,紊乱金融,影响非浅,希即转函发行汉钞及未发行汉钞各银行,对于汉钞一律通用,其兑现与时间尤须予以通融以维钞价。等由。属即查照分转各行一体维持,以免发生恐慌,同受损失。等因。业经集会各行详加讨论,佥以汉口字样钞票在会各行无论发行即未发行或是否本行发行,均照现洋收用,并无歧视之意。成事具在,不难复按。以后自应仍本原昌一律通用,以达钞票划一之目的。至通融例假及延长营业时间一层,查发行钞票各埠皆有,尤以上海一隅发行数额为巨,平津发行数额虽不逮上海,然亦有巨数之流通。在上海平津之银行并等,因兑现而将例假及营业时间延会通延长亦未闻,因此发生何项障碍,则在汉各行。于通常市况中,似亦无须因不定时之钞票兑现而有特殊之变通。况银行法对于营业时间及休息日期均有规定,似亦未便,率尔无易。且于各行系统办法,上亦甚觉窒碍,难行此则,应请商会转达钱业,加以谅解。等语。准函前因,发分函发行汉钞各行对于汉钞兑现,应再尽量力谋持票人便利外,相应依拟各行前项意见备函奉达,即希贵会查照并请转达是荷。

此致

汉口市商会

汉口市银行业同业公会启

3.财政部因汉口市参燕业同业公会因请减征收营业税令湖北省财政厅（附汉口市参燕业同业公会请减征收营业税呈财政部及汉口市参燕业请求减轻营业税率意见条）

（1932年9月26日）

为令遵事，案据汉口市参燕业同业公会呈称，窃于本年八月云云，而恤商艰。等情，据此。查来呈所称，该参燕业兼售药材，其业务与药业性质相同，应否参照药业税率核减征收之处。除批示外，合行抄发原送报陈一份，令仰该厅察酌办理具报核夺，毋延。此令。

抄发条陈一份。

原具呈人：汉口市参燕业同业公会呈一件为税率税陡增，无力负担，胪陈意见，请核俯予准照上海参燕业汉口药业营业税征收由。

呈暨条陈均悉。已据情令行湖北财政厅察核办理具报，令仰即知照。此批。

10月

1.省政府令四厅、汉口市政府奉行政院令颁修正工商同业公会法第七条条文转饬直辖各机关知照

（1932年10月13日）

为令行事，案奉行政院第三八九三号训令内开：案奉国民政府洛字第二三八号训令内开：查工商同业公会法前经制定明令公布，兹将该法第七条条文酌加修正，应即通饬施行。除分令外，合行抄发修正条文，令仰知照，并转饬所属一体知照。此令。等因，奉此。除分令外，合行抄发原附修正条文，令仰知照，并转饬所属一体知照。此令。等因，计抄发原附修正工商同业公会法第七条条文一份，奉此。除分行外，合行抄发原件，令仰该府厅即便知照，并转饬所属一体知照。此令。

主席　夏斗寅

计抄发原附修正条文一份

第七条　同业之公司行号，均应为同业公会之会员，推派代表出席于公会，但受除名之处分者，不在此限。

（《湖北省政府公报》第13期）

2.湖北省财政厅为汉口市参燕业请求减轻营业税率一案呈财政部

(1932 年 10 月 25 日)

(缺)得与普通药店相提并论,原呈所称,参燕业售药材,其业务与药业及西药业性质相同,殊属牵强。"且参燕业税率先经定为千分之六,嗣奉钧部修正定为千分之十。"现奉"豫鄂皖三省剿匪总司令部"令颁改进营业税办法,业将各业税率遵照改订分为三级,药业已改为千分之五,西药业已改为千分之八,该参燕业仍系定为千分之十。此项改订税率表及奉颁改进办法,业经通饬各县局,于本年十月一日起,一体遵照施行,并分别呈报备在案。尤未便对于此次改订税率有所变更,致滋牵扰该参燕业所请,参照药业税率核减征收一节碍难照准。奉令前因,除令汉口营业税局知照,仍遵定率征收外,所有参燕业税率未便参照药业核减征收,缘由理合,具文呈复钧部鉴核,实为公便。

谨呈

财政部

湖北省财政厅厅长　沈肇年

11 月

1.(汉口市商品检验局)函汉口市商会

(1932 年 11 月 2 日)

径启者,案奉"豫鄂皖三省剿匪总司令部"监字第六四零号训令,饬知本局对于未纳营业税之出口棉商不发运输证,以杜偷漏,仰即查照办理。等因,并先后准湖北财政厅、汉口营业税局检同分颁改进营业税甲乙两项办法,函请协助前来。复准该局函开:以棉花出口为数甚巨,该项税率既经奉令增加,自应设处征收,以专责成。现就本局第五稽征所添设办事分处,专司经征棉花营业税事宜,并定于十一月十四日实行,开始务查出口棉花税票。除饬胡主任公逸、梅副主任退庵前来商洽外,函请查照。等由,准此。自应照办。除分别呈咨并分行外,相应函达即希查照,转知各棉商一体知照为荷。

此致

汉口市商会

局长　王宠佑

(《检验年刊》1933 年第 2 期)

2.汉商会请停购美麦

（1932 年 11 月 16 日）

（南京）汉商会十五日电国府行政院财部，请顾念农村经济破产，停购第二批美麦。

（《新闻报》）

3.湖北省政府、汉口市政府，汉口、汉阳、武昌商会函送武汉警备区续办散兵游民收遣所临时会议录希查照文

（1932 年 11 月 17 日）

敬启者，查本部奉令援照历年成案，继续举办散兵游民收遣所一案。经于本月十四日函请各关系机关团体指派负责代表开会议决，武汉两散兵游民收遣所，均限于本月二十日以前成立，依照向例继续办理。该所经费仍照原案，由省市两政府及武、阳、汉三商会摊认。惟摊认之数，略有变更，计省政府每月摊洋二千元，市政府每月摊洋二千元（市府因经费困难，暂担任一千元至一千五百元），汉口商会每期摊洋一千元，武昌商会每期摊洋三百元，汉阳商会每期摊洋一百元。以省市两府及武汉三商会代表五人为款项经理委员会委员，并推省政府查代表琴生为主席委员。等语，记录在卷。除分别呈函并令饬各警备机关部队遵照切实办理外，相应检同上项临时会议录函达即希查照为荷。

此致

湖北省政府、汉口市政府、汉口商会、汉阳商会、武昌商会

附：武汉警备区续办散兵游民收遣所临时会议录一份（略）

司令　叶蓬

（《警备专刊》第 6 期）

4.湖北省政府为据汉口市政府呈具汉口市银行业同业公会补送章册呈述理由并转请分咨财政部备案等情咨实业部

（1932 年 11 月 19 日）

为咨转事，案据汉口市政府呈称，据汉口市银行业同业公会呈称，奉钧府训令内开：转奉湖北省政府团字第三六三六号训令略开：以准实业部商字第一一六二三号咨复略开：查该公会既经领得市党部许可证书，所具章册复据该市政府审核尚合，应准备案。惟原章第二十一条第二款五分之一改为十分之一，除代为改正外，相应复请查照饬知。等由，奉此。合行令仰该市政府知照，并转饬知照。此令。等因，奉此。合行令仰知照。此令。等因，奉此。业经本公会第二次会员大会常会提出报告，经已通过，遵照修正。除分别函知暨呈报外，理合将公会章程第二十一条第二款原文及遵令修改全文，缮具清单，备文呈请钧府鉴核，即祈准予备案，并请转报湖北省政府、财政部备案。复据该会主席浦拯东面陈，银行营业向属财部管理，仍应转呈财政部备案。各等情，并补具修正章程册表各一份，据此。查接管卷内，该会原呈系请分别转呈实

业部、财政部备案，前任办理时以为该会与其他同业公会性质相同，依照向例仅呈由钧府转咨实业部备案。兹据前情，查核尚无不合理，检同补赍章程册表各一份，呈送钧府鉴核，恳予转咨财政部备案。等情，计呈该公会原赍章程册表各一份，据此。查前据该市政府呈为据汉口市银行业同业公会呈报汉口中国农工银行加入该公会为会员，转请鉴核，分别转咨贵部及财政部备案。等情，到府。当以该市银行业同业公会会员名册向例未咨财政部备案，所请分咨一节，应毋庸议。等语。指令遵照，并以团字第七七六零号咨转请查核办理在卷。兹据呈述分咨理由，于法似仍无据，究竟应否分咨，未便遂予准驳。除指令暨将原赍章册分别提存发还外，相应据情转咨贵部，即希查核见复，以便饬遵。再查该市政府原赍该公会章程第二十二条及第二十四条，本省转财政部字句，当时因未呈，并未请求分咨，故本府转咨贵部时，亦未叙及合并声明。

此咨

实业部主席

夏斗寅

5.（武汉警备司令部）指令汉口市商会主席贺衡夫据呈收遣游散经费认筹此一期之摊派经费后如须续办拟请减少一节暂从缓议文（附原呈）

（1932 年 11 月 20 日）

呈悉。查收遣游散，业经呈奉总司令部令准仍照成案继续办理。事关市面安宁秩序，仍希勉为其难。所请于本期垫付而外，如须续办，拟请减少派费一节，暂从缓议。此令。

司令　叶蓬

附原呈

呈为呈请事，案奉钧部函以奉"豫鄂皖三省剿匪总司令部"令，筹办散兵游民收遣所一案，经召集各机关团体代表开会议决，武汉两散兵游民收遣所，均限于本月二十日以前成立，依照向例继续办理，该所经费仍照原案分别摊认。附会议录一份，饬即查照。等因，奉此。并奉湖北省政府训令转奉总司令部令，事同前由，当即提交属会执委会临时会议讨论。佥以属会摊认前项经费，每期洋一千元。按照原案，本系由汉口各团体分别认筹，先由属会照数垫解。嗣因各团体于属会垫款之后，并未认派分文，以致历年受累甚巨。此次继续办理收遣，仍令属会照数筹垫，以属会经费支绌，委属无力再行担任，只以事关重要，又复迫于公议，只得暂行勉力认筹此一期之派费，以后如须续办，应请准予减少若干，以纾困难而免竭蹶等语在案。除分别呈复外，理合将此案遵办情形，暨拟请以后减少派费缘由，具文呈请钧部俯赐鉴核施行，并祈批示祗遵，实为公便。谨呈。（下略）

汉口市商会主席　贺衡夫

11 月 25 日

（《警备专刊》第 6 期）

6.汉口市商会呈一件呈为匡荣卿等承办二十年度武阳夏烟酒牌照税欠缴税款拟援约拨划准予核减由

(1932 年 11 月 22 日)

呈悉。查此案前据该会具呈,即经令行湖北印花烟酒税局查明呈复。嗣据复称,以该承商等欠缴税款甚巨,自难任其悬案不清,除将该商等所欠保证金四千六百六十六元,先行悉数扣抵欠款外尚欠实洋一万一千七百三十四元,刻正严饬催缴。等语。经令饬就近函知该会转饬遵办在案。兹据续呈前来查核,前承商等在二十年度内承办武阳夏烟酒牌照税款,因灾短缴,既经湖北印花烟酒税局勘报减比,已属体恤备至,何得再持异议。除令饬该局迅速催缴外,仰即转饬该前承商等遵照清缴,毋在违延干咎,切切。此批。

(《财政日刊》第 1416 期)

7.(湖北)省政府训令据汉口市国货运动委员会请再令饬武昌市商会转各商店将国货另行陈列等情令仰严饬迅办由

(1932 年 11 月 25 日)

为令饬事,案据汉口市国货运动委员会呈称,窃查属会第四次委员会议讨论事项第八项调查股提,查本会前经呈准省市政府通令各商店将国货洋货分别陈列,以资识别一案,武汉各商店迄今尚未遵行,应如何办理请讨论案。经决议,再行呈请令饬武汉两商会转饬各商店一律切实遵照办理。等语,记录在卷。伏思此项分别陈列办法,原为使人民便于识别购买,借资提倡起见,与各商店营业无丝毫影响,其或万一因手续困难,则最低限度亦应将货物之上另行分别标明,俾民众得以认识采购,方足以重功令,而符钧府提倡国货发展实业之意旨。况近来外货充斥,鱼目极易混珠,若不再行呈请令饬切实遵行,其何以杜混淆而资识别。除分呈外,理合录案呈请钧府鉴核,伏乞迅赐令饬武昌市商会严饬各商店一律切实遵照办理,以重功令而利提倡,实为公便。等情,据此。除指令以呈悉,查此案前据建设厅呈复,业经遵令,再饬湖北国货陈列馆暨湖北全省商会联合会转行各县市商会严饬各商店一律切实遵照办理在卷。据呈前情,除再令催建设厅严饬武昌市商会迅即督促各商店一律切实遵照办理,毋得玩延外,仰即知照。此令。等语。印发外,合行令仰该厅即便遵照办理。此令。

主席　何成浚

(《湖北建设月刊》第 3 卷第 11、12 合期)

8.汉口商会为呈请令中央汉行将商兴等各存户存款本息如数付还并乞示遵等情呈国民政府财政部文呈一件,为据情转呈请,令中央汉行将商兴等各存户存款本息如数付还,并乞示遵由

(1932 年 11 月 26 日)

呈悉。查前中央银行汉口分行债款应由本部另案清理,与现在中央银行汉口分行无涉。

惟此项债款头绪纷繁，应俟清理就绪，筹妥办法后，再为公布周知，仰即转行知照单存。此批。

汉口市商会呈文

呈为据情转呈事，案据前中央银行汉口分行存户联合办事处略称，前奉大会函开：奉财政部钱字第四一三七号批示内开：呈悉。查前据前中央银行汉口分行存户代表王兆祥等呈送存款数目清册暨存单、存折、照片，恳准发还本息等情。关于该存户等当时存款实在情形，本部亟待查明该前分行卷箱由前湖北财政特派员寄存，现在中央银行汉口分行应即启封清查。除已照抄王兆祥等呈册各件函交中央银行汉口分行，并令饬湖北财政厅厅长江汉关监督派员前往会同启封清查，详加说明具复核办外，合亟批仰转行知照。此批。等因，奉此。相应录批函达，即请查照。等由，奉函。迄今为时已久，想汉口中央银行及湖北财政厅长江汉关监督业已会查呈复。此项存款，各存户均执有存券或存折相为凭证。据确鉴，一经查对，自足证实。为现时汉口经济异常衰落，各存户均感困难，希望存款之偿付，诚如大旱之望云霓。兹经各存户开会议决，仍推原代表王兆祥、李鼎安、邵霖生、余德馨、熊意超五人，赴京催请财政部迅将前项存款发还具领。持此略请大会查核，希即转呈财政部迅赐发还该存款本息，交该代表等具领，以恤商艰，至为纫感。等情，到会。查该存户等证据确凿，既经分令会查，自有核实之报告，现在金融紧迫，该存户等切望此项存款急救燃眉。据略前情，理合备文呈请钧部俯察下情，赐将该项存款本息发交该代表王兆祥等一并具领，以重国信而恤民艰，实为公便。

谨呈

国民政府财政部部长孔

汉口市商会主席　黄文植

9.实业部为查银行业所组同业公会依法并无财政部备案之规定复请查照咨湖北省政府

（1932 年 11 月）

为咨复事，案准贵省政府团字第八二三三号咨，据汉口市政府呈称，汉口市银行业同业公会补送章册陈述，理请分咨财政部备案一案，嘱查核见复。等由，准此。查各地同业组织公会核准备案之权，属于本部主管范围。该银行业所组织既称同业公会，自应依照工商同业公会法办理，并无财政部备案之规定。准咨前由，除将原章程所称财政部字样予以删去外，相应复请查照，饬知为荷。

此咨

湖北省政府

12 月

1.汉口市银行业同业公会加入汉口市商会

（1932 年 12 月）

汉口市银行业同业公会，自去岁成立后，迄未加入商会。兹经该会执监联席会议决议，并经临时会员大会通过，选举出席代表二十一人，于本月正式加入商会云。

（《兴业邮乘》第 4 期）

1933 年

1 月

1.汉口营业税局饬遵前令与汉商会妥商课税标准

(1933 年 1 月 11 日)

为令饬事,案准汉口市商会商字第二一四四号公函内开:案查敝会前据各业转请将营业税征收章程第八条,关于课税标准,改为按照各业每月收入数目计算,以期实销实缴,并请每六个月查账一次,会同商会及各同业公会派员办理各等情。曾于十二月二十三日函请查核施行在案,各业以现距新年尚不足一星期,即离废历年关亦不过一个月,各业来年之营业,能否继续前进,将视营业税征收办法能否改订,为一种关键。换言之,各业将来之生机,即系于改订征收办法之上。良以营业减少过多,扯计课税之数复巨,所担空税实难负荷也。事机迫切,务请转函财政厅,对于征收营业税办法,即日以明文改订,俾得有所遵循。等语,前来。合再据情函达贵厅,即请查核迅予见复,以便分知为盼。等因,准此。查此案前准汉口市商会来函,当以事关变更征收章程及查账手续,极为重要,今令该局在不损失税收范围内,与汉口市商会妥商具体办法呈厅,再行核办,并函复查照在案。嗣奉湖北省政府训令,以据汉口市商会呈同前由行厅议复。等因。亦将饬局会商情形,先行呈复在卷。兹准前因,除函复外,合再令仰该局长,迅遵前令办理具报,以凭核办毋延,切切。此令。

(《湖北财政季刊》第 1—3 月期)

2.（武汉警备司令部）指令汉口市商会据呈以据煤焦贩运业同业公会函定于一月十八日开会员代表大会转请派员监视等情已饬本部稽查处届时派员前往监视指令知照文（附原呈）

（1933 年 1 月 11 日）

呈悉。已饬本部稽查处届时派员前往监视矣，仰即转饬知照。此令。

司令　叶蓬

中华民国二十二年元月十一日

附原呈

呈为据情转呈事，顷据本市煤焦贩运业同业公会函称，敬启者，敝会自去岁八月，依法筹备改选执委半数，呈奉前市长万指令，准予定期改选在案。兹特遵定于一月十八日下午二时，在洪益巷四十九号本会内开会员代表大会，改选半数执委及代表，相应函请大会届时派员监视，并恳核转汉口市政府、党部暨武汉警备司令部汉口市公安局，届时派员监视指导，是为至荷。等情，前来。理合据情转呈钧部恳赐鉴核，准予届时派员监视指导，并祈批示饬遵，实为公便。谨呈。（下略）

汉口市商会主席　贺衡夫

元月九日

（《警备专刊》第 6 期）

3.汉口市商会代电一件为恳请垂念商艰准予电商总司令部令行湖北财政厅将此次改订营业税新章暂缓施行由

（1933 年 1 月 12 日）

帮代电悉。查此次湖北财政厅遵奉“豫鄂皖剿匪总司令部”，所颁改进营业税甲乙两项办法改订三级税率，早经呈奉核准。此项三级征收办法，在苏、浙、皖、豫各省通行已久，该省事同一律，未便独异，所请转商总部令饬暂缓施行一节，应毋庸议，仰即知照。此批。

（《财政日刊》第 1455 期）

4.汉口商界救济失业文人

（1933 年 1 月 17 日）

（汉口）此间商界中人以失业寒士处境最苦，特组表过社登报普告，借贷无门、乞讨乏路之极贫文人请据实去函，俟调查真实，即酌予补助。讵旬日来收信已逾万封，大半轶越范围，盖辗转讹传，认系无限制之慈善事业，故投函之人凡一切劳动阶级及妇孺僧尼各色俱有。该社十六日复启事停止收函，有自惭微力，善门难启之语。此虽风雪中一趣闻，但足证汉市各界失业问题之普遍也。（十六日中央社电）

（《申报》）

5.武汉警备司令部判决书

（1933 年 1 月 21 日）

判决

被告人　张万泰元记　武昌人

上列被告因失火成灾，经省会公安局呈报到部，审理判决如下：

主文

张万泰元记失火成灾致生公共危险，处罚金三百元，着缴由武昌商会转送冬赈委员会，店员定聚五，交保开释。

事实及理由

缘张万泰元记在武昌平湖门，开设米厂有年，于二十一年十二月二十日晚，忽肇焚如。旋于二十五日据省会公安局将该厂管账定聚五，连同失慎情形，一并呈报到部。当经提讯，据称下午六时第二栋房子楼上走电起火时，经理方立齐在店，以火势猛烈营救不及。现厂中存谷千余石、米七八百石，计谷每石值洋三元，米每石值洋七八元，总计约值洋八千余元，前在太古公司投保火险银八千两，即如数赔偿损失亦巨云云。究竟实情如何，是否因电走火，殊难悬揣，但据称存货甚多，似无纵火之理。兹据武昌县商会及本部稽查处查复称，该厂确无纵火之事情，词尚属可信。惟值兹冬防期间，即云存货甚多，则防范愈宜周密，何至漫不留心自取祸灾，直接轻视个人之生命财产，间接危害公共之安宁秩序，倘不严加惩治，无以儆效尤昭炯戒。应依刑法第一百八十八条第五项之规定，处罚金三百元以示薄惩，其罚金着直接缴由武昌商会转交冬赈委员会，以为冬赈之助。在押店员定聚五，着交保释。本此理由，爰为判决，如主文。

军法处长　李起治

军法官　任宪武

书记官　黄适存

中华民国二十二年一月二十一日

2 月

1.笺函中央政治会议秘书处：复汉口市商会提案关于划一运价应通筹另办所请缓办平汉负责运输一节缕陈种种意见拟请由中政会议严予驳斥由

（1933 年 2 月 4 日）

径复者，准贵处一月十二日函，以汉口市商会请划一平汉津浦陇海各路运价，并缓办平汉路负责运输节略一案。奉批，先询铁道部意见附抄原件函请查照见复等由，并附抄节略一件到部，准此。查铁路运价之订定，系以建筑成本及沿线经济状况为根据，各路建筑历史及沿线经济状况互有差别,因之各路各种运价未能一致,即同一货物之运价,各路亦每有高低之不同。准此特殊原因,运价自难划一。且各路营业用款,向由各路酌量财力自行支配,从未得有中央之补助,各路资本及营业用款之支出,均有赖于运价之收入。若强行划一运价,则财政支绌之路,势非由中央量予补助不可。故划一运价一事,关系甚大,且极复杂,似应通盘筹划,详密核计,方能拟议办法。至关于负责连输一点,谨将本部意见,缕陈如下:查铁路对于所运货物遇有损害担负赔偿,乃职务上应尽之责任,亦法律上常负之责任。通常一般代人搬运货物之劳工及代人运送货物之种种船只车辆,对于货物损害尚负责任。铁路为有组织、有使命之国营运输机关,自更无不负责任之理,故各国铁路对于货运未闻有不负责者。吾国铁路以往对于货运不负责之办法,实属根本错误。此就原则上、法理上及各国通例言之,实行负责运输,实属当然,绝对不成问题者一。

吾国铁路对于货物运输因不负责关系,处处放任,致养成路商两方种种积弊,铁路几完全失其功用,货运业务日益衰落,商民景况愈趋凋敝,社会各种企业均受恶劣影响。事实显然毋庸讳饰,为正本清源,革除积弊,挽救路商计,除实行负责运输外,别无良策。此就吾国铁路货运根本整顿上言之,负责运输之实行至为切要,绝对不成问题者二。

自本部推行各路负责运输以来,京沪、沪杭、津浦、南浔、陇海、胶济、北宁等路先后次第实行,成绩卓著,路商俱入正轨,积弊扫除殆尽,商民负担大减,货运数量陡增。故此次三中全会议决对于行政院及所属各部会工作报告之决议案内关于本部实行负责运输一案,有"负责运输已办有成效,应再积极进行"之决议,并经行政院令知本部遵照在案。此就事实上言之,负责运输之实行,绝对不成问题者三。

该汉口市商会所请缓办平汉路负责运输各项理由,多系牵强附会、浮光掠影之谈,既不明负责运输之真义,尤缺乏事实之根据,更不免有故为转运公司张目之嫌。查负责运输根本在使铁路负其应负之责任,尽其应尽之职务,以谋便利商民。发展货运,转运公司承揽货物,代货商向铁路托运,在铁路视之初与一般货商无异。负责运输实行一般货商所受之便利。亦即转运公司所受之便利。所不同者,负责运输实行以后,转运公司无所用其把持垄断居奇剥削而已。如果转运公司专以利用铁路不负责之种种缺点,借斗渔利为唯一之出路,为唯一之营业方法,则无论就理论言就事实言,自应在淘汰之列。否则各转运公司能按照真正转运业之途径,作正常之经营,与铁路各就其本身之立场,努力尽其应有之任务,则负责运输之于转运公司岂惟无妨实转相成。试一观各国铁路转运业发达情形及吾国业经实行负责运输各路沿线各站转运公司之营业现状,足资证明该汉口市商会所称转运公司如何招揽货物,如何代货商垫款云云。如果悉按正轨办理,毫无居奇剥削情弊,此正转运公司应有之职务正当之营业。一般货商自有需用转运公司之必要,转运公司亦自有其存在之价值。铁路负责运输,乃铁路自身应尽之职务,与转运公司此项正当营业丝毫无关。该汉口市商会将铁路职务与转运公司职务混为一谈,实属根本错误。又该汉口市商会所称负责运价加收一成,其他费用名目繁多云云。查铁路运价之订定,必须根据运输成本始能于路无亏于商无损,负责运输与不负责运输之成本根本不同,自不能相提并论。吾国铁路开办之初,未按负责原则办理,其运价完全系按不负责运输之成本而订,当然不能用作负责运输之运价,其理至明。故自民国十年前交通部颁布之负责运输通则即有照普通运价加收一成之规定,有案可稽,非一般加价可比。盖负责运输因谋货商种种便利,不能不有相当设备运输成本,因以加重运价,自不能不酌量增加。且实际上负责运价虽较前略有增加,然就货商担负而言,实较之不负责时代尚减轻大半,此层早有详密调查,正确根据。至其他各项费用,不但较不负责时代毫未增加,且多已减轻。试将负责运输实行后,各项费用与不负责时各项杂费一加比较,即可明了。至该汉口市商会谓平汉路转运公司无剥削货商之弊,负责运输在平汉路即不感觉需要,以及所谓负责运输优先装运一项,足以消灭转运公司而有余云云,更属毫无理由。盖负责运输乃铁路根本应有之任务,初不因转运公司有无剥削货商之行为而转移。该汉口市商会认负责运输为铁路对付转运公司之手段,实为大谬。至优先装运一项,纯为货商特别需要而设。因铁路为杜绝私售车皮之积弊,并谋公平起见,故分配车辆系完全按照货物到站、托运先后之次序,拨车装运。但倘遇货商托运次序落后而因货物时价及交契约关系有提前装运之必要,铁路既不能变通先后次序,货商难免不感受痛苦,故定有优先托运办法,以资调剂。俾任货商遇必要时之选择此项办法,与转运公司营业丝毫不发生影响。该汉口市商会不知何所根据,认此项办法足以消灭转运公司。查本部前复上海市杂粮业同业公会一函,对于负责运输各项疑问解释甚为详尽。兹特检奉一份,以供参阅。综上所述,该汉口市商会所请缓办平汉路负责运输一节应请贵处转陈中央政治会议严予驳斥。准函前由,相应函复即希查照转陈为荷。

此致

中央政治会议秘书处

附铁道部对于负责运输各项疑问之解释一份

铁道部长　顾孟馀

1933 年 2 月 4 日

(《铁道公报》第 472 期)

2.财政部税务署因汉口市商会呈鄂岸水灾淹消盐斤及营业税率加重一案致赋税

(1933 年 2 月 10 日)

径启者,案准盐务署第五零号函开,据汉口市商会折呈市面萧条,各项税捐有难于负担之苦,急待维持者约有三项,陈请核示一案。奉部长批,盐务署、税务署核。等因。查原折呈内第二项关于二十年鄂岸水灾淹消盐斤一案,原系本署会同稽核总所签呈部示,以致原件未能即送贵府核办。现该案已准,总所将奉部长谕饬情形函送到署。除由本署分令两淮运使暨鄂岸榷运局遵照办理外,相应遵批,检同原件送请核办,并盼办竣见复。等由。遇署关于原呈所称,平汉铁路运费较重一点,以应商由铁道部核办。至所称营业税加重一节,本署无案可稽,无凭核办。相应检同原折暨抄单各一件,转送贵司即希汇核办理,并盼于办竣后径后盐务署为荷。

此致

赋税司

财政部税务署启

3.财政部赋税司为1931年鄂岸水灾淹消盐斤及营业税率加重一案致盐务署

(1933年2月13日)

径启者,案准税务署第一二三号开:以准贵署函开:为汉口市商会呈为市面萧条,有难负各项税捐之苦,并二十年鄂岸水灾淹消盐斤暨营业税税率加重一案,送请核办等因。遇署关于原呈所称,平汉铁路运费较重一点,似应商由铁道部核办,至所称营业税加重税率一节,无案可稽,转送本司汇办等因。查原呈第三项关于湖北省改订营业税三级征收办法暨棉花业营业税税率一案,系经"豫鄂皖三省剿匪总司令部"令饬核办,并经咨由本部呈奉行政院转呈国府准予备案。前据该市商会呈同前情到部,业经批示驳斥在案。兹准前因,相应检同原折抄单各一件,送还贵署主办,仍送本司会签为荷。

此致

盐务署

赋税司 启

4.汉商会昨日改选

(1933年2月17日)

(汉口)汉商会十六日改选,苏汰余等七人当选,执委贺衡夫等三人当选监委,主席苏最有望。(十六日专电)

(《申报》)

5.汉商会改选

(1933年2月17日)

汉口十六日下午七时五分本报专电:汉商会铣(十六日)改选半数委员,吴国桢监选,到各业代表千余人。由吴当众签定留任执委陈经畬、郑燮卿、刘少严、杨辉廷等八人,留任监委马煜垣等四人。旋票选执监委,计监委当选者贺衡夫、周星棠、余蓉樵,执委票未唱完,苏汰余、曹延祥、鲁方才、郑以成、余服民票最多,揭选当在夜深。

(《益世报》)

6.汉市商会改选,苏汰余等为执委,贺衡夫等为监委

(1933年2月18日)

(汉口)汉市商会十六日改选,苏汰余等七人当选执委,贺衡夫等三人当选监委,下届商会主席以苏汰余为最有希望。

(《新闻报》)

7.汉商界筹款购高射炮
（1933年2月26日）

（汉口）汉商银两界决筹款三十万购高射炮防空，另购铁甲车二辆备用。（二十六日专电）

（《申报》）

8.陈经畲为汉商会主席，苏汰余等为常委
（1933年2月28日）

（汉口）汉市商会今选出苏汰余等五人为常委，陈经畲为主席。

（《新闻报》）

9.汉商会执监委就职
（1933年2月28日）

（汉口）汉商会新选执监委，二十六日就职，贺衡夫当选主席，黄文植等当选常委。（二十六日专电）

（《申报》）

3月

1.财政部盐务署因汉口市商会请维持市面三项办法一案致赋税司公函
（1933年3月2日）

摘由：函复汉口市商会请维持市面三项办法一案，业经本署将转呈内第二项办理情开，复请查照。

径复者，准贵司函送汉口市商会请维持市面三项折呈，并抄单各一件嘱即主办，再送会签。等由。查原折呈内第二项鄂岸仓盐被水灾损失一案，系本署主管，业已奉部核定办法，令行，鄂岸榷运局等转饬该岸运商遵照在案。至其余两项并非本署主管，且照贵司函示情形，是第三项业经由部批驳，似可毋庸再办。惟第一项关于平汉路运货车价，税务署既称，应商铁道部核办，似可仍送该署主办。除将原折呈照抄一份留署备查外，相应检同原折抄单送还贵司，即请转送税务署核办为荷。

此致

赋税司

盐务署长　朱庭祺

2.(湖北省财政厅)函复汉口市商会请转知老河口棉花买号行户扣缴卖方营业税

(1933年3月8日)

径复者,案准贵会会字第一七三号公函,以据本市棉花进口业公会函称,老河口营业税局勒令花号扣缴卖方营业税,违章擅捕,妨害商业一案,转厅查办见复。等由,准此。查棉花营业税,现系奉令改进,情形特殊。所有介绍买卖之行户及直接收买之庄号,对于卖方营业税,均应负责代扣代缴,以期便利,而免遗漏。业经呈奉"豫鄂皖三省剿匪总司令部"令准如议办理,并经饬局遵办在案。老河口营业税局责成花行及买号扣缴卖方税款,自系遵案办理。原函谓其故违定章,殊属误会,此案前据该局将老河口棉花买号王俊记等抗不代扣,纠众滋扰,由公安局长目击调解情形,呈报到厅。当以该棉商等聚众抗税,本属不合,惟念已经调解,即经指令该局仍遵定案办理,并向各棉商剀切晓谕,以期谅解在卷。准函前由,相应叙案函复,即希贵会领袖群商,并盼转知老河口市各棉商,对于卖方税款务应负责代扣代缴,不得再事借违,致妨税收是荷。

(《湖北财政季刊》1933年第1、2、3月合期)

3.鄂境发生春荒

(1933年3月12日)

(汉口)鄂境发生春荒,如鄂东麻城、圻水,鄂南崇阳、通城,鄂西巴东、鹤峰、五峰,鄂北随县、榖城、均县、郧县,灾情均重,均郧灾民多食树皮、胶泥。省府已决定赈济办法,令财厅向我汉商会劝募公债,一面电京赈会沪义赈会乞赈。(十一日专电)

(《申报》)

4.湖北省政府据汉口市政府呈为转报汉口市银行业公会补选常委、执委情形请查核备案咨实业部

(1933年3月13日)

为咨转事,案据汉口市政府呈称,"据汉口市银行业同业公会主席浦拯东呈称,查本会执行委员备选常务委员俞重葳,现因调任南通,函请解除委员职务。依照本会章程第十六条之规定,所有俞君原任公会执委一职,照章应由候补委员陈如翔依次递补,并于一月二十六日召集执行委员会投票互选周委员苍柏补充俞君常委职务。除分别呈报函致外,理合备文,呈请钧府察照转报"。等情,据此。查核尚无不合理,合具文呈请钧府鉴核转咨备案。等情,据此。除指令外,相应据情转咨贵部,即希查核备案见复为荷。

此咨

实业部主席

夏斗寅

5.湖北省政府据汉口市政府转报该市银行业同业公会候补执委递补执委情形请查核备案咨实业部

（1933 年 3 月 17 日）

为咨转事，案据汉口市政府呈称，据汉口市银行业同业公会主席浦拯东呈称，公会执行委员刘策安君，现奉总行调沪，函请解除本职到会。依照本会章程第十六条之规定，应由候补委员吴鼎元君依次递补，除分别函呈外，理合备文呈请转报备案。等情，据此。查核尚无不合，除指令外，理合具文呈请钧府鉴核转咨备案。等情，据此。除指令外，相应据情转咨贵部，即希查核备案见复为荷。

此咨

实业部主席

夏斗寅

6.湖北省政府为转赍汉口市棉花行业公会更正章程表册咨实业部文

（1933 年 3 月 19 日）

为咨转事，案查前据汉口市政府呈为转报汉口市棉花行业同业公会改选情形，并赍会员名册及职员履历表，请鉴核存转备案。等情，到府。当查来呈仅申叙该公会成立已逾两载，而该公会章程未据呈送本府，无案可稽，且原赍职员会员表册亦多不合。经将原件发还，指令转饬补送更正去。嗣后据呈复略称，该公会系民国十九年八月六日依法成立，并呈奉汉口特别市党部暨前汉口特别市政府转报工商部核准备案。旋于二十一年九月呈经本府暨汉口特别市党部、市商会等派员莅会监视改选，赍呈章程及遵改职员会员表册请鉴核存转。等情，前来。复查该公会表册仍多有错误之点，章程亦诸多不合理，发还原件，指令转饬，分别更正，各在卷。兹将该市政府呈赍该公会改正章程及职员会员表册各二份，请鉴核存转。等情，据此。除指令，并将原赍章程表册分别提存一份备查外，相应检同余件转咨贵部，即希查核办理见复，以便饬遵，至纫公谊。

此咨

实业部主席

夏斗寅

7.实业部准呈报汉口市银行业公会补选常委、执委查核依法尚无不合应准备案咨湖北省政府

（1933 年 3 月 22 日）

为咨复事，案准贵省政府公字第一七四五号咨，“据汉口市政府转报，汉口市银行业同业公会常委俞重葳因事解除职务，候补执委陈如翔递补为其执委遗缺，互选周苍柏为常委，嘱查核备案见复”。等由，准此。查该同业公会补选常委周苍柏、递补执委陈如翔，尚无不合，应准

备案，相应复请查照饬知为荷。

此咨

湖北省政府

8.实业部准报汉口市银行业同业公会递补执委情形遂予备案咨湖北省政府

（1933 年 3 月 22 日）

为咨复事，案准贵省政府公字第一八八四号咨，据汉口市政府转报该市银行业同业公会执行委员刘策安辞职，由候补委员吴鼎元递补执行委员，嘱查核备案。等由，准此。查该公会原送职员履历表，候补委员第一名陈如翔，第二名吴鼎元。此次呈报，径以吴鼎元递补执委，核于《工商同业公会法施行细则》第十六条，得准用《商会法施行细则》第十五条之规定，尚有未合便，遂予备案。准咨前由，相应复请查照，转饬查明，依法办理具报，仍希见复，俾资核办为荷。

此咨

湖北省政府

9.各地人民慰劳前方抗日将士

（1933 年 3 月 22 日）

（汉口）汉商会二十一日成立慰劳前方抗日将士会。（二十一日专电）

（《申报》）

10.汉市商会反对负责运输奉谕交办，兹将本部批该商会原批抄送希转陈由

（1933 年 3 月 23 日）

径复者，前准贵处第四一七二号来函以奉代院长谕，据汉口市商会江代电，为铁道部负责运输不利农商等情，应交铁道部等因。原电已据分陈，不另抄送请查照。等由，准此。查该商会江代电迄未到部，惟江日曾由该商会呈部一文，反对负责运输。情同前由，业经本部详为剖解，批复在案。兹将原批录送贵处，即希查照转陈为荷。

此致

行政院秘书处

计抄送原批一份

铁道部长　顾孟馀

1933 年 3 月 23 日

（《铁道公报》第 513 期）

11.铁道部批汉口市商会呈一件，以铁路改办负责运输农商均感困难，市面深受影响，恳令平汉铁路停止实行由

（1933 年 3 月 23 日）

呈悉。查各国铁路运输货物，皆行负责制度。惟我国铁路建筑之初，设备未全，因陋就简，故未实行负责，以致商货艰于运销，路政未易发展。而外人在我国所筑之路，如南满线则货运畅旺，沿线产业发达。此无他，南满路能实行负责运输耳！故负责运输一事，在今日我国铁路无论就任何方面观之，已成为立须实行，不容再有犹豫怀疑之政策。该商会所称不利农商汉市国家各点，纯属未曾明了负责运输之真正目的，以致误解。其最谬误者，则强指负责运输为摧残转运商营业之一端，而不知负责货运与转运业正赖以相成而决不相害也。兹不厌繁琐复，就来呈所称各节，逐项详驳如次：

所谓不利于农业方面者：铁路负责运输，以使货物在铁路运输时，不致蒙遗失毁损之害，而能收迅速到达之利为主要目的，而其间接之效果则能使货主少受不正当之剥削。故负责运输之对于托运货物，实有安全、迅速与运价廉之三大利。此三利实为一般农民及货主之所日夕祈求者。然铁路仅实行负责而已，至于招致货物之道，尚有赖于行商与转运业。铁路不唯不禁转运业之招揽货物，而且欢迎之，则转运业何至因铁路负责运输而失业？且铁路既自行负责，无烦转运业代负赔偿之责，则转运业正可肆其全力深入内地招揽货物，则农产之输出更易，转运业务亦益臻发达，而运商对于商场之借贷信用益臻坚固。农产品既因铁路负责运输之故，能享安全、迅速运价廉三利，则农村经济愈易发达。所谓不利于农者，正所以利农也。

所谓不利于商业方面者：铁路实行负责运输，运商不特无失业之虞，且有发展之希望。已如上述，则借词运商失业以为恫吓者，已毋庸再辩。至小商人之货物托运商代为卖买，自可经营如故。又铁路负责只限于在路运输之时，自货物运到目的地，商人提回后，铁路已卸其责任，则此后货物转运之途径，不论水运驮运，转运业亦可继续代运，货商并无不便之处。盖转运公司于沿途铁路各站皆有分店或联号，货物转运何处，通常由分店或联号办理，不必定须派伴押运始能照料也。又关于货物受损之赔偿问题，凡咎在铁路者，铁路皆负赔偿之责。惟属于天灾事变非人力所能抵抗者，或属于货物之自然变化者与夫货商自己之过失者，则铁路不能代负其责。准情酌理，洵为至当。即考之各国通例暨我国民法第六百三十四条规定亦均符合。现时实行负责运输，各路货物绝少损失，即偶有发生，亦并无若何纠纷情事，此皆共见共闻之事实。至谓运商对于货主并无额外索费情事一节，据事实所昭示，于吾人实有大谬不然者。在铁路调查所得转运商浮取货主之费，少者亦为铁路运费之四成，多者竟为铁路运费之一倍，货主被剥削如是之巨，货价安得不昂，销路安得不滞，商场凋敝职此之由。今铁路办理负责运输，添增种种运货安全之设备，以及增用若干守货之响夫，亦不过增加运费一成，以为抵补。货主虽多纳正常运费一成，但可省去转运业四成至十成之不正当之剥削，实际尚可省运费三成至九成之巨，则负责运输果为害商乎？抑利商乎？

所谓关于汉口市面者：负责运输一事，既足以利商利农，则平汉路更应及早完全实行，以图挽救沿线各地凋敝之象。其受益者且不止汉口一市。又津浦陇海各路已实行负责运输，商民称便。平汉路为发展货运计，亦有及早实行之必要。盖使平汉路货运日繁，则汉口市面亦必日

见发达也。由此观之,能利汉口市面者宜莫如负责运输若矣。

所谓关于国家政治者:转运业不因铁路实行负责运输而停业,已详于前则失业云云,皆无足信。试观津浦、京沪、沪杭甬三路久已完全实行负责运输矣,从未闻有一家转运公司因此而倒闭,且实行以后,昔之水运货物,今亦有改由路运者。利权外溢一说不攻自破。又各路办理负责运输,为严密保护货物起见,对于行车设备及看押夫警方面,诚须略事增添,然此实一劳永逸之计,且各路实行负责运输后,其货运收入大增。此区区必需之费,实已有极大之收获。如津浦、京沪、沪杭甬以及其他各路且已将因办负责运输而增收之款专款存储,以备发展之用。该商会目光短浅,乃妄指负责运输为不利国家,不知适自暴其对于负责运输之认识不足也。至谓积久弊生一节,现时负责运输通则中对于防弊之法已一一详定,且负责运输正所以除昔日不负责运输之种种积弊,盖为厉行铁路廉洁政策唯一之施设。此外苟谋铁路行政之革新,更无他途可循。如能悉遵通则规定而行,自无弊之可言。设有违反通则以私图者,则不特货商不容,且亦铁路所必去,又孰敢而犯之。况事事以日久弊生为言,则天下将无可办之事矣。

总之,负责运输一事利农利商裕路裕国。纵无转运业剥削货商之事,实亦已势在必行。该会所陈,纵非怀有偏见,要亦认识不足。矧此案已奉四届三全大会议决,认为已办有成效,应积极进行等因,由行政院饬知到部,在案。不特万难中止,且当积极发展以符中央之期望。该商会所虑各节,全属误会,俟平汉全路完全实行负责运输以后,当能予该会以事实上之反证也。据呈前情,合行批饬知照。此批。

部长　顾

1933 年 3 月 23 日

(《铁道公报》第 513 期)

12.汉商会通告停止劣货押款

(1933 年 3 月 24 日)

(汉口)汉商会通告银钱停止劣货押款,并通告各业公会,未售完劣货,制止销售。(二十三日专电)

(《申报》)

13.汉商会加紧排货通告各弃停销劣货

(1933 年 3 月 24 日)

汉口二十三日下午十时本报专电:汉商会漾(廿二日):通告各业会及银业会停止销售未完劣货及劣货押款。

(《益世报》)

14.汉商会商救济金融

(1933年3月26日)

(汉口)商会二十五日召集钱业开会,商救济金融问题。(二十五日专电)

(《申报》)

15.实业部为予汉口市棉花行业同业公会备案咨湖北省政府

(1933年3月29日)

为咨复事,案准贵省政府公字第一九一三号咨,据汉口市政府呈报该市棉花行业同业公会改选情形,并送改正章程暨会员职员名册,嘱核办见复。等由,准此。查该公会设立,前经呈准工商部备案有案。此次呈报改选情形,并附送章程名册,查核尚无不合,应准并予备案。惟查职员名册并无候补委员,仍应补选,将姓名具报以昭划一。准咨前由,相应复请查照,转饬遵照办理具报为荷。

此咨

湖北省政府

16.湖北省政府据汉口市政府呈为转报汉口中国通商银行加入银行公会为会员情形请查核备案由咨实业部

(1933年3月29日)

为咨转事,案据汉口市政府呈称,据汉口市银行业同业公会主席浦拯东呈称,查工商同业公会法第七条内载,同业之公司行号均应为同业公会之会员,推派代表出席于公会。又公会章程第五条内载,凡在汉口市区域以内经营合法组织之本国银行,其总行成立在二年以上,经公会会员二人以上之介绍,由执行委员会审查合格,提交会员大会通过者,始得加入本公会为会员。又第六条内载,入会银行须填写入会志愿书,缴纳入会费银圆五百元及抄送最近一年之营业报告。各等语。汉口中国通商银行于上年设立,其总行设在上海,始创于清光绪二十二年,嗣于民国十九年呈奉财政部核准注册。兹依公会章程,邀请公会会员浙江兴业、四明两银行介绍填具入会志愿书,抄送民国二十一年营业报告,并缴纳入会费,申请加入公会为会员前来。当由执行委员会审查合格,于本年三月五日第二次会员大会常会提出报告,经会员代表三分之二以上之出席,全体通过。复由该行填送会员登记册,计使用人数,除经副理二人以外,共有二十二人。照章应推派出席代表合共四人,业准该行推定经理王蕙卿,副理曹渭琯,行员王莲晞、汪石峰均各备具委托书函报到会。除分别登记呈报暨通告外,理合备文呈报钧府,敬祈察照备案,并请赐予转报备案。等情,据此。查核尚无不合,除指令外,理合据情转呈钧府鉴核备案,并乞转咨备案。等情,据此。除指令呈悉查工商同业公会各公司行号推派代表至多不得逾三人,该通商银行推派代表四人,于法不合,应饬将原推派逾额之代表汪石峰一名撤销。除据情转咨实业部查核备案外,仰即转饬遵办。此令。等语,即发外,相应据情转咨贵部,即希查核备案,见复为荷。

此咨

实业部主席

夏斗寅

17.关于保护之件:训令各对饬属保护汉口市商会调查冒充国货之调查员文(附表)

(1933 年 3 月 30 日)

为令遵事,案奉武汉警备司令部副字第一二五一号训令内开:为令遵事,案据汉口市商会主席陈经畬呈称,窃属会依据商会组织法成立提倡国货专门委员会,业经开始办公,张贴提倡国货标语,以资宣传并派出调查员在本市各码头、街面调查冒充国货,所有调查员随身均带有本会会章及粘贴本人二寸相片之调查证。理合检同徽章并调查证式样,呈请钧部通令本市所属,一体保护。等情,附徽章及调查证式样各一份,据此。除指令并分行外,合行绘发原式样令,仰该局长饬属一体知照为要。此令。等因,附绘发徽章、调查证式样各一份,奉此。除分令外,合行绘发原式样令仰该队长饬属一体知照为要。此令。

附徽章、调查证式样各一份

1933 年 3 月 30 日

调查须知

1.调查员应遵守规定时间与指定地点,切实服务,每日须将工作情形另填工作日报呈股备查。

2.调查员遇有冒充国货或与国货有障碍物品,须将其来源种类及运往何处何店分别详载具报来股,以凭核办。

3.调查员只能在码头、市面调查运输物品是否国货,如遇障碍国货之物品运入某店,必须会同当地岗警至该店证明具报。

4.调查员有办事勤慎或营私舞弊者,悉依本会奖惩规则办理,如属挟嫌妄报,实究虚坐。

(《水警季刊》1933 年创刊号)

4 月

1.湖北省政府为汉口市银行业公会候补执委吴鼎元递补执委情形请查照前咨办理咨实业部

(1933 年 4 月 1 日)

事由:咨复汉口市银行业公会候补执委吴鼎元递补执委情形,请查照前咨办理见复由。

为咨复事,案准贵部商字第一六八八九号咨,准本府咨转汉口市银行业同业公会执委刘策安辞职,由候补执委吴鼎元递补一案。经查该公会职员表,列候补委员第一名系陈如翔,此次径以吴鼎元递补执委,于法未合,嘱转饬查明具报核办。等由,准此。查陈如翔前已递补俞重威执委遗缺,业经本府以公字第一七四五号咨转请贵部查核备案在卷。此次执委刘策安辞职,依法应由吴鼎元递补。准咨前由,相应查案咨复贵部,仍希查照前咨办理见复为荷。

此咨

实业部主席

夏斗寅

2.函武、阳、汉各商会请剀切劝导各商户认购二十一年省善后公债(元字第二六三号)

(1933 年 4 月 3 日)

径启者,查本应发行民国二十一年湖北省善后公债三百万元一案,遵经在汉组设湖北省二十一年善后公债劝募处,业于本月十日成立,依照商定办法,克日从事劝募,自应督促力策进行。惟鄂省比年以来,灾匪频仍,民困商艰,同深轸念,政府为清匪安民及复兴农村起见,乃有□□筑路两大策划,所有费用,均由本省担负。前项公债,即以充做□□筑路之需,用途既经指定,募集刻不容缓,本应迭奉湖北省政府转奉,"鄂豫皖三省剿匪总司令部"训令,以和平普遍方法劝募公债,俾济需要。连日与各方商洽,并查找历来办理库券成例及二十年善后公债摊销办法。武、阳、汉三镇除特别承募不计外,业主方面仍以一个月房租金额认销,先由住客垫付,抵扣业主租金。商店方面仍以一个月职工薪津数认销,由店东筹付,不取诸于职工。盖以业主资产之多寡,商店营业之范围,为应募之标准,办理既称公允,劝募自属较易,尤与总司令部和平普遍之旨吻合。且本省发行公债以来,每届付息还本之期,无论如何困难,所有本息,均经照案期前拨付兑给,绝未丝毫愆爽。凡承销公债者,不过筹垫于目前,稳获本利于日后,实与其他捐输迥不相同。丁兹时艰款绌之际,正政府人民合力互助以求生存之时,素念贵会为商业领袖机关,务请对于各同业等剀切劝导,共体斯旨,踊跃认购,以竟全功。须知应公家之急需,即谋自己之福利,除督饬劝募处妥为接洽积极进行,并分函外,相应函达贵会,至希查照办理,并请即日印发通告，告知各商户缴纳，仍祈见复为荷。

此致

（《湖北财政季刊》第4—6月期）

3.汉商会无力认销善后公债

（1933年4月6日）

（汉口）财厅长贾士毅五日宴商银业主代表，请读念时艰，认销善后公债。商会开会讨论，以商业凋敝，决不承认。（五日专电）

（《申报》）

4.实业部准报汉口市中国通商银行加入公会为会员情形应准备案咨湖北省政府

（1933年4月8日）

为咨复事，案准贵省政府公字第二一六零号咨，据汉口市政府呈报，汉口市中国通商银行加入该市银行业同业公会为会员情形，嘱查核备案。等由，准此。查该银行加入公会为会员暨推派代表姓名应准备案，至该银行使用人数，除经理、副理外，既有三十余人，依照工商同业公会法施行细则第十条之规定，所有代表汪石峰似可不必撤销。相应复请查照，饬知为荷。

此咨

湖北省政府

5.武昌商人抵货决心

（1933年4月9日）

（汉口）武昌商人，决将所有仇货完全封存，交由商会，并定九日关各业联席会议，讨论处置办法，如不全部焚毁，即交商会拍卖，以款用之于购买飞机，或慰劳将士，以后商界决不再进仇货。（八日专电）

（《申报》）

6.（湖北省政府）令汉市府：准咨复以汉市食品制造业公会执行委员未经补选足额不能径行改选请饬另交法定程序办理等由令仰转饬遵办

（1933年4月10日）

案查前据该市政府呈送汉口市食品制造业同业公会章程表册，请鉴核存转。等情，到府。当经据情转咨，并指令在卷。兹准实业部商字第二四九三一号咨复内开：查工商同业公会执行委员，如经准予退职，致有缺额时，由候补委员递补。倘无候补之人，或虽有而不敷递补时，则应依原选举程序补选执行委员。在第一次改选时期，若原执行委员全体，或多数退职，应先递补或补选足额后，再依改选程序办理，不得另为筹备复行最初之选举，业经司法院院字第九零一号解释，载明司法院公报，该公会于第一次改选时期，因多数委员已先后去职，未经补选足额即径行改选，于法未合，自应饬其另依法定程序办理。又该公会章程第五条“最近”之下应加一“一”字。第十三条，“留任者之人”之下，应加一“数”字。第十四条“均已”二字，应改为“均以”二字。除将附件暂存外，相应复请查照转饬遵照办理具报，并希见复为荷。等由，准此。合行令仰该市政府，即便转饬遵照办理具报。此令。

主席 张群

（《湖北省政府公报》第 43 期）

7.（湖北省财政厅）函汉口市商会兼营绸缎、布匹、呢绒业分别计征营业税

（1933 年 4 月 14 日）

径复者，案查前准贵会汉字第一四三号公函，以据本市绸缎业同业公会函称，该业以绸缎为主要营业，略带布匹、呢绒，应照定章按其主要营业之税率计算征收一案，转应查照如请饬遵。等因，当经转令汉口营业税局迅将征收实情查明具复，以凭核夺去后。兹据复称，窃查税章规定，应按主要营业征税者，须有数种同一税率之总收入额六成以上，方可为准。本局现举行本年复查，该兼营绸缎业各商，每以人造毛葛丝织品强行并入绸缎日生计算，作为绸缎占有六成以上之余额，而为主要业，其实绸缎部分不过仅占十之三四而已。良以绸缎既属国产，应缴千分之二特税优待。至毛葛人造丝织品等类，显非纯丝，且税率轻重各别，何得牵强混入，希图特减。是该兼营绸缎各业，亦欲借绸缎特率而减征，尤属牵强蒙混。今以之照按数种营业税率分别计算，揆诸法理商情，均属平允。局长奉公守法，实事求是，既不肯徇情放弃，取悦商人，又岂敢附会条文，有违定制。所有本局对该兼营三业之商店，因查无主要营业，应照章实行分别计算征税缘由，理合遵命据实陈明，复请钧听复赐鉴核。等情，前来。查此案既据该局查明兼营绸缎、呢绒、布匹三业之商店，其主要营业无可划分，自愿向其分别计算征税，以符定章。除指令照准外，相应函复，即希查照转知，俾免产混是荷。此致。

（《湖北财政季刊》第 4、5、6 月期）

8.汉商会慰劳前方将士大批物品北运

（1933 年 4 月 17 日）

汉口十六日专电：汉商会慰劳品计饼干八万磅，毛巾六千打，袜二千打，鞋五千双，衣五千件，肥皂一千箱及其他物品甚多，定晉日由余蓉樵携平转前方慰劳，铣十六日已请路局备车云。

（《益世报》）

9.实业部准复汉口市银行业同业公会候补执委吴鼎元递补执委情形应准备案咨湖北省政府

(1933 年 4 月 18 日)

为咨复事,案准贵省政府公字第二二三九号咨复,以汉口市银行业同业公会执委刘策安辞职,应以候补执委吴鼎元递补遗缺,嘱查照办理见复。等由,准此。应予备案外,相应复请查照饬知为荷。

此咨

湖北省政府

10.汉口银行同业公会为修正火险保户登记规则致汉口市商会函

(1933 年 4 月 20 日)

敬启者,准汉口公安局来函以修正火险保户登记规则,属即查照办理。等因。查此项规则不独施行手续,多有不便,具英保险法及保险事实亦有价格难行之处。兹经敝会延请法律专家分别研究,加以签注。除分别函呈市政府暨公安局声请缓期实行,借免窒碍,相应照检公安局原送规则一份暨敝会意见书一份送请贵会查核。窃思贵会领袖各业可否分知各机关团体征询意见,汇集讨论以定进行方案之处,即希裁夺办理并盼见复,至纫公谊。

此致

汉口市商会

11.汉商界反对善后公债

(1933 年 4 月 21 日)

(汉口)汉商界对推销善债仍坚决反对,二十日推代表赴财厅请愿。贾士毅以系奉总部令劝募,致请愿无结果。商业两会定二十四日开全体代表大会,请贾氏出席,会同讨论。(二十日专电)

(《申报》)

12.武汉商界奇窘拒销善后公债商会业主请财厅缓办贾士毅召开两会代表大会

(1933 年 4 月 24 日)

汉口通讯:武汉市区,自民十五六间,□□搅乱后,元气大伤。加以大水为灾,又各属逢□□猖獗,农村破产,商务益形凋零。近虽巨匪击散,而小股土匪,仍未肃清。乡间创巨痛深,市上自当繁荣。此武汉商店招盘歇业者,所以日见其多也,即照常营业者,亦多勉强支持,并非大利所在,窃闻商人云,亦有关门不得之苦也,日前湖北财厅省府转“豫鄂皖三省剿匪总司令部”调令,发行民国二十一年湖北善后公债三百万元,用作□□筑路两项之需,以普遍和平方法,向商民劝募。财厅因查照向例,拟定推销办法,武昌、汉阳、汉口三镇除特别劝募外,分向业主、商店派销。业主方面,以一个月房租全额认销,先由住客垫付扣抵房租。商店方面,以一个月职工薪金数认销,由店主筹付,不取诸职工。已分函三镇商会业主会遵照办理,另派该厅科长桂競秋为劝销公债处主任,该处复在汉市民生路觅定处址,组织成立,并于二十日函告启用钤记矣。惟商界及业主反对殊烈,曾于商会开会,公推商会主席陈经畬,偕同商会业主会各常务委员及执行委员等十余人,于二十日上午渡江,向财政厅陈诉商业两界不能承销公债之苦衷,请求收回成命。财政厅长贾士毅答称,此项公债,系总司令部规定之办法,令由省府转令本厅遵办,关于奉令执行之公事,实无权擅行承诺诸公之请求。至于武汉商业之萧条,因值水灾匪祸之影响,非不深知民众之痛苦,但是总司令部发行公债之作用,亦迫于筑路□□之急需,必须筑路而后便于□□,必须匪清而后人民始能安居乐业,商业方能恢复繁荣。此非不急之务可比,乃不得已而出此。丁兹银艰款绌之际,正政府人民合作互助以求生存之时,素知商业两界热诚爱国,赞助政府,务请特向各业商民,剀切说明政府苦心,共体政府艰难。劝募处明日(二十日)即开始收款,以资急需,尚望商民忍一时之痛,勉力认销,以共图地方之"绥靖"云云。代表备述商业凋敝,实无力负担,曾经向各业同人反复申说,或量予以减少,无如无米不能为炊,实迫于莫可如何。商民亦知筑路□□,系为地方谋安全,为人民谋幸福。且用途既经指定,募集自不容缓,但有法可设,亦自乐于输将。仍恳求厅长恩予体恤,另筹良法,借应急需,商民无能为力云云。其拒销公债,态度殊形坚决。磋商良久,终无结果。盖各代表等佥谓官商具有困难,各有苦衷,彼等已无法劝告商民也。最后,贾氏决定二十四日,由商业与业主两会召集全体代表大会,届时本人亲自出席,以期谋得最后之解决。至于如何解决之法,据一般观察,以为收回成命之说,恐无做到之可能,或者在数目上商量伸缩。在政府一面,或者体谅商艰,酌予减少票额,在商民一面,亦竭力以济筑路□□之需,则事属两利,则相持旬日之募捐问题,庶几双方兼顾,和平解决矣。究能减少几何,大约暂募其半数,即照前订办法中之一个月者,减半个月而已。特别承募者,当然不在此内。闻此项可筹得五十万元,亦聊以应急需云。

(《益世报》)

13.汉商界会商摊销公债

(1933 年 4 月 26 日)

(汉口)汉商业两会,二十四日开联席会讨论公债销募问题。财厅长贾士毅亦出席说明,总部定额为三百万,经财厅请减为一百万,系用于□□,望勉为认销。结果商业两会允销五十万,贾表示须请示总部再定。(二十四日专电)

(《申报》)

5 月

1.(湖北省财政厅)函复汉市商会猪鬃业请照当年营业金额完税及改定税率均难照准

(1933 年 5 月 2 日)

径复者,案准贵会汉字第三九二号公函,以据本市猪鬃业同业公会函请,对于该业准照当年营业金额完税,并准改照手工业税率千分之五计算征收一案,□□□□□□,并分别饬遵见复。等因,准此。查汉口局所定业应遵照当年营业金额完税办法,原有时间之限制,该业未于当时依限申报,以凭汇办,迄今拖限甚久,各业办理就绪,未便于事后独予通融,致滋产扰,至现行三级税率,该业列于物品贩卖业内,其税率已定为千分之八,通饬遵行,所请改照手工业千分之五课税一节,事关变更通案,亦难照准。除令汉口营业税局知照,仍遵定章办理外,相应函复,即希查照,并转该业遵照是荷。

此致

(《湖北财政季刊》第 4—6 月期)

2.汉口市商会为撤销民国二十一年湖北省善后公债一案致汉口银行同业公会函

(1933 年 5 月 3 日)

敬启者,案准湖北财政厅公函内开:敬复者案经贵会会同汉口市业主集会办事处会函内开:案查前准贵所来函,属为撤销民国二十一年湖北省善后公债一案,照原拟募债方法,商业方面系按一个月职工薪额认销公债;业主方面,系按一个月房租金额认销公债。各等因。曾经敝会等将现在商业两方面种种痛苦无力担负情形,一再详达,早邀垂察。昨日又经召集商业业主两方代表开联席谈话会,详加讨论,并承贵所长莅会出席说明此案之经过。各该代表等亦深知此次发行善后公债,系出于万不得已之苦衷。而无奈汉口市面承水匪两灾之后,当国难严重之时,商业既极凋,敝会计同感困难。又况各种救国捐输纷至沓来,已苦支持之一易,设再催销此次公债,无论势难兼顾,属力不能胜所陈各种情,均系实在。迨及复劝导,恰经议定,拟请准照可订募债办法,由商帮酌方各按半个月之数分配认销。惟收款期限仍请酌量展长,俾得溢实筹缴,借纾商力以继民生。此昨日联席会议之大概情形也。相应拟请会同函达贵会所,烦为查照,允为所请施行并希赐复以凭转知。等因,准此。查本会案往返磋商,维时已久,而□□筑路案关紧要急,未便事稽延,致失机宜。所请商业两方各按半个月职工薪津数及房租金额数分别认销公债一节,暂准照办。用示体恤,函收款期,本所原定三个月内募齐,兹酌予展长一个月,计四个月内募齐。自此核定之后,应请分知各代表并克日印发适告各商店及各业主住户知照,踊跃承购,俾济要需。除分呈报湖北省政府转呈“豫鄂皖三省剿匪总司令”鉴核备案,暨再令劝募处遵照克日开招募收,并布告周知及分行外,相应函复贵会即希查照办理为荷。等因,准此。业经本会一再请求,如准为议承销。除分知外,相应系案函达,即希查照转知同业各商号勉力承销,以重公议而济要需,要为亟盼,祇颂时绥。

汉口市总商会启

五月三日

3.函汉口市商会请转知兼营绸缎、布匹、呢绒商店照章纳税

(1933年5月9日)

径复者,案准贵会汉字第三九八号公函,以据本市绸缎业同业公会函称,汉口营业税局误认营业种类,主观隔阂,仍请转饬依照品类,复按主业循旧征税,以恤商艰一案,转应查核如请饬遵。等因,准此。查汉口兼营绸缎、呢绒、布匹三业之商店,因无主要营业,应按三种营业税分别计算课税,业经明白解释,函达贵会查照,并令局遵照在案。总之本省现行三级税率,绸缎业应定为千分之五,兹暂照千分之二征收,已属特予减轻,以示体恤。该兼营三业之商店,欲以显非绳丝之交织品混入绸缎业范围以内,以图一律按照减之税率计算征收,实属不合。贵会领袖群商,深明大义,对于政府裕课恤商之旨,赞助进行,尤具热心,应请转向该业竭力开导,以期谅解,而免稽延。除令汉口营业税局知照,仍遵前令办理外,相应函复,即希查照办理,实纫公谊。

此致

(《湖北财政季刊》第4—6月期)

4.湖北省政府为汉口市政府呈赍汉口市银行业同业公会章程表册请鉴核存转等情咨实业部情核办

(1933年5月11日)

为咨转事,案据汉口市政府呈称,案据汉口市银行业同业公会主席浦拯东呈送该会会章表册,请予转呈备案。等情,到府。查该会组织系依人民团体组织程序,呈经汉口特别市党部核给许可证,并派员指导在案。兹据赍到会章表册,核与工商同业公会法规定,大致尚符。除指令并将附件分别提存外,理合具文,检同原会章、会员名册暨职员表各二份呈请钧府鉴核,分别存转备案示遵。等情,计呈赍会章、会员名册、职员表各二份,据此。除指令并将附件各提一份存查外,相应检同原件。

咨请

实业部主席

夏斗寅

5.函汉口市商会以据汉口罗鑫记等在豫省鹿邑县购买草帽及草帽辫应向鹿邑征收机关完纳营业税希即查照饬遵

（1933 年 5 月 16 日）

径复者，案准贵会函开：以据汉口罗鑫记等呈为本省鹿邑县营业税征收所扣留草帽及草帽辫等项货物饬令纳税一案，嘱即令饬该征收所放行。等因，准此。查豫省各项大宗出产无论本省或外处商人至就地购买囤积或运往外省推销者，均应按次征收其营业税，业经本厅拟定办法呈奉。财政部核准公布遵照在案。该罗鑫记等在豫省鹿邑购买草帽及草帽辫等项货物，事同一律，自应向鹿邑征收机关完纳营业税，以符通案。兹准前因相应函复贵会希即查照饬遵为荷。

此致

（《河南财政季刊》第 2 期）

6.汉商会慰劳代表北上

（1933 年 5 月 19 日）

（汉口）汉商会慰劳抗日将士代表余蓉樵、芮继之、邓信卿等三人，于十七日晨九时，乘平汉快车北上，携有慰劳品两大车，计饼干八万磅，毛巾八万条，线袜八万双，跑鞋八万双，棉军服三千套及毛绒褂、酱菜、罐头食品共十余箱。该会全体执监委员及各同业公会代表百余人，到站欢送。闻余等抵平将慰劳品交何部长及朱子桥转发后，即亲赴前线慰劳，约二周后返汉云。（十七日中央社电）

（《申报》）

7.汉商界慰劳团已返汉

（1933 年 5 月 30 日）

（汉口）汉商界慰劳抗日将士代表余蓉樵等，前携慰劳品赴平，当转赴前方，慰劳抗日官兵，现已返平，稍息数日，即乘车返汉。（二十九日中央社电）

（《申报》）

6 月

1.汉口市政府专员兼代参事为补报修正所有入会声请书等致汉口市政府

（1933 年 6 月 12 日）

据市商会呈赍章程细则、规则等件，经分别修正所有入会声请书、会员证书、出会声请书各式样，拟请令饬一并补报，是否有当，理合检同原件签请鉴核。

谨呈

市长张

专员兼代参事　叶

商会第　届当选委员名册（附候补）　年　月　日选举　　年　月　日填表

职别	姓名	别号	性别	年龄	籍贯	营业种类	所属公会名称或商店牌号	在公会或商店之职务	教育程度	是否党员	住址	备注

说明：凡属改选委员名册，应于备注栏内注明“留任”或“新选”字样，并于标题改称第　次改选委员名册，以便识别。

2.商震第四次鸣谢启事

（1933 年 6 月 16 日）

敬启者，敝部自参加抗日，迭蒙各界热心援助，或惠赐珍品，或捐赠多金，稠情厚谊，感偿弥深。除随时由函电致谢外，特再登报鸣谢，即希明察为幸。

汉口商会毛巾五百打，饼干六十箱，新布鞋二百六十双，线袜一百打，肥皂九箱，新棉衣二百套，咸菜四箱。

（《申报》）

3.批示：治字第五一七号：批武昌县商会主席兼竟成电灯公司总经理余菊身据呈水涨势危，请转饬沿江堤或武丰堤身加高等情，前来。查该堤早经江汉工程局设所负责，仰径向该所申请由

（1933 年 6 月 29 日）

呈悉。查沿江及武丰堤系属长江干堤范围，早经江汉工程局在该段设所负责修防。据称各节，仰就近径向该管段工务所申请可也，仰即知照。此批。

8 月

1.（湖北省政府）据汉口商会呈据平汉路转运业同业公会函请转呈咨部准将平汉铁路运价与陇海津浦一律平等一案咨请铁道部查照迅予统筹核减（附原节）

（1933 年 8 月 12 日）

为咨请事，案据汉口市商会主席陈经畬呈称，案据汉口市平汉路转运业同业公会函称，敬启者，窃以汉口市面萧条与夫农村破产情形，实系平汉运输高昂货商改道之影响，救济之方，非划一平汉、陇海、津浦各路运价不为功。敝会有鉴于斯，业将详细情形缮具节略，面陈省府、张主席设法救济在案。兹因均衡平汉运价，实为刻不容缓之图，谨特抄具原节略函请大会查核，烦即根据上项理由催请张主席迅予呈部实行是为至荷。等情，并附抄节略一件，前来。查原节略所陈各节，均属实在情形，如蒙钧座转请铁道部，准将平汉铁路运价与陇海、津浦两路一律平等，直接则便利运商，间接即繁荣汉市，而农村经济亦得以渐谋兴复矣。理合照抄节略一份，据情转呈钧府，恳赐鉴核，迅予施行，并祈批示饬遵。等语，附抄呈原节略一份，平汉、陇海、津浦三路运价比较表一纸，据此。查该会所陈汉口市面萧条、地方物力凋敝各情形，均属目前事实，为复兴及繁荣农村起见，均衡平汉运价实属目前要图，倘能迅予统筹核减，以示划一，不惟便利商运，抑且有裨民生。据呈前情，除指令外，相应抄同原附节略及比较表，咨达贵部请烦查核办理并希见复为荷。

此咨

铁道部

主席　张群

附原节略暨比较表

请求：拟请均衡平汉运价，以救汉市萧条而维农村生活。

目的：拟请转恳划一平汉、陇海、津浦各路运价，或将平汉运价降至与陇海、津浦两路相等。

敬陈者，窃以汉口市面肃条及豫鄂皖三省邻接平汉铁路之地，农村破产情形，实为华中社会隐忧。盖由连年□祸，人民颠沛流离，物力凋残，生活穷困。幸蒙蒋总司令节钺莅临，削平匪患，救民水火，登诸衽席。兼值年岁丰稔，宜若枯木向荣，无货滞于地，岂真谷贱伤农？未能物畅其流，殆缘平汉运价太高，货商改道运输，以致路政衰替，已成一蹶不振之象，而汉口商场亦受重大影响，民生日蹙。职是之由，倘不速谋救济，行且险象环生。查平汉运价历年均有增加，民十二加百分之十，民十五加百分之二十，民十六加百分之十，民十七加百分之二十，民二十加百分之十五，其他各路均未闻有加价之事。现在平汉运价，实较陇海、津浦各路为昂。同属国有铁路，对于货物运费不应轻重悬殊，致使畸形发展，而予运价较重铁路重大之打击，被其害者仍为沿路商务暨与路有关之民生。详考各路运价，比较平汉运价实较陇海高逾一倍，而津浦运价且高二倍之多。例如头等货物整车二十吨，按每百公里计算，平汉运价为三百七十七元，陇海只需一百八十八元六角，津浦更只需一百二十四元八角。其余各等依类相差。另附三路比较表，以资释明。顾此三路连贯通运，究竟率由何路，当然听客选择。而乃平汉运价较重，若此货商惟利是趋，孰不避重就轻？尝推铁路当局之意，似以为路无分于彼此，其为国有则一，无论经由何路，要须交纳运费。事类楚弓楚得，政府固无所损，而于平汉吐纳口岸之汉口商务肃条与邻接平汉之豫鄂皖等地民生凋敝，曾不一稍顾及此，岂铁路政策之所应然？譬如皖属颍、亳、寿州，豫境郑、许、南阳与黄河两岸，以及秦晋地出入货物，依习惯上及地理上之便利，本应经由平汉运输，卒因平汉运价高昂，改经他路群趋上海。上海固获繁荣，宁知汉口偏枯？汉口为内地重要商场，不独就国防上观察，有须群策群力振兴汉口商场之必要，即就□□以后安定农村生活而论，亦须减轻平汉运价输运农产物，俾于商务、农村两获救济。即如漯河黄豆，每包在汉售价五元五角，而平汉运值则需一元四角，再除去农村转至车站人工脚力约需六角，实际产户所得不过三元五角。又如漯河小麦，每包在汉售四元二角，而平汉运价则需一元二角，再除去农村转至车站人工脚力约需六角，实际产户所得不过二元四角，甚至平汉四百里以内，运价较之欧美运至中国运价正复相等。是以中国麦产转不能与美麦竞销，他如米、煤、棉花等项，无不备受外货压迫。际兹情境，纵无匪祸，农村焉得而不破产？汉市焉得不萧条？综其弊害之由，显系平汉运价过于高昂，未能悉与他路均衡之所致。故其挽救方法，应行划一国有各路货物运价，最低限度亦应将平汉运价降至与陇海、津浦相等。环顾目前，实为迫切需要，此应请均衡平汉运价之实在情形也。以上所陈，实为救济汉市萧条、维持农村生活刻不容缓之图。谨特缮具节略，敬请察核，赐予救济，以苏民困。谨此略陈。

附平汉、陇海、津浦三路运价比较表一份。

平汉、陇海、津浦三路运价比较表

（按二十吨整车以一百公里计算）

路别 运价 货等	平汉	陇海	津浦	说明
头等	377.00	188.65	124.80	1.每一百公里即二百华里； 2.运费连新加一成五在内； 3.查平汉之运价与陇海、津浦两路比较最多者超过二倍，最少者亦超过十分之六七。
二等	235.75	117.30	104.00	
三等	196.20	96.60	79.70	
四等	145.15	82.80	50.70	
五等	97.10	59.80	45.10	
六等	74.75	29.90	34.66	

（《湖北省政府公报》第30期）

2.(湖北省政府)据汉口市商会呈请划拨棉麦借款疏浚江河等情转呈鉴核施行

(1933 年 8 月 20 日)

呈为转呈事,案据汉口市商会主席陈经畬呈称,窃查扬子江居中国水系之第一位,流长九千九百余里,横贯中部八省,湖汉最多,支流交错,灌溉便利,农产素丰。我国自古以农立国,实基于此,故农田水利之讲求,为历代治国不易之政策。乃近年长江一带水患频仍,饥馑洊至,民生凋敝,险象环生。鄂省据长江中游,又当汉水合流之冲,一有大水为患,受灾尤为惨重,二十年之前事可鉴,至今思之尤有余痛。溯厥水患之由来,实以河身淤塞,水位日高,一至汛期即行泛滥之所致也,以故年年有夏泛,即年年有水患。治之之法,不外标本两途,修筑堤防以治其标,政府与人民合力图之,救济一时,终非善策,然根本救济,厥惟疏浚,疏江浚汉工程浩大,需费之巨,本非民穷财尽之时所能措办,若徒淤塞最甚之处按年分段进行,亦非不可能之事。近阅报载,宋部长在美成立棉麦借款,为数甚巨,经政府声明专作建设事业之用,而修浚江河实为一切建设之本,拟请在该项借款之下划拨一部分作为疏浚江河之专款,集中专才从事疏浚,庶水患可以杜绝,而民众之安乐可期。属会浅见所及,欲有所陈,理合备文呈请钧府俯赐鉴核,准予转呈中央政府采择施行。等情,据此。查本省滩河萦绕,夙苦昏垫,自下游淤洲日增,洪流中梗,泛滥益甚,本府于二十年空前水灾之后痛定思痛,一再呈请钧院拨款疏浚江河,暨督饬扬子江水道整理委员会实施疏洲计划,以经费无着未蒙准行。此次棉麦借款,指定专作建设之用,该商会所请划拨一部分疏浚江河,委属救济民生之至计,据呈前情,除指令外,理合具文转呈钧院鉴核,伏乞俯赐采纳施行。实为公便。

谨呈

行政院院长汪

湖北省政府主席　张群

(《湖北省政府公报》第 30 期)

3.(湖北省政府)据汉口市政府呈明该市从前成立各同业公会尚未报部情形造赍公会一览表请转咨等情咨请核办见复

(1933 年 8 月 25 日)

为咨转事,案据汉口市政府呈称,查工商同业公会之成立与改选照章应由主管官署层转实业部查核备案,本市各业同业公会,概系本市前各业商会于民国十九、二十两年改组成立。当时中国国民党汉口特别市党务临时整理委员会曾设工商同业公会指导委员会专管指导同业公会组织一切事宜。但组织公会多系商人知识有限,且当工商同业公会法新颁之际,对于公会成立备案等行政程序不能完全了解,故其公会有报经前社会局呈由前汉口市政府咨部备案者,有报经前社会局令饬补具手续,因未据遵办无法转呈者,亦闻有仅呈党部备案未报前社会局者。迨民国二十年六月本府奉令改隶钧府,前社会局撤销,所有卷宗划归本府接管。正点收整理间,适值大水为灾,本府署宇顿成巨浸,仓促搬迁,笺目凌乱,此项公会报部备案,已了?未了?

事件遂致无法清查，但姑无论其报部与否，在事实上各公会则系确经前汉口特别市党务临时整理委员会许可组织成立，此在本府直隶行政院时，本市成立之各公会尚有未经报部之情形也。至二十年六月，本府改隶钧府后，成立之各公会则已报部有案。现在本市各公会依照工商同业公会法第十六条准用商会法第十九条之规定，纷纷改选造具会章册表报请本府转呈钧府咨部备案。惟近经本府呈奉钧府咨部备案之各改选公会（如汉口市瓷业同业公会等），实业部往往以某公会成立两载未据报部，不便遽予备案等语，咨请钧府转令查明许可证号数、补具成立时之职员表与会员名册。似此公文往返，匪独稽延日月，抑且钧府暨实业部不胜其烦，兹拟查据本市前社会局暨中国国民党汉口特别市党务整理委员会档案编造本市各业同业公会一览表，详载各公会成立年月与职员姓名，呈由钧府转咨实业部查照备案。此后办理本市各同业公会改选备案案件，即以该表为审核张本，俾免周折，是否有当，理合将本市从前成立之同业公会尚未报部情形连同一览表备文呈请钧座鉴核转咨，并乞指令祗遵。等情，计呈汉口市各同业公会一览表二份，据此。查该市在特别市政府时代成立各公会手续欠缺，案卷凌乱，每逢据报改选办理极感困难，兹据清查造册汇报，似不失为简捷补救办法。除指令暨将原表提存一份备查外，相应检同余件转咨贵部，请烦查核办理见复。再查表载各同业公会多列有监察委员，按之工商同业公会法第九条仅规定置委员七人至十五人，既无执委、监委之分别，亦无不应有监委之明文，十九年一月十一日司法院院字第廿七号咨行政院文解释工商同业公会法第九条规定，同业公会委员参照同法第十条及商会法第十八条第二项之规定，当系执委性质等因，虽语气之间，认为应无监委，仍非肯定之词，究竟对于各同业公会列有监察委员者，应否令饬删去，并希详核见复。至纫公谊。

此致

实业部

附原赍各公会一览表一份（略）

主席　张群

（《湖北省政府公报》第30期）

4.（湖北省政府）令汉口市公安局、税捐稽征处、商会令发新制衡器与汉口市旧用衡器折合表仰遵知照

（1933年8月29日）

为令知遵事，案据本市度量衡检定分所呈称，窃查本所自六月一日起调查旧制衡器一案，曾经呈请钧府将调查日期公告周知，并转函实业部全国度量衡局准予备案各在卷。现在此项调查已告完竣，所有全市旧制衡器共计廿二种，至其大小则各有悬殊。依据度量衡临时调查规程第十条之规定，将调查结果编制新旧衡器比较表，除分呈实业部全国度量衡局，并布告外，理合检同该项比较表（即折合表）备文呈请钧府鉴核备查。等情，附呈新旧制衡器比较表，据此。除指令准予备查，并饬本市税捐稽征处知照暨令、令本市公安局知照暨饬、分令本市公安局税捐稽征处知照，市商会行知各商业团体外，合行抄发原表令仰该局、处、会知照，即使转饬本市各商业团体一体知照。此令。

附抄发新旧制衡器折合表一份（附后）

市长　吴国桢

中国市用制衡器与汉口市旧用衡器折合表

市制	市制衡器折合旧用衡器斤两数		比较			
市斤	合旧衡器斤数	合旧衡器两数	增 斤	增 两	减 斤	减 两
全秤	○·八六三四斤	一三·八一四四两			○·一三六六斤	二·一八五六两
公议	○·九○九○斤	一四·五四四○两			○·一九一○斤	一·四五六○两
浙宁	○·八一二五斤	一二·九九六八两			○·一八七七斤	三·○○三二两
漕秤	○·八五二五斤	一三·六五六○两			○·一四七五斤	二·三四四○两
襄秤	○·八五二五斤	一三·六五六○两			○·一四七五斤	二·三四四○两
油秤	○·八二一○斤	一三·二九六○两			○·一七九○斤	二·七○四○两
糖秤	○·八○五斤	一二·八八○○两			○·一九五○斤	三·一二○○两
四帮秤	○·七二七三斤	一一·六三六八两			○·二七二七斤	四·三○三二两
库秤	○·七九七七斤	一二·七六三二两			○·二○二三斤	三·二三六八两
广秤	○·八○六四斤	一二·九○二四两			○·一九三六斤	三·○九七六两
建秤	○·八五三五斤	一三·六五六五两			○·一四六五斤	二·三四三五两
小盘秤	○·九七四四斤	一五·五九○○两			○·○二五六斤	○·四一○○两
司马秤	○·七一九九斤	一一·五一八四两			○·二八二一斤	四·四八二○两
肩秤	○·八一二三斤	一二·九九六八两			○·一八七七斤	三·○○三二两
磅秤	一·一三六九斤	一八·二九○四两	○·一三六九斤	二·二九○四两	○·四一七二斤	六·六七五六两
节半秤	○·五八二八斤	九·三二四八两			○·一四七五斤	二·三六○○两
正全秤	○·八五二五斤	一三·六四○○两			○·○二五六斤	○·四○九六两
十二两秤	一·一三六九斤	一八·一九○四两	○·一三六九斤	二·二九○四两	○·二三○七斤	三·六九一二两
十四两秤	○·九七四四斤	一五·五九○四两			○·五八二三斤	九·一六八○两
十八两秤	○·七六九三斤	一二·三○八八○			○·一○二二斤	一·六三五二两
三十二两秤	○·四一七七斤	六·六八三二两				
药秤	○·八九七八斤	一四·三六四八两				

说明

查市秤与旧用衡器大小各有不同，换用市秤以后，原有物价应照本表折合标准分别增减以昭平衡，例如市秤比较全秤，每斤计轻○·一三六六斤（即轻二·一八五两），原用全秤购买白菜一百斤，需洋一元，如用市秤购买同价白菜一百斤，则只需洋八角六分三厘四毫，较原价每百斤可减低一角三分六厘六毫。又如市秤比较十二两，每斤计重○·一三六九斤（即重二一·一九○四两），原用十二两秤购买梨子一斤，需洋一角，如换用市秤购买同价梨子一斤，则需洋一角一分三厘六毫九丝，较原价每斤应增一分三厘六毫九丝，其余均以此类推，合并说明。

汉口市度量衡检定分所制(注:针对前表及文字进行了微调。具体详见原刊)

(《湖北省政府公报》1933 年第 31 期)

9 月

1.湖北省政府为据汉口市政府呈据该市棉花行业公会呈请补正会章暨遵补职员表并请查核备案咨实业部

(1933 年 9 月 5 日)

为咨转事,案查前准贵部商字第一六九四五号咨,以准本府咨转报汉口市棉花行业同业公会改选情形及转送改正章程名册,尚无不合,应准备案。惟职员名册未列候补委员,仍应补选具报,请转饬遵办。等由,过府。当经令行汉口市政府转饬遵照办理在卷。兹据复称,查前据本市棉花行业同业公会呈送更正会章表册,请鉴核存转一案,业经遵奉钧府公字第二三五零号训令转饬该公会补选候补委员具报。嗣据该公会呈略,以该公会会章第二十三条原文,系□凡新会员入会,须缴纳牌费银二百两,现以两改元,应改为洋三百元,依照向例办理。□前次呈赍之会章,此条缮写误漏,又第二十二条第一项内载,经常费每大包抽洋一分,现因开支不敷,经开大会决议,每大包增收五厘,理合呈请鉴核,准将前呈章程内各条条文分别补正等情,亦经以呈件均悉。查来呈仅附会章一份不敷,存转仰迅,补造二份呈核,等语。指令印发各在卷。兹据该公会迭呈为遵令补造会章暨候补执监委员履历表,赍请鉴核存转。各等情,据此。除指令并将原章表各提一份存查外,理合检同原章表各二份并案呈请鉴核存转示遵。等情,计检呈原章表各二份,据此。除指令呈暨章表均悉。查该公会章程第五条第二项□行员□均应改为□店员□。又该公会既遵令补选候补委员,仍应于原章程第十二条内增注候补委员人数,其余大致尚合。除修正转咨实业部查核备案外,俾即转饬遵照添注改正。此令。等语。印发外,相应检同原件各一份,转咨贵部查核备案,并希见复为荷。

此咨

实业部主席

张群

2.实业部为准送汉口市棉花行业同业公会修正章程及候补委员名表并予备案咨湖北省政府

(1933 年 9 月 11 日)

案准贵省政府建字第七〇二号咨,据汉口市政府呈送该市棉花行业同业公会修正章程及补报候补执监委员履历表,嘱查核备案等由。查该公会此次所送章表,复核大致尚合,应准并予备案，相应复请查照饬知为荷。

此咨

湖北省政府

3.（湖北省财政厅）函复汉市商会纱线营业税率未便减轻或改课

（1933 年 9 月 14 日）

径复者，案准贵会汉字第一零八七号公函，以据汉市纱业同业公会，请将纱线业现行税率从轻改订，或改照资本业课税，并对于不征营业税之厂方外埠运销及直向厂方购买之客帮，与夫完纳营业税之本业，斟酌损益，以资救济一案，转厅查核施行见复。等因，准此。查本省现行营业税率，系遵“豫鄂皖三省剿匪总司令部”令发改进办法，定作三级，纱线业税率千分之五，为三级制中最低之级，委实无可再减。至本省物品贩卖案，均以营业总收入额为课税标准，该纱线业系属物品贩卖业之一种，亦未使改照资本额课税，致涉歧异。再已纳统税之工厂，不过对于本厂免征营业税，凡将物品离开已纳统税之原制造厂，另行设所销售者，无论与制造厂是否同一厂主、同一牌号，均应照章课以物品贩卖营业税。且所课之税，纯系征自卖方，并非向买方征收，本省纱线业依此规定办理，自无所谓不平。该同业公会所称纱厂在外设庄堵销，以及直向厂方贩卖之客帮，均可免征营业税，以致汉市纱业独受影响各节，殊与事实不符，此案前奉湖北省政府以据贵会转呈前情，令厅核复再夺等因，业将上述减轻税率，或改照资本额课税各缘由，具文呈复在案。兹准前因，相应叙案函复，即希查照转行该纱业同业公会知照是荷。

此致

（《湖北财政季刊》1933 年第 7、8、9 月合期）

4.（汉口市政府）令食品杂货业公会、茶馆业公会、食品制造业公会等：令饬各业户遵照限期统于十月底以前来府补行登记

（1933 年 9 月 18 日）

案查酱园、饮食业、理发业、浴堂卫生暂行规则，早经本府修正呈奉核准公布，并展期限于八月底以前一律来府补行登记，借便检查卫生，各在卷。乃现在期限已过，经已遵限登记者固多，而仍未登记者亦复不少。若不彻底办理，将见已登记与未登记者同一营业，不仅有失情法之平，而卫生事项漫无考察，统计之数亦难求得，殊失改良市政之本旨。本府有鉴及此，特再从宽，将登记期间展至下月底截止，如再逾限不遵定，即照章罚办不贷。除分令公安局外，合再令仰该会即便遵照，通告各业户统限于下月底以前一律来府补行登记，以重卫生而符功令，毋得玩延为要。此令。

市长　吴国桢

（《湖北省政府公报》第 31 期）

10 月

1.汉商会函商联会请修正合伙债务条文应容纳按股分担之习惯

(1933 年 10 月 4 日)

全国商联合会,昨接汉口市商会函云:径复者,顷准贵会代电,以准重庆市商会请求修正民法六八一条,合伙债务连带责任一案,嘱为共同主张。等由,准此。查此案本会曾于八月十八日,备文分呈国民政府行政院立法院,请求修正,并先后奉批准转交院会参考核办各在卷。兹准前由,相应抄同呈文原稿一份,函复贵会,请烦查照是荷。

此致

中华民国全国商会联合会

汉口市商会启

兹将呈国府文录如下:呈为呈请事,窃维国家立法,贵得其平,而商业行为,重在习惯,良以人事往还之共通原则,既已养成,社会普通之习惯,即法学名词上所谓不成文法,其安定社会秩序,促进人群之幸福,较之成文律,效用尤为显著,若立法精神,未能顾虑及此,则无异闭门造法,不合国情。法律自法律,习惯是习惯,扞格不入,终等法律于具文。若欲强而行之,即足以使社会含有历史性之巩固组织,发生全部动摇,其危险现象,实有不堪设想者矣。现行民法债篇第六百八十一条,合伙财产不足清偿各伙债务时,各合伙对于不足之额,连带负其责任之规定,是其一类也。查我国商店之组织,独资营业最居少数。除通商大埠之新式企业,间有采用公司制度,集股成立外,其余普通商店,类皆合伙组织而成。其组织条件,以互订合伙契约为据,凡关合伙人,每人所认之股额,以及盈则按股均分,亏则按股分担之权利义务,均须逐项载明。如日后发生对外债务之责任,即以此为分配之标准,倘合伙人中之一或一人以上月资产不足清偿合伙债务时,其他合伙人亦只根据契约按股分负其偿还责任而止。此种合伙制度之习惯,相沿已久,实已成为全国商场普通之则例,亦即权利义务平等对待之真精神也,今该项条文,与合伙营业之原有习惯,相去甚远。在立法当局之意,无非为维护债权起见,然债权固当维护,而合伙债务之全体,尤须于其相互间之利害关系,平情考虑,明分责任,方为允当,乃依该项条文之限制,则合伙人因一部分事业之失败,须负连带责任之额外损失,甚至举全部财产以相殉,事之不平,孰有甚于此者。况合伙营业,原属契约行为,其营业所获之盈余同伙人只能照约享有按股均分之权利,而对外债务,契约不足为据,应依该项条文之规定连带负责任。揆诸法律平衡之义,尤有未当,以此种条文实行,则旧有合伙营业之商店,各合伙人势必计较利害,纷纷求退,避免无限责任,以图无累于将来。而从新组织,征求合伙,又以法律之限制綦严,契约之根据无效,更无不顾本身利害之人,轻于尝试由是合伙营业,绝迹市场,商业前途,日渐衰替。此不惟阻碍个人经济发展之机会,而国家实业之建设,社会生活之技能,均将受其莫大之影响。

敝会代表商民,利害切己,群情惶惑,未敢壅于上闻,理合备文呈请钧院,俯赐察核,准予咨请修正该项条文,容纳按股分担之习惯,俾旧有合伙营业之组织,得有法律之保障,而商业经济,日进繁荣,不胜翘企待命之至。除分呈外,谨呈国民政府行政院长汪、立法院长孙、汉口市商会主席陈经畲。

(《申报》)

2.(汉口市政府)令汉口市典当业同业公会筹备会:据呈请维持六个月满当原案以安商业而利民生指饬遵照

(1933年10月4日)

呈悉。当经转函湖北民政厅,并询关于典当期限,改为九个月,武阳各典,已否实行?现在进行状况如何?旋准函复略开:本案据武昌县呈据各当商详陈困难情形,请维持六个月期限,亦经指令驳斥,经会同财政厅核议,武、汉仅一江之隔,办理自当一律,至实施期间,拟自九月一日开始,呈奉省政府核准照办,现已会衔布告周知,并曾令武昌汉阳两县转饬各当商一体遵照。等因,准此。合行令仰该会遵照前令,转知本市各典商一体遵办具报,所请收回成命一节,碍难照转,仰即遵照。此令。

市长　吴国桢

(《湖北省政府公报》第32期)

3.(汉口市政府)令汉口市针织袜业同业公会:据呈为与机织业工会所订团体协约已失时效祈准终止等情指饬遵照

(1933年10月4日)

呈悉。查本年六月据该会呈,为机织业工会地址不明,终止团体协约,无法通知,祈核示。等情,到府。当经转准中国国民党汉口市党务整理委员会函复略开:查该工会多系卫生衣工人。冬季工作,夏季则改他业,故夏季该工会负责人四散,会务无形停滞。现拟由本会召集该工会负责人谈话,相机整理。等由,令行该会知照,在卷。自是以后,该会曾否设法通知,与此次来呈称,该会曾于本月六日录案通知各节,均未据呈声报,是该项协约,究竟应否视为终止,本府无从查悉。兹据称工会持此协约,束缚厂方,势必激成事变,准即由该会会同机织业产业工会筹备会另行商订协约,呈候核夺可也。除分令遵照外,仰即遵照办理为要。此令!

市长　吴国桢

(《湖北省政府公报》第32期)

4.令汉口市证券业同业公会:奉令转饬将成立时各委查明表报并会章内添注各点亦应遵照增补仰遵照办理

(1933年10月17日)

案查前据该会呈赍章程、会员名册、职员履历表,祈鉴核备案。等情,到府。当经指令并转呈湖北省政府核办在卷。兹奉建字第一四九四号指令内开:呈暨章程册表均悉。查该公会职员表,既列有候补执监委员,仍应于原章程第十二条"选任执行委员九人"下,增"候补执委四人";"监察委员五人"下,增"候补监委二人"。又查所列留任与新选各执监委员,核与前据该市政府赍送之汉口市各业同业公会一览表所列该公会职员姓名额数,除少列候补执委李鼎安一人外,其余完全相同;是前赍一览表所列该公会各委员,系属此次改选员名,而非成立时各委名单。兹据转呈改选情形,仍应将成立时各委查明表报,以凭察核。除将章程代为添注连同表册暂存外,仰即遵照造送,再行转咨;章程内添注各点,并仰转饬遵照增补为要。此令。等因,奉此。除该会成立之时委员姓名另由本府查案表报外,合行令仰该会遵照办理为要。此令。

市长　吴国桢

(《湖北省政府公报》第 33 期)

5.(武汉警备司令部)指令汉口市商会主席陈经畬据呈以茶业出口业同业公会组织协记老茶接运处有流氓地痞阻扰请出示保护一案即经分呈仍仰静候主管机关核示文(附原呈)

(1933 年 10 月 19 日)

呈悉。查案关商务纠纷,本部未便过问。前据该公会径呈到部,当经批示在案。兹据呈既经分报,仍仰静候主管机关核示可也。此令。

司令　叶蓬

附原呈

呈为据情呈请事,顷据汉口市茶叶出口业同业公会盖章函称,径启者,窃以老茶交易全在秋冬时间,既极短促,运输尤贵敏捷,稍有迁延,障碍丛生。本年秋间,准湘鄂路局公函,奉铁道部命令,创办负责运输,无非改良交通发展营业。关于运输一切事宜,均系遵照部章办理。只因创办伊始,湘鄂路局对于各处堆栈尚未完全设备,而老茶运输在即,刻不容缓,不得不由茶商暂行组织协记老茶接运处,专负交茶、收茶之责任。凡老茶运费,概由茶商直接算给路局,与协记无涉。协记接运处,不过暂时名义,待路局堆栈设备完竣,即当撤销,与转运公司自行营业者,其性质大有区别。乃不意二三流氓,竟敢假借转运工人名义,或聚众请愿,或捏词登报,或当面要求维持生活,甚至散布谣言,如所求不遂便常实行暗杀、放火等语,种种恐吓,不一而足。查平汉、津浦等路负债运输久已开办,此次湘鄂路局遵照部令创办负责运输,非独老茶一项,凡米盐、灰面、洋纱、纸烟等类皆在试办负责运输之列。交通事业,均由中央政府规定,非任何人所能标新立异,于茶商又复何尤?至协记既系暂时名义,更无营业性质,即其所负之责任,亦只限于交茶收茶而已。除老茶外,凡百货物往来上下,概由转运公司旧照转运,协记更无过问之权能。且老茶运输为数无几,时间亦最短促。当春夏之时,素无老茶可运。该转运工人之生活依然存在,则老茶运输有之不为多,无之不为少,与转运工人实属毫无妨碍。该流痞等假借名义,造谣惑众,不独破坏营业,抑且扰乱治安,不独阻碍交通,抑且违抗部令。若不及早防闲,诚恐无知之徒盲从附和,难免不演成事实。所有奉令创办负责运输各缘由,相应函请大会转请武汉警备司令部、湖北省政府建设厅、汉口市政府、湖北省会公安局鉴核备案,出示保护。如有流痞借端阻扰者,并请严密缉拿依法究办,以维治安而利交通。等情,到会。伏查该公会组设协记接运处,系为老茶交易暂时便利起见,诚恐宵小故意阻扰,思患预防不为无见,拟垦核准备案,并予出示保护之处,理合据情呈祈钧部,俯赐鉴核施行,并请批示祇遵,实为公便。除分转外,谨呈(下略)。

汉口市商会主席　陈经畲

十月十七日

(《警备专刊》第 7 期)

6.为意大利新法西斯蒂共和政府之侨民在华待遇应恢复常态至巴特里奥政权方面者,仍应依照本部前颁各项办法处理致汉口特别市银行业同业公会函

(1933 年 10 月 19 日)

财政部训令:中华民国二十二年十月十九日钱二字第四二三号

令汉口特别市银行业同业公会查关于意大利国、意大利人、意大利法人之交易,除金融机关另有规定者外,所有应行停止事项及意大利交易之特别规定,业经本部先后呈请行政院备案,并由布告通行各在案。兹因意大利国现有新法西斯蒂共和政府与巴特里奥政权之分,其属于共和政府之侨民,所有在华待遇,自应恢复常态,其属于巴特里奥政权方面者,仍应依照本部前颁钱二字第六号及钱二字第七号布告所规定各项办法分别处理。除分别呈报并分行外合行,令仰该公会知照,并转仰各会员银行一体知照。此令。

部长　周佛海

7.(湖北省政府)据呈述对于汉口药行业行规纠纷一案意见指令遵照

(1933 年 10 月 19 日)

呈暨粘件均悉。并据旅汉江西万源兴等六十九药号代表杨伯常等呈,“请仍饬该厅依法解释,毋得任意废弃确定之案,以昭威信,而重法令”等情,附抄呈该厅原文一件。又奉“豫鄂皖三省剿匪总司令部”秘普、鄂字第一一三零号训令,据杨伯常等呈同前情,饬即依法办理具复等因,下府。兹按该厅陈述各点,分别核示于下:

一、查实业部虽认可各业同业公会于会章之外另订行规,并无订定行规,须照工商同业公会法第四条办理之规定,即同业公会依法提经会员大会通过之会章,仍须呈奉政府核准后施行,何至政府审定之行规,反须再提会员大会解决。汉口市药行业行规纠纷,系由汉口市政府审查疏忽所致,其症结并不在曾经提出会员大会议决与否。

二、凡规章施行后,觉有未尽事宜,自行提请修改,自属正办,但汉口市药行业行规,在未经政府审查决定时,杨伯常等即认为不能遵行,须与施行后感觉窒碍者不同。且杨伯常等曾于审查期间,向汉口市政府一再呈诉,未予察纳,自应照诉愿法,呈请上级官署予以救济,何能援引修改会章之规定,再于同业公会内谋解决。

三、查工商同业公会,依法只要有同业公司行号七家以上之发起,即得设立。其他同业各

公司行号,依法应加入而不加入,其咎在各公司行号。现正由立法院核议用如何强制方法,使同一区域内之公行号,均加入同业公会。何能以各公司行号中有声明未加入该业同业公会之故,反认该同业公会之根本组织为不合。

总之同业公会为维持增进同业公共利益之机关,行规为于会章之外,谋维持同业公共利益之工具。审查行规官署只核其是否有碍公共利益,不必追问其是否通过会员大会。受理诉愿者既为上级主管官署,当然于纠正原审查官署之失当处分外,并修改其行规之内容,俾资遵行。且此案前经该厅决定外,汉口药行业同业公会仅因语句含义过深,请求予以解释,并未于法定期间提起再诉愿,自未便将解释与修改混为一谈,自行推翻前案,致滋纠纷。仰即遵照指令,详加解释,分别饬知并具报备查为要!如无解释之必要,仰即饬遵可也!此令。

主席　张群

原呈文

呈为呈复事,案查汉口市药行业同业公会呈请解释行规条文纠纷一案,前奉钧府公字第五零零九号训令下厅,遵经以平字第六七八号呈复在案。兹奉钧府建字第三五二号指令,除原文在卷邀免全录外,尾开:该药行业行规,既系由该厅决定修改饬遵,自未便再由该公会提出大会讨论以重纠纷,应即由厅详加解释径饬知照,俾资遵守,并将办理情形具报为要。此令。等因,奉此。遵将对于此案意见谨再呈复,如下:

(一)查中央所颁工商同业公会法第四条载明:"工商同业公会章程,须有该地同业公司行号代表三分之二以上之出席,方得议决。"今行规性质与章程相等,另订行规,借补会章所不及,系经钧府咨准实业部核复:"各业同业公会会章之外另订合于商情法理之行规,自属可行",是订立行规应援照同业公会法讨论会章之手续决议,方可令全体会员遵守。汉口市药行业行规,未经会员大会决议,遽由药行业公会主席送呈汉口市政府各业行规审查委员会审查,以致发生该会内部之纠纷,一方诋为私订行规,一方诉其不遵行规,是皆由于行规本身未经会员大会决议之所致。根本办法应将行规提出会员大会议决,再送主管官署核准,庶得息讼,否则纠纷不休,诚非中央准订立行规之本意。

(二)查汉口市政府所审定之药行业行规第十九条载:"本行规如有未尽事宜,得由本业同业公会会员三分之一以上之提议召集会员或代表大会,经出席人三分之二以上之同意修改呈请主管机关核准备案。"该会章程第二十条及同业公会法第十条、商会法第二十八条均规定变更章程之手续,修改公会章程或行规未尽事宜,均应于会员内讨论议决执行,前者该业一部分人(杨伯常等)不求于同业公会内谋正当之解决,而谬引诉愿法呈请钧府令由本厅前任裁决。今者该业同业公会(陈春亭等)又再四渎呈请求解释修改条文,查条文意义原属简要,如需补充可由会员大会讨论决定。

(三)查同业公会法第七条原文为"同业之公司行号,均得为同业公会之会员",二十一年十月经中央修改为"同业之公司行号,均应为同业公会之会员"。今汉口市药行业同业公会之会员未曾包括全市同业之公司行号(见九月九日《武汉日报》旅汉江西全体药商广告),是其根本组织与中央最近修正之法令不符,应先修正。至旅汉江西药商,前既未入药行同业公会,对于该公会之章程及行规,自可不负任何责任。且该公会亦认药行业与药商有别断,不能以该同业公会章程及行规拘束非同业公会之会员。惟前既已发生帮别之争,今又引起会员非会员之问题,理应依照中央最近修正之同业公会法“凡属同业之行号,均应为同业公会之会员,所有会章及行规,均交会员大会讨论解决”。现在对此案欲求根本解决,应依照法令处理而免两造缠讼不已。至于该会以前行规虽经汉口市政府审定及本厅裁决,究非永久不变之定律。原行规第十九条亦载明修改手续,本厅自毋庸加以解释。该公会应先自谋整理基础,调查全体药行业,通知加入公会为会员(该公会会章第五条尚循旧法“本行同业各行均得为会员”应先依法修改“得”字为“应”字),召开会员大会解决纠纷。以上所陈述意见,是否有当,理合呈复钧府鉴核示遵。

谨呈

湖北省政府主席张

附呈剪报广告二页(略)

兼建厅长　李范一

(《湖北省政府公报》第32期)

8.(汉口市政府)据呈请制止各业商人退秤等情指令照准仰转饬遵照令汉口市商会

(1933年10月21日)

案据本市制造衡度业同业公会江代电称,查汉市换用新制衡器,除已定期者外,其余各业商人住户均须于十月一日一律换用,迭经钧府及检定分所布告周知在案。讵料正届换用之期,乃迭据各制造店声称,连日各业商人,凡已经定制新器者,均以商会业经呈准市府缓期为词,纷纷请退,甚至有谓已经取消者等语。查本年自检定分所恢复以来,对于推行工作极为认真,故各业商人多于期前定制。今于正届换用之期,竟发生退秤情形,若不迅为设法制止,不仅九仞之功亏于一篑,而各制造店以手工小商,何堪损失?据称前情,理合电陈钧鉴,尚乞迅予设法制止,以维度政,而恤商艰,临电不胜迫切待命之至!等情,正核办间,并据本市度量衡检定分所呈转前情到府。查本市商民住户,限于本年十月一日换用新制衡器一案,早经本府布告周知并分别令行遵照。旋据该会呈,以海关盐局尚未换用,如商民先行换用,则官商交易,不免发生纠葛,请准于海关盐局改用新制衡器后一月限内,为商民换用之期。等情,亦经提交本府市政会议决议仍照原规定期限开始换用,惟检查期限从缓。等因,指令转饬本市各业商人遵照,并令本市度量衡检定分所俟部令海关盐局改用新制衡器实行一个月后,再行检查,各在卷。此称变通办法,其为检查缓期而非换用缓期,至为明了。在未举行检查时,凡本市已经换用新制衡器之商人,自不得因检查缓期停用新制衡器;其尚未换用而已向制造衡器商定制新制衡器之商人,应即备价购取,照案换用,方为正办。兹据称各业商人借口该会呈准缓期或已经取消为词,请退已经定制之新制衡器,显与本府前次指令该会之旨意,大相背谬。匪惟影响制造商之营业,抑且妨碍新制之推行,自应切实制止。除分别指令并布告外,合亟令仰该会即便转饬各业商人遵照,嗣后不得向制造衡器商擅退已经定制之新制衡器,致肇纠纷,切切!此令。

市长　吴国桢

(《湖北省政府公报》第33期)

9.(汉口市政府)令汉口市棉花进口、号业同业公会:据会呈令饬棉花行业同业公会按照向例交易以维营业等情仰转饬遵照

(1933年10月23日)

案查前据该会与本市棉花号、进口业同业公会会呈,为本市棉花行业同业公会阻止临时买卖,请令遵章办理,并饬公安局制止不法行为。等情,到府。当经指令并饬该行业公会切实照案办理在卷。兹据该行业公会呈复略称,"窃查前社会局所订协约,其对于临时买卖,认为系属例外,故该协约第三条明白规定如有二字,似不能以此如有临时买卖行为,而将属会所有一切正式买卖,概行改变为临时买卖,其理甚明。况此项如有临时买卖行为,得依据该协约办理,历行已久,行方与卖方各自遵守,均无异议。虽经汉口棉花号业与进口业两公会本年复提请钧府重行调解,属会仍认为所订该协约九条全部有效,并签字遵守,在属会方面,对于此项协约,自属不生问题。惟彼时买方无人代表参加出席签字,属会居于行方地位,究难代表买方一致同意,至该公会等前呈请钧府修改属会行规第十二条时,经行规审查委员会二次开会审查,亦由该公会等代表提议,请在属会行规内增加临时买卖一节,当经买方纱厂联合会代表与出口业同业公会代表等声明,对于临时交易深为不便,公开反对,因之未予增加,有案可查,与属会何尤。总之,属会全体同业为代客买卖,对于任何行为,只求能可通行,无不乐予赞同,若临时交易,如有买有卖,均听从买卖双方客人意思之一致为转移,属会决无丝毫成见,何谓始终固执偏见不知改悔?况该公会等致函属会时,旋经属会缕析函覆,又何谓均置不答?如谓属会对于棉花如有临时买卖时,绝对不为交易,则属会因何与之订立协约?足证属会于行规外,尚无此例外之规定,无非尊重客人之意思,借作营业上之成就,实无自为阻止情事,若买客方面,为买货认真,免受卖方之欺蒙,不愿临时成交,纵卖方勉强要求,则买卖行为决难合意成立,不特卖客不能强制买客临时成交,而且属会亦不能强迫买客临时承受,今号业工会等欲将属会根本行规完全推翻,一概作为临时买卖,固可伙同属会同业少数不良分子,将其棉花装头盖面瞒心敷衍,以博得厚利,不啻为临时擢白经纪,若一经买客察觉,即行发生纠纷,甚至酿成诉讼,其害不知伊于胡底,尚何有信用之可言?更何有营业发展之可期?此等损人利己之行为,一再强制属会,完全公开实行,并将其协约如有二字轻轻抹去,再四捏词蒙请钧府转饬属会遵照办理,不知钧府始终根据前社会局协约第三条立论,正所为注重如有二字,当然认为系属例外,故名曰临时买卖,顾名思义,该公会等当然洞悉,何得明知故昧?倘任其借此挟制属会完全临时交易,未免希图将属会整个团体以及全体会友与工友数千余人之生计,断送于此例外临时买卖之一途,其居心险恶,蔑以复加,当为公理所不许,尤有进者,属会对于如有临时交易依然照案办理,并未不予交易,而该公会等并欲借公安局之武力强制属会同业一律完全临时交易,实属异想天开,不蒙钧府恺切令饬该公会等,按照向例交易,殊不足以维营业,而杜纠缠,理合备文呈复钧府,鉴核施行!"等情,据此。查来呈称临时买卖,均听买客意思为转移,及卖客不能强制买客临时成交,该行业公会不能强迫买客临时承受,各节,尚属实情。关于该会及本市棉花号、进口业同业公会各同业交易,自应仍照向例与本府迭令办理,免滋纷扰。除指令并分行外,合行令仰该会即便转饬该同业商人切实遵照为要!此令。

市长　吴国桢

(《湖北省政府公报》第33期)

10.（武汉警备司令部）批汉口市茶叶出口业同业公会酆筱舫据马代电以组织协记老茶接运处有童琢等借端破坏恳拘案严究仰仍遵前批及指令市商会要旨办理文

（1933 年 10 月 24 日）

马代电悉。查此案前据该公会呈请到部，当经批示。旋据汉口市商会转呈前来，亦经指令。各在卷。兹据电同前情，仰遵照前批及指令市商会所示要旨办理，但不得发生轨外行动，妨害治安，如违，双方拿办。除饬武昌区指挥部、省会公安局、本部稽查处注意查察防范外，并仰知照。此批。

司令　叶蓬

中华民国二十二年十月二十四日

（《警备专刊》1933 年第 7 期）

11.湖北省政府为送汉口市证券业公会章程、表册及证券业等公会成立时委员姓名表请核由咨实业部文

（1933 年 10 月 26 日）

案查前据汉口市政府呈称，查前据本市证券同业公会呈，为本年六月一日午后二时，在生成里十九号本会所，依法开会改选职员，请核示。等情，当经呈奉驻鄂特派"绥靖"主任公署指令呈悉，准予如期开会。等因，转行该会知照，并令本市公安局派警暨饬本府职员张宽，届时前往监视。嗣据该会呈报改选情形，附呈执监委员表，祈备案。等情，复经指令遵章送呈会章册表各三份到府，以凭存转各在卷。兹据该会遵令缮具公会章程、会员名册、职员履历表前来，除指令，并将原会章册表各提一份存查外，理合检呈原会章册表各二份，具文转呈鉴核转咨，并乞指令祗遵。等情，计呈汉口市证券业同业公会章程、表册各一份，到府。当查该公会章程稍有未合，暨职员表内所列留任与新选各执监委员，核与该市政府前呈之汉口市证券业同业公会一览表所列该公会职员姓名额数，除少列候补执委李鼎安一人外，其余完全相同。前呈一览表所列该公会各委员，显系此次改选员名，而非成立时各委员名单，经将章程代为改正，连同表册暂存，指令迅将该公会成立时各委员查明表报后凭核转去复。兹据后称，遵查前呈钧府咨准实业部商字第一九八五八号咨复，准予备案之。汉口市证券业同业公会一览表内列各公会委员姓名，多系查照汉口特别市党部底表抄录。兹经派员前往查明，该项底表所载尚未改选之各公会委员姓名，固系各公会成立时之委员。至所载现已改造之各公会委员姓名则为改选之委员，故本府前制之一览表，内列改选之各公会委员姓名，亦为改选之委员，其各公会成立时之委员，则未填载，并经汉口市证券业同业公会成立时之委员漏未列入也。现谨详查汉口特别市党部及本市前社会局备案，将汉口市证券业同业公会成立时之委员姓名，奉令前因□，除令汉口市证券业同业公会遵照外，理合检同汉口市证券业同业公会成立时委员姓名表，具文呈请鉴核，伏乞并案转咨。等情，附呈汉口市证券业同业公会成立时委员姓名表二份，据此除指令准予汇转外，相应检同原呈汉口市证券业同业公会章程表册各一份，暨证券业等同业公会成立时委员姓

名表一份，转咨贵部，请烦查核办理见复，以便饬遵，至纫公谊。

此咨

实业部主席

张群

12.（汉口市政府）令汉口市针织袜业同业公会：据呈为申明在未与该会商订协约前原协约有效祈转饬遵等情仰知照

（1933 年 10 月 28 日）

案查前据该会呈为该会与机织业产工会筹备会所订团体协约，已失时效，缕陈缘由，祈鉴核准予终止。等情，到府。当经指令准由该会会同该工会筹备会另订协约呈核，并分令遵照办理在卷。兹据该工会筹备会呈复略称，在本会与针织袜业同业公会未经商订呈准以前，原有协约，仍为有效，否则，激成事变。奉令前因，理合呈请鉴核转饬遵照！等情，据此。除指令仍遵前令从速会同该会另订协约呈核外，合行令仰该会知照。此令。

市长　吴国桢

（《湖北省政府公报》第 33 期）

13.（汉口市政府）令篾篓制造业同业公会筹备会：据呈奉令改正会章底本及会员名册祈鉴核分别指饬遵照

（1933 年 10 月 30 日）

呈暨名册均悉。原会员名册内载会员刘鸿发等四十七家，均未填注店员人数，究竟有无店员，应即查注。又查工商同业公会法第三条规定，公会发起人，应造具该同业店号及营业主或经理人姓名册表连同章程，呈由主管官署转呈核准设立。该会筹备已久，亦应速遵前令将该项册表造呈核转，以符手续。合将原会员名册发还，并制发该会同业店号及营业主姓名表格式，仰即分别遵照办理具报核办为要。此令。

市长　吴国桢

（《湖北省政府公报》第 33 期）

11 月

1.实业部为汉口市证券业公会改选章册问题咨湖北省政府文

（1933 年 11 月 1 日）

案准贵省政府建字第一九二一号咨，据汉口市政府呈报该市证券业同业公会改选情形，并送章程名册，又附各公会成立时执委姓名表，嘱查核办理。等由。查该证券业公会，前准贵省政府咨据汉口市政府呈称，已经前汉口特别市党务整委会许可，组织此次改选，所送章册等件，复核大致尚合，应准备案。惟原章程第十二条既增注“候补执委四人”，又“候补监委二人”等句，据原有“组织执行委员会”及“组织监察委员会”两句均应删去，以免混合。除原章程予以改正，并将各公会成立时执委姓名表准予存案备查外，相应复请查照饬遵为荷。

此咨

湖北省政府

2.（汉口市政府）令汉口市旅栈业同业公会：呈为陈述以前旅栈倒闭情形以后新开旅栈请先由本会查明报核指饬碍难照准

（1933 年 11 月 8 日）

呈悉。查工商同业公会法第二条内载，“矫正营业之弊害”一语，系指同业公会得矫正其同业营业上之弊害而言，并非规定同业公会有查明他人开始营业资本之权限。所请碍难照办，仰即遵照。此令。

市长　吴国桢

3.（汉口市政府）据转呈以布匹店业公会滥减力资一案请令照案履行等情牌示知照

（1933 年 11 月 10 日）

案据本市码头业职业工会呈：为据本市招商、太古、日清等轮栈码头工人代表王大春等呈，以本市布匹店业同业公会蔑视政府命令，滥减力资，请转呈核办一案，请严令遵照前令履行。等情，附呈力价比较单，据此。除抄发原单令饬该同业公会遵照前案切实办理外，合行牌示，仰该工人代表等知照。

右牌示：

汉口市招商、太古、日清等轮栈码头工人代表王大春等，准此。

市长　吴国桢

（《湖北省政府公报》第 33 期）

4.平津沪汉商界组织国外视察团沪汉平商会均已参加，平商会函津参加合作

（1933 年 11 月 12 日）

市商会，昨准北平市商会函，以由平、津、沪、汉四埠商会，组织国外视察团，远渡欧美，实地考察，及顺便接洽外人在华投资问题，政府并允协助。此项参加人员，沪、汉、平、津有人加入，即希参加合作。原文称，敝会冷主席，月前因考察商务，前往沪汉，在沪与当地商会林康侯、虞洽卿诸君，提请组织国外视察团，由平、津、沪、汉四埠商会各出若干人，远渡欧美，以资实地考察，当邀实业部长面允，由部发给护照。届时提出行政会议，每人约可酌给津贴一千元，并通知

所在地各领事馆,随时保护。并经国府李石曾先生面允介绍欧美各留学生团体,一致招待,以省费用。查此事动机,系因外国巨商,多有欲在吾国投资者,吾人前往,即顺便接洽该项问题。现沪汉两埠,已有相当之人愿;即前往,北平亦有人加入,甚盼贵处参加,以资合作,特请查照办理见复为荷。

(《益世报》)

5.(汉口市政府)令汉口市贸易人力车商同业公会:据呈报人力车夫工会未经主管机关备案擅向车夫登记又该会登记员侮辱裕通车行行员并阻止出车请制止等情指饬遵照

(1933 年 11 月 13 日)

两呈均悉。查该车夫工会呈请备案一案,在未奉到部复以前,未便阻其筹备。但在筹备期间,征求会员,自应依法办理。据呈该工会筹备会,强迫车夫入会,勒索会费,如果属实,殊有未合。候抄同工会法第二十条条文,令行公安局转饬各警署知照,如再遇有该项情事,依法排解可也。此令。

市长　吴国桢

(《湖北省政府公报》第 33 期)

6.汉口市政府商事争议调解笔录

(1933 年 11 月 22 日)

当事人蒲圻羊楼洞青红茶帮代表:雷子新、雷涤初

汉口市茶叶行业同业公会代表:汪绳武、张仲丞、程源廷

上列当事人因青红茶叶过行交易发生争议一案,经本府召集调解议定办法八项,由双方出席代表一致同意签字。特笔录如下:

(一)在汉口商民一律适用新制衡器后,汉口市茶叶行经纪羊楼洞青红茶买卖,须用新制衡器过秤,其斤两如何折合,以届时汉口市全体茶叶商营业通例决定。在汉口市茶叶行未换用新制衡器前,汉口市茶叶行对于羊楼洞青红茶负代为买卖责任,只取纯用三分五(即按百分之三.五取行佣)。例如羊楼洞商有茶叶若干由茶行介绍卖与某帮客商承买,其秤码之折合,钱价之扣算,须由羊楼洞卖客与某某帮买客直接商定。衡器以钱秤十六两为准。原秤出进,买卖两方,均得凭行覆秤。

(二)关于回厘栈租归卖客自理。

(三)关于上力、抽包、吊号、堆工、挖水渍、搬包等力价,由茶行照例案规定价目代付。

(四)茶叶过秤照实有斤两退皮。但卖客卖茶与买客,如茶叶斤两方面,事先议有折扣时,则须由茶行向买客说明先退皮,后折扣茶叶斤两。

(五)向例茶行买茶,对于羊楼洞卖客包茶之麻袋,系每一个麻袋,给付卖客洋一角。以后汉口茶行经纪羊楼洞茶叶,须先将此例向买客声明。

(六)凡未经上列各项规定事项,由茶行与买卖双方客商,商洽处理。

(七)本调解笔录规定各项,只限于汉口市茶叶行,与羊楼洞茶叶商部分。其他各帮茶叶商,与汉口市茶叶行交易,不受拘束。

(八)本调解笔录如将来与政府法规有抵触时,应即废止。

签字人羊楼洞青红茶帮代表:雷子新、雷涤初

汉口市茶行同业公会代表:汪绳武、张仲丞、程源廷

汉口市政府代表:陈健

记录:陈旭东

(《湖北省政府公报》第 34 期)

7.(汉口市政府)令杂粮号、机器米、粮食行业等同业公会:发布汉口市粮食业登记规则仰转饬各商厂公司行庄号店堆栈等一体遵照于限期内来府领取登记申请书依式填报以凭核发执照

(1933 年 11 月 23 日)

查粮食营业,关系民食,至为切要,本府为明了本市各粮食业及粮食存销情形起见,特拟订汉口市粮食业登记规则,业经呈奉湖北省政府建字第一六二五号指令,准予备案。亟应公布施行,兹规定自本年十二月一日起,至二十三年一月底止,为办理登记之期。除布告暨分行外,合行检发登记规则令仰该会遵照,迅即转饬本市经营粮食之各商厂、公司、行庄、号店、堆栈等,一体遵照,于规定登记限期内,来府领取登记申请书,依式填报,以凭核发登记执照,勿得延误为要。此令。

市长　吴国桢

(《湖北省政府公报》第 34 期)

8.(湖北省财政厅)令武昌营业税局饬知再行解释棉商分别缴纳贩卖、制造业税仰遵照办理

(1933 年 11 月 30 日)

案准汉口市商会函开:案据汉口市棉花号业同业公会函称,敬陈者,窃本会前据蔡甸宏昌生等函称,武昌营业税局蔡甸第五稽征所昔征棉花税一案,业奉大会函,以转准湖北财政厅第五五一二号公函,以蔡甸稽征所以棉花行有贩卖行为,向其征收贩卖营业税;轧花厂有制造行为,向其征收制造营业税;核与定章尚无不合。等因,嘱查照转知。等因,奉此。当经录案函转在卷。兹复据宏昌生等函称,窃商民营业本有纳税之义务,官吏征收,宜以章程为依归,章程所有者,固不能怀私破坏,章程所无者,自不得法外取巧,盖一方谋国用之充足,一方谋民力之休养也。兹谨将武昌营业税局查复理由,以及蔡甸第五稽征所征收棉税不合章程之点,再为大会陈之。查营业税章颁有贩卖行为者,始得纳贩卖营业税。棉商等在蔡甸设立庄号厂铺,凡挂称之户,对于肩挑负贩之棉农,均经代扣营业税,不敢稍违定章。若自行出庄,由襄河府河办回之花,在当地已由卖方纳税,其运至蔡甸,不过以为转运集中之所,绝无贩卖行为,即无另行纳税之理。该武昌营业税局不能将此种章程明白指出,竟谓伊照营业税原理分析,运至蔡甸则变为

卖客,究竟买客属谁?如何断定?以自办未售之货物,强指为有买有卖从中征税,纵可增加国税收入,奈商民不堪剥削何?其为任意出入税章,以冀掩饰其不合法之征收,可言彰明较著,此不能认棉商等为有贩卖行为征收贩卖营业税者也。查制造业之业务,虽未经详细规定,而实以完成制造物品,由营业人缴纳制造营业税以后,可以直接发售,无须重纳贩卖营业税者为标准。故湖北省营业税征收章程第十一条规定:"凡制造业在制造厂所时,其制造品直接发售者,无论整卖或零卖,均照制造业税率课税,不征收物品贩卖业之营业税。"其意义至为明显。若棉花轧成皮花,既未完成其为制造物品,更无在厂整卖或零卖之可能性,必待转运他处始能售出,其售出时非纳贩卖营业税不可,与制造业之在厂可以直接发售无须重纳贩卖营业税者,判别显然,此不能认棉商等为有制造行为征收制造营业税者也。至于行商请领牙帖,系对于有代客买卖性质者之规定。棉商等确系自办,并非代客买卖,实有各种账簿可据,无请牙帖之必要。现在棉业日趋衰落,国库日益匮乏,均属无可隐讳。然国税固当重视,章程尤宜遵守,在棉商不得托词以漏税,而官吏亦不得额外以苛征,民力富斯国用裕,否则,民力既殚,而国将益有财用不足之虞矣。理合再函大会转陈汉口市商会鉴核,准予转咨湖北财政厅查核,准予令饬武昌营业税局第五稽征所免征棉商等办回未售之贩卖营业税,暨轧花成皮之制造营业税,以符税章,而恤商艰!等情,到会。理合转陈大会鉴核,准予转咨湖北财政厅查核办理!等情,前来。经敝会第五十一次常务会议决议:以该公会转据蔡甸棉商宏昌生等所陈各节,似亦具有理由,自应转请湖北财政厅查核办理,等语记录在案。用特据情转达贵厅,即请查核办理并希见复为荷!等由,准此。并准湖北省商会联合会,函同前由,到厅。查此案,前据该局呈复,蔡甸稽征所分别征收贩卖制造各营业税,及取缔无帖牙商各情形,当经据情分函各该会转饬遵照,并指令在案。兹准前由,爰将各该会原函所称各点,再行解释,以免误会。(一)凡棉商在他处收买棉花,运至蔡甸销售,已由买方而变为卖方,即应课以物品贩卖营业税,不得假借转运名义及无贩卖行为,希图混漏。(二)凡以籽花轧成皮花,确无贩卖行为者,应照制造业课税;如有贩卖行为,即应按照贩卖业课税,不得征收制造营业税。(三)凡棉商设立庄号,直接买卖,绝无介绍买卖行为,自与牙纪有别,除照章缴纳营业税外,无须请领牙帖;如有介绍买卖行为,而假借庄号名目,以图规避者,应即以无帖私开论,照章惩处。除函各该会转饬蔡甸各棉商一体遵照外,合行令仰该局长迅饬蔡甸稽征所遵照办理!此令。

厅长　贾士毅

(《湖北省政府公报》第 34 期)

12 月

1.(汉口市政府)令煤业同业公会、煤炭量衡业工会:据会呈量衡工人与永隆吉兴两公司纠纷一案已和解等情准予销案

(1933 年 12 月 1 日)

呈悉。准予销案。惟该量衡工人违反习惯,以致发生此次纠纷,仍应申诫。除分令外,仰即知照。此令。

市长　吴国桢

原呈文

呈为呈请和解仰祈鉴核撤销原案事,案查量衡职业工会与永隆吉兴发生过磅费纠纷一案,业蒙钧府召集双方谈话在案。兹经杜春山、袁俊偕出而调解消释双方误会,均愿和平解决,以符息事宁人之义,当由双方表示遵守旧有习惯两不侵犯,惟此后再不得发生此项情事,以免将来纠纷。理合备具和解事实,呈恳钧府鉴核俯赐撤销原案。至深公感。

谨呈

汉口市政府

汉口市煤业同业公会

(《湖北省政府公报》第 35 期)

2.(汉口市政府)令汉市公安局、码头业职业公会整理员办事处:奉令以对于特一区工人丁海山等与祖业齐等争执工作一案处理甚当仰饬遵等因转饬知照、遵照由

(1933 年 12 月 11 日)

案奉"豫鄂皖三省剿匪总司令部"秘普鄂字第一七三三号指令——呈一件,为奉令以据特一区挑工丁海山等呈为蒙蔽偏断,不合法规,恳撤案另断一案,令仰查复核办,等因。查案呈复鉴核,由□内开:呈悉。处理甚当。仰即转饬遵照。此令。等因,奉此。查本府处理特一区挑工丁海山等与抬工祖业齐等争选亚丰公司煤炭一案经过情形,节经令行该局转饬该管警署照案执行并严防械斗在案。兹奉前因,除令本市码头业职业工会整理员办事处转饬该挑抬工人等遵照、公安局转饬该管警署知照外,合亟令仰该局即便转饬该管警署知照,该处即便转饬该特一区挑抬工人等遵照。此令。

市长　吴国桢

(《湖北省政府公报》第 35 期)

3.行政院为汉口市纱业同业公会请免征已纳税之纱布营业税及其他苛捐等情训令财政部(附汉口市纱业同业公会呈文)

(1933 年 12 月 11 日)

案据农村复兴委员会呈称:案据汉口市纱业同业公会呈,以湖北省政府违背中央法令,重征纱布营业税,以致纱布成本过高,布商营业维艰,请予转呈钧院俯察下情,对于已纳税之纱布,准予通令免征营业税及其他苛捐。等情,到会。查湖北省政府征收纱布营业税,究竟与中央法令有无抵触?于纱布营业发生若何影响?仅据该同业公会片面之词遽难确信,拟请钧院饬交湖北省政府深体中央维护国内工商业,充实民力之意旨,切实查明核办。据呈前情,理合贡陈所见,抄同原呈,转请鉴核施行。等情,据此。除指令外,合行抄发原抄呈,令仰该部查核转饬遵办。此令。

抄原呈

附:汉口市纱业同业公会为纱布重征营业税呈行政院鉴核俯赐转呈行政院通令废除以利工商业而维民生事,窃查纱布一项为人民日用所必需,又为机制仿造之品,当此帝国主义经济压迫之际,全赖政府随时维护,使本国日用机制品得以最低成本畅销国内。以前部章规定,凡机制货物于完纳海关税及子口半税外,概行免征内地厘金,通行无阻。一则抵制外货之畅销,一则扶植工商业之发展。在未裁撤厘金之先,原系免税货物自裁厘后,中央公布实行统税,就原料征每包棉纱照三元,二十斤棉纱需完国币八元八角,每包布以四十三磅计,完国币七元一角。是此种货物在从前原属免税通行之品,今则在厂需完统税,负担已属于过巨,如再课征营业税,未免踪近苛细,妨害行销鄂省,当举办营业税之初,对于火柴、水泥、香烟、面粉已征特税者,均未列入纳税表内,而独对纱线一业税率定为千分之一五。按之棉纱、火柴、水泥,统税条例第五条内载:“凡已完纳统税之棉纱及其他直接织成品,与火柴、水泥运销各省时,概不另征其他捐税。”又财政部实行统税,咨各省市政府文内亦有无论,任何税捐概免征收一语。再国民政府征收营业税大纲第一条内载:“已向中央征收特种税捐者,与向中央纳所得税之公司,同在免征营业税之列。综核上项成规,纱布一业自无缴纳营业税之必要。”况鄂省此种单行法规与中央法令似相抵触。此就中央政令言,应请废除者一。鄂省举办营业税纱布一业税率列征千分之一五(每包棉纱价值以三百元计,需完税洋四角五分),迭经属会据理力争,旋改征千分之零七五(每包棉纱仍需完税洋二角二分五厘)。此时以其尚属轻微,律以人有纳税义务之原则,始勉力接受,用体政府而艰难。无如年来屡次增加,现课征千分之五(每包棉纱需完税洋一元五角)。自营业税开办以来,就产业而论,营业流水逐年锐减,事实显著,不难调查。推其递减之由,因所营之纱布,均系贩自申汉各纱厂,辗转售卖与各路客帮,居间营运,其利至微。年来,因营业税率加重,每包棉纱需纳税一元五角,有奇此项税款加诸货本,固无异自绝生路。盖加此一重税款,则市价较厂价,每包纱高一元有余,如不转嫁于买方,则巨额之税款无力赔贴。职此之由,致演成各客帮进赴各出产厂所直接购运,而厂方以积货滞销,复纷向外埠直接设庄堵销,而私营棉纱,如掮客之流,亦因取巧不完营业税款,营业日益加多紊乱,市价肆行侵夺。因有上述之弊害,遂使厂业一蹶不能复振,营业上受其损害已占十分之七八。日就消减被其淘汰之趋势，若不亟图补救，不独厂业不能生存，即国内纺织工业亦不必蒙其影响，此就营业衰落言，应请废除者二。查吾国纺织工业现正在萌芽时代，政府应予以特别维护，借图发展。对于纱布运销各地所征之重捐杂税，应予豁免，以利行销而除障碍。溯自外货因机器生产过剩，以我国为其市场，我国工商业落后，实业不振，以致历年受其经济之侵略，人民之皮骨仅存膏血殆事。农村经济破产，工商凋敝，实非提倡国货，减轻税捐，不足以图工商业之生存。今则日纱竞销，无孔不入，贸易膨胀，一日千里，近省实行其经济侵略，抑价倾销，致吾国纺织工业顿成不景气现象，惟此艰危，厂商何能支持。政府虽有棉业统制委员会之设，以谋挽救其补救方策，除减轻统税，废除苛捐，使国纱成本较日纱为轻，以利竞销，外不足以济。目前之危殆，而维将来之民生，此就维护纺织工业言，应请废除者三。综上所陈，属会以利害切身，彷徨午夜待援之殷望若云霓，兹为同业生存计，一致主张按照上述之意建议钧会俯赐迟予据情转呈行政院暨全国经济委员会请求俯察下情，凡已完纳统税货物，准予通令废除营业税及其他苛捐。俾商业得资保障，而工业得以维持，国计民生，实利赖之。为此备文，呈请伏乞钧会立予施行，无任迫切待命之至。除进呈棉业统制委员会外，谨呈行政院农村复兴委员会委员长汪。

汉口市纱业同业公会主席　朱松珊

常务委员　潘用五　焦吉庵

4.（湖北省政府）令汉口市商会主席陈经畬：据呈为纱业营业税应准援照面粉业课税成例半征半免请鉴核备案等情除指令准予备案外仰知照

（1933年12月12日）

案据财政厅呈称，案奉钧府财字第二二七三号训令：以据汉口市商会主席陈经畬呈称，本市纱业营业衰替，不能生存，请将该业营业税，援照面粉业现行课税成例，或改照绸缎业税率征收，以资救济一案，行厅核议复夺。等因，奉此。并据汉口市纱业同业公会主席朱松珊等，径呈前情到厅。遵查绸缎业税率，暂照千分之二征收，系奉财政部特准核减，通行全国之案，鄂省自应遵照办理，以归一致。该纱业税率千分之五，为鄂省现行三级制中最低之级，且未奉部令特准核减，原呈所请改照绸缎业税率课税一节，自难照准。至汉市面粉业课税办法，前据汉口营业税局，以境内经营面粉各商店概系代厂分销，兼营门市，其代销部分，较门市为多，而代销之货，又无利可图，一并纳税，力难负担。拟将各商店营业总收入额，划出一半，作为代销部分，免予征税，其余一半，则为门市部分，仍照章征收，以期税收商情，兼筹并顾，业经呈厅令准照办有案。他如分销精盐各商号，与面粉业情形相同，亦是照样办理。此次奉令前因，并据纱业公会径呈前情，当经转令汉口营业税局，将该纱业各商号是否与面粉营业情形相同，以及可否援例课税之处，查明议复，以凭核夺去后。兹据该汉口局局长沈蕃呈称，窃查本市纱业各号，向系承销武汉各纱厂货物为大宗，并兼贩申纱东纱，行销本省各地及上游川湘等省，其承销厂货部分，确属代销性质，与面粉分销状况大致相同，无利可图。本局对于该业纳税，历来不分厂货外货，一律征收。乃积久厂方深知纱帮担负过重，不能广为推销。不惟不予通融救济，且开客帮向厂购货之门，复有向各外埠设庄堵销情事，以致纱业一落千丈，此其最大原因，影响税收，尤为可虑，惟案关饬议要件，于法理事实税收商情，均宜设法救济。爰提由评议委员会第三十四次会议讨论，并准该业公会主席朱松珊列席陈述意见，大致谓如蒙公家设法救济，稍轻负担，曾向厂方接洽，有打消客帮直接定货之可能，厂方亦无设庄之必要，则纱业可以维持，税收自有起色。讨论结果，佥以纱业衰替，原因说明，救济方法，惟轻担负，且面粉、精盐两案，均区别推销门市部分，征免有案，而该业情形，实与面粉业课税成例相符，为税收商情兼顾计，准予援案，自属可行。当经议决：纱业各商号，推销厂纱，兼贩外纱，（即门市部）其情形与代厂分销面粉各商号大致相同，而推销厂纱部分，较贩卖门市部分尤占多数，应准援照本会第三十二次决议，面粉业推销、门市两部分，各按总收入额半数分别征免办法办理，呈厅请示。等语，记录在卷。奉令前因，所有核议纱业援照面粉业课税成例办理之处，是否可行？理合具文呈请钧厅俯赐鉴核，指令祇遵。等情，前来。是该纱业各商号，亦系代厂分销，兼营门市，与面粉营业同一情形，应准援照面粉业课税成例，半征半免，以资救济而昭平允。惟此种办法，应以直接代厂分销者为限，如有借辞代销，希图漏税者，亦应照章处理，以儆效尤。除指令汉口局遵照办理，并将该纱业各商号牌名、地址，以及每家全年营业总收入额，详细具报备查外，理合将汉口纱业营业税，应准援照面粉业课税成例，半征半免缘由，具文呈报鉴核备案。等情，据此。查此案前据该会呈请到府，当经令行财政厅议复，并指令在卷。兹据前情，除指令准予备案外，合行令仰知照，并转饬知照。此令。

主席　张群

（《湖北省政府公报》第 35 期）

5.呈财政部呈复豫省征收买方商贩营业税原系具有特殊情形请鉴核转饬汉口商会知照

（1933 年 12 月 14 日）

案奉钧部赋字第八二零号训令略开：据汉口市商会呈，为豫省营业税征收买方，不合税章，恳请援照他省现例，责成牙行代征买方一案，饬即详加审议，具复核夺。等因，查豫省商贩营业，以棉花、粮食、花生、药材等项为大宗，均系本省出产，运往外省销售，外省运销本省之货物，种类无多，数量极微，此种情形，为河南所特有，其他各省，无相同者。且买卖两方在行交易时，卖方多系自产农品，既经规定免税，倘对于运货外省销售之厚资营利之买方又不征收，则此项商贩营业税，不但无从征收，而且失其意义。以豫省出产之货物，本省完全放弃，不予征收，揆之情理，似有未平。复查天津运豫之皮货，陕西运豫之棉花，何一而非先由其本省征过买方营业税，则各省产地之大宗货物，征收买方者，正不仅豫省一处为然。更以税率而论，豫省多数为千分之四，鄂皖等省多数为千分之八或千分之十，各省情形不同，税率轻重自异，租税之主体何属，当亦随地方情形而有别，何能强求其同？汉口市商会及杂粮同业公会，是否为少数商人利益而主张，故甚其辞，未敢臆断。奉令前因，理合具文呈复钧部鉴核饬遵！实为公便。

谨呈

（《河南财政季刊》第 4 期）

6.(汉口市政府)令汉口市典当业同业公会筹备会:据称召集各典负责人会议结果惟印花仍由当户粘贴等情所请碍难照准仍仰遵照前令并转知各典一体遵照以符法令

(1933 年 12 月 18 日)

呈悉。查奉令取缔各典违章需索一案,业经本府义字第一五三八号训令明白指示饬由该会遵照转知,并经颁发布告,分发各典悬挂在案。所请仍由当户粘贴印花一节,碍难照准,仍仰遵照前令,并转知所属各典一体切实遵照,以符法令为要。此令。

市长　吴国桢

附原呈

呈为呈报事。窃汤又亮函报武汉典当私索陋规请求核办一案,属会自奉通知书,遵推代表,于上月二十四日面蒙钧长训谕后,旋即召集各典负责人到会。当将奉召谈话缘由与面谕革除各点一一转知同业,并令其各遵规则营业,所有以前一切习惯务必一扫而空,革除尽净,转告之下,全体均愿切实遵守,所指各项旧习,佥谓均应禁革。惟印花一项,应请仍旧,当票规定,凡当本在四元以下,一概免贴印花,自四元以上,无论百元或八十元,只贴印花一分。此项税费,独担则重,分担极微。现在典息仅只两分,已感入不敷出,确无增加一毫负担之能力。况典质十元及数十元者,多系中产阶级,亦非贫苦当户可比。典当收息两分,又为代保火险,待遇之优,从来未有。令其分担一分(铜圆六十文)之微末印花费,实分所应尔。会议结果,全体一致谨遵照典当营业规则办理,绝不例外另取分文。惟印花一项,应即呈请体恤兼顾,仍由当户粘贴。等语,记录在册。伏查所称典息共收两分,无力增加负担,待遇当户之优,为从来未有各节,俱属实情。除分知各典务必恪遵规则营业不得违背外,所有遵谕召集同业转令革除旧习以重功令各情形,理合具文呈报钧府备查。

谨呈

汉口市政府市长吴

汉口市典当业同业公会筹备会

(《湖北省政府公报》第 36 期)

7.(汉口市政府)令汉口市棉业产业公会:据呈为工友屡起纠纷恳函令该管机关出示禁止并附赍交际员名单等情未便照准仰即遵照

(1933 年 12 月 20 日)

呈悉。查各业工会征求会员,应依工会法第二十条之规定办理,业经本府通令遵照在案。该会征求会员,自应遵照办理,所称限制无证章者不得进厂工作一节,显系与法不合,应即取消!至称各厂行每发生非工友掺杂调笑,任意滋扰等情,准由该会随时转商各厂行设法防维,不得径加干涉,致滋纷扰!所请函令布告之处,应毋庸议!此令。

市长　吴国桢

附原呈

呈为工友屡起纠纷,已派员随时维持,拟恳函令各该管机关出示禁止,以重治安,并造具所派职员名单,呈赍鉴核备查事。窃查属会换发证章,业经呈奉钧府义字第一二二七号指令准予备查在案。惟以棉业工友既众复杂,良莠难齐,其遵章领证入会者,虽不乏人,而意存观望者,尚在多数。各花厂行号,不仅每每发生非工友(即流氓地痞)掺杂调笑,任意滋扰,且时有撮贼混入其间,偷窃客货,工目因雇主而攘夺,工友因工作而争闹,轻者发生斗殴,重者酿成命祸,扰乱工商业务,莫此为甚。属会因铲去恶习免除纠纷计,乃派本会会员郭金山、李三合为交际,随时进厂调解或制止,只以员力棉薄,于事未周,不蒙函令各该管机关出示禁止,实难以昭折服,设不限制无证章者不得进厂工作,尤难以分皂白,除分别函请各该花厂行号通知警察协助并通告各男女工友工目遵行外,理合将工友屡起纠纷各缘由,并造具属会所派交际名单,呈赍钧府鉴核备案,并祈函致汉口特三区市政管理局,令行汉口公安局警察第十署布告周知,以重治安而维会务。实为公便。

谨呈

汉口市政府市长吴

汉口市棉业产业公会常务理事　李大煦　李金山　韩春山

(《湖北省政府公报》第 36 期)

8.(湖北省政府)令建设厅、汉市府:准咨为同业公会会员欠缴会费及抗不入会两案已奉院令核准通行遵照等由令仰转饬遵照

(1933 年 12 月 20 日)

案查前据汉口市政府呈,为据该市纱业公会呈报同业不能依法入会,请饬警强制执行一案,法无明文规定,请转咨核复。等情,到府。当经据情咨准实业部咨复,以此案前奉行政院令,已咨立法院核办等因,令知该市政府各在卷。兹准实业部商字第二一八八三号咨开:查同业公会会员欠缴会费及抗不入会两案,前准苏鄂两省政府分咨,并据苏皖两省商会联合会,各县市镇商会及各地各业同业公会,纷纷呈诉。其中或拟请转于法内增订条文,强制入会,或自拟不缴会费之执行办法,请准通行,或请援照商会欠费解释办理。正核办间,复准上海市政府咨,据市商会转据肠业同业公会呈请到部,当经转请行政院咨商立法院设法救济。嗣奉院令准立法院咨复,以此案当经令交本院经济商法两委员会,共同讨论,佥以各同业之公司行号,应加入公会,前经将工商同业公会法第七条加以修正,为同业之公司行号,均应为同业公会之会员,并于二十一年九月十五日奉国民政府公布在案。其他条文,现在毋庸再加修正。至会员欠缴会费,应如何处置?可由实业部将商会法施行细则、工商同业公会法施行细则,酌量情形,妥为修正规定,不必于本法中修增条文,业经本院会议议决,照审查意见通过,相应录案饬遵等由,合行令仰该部遵照办理等因,本部当以会费性质及会员对于会费之法律关系,无论何种团体,皆属一致。司法院对于商会会员欠缴会费曾有解释,工商同业公会会员欠缴会费,似亦可以援用。若于细则中酌量情形,另定办法,则与法律同等效力之解释案相抵触。且细则为命令性质,亦无规定此类事项之可能。除抗不入会一节毋庸再议外,拟以嗣后遇有同业公会会员欠缴会费,得由公会以法人名义,依民事诉讼普通程序,或督促程序,向该会员请求给付之办法,转

行遵照等语,呈奉行政院指令准如所拟办理。除已批答苏省商联会,并分行各省市政府外,相应咨请贵省政府饬属,转令各同业公会、商会、商联会等一体遵照办理为荷！等由,准此。除咨复并令汉口市政府、建设厅转饬遵照外,合行令仰该厅、市府即便转饬所属各同业公会、商会、商联会,一体遵照办理！此令。

主席　张群

(《湖北省政府公报》第 36 期)

9.财政部为汉口市纱业同业公会请免征已纳税之纱布营业税及其他苛捐等情形呈行政院

(1933 年 12 月 22 日)

案奉钧院第五八一〇号训令开:据农村复兴委员会呈:“批汉口市纱业同业公会呈,以湖北省政府重征纱布营业税,请转呈通令免征已纳统税之纱布营业税及其他苛捐,转呈鉴核等情。令仰查核转饬遵办。”等因。查统税系就厂货征收,营业税系对于营业之行为征收,两税性质截然不同,依照国府公布营业税法第一条,“已向中央缴纳出厂税之工厂”,得免征营业税,暨本部颁行解释营业税办法第一项,“凡厂或公司,已纳统税者,各省不得再向其厂或公司征收营业税,但推销贩卖之商行店铺,应仍征收营业税”之各项规定。则已纳统税之货物,一经离开其制造场所,在市场推销贩卖者,既经发生另一营业行为,自应照章征收其贩卖业之营业税。其原有部颁征收营业税大纲暨补充办法,自营业税法公布后,凡与税法规定抵触之条文,皆已失效。至鄂省征收纱布业之营业税,核与中央法令尚无不合。再查营业税为合法之地方税,鄂省现行物品贩卖业税率表,对于经营已纳税之火柴、面粉等业,亦均列入征收,不仅该纱布一业税系原国税之性质,既有区别,前项税率表,又经国府奉部转呈钧院核准备案,该公会自不能援引统税条例第五条之规定,为邀免营业税之理由。至现在纱价之低落,其重要之原因,无非因大量外纱之倾销及人民购买力之薄弱所致,该公会以营业税率加重,为影响营业之借口,自系偏颇之词。本部前以纱业艰危,为减轻商民负担,经规定纱厂收卖棉花原料免征办法,通行各省市一体遵办。此案施行后,使国纱成本稍得减轻,而于纱业自身之进展,当亦不无裨益。该公会所请通令免征纱布营业税一事,核与法令事实,均有未符,应请毋庸置疑。至所请废除其他苛捐一节,除由本部转令湖北财政厅查明核办具复,再凭呈复外,兹奉前因,理合先行具文呈复鉴核。

谨呈

行政院

财政部长

10.演词汇记:汉口市商会主席陈经畬惠词

(1933 年 12 月)

现在世界各国工商业最发达,我国则瞠乎其后,近年国难频仍,又复遍受天灾人祸,此为重大原因,今年虽较去年佳,但工商业者之本身,当加以努力,不能专靠他动力量帮助也。更当知自己帮助自己,力量更大,则各业之需要互相联络,以求充实自己力量,自不待言。贵会成立五年,过去成绩甚佳,如组织技术委员会,设立函授学校,发行季刊等等皆是。今日聚首一堂,对于尚待进行之商业合作,消费合作,以及筹设业银行各事业,必能进一步的,求事实上之表现,则不仅本身赖以发达,而协助政府,亦为不渺也。跂予望之!

(《电业季刊》第 4 卷第 1 期)

1934 年

1 月

1.(汉口市政府)据呈为拟于二十三年三月一日起检查新衡器请令该会转饬各业公会通知各同业期前购用新器等情仰转饬照办令汉口市商会

(1934 年 1 月 5 日)

案据本市度量衡检定分所呈称,查盐务海关改制度量衡器日期,前经呈请实业部全国度量衡局令饬下所,以便进行在案。兹奉度字第五八五七号指令内开:呈悉。查此案本局前奉实业部工字第七八三七号训令开:案准财政部关字第九一八零号咨开:为咨复事,案查关于改用度量衡新制一事,迭准贵部咨请转饬所属各机关,一体实行,以资提倡。惟本部所属各机关,普及全国,使用旧器,沿习已久,若令改行新制,非予以充分之准备,不足以利推行,而归一律。兹定本部所属各机关,筹备期间为六个月,即自本年八月一日起,迄二十三年一月三十一日为止,所有各该机关,在此期间以内,关于改置新制器具,编定折合定率等事,业已令饬各该机关,赶速筹备妥当,务于二十三年二月一日起,一体实行度量衡新制,不得有所延误。相应咨请贵部查照。等因,准此。合行令仰知照此令。等因,奉此。除分别咨令外,仰即转饬一体知照此令。等因,奉此。查本市民用新制衡器,曾经市商会呈准钧府自十月一日起,开始换用。惟检查期限,俟部令海关盐务改用新制衡器一个月后,再行执行。等因,令饬遵照在案。兹奉前因,所有本市民用新制衡器,自应遵照成案,于明年三月一日起,开始检查,用资督促。惟查实际情形,本市使用衡器各户,遵令自十月一日起,开始换用新制者,实属寥寥。现在衡器检查日期,为时既促,综计全市用户,所需新制衡器,又非少数,若于检查期前,不购置齐备,一届实行检查之日,势必临渴掘井,供不应求,以云换用,何啻空谈。本所有见及此,拟请钧府迅令市商会,转各同业公会饬属于检查期前,切实购备新器以便届期检查顺利,而免纠纷。是否可行,理合具文呈请钧长鉴核转饬遵行。等情,据此。除指令外,合行令仰该会即便转知各业公会通饬各该同业商店于检查期前,切实购买新器为要。此令。

市长　吴国桢

(《湖北省政府公报》第 37 期)

2.行政院为汉口市纱业同业公会请免征纱布营业税令湖北省财政厅(附湖北省财政厅呈)

(1934 年 1 月 6 日)

案查前奉钧院第五八一零号训令开:据农村复兴委员会呈“据汉口市纱业同业公会呈,以湖北省政府重征纱布营业税,请通令免征及其他苛捐”。等情,令仰查核转饬遵办等因。查此案关于该公会呈请免征纱布业营业税一节,业由本部据案呈请毋庸置疑,至所请废除其他苛捐,经令行湖北省财政厅查明核办,并分别呈复各在案,兹批该厅复称,遵查鄂省自裁厘金云云。殊属毫无根据,理合将鄂省照章只缴纱业营业税,并无其他苛捐情形,呈复鉴核等情。除指令外,理合据情呈复仰祈鉴核。谨呈。

行政院　财政部长

令湖北省财政厅呈一件为鄂省照章只征纱业营业税并无其他苛捐情形请鉴核由

呈悉。仰祈据情转呈行政院查核。此令。

附:湖北省财政厅厅长为照章只征纱业营业税并无其他苛捐情形呈财政部

案奉钧部赋字第一五六八号训令:“以奉行政院训令,转据汉口市纱业同业公会呈称,湖北省政府重征纱布营业税请通令免征一案。除关于该公会呈请免征纱布业营业税一节,已由本部据案呈复行政院毋庸置疑外,至所请废除其他苛捐,仰由该厅转饬查明核办,具复察夺,以凭转呈。”等因,抄发汉口市纱业同业公会原呈,暨本部呈复行政院文各一件,奉此。遵查鄂省自裁厘后,改征营业税以来,只向凡在本省境内以营利为目的之各种营业人,照章征收营业税,纱业事同一律,并未于征收营业税之外,另收其他任何税捐。该公会所请废除其他苛捐一节,殊属毫无根据。奉令前因,理合将鄂省照章只征纱业营业税,并无其他苛捐情形,具文呈复钧部鉴核。

谨呈

财政部长孔

湖北省财政厅厅长　贾士毅

3.对于平汉运价及营业税整卖等问题呈省府文

(1934 年 1 月 10 日)

呈为呈请事,窃维汉口居长江上游之地,轮轨交通,商务向称繁盛。自民国十四年湖北官钱票停兑于先,民国十六年现金集中于后,金融紊乱,达于极点,以致各业胥受其影响,市面大异于从前。加以频年之□□肆虐,前岁之大水为灾,商业萧条,几有一落千丈之势,现在匪患虽渐告肃清,而市面仍未见繁荣,揆厥原由,固非一端。而平汉铁路运价之有失均衡,及本省营业税率之急待改善,此二者实为切要之问题,有不得不恳请钧座之力予设法维持者。经畲昨于晋谒时,业经面陈梗概,已荷乘察,谨再将其中详细情形为钧座陈之。查平汉铁路在民国十六年以前所订各货运价,尚称平允,自后则年有增加,而加又复数倍,当有同一物品,同一路程,由平汉路装运往来者,较之津浦、陇海两路所订各货运价,高至百分之八十及百分之百不等。在运价既有相形见绌之处,在运商自生避重就轻之心,以致豫省出产各土货,向之由平汉路运汉而改装出口者,今已改由陇海路东运入沪矣。至其进口之货,亦由沪载浦,再装陇海各路,直运豫晋陕陇等省矣。长此以往,不惟汉市失货物运输之利,而平汉路每年之收入,势必逐渐减少,可断言者。属会曾据粮食等业公会来函具陈前情,业经呈蒙汉口市政府转呈钧府咨达铁道部,请将平汉运价,酌予减轻有案。惟部复犹待核议,而实行尚属无期,应请钧府迅赐向部力争,须将平汉路运价,与陇海、津浦两路,一律平等,以利商运,而恤商情,此不能不仰恳钧座之力予设法维持者一。又查民国二十年全国裁撤厘金,举办营业税项,事关通案,允应遵行,惟本省原订征收章程,对于整卖业与零卖业完税办法,本有不同,系规定凡属于批发整卖者,其营业税率得按定章减半征税,开办之初,尚称便利,嗣后修改章程,竟将此条取消,致与零卖业同等缴税,待遇显有不平,商贾相率他徙。盖以整卖商号,其货物完全以销售外省为目的,若本市税率加重,则成本高而售价自当较巨。在外省客商欲买价廉之货,势必舍汉口而向无税或税轻之省埠购办,则本市之货,仅赖本市之销售,不惟市面难期其繁荣,将恐愈趋愈下,即现状亦不易维持矣。前据各该业代表陈述痛苦,曾经属会函请财政厅转呈钧府,曲赐体恤,准予仍照旧章分别征税,只以未蒙采纳,遂至无法筹维,市面萧条,良有以也。为今之计,应请钧府俯察前情,转饬财政厅准将关于整卖业之应完税率,或仍照旧办理,或再核议减轻,庶足以广招徕而维市面,此不能不仰恳钧座之力予设法维持者又一。以上所陈,系就汉市目前之所需要,而为众商之迫切请求者。仰揆恤商爱民之意,必蒙兼筹并顾之施,理合具文呈请钧府,俯赐鉴核,批示祇遵!

(《汉口商业月刊》第1卷第1期)

4.为请修正民法债篇第六百八十一条条文呈行政立法院文

(1934年1月10日)

呈为呈请事,窃维国家立法,贵得其平,而商业行为,重在习惯。良以人事往还之共通原则,既已养成社会普通之习惯,即法学名词上所谓不成文法,其安定社会之秩序,促进人群之幸福,较之成文法律,效用尤为显著。若立法精神,未能顾虑及此,则无异闭门造法,不合国情,法律自法律,习惯自习惯,扞格不入,终等法律于具文。若欲强而行之,即足以使社会含有历史性之巩固组织,发生全部动摇,其危险现象,实有不堪设想者矣。如现行民法债篇第六百八十一条"合伙财产不足清偿债务时,各合伙人对于不足之额,连带负其责任"之规定,是其一类也。查我国商店之组织,独资营业,最居少数,除通商大埠之新式企业,间有采用公司制度,集股成立外,其余普通商店,类皆合伙组织而成,其组织条件,以互订合伙契约为据。凡关合伙人每人所认之股额,以及盈则按股均分,亏则按股分担之,权利、义务均须逐项载明,如日后发生对外债务之责任,即以此为分配之标准。倘合伙人中之一,或一人以上有资产不足清偿合伙债务时,其他合伙人亦只根据契约,按股分负其偿还责任而止,此种合伙制度之习惯,相沿已久,实已成为全国商场普通之则例,亦即权利、义务平等对待之真精神也。今该项条文与合伙营业之原有习惯,相去甚远,在立法当局之意,无非为维护债权起见,然债权固当维护,而合伙债务之全体,尤须于其相互间之利害关系,平情考虑,明分责任,方为允当。乃依该项条文之限制,则合伙人因一部分事业之失败,须负连带责任之额外损失,甚至举全部财产以相殉,事之不平,孰有甚于此者。况合伙营业,原属契约行为,其营业所获之盈余,合伙人只能照约享有按股均分之权利,而对外债务,契约不足为据,应依该项条文之规定,连带负其责任,揆诸法律平衡之义,尤有未当。似此推行,则旧有合伙营业之商店,各合伙人势必计较利害,纷纷求退,避免无限责任,以图无累于将来。而重新组织,征求合伙,又以法律之限制甚严,契约之根据无效,更无不顾本身利害之人,轻于尝试。由是合伙营业,绝迹市场,商业前途,益见衰替。此不惟阻碍个人经济发展之机会,而国家实业之建设,社会生活之技能,均将受其莫大之影响。敝会代表商民,利害切己,群情惶惑,未敢壅于上闻,理合备文呈请钧院,俯赐察核,准予咨请,据情修正该项条文,容纳按股分担之习惯,俾旧有合伙营业之组织,得有法律之保障,而商业经济,日进繁荣,不胜翘首待命之至!

(《汉口商业月刊》第1卷第1期)

5.请一致力争修正民法债篇第六百八十一条条文致北平等市商会函

(1934年1月10日)

径启者,案查本会前以民法债篇第六百八十一条,载有"合伙财产不足清偿债务时,各合伙人对于不足之额,连带负其责任"之规定,不合商情,备文分呈民国政府行政院、立法院,请求修正一案。旋奉立法院秘书处函开:"径启者,奉院长交下来呈一件,为请修正民法债篇第六百八十一条,容纳按股分担之习惯,俾旧有合伙营业之组织,得有法律之保障。等情,奉批。交民法委员会参考,等因。除照交外,相应函达查照"。又奉行政院批开:呈悉。已据情咨请立法院核办矣。仰即知照。此批。各等因,奉此。查此案关系重大,非群策群力,恐难达到请求之圆满目的,为此抄录原呈,函达贵会,请烦查照,据理力争,实纫舟谊!

(《汉口商业月刊》第1卷第1期)

6.为争修正民法债篇条文复重庆市商会函

(1934年1月10日)

径复者,顷准贵会函,以民法规定合伙营业,不合商情,请求补充条文,希即一致主张,以资救济。等由,准此。查此案已由敝会于八月十八日备文分呈国民政府行政院、立法院,请求修正民法债篇第六百八十一条,以符法律平等之原则,并先后奉批,准转交院会核办参考,各在卷。兹准前由,相应抄同呈文原稿,函复贵会,请烦查照,是荷。

(《汉口商业月刊》第1卷第1期)

7.为争修正民法债篇条文复全国商联会函

(1934年1月10日)

径复者,顷准贵会代电以准重庆市商会请求修正民法六百八十一条合伙债务连带责任一案,嘱为共同主张。等由,准此。查此案本会曾于八月十八日备文分呈国民政府行政院、立法院,请求修正,并先后奉批转交院会参考核办,各在卷。兹准前由,相应抄同呈文原稿一份,函复贵会,请烦查照,是荷!

(《汉口商业月刊》第1卷第1期)

8.为争修正民法债篇条文致本市各同业公会函

(1934年1月10日)

径启者,案准国民政府行政院秘书处函开:“奉院长论,前据汉口市商会,长沙市商会,先后来呈,请修正民法债篇第六百八十一条一案,均经咨询立法院核办,并批示在案。兹准立法院咨复,已交据审查报告,毋庸修正。至合伙组织,可另定商业登记法,以为补救等由,着即函知汉口市商会,暨长沙市商会等由。除分函外,相应抄同原件,函达查照”。等因,计抄送立法院咨文一件,准此。查民法债篇第六百八十一条,不合商情,且失立法平衡之义,实施之后,足以使旧有合伙组织之商店,完全崩溃。敝会前呈原文,言之甚详,早经函附查阅,谅有同感。兹准前因,借悉立法院对于该条原文,否准修正,仅准另定商业登记法,以为补救。夫既曰补救,则亦视该条文实多缺憾,未能适合商情明矣。但拟补救之商业登记法,关系该条法文甚巨,如无确切规定,则空言无补,贻害尤深。经于上月二十七日提出常务会议报告,佥以案关重要,应即函请全国商会联合会,呈请立法院要求议及此案时,须得商业最高团体之同意,方资补救,并分函各省市商会,一致力争。等语,记录在案。除分函外,相应抄同原件,函达贵会,请烦查照,一致据理力争,以期法律之平等,而免商业之摧颓,实纫舟谊!

(《汉口商业月刊》第1卷第1期)

9.为闽变致福建当局电

(1934年1月10日)

福州蒋主席光鼐、蔡总指挥廷楷(锴)勋鉴:顷阅报载,陈铭枢先生等在闽另揭旗帜,期与中央政府为难。值此外患方殷,国亡无日,全闽滨海,逼处强邻,苟有异图,动遭威胁,诸公纵不为国家存亡计,独不为本身利害计乎?十九路军抗日血战,中外蜚声,救国热忱,见诸事实。伏乞主持正义,动阻进行,共懔覆巢卵之危,免为东北四省之续,悬崖勒马,转念为安。临电涕零,无任痛祷!汉口市商会暨本市各业同业公会同叩·漾。

(《汉口商业月刊》第1卷第1期)

10.汉口市商会章程

(1934年1月10日)

第一条　本会依照国民政府商会法第五条之规定组织之,定名为汉口市商会。

第二条　本会以图谋工商业及对外贸易之发展,增进工商业公共之福利为宗旨。

第三条　本会以旧有汉口总商会所有之会址为会址,并继续管有其一切动产与不动产及公物账项。

第四条 本会之职务如下：
一、筹议工商业之改良及发展事项；
二、关于工商业之征询及通报事项；
三、关于国际贸易之介绍及指导事项；
四、关于工商业之调处及公断事项；
五、关于工商业之证明及鉴定事项；
六、关于工商业统计之调查编纂事项；
七、得设办商品陈列所、商业学校或其他关于工商业之公共事业，但须经主管官署之核准；
八、遇有市面恐慌等事，有维持及请求地方政府维持之责任；
九、办理合于商会法第一条所揭宗旨之其他事项。

第五条 本会得就有关工商业事项建议于中央或地方行政官署，对于中央或地方政府或其他公共机关，关于工商业事项之调查或咨询，有答复之义务，并有接受政府委办事项之义务。

第六条 本会会员分下列两种：
一、公会会员；
二、商店会员。

前项会员均得举派代表出席本会，称为会员代表。

第七条 会员有遵守本会章程与服从本会，决议案之义务。

第八条 会员代表有提议权、表决权、选举权及被选举权。

第九条 凡愿加入本会者须先向本会登记给予凭证。

第十条 会员代表以在本区域内经营商业之中华民国人民年在二十五岁以上者为限。

第十一条 公会会员举派之代表由各该公会会员大会举派之，给以委托书并通知本会。

第十二条 公会会员举派之代表额，应就各该公会所属商店之使用人综合计算之。前项代表每公会举派之一人，但其最近一年间之平均使用人数超过十五人者，就其超过之人数，每满十五人得增加代表一人，惟其代表人数至多不得逾二十一人。

前项使用人数应由各公会先就其已经加入公会各同业商店逐一查明列册，报告本会一面，并将未曾加入公会之各同业商店另造一册送会备查。

第十三条 商店会员每店得举派代表一人。其最近一年间使用人数如超过十五人时，按照本章程第十二条增加之，但至多不得过三人。

第十四条 第十二、十三两条所规定之代表资格，以本身现在经营商业或有本章程第十六条之资格为限。

第十五条 公会举派代表超过一人以上时，应就所雇商业使用人较多之商店中举派之。

第十六条 凡本章程所称商业使用人，以经理伙友及直接在营业所服劳务者为限。

第十七条 有下列情事之一者不得充本会会员代表：
一、褫夺公权者；
二、有反革命行为者；
三、受破产之宣告尚未复权者；
四、有精神病者；
五、无行为能力者。

第十八条　会员代表得由原举派之公会会员或商店会员随时撤换之。但已当选为本会职员者非有依法应解任之事由,不得将其撤换。

第十九条　会员代表丧失国籍或发生第十七条各款情事之一者,原举派之会员应撤换之。

第二十条　会员代表有不正当行为,致妨害本会之名誉信用者,得以会员代表大会之决议将其除名。并通知原举派之公会或商店,受除名处分之会员代表自除名之日起三年以内不得充任会员代表。

第二十一条　本会执行委员由会员大会就会员代表中用无记名选举法选任执行委员十五人,组织执行委员会,候补执行委员七人;监察委员七人,组织监察委员会,候补监察委员三人。

前项候补执行委员及候补监察委员未递补前不得列席会议。

前项执行委员会及监察委员会办事细则另定之。

第二十二条　本会执行委员选出后由执行委员会中互选常务委员五人,再由常务委员会中互选主席一人,总理一切会务。

第二十三条　执行委员及监察委员任期均为四年。每两年改选,半数不得连任。

前项第一次之改选以抽签定之,但委员人数为奇数时,留任之人数得较改选者多一人。

第二十四条　常务委员有缺额时,由执行委员会就执行委员中补选之,其任期以补足前任任期为限。

第二十五条　执行委员及监察委员均为荣誉职。

第二十六条　委员有下列各款情事之一者应即解任:

一、因不得已事故,经会员大会决议准其退职者;

二、旷废职务,经会员大会决议令其退职者;

三、于职务上违背法令、营私舞弊或有其他重大之不正当行为,经会员大会决议令其退职者,或由实业部或地方最高行政官署令其退职者;

四、发生商会法第十三条各款情事之一者。

第二十七条　会员大会闭会后以执行委员会为最高机关,其职权如下:

一、处理日常会务;

二、执行会员大会决议案;

三、召集会员大会之常会及临时会议;

四、对于会员大会常会报告会务;

五、执行政府颁定法律上所规定之一切职务;

六、遇有重大问题不能解决时须提交会员大会。

第二十八条　监察委员会之职权如下:

一、审查本会预算决算;

二、遇必要时得函请执行委员会召集临时委员大会。

第二十九条　本会因事务之繁简得置各项办事员,其名目、人数、薪资由执行委员会议定后提交会员大会通过之。

第三十条　会员大会分定期及临时会议两种。定期会议每年开会一次,临时会议于执行委员会认为必要时,或经会员代表十分之一以上之请求,或监察委员会函请召集时召集之。

第三十一条　会员大会之决议以会员代表过半数之出席代表过半数之同意行之。出席代表不满过半数者得行假决议，将其结果通告各代表，于一星期后、二星期内重新召集会员大会，以出席代表过半数之同意对于假决议行其决议。

第三十二条　下列各款之决议以会员代表三分之二以上之出席，出席代表三分之二以上之同意行之。出席代表逾过半数而不满三分之二者得以出席代表三分之二以上之同意行假决议，将其结果通告各代表，于一星期后、二星期内重新召集会员大会，以出席代表三分之二以上之同意对假决议行其决议：

一、变更章程；

二、会员或会员代表之除名；

三、职员之退职；

四、清算人之选任及关于清算事项之决议。

第三十三条　召集会员大会应于十五日前通知之，但有第三十一条、第三十二条之情形或紧急事项召集临时会议时不在此限。

第三十四条　执行委员会每月开会二次，监察委员会每月开会一次。

第三十五条　本会经费分下列两种：

一、事务费：由会员比例于其所派代表之人数及资本额负担之。比例方法如下：(一)凡属公会会员入会时，每一会员除照缴登记费一元外，其按年认缴之事务费，即照本会旧例分甲乙丙丁戊五等。甲等三十元，乙等二十四元，丙等十八元，丁等十二元，戊等六元，由各公会会员各按其资本额分必然担任之。(二)凡属商店会员入会时，每一会员除照缴登记费一元外，其按年认缴之事务费，即照本会旧例于前列五等之外，特别担任以六十元为起点之数。

二、事业费：由会员大会决议筹集之。

第三十六条　本会经费之预算决算及事业之成绩，每年编制报告经监察委员会审查后刊布之，并分呈汉口市政府暨实业部备案。

第三十七条　本章程如有未尽事宜依照本章程第三十二条修改之。

第三十八条　本章程呈请汉口特别市党部及汉口市政府批准后实行，并呈实业部备案。

（《汉口商业月刊》第1卷第1期）

11.汉口市商会会员大会会议规则

（1934年1月10日）

第一条　本会议由全体会员代表组织之。

第二条　本会议分三种如下：

一、定期会，每年于六月中由执行委员会定期召集之；

二、临时会，于执行委员会认为必要时或会员代表十分之一以上之请求或监察委员会函请召集时召集之；

三、谈话会，遇有重要事件发生不及召集会员大会时得以由执行委员会函请各公会主席暨商店会员代表开谈话会，协商办理后提交下次会员大会追认之。

第三条　本会会期定为七日，遇必要时得延长之。

第四条　本会会议应由执行委员逐将应行报告及提议各事项编列议事日程，先期印刷分送各会员代表。

第五条　会员代表提议事项须有十人以上之连署,于会期前五日送会,编入议事日程。

第六条　会议日会员代表须携带各该公会或商店所给委托书,到会签名换领出席证。

前项出席证应载明年月日第几次会议及各该公会会员代表姓名。

第七条　会议日由常务委员组织主席团轮流主席。

第八条　会议日,主席团查点出席会员代表,满足法定人数时即宣告开会。

第九条　会议时除邀请或特许列席者外,不许旁听。

第十条　会议时会员代表非经主席许可,不得无故退席。

第十一条　会议时遇有关于会员代表本身问题,得由主席令其退席,至该案议毕后回复之。

第十二条　无论何人于会议时,不得移坐交谈或高声喧嚷。

第十三条　讨论案件同时不得有二人以上之发言。

第十四条　凡欲发言者必先起立,向主席声请,并报告列席号数及姓名,始得发言。

第十五条　二人以上请发言时,主席认先起立者先发言,同时起立者则依主席所指定。

第十六条　会员代表于同一议题发言不得过两次,每次以十分钟为限,但质疑应答或唤起注意不在此限。

第十七条　凡发言不得出议题以外,并不得有攻击个人之言论。

第十八条　会员代表如有临时动议或变更议事日程,须声请主席宣告,有十人以上之附议,始得讨论,但主席认为必要宣告变更议事日程时不在此限。

第十九条　讨论案件遇有发生争议时,主席得制止之。

第二十条　讨论案件认为有审查必要时,得公推代表审查之。

第二十一条　审查案件须由审查委员会提出报告书,连同原案并案讨论。

第二十二条　讨论终结经主席宣告后,无论何人不得再就议题发言。

第二十三条　执行决议时须由主席揭示应行决议之题旨,表决之方式,检查可决人数之多寡,宣告可否之结果,可否同数取决于主席。

第二十四条　本会决议案执行委员会应执行之。

第二十五条　会议记录由主席团签署并摘要于下次会议宣读之。

第二十六条　本规则如有未尽事宜,得由执行委员会提请大会修改之。

(《汉口商业月刊》第1卷第1期)

12.汉口市商会执行委员会办事细则

(1934年1月10日)

第一条　本细则依本章程第二十一条之规定订定之。

第二条　本会依本商会章程第四条各项之规定及会员大会之决议行使职权。

第三条　本会每月开定期会二次,于每月五日及二十日由常务委员会召集之。

第四条　本会常务委员会认为必要或委员三人以上之请求或监察委员会之函请时,得召集临时会。

第五条 本会遇有重要事件发生,得依照会员大会会议规则第二条第三项之规定办理之。

第六条 本会决议以委员过半数之出席,出席委员过半数之同意行之,可否同数取决于主席。

第七条 会议日如委员因事不能出席,须在会期前具函请假。

第八条 会议日应由常务委员会将应行报告及提议各事项编列议事日程,先期分送各委员。

第九条 会议时应依议事日程之顺序逐案讨论,但主席认为必要或委员动议经三人以上附议时得变更之。

第十条 本会会议遇必要时,得请监察委员列席,但无表决权。

第十一条 决议事项交常务委员会办理之。

第十二条 本会日常事务由常务委员会随时处理,于每星期开会撮要报告之。

第十三条 本会一切收支,应依会计年度编制预算,提交会员大会公布施行,并送监察委员会备查。

第十四条 每届会计年度期满新预算尚未成立时,得暂依上年度预算开支。

第十五条 本会因事实之必要,得设各项专门委员会共组织,通则另订之。

第十六条 本会对外以主席为法定代表人。

第十七条 本会对内对外一切文件由主席署名,以本商会之名义行之。

第十八条 本会常务委员会办事细则,由常务委员会提交本会审定之。

第十九条 本细则经本会通过施行,修改时亦同。

(《汉口商业月刊》第 1 卷第 1 期)

13.汉口市商会常务委员会办事规则

(1934 年 1 月 10 日)

第一条 本规则依执行委员会办事细则第十七条之规定订定之。

第二条 本会依本商会章程第二十三条之规定及执行委员会之决议行使职权。

第三条 主席及常务委员每日须到会办公。

第四条 常务委员分任职务如下:

一、总务:关于文书庶务、统计调查及不属于其他各事项。

二、经济:关于会计、出纳及保管财产等事项。

三、设计:关于改良、建设、实业、教育之各项计划及商品陈列等事项。

四、宣传:关于出版、编辑、交际、调理、提倡国货等事项。

第五条 常务委员对于各分任之事务应负责办理。

第六条 本会因处理一切会务,得设办事处,分别雇各项人员,分职办事,其办事细则另订之。

第七条 办事处各项办事人员均为有给职,其名额、薪金另案规定之。

第八条 本会收受一切档经主席查阅后,分别性质,交由分任委员核办。如含有两种以上之性质,须由各该有关系之分任委员会商办理或提交常务会决定之。

第九条　分任委员核办案件，遇有碍难时，得提交常务会处理之。

第十条　本会会议每星期二、五日举行，临时会务定次，由主席召集之。

第十一条　本会会议适用执行委员会办事细则第六条之规定。

第十二条　分任委员拟办之案件，批交办事处办理之。

第十三条　办事处按办之文件或报告，由主席签署行之。

第十四条　凡例行存查或简单案件，得由主席分别批办之。

第十五条　本会处理日常事务，须逐次撮要报告于执行委员会。

第十六条　本会办理执行委员会之决议，遇有窒碍时得声请复议。

第十七条　遇有紧要事项，得召集执行委员会临时会决议之。

第十八条　主席因事请假，须请常务委员代理之。

第十九条　本细则经本会通过施行。

第二十条　本细则如有未尽事宜，得随时修改之。

（《汉口商业月刊》第1卷第1期）

14.汉口市商会办事处规则

（1934年1月10日）

第一条　本规则依本会常务委员会办事规则第五条之规定订定之。

第二条　本处分设职员如下：

一、秘书一人，总理一切文件；

二、助理秘书二人，分任拟稿及整理各项会议之记录，并辅助秘书办理一切事务；

三、理事员一人，担任会员注册、商事咨询及调核纠纷各事宜；

四、会计员二人，分任出纳账目，保管银钱、证券、财产、地契据及编造预算决算各事宜；

五、庶务员一人，担任清洁会所、购置设备、支配雇工及其他区一切杂细事宜；

六、交际员一人，担任招待应接及对外一切交际事宜；

七、收发员一人，担任一切公文收发事宜；

八、管卷员一人，担任保管案卷及监印各事宜；

九、调查员一人，担任工商一切调查事宜；

十、统计兼记录员一人，担任工商统计、登记表册及各项会议记录事宜；

十一、缮校员五人，分任缮写校对各项文件事宜；

十二、因事务之繁冗，得临时酌设助理员若干人。

第三条　本处各项办事人员，均直接受常务委员会之指挥。

第四条　本会每日所收文件，须摘有编号汇送秘书清理之。

第五条　各项文件经秘书清理后送主席核阅。

第六条　主席暨常务委员批办之文件，交由秘书转分助理秘书拟稿，其重要文件得由秘书起草。

第七条　拟就文稿由秘书核送主席判行。

第八条　缮发文件须录有编号，其底稿应随时归档。

第九条　重要文件在未经主席查阅或常务委员会之讨论前应秘密之。

第十条　拟核稿件及缮校人员,各须于其承办稿面加盖私人之印章。

第十一条　各项会议之前,承常务委员会之命,应将提议及报告各事项编列议事日程,连同开会传单分送与各该会议之委员,但常务会议得省略之。

第十二条　各项会议须由助理秘书一人料理议案,并得为重要文件之宣读。

第十三条　各专委员办事细则则由各该专委员会自定之,但须送请执行委员会备案。

第十四条　本会支用款项须主席及分任经济委员之签署,但额支经费或在五元以下之临时开支,遇有紧急需要时,得由会计员支给后送请补签。

第十五条　会计员对于本会一切收支,须每月造报一次,年终汇报一次。

第十六条　本处办公时间:春冬两季,每日自上午九时起至下午六时止;夏秋两季,每日自上午八时起至下午五时止。但于各项会议之当日或有紧要事件得延长之。

第十七条　本处设置签到簿,各项职员均须按时签到。

第十八条　签到簿每月送由常务委员会考勤一次。

第十九条　星期及法定之纪念日均得休假一日,但星期休假须有拟稿、缮校各一人轮流值日。

第二十条　各项职员如因事请假须条书事由,交由秘书陈明主席或常务委员许可后,托人代理方得离会。

第二十一条　本细则经执行委员会通过施行。

第二十二条　本细则如有未尽事宜,得由常务委员会提议修改之。

(《汉口商业月刊》第 1 卷第 1 期)

15.汉口市商会监察委员会办事细则

(1934 年 1 月 10 日)

第一条　本细则依本商会章程第二十一条之规定订定之。

第二条　本会依本商会章程第二十八条之规定行使职权。

第三条　本会行使职权,一切以会议行之。

第四条　本会委员每日须有一人值日,每星期轮换一次。

第五条　本会会议于每月二十二日举行一次,由值日委员召集之,如有委员三人以上之提议,得召集临时会。

第六条　本会会议须由委员过半数之出席,临时互推一人为主席,以出席过半数之同意决议一切事项。

第七条　本会委员对于执行委员会或常务委员会执行职务,认为有应行纠正之事项,得随时提出于会议决定之。

第八条　本会委员经执行委员会之函请,得列席执行会议,有发言无表决权。

第九条　本会因行使执行监察职权,认为必要时得函请执行委员会召集会员大会临时会。

第十条　本会委员于会议时因事不能出席,须在会期前具函请假。

第十一条　本会举行会议时,得由常务委员会指定办事员一人,担任记录及照料其他一切事务。

第十二条　本细则经本会通过施行。

（《汉口商业月刊》第 1 卷第 1 期）

16.汉口市商会各项专门委员会组织通则

（1934 年 1 月 10 日）

第一条　本细则依本会执行委员会办事细则第十五条之规定订定之。

第二条　本会设各项专门委员会（以下简称专委会）如下：

一、提倡国货委员会；

二、提倡节约委员会；

三、统计调查委员会；

四、调处公断委员会；

五、劳资调协委员会。

第三条　除前条规定者外，如有增设之必要，得由常务委员会提交执行委员会决议组织之。

第四条　各专委会委员之名额，自五人至十五人，由执行委员会分别酌定之。

第五条　各专委会之委员，除由执行委员分任并指定一人为主任外，得由常务委员会就会员代表中开具名单，提交执行委员会决议聘请之。

第六条　各专委会所任之事务，以会议行之。

第七条　各专委会之会议，以委员过半数出席，出席过半数同意为有效。

第八条　各专委会每月须开会一次，由主任委员召集之，但受执行委员会及常务委员会之委托，得随时召集临时会。

第九条　各专委会会议所得之结果，须报告于常务委员会。

第十条　各专委会得随时建议于执行委员会及常务委员会。

第十一条　各专委会决议事项不得出各该所任职事务范围及本会委托事件以外。

第十二条　各专委会不得以其名义对外。

第十三条　各专委会办事细则由各该专委会自定之，但须送请执行委员会备案。

第十四条　本通则经执行委员会通过施行。

（《汉口商业月刊》第 1 卷第 1 期）

17.本会各同业公会会员及商店会员本届代表名单

（1934 年 1 月 10 日）

（一）同业公会会员

银行业：徐承欢、王克栽、方桐滋、戴正善、董明藏、黄卓如、张幼之、杨时泰、赵祖武、胡莘、张思诚、沈诵之、葛之干、张承谟、连饬甫、杨季谦、甘助予、洪式衡、童寅、苏仲愚、余砥澄

钱业：李德齐、曹延祥、叶苑芗、李养和、金辅卿、李仙洲、王溥澄、余晓浦、汪石峰、康步云、汪信夫、余凌霄、李聘侯、邱楚卿、萧宝珊、汪柏山、朱澹园、朱皋扬、杨宝初、萧和卿、闵抚元

绸缎业：徐炽卿、宋诚哉、张诚斋、孙农轩、邱竹青、张钦生、沈坤甫、吴佩卿、李慕白、桑玉农、毛瑞卿、张敬之、马捷五、吴映波、冯仲卿、贾如汉、倪少溪、蒋葆卿、余树青、陶敬仁、方英时

纱业：朱松珊、潘用五、焦吉庵、周衡卿、黄丽生、李焕诚、聂咏芹、方圣澄、杨吉庵、程栋臣、陈季荷、刘少斌

布匹店业：余服民、陈秀峰、李纯卿、吴利锋、赵勤斋、叶璧如、萧泽如、李叔衡、徐和卿、李少候、孙贻丞、张少泉、吴履卿、高云甫、邹绍宾、雷蓝田、刘竹坪、周绍卿、金仁斋、高俊峰、周元臣

海味糖盐业：何文炳、陈钟彝、刘仲材、金虞卿、董练予、王春华、袁钦臣、郑廷扬、周鸿卿、程赓三、黄幼云、胡鼎华、姚仲时、杨砚臣、王茂泉、余少潘、张怀勖、金庭杰、郑君维、舒南波、洪雪候

国际贸易业：文昆山、钱心如、杨志清、胡锦堂、曹晓梅、姜德田、黄厚卿、唐舜宾、孙啸虎、梁雇庭、王蔼臣、马圻源、闵绍骞、马承康、项少先、吴伯南、姚企唐、刘心如、庞梓青、仵禹九、张性人

茶叶行业：朱瑞峰、程源廷、车绩堂、张仲丞、齐贤才、易礼堂、吴炳熙、汪绳武、何子钧、秦润田、车润生、王少山、谢汉丞、齐俊夫、车宪章、汪元麟、程佑卿、王锦堂、苗勃庭、向仁山、向俊卿

旅栈业：王静斋、高伯常、张春山、殷裕山、徐子祥、樊燮堂、戴芹甫、杜锡瑞、刘昌、路云生、孙芾棠、刘云卿、纪华廷、席少渔、李福廷、张庆堂、丁竹卿、胡国斌、刘楚卿、朱子江

棉花行业：姜石泉、彭演哉、余海平、王书田、邱楚乔、夏鑫珊、方仲琪、王焕庭、叶可亭、高干卿、吴克坤、刘少安、汪少堂、艾锡五、李建堂、杨琨珊、张聘三、方子凌、龚藻棠、赵森阶、罗子玉

华洋百货业：陈经畬、张益三、韩荫棠、叶叔勋、刘庆馀、钟益亭、吴如川、王仲三、沈云亭、冯良臣、张椿乔、李耀南、丁文轩、喻瑞卿、张荣甫、汪彤美、刘楚卿、金星城、刘昆山、李韶清、毕凤池

中外纸业：邬维英、王春林、冯宾森、沈盛甫、蓝熙周、萧竹君、龚焕章、柳仲明、余选臣、断汉清、曹心田、朱少田、冯积善、李福斋、刘荣卿、柴志官、盛梣楧、郑惕山、朱怀清、韩茂之、屠康才

棉花出口业：林德麟、朱苏吾、汪柳桥、黄少山、田炳臣、赵松如、郑向阳、绍绣齐、张森祥、答作汉、周塄卿、熊濂溪、胡泽黎、徐赓源、刘士嘉、程赞卿、徐菊堂、顾鹤卿、李雨亭、黄汝舟

杂货店业：傅清波、曹云陔、王泽安、丁良臣、杨福堂、胡永祯、严佑卿、周德滋、万镒甫、梁舜臣、吴辅廷、徐松山、马云程、胡耀廷、王汉臣、应秀卿、舒静山、毛兼承、徐仲宣、王功甫、钱黎卿

食品杂货业：马煌垣、许文涛、郑国卿、汪青舫、迟恒道、郃源泉、戴灿华、彭仁山、徐冠英、笪荫东、陈运三、汤玉卿、徐少卿、杨守铭、陈西园、汪子泉、杨文昭、李世冬、姚其祥、吴鉴泉、程锦章

杂货贩卖业：田锡堂、杨炎吾、黄相昕、姚华甫、李仁山、宋春山、吴方鑫、吴吉臣、吴珩五、秦翰卿、虞明礼、周福田、尹丹臣、刘松记、杨宾初、王汉臣、屈秉臣、李松筠、王焕堃、陈华廷、李律臣

平汉转运业：周星棠、林顺夏、朱少香、龚海洲、吴云阶、李葆臣、田羲侣、戴士埙、蔡燮亭、赵静远、陈秀青、蓝福田、汪玉山、丁煜臣、邓仲彬、杨济平、刘仁普、王玉堂、吴琴波、邓仰山、

汪润卿

营造业：鲁方才、康炘生、孙干康、周世昌、李丽泉、袁子泉、袁海清、沈祝三、项惠卿、彭耀堂、陈振阶、庞福卿、潘盆卿、张华堂、舒喜亭、李梅君、张华东、韩少卿、石振华、但维周、袁性初

机器米业：计锦章、张杏村、汪晋廷、王云卿、胡杏波、唐福祥、陈福山、高汉卿、许久莽、张百先、刘舜阶、李寿廷

鞋帽洋货业：喻燮卿、冯授新、包兆龙、招介年、董祖荫、余仁卿、于铁君、张霖甫、赵捷臣、刘桂峰

精盐业：范洗人、许吉安、余鉴清、黄文植、匡劲亭、徐秉衡、虞振滨、陈镜海、朱渭渔、冯英翰、刘文荔、黄裕甫

颜料洋货业：谭屏芝、周攀五、徐菊堂、杨禹臣、龙荣阶、毕钧堂、汪慕周、胡少周、汪寿亭、汪子经、毛谦三、祁寿山、乐作霖、汪汇安、汤静安

报关业：吴叔云、吴鹤亭、俞惟一、边永祥、徐邦瀛、刘文翰、王桂庭、陈萼芳、雷春波、王仲衡、赵明生、王瑞臻、陈晋生、胡菊霖、卢吉甫、吴赓棠、余鹤皋、蔡炳山、郭云程、洪延龄、童雨亭

麻夏行业：杨松圃、安敏修、葛瑞庭、杨文恺、胡汉卿、董幼珊、胡鹏程

堆栈业：杨辉廷、王金台、陈万卿、陈培之、田炳卿、闵子贞、王步瀛、杨福臣、王子炎

煤业：余蓉樵、沈采庭、罗宝珊、宋则臣、李汉卿、陶燮臣、万文斋、项惠卿、王寿堂、陈春山、郑锡卿、胡德山、高坤山、苏瑞五、谢香九、张竹湘、罗翔夫、彭燮卿、江纯兰、李荣卿、刘鹏干

煤焦业：万凤怡、陶公迪、张东初、张鹏舜、熊信臣、王次铭、唐惠卿、毛晋阳、刘增华、刘云生、毛哲人、郑昌、吴叔云、王棣三、程钰奎、陈晋卿、李根甫、周逸樵、陈耀廷、朱显城、黄延安

匹头贩运业：梅云章、祝庸齐、赵子中、王馥清、余尧臣、穆李瀛、张雪舫、曾俊三、萧辅臣、白纯臣

五金铁业：朱福田、钟福臣、柯义中、叶南山、段汇源、胡次桥、唐杏卿、郑昌、侯澄干、赵鸣洲

药材号业：郑燮卿、常星齐、文植二、王松泉、何锡之

金银首饰业：胡海干、杨和清、邹静干、姚胥玉、彭荣廷、吴焕新

油业：朱有孚、王心斋、张群叔、贺衡夫、朱作章、沈晋卿、郭孝先、田珩堂、陈华卿、李子卿、夏汉卿、余常卿、杨达夫、张吉六、余秀廷、叶鼎臣、徐阶平、叶敖庵

淮盐业：余仲虎、姚少三、刘金珊、陈笃净

杂粮号业：黄云卿、包均安、姚维章、李葆臣、陈树林、陈焕章、余玉成、戴和卿

粮食行业：陈云亭、汪鸿轩、朱寿山、王希卓、王兰甫、汪炳山、涂云卿、吴德卿、戴吉安

食品制造业：林文德、张似文、刘西园、黄佐廷、罗锈川、郭岐山、周西琴、江兆元、黄统一、侯澄干

潮糖杂货业：杨静吾、吴爵卿

棉花进口业：杨显卿、鲍殿丞、彭华廷、谢松青、谢幼臣、姜子翼、杨小峰、程耀庭、唐栋丞

棉花号业：张立成、阳泽周、萧达夫、何祥林、萧让亭、鲜晴峰、林厚周、吴书田

棉絮卷花业：赵炳文、李岳英、官福齐、陈佑卿、沈忠生、蔡钧臣、刘文钧、褚正文、胡东海

白布行业：陈文卿、徐竹屏、陈熙臣、戴焕章

煤油面粉火柴业：黄子权、曾小峰、王兰山、王少卿、王文斋、黄焕卿、殷恺臣、刘丹青、徐敬庭、杨禹东、杨树芝、林朗评、夏国桢

染织纱布业:陈振同、戴明山、邓廷珍、孙锦臣、杨星五、罗硕甫

保险业:曹洪涛、焦秀安、唐远鉴、郭镜心、金廉诚、武昆山、王朗干、杨耀廷

漆业:吴诚安、贾瑞芳、刘成之、刘子嘉、刘锦堂、李勋成、刘秀山、谌寿山、周芝亭、王华年、简锡侯

书业:陈铭勋、蔡同庆、胡怀清、熊涤斋、李诵邺、赵寄梅、高膺生、曹子源、唐性夫、邱文卿、尤佑生、华九星、王光棠、郭静庵

黄丝木桶业:熊象山、余希俊、梅子香、谢瑞生、阎玉樵、刘竹青、潘松廷、陈焕阶、余延生、何伯符、吴曙谷、张迪臣、芮大懋

照相业:匡南陔、李炳声、过志毅、李晴初、李松甫、田华廷、虞福祥、罗锡铨

茶馆业:郑世新、屠玉山、韩春山、周汉卿、萧炎卿、李禹卿、但植夫、涂傅柏、高自明、江秀山、雷志卿、朱燮卿、汪福堂、余友谦、田礼堂、余守运、罗兰轩、闵福山、林良栋、丁开文、贺鸣皋

药油贩运业:杨伯常、杜益清、聂健贞、沈子良、杨育生、周质云、张韶琴

药油行业:萧舜卿、潘瑞卿、刘赓良

进出口杂货业:李春霖、郑庆澜、裘春水、袁永年

石膏行业:陈家仁、胡之敬、陈楚甫、宋友坤

丝茧行业:黄仁山、黄韶泉、蔡松亭

丝线绉纱业:张竹屏、梁南甫、张荣甫、李宜齐、魏仲炘、沈秀山、邱华堂

编爆业:李虞阶、黎海峰、丁泗航、杨晴岚、邱汇泗、邱春生

绉纱业:陈蔚章、萧泽生、王镜澄

证券业:陈荣山、闻信之、吴稚香、郭浩然、陈伯平、汤香渠

新式皮鞋皮件业:郭青山、杨瀛洲、叶莲青、杨春山、李子卿、华书田、江均甫

鞋业:杨梅清、杨舜民、杨久卿、程斌山、袁福堂、徐直夫、刘彬如、胡季亭、舒炳山、舒春松

猪鬃业:殷松山、周璧和、刘南山、会春廷、陶海清、刘立亭、陈国瑞、蓝志卿、沈坤山、余海清、万忠山、丁兰钦

机制红砖厂:余松龄、余静泉

熏皮业:张凤山、邓肇辅、易华臣

代办杂货业:杨席珍、史焕文、王劼诚、汪履平、李春霖、高星甫、顾鉴权、余焕荣、王雨庭

京苏广货业:凌舜乡、曹英五、马干臣、刘景山、朱均五、余寿臣、陈寿康、盛云樵、向瑞卿、柳泽芬、余海楼、王玉堂、萧新吾、王慕韩、刘翰章、李敦五、胡恒山、刘春山

西北皮货杂皮业:马汉三、罗汉清、董松圃、盛怀亲、杜运卿、阎实甫、王华阶、卢懋堂、余林卿

零趸皮货硝铲店业:萧子敬、赵伯棠、邓子安、张浚钊、吴梓山、赵坤臣

圆木油桶业:李华亭、张德发、李华寿、谭大胜、杨熙、李华庭

鱼行业:柯汉丞、熊松山、张维材

蛋业:郑才性、吴文轩、闻瑞麟、陈伯颜

国产纸张行业:成禹门、徐尧卿、程简丞、范久余、张春庭、刘畅情、伍林山

茯苓业:李玉庵、周桐卿、周汉襄

针织被业:潘云鹏、孙菊卿、王坤山、熊盛之、王成仪、喻炳川、孙炎森、杨正藩、但衡卿、王止

于、程少棠、王芗林、宋少阶、张楚臣、袁树滋、赵福棠

估衣业：吴辉南、李光远、吴舜臣、杨子伦、杨惠生、吴应修

玻璃料器业：周子寅、董南山、胡志英、李栋臣、沈景惠、刘采青、潘会亭

卷烟业：陈仁寿、宋椿庭、吴仁卿、曾厚诚、杨仙洲、王直哉、曾本初

号栈业：闵子清、陈梁臣、张鑫堂、刘稚哀、张谓清、王盈合、吴海泉、伍汉忠、周和卿、陈佑卿、刘吉安、任海舟、李福田、刘淮卿、徐道齐

木器业：任培青、史美璿、周青云、裴德章、程秉生、潘宗岳、姚人杰、胡进生、周曙寅、陈开泰、杨村耕、洪承礼、吴海元、贺德生、杨振益、高汉卿

衣服贩运业：彭桂卿、成杰臣

中西馆业：贺德生、罗竹青、吴云山、洪坤山、刘锦福、王春山、任和玉、容萌初、何锦城、马文轩、彭寿山、胡林卿、唐名芳、童子香、刘春廷、张锡三

国药业：陈让泉、熊瀛洲、魏梅圃、邓文卿、王品三、毛韶臣、金道五、樊步青、李焕章、李寿山、刘仁山、龚村榕、沈文楼

电料业：夏健安、张良乡、董晓齐、金树棠、张芝祥、周锦水、罗子简、沈德甫、严斌棠、韩巨庭、王铭江、庄聚丰、钱少云、吕少秋、胡纪林、董福元、王炳臣、吴良奎、林良栋、杨汉卿、廖荣甫

坊炒业：屠玉山、王松亭、黄云臣

制造南酒业：罗钟珊、方华初、刘淦卿、余耀卿、高兴有、方炎森、王胜炳

华洋桶篓业：明仲伟、陈德甫

皮业：张碧泉、高辅臣、李敬之、陈子云

炭行业：金华章、李联舫、吕兰亭、韩新安、涂福陔、皮干臣、张润堂

折药业：邹盛东、陈淦川、阚敦仁、王让卿、刘幼龄、钱尧卿、钱云程、王镛清、张贞如、孙伯文、杨炳干、吴云生、徐莲甫、徐葵干、周文彬、吴华廷、黄光廷、王槐卿、杨质卿

人力车业：张碧泉、李植三、祝椿山、鄢少霖

钟表眼镜唱机业：陈文生、郑荣甫、王文荣、程毅卿、王松鹤、董元祥、朱学明

参燕业：蔡岳臣、郑汕荷、王苏生、程松山、高仲禹、祝剑秋、刘仲康、张春庭、张仰槎、王绍祥、张子钰、舒旭东、李福生

布被业：徐禹门、章文峰

茶叶出口业：戴海鲲、吴瑞珊、邓以诚、宋次笙

药材店业：黄锦干、程青山、黄尧臣、盛燮臣、张燮臣、萧南竹、张华轩、戴培山、高云阶、杨小春、陆燮荣、陆燮浩、张云卿

茶叶贩运业：孟汉光、葛耀南、何丹林、周慕岁

国产纸张号业：吴镜波、黄道安、徐洪文、花滋圃、薛文青、会兴吾、毛思翔、骆凡笙

山货行业：石和湘、陈瑞南、罗瑞生、罗良卿、陈永安、胡瑞卿、鲁歧山、程玉森、曹子轩、陈东卿、韩定卿、许樹青、周又东、孙惠风、易伯阶、程少卿、吴干臣、黄俊夫、朱凤山、邵荣尧、邓培芝

铜器业：郑慧吾、涂介侯、阮乐廷、华瑞生、邹介眉

橘饼业：辛滋培、雷天一

油饼行业：陶子余、会彬臣、李介卿、胡笙阶、罗琴舫

柴炭业：匡荣卿、钱俊夫、余海峰、潘寿山、王涵清、周亚东、徐幼阶、傅元吉、萧百平、余惠

卿、徐德金、王秀山、刘茂山、杨硕甫、周裕中

丝烟店业:卢子经、苏子康、潘松亭、许培成、吴西京、孙文荪、郑庆云、卢景文、舒凯乐

帽业:梅南山、胡尧卿、吴坪陔、阮心田、江月干

印刷业:唐性夫、倪兰谷、靳明璋、胡钦臣、陶菊泉、杜澄波、易荣卿、容干初、白纯文

杂货行业:饶少垣、陈南生、汪瑞坤、舒子寿、刘肇祺、胡子安、黄荣先

土菓业:伍义廷

棉籽行业:黄秀坪、陈哲夫、陶子余、吴德卿、王培绪、李介卿、齐启山、黄慎之、李幼文、吴先佑、康东海、叶荣卿

汾酒业:田炳三、张济川、谢信卿、郭少堂、张植夫、鲍渭卿、陈兰生、鲍明卿、邹月舫、郑晋卿、龚燮堂、张健臣、赵旭初、鲍显五、邱寿堂、戴汉卿、李助五、杨耀庭、吴幼钧、胡焕章、王馨齐

西药业:赵升宾、方芝岑、孙文星、张粹安、汪康甫、彭仲仪、严锡章、郑仲诚、李允中、王瀚文、张润生、张鹿生、张明才、郑瑞亭、郑梅亭、章培元、郑万荣、郝廉丞、程朗寰、李人俊、徐端甫

猪行业:徐宇澄、瞿畏三、会青山、会庆章、胡少亭、方良甫、刘惠林

粤汉转运业:谢仙槎、罗春棠

盆浴业:许子良、田炳荣、周维祥、王文哉

笔料杂皮业:宋仁卿、周瑞馨、邹文宽

肉业:张云山、章瑞廷、李振卿、杨万群、尚汉卿、范燮丞、吴华亭、支雨秋、张植煐、曾庆善、易佑象、密春山、张友山、沈斌臣、刘远发、陶云卿、易先波、彭春甫、殷俊山、尚凯臣、吴金荣

剧场业:王民仆、蔡华堂、陈立夫、魏柏涛、陆桐甫、邓寿椿、项少斋、李相武、徐正道

五金售货业:李章成、李青山、胡仪亭、冯文福、王干清、范春山、徐贻臣、陈厚登、马坤臣

青布业:马菊芳、彭润生、杨永锡

瓷业:王春云、王叔槐、余渊亭、王褒一、李鹤甫、刘慎三、刘瑞卿、罗连干、黄集生、胡石泉、黄楚卿、叶春廷

染业:涂礼臣、黄以荣

芦柴业:游书田、冯玉泉、李春山、张达园、游滋生、王宽丞

国货匹头业:郑彬如、谈有道、鲁福田、王子卿、彭楚珍、冯焜先、邓懋棠

茶叶店业:胡冲天、易礼堂、袁竹轩、郎善祥、吴培堃、汪绳武、张朗山、齐俊夫、朱子训、车凤清、刘梅卿、车梦樵、张福星、杨润秋、成湘儒、周燮臣、蓝次庵、王清田、龚增文、车菊藩

药材行业:陈春亭、陈鑫泉、马锦堂、毛松青、蔡子贞、周步青、毛铭钦、萧鹤林、黄富珊、刘建侯、吴慕陶、胡定涛、黄立山、李雨亭、吴熙亭、邵泽余、陶涤依、高步云、陈雨卿、姜鹿荪

面粉店业:刘子荣、李幼三、杨钦齐、廖实生、乔瑞麟、韩德宝、陈子卿、吴秋舫、余少甫

(二)商店会员

水电公司:刘少岩、胡治初、雷言午

第一纱厂:宋立峰、周星棠

裕华纱厂:苏汰余、孙瑞麟

震寰纱厂:刘季五

申新纱厂:张棫泉

福新面粉厂:华栋臣

金龙面粉厂：高循理、张绘初
康成酒厂：方少岩
汉昌协记烛皂厂：余叔瞻
民信肥皂厂：薛伸明
福兴漂染厂：李梦初
吕方记轧花机器厂：吕志超
兴商茶砖公司：黄浩芸
鼎新贸易保险公司：李鼎安、王吟生
荆油公栈：李幼轩
广成和新记冶坊：李显卿
协记丝茧号：宋德周

（《汉口商业月刊》第1卷第1期）

18.本会本届执监委员一览表

（1934年1月10日）

职别	姓名	年龄	籍贯	住址	商业行号	备考
主席	陈经畬	五十四	江苏江宁	汉口武圣庙	汉昌肥皂厂经理	留任
常务委员	何文炳	四十八	湖北咸宁	汉口龙王庙河街	丰成海味糖盐号经理	留任
常务委员	杨辉廷	五十一	湖北汉口	汉口大水巷河边	星记棉花堆栈经理	留任
常务委员	苏汰余	四十六	四川巴县	汉口特三区鼎安里	裕华纱厂经理	新选
常务委员	曹延祥	四十四	浙江上虞	汉口寿贻里	新德钱庄经理	新选
执行委员	刘少岩	四十三	浙江嘉兴	汉口特三区一码头江汉路	既济水电公司总经理	留任
执行委员	郑燮卿	五十四	湖北武昌	汉口小夹街	元记生药材号经理	留任
执行委员	陶公迪	六十四	湖北黄冈	汉口特三区汉润里	富源煤焦公司经理	留任
执行委员	杨松圃	六十一	湖北黄陂	汉口草纸街	杨裕隆泰记苎麻夏布行经理	留任
执行委员	潘云鹏	五十	湖北武昌	汉口新安市场	撷云纺织被厂经理	留任
执行委员	邓以诚	三十一	广东番禺	汉口关帝庙街	忠信昌茶庄经理	新选
执行委员	鲁方才	五十八	湖北武昌	汉口鄱阳街	汉兴昌营造厂经理	新选
执行委员	王春华	四十	湖北咸宁	汉口鲍家巷河边	裕丰海味糖盐号经理	新选
执行委员	胡莘	三十六	湖北武昌	汉口特三区江汉路	中国农工银行经理	新选
执行委员	喻燮卿	四十九	湖北汉阳	汉口交通路	嘉福和记鞋帽洋货经理	新选
监察委员	马煋垣	五十	江苏江宁	汉口桥口街	裕源公食品杂货店经理	留任
监察委员	吴叔云	四十五	江苏泰兴	汉口寿贻里	普裕报关行经理	留任

（续表）

职别	姓名	年龄	籍贯	住址	商业行号	备考
监察委员	蓝熙周	五十七	湖北汉阳	汉口三善巷正街	蓝金秀纸店经理	留任
监察委员	朱瑞峰	五十二	湖北汉川	汉口大董家巷	天祥茶行经理	留任
监察委员	贺衡夫	四十六	湖北汉口	汉口后花楼正街	怡利油行经理	新选
监察委员	余蓉樵	五十	安徽休宁	汉口晒台街	裕昌煤号经理	新选
监察委员	周星棠	五十六	浙江绍兴	汉口特二区兰陵路	公兴存转运公司总经理兼第一纱厂董事	新选
候补执行委员	余服民	四十八	湖北孝感	汉口交通路口	豫升恒布匹店经理	新选
候补执行委员	陈春亭	四十六	湖北汉阳	汉口沈家庙	宝源药材号经理	新选
候补执行委员	姚维章	三十七	浙江鄞县	汉口宁波里	承丰杂粮号经理	新选
候补执行委员	祝庸齐	三十九	湖北孝感	汉口梳子街	复茂祥匹头号经理	新选
候补执行委员	王民仆	五十	湖北武昌	汉口中山路	新市场剧业经理	新选
候补执行委员	朱福田	四十九	湖北汉阳	汉口广益桥	生记五金铁业号经理	新选
候补执行委员	石和湘	四十四	湖北益阳	汉口芦席街	石宏大山货纸行经理	新选
候补执行委员	黄文植	五十四	江西南昌	汉口特三区洞庭街	通益精盐公司经理	新选
候补执行委员	高伯常	三十四	湖北武昌	汉口江家坃	乐嘉旅社经理	新选
候补执行委员	万凤逸	四十	湖北黄陂	汉口永广里	新昌煤焦公司经理	新选

（《汉口商业月刊》第1卷第1期）

19.（汉口市政府）令汉口市染业工会整理委员会：查该会第四分会与印染花布业公会因征收会费发生纠纷一案该四分会殊多不合嗣后应依照工会法规定办理并已应将收款项连同开支细数呈府查核仰转饬遵照

（1934年1月17日）

查该会第四分会与汉口市印染花布业同业公会因征收会费发生纠纷一案，业经本府召集双方代表查询明了。该四分会成立仅有两月，先后四次向工友及学徒收取会费，每名多至三元二角，并无一定期限，用尽则收，似此漫无限制，殊属不合！惟既经市党部决定不溯既往，故免再予深究。嗣后征求会员，收取会费，应遵照工会法第十七及第二十各条之规定办理，不得再有任意收费及强迫入会情事，其已收款项，究系如何开支，仍应造具细数清册呈府查核。除分令汉口市印染花布业同业公会知照外，合行令仰该会转饬遵照。此令。

市长　吴国桢

（《湖北省政府公报》第38期）

20.（汉口市政府）令汉口市金银首饰业职业工会、同业公会：为新天宝银楼劳资争议一案业经调解成立仰遵照

（1934 年 1 月 20 日）

案查新天宝银楼于二十二年双十节未依国定纪念办法休假致起争议一案，业经本府组织调解委员会依法调解，议定办法，得各方出席代表一致同意签字记录在卷。该项议定办法，既经各方出席代表同意签字，自应依照履行，以息纠纷。除函令外，合行检发调解笔录，令仰该会遵照。并转饬新天宝银楼遵照为要。此令。

市长　吴国桢

（《湖北省政府公报》第 38 期）

2 月

1.（汉口市政府）令汉市商会：准咨以查财政部业再严令各附属机关限期实行度量衡新制一案咨请严饬所属加紧进行等由仰转饬各业商民遵照办理

（1934 年 2 月 5 日）

案准实业部全国度量衡局度字第六零八八号咨开：查各省市度量衡应依期完成划一，前者感觉困难，率以海关、税务、盐务等机关有对外关系，未能提前办理为辞。嗣财政部通饬所属各机关于二十三年二月一日以前务必一律实行度量衡新制，本局于奉到实业部令知，即经咨达查照在案。顷查财政部复以秘字第一六九七号训令于二十二年十二月二十七日令行部署各机关，重申前令。文白："案查自民国十八年奉国民政府颁布度量衡法以来，业经五载，对于推行新制，迭奉府院训令，并准实业部一再咨催，经于本年七月间以八六八号训令通饬所属，至迟于二十三年二月一日一律遵照实行在案。诚以我国旧制度量衡器，易地则异，备极参差，病商扰民，莫此为甚。改用新制，以便利日用，纳民轨物，自非先由政府机关力为奉行，不足以示表率，现筹备既已数月，亟应重申前令，迅即改用新器。至于编订新旧折合定率，原为过渡期间，便利商民起见，应准制表，以资参照。但各机关不得再用旧器，以免重生弊窦，致违彻底改革之意，期合世界大同之旨。仰各机关即自二十三年二月一日以前，次第一律改用度量衡新器，仍按各项税则，概照新器，依法征收，以重法令而符标准，除分行外，合行令仰遵照，并转饬所属一体遵照，毋得延误，切切。此令。"等语，是财政部对于彻底改制，已一再督饬，令限綦严。其海关、税务、盐务等附属机关之依限遵用度量衡新器，自无问题。相应咨达请烦查照，对于公用民用度量衡务必趁时努力加紧进行，转饬各级机关一体遵照，彻底办理，并希见复。等由，准此。查关于本市度量衡推行划一一案，所有度量两器，早经施行换用新制。至衡器一项，前曾定于二十二年十月一日开始换用。因据该会呈以海关盐局尚未换用，如商民先行换用，则官商交易，

不免发生纠葛，请准予海关盐局改用新制衡器后一月限内，为商民换用之期。等情，业经提交本府市政会议决议：仍照原规定期限开始换用，惟监察期限从缓。等因，指令转饬本市各业商民遵照，并令本市度量衡检定分所俟部令海关盐局改用新制衡器实行一个月后，再行检查。嗣据该分所呈称，奉实业部全国度量衡局指令，以财政部所属各机关已定于二十三年二月一日，一体实行度量衡新制，饬即遵照，等因。所有本市民用新制衡器，自应查照成案，于三月一日起开始检查。等情，前来。亦经令行该会饬属于检查期前，切实购用新器，各在案。兹准前由，除函复暨分令汉口市度量衡检定分所遵照办理外，合行令仰该会遵照前今各令转饬各业商民一体遵照，务于规定检查期前，迅即换用新制衡器，以昭划一，而符定案。此令。

市长　吴国桢

（《湖北省政府公报》第 39 期）

2.为请免予补缴栈存精盐差额税款呈财部等各机关函

（1934 年 2 月 10 日）

呈为据情转呈事，窃查属会案据精盐业同业公会函称，窃敝会于上年十二月三十一日奉鄂岸稽核处榷运局榷字第八百七十八号训令内开：案奉财政部民国二十二年十二月两次艳电，并稽核总所电同前因，将关于改用新称行盐，及计征税款，应行注意各点，令仰遵照。等因，奉经略呈在案。兹于本年一月五日奉鄂岸稽核处第一五零九号令转稽核总所饬知补缴市秤石数，与司马称石数差额之产销各税，合再会令转饬各精盐公司，克日将应行补缴各款，向本处照数缴纳为要。等因，奉此。当复以案关改用新衡，既经钧处一再奉电转行，曷敢相持异议。惟敝会运销精盐，有碍难遵办，应请免予补缴各点，为我钧处分晳陈之。查总所通电第二段内开：已税未放之盐，应按新章办理一节，详加寻绎，是栈存旧衡盐介，应否按照新衡差额补缴正附税费，当以曾否秤放为标准。惟精盐完纳办，民国二十一年六月间曾奉总所第八百七十九号电令规定，嗣后精盐到岸，应由本处以司马秤收，并将正附各税同时收讫，该项盐即可毋庸再行秤放，等因。是精盐到岸正附税费既经完足，不再秤放，自与粗盐开档缴税情形不同，前案俱存，不难复按。此应请免予补缴者一。凡盐税遇有异动时，非增即减，断无栈存未售之盐，适与税率增减数针孔相符之理。前奉钧处核定征收办法时，对于第二项内载，“嗣后如有核减税率情事，无论现款或期票，概不发还一节”，比经敝会代表等以栈存已税之盐，减税时不再发还，则加税时当然不再补缴为口头之声明，并迭次呈请有案，此次饬补差额各税，又何以贯彻民国二十一年六月间钧处征税之策略。此应请免予补缴者二。以上二点系专就征收国税方面而言。再就商情方面言之，精盐到岸缴税，较之粗盐开档缴税，待遇不平，既如上述，况精盐只有相当之皮重，并无丝毫之卤耗优裕，且须秤放方能出仓之粗盐同等办理，未免亏累益滋。此应请免予补缴者三。精盐到岸，虽经分具岸附各税期票，而存栈盐斤，有一月至九月、十月至十二月应行存栈盐数之规定，适因环境关系，销市锐减，业经上兑期票之盐，尚未售出，再加以担保借款，盐数栈租拆息，负担已极加重，如再缴纳，已免秤放之盐款，更非商力所能胜此。应请免予补缴者四。商场习惯，往往有货未到埠，先行定价成交，再行陆续下货。精盐定价成交，为数颇伙，若以未经出栈，即须补缴徒益，商与商间之纠纷，结果仍与国税无裨。此应请免予补缴者五。综上所陈，根据法理，按之事实，确有碍难遵办情形，不得不缕陈钧局、钧处详查成案，俯纳下情，切实转呈部署总所，复加察核，免予补缴栈存精盐差额税款，俾符原案，而恤商艰。至本年一月以后续运到岸盐斤，自应遵照钧令办理，以期国税商情，双方兼顾。奉令前因，理合详呈钧长迅赐鉴核，如呈施行，无任迫切企祷之至等语。除已分呈鄂岸稽核处、榷运局外，惟敝会为局部团体，人微言轻，用特录呈函请大会察照，祈即主持公道，加具切实按语，分别呈转部署，并函达鄂岸局处，俾资转图，无任感祷。等情，前来。复查该精盐业同业公会所陈，此次改用新衡，关于该同业栈存已税之盐，要求免予补加税款各节，委属具有理由。至四、五两点所述之困难，盖一因该业环境及担保借款种种关系，其栈存之盐，既有栈租拆息，负担已极加重，如再令缴纳此项税款，商力实有难胜。一因商场习惯，凡此存栈之盐，先已定价成交，若以未经出栈，即须补缴税款，则买卖双方，难堪受此损失，势必发生争执，尤属实在情形。属会既已详查无异，并为免除此后纠纷起见，自不得不代为转恳钧部、署、所赐予维持，准如所请施行，以示体恤。除分别照转外，理合据情呈祈鉴核批示饬遵，实为公便。

（《汉口商业月刊》第1卷第2期）

3.为闽变敉平慰劳蒋委员长及各将士电

（1934年2月10日）

南京军事委员会委员长蒋钧鉴：闽变发生，动摇国本，群情震愤，险象环生。幸赖钧座严整师干，指挥若定，平兹大难，计日有功，已蔽东隅，重见天日。而前敌诸将士，奋身作战，为国牺牲，劳苦功高，风靡江汉，专电慰劳，用表挚忱。汉口市商会叩养。

（《汉口商业月刊》第1卷第2期）

4.为争减轻盐税致盐务稽核处等机关电

（1934年2月10日）

上海盐务稽核总处，全国商会联合会，各省商会联合会，各省市商会钧鉴：顷上中央一电，文曰：南京中央党部，四中全会，国民政府，行政院，立法院，财政部，军事委员长钧鉴：窃自鄂岸盐务稽核处公布，盐斤改用市秤，税率仍旧以来，迭据杂货南酒等业转请呈恳按照市秤减少税率，以纾民困在案。诚以盐斤改用市秤，划一衡规，固为政令之必要。惟新制市秤须124斤，方合旧秤百斤之重，而盐斤改秤，关于税率一项，应按百分比例为标准，核算减轻，始称平允。今衡器更新，税率仍旧，则新秤百斤之盐，须照旧秤百斤完税，暗中推算，每盐百斤骤加税率24%有奇。改秤其名，加税其实，谅非政府爱护人民之本意，伏思我中央暨蒋委员长救济农村，无微不至。值此农村破产，民生日蹙，何堪增此重担，况食盐为平民生活必需之品，农村销数，尤居多数。所谓盐税，即人头税也。似此按人加税之政策，主政诸公，稍加顾恤，必不认为！案关民食，未便壅于上闻，乞体察下情，准予改秤，而不加税，惠民不费，感戴无涯，临电不胜迫切待命之至。汉口市商会叩养。等语，查盐斤改用市秤，暗中加税，迹近愚民，影响民生至深且巨，伏希一致力争，务期达到改成而不加税之目的为止，临电迫切，无任盼祷。汉口市商会养。

（《汉口商业月刊》第1卷第2期）

5.令汉市匹头店业同业公会:据呈为该会同业仍不恢复原有力资等情仰遵先今各令迅饬各同业恪遵前案将该码头工人之力资仍照旧有习惯支给毋违

(1934 年 2 月 19 日)

案据汉口市码头业职业工会整理员刘汉清呈称:"案据本处第七分所主任干事李治元、指导员陈家鹤呈,为匹头业公会,抗不恢复原价,藐视功令,仰祈鉴核转呈市府,令饬匹头业公会遵照原案,迅即实行事。兹据属所工人王大春、张大信、闵松山等报告称,接钧会函示,匹头恢复原价,饬令二月一日实行。不料日昨工人等,向该匹头同业交涉原价,伊等竟置之不理,以为码头工会,不能干预力资纠纷,工人等只得报告钧会恳请办理为荷! 等情,据此。查此案发生时,曾经市政府,召集劳资双方谈判议决,实行恢复,原有力资,并出有牌示遵照在案,该工人等于本月一日,转运匹头货物,该匹头业公会,仍给力资一元六角,抗不恢复原有力价,似此违背功令,藐视工会,实属有碍工运。兹据前情,理合呈请钧处鉴核,准予转呈市府,令饬匹头业工会遵照原案,迅即实行,而全工运,实为工便。"等情,据此。查此案前据王大春等呈以本市布匹店业同业公会,蔑视政府命令,滥减力资,附具力价比较单,呈奉钧府义字第九一三号牌示节开:除抄发原单,令饬该同业公会遵照前案,切实办理外,合行牌示,仰该工人等知照! 等因,在案。旋经本处召集三、四、五、六、七各分所工人讨论决定:于二月一日实行前项力资标准,并函达匹头公会,请遵照钧府命令办理各在卷。兹据前情,该公会尚未履行,殊属玩忽功令! 理合具文呈请钧府鉴核,恳予重申前令,饬该公会迅即遵办,以恤工艰,实为公便。等情,查此案前据该工人等呈,以该会蔑视命令滥减力资。等情,前来。当经令饬该会遵照二十二年八月调解决定办法成案切实办理在卷。兹据来呈,以该会同业仍不遵行,殊属非是! 除指令外,合行令仰该会遵照先今各令,迅即通饬各同业恪遵前案,所有该码头工人等起运货物力资,仍应照旧有习惯支给,勿再违延! 切切。此令。

市长　吴国桢

(《湖北省政府公报》第 40 期)

6.汉口银行同业公会为废止国内洋文十码密电改为无码密电致汉口市商会函

(1934 年 2 月 20 日)

敬启者,本月十七日奉交通部批电,业予三六四号开:具呈人汉口市商会等代电一件,请查照国际新奉减收洋文密电报费由,世代电悉。查洋文十码密电计无意义,又难读。三日电局职员对于传递此项电报极感困难,虽将速率减低,仍不免时有错误之虞。各国电政主管机关久有废除十码密电之议,本部亦认为此事足以增进通电之速率及准确,于电局及公众均为有益之举。是以决定于本年实行马德里国际电政会议订定之新奉时,将国内洋文十码密电一并废除而代以五码。至此项五码密电收费办法,本部规定之前曾经一再郑重考虑,实有种种理由不能仿照国际密电,减成收费。兹为解释于后:

(一)国内报价与国际报价之标准根本不同。查国内电报价目之订定期标准根本与国际电报价目不同。例如,南京、北平间之距离约与南京、长崎间之距离相等,然由南京发往北平之洋文电报每字仅电报费五角,而发往长崎者每字需洋文一元二角。若国内报价亦照国际报价之标准订定,则现行南京、北平间之报价至少须增高六倍,殊为事势所不许。

(二)国内洋文五码密电应与华文密电同样收费,以照公允。查现行国内电报价目,华文明电以四码为一字,每字收费一角;华文密电以四码或五码为一字,每字收费二角,行之已久,尚无不便。新制洋文无码密电,系以五个罗马字组成,其价目与华文密码相等。惟传递时所耗人工材料实较华文密码为多,如果洋文密码援照国际电报办法,减成收费,而华文密码仍旧价,则对于国内拍发华文密电之公众未免太不公允。若因此而将华文密码价目一律照减,则又损失太巨,绝非今日枯竭万分之电政经济所能担负。是以国内洋文密电减费一事,在将来电报业务发展经济情形较佳时,或有与华文密电减费同时实现之日,至目前非其时也。

(三)密码电报一字可代明码十字,其收费已属极廉。查密码电费一字可以代明码数字至数十字,任举一例,譬如按照 ABC Telegraphic code 其 OPKAH 一字代表 grade ade 等二十七字,标点符号尚不在内,现在谨照洋文明语一字价目收费,可谓低廉已极。如再按照明语价目减去十分之四,则对于发寄明语电报之发电人,似属太欠公允。

(四)为计算及收费便利起见,国内洋文密电有与明信划一之必要。查本部对于国内电报价目务求简单整齐,例如洋文密码,不分本省隔省,每字收银一角,华文密码或洋文加倍计算。似此办法,电局及发报人计算电报费时均甚便利。如将洋文密码电报另订收费办法,务必使国内电报价目又趋繁复,殊属非宜。总之,本部总管全国交通事业,对于便利公众通信减轻人民负担之措施,凡属力之所及,无不积极以赴。上年一年间,如创办廉价文际电报,规令来报免费,代译电文内可用阿拉伯号码表示数目以及电话号码代替电报住址等。最近如实行华文电报,住址省费新奉加急,电报减价等均为牵签大者。按照统计,谨实行电报住址省费新奉事,电政收入每年即须减少四十万元,加急电减价一事文须减少十万元。本部此种重视公众利益,力谋通信便利之精神,发为国人所共见。利用洋文密电,究以外商似大多数新奉,所言收费办法,对于我国商民影响可谓极微,而所有种种理由,已如上述,盼即转知各会员各同业,详为解释,避免误会,是为亟要。此批。等因,奉此。除分函钱业公会外,相应录批转达贵公会,请即知照。

此致

汉口市银行业同业公会

汉口市商会启

7.(汉口市政府)令汉市公安局、汉市同业公会:据签呈请查禁淫秽图画等情仰遵照转饬所属查禁焚毁以杜流传并将办理情形具报查考

(1934 年 2 月 23 日)

案据本府职员签称:"近查本市现代、中国、良友、时代、金城各书店,及新市场营业部书摊与画像馆等处,兜售新由上海艺新照相馆购来之大批裸体美人淫秽图书。一般青年男女,争相购阅,影响所及,匪特堕落青年意志,抑且有害国家民族思想,拟请严加查禁,而端风尚。"等情,据此。复经派员查属实情,查出版品不得为妨害善良风俗之记载,出版法第十九条已有明文规定,乃奸商投机渔利,殊属不法。除分令外,合行令仰该局转饬各分局取缔,遇有上项淫书即予没收,该会转饬所属切实禁售,所有上项淫书一律焚毁,以重法令,而杜流传,并将办理情

形,具报查考为要! 此令。

市长　吴国桢

(《湖北省政府公报》第 40 期)

8.(湖北省政府)令汉市府:准咨复该市踩业公会章册准予备案惟对于新开同业须得公所首肯许可之点应加取缔等由令仰遵照

(1934 年 2 月 27 日)

案查前据该市政府呈送该市踩业同业公会章册,请鉴核存转。等情,到府。当经据情转咨实业部查核办理,并指令在卷。兹准实业部商字第二三六零八号咨复内开:查该公会组织既经汉口市党部发给许可证书,所具章册复核大致尚合,应准备案。惟查该公会呈,有"对于新开之同业,均须先得公所首肯许可"之点,倘仍沿用旧例,不特妨碍营业自由,抑且有违工商同业公会法第七条之规定,应加取缔。至原章关于入会费额,既经贵省政府令饬查核修改,俟具报转部,再行核办外,准咨前由,相应复请查照饬遵为荷! 等因,准此。合行令仰该市政府即便遵照办理并转饬知照。此令。

主席　张群

(《湖北省政府公报》第 40 期)

3 月

1.(汉口市政府)请通饬旅汉商民换用新制度量衡器并希见复

(1934 年 3 月 3 日)

查奉令推行新制度量衡器一案,早经布告本市商民住户一律换用,并分别函请外交部汉口第三特别区市政管理局暨驻汉日法领事转饬换用,各在卷。兹准特三区管理局复称,此案业经布告本区商民人等,自当尽力改用,并准驻汉日本领事函复,该国侨汉商民早已使用该项新器,及准驻汉法国领事函复,已饬属传知该租界内未用新器之商店一律更换,各等由,先后到府。查本市为华中重镇,商务辐辏,划一度量衡器,至关重要。本市市民业经遵照换用,日法两国侨民,或已使用该项新器,或在陆续换用之中。所有贵国侨汉商民人等,应请贵总领事通饬一律换用该项新制度量衡器,以资划一;并希将换用情形详明见复,以便定期派员前往检查为荷。

此致

驻汉英国总领事

市长　吴国桢

(《湖北省政府公报》第 41 期)

2.(汉口市政府)令汉市机制红砖瓦厂同业公会:据呈为遵令呈复本会同业酌减运价不能代工会扣缴工人会费各情形请核示等情除抄同原件查案函复饬遵外仰知照

(1934年3月5日)

呈暨抄件均悉。查来呈略分三点,兹分核于此:(一)据称:"该同业公会上年酌减运价,系照民国十九年七月工商联席会议决议案办理。"如果属实,尚无不合。(二)据称:"在民船船员工会停止活动期内,该同业公会之各同业并未另扣工人会费。"是否实在,未便断定。如该民船船员工会整理委员会确有该同业公会侵蚀此项会费证据,自可径向法院诉请核办。(三)据称:"民船船员工会与其工友为直接关系。同业公会不便代扣工友会费。且汉市各业无代扣工会会费之例。"虽与该两会民国十九年十二月工商联席会议之决议案,不无出入,但该项会费,由该同业公会代为扣缴与由民船船员工会直接收取,何者较为便利,亦应由该船员工会整委会权衡现在情形,与该同业公会协商办理。除抄同原抄件查案函请中国国民党汉口特别市党务整理委员会转饬遵照外,仰即知照。抄件存。此令。

市长　吴国桢

原呈文

呈为遵令声复仰祈鉴核事,案奉钧府训令义字第三五零六号,除原文有案邀免全录外,尾开:查此案原尾如何,本府无案可稽,未便臆测。准函前因,合行抄发原件,令仰该会声复,以凭核办。此令。等因,附抄发原呈暨十□年议案记录各一纸,奉此。窃思属会自成立以来,已将十稔一本劳资协调之一贯原则,对于本业各项工友,无论其成立工会与否,无时不谋工商之合作,各项工资迭因环境与生活之趋同,而召集各厂自动酌加者屡矣,均有以前事实证明,实非专以片面权利为归依者可比也。今民船分会谓属会压迫工友,不知何所据而云?然若谓酌减水脚为压迫工友,殊不知所定运价系在十九年米价每石十七八元以上之时也。该会虽知有十九年十二月之赔数及会费交换之决议,岂不知有十九年七月十七日之工商联席会议之加价决议在耶?附抄呈核,其内有米价跌时再行酌减之字样,同时载明上年属会因各厂营业衰落无法维持,工商同舟,休戚与共,皮之不存,毛将焉附,应共努力同渡难关,乃议减低成本为目前之救济,故将各项工资分别酌减,而全厂工友因米粮大跌均予谅解,非独驳船一项为然也。即就驳船而言,若衡之米价则应减数元,衡之货价亦应减低三元,而属会因各厂驳船厂方均有关系,且为维持工友计,不必过事追求,乃议酌减二元,即米价十七八元时所加之数,一俟营业发达市价回复再行酌加,曾经数次召集工商联席讨论。而该工会代表何君宝田等以属会要求公允,无法置办,邃经松龄与该代表何宝田,驳船头目严兴发、邹天雄、彭癸未等切实磋商,双方让步所议,结果仅减一元四角。由属会通知各厂施行数月以来,各无异议,此为劳资合意行为。即汉市各业,亦有是项情形,非属会独然也。今该分会以会费关系而涉及减价,谓属会克扣运费相要挟,其理甚明。若就会费立言,系会员对本会之直接问题,第三者自不能越俎干涉。虽有十九年十二月之决议,系该会与属会之交换权义,既该会不负监督工友赔数之责,而属会自无代扣会费之义务。按之汉市各业亦无代扣工会会费之先例,况所扣会费为工友血汗之代价,宁有各该会员深知,本会停顿甘愿以劳力代价,任人扣除中饱者乎?其理亦更明显。既各厂所扣减价之一元四角,并未另扣三角会费,是属会又何从而侵蚀也耶?至前在市党部召集谈话,正系月之三十日下午通知属会次日(三十一)推派负责代表出席。查通知与开会未隔一天,且三十一日正为商人月底比期,无暇赴会。况属会规定负责代表非经开会推定不能出席,除当日电话声明外,并函复召集人秦杰同志请其改日召集,先期通知以便推选代表出席,非属会之漠延,实时间所不许耳。总之,增减水脚为工商合意行为,行之数月并无异言。今该分会成立未久,即以此号召工人,似未顾及商人困难。再会费一层,系会员对本会所负之责任,他人无权过问。若云所减一元四角以外之三角会费业由各厂代扣中饱,尚有各驳船头目与各厂往来账据可以稽查,不难明白也。奉令前因,谨将民国十九年七月十七日工商联席讨论驳工请求增加水脚之决议记录并声复情形,一并据实呈请钧长鉴核俯赐解决,以苏商业困难,而全工商感情,功德两便。

谨呈

汉口市政府市长吴

汉口市机制红砖瓦厂同业公会主席　余松龄

(《湖北省政府公报》第40期)

3.(汉口市政府)令汉市典当业同业公会筹备会:修改汉口市典当营业规则第九条条文“满当期限暂定为九个月”仰遵照兹转知遵照

(1934年3月5日)

案查本市各典满当期限,早已遵令改为九个月,原有汉口市典当营业规划第九条,“满当期限,暂定为六个月”,自应遵照修改。爰将该条文改为“满当期限,暂定为九个月”,提经本府第三十四次市政会议通过,并呈奉湖北省政府民字第四八零一号指令准予备案各在卷。除牌示本府备案各典遵照外,合行令仰该会遵照,并转知所属各典一体遵照。此令。

市长　吴国桢

(《湖北省政府公报》第41期)

4.鄂财厅限期募公债

(1934年3月9日)

(汉口)张群召三镇商团谈话,劝募公债五十万,修筑公路。财厅八日函汉商会,限期募齐。(八日专电)

(《申报》)

5.(汉口市政府)令汉市杂货贩卖业同业公会:据呈请审查修改行规等情仰知照

(1934年3月19日)

呈悉。查该会去岁五月呈赍之修改行规,第三条规定,系限制新开同业,须距离旧有之同业十家以外,方能开设,核与营业自由之原则不合,碍难照准。至理发、澡塘两业行规,未经本府审定,该业不能援以为例。又修改第九条"凡同售卖货品,如经评议定有划一价格者,各商店不得私自增减",第十条"同业雇用店员或工友须查明其来历,如有与别店手续未清者,不得雇用"两条,应准加入民国二十一年十二月本府令发审查该业行规第八条之后,原第九、第十两条,依次改为第十一、第十二。其余修改各条,与原行规规定大致相同,应仍照旧。仰即知照。此令。

市长　吴国桢

原呈文

敬呈者,查属会为谋增进同业福利,矫正营业弊害,业于去年五月召集代表大会,援照钧府修正之理发、澡塘等业行规,拟具修改本业行规条文,呈请钧府核示在案。现已时逾数月,迄未奉到批示,属会无从悬揣,兹特再行呈请钧府,恳予即交行规审查委员会迅予审查,如认为有陈述理由之必要,并恳令知以便推派委员列席报告,是否可行,敬祈指令祇遵。

谨呈

汉口市政府

汉口市杂货贩卖业同业公会主席　田锡棠

(《湖北省政府公报》第42期)

6.(汉口市政府)令汉市肠业同业公会:据呈请令民生肠庄胡德记肠店入会等情仰遵照办理并饬速报收取入会费情形

(1934年3月19日)

呈悉。查此案业经派员前往调查。兹据报告略称:询据民生肠庄主体人杨民齐声称:"肠商向分三种:肠厂(多是西人经营)、肠庄、肠店。肠厂营业较大,肠庄系向肠店买肠,略加装制,转卖肠厂。肠店系向宰户收买猪肠,转卖肠庄或肠厂。此三项肠商资本,以厂为最大,庄次之,店最小。先前系各营各业。营厂业者不营庄业,营庄业者不营店业。民国十七年肠厂、肠庄组织肠帮,订立帮规,定入帮费银五十两,本人(杨民齐自称)已缴费入帮。民国十九年肠帮改组肠业同业公会,亦有本人在内。惟肠帮与肠业工会成立之初,肠店商未加入,至去年肠店商始入同业公会。而同业公会改选后,又现在凡同业营厂业者,不准营庄业,营庄业者不准营店业。并闻规定肠店入会,须纳入会费银二十五两。现在公会谓本人以肠庄收买毛肠,系兼营肠店,故应纳费入会。其实本人再入公会,未始不可。但入会费太多,不能付现。曾向公会商量分期缴付,月捐仍按月支给。因公会主张入会费须付现,致今相持未决。"又据德昌肠厂门房及在厂内工人声称"胡德舟系该厂制肠工人,每月工钱十余元。现值做工时间,不能会客。渠居铁路附近棚屋内,并未开设肠店。惟渠之岳家,系一宰户,故渠不时携带数副来厂售卖"。等语,经查看,该德昌肠厂门外及内部,实无胡德记肠店招牌。等情,据此。查肠厂(除外人经营者外)、肠庄、肠店,既系同营肠业,同一公会。该公会对于同业入会,何得按照厂、庄、店等名义之别,限制其营业。该民生肠庄在先既已入帮,在后肠帮改组公会,亦复在内。是该庄业已取得会员资格,应由该会通知继续履行会务,缴纳会捐,毋得借口兼收毛肠,再令缴费入会。

该胡德舟系德昌肠厂工人,虽间有代人售卖毛肠之事,但既无营业店号,则与法定同业加入公会之条件不合,所请应毋庸议。据呈前情,仰即遵照办理! 又查规定本市各业同业公会入会费标准一案,早经本府呈奉湖北省政府指令规定办法,转令该公会将收取入会费情形,详细呈明察夺在卷。迄今未据呈复,未免延忽,并仰克日据实呈报为要。此令。

市长 吴国桢

原呈文

呈为胡德记肠店胡德舟、民生肠庄杨民齐,破坏组织,抗不入会,阻碍会务进行,环恳钧府鉴核,伏乞俯准援照工商同业公会法第七条之规定,饬令入会并恳转令公安局强制执行,以符法规而维会务事。窃查胡德舟开设肠店,在大智门强昌肠厂内制成,包交德昌肠厂;杨民齐在小江家院开设民生肠庄,抗不遵章入会,本会曾一再劝告和诘问,终非履行,玩忽会纪,历时已久。复则借指姜德田,抗不遵章入会,尚未依法履行,关碍前途,实非浅鲜。查同业入会曾经立法院厘定,"凡属同业之公司行号,应加入公会",前经将工商同业公会法第七条加以修正为"同业之公司行号,均须加入公会为会员",并于民国二十一年九月十五日,奉国民政府公布在案。是同业之公司行号,均应遵章入会,乃为明令规定,不得稍事违抗,饬遵有案。今该胡德舟、杨民齐,藐视法令,玩忽会纪,竟违背政府立法之规定,复碍本会组织之进行。不蒙饬令该胡德舟、杨民齐等遵章入会,则本会整个会务影响实大。除姜德田前已呈请核办在案外,为此呈请钧府鉴核,恳予援照工商同业公会法第七条之规定,饬令该胡德舟、杨民齐等遵照入会,并恳转令公安局强制执行,以符法规而维会务。实为公便。

谨呈

汉口市政府市长吴

汉口市肠业同业公会主席 李华亭

(《湖北省政府公报》第42期)

7.令各县县政府:奉令准咨送商会公会呈报手续说明书及会员委员名册式样令仰转饬遵办等因令仰遵办

(1934年3月28日)

案奉湖北省政府建字第四零七二号训令开:案准实业部商字第二四二六四号咨开:案查各地商会及工商同业公会呈报组织或改选,间有手续未尽完备,或因名册不合规定,辗转往返,需时实多。本部为便利各商人团体呈报备案起见,特拟定呈报手续说明书,及商会公会会员名册、当选委员名册式样各一纸,俾资整齐,而便遵循。除分咨外,相应检同上开各件,咨请转饬一体遵照办理为荷! 等因,附呈报手续说明书及商会公会委员会员名册式样各十份,准此。除分行汉口市政府外,合行检发原件,令仰该厅即便转饬遵照办理。此令。等因,计检发原附说明书,商会会员委员名册,及公会会员委员名册式样各四份,奉此。除分令外,合行印发原件令仰该县政府转饬遵照办理。此令。

计印发原附说明书,商会会员委员名册,及公会会员委员名册式样各一份。(附后)

厅长 李范一

商会及工商同业公会呈报组织或改选时应具手续说明书

(甲)组织时:

一、凡商人团体之组织,应先报请当地高级党部许可指导;呈报备案时,并经许可证号数叙明。

一、呈报备案时,应造具章程及会员名册,当选委员名册各四份,依次呈转,不得径自呈部。

一、成立日期及委员就任日期,均应于呈文内叙明。

(乙)改选时:

一、上届章程,如经令饬改正,或议决修正者应与会员委员名册一并具报,并均须盖用该会等钤记或图记。

一、党政机关监选人姓名,应于呈文内叙明。

一、上届各委员,如经过候补或补选,因有特殊情形,未及呈报者,亦应于呈文内详细申明。

一、改选日期并委员就任日期,均应附报。

一、商会钤记,依法应于核准备案后缴费请领,凡以前农商部所颁发钤记,均作无效;如有尚未请领者,呈报改选时,应即依法请领。

省　市　区

市　县　镇　　商会公会会员名册　　某年某月某日填报

公会名称	成立及改选日期	总计使用人数	出席商会代表姓名	年龄	籍贯	所属商店名称	备考

省　市　区

市　县　镇　　商会商店会员名册　　某年某月某日填报

商店牌号	业别	使用人数	出席代表姓名	年龄	籍贯	店址	备考

说明:(一)组织或改选时,均应附报本届各会员名册并装订成册。

(一)凡代表当选为本届某某委员者,应于备考栏内,本人名下注明。

(一)商店会员名册,间有少数同业,应并列一起,凡已满七家之同业应组织公会,不得以商会会员资格,加入商会。

省　市　区

市　县　镇　商会第　届当选委员名册(附候补)　　某年某月某日填报

姓名	职别	年龄	籍贯	某公会或某商店之代表	备考

说明:(一)委员姓名应根据会员名册,以免名字别号,彼此不符。

(一)凡属改选委员表,应于备考栏内,注明“留任”或“新选”字样。

(一)表内填报日期即以成立或改选日期为标准。

省　市　区

市　县　镇　某业公会会员名册　　　某年某月某日填报

会员牌号	营业主或经理人姓名	店员人数	代表姓名	年龄	籍贯	店址	备考

说明:(一)凡店员人数,每超过十人时应增派店员代表一人,是项代表,至多不得逾三人。

(一)凡属店员代表,应于备考栏内,注明“店员”二字。

(一)凡会员额数不多,并无十人以上之店员,不能推派店员代表者,应以营业主及经理二人均派为代表,以被补选或改选。

(一)凡当选为本届委员者,应并列在前,以便查考。

(一)店员人数栏,但记数目,不必全写姓名。

省　市　区

市　县　镇　某业公会第　届当选委员名册(附候补)　　某年某月某日填报

姓名	职别	年龄	籍贯	某商店之代表	店址	备考

说明:(一)委员姓名,应根据会员名册,以免名字别号,彼此不符。

(一)凡属改选委员表,应于备考栏内,注明“留任”或“新选”字样。

(一)表内填报日期,即以成立或改选日期为标准。

(《湖北省政府公报》第 42 期)

4 月

1.(汉口市政府)令汉市芦柴业公会:据呈夏春廷等肩运叫卖请予取缔未便照办

(1934 年 4 月 2 日)

呈悉。查该业行规前经本府交由行规审查委员会审定,抄发令遵在案。该行规并无禁止肩运叫卖之规定。该夏春廷等果有破坏运输时间及运输路线之事,公安局自能照案取缔,所请各节,未便照办。此令。

市长　吴国桢

原呈文

呈为夏春廷等沿岸堆积芦柴,并肩运街巷滥卖,上违公令,下背帮规,请予据情令饬公安局转饬十三分局严行取缔,并通饬各分局严禁效尤,以肃规章而维营业事。窃本会各同业除遵章缴纳税款(民国十七年每户缴纳执照费洋百元,每半年缴换照费十元;民国二十年又遵令改完戊种牙帖税兼完营业税),严守公安局限制,每日上午六时起至八时止为运输时间,暨各署会勘图表所指地点为运输路线之各规定外,向系租赁地皮造屋备厂贮柴坐卖以符帮规,从未有任意堆积江岸肩运叫卖者。纵有新领帖照以营此业者,亦须加入本会,报知地点备查,方准营业。此为本会同业历来共守不逾之帮规也。兹查有夏春廷、胡玉茂、蒋海儿、曾三麻子、孙拐子、黄三元等假借开设三合公、协兴公、恒太顺等柴行名义,在公安十三分局所属之分金炉江岸善后一码头、二码头繁盛埠岸囤积芦柴,并日夜派请多人肩运市面街巷叫卖,为所欲为,毫无顾忌,既破坏运输时间与路线,又复偷漏营业国税,并不加入本公会,暨违背同业租地盖屋贮柴坐卖之常规,倘不严行取缔,势必均图便利相率效尤,恐沿江河岸尽成柴厂,叫卖之声充溢街巷市面,是危害同业前途犹小而影响于市政实甚大也。言之,殊堪痛恨,为此备文,呈请钧府鉴核迅予令饬公安局转饬十三分局严行取缔夏春廷等沿岸堆积芦柴肩运街巷市面滥卖,并通饬各分局严禁效尤以肃规章而维营业。至为公便。

谨呈

汉口市政府市长吴

汉口市芦柴同业公会常务委员:游书田、柴福田、王宽丞

(《湖北省政府公报》第43期)

2.(汉口市政府)令汉市踩业同业公会:据呈汪义盛呈控张坤臣等假借公会图谋暴行皆非事实姑免置议,惟该会会员等拘于成例限制他人事业发展殊属非是令饬纠正

(1934年4月2日)

呈悉。据称汪义盛以踩坊业而兼营匹头店业,减少成本,使售价低廉。此为该商发展业务之正当途径,法有自由。该会会员刘协和等借口破坏成规,限制其不自设踩,殊属非是,应予严切纠正。至称张坤臣等承办此案,系经该会公推前往和平劝导,并非假借公会名义,亦无意图暴行情事,姑免置议。除牌示汪义盛知照外,仰即遵照,并转饬遵照。此令。

市长　吴国桢

原呈文

呈为遵令查明具报事,窃奉钧府义字第四三五五号训令开:案据汪义盛店主汪炳臣呈称张坤臣等假借公会图谋暴行一案,除原文有案邀免赘叙外,尾开:合行令仰该会遵照迅查明确依法处理以维会纪,并将遵办情形具报到府,以凭查核。此令。等因,奉此。伏查本案原委前因,同业全体会员刘协和等陈称,向来汉市匹头店布匹是先发踩坊过踩后,始行出售,早为成例,习惯已久。踩坊一业全市约二百家。普通每家设置踩石一二块,而汪义盛以匹头店连染独又带设踩坊,且其一家竟设置踩石六块之多,以故各布成本减少售价,较各匹头店特廉,网利独操,跌价抢夺,影响大众踩业,破坏向例成规。理合请求维持公共利益,俾免断绝大众之业务,男女数千人之生计。等情,据此。属会亦原负有维持公共利益之责,只得采纳意见,开会研讨。结果决议,公举张坤臣(会聘义务交际员)、冯福廷(执委)、李香云(执委)、刘传坤(会派干事)等

四人负责向汪劝导,以期和平解决,而张坤臣等办事周密虑恐发生误会,只着会役一人往请汪义盛于本月十三日到会善言解说,商请暂时不自设踩,遗食同业,毋伤会谊,言语极其谦和,汪义盛亦满口应允,彼此谈笑终局,确无半语争论。殊汪狡险非常,竟骞以统众迫胁停业及暗杀大题,在武汉警备司令部具诉张坤臣等,随经警备部派员调查,始知绝无其事。惟是各会员尽悉汪义盛捏词妄诬,咸抱不平,乃纷纷到会请求依照向例办理,昭示敬惕。又经属会开会讨究,佥以汪义盛动辄逞刁,诬告不法已极,洵为害群之马,一致决议提交大会处理,纪录在案。正拟办间,又奉令前因,属会自应不厌详慎,又公派干事严汉卿、宋清臣等二人遵照令开各节秉公切查去后。兹据复称,汪义盛所称张坤臣等假借公会图谋暴行,胁迫停业,拦路捕杀各节概属子虚,且张等均为业内老成望重,素无非为,人所公知。等语,前来。复查无异。属会原为同业公道集团,如汪义盛所称是实,自当一秉大公,无所回护,然查明确系虚捏情词,自亦未便听其妄诬坏人名誉,除俟召集大会依法处理外,理合将奉令查明情形,先行据实呈报钧府,俯赐查核示遵,公便。

谨呈

汉口市政府市长吴

汉口市踩业同业公会主席　余少卿

(《湖北省政府公报》第 43 期)

3.(湖北省政府)令建设厅、汉市府:准咨为规定盐业同业呈报设立公会核转办法请调查等由令仰遵办

(1934 年 4 月 2 日)

案准实业部商字第二四七三九号咨开:案准财政部咨略开:据两浙运使呈送平阳县盐业同业公会章程一案,以盐业同业呈报设立公会,应先转由盐务机关,审核无误再予照转等情。查盐务行政,章制繁多,与其他事业,迥不相同,故盐业同业呈报设立公会时,如果该地方主管官署,未能详加审查,遽予核准,则流弊易起,纠纷乃滋。该运使所陈,尚属周妥,拟请贵部通行各地方主管官署,以后盐业同业公会呈报设立,所订章程,在未经核准以前,先征询各该主管盐务官署意见,再行转报,以免流弊,而策周妥。等因,准此。查盐业为特许营业,其同业公会章程中,于该业有关事项,依财政部来咨,由地方主管官署,征询主管盐务官署意见,以免与该业单行法令抵触,虽为商会法、工商同业公会法及其附属法规所未载,而事实上非不可行。兹经本部规定,凡盐业同业依工商同业公会法第三条之规定,呈请设立公会时,即由主管之省实业厅、建设厅、市社会局或市政府,将所送章程转咨各该主管盐务官署征询意见后,再行核示遵照。除分行外,相应咨请查照,并饬属遵照为荷!等因,准此。除分令汉口市政府、建设厅外,合行令仰该市厅、府遵照办理为要!此令。

主席　张群

(《湖北省政府公报》第 43 期)

4.实业部准据汉口市政府呈送该市银行业同业公会章程暨改选会员表册并嘱查核办理见复等由咨湖北省政府

（1934 年 4 月 3 日）

案准贵省政府建字第四〇七一号咨，以据汉口市政府呈送该市银行业同业公会章程暨改选职员会员表册，嘱查核办理见复等由。查该公会原呈所称，会务纷繁，少数职员实难兼顾，拟将执委增为十五人等情，事属可行。惟原任执委无须抽签改选一节，依据商会法第十九条之规定，执行委员任期为四年，每二年改选半数，不得连任。此次该公会原任执委既未抽签改选，即选连任，于法未合，仍应先饬依法改选半数，再行补选足额，俾符法规。准咨前由，除将附件暂存外，相应复请查照，转饬遵照办理具报，并希见复为荷。

此咨

湖北省政府

5.（湖北财政厅）令各县县政府：划定就近验收官票各处仰转饬所辖办理收换官票各商会遵办

（1934 年 4 月 4 日）

案准湖北省银行行字第一二二三号公函开：案查省各县收回官票掉换公债办法第四款内载：受委托之各商会，于截止收回官票后，即日将收回官票运至汉口，交由代理收换前官钱局官票事务所验收，掉换公债；并备文呈由该县县政府转呈财政厅查核等语。自应查照办理，惟鄂西鄂北各县，路途穷远，运输困难，若均责以将收回官票运至汉口，则人力财力两受其损。兹为节省各县运送官票来汉运费起见，拟请贵厅分令沙市、宜昌、武穴、老河口附近各县政府，转饬各该县商会，将所收官票，于四月三十日以后，就近运交本行各办事处验收，换取临时收据，一俟公债领到，照数掉换，以资撙节而期便利。如有特殊情形不能就近运交本行各地办事处者，仍照原规定办法办理。至应给各县商会办理收回官票人员津贴及运送官票至各分所费用，似应准其依照规定办法函请分所转呈总所核发。是否有当，相应函请贵厅查核饬遵，并希见复为荷。等因，准此。查各县收换官票一案，前经本厅抄同收换办法，通令各县政府遵照委托所辖各商会依照收换在案。兹准前因，原为节省运送官票费用起见，尚属可行，应予照办。现划定江陵、潜江、荆门、监利、石首、公安等县所辖各商会经收官票，就近运交湖北省银行沙市办事处验收；宜昌、当阳、松滋、宜都、枝江等县所辖各商会经收官票，就近运交湖北省银行宜昌办事处验收；广济、黄梅、浠水、蕲春、阳新、罗田等县所辖各商会经收官票，就近运交湖北省银行武穴办事处验收；襄阳、宜城、南漳、谷城、光化、郧县、均县等县所辖各商会经收官票，就近运交湖北省银行老河口办事处验收。所有各商会办理收回官票人员津贴及运送官票至各办事处分所费用，并准依照规定办理。除分令暨函复外，合行录案令仰该县长，即便转饬所辖办理收换官票各商会遵照办理，随将所收官票数目，报由该县转呈备查为要！切切。此令。

厅长 贾士毅

秘书胡文藻代行

（《湖北省政府公报》第 43 期）

6.为创设商业学校呈市府立案文

（1934年4月10日）

为创设商业学校，拟具规程，恳请核准立案，以利进行，而宏造就事。窃查属会为适应现代商业之要求，力图改进汉口商场起见，爰于上年九月间开办商人补习夜校一所，招收现在各业商号服务之店员学徒，入校补习，以期学业并进，借收事半功倍之效。惟业余补习，获益无多，培植真才，实嫌不足，而国内各大商科暨经济学系之毕业学生，固皆学有专长，适于时用，但以之从事旧式商业，其生活习惯，每多扞格不入之虞，若依照教育部定之职业教育系统，办一初级职业学校，又苦远于事实，供不适求，盖中国商场尚不能使用专门商业人才也。然现代商业之经营，重在学术之推进，学术愈昌明，商业活动之范围愈广，而效力亦愈大，否则故步自封，识见短浅，事事落人之后，终必无以自存。良以国际交通之距离缩短，政治经济之牵涉愈多，竞争至烈，劣者必败。是以各国经营商业之士，类皆富有学识技能，济济多才，泛应曲当，争奇斗巧，日异月新，以视我国不脱物物交易范围之幼稚商业行为，真非可以同日而语矣。属会外察国际环境之需要，内审汉市当地之情形，值此新旧嬗递之时，欲图根本改进，要以早就合于目下商场实用之人才为最宜，拟依商会法第三条第七项之规定，创办商业学校一所，修业期限定为二年，教授科目，期于实用。于1933年下学期开始办理，一次招收学生两班，依入学试验之程度浅深，编为一上一下两级，按程教授，不涉空疏。以后每学期招收学生一班，至1934学年下学期，完成四班班次。入学资格，以完全小学毕业，或具有相当学力，年在12岁以上、15岁以下者为合格。不纳学费，卒业之后，由属会酌量情形，分别介绍各业商店充当练习生徒，既非旧有学徒之短于常识，又非专科学士之枘凿不容。树之以基，持之以渐，原有夜校，并力进行。苟能办理得法，则数年之数，必有相当之成绩可观，而汉口商场，或有根本改进之希望。爰于2月20日提经属会执监联席会议照案通过，定名为汉口市商会商业学校，交由常会筹备进行。并为督率便利起见，对于校长一职，决由属会主席兼任，经畲以现任职责之所在，未敢重违公意，致误事（时）机，因即拟具规程聘定教职各员，并制定属会西旁楼房为校舍，业已布告招生，定期试验。惟以事关创办，亟待指示进程，所有筹设商业学校之特殊情形，理合检同草拟规程暨教职员一览表各一份，备文赍呈钧府俯赐察核，准予立案，并乞颁发钤记以资信守，而利进行。

（《汉口商业月刊》第1卷第4期）

7.本市筹设合作推进委员会

（1934年4月10日）

本市市府以年来商场凋敝，倒闭踵接，原因固由于世界普遍的不景气及中国农村破产所致，而中小商人不能得到金融机关扶助，致资金周转不灵，无法撑持营业，实亦为一重大原因。爰拟议组织一合作推进委员会，由银钱业供给相当资金，仿四省农民银行农村合作放款办法，专门贷款于本市中小商人，一面并派人指导组织合作社，借以挽回厄运于万一，法意颇为良美。业经拟具章则，提经临时市参议会第14次会议通过，训令本会，暨银行业同业公会、钱业同业公会，会拟意见呈覆。本会奉令当已转函银钱两会，定期在本会会商矣。兹将市府原令暨提

案,及本会致银钱两业原函与银行业覆函一并录后:

(1)市府令本会文

查汉市凋敝,倒闭踵接,亟应设法救济,本府爰拟设立汉口市合作推进委员会,以资活动金融,促兴市面。并拟具组织规程及编制,预算各表,提经本市临时参议会第14次会议决议:"令市商会、银行业同业公会、钱业同业公会会拟意见,限期呈核。"等语,记录在卷。除分令外,合行检发原提案,令仰该会即便遵照切实会商,拟具意见,于文到一月内呈复核夺,勿延为要!

附原提案一

(案由)拟请设立汉口市合作推进委员会以资活动金融促兴市面案(议长吴国桢提)

(说明)汉市凋敝,倒闭踵接,固由于农村衰落及国际经济侵略与恐慌,而占大多数之中小工商业,得不到金融机关扶助,亦为最大原因。若不亟图补救,势必全体破产。在银行的任务,原为发展社会经济,但对于资金之通融,现时莫不以抵押为原则,而中小工商人不易提供抵押品。至一般之钱庄业,虽以信用放款为原则,而中小工商人又不易取得其信用,遂致有款者难放,欲借者无门,百业阻滞,上下交困,欲求挽救,莫如提倡合作。盖个人信用虽甚薄弱,假使力量薄弱的大多数人联合起来,即可变成一个很大力量之组织,其信用亦即随之而增高。本府前所颁布之合作社章程,即欲中小工商人,本自助互助之原则,为合理的有力之组织,使人人为我,我为人人,得到金融的援助,种种便利和利益。只以政府既乏专人指导组织,金融机关又无经济上的援助,以致成效难期。兹拟由本府、市党部、市商会及银行业同业公会共同组织一合作推进委员会,一面派具指导中小工商人组织合作社,一面由各银行予合作社之放款办法,可参酌四省农民银行农村合作放款章程办理。如此则中小工商业得到低利的借款和便利,既有维持发展之希望,而银行界因合作社之组织,得以事前参核,临时审查,及事后监督,可以安心放款,亦获相当利益。活动金融促兴市面其成效必有可观!除占少数之农村,业由农民银行从事指导组织,拟仍划归该行贷款外,其余占大多数工商业,则由其他各银行分区指导组织贷款,而统由合作推进委员会综其成,是否可行?特连同组织规程及编制、预算各表,提请公决!

附组织规程及编制、预算表

汉口市合作推进委员会组织章程

第一条　汉口市政府为谋本市合作事业之发展,特设汉口市合作推进委员会。

第二条　本会受汉口市政府之指挥监督办理下列合作事务。

一、规划合作事业进行;

二、指导合作组织;

三、筹措调剂合作及资金;

四、考核合本业务。

第三条　本会设委员21人,由市政府代表2人,市党部、市商会及本市中国银行、交通银行、大陆银行、聚兴诚银行、金城银行、四明银行、通商银行、农工银行、盐业银行、上海银行、中南银行、广东银行、浙江兴业银行、浙江实业银行、中国实业银行、湖北省银行、四省农民银行代表各 1 人担任之，并互推委员长 1 人主持会内一切事宜。

第四条　本会为便利各银行筹措及调剂合作资金起见，得将本市农村特划为一区，其余各依公安分局之区域划分为 16 区，由前条所列各银行各任一区，分别办理，分区表及贷款规则另定。

第五条　本会暂设下列各组：

一、总务组；

二、指导组；

三、考核组。

第六条　本会各组各设组长一人由委员互推分任。

第七条　总务组设干事二人，由市政府调派职员兼任办理；文书、会计事项事务员一人，由本会委用，办理庶务、收发、缮写及其他事物。

第八条　指导组及考核组各设干事二人，由本会遴员呈请市政府委任办理全市指导考核事项。

第九条　本会设分区干事 17 人，各银行各派一人充任办理各该银行贷款区域合作指导、考核贷放事项。

第十条　本会常务会议每月一次，由委员长召集，遇必要时并得召集临时会。

第十一条　本会委员总务干事及分别干事均为无给职。

第十二条　本会经费按月编制预算呈请市政府支给。

第十三条　本会会议规则及办事细则另定之。

第十四条　本规程自呈准公布之日施行，如有未尽事宜得随时呈请修改之。

汉口市合作推进委员会预算表 1934 年度每月份

<table>
<tr><th>费别</th><th>项目</th><th>额数</th><th>单计</th><th>合计</th><th>备考</th></tr>
<tr><td rowspan="10">薪饷</td><td>委员长</td><td>1</td><td></td><td></td><td>义务职</td></tr>
<tr><td>委员</td><td>20</td><td></td><td></td><td>义务职</td></tr>
<tr><td rowspan="4">干事</td><td rowspan="4">6</td><td>70.000</td><td rowspan="4">260.000</td><td rowspan="4">总干事二人义务职；指导干事一人各月支 70 元；考核干事二人各月 60 元。合如上数</td></tr>
<tr><td>70.000</td></tr>
<tr><td>60.000</td></tr>
<tr><td>60.000</td></tr>
<tr><td>公益干事</td><td>17</td><td></td><td></td><td>义务职</td></tr>
<tr><td>事务员</td><td>1</td><td>30.000</td><td></td><td>一人月支如上数</td></tr>
<tr><td rowspan="2">工役</td><td rowspan="2">2</td><td>14.000</td><td rowspan="2">26.000</td><td rowspan="2">油印兼传达一人月支 14 元；杂役一人月支 12 元。合如上数</td></tr>
<tr><td>12.000</td></tr>
</table>

（续表）

费别	项目	额数	单计	合计	备考
公费	办公费			20.000	包括文具纸张邮电消耗杂支等费
	印刷费			15.000	包括章则表格标语宣传品刊物等费
	交通费			30.000	包括调查指导考核交通等费，分区干事交通费由各该银行支给
小计	薪饷			316.000	
	公费			65.000	
合计				381.000	
附记	本预算表所列各项数目得视事务需要在规定范围内随时变更支给				

汉口市合作推进委员会编制表

职别		额数	工作	备考
委员长		1	主持会内一切事务	由委员会互推之
委员		20	每月定期常会一次决定推行合作方案	由市政府市党部市商会及各银行代表充任
干事		6	分办文书会计指导考核等事宜	由市政府指派职员及委员会遴员呈请市政府委任
分区干事		17	分办各该银行贷款区域内合作指导考核贷放等事项	由各银行指派
事务员		1	分办庶务收发缮写及其他事宜	由本会委用
工役		2	分办油印传达杂役等事	由本会委用
小计	委员	21		
	职员	24		
	工役	2		
合计		47		
附记		指导干事得提前设置，考核干事视合作推进委员会成立情形随时增设以节约经费		

(2)本会致银钱两业函

案奉汉口市政府义字第四一二二号训令,为拟设立汉口市合作推进委员会,仰即会拟意见,呈复核夺等由一案,经提交敝会第 81 次常务会议,决议:订于本月二十三日午后五时,召集银钱两公会在本会开联席会议,再行呈复。等语,记录在案。除分函外,相应函达贵会,即请查照推派代表届日准时到会,以便集议。

(3)银行公会复本会函

"接准贵会函开,案奉汉口市政府义字第 4122 号训令,为拟设立汉口市合作推进委员会,仰即会拟意见,呈复核夺等由一案,经提交敝会第 81 次常务会议,决议:订于本月二十三日午后五时,召集银钱两公会在本会开联席会议,再行呈复。等语,记录在案。除分函外,相应函达贵会,即请查照推派代表届日准时到会,以便集议"。等因,准此。查此案业奉汉口市政府训令征集意见,并限文到一月内呈复核夺等因,现在敝会对于此案,正在研究中,尚未研得相当意见,可供参考,且距期限尚远,拟谓稍事从容,再行集议,相应函复,即希贵会查照是荷。

(《汉口商业月刊》第 1 卷第 4 期)

8.(湖北省政府)令汉市府:准咨复该市银行业公会拟将执委增为十五人事属可行惟原任执委未经抽签改选于法不合应饬依法改选半数再行补选足额请饬遵见复等由令仰转饬遵办具报

(1934 年 4 月 12 日)

案查前据该市政府呈,为转报本市银行业同业公会改选情形,赍呈章程表册,请鉴核存转。等情,到府。当经据情转咨查核办理,并指令在卷。兹准实业部商字第二四九八九号咨复节开:查该公会原呈所称会务纷繁,少数职员实难兼顾,拟将执委增为十五人等情,事属可行。惟原任执委无须抽签改选一节,依据商会法第十九条之规定,执行委员任期为四年,每二年改选半数,不得连任。此次该公会原任执委既未抽签改选,即是连任,于法未合,仍应先饬依法改选半数,再行补选足额,俾符法规。准咨前由,除将附件暂存外,相应复请查照转饬遵照办理具报,并希见复!等由,准此。合行令仰即便转饬遵照办理具报,以凭转复。此令。

主席 张群

(《湖北省政府公报》第 43 期)

9.棉花号业请免除检验

(1934 年 4 月 27 日)

汉市棉花检验,自实业部在汉设立商品检验局后,初则施行出口检验,嗣以未见成效,乃改验进口。兹悉棉花号业以鄂省农产棉花为大宗,自受进口检验以来,影响交易。例如上年十月秒棉价四十一元,至十一月间竟跌至三十六七元。揆厥原因,阖向来棉花到汉即可销售,今则非稽延数天不可。故欲图棉业之振兴,非免除进口检验不为功。昨已呈请商会转呈财政部请求免予检验。但能否邀准,此时尚难预料。

(《汉报》P31)

10.汉市府会同江汉工程局筹设堤工委员会建筑贫民住宅仿照旅馆式样,商银两会合谋中小商人贷款吴市长昨对本报记者谈话

(1934年4月27日)

本报专访:昨二十六日记者趋访汉市长吴国桢,以下列于市政有关之问题相询:一、连日阴雨绵绵,江水势必渐涨,转瞬夏汛将至,本年汉市防水计划如何?二、汉市商业凋敝,市面不景气,日甚一日,市府有无比较有效之治标方法?三、汉市建筑贫民住宅,酝酿已久,市府对此问题,如何计划?四、汉市各段马路工程,今后如何完成?五、汉市建设公债用途如何支配?承吴氏答称:本市沿江干堤,原由江汉工程局负责。去年夏汛时,仍由江汉工程局总其成,市府尽力协助。本年夏汛,转瞬将至,余为防患未然计,业经与江汉工程局商妥,准备组织一堤工委会,专负防水责任。本日已派代表吴国桢赴工程局开会讨论,并请平汉路局代表参加,大约不久即可组织成立。至谈到汉市商业之凋敝,市面经济之恐慌,此为整个世界经济不景气之影响,非仅汉市如此,京沪莫不如此。如上海南京路一带,以前商店栉比,生意兴隆,达于极点,现已有四百余商店因不能支持而歇业。上海市面既萧条万状,汉口自不待言。从前中国商场之不景气,可以说是受内乱和□患的影响,现在都要从世界各国经济之衰落,外国尚且如此,更何论及商业经济落后之中国呢?余现在就能力所及,特举办下列数事:一、中小商人如因资本不足,不能发展其业务者,现已准备由银行贷款,此事业经市府令行总商会会同银钱两业公会商定办法,现尚未据商会呈复。二、为便利来往客商起见,业由市府向平汉路局商得同意,所有车票照原价打一七折。三、整顿码头,本市码头工人,积习过深,且时发生向旅客讹诈情事,市府现已将不劳而获之码头工头取消,庶几工人得免缴厘头,生活亦有所保障,在旅客方面,亦可减轻搬运费。至关于建筑贫民住宅一事,刻正计划进行,并已商准财政厅拨得近郊公地,一俟计划就绪,即行鸠工建筑,其办法如旅馆然,每人仅取铜圆数十文,即可住宿一夜,但次晨即须离舍,比之另外租屋住者,便宜得多。再关于全市马路工程,各大干线,早已修竣,刻正修理观音阁至桥口一段,其余各支线马路亦正陆续修补中,芦席街下水道工程,现已完成,其他未安设下水道之街市,即将分别动工。再如发行建设公债一节,查此项公债虽经省政府委员会议通过,尚须经财政部核准,故用途如何支配,目前尚未决定,其原则总期为市民谋福利,决不浪费一文也。

(《汉报》P29)

11.省府核减三镇业商两界认缴公债额三市商业颇形凋敝,一律核减募半月

(1934年4月28日)

省政府查本省担负本年修筑公路经费三百余万元,除以上年募收之五十余万元债款悉数拨充外,尚不敷洋二百六十余万元。以目下省库财力,对于上项所差公款,实属无法筹拨。前奉蒋委员长电令,饬即继续募债以充之,当经分令财建两厅拟具募收二十三年金融公债办法,查照二十年成例,以该项金融公债,向武、阳、汉三镇商店,募收一个月职工薪洋,业主方面,募收一个月房租金额,拨发作筑路专款,提由省政会议通过。兹复据该业商各团体代表陈述商业凋敝情形,特予核准减募半个月,以示体恤。爰于昨日分行三镇业商两会,转知各商店业主踊

跃认购,以济急需云。(日日)

(《汉报》P38)

5 月

1.(汉口市政府)令汉市公安局、商会:据呈为呈明换用新衡器复杂情形请查案布告并令公安局依法取缔暨饬各同业公会知照等情仰查照办理、转行各公会通知同业知照

(1934 年 5 月 7 日)

案据本市度量衡检定分所呈称:窃查本所自三月一日起,实行新制度量衡器总检查以来,综据各检查员先后报告,各商民人等,彻底换用新制衡器者,固居多数,而购置新器,挡塞检查,事实上仍用旧器者,亦复不少;甚有换用新器,暗中加以秤量折扣,而谋与旧器之折合(例如每百市斤折合钱秤八十五斤,改用市秤后不称为一百市斤而称为八十五斤者);亦有改用新器而物价不据实折合,借以渔利者(例如用钱秤买炭元每百斤值价一元,改用市秤后每百市斤炭元值价仍为一元),以此阳奉阴违,似应严行取缔。又查新旧衡器单位,大小悬殊,早经本所将本市新旧制比较情形,暨物价折合标准,印制成表,分发周知有案。该商民等,既经换用新制衡器,所有原定物价,应与厘定标准,一次折合就绪,即或早晚时价,偶有涨落,亦应按照折合后之物价,分别增减,不得与新旧制之斤两,久相折合,致养成新旧制并行之恶习。又新制衡器,原较旧制衡器为小,改用新制后,原有物价,自应减低,以昭平衡,亦屡经布告周知,乃函请各同业公会查照有案。现既换用新器,物价自应减低,乃有少数奸商,竟认为取巧机会,不减物价,实属不合。本所责任所在,对于上项弊窦自当切实剔除。以后凡遇有类此情事发生,似应确遵换用新制衡器办法,及中央各项度量衡法规之规定罚办,并准由受害人报鸣就地岗警,将该取巧人带回该管机关,或由受害人报由本所,转请核办。再负贩小商,沿街叫卖,来去无常,衡器取缔极感困难。公馆住户,情形更为特殊,婉为劝导,则置若罔闻,操之过激,则殴辱且至。检查人员,处此情势之下,进则酿成绝大纠纷,退则有损政府威信。本所前以此种情节重大,曾经呈奉钧府令行市公安局转饬所属各分局,仿照京沪成例,由各地岗警,随时监督取缔,以绝根株。并专案呈请转咨武汉警备司令部布告,以无论军民公馆住户,须一律换用新制衡器,不得借故滋闹各在卷。现在日久玩生,似应重申前令,以资警惕,所有以上各情,拟请剀切布告周知,并令公安局转饬各分局查照转理,并令各同业公会通知各该同业知照,是否可行?理合呈请钧长鉴核示遵!等情,据此。除指令并布告周知,暨饬本市公安局查照办理、市商会转行各业同业公会通告各该同业知照外,合亟令仰该局即便查照办理!该会知照,并转饬各业同业公会通告各该同业一体知照。此令。

市长　吴国桢

(《湖北省政府公报》第 45 期)

2.附本会商业学校成立纪事

(1934 年 5 月 10 日)

本会主席陈经畬氏提议设置商业职业学校,所有一切计划及经费预算,前经本会执监联席会议议决,交由常务委员会负责办理。筹备匝月,业于本年 3 月 22 日举行新生入学试验,投考学生,数逾二百,经录取一上学生 46 名,一下学生 37 名,并于 3 月 28 日正式开学。是日虽风雪交加,仍承诸来宾莅临赐教。开会后首由主席兼校长陈经畬报告,略谓:今日汉口市商会商业职业学校举行开学典礼,承党政军长官及各界来宾宠降,毋任荣幸。谨将筹设本校之动机及经过,略陈梗概:吾国商人在 80 年前海禁尚未大开之时,以旧式方法经商,尚能勉强应付。迨至 20 世纪国际互市之秋,势非具有商业专门学识人才,实难与之周旋,此筹设本校动机之一。汉口居我国中部,为华洋通商重镇,外货倾销,争奇斗巧,日新月异,势不可当,而我各业商店,狃于旧习,短于常识,泛应不能曲当,技能不能敌人。纵有商业专才,以之从事旧式商场,其生活习惯,又苦不能相洽。长此以往,其何以堪?欲图补救,惟有作育商场实用人才,以期彻底改造。本会虽已办有商人补习夜校,因为时过促,难资深造,此筹设本校动机之二。此种动机,发之最早,历经周郑两会长、黄贺两主席,先后计划进行,均以时局关系,未能实现。经畬承乏其后,幸能完成历任志愿。并荷常会同人,推为校长,自分学识(简)陋,复以会务纷纭,故关于本校一切事宜,均托范校务主任励青代为策划,以促时间之筹备,幸已底于有成,惟事关创始,缺误殊多,谨于报告之余,务希各界长官来宾,不吝赐教,实为幸甚。

汉口市政府代表范寄沧惠词:本人今日代表汉口市政府参加贵校开学典礼,不胜荣幸。窃以汉口地方事业,属于工商业者居多,不过工司制造,商通有无,均沿旧从事,对于学术上,多无相当研究。今日汉商会开办商业职业学校,以造就商才,改进商场为职志,将来成绩必有可观。

武汉警备司令部代表周君亮惠词:今日汉口市商会商业职业学校开学,本人荣幸参加,毋任欣忭。我国自古以来,向分士农工商,商居四民之末,良以从前闭关时代,经商者徒以懋迁有无为能事,故不为社会所重视。今者华洋互市,国际竞争,非有相当学识不可。诸同学既肄业斯校,务须认清国家环境、本身立场,努力求学,方不负汉商会作育人才之至意。

汉口市政府科长沈质清惠词:本人参加盛典,非常荣幸。关于商业今昔不同的地方,周代表已阐明甚详,本人亦系研究商学的人,不过感觉现在政府所办之各级商业学校,多系讲述几本外国书籍,对于实用科学,殊鲜注意。须知现在商业,必贯通新旧知识,始能有功。即以簿记一科而论,如习用旧式,则不合时宜,尽采新规,则势难普遍,苟明账理,自无错误。此次汉商会办理斯校,所定课程,悉重实用,各同学如能努力求学,将来造就成材,当较普通职业学,更有实效。

明新学校代表阮子印惠词:吾国习尚守成,不思改进,经商者不知农,业农者不知工,而士农工商,不外乎学。本人从前亦曾筹办商校,以当时社会心理,趋重仕途,故投考人鲜,旋即停办。此次汉商会各委员,煞费苦心,创办商业职业学校,而求学者又如此踊跃,这是可欢度的第一点。再自来为学之士,无不以做官为目的,现在贵校造就人才,是以到商场服务为归宿,将来汉口市商业,必可放一异彩,这是可欢度的第二点。

汉口孤儿院代表李嘉禾惠词:适闻主席报告贵校筹办之动机及经过,足征(证)汉商会各委员惨淡经营,作育人才之至意,闻听之余,曷胜钦佩。现在汉口商业凋敝,非有真实人才,难期恢复。贵校成立于此多事之秋,所负使命,异常伟大,幸有汉商会各委员,及贵校诸教员,本其经验学识,指导训诲,将来诸同学之成功,及汉市商业之繁荣,实可预卜也。

汉口保安公益会代表郑慧吾惠词:汉市商会最近办有商业月刊,及商人补习夜校,今日又为商业职业学校开学之期,诸凡文化教育事业,逐次兴办,实为负责得人之明征(证)。于此商业飘摇之际,得有相当人才,将来与列强商战争雄,亦意中事。

教职员代表马十齐致词:今日本校开学,承各来宾惠词,特代表同人敬谨致谢。明日为本校正式授课之期,亦即同人责任开始之候,兹于第一次与各同学相见之初,特述数语,以资互勖。值此商战时代,非有实用学识,难操胜算。各同学既来本校肄业,务须努力科学,整齐步伐,为将来商战壮士。同人等重以职责关系,亦犹轮上之驾驶员,自应于惊涛骇浪中,将诸壮士渡达彼岸,以与劲敌相周旋,方不负汉商会创办本校之初衷。尚冀今日惠临诸公,社会宿耆,不时加以批评和指导,是则同人等之所盼感者。

主席答词:今日承各长官来宾冒雪辱临,并锡鸿词,实深感怍。本席与商校同人,自当拳拳服膺。经畬忝为校长,故不得不向诸生作一忠告:盖以青年求学固属当务之急,立身行己,尤关重要。若徒知求学之必要,而忽略人之所以为人,则听明适足以为诈伪之助。经畬以为为人方法,莫如论语入孝出悌一章!阐发精微,诸生如能身体力行,求学与为人之道,实两全矣。

附该校规程及教职员一览表

(一)汉口市商会商业职业学校规程

第一条　本校由汉口市商会依商会法第三条第七项之规定组设之。

第二条　本校定名为汉口市商会商业职业学校。

第三条　本校以灌输现代商业学识,培植实际商场人才为宗旨。

第四条　本校修业年限为二年。

第五条　本校课程标准,定订如后。

	第一学年		第二学年		备考
	上学期	下学期	上学期	下学期	
公民	1	1	1	1	
国文	6	6	6	6	
英文	4	4	3	3	
商业簿记	4	4			
银行簿记			4	4	
商业道德	1	1	1	1	
会计纲要			2	2	
商业地理	2	2			

（续表）

	第一学年		第二学年		备考
	上学期	下学期	上学期	下学期	
经济概要			2	2	
法学通论	2	2			
算术	4	4			
商业历史	2	2			
广告学	2	2			
银行学			2	2	
商业概论	3	3			
商法概论			2	2	
国际贸易			2	2	
保险学			2	2	
售货术			2	2	
体育	1	1	1	1	
汇兑			2	2	
商业算术			3	3	
珠算	3	3			
习字	1	1	1	1	
合计	36	36	36	36	

第六条　本校置校长一人，综理校务，由汉口市商会主席兼任之。

第七条　本校置校务主任一人，秉承校长之命，管理校务，由校长聘任之。

第八条　本校每班置训教指导一人，秉承校长之命，商同校务主任，办理所属事务。

第九条　本校置专任教员若干人，由校务主任商承校长聘任，但因事实之必要，得置兼任教员。

第十条　本校置教务员、事务员各一人，秉承职教员之命，办理所属各事务，由校务主任商承校长委用。

第十一条　本校设下列各会议：

一、校务会议：由校长召集，议决一切重要校务行政事宜。

二、教务会议：由校务主任召集，议决改进学科方案，审查学生成绩，及其他教务事宜。

三、训育会议：由校务主任召集，议决一切关于训育事宜。

四、事务会议:由校长或校务主任召集,议决全校庶务事宜。

以上各项会议规则另订之。

第十二条　本校于 1933 学年下学期,开始招收学生二班,以后每学期招收一班,至完成四班班次为止,每班名额 50 名,其投考资格,以完全小学毕业,或具有相当学历,年在 12 岁以上、16 岁以下者为合格。

第十三条　本校试验分下列四种:

一、入学试验:于入学时举行之。

二、学期试验:于学期终了时举行之。

三、毕业试验:于毕业时举行之。

四、临时试验:于不定时举行之。

各种考试,均以平均满 60 分以上为及格。

第十四条　本校不收学费,其制服、书籍,由学生自备。

第十五条　本校毕业学生,除给予证书外,得由校长造具成绩清册,送由汉口市商会,介绍于本市各业商店,充当练习生。

第十六条　本规程如有未尽事宜,得随时修改之。

(二)教职员一览表

职别	姓名	籍贯	经历
校长	陈经畬	江宁	汉口市商会主席
校务主任	范励青	武昌	国立武昌商科大学毕业,实业部核准会计师,湖北省考取中学教员,历充各机关科长、会计主任及各中学校教员
专任教员兼训教指导	范治普	鄂城	国立武昌商科大学毕业,曾任汉口特别市政府教育局科员、省立第三中学校会计主任及各学校教员等职
	耿学真	枣阳	国立武昌商科大学毕业,曾任湖北省立第十中学校教员、汉口特别市立民众教育教师讲教所事务专员兼指导员、汉口市立第一职业补习学校教员、代理汉市立第一中学校校务主任
专任教员	夏祖范	广济	私立武昌中华大学政治经济系毕业,1932 年春曾由上海震旦大学院派至南京预科部充当一、二年级法文教员
兼任教员	郭肇璜	广济	汉口市商会秘书长
	马天柱	武昌	湖北法政专门学校毕业、历充湖北沙市甲种商业学校、汉口致中学校、武昌艺术专门学校、中华大学校文史经济法学各科教员
	范奔公	武昌	复旦大学法学士、汉口圣嘉纳女子中学教务主任
	丁瀛	随县	南京体育师范专科毕业,曾任湖北省立一二三中学校体育教员、汉口市党部童子军指导员
教务员	马健群	江宁	南京青年会中学校毕业,曾任湖南电报局电务员
事务员	彭梅庵	武昌	曾任汉口征收总局庶务

（三）学生一览表

级别	姓名	年龄	籍贯	级别	姓名	年龄	籍贯
一下	黄行灿	12	沔阳	一下	岳忠唐	13	汉口
一下	萧善初	13	汉川	一下	定正骥	14	武昌
一下	余绳桢	14	安徽	一下	周任纯	14	汉阳
一下	喻传章	14	汉阳	一下	李邦本	14	黄陂
一下	向纯尧	14	汉口	一下	王瑞桐	14	黄陂
一下	哈敷文	14	汉阳	一下	徐定荣	15	武昌
一下	朱先德	15	汉口	一下	刘华甫	15	汉阳
一下	查光文	15	黄陂	一下	张来义	15	福建
一下	解鸿权	15	广济	一下	周汉臣	15	黄冈
一下	周盛海	15	汉口	一下	邓贤臣	15	湖北
一下	聂少安	15	夏口	一下	何兴藩	15	咸宁
一下	朱宗耀	15	浙江	一下	朱大镛	15	安徽
一下	单佩芳	15	武昌	一下	范广远	15	武昌
一下	俞承尧	15	武昌	一下	丁树椿	15	南京
一下	石咸凯	15	武昌	一下	郑鸿业	16	汉阳
一下	周光恒	16	晴川	一下	徐明	16	武昌
一下	吴继林	16	武昌	一下	孙华庭	16	黄陂
一下	朱仲翔	16	安徽	一下	胡贤成	16	汉阳
一下	胡启钧	16	汉口	一上	周启林	12	鄂城
一上	张世猷	12	汉阳	一上	吴传鼎	13	南京
一上	潘贤任	13	汉阳	一上	汪厚储	13	江夏
一上	张祖德	13	汉阳	一上	潘贤伟	13	汉阳
一上	陈祖荣	14	汉阳	一上	罗清培	14	汉阳
一上	戴少松	14	汉阳	一上	张家谷	14	广济

（续表）

级别	姓名	年龄	籍贯	级别	姓名	年龄	籍贯
一上	周季登	14	汉阳	一上	刘应浩	14	咸宁
一上	朱祖邠	14	黄陂	一上	潘贤仲	14	汉阳
一上	徐时清	14	天门	一上	方祥盛	14	黄陂
一上	陈善择	14	武昌	一上	李惠平	14	汉阳
一上	李道仲	14	黄陂	一上	刘继昌	14	汉口
一上	刘文蔚	14	汉阳	一上	吴茂梓	14	安徽
一上	周仿	15	汉口	一上	徐东浩	15	施南
一上	叶超球	15	黄冈	一上	万远桢	15	汉阳
一上	周家柱	15	天门	一上	张承先	15	广济
一上	张桂友	15	黄陂	一上	曹胜祥	15	汉口
一上	刘义之	15	夏口	一上	张绪浚	15	汉阳
一上	传正中	15	天门	一上	张先福	15	湖北
一上	余家森	15	江苏	一上	马忠铭	15	汉口
一上	曾照咏	15	武昌	一上	曹胜达	15	汉阳
一上	鲁安清	15	孝感	一上	袁尚谦	15	咸宁
一上	何功高	15	咸宁	一上	马希俊	16	汉阳
一上	邓文斌	16	汉阳	一上	余信义	16	汉阳
一上	王伯衔	16	汉阳				

（《汉口商业月刊》第 1 卷第 5 期）

3.（湖北省）各县市镇各业工商同业公会章程准则

（1934 年 5 月 12 日）

第一章　总则

第一条　本会根据工商同业公会法及其施行细则，各规定组织之名为市、县、镇业同业公会。

第二条　本会以维持并增进同业之公共利益，矫正营业之弊害为宗旨。

第三条　本会设事务所于……

第四条　本会办理之事务如下：

一、接受党部政府及商会委托之事件；

二、维持并促进同业之公共利益；

三、解决同业公会间之纠纷；

四、执行本会一切决议案。

第二章　会员

第五条　凡本市、县、镇同业之公司行号，均应为本会会员，推派代表出席本会，但受除名之处分者，不在此限。

前项会员代表，每一公司行号得派一人至二人，以经理或主体人为限，其最近一年间平均店员人数每超过十人时，应增派代表一人，由各该公司行号之店员互推之，但至多不得逾三人。

第六条　各会员公司行号推派代表时，应给以委托书并通知本会；改派时，亦同。

第七条　有下列各款情事之一者，不得为本会会员代表。

一、褫夺公权者；

二、有反革命行为者；

三、受破产之宣告尚未复权者；

四、无行为能力者。

第八条　本会会员有遵守本会章程及服从本会决议案之义务。

第九条　本会会员代表有提议权、表决权、选举权、被选举权。

第十条　本会会员之出会，须陈明理由，经本会核准后，方能出会，但所缴各费概不退还。

第三章　组织

第十一条　本会最高权力机关为会员大会，由全体会员代表组织之；闭会后，为执行委员会。

第十二条　本会会员大会之任务，如下：

一、选举执行委员；

二、变更章程；

三、会员或会员代表之除名；

四、职员之退职；

五、清算人之选任及关于清算事项之议决；

六、其他关于本会会务之重要决议。

第十三条　本会由会员大会就会员代表中，用无记名选举法选任执行委员七人至十五人组织执行委员会，并另选候补执行委员三人至七人。

第十四条　本会由执行委员互选三人至五人为常务委员，并就常务委员中选任一人为主席。

第十五条　本会职员均为名誉职，但因办理会务得核实支给公费。

第十六条　本会委员有下列各款情事之一者，应即解任。

一、因不得已事故，经会员大会议决准其退职者；

二、旷废职务，经会员大会议决令其退职者；

三、于职务上违背法令营私舞弊，或有其他不正当行为，经会员大会议决令其退职，或由实业部或地方最高行政官署令其退职者；

四、发生本章程第七条各款情事之一者。

第十七条　本会得酌用雇员，其人数及薪金，由执行委员会另定之。

第四章　任期

第十八条　本会委员之任期为四年，每二年改选半数，不得连任，其第一次之改选，以抽签定之，但委员人数为奇数时，留任者之人数得较改选者多一人。

第十九条　常务委员有缺额时，由执行委员会选补之；执行委员有缺额时，由候补执行委员依次递补，其任期以补足前任任期为限。

第五章　会期

第二十条　本会会员大会分定期会议与临时会议两种，由执行委员会召集之。

一、定期会议，每年召开一次。

二、临时会议于执行委员会认为必要或会员代表十分之一以上之请求时，召集之。

第二十一条　会员大会开会时，由常务委员组织主席团轮流任主席。

第二十二条　会员大会之决议，以会员代表过半数之出席，出席代表过半数之同意行之，如出席代表不过半数时，得行假决议，将其结果通告各代表，于一星期后、二星期内重新召集会员大会，以出席代表过半数之同意，对假决议行其决议。

关于本章程第十二条各款事项之决议，以会员代表三分之二以上之出席，出席代表三分之二以上之同意行之，出席代表逾过半数而不满三分之二者，得以出席代表三分之二以上之同意行假决议，将其结果通告各代表，于一星期后、二星期内重新召集会员大会，以出席代表三分之二以上之同意，对假决议行其决议。

第二十三条　召集会员大会，应于十五日以前通知之，但遇有紧急事项召集临时会议时，不在此限。

第二十四条　执行委员会每月开会二次，但有特别事故得开临时会议，由主席召集之。

第二十五条　执行委员会开会时，以主席委员为主席，如主席委员因故请假时，由常务委员轮代主席。

第二十六条　执行委员之决议，以执行委员过半数之出席，出席委员过半数之同意行之。

第六章　经费

第二十七条　本会经费，分下列二种：

一、经常费，由会员大会决议后，会员分担之。

二、临时费，由会员大会决议筹集之。

第二十八条　本会经费之预算、决算及事业之成绩，每年须编制报告向会员大会报告后，呈省党部及主管官署备案。

第七章　附则

第二十九条　本章程如有未尽事宜，悉依工商同业公会法及工商同业公会法施行细则之规定办理。如必须修改时，应召集会员大会议决修改之，并呈报省党部复核，再呈报县政府转呈建设厅转呈省政府转咨实业部备案。

第三十条　本会办事细则，由执行委员会另订之。

第三十一条　本章程呈经省党部复核，并呈报县政府转呈建设厅转呈省政府转咨实业部备案后施行。

(《湖北省政府公报》第45期)

4.刘峙抵汉与孔张会商要公，孔祥熙昨晚乘舰返沪

(1934年5月13日)

(汉口)孔祥熙十二午应汉商会欢宴，贡献繁荣商业意见，并考察盐务处烟酒榷运统税各局，训勉职员。(十二日专电)

(《申报》)

5.商银钱三会呈复市府分区贷款调剂小商资金，须市府另立机关办理，资金如须全筹，应有保障方案

(1934年5月14日)

汉口市政府，前为设立汉口市合作推进委员会，以资活动金融，促兴市面起见，特拟具组织规程，及编制预算各表，提经十四次临时参议会决议，令市商会银行公会、钱业公会拟意见，限期呈核，当根据决议案，令饬该会等会同拟具意见，限期文到一月内呈复核夺，各情已志前报。将悉该会等，会商结果，佥以合作事业种类不一，以普通性质言显有生产消费之分，而详译令文及组织大纲，一则曰倒闭踵接，再则曰分区贷款。又拟侧重小商之资金调剂。查商业贷款，首以调查借方信用为主。若调查果结，而贷否自由，固失合作之本旨。若毫无调查而贸然贷出，恐益长倒闭之风。各区小商林立，姑无论调查不易，且商场习惯，不问处境难否，更不愿受人调查。贷时既不能彻底调查，贷后又无权彻底管理，则收回之责任，又归谁负？事实如斯，倘非通盘预计，穷恐纠纷一起，适成他日之前车，反负市政府救济市面之美意。在今日社会新旧过程之中，此等组织，欲求实现，应以下列两项为先决问题：(一)此项组织须由市府另立机关，本其原有调查与管理之权直接负办理与盈亏之责。(二)此项组织需要之资金，是否市府已备一部加筹一部，如须全筹，是否市府直接负责，如非直接应有保障之方案，二者决定，其他问题，则多属于办法与手续，似均不难随时商订。业已根据上述意见，会同呈复市政府，由市政府提交临时参议会讨论矣。(新声)

(《汉报》P104)

6.商银钱等会请设合作推进委员会市参议会昨议决保留，向北平函索办法后再议

（1934 年 5 月 15 日）

汉口市临时参议会于前日开第十六次会议，主席吴国桢，开会如仪。报告汉口市政府二十三年四月份收支报告后，即讨论各事决议如下：一、请就本市板子桥椿梁涵洞迅修正式下水道以利宣泄而消巨毒案，交市政府办理。二、据本市商会呈请查案赶办抽水机，以排后湖积水案，以后湖农民已成立合作社，筹拟办法，毋庸再行决议。三、据汉口市商会、银行公会、钱业公会等会呈，拟设汉口市合作推进委员会案意见，报请讨论案，保留，并先向北平市政府索函救济中小商人办法再行商办。（光明）

（《汉报》P110）

7.（汉口市政府）令汉市估衣业同业公会：据呈为同业当街叫卖有损商业信誉请转令禁止等情准令公安局饬属随时注意查酌处理仰知照

（1934 年 5 月 15 日）

呈悉。查营业以自由为原则。叫卖系属营业方法之一，平沪各市，类多有之。未便概行禁止。惟如怪状喧嚷，招集行人，未免有碍观瞻，阻滞交通，自应酌予取缔。除令行本市公安局转饬所属随时注意查酌处理外，仰即知照。此令。

市长　吴国桢

原呈文

呈为呈请事，案查属会前据会员潘兴和、刘万顺等十九家联名盖章函称，径启者，查近顷以来同业中多有当街叫卖货物，希图招引顾客，高声喧嚷，怪状毕呈，牟己之利益，施竞卖之巧技，启笺斗效尤之渐，开投机侥幸之风，堕落商业信誉，妨害整个营业，以致本业固有之经纶历史及高尚声誉，胥因此卑劣行为有以隳败而无余。故去冬各同业受叫卖之影响，一蹶弗振，因而宣告停业者，竟达数十家之多。长此不谋纠正，为害不知伊于胡底。会员等愍焉忧之，未忍缄默，谨依本会章程第九条载有，会员代表有提议权之规定，用特联名提案，即希迅予依据本会章程第二条所规定，从严矫正营业之弊害，借以维持并增进同业之公共利益，并祈呈请主管机关核准严禁，以祛劣习而肃业规，至纫公谊。等由，到会。属会即于第二次执监联席会议经众决议，应予禁止叫卖，并推员分途劝导等语，记录在卷。旋经属会于本年四月二十五日通告全体同业，自接受通告之日起，一律停止叫卖，以免妨害整个信誉及利益，各在案。本月一日，据潘兴和等十九家来函报称，略以同业中竟有违背本会决议案，至今仍未停止叫卖，若不据情呈请汉口市政府令饬公安局通传各分局严厉查禁，则全体同业有业务失其保障之憾，第恐对于本会不但不尽纳捐之义务，抑本会学校经费更将无由以资维持，务希克日查案，呈请执行，至深公幸。等由，前来。查当街叫卖行为卑狎既损商业信誉，复害公共利益，不蒙迅准查禁，究不足以维持整个业务，尤使属会捐收与学校经费均有莫大阻滞。据称前由，理合具文呈请钧府鉴核俯准，

迅令公安局分饬各分局随时严切禁止，俾杜弊害而重业规，伏乞示遵。实为公便。

谨呈

汉口市政府市长吴

汉口市估衣业同业公会主席　喻俊卿

（《湖北省政府公报》第45期）

8.美政府增芝麻进口税，外部电令施使商请美方取消

（1934年5月16日）

（南京）汉口商会以美国对我芝麻进口税亦实行增加成本数量一倍以上，请向美政府交涉取消，外部十五日已电致施肇基公使，向美政府交涉取消。（十四日专电）

（《申报》）

9.中国国民党汉口特别市党务整理委员会关于本市银行公会呈送此届改选未经抽签实部认为不合备述该案原委请查核见复公函

（1934年5月23日）

案据汉口市银行业公会呈称，为呈请指导事，窃奉汉口市政府义字第四九八六号训令内开：查前据该会呈报改选情形，附赍章程册表，祈核转一案，经过情形，节经令行知照在卷。兹奉湖北省政府建字第四五一一号训令原开：兹准实业部商字第二四九八号咨复节开：查该公会原呈所称，会务纷繁，少数职员实难兼顾，拟将执委增为十五人等情，事属可行。惟原任执委无须抽签改选一节，依据商会法第十九条之规定，执行委员任期为四年，每二年改选半数，不得连任。此次该公会原任执委既未抽签改选，即是连任，于法未合，仍应先饬依法改选半数，再行补选足额，俾符法规。准咨前由，除将附件暂存外，相应复请查照转饬遵照办理具报，并希见复。等由，准此。合行令仰，即便转饬遵照办理，具报以凭转复。此令！等因，亟令仰该会即便遵照办理具报。此令！等因。查公会此次依期改选，曾经呈奉大会指派吴指导员福祖、汉口市政府陈监选员健会同莅临监视指导，所有是日议决，依法增补职员名额一案，又议决原任执委无须抽签各缘由暨改选情形，均经公会备文声叙，并检同修正章程分呈大会暨汉口市政府，请予备案转报。嗣奉大会民字第一六八一号指令准予备案，并奉汉口市政府令予转报各在案。查公会当日开会程序单，第九条甲项原定为抽签，并经备妥签筒候抽及增加职员名额之提案通过，即由吴指导员提出意见，略谓贵会原定执委七人，故应抽签三人，今既因事实上之需要，将原章七人议决修改为十五人，若仍抽签三人，再选十一人，似觉手续繁重，无多意义，最好原定七人不动，只再选八人合足执委十五人，既与法令无忤，且可救济事实之穷，并定此次改选为第一届第二次选举。各位对此有无异议，请表示等语。当经全体代表赞同，一致通过后，始行投票，增选八人。兹奉前因，事关法令解释，公会未敢妄拟，为此录令呈请大会查照，敬祈俯赐指导，俾有遵循，无任企祷。等情，据此。查该公会此届变更章程，增加执委名额。原任执委七人，未经执行抽签改选，依工商同业公会法规定执委任期为四年，每届改选半数。该公会原有执委七人，均未超过任期，本会为谋避免该会嗣后每届改选参差不齐以符法令规定半数计，当经认为

尚属可行,并准予备案在卷。兹据前情,相应备述此案原委,函达贵部查照,并希见复为荷。

此致

实业部

常务委员杨兴勤、吴绍澍、单成仪

10.汉口市政府呈送汉口市潮糖杂货业同业公会章册请核办咨实业部

(1934年5月26日)

案据汉口市政府呈称,案据本市潮糖杂货业同业公会呈称,窃属会前以执委任期已满,当经呈准钧府及汉口特别市党务整理委员会,定期本月二十日在本会举行改选。共计到会人数四十二,出席代表三十三,共到钧府监选员寻学仁同志、汉口特别市党务整理委员会监选指导员□学渊同志。依法抽签改选,计留任委员杨静吾、马华友、周禹初、陈志云、许谦荪五人,当选委员陈士芳、黄衡石、许维三、张逸之四人,候补委员张述之、张守鲁二人,再由执行委员九人,互选杨君静吾、陈君士芳、黄君衡石为常务委员,杨君静吾为主席,除即日宣誓就职,并分别函呈外,理合备文,呈请鉴核,俯赐备案。等情,附呈会员名册,当选委员名册及章程各三份,据此。查核尚属相合。惟章程微有未妥,除就原本代为更正,指示遵照,并分别提存外,理合检同原来会员名册、当选委员名册及章程各二份,备文呈请钧府鉴核转咨备案,并乞指令祗遵。再本府原来只本市各业同业公会一览表内载该会名称,遗落"杂货"二字,又执委杨静吾、许谦荪、陈志云、吴为,合并陈明。等情,计呈章程,及会员委员名册各二份,据此。查该工会章程第二十一条□临时会议□下,应增一□时□字,除代为添注,并指令转饬贵部,即希查核办理见复为荷。

此咨

实业部

附原来章程及会员委员名册各一份

主席　张群

11.布商贱价竞卖,汉商会决定救济函四公会分别制止劝导

(1934年5月30日)

市商会,以近来布匹等业商店,贱价竞卖,特于昨日常会时,决定救济办法。当遵照议决案,分函绸缎、匹头贩运、苎麻夏布、布匹等四同业公会,请设法制止,勿再贱价竞卖,并已致函各该会,请各以善意劝导同业商店,务期恢复原状,照常营业矣。(新声)

(《汉报》P230)

6 月

1.实业部为准送汉口市潮糖杂货业同业公会改选章册咨湖北省政府

（1934 年 6 月 2 日）

应行饬遵事项，相应填列附单，复请饬遵由贵省政府建字第五三三四号咨，转送汉口市潮糖杂货业同业公会改选职员会员名册暨章程，嘱查核备案等由。查该公会委员任期届满二年，依法举行改选，所具章册，复核大致尚合，应准备案。惟尚有应行饬遵事项，相应填列附单，复请查照转饬，遵照单内所填各项办理为荷。

此咨

湖北省政府

附汉口市潮糖杂货业同业公会呈报改选应行饬遵事项附单

2.令汉口市茶叶出口、贩运业同业公会：据呈请令饬茶行取消钱秤八折实用新制衡器等情指令遵照

（1934 年 6 月 2 日）

会呈悉。查接管前社会局卷——旅汉岳临茶帮与汉口茶行营业争执调解案内，注有“秤码一律用钱秤八折，包毛湿在内”等语。细绎文意，所谓钱秤八折，实包括扣除毛湿而言，并非纯粹秤码折扣问题。复查茶叶买卖，系由卖客、买客、行家三方构成，行家系以经纪商资格，介绍买卖，收取行佣。至于茶叶重量之合算与价格之约定，均应以买卖双方之合意为主，行家自不得从中左右。现在本市换用新制衡器，茶叶斤两折扣之旧例，是否必须存在？抑如何另定折扣标准？始臻平允，应由该两业同业与买方根据实际情形妥为议定。如已议定将此种折扣完全取消，酌量减低；而行家代客买茶，仍旧折扣，所算折扣，比较买客买茶折扣增高，借以取巧牟利，自系违法行为，应由受害人径向主管机关诉请法办，仰即遵照！所请径令取消钱秤八折一节，碍难照准。至关于茶行实用新制衡器后，根据旧习折扣斤两，再加若干折数以折合新制衡器，是否与划一衡器之命令抵触，准令本市度量衡检定分所查明议复核夺。并仰知照。此令。

市长　吴国桢

原呈文

呈文遵令换用新制衡器，仰恳鉴核积极推行，以崇法令而昭划一事。缘两湖所产青茶、红茶在本市发售，历用海关磅秤，每百斤合钱秤一百零五斤。嗣因茶业行帮将秤制任意加大，民国十八年与茶商发生争执，比蒙钧府社会局调解，在衡器未统一以前，暂用钱秤以八折计算。茶商之所以勉强承认者，盖以政府正倡统一，度量衡制度在最短期间即当颁布，故忍痛迁就，以

待时机。去年迭奉钧令换用新制衡器,人民无不称便。迩来新茶上市,自应遵照实行,毫无疑义。前月间,茶叶行帮函请属会推派代表前往磋商衡器问题,当派代表吴瑞珊、孟汉光等出席会议。瑞珊等以交易积弊甚多,兹当统一衡器之时,所有钱秤八折及一切积弊,自当同时铲除,以符政府统一衡器之至意。乃茶叶行帮固执成见毫不接受,当经再三交涉,该行帮竟以上海、天津、广东各帮买方不愿换用新衡借为口实,新衡必须将旧例八折为七折,等语。查钱秤八折本属一时权宜办法,若将八折改为七折,名则新衡实属旧秤,朝三暮四,不独自欺欺人,且与政府统一衡器之皇皇法令大相违反,所有遵令换衡发生障碍各缘由,理合具文呈请钧府鉴核,令饬茶叶行帮取消钱秤八折实用新制衡器,以免争执而符法令,实为商便。

谨呈

汉口市政府市长吴

汉口市茶叶出口业同业公会主席　邓筱舫

(《湖北省政府公报》第 47 期)

3.各县市商会限九月底改组完竣建设厅令各县政府遵照办理,商会改组后省商联即改组

(1934 年 6 月 4 日)

建设厅,前据省商联会,呈报筹备改选发生困难问题,请予解决,当经据情转呈省政府核示。兹悉建设厅日前奉省府训令,以准实业部咨复,“查执监委员,依法须由会员大会选出,会员大会之出席人数,法条已明白规定,别无变通之法。至于商会之组织与法规不合或不健全者,可依照二十二年七月第四届中央执行委员会第七十八次常务会议通过之修正商人指导纲要,关于组织者第六项办理”。当经令厅遵照,并限期勒令各地商会一律依法组织健全具报。该厅奉令,当以本省各县市区镇商会组织情况,经于二十二年十月编制统计表通行知照在案。自应遵照组织,或改组改选,以期健全。又查修正民众团体组织方案第二点之规定,民众团体必须先行组织基本团体,始以逐级组织上级团体。工商同业公会,系商人团体中之基本团体。欲商会组织健全,自应先行组织健全同业公会。特限定七月底以前,凡未转奉部令核准备案之各地同业公会一律依法组织或改组或改选,以期健全。九月底以前,凡未转奉部令核准备案之各地商会,亦应一律依法组织或改组或改选,以期健全,而便定期改组湖北省全省商会联合会。昨特分饬各县政府遵照办理,依限督促各县市商会依法改组。

(《汉报》P30)

4.中央令鄂成立全省商联会人民团体应一律改组改选,民运会函省党部限期办竣

(1934 年 6 月 5 日)

省党部昨接中央民运会函云,以人民团体指导办法,经中央常会通过,前经颁行之人民团体暂行处理办法,予以废止,业经通告,所有前依据人民团体暂行处理办法,暂缓改组改选之商人团体及依照商会法,可组织全省商会联合会,而事实上尚未组织者,于接到本通告后,依照现

行法令，一律予以改组改选及组织成立，并于七月底以前办理完竣云云。

(《汉报》P40)

5.（汉口市政府）令汉口市保险业同业公会：据呈为外界加入公会法无明文应否准许请核示等情指令应予拒绝

(1934 年 6 月 6 日)

呈悉。查同业公会之设立，以同一区域之同业为限，工商同业公会法第七条规定：同业之公司行号，均应为同业公会之会员。是会员必须同业，已属毫无疑义，据称有未曾经营商业之人，请求加入该会，依法应予拒绝，仰即知照！此令。

市长　吴国桢

原呈文

呈为外界加入公会，法无明文，仰祈核准指导，俾利遵循事，案准属会监察委员会函称，接准提字第二十三号公函附请求入会志愿书提交审查，是否符合，比经召集监察会议，查明该请求入会人所填注履历，除迭膺政党两届要职而外，未曾经营商业，确非同业，以非同业而加入公会，不但法无明文，会章亦无此项规定，致乏依据，仰祈指明办法照行。等因，到会。窃查该请求入会人，既非现任同业公司行号之经理人员，又非商业中人，应否准其入会，法无明文，但事属创见，属会亦乏援引成例。准函前由，理合据情，呈请钧座仰祈核示指导此类请求有否先例，假定准其入会与工商同业公会法之规定有否抵触者，请准予明令祗遵。至纫公谊。

谨呈

汉口市政府市长吴

汉口市保险业同业公会

(《湖北省政府公报》第 47 期)

6.实业部准汉口特别市银行业公会当日改选情形核于商会法规定不合及应如何救济致党务整理委员会致中央民众运动指导委员会公函

(1934 年 6 月 6 日)

案查湖北省政府咨转到部，当以该公会原呈所称，会务纷繁，少数职员实难兼顾，拟将执委增为十五人等情，事属可行。惟原任执委无须抽签改选一节，依据商会法第十九条之规定，执行委员任期为四年，每二年改选半数，不得连任。此次该公会原任执委既未抽签改选，即是连任，于法未合，应先饬依法改选半数，再行补选足额，俾符法规，咨复在案。现应汉口特别市党务整理委员会交字第十号函，以该公会当日开会，由吴指导员提出意见，略谓：原定执委七人应抽签三人，既因事实上之需要，将原章七人议决修改为十五人，若仍抽签三人，再选十一人，似觉手续繁重，最好原定七人不动，只再选八人合足十五人，当经全体代表赞同，一致通过，始计投票增选八人，并经该整委会认为可行，准予备案在卷，嘱查照见复。等由，前来。查此案虽经汉口市整委会核准，而于商会法之规定似有未合。贵会为指导民运最高机关，究应如何办理以资救济之处，相应抄同湖北省政府前次来咨，暨此次汉口特别市党务整理委员会来函，送请查照酌核见复为荷。

此致

中央民众运动指导委员会

7.省商联会拟定改组标准改组本身之先决问题

（1934年6月7日）

湖北省商会联合会，以本身至今未能依法改其期原因由于各县市商会尚未改组完竣，致基础难于确定。但各县市商会之组织未能合法，其原因虽不止一端，但手续欠缺，程序不明，在所难免。设官厅斥为不合法，予以驳回，则不但修改需时，甚或别生误会，搁置不理。凡此种种，皆为各县市商会进行改组或改选之障碍。以是即分呈省党部、建设厅，对于各县市商会照式填写，庶几资为标准，而利改组或改选事宜云。

（《汉报》P50）

8.省商联会催各县市商会依限改选

（1934年6月10日）

湖北省商会联合会，自十九年五月改组，至今已逾四年。该会以法定期限，早经届满，曾一再呈请党政机关派员指导改组，终以各县市商会，大都未经合法之改组或改选，以致基础难于确定。该会特于昨日再分函各县市商会，请即遵照建设厅前此令转省府准实业部咨又规定九月底以前，一律改组或改选完竣之规定，如期依法改组改选，如有困难之处，亦请迅函该会，以便转请党政当局救济，否则不惟省商联改组无法进行，即全国商联之基础，亦无由确定云云。

（《汉报》P74）

9.市党部及市政府对保险业之指令：非同业不得加入公会

（1934年6月10日）

本报专访：本市保险业同业公会，近因擢摸经纪周象明，自恃曾任党政要职，不受警告，反一面破坏该会组织，一面行使威吓手段，使该会对其请求入会，准否皆不可能，兹该会将以上情形，呈请党部市府予以解释，先后奉到指令。市府令云：呈悉。查同业公会之设立，以同一区域之同业为限，工商同业公会法第七条之规定，同业公司行号，均应为同业公会之会员，是会员必须同业已属毫无疑义，据称有未曾经商业之人请求加入该会，依法应予以拒绝。党部令云：呈悉。查同业公会，为该业之商人组织，既非同业，当然不能准其加入云。

（《汉报》P75）

10.函布匹等业制止同业贱价竞卖函

（1934年6月10日）

径启者，案查本月二十八日，本会第一百零五次常务会议临时动议案内：以布匹等业商店，贱价竞卖，日甚一日，长此不已，势必同归于尽！因即提出救济办法，当经议决：先函布匹店业同业公会，设法制止；并分函匹头贩运业、苎麻夏布业暨绸缎业等同业公会，各以善意劝导同业商店，务期恢复原状，照常营业等语，记录在案。查现在农村破产，市面凋残，各项营业，无不深感困难，而布匹等业贱价竞卖，固自有其不得已之苦衷，然长此标榜，难免欲益反损，影响甚宏，瞻念前途，不堪设想！除分函外，相应录案函达贵会，即希查照，以善意劝导同业，无再贱价竞卖，致遭亏累为荷！

（《汉口商业月刊》第 1 卷第 6 期）

11.建设厅限期改组各县市区镇商会

（1934 年 6 月 10 日）

湖北建设厅，前据省商联主席苏汰余，呈报筹备改选发生困难问题，请予解决。当经据情转呈省府核示。兹悉建设厅日前奉省府训令，以准实业部咨复内开：查执监委员，依须由会员大会选出，会员大会之主席人数，法条已明白规定，别无变通之法。至于商会组织与法规不合或不健全者，可依经二十二年七月第四届中央执行委员会第七十八次常务会议通过之修正商人指导纲要，关于组织者之第六项办理。准咨前由，相应复请查照饬遵为荷。等由，准此。合行令仰该厅即便遵照，并限期勒令各地商会一律依法组织健全具报云云。该厅奉令，当以本省各县市区镇商会组织情况，经于二十二年十月编制统计表通行知照在案。自应遵照组织，或改组或改选，以期健全。又查修正民众团体组织方案第二点之规定，民众团体必须先行组织基本团体，始得逐级组织上级团体，工商同业公会，系商人团体中之基本团体，欲商会组织健全自应先行组织健全同业公会。特限定七月底以前，凡未转奉部令核准备案之各地同业公会一律依法组织或改组或改选，以期健全。九月底以前，凡未转奉部令核准备案之各地商会，亦应一律依法组织改组或改选，以期健全，而便期改组湖北全省商会联合会。昨特分饬各县政府遵照办理，依限督促各该县市商会依法改组矣。

（《汉口商业月刊》第 1 卷第 6 期）

12.汉口市工人学校及商人补习学校章程（五月三日汉市府第四十次市政会议参正通过，六月十一日本府核准备案）

（1934 年 6 月 11 日）

第一条　本市工人学校及商人补习学校（以下简称工商人学校），依本章程办理。

第二条　应设工商人学校之场所，如下：

甲：工厂或公司。

乙：各业工会或同业公会。

前项各款规定场所之工商人如不满二十名者，得联合附近其他场所共同设立之。

第三条　工商人学校名称，应将各该设立场所名称冠于其上。

第四条　工商人学校之设立，由各该场所呈准或市政府令饬遵办，设立表另定之。

第五条　工商人学校核准设立后，应设经费委员会负学校经费筹措、征收、保管、审核之责,其章程另定之。

第六条　工商人学校征收经费如发生阻滞时,得由市政府令由汉口市工商人学校经费监理处监收或派员直接征收转发。

第七条　工商人学校得斟酌各业工作时间情形,酌定授课时间,但每日不得超过两小时。

第八条　工商人学校得附设子弟班,于必要时并得单独设立。

第九条　子弟班得兼收他业子弟。

第十条　工商人学校学生以修业满一年或二年为毕业,其修业课程依各业情形酌定。

第十一条　子弟班修业年限及课程,依照小学法令办理。

第十二条　工商人学校及子弟班学生,均不得征收学费。

第十三条　工商人学校校长及教职员之任免,依下列之规定:

甲:校长凡合于市立完全小学校教职员之资格者,除由市政府径委外,得由各该校经费委员会遴选三人呈府核委。

乙:教职员凡合于市立初级小学校教员之资格者,由各该校校长遴聘呈府审核备案,其人数由市政府另定之。

第十四条　工商人学校校长及教职员之待遇,应参照市立各小学校长及教职员待遇标准拟订呈请市政府核准备案。

第十五条　本章程自呈准公布之日施行。

汉口市工商人学校呈请核准设立表

学校名称		
设立者		
校舍	面积	
	分配	
学生班数	工商人补习班	
	子弟班	
经费	岁出总数	
	筹措方法	
	保管方法	
备考		

(《湖北省政府公报》第 51 期)

13.汉口市工人学校及商人补习学校经费委员会章程五月三日汉市府第四十六次市政会议通过六月十一日本府核准备案(附表)

(1934 年 6 月 11 日)

第一条　本章程依汉口市工人学校及商人补习学校章程第五条之规定订定。

第二条　委员会之职权如下:

一、关于经费之筹措征收保管事项;

二、关于预计算及账目之审核事项;

三、关于年度收支之编报及公布事项;

四、关于校长之推选呈荐事项。

第三条　委员会委员人数五人或七人均名誉职,除筹备员一人或校长为当然委员外,其余委员如学校经费完全出自资方者,由资方推举代表充任;完全出自劳方者,由劳方推举代表充任;出自劳资双方者,由劳资双方平均分推代表充任。

第四条　委员会主席委员,由全体委员互推,但筹备员或校长不得为主席委员。

第五条　委员会成立后,五日内应将呈报备案表填报市政府,表式另定。

第六条　委员任期一年,得连选连任。

第七条　委员会每月召集常会一次,于必要时得召集临时会,开会时市政府得派员参加。

第八条　委员会筹措经费办法及学习年度收支预算,须呈经市政府核准后始得执行。

第九条　委员会审查学校计算账目及推选校长时,校长不得出席,但遇必要时,得列席说明。

第十条　委员全体或个人如有溺职情事,得由市政府随时解散或取消委员资格另行改选。

第十一条　委员会处理会务得调用学校职员临时协助。

第十二条　委员会办事细则,由会另定呈报市政府备案。

第十三条　本章程自呈准公布之日施行。

汉口市工商人补习学校经费委员会呈报备案表

<table>
<tr><td colspan="2">名称</td><td colspan="8"></td></tr>
<tr><td colspan="2">地址</td><td colspan="8"></td></tr>
<tr><td rowspan="7">委
员</td><td>姓名</td><td></td><td></td><td></td><td></td><td></td><td></td><td></td><td></td></tr>
<tr><td>性别</td><td></td><td></td><td></td><td></td><td></td><td></td><td></td><td></td></tr>
<tr><td>年龄</td><td></td><td></td><td></td><td></td><td></td><td></td><td></td><td></td></tr>
<tr><td>籍贯</td><td></td><td></td><td></td><td></td><td></td><td></td><td></td><td></td></tr>
<tr><td>职业</td><td></td><td></td><td></td><td></td><td></td><td></td><td></td><td></td></tr>
<tr><td>何方代表</td><td></td><td></td><td></td><td></td><td></td><td></td><td></td><td></td></tr>
<tr><td>住址</td><td></td><td></td><td></td><td></td><td></td><td></td><td></td><td></td></tr>
<tr><td colspan="2">备考</td><td colspan="8"></td></tr>
</table>

(《湖北省政府公报》第 51 期)

14.（汉口市政府）令汉口市商会据本市公安局呈复救火粉试验有效亟应力予提倡以资推销仰即查照办理

（1934 年 6 月 13 日）

案查前准湖北省政府民政厅函，以据省区救济院呈请定期试验救火品并设法推销一案，连同救火粉四筒，转请本府查照办理等因过府。当以案关增加消防效能，兼系推销国货工业，自应力予提倡。比即转发市公安局定期试验具报去后，兹据该局复称，案奉钧府信字二六二五号令，发救火粉四筒，饬即定期试验，具报核办。等因，奉此。经检发原救火粉转饬本局消防队选择适当地点，当众试验，并将试验日期，先行报局，以便派人视察。嗣据该队呈报定于本月五日下午二时在中山公园当众试验，复经令派本局第二科科长董克仁偕同消防股主任石赐侯前往视察在案。顷据报称，案奉钧局令饬试验救火粉一案，遵即择定六月五日下午二时，在中山公园当众试验，呈请钧局派员视察，并缄湖北省区救济院约同该厂技师莅临指导各在案。旋奉指令派第二科科长董克仁偕同消防股主任科员石赐候届时前往视察各等因。同时接准湖北省区救济院缄，准如时约同该场技师前来各等情。本队遵于昨日（六月五日下午二时），携带原送救火粉，并各项材料，率领队士一班，前往中山公园，会同钧局第二科董科长、石主任并救济院院长等，当众试验。试验结果，认为满意。其优越之处，据个人视察以视震旦、太平各厂灭火机比较，迥然不同。第一，粉质力量，比较液体耐久，不至轻易发生变化，失其功效。第二，携带用法装置，非常便利。第三，价值低廉，易于普遍。第四，灭火功效不逊于震旦、太平各厂。以上各点，均系试验视察所得，未便含默，所有奉令定期当众试验各情形，理合备文呈报鉴核。等情，据此。除指令外，理合将饬据该队呈报试验结果情形呈复钧府鉴核。等情，据此。查该项救火粉，既经试验有效，亟应力予提倡，以资推销。合行令仰该会查照办理为要。此令。

市长　吴国桢

（《湖北省政府公报》第 47 期）

15.中国国民党中央执行委员会民众运动指导委员会关于汉口市银行公会改选酌核见复致实业部函

（1934 年 6 月 19 日）

案准贵部商字第二六四一五号函，为准汉口特别市党务整理委员会函述该市银行业同业公会当日改选情形，核与商会法规定不合，究应如何办理，以资救济，请酌核见复。等由，附抄湖北省政府建字第四〇七一号来咨，暨汉口特别市党务整理委员会来函各一件，到会。查该市银行公会，因会务纷繁，由执委七人增至十五人，在第一届改选之期，应先将原任执委抽签改选半数后，再行补选足额。而该市党部指导员提出意见，主张原定七人不动，只再选八人，于法不无抵触之处。本业仍应转饬该银行公会原执委七人，重行抽签改选三人，其已补选之八人，既系经会员代表大会依法选出，自应认为有效。至下届改选时，本届留任之四人，任期已满四年，当然不得留任，其余十一人，仍应抽出三人后，再行补选七人，以符法令。准函前由，相应函复查照为荷。

此致

实业部

16.（汉口市政府）令汉口市茶叶出口、贩、行运业同业公会：据呈为遵议茶叶贩运、出口两业公会呈请令饬取消钱秤八折使用新制衡器一案情形令仰遵办具报

（1934 年 6 月 22 日）

案查前据该业与本市贩运出口业同业公会呈，本市茶叶出口、贩运两业同业公会会呈，请令茶叶行帮取消钱秤八折，使用新制衡器等情。当经指令，由该贩运出口两业同业会同买方，将茶叶斤两折扣争点，妥为议定；一面将茶行于使用新制衡器后，折扣茶叶斤两，是否抵触命令部分，令饬本市度量衡检定分所查明议复。嗣据本市茶业行业同业公会，该会呈请用渐进法，实施新制衡器等情。复经查案指令，着毋庸议，并饬将买卖两方主张互异，营业困难各节，自行协商处理，暨分别令行知照各在案。兹据本市度量衡检定分所呈复略称："窃查推行新制衡器，原为便商利民，涤除积弊，该茶商等原有钱秤八折，既是实包毛湿而言，并非纯粹折扣秤码问题，倘于改用新制衡器之后，所有毛湿重量，并入价内折算，将原有价目，据实减低，对于斤两，不加折扣，则不独与划一衡器之命令，极为相符，且于商情事实，亦可兼顾。惟既经钧府指令，以径令取消钱秤八折一节，碍难照准有案。以后照例折扣斤两，似应以市秤为标准，不得以新旧两制斤两，互相折扣，以养成新旧并行之积习。且改用新制衡器后，折扣旧制斤两，早经呈准钧府分别通令暨布告禁止有案。奉令前因，理合备文呈请钧长鉴核。"等情。除以"呈悉。据称茶叶毛湿重量，并入价内折算，斤两不加折扣，及以市秤为标准，照例折扣斤两各项办法，均尚妥适。应由本市茶叶出口、贩运、行业三同业公会，约同买茶方面，就上开办法商定。选用一种，共同遵守"等语指令印发并分令遵照办理外，合行令仰该会遵照办理具报为要。此令。

市长　吴国桢

（《湖北省政府公报》第 48 期）

17.实业部公准述汉口市银行公会当日改选情形致中国国民党汉口特别市党务整理委员会函

（1934 年 6 月 22 日）

案查前准贵会交字第十号函，以汉口市银行公会本届改选及新增执委当日大会经过情形，特为转达，嘱查核见复。等由，当以此不仅为是否合乎商会法规定问题，且于民运有关，即经函请中央民众运动指导委员会核复去后。兹准中央民众运动指导委员会函复到部，相应抄同来函，复请查照为荷。

此致

中国国民党汉口特别市党务整理委员会

18.湖北省政府呈为申复证券业公会主席孙坤山系先当选常委后被选今职等情咨实业部

（1934 年 6 月 22 日）

案查前据汉口市政府呈称，查前据本市证券业同业公会呈，为该会主席陈荣山、常务委员闻信之、执行委员杨月亭先后因故辞职，遗缺以候补执委吴诚安、孙坤山、时似甫递补；并定于五月十八日补选主席常委，请派员到场监选。等情，到府。当经指令并派本府职员王国钧前往监选在卷。兹复据该会呈报当时选举结果，计孙坤山为主席，吴诚安为常务委员，请鉴核。等情，据此。查核尚属相合。除指令外，理合据情转呈钧府鉴核，咨部备案，并祈示遵。等情，到府。当以孙坤山是否当选常务委员后，再被选为主席？未据叙明，经即指令申复去后。兹据复称，查据本府监选员报告该孙坤山系先当选为常委，再被选为主席。等情，据此。除指令外，相应据情转咨贵部，即希查照，核备案见复为荷。

此咨

实业部

主席　张群

19.汉商会代表大会报到千二百余人代表出席证已制就分发

（1934 年 6 月 23 日）

汉市商会，以第四届代表大会，距二十五日开会之期，仅隔一二日，凡开大会事物，现均准备办齐全，代表出席证，亦应按数发给，以凭出席，以是昨日清查代表人数，计报到公会会员一百二十四个，计代表一千两百四十六人，商店会员十八个，计代表二十九人，未报代表者，尚有炒坊布袜、棉絮卷花、汽车、零□皮件等业，及楚胜火柴公司，决各发出席证一枚云。

（《汉报》P178）

20.汉商会定今日电财部，请缓减洋货进口税，沪汉糖业因洋货减税消息已起恐慌

（1934 年 6 月 25 日）

本报专访：财政部进口新税则，定七月一日施行。其中关于棉、煤、人造丝、糖等项，有减轻税率之议。汉口市商会，以上列各类货物，在足以影响国计民生，若遽于减轻进口税则更将置国货于死地，爰决定今日（二十五）径电财政部，对于进口税减轻一节，陈述意见，请暂缓公布执行。电文已于昨晚交秘书处起草，今日即可发出。

又专访：糖市来源，近日时有间断，汉存极见薄弱。前日三井洋行卖出东洋头车与二车四千包左右，价为十九元三角至四角不等，咸宁帮收去占多数，浙帮收进较少。市价转升一二角之后，继续又售出千余包。惟自报载七月一日起，进口糖税减轻消息，海味糖业有货在手者，大起恐慌，均纷纷有脱售之意。在此农忙期间，省属各地均无大批走动，致各种糖行市，成一有行

无市之局,其行市为:二十四号粗砂白,价二十一元;太古头车二十一元六角,二车二十一元五角,三车二十一元二角;东洋头车十九元六角,二车十九元五角;东洋生粉九元六角;川桔十五元;篓赤十五元八角;潮冰二十七元。

二十四日上海航讯:昨日糖市以关金频跌。而连日所传洋糖减税说,又甚嚣尘上,因此无论青赤白糖销路,一律为之停顿。销方恐市价有剧变,大都观望不前,以至于公会划盘几至虚设。昨市喊盘亦极紊乱,最大叫二十元半,最小叫二十元三角,兼传暗盘有小价做出,但无从证实,总之皆惑于减税说所致。惟减税实行与否,暂难断言,各方均在暗中摸索耳。至于国产潮青,存底确薄,而销路尚长,即使洋糖减税实现,亦无多大影响。盖现市尚非高价,兼之洋糖减税,亦难廉于国产糖也。粤产之海南赤,因该处糖税已有人包办,且有于十八日实行加农产捐,故该处存糖大部分经转香港,装新疆输装下,昨已抵申,总数共有四千余包。

(《汉报》P196)

21.汉市商会代表大会今晨开幕集中同业力量共谋利益,遵奉遗教实行民权主义,请求政府废除苛捐杂税

(1934 年 6 月 25 日)

汉市商会第四届会员代表大会,于今晨十时举行开会式,继续讨论提案,推人分组审查。报到代表,计公会一百二十四公会,代表一千两百四十六人,又商店十八处,代表二十九名;未报到公会六处,商店一处,共代表七名。总共报到公会、商店及未报到公会、商店代表一千两百八十二名。

大会主席:主席团陈经畬、苏汰余、杨辉廷、曹延祥、何文炳,并以陈经畬为总主席,秘书郭肇璜、汪伯庄,司仪黄南屏,记录徐鼎新、周善夫,签名检查出席证石錬青、李蒙端,招待全体执监委员照料事物胡茂珊。

开会秩序:一、振铃开会。二、奏乐。三、唱党歌。四、全场肃立。五、向党国旗及总理遗像行三鞠躬礼。六、主席恭读总理遗嘱,静默三分钟。七、主席致开会词。八、上级机关训词。九、讨论议案,另有议事日程(见本报另条)。十、休息。

指导机关:分呈市党部、省政府、市政府、建设厅、“绥靖”署、警备部、汉口公安局等七机关,派员莅会指导,并致训词。

会场标语:布标语:会员大会是集中全市工商同业力量,共谋公共利益;会员大会是遵奉总理遗教,实行民主权利;请求政府实行废除苛捐杂税,以纾商民之困。

又纸标语:提倡国货;发展经济;振兴实业;解除商民痛苦;实行团体化;请求立即废除苛捐杂税;集中工商同业的力量共谋公共之福利。

会议规则:第一条,本会议由全体会员代表组织之。第二条,本会议分为三种,如下:一、定期会,每年于六月中由执行委员会定期召集;二、临时会,于执行委员会认为必要或会员代表十分之一以上之请求,或监察委员会函请召集时召集之;三、谈话会,遇有重要事情发生,不及召集会员大会时,得由执行委员会函请各公会主席暨商店会员代表开谈话会,协商办理后,提交下次会员大会追认之。第三条,本会会期,定为七日,遇必要时得延长之。第四条,本会会议,应由执行委员逐将应行报告及提议各事项,编列议事日程,先期印刷,分送各会员代表。第五

条,会议代表提议事项,须得十人以上之连署于会期前五日送会,编入议事日程。第六条,会议日,会员代表须携带各该公会或商店所给委托书到会签名,换领出席证,前项出席证,应载明年月日、第几次会议,及各该会员代表姓名。第七条,会议日,由常务委员组织主席团轮流主席。第八条,会议日,主席团查点出席会员代表满足法定人数时,即宣告开会。第九条,会议时,除邀请或特许列席者除外,不许旁听。第十条,会议时,会员代表非经主席许可,不得无故退席。第十一条,会议时,遇有关于会员代表之本身问题,得由主席令其退席,至该案议毕后回复之。第十二条,无论何人,于会议时不得移座交谈,或高声喧嚷。第十三条,讨论案件,同时不得有二人之以上发言。第十四条,凡欲发言者,须先起立向主席声请并报告列席号数及姓名,始得发言。第十五条,二人以上,请发言时主席认先起立者先发言,同时起立者,则依主席所指定。第十六条,会员代表,于同一议题发言不得过两次,每次以十分钟为限,但质疑应答或唤起注意,不在此限。第十七条,凡发言不得出议题以外,并不得有攻击个人之言论。第十八条,会员代表,如有临时动议,或变更议事日程,须声请主席宣告有十人以上之附议,始得讨论,但主席认为必要宣告变更议事日程时,不在此限。第十九条,讨论案件,遇有发生争议时,主席得制止之。第二十条,讨论案件,认为有审查必要时,得公推代表审查之。第二十一条,审查案件,须由审查委员提出报告书,连同原案并案讨论。第二十二条,讨论终结,经主席宣告后,无论何人,不得再就议题发言。第二十三条,执行决议时,须由主席揭示应行决议之题旨,表决之方式,检查可决人数之多寡,宣告可否之结果,可否同数取决于主席。第二十四条,本会决议案,执行委员会应执行之。第二十五条,会议记录,由主席团签署,并摘要于下次会议宣读之。第二十六条,本规则自决议之日施行。第二十七条,本规则如有未尽事宜,得由执行委员会提请大会修改。

大会议事日程:民国二十三年六月二十五日,开第四次会员代表大会议事日程。

报告事项:一,报告本会自民国二十二年三月起,至二十三年六月二十日止,重要工作;一,报告本会民国二十二年全年决算;一,报告本会民国二十三年全年预算。

讨论事项:关于执委会提案,及各公会提案,请分别讨论案。

维护会章:一,为确定会员分等,缴纳事务费之标准,并筹集事务费,以维会务,而利进行案(执行委员会提议)。二,请对不缴会费之会员,暨不在本会登记之公会,与其所属之会员,应如何设法取缔案(执行委员会提议)。三,拟呈催立法院,速订商业登记法,以资补救民法六八一条之失,而免商场组织崩溃案(执行委员会提议)。四,为同业有数家,不惟不加入本会,擅敢紊乱行规,妨害营业,应如何取缔案(肠业同业公会提议)。五,拟请限令同业商店,必须加入公会,以资权利、义务之平均,而免诈欺倒骗案(食品杂货业同业公会提议)。六,为未入公会之同业行号,坐享权利,不尽义务,事理极为不平,应如何设法取缔案(棉花进口业同业公会提议)。七,请明定强制同业入会办法,以维会务而符定章程(瓷业同业公会提议)。八,为同业未入会,较之已入会者为多,此种现象究应如何办理请公决案(新式皮鞋业同业公会提议)。九,为同业不加入公会,阻碍公会进行,请转呈主管机关严订限制办法,以重法令而维商业案(会员代表马锦云提议)。十,为本市各业公会之同业,多不参加公会,往往破坏公共利益,应请建议政府及党部,厘定办法,强制同一区域之同业,一律加入公会,以资团结而弭争端案(监察委员余蓉樵提议)。十一,为请转财政厅对于肠业厂庄,营业税捐,统以检验出口征收案(肠业同业公会提议)。十二,为陈请取消筵席捐或免征营业税,以符税法而示体恤,请为一致声援案(中西菜馆业同业公会提议)。十三,提请转陈市政府,废除汉口市各剧场一切不合法税捐,改征营业正税,以重功令,而恤商艰案(剧场业同业公会提议)。十四,为纱业课征营业税,妨碍行销,影响业务,拟请转呈政府,准予改善税制,以维商业而利民生案(纱业同业公会提议)。十五,为棉花营业税,不堪负担,请转财政厅,酌予减轻,以维农产而苏商困案(棉花□业同业公会提议)。十六,陈请转恳取消豫省单行税法,以期一律,而免病商案(杂粮号业同业公会提议)。十七,为提请详订取缔肥倒办法,呈请军政长官,严厉执行,以儆刁风而培国本案(钱业同业公会提议)。十八,请求市政府,取缔各商店乱价贱卖,以维护市面,而免危害同业之公共利益案(鞋帽洋货业同业公会提议)。十九,为贱价竞卖,影响商场,本业拟定善后规约六条,请为决议存案,以资遵守案(参燕业同业公会提议)。二十,为请劝告各业,勿铺张拍卖,以免扰乱市面案(丝线绉纱业同业公会提议)。二十一,拟请既济水电公司恢复民国十六年以前电价,以维营业而符定原议案(中西菜馆业同业公会提议)。二十二,拟请转函商既济水电公司,酌减灯水收费案(山货行业同业公会提议)。二十三,拟请交涉恢复民国十六年前水电原价,并免收表租案(旅栈业同业公会提议)。二十四,拟转请既济水电公司,减轻水电两费,并免收表租,以维市面案(鞋帽洋货业同业公会提议)。二十五,拟请联络各法团与既济水电公司,严重交涉,减轻电费,并免收电表租金案(瓷业同业公会提议)。二十六,为各业请求交涉电度恢复原价一案,至今尚未解决,应如何迅赐办理,请付公决案(卷烟业同业公会提案)。二十七,拟请汉口业主会酌量减轻房租,以维商业案(中西菜馆业同业公会提议)。二十八,拟请转商业主会集办事处,酌减房租案(旅栈业同业公会提议)。二十九,为援照沪案,请求减让房租,以轻负担而苏民困案(食品杂货业同业公会提议)。三十,为行使新衡器,应如何统筹兼顾树立标准,而期普及案(皮业同业公会提案)。三十一,为行使新衡器,全市期能划一,应如何协助政府,期能归于一律案(杂货店业同业公会提案)。三十二,为行使新衡器,今尚未能划一,请即设法推行案(进出口杂货业同业公会提议)。三十三,为市面交易改用市秤,以后对于厂方住户,需用石灰亦有改用市秤之必要,请照案维持案(石灰业同业公会提议)。三十四,拟转请市政府,饬令各茶行换用新衡器,以符法令而规一致案(茶叶贩运业同业公会提案)。三十五,为本市行使新衡器,而内地各市区,尚未普及施行,请准将行户旧器,作为暂时复秤之用,是否有当,请公决案(药油业同业公会提议)。三十六,为提请转陈市政府,将汉市各码头,关于蛋货驳船力价,轮船过档,与起坡或下河挑抬之力资照原定力价减少三成,恤商艰而维业务案(蛋业同业公会提议)。三十七,为码头工人任意恶索,拟请主管机关,准予自雇工友,担任水陆起卸、码头起卸,以免工商纠纷,而资商业进展案(堆栈业同业公会提议)。三十八,请求市政府令饬马王庙码头减轻起货力资,并取消工头制度,以维持商业案(山货行业同业公会提议)。三十九,为呈请市政府,从速改正沿江各码头,以便起卸货物,而利营业案(鱼行业同业公会提议)。四十,为第二次会员大会通过,关于发行汉钞之各银行,组织监察委员会,至今未克实行,应如何办理案(钱业同业公会提议)。四十一,拟陈请政府废止双铜圆,统一币制,以资挽救中小商人案(贸易人力车商业同业公会提议)。四十二,为汉市废两改元未能一致,拟请设法改归一律案(进出口杂货业同业公会提议)。四十三,拟以本市全体商店名义,呈请市政府,迅予设法救济中小商店案(国药业同业公会提议)。四十四,为丝业衰落,请求设法救济案(丝绸行及黄丝木桶业同业公会提议)。四十五,请设法救济小本商店案(丝线绉纱业同业公会提)。四十六,拟转请财政厅撤销生成里增加商户租金,并减轻租金,以恤商民案(鞋帽洋货业同业公会提议)。四十七,为挽救武汉衰落,拟请转呈政府,俯察大势,即予建设汉口为利伯维尔案(代办杂货业同业公会提议)。四十八,为本会各同业起运芦柴,多被公安局沿途岗警时加阻拦,以致营业极感困难,应如何维护案(芦柴业同业公会提议)。四十九,为提请转呈政府,对于各业行规从速审定转饬恪切遵守,以杜同业互相倾轧,而策商业安全案(照相业同业公会提议)。五十,为同业收买进货,每有发生纠纷,请鉴核呈请主管署备案,以全保障而免受累案(麻袋业同业公会提议)。五十一,拟请转呈交通部,请求令饬武汉电话局酌减电话租费案(山货行业同业公会提议)。五十二,为车商亏累破业,请予设法维持,减折车辆,改订车租,以资挽救案(贸易人力车商业同业公会提议)。五十三,拟转请平汉路局准予援照减轻杂粮运费,暨湘鄂路局,减轻猪车运价成案,临时减轻猪车运费案(猪行业同业公会提议)。五十四,为湖南设立棉纱管理所,妨碍棉纱销路,违反通商原则,请转呈政府,转饬撤销,以苏商困案(纱业同业公会提议)五十五,为棉花检验,应在产区地点,设立检验分所,以苏商困案(棉花进口业同业公会提议)。五十六,本会会员拖欠会费甚多,究竟如何救济,请公决案(新式皮鞋业同业公会提议)。五十七,为本同业营业衰落,职工捐无法抽收是否可以免收请公决案(新式皮鞋业同业公会提议)。五十八,为原定平汉路汉站卸车时间,不合商情,拟请转呈铁道部,准予改订施行案(堆栈业同业公会提议)。五十九,为玉带门车站,时有无赖妇孺,结队割袋攫取杂粮,久已成为习惯,拟请分转路局,各公安局,就近制止,以维营业,而纾商困案(堆栈业同业公会提议)。六十,为汉口农工银行所处钞票,盖有长沙兑现字样,在汉行使用须受贴水暗耗,请即勒令收回,或将汉口二字,改为长沙二字,以免紊乱金融案(绸缎业同业公会提议)。六十一,拟本会经费支绌,请厉行减政主义案(丝线纺纱业同业公会提议)。六十二,拟变更分等缴纳会费之规定,以昭平允案(丝线绉纱业同业公会提议)。六十三,请速设乞丐收容所,以安市面案(丝线绉纱业同业公会提议)。六十四,为本市商业危机四伏,爰将救济商业的中心问题,录陈意见,请公决案(煤业、匹头贩运业、山货行业、保险业、布匹店业、旅栈业等同业公会提议)。六十五,为请转呈政府,迅将公布新盐法,克期施行,以重民生而奠邦本案(精盐业同业公会提议)。六十六,为规定同业入会案(保险业同业公会提议)。六十七,为转请水电公司减低电价,并改良检查规则案(茶叶店业同业公会提议)。

(《汉报》P198)

22.执监委员最近过去工作,创办商业"月刊""学校"提倡国货研究商业完成使命尚待努力

(1934 年 6 月 25 日)

汉市商会第四次代表大会今日开幕,关于该会执监各委最近过去工作如何,当为今日出席各代表所注意,记者特就见闻所及述之于此:

举行统计,为第三次代表会决议案之一,在第三次常委会席上,原即通过施行,并推常委苏汰余负责办理。嗣因月需经费约两千元,及各同业公会须就所经营业务提供材料,在事实上均感困难,非常委及全体执监委员本身所能致力。迨经长期考虑结果,于本年一月起刊行商业月刊,就可能范围内,披露统计局部材料,并灌输现代商业常识,以应汉市商人当前之需要。俟筹有专款和征集充分材料后,再行举办整个汉市之商业统计,一切仍由苏汰余负责。现已刊六

期,其内容质量,当为读者,尤其是该刊基本读者——今日出席各代表所认识,固不待记者为之介绍。又上届代表大会决议提倡国货案,常委会依商会组织法之规定组织提倡国货专门委员会。所谓提倡国货,在积极上如保护关税制止外货倾销,及取缔外人在内地设立工厂,监扶助国内生产各项,固有待于政府努力,而消极以执行上发生困难,迄无若何表现。此项进口商人只知牟利,固引以为欣慰,国货厂商则深恶痛绝。记者就整个民族立场说,深望该会排除困难,负责做去,庶免形同虚设之机。又研究商业委员会,亦已设立,由全体执监兼任该会委员,对于一年来本市商业萧条,曾开会数次讨论,其设论事理,决议及执行情形如何,当有事实证明,非本篇所能详述。又上届代表大会决议设立商业学校案,即于去岁自创立商业补习学校,由常委曹延祥兼任校长,招□各商店司账及学徒,成立两班,每班五十余人,主要课程为新式簿记、算学、商业常识、初级英文,授课两学期毕业,本学期终了,可毕业四十余人,今年春添招一班,将于下学期终了毕业。此种补习学校,纯为改造现在服务青年商人。复于本年春经常委及执监联席会议决定,另办初中商业学校,由主席陈经畬兼任校长,招考高小毕业生八十人,分两班教授,教师均系武大商科毕业生,课程注重实用,并拟下学期及来年春各添班,至办学四班为止,两年毕业,即由会介绍各商店充练习生,为中小商店将来之干部。以学校负责努力者,成绩均佳,并有事实证明,即最近汉口商业银行招考练习生三人,投考者多至九十余人,考试极为严密,该校投考学生,竟获录取二人。

(《汉报》P198)

23.商会执委会提案

(1934年6月25日)

对会员欠缴会费,请严订取缔办法:为提议事,查六月二十日本会第三十二次会议,关于讨论事项第二案,对于不缴会费之会员,暨不在本会登记之公会,与其所属之会员,应如何设法取缔案,当场提出讨论,佥以现行商会法暨工商同业公会法,其立法精神,在于集中实力,共谋工商业之公共福利,以期发展实业,富国利民。是以商会法之规定,商会组织以同业公会为单位,同业公会法之规定,同一区域之同业商店,应加入同业公会为会员。而商会法施行细则第六条,有商会会员加入时,需先向商会登记,由商会给予凭证入会。又本会章程第七条,有会员有遵守本会章程及服从决议案之义务。第八条,有会员代表有提议权、表决权及被选举权。第九条,凡加入本会者,须先向本会登记给予凭证,各等语。细释各项规定,凡同一区域之同业商店,应加入同业公会为会员,凡依法成立之同业公会,应加入商会为会员,并其所属之会员,均应在商会登记,义务、权利一律平均,而缴纳会费尤为会员应尽义务中必要事项,必如此而后精神方能一贯,实力得以集中。今据会计处、注册处会同报告,有每一公会只少数委员缴费者,有欠缴费在两年以上者,有不在本会登记始终未缴会费分文者。似此情形,权利、义务既失其平,而团结精神,自难一致。长此以往,不惟本会会务无法进行,即各公会之本身,亦将等于虚设。此事关系重大,应请大会严订取缔办法,以重法令,而勉事功等语,一致可决记录在案。用特录案提请大会,公决施行。

请电立法院起草合伙商业登记法:为提议呈请立法院速订商业登记法以资补救民法第六百八十一条之失,而免商场组织崩溃事,窃查本会对于民法债篇第六百八十一条之规定,合伙债务连带负责任，为不合商情，曾于去岁八月间一再分电行政院、立法院请求修改，并通电各省市商会及全国商联会一致声援各在案。嗣奉立法院批示，本案毋庸修正，至合伙组织可另定商业登记法以为补救，并已发交商法委员会、民法委员会同办理起草。等因，奉此。复经呈请立法院，对于议定该项登记法时，应准全国商人代表之最高团体派员参加，会同订定。比又奉批照准，惟历时甚久，未闻提案议及，想在商法、民法两委会搁置之中，而合伙债务连带负责之规定，一日无法补救，则商业一日在危险中，拟请大会根据原案，电请立法院令饬提前起草，在拟定该法时，须征询商人代表最高团体之同意，方能公布施行，庶法律得其平衡，而全国商业前途方有兴复发展之希望。经于六月二十日第三十二次执监委例会常委参加之会议提出讨论，一致可决，并记录在案。理合录案提请大会公决施行。

确定事业费标准，免会员避重就轻：为提议确定会员分等缴纳事物费之标准，并筹集事业费以维持会务，而利行事，窃以本会事务繁重，一切费用，全恃会员缴纳会费以为挹注。查本会章程第一十五条之规定，本会会费分事务、事业两种，事务费分甲、乙、丙、丁、戊、己六等，甲等三十元，乙等二十四元，丙等十八元，丁等十二元，戊等六元，己等三元，由各公会会员，各按其资本额分别担任之。事业费则由会员大会决议筹集之。现据本会会计处报告，以二十一、二十二两年事务费之收入，比较十八、十九、二十等年，仅及半数，揆厥原因，缴费者只二千余户，而缴戊等六元者占十分之七，且有每一公会只少数会员缴费，甚至整个公会分文未缴，长此以往，不但建设事业无法进行，即事务方面亦势将停顿。经于六月二十日第三十二次执委例会监委参加会议提出讨论，佥以凡属会员以缴纳会费为必要之义务，会员不尽义务，而欲勉尽义务之会员同享权利，不惟事理失其平，更为人情所不许。且章程规会，事务费之分等缴纳，对于资本金额无一确切标准，以至各会员均存避重就轻之念，从其最低之等级认缴会费，此亦人情之常也。查会计处报告，二十二年决算亏洋八千余元，而本会因执行历次会员大会之决议案，创办商业职业学校补习夜校，以及商业月刊等重要事业所需经费为数甚巨，不得不设法筹集以资补救。惟筹集与补救方法，应先拟一确切标准。如事务费每一公会所属之会员，资本额不满三百元者照缴己等会费三元，在千元以上者照缴戊等会费六元，五千元以上者为丁等照缴十二元，一万元以上者照缴丙等十八元，二万元以上者照缴乙等二十四元，三万元以上照缴甲等三十元，资小而营业大者不以资本论。至于事业费之标准，则照事务费额收取三分之二。依次规定会费较易筹集，而一切事业，均有进步前进之可能等语。当场一致可决，并记录在案。用特录案，提请大会公决施行。

（《汉报》P198）

24.汉市代表会昨午开幕，到会代表七百余人，定今日继续讨论

（1934 年 6 月 26 日）

汉口市商会第四次代表大会，业于昨（二十五）日正午十二时，正式开幕。到会参加者，计有市党部周小溪、崔子信，市政府胡复，省政府李捷才，暨会代表七百五十三人。提案共六十九件，大会主席团为陈经畬、苏汰余、杨辉廷、何文炳、曹延祥，司仪黄南炳，记录徐鼎新、周善夫，行礼如仪后，即由陈经畬报告。略谓各位党部委员代表先生，本会遵照商会法暨本会章程之规定，每年开会员代表大会一次，是以今天召集第四次会员代表大会。回溯经畬与执监委员，自

上年三月二日任职以来，匆匆已十五个多月。在此十五个月当中，无日无时，不是战战兢兢、诚惶诚恐，良以才力庸愚，恐负各会员代表之期望。所幸上承长官指导，复承各会员代表随时监督，得以稍维现状。不过执行案件，顺利执行者固多，而少数不能执行者亦有。细察不能执行之原因，大部分固然是经畬等知识不敷，小部分亦因商会权力不足。缘商会对上则用请求方式，对平行则用商量方式，请求与商量，均非一面所能执行。其次会务之不能尽量发展，事业不能充分进行，虽是经畬等才力不足，然经济之不充裕，亦阻碍原因之一。总之年余以来，对于会员之痛苦，未能解除，确是实在，私心自问，惭愧实多，谨以十二万分诚意向各会员代表道歉，并请各会员代表特别原谅云云。

继由市党部代表周小溪训词。略谓今天汉口市商会举行第四次代表大会，兄弟到此参加，颇为荣幸。兄弟最感觉欣慰的，是在这溽暑逼人的天气，到会会员代表，达七百余人，足见众位对于振兴商业，是很有毅力而具十二分热心的。兄弟代表党部有如下两点，希望诸位：（一）以礼义廉耻四种固有道德，造成风气，使形成新的商业道德。（二）市商会在此商业凋敝时期，尚能举办许多公益事业，惟希望不要以此为满足，应在无办法之中想办法，以求进展云云。

又市党部崔子信训词，以四点相勉励，词长不录。

市府代表胡复训词。略谓今天汉口市商会举行第四次代表大会，兄弟奉命参加，非常荣幸，谨以感想所及，向诸位说几句话。汉市自二十年来大水以后，商业上所受痛苦，可说是到了万分。据市府调查所知，上年汉市商店收歇者，达九百余家。汉口市商会，乃全市商业之重心，所负挽救商业之使命，至为重大。自陈经畬先生继主席后，其成绩显著者如创办补习夜校、商业学校等，皆为谋挽救商业之基本工作也。该商场凋敝已达极点，非有专门人才，实不足以谋振兴，此陈先生夙兴夜寐为商场谋福利之苦心也。今天第四次代表大会，出席诸君，在各个同业中，均负有相当使命，希望各位努力于提案之磋商，为整个商业谋巩固之基础云。

继即开始讨论提案。代表邹济之发言，请组织提案审查委员会；陈仁寿主张关于公共案并同讨论，其各个案件另组织审查委员会；石和湘主张将全市有关各案今日提出讨论，全体赞成。

主席发言，关于执监委会提案，应否今日提出讨论。全体主张交审查。

请减电费案，执监委会先行交涉。主席发言，关于请求水电公司恢复水电两费各案，提出者有七件，请提案人说明理由。陈凤鸣谓，从前加价之时，系在民国十六年票币低落，均有暂时加价之议，现在市面已恢复原状，应请恢复以前原价。王静斋谓，现在煤价只十二元，较之十六年时二十三元已减少若干，而当时纸币低落，拟暂加四分，现在既无前项情形，自应恢复原价。又米业公会代表谓，应向水电公司交涉，要遵照中央电气事业规定电度，并取消电表租金，押款不得到十元。又旅栈业代表谓，该水电公司所进煤价日渐低落，如照历年加价，应向其追回，至最低限度以恢复原价为主，还望各代表一致援助。主席发言，根据各业提案，由执委会向该水电公司力为交涉，俟达到何等目的，再为报告。

请减房租案，主席团酌予商减，旅栈代表临时动议，减租问题运动已久，其受此痛苦者不止敝业，与中西菜馆业数帮，应请主席竭力向业主会交涉，已减者不谈，未减者请酌量核减。马煋垣谓，应请主席团向未减租者酌予减轻。主席谓，俟向业主方面商请酌减至如何情形，随时再行报告。

使用新衡器，请市府划一办法。主席续谓，关于新衡器一案，请提案人说明理由。石和湘谓，现在新衡器尚未统一，因有新衡器买进，旧衡器卖出，彼此均有不便，应筹划一办法，以资利便。主席谓,此案俟再向市府陈述困难,因武汉一江相隔,尚有参差不齐之处,此外更无论矣,似非要求妥筹划一办法不可。

码头苛索案,另组委员会审查。主席谓,关于码头力价一案,请提案人说明理由。杨辉廷谓,此案堆栈业亦在提议之列,因堆栈业系受货主委托,关于码头苛索情形,实有整顿必要,前奉总部令饬派员整理,敝业因货主请托,嘱在整理期间,陈请主席团转呈政府,准由堆栈业自行雇工,此系关于各业货主利益,应请一致援助。石和湘谓,山货业亦有受码头苛索痛苦,此案请付审查。(众赞成)

监察汉钞案,执委会继续商办。钱业代表汪信夫谓,关于发行汉钞各银行设监委会案,系第二次大会决议通过,并奉省府令饬遵办,乃事隔两年,乞未实行,应请王主席团负责办理,此系全市市民所希望之事,不仅敝业一方面。主席谓,此案自前次大会通过后,曾与银行函商数次,并一面向上海询取成例,以资参考。惟近日本席曾以私人资格面询各银行,据云各该行原有检查办法,此次如须设立监委会,须得总行同意,再行商办。本会现仍按照进行程序,继续商办。

取缔肥倒案,呈请颁布破产法。主席谓,关于取缔肥倒办法案,请提案人说明理由。钱业代表汪信夫谓,此事关系至巨,应请各业公议制裁办法,以维市面,其要旨须在遵行礼仪廉耻四字,并谓各种以最好方法贡献大会,以便提出讨论,而资遵守。杨辉廷谓,本会对于此案,主张根据钱业公会提案,呈请政府严予惩办。中西菜馆业代表谓,本席补充意见一方面呈请政府严订惩办法,一方面设法防范未然。石和湘谓,肥倒之事,其根本在法律不足以资保障,应由大会呈请立法院严为修改新规定,使肥倒之案无自发生。曹延祥谓,法律中原有破产法一种,现在救济办法只有一方面呈请政府严予惩办,一方面呈请立法院将破产法核定颁布。(普过)

主席谓,现在开议时间已久,除已议决各案毋庸讨论外,尚有其他提案,此时代表还席者多,不能开议,可否推出代表分组审查?高伯常谓,不推出代表,明日继续开会,通过。即摇铃散会。并通告各公会云:敬启者,本会依法照章,已于今日正午开第四次委员代表大会,极承各代表莅会列席与仪,一致欢迎。惟查提案甚多,时间讨论不及,当场决议,定于明日(即二十六)正午十二时继续开会记录在案。除分知外,相应函达,即希查照,仍请厚推代表,如时准到列席与仪,幸弗吝玉。

(《汉报》P204)

25.(汉口市商会第四届会员代表大会)提案摘要

(1934年6月26日)

救济中小商店,请求长期放款并废止双铜圆。国药业公会提请以本市全体商店名义,呈请市政府,迅予设法救济中小商店案:“年来本市商店亏折倒闭者达数万户,本年自入春以来,营业状况,愈趋沉寂,商店停歇,日见增多,前三月市政府曾经一度调查歇业家数及原因,并拟设法救济,令各业公会各具意见,属会曾经拟具意见,请由市政府令饬银行界,以轻息长期无抵押借贷,以资救济,现有数月之久,声息无闻,应请提出公决,转请市政府从速办理。”又贸易人力车业公会,提废止双铜圆统一币值,挽救中小商人案:“查开关时代,币值不良,影响社会尚小,海禁大开而后,往来各国多系金本位制,以吾国用银国家,时感金价涨落而受操作之害,其钱市更臆乎其后矣。是以近年以来，钱价一落千丈，不可收拾，若不冀图挽救，不久必有总崩溃之时。查九江而下，采单铜圆制，尚可勉强维持，汉口居全国中心，商务较盛，而双铜圆充斥市场，以数年来作比较，平均每年价值低落六百文之谱（即银圆换钱增加六百文之谱），长此以往，中小商人之危险，实不堪言状。现在市面角票辅助铜圆已可通行，铜圆不过找零而已。拟请公决，请政府用快刀斩乱麻之手段，抱长痛不若短痛之决心，在此过渡期间，将双铜圆废止，一律暂作单铜圆行使，随后再筹统一分的币值，庶几中小商人免受亏折之累，劳工亦可无生计之虞，安定市场，诚为切要。"

请订取缔肥倒办法，呈主管机关严厉执行。钱业公会提案："查汉口居全国中心，万商云集，营业之发达者固多，而失败者亦在所难免。历来有因营业亏折，无力支撑，以致停闭者，必将其历年账据全行交出，经债权人查明，确系因亏倒闭，尚可原谅，从未有故意肥倒以驱他人之货款者。本年增大倒闭，其欠外之款近三十万元之巨。当倒闭之先数日，凡与共来往之钱庄，则尽量支取款项；凡与共之往来商号，则尽量赊购货品，故倒闭后讫未敢将账据交出核查，其为肥倒人所共知。因增大倡之于先，遂有义茂恒等数号效尤于后。若不加取缔，此风一长，则经商者人人自危，势必至银钱业者不敢放款项，其他商号亦不敢出售货品。以营业为畏途，视商场如陷阱，商业前途，何堪设想？商业衰败，即影响国际民生，关系诚非浅鲜，拟请详定取缔肥倒办法呈请主管机关严厉执行，以儆肥骗，而遏刁风，振商业而培国本。"

提议援照沪案减让房租。食品杂货业公会提案："为提议援照沪案减让房租，以轻负担，而纾民困事。窃思频年以来，市面萧条已极，商业凋敝不堪，揆其原因，皆知内遭□□为患，外受强邻侵略，天灾人祸，继续相加。此种影响，乃市民无力抵抗者也。属会爰集众议，提出减轻房租，借资补救，特向钧会缕呈，以供采择之。查上海法租界业主，因住户欠租者过多，具呈工部局请求查封住户财产，追缴欠租。幸而法工部局领事，鉴于商场冷落，商业艰难，驳斥业主请求，示知折中办法，劝导业主暂将租金减让百分之三十，另立租约，照减价优先付后住。至客所欠租金，每月百分之二五陆续相还，俟商业发展再行议复等因。近来旋有上海市减租评价委员会之组织，以期房主有相当利益可图，房客无过重房租负担，彼此可共存荣，冀谋市面振兴等因，各在案。窃汉市房租过昂，为商店最大开支，倘能仿照沪案减让，商业不无补救，是以提议呈请钧会核议，如蒙采纳，则民困可纾，商业亦可兴矣。"

又鞋帽洋货业公会提案："请求转呈财政厅撤销生成里增加商户租金，并恳减轻租金，以恤商民案。事由：查生成里自经财政厅收管后，不但不减轻租金，反以强制商户增租金。各商户□此之下，迭次邀来求不准，只得暂时忍痛□。以本市各街各里业主，因念市面之萧条，商业之不振，早已自动减让租金，以纾商困。本业商民，屡次来会请求，苦无机遇。逢大会举行，代表商民之痛苦，特此提出，请求大会援助，转呈财政厅撤销增加商户之租，并恳减轻租金，以恤商民"。减租提案，尚有旅栈业、中西菜馆业各公会提案，限于篇幅从略。

（《汉报》P204）

26.二次会员代表大会议决案,发行汉钞各银行组织监察委员会迄未实行应如何办理

(1934 年 6 月 26 日)

为提议事,案查第二次会员代表大会,敝会曾经提议维持金融各点,当经大会决议交审查委员会经济组并案审查后,提出报告通过,并经呈请省市两政府鉴核在卷。窃惟此案既经决议,迄未执行,复又函请转呈促令遵办各在案。查原议关于发行汉钞之各银行,组织监察委员会,既有上海各行成例可援,又可得坚人民信仰之心,早经呈由省政府会议,何以至今两年之久,未克实行?此种关系金融与商场信用之决议案,讵竟留中不发,使商民中不免别滋疑义。本会为切肤所关,未甘缄默,合再重申前请,即希大会查照前案,提交会员代表大会会议,应如何办理之处,伏候公决施行。

(《汉报》P204)

27.进口减税无异摧残国货,汉商会电请财政部慎重考虑

(1934 年 6 月 26 日)

关于财政部减轻舶来棉煤等类进口关税一案,湖北全省商联会,曾于日前分电中央各机关请慎重考虑,以维国货。汉口市商会,亦于昨(二十五)日电呈孔财政部长(消息已志本报专访)。其原电如下:南京财政部部长孔钧鉴,顷读报载钧部对于土产出口,业已编号减税。对于舶来棉、煤、糖、人造丝、毛织品等之进口关税,亦拟减轻。在此国际商业□战时期,举国均已高筑关税壁垒,抑制外货之倾销。有时因国计民生之需要,对于该项所需之物品,减轻关税,甚至准其免税进口,救济用途,此特殊情形之下,偶行之政策也。回顾我国生产落后,如纱厂则受外货之倾销,而日就衰落;丝绸则受人造丝之倾销,而一溃不振。至于糖与毛织,并非国民生活必需之品,值此国民经济濒于破产,倘再减轻该项进口税率,是无异于摧残国货,为外货广开销场,国家前途,更难言状。属会心所谓危,未敢含默,用特电呈钧部,伏赐鉴核,无遽施行,以重民生而也好国货,无任祈祷。汉口市商会叩有(廿五日)。

(《汉报》P206)

28.实业部准报汉口市证券业公会递补及补选经过情形应准备案咨湖北省政府文

(1934 年 6 月 26 日)

案准贵省政府建字第五七九四号咨:"据汉口市政府呈报该市证券业同业公会递补执委暨补选常委主席经过情形,嘱查核备案。"等由。查该公会此次递补吴诚安、孙坤山、时似甫为执行委员,并补选吴诚安为常委,孙坤山为主席,于法尚合,应准备案,相应复请查照饬知为荷。

此咨

湖北省政府

29.汉商会会员代表大会昨开第一次审查会审提案

(1934年6月28日)

法规组审查九案,充实商会力量。

对湖南棉纱管理所案,主派员赴湘请求撤销。

本报专访:汉市商会代表大会,昨日正午十二时,开第一次审审会。计法规组出席者:苏汰余、黄文植、余服民、石和湘、刘云生、高伯常、邓以诚。列席人:陈经畬、殷学渊、张竹屏。主席苏汰余。

审查案件:商会变更事务费标准,拟加事业费案:关于事务费一项,按照执委会提案所定标准,将戊等一级一千元者改为二千元,已等一级三百元者改为五百元,至事业费改为二分之一征收,至高委员伯常原订缴费标准,关于商店方面,似应并案审查。商会取缔不入会案:呈市党部市政府依法取缔。商会请求立法院案,关于执委会为呈请立法院速订登记办法提案:此案应由大会通过,交执委会办理。撤销湖南棉纱管理所案:由商会推派委员,与纱厂、纱商各派委员,向湖南方面接洽,并晓以厉害,以免开此恶例。设收容乞丐所案:一方面请公安局切实取缔乞丐,一方面呈请市政府转饬原有乞丐收容所切实办理收容事宜。免收职工捐案:职工捐是何处征收未经说明,如系认销金融公债之事,则不为捐项,应另函商会再行核办。变更分等缴纳会费案并前案商事公断处案:根据各审查人意见,按照专门委员会组织通则第三条,增设发展工商业专门委员会。

经济组审查三案,汉钞就地兑现案,通告各业须实行废两,对商会减政原则赞同。

经济组出席者:曹延祥、余蓉樵、余选臣、陈仁寿、谢有标、宋春庭、殷裕山。审查案件:一、废两改元案,通告各业一律遵用银圆(通告内,须说明财政部曾经通令在案,自废两改元后,如为银两纠纷诉讼,法院决不受理,务请特别注意)。二、农工银行钞票案,该行印有汉口字样之钞票,不问加盖长沙或其他任何地方兑现字样,概由汉行负责兑现。三、厉行减政主义案,(甲)原则赞同,(乙)对于事务费在可能范围内酌量核减,由执委会编制预算,交监委会核查后,再将核减数目情况,由监委会函知各同业公会查照。

税务组审查四案,分别转照保留。认为应加按语并未声述,交提案人自行修正提案。

税务组出席者:何文炳、郑燮卿、马煜垣、朱松珊、杨显卿、黄寿松。列席人:黄云卿、余鉴清、匡劲亭、戴明山、王国柱。主席何文炳。审查案件:请取消豫省单行税法案,查前案并加按语照转。建设自由市,未到必要时期应暂行保留。公布新盐法案,照案呈请政府提早施行。改善营业税案,纱业公会原提案,俟其酌加修正后,再行照转。染织纱布业提案照转。

实业组审查十三案,解决码头纠纷,救济丝业衰落,划一铁路运价两案照转。

实业组出席者:杨辉廷、唐性夫、胡笑如、陈润南、陈凤鸣、黄子权,并有鱼行、丝茧、黄丝木桶、棉业出口诸行等公会代表参加,主席杨辉廷。审查案件:码头力价及交通案,审查意见,查此案计四件,内有堆栈、山货、蛋行三提案,系关于整顿码头规定力价,与鱼行业所提码头交通关系情形不同,应分两种办法。一、堆栈业、山货业、蛋行业所提三案,经审查意见,其目的在整顿码头,取消工头制,及规定力价,实行直接雇工起卸,使商方便于指挥,工方免受剥削,可提会通过照转。二、苎麻夏布业、鱼行等提为码头专用案,经审查意见,认为事关码头地面行使权及交通问题,应将原案照转向建设厅市政府请求。实业组审查各案:丝业衰落请救济案,审查意见,关系本省丝业生存,应转呈政府救济。减轻猪车运费案、平汉路时间改定案、制止小窃在车站偷取案,请市府速审查行规案,事关各组营业习惯,可径向主管机关呈请备案。车商受亏请维持案所提减车改价,关系该帮个别营业问题,以自向主管官厅请核为宜。棉检设分所提案,照转。芦柴起运便利案,由该公会拟具维护方案,请由商会核转,临时交议。一,余蓉樵、高伯常提为各路运价高低不一,阻碍商业发展,拟请铁路部通盘改组,另定平衡价目,以利运输,而维商业案,审查意见照转。二,棉花行业公会提为规定衡器重量公组,免生纠纷案,照转。三,棉花行业,为码头工人勒索恶习,转请市府裁制案,照转。

(《汉报》P220)

30.汉商会第四次代表大会议案之估价(社论)

(1934 年 6 月 29 日)

汉口市商会第四次代表大会,自二十五日起举行开会式并讨论提案,二十六七日,审查各提案完竣,于本日继续讨论,如无其他临时案件发生,会务或可于此日终了。吾人认为在各地民众团体尚未健全组织之今日,则此一年一度之商会代表大会,不独可以谋本身之发展或解决本身之痛苦,其间接影响于当地市民厉害亦甚巨。此七十余万人口所托命之汉口市,百业凋敝之汉口市场,所以资调节谋救济者,亦唯此商会代表大会是赖。良以所推之代表,不乏中小商人。中小商人所受之痛苦,亦即一般市民所受之痛苦。类能于大会言之深切,以唤起全体代表之注意,共同探讨症结之所在,而求有以自挽之方,进而使一般市民及中央与地方官厅之重视,则所谓痛苦,在受者方面,无论为直接为间接,均能明了;在予者方面,亦得以舆情而设法减除。是乃本报对于此大会之属望,亦即基于上述理由为全市市民未来之厉害计也。

综观此次大会,各代表提案,先后计有六十九件,除提倡国货,无一案提及如本报昨日社论,之所述外,所有案件,均未能远瞩高瞻,只知着眼在本业目前之利害。即以苛捐杂税而论,经财政会议决议将所有不合法捐税于本年七月一日起至年底止,悉数免除,并经国民政府明令公布,财政部咨请各省省政府切实执行。此实解除人民痛苦千载一时之良机,该大会苟能顾全大多数商人及一般市民之福利,应当如何对此切肤之案,精密研究,俾得良好结果,以吁请政府,体念民艰,减除苛难。乃开会多日,亦仅略见一两件,且无确切之表示,宁非怪事。

最近财政部长孔祥熙北上,津商会已请其出席明示,以减除苛难。北平市商会,则更悉举市内苛难税捐十七种,为数四百万元,呈请孔部长统予裁去。其理由则为已收营业税,不应再有如此之苛杂。此皆由商会执委会所办,实不负商人之嘱托也。汉市商会则何如?执委会已噤若寒蝉,而代表大会之代表,亦互相勉戒各自三缄其口。据本报二十七日之所载,请减税捐之提案五件,如:一、请财政厅将肠业厂庄营业税捐,统以检验出口征收案(肠业公会提)。二、转请取消筵席捐,或免征营业税案(中西菜馆业同业公会提)。三、请转呈市府,废除各汉口市一切不合法税捐,改征营业正税案(剧场公会提)。四、请转财政厅,酌予减轻棉花营业税案(棉花号业公会提)。五、转请政府,改善纱业课征营业税税制案(纱业公会提)。并未逐案通过,亦未交付审查,但同时决议另设税捐审查组,是此案或交该组审查,再提大会公决,亦未可知。又据本报二十八日所载,税务组所审查之:1.请取消豫省单行税法案,查前案并加按语照转。2.建设自由市，未到必要时期应暂行保留。3.公布新监法案，照案呈请政府提早施行。4.改善营业税案，纱业公会原提案，俟其酌加修正后，再行照转，染织纱布业提案照转。此种案件，关系何等重大，乃前者大会竟默然置诸不闻不问之列，而后者审查会亦未负责，而为妥善之审查，只顾敷衍，不求效率，又何开此代表大会？即令退一步言，将一切案件应付执行委员会执行，则在开会之日，主席团已将执委会能力脆薄之原委，向各代表申诉，并抱十二万分之歉忱。此次代表大会以苟且敷衍之故，而将如此重则，卸肩于执委会，执委会之能否担负，又属一大疑局。万一执委会以才力不济，束诸高阁，以待来年再度开会时，向代表为同样之示歉，则苛捐杂税，岂非永无剪除之期？不知各代表厕身会议席上，脑中如何着想也。

又若本报二十七日所载，关系中小商人本身，且联及一般市民之各案。如关于请求向水电公司交涉恢复电费原价，并免收表租提案共六件，经大会决议照案通过。关于转请减轻房租提案四件，经大会决议照案通过。关于组设发行汉钞各银行监察委员会提案一件，经大会决议根据原案办理。关于取缔肥倒办法提案四件，经大会决议照案通过。关于划一新衡器提案六件，经大会决议照案通过，交执行委员会分别办理。但执委会如何办理，大会亦未予以进行之途径，亦不过如税捐案，卸责于执委会而已。

根据北平市商会向孔部长请免除市内苛捐杂税之理由，参以此次各代表所提之关于各个部分请减免苛难各案，在大会似应有以决定，推举代表向政府请求减免。然市税关系市政府前途，若遽予减免，岂不使市政归于停顿，此则更宜别求抵偿之法。其法就个人意见，又不外如下之两途。

甲：汉市税款，原恃特税协济十六万五千元。自民国二十年七月，市府改归省府管辖，此协款遂并入省库。现在市政各项开支，既由市府自行负责，此项协款，在未能彻底实行禁烟以前，理应仍然还诸市库。

乙：财政会议决议，各省废除苛捐杂税之后，以印花及花酒牌照税为抵押。以汉市言，平日负担之印花税及烟酒牌照税，其比额已不在少数。况最近省府秘书长卢铸发表张主席对省政之设施，使取之于民者用之于民，似亦无妨碍使取之于汉者用之于汉。在中央发抵此两税辅助省库之时，省库当不难分发若干以济市库。

（《汉报》P227）

31.鄂省府令各银行组基金委员会

（1934年6月29日）

（汉口）省府以各银行钞票准备金，至关切要，特令汉商会及银行公会，筹组基金委员会，以便实行监察。（廿八日中央社电）

（《申报》）

32.汉商会代表大会闭幕，增设发展工商业专委会推余蓉樵等向铁部请求平衡各路运费，决定恢复水电原价步骤推专委十五人

（1934年6月30日）

汉口市商会第四次代表大会，昨（二十九日）续开第三次会议。到会参加者，计有市政府

胡复,市党部周小溪。首由总主席陈经畬报告,已通过各案后,即开始通过审查各案。兹分组照志于此:

实业:(一)码头提案四件,审查意见:关于堆栈业、蛋行业所提三案,其目的在整顿码头,取消工头制,及规定力价,实行直接雇工起卸,使商方便于指挥,工方亦免受剥削,似应请由大会通过照转。关于苎麻夏布行业、鱼行业所提一案,系为码头专用,事关码头地面行使权力,及交通问题,应将原案转向建设厅、市政府分别请求,决议照审查意见通过,并推石和湘、高伯常,杨辉廷同工整会办理。(二)丝茧行业、黄丝木油业提为丝业衰落请求救济案,审查意见:此案关系本省丝业之生存,似应呈请政府,请予设法救济,决议照审查意见通过。(三)猪行业提转请减轻猪车运费案,审查意见:此案请由大会通过,原案照转,决议通过。(四)堆栈业提转请铁道部将平汉路汉站卸车时间准予改定案,审查意见:此案请由大会通过,原案照转,并推苏汰余、杨辉廷两委员向路局交涉。(五)堆栈业提转请平汉路局及公安局制止无赖妇孺在玉带门车站攫取杂粮案,审查意见:此案请由大会通过照转,决议通过。(六)照相业提转请市政府,将各业行规从速审定案,审查意见:此案请由大会通过照转,决议通过。(七)麻袋业提为收买进货每生纠纷,转请主管官署备案,以资保障案,审查意见:事关各个营业习惯,似应径向主管机关呈请备案,决议通过。(八)贸易人力车商业提为车商亏累破业,转请设法维持案,审查意见:所提减车改价,关系该帮个别营业问题,以自向主管官署,呈请核示为宜,决议通过。(九)棉花进口业提案为棉花检验应在产区设立分所案,审查意见:此案由大会通过照转,决议通过。(十)芦柴业提为转请公安局制止沿途岗警阻拦干涉案,审查意见:此案应由该公会拟具维护方案,请由该商会核办,决议通过。临时交审三案:(一)余蓉樵、高伯常委员提转请铁道部将各路运资另定平衡价目以利运输案,审查意见:此案请由大会通过照转,并推余蓉樵、高伯常、黄文植、周星棠、苏汰余负责向铁道部请求。(二)棉花行业提为请规定衡器重量公组,免生纠纷案,审查意见:此案请由大会通过照转,决议交执委会会同石和湘、杨春甫、杨辉廷、贺衡夫、何文炳办理。(三)棉花行业提为码头工人勒索恶习转请市府制裁案,审查意见:此案请由大会通过照转,决议并一案办理。

经济:(一)进出口杂粮业提为汉市对于废两改元,应请设法改为一律案,审查意见:此案应由大会交执委会,通告各业,一律遵用银圆,决议通过。(二)绸缎业提为转请汉口农工银行将所出汉钞票盖有长沙兑现字样,即予收回,或将汉口二字,改为长沙二字,以免紊乱金融案,审查意见:概由汉行负责兑现,决议交执委会执行。(三)丝线绸业提请本会厉行减政主义案,审查意见:甲、原则赞同;乙、事业费,在可能范围内酌量核减,决议通过。

税务:(一)杂粮号业提转请取消豫省单行税法案,审查意见:此案会经商会转呈财政部有案,现在应再查前案并加按语照转,决议通过。(二)精盐业提转请将公布之新盐法克期实行案,审查意见:照案提请政府提早施行,决议通过。(三)染织纱布业及纱业提为转请改善征收营业税办法案,审查意见:该两业提案均依原案照转,决议通过。(四)代办杂货业提转请建设汉口为自由市案,审查意见:原案暂行保留,决议文字修正后呈市政府。

法规:一、执行委员会提请确定本会事务费用标准,并筹集事业费案,暨丝线绉纱业提请变更分等缴纳会费案合并审查,审查意见:(一)事务费标准,拟定之己等资本额为三百元者改为五百元,戊等资本为一千元者改为二千元,并规定资本额之在三万元以上者,每加资本一万元,加收事务费十元,至多不得过一百元;(二)事业标准费,原提案系照事务费额,收三分之二,拟改为二分之一,决议通过。二、执行委员会提请设法取缔,不加入商会之公会,及不缴商会事务费之会员案,审查意见:(一)关于欠缴商会事务费之会员,拟由大会交执委会,按照月数,严格催缴,并以三月为限,如有逾限不缴者,即由执委会一面登报催缴,一面依法处置;(二)关于已向商会报告成立而不加入商会,呈请登记之各同业公会会,应由执委会呈请市党部市政府查明核办;(三)关于已加入商会之公会,只有少数会员呈请登记,其未经登记之多数会员,应由执委会查询明晰,召集各该会主席到会,请其分劝全体同业,一律加入,以资团结,设再有不加入商会陈请登记者,再由执委会呈请市党部市政府依法取缔,决议通过。三、执委会提请呈催立法院速定商业登记法,以资补救民法六八一条之先案,审查意见:此案应由大会通过后,交执委会照案办理,决议通过。四、纱业同业公会转提请撤销湖南棉纱管理所案,审查意见:会同纱厂、纱业各派代表若干人,径向湖南方面直接洽商,并晓以利害,以免开此恶例,均感不便,决议通过。五、线纺绸纱同业公会请设收容乞丐案,审查意见:本市原有乞丐收容所,系由汉口市政府委员办理,现在似应由执委会,一面函请公安局切实取缔乞丐,制止恶索,一面呈请市政府转饬该所,将收容乞丐事宜,切实办理,以安市面,决议通过。六、煤业同业公会提请设商事公断处,审查意见:此案应由大会交执委会依法办理,决议通过。七、煤业等同业公会提为救济商业危机案,审查意见:此案关系甚巨,似应按照本会专门委员会组织通则第三条之规定增设发展工商业专门委员会,商筹办理,决议通过,推常务委员会五人,原提案六人,并由大会公推四人组织委员会。八、新式皮鞋业同业公会提为转请免收职工捐案,审查意见:据原提案人说明情由,系由财政厅劝销金融公债,商店方面,按半月职工薪津贴认销公债之误,已嘱该代表另具公函,送由商会,再行核办,决议通过。此外新收提案六件,其中以请求转请水电公司恢复十六年以前原价为首要,当经决议,分以下三步办法:(一)交常委会办理;(二)常委会不能解决交执委会办理;(三)执委会不能解决,即交监委会办理。并当场推定专门委员会十五人,计为王静斋、陈仁前、宋春亭、袁玉芝、石和湘、叶观生、张竹坪、殷玉石、陈凤鸣、刘云生、高伯常、祝庸齐、王时槐、余选臣、高坤山等。

至六点半钟,各项审查案件,均经讨论决定,乃由陈经畬主席致闭幕词,礼成散会,已万家灯火矣。兹志其词于后:本会此次召开第四次会员代表大会,计开会议三天,审查提案两天,共为五天,决议各案七十余件。但每议一案,各代表均能根据法理,尽量研究,不惜一再讨论,期达法理之成,亦足见吾人群趋于法治精神。而会期之长,议案之多,诚开商会以来,未有之新纪录。有此良果皆我监视各机关指导之效,亦我会员代表诸先生精诚团结,爱护本会之所致。闭会以后决议各案,执行委员会,当本职之所在,能力之所及,努力执行,以期不负会员代表诸先生之期望。但执委会能力薄弱,尚望会员代表诸先生,随时督促,尽量指导,不但现在决议之案,得以顺利进行,即以后本会会务,亦借以充分发展,诚如是,适足以表现诸先生爱护本会之热忱,始终不渝,经畬等代表执委会,以极诚恳之意而请求,并乐于接受云云。至此,第四次代表大会遂宣告闭幕矣。

(《汉报》P236)

7 月

1.中央废除苛捐杂税,念民瘼,解倒悬,汉市商会电乞督促地方政府施行

(1934 年 7 月 2 日)

自中央财政会议决议废除各省市苛捐杂税后,举国人民,同声庆幸。汉口市商会,以政府此举,商民受惠良深,特于昨一日专电国民政府行政院、财政部申谢,并乞各省市实行。略谓,窃查前次中央召集财政会议决废除各省市苛捐杂税,所有各省市财政困难,由中央统筹抵补。业奉明令公布,严限分期实行,普惠德音,举国称庆。年来国家多故,民不聊生,水深火热,痛苦无已。幸我政府,轸念民瘼,解此倒悬。属会代表商民,用伸谢悃,尚乞督促各省市政府按照规定步骤,切实实施,无任感祷。

(《汉报》P14)

2.官商共同筹设大规模国货商场汉市府拨五万元建屋并定优待办法,汉市商会今午召开会议讨论进行

(1934 年 7 月 4 日)

汉市府前以本市当地为要,输轨交驰,大好商场,徒作外货倾销之所,国人虽具提倡国货之心,但少认为国货之力,最近本市举行国货宣传及办理国货展览,虽足兴盛于一时,究难收效于久远。欲求国货集中,便于购买,不致辨认不清,受其蒙混,实有赶办国货商场,借作长期大规模推销之必要。曾以首都国货工厂合作商场计划副书,函请市商会及银行业同业公会,投资创办,并尽量援助优待。而汉市商会提倡国货专门委员会组织规则第五条第一款,亦明白规定筹设国货商场,只以缺乏相当地点,建筑合式场屋,根基未立,以致计划难施。市府特规定援助优待规则七条,令汉市商会拟具详细办法,其七条原则如下:一、就本市中心三民路萧家院空基,由市政府于下年度工程费预算上拨洋五万元,建筑场屋,租借国货厂商营业。二、租期暂定十五年,前五年完全借用免租,中五年照公产租价折半收租,后五年照全价收租,双方订立合同,在期限内,公家不得任意收回或发作别用,国货厂商亦不得中途借故退租。三、厂屋内部装修及临时补休,均由国货厂商负担,还房时得自行撤卸。四、场内应附设国货改良会,及工商访问处,研究改良与指导联络。五、关于商场一切税捐,由市政府尽量优待或待邀减免。六、关于经售货品及消费卫生,市府得随时派员检查。七、关于场屋图样设计及详细办法再行拟定。汉市商会奉令后,特定四日下午五时召集提倡国货专门委员,开会讨论进行云。

(《汉报》P30)

3.七月一日已过苛捐杂税，本省应如何废除，汉市商会呈省市政府请从速规划明令公布

（1934 年 7 月 5 日）

前此财政部召集财政会议议决废除各省市苛捐杂税，业经国府明令公布，定自七月一日起至十二月底分期实施。汉口市商会，现以开始之期，已逾多日，而分期撤废之令，迄未有闻，特于昨分呈省市两府，请从速规划明令公布。略谓，窃查前次财政部召集财政会议议决废除各省市苛捐杂税一案，呈国民政府明令公布，厘定不合法税捐范围，分为六项，自民国二十三年七月一日起至二十三年十二月底，分期一律废除，所有各省市财政困难由中央另筹抵补。关于划一统税制度，并已严令各省市，不得再行借口地方需款，重征任何捐税各等因。举国人民得此福音，如在水深火热之中，忽焉登诸衽席之上，昭苏有日，感戴同深。惟以苛捐杂税之实行废除，责在地方政府。鄂省地方频年灾荒，农村破产，险象环生，哀我人民，财产不能胜其求，力疲不能胜其役。尤以武汉市场商业凋敝，重征叠税，名目繁多，征收者则竭泽而渔，纳税者则穷于应命。此种痛苦不堪情状，早在我省市政府垂念顾恤之中，只以地方政务需要用浩繁，动多格于事实之拘牵，虽欲为民请命而不得，今幸中央政府明令废除地方财政之困难，亦已统筹抵补之法。伏惟钧府上承枢命，下澈舆情，当必策励进行，用彰盛德。惟开始实行之期，已逾多日，而分期撤废之令，迄未有闻，商民引领之殷，有如大旱之望云霓。属会代表各业，未敢壅于上闻，理合备文呈请钧府俯赐察核，关于旧日市税之属于苛难范围者实行废除之步骤，何者为先，何者为后，宜减者若干种，宜免者若干种，统新从速规划，明令公布，总以在于限令期内一律废除，以慰商情，而符功令，不胜迫切待命之至云云。

（《汉报》P38）

4.商业登记法，汉商会电请立法院从速议定，并电全国各商会请一致声请

（1934 年 7 月 5 日）

关于民法债编六八一条案，汉商会于去年八月间呈请中央立法院修正，昨该会复电该院，请提前议定商业登记法，并电全国各商会请一致声请。兹将两电分志如次：

电立法院案查去年八月间，属会对于民法债编第六八一条之规定，合伙债务连带负责认为不合商情呈请钧院准予修正一案，奉批交民法委员会参考。至十月间准钧元秘书处函奉院长谕知该案已交据审查报告毋庸修正，至于合伙组织，可另定商业登记法时，以为补救。复经属会函以议定该法时，需征询商人最高团体之同意，转请全国商联会并奉钧院批准，于议订商业登记法时，先期令知该会派员列席俾备咨询各等因在案，伏查该案既已另令交电商法、民法两委员会商起草，时逾半载，未闻提案议及，而合伙债务连带负责之规定，一日无法补救，则全国商业，含有历史性中心组织，一日在摇动变迁之中，瞻念前途，慄匕危惧，经于六月二十五日提经属会第四次会员大会，当场讨论一致决议钧院提前议定商业登记法，俾合伙营业之合伙人，均得为权利、义务之主体，依据契约行为按股分担，殊与法律平衡之义不相违背，并请于议定该法时，须征得商业最高团体之同意，以资补救，而合商情等语记录在案，用特录案电请钧院俯赐

鉴核提前议定公布实施。

电各商会：顷上立法院一电，文曰（原文见前从略）。查此案关系重要，务希一致声请，俾民法六八一条之决议，得以补救，而合商情，不胜迫切之至。

（《汉报》P38）

5.建筑国货商场，起草委员已推定

（1934 年 7 月 5 日）

汉市建筑国货商场一案，汉口市政府曾决定以萧家院空基为场址，并于下年度工程费预算项下拨洋五万元为建筑费，并令市商会拟具详细办法，各情已志前报。汉商会奉令，以此案属于国货范围，当移交该会所属之国货专门委员会核办。国货专委会，特于昨日下午五时召集会议，出席委员杨辉廷、石和湘、高伯常、王春华、鲁方才、杨松圃、马圻源、曹延祥等，主席杨辉廷，开会如仪。结果决定推杨辉廷、石和湘、高伯常三委员起草，提交下次会议讨论后，再提请商会执委会通过，照案呈复市府云。

（《汉报》P38）

6.划一新衡器，市商会昨日决议，推五委员商办法

（1934 年 7 月 6 日）

汉市商会昨续开三十四次执监联席会议，主席苏汰余（代）行礼如仪后，即由苏代主席报告此次联席会议，系讨论会员代表大会所提各案云云。继即进行讨论各案。兹摘其比较重要数案志之于次：（一）取缔不加入商会之各业公会及不缴会费之会。决定办法三项：一、照原定办法办理；二、呈市党部市政府；三、照审查意见办理。（二）取缔肥倒制止放盘，照转，并照曹委员意见予以严惩。（三）余、高两委员提请会转平衡各路运价，郑委员主张先行推派代表向平汉路局询实际情况再定办法，当推喻委员及转运业代表林顺复先生本会会商交涉办法，并定期八日下午五时为会商日期，喻委员主张即由原推五委员先与路局接洽，因该局对于平汉运价会经核减，且代示有可商洽之意。（四）划一新衡器及规定公砠，先公推五委员会商办法再行办理，并定星期一由杨委员召集。（五）救济商业危机，查前推之专门委员会叶观生并未到会注册，应函请来会注册，俟函复后，再定期召集会商办法。其他各案，凡二十余件，均经一一通过照办。最后郑委员发表意见谓，大会交办各案，按件照办后，应如何结束，请提执委会报告，以资接洽。又关于水电减灾费案，进行至如何程度。主席谓，函昨已发出，明日再行函催，三日答复云云。至此讨论逐告终结，乃宣布散会，时午后八时余矣。

（《汉报》P46）

7.（汉口市政府）令食品杂货业公会、茶馆业公会、食品制造业公会等：仰转知各业户统限于本年八月底以前一律来府补行登记

（1934 年 7 月 7 日）

案查饮食业、酱园、浴堂、理发业卫生暂行规则，早经本府修正，呈奉核准公布，并一再展期

限令来府补行登记，借便检查卫生各在卷。乃现在期限已过，经已遵期补行登记者固多，而仍未登记者，犹复不少。此项未登记之各户，本应照章罚办，以符功令。惟念商民无知，特再从宽将登记期间，最后展至本年八月底截止，一律来府登记完竣。如再玩延不遵，定即照章罚办，决不宽贷。除令公安局转饬各分局挨户严催外，合再令仰该会，即便遵照，转催各业户，统于八月底以前，一律来府补行登记，毋再违延干究为要！此令。

市长　吴国桢

（《湖北省政府公报》第 49 期）

8.（汉口市政府）具呈人武、阳、汉三机器米业同业公会代表张克孝等、武汉驳业公所代表马寿柏等：据会呈为协议和解会衔抄赍协约祈鉴核备案并乞免予仲裁等情批仰遵照

（1934 年 7 月 7 日）

呈暨抄件均悉。查该武、阳、汉三机器米业同业公会与驳船工人争议工资一案，劳方请求事项，过去均系本市民船船员工会整理委员会转呈本府核办，即本府召集调解，劳方代表亦系由该整理委员会推派出席。兹核来呈，该马寿柏等以武汉驳业公所代表名义，与该机器米业公会代表等订约和解，查与原案未尽符合，经饬本府职员陈健前往调查去后。兹据报告内称，遵询据武汉驳业公所代表马寿柏、周福祥及前次列席调解会议之劳方代表胡荣卿等分称，此次争议工资，资方系武、阳、汉三机器米业公会，劳方系汉口市民船船员工会第一分会。武汉驳业公所，即民船船员工会第一分会。该公所房屋，系在驳船运费内，抽收款项，于民国十四年建造完成，当时曾在汉阳县署备案。迨民国十五年，革命军会师武汉后，始将该公所改为工会。此工会系劳资混合组织，会员分两种：一为头脑，即驳船老板，自备有驳船；一为工人，自无驳船，事事驾驶，每只驳船需用工人四、五、六名不等。所得运费，按四六成分配，头脑得四成，工人得六成。如头脑本人亦在船上做工，则于应得四成运费之外，又在工人所得六成内，分得工资一股。各机器米业厂店驳运谷米，均归头脑负责。例如曹祥泰米厂由头脑马寿柏负责，大生、宝善两厂由周福祥负责，仁记由宋瑞云负责者是。此次和解，系由头脑（即驳船老板）径与机器米商商妥立约。关于会呈市政府之呈文尾列驳业公所代表，均系对米商直接负责之驳船老板，亦均属民船船员工会第一分会会员。等语，究应如何办理，谨乞核示等情。据称对米商直接负责者，系驳船老板，则此案争执事项，系属米商驳船运费问题，其与纯粹之工资争议，不无区别。且来呈称该驳业代表等，即系民船船员工会第一分会负责人。此次与该米商立约和解，亦系经驳业同业公会办理。应准免予交付仲裁，即依照和约试办。除呈报湖北省政府鉴核，并函武昌、汉阳两县政府查照，暨令本市民船船员工会整理委员会知照外，仰即遵照！抄件存。此批。

市长　吴国桢

（《湖北省政府公报》第 49 期）

9.商会请财厅减棉花营业税，税捐过重不特累及棉商，农民生计亦大受其影响

（1934 年 7 月 7 日）

汉口市商会，昨日根据第四次代表大会棉花号业提案，函请财政厅酌予减轻棉花营业税。

略谓，查敝会于本年六月二十五日开第四次代表大会定期会议，据本市棉花号业同业公会提案内称，查棉花为本省农产大宗，农村经济，全赖活动。如税捐过重，不特累及棉商，而农民生计，即大受其影响，拟请函湖北财政厅酌予减轻，当交大会讨论，佥以该提案，所述棉业衰落原因，及税捐过重，不堪负担情行，均属实在，自应照案转请准将该项税率酌予减轻，以资维持等语，经决议通过记录在案。相应转达贵厅，请查照核准施行。

(《汉报》P54)

10.商会呈市府党部请取缔不入会商店各公会组织极不健全，似一盘散沙，请速厘定强制入会办法，以重法令

(1934 年 7 月 9 日)

汉商会特于昨日分呈市政府市党部，以六月廿六日，属会第四次代表大会第二次会议，以据本市食品杂货业、棉花进口业、瓷业、新式皮鞋业、保险业、芦柴业、绉纱业等同业公会，暨属会监察委员余蓉樵，会员代表马锦云，先后提请明定强制同业加入公会而维商业等由，计共十案，当场合并讨论，佥以本市各业公会组织极不健全，有同业不加入公会而反居多者，有已加入公会而不尽缴费之义务者，甚至不加入公会之同业与公会形成对象，遇事阻碍公会之进行者。推厥原因，同业之公司行号，系据现行法令，只有加入同业公会之规定，而无强制加入，及抗不加入者如何处置之办法，愿否加入公会，既可纯任自由，则不入会之同业，既免会费之缴纳，又不受公会决议之缚束，以至未入会者，固无入会一希望；已入会者，咸视公会组织为多累，不免相率出会，还我自由。据查此次各业公会会务之报告，竟有若干公会其本身组织均已发生问题。长此以往，所谓依法组织之同业公会，日益松懈，势不至于同归于尽不止。况我政府现已决定立国大计，以统制生产。统计运销，为抵制经济侵略之对策，而实行此对策之重心，不得不责之于工商同业，似此一盘散沙，未能统制同业公会，焉能肩此巨任？惟有坐视入超之高涨，任人剥我皮肤吸尽膏血而后已。即就法理而论，查修正同业公会法第七条，同业之公司行号，均应为同业公会之会员。国家法律，规定人民之权利、义务，不外积极消极两种。关于应行为而不行为，与夫不应行为而行为，均应受法律之制裁。而同业之公司行号，依法应加入公会为会员，今竟抗不加入，则是不履行法律规定其应行为之义务也。既不履行义务，又无制裁之法，则修正该条之应字其效力仍等于零。此事关系工商业之前途甚大，本届大会即以此为中心讨论。应由大会根据上述则修正该条之应字，各理由，呈请主管机关从速厘定办法，强制同一区域之同业，须一律加入公会，其不遵章入会，应责其同尽一切义务，并受公会决议案缚束，其有非会员而任意干涉公会本身者，尤须严厉处置等语，一致决议通过，记录在案。除分呈外，理合抄同原案十一件，备文呈请察核，准照前议，严订取缔办法，以重法令，而维商业。

(《汉报》P70)

11.汉商会电财政部请收回减低进口税成命

(1934 年 7 月 10 日)

汉口市商会，以中央减低进口关税业已实行，关系国货前途至巨，特于昨日再电南京孔财

长请收回成命以维国本。略谓，有电想邀洞察，连日报载七月五日实行之新关税，关于进口之车、糖、海味、人造丝、棉毛织品，凡属敌人所产各货之税率，均已分别减轻。人则严整其关税壁垒，拒绝外货之倾销；我则自撤其固有藩篱，开门揖盗以俱进。况被减税率之货物，并有数种，非国民生活必需之品，不知钧部此种关税计划，根据何种意义而来？奖励外货，即不啻摧残国货。此后我国之纱厂丝绸等业，势必崩溃无疑。年来政府所提倡之国货运动，究竟何以自解，属会代表商民，惵惵危惧，即请收回成命，以维国本，而挽危机。

（《汉报》P79）

12.本会第四次会员代表大会特辑

（1934 年 7 月 10 日）

本会第四次会员代表大会，于六月二十五日上午十二时正式开幕。到会代表七百五十三人，参加人市党部周小溪、崔子信，市政府胡复，省政府李捷才。大会主席团陈经畬、苏汰余、杨辉廷、何文炳、曹延祥，司仪黄南屏，记录徐鼎新、周善夫。经行礼如仪后，首由主席陈经畬报告开会。嗣经市党部、市政府、省政府代表相继致训词。旋即开始讨论提案，七时散会。二十六日下午一时开第二次大会，七时散会。二十七日大会休会一日，分组开审查会议。二十八日下午一时开第三次大会，即于下午八时闭会。兹将大会议程、会务报告、审查报告、大会议案、提案及大会会议规则等等，分志如次：

（A）大会议程一览

报告事项

一、报告本会自民国二十二年三月起，至二十三年六月二十日止，重要工作。

二、报告本会民国二十二年全年决算。

三、报告本会民国二十三年全年预算。

讨论事项

关于执委会提案及各公会提案，请分别讨论案。

（一）为确定会员分等缴纳事务费之标准，并筹集事业费，以维会务而利进行案。执行委员会提

（二）请对于不缴纳会费之会员，暨不在本会登记之公会，与其所属之会员，应如何设法取缔案。执行委员会提

（三）拟呈催立法院速订商业登记法，以资补救民法六八一条之失，而免商场组织崩溃案。执行委员会提

（四）为同业有数家，不惟不加入本会，擅敢紊乱行规，妨害营业，应如何取缔案。肠业同业公会提

（五）拟请限令同业商店，必须加入公会，以资权利、义务之平均，而免诈欺倒（盗）骗案。食品杂货业同业公会提

（六）为未入公会之同业行号，坐享权利，不尽义务，理事极为不平，应如何设法取缔案。棉花进口业同业公会提

（七）请明定强制同业入会办法，以维会务而符定章案。瓷业同业公会提议

（八）为同业未入公会，较之已入会者为多，此种现象究应如何办理请公决案。新式皮鞋业同业公会提

（九）为同业不加入公会，阻碍公会进行，请转呈主管机关，严订限制办法，以重法令而维商业案。会员代表马锦云提

（十）为本市各业公会之同业，多不参加公会，往往破坏公共利益，应请建议政府及党部，厘定办法，强制同一区域之同业，一律加入公会以资团结而弭争端案。监察委员余蓉樵提

（十一）为请转财政厅，对于肠业厂庄，营业税捐，统以检验出口征收案。肠业同业公会提

（十二）为陈请取消筵席捐，或免征营业税，以符税法而示体恤，请为一致声援案。中西菜馆业同业公会提

（十三）提请转陈市政府，废除汉口市各剧场一切不合法税捐，改征营业正税，以重功令，而恤商艰案。剧场业同业公会提

（十四）为纱业课征营业税，妨碍行销，影响业务，拟请转呈政府，准予改善税制，以维商业而利民生案。纱业同业公会提

（十五）为棉花营业税，不堪负担，请转财政厅，酌予减轻，以维农产而纾商困案。棉花号业同业公会提。

（十六）陈请转恳取消豫省单行税法，以期一律，而免病商案。杂粮号业同业公会提。

（十七）为提请详订取缔肥倒办法呈请军政长官，严厉执行，以儆刁风而培国本案。钱业同业公会提

（十八）请求市政府，取缔各商店乱价贱卖，以维市面，而免危害同业之公共利益案。鞋帽洋货业同业公会提

（十九）为贱价竞卖，影响商场，本业拟订善后规约六条，请为决议存案，以资遵守案。参燕业同业公会提

（二十）为请劝告各业，勿铺张拍卖，以免扰乱市面案。丝线绉纱业同业公会提

（二十一）拟请既济水电公司恢复民国十六年以前电价，以维营业而符原议案。中西菜馆业同业公会提

（二十二）拟请转函商办既济水电公司，酌减灯水收费案。山货行业同业公会提

（二十三）拟请交涉恢复民国十六年前水电原价，并免收表租案。旅栈业同业公会提

（二十四）拟转请既济水电公司，减轻水电两费，并免收表租，以维市面案。鞋帽洋货业同业公会提

（二十五）拟请联络各法团与既济水电公司，严重交涉，减轻电费，并免收电表租金案。瓷业同业公会提

（二十六）为各业请求交涉电度恢复原价一案，至今尚未解决，应如何迅赐办理，请付公决案。卷烟业同业公会提

（二十七）拟请汉口业主会酌量减轻房租，以维商业案。中西菜馆业同业公会提

（二十八）拟请转商业主集会办事处，酌减房租案。旅栈业同业公会提

（二十九）为援照沪案，请求减让房租，以轻负担而苏民困案。食品杂货业同业公会提

（三十）为行使新衡器，应如何统筹兼顾树立标准，而期普及案。皮业同业公会提

（三十一）为行使新衡器，今尚未能划一，请即设法推行案。进出口杂货业同业公会提

（三十二）为市面交易改用市秤，以后对于厂方住户，需用石灰亦有改用市秤之必要，请照案维持案。石灰业同业公会提

（三十三）拟转请市政府，饬令各茶行换用新衡器，以符法令而归一致案。茶叶贩运业同业公会提

（三十四）为本市行使新衡器，而内地各市区，尚未普及施行，请准将行户旧器，作为暂时复秤之用，是否有当，请公决案。药油业同业公会提

（三十五）为提请转陈市政府，将汉市各码头，关于蛋货驳船力价，轮船过船过档，与起坡或下河，挑抬之力资照原定力价，减少三成，以恤商艰，而维业务案。蛋业同业公会提

（三十六）为码头工人任意恶索，拟请主管机关，准予自雇工友，担任水陆起卸、码头起卸，以免工商纠纷，而资商业进展案。堆栈业同业公会提

（三十七）请求市政府，令饬马王庙码头，减轻起货力资，并取消工头制度，以维商业案。山货行业同业公会提

（三十八）为呈请市政府，从速改正沿江码头各码头，以便起卸货物，而利营业案。鱼行业同业公会提

（三十九）为第二次会员大会通过，关于发行汉钞之各银行，组织监察委员会，至今未克实行，应如何办理案。钱业同业公会提

（四十）拟陈请政府，废止双铜圆，统一币制，以资挽救中小商人案。贸易人力车商业同业公会提

（四十一）为汉市废两改元，未能一致，拟请设法改归一律案。进出口杂货业同业公会提

（四十二）拟以本市全体商店名义，呈请市政府，迅予设法救济中小商店案。国药业同业公会提

（四十三）为丝业衰落，请求设法救济案。丝茧行黄丝木油业同业公会提

（四十四）请设法救济小本商店案。丝线绉纱业同业公会提

（四十五）拟转请财政厅，撤销生成里增加商户租金，并减轻租金以恤商民案。鞋帽洋货业同业公会提

（四十六）为挽救武汉衰落，拟请转呈政府，俯察大势，即予建设汉口为国内自由市案。代办杂货业同业公会提

（四十七）为本会各同业起运芦柴，多被公安局沿途岗警时加阻拦，以致营业极感困难，应如何维护案。芦柴业同业公会提

（四十八）为提请转呈政府，对于各业行规，从速审定，转饬恪切遵守，以杜同业互相倾轧，而策商业安全案。照相业同业公会提

（四十九）为同业收买进货每有发生纠纷，请鉴核呈请主管官署备案，以全保障而免受累案。麻袋业同业公会提

（五十）拟请转呈交通部，请求令饬武汉电话局，酌减电话租费案。山货行业同业公会提

（五十一）为车商亏累破业，请予设法维持，减折车辆，改订车租，以资挽救案。贸易人力

车商业同业公会提

（五十二）拟转请平汉路局，准予援照减轻杂粮运费，暨湘鄂路局减轻猪车运价成案，临时减轻猪车运费案。猪行业同业公会提

（五十三）为湖南设立棉纱管理所，妨碍棉纱销路，违反通商原则，请转呈政府，转饬撤销，以苏商困案。纱业同业公会提

（五十四）为棉花检验，应在产区地点，设立检验分所，以苏商困案。棉花进口业同业公会提

（五十五）本会会员拖欠会费甚多，究应如何救济，请公决案。新式皮鞋业同业公会提

（五十六）为本同业营业衰落，职工捐税无法抽收，是否可以免收请公决案。新式皮鞋业同业公会提

（五十七）为原定平汉路汉站卸车时间，不合商情，拟请转呈铁道部，准予改定施行案。堆栈业同业公会提

（五十八）为玉带门车站，时有无赖妇孺，结队割袋，攫取杂粮，久已成为习惯，拟请分转路局，及公安局，就近制止，以维营业，而纾商困案。堆栈业同业公会提

（五十九）为汉口农工银行所出钞票，盖有长沙兑现字样，在汉行使用须受贴水暗耗，请即勒令收回，或将汉口二字，改为长沙二字，以免紊乱金融案。绸缎业同业公会提。

（六十）拟本会经费支绌，请厉行减政主义案。丝线绉纱业同业公会提

（六十一）拟变更分等缴纳会费之规定，以昭平允案。丝线绉纱业同业公会提

（六十二）请速设乞丐收容所，以安市面案。丝线绉纱业同业公会提

（六十三）为本市商业危机四伏，爰将救济商业的中心问题，缕陈意见，请公决案。煤业、匹头贩运业、山货行业、保险业、布匹店业、旅栈业等同业公会提

（六十四）为请转呈政府，迅将公布新盐法，克期施行，以重民生而奠邦本案。精盐业同业公会提

（六十五）为规定同业入会案。保险业同业公会提

（六十六）为转请水电公司减低电价，并改良检查规则案。茶业店业同业公会提

（B）会务报告摘要

（甲）关于收发文函之件数

（一）收进文函共三千五百七十九件。（二）发出文函共二千一百七十五件。

按收发文函，均经逐件摘由分载于收发各文簿内，其有应行转知各业者，亦已随时油印分转各业公会查照有案，兹不赘录。

（乙）关于会议之次数

（一）执委会共开过会议三十二次（内有九次监委参加）。（二）常委会共开过会议一百一十一次。（三）监委会共开过会议七次。（四）代表谈话会共开过四次。

按执委会，照章于每月五日及二十日，开例会二次。常委会于每星期二、五两日，各开例会一次。自民国二十二年七月二十四日第十五次起，常委会改为星期一、三、五等日举行，计每一

星期，开常委会议三次。至代表谈话会，系因临时有要事待商，由执委会订期召集。关于各该会议决各案，均经载明议事录内，其有应行转知各业者，亦已随时分转各业公会查照有案，兹不赘录。

（丙）关于本会经费之预算决算

（一）本会自民国二十二年三月起至十二月止决算表一件。（二）本会自民国二十三年一月起至五月止决算表五件。（三）本会自民国二十三年一月起至十二月止预算表一件。

（丁）关于经办重要事业之成绩

（一）组设提倡国货专门委员会案：

查此案，系于民国二十二年三月六日经第一次执委会决议，以提倡国货，为本会应尽之天职，当兹国难日亟，仇货充斥，尤非积极筹办，不足以收实效而利事功，爰依照本会专门委员会组织通则，设立提倡国货专门委员会，并拟订办事规则十五条，于三月十一日召集第一次代表谈话会，按照规则额设委员十五人，由执行委员中选出七人，会员代表选出八人，负责办理。其入手办法，以封存仇货，及禁买仇货为前提，一面派员分途调查并广为宣传，一面函由各同业公会，组织分会，以期分工合作，共策进行。开办以后，将近四月，所有市面仇货，虽未能遽行绝迹，而国货销场，得以逐渐推广，即民众方面，对于国货，亦有相当之认识，于国货前途，自不无裨益。嗣因工作简单，本会经费支绌，不得不缩小范围，遂于七月二十日，第十次执委会提议公决，将添雇办事职员，一律撤去，其职务仍由专门委员会按照原定计划，继续办理各在案。此本会组设提倡国货专门委员会之经过情形也。

（二）筹募捐款购办物品慰劳抗日将士案：

查此案系于民国二十二年三月二十日经第二次执委会议决，以本会接准朱子桥将军来电，谓前方抗敌将士，急需裤褂鞋袜等项，嘱即广为征集，运往接济。等因，当组织慰劳抗敌将士委员会，从事筹办。一面分函各同业公会查照，酌量捐助，旋将征集并购办各物品，共计一千一百一十五件，推派代表余监委蓉樵等，运赴北平，（赍）请北平军事委员会分会何委员长，暨朱子桥将军，分别代表发放各军，以资慰劳，并先后收到北平军分会，及辽黑吉民众后援会等处谢函多件。嗣因办理结束，即将关于所募物品及款项收支数目，汇造清册，分送各该同业公会，用昭征信。一面造册呈请汉口市政府、市党部分别备案，各卷在，此本会筹募捐款购办物品慰劳抗日将士之经过情形也。

（三）组设商业补习学校案：

查此案系于民国二十二年七月二十八日由第十七次常委会决议，以本会筹办之商业学校，因无相当地址，迄未实行，现在小议厅业经空出，尚合学校之用，应先办补习夜校一所，专收各商号服务之店员或学徒，入校补习，以期学业并进，当经推定何、曹两常委负责筹备。嗣将拟具补习学业简章十六条，呈奉汉口市政府核准立案，并于八月二十一日由第十二次执委会照章推定曹常委延祥兼任校长，办理其事，一面延聘教员，一面布告招生，即于是年九月一日，举行学生入学试验，取准正取生一百零四名，备取二十六名，同月五日行开学式，六日实行开课，就正取生编为甲、乙两组，各组五十二名，分班教授，本年春季始业之期，又添招新生两班，一律上课，以宏造就，各在案。此组设商业补习学校之经过情形也。

(四)发行商业月刊案：

查此案系于民国二十二年八月二十五日由第二十八次常委会决议，经报告执委会通过照办，并推定苏常委主办其事。嗣经延聘专员，担任编辑，月出一册，按期发行。计自民国二十三年一月十日出版，至六月十日止，业已出版六期。本市及各省市商埠，并国外侨商，均有订阅该项月刊者，从此销路如能推广，中外得以互通，未始非振兴商业之一助。此发行商业月刊之经过情形也。

(五)组设黄河水灾筹赈会案：

查此案系于民国二十二年十月五日经第十五次执委会决议，以此次黄河决口，被灾区域，几及四省，灾情奇重，待拯甚殷。本会迭接各该处水灾会函电纷来，自应募集捐款，以资拯济。当即推定筹备员，组设黄河水灾筹赈会。一面筹商募捐办法，一面印就捐册。公推各发起人，分途劝募。嗣将募获捐款约一万一千余元，按照议定办法，以五千元指办菏泽一县之农赈，以五千元为办理其他较重灾区农赈之用。均托由华洋义赈会代为支配筹办，已取有该义赈会收条存查，至尚有捐款一千余元，及所收之棉花药物。因菏泽水灾会驻汉办事处，函请将该款拨给该会办赈，已如数交去。其棉花药物，据该会复函，谓道远难寄，即交由黄安同乡会，转送黄安县为赈济该县灾民之用。当将本会经募物品及款项收支数目，印造清册分送查阅，一面登报声明，各在案。此组设黄河水灾筹赈会之经过情形也。

(六)增设商业职业学校案：

查此案系于民国二十三年二月十九日由第七十五次常委会决议，以上年九月间本会所办补习学校，系招收现在各业商号服务之店员学徒，入校补习。惟业余补习，获益无多，欲图根本改进，要以造就目下商场实用之人才为最宜，因即增设商业学校一所，与补习学校相辅而行，并提经执监委员联席会议通过，拟订规程于民国二十二学年下学期开始办理，业于本年三月二十二日，举行新生试验，投考学生，数逾二百，经录收一上学生四十六名，一下学生三十七名，已于三月二十八日正式开学按程教授；一面遵照汉口市政府指令，组设校董会，推选董事十五人，并于五月十七日开成立会，呈报市府备案，各在卷。此增设商业职业学校之经过情形也。

以上六案，系择其工作之最关重要者，特提出报告。其他工作甚多，未便缕列，以省繁牍，合并注明。

附预算表六份：

(一)汉口市商会民国二十三年度全年收支总预算表

收入之部		支出之部	
科目	金额	科目	金额
事务费	洋 20450 元正	经常开支	洋 36450 元正
铺房租金	洋 12480 元正	特别开支	洋 10200 元正
韩家墩地租	洋 68 元正	铺房警捐	洋 1268 元正
公债利息	洋 374.03 元	商业职业学校经费	洋 5805 元正
收入总额	洋 33372.03 元	商业补习学校经费	洋 2700 元正

（续表）

收入之部		支出之部	
科目	金额	科目	金额
不敷总额	洋 24830.97 元	商业月刊经费	洋 1800 元正
合计	洋 58203 元正	支出总额	洋 58203 元正
		合计	洋 58203 元正

（二）汉口市商会民国二十三年度全年支付预算表

每月份预算数			
科目		金额	合计
经常开支	办事员薪水	洋 17850 元正	洋 36450 元正
	茶役辛工	洋 3780 元正	
	夫役口食	洋 24 元正	
	伙食	洋 5160 元正	
	茶烟酒点	洋 1080 元正	
	添置器具	洋 840 元正	
	整饰修理	洋 420 元正	
	文具纸张	洋 1680 元正	
	刻刷油印	洋 600 元正	
	广告阅报	洋 540 元正	
	邮票电报	洋 300 元正	
	电话	洋 276 元正	
	电灯	洋 960 元正	
	自来水	洋 480 元正	
	车力川资	洋 660 元正	
	犒赏	洋 180 元正	
	酬应礼席	洋 660 元正	
	杂用	洋 960 元正	
特别开支		洋 10200 元正	洋 10200 元正
铺房警捐		洋 1248 元正	洋 1248 元正
合计		洋 47898 元正	洋 47898 元正

<table>
<tr><th colspan="4">全年度预算数</th></tr>
<tr><th colspan="2">科目</th><th>金额</th><th>合计</th></tr>
<tr><td rowspan="18">经常开支</td><td>办事员薪水</td><td>洋 1487.5 元</td><td rowspan="18">洋 3037.5 元</td></tr>
<tr><td>茶役辛工</td><td>洋 315 元正</td></tr>
<tr><td>夫役口食</td><td>洋 2 元正</td></tr>
<tr><td>伙食</td><td>洋 430 元正</td></tr>
<tr><td>茶烟酒点</td><td>洋 90 元正</td></tr>
<tr><td>添置器具</td><td>洋 70 元正</td></tr>
<tr><td>整饰修理</td><td>洋 35 元正</td></tr>
<tr><td>文具纸张</td><td>洋 140 元正</td></tr>
<tr><td>刻刷油印</td><td>洋 50 元正</td></tr>
<tr><td>广告阅报</td><td>洋 45 元</td></tr>
<tr><td>邮票电报</td><td>洋 25 元正</td></tr>
<tr><td>电话</td><td>洋 23 元正</td></tr>
<tr><td>电灯</td><td>洋 80 元正</td></tr>
<tr><td>自来水</td><td>洋 40 元正</td></tr>
<tr><td>车力川资</td><td>洋 55 元正</td></tr>
<tr><td>犒赏</td><td>洋 15 元正</td></tr>
<tr><td>酬应礼席</td><td>洋 55 元正</td></tr>
<tr><td>杂用</td><td>洋 80 元正</td></tr>
<tr><td colspan="2">特别开支</td><td>洋 850 元正</td><td>洋 850 元正</td></tr>
<tr><td colspan="2">铺房警捐</td><td>洋 104 元正</td><td>洋 104 元正</td></tr>
<tr><td colspan="2">合计</td><td>洋 3991.5 元</td><td>洋 3991.5 元</td></tr>
</table>

说明：

一、本预算系根据民国二十二年份实支数所编制。

二、本会办事员薪水、茶役辛工每年加发双薪一个月，酬劳一个月，共计发 14 个月，故列表每月预算数与每月实支数不符。

三、表列特别开支，系包括捐款、补助费等项，及不属于经常开支各子目之用费。

（三）汉口市商会商业职业学校民国二十三年度 3—7 月份经费预算表

科目	3 月至 7 月预算额	每月份预算额
薪水	洋 2200 元正	洋 440 元正
辛工	洋 120 元正	洋 24 元正
办公费	洋 150 元正	洋 30 元正
合计	洋 2470 元正	洋 494 元正

说明：

一、校长一人，由商会主席兼任，不支薪。校务主任一人，月支 88 元。专任教员兼训教指导二人，各月支 78 元。专任教员二人，各月支 68 元。教务员、事务员各一人，各月支 30 元。合计如上数。

二、校工二名，各月支洋 12 元。

三、文具、纸张、杂支、书报及体育用具等费。

四、上数系以两班计算。

又民国二十三年度 8 月至 12 月份经费预算表

科目	8 月至 12 月预算额	每月份预算额
薪水	洋 2930 元正	洋 586 元正
辛工	洋 180 元正	洋 36 元正
办公费	洋 225 元正	洋 45 元正
合计	洋 3335 元正	洋 667 元正

说明：

一、校长一人，由商会主席兼任，不支薪。校务主任一人，月支 88 元。专任教员兼训教指导三人，各月支 78 元。专任教员三人，各月支 68 元。教务员、事务员各一人，各月支 30 元。合计如上数。

二、校工三名，各月支洋 12 元正。

三、文具、纸张、杂支、书报及体育用具等费。

四、上数系以三班计算。

（四）汉口市商会商业补习夜校民国二十三年度全年经费支付预算表

科目	全年度预算额	每月份预算额
薪水	洋 2424 元正	洋 202 元正
津贴	洋 48 元正	洋 4 元正
办公费	洋 228 元正	洋 19 元正
合计	洋 2700 元正	洋 225 元正

说明：

一、校长一人，由商会主席兼任，系义务职。教员授课计三班，每星期共 42 小时，洋 4 元，共洋 168 元。教员兼教务主任一人，月支 14 元。事务员一人，月支 20 元。合计如上数。

二、校工二名，各月支洋 2 元。

三、文具、纸张、杂支等费。

（五）汉口市商会商业月刊社民国二十三年度全年经费支付预算表（略）

(C) 审查报告一览

(甲) 实业组审查报告案

一、整顿码头提案四件

审查意见:

关于堆栈业、山货行业、蛋行业所提三案,其目的在整顿码头,取消工头制,及规定力价,实行直接雇工起卸,使商方便于指挥,工方亦免受剥削,似应请由大会通过照转。

关于苎麻夏布业、鱼行业所提一案,系为码头捐专用,事关码头地面行使权及交通问题,应将原案转向建设厅、市政府分别请求。

二、救济丝业衰落案一件

审查意见:

此案关系本省丝业之生存,似应呈请政府,请予设法救济。

三、请减轻猪车运费案一件

审查意见:

此案请由大会通过,原案照转。

四、请铁道部将平汉路汉站卸车时间准予改定案一件

审查意见:

此案请由大会通过,原案照转。

五、请平汉路局及公安局制止无赖妇孺在玉带门车站攫取杂粮案一件

审查意见:

此案请由大会通过,原案照转。

六、请市政府将各行业规从速审定案一件

审查意见:

此案请由大会通过照转。

七、收买麻袋,每生纠纷,请转主管官署备案一件

审查意见:

事关各个营业习惯,似应径向主管机关,呈请备案。

八、车商亏累破业,转请设法维持案一件

审查意见:

所提减车改价,关系该帮个别营业问题,以自向主管官署,呈请核示为宜。

九、棉花检验应在产区设立分所案一件

审查意见:

此案请由大会通过照转。

十、请公安局制止沿途岗警阻拦干涉芦柴案一件

审查意见:

此案应由该公会,拟具维护方案,请由商会核办。

临时交审三案

一、请铁道部经各路运费另定平衡价目以利运输案一件

审查意见：

此案请由大会通过照转。

二、请规定衡器，重量公砠，免生纠纷案一件

审查意见：

此案请由大会通过照转。

三、码头工人勒索请转市府制裁案一件

审查意见：

此案请由大会通过照转。

（乙）经济组审查报告案

一、汉市对于废两改元应请设法改为一律案一件

审查意见：

此案应由大会交执委会，通告各业，一律遵用银圆（通告内须说明财政部，曾经通令在案，自废两改元后，如未银两纠纷涉讼，法院决不受理，务请特别注意）。

二、请汉口农工银行，将所出汉口钞票盖有长沙兑现字样者，即予收回，或将汉口二字，改为长沙二字，以免紊乱金融案一件

审查意见：

印有汉口字样之钞票，不问加盖长沙或其他任何地方兑现字样，概由汉行负责兑现。

三、本会厉行减政主义案一件

审查意见：

（甲）原则赞同。

（乙）对于事务费，在可能范围内，酌量核减，由执委会编制预算，交监委会审核后，再将审核数目情形，由监委会，函知各同业公会查照。

（丙）税务组审查报告案

一、请取消豫省单行税法案一件

审查意见：

此案曾经商会，转呈财政部有案，现在应再查前案，并加按语。照转。

二、请将公布之新盐法克期施行案一件

审查意见：

照案呈请政府提早施行。

三、请改善征收营业税办法案一件

审查意见：

请两业提案均依原案照转。

四、请建设汉口为国内自由市案一件

审查意见：

原案暂行保留。

五、请设法取缔不加入商会之公会,及不缴商会事务费之会员案

审查意见:

(一)关于欠缴商会事务费之会员,拟由大会交执委会,按照欠数,严格催缴,并以三个月为限,如有逾限不缴者,即由执委会,一面登报催缴,一面依法处置。

(二)关于已向商会报告成立而不加入商会,陈请登记之各同业公会,应由执委会呈请市党部市政府,查明核办。

(三)关于已加入商会之公会,只有少数会员,陈请登记,其未经登记之多数会员,应先由执委会查询明晰,即召集各该会主席到会,请其分劝全体同业,一律加入,以资团结,设再有不加入商会,陈请登记者,再由执委会呈请市党部市政府依法取缔。

六、请呈催立法院,速订商业登记法,以资补救民法六百八十一条之失案一件

审查意见:

此案应由大会通过后,交执行委员会照案办理。

七、请撤销湖南棉纱管理所案一件

审查意见:

此案应由商会推派委员,会同纱厂、纱业各派代表若干人,径向湖南方面,直接商洽,并晓以利害,以免开此恶例,均感不便。

八、请设乞丐收容所案一件

审查意见:本市原有乞丐收容所,系由汉口市政府委员办理,现在似应由执委会,一面函请公安局,切实取缔乞丐,制止恶索;一面呈请市政府,转饬该所,将收容乞丐事宜,切实办理,以安市面。

九、请设商事公断处案一件

审查意见:

此案应由大会交执委会依法办理。

十、救济商业危机案一件

审查意见:

此案关系甚巨,似应按照本会专门委员会组织通则第 3 条规定,增设发展工商业专门委员会,商筹办理。

十一、请免收职工捐案一件

审查意见:

据原提案人说明请由,系因财政厅劝销金融公债,商店方面,按半月职工薪津额,认销公债之误,已嘱该代表另具公函,送由商会,再行核办。

(丁)法规组审查报告各案

一、请确定本会事务费标准,并筹集事业费案,暨丝线绉纱业提请变更分等缴纳会费案合并审查。

审查意见:

(一)事务费标准,拟将执委会原提案所拟订之己等资本额为 300 元者,改为 500 元,戊等

资本为 1000 元者，改为 2000 元，并规定资本额之在 30000 元以上者，每加资本 10000 元，加收事务费 10 元，至多不得过 100 元。

（二）事业费标准，原提案系照事务费额，收取三分之二拟改为二分之一。

按以上事务、事业两费标准，既经分别拟订，与原章稍有不同，则本会章程第三十五条条文，似应提出修改，兹并酌拟修改条文如下。

第三十五条本会经费分下列两种：

一、事务费：事务费之标准，由会员比例，于其资本额负担之。

比例方法如下：

凡属公会会员，或商店店员入会时，每一会员除照缴登记费一元外，其按年认缴之事务费，即照本会向例，分甲、乙、丙、丁、戊、己六等，甲等 30 元，乙等 24 元，丙等 18 元，丁等 12 元，戊等 6 元，己等 3 元，由会员各按其资本额，分别担任，如资本额不满 500 元者，照缴己等 3 元；500 元以上至 2000 元者，照缴戊等 6 元；2000 元以上至 5000 元者，照缴丁等 12 元；5000 元以上至 10000 元者，照缴丙等 18 元；10000 元以上至 20000 元者，照缴乙等 24 元；20000 元以上至 30000 元者，照缴甲等 30 元；其资本在 30000 元以上者，作为特等每加资本 10000 元，即加缴事务费 10 元，至多不得超过 100 元。

二、事业费：事业费之标准按事务费之额，照缴二分之一。

（D）大会议决案一览

一、为确定会员分等缴纳事务费之标准，并筹集事业费，以维会务而利进行案。决议：照审查意见通过。

二、请对于不缴会费之会员，暨不在本会登记之公会，与其所属之会员，应如何设法取缔案。决议：照审查意见并案通过。

三、拟呈催立法院速订商业登记法，以资补救民法六百八十一条之失，而免商场组织崩溃案。决议：照审查意见通过。

四、为同业有数家，不惟不加入本会，擅敢紊乱行规，妨害营业，应如何取缔案。决议：照审查意见并案通过。

五、拟请限令同业商店，必须加入公会，以资权利、义务平均，而免欺诈倒（盗）骗案。决议：照审查意见并案通过。

六、为未入公会之同业行号，坐享权利，不尽义务，理事极为不平，应如何设法取缔案。决议：照审查意见并案通过。

七、请明定强制同业入会办法，以维会务而符定章案。决议：照审查意见并案通过。

八、为同业未入公会，较之已入会者为多，此种现象究应如何办理请公决案。决议：照审查意见并案通过。

九、为同业不加入公会，阻碍公会进行，请转呈主管机关，严订限制办法，以重法令而维商业案。决议：照审查意见并案通过。

十、为本市各业公会之同业，多不参加公会，往往破坏公共利益，应请建议政府及党部，厘定办法，强制同一区域之同业，一律加入公会，以资团结而弭争端案。决议：照审查意见并案通过。

十一、为请转财政厅,对于肠业厂庄,营业税捐,统以检验出口征收案。决议:照审查意见并案通过。

十二、为陈请取消筵席捐,或免征营业税,以符税法而示体恤,请为一致声援案。决议:照审查意见并案通过。

十三、提请转陈市政府,废除汉口市各剧场一切不合法税捐,改征营业正税,以重功令,而恤商艰案。决议:照审查意见并案通过。

十四、为纱业课征营业税,妨碍行销,影响业务,拟请转呈政府,准予改善税制,以维商业而利民生案。决议:照审查意见并案通过。

十五、为棉花营业税,不堪负担,请转财政厅,酌予减轻,以维农产而纾商困案。决议:照审查意见并案通过。

十六、陈请转恳取消豫省单行税法,以期一律,而免病商案。决议:连同前案审查通过。

十七、为提请详订取缔肥倒办法呈请军政长官,严厉执行,以儆刁风而培国本案。决议:照原案通过。

十八、请求市政府,取缔各商店乱价贱卖,以维市面,而免危害同业之公共利益案。决议:通过,照转。

十九、为贱价竞卖,影响商场,本业拟订善后规约六条,请为决议存案,以资遵守案。决议:通过。

二十、为请劝告各业,勿铺张拍卖,以免扰乱市面案。决议:通过。

二十一、拟请既济水电公司恢复民国十六年以前电价,以维营业而符原议案。决议:照审查意见并案通过。

二十二、拟请转函商办既济水电公司,酌减灯水收费案。决议:照审查意见并案通过。

二十三、拟请交涉恢复民国十六年前水电原价,并免收表租案。决议:照审查意见并案通过。

二十四、拟转请既济水电公司,减轻水电两费,并免收表租,以维市面案。决议:照审查意见并案通过。

二十五、拟请联络各法团与既济水电公司,严重交涉,减轻电费,并免收电表租金案。决议:照审查意见并案通过。

二十六、为各业请求交涉电度恢复原价一案,至今尚未解决,应如何迅赐办理,请付公决案。决议:照审查意见并案通过。

二十七、拟请汉口业主会酌量减轻房租,以维商业案。决议:照审查意见并案通过。

二十八、拟请转商业主集会办事处,酌减房租案。决议:照审查意见并案通过。

二十九、为援照沪案,请求减让房租,以轻负担而纾民困案。决议:照审查意见并案通过。

三十、为行使新衡器,应如何统筹兼顾树立标准,而期普及案。决议:照原案通过。

三十一、为行使新衡器,全市未能划一,应如何协助政府,期能归于一律案。决议:原案通过。

三十二、为行使新衡器,今尚未能划一,请即设法推行案。决议:并案通过。

三十三、为市面交易改用市秤,以后对于厂方住户,需用石灰亦有改用市秤之必要,请照案维持案。决议:并前案通过。

三十四、拟转请市政府,饬令各茶行换用新衡器,以符法令而归一致案。决议:并前案通过。

三十五、为本市行使新衡器,而内地各市区,尚未普及施行,请准将行户旧器,作为暂时复秤之用,是否有当,请公决案。决议:照审查意见通过。

三十六、为提请转陈市政府,将汉市各码头,关于蛋货驳船力价,轮船过船过档,与起坡或下河,挑抬之力资照原定力价,减少三成,以恤商艰,而维业务案。决议:照审查意见通过。

三十七、为码头工人任意恶索,拟请主管机关,准予自雇工友,担任水陆起卸、码头起卸,以免工商纠纷,而资商业进展案。决议:照审查意见并案通过。

三十八、请求市政府,令饬马王庙码头,减轻起货力资,并取消工头制度,以维商业案。决议:照原案通过。

三十九、为呈请市政府,从速改正沿江码头各码头,以便起卸货物,而利营业案。决议:照审查意见并案通过。

四十、为第二次会员大会通过,关于发行汉钞之各银行,组织监察委员会,至今未克实行,应如何办理案。决议:根据原案办理。

四十一、拟陈请政府,废止双铜圆,统一币制,以资挽救中小商人案。决议:通过,照转。

四十二、为汉市废两改元,未能一致,拟请设法改归一律案。决议:照审查意见大会通过。

四十三、拟以本市全体商店名义,呈请市政府,迅予设法救济中小商店案。决议:通过,照转。

四十四、为丝业衰落,请求设法救济案。决议:照审查意见通过。

四十五、请设法救济小本商店案。决议:并前案办理。

四十六、拟转请财政厅,撤销生成里增加商户租金,并减轻租金以恤商民案。决议:照审查意见并案通过。

四十七、为挽救武汉衰落,拟请转呈政府,俯察大势,即予建设汉口为国内自由市案。决议:通过修改文字转呈。

四十八、为本会各同业起运芦柴,多被公安局沿途岗警时加阻拦,以致营业极感困难,应如何维护案。决议:照审查意见通过。

四十九、为提请转呈政府,对于各业行规,从速审定,转饬恪切遵守,以杜同业互相倾轧,而策商业安全案。决议:通过,照转。

五十、为同业收买进货每有发生纠纷,请鉴核呈请主管官署备案,以全保障而免受累案。决议:照审查意见通过。

五十一、拟请转呈交通部,请求令饬武汉电话局,酌减电话租费案。决议:由主席团及执委向电话局交涉。

五十二、为车商亏累破业,请予设法维持,减折车辆,改订车租,以资挽救案。决议:照审查意见通过。

五十三、拟转请平汉路局,准予援照减轻杂粮运费,暨湘鄂路局减轻猪车运价成案,临时减轻猪车运费案。决议:照审查意见通过。

五十四、为湖南设立棉纱管理所,妨碍棉纱销路,违反通商原则,请转呈政府,转饬撤销,以纾商困案。决议:照审查意见通过。

五十五、为棉花检验,应在产区地点,设立检验分所,以纾商困案。决议:照审查意见通过。

五十六、本会会员拖欠会费甚多,究应如何救济,请公决案。决议:照审查意见并案通过。

五十七、为本同业营业衰落,职工捐,无法抽收,是否可以免收请公决案。决议:照审查意见通过。

五十八、为原定平汉路汉站卸车时间,不合商情,拟请转呈铁道部,准予改定施行案。决议:照审查意见通过。

五十九、为玉带门车站,时有无赖妇孺,结队割袋,攫取杂粮,久已成为习惯,拟请分转路局及公安局,就近制止,以维营业,而纾商困案。决议:照审查意见通过。

六十、为汉口农工银行所出钞票,盖有长沙兑现字样,在汉行使用须受贴水暗耗,请即勒令收回,或将汉口二字,改为长沙二字,以免紊乱金融案。决议:照审查意见通过。

六十一、拟本会经费支绌,请厉行减政主义案。决议:照审查意见通过。

六十二、拟变更分等缴纳会费之规定,以昭平允案。决议:照审查意见并案通过。

六十三、请速设乞丐收容所,以安市面案。决议:照审查意见通过。

六十四、为本市商业危机四伏,爰将救济商业的中心问题,缕陈意见,请公决案。决议:照审查意见通过。

六十五、为请转呈政府,迅将公布新盐法,克期施行,以重民生而奠邦本案。决议:照审查意见通过。

六十六、为规定同业入会案。决议:照审查意见通过。

六十七、为转请水电公司减低电费,并改良检查规则案。决议:照审查意见并案通过。

(E)提案汇录

本会执行委员会提案

(一)为提议事,查六月二十日本会第三十二次执委例会,监委参加之会议,关于讨论事项第二案,对于不缴会费之会员,暨不在本会登记之公会,与其所属之会员,应如何设法取缔案,当场提出讨论。佥以现行商会法,暨工商同业公会法,其立法精神,在于集中实力,共谋工商同业之公共福利,以期发展实业,富国利民,是以商会法之规定,商会组织以同业公会为单位,同业公会法之规定,同一区域之同业商店应加入同业公会为会员。而商会法施行细则第六条,有商会会员加入时,须先向商会登记,由商会给予凭证。又本会章程第七条,有会员有遵守本会章程及服从决议案之义务。第八条有会员代表有提议权、表决权及被选举权。第九条凡加入本会者须先向本会登记给予凭证,各等语。细绎各项规定,凡同一区域之同业商店,应加入同业公会为会员。凡依法成立之同业公会,应加入商会为会员,并乞所属之会员均应在商会登记,义务、权利一律平均。而缴纳会费尤为会员应尽义务中之必要事项,必如此而后精神方能一贯,实力得以集中。今据会计处、注册处会同报告,有每一公会只少数会员缴费者,有欠缴会费在两年以上者,有不在本会登记始终未缴会费分文者。似此情形,权利、义务既失其中,而团结精神自难一致。长此以往,不惟本会会务无法进行,即各公会之本身亦将等于虚设。此事关系重大,应请大会严订取缔办法,以重法令,而勉事功等语,一致可决记录在案。用特录案提请大会公决施行。

(二)为提议呈请立法院,速订商业登记法,以资补救民法六百八十一条之失,而免商场组织崩溃事,窃查本会对于民法债篇第六百八十一条之规定,合伙债务连带负责,认为不合商情,曾于去岁八月间，一再分电行政院、立法院，请求修改并通电各省市商会及全国商联会一致声援各在案。嗣奉立法院批示，本案毋庸修正，至合伙组织可另定商业登记法，以为补救，并已发交商法委员会、民法委员会，会同办理起草。等因，奉此。复经呈请立法院，对于议订该项登记法时，应准全国商人代表之最高团体派员参加，会同订定，比又奉批照准。惟历时甚久，未闻提案议及，想在商法民法两委会搁置之中，而合伙债务连带责任之规定，一日无法补救，则商业一日在危险界中。拟请大会根据原案，电请立法院令饬提前起草，在拟订该法时，须征询商人代表最高团体之同意，方能公布施行，庶法律得其平衡，而全国商业前途，方有兴复发展之希望。经于六月二十日第三十二次执委例会监委参加之会议，提出讨论，一致可决，并记录在案。理合录案，提请大会公决施行。

（三）为提议确定会员分等缴纳事务费之标准，并筹集事业费以维会务而利进行事，窃以本会事务繁重，一切费用全恃会员缴纳会费以为挹注。查本会章程第二十五条之规定，本会会费分事务、事业两种，事务费分甲、乙、丙、丁、戊、己六等，甲等30元，乙等24元，丙等18元，丁等12元，戊等6元，己等3元。由各公会会员，各按其资本额，分别担任之。事业费则由会员大会议决筹集之。现据本会会计处报告：以民国二十一、二十二两年，事务费之收入，比较民国十八、十九、二十等年，仅及半数。揆厥原因，缴费者只二千余户，而缴戊等六元者占十分之七，且有每一公会，只少数会员缴费，甚至整个公会分文未缴。长此以往，不但建设事业无法进行，即事务方面亦势将停顿。经于六月二十日第三十二次执委例会监委参加会议提出讨论，佥以凡属会员以缴纳会费为必要之义务，会员不尽义务，而欲与勉尽义务之会员同享权利，不惟事理失其平，更为人情所不许。且章程规定事务费之分等缴纳，对于资本金额无一确切标准，以至各会员，均存避重就轻之念，从其最低之等级认缴会费，此亦人情之常也。查会计处报告民国二十二年决算亏洋8000余元，而本会因执行历次会员大会之决议案，创办商业职业学校、补习学校以及商业月刊等重要事业，所需经费为数甚巨，不得不设法筹集，以资补救，惟筹集与补救方法，应先拟一确切标准，如事务费每一公会所属之会员，资本额不满300元者，照缴己等会费3元；在千元以上者，照缴戊等会费6元；五千元以上者为丁等照缴12元；一万元以上照缴丙等18元；二万元以上缴乙等24元；三万元以上照缴甲等30元，资小而营业大者，不以资本论。至于事业费之标准则照事务费额收取三分之二。依此规定会费，较易筹集，而一切事业均有迈步前进之可能等语，当场一致可决，并记录在案。用特录案，提请大会公决施行。

棉花进口业公会提案

（一）棉花检验，应在产区地点设立检验分所，以纾商困。查汉口自设立商品检验局以来，对于棉花一项，初创仅验出口，后则改验进口，不知棉花掺潮作弊不在商贩，多在产地行户及挑贩。虽经本会迭次函请检验局设立乡镇检验，以清来源，俱因连年匪患未平，未蒙允准。故商贩受汉口检验局之阻滞者，其困苦不可胜述。现在匪患已告肃清，自应函请汉口商品检验局，设立乡镇检验，以纾商困。

（二）未入公会同业者应如何取缔。查权利、义务，相辅而行。汉上棉业贩运者，不下数百家，加入本会者不过数十家。从前办理稍有利益之事，本会同人独负全责，而未入会者，竟坐享同等之利益，揆之情理，何得为平？自应统筹办理，以期利害平均。以上两案应如何办理，伏请大会公决。

石灰业公会提案

为提议事,敝会现因汉口度量衡局,有凡属市面交易,均应改用市秤,敝会往后对于厂方,住户等需用石灰,应有改用市秤之必要。相应在大会前提案,合并声明。

中西菜馆业等业公会提案

(备注:前文中有中西菜馆业、山货行业、旅栈业、鞋帽洋货业、瓷业、卷烟业这几个行业涉及既济水电公司电费提案)

(一)请明定强制同业入会办法,以维会务而符定章案:查工商同业公会法第七条规定,同业之公司行号,均应为同业公会之会员。又工商同业公会章程准则第五条规定,凡同业之公司行号,均应为本会会员,各等语。是同业入会,有强制之规定,然强制之方法若何?该法及该准则均无明文规定,故对于同业未入会者,亦无方法强制其入会,应请政府明定强制同业入会办法,庶强制入会之规定,不致成为具文,是否有当,敬希公决。

(二)请联络各法团,与既济水电公司严重交涉减轻电费,并免电表租金案:查本市既济水电公司,每度电费自民国二十年大水后,由二角增至二角二分。际兹市面萧条,物价低落,而电费犹如此奇重未见稍减,殊非所以繁荣市面及减轻市民之负担。又电表每只每月收租洋五角,查电表为该公司检查电度之用,与电杆及发电机等同为该公司营业上自用之物,与用户无涉,何得向用户收取租金?该公司以独营事业而即垄断,各用户以无团结而不能抵抗,以致任其宰割,莫可如何。应请大会联络各法团向该公司严重交涉,务期达到减费免租之目的,而轻市民之负担,是否有当,敬希公决。

代办杂货业同业公会提案

为挽救武汉衰落,请大会促成"建设汉口为国内自由市"主张,呈请国府俯察大势即予采纳实施案:为联衔提案事,窃阅大会发行之汉口商业月刊第5期选载栏,载有张延祥著《提倡国货与建设汉口为国内自由市》一文,对于近年汉口商业之衰败,地位环境之变迁,及粤汉路筑成以后对于汉口市场无多裨益,不能复兴汉市各点,详为叙述,大声疾呼,颇足发人深省,凡我汉市商人阅之尤不胜其同情。质言之,此项问题实与我汉市整个商业前途,具有生死切肤之关系。盖汉口为内地中心,乃九省通衢,外人称为东方的芝加哥,以所占之地位相仿也,其商业自应日趋发达。乃近数年来因交通方面环境变迁,长江襄河逐渐淤浅,及人事方面□□灾害,东北沦亡致汉口之商业大受影响,如不急起设法将至一蹶不振,难于挽救。今中国国货产品不振,其原因虽多,然国货之在国内各口,均须重纳关税。所谓双重税制,实为显然之事实。且目下中日情势仍极严重,暴日野心有加无已,近更窥伺闽省,处心积虑已非一日,而我国最大之商埠为上海,但一旦中日交涉决裂,则"一·二八"之浩劫,定有重演之可能。彼时全国唯一精华之沪市,将付一炬,而国家命脉之工商业自不能令其断绝。对于工商上原料之汇集制造之场所,似应于今日另觅一地位相等交通便利之都市,养成替身之资格,以资预防。故为国货前途计,为繁荣全国之中心之汉市计,为预辟全国工商业枢纽之新阵地计,均应拥护"建设汉口为国内自由市"之主张,并力促其实现。至其办法,凡国货从汉口运往国内任何口岸,或由国内任何口岸运来汉口,均一律免征关税(但为便于统计起见可由海关收极低手续费)。此项政府所受之税收损失，则请政府加征外货，尤其是日货之进口税，以资抵补万一，政府认为牺牲过多，则请限以时日。自由市定期十年，以后继续与否，再行酌量办理。总之本案关系汉市商业前途荣枯至重，且多应由市商会迅以全体大会名义，分呈南京中央党部、国民政府，南昌委员长等□□领袖，俯察国内大势，即予采纳实施，作此非当之业，异日收非常之效。对于撰著此项意见张延祥君及省市党部省市政府长官，及京沪商会领袖，一律聘为顾问或委员，并请其一致声援，各向政府呼吁，俾"建设汉口为国内自由市"之主张得以早日实现，中国前途幸甚，汉口前途幸甚。是否有当敬请公决。

棉花号业公会提案

为提议事，查棉花为本省农产大宗，农村经济全赖活动，如税捐过重，不特累及棉商，而农民生计即大受其影响。湖北自开始办理营业税，棉花税率订为千分之零一五，而整卖减半实为千分之零七五。迨民国二十一年骤增至千分之十，上年乃减为千分之八。但棉花由农村售出，辗转贩运至纱厂时须经买卖三次或四次，每次均征收营业税，其税捐之重，蔑以复加。现值农村破产之时，亟待救济，断无能力担此重税。且税捐既重，成本加高，持此以与美印倾销之棉花相角逐，将见棉业日益衰落，农村日渐困惫，其患不可思议。然则欲求兴复农村，先谋畅销农产，棉花营业税率，实有减轻之必要。纵谓省库空虚，势宜顾及。然以湖北土地，以沃棉产之富，果能杜绝中饱？涓滴归公，虽取之甚微，而财用不患不足，否则捐税虽重，足以启收税员司之贪念，而坚其舞弊之心。以湖北棉花税率之重，而省库收入有限，未尝不由于此，毋宁减轻税率，力剔弊端，既可稍轻农商负担，而省库亦得适当之收入。拟请大会核议，准予将棉花营业税不堪负担缘由，函请湖北财政厅酌予减轻，以维农产而纾商困，是否有当，即请公决。

茶叶贩运业公会提案

呈请市政府饬令各茶行换用新衡由。详述理由：军政告终，训政伊始，国家所有一切法度，自当同归划一，不宜异同。缘新衡之制，原为防奸杜弊，使商务日趋发达，各地货畅其流，富国裕民，实深利赖。查本市各行店，以及小贩摊棚，莫不遵令换用新衡，一刷从前积弊，免去无穷纠纷。夫茶叶为我国出产大宗，汉市为我国茶商集中地，换用新衡，各茶行自不宜有例外。若云依旧较便，则国家之一切新建设何劳诸贤竭尽心志，力谋完成？空虚国库，在所不惜，长此以往，各贩商于旧货之时估值不定，价目虽高，而斤两折少，甚至减半，反受亏本，视为畏途，影响商场，实非浅鲜。用是将此案缕述详情，提交钧会采纳，认为有当，伏乞转呈市府令饬施行，以符法令。

进出口杂货业公会提案

为促进汉口市各业彻底改用元本位与换用新衡器案。据汉地自奉政府废两改元令行以来，除银行钱庄及巨大公司改用元本位外，其他各业大概似改未改，改而未尽。最尤甚者，为整进整出之行与号方面，竟仍皇皇然，贷则银两其价，账则银两是登，更有一种所谓银两平色，如曹（宾）等大平，尚依然存在，积习之旧，觉太难堪。其新衡器经再奉令敦促换用，据闻迄今亦复，推整进整出之行号方面，大都仍沿其旧，未起改换，即或表面是换，骨里仍用一种折扣，依然旧衡是用。这两种隐病，应请大会设法敦劝力除，庶于功令市容皆有交货也。

新式皮鞋皮件业公会提案

(一)查属会已入会会员只七十二家,未入会者竟有百余家,是未入会各店,较已入会者多数十家,实于会务营业前途两生阻碍。此种现象究应如何办理,请提交会员大会公决。

(二)查属会已入会系七十二家,对于月捐一项有拖欠至六七月不缴者,亦有拖欠至八九月不缴者,更有至年余者。今入会各店既寥寥无几,再加以欠捐款不缴,所以会务殊多滞碍难行。究应如何救济,请提交会员大会公决。

(三)查职工捐一项照章本应履行,无如属帮近年来营业衰落,即遇有客货,则临时召集工友助理,至货交即遣散,平时则各自工作,所有职工捐一途,似难抽收。此项捐款,是否可以免收,请提交会员大会公决。

卷烟业公会提案

查本市各业公会代表市民请求交涉电度恢复原价一案,曾经上年十一月六日,函请大会办理在案。旋准复函称,已分电京津沪粤各大商埠调查后,再行召集代表大会讨论办理等语。现历时已久,未见施行,群情切望。究应如何迅赐办理,请付公决案。

钱业公会提案

(一)为提议事,查汉口居全国中心,万商云集,营业之发达者固多,而失败者亦在所难免。历来有因营业亏折,无力支持以致停闭者,必将其历年账据全行交出,经债权人查明确系因亏倒闭,尚可原谅,从未有故意肥倒,以骗他人之贷款者。本年增大倒闭,其欠外之款近 30 万元之巨,当倒闭之先数日,凡与共往来之钱庄则尽量支取款项,凡与共往来之商号则尽量赊购货品,故倒闭后迄未敢将账交出查核,其为肥倒人所共知。因增大倡之于先,遂有义茂恒等数号,效尤于后,若不严加取缔,此风一长,则经商者人人自危,势必至银钱业者不敢放出款项,其他商号亦不敢售出货品,以营业为畏途,视商场如陷阱,商业前途何堪设想。商业衰败即影响于国计民生,关系诚非浅鲜,拟请详订取缔肥倒办法,呈请军政长官严厉执行,以儆肥骗而遏刁风,振商业而培国本,是否有当,敬请公决。

(二)为提议事,案查第二次会员代表大会,敝会曾经提议维持金融各点,当经大会决议,交审查委员会经济组并案审查后,提出报告通过,并经呈请省市两政府鉴核在卷。窃惟此案既经议决,迄未执行,复又函请转呈促令遵办各在案。查原议关于发行汉钞之各银行组织监察委员会,既有上海各行成例可援,又可坚得人民信仰之心,早经呈由省府会议,何以至今两年之久,未克实行?此种关系金融与商场信用之决议案,竟留中不发,使商民中不免别滋疑义,本会为切肤所关,未甘缄默,合再重申前请,即希大会查照前案,提交会员代表大会会议。应如何办理之处,伏候公决施行。

油业公会提议

为提议事,查新制度量衡器,除度量衡器本市先行使用外,新衡器始于本年 2 月实行。其所以迂回迟延者,缘因我国旧衡器沿袭使用达数千年,今只在通商市埠强制实行新器,一出市门十里,则已形隔势殊。且武、阳、汉本属互市,亦有缓急之不同,汉口为上游九省通衢,向恃各省客商买卖交易,近悦远来,情感相通,若因习惯之不同。形成枘凿,不独此垂绝之市面更感萧条。倘施行新衡器致陷商务于绝境,亦类于王荆公青苗之法,误尽苍生矣。敝行业等对于市制新衡器,均已购办实用。惟对于未通行新衡器之省市商区来汉买卖客商,成交货物过秤复砠,必须旧衡器核对,方能使客商信用,买卖方可成交,否则一生疑点,客商必赴未实行新衡器市场买卖,汉口将成死市矣。此敝行业等所以迭请转呈,暂缓没收旧衡器,皆因有切肤关系,非比本市之门面小数交易,关系各省农产大宗买卖之行业,实不可同日而论。在此汉市周围之本省市区,及邻省市区,未普及施行新衡器之过渡时代,本市各牙行业万难将旧衡器没收,以自绝商务来源。最近市度量衡分所将市面旧衡器没收,在公共场所焚毁,亦属变本加厉。查部章本准旧衡器改制,况系数千年遗留买卖之器具,又为商人金钱购进之私产,非同害人之毒物,实无当众焚毁之理。大会虽有旧星刮去发还原主之决议,不过代表普通门面商人立论,而在全市代客买卖之领贴行商,为市面盛衰计,为本身利害计,为维持客货来源计,自非再请转呈,将行户旧衡器作暂时复秤之用,一俟各地新衡器具及再行改制,以维商艰,而免根本倒置。敝会等询谋签同,为此提议,即请提出大会讨论,是否有当,敬候公决施行。

丝茧行黄丝木油业公会提案

为提议事,窃维男耕女织,本我国之古训,力田树桑,为人生之要务。自海禁洞开,丝商情形大变,始则出口日增,价值高涨;终则他国倾销,一落千丈,更之人造丝横行国内,需要大减。鄂省川沔等属,出产由八千担减至二千担不足。黄麻等处,由三千担减至一千担。本年新丝上市,由每两二角跌至一角三四五分,尚有日趋下落之势。乡间农产得价不敷其本,倘再惨落,势必相率不事蚕桑,湖北之丝业将有无形消灭之势(因上年出产未销罄,近年乡间生产更少,沔阳属约在一千担以上,黄属约在千担以下,其想象可知)。属会等业务所系,目击痛心,以我国著名丝产之国,不忍日就澌灭,是以提议于大会,祈恳提出讨论,转呈主管院部,对于鄂丝运沪,无论出口或内销,准予免除转口税(因运沪之丝,均系出口,向章由江海关将转口税拨还)。并援照沪例,关于轮车运费一律减半。关于人造丝输入,应呈由政府加进口倾销税,以资扩充华丝国内需要。至对于本省产地如何拨款救济,如何改良生产,亦希分呈湖北省政府鉴核办理,以资救济,而图挽回。是否有当,敬候公决。

照相业公会提案

为谋商业发展,恢复市面繁荣,提请转呈政府,对于各业行规,未经批准者,予分令各公会,转饬所属该同业各行号,务必恪切遵守,不得稍有违背,否则责成各公会,转报政府从严罚办,以杜同业相互倾轧,而策商业安全。

理由:查本市商业素极繁盛,近年市面萧条,百业不振,虽系过去环境使然,而同业互相倾轧,各图利己,不择手段,意图独占,作轧外之竞争,谋非法之垄断,此实商业失败之重大原因。盖大灾不过一时,而人为之害实无止境,此亟宜设法改进者也。事实:年来农村破产,购买力降低,商业愈萧条,竞争愈激烈。由是同业彼此互立于对垒地位,尔诈我虞,以谋独占,或以劣质减轻成本,或以伪乱真,如是大拍卖、大减价、大牺牲标语高悬,常年号召,用此欺诈方法,以图吸引顾客,而谋独占。一家侥幸,害及全体,则其他同业不得不起而效尤,由此同业愤愤。虽真正亏本,亦必特别牺牲,群起与之相抗。考其结果,纯至商人人格堕落,道德丧失,演成险诈欺伪之社会，而同业终至利益微薄，不能维持，同归于尽，此就荦荦大者言之。此种颓风尤不得不望我商界硕彦与贤明长官，出而挽救者也。办法：减价拍卖应有限制，凡常年悬牌、拍卖、大减价、大牺牲者，应严厉禁止。纵欲减价倾销，每年只准一次，每次不得超过十日，且须报经公会，转呈政府核准后，方可实行。查公会设立意义，首在矫正营业弊害，维持同业公共利益，欲达此目的非提高公会威权，实行同业行规不为功。夫行规即是各同业商店宪法，举凡维持公利，防止弊害，行规条文中，自然悉载无遗。果得政府与大会切实维护，不使成为具文，而予各公会以举发呈报之权，一经查实，必予重罚，不徇情，不因循，则同业倾轧、嫉忌、垄断、排挤之风，不禁自息，庶商业日趋进展，而市面繁荣，翘首而待。是否有当，提请大会公决。

国药业公会提案

请以本市全体商店名义呈请市府，迅予设法救济中小商店案：（理由）年来本市商店亏折倒闭者达数万户。本年自入春以来，营业状况愈趋沉寂，商店停歇日见增多。前三月市政府，曾经一度调查歇业家数及原因，并拟设法救济，令各公会各具意见。属会曾经拟具意见，请由市政府，令饬银行界，以轻息长期无抵押借贷，以资救济。现有数月之久，声息无闻，应请提出公决，转请市政府从速办理。

食品杂货业公会提案

（一）为提议援照沪案，减让房租，以轻负担，而纾民困事。窃思频年以来，市面萧条已极，商业凋敝不堪，揆其原因，皆知内遭□□为患，外受强邻侵略，天灾人祸继续相加，此种情形乃市民无力抵抗者也。属会爰集众议，提出减轻房租，借资补救，特向钧会缕呈，以供采择之。查上海法租界业主，因住户欠租者过多，具呈工部局，请求查封住户财产缴欠租。幸而法工部局领事鉴于商场冷落，商业艰难，驳斥业主请求，示知折中办法，劝导业主，暂经租金减让 30%，另立租约，照减价先付后住。至住客所欠租金，每月按 25%陆续相还，俟商业发展，再行议复等因。近来旋有上海市减租评价委员会之组织，以期房主有相当利益可图，房客无过重房租负担，彼此可共存荣，冀谋市面振兴，等因，各在案。窃汉市房租过昂，为商店最大开支，倘能仿照沪案减让，商业不无补救。是以提议呈请钧会核议，如蒙采纳，则民困可纾，而商业亦可兴矣。

（二）提议平均权利、义务，仰乞鉴核施行事。窃思国家一切义务，凡属商民均有应尽职责。查汉市各项营业皆有同业公会之组织，其加入公会者，权利、义务自无不平等之可言。近有冷心之辈，不入同业公会，仅止享受权利，而不担负义务，投机取巧，自鸣得意，夸张已得便宜，讥笑他人损耗。属会鉴及于斯，欲求平均权利、义务计，呈请提于会员代表大会议事日程，经公讨论，无任何项营业同业者，应有公会组织，如有同业而不加入公会者，理宜设法限令加入。至于新设之商店，应先加入公会始可营业，照章登记注册，并审查资本虚实，以杜欺诈流弊。以上提议办法，若蒙采纳，不惟权利、义务可得平均，而商场倒骗之风，亦可得免除矣。故不揣冒渎，提呈钧会鉴核议施行不胜屏营待命之至。

药行业公会提案

查工商同业公会法第七条之规定，凡属同一区域之同业，均应加入该业公会。本市未参加同业公会之同业，所在皆是，而政府及党部迄无强制方法，使各该同业参加公会。公会以外之同业，反得避免对内对外一切义务，不受公会约制，甚至破坏组织，侵蚀公共之利益，以致形成同业视参加公会为畏途，会务无法推进，长此以往人民团结之本意□□。拟请建议市府党部，遵照中央法令，厘定同一区域之同业，一律加入公会，其不遵章入会不得干涉会务，并对公会尽一切义务办法，强制同业参加公会，以免影响同业公会之发展，而弭会员间之纠纷。是否有当，敬请公决。

鞋帽洋货业公会提案

(一)请求转呈财政厅裁撤生成里增加商户租金，并恳减轻租金，以恤商民案：

事由：查生成里自经财政厅收管后，不但不减轻租金，反以强制商户增加租金，各商户处此之下，迭次邀求不准，只得暂时忍痛。窃以本市各街各里业主，因念市面之萧条，商业之不振，早已自动减让租金。今逢大会举行，代表商民之痛苦，特此提出请求大会援助，转呈财政厅撤销增加商户之租金，并恳减轻租金，以恤商民。是否有当，敬请公决。

(二)请求转函汉口既济水电公司，减轻电、水两费，并免收表租，以维市面案：

事由：查既济水电公司自民国十六年受国库券及钞票之影响，故增加电、水两费，迄今八载尚未撤减，归复原价。现在市面各项物价一律跌落，惟该电、水两费，自应撤除加价，归复从前原价，以利市民。至电表一项，各用户俱有押款，无征收表租之必要。拟请大会转函该公司，减轻电、水两费，并免收表租，以维市面。是否有当，敬请公决。

(三)请求转呈市政府，取缔各商店营业乱价贱卖，以维市面而免危害同业公共之利益：

事由：查本市为华洋通商巨埠，观瞻所系，对于营业上，应如何取正当方法，不失商人之资格。乃近年以来，人心不古，世道日衰。遍观市上各商店，无日无月，不在大减价、大牺牲，种种字样，丑态百出，长此以往成何体统？不独危害营业，而与市民观瞻颇大。若不严厉取缔，将来愈趋愈奇，市面营业不堪设想。特此提请大会采纳，如何规定取缔办法，敬请公决后，呈请市政府援助执行。

山货行业公会提案

(一)为提议请转函商办汉镇既济水电公司，酌减灯水收费案：

为提议事，窃查都市之有电灯、电水，虽泰半为商办营业性质，而事业本身，完全为便利全市之公共设备，在地居民无论任何阶段，皆属日常生活，住居之必需供给。是以经营电气灯水事业者，绝非普通事业可比，于消费供给之下，尤须对用户纳费之负担，有顾及与考虑之必要也。本市商办汉镇既济水电公司灯水收费，在民国十五年以前，灯费每度为一角八分，水费普通在三元以内，衡诸用户负担，程度虽不过高，然亦非轻。至民国十五年，武汉现金集中之时，当时行使市面之中央券与国库券，内容实质与现金相隔悬殊，且凡百物价额，亦继涨增高，水电公司为适用特殊环境计，将用中央、国库等券缴费之电灯每度增加四分，电水照额增加十分之三。此种增加本意，无非为过渡一时之暂行办法，绝非永久性质，汉口市商会有案可稽，用户方面本诸通力合作之精神，对此有关全市秩序安宁之水电公司，不得不勉力纳费，共同救济维持也。民国十五年后国民政府奠定，武汉凡百社会物质，概行恢复使用现金时原价，水电公司在非常时所增灯、水价格，自应查照原议依时变更。盖民国十五年后之收费已完全现金，与民国十五年以前丝毫无异矣，而该公司竟视为定案，照常办理。为用户负担计，为平衡事理计，此不得不请求该公司对现在灯、水收费，酌量核减者一也。况最近农村破产，商市萧条，经济恐慌已达极点，凡生活所需(米价原十二元，现只五六元)日常用品与煤炭(煤价原二十余元，现只十余元)杂缴，莫不极度低贱，两两相较，几有减半之比。水电公司最大消耗，为煤炭与食用两种，事实俱在，物价显明，此不得不请求该公司将灯、水收费，酌量减轻者二也。综上所述，敝公会等认为有提请大会交付论之必要，是否有当，敬候公决。

(二)为提议请转呈交通部请求令饬武汉电话局，酌减电话租费案：

为提议事，查本市自民国二十年遭水灾浩劫后，商场元气殆已丧尽。近更受世界经济恐慌，与内地农村破产诸影响，商业繁荣，尤一落千丈，且多风雨飘摇，岁有岌岌不可终日之势。揆厥原因，一方面固在于贸易之减少，无由获利；一方面所有种种杂缴，担负过甚，遂致入不敷出，以是不论大小行店，凡百开支无不力求撙节，以期撑持危局，渡此难关。此情此景，凡稍谙本市商场内幕者，莫不了然洞悉，而各行各店每月经常消费中，仅电灯电水电话费三项，已占全部开销之一部。照现在纳费额言，颇有定价过昂，虽于负担之苦。查交通部武汉电话局，普通电话用户，每月租费洋十元，话机一部押款洋五十元，比照往年大有增加。查民国十五年以前，每月话费计洋七元，话机押款为二十五元。直至民国十五年之时，武汉现金集中，中央钞票与国库券价值低落，电话局为救济一时计，乃将每月话费增加二元，当时宣称，一俟时局安定，现金解禁后，仍当恢复原价。延至今日，现钞相隔，早已不成问题，且一应生活必需，如煤、米、油、盐及房租等项，均已随时低贱，而电话局不独不将话费恢复原价每月七元之数，反而再加一元，变成每月十元。话机押款亦由每部二十五元，增加至五十元。似此情形，殊非政府体念商艰，关心民瘼之至意。为稍纾商困计，平衡物价计，国营事业之武汉电话局，似宜俯察本市情形，将电话用户租费酌量核减，方足以恤商艰而资救济。本会等爰有请求大会转呈交通部，请求令饬武汉电话局减轻话费之建议。除电灯、电水另案提议外，理合提请交付讨论，是否有当，敬候公决。

(三)为提议请转呈市政府，请求令饬马王庙码头，减轻起货力资，并取消工头制度，以维商业案：

为提议事，查本市各码头起货力资，虽各有远近不同轻重各异，然同一货物，同一远近，力资高低悬隔过甚者，实居少数，有之惟马王庙码头一处而已。缘马王庙河街一带，以山货、杂货、纸张、茶叶等行店为多，其中起货力资，较任何码头高贵。如包子花香茶叶一包，马王庙力资，计铜圆六百八十文，比同一远近之宝庆码头力资，高出二百有奇(宝庆码头，只铜圆二百四十文)。纸张二块，马王庙力资四百文，宝庆码头只一百六十文，其余概可类推。似此情形，不惟行店负担过甚有关，货价影响所及，势必货客望而却步，对马王庙一带行店，不顾出此高贵力资，投行卸货，因其他码头比较大廉，无形中不啻自作壁垒，于工于商皆属自速其工作与业务之衰败。但其所以高贵原因，实马王庙码头工头制度(其他码头闻早经铲除)为厉之阶。查此种组织早经政府取缔，蒋总司令曾颁明令查禁，马王庙码头表面上似已取消工头名目，而内容完全为所谓工头者所把持，重重剥削，几道抽用，资方付给虽多，工友实惠无几。如是乎，起货力资，不得不较任何码头高贵矣。且现在物价低贱，柴米尤廉，举凡生活所需，莫不较往年有减半之比。本会等为维持本境货物起卸繁荣计，为确使工友实得劳力代价计，不得不提请转呈市政府，请求令饬马王庙码头工友，将起货力资酌量减轻，并取消工头制度，以维商业而利真正工人。爰特提请大会交付讨论，是否有当，敬候公决。

堆栈业公会提案

（一）呈为呈请提案事，窃查客商运卸桥口站货物，以麻袋、杂粮、藤篓、香油为多，而货车运行每于晚十二点钟后到达，深夜卸车，不惟码头力夫借口加价，而游民沿途偷窃，万难照料，抑且杂粮麻袋之破损，藤篓香油渗漏，黑夜无从查察，甚至天雨泥泞更被暴弃，客商损失亏累难堪，以致歇业及裹足不前者甚伙，均纷纷向各栈谓宜请求改良深夜卸车时间，借图补救。查汉口市居全国之中心，为货物之销场，只以卸货时间规定未合，于路于商，既受莫大影响，而敝业各栈亦感查察照料之困难。爰经同业集议，以欲图谋商业之进展及顾全客货，惟有恳请据情转铁道部，改定卸车时间于日间及晚十二点钟以前，若晚十二点钟后到达，则准于次日侵晨卸车。在铁道部不过一改定之劳，于客商免多方损失之害，所有拟请改定卸车时间缘由，用特陈请大会提付讨论通过，转呈铁道部鉴核，准予施行。

（二）呈为呈请提议事，窃敝同业经营堆储火车货物，对于车运至站，随地派人照料，期客货不至有丝毫之损失。无如近来，车运至玉带门车站时，一般无赖妇孺，借扫货为名，结队成群，伺立车侧，乘机割破麻袋，攫取杂粮，其攀动蛮蠢，绝不由人戒阻，势已成为习惯，事之不良，莫甚于此。各运商因损失日巨，纷向各栈，谓须设法杜绝此弊。兹经同业集议，佥以受客商之付托，为慎重保管计，应呈请主管机关随时制止，庶客货不致受丝毫之损失，而此种陋习刁风，亦得永远革除矣。为此陈请大会提付讨论通过，转咨平汉路管理局，令饬事务处转知玉带门查照，令饬路警严厉查缉，随时维护，并转函汉口市公安局，令桥口十五署，令饬岗警就近制止，以维营业，而纾商困，是为至幸。

（三）呈为呈请提议事，窃查汉市商业，在地面固属毫无生产之可言，亦即专赖各货过载为观仰，是不徒为商业中所共悉，然各界亦当早在洞鉴。近年以来，各业凋敝，加之水陆码头工人，垄断勒索，视为牢不可破之专利，每遇客货到埠，多方挟制刁难，交涉深感不易。在商方欲谋货物安全，只能屈于威势忍受重价，既后即多畏难裹足，或径由出产地直运销达处。长此以往，势必尽成束手。且奉上峰有所鉴及，市府曾经奉有明令整理码头，设立专管机关。是以各路运业，忆既往之烦难，顾将来之简节，纷纷向各栈央请从事整理，核减力资。有因历年以来逐次增加力资，概属敝同业畏其怠工阻货，代向客商所要求，而在水陆码头工人尤任意恶索，无论如何劝解，竟至罔闻。在敝业堆栈进退维谷，若不趁兹筹谋补救，势必俱形消灭。兹经同业集议，佥以欲图商业进展及顾全劳动生活，务必首重货物流通，是即以供仓性之堆栈，有应呈请主管机关，准予自雇工友，担任水陆码头起卸工作（但不能克扣工资），庶于客货管理得以指挥工作及规定力资，则不徒息灭工商纠纷，而商业管理进展，市面繁荣，俱得由而挽救。在工友，亦得摒除其狡点剥削，是以可谓工商两利之要图矣。为此陈请大会付讨论通过，转呈上峰核准施行。

苎麻夏布行业公会提案

为提议事，查通商大埠，全恃水陆码头交通便利，百货汇集，运来输往，沿江沿河所设之码头，虽有专用及公共之别，为市面计，为交通计，在密迩之区，必须间隔分定。若任专用码头连绵不断，公共运输悬隔巨远，定致牵动市面商务。此在关心市政之长官，综揽商业之团体，皆须有预定设计，以建设此沿江河码头马路之伟戏也。敝会等前因四宫殿码头，本属通镇公共运输交通之处，现经建设厅专作行轮设备之用，有碍市面商务，曾函达大会，分呈市政府、建设厅令饬沿照以前黄武办法，拆除铁栏以利交通等情在案。此案虽经市府，令行税捐处指定宿收码头，为敝鱼行业，起货交易之地。但收字码头（龙王庙）为武阳划渡要区，实无起货余地，而在四官殿（来字）上下接连各码头，多为各轮专用，直至米厂码头（现改列字）方为共用。其间市街林立，线路绵长，起卸货物，费时加工，多受影响可知。将来如何将码头区分“公共”“专用”，亦须事先计划，以便商业起卸。亦使以水码头，为领贴营业之鲜果瓜菜等行，不失其牙帖效用（本属稽征处帖政内范围）。此宜请大会早日呈商市政府注意策划者二，敝会等有见及此为提议务盼提出讨论，以资议决施行。是否有当，敬候公决。

猪行业公会提案

窃查去岁及今，物价大跌，百业清淡，而最受痛苦几致破产不能营业者，考其原因，虽由行市不振，较往年跌落十分之五，而运费太重，未蒙平汉路局体恤减轻，致使行客双方，遭受重大损失，亏累不堪，多数歇业。查湘帮贩运湖猪到武汉销售，其初仍与敝帮受同样情形，幸蒙湘鄂路局鉴察市面萧条，体恤商人痛苦，减轻运费，致该帮得赖维持现状，不似敝帮之亏累不堪。且湖猪质地，较豫猪为佳，车价既蒙减少，成本至轻，故能维持现状。倘敝帮不沐平汉路局，体察商情减轻运价，则武汉猪只市场，必为湘猪独占，豫猪贸易定归消灭，曷胜痛心。查杂粮运费，早蒙平汉路局减轻半数。敝帮同属运商，同属国民，平汉路局应当一视同仁，酌予减少，或不致厚彼薄此，泽惠不均也。伏查敝帮于最近数年来，运费逐年增加百分之六十七（另行列表于后），数帮之营业亏损多因于此。今敝同业受此切肤之痛，眼见将归消灭。前曾具呈市商会，请祈转函平汉路局，恳求体察目下商情，援照减轻杂粮运费，暨湘鄂路局体恤商艰，减轻猪车运价成案，临时减轻猪车运费，一俟市价恢复，生意稍有转机，即当仍照旧章缴纳等，请求念在舟谊，一致援助。函请平汉路局，摈案临时减轻敝帮运费，则不特敝帮得赖维持营业，而路局亦可多入一项运费，否则敝帮无奈歇业，于路于商，两皆不利。在路局虽不以此区区猪车运费为意，然际兹经济恐慌，国内商业衰残之时，端赖政府扶助以培国家元气，而维人民生计。想平汉路局当能谅情俯准，不致见拒也。特此提案，请求大会鉴核援助是荷。

纱业公会提案

（一）为纱布课征营业税，妨碍行销，影响业务，拟恳分呈行政院暨财政、实业两部鉴核，准予改善税制，以维持商业，而利民生案。为提议事，窃以此次全国财政会议，关于营业税各案：1.关于营业税法之解释与税源隶属问题。2.关于营业税之整理及税制税率之改善问题，足征于改善税法之中，仍寓以体恤商艰之至意。当兹百业凋敝，工商交困之时，与其同受摧残，莫如一达下情，用将纱布商业实际情形缕晰陈之。查营业税为裁厘后创办之新税，以为较厘金简单，殊不知营业税为一种行为税，在厘金完纳一次，则可通行全省，统税更可通行全国。在营业税则不然，于同一区，如有二个或数个营业行为，均须课税，较之厘金实为变本加厉，商业苦之。再营业税举办之初，对于已完纳统税之纱布，应在免征营业税之列，与火柴、水泥、香烟、面粉已征统税者同一待遇，用昭平允，而后独对纱布一业税率，定为千分之零一五，迭经据理力争，施改征千分之零七五（每包棉纱以三百元计，须完税洋二角二分五厘）。此时以其尚属轻缴，律以人民有纳税之义务，始勉力接受，用体政府财政之艰难。无如年来迭次增加，现课征至千分之五，每包棉纱须完税洋一元五角有奇，商力实难负荷。曾经历陈痛苦，再三呼吁，蒙政府当局洞悉商艰，逾格体恤，始允援照面粉课税成案，将棉纱布营业税自民国二十二年九月一日起，各半征免，商困得以稍纾，而营业仍难起色。就商业而论，营业流水递减之由，因所营之纱布，均系贩自申汉各纱厂，辗转售卖，与各路客帮居间营运，其利至微。年来因营业税率加重，此项税款，若加诸货本，固无异自绝生路。盖加此一种税款，则市价较厂价每包纱高一元余，如不转加之买方，则巨额之税款无力赔贴。职此之由，致演成各路客帮，径付各出产厂所直接购运，而厂方因有营业税法第一条除外规定之解释，予以直接向外埠设庄销货之机能，加之私营棉纱，如掮客之流，亦因能避免营业税，营业亦日益加多，紊乱市业，肆意侵夺。因有上述之弊害，遂使敝业一蹶不能复振。营业上受其损害，已占十分之七八，大有日就消灭其淘汰之趋势。若不亟图补救，纱布一业，绝难生存。此就纱布营业衰落言，应请设法救济，改善税制，豁免营业税者一也。查纱布为平民衣被所必需，又为机制国货物品，在厂已完纳统税（棉纱每包以三百二十斤计，须完国币八元八角；棉布每包每匹以十三磅计，须完国币七元七角），负担已属过重，成本随之增加。处兹农村已频破产，经济日见衰颓，购买力薄弱，即有所需，自然趋于价廉之外货，而置高值之国货于不顾也。而日本棉织物品得该政府之救助，在华竞销，谋夺市场，贸易膨胀，一日千里。近复实行其经济压迫，抑价倾销，我国既无关税壁垒足以抵御，以致纺织工业，顿呈不景气现象，罗此艰险，何能支持，瞻望前途，实堪浩叹。政府虽有棉业统制委员会之设，以谋挽救，其补救方法，除减轻统税，豁免营业税，使本国棉织物品得以最轻极低价值畅销国内，方足以奖励国货，扶植生产减少漏卮，以谋经济之发展外，不能挽目前之危局，而维将来之民生，此就维护纺织工业言，应请设法救济改善税制，豁免营业税者二也。查汉市虽属通商巨埠，究系一种过载码头，全赖居间贩运之商业，以资繁荣。年来因营业税率迭次增加，商业上下不无蒙其影响，为减少营业行为避免完税计，均趋直接购运一途，驯至汉市商业一落千丈，颇难复兴。汉市类此之商业颇多，均感受同一痛苦。况纱布业务情形，与钱业之盘过脚相似，本小利微。以纱布成本之高，营业流水之巨，亦与钱业情形相同。钱业系照资本额课税，纱布业系照营业金额课税，实有力难负荷之苦。是营业税法第一条除外之解释，纱布应援例要求适用，以济营业之艰难。况工厂或公司与纱布业，本属唇齿相依，休戚与共，同一待遇，仍应予以豁免营业税，以延纱布业生机于一线，否则应将现制以营业金额课税者，改照以资本额课税，庶体商人之艰，兼顾地方之税。此就繁荣市面纱布业生存言，应请设法救济，改善税制，变更以资本额课税者三也。以上所陈，敝业以有此特殊情形，利害切身，彷徨午夜，待援之殷望若云霓。兹为同业生存计，一致主张，按照上述意旨，建议大会俯赐迅予据情转呈行政院暨财政、实业两部鉴核，俯赐体察下情，凡已完纳统税之纱布，应予以税制率税之改善，豁免营业税，或变更以资本额课税，俾纱布商业得资保障，而纺织工业得以维持，国计民生，实利赖之。是否有当，为此提请大会公决。

（二）为湖南设立棉纱管理所，妨碍棉纱销路，违反通商原则，请分呈行政院暨财政、实业两部转饬撤销，以纾商困案。

为提议事，以湖南省政府鉴于湖南第一纱厂营业不振，于本年一月间设立湖南棉纱管理所，欲借政府权威，疏销湖南第一纱厂出品，不顾纱商利益，剥夺营业自由，节制外商国产出品，汉市棉纱销路，受其影响，营业愈形衰落。本会为保持同业生存，维护纺织工业工人生计，曾将扰商民各点，函请大会转呈行政院暨棉业统制委员会转饬撤销，以利商运。而维工业各在卷，该所至今迄未撤销,其遏汉纱之输入束缚过甚,壁垒殊严,无可理喻。查近年来汉市棉纱营业之衰落,为历来所罕见,良以天灾人祸之余,农村经济破产,人民购买力弱,有以致之。今湖南设立棉纱管理所,限制外省国纱之流通,摧残全国国纱之出品,妨碍棉织工业之进展,影响工人之生计,坐使工商交困,此不应设所管理者一也。营业自由,律有明文,棉纱为平民衣着必需品,迥非鹾政特业矿产可比,似无烦政府设所管理之必要,今设所管理,其梏桎商民营业之自由,阻扰商运,将来弊实丛生,影响市面,自不待言,此不应设所管理者二也。就税收言,棉纱每包,除中央照征统税外,通行全国,不得加征类似厘金之任何捐税,而运销湘省之棉纱,仍须加征产销税二元八角八分,筑路借款二元,此为他省所无者,一物数税,其负担则较他省为重,今管理所复加收转运各费二角,实违背中央立法之精神,使货价成本高涨,不仅徒增人民负担,抑且影响政府税收,此不应设所管理者三也。就疏销湖南第一纱厂出品而言,查该厂产销,年仅二万余件,湘省纱销,在昔年约十万件,迩来衰落,亦年销六七万件,其余不敷之销额,向系仰给于沪汉各厂之出品,若该厂出品精良,营业得法,当感供不应求,何致凭借高压力量,设此类似勒销之管理所,以资操纵,再管理所有何方法能使供求相应,更有何权力而预定其买卖双方同意之时价乎!今湘政府舍本求末,妄冀断垄,以一厂之微,不顾一切,订定种种限制条约,遽尔施行,于内既使全省工商受其害而剥夺其自由,于外则有歧视他省出品之国纱等于仇货之嫌,牵一变而动全身,未见其益,先受其殃,此不应设所管理者四也。综上所述,是该所之设,足以妨害营业之自由,违背贸迁有无之原理,影响棉纱销场,摧残纺织工业,诚有百害而无一利者也。况全国经济委员会,鉴于棉织业之不振,有棉业统制会之设,现正着手调查全国棉织业之产销情形,统筹救济方案,绝非湖南一隅设所管理所能收效也。为此提请大会鉴核,分别呈请行政院暨财政、实业两部鉴核,迅赐转饬湖南省政府,立予撤销,以纾商困,而安商业。是否有当,敬请公决。

蛋业公会提案

为提请转陈市政府恳将汉市各码头关于蛋货驳船力少价,轮船过档与起坡下河挑抬之力资,照原定力价减三成,以恤商艰,而维业务,致请公决案。兹谨将提案理由详述于下:

窃汉市各码头起卸货物力价,本有规定,他业姑不具论,敝会各同业,蛋货起卸,力价过昂。如驳船之力价,每件洋四分,轮船过档之力价,每件一百六十文,起坡或下河挑抬之力价,每担四百文(此就招商局码头一处而论,他处亦然)。码头工人,每一工人每天有赚几元钱者。前此市面活动,蛋业昂贵,货亦畅销,对于各项力价,未加较量。最近时局多艰,敝会各同业,均感生意清淡,蛋价较前跌减,日甚一日,而各码头蛋货起卸,各项之力价,仍照旧日价额过昂之定章,所受损失,实属不小。值兹商业萧条,无法维持之际,敝会各同业不得不图谋减少,借资弥补,以免商业之日就衰落,耿耿此衷,谅荷垂察。综上理由,为此提请大会,请烦转陈汉口市政府即秉解除商民痛苦,维持业务发达之意,将关于本市各码头蛋货驳船力价轮船过档起坡或下河挑抬之力价,减少十分之三,以恤商艰,而维业务。是否有当,敬请大会公决。

杂粮号业公会提案

为提议事,查营业税之设,本为政府毅力裁厘后为地方抵补政费之良税,部颁营业税章规定,照营业金额资本等项征收,均系按账征税,决无对货征收之理,即各省通行营业金额之现行办法，亦只征及买卖之流水统计，无对购买货物客商征税之事理。本会前因河南省政府财政厅借口免征农贩独创单行税法，蒙呈财政部核准征收商贩买货税，且一省之内，验票放行，无异厘金变相，曾先后函请大会，转呈财政部令饬豫省改善，以免波及邻省，商贩之裹足，至今未奉批令。最近财部集召财政会议，敝会曾以上述理由，呈经市府转函财政厅，请由出席代表赴京提议改善。讵奉财厅复函，以案关邻省税收，未便越俎提议，嘱仍呈财部核夺，因时间不及中止。现值大会召集代表大会，查豫鄂唇齿相依，全恃彼此物相通，共存共荣，倘两省税制不同，或致各自为政，或互相仿行，沿成厘金稗政，两省农商形成敌国壁垒，不相闻问，农商两败，自遏税源无逾如此。为此提议请予提出讨论，俾期决定呈请主管院部迅电豫省财政厅取消单行税法，以期全国一律，而免病商害农。是否有当，敬候公决施行。

参燕业公会提案

查扎彩放盘散发减价宣传品，及各种诱因物，敝同业向无此种轻率举动，年来同业中时一发现，设由此酿成风气，接踵效尤，则全局破碎不堪矣。曾经开会拟订善后规约六条，俾各依守，但虑人心不古，为预防违反计，用特提请大会决议存案，以昭郑重而资警惕。

中西菜馆业公会提案

（一）为旧案重提，恳请大会一致声援事。缘敝业各同业当民国十五年之冬，兴办筵席捐之初，即认为此项捐则虽然征自顾客，而于抹零煞尾以及赊账垫现，与夫倒账赔捐，种种痛苦无一不加诸馆商之身，故迭经承办此捐之历任专员，各均给有津贴，借以弥补，久成惯例。嗣后改归市府自办，修订新章取消津贴，所有上列之种种损失自属不能避免，在吾馆商未尝不欲力争，只以正当国民革命过程之中，不得不忍痛须臾，放弃津贴良有以也。此后裁撤厘金，开办营业税，幸蒙省市两政府俯赐体察，于联席会议议决，凡属馆商既经征有筵席捐，自应免征营业税，并由前特别市政府市长刘呈奉行政院第六四七号指令核准备案。不图继任营业税之局长，忽以筵席捐出自消费者，营业税征自营业人，强为区别，意在并征。旋经敝业同人共推代表赴京力争，奉有财部赋字第一七八九号指令“仍遵成案办理”，最后复由省府转呈总部令交财部税务研究委员会重行讨论，结果以疑似文词推翻前案。是役也，又未始不可根据法理力加呼吁，但彼时正值国难方殷，政府在需款，又不得不忍痛负担，于是可知吾馆商人等操业虽微，而爱护国家之心，似亦不落人后。况在承认缴纳营业税之始，并已喋喋声明只能仰体政府苦衷作为一时权宜，一俟国币稍裕，即行要求政府于具有特殊情形，馆商中之营业税，或筵席捐二者之中，豁免其一。现查财政部召集财政会议，取消苛捐杂税，并以每年可征二百数十余万之烟酒牌照税之巨款，拨归各省征收，以资抵补。足征财政部对于此举，不但体恤全国民众，抑且顾及各省财政。是以敝业全体佥以此时正可旧案重提，一面谨将此案提纲挈领，先行提出大会恳请力予声援，一面再由敝同业公会分呈省府总部暨中央，或请取消筵席捐以轻顾客之负担，而免馆商之赔累，或请仍遵成案办理免征馆商之营业税，以符营业税之法规，而示体恤商民之至意。迫切陈词，伏希公鉴。

（二）拟请汉口业主会，酌量减轻房租以维商业案。查本市房租向极高昂，为一般人所公认。在昔市面繁荣，生意畅旺尚可勉强负担，频年以来，外受世界之经济压迫，内遭□水之天灾人祸，来源枯竭，市况萧条，由是原订房租大都无力负担。虽业主自动减租者，颇不乏人，而坚不减少者则所在多有。住户既无法令其必减,照支付为力所不能,结果则唯有出于欠租之一途,以致因欠租而涉讼者,不可胜数。是业主之不减租,利未见而害先睹明甚。虽欠租之后,亦虽保其必无欠租之户,然不妨严订办法,以资防止。且人孰无良,力能付而不付者,究为少数无耻之徒,非可语于正当之商店也。但此种减租办法,亦系临时性质,一俟市面恢复,则仍照原额收付,并非一成不变,其业主自动减租者,则住户不得援以为例,究应减至若何程度,则由业主会斟酌办理,务期主客两方兼顾,斯为善耳。是否有当,敬请公决。

(三)拟请既济水电公司,恢复民国十六年以前电价,以维营业而符原议案。查电灯一项为市民日常需用之品,而需用数量则以商民为最巨,犹是电费开支各商店莫不以此为大宗。在民国十六年以前,每度电费原为一角八分,后因现金集中纸币低落,该公司营业遂受重大影响,不得已乃向各界婉商,每度电费暂加四分,以资抵补,一俟金融平定,即将加价取消。时逾数载,此种情况早不存在,而该公司竟食前言,对于所加之费迄未取消。刻下市面萧条,各商店倒闭相继,即其他尚未收歇者,亦属奄奄待毙,凋敝之余,何堪长此负担。拟请既济水电公司恢复民国十六年以前电价,以维营业而符原议。是否可行,敬请公决。

丝线绉纱业公会提案

为提议事,窃以穷变通久事理之常,因革损益措施之经,与夫扶危济困,绳愆纠谬,皆大会所当注意,而引为己责者也。代表等在商言商,兹就管见所及条举刍言五条,以备采择。是否有当,即希公决。

(一)大会应采减政主义也。查会中经费原赖各商号所缴登记费及房租二项。现汉口百业凋敝,登记费万难收齐,而房租亦难免延欠。不速行减政,殊非久远之规。就代表等所知者,如秘书长一缺亟应裁撤,何也?夫秘书长一职,乃军政官厅办理机要,必须延揽硕彦鸿儒,庶足以因应咸宜推行尽利,而商会乃商人团体,例转文件,只求理明词达,似毋庸典丽矞皇也。况以下文牍书记等职,率皆熟悉商情,谙练公文之士,办理已游刃有余,奚必岁靡数千元之巨资,而设此无谓之秘书长乎?查从前会长制,当选者不必优于文理,不得不借资臂助,现委员诸君类多优秀分子,批阅公文更无借重秘书之必要,此虚耗公款之最巨者,其余各端应减与否,当轴者自有斟酌之权,不待代表等喋喋也。

(二)登记费宜变通等级也。查规定登记费以六元为最低额,在市面繁荣之时不为多,当此百业萧条停闭相继之秋,勉强支持之小贸,终年拮据势多不顾。莫如稍事变通,以三元为起点,倍增递上为六元、十二元、二十四元、四十八元惟极,则视营业之大小为标准。已入商会之同业公会不容或漏,未入者促其入会,在小贸可以普及,而较大商号决不吝此区区。如办理得法,负担既昭平允,收数亦不致减少。

(三)设法救济小本商店也。查小商店之不振,固由天灾人祸,而困于房租之昂,资本之薄,亦一大因也。查上年各同业公会,请求商会转请官厅暨业主会,减让租金,而商会当事毫不负责,惯以圆滑手段,对付各公会,卒至失败。中小商人绝望已深,谓商会乃大商人之集团,非小商人之保障也。近闻市政府有饬银钱两会暨商会,组设贷款处救济商人之议,杂银钱两会或有不顾,势必延宕,在商会领袖众商职责所关,务须积极敦促进行,以苏涸鲋。幸勿仍前漠视,致失众望也。

(四)劝告各业勿铺张拍卖,以扰乱市面也。查近年生意淡薄,良善者节衣缩食,照常营生，而狡点者流施垄断之术，结彩张灯，多方招摇，所书标语百怪千奇，丧失人格，识者非之，愚者受其蛊惑，生意虽较平时增加，而所费甚巨，卒之得不偿失，诈术既穷，倒闭随之，损害同业莫此为甚。此风不戢，市面日趋颓败可断言也。拟请大会劝告各业，崇尚道德，提高人格，勿再作此自杀之举也。如果所积陈货过多，不妨另设廉价部，标明价值，任人选购，又何必靡费损人也。

（五）速设乞丐收容所，以安市面也。查近来乞丐渐多，终日络绎不绝，施与稍迟，即遭唾骂，甚至恶乞横行，无法制止。若不设法收容，殊属骚扰不堪。现官厅虽有收容所之设，徒有其名，不如由商会筹办。至经费一层，商店则视营业之大小，住户则视其租金之多寡，酌量认捐，尽量收容，分别部居，老幼残废者收养之，壮者勒令习艺，庶市容整肃，而营业亦稍安矣。至于场所暂请官厅拨用，或向公团借用，俟经费充裕，再行建筑厂屋，以为久远之规。以上数端皆目前切要之图，如蒙采纳，即请施行。至伟大计划，乃经济学者所能言，非代表等所敢知也。

芦柴业公会提案

为提议事，前奉大会通知，遵即将应提事项：（一）本会各同业起运芦柴，多被公安局沿途岗警时加阻拦，以致营业很感困难，应如何维护案。（二）本会同业共有四十八家，营业循守本会规则，及公安局订定起运章程。今有分金炉夏春延等，开设柴草行三家，不惟不加入本会，擅敢紊乱行规，妨害营业，应如何取缔案，请大会讨论，通过施行。

麻袋业公会提案

为同业收买进货每有发生纠纷，可否呈请主管官署备案，以全保障，而免受累案。敬陈者，迭准贵会函开：略以本会依照会章第三十条会员大会每年开会一次，已定于六月二十五日举行，对于改派出席代表姓名及会员提案，限于六月十五日以前分别送会，以便汇案办理为盼。各等因，准此。敝会遵将公会会员代表姓名填就，分函奉达，希烦查照编入为荷。惟敝会同业关于门市收买麻袋一案，每有发生纠纷，无辜受累，若不急求设法保障，同业营业前途大有妨碍。业于六月一日召开第九次执监联席会议，将此案提出，拟请贵会汇案讨论，以资证明，而全保障等因，当经公决记录在卷。查营业买卖为商场固有习惯，合市皆然。兹敝会谨将同业进货情形性质有两点，分列如下：（一）同业资本殷实者（称曰大同行），其进货多由申庄同行汇款现办，及向本市洋行定购，如必要时则向小同业转买进手，其所办者大宗为多，纠纷颇少。（二）同业资本微薄者（称曰小同业），无力购办大宗，其进货均由本市掮客及荒担货自送至同业门上出售，其麻袋多属毛货（毛货为破坏或未曾修理之袋皮）。收买后，即行雇工修理补缀，营业本属利微，每每有发生纠纷之累。但敝会同业五十余家，资厚者不过数家，余俱为小本经营，且营业均属正当商人，全无越轨行为。且有大多数业经向贵会登记注册有案，所以买卖皆遵照营业向例习惯其收买进手。至于卖客货之来源，同业当然不能知其是否正当。查自去年敝会奉令成立之后，同业如程福兴收货，被公务员之诬指，方同兴之受福新面粉厂之失窃控告，两事均涉于争讼，当时经过情形函请贵会恳求证明有案，以期解除痛苦等情。想贵会商场领袖，有维护商人之权，兹据前因，为此录案，具函奉达，敬希贵会察核，准予将此案编入议事日程，届时提交大会讨论，可否将此案理由呈请于主管官署，恳祈备案，以全保障，庶免收买进货受无辜之累，则不胜企盼之至。

旅栈业公会提案

（一）拟请交涉恢复民国十六年前水电原价并免收表租案。（理由）查水电一项关系民生至为巨要，经营水电业者，应顾念社会之需要，公平取费，不得以独占而居奇。本市既济水电公司民国十六年前，所定水电价格尚属持平。自民国十六年七月起，该公司借口煤价陡涨，票价低落之故，增加水电价格。原为一时权宜之计，不料相沿至今。煤价已跌至每吨十元左右，钞票现洋亦复一律行使，并无高低之分，而该公司仍照增加之价格收取如故，揆诸情理，岂得谓平？近来本市特区外人所营之电气价目，已经减轻，而我国人自营之既济水电公司，仍不肯让价，使我数十万市民于经济枯竭之余，增加一重痛苦，是而可忍，孰不可忍。再查既济公司所装水表，电表原为该公司营业上应有之设备，何得责令用户按月缴付租费，且该公司收取用户押金，长久存储，不给利息，而于所装之表，则须月付租费，利己损人莫此为甚。现查武昌竟成电灯公司已经免收表租，既济公司与竟成公司同一立场，其办法未免两歧。应请钧会据理力向既济公司严重交涉，务求恢复民国十六年前水电原价，并免收租费，非独减轻用户痛苦，其于调剂商情亦不无少补也。是否有当，敬候公决。

呈为补叙提案理由，并检附证据，恳祈察核并案，提付讨论事。窃查本会前拟提议酌减房租案二则：一为“拟请交涉恢复民国十六年水电原价，并免收表租案”；一为“拟请转商协案”，业于本月十五日缕呈鉴核，请予列入议程在卷。兹以前列第一案尚有补充理由之处，谨声叙如下：查既济水电公司于民国十六年七月起，增加水电价格，所持理由盖以当时煤价陡涨，兼之票价低落，故不得不酌加价格。曾经该公司于本市各报纸登载通告有案，当煤价陡涨、票价跌落之时，须增加水电之价格，而一俟煤票两价仍复原状时，其水电价格亦应随之复原，是为不易之理。现时煤价低落至每吨十元左右，票价现洋又复一律行使，并无高低之分，较之民国十六年之情况，大有天渊之别，该公司犹不肯减让其水电价，岂公理所宜，然质之该公司当亦无以自解。此为前呈第一案所述理由未及详述之点，理合备文补叙，并检呈该既济公司民国十六年（即丁卯年）八月三日，在民国日报上所登通告照片一纸，恳祈钧会察核，并入前案，提付本月二十五日会员大会讨论，以资取决为祷。

（二）拟请转商酌减房租案：（理由）查房屋租赁，原属契约关系，揆之普通情理，本应由主客双方自由议定租价。惟本市年来商业萧条，已达极点，房屋关空日必数起，旅业经营尤以转租房屋为唯一之生命。目前旅业生意日落千丈，一蹶不振，几濒于整个破产之途，谅非业主之所乐闻。应请钧会转商业主集会办事处，对于旅栈各家所租房屋协议酌减租金办法，庶几主客双方互收维系之效。是否有当，敬候公决。

肠业公会提案

为提议事，窃查肠业经营纯为国际竞争，皆系出口，情形实特殊。在民国二十年前肠业厂庄俱为华商经营，并无外商设厂制造。迨营业税创始之初，我华商肠业计十数厂庄，每厂纳营业税捐五七十元至百余元不等，是时外商仅德昌洋行设立肠厂。因外商不完纳厂内营业税捐，致华商经营之肠厂、肠庄受税捐重负负累难持，逐渐歇业。于是内地外商作进步之侵权，乘此设厂制造，则华商无形衰落，俱被外商操纵，迄今尚无恢复之可能。现华商肠厂仅春记、义生两厂名义存在，实际上系代外商肠厂制造盐工而已，非直接制成包交，犹停业一般。设营业税不予更正，不但停业者不能恢复，则本会所属之少数肠庄亦必停止。兹外商厂庄因不纳营业税捐，业由政府变更征收办法，一律以检验出口猪肠时征收。查华商经营之肠厂、肠庄系以工制成，售卖外商，纯为出口，非内地能有丝毫之销售，既外商肠厂、肠庄不征营业税捐，则华厂应有减免之可能。但华商经营之肠厂、肠庄，与外商设立之肠厂，营业同一，性质无异，华商虽不求特殊优待，其待遇应与外商一律平等，既在出口征收，而华商之货纯为出口，亦附加在内，若华商厂庄加征，外商厂庄免除，岂不永被外商营业任其操纵，则华商必永无恢复之可用。此次外商乘机兴创，政府当局不但不加以取缔，而对待遇反特许优待，实有不公之处。但华商肠厂处此衰落时期俱皆歇业，不但未蒙予以救济，而税捐加以额外负累，设不将营业税捐予以更正，必永无振兴之余地。但求对外贸易发展，必须统由检验出口着手，方为平允。依此以营业性质而论，再就事实而言，则华商厂庄营业税捐应有更正之可能。况工业奖励法第二条载明：（一）减低或免除出口税；（二）减低或免除原料税；（三）减低国营交通事业之运输费；（四）给予奖励金；（五）准在一定区域内享有五年之专制权等规定。再查内地外商只能设庄收买，自民国十五年以后，不准开厂制造，我国民政府早有明令通行。此次外商设厂制造，侵我商权，不但未予制止，而加以特许优待。既外商肠厂不纳营业捐税，则华商厂庄虽不求予以奖励，其待遇当可求一律平均，但可宽纵外商多数，必可救济华商少数。何况值此废除苛捐杂税时期，兹为复兴对外贸易，及挽救肠商利权起见，除已据情呈请“三省□□总部”暨湖北省政府及实业部准以检验出口猪肠征收，以昭平允，并奉令已转饬财政厅核办外，为此据实提请大会查核，并请迅转财政厅，对于肠业厂庄营业税捐，统以检验出口征收，以救肠商，而挽利权。

剧场业公会提案

为提请转陈废除汉市各剧场一切不合法税捐，改征营业正税，以重功令而恤商艰事，顷阅六月九日报载国民政府明令，略“以现经财政部召集全国财政会议，业经减轻田赋附加，废除苛捐杂税，整理合法税收。自颁布明令日起，永远不准设立不合法税收名目，各省市政府亦应切实查禁。”等因。仰见我政府培养国脉，体恤民艰之至意，钦感莫名。窃敝会各剧场在昔，原敬市府税捐稽征处定有游艺场捐、教育附加捐两种，无论营业如何而税捐则未能减少。迨民国二十年水灾以后，市面萧条业务益形冷落，且于此两种苛税而外，复更将教育附加捐改作游艺捐，再加以游艺场捐、广告捐、内外海报捐、传单捐、戏单捐、游行捐、广告灯捐、灯片捐、墙壁捐等等名目繁多，负担甚重。其最感困难者，尤以广告捐之海报一项，须缮印完竣呈送税捐稽征处，加盖印章，方可张贴，否则即被岗警查禁。海报属于剧场之宣传品，以速达一般人士眼帘者为妙。今于送请加印之时，迟延发下，张贴不独手续频仍，且每每失却时间性，影响营业至深且巨。捐款种类既多，催征之方法亦繁。各剧场茹苦含辛，实无日不处于罗掘维艰之状态中，且无日不为督征员催征捐税之下。丁兹时局多艰，百业凋敝至深，忍缄负重，勉力支撑，原为振兴市面繁荣商场，今但以有限之力，供无限组织求，瞻顾前途，疲惫堪虞，影响所及，非仅敝会各剧场本身已也。总之，苛税不废，则商业多增艰难，杂捐不除，则市面益形困苦。耿耿此衷，谅蒙鉴察。此拟恳废除敝会各剧场之苛杂税捐之理由也。为此备具提案，恳请大会俯赐察核，即予转陈政府，仰体国府解除人民痛苦之旨，准将敝会各剧场之多重税捐，一律废除，改由各剧场缴纳合法之营业税，以重功令，而恤商艰，则不胜感祷之至。

监委余蓉樵等提案

查本市各业公会之同业多不参加公会，借谋公共利益，甚至站在会外干涉公会本身，以致往往引起纠纷。拟请建议政府及党部厘定办法，强制同一区域之同业，一律加入公会，其不遵章入会者，应对公会尽一切义务，但不得享受权利，并对非会员之非法干涉公会本身，严厉处置，以弭争端。是否有当，敬请公决。（理由）查工商业公会组织原为维持增进同业之公共利益，及矫正营业之弊害，凡属同一区域之同业，均应遵照中央法令，加入公会。兹资本各业公会多有不遵章入会者，考其原因，或图避免摊派临时捐款，或为反对行规问题，甚至站在会以外干涉公会本身，以致引起纠纷。如建议政府及党部厘定办法，强制未经入会之同业，一律加入公会，其不遵章入会者应绝对遵守公会规章，并尽一切义务，但不得享受权利。在此办法未施行以前，严厉处置非会员之非法干涉公会本身，方能增进公共利益之效，弭止争端。

精盐业公会提案

为盐税过重民力难堪，国税商情胥蒙损害，拟请转呈政府，迅将公布新盐法，克期施行，以重民生，而奠邦本事。窃盐为民众日食必需之品，依财政上之原则，确税宜轻，环顾列邦，或取官专卖制，或取关税制，或取就场征税制，从未如吾国之繁复苛重。即在逊清专制时代，盐法紊乱无可讳言，惟对于盐价增加虽至一文之微，亦经刊贴誊黄，郑重其事，并有一次因六文加价，人民强烈反对，不得已将倡议加税者黜革有差。良以食盐关系民生，不容漠视。自民国肇造，军阀代兴，不足以言整理。自民国十六年统一各省附税之后，满冀逐渐减轻，与民休息。及荏苒数载，不惟不见有所推行，且于新盐法公布以后，盐斤加税，共有三次。第一次加税虽各区略有不同，大致每区每担加高二元数角不等，此为公开的加税。第二次则托词均税实则真正减税之地方极少，仍普通的加税。然此两次加税，形式上曾由中央政治会议通过，并经立法院之审核，政府尚得借以自解。第三次系本年一月一日借改市秤之名，暗行加税至百分之二十七，税率之重，为从来所未有。且未经立法院审查之手续，暗中设计，迹近愚民。当此农村破产国民经济惨落之时，谋生无路，政府正在设法拯济，若再令其肩任值百抽迁之盐税，民何以堪？且为政府利益计，因注重正价税收，而令一般贫苦小民，同食贵盐，以贾天下之怨，已非得策。况官盐贵，则私盐盛，结果固不尽于财政有裨，而获利者不过少数之官商，殊于国计民生大有妨碍。敝会经营盐业，历有年所，个中情弊稔悉其详。贵会为民请命，准即转呈政府，对于本年改秤骤增之税率，无论何项盐斤一律酌量减轻，公平待遇，俾维现状，一面敦促政府从速实行新盐法，每百斤征税五元，不得再有附加名目，以期负担平均。是否有当，敬请公决。

茶叶店业公会提案

为提议转请汉镇既济水电公司，减低电价改良检查规则事，窃商业贸易以货品成本之高低，为售价涨跌之转移。查电之成本赖煤，故煤价之高低，为售价涨跌之标准。民国十八年时，电每度售一角八分，嗣因煤价日高，电价亦随之而增，今已每度售价二角二分矣。惟煤价高时，电价固应随之而增，然煤价低时，电价亦应随之而减，斯方合于商旨商情。兹查煤价低时，至与民国十八年时相若，或稍低，而电价仍未减少，此拟转请汉镇既济水电公司，将电价每度仍有为一角八分者也。查汉镇既济水电公司对于水电检查，其职员随带武装兵士来查时，其气势有如军警机关之检查违禁物品，殊失商业本来面目。遇稍有违章者，则将电表或水龙头撤去，即令依章赔偿损失，而该公司职员又互相推诿，必至三数日后方能解决。查水电为生活日需之品，岂可须臾离，一日无之，已觉不便，况三数日，宁非有意断绝人之生活耶？兹拟转请汉镇既济水电公司，对于水电检查规则，即应改良，检查时须取和平手段，遇违章者可报告当地岗警证明后，再报告公司通知该违章者如何赔偿损失，倘违章者不认赔偿，然后可将其电表或水龙头撤去，似此用水电者固便，而于水电公司亦便。以上二点，是否有当，敬请公决。

绸缎业公会提案

为提议事，敝会同业佥以农工银行所出钞票，盖有长沙兑现之印一节，收进照市，用出贴水，实为无穷之暗耗，必须该行钞票上汉口二字亦一律改为长沙二字，庶得行使不致受亏。照目下以汉口之钞票，而印长沙兑现，是明明予人以需要贴水之隙。刻值市面不振，论市情亟宜互相维持，业务上何能累上加累？应请提交大会公议，如该行不将此项长沙兑现之票收回，或即将汉口二字改为长沙二字，以免有碍市面，而增商困，实为公便。

匹头贩运保险等六业公会提案

本市商业，危机四伏，山货行业同业公会等会情切饿溺，爰是将救济商业的中心问题，不避刍荛，聊贡一得之愚，敬候公决。汉市商业，近数年来，蜂起停歇，生息无由，而究其构成之因：一则发动于长江数省，灾祲频仍，农村中秩序骚然，购买力极度减少；一则肇端于世界市场之不景气与列强经济斗争之尖锐，以致国内土产，受自然的阻止，出口贸易，一落千丈，因果互承，交相为厉。我商会诸公，暨各业同人，惨淡筹维，图谋救济，不遗余力，卒之既倒狂澜，无术回生。目下吾鄂□□衡平，农村组织，亦已渐次恢复，以武汉为生活根据之工商各业，果能知识日求增进，工艺日求精巧，经济日谋调和，洋货不予推行，国货加以提倡，勿减小利，勿计近功。若者不适于需要，则加以改善。若者违背于环境，则设法取缔。提携顾服，群众一心，化粗扩为和平与合作之精神，影响所及，金石为开，不独一人一地之经济力量，可以发展无遗，抵抗外人之经济侵略，胥于此卜之矣。

一、拟请依据商会执行委员会办事细则第十五条规定之精义，为救助本市商业衰落，特殊情形起见，暂时组织一专门委员会，集中力量，办理"各项专门委员会组织通则"第二条所规定，各事项辅助执行委员会设计襄理，以便发展工商业。（理由）查商民之程度不齐，前路之盲目可虑，当今世界趋势，日即于社会化。商业建设，在创立而非修改，重实际而不尚空谈。欲求繁荣，对于东西各国之良好政策，国内各省之农工商状况，与夫本市工商业之设计会内经常事业费之充实整理等项，先宜联合本市各业中坚组织专门委员会，旁搜博采，因革损益，舍我短，而取其长，则事半而功倍。能信仰而合作，则用力少而成效著，立其楷模，树之风声，是亦集思广益，建设新商场之起点也欤。

（一）组织体系的说明：目前国内经济破碎无遗，世界贸易竞尚倾销，处此非常时期，非有非常组织应付事机不为功。年来本市人力财力均感疲乏，以致各项专门委员会之组织，顿现捉襟见肘之苦。今日为会员代表大会例会之期，亦即商会最高权力集中之一日。故拟采取各项专门委员会组织通则第四条规定之精义，扩大范围，由会员代表推举若干人，组织专门委员会，主持各业经济调查统计、评议及设计、研究、通讯、运输各部事务，庶几纵横咸宜如纲在纲，有维持董劝之心,无割裂歧异之弊。

(二)主要部门的说明:

说明一:商品价值评议部

凡百货物品类至为不齐,价值亦随之歧异。迩来本市货物竞卖风,基于本质之参差,与夫纪念新张等等,减价沽售者固多,而架面过巨,周转不灵,因而不顾血本,任意放盘,冀获临时敷衍场面者亦复不少,甚有亏累特甚,乘机取巧,借便私图不惜夸大情形,或欢诈广告,徒清引起顾主不良影响者,形形色色,道德既难范围其奔视突,法律复无以济其穷,言之实可痛心。要知商业之长,恒依从物理的法则,形成供求诸关系。换言之,即社会购买力为转移,而社会购买力每况愈下,欲求增进,绝非用卑劣的一切欺骗之行为,吸引顾主之热心,可以挽回于万一。我商界同仁,不揣其本,而齐其末,是就南辕北辙隔靴搔痒耳。办法:凡本市新设店铺货品价值之审定,及同业与同业间因价格高下之争执,悉由评议部负责处理,庶几一切不良习惯消化于无形,纳商情于正轨矣。北美联邦依联邦商法,禁止不正当之竞争,以商务委员当监督此事之任,盖即防止竞风之遗意也欤。

说明二:工业土产设计部

查工业之于商业,其因素譬之辅车之相依,唇亡则齿寒。武汉市场,纯为进口货物所操纵,国货产销,寥若晨星。加之本省土产,如丝、花、茶、杂粮等项,近来复遭受国外出产之压迫,天然淘汰,几至不可立足。苟不积极设计,增进工业之效率,改良土货之本质,以达产销均等发展之目的,其危险可定而待。办法:工业土产设计部,先从调查本省销售数量及土货品质着手。就可能范围内,唤醒全市商民,分别筹设工厂,代替进口货物,并禁止行号兜售不良好之山地货,使贩运商贾知所改良。一面视其需要技术人员之程度,派遣学徒,分赴各大商埠之工厂学习,并促进市府扩充职业教育,以实际需用为作育人才之张本。

说明三:运输整理部

查交通线为货物转运之母,其辅助商业之进步,有显著之功能。往昔本省居九省通衢,水陆交通,极为发达。自中央繁荣首都计划实施以后,陇海货物运价极端减轻,不但陕甘货物,舍襄河水运经陇海而直趋海洲,即河南南部之土产,亦已渐行陇海,而不由汉口转运矣。四川土货丰富,甲于全国,往昔出口,皆道经汉口,今则重庆运输,又可直达上海矣。今后交通线之唯一希望,在粤川汉之完成,川汉工程浩大,进行颇非易易,舍远求近,厥为粤汉,而玉萍路近颇积极建筑,恐成畸形之发达,又不啻扼我之吭,而附我之背。再查码头力价较各地为昂,内河航运,亦复受不正当海员之重重剥削,辗转束缚,商贾裹足。至地方驻军团队之需索,□徒之劫诈,更为运输货物阻塞之又一原因也。办法:由运输部派员,分向关系各省,及交铁两部,积极交涉,务使垂成之粤汉路早日竣工。其次则码头起卸运价之减低,内河水运之保护,各地驻军,额外之税卡,公路运货车之增加等项,或促其实施,或设法改良,必期商贾货运畅行无阻。

保险业公会提案

为提议事,查本市各同业公会迩来对于会务,不但绝无进展,而形同虚设,及今频危亡者,举目皆是。溯其病根,不外两大原因:其一由于同业多不参加公会共谋公共利益,致公会一应规章决议,悉等具文,有言责者引申弊害,自必指摘备至,当其卫者言笑皆非,能不气短心灰。其二由于别存怀抱者,平时避免一应公私义务,坐享公会已成之一切公私权利,顾盼自雄,犹不自足,往往站立会外干涉或破坏公会本身,寻常引起意外纠纷,致公会对于主要公益,反无暇顾及。有此两大病源,实足妨碍公会健全,阻滞各业繁荣。拟请大会建议政府及党部厘定办法,强制同一区域之同业一律加入公会,其不遵章入会者,所有政府及公会规定之义务不得避免,但不得享受会员权利,尤祈对于非会员之非法干涉,及危碍公会本身,严厉处置,以弭纷歧,而杜觊觎,案关各业公会会务消长,未便缄默。是否有当,敬请公决。

贸易人力车业公会提案

(一)废止双铜圆,统一币制,挽救中小商人。查闭关时代,币制不良,影响社会尚小。海禁大开而后,往来各国多系金本位制,以吾国用银国家时感金价涨落,而受操纵之害,其钱市更瞠乎其后矣。是以近年来钱价之一落千丈,不可收拾。若不图挽救,不久必有总崩溃之时。查九江而下,采单铜圆制,尚可勉强维持。汉口居全国中心,商务较胜,而双铜圆充斥市场,以数年来作比较,平均每年钱价低落六百文之谱(即银圆换钱增加六百文之谱)。长此以往,中小商人之危险,实不堪言状。现在市面角票辅助铜圆,已可通行,铜圆不过找零而已。拟请公决,请政府用快刀斩乱麻之手段,抱长痛不若短痛之决心,在此过渡期间,将双铜圆废止,一律暂作单铜圆行驶,随后再筹统一分的币制,庶几中小商人,免受亏折之累,劳工亦可无生计之虞,安定市场,诚为切要。

(二)车商亏累破产,请予救济。累查汉市贸易人力车,原只三千零九十六乘。自民国二十年开放以后,激增至八千五百八十八乘之多,以致供过于求。各行车辆停驶甚多,不能租出,即租出者,而车夫对于租金,积欠颇巨,甚至将内外胎皮或全部车辆盗卖无踪。加以各地镇各行各业交易,均属洋码,车商亦应如之。惟所收车租,仍遵守民国十九年市府仲裁之价格律。以最近之钱价,损失三分之一而过之,积累日深,破产情形,迫在眉睫,诚恐一旦相继停歇,妨碍市政之交通至巨,数万劳工失业,影响社会之治安堪虞。非迅予设法维持,减拆车辆,改订车租,不足以资挽救。以上二点,均属实在。是否有当,提请公决。

杂货业公会提案

新衡器实行以来,本市各同业遵令换用者固多,而阳奉阴违或已购新器而实未换用,或新旧参用,甚至并未购制新器者亦复不少。虽经政府迭次查办,然市肆最多,力难周密,迄未能全市划一,我辈应如何协助政府,期谋齐一,请公决案。(理由)衡器不一,物价难平,以致尔欺我虞,争相紊乱,影响营业,关系市政,其弊害不可胜言。本会以官治不若自治,市情较热,查报较易。拟由各同业公会,互相劝勉,互相纠正,不从则报请法办。是否有当,尚希公决。

皮业公会提案

径启者,查汉市自实行换用新衡器以来,旧秤虽渐次没收,而斤两折合,犹未趋于一致。若非互相考虑,厘定标准,殊不足以昭划一。兹为图整个办法起见,凡适用新衡器之各行号,务恳大会召集会议,关于行使新衡器一案,应如何统筹兼顾,树立标准,而期普及,并请当场决议为盼。

（F）大会会议规则

第一条　本会议由全体会员代表组织之。

第二条　本会议分三种如下：

一、定期会每年于六月中，由执行委员会定期召集之。

二、临时会于执行委员会认为必要，或会员代表十分之一以上之请求，或监察委员会函请召集临时召集之。

三、谈话会遇有重要事件发生，不及召集会员大会时，得由执行委员会函请各公会主席，暨商店会员代表，开谈话会协商办理后，提交下次会员大会追认之。

第三条　本会会期定为七日，遇必要时得延长之。

第四条　本会会议应由执行委员逐将应行报告及提议各事项，编列议事日程，先期印刷分送各会员代表。

第五条　会员代表提议事项，须有十人以上之驻署，于会期前五日送会编入议事日程。

第六条　会议日会员代表须携带各该公会或商店所给委托书，到会签名换领出席证。前项出席证，应载明年月日、第几次会议，及各该会员代表姓名。

第七条　会议日由常务委员组织主席团轮流主席。

第八条　会议日主席团查点出席会员代表满足法定人数时，即宣告开会。

第九条　会议时除邀请或特许列席者外，不许旁听。

第十条　会议时会员代表非经主席许可，不得无故退席。

第十一条　会议时遇有关于会员代表之本身问题，得由主席令其退席，至该案议毕后回复之。

第十二条　无论何人于会议时，不得移坐交谈，或高声喧嚷。

第十三条　讨论案件，同时不得有二人以上之发言。

第十四条　凡欲发言者，须先起立向主席声请，并报告列席号数及姓名，始得发言。

第十五条　二人以上请发言时，主席认先起立者先发言，同时起立者则依主席所指定。

第十六条　会员代表于同一议题发言，不得过两次，每次以十分钟为限，但质疑应答，或唤起注意，不在此限。

第十七条　凡发言不得出议题以外，并不得有攻击个人之言论。

第十八条　会员代表如有临时动议，或变更议事日程，须声请主席宣言有十人以上之附议，始得讨论，但主席认为必要，宣告变更议事日程时，不在此限。

第十九条　讨论案件，遇有发生争议时，主席得制止之。

第二十条　讨论案件，认为有审查必要时，得公推代表审查之。

第二十一条　审查案件，须由审查委员提出报告书，连同原案，并案讨论。

第二十二条　讨论终结，经主席宣告后，无论何人不得再就议题发言。

第二十三条　执行决议时，须由主席揭示应行决议之题旨，表决之方式，检查可决人数之多寡，宣告可否之结果，可否同数，取决于主席。

第二十四条　本会决议案，执行委员会应执行之。

第二十五条　会议记录，由主席团签署，并摘要于下次会议宣读之。

第二十六条　本规则自议决之日施行。

第二十七条　本规则如有未尽事宜，得由执行委员会提请大会修改之。

（《汉口商业月刊》第1卷第7期）

13.汉商会昨向中央呈请划汉口为自由市，维护汉市之复兴，维护国货之发展

（1934年7月12日）

汉口市商会，昨（十一日）为谋汉市早日复兴，特分呈中央党部，国民政府蒋委员长，请划汉口市为自由市。原文略谓，呈为呈请事，案查六月二十六日属会第四次会员代表大会第二次会议，以据本市代办杂货业、进口杂货业、山货行业、棉籽行业、卷烟业等同业公会提案内称，为联索提案事，窃阅大会发行之汉口商业月刊第五期选载栏，载有张延祥著提倡国货与建设汉口为国内自由市一文（原文从略），应由市商会以全体大会名义，分呈南京中央党部、国民政府，南昌蒋委员长等党国领袖，俯察国内大势，即予采纳实施，中国前途幸甚，是否有当，敬请公决等情，当场提出讨论，交付审查。旋据报告，佥以汉口在全国商业之地位，本极重要，惟近年因交通及人事两方面之重大变迁，日就衰落，其趋势将有不可复振之虞，若非关税政策，使汉口为成为关税自由岸，即提案所谓自由市，应由大会根据原案，分呈中央，请以远大之眼光，谋有所以自立世界商战之场则万幸矣等语，决议照案通过，记录在案。除分呈外，理合抄录原案，备文呈请俯赐察核，迅予采纳实施，以期汉市之复兴，而维国货之发展，不胜翘首待命之至。

（《汉报》P87）

14.取缔商人肥倒，汉商会呈请颁办法

（1934年7月12日）

汉商会，昨（十一日）分呈“绥靖”署暨省市政府云：略以案查六月二十五日属会第四次会员代表大会第一次会议，以据本市钱业同业公会提案内称，为提议事，查汉口在全国中心，万商云集，营业之发达者固多，而失败者亦在所难免。历来有因营业亏折，无力支持，以致停闭者，必将其历年账据，全行交出，经债权人查明，确系因亏倒闭，尚可原谅，从未有故意肥倒，以骗他人之贷款者。本年增大倒闭，其欠外之款，近三十万元之巨。当倒闭之数日，凡与其往来之钱庄，则尽量支取款项；凡与其往来之商号，则尽量赊购货品。故倒闭后，迄未敢将账目交出查核。其为肥倒，人所共知。因增大倡之于先，遂有义茂恒等数号，效尤于后。若不严加取缔，此风一长，则经商人之自危，势必至银钱业者，不敢放出款项。其他商号，亦不敢售货品，以营业为畏途，视商场为陷阱，商业前途，何堪设想？商业衰败，即影响于国计民生，关系诚非浅鲜，拟请详订取缔肥倒法，呈请军政长官严厉执行，以儆效尤，而遏刁风，振商业而培国本。是否有当，敬请公决等情，当场提出讨论，佥以此事关系汉市商业前途甚深，应由大会分呈军政当局，严订取缔办法，布告周知，俾资警戒，而顺商情等语，决议通过，记录在案。除分呈外，理合录案

呈请钧座(府)俯赐鉴核,迅予颁布取缔肥倒办法,以维商业,而正人心,实为公便云。

(《汉报》P87)

15.废减轻各税,省商联会再电各部院

(1934 年 7 月 12 日)

全省商会联合会,前曾电请中央各部院,毋轻决定改订关税案,以维国本等情,昨(十一日)特再电立法院、财政部、实业部、全国经济委员会呼吁。原电略云:毫日呈文,已蒙垂察,兹阅报载公布海关新税则,对于进口棉纱、布锭、纸张、海产等税,均果较旧率为减,不胜骇异。伏读孔部长提案两项原则,一为补助财政维持实业起见,对若干种进口货物酌加税率;一为调剂海外贸易,对若干种货物酌减税率。吾国工业幼稚,比较为国民经济之重心者,以纺织厂为第一位,即纸张海产等货,亦均在萌芽时期。此诚元气之所系,何以标榜维持实行,结果竟有此种重大之疏漏?若谓为调剂贸易,而本国之惟一基本工业,更不应为示惠而牺牲,此进退皆不得解?颇闻官方有以外货之畅销不在关税之轻重,而在货品本身之适于应用,以此警示国产之改良。然国产之不能改进,原因甚多,政府应负其责,且只能于关税保护下徐图补救,不应并此保护,而亦摧残之。本会管见,窃期期以为未可,拟请收回成命,将修正规则中减轻各税,立予废止,另订新税则,将上述各货酌量加高,以维实业。

(《汉报》P87)

16.汉市商会请施行新盐法

(1934 年 7 月 12 日)

(南京)汉市商会以盐税过重,民力难堪,国税商情,胥蒙损害,昨特分呈行政院财政部迅将公布新盐法克期实行。

(《新闻报》)

17.商会呈市府设法取缔大减价如遇陈货过多时不妨另设廉价部

(1934 年 7 月 13 日)

汉市年来商业衰落,各商店为广招徕计,不惜以蛊惑乡愚手段,竟以大减价、大牺牲种种字样相号召,遍观绸缎、洋货、鞋帽等商店,几无一家无一日不是在大减价。汉口市商会前为整顿商场起见,曾分函各该同业会,请对同业商店加以劝止,乃迄今数月,竟无成效。昨(十二日)汉商会特根据第四次代表大会决议案,具呈市政府请颁严禁贱价竞卖办法,令饬公安局严厉执行。原文略谓,案查六月廿五日属会第四次会员代表大会,以据鞋帽洋货业同业公会提案内称,查本市为华洋通商巨埠,观瞻所系。对于营业上,应如何取正当方法,不失商人之资格。乃近年以来,人心不古,世道日衰,遍观市上各商店,无日无月不有大减价、大贱卖、大牺牲种种字样,丑态百出。长此以往,成何体统。不独危害营业,而与市面观瞻极为不雅。若不严厉取缔,将来愈趋愈奇,市面营业,不堪设想。特此提请大会采纳,如何规定取缔办法,敬请公决后,呈请市府援助执行。又据参燕同业公会提案内称,查扎彩放盘,散发减价宣传品及各种引诱物,

现已酿成风气,人人接踵以效尤。宜订善后规约,俾同业互相遵守,但虑人心不古,阳奉阴违,特请大会决议存案,以昭郑重,而资警惕。又据丝线纺纱业同业公会提案内称,查近年生意淡薄,善良者,节衣缩食,照常营生,而狡猾者流计施垄断,结彩张灯,多方招摇,所书标语,百怪千奇,丧失人格,识者非之,愚者受其蛊惑,生意虽较平时增加,而所费甚巨,卒之得不失。诈术既穷,倒闭随之,损失同业,莫此为甚。此风不戢,市面日趋颓败,可断言也,拟请大会劝告各业崇尚道德,提高人格,勿再作此自杀之举。如果所积陈货过多,不妨另设廉价部,标明价值,任人选购,又何必靡费损失也。各等情,到会。当场合并讨论,佥以所提各案,均属痛切时弊,若不设法严行取缔,则市面之零乱,商业之衰颓将必日甚一日,应由大会呈请市政府颁布严禁贱卖价竞卖办法,令饬公安局严厉执行,以维商业,而挽颓风等语,决议通过,记录在案。理合录案,并呈钧府俯赐鉴核准,如所请,严令禁止,实为公便云云。

(《汉报》P95)

18.恢复水电价案,商会推定继续交涉人

(1934 年 7 月 13 日)

关于要求水电公司恢复水电原价一案,市商会曾一再致函水电公司严加交涉。昨该会据水电公司复函,须俟召集董事会议,再行函复。汉商会乃于前日执监临时会议,提出讨论,比经决议,公推陈经畬主席及周星棠、贺衡夫两监委,苏汰余、高伯常两委员负责,与水电公司继续交涉云云。

(《汉报》P95)

19.实业部因汉口市商会请免已完纳统税之货物应免营业税咨财政部文

(1934 年 7 月 13 日)

案据汉口市商会呈为该会召开第四次会员代表大会,据汉口市纱业同业公会暨煤油、面粉、火柴等品,应豁免营业税或改善纱布税制,照资本额课税,转祈鉴核施行等情。原文既据分呈,不复冗录。查已纳统税之货品,不得再征任何捐税,前经贵部通咨有案。该会所陈各节,尚具理由,事关税政,相应咨请贵部查核办理见复为荷。

此咨

财政部

20.建筑国货商场,汉商会贡献意见三点

(1934 年 7 月 14 日)

汉口市政府前提议拨款建筑国货商场并决定办法数则,函汉商会征询意见,协力办理,当经该会召开提倡国货专门委员会,讨论决定办法数项,呈请市府以供采择。兹摘录如后:

建筑部分:商场建设,在此国库民力交困之时,本不宜过事铺张,但为环境需要及集中国货场商力量起见,拟请修造铺面一百五十间,每间以四方丈计算,需地六百方丈,铺面环立,中间实以小摊,使小工商者得以发扬之机。其整个形式,圆锥形或长方形均可,视地基为衡场外并

须□造公共浴室、厕所、厨房以维卫生。其图样及质量等设计,均由市府与商会会商办理。准此建筑,约需地千方丈,原办法预定五万元,似嫌不敷。其征集款项办法,或仍由市府加拨,或令向银行筹借,均由市府与商会合组建筑委员会商定。

租赁部分:租赁期间原办法定十五年,并有免征折半、全租等规定,论理本无不合,但人事竞争,瞬息万变,且管理部分,在在需款,若临时筹集,商民不堪其扰,摊派亦难得其平。拟请改为六年,分定两期,第一期第一年纳租金四分之一,第二年纳租金四分之二,第三年纳租金四分之三,后期三年全收。期满后,视市面情形,由市府与商会酌定。惟前期租金,系为酌事限制与顾全管理部分用款而设,宜按照建筑资本年利六厘,估定租价,以示提倡保护之意。

管理部分:由商会组设一管理委员会,专司场内一切行政,内设消防、卫生、纠察、审核、经租各股。另由市府派员负责监督之责,其经租部分,亦由市府遴派会计一人,专司计账保管事务,使会计独立。果尔,则原办法三、四、五、六各项列举之事物,包括无遗,且免政府商民隔阂之弊。

(《汉报》P103)

21.(湖北省政府)令建设厅、汉市府:准咨为各地商会公会遇有委员解任递补或改选应随时呈报查考请饬送等由令仰转饬遵照

(1934年7月15日)

案准实业部商字第二六九六六号咨开:案查各地商会及同业公会委员,时有因商会法第二十二条之规定,中途解任者,依同法施行细则第十五条及第二十四条,应即递补执委,或补选常委及主席,并依同法第二十条及其施行细则第二十五条,主席及常委或执委就任后,应于十五日内呈报备案。兹查各地商会及同业公会,遇有上项情事发生,依法办理者,固居多数,而因循延误,迟至呈报改选,始将经过事实,补行声叙,亦有对于中途变更情形,漏未填报,以致改选名册,前后姓名不符者,亦所不免。是于法既有未合,而辗转查复,手续尤多困难。嗣后各商人团体,遇有委员解任,或递补及补选等情,务须随时专案呈报主管官署,呈转本部备查,以符法令,而便查考。除分令外,相应咨请查照饬遵为荷!等因,准此。除分行汉市府、建设厅外,合行令仰该厅、府即便转饬遵照为要!此令。

主席　张群

(《湖北省政府公报》第49期)

22.商业登记法,立法院复函汉商会,已催两法会草拟,沪商会函已呈院催办

(1934年7月18日)

关于修改民法债篇第六八一条案,汉口市商会曾呈准立法院另订商业登记法,并呈请于议订该法时须征询商业团体意见,各情已迭见前报。昨(十七)日汉商会接立法院秘书处来函,谓奉院长谕,关于(商业登记法)已催饬民法、商法两委员会赶速拟云云,同时复据上海市商会来函,谓该案经于第五届会员大会决议,于日前具呈立院催请矣。

(《汉报》P136)

23.折减米麦运价将期满,商会电铁道部请展限并函平汉路局请恤商情纾农困

(1934 年 7 月 18 日)

汉商会昨据本市杂粮号业公会代电,以铁道部核准米麦运价一律按六折收费,规定至本年七月底止满期,现在水旱两灾迭乘,积存米麦尚未运出,请转请铁道部展期,以资救济。汉商会特于昨日转电铁道部,请酌予展期,录止于后:南京铁道部部长顾钧鉴,顷据汉口市杂粮号业同业公会代电称,顷据同业会员承丰等,及驻马店杂粮号业公会主席王绶函,先后函称,平汉路以前谷贱伤农,经铁道部核准,米麦运价,一律六折收费,规定至本年七月底止,现限期将届,本路各地水旱两灾,附属农村,全恃将积存米麦运出,以资救济。据本路传闻消息,有期限满不再展期之说。豫汉同业以业务所系,鉴核农村苦,况如果所传属实,恐此前核减部令,有为德不终之感,为此函达,请就近电呈恳再展期,以恤农村。等情,到会。查平汉路豫鄂线内,上年丰收,因市面价格低落,积存米麦多未运出,前减折期内,并未多运,德未及农村,有平路货运账目可证。现各地水旱两灾,价格上升,农村米麦得价,运输必多,倘限满不再展期,不独贻为德不终之诮,亦显违部长之本意。豫□同业所请,应有转呈上闻之必要,除分电平汉路局转呈铁道部,请再展期,以恤□商外,为此电达贵主席,请烦查照,迅予电呈,至纫公谊。等情,到会。查该会所述情形,委属实在,用特据情电恳钧部俯赐鉴核,酌予展期,以恤商情,而纾农困,实深叩祷。汉口市商会叩筱。

(《汉报》P138)

24.汉口市商会因纱业同业公会等提议请准予改善税法呈财政部

(1934 年 7 月 18 日)

呈为据请转呈事,窃查属会于民国二十三年六月二十五日召开第四次会员代表大会定期会议,据汉口市纱业同业公会提案内称,为提案事,窃以此次全国财政会议关于营业税各案:(一)关于营业税法之解释与税源隶属问题。(二)关于营业税之整理及税制税率之改善问题。足征于改善税法之中,仍寓以体恤商艰之至意。当此百业凋敝,工商交困之时,与其同受摧残,莫如一达下情,用将纱布商业实际情形缕晰陈之。查营业税为裁厘后创办之新税,以为较厘金简单,殊不知营业税为一种行为税,在厘金完纳一次则可通行,全省统税更可通行全国。在营业税则不然,于同一区域,如有二个或数个营业行为,均须课税,较之厘金,实为变本加厉,商业苦之。再营业税举办之初,对者同一待遇用昭平允,而后独对纱布一业税率定为千分之零一五,迭经据理力争,旋改征千分之零七五(每包棉纱以三百元计,须完税洋二角二分五厘)。彼时以其尚属轻微,以人民有纳税之义务,始勉力接受,用体政府财政之艰难,无如年来迭次增加,现课征之千分之五,每包棉纱须完税洋一元五角有奇,商力实难负荷。曾经历陈痛苦,再三呼吁,蒙政府当局洞悉商艰,逾格体恤,始允援照面粉业课税成案,将纱布营业税自民国二十二年九月一日起,各半征免。商困得以稍纾,而营业仍难起色,就敝业而论,营业流水递年锐减,事实显著,不难调查,推其递减之由,因所营之纱布均系贩自申汉各纱厂,辗转售卖与各路客帮间营运,其利至微。年来因营业税率加重,此项税款若加诸货本,固无异自绝生路。盖加此一

种税款，则市价较厂价每包纱高一元余，如不转加之买方，则巨额之税款无力赔贴。值此之由，致演成各路客帮径赴各出产所直接购运，而厂方因有营业税法第一条除外规定之解释，予以直接向外埠设庄销货之职能，加之私营棉纱如掮客之流，亦因能避免营业税，营业亦日益加多，紊乱市价，肆意侵夺。因有上述之弊害，遂使敝业一蹶不能复振，营业上受其损害已占十分之七八，大有日就消减其淘汰之趋势。若不亟图补救，纱布一业绝难生存，此就纱布营业衰落言，应请设法救济，改善税制，豁免营业税者一也。查纱布为平民衣被所必需，又为机制国货物品，在厂已完纳统税（棉纱每包以三百二十斤计，须完国币八元八角；棉布每包以十三磅计，须完纳国币七元一角），负担已属过重，成本随之增加。处兹农村已濒破产，经济日渐衰颓，人民购买力薄弱，即有所需，自然趋于价廉之外货，而置高值之国货于不顾也。而日本棉织物品得该政府之救助，在华竞销，谋夺市场，贸易膨胀，一日千里，近复实行其经济压迫，抑价倾销。而我国既无关税壁垒，足以抵御，以致纺织工业顿呈不景气现象，罹此艰危，何能支持？瞻望前途，实堪浩叹。政府虽有棉业统制委员会之设，谋挽救其补救方法，除减轻统税，豁免营业税，使本国棉织物品得以最轻极低价格畅销国内，方足以奖励国货，扶植生产，减少漏卮，以谋经济之发展外，当不能挽目前之危局，而维持将来之民生，此就维护纺织工业言，应请设法救济，改善税制，豁免营业税者二也。查汉市虽属通商区，毕究系一种过渡码头，全赖居间贩运之，商业以资繁荣。年来因营业税率迭次增加，商业上不无蒙其影响，为减少营业行为，避免完税计，均趋直接购运之一途，驯至汉市商业一落千丈，颇难复兴。汉市类此之商业颇多，均感受同一痛苦。况纱布业务情形与钱业之盘过脚业税，营业亦日益加多，紊乱市价，肆意侵夺。因有上述之弊害，遂使敝业一蹶，相似本小利微，以纱布成本之高，营业流水之巨，亦与钱业情形相同。钱业系照资本课税，纱布业系照营业全额课税，实有力难负荷之苦。是营业税法第一条除外之解释，纱布业应援例要求通用，以济营业之艰难。况工厂或公司与纱布业本属唇齿相依，休戚与共，同一待遇应予以豁免营业税，以延纱布业生机于一线，否则应将现制以营业全额课税者，改照以资本额课税，庶体商人之艰，兼顾地方之税。此就繁荣市面纱布业生存言，应请设法救济，改善税制，变更以资本额课税者三也。综上所陈，敝业以有此特殊情形，利害切身，彷徨午夜，待援之殷望若云霓。为同业生存计，一致主张按照上述意者，建议大会俯赐，迅予据情转呈行政院暨财政、实业两部鉴核，俯赐体察下情，凡已完纳统税之纱布，应予以税制税率之改善，豁免营业税，或变更以资本额课税，俾纱布商业得资保障，而纺织工业得以维持，国计民生实利赖之等情。当以该业所营之纱布，据称均系贩自申汉各纱厂，辗转售卖与各路客帮，居间营运，其利至微，故以原货论，是早已完过统税，以性质论，亦属于代厂分销。惟厂方因有营业税法第一条除外规定之解释，在外设庄销货得以免缴营业税项，而该业则以利轻税重，难与图存，拟要求援例适用，准予豁免营业税，抑或改善税制，变更以资本课税，借轻负担。所陈各节情有可原，已经大会决议通过，依原案照转，记录在卷。正拟转呈间，并据煤油、面粉、火柴同业公会补送提案一件内称，为面粉、火柴均已完纳统税，又重征营业税，负担艰窘，痛苦难堪，拟恳转呈行政、立法两院，财政、实业两部鉴核，准予改善税法。对于中央已征统税者，明定地方不得再征营业税，以利民生而纾商困事。窃面粉、火柴类属人民日常生活必需之品，均又缴纳中央统税。按中央法令与统税条例所载，凡已纳中央统税者，可以通行国内，不再另征他税。即以此而言，则面粉、火柴似不应再又课以营业税，固极明显不过。地方未据遵行，只顾地方收入，未计商业利害。况且煤油、卷烟完纳统税者，已蒙准许不纳营业税，更足证明凡纳中央统税，即不再纳营业税，如今同完统税之物品，不能享受同样之待遇。畸轻畸重，失乎其中，甲征乙免，殊属不公。面粉、火柴所负营业税，既不能取之于客，又不能加之于货，因之痛苦已极。经呼吁再四请求，无如下情，难以上达，致使营斯业者负痛。迄今收歇大半，销畅锐减，受营业税重复轮回之影响，如此情形，诚属痛心。惟近阅六月二十日武汉日报上载，"行政院十九日晨开一六五次会议讨论事项第三条，财政部孔祥熙呈。查现由中央征收统税之货物计有卷烟、薰烟业，棉纱及其直接织成品，火柴、水泥、面粉、啤酒及驻厂征收之洋酒等，各该统税征收条例或章程内已经明白规定。又关于就厂或就产地征收一税之后，即准通行全国，不得再征任何捐税，而各省市地方政府有以地方需要为词，自主名目，就地重征者，如产销税、□□税、善后捐、公益捐、保卫捐、教育捐等，不一而足。虽迭经咨请制止，但事实上仍属此停彼征。拟请申明定章，通令各省市政府严饬所属，嗣后对统税货品，绝对不得再以地方需款为词，对物重征任何捐税。其现在尚有征收者，应即竟日停止，以维税制，而昭郑重，决议通过，呈请国府颁布明令云云。今阅孔部长呈文，足征政府关心民间之痛苦。现将已征统税之物品，请国民政府明令，不准地方重征叠税，更为显然。若根据前呈，凡纳税不应再征任何捐税，恐地方又借别口，对于面粉、火柴之营业税仍旧不免。窃查贵会此次代表大会所有提案内中，纱布所提亦系已纳税之纱布请求转呈政府免征营业税，与我业同一情形。纱布业提案在前，尚不知孔部长有此呈请。敝会为此照录该项原文，补提于后，恳祈与纱布并案，赐转呈政府准予早免，借维营业，俾轻负累。等情，前来。经属会复加查核，该业所请与纱布业事同一律。当兹政府明令废除繁苛，整理税政之际，应如何设法改善，俾安营业，在钧部具有权衡。理合一并转呈，伏祈鉴核施行批示祗遵，实为公便。除分呈外，谨呈国民政府财政部部长孔。

汉口市商会主席　陈经畬

25.解除商人苦痛，汉商会分期集收解决三要案法：水电复价，减低房租，平衡路运

（1934年7月19日）

汉口市商会第四次代表大会，自上月二十五日开幕，至二十九日闭幕，先后五日，计共议决要案七十余件，业已依照决议将次办理完竣，间有问题较大，须费周章，尚未办竣者，现亦加紧进行。如要求水电复价案、房屋减租案、平衡路运案，业已分别定期召集原推各委及提案人到会协商办法，并于昨日分函各委员及提案人届时到会讨论。兹为分志于后：

水电复价案：照原提案人云，兹为与既济水电公司，交涉恢复水电原价一案，根据大会决议，应将办理情况，面为奉告，特定于七月十九日下午五时，召开谈话会。届时即请查照，如约准到。此函系分致王静斋、陈仁寿、宋倖廷、袁玉芝、石和湘、叶观生、张竹坪、殷裕山、陈凤鸣、刘云生、祝庸齐、王叔槐、余选臣、高坤山、高伯常各提案人，暨公推负责交涉之贺衡夫、周星棠、苏汰余、陈经畬、杨辉廷、何文炳、曹延祥者。

商减房租案：此案汉商会于本月四日，根据大会时，中西菜馆、旅栈食品等业公会提案，致函业会，请派员负责代表到会商酌主嗣接复函，以事关全市，须俟该会召集会议后，再推代表等语，乃迄会多日，尚未推定，乃于昨（十八）日再函该业主办事处催其推定代表来会商洽。

平衡路运案：此案系推定余蓉樵、高伯常、周星棠、苏汰余、喻燮卿等五委员及转运业林顺

复向平汉路局接洽，呈部核示，并定本月八日先在商会一度会商。嗣因是日天气酷热，未及举行，兹再定于明(二十)日下午五时集议，并于昨日分函各该委员矣。

(《汉报》P144)

26.不登记公会，市商会呈党政机关取缔

(1934 年 7 月 20 日)

汉口市商会，昨因会员中有不缴纳会费暨不在商会登记之公，与其所属之会员应如何设法取缔事，根据第四次代表大会决议，分呈市府党部，请予饬遵。原呈于后：呈为呈请事，窃查属会于本年六月二十五日召开第四次会员代表大会，关于属会执行委员会提议为不缴会费之会员，暨不在商会登记之公会，与其所属之会员，应如何设法取缔案。原以现行商会法暨工商同业公会法，其立法精神，在于集中实力，共谋工商同业之公共福利，以期发展实业，富国利民。是以商会之法规定，商会组织，以同业公会为单位，同业公会之规定，同一区域之商店，应加入同业公会为会员。而商会法施行细则第六条，有商会会员加入时，须先向商会登记，由商会给予凭证。又商会章程第七条，有会员有遵守本会章程及服从决议案之义务。第八条，有会员代表有提议权、表决权、选举权及被选举权。第九条，凡加入本会者，须先向本会登记给予凭证，各等语。细释各项规定，凡同一区域之同业商店，应加入同业公会为会员，凡依法成立之同业公会，应加入商会为会员，并其所属之会员，均应在商会登记，义务、权利一律平均。而缴纳会费，尤为会员应尽义务中之必要事项，必如斯而后精神方能一贯，实力得以集中。今据会计处、注册处会同报告，有每一公会只有少数会员缴费者，有欠缴会费在两年以上者，有不在商会登记始终未缴会费者。似此情形，权利、义务既失其平，而团结精神，自难一致。长此以往，不惟商会会务无法进行，即各公会之本身，亦将等于虚设。此事关系重大，自应实行取缔办法，以重法令，而勉事功等因，提请大会讨论，当由大会交付提案审查委员会审查。旋据审查会拟具办法三项：(一)关于欠缴商会事务费之会员，拟由大会交执行委员会按照欠数严催，以三个月为限，如有逾限不缴者，即由执委会一面发报催缴，一面依法处置。(二)关于已向商会报告成立，而不加入商会呈请登记之各同业公会，应由执委会呈请市府党部查明核办。(三)关于已加入商会之公会只有少数会员陈请登记，其未经登记之多数会员，由执委会查明召集各该会主席，请其分劝同业，一律加入以资团结，设再有不加入商会陈请登记者，由执会呈请依法取缔，各等语。经大会决议通过，记录在案。除依照决议分别办理外，兹将已向属会报告成立，而不加入属会陈请登记之同业公会，连同已在属会报告成立，并已注册各同业公会分别开单，呈请鉴核饬遵。

(《汉报》P152)

27.(汉口市政府)令汉口市国药业同业公会:据报遵饬各药商随时配发药剂一节仰即派员随时查察以资策励

(1934 年 7 月 20 日)

呈件均悉。查该会见报后,既经派员调查,复登报答复,并通告各会员无论严寒酷暑,均应随时配发药剂,办理尚无不合。惟恐日久玩生,各药店不免仍蹈故习。仰即派员随时查察,以资策励为要!附件存。此令。

市长　吴国桢

原呈文

呈为呈复事,案奉钧府信字第三二五零号训令内开:顷阅新闻报载市民周岳彬等九人启事一则,除原文有案邀免全录外,尾开:报载中药商夜深拒绝配发药剂,令仰该公会转知各中药商一体凛遵,如再有上项情事发生,定即严惩不贷。等因,奉此。查属会所属各店对于夜深配发药剂,均派有店员轮班担任,但至每晚十二时大门关闭后,交单发药有由铁门栅处或大门上之小窗门口呼唤传递病家,便利店方安全,行之多年,已成惯例。该市民等所称拒绝一语,属会曾经派员向各大药店调查,均谓本业原系供病家所需,自当以应其急。况关系本身营业,安有拒绝之理,但恐购药人未悉其情,或间有小店人少不敷支配者。属会当即登报答复,并通告各会员,无论严寒酷暑,均应随时配发。奉令前因,理合将该报纸及通告各检一份备文,呈请鉴核。实为公便。

谨呈

汉口市政府市长吴

汉口市国药业同业公会

(《湖北省政府公报》第 50 期)

28.湖北省各县市镇商会章程准则

(1934 年 7 月 20 日)

第一章　总则

第一条　本会定名为商会。

第二条　本会以图谋工商业之改良及对外贸易之发展、增进工商业公共之福利为宗旨。

第三条　本会以(某)区域为区域(如系县商会即以该县之区域为其区域,如系区镇商会即以该区镇之区域为其区域)。

第四条　本会事务所设于(某处),应载明所在地。

第五条　本会之职务如下:

一、筹议工商业之改良及发展事项;

二、关于工商之征询及通报事项;

三、关于国际贸易之介绍及指导事项；

四、关于工商业之调处及公断事项；

五、关于工商业之证明及鉴定事项；

六、关于工商业统计之调查编纂事项；

七、得就有关工商业之事项建议于政府，并接受政府委办事项；

八、得设办商品陈列所、商业学校或其他关于工商业之公共事业，但须经地方主管官署之核准；

九、遇有市面恐慌等事，有维持及请求地方政府维持之责任。

第二章　会员

第六条　本会会员分公会会员及商店会员两种，会员加入时须先向本会登记，由本会给予凭证，如遇不得已事故，准其声请出会。

第七条　本会会员得举派代表出席会议，称为会员代表。

第八条　会员代表以在本区域内经营商业之中华民国人民年在二十五岁以上者为限。

第九条　会员代表均有表决权、选举权及被选举权。

第十条　有下列各款情事之一者，不得充本会会员代表。

一、褫夺公权者；

二、有反革命行为者；

三、受破产之宣告尚未复权者；

四、无行为能力者。

第十一条　会员代表有不正当行为致妨害本会之名誉信用者，得以会员大会之议决将其除名，并应通知原举派之会员，受除名处分之会员代表自除名之日起，三年以内不得充任会员代表。

第三章　职员

第十二条　本会委员由会员大会就会员代表中选任，执行委员组织执行委员会选任监察委员组织监察委员会，前项执行委员得互选常务委员三人，并就常务委员中选任一人为主席。

第十三条　本会于选举执监各委员时，另选候补执行委员、候补监察委员，遇有缺额一次递补，其任期以补足前任任期为限，但未递补以前不得列席会议。

第十四条　执行委员及监察委员之任期均为四年，每二年改选半数，不得连任，其第一次改选方法以抽签定之，但委员人数为奇数，留任者之人数得较改选者多一人。

第十五条　常务委员有缺额时，由执行委员会补选之，其任期以补足前任任期为限。

第十六条　执行委员会之职权如下：

一、召集会员大会之定期会议及临时会议；

二、向会员大会报告会务；

三、执行会员大会之决议案；

四、关于权限内其他一切应办事项。

第十七条　监察委员会之职权如下：

一、考察本会职员是否称职；

二、审查本会预决算；

三、得函请召集会员大会临时会议；

四、得向会员大会提出弹劾案；

五、关于权限内其他一切应办事项。

第十八条　执行委员及监察委员有下列各款情事之一者，应即解任。

一、因不得已事故，经会员大会议决准其退职者；

二、旷废职务，经会员大会议决令其退职者；

三、于职务上违背法令营私舞弊或有其他重大之不正当行为，经会员大会议决令其退职或由实业部或地方最高行政官署令其退职者；

四、发生第十条各款情事之一者。

第十九条　本会执行委员及监察委员，均为名誉职。

第二十条　本会事务所得酌设办事员，其名额、薪资由执行委员会议定会员大会议决之。

第四章　会议

第二十一条　会员大会分定期会议及临时会议两种，均由执行委员会召集之。定期会议每年开会□次；临时会议于执行委员会认为必要，或经会员代表十分之一以上之请求，或监察委员会函请召集时，召集之。

第二十二条　会员大会之议决，以会员代表过半数之出席，出席代表过半数之同意行之，出席代表不过半数者得行假决议，将其结果通告各代表，于一星期后、二星期内重新召集会员大会，以出席代表过半数之同意，对假决议行其决议。

第二十三条　下列各款事项之决议，以会员代表三分之二以上之出席，出席代表三分之二以上之同意行之，出席代表逾过半数而不满三分之二者得以出席代表三分之二以上之同意，行假决议，将其结果通告各代表，于一星期后、二星期内重新召集会员大会，以出席代表三分之二以上之同意，对假决议行其决议。

一、变更章程；

二、会员或会员代表之除名；

三、职员之退职；

四、清算人之选任及关于清算事项之决议。

第二十四条　召集会员大会，应于十五日前通知之。但有第二十二条、第二十三条之情形，或因紧急事项召集临时会议者，不在此限。

第二十五条　执行委员会每月开会□次，其开会时须有委员过半数之出席，出席委员过半数之同意，方能决议可否，同数取决于主席。

第二十六条　监察委员会每月开会□次，其开会时临时互推主席一人，并须有委员过半数之出席，出席委员过半数之同意，方能决议。

第五章　经费及会计

第二十七条　本会经费，分下列二种：

一、事务费由会员比例于其所派代表之人数及资本额,负担之。

二、事业费由会员大会议决,筹集之。

第二十八条　本会经费之预算决算及其事业之成绩,每年须编辑报告颁布之,并呈由县政府转呈湖北建设厅呈请湖北省政府转咨实业部备案。

第六章　附则

第二十九条　本章程有未尽事宜,悉依商会法及其施行细则之规定办理。如遇必须修改时,得召集会员大会议决修改之,并呈报湖北省党部复核,并呈由县政府转呈湖北建设厅呈请湖北省政府转咨实业部备案。

第三十条　本会办事细则,由执行委员会另订之。

第三十一条　本章程自呈由县政府转呈湖北建设厅呈请湖北省政府转咨实业部核准施行。

(七月六日实业部咨复准予存查经本府于七月二十日以建字六二四三号训令建设厅知照并转饬遵照暨分函查照)

(《湖北省政府公报》第 50 期)

29.(汉口市政府)据禀称彭鑫安等有不服公断之企图请强制执行等情仰依照公断决定执行

(1934 年 7 月 21 日)

案据米厂码头工人彭金山等禀略称,工等与彭鑫安等工作纠纷一案,经公断裁决,并由码头工会整理员办事处奉令规定,每月一日起至十二日,归民彭金山等工作;每月二十一日起至月终,归彭鑫安等工作。工等诚意遵从,该彭鑫安等显有不服公断之企图,请函令军警机关,强制执行等情。查此案前经码头工人争议公断委员会决定后,即已检同公断书,分别函令知照各在卷。据禀前情,除批示外,合行令仰该局遵照,即便转饬该管分局依照公断决定,及码头工会整理员办事处规定,分日工资办法,强制执行为要! 此令。

市长　吴国桢

(《湖北省政府公报》第 50 期)

30.商事公断处研究人员,汉商会昨开执委会推定

(1934 年 7 月 21 日)

汉口市商会,昨(二十日)下午五时,举行第三十六次执委会,主席陈经畬,讨论事项:(一)省赈务会函请劝销十八年赈灾公债二万元以应急需等因,除由银行公会承销五千元外其余应如何设法劝销,请讨论案,决议先行随市变卖,不足者暂由本会筹垫,容再劝募归还。(二)上海市商会复函,关于所询商事公断处组织办法一案,略谓该会自民国十九年改组以后,即设有商事公断处委员会,其组织办法与前相同,惟改处长制为委员制,对外文件,仍以商会名义行之,其公断委员系由商会执行委员推举等因,请查核案。(三)煤业公会函催请照前提案依法组设商事公断处等情,查此案前以根据执监联席会决议,分函南京、上海、北平三商会,查

询现在办理情形去后，兹准上海市商会将现在办理情形函复前来，应请并案讨论案，决议公推苏委员汰余、余委员蓉樵、邓委员以诚，先行研究，俟下次再提会讨论，一面函询广州、天津、青岛等处商会，以资参考。（四）杂货贩卖业公会函为该会会员宋兴发商店被稽征员任意滋闹，转请严惩等情，当查该会会员，并无一家在本会注册，此件应否代转请讨论案，决议查该公会既未在本会登记，又未领有本会凭证，俟登记后再行核办。（五）市政府令饬拟具建筑国货商场办法一案，前已转交本会提倡国货专委会去后。兹据将该项方案拟就送请审查，以便转呈前来，是否可行，请讨论案（附方案），决议另拟简单办法，租赁新华或新市场组织连同专委会，请速开会讨论并切实答复，所拟方案，交常会修正文字，并呈市府核示。

（《汉报》P160）

31.减轻水电减各费案，汉商会再函既济水电公司

（1934 年 7 月 21 日）

关于水电减费案，汉商会昨（二十）日特再致函水电公司云：本月十七日接准贵公司来函，以谓刘经理少岩，身患时疫，不能到公司任事，主席董事又随其太夫人侍疾庐山，其他各董事亦有因请假休养者，以致董事会，暂难开会，所有商减水电收费一案，不能即时提会讨论，请为宽假时日，统希亮察，等因，准此。查此案关系重要，亟待商决，仍请贵公司，于最短期内召集董事会议。董事诸公，勇于负责，必能力疾从公。刘经理偶染时疫，吉人天相，想已勿药有喜，并希仍如前约，切实答复，以资填解决，而慰众情。

（《汉报》P160）

32.汉商会举办工商统计成立研究统委会，筹设商业图书馆

（1934 年 7 月 22 日）

汉口市商会，自陈经畬继任主席后，即以汉市当九省通衢，华洋互市，为我国重要商埠，而工商业统计，尚付阙如，以是即经会议决定，办理汉市工商统计，并推常委苏汰余主其事，一面分函各大埠商会征询，以资借镜，但先后接到各地商会复函，均无是项组织。且预算每月约需经费两千余元，盖统计一事，非有专门人才不克胜任，遂致无形搁置。最近陈氏以欲谋商业之发展，则统计一事，亟须从速办理，无论进行如何困难，总不能因噎废食，以是特于前日第三十六次会议时，提出临时动议，以本会统计，迄未着手办理，应否进行，请公决案。比经决定，先行推员研究，并公推余蓉樵、苏汰余、陈经畬为研究统计委员，并由陈经畬主席召集云。

又该会昨因创设商业图书馆事，致函航空四队，请迁让房屋，原函云，敝会前以第四届会员代表大会决议，创设商业图书馆，并指定东边楼房为馆址一案，函请贵队长赐予迁让俾便筹备进行，咫尺相期，想已早邀明察，惟是文化教育，实系发展工商业之根本要图，上期开办商业学校，□赖贵队长格外玉成，学子莘莘，均沾化雨。照章暑期添招一班，尚有西旁一楼，所需教室，自不能不预为觅定，所恃以为从容布置者，厥为贵队借住之一栋楼房耳，图书教室并为要需，众意所趋，无可或缓。在贵队借住于斯，本非一日，诸荷关垂，事事相安，倘非会务迫切之需，决无请求迁让之议。恃在贵队长培植文化，始终不渝，用敢再函奉商，即希鉴谅前情，允予迁让，以

宏教育云。

（《汉报》P168）

33.具呈人汉口市棉絮卷花业公会南帮会员义兴和等：据呈请分组公会以正帮规等情批仰遵照

（1934 年 7 月 23 日）

呈悉。查工商同业公会法第五条内载，“同一区域内之同业，设立工会以一会为限”。又同法施行细则第十六条准用商会法施行细则第十四条内载，“商会执行委员及监察委员由会员大会，就代表中用无记名选举法选任之，不得按业摊派。……”各等语。据称该会执委以南五北四分配及分组公会各节，均属与法不合。所请应毋庸议！至南帮北帮货色、手工、价格不同等项，事属矫正营业弊害，亦应由该会员代表等依照会章呈请该会执行委员会召集会员大会研讨办理！除函中国国民党汉口特别市党务整理委员会查照外，仰即遵照！此批。

市长　吴国桢

（《湖北省政府公报》第 50 期）

34.（汉口市政府）据呈为代表大会议决请予颁布取缔肥倒办法转请核示等情仰于不妨碍司法权行使之范围内拟具取缔具体办法呈候核夺令汉口市商会（附原呈）

（1934 年 7 月 23 日）

呈悉。查商店如因营业亏累，停业理账，自属寻常债权债务问题，若意存卷骗，倒闭自肥，则完全系诈财行为，依法原可诉追，均无另定取缔办法之必要。惟据称彼辈狡黠成性，诉诸法院，必致摊成缓付，如类以偿，若不严定取缔办法，不足以儆刁狡，而挽颓风等语。查核不无相当理由，在不妨碍司法权行使之范围内，准由该会拟具取缔具体办法，呈候本府核夺，仰即遵照。此令。

市长　吴国桢

原呈文

呈为呈请事，案查六月二十五日属会第四次会员代表大会第一次会议，以据本市钱业同业公会提案内称，为提议事，查汉口居全国中心，万商云集，营业之发达者固多，而失败者亦在所难免。历来有因营业亏折无力支持以致停闭者，必将其历年账据全行交出，经债权人查明确系因亏倒闭尚可原谅，从未有故意倒闭以骗他人之货款者。本年增大倒闭，其欠外之款近三十万元之巨，当倒闭之先数日，凡与共往来之钱庄则尽量支取款项，凡与共往来之商号则尽量赊购货品，故倒闭后迄未敢将账据交出查核，其为肥倒人所共知。因增大倡之于先，遂有义茂恒等数号效尤于后。若不严加取缔，此风一长，则经商者人人自危，势必至银钱业者不敢放出款项，其他商号亦不敢售出货品，以营业为畏途，视商场如陷阱，商业前途何堪设想？商业衰败，即影响于国计民生，关系诚非浅鲜。拟请详订取缔肥倒办法，呈请军政长官严厉执行，以儆肥骗而遏刁风,振兴商业而培国本。是否有当,敬请公决。等情,当场提出讨论,佥以商店之营业亏累停业理账,本属寻常债权债务问题。惟近来信用破产道德沦亡,如增大、义茂恒尤其是协和布店先后倒闭,事前均以营业号召往来,一旦货款到手即行卷骗自肥。此种行为与架票勒赎之盗匪何异?若以寻常债权债务问题诉之于法院,彼辈狡黠成性,终必至于摊成缓付。如类以偿,长此以往,则汉口商场商贾裹足。若不严定取缔之法,将何以儆刁狡,而挽颓风。此事关系汉市商业前途甚大,应由大会分呈军政当局,严订取缔办法,布告周知,俾资警戒而顺商情。等语,决议通过记录在案。除分呈外,理合录案呈请钧府俯赐鉴核,迅予颁布取缔肥倒办法,以维商业而正人心,实为公便。

谨呈

汉口市政府市长吴

汉口市商会主席　陈经畬

(《湖北省政府公报》第 50 期)

35.实业部因汉口市商会呈为已完统税之货品应免营业税咨财政部文

(1934 年 7 月 23 日)

案据汉口市商会呈为该会召开第四次会员代表大会,据汉口市纱业同业公会暨煤油、面粉、火柴业同业公会等先后提议,凡已完统税之纱布、面粉、火柴等品,应豁免营业税或改善纱布税制照资本额课税,转祈鉴核施行等情。原文既据分呈,不复冗录。查已纳统税之货品,不得再征任何捐税,前经贵部通咨有案。该会所陈各节,尚具理由,事关税政,相应咨请贵部查核办理,见复为荷。

此咨

财政部部长

陈公博

36.实业部为汉口市商会呈已完统税之货品应免营业税批文原具呈人汉口市商会呈一件已完统税之货品应免营业税祈核示由

(1934 年 7 月 23 日)

呈悉。已据情咨请财政部核办矣,仰即知照。此批。

37.汉口市商会为展期收回官票通告

(1934 年 7 月 24 日)

案准湖北省财政厅函,以湖北省政府清理甲债委员会关于延展办理收回官票期间一案,议决五项,其第二项于前定期限六月十四日外延展办理收回官票三个月,至本年九月十四日止,不再延期。第三项展限期内官票收换事务由湖北省银行代办,如再逾期即行作废,嘱为通告各持有官票人知照等因。除分函各业公会一体知照外,特登报通告,即希公鉴,幸勿观望自误致贻后悔。

（《汉报》P181）

38.商事公断处组织，汉商会三委员研究，函各商会征询办法

（1934 年 7 月 24 日）

汉商会筹组商事公断处，其动机与经过，已志前报。昨（二十三）日该会特根据第三十六次执委会决议，分函公推之苏委员汰余、余委员蓉樵、邓委员以诚，请先行研究进行办法，一面分函北平、青岛、广州、镇江、芜湖、长沙、南京等处商会询问有无此项组织，及其办理情形，请查案函复，以资借镜。

（《汉报》P184）

39.平衡平汉路运，函商会分呈军政机关

（1934 年 7 月 24 日）

汉口市商会，月前第四次代表大会，曾据代表余蓉樵、高伯常等提议，以各路运价，高低不一，应请转呈铁道部通盘改组，另定平衡价目，并推余蓉樵、高伯常、黄文植、周星棠、苏汰余等为代表，至必要时赴京请愿，各情已迭志前报。该会特于昨（二十三日）先行具文分呈“三省□□总部”、行政院、省政府、铁道部，据情请求。原文首述代表大会通过此案之经过外，并谓国有铁路，所订货物运价，以平汉路为最高。因该路运价，自民国十年以后，共加过四次。计民国十年加百分之三十，民国十二年加百分之二十，民国十五年加百分之十，民国十六年加百分之二十。且每次加价时均系按复算加法，故所加之数，名虽百分之六十，而实则加至百分之七十三而强，较之陇海、津浦两路所定运价，高至一倍以上者，同为国有铁路，同为国内商民，其待遇之悬殊，其收费之差别竟如天渊之隔。不惟南北各省货物，已改由陇海东运如沪，即郾城下之土产，亦将避重就轻，不复由汉口转运。来源之断绝，滞积不克流通，影响所及，足以制汉口市商业死命而有余。上年商会曾据杂粮等业之请，详陈利害情形，呈恳总部暨湖北省政府转咨铁道部减轻平汉路运价，以纾农商之困，而结果仅于平汉路普减运价案内，将粮食等项运价稍予减轻。然以与陇海、津浦两路相较，仍有轻重悬殊之处，而汉口商业，终无由以资发展，长此以往，何堪设想？为今之计，自非如有原提案所请转恳铁道部将各路运价，通盘改组，另定平衡价目，不足以利运输，而维商业。末述推定五代表赴京请愿，及据平汉转运业代表，将平汉、陇海、津浦三路运价比较表各情。

（《汉报》P184）

40.商会电请中央否准免洋米进口税必要者国内米粮准予免税转运

（1934 年 7 月 25 日）

汉商会日前准长沙市商会代电，以上海市社会局，因内地旱灾，米价日涨，呈请中央核免洋米进口税五十万石，分电恳请否准，请为一致主张，俾农村救济得竟全功等语，该会特于昨日分电行政院及财政部云：国民政府行政院院长汪，财政部部长孔钧鉴，顷准长沙市商会代电，以上

海市社会局,因内地旱灾,米价日涨,呈请中央核免洋米进口税五十万石,分电恳请否准案,请为一致主张,俾农村救济,可竟全功。等由,准此。查国以民为本,民以食为天,上海社会局鉴于大旱成灾,预为救济民食之计,其意原未可厚非,惟所见上海一隅,各地情形,未尝偏察。盖高厚之处,旱象虽呈,而地势低洼,田禾正茂。且连日各地,均有喜雨之报,将来偏灾区域,亦不难酌盈剂虚,民食前途,殊无多虑。洋米免税进口,此时实非必要。必要者,政府为调剂民食起见,国内米粮准予免税转运,在国家损失无几,而各地米价,不平自平。此则属会所引领拜祷者也,专此电陈,并祈察纳是幸。汉口市商会叩敬。

(《汉报》P194)

41.行政院秘书处为汉口市商会呈请准予改善营业税一案致财政部

(1934年7月25日)

院长谕,"据汉口市商会主席陈经畬呈为当经明令废除繁苛,整理财政之际,谨据请转请明令豁免纱布及面粉、火柴营业税,俾安营业"一案,应交财政部等因。除原呈据已分呈不另抄送外,相应函达查照。

此致

财政部

行政院秘书处　褚民谊

42.水旱灾中,洋米免税案,汉市四公会请制止,未达年荒地步无订购必要

(1934年7月26日)

上海市社会局,以各省灾象已成,主张呈请政府,免征洋米进口税五十万石一案,长沙市商会以湘省为产米之区,利害所关,首先通电反对,汉口市商会亦以此举关系农村至巨,继起呼吁于后,其详情已志昨报。兹悉本市杂粮号业、机器米业、粮食行业暨汉阳粮食行业等四公会,亦于昨日联电汉商会,请转电中央暨南昌蒋委员长制止。原电略谓,顷敝会等准湘沪粮食同业公会函电略称,最近因天气失常,各省水旱情形不一,上海一隅,少见多怪,据报载竟有米商,希图借机假救济为名,请求政府,免征洋米税,以期订购大宗洋米渔利。阅报之下,初不过以为奸商别具心肝,未必能成事实。讵连日报章披露,又有农村复兴会建议订购洋米七十万石,以所征进口税,为办理各省粮运局经费,同时上海市长吴代表出席院部,决议,由财政部主办粮运机关,未几又有财部秦副部长汾,否认免征洋米税之谈话。综观上列报载,及俯察各地农村情形,实令人不寒而栗。以湘省现状而论,除民间积谷未售外,(一)省政府在上年秋收时期,为提高粮价贮存之积谷,目下方向长沙汉口市场运售,原购入价,每石合三元四角,目下汉口市价,售出仅三元一二角,不敷货本;(二)本年湘省各地丰歉不一,目前上市新谷价目,在产地每石值一元八九角,在长沙仅值二元二角。考其原因实由内地贮藏充足,本年麦黍杂粮均丰,毋虞不足,甘霖已沛,晚稍有收,以故各省水旱灾迭报,内地米价仍难提高。以苏浙现状而论,苏地播种较迟,近得霖雨,尚未失时,苍生有望。浙地钱塘江以南山区,田地较少,虽逢旱歉,无关大要。皖赣虽迭报水旱,实际尚无确查,以现时米价情形揣想,灾区度不甚广。况刚逢大暑节令,

各省各地，同庆霖雨，距离秋收，尚有三月，彼苍似待人七成，以言救济，尚非其时，请一致径电院部，盱衡时势，体会农民实际内地农村之状况，严拒奸商免税之妄陈，一面通令海陆边疆各省，制止谷米出口，免赍敌粮，一面警戒各埠商人，勿得擅订洋米，为敌利用，农村幸甚，全国幸甚等情，前来。敝会等即开联席会议，经行号同业一声赞同，联名电达，并以鄂省现状，除东南区旱，称因旱歉收外，在西北襄樊等区，确系丰年。目下黄陂孝感，新谷上市，价值两元八九角。历来我国保持谷价，每石在三元数角，至四元之间，农村自得平衡，政府亦易维持全国经济。在此现状之下，观察我国各省提高粮价，以资复头农村之政策，实未竟全功。现时各省报水报旱之灾象，幸时尚早，未到秋收精确统计之时期，又未达米缺年荒地步，更无议及免关税订洋米之必要，亦且与院部及蒋委员长前此救济农村之本旨违背。是以询谋佥同，一致联名盖章，函达贵主席请烦查照，即予分电行政院、财政部、实业部、南昌行营蒋委员长鉴核办理，无任屏营待命之至云。

（《汉报》P200）

43.（汉口市政府）据呈为代表大会据各公会提议整理码头议案五件转请鉴核示遵等情分别指示知照令汉口市商会（附原呈）

（1934 年 7 月 27 日）

呈及抄件均悉。兹予逐项指示如下：

（一）取缔工头制度

查工头制度，依照码头业务整理办法第十九条规定，应予一律取消。此次本市码头工人登记，对于剥削工人利益，查有实据者，拒绝登记，即系实行上项规定。易言之，即工头制度，经此次登记后，业经实行取消矣。

（二）核减力价

查码头行李工人运输力价，本年四月据市公安局修订呈核，业经提由本府第三十八次市政会议通过，并以义字第四七九四号指令照办。至所有一切码头工人力资，应否一律核减，及如何核减始臻平允之处，俟码头工人登记办理完毕，另组力价审查委员会，重新审定。

（三）直接雇工起卸

查本市码头工人，经此次登记后，工作各有范围。除依法得由雇主雇佣长期工人直接运卸外，未便再有更张，致起争执。

（四）规定码头公用及专用

查本市公用及专用码头，早经本府按址丈量，分别配定，不容混淆，所请再定一节，应毋庸议。

上列各点，仰即知照并转令各该会知照。此令。

市长　吴国桢

原呈文

呈为汇案转呈事，窃查属会前于六月二十五日召开第四次会员代表大会定期会议，据山货行业、堆栈业、蛋行业、棉花行业、鱼行业各同业公会提议，整顿码头案五件，当由大会并案交付审查。旋据审查报告以关于山货行业、堆栈业、蛋行业、棉花行业所提之案，其目的在整顿码头，取消工头制及规定力价实行直接雇工起卸，使商方便于指挥，工方亦免受剥削，似应请由大会通过照转。至鱼行业等所提一案，系为码头专用与公用之分，事关码头地面行使权及交通问题，应将原案转向市政府、建设厅分别请求，改善办法。等语，经大会决议通过，记录在案。除分别照转外，理合抄同原提案，据情转呈钧府恳赐鉴核，如请示行并祈批示祗遵，实为公便。

谨呈

汉口市市长吴

汉口市商会主席　陈经畬

（《湖北省政府公报》第 50 期）

44.财政部因汉口市商会请呈准予改善税法批文

（1934 年 7 月 30 日）

呈悉。查统税系就各厂产品征收，营业税系对于商业行为者征收，性质迥然有别。最近本部召集财政会议，对于营业税法第一条除外之规定，业经明白解释，关于已纳统税工厂或公司所设分事务所，得以免征营业税。至普通经营贩卖已纳统税货品之商行店铺，均不在免征之列。原呈所请免征纱布等营业税，自毋庸议。至所请将纱布业改按资定额课税，究竟有无窒碍，应径呈主管机关核办示遵。再行政院议决申请国府通令，各省市不得对于已纳统税货品重征任何税捐一节，系限制地方政府不得对于上项货品直接征收任何捐税而言，营业税既非对货征收，自不在通令限制范围之内，照仰转行知照。此批！

45.鄂省各机关组救灾备荒会拨款十万元统筹办理，张群电政院赈会乞赈

（1934 年 7 月 30 日）

汉口通讯：湖北省政府，据赈务会呈报各县水旱□灾情形，均极惨重，亟应设法救济，特于二十七日，召集全体委员会议，决定两项办法：（一）组织救灾备荒委员会，由民政厅长孟广澎、建设厅长李范一、财政厅长贾士毅，拟订组织规程。（二）经费先由省预备费项下拨五万元，并同赈务会所筹赈款五万元，交该会统筹办理。现规程正在草拟中，将由民财建三厅、市政府、四省农民银行、农村金融救济处、农村合作委员会、华洋义赈会、武汉商会等十余机关，会同组织。以筹集巨款，施放急赈治标；以施行工赈，修筑决堤治本。省主席张群，二十八日已电行政院，及中央赈务会呼吁，电云：南京行政院汪院长钧鉴，振务委员会许委员长勋鉴，比年鄂省□祸水灾，备极惨重。最近两载，积极从事于招抚流亡，兴复农村，冀图补救万一，劫后元气未复，而水旱灾祸又临。一月以来，据报水灾者，则有天门、潜江、汉口、江陵、沔阳、钟祥、襄阳、郧阳、礼山、云梦等十县。报旱灾者，则有武昌、广济、黄安、黄梅、蒲圻、公安、宜城、黄冈、咸宁、罗田、鄂城、麻城、通山、孝感、大冶、阳新等十七县。报水旱并重者，则有通城、崇阳两县。综核灾况，或堤岸溃决，庐舍一并沉沦，或禾苗萎枯，秋收概已绝望。种种损害，难以尽述。虽被灾各有不同，而遍野哀鸿，嗷嗷待哺之情形则一，除一面饬民厅邀集绅商，共同讨论，妥筹补救方法外，拟恳派员莅鄂查勘，并准迅拨赈款来鄂，以资发放，不胜迫切待命之至。所有各属受灾情形，现已分别派员查勘，俟复汇报，并陈湖北省政府主席张群叩勘印。同时电呈蒋总司令、张副司令及

旅京鄂绅居正、王世杰、石瑛等,转电中央拨款,暨与行政院、赈务会就近商洽,一面派湖北省银行行长南经康,克日赴京请愿,将湖北划入灾赈省份,以惠灾黎。(二十八日)

(《申报》)

46.财政部为汉口市商会呈为已完统税之货品应免营业税咨实业部

(1934 年 7 月)

案准贵部咨开:案据汉口市商会呈,凡已完统税之纱布、面粉、火柴等品,应豁免营业税,或改善纱布税制,照资本额课税,祈鉴核施行等情。查已纳统税之货品,不得再征任何捐税,前经贵部通咨有案。该会所陈各命,尚具理由。事关税政,相应咨请查核办理等因。查此案前据该商会具呈到部,当以"呈悉。查统税系就各厂产品征收,营业税系对于商业行为者征收,性质迥然有别。最近本部召开全国财政会议,对于营业税法第一条除外之规定,业经明白解释,关于已纳统税工厂或公司所设分事务所,得免征营业税。至普通经营贩卖已纳统税货品之商行店铺,均不在免征之列。原呈所称免征纱布业等营业税,自毋庸议。至所请将纱布业改据资本额课税,究竟有无窒碍,应径呈主管机关核办示遵。再行政院议决申请国府通令各省市,不得对于已纳统税货品,重征任何捐税一节,系限制地方政府,不得对于上项货品,直接征收任何捐税而言,营业税既非对物征收,自不在通令限制范围之内,并仰转行知照"等语,批示在卷。兹准前因,相应咨复查照。

此咨

实业部

8 月

1.维持军服业生计,汉商会昨呈蒋委员长

(1934 年 8 月 1 日)

本市军服业,自前年经军政部规定,所有服装,由平、津、沪、汉四处军服店承制后,即相率遵章呈请军部登记。去年承制军服时,因有某一军服店偷减工料,致其他各军服店亦连带受其影响,所需服装一概不予汉方承制,虽经该业公会一再具呈军部解释,终且同具连环切结。如十五家商店中承制军服时,得互相监视,如发觉某一家有偷工减料事情,其他十四家愿受处罚之责,但至今尚未奉军部批示。因是该业公会,乃于前日函呈市商会,请转呈蒋委员长饬军部公开分配。商会业于昨(三十一日)据情分呈蒋委员长暨军政部照章公开分配,以维该业生计,兹录其原文于次:呈为据情转呈事,案据本市军服业同业公会略称,呈为军政部招商承制军服,待遇不平,恳请转呈军政部俯念前呈结书之痛苦,照章公开分配,以维生计,仰祈鉴核事(中略),自本年起对于标制军服,就津汉沪登记合格之军服工厂公开分配,以维厂主役工之生

计，实为德便。等情，到会。查汉市商业凋敝，达于极点，尤其制造厂商，更属无法以维持存在。该公会所陈各节，委系实在情形，除分呈外，理合据情转请钧座鉴核等情，转饬遵办，实为公便。呈军政部文与上同，故从略不赘。

（《汉报》P8）

2.财政部因汉口市商会呈已完统税之货品应免营业税批咨实业部文

（1934 年 8 月 3 日）

事由：准咨。据汉口市商会呈为凡已完统税之纱布等品，应豁免营业税等情，事关税政，咨请查核办理等因。此案据该商会径呈到部，已明白批示。

3.铁道部批汉口市商会：代电一件，请将平汉路米麦减收运费，酌予展期由

（1934 年 8 月 4 日）

巧代电悉。查平汉路大米、小麦特价，业经本部电饬该路准予展长六个月在案，仰即知照。此批。

1934 年 8 月 4 日　部长顾

（《铁道公报》第 936 期）

4.（汉口市政府）令汉口市茶业行业同业公会：据呈为拟用渐进法使新制衡器请核示等情指令遵照

（1934 年 8 月 6 日）

呈悉。查前据本市茶叶出口、贩运两业同业公会会呈，请令茶叶行帮取消钱秤八折，实用新制衡器等情。当经以“现在本市换用新制衡器，茶叶斤两折扣之旧例，是否必须存在？抑如何另定折扣标准，始臻平允。应由该两业同业与买方根据实际情形妥为议定。如已议定将此种折扣完全取消，或酌量减低，而行家代客买茶，仍旧折扣，或所算折扣，比较买客买茶折扣增高，借以取巧牟利，自系违法行为，应由受害人径向主管机关诉请法办。仰即遵照！至关于茶行实用新制衡器后，根据旧习折扣斤两，再加若干折数以拆合新制衡器，是否与划一衡器之命令抵触？准令本市度量衡检定分所查明议复再夺”等语，指令遵照。至于规定本市商民住户于上年十月一日开始换用新制衡器，及本市度量衡检定分所定于本年三月一日开始衡器检查各节，亦早经分别函令布告知照各在案。现查本市商民住户所用衡器，大体已新制衡。本度量衡检定分所，亦正厉行检查，期于最短期内肃清旧衡器。该会同业所用衡器，应即一律采用新制，不得稍事迟疑。据称用渐进法使新制衡器逐步施行各节，实属有违通案，着毋庸议！至该业买卖两方主张各异，营业困难。应由该买卖两方与该会同业，以顾全商场事实，不违划一衡制命令为原则，自行协商处理。除令本市度量衡检定分所暨茶叶出口贩运两业同业公会知照外，仰即遵照！此令。

市长　吴国桢

原呈文

呈为换用新制衡器遵令绝生违命与法令事实势难兼顾,兹拟援照习惯以渐进法而使衡器逐步实施,是否有当,恳乞鉴核示遵事。窃维政府颁布新法之初,援照习惯以渐进则易,骤改习惯而实施则难,渐进则习惯转移于不知不觉之中,骤改必形成阳奉阴违之势。王安石之新法,后人莫不称其善,其不能实施于当时者,以欲骤改习惯故耳。是以总理立法之时,分军政、训政、宪政三时期,其所以有训政时期者,盖意在转移习惯于不知不觉之中,而逐步推进至于宪政也。今实施新制衡器亦然!查旧用衡器历史悠久,习惯过深,几同于民间之对于废历新年,一时难以变更。故自政府颁布新制衡器以来,虽迭经三令五申,遵用者固有,而阳奉阴违者尤多,似此情形不独汉市为然,其他各埠均犹是耳。此无他,以骤改故也。拟请援照旧习惯以渐进法而使新制衡器逐步施行者一也。查属会同业均系行业代客买卖,凡买卖客同意者,行方决无异议。兹新衡施行之初,卖客则主用新衡,买客则不主用新衡,援照习惯,行方居间,无所适从。若依卖客之主张,则货物不能推销;若依买客之主张,而卖客又绝对不允。且买客均系外省,如广东、上海、天津以及其他各埠,据云各该地虽有换用新衡者,然皆援照习惯交易。若汉市纯依新制衡器买卖,则运往各该地出售时,将必纠纷丛生。果尔则凡来市购茶者,势必转往他埠,则此后汉口将无茶市矣。属会同业处兹环境,诚属遵令绝生违命与法令事实难以兼顾,此拟请援照习惯以渐进法而使新制衡器逐步实施者二也。汉市绾毂南北,为全国商业之中心,而茶又为汉市商业之大宗。若买茶者转往他埠购运,不惟属会同业断绝生路,即汉市繁荣亦深蒙影响,兹为业务计,为汉市计,此拟请援照习惯以渐进法而使新衡器逐步实施者三也。查卖客之茶购自产茶区域,其交易时所用并非新制衡器,概用旧秤,有加至四十两算一斤者。今贩运来汉出售则主用新制衡器,而不援照习惯。是其买进时,乃用旧秤而加以习惯,卖出时,又欲用新秤而免除习惯,岂非以大秤买进而以小秤卖出,如此取巧,其于天理、国法、人情均所不允,此拟请援照习惯以渐进法而便新制衡器逐步实施者四也。综上所陈,以渐进法而推行新制衡器则实施较易,且与法令、事实两不相悖。至政府制定新衡,原欲统一衡器,免生纠纷,今以骤改而致纠纷丛生,殊非实施新衡之本意。我钧长素悉商艰,注重事实,所拟是否有当,理合呈请鉴核示遵,实为商便。

谨呈

汉口市政府市长吴

汉口市茶叶行业同业公会

(《湖北省政府公报》第 47 期)

5.汉市商会支会不日推举理监事

(1934 年 8 月 7 日)

汉商会,以新生活运动,为提倡国货之母。国货畅销,既可挽回利权外溢,复可振兴实业,富国强民亦有所赖。为唤起国人注意,以期达到中国人应用中国货之目的,特拟定新生活运动会汉口市商会支会组织章程,以便积极进行。规定理事七人或九人,监事三人或五人,闻不日即召集全体执监委员开会,推举理监事,即开成立云。

(《汉报》P53)

6.小本借贷,市府函商会请研讨办法起码二十元,最多三百元

(1934 年 8 月 7 日)

汉口市政府前拟设合作推进委员会,以资活动金融促兴市面一案,曾令市商会会同银钱两公会议复,并先向北平市政府,函索救济中小商人办法,兹准复函,检送平市小本借贷处规章,内容系以救国捐余款十二万元,连同平市府向银行借拨之十二万元充作基金。吴市长以本市既乏公款可拨,若全恃借款,又诸多困难,且特设专处开支浩大,根本上不能仿行,但本市商场凋敝已达极点,中小商人待救孔殷,特斟酌本市情形,及参照铜山县举办小额借款办法,拟具本市小本借款办法十一项,函送汉商会陈经畬主席,查阅研讨,并请供给意见,俾臻完善。兹录其办法于后:(一)先就本市各银行中数家试办,俟试验结果良好,再定普及办法。(二)由试办之银行内各附设一小本借贷处,指定原有行员兼办,并酌定贷款总数之最高金额。(三)每户借款以二十元至三百元为限。(四)借款用途,以正当营业生产为限,并不得转贷他人,从中渔利。(五)借款利息按月不得超过一分,期限至长一年本利偿还且得续借。(六)由借户提出相当抵押品或觅殷实铺保二家担负,过期不还,代负清偿责任。(七)由该同业公会执行委员会负责调查该借户是否合于第四项规定,及铺保是否殷实,出具证明书,并负第二担保责任。(八)凡经放各户之款,由各银行按月汇报市政府备案,如有房屋地产抵押关系者,并应报请登记。(九)此项借款,完全为救济市面性质,各借户不按约,即由各该银行报请市政府,径以行政处分饬押追偿,如系房屋地产抵押之借款,得将该项抵押品收管,倘届满六个月仍不清偿,准即报请市政府公开拍卖,如不足时,仍责令借户补偿。(十)放款一切详细手续及书式另定。(十一)本办法由市商会及银行公会会商通过,报请市政府转呈湖北省政府备案施行。

(《汉报》P53)

7.对于检验杂粮之管见

(1934 年 8 月 7 日)

汉市粮食改进委员会检验小麦、豆类掺杂,依照公约,原定八月一日实行,乃七月二十七日杂粮行业,对于检验办法忽生异议,该会以其不应该破坏公约,仍主维持原案。在粮食业年会(雷祖会)休假三日期间,双方曾作数度文字上之抨击,未得一解决途径。复经市府召集谈话会,亦无相当结果。届八一实行检验之期,而粮食贩运商方面,又忽有襄河樊城等地十三帮杂粮商贩自动结合,进一步作根本反对检验之运动。其所恃理由,不外检验时间之延长与代垫检验费之麻烦等等。上星期六该贩运商推派代表赴市府请愿,由杜季书接见,仍以对于检验小麦、豆类,系为改进杂粮品质,功令所系,势在必行,所陈各节,只能于检验中想办法云云。该代表等认为无圆满结果,昨六日复往省府请愿,结果如何,容待后报。记者于此,以超然立场,谨一申其管见:查检验小麦、豆类之动机,始于客岁六月,比时因产地杂粮谷米均告丰收,造成"谷贱伤农"现象,于是根据汉市民食设计委员会之决议,由面粉厂业、杂粮号业、粮食行业、机器米业,联合组织汉市粮食改进委员会,而有此检验杂粮办法之产生。于本年一月成立,并定

八月一日实行，事前由有关系者成立公约，以防少数阻挠。惟贩商方面以未组织团体，从无通知，且以检验费取之买方，当不为贩商所反对。乃事出意外，粮食行业否认公约于前，贩商竟根本反对于后。于以知良法之行也，必有所不利者在。查验进口，乃所以提高品质推广出口，使少数奸诈之贩运商人，不得施其掺杂掺水之行为，以图汉口杂粮市场之发展，各属杂粮市集，必均蒙其利益。记者谨以诚恳之意思，希望贩商方面协力进行，而改进会方面，亦能相见以诚，极力设法减少手续之麻烦，俾行业均臻福利，汉市能成为杂粮之模范市场。记者不敏，谨拭目以俟之。

（《汉报》P55）

8.汉市商会再呈市府请求变更检查杂粮办法

（1934 年 8 月 8 日）

汉市商会，昨为请求变更检查杂粮办法再呈市府云：案据本市粮食业同业公会呈称恳转请即日变更小麦、豆种掺杂积弊暂行办法，以维行业而恤商艰仰祈鉴核事，窃属会蒙吴市长体念商艰，于上月三十日召集谈话，讨论汉口市小麦、豆类掺水掺杂暂行办法，结果面谕属会代表赶速拟定，对于该项办法以不妨害同业之业务为宗旨，并饬即日呈报，以凭核示，等因。遵于本月一日拟定，普及全省境内，同时检验及援照芝麻检验成例，施行两点，呈请变更施行。查小麦、豆类系产自外县农村，此次举行检验，须同时普及全省境内，同时检验或援芝麻检验例施行，以维行业，而恤商艰，实为两便。等情，到会。查该会所称各节，委属实情，理合转呈钧府鉴核，准予变更施行。

（《汉报》P61）

9.（汉口市政府）令汉口市粮食业职业公会：局呈请取缔水码头工人勒索国增与包货出舱等费一案应予制止仰即遵照

（1934 年 8 月 8 日）

案据本市堆栈业同业公会迭呈，为据会员通孚堆栈函陈，武圣庙、泉隆巷两处水码头工人强索粮食包货出舱费情形，转请严加取缔。等情，前来。当经派员前往详查。兹据报称，“粮食起卸，有包货、散货两种，散货出舱，向例由水码头笆挖工人工作；包货起载，则归船户包装包卸。通孚堆栈，今年初次改堆粮食时，武圣庙与泉隆巷两处水码头笆挖工人，不论包货、散货，一律索取出舱钱费，经通孚查明反对，仅付已经起载之百余包包货费用，于是双方发行争执。笆挖工人借口曾与粮食行方面，订有包货过秤过磅契约，认为原包出舱，亦应归其工作，并举三七二号堆栈，有包货出舱成例可援。其实契约规定，并无包货出舱字样，而通孚栈所称过档钱者，即系出舱费之误。所有调查各情形，理合报请察夺”。正核办间，复据堆栈业同业公会呈：准福新、五丰、新业、丰昌、立丰各厂，暨杂粮号业同业公会函复，均以包货出舱费，向无此例。今年永孚等栈起卸粮食，忽有是项新立名目发现。正在严重诘问，尚希援例力争，转请鉴核。各等情，据此。查包货出舱与散货出舱，既属两种工作，该笆挖工人与粮食行所订契约，复无包货出舱字样，自不得强索包货出舱费用。除指令并饬本市公安局制止外，合行令仰该会即便转饬各该码头篮挖工人等切实遵照为要。此令。

市长　吴国桢

(《湖北省政府公报》第 51 期)

10.改进粮食案仍未解决,各业公会认粮业背约

(1934 年 8 月 9 日)

汉口市粮食改进会,经民食设计会之决议,省市政府之备案,暨杂粮号、机器米厂、粮食行、汾酒、潮糖、杂货、面粉厂、油厂等业公会之同意而产生,签订公约,互相遵守,讵一经开始,粮行业忽起而反对,其经过情形,已详志本报。昨据参加组织之某君谈,成立粮食改进会之动机,原因粮食一项,关系民生至巨,一般商贩,不惜掺杂作伪,以图厚利,遂至外销锐减,营业一蹶不振,成立改进会,原期剔除积弊,研究品质。今粮行业公然背约,破坏整个改进事业,殊为惋惜。现在参加组织各公会为尊重公约起见,拟联名具呈当局,对该业背约部分,先行照章处罚,以免效尤。刻下已在起草中,一俟文字方面经全体修正通过,即行呈递云云,言时并以公约相示。兹为照录于次:为订立公约事,查粮食关于国计民生至为重大,本市为粮食重要集散市场,年来内因生产方法不知改良,掺水掺杂,积弊丛生;外因国际倾销,价格残落,外销不旺,贸易日减,以致市场萧条,百业不振。本市各粮食同业,为谋解除本业痛苦,增进社会福利,振兴市场,复兴农村起见,特联合呈准省市政府设立粮食改进委员会,一方面从事铲除积弊,一方面研究改进品质。凡本会规章,自本会议决之日起,各同业自应一律遵守,并依照本会鉴定名单以作成交标准。凡我买方无论厂号行店,誓当严格遵守。倘同业中有违抗情事一经查实,除照会章办理外,得视情节之轻重,处以百元以上、五百元以下之罚金,并得呈请主管官署强制执行,不得以少数之私利,而破坏有关国计民生之事业,须至公约者。

(《汉报》P71)

11.汉口市商会商业职业学校招生广告

(1934 年 8 月 9 日)

名额:新生一百名

资格:本市各商店店员或学徒

年龄:十五岁以上、三十岁以下

报名日期:八月一日至八月二十二日止,并应缴最近两寸半半身相片一张

考试日期:八月二十六日上午八时

考试科目:国文,常识测验

报名地点:汉口市商会本校(简章索函即可)

(《汉报》P71)

12.官商会同救济灾民昨会议决由米商赴湘采购，汉市存米仅能维持二十日

（1934 年 8 月 10 日）

本年入夏以来，阴雨不时，水旱互告，秋收绝望，粮食发生恐慌。汉口市政府为未雨绸缪计，曾令粮食改进会，查明汉市现时存米数量，来源情形，暨每月需米数量，以凭筹划。嗣据报告，汉市现时存米仅够二十天民食，来源虽有，然亦不多，较以往之，不过十之一二，而民食所需，月须五十万石，设不赶筹救济，则全市民众，均有断炊之虞。以是特于昨（九）日午后二时，召集杂粮号、机器米两业公会负责人到府商量救济办法，计到杂粮号业公会黄云卿、吴佩卿，机器米业公会计锦章、张绍轩等。首由吴市长申述政府对于救济民食办法，除已由省府电湘请尽量供给外，运输方面，陆路湘鄂路已商妥半价装运，水路由建设厅拨拖驳多艘尽量帮忙，至采购如有困难情形，当由政府竭力设法，惟望粮商一方面尽量采办，一方面希望本救济民食之旨，勿借此故意高抬市价，结果，决由汉口机器米业、杂粮号业、汉阳行帮等公会集资采办。各该项公会已定今日分别召集各该同业讨论集资数目及办法，商谈竣事，已四时余，如相率出府。

记者比晤参与筹商之某君于市府，曾以汉市需米来源之今昔相询。据云汉市粮米，素恃湘赣两省为正宗，其他虽有无多，赣省今年一因久旱成灾，收成锐减，再则□□大军云集，需米尤多，自顾尚虞不足。所幸近年平汉路信阳一带，产米亦多，故现在平汉路续有运来。如民国二十年大水以后，汉市所需全恃平汉路之接济，西贡次之。本年灾歉遍地，必要时或将采购西贡米以补不足，但此次视采购湘米以后之情形而定之云。

存米无多：又讯武汉一隅，人烟稠密，每日消耗食米约在八千担以上，平日食米来源为均仰给于湖南江西安徽等省。近来安徽、江西均报旱荒，湖南收成亦欠丰，以致武汉食米来源断绝。河下米船绝迹，前日仅到湖南米千余石及孝感米船二只约三四百石，杯水车薪，未能济事。综计武汉杂粮米号七百余家，及机器米厂百二十余家之存米仅供给武汉二十日之消耗。湖北省银行堆栈之存谷数万担，前日均为赣省购去。汉市机米业公会以武汉仓存空虚，来源断绝，若不预为设法救济，必将引起严重问题，已于前日各情形分呈省市政府，请速预筹救济办法。据米商某云，刻下产米各省均被旱灾，武汉食米来源势已绝望，非政府出而设法，此问题颇不易解决云。

（《汉报》P77）

13.运销局退还股本，商界主拨办平粜协济荒歉尚有待米业同意

（1934 年 8 月 11 日）

自中央决定组设粮食运销局官局，调剂民食，并将前沪局筹备处收到各省市商营股本，分予退还，完全改归官办后，本市粮业公会对于前缴粮运局股本五万元，将派员赴沪请领。兹据市商界关系方面确息：本市商界同人，鉴于吾鄂本年灾情奇重，一致主张秉承政府协济荒歉之德意，将前往粮运局退还股款，拨办平粜用途，采取合作事业之商营方式，共救灾黎，并规定在明年春收未登场以前，不准借任何名义，提取股本以为平粜之保障。市米业中人对于此项办法，如能同意，自当由其主办，否则全市商界负责。将来盈亏若干，俟结束时再行摊算。

（《汉报》P86）

14.（汉口市政府）为询明本市茶叶出口业与茶叶行业争执折扣茶叶斤两情形函请查复

（1934 年 8 月 11 日）

案查前据本市茶叶贩运出口两业公会呈，为从前汉口买卖茶叶斤两，系用钱秤八折，现改新制衡器，应即取消该项折扣，请令茶行帮遵照等情。当经以“实用新制衡器后，茶叶斤两折扣旧例，应否存在？抑如何另立折扣标准，始臻平允。由各该会同业与买方根据实际情形，妥为议定”等语，指令遵照。并以“茶行于实用新制衡器后，根据旧习折扣斤两，再加若干折数以折合新制衡器，是否与划一衡器之命令抵触”各节，令饬本市度量衡检定分所查明议复。嗣分据本市茶叶行业同业公会呈，“为遵令绝生，违令不能。拟请用渐进法实施新制衡器！”本市度量衡检定分所呈复，略分两点：（一）茶叶毛湿重量，并入价内折算，斤两不加折扣。（二）以市秤为标准，照例折扣斤两。请鉴核！各等情，复经以“本市商民住户所用衡器，现已大体换用新制，本市度量衡检定分所亦正厉行检查。所请以渐进法逐步实施新制衡器各节，应毋庸议！关于茶叶斤两折扣问题，即由该茶叶贩运出口各业约同买茶方面商定，就该检定分所议复办法，择一遵守”等语，分别指令，并饬该茶叶贩运出口两业公会遵照办理各在卷。兹据本市茶叶出口业同业公会代表邓筱舫等来府报称，“茶叶行公会自行议定，买卖茶叶一律以七五折结算斤两。函请本会查照，本会不能照办。请核示”等语。经于七月二十七日召集各该会代表来府谈话。据茶叶行公会代表晏昆林称，“天津、上海等处，虽已改用新制衡器，但买卖茶叶，仍照旧例折扣斤两。如汉口单独废除折扣，似有未便”。据出口业代表邓筱舫称，“划一衡器，原为废除货物斤两之折扣，防止奸商取巧。实用新制衡器后，自应按照新旧衡器之差，一次折合物价，不得于货物买卖时，折扣斤两，或仍折成旧衡斤两算价”。各等语，查本案关系划一衡器与本市茶市应如何兼筹并顾，以期推行尽利，实有详加考虑之必要。贵市实用新制衡器后，买卖茶叶，有无折扣斤两情事？如有折扣，究系如何折算，买卖是否一律，均难明了。除分令知照外，相应函达贵市政府，即希详查见复，以便核办！至纫公谊。

此致

上海、天津市政府

市长　吴国桢

（《湖北省政府公报》第 51 期）

15.商会、粮商筹资办谷米，市府限三日报告数目

（1934 年 8 月 12 日）

市政府因汉市最近食米发生恐慌，于日前召集杂粮号、机器米两公会主席商谈接济办法，已志前报。昨日市政府复通知汉商会暨武、阳、汉各粮业公会云：查近因天气亢旱，米谷来源，日形稀少，若不早事筹划，必将供应不求。业经陈明省政府张主席核定，粮食应由武汉各同业公会及本市商会等迅予召集各该同业开会，筹集资本，向湖南长沙、沅江等处采购谷米，以防缺乏。各该会所筹款项数目及前往采办人姓名，统限于三日内，报明本府，以便呈由省政府函请

湖南省政府对于本省采办米商,予以便利,并随时函商建设厅拨给拖轮,专供各该米商运输米谷之用。事关民食,此应切实办理,除分知外,特此通知该会,即希查照迅办具复云。

(《汉报》P93)

16.汉商会函财厅生成里租金,请酌予减让

(1934 年 8 月 14 日)

生成里房屋,自经财政厅收回管理后,曾以原旧租金甚轻,经提呈省府会议通过,拟订加租办法,公布施行在案。昨汉商会以据鞋业公会,一再呈请转恳财厅,体恤商艰,俯准撤销,略谓商业凋敝,居住该里会员商户,无力负担,几难支持,不独对于新订加租办法,乏力承认,即原旧租额,尚嫌过重,亦应并请酌予减让,以维商业等情。市商会以此案前准会员代表大会关于全市商店租金,亦经全体签提,呈请当局暨业主会通告各业主,一致减让,以维市面。兹复鞋业公会呈同前情,自属实在,特于昨日据情转函财厅,请以市面商艰为怀,准予所请办理矣。

(《汉报》P106)

17.纱布营业税不能免征

(1934 年 8 月 15 日)

市商会日前根据第四次代表大会时纱业公会提案,呈请财政部改善税法,昨奉财部批云:呈悉,查统税系就各厂产品征收,营业税系对于商业行为者征收,性质迥然有别。最近本部召集财政会议,对于营业税法第一条除外之规定,业经明白解释,关于已纳统税工厂或公司所设分事物所得以免征营业税,至普通经营贩卖已纳统税货品之商行店铺,均不在免征之列。原呈所请免征纱布等营业税,自毋庸议。至所请将纱布业,均按资本额课税,究竟有无窒碍,应径呈主管机关核办示遵。再行政院议决申请国府通令各省市不得对于已纳税货品重征任何税捐一节,系限制地方政府不得对于上项货品,直接征收任何捐税而言,营业税既非对货征收,自不在通令限制范围之内,并仰转行知照会。

(《汉报》P113)

18.取缔棉花掺水掺杂含水分超最高限度禁止买卖,故意掺者处有期徒刑或罚金

(1934 年 8 月 15 日)

棉花检验,虽已办理有年,惟取缔掺水掺杂之暂行条例,最近始经国府制定明令公布,通行来鄂。鄂省为产棉之区,而汉口又为棉业重要市场,是此项条例于鄂省之棉农、棉商,均有密切关系,爰为志之于次:第一条,本国棉花以含水分百分之十一为法定标准。第二条,本国棉花在市场买卖以含水分百分之十三为最高限度。第三条,本国棉花所含水分超过最高限度者绝对禁止买卖。第四条,意图谋不法利益,故意掺水掺杂者处三年以下有期徒刑,得并科或易科一千元以下罚金。第五条,纱厂打包厂或花行经手买卖之棉花,须在包外加盖厂名,以便查究。

第六条，纱厂打包厂或花行收买潮湿过水分最高度之棉花者，应停止其买卖与使用，并得处二千元以下罚金。第七条，纱厂购买棉花遇有超过标准水分，而不过最高限度者，应按其水分照价扣除，其有不满标准水分者，亦应照价补偿。第八条，凡订期或现货买卖之棉花，较双方或公订标准棉多含棉子及其他夹杂物超过百分之五以上者，应停止其买卖与使用，并处二千元以下罚金。第九条，凡订期或现货买卖之棉花或双方或公定标准棉多含棉子及其他夹杂物超过百分之五以内者，应照其百分数加倍除。第十条，细绒棉之混有粗绒棉者，其买卖价格应照粗绒棉价格计算。第十一条，棉花须经法定检验机关检验合格后方准出口。第十二条，棉业统计委员会及各商品检验局有派员向棉业行厂查核之权。第十三条，检验人员对于检验棉花时，如有串通舞弊，故意留难或挑剔等情，应负刑事责任外，其因□损害营业人之利益者，并应负赔偿责任。第十四条，本条例施行日期以命令定之。

（《汉报》P113）

19.省市官商今晨会商民食问题

（1934 年 8 月 16 日）

省政府前为民食发生恐慌，曾令市政府召集粮商会商采购谷米办法，一面复由市政府通告汉商会暨武、阳、汉粮商拟具救济民食办法，于三日内呈复，以凭统筹办理。兹悉各粮商均已遵限具复，由市府转呈省府核示。省府特定今（十六）日上午九时在大厅召集市政府、汉商会暨武、阳、汉三市粮商负责人，为民食问题，举行省市官商会议。通知已于昨日发出，汉商会已推定苏汰余、杨廷辉两人出席，粮食改进会方面出席者黄云卿、吴佩卿。

（《汉报》P121）

20.财政部因汉口市纱业同业公会呈请准予豁免纱布及面粉、火柴营业税一案致行政院公函

（1934 年 8 月 16 日）

案准贵处第三三六二号函开：奉院长谕，据汉口市商会主席陈经畬呈云云等抄函，函达查照。等因，查此案首据汉口市商会分呈到部，当以查统税系就各厂产品征收，营业税系对于商业行为者征收，性质迥然有别。最近本部召集财政会议，对于营业税法第一条除外之规定，业经明白解释，关于已纳统税工厂或公司所设事务所得以免征营业税。至普通经营贩卖已纳统税货品之商行店铺，均不在免征之列。原呈所请免征纱布业等营业税，自毋庸议。至厅将纱布业改按资本额课税，究竟有无窒弊，应径呈主管机关核办示遵。再行政院议决申请国府通令各省市不得对于已纳统税货品重征任何税捐一节，系限制地方政府不得对于上项货品直接征收任何捐税而言，营业税既非对货征收，自不在通令限制范围之内。等语。批示，知照在卷。兹准前因，相应录案，复请查照转呈为荷。

此致

行政院秘书处

财政部长

21.（汉口市政府）据呈为机器米业同业公会呈复米价情形并请迅予救济转陈察核等情，业经商定具体办法至所陈治标办法碍难准行，并仰转知令汉口市商会（附原呈）

（1934 年 8 月 20 日）

两呈均悉。查本案前据机器米业公会经呈到府，业经召集各粮商公会代表询明详情，并通饬各粮商公会筹集资本向长沙等处采购，限期将筹款数目，及前往采购人姓名报府转呈省府函达湖南省政府予以便利，暨商由湖北建设厅拨给拖轮，专供运输。现复由省府召集会议一次，已商定具体办法立即实行。至所陈治标办法，查本市为华中交通枢纽，碍难准行！并仰转饬知照。此令。

市长　吴国桢

原呈文（一）

呈为呈复事，案奉七月三十一日钧府义字第七六二八号训令，饬即遵照严禁米商囤积居奇，俾免妨害民食等因，遵即函转机器米业同业公会分知该同业一体凛遵去后。兹据该业公会复函称，敬复者，昨准大会函开：奉汉口市政府义字第七六二八号训令内开，准湖北省政府民政厅久字第四七七八号训令内开，案据湖北省会慈善联合会董事长周仲歧呈称（原文有案从略）尾开：相应录令函达贵公会，请即查照分知贵同业一体凛遵是盼。等因，准此。查上月米价增高，其由有三：（一）水旱荒歉，产地皆须留备自给，以是来源稀少。（二）新陈不接，求过于供。（三）附近村镇及边江一带转运出口，日必数千。有此数因，以致河下行市飞涨。虽河下行市陡涨三元，而米厂天字号米只由八元八角陆续涨至十元零八角，尾号米由六元涨至八元。凡属商店门市本应根据成本，今米厂忍痛吃亏米涨三元者，正为兼顾民食，不欲附和河价也。今武昌善联会只云米商高抬居奇，并未分别河下与米厂，以致报纸宣传多所误会。殊不知涨价者，为河下号家最著者，如湖南省银行存谷十余万石，由二元三角涨至三元三角。事实俱在，可以查考。余如船谷三元五角，油谷三元九角几，齐米由四元几涨至七元几，油米由七元几涨至十元零四角。俗云吃米访谷价，自然真相大明。况米厂自水灾而后，逐年亏损，本身周转已感不灵，焉有余力囤积垄断？且来源凋零，纵有余力，其如无货可囤。盖月余以来，逐日来源只三二千石或千余石不等，而武汉人口共有一百二十余万之多，每日食米共八千余石，益以转运出口每日共需万石左右，来源长此短绌，而河下存米只一万余石，堆栈存谷只三四万石，折合熟米亦只万余石，而米厂存米不过五万上下，统而计之，不过只足一星期之食粮。本会有见及此，深为隐忧，故于上月二十六日曾将上述各情呈请汉口市政府，筹集来源，设法救济，以平米价，而维民食。等情，在案。准函前因，相应函复即希大会代为呈复，并求市府未雨绸缪，是所至感。等情，前来。查所称上月米价增高原因三点，并已径呈钧府有案，理合据情呈祈鉴核。

谨呈

汉口市政府市长吴

汉口市商会主席　陈经畬

原呈文(二)

呈为据情转呈事，案据本市机器米业同业公会函称，敬启者，兹为武昌善联会周仲歧呈报省政府民政厅请求限制米商高抬居奇，本会曾于八月六日将河下涨价原因及谷米到销供不应求各情形，函复大会，请求呈复市府，设法救济。等情，在卷。兹因河下谷价三日陡涨一元，仓谷作价四元八角四分(外缴)，以是人心恐慌，莫知所措。查此次谷价飞涨，原有前面所陈三点。盖以近日浙赣两帮不问优劣，放价收买，武汉来源已感不济，焉能再加外省转运出口？不但米价增高，漫无底止，且恐来源不济，发生恐慌。民食攸关，于地方治安不无影响。因是本会特于本日上午推派代表晋谒市长，将近日河下行情以及存底单薄，出口踊跃，来源稀少，供不应求等情，面陈市长，请求救济，并建议治标、治本两办法。治标者，即日严令禁止出口；治本者，筹集资本向外采运。当蒙市长临时召集粮食会议，允予设法办理。但时机迫切，深恐迟疑，缓不济急焉，特函恳大会转呈汉口市政府，对于治标、治本两办法迅予施行，以维民食而平米价，不胜迫切盼祷之至。等情，到会。查该公会所陈各节，委属情形急迫，理合备文转呈钧府，俯赐察核迅予决择施行，实为公便。

谨呈

汉口市政府市长吴

汉口市商会主席　陈经畬

(《湖北省政府公报》第52期)

22.(汉口市政府)令汉口市油业同业公会：准函以油商抬高油价一案仰查明取缔具复察夺

(1934年8月21日)

案准中国国民党汉口特别市党务整理委员会申字第一七九号公函内开：案据第八区执行委员会呈称，本会第十五次委员会议讨论第一案，查本市油商，借水旱之故，陡涨三分之一，乘机取巧，冀获重利，剥削人民。考诸物价之增涨，必须有所根据。本市之食油来源，全赖豫省供给。而该省芝麻茶豆等出油之类成熟颇丰，积极输向各地推销，价颇公道。油商等，似此垄断渔利，不惟贫苦人民生活受其影响，即中等之家，亦有嗟叹之声。请上级党部转函市政府，设法取缔，平价售卖，以纾民困。等情，当经决议通过记录在卷。理合录案备文呈请钧会鉴核施行。等情，据此。查所称是否属实，相应函达查核办理见复为荷。等由，准此。查所称借故高抬油价，如果非虚，殊属影响民食。除函复外，合行令仰该会即便遵照，查明制止，并将办理情形呈复察夺。此令。

市长　吴国桢

(《湖北省政府公报》第52期)

23.（汉口市政府）令汉口市堆栈业同业公会：为磅斛工人陈才贵、江玉山等与堆栈业为争给走码计算力资一案业经召集谈话决定办法仰转饬遵照

（1934 年 8 月 21 日）

查码头磅斛工人陈才贵、江玉山等与堆栈业为给走码计算力资一案，业经本府召集各方代表谈话，当经一致决定办法三项：（一）凡号货及已经过磅斛之货物，工人不得索给走码计算力资。（二）凡经行之货物，无论过磅斛与否，嗣后由栈方负责照案（民国二十二年九月调解决定案）发给力资。（三）客交客货，不过磅斛者，工人应否索取走码计算力资问题，暂行保留。等语，记录在卷。查此项办法，与原案尚属相符，复经各方代表一致同意，自应依照履行。除分令外，合行令仰该会转饬各堆栈业一体遵照！此令。

市长　吴国桢

（《湖北省政府公报》第 52 期）

24.视察人民团体，九月一日开始实行程序要点已经当局会同规定

（1934 年 8 月 26 日）

汉口市党部，为欲明了本市各人民团体现状起见，决定会同市政府派员视察，其视察程序，计分：（一）特种社团；（二）工会；（三）农会；（四）工商业同业公会；（五）童军党务教育等，以三个月为期。昨据市府消息，已定九月一日开始。至视察要点，亦于日前会同规定，兹照录于次：（一）须考核团体组织内容情形；（二）须考核该团体负责人之历史与背景；（三）须明了该团体分子之组合情形；（四）须注意该团体收支状况及征收会费情形；（五）须考核该团体职员有无渎滥情事；（六）须调阅其会议记录，并考核执行上级机关命令事件；（七）须调查该团体中党员数目；（八）须注意该团体纠纷情形；（九）其他事项。

（《汉报》P195）

25.汉口市的运输问题

（1934 年 8 月）

（刘传书）七月九日在平汉铁路管理局招待各行商会中演讲

兄弟今天所要讲的题目，是汉口市的运输问题。各位都在汉口经商，可以说与汉口市面应有密切关系。我们是路界做事，可以说对于运输事业应负相当使命。这个问题，实在与我们彼此都有很大的关系，所以愿借今天这个机会，提出来与各位商榷商榷，以期谋一妥善解决的办法。

我们考察世界地理与历史，可以下一断语，即凡发达最早之国，必滨海洋；又凡一国内发达最早之城市，亦必位于河海综错、四通八达之区。这是什么原因呢？就是因为交通便利或运输便利。运输便利的地方，为什么就会发达起来呢？我们只要稍加思索，就可以得有答案：第一、运输便利的结果，来往的人民一定很多，这是不待解释的。第二、运输便利的结果，来往的货物也一定很多，何以故呢？因为运输便利则运输费用减少，卖货的人可以卖钱较多，买货的人可

以花钱较少。譬如某地所产棉花,成本为每担一元,某市场市值为每担二元;倘运输便利,从该地运到该市场的运费只每担五角,则产棉的人,可以每担获利五角。假若运输不便利,每担运费也许需要八角、九角,那么每担只可获利一角或二角了。倘若运费需一元以上,则不能运往出卖了。这可以说明运输愈便利,货物的运费愈少,卖货的人赚钱愈多。再从买货的那一方面看,运费是货物成本的一部分,运费愈少,就是成本愈轻,那么售价也应就愈廉了。所以可以说凡是运输便利的地方,生产者一定赚钱多,消费者一定花钱少。既然如此,各地货物哪有不到这个地方买卖的道理?货物既集中买卖于此,来往的人自然更多,那地方也就自然会发达繁荣起来。由此说来,可知一个地方的繁荣,全靠运输的便利。我们如果要维持或者增进某一个地方的繁荣,一定要设法维持或增进其运输的便利了。

汉口何以能成为我国一个大商埠呢?就因为其位于长江与汉水相交的地方。后来又有平汉、湘鄂两铁路以此为终点。最近几年来,又修了汉宜、汉襄几条公路,可以便利内地的交通。再邮件包裹,并有航空运输之便。现代的运输机关,不外铁路、轮船、公路、飞机四种,而汉口对于这几种运输,都应有尽有,从表面上看来,可以说汉口的运输是很便利的。但细加考察,已成的平汉、湘鄂运输能力如何?需要的新铁路如川汉、粤汉等,何时可以完成?汉水的运输是否便利?长江的轮船有几条是中国的?汉宜、汉襄等公路的运输能力如何?办理的成绩怎么样?以上的答案,可以说都是偏于不好的方面的。再说到航空运输,更是可笑了,除了少数邮件包裹及旅客外,尚不能为一般客货的运输。像这种情形,我们能够说汉口市的运输问题,已经解决了吗?这个运输问题,范围很广,铁路、轮船、公路、飞机,都是包括在内,且不惟应讨论已有的,并须研究应有的。今天为时间限制,兄弟只把已有的铁路运输问题,与各位讨论一下。

现在与汉口相连的铁路,只有平汉、湘鄂两线,湘鄂路与汉口有一江之隔,也可以认为相连的。上面兄弟已经说过,凡要维持或增进一个地方的繁荣,一定要维持或增进它的运输的便利。我们如果要发展汉口,要繁荣汉口,除了轮船、公路、飞机等运输机关外,应该力谋铁路运输的便利与铁路运输的充分利用。铁路运输如何可以便利?如何可以充分利用?这是须要考察的,须要研究的,并且须要监督铁路方面的!我们中国的农工商界,对于铁路运输,往往毫不注意;铁路本身,又不知自己振作,以致腐化日深,路商俱困!现在要整顿铁路,应该由铁路与农工商界双方努力。所以各位如果要使平汉、湘鄂两路的运输便利并充分利用的话,一定要起来研究,起来监督!铁路运输问题,可以分为两种:一为运价,一为运输。关于运价方面,各位要注意"市场竞争"的关系,就是汉口市与中国其他商埠竞争买卖的关系。譬如河南郑州一带的货物,可以运到汉口出售或出口,也可以送到天津、青岛、上海等地出售或出口。假使以上各地的市价一样的话,那就看哪一方面运费较少,货物就运到哪一地方去卖。所以铁路运价,是可以左右货物运输方向的。我们要发展汉口,繁荣汉口,自然希望各地货物都运到汉口来卖,各地需要货物的人也都到汉口来买。但是能否达此目的,关系固然很多,而铁路运价是否合理,是否公平,关系甚为重要,因为运费是运价与里程之积。如果运价较高,虽里程较短,运费亦将较多。所以各位对于平汉运价,应该本着运价应求合理与公平的原则,加以研究。关于运输方面,以鄙见所知,各位应特别注意铁路与轮船的比较。汉口与长沙之间的运输可由铁路,也可由轮船。汉口与上海间的运输,也是可由铁路,也可由轮船。如果站在全国经济的立场,以上各地间的运输,自然以轮船较为经济。但是我们知道长江的航权大半操于外人之手,利用外国轮船,无异购买外国货物。且轮船运输,究不如铁路运输之迅速。现在铁路既办了负责运输，不像以前有损失危险，又办了负责联运，凡由汉口到上海或由上海到汉口的货物，可以直接运输，中间一切手续，均由铁路办理，我们汉口的商人应该尽量利用铁路运输。况且许多货物，因为水运有关税的关系，且上海至汉口或汉口至上海轮船运费较铁路运费为多者，上海、汉口间的包裹，都由铁路运输，就是这个道理。其他各种货物，我们为甚么不利用运费较少、运输较快的中国铁路，而偏要经由运费较多、运输较慢的外国轮船呢？希望各位对于各人所运货物的轮船运价及运输速度与铁路运价及运输速度加以计算比较，所有汉口、长沙间及汉口、上海间的货物，凡可以利用铁路者，应尽量利用，以期来往于汉口市的货物的运费特别减少，使各地货物都到汉口市来买卖，那汉口市面自然就发达了，各位的营业也自然连带发展了，我们铁路的营业，也因各位营业发展而发展了。除了以上所举铁路运价及运输两点之外，尚有几件事情与运输有关，请各位注意：一为货物装卸问题，因为装卸费也是运费的一部分，也就是成本的一部分，应该力求减少；一为货物包装问题，我国对于货物包装太不注意、太不划一，我们应在汉口设立打包厂，使包装坚固化、统一化；一为货物囤存及押款问题，现在到处有谷贱伤农的情况，我们在汉口应另设仓库以便货物之堆存，银行界应多备押款以便农民之周转，俟将来需要增大时再运输出售，这与汉口市面及铁路运输，均有关系；一为汉口市内之转运问题，汉口市内之手车、板车、汽车等，均应有极良善之组织及管理方法，务以迅捷便利为宗旨，以期自车站至厂商门口之运输，亦极便利。以上各点，倘各位能努力去做，同时与铁路方面协力合作，汉口市的繁荣，各位营业的繁荣，铁路营业的繁荣，一定可以同时实现了。

（《铁道公报》第 931 期）

9 月

1.（汉口市政府）市政：义字八三六三号（二三 · 九 · 一）：令汉口市粮食改进委员会：为奉令据汉口市粮行公会呈请变更革除小麦豆类掺水掺积杂弊各办法仰该会遵照妥议呈核

（1934 年 9 月 1 日）

案奉湖北省政府民字第八二三五号训令内开：案据汉口市粮食行业同业公会代主席韩瀛洲呈称，窃属会同业前以汉口市粮食改进委员会私拟革除小麦豆类掺水掺杂各暂行办法，蒙请汉口市政府呈奉钧府令准暂行试办。该改进委员会随即密呈汉口市政府颁发布告，于本年八月一日实行举办。属会因该各暂行办法妨害同业业务，当推举代表向该改进委员会提出意见，乃该改进委员会黄主席云卿既认定属会代表所提意见理由充足，又不肯诚意接受，致未解决。旋蒙汉口市政府吴市长召集双方代表，于上月三十日上午十一时谈话。结果奉吴市长面谕，属会代表赶速拟定对于该各暂行办法，以不妨害属会同业业务为宗旨，即日呈报以凭核办。等因。属会遵即拟定普及全省境内同时检验与仿效检验芝麻成例两种办法，呈请核示施行。本月十一日奉汉口市政府义字第七九二五号指令内开：呈悉。拟称举办鉴定，应同时普及省内全境等语。查本市为粮食运销集中之地,施行鉴定较易着手,各县市粮食积弊,是否与本市情形相同及应否一律举办?候转呈湖北省政府核示施行。至称援照芝麻成例办理一节,查粮食改进委员会鉴定品质,系以运销本市之粮食为限,与商品检验局所办芝麻出口检验,迥不相同,不得相提并论。总之,本案业经呈奉湖北省政府令准试办,事在必行,该会为参加组织之一员,自应本诸初衷共策进行。又实行试办以后,确有不便于各行商业务之处,准予随时提出具体改良办法,径与该会妥为协商办理,除令汉口市粮食改进委员会知照,并呈湖北省政府核示外,仰即知照!此令。等因,奉此。细绎指令意旨,似以变更该各暂行办法,应呈请钧府核示施行,谨遵令将属会所拟两种办法理由,敬为钧府缕晰陈之。查小麦豆类系产自外县农村,此次举办检验须同时普及省内全境,以清来源,使掺水掺杂奸商,无所躲避检验,功效方易实现。倘因代表买方(即厂号方)利益之改进委员会片面谋私之图,仅在汉口一隅先行单独举办检验,则货客均视汉口为畏途,势必运往他处脱售,汉口粮食行业当然无形消灭。该买方定高唱营业自由,直接径赴附近咽喉各地(即襄河之蔡甸外江之金口沌口武泰闸下新河青山樊口等处)尽量收买,借此避免在汉购货照章应行完纳之一切捐税,则公家之收入因之日行减少,而要政之设施将更无法筹措。贻害之烈,岂止断绝属会同业全体生机,即繁荣之市场,亦必因之深受影响,是改进之效未收,而自戕之害立现,岂解除本业痛苦、增进社会福利、振兴市场、复兴农村之道乎?此应请普及全省境内同时检验,迅将该各暂行办法予以变更之理由一也。至检验芝麻办法实行已久,成效卓著,此次推而检验其他杂粮,当援芝麻成例办理,简而易行,不宜如该各暂行办法第四、第五、第六等条之规定,假改进之名,谋片面之私,一面使货客耽延时日,徒受损失,一面使行家增加烦扰,影响业务。况一遇大风流水,货船时有危险之虞,行家更难漠不关心,则该改进委员会私拟该各暂行办法,虐行病客,实已达于极点。此应请仿效检验芝麻成例,将该各暂行办法,予以变更之理由二也。以上系就该各暂行办法应予变更之点而言,谨再就属会遵奉汉口市政府指令提出具体改良办法理由,据实陈明。查该各暂行办法第五条规定,小麦豆类登记时,每石暂收改进费国币一分,以充本会经费等语。此种每石收国币一分之改进经费,自表面观之,虽由买方(即厂号方)负担,实际已无形移转于货客之本身。盖以该改进委员会主席委员常委执委等十五人,该买方占重要地位者已在十人以上,所有办理登记鉴定各职员,无一不由买方延揽而来,当然均仰买方之鼻息,逢迎无所不用其极,一旦大错铸成,全权在握,势必假检验之名,对于卖方故意留难,百计剥削。其所设立之各登记处,无异变相之厘金局所。流弊所及,则卖方暗中所受之损害,每石岂止国币一分,即十分亦难断定,而改进委员会经费之收入,当不可胜数矣。该代表买方利益之改进委员会,操纵杂粮之阴谋,意即在此,垄断市场之野心,亦即在此。不仅此也,属会同业地位居间向来对于买卖双方,均以公平信义为天职,此时买方强权日张,卖方公理莫伸,则属会同业之公平信义,行将一落千丈,而卖方群起另觅市场销售,亦属情理之常。是该代表买方之改进委员会私拟检验杂粮各暂行办法,直接阻遏卖方来汉销售,间接即在消灭属会同业业务,更属毫无疑义。况际兹政府严厉废除苛捐杂税之时,岂容此类似厘金局所之创设,以饱少数私人之欲壑乎?为今之计,拟由买卖行三方各举富有经验五人,充任改进委员会主席委员常委执委等职,并分任办理登记鉴定各项事务,所有必需办公费用,由三方平均负担,将每石杂粮收改进费国币一分违背政府废除苛捐杂税明令之规定取消,庶纷扰自息,争端立平矣。倘买卖双方均趋重权利,不愿尽此义务,属会同业,仰体政府严厉废除苛捐杂税之德意,甘愿单独尽此纯粹义务,力谋改进之尽美尽善,此属会遵奉汉口市政府指令,提出具体改良办法之理由三也。总之,属会同业对于改进杂粮品质革除积弊,深表赞同,而对于代表少数买方(即厂号方)之改进委员会巧立名目,私拟希图操纵垄断损人利己之革除,小麦豆类掺水掺杂积弊各暂行办法蒙请举办,认为妨害属会同业业务,于改进实际无丝毫之裨益。且该改进委员会,自蒙准举办以来,其所代表之买方,逐日进货,亦均未按照该各暂行办法实行检验,甚或货物置进后,随意填写鉴定单据,借以虚张声势,然究属寥寥无几,是该各暂行办法根本不良,万难实行,事实尤为昭著,素仰钧府党国干城,政治领袖,爱民恤商,有口皆碑。理合将奉令陈情并提出具体改良办法理由,具文呈请俯赐鉴核,准将汉口市粮食改进委员会私拟蒙请举办之革除小麦豆类掺水掺杂积弊各暂行办法,迅予变更或普及全省境内,同时检验或援检验芝麻成例办理,并恳对于属会提出具体改良办法,予以采择施行,以维行业,而恤商艰!等情,据此。查此文前据襄河粮食帮代表何祥林等呈控前来,业经令饬该市政府查明实在情形具报核夺在卷。兹据前情,除批示外,合行令仰该市政府迅即并案办理!此令。等因,奉此。并据该会径呈到府。查原呈所拟变更办法四项,其中普及全省境内同时鉴定及鉴定杂粮仿照芝麻成例办理两项,前据径呈到府,业经分别核示,并将关于全省同时鉴定一项转呈省府鉴核示遵在案。至原呈第三项粮食改进委员会应由买卖行三方各举富有经验者五人分任事务,及第四项所有必需办公费用,应由买卖行三方平均负担,不应按石抽费,不无相当理由。惟各方代表人数及经费负担究应如何分配,始臻平允,应由该委员会召集各方代表共同讨论拟具修正意见呈候核定。除呈复并指令外,合行令仰该委员会,即便遵照,迅予召集买卖行三方代表妥议具复核夺为要。此令。

市长　吴国桢

(《湖北省政府公报》第 53 期)

2.市府党部会同调查社会团体分两组以三月为期

(1934 年 9 月 3 日)

汉口市党部,前以本市人民团体,名目繁多,内容是否齐一,亟须加以调查。惟兹事体大,既非短期间所能竣事,又非独力所能成,以是特函市政府征询意见,并请会同办理,比经市政府复函赞同,兹悉会查人员,均已派定,计市政府谢府宾宇、闻亦博,市党部秦杰、刘文柱。昨据市府消息,已定本月五日分两组出发,开始调查。调查程序,计分三步,第一步调查特种团体,第二步调查各同业公会,第三步调查各工会及其他团体,暂以三个月为期,必要时得酌量延长。

(《汉报》P14)

3.市府公布省府修正大减价取缔办法

(1934 年 9 月 5 日)

汉商会此前根据第四次代表大会决议,呈请市府迅定取缔大减价办法暨迅予审查各业行规等情,已迭志前报。兹悉取缔大减价办法,业经省府修正,由市府公布施行并令汉商会转饬各业遵照。至行规部分,亦经市府交付行规审查委员会提前审查。兹录其修正之取缔大减价办法于后:第一条,凡各业商号之营业应注重商业道德及公共利益,除本办法第二条规定情形外,不得为减价拍卖之揭示及宣传。第二条,各业商号之减价拍卖以具下列情事之一者为限:(一)初次开张者;(二)宣告歇业者;(三)开业一年以上举行纪念者(如一周年、二周年或三周年纪念之类)。第三条,减价拍卖期限最长不得逾十日期。第四条,减价拍卖期间除得挂灯结彩及依本市管理广告规则揭示各种广告外,所有奇装异服怪声叫卖等恶习概行禁止。第五条,凡合于本办法第二条之规定而欲举行减价拍卖者,须报经各该管理公安分局转报公安局核准方得实行。第六条,凡违反本办法之规定者,除由公安局勒令停止减价拍卖外得处五十元以下之罚金,并将处罚情形呈报市政府备案云。

(《汉报》P30)

4.集昌典被焚后,市府罚捐救火机两架,汉商会据函转呈市府请求免购

(1934年9月5日)

集昌典被焚后,经理汪绍康曾被传案讯办。兹悉此案已经讯明,将汪交保释放。惟该典保险不报,罚将所得赔款购买救火机两架,以防火患,该典特函请汉商会转呈市府请求豁免。汉商会昨呈市府云:据集昌典清理处函,经理汪绍康等,业蒙讯明,准予保释。对于保险不报,罚购救火机两架,自当遵照。奈因损失过巨,现在天气渐凉,各当户请速赔偿者络绎不绝,且尚欠往来各户款项,若将保险款购救火机两架外,自不敷应用,或因此而引起第三者纠纷,用特函请转呈市府格外施恩,准予免购,以恤商艰。等情,到会。查所呈各节,尚属实情,理合备文转呈鉴核等语。

(《汉报》P31)

5.四同业公会撤销,市党部令饬缴销组织许可证等件

(1934年9月9日)

市党部以布袜业、海参水笋素菜业、国业眼镜制造业及炉坊业四同业公会职员任期久已届满,迭经督促改选,迄未依限举行,殊属玩忽功令,不法已极,特依据商会法及工商业同业公会法之规定,提经该会第二十四次委员会决议裁撤在案。昨除已令饬该四同业公会遵照结束,缴销组织许可证及图记印信外,并函请市政府查照。

(《汉报》P62)

6.鄂省丝业衰落,财部令筹根本救济汉商会所请各节均有"碍难"处

(1934年9月9日)

汉口市商会前以鄂省丝业衰落,农商交困,特具呈财政部,请援照江浙成例,酌予发给公债,以资补助,并免除鄂丝运沪之转口税,援照沪例输车运费一律减半,以轻负担,一面加征人造丝之进口倾销税,借资抵制等情,已志前报,兹悉该会,昨日奉到财部批令云云呈悉。查江浙两省,先后发行救济丝业公债,政府担负极巨,而效果甚微。该省丝业衰落,应另筹根本救济办法。所请酌给公债,以资补助一节,碍难照准。又加征进口人造丝倾销税一节,查倾销事项,已另订有倾销税法,应照该法列举倾销事实,呈请核办。现征人造丝进口税率,在进口税中则已

属高税,一时亦碍难增加。免除鄂丝运沪之转口税一节,查来呈称鄂丝运沪,均系销至外洋,照章在起运口岸,所缴之转口税,海关应予发还,是鄂丝出洋,实际并未负担转口税。至请减轮船运输费一项,应径呈交通、铁道两部核办,合行批仰知照。

(《汉报》P62)

7.(汉口市政府)令汉口市各业同业公会:为取消工头一案有利于雇主仰转饬所属各同业一体照办

(1934 年 9 月 10 日)

查本府奉令整理本市码头一案,前曾拟具汉口市码头业务整理办法及各项章则,呈奉"豫鄂皖三省剿匪总司令部"及湖北省政府核准照办,并于本年四月二十日公布施行,及分别呈报函令在案。即于是日起,按照该项整理办法第五条之规定举办民国二十三年码头工人登记,限期两月竣事,现在登记事宜,业经办理完毕。复以嗣后关于码头工人之管理取缔各项事务,行将日渐繁赜,为求彻底整理起见,应即依照该项整理办法设立码头业务专管机关,以专责成而期顺利。又本市码头工人制度,已于该项整理办法中规定一律取消。所有工头已往抽收力资百分之十三厘头,拟以二分之一作为减少雇主应出力资之数,其余二分之一,提作码头工人公益金,作为码头业务专管机关、码头工人学校、码头工会及码头工人公益金等项经费开支之用(即雇主向出力资百元者,减为九十五元,又以五元作为公益金,工人实得九十元)。爰拟具汉口市码头业务管理所组织章程、汉口市码头工人公益金征收分配办法,呈奉"豫鄂皖三省剿匪总司令部"指令,略以此案经令据湖北省政府核议修正呈复,查核尚属可行,饬即遵办,经于八月十七日委任刘汉清为汉口市码头业务管理所主任,令饬负责筹备。旋据该主任呈报,筹备手续业经完竣,定于九月一日正式成立,所有取消码头工头工人公益金征收分配办法,亦请同时实行等情,当经准如所请分别呈报函令布告各在案。兹复据该管理所呈称,案查本市码头工码制度业经呈奉钧府布告自九月一日起,实行依法取消在案。惟此种制度,由来已久,遽予革除,难免各雇主不明政府整理码头业务之至意,昧于利害,观望不遵,或反被工头串诱,借口货物安全问题,拒绝组长负责工作。甚或有少数在外人企业下服务之奸商市侩,与工头互为利用,对于组长制度,散布流言,上以蒙蔽外商,下以恐吓工友,凡此种种,俱足以妨害所务,有损法令之尊严,均应从严取缔,以利进行。除由本所派员分向各厂、号、行、栈详为开导外,理合具文呈请钧府鉴核,仰祈迅予分别函令本市各国领事馆及各同业公会转行所属商店,对于取消工头,以组长负责工作一案,切实奉行。等情,据此。查本市码头工头制度,经此次取消后,所有工作之分配监运及力资之领取分发,均应由工人中选任之组长完全负责。虽工头制度取消,而于货物安全,绝无影响。且雇主已往给付力资百元者,今只给付九十五元,减轻雇主负担,至为明显。足见此项办法系为铲除剥削阶级,对于雇主纯属有利无害。各该雇主自不应狃于旧习,有所观望。据呈前情,除分别函令通告外,合行检同汉口市码头工人公益金征收分配办法及汉口市码头工人组长执行业务规则各一份,令仰该会即便转知所属各同业一体遵照为要。此令。

附发汉口市码头工人公益金征收分配办法、汉口市码头工人组长执行业务规则各一份。

(《湖北省政府公报》第 53 期)

汉口市码头工人组长执行业务规则（湖北省政府公报第55期）

第一条　本规则根据汉口市码头业业务整理办法第二十一条订定之。

第二条　本规则所称之组长，系指依照汉口市码头业务整理办法第二十条规定所产生之组长而言。

第三条　凡本市各水陆码头工人之组长，其执行业务除法令别有规定外，依本规则之规定。

第四条　组长受汉口市码头业务管理所（以下简称管理所）之管辖，并受汉口市码头业职业公会（以下简称码头工会）之指挥监督。

第五条　组长之职务如下：

一、关于工作之接洽分配及监运事项；

二、关于力资之经收及会商分配事项；

三、关于公益金之经收及缴解事项；

四、关于工人或工人与雇主纠纷之调解事项；

五、其他管理所及码头工会之临时指派事项。

凡人数较少之组，其组长除办理前项各款事务外，仍须协助工作。

第六条　组长对于本组工作应公平分配，所属工人有借故不从者得报请管理所或码头工会核办。

第七条　码头工人力资除已有规定者遵照规定办理外，其尚无规定者得依照习惯或按照货物重量与路途远近临时协定，不得有苛索把持情事。

第八条　凡各组承送之货物由组长分配工人送达约定地点交雇主或经手人，如货物有损坏遗失情事，系由过失者得斟酌情形，分别责令赔偿。

第九条　组长有下列情事之一者，除由管理所呈准汉口市政府革除其组长职务及取消其工人资格外，并得依法移送究办。

一、有反革命行为者；

二、鼓动工潮或唆使工人斗殴者；

四、侵蚀公款者；

五、对于工人压迫或剥削者；

六、串通窃取客货者；

七、吸食鸦片者。

（注：在原刊中并未见第三项情事）

第十条　本规则如有未尽事宜，得随时呈请汉口市政府修改之。

第十一条　本规则自呈奉汉口市政府核准公布之日施行。

8.汉商会通电乞赈鄂灾

（1934年9月19日）

汉口市商会，以鄂省自遭受水□两灾之后，元气大伤，不料本年入夏以来，旱魃为虐，灾情惨重，待哺嗷嗷，虽经本省官绅会同筹赈，无如杯水车薪，无济于事，以是特于昨（十八）日发出通电乞赈。略谓,南京中央党部,国民政府行政院、内政部、财政部、赈务委员会,南昌蒋委员长,武昌张副司令钧鉴,湖北旅京同乡会,上海市商会主席虞洽卿、杜月笙、王一亭、张啸林、朱子桥诸先生,暨湖北旅沪同乡会钧鉴,窃鄂省自遭受水□两灾之后,元气大伤,商业凋残,农村破产。去岁虽称有获,而金融阻滞,谷贱伤农,仍感生活之艰难。方冀来年之好转,孰意本年入夏以来,旱魃肆虐,田土龟裂,越三月之长夏,无一雨以成秋,颗粒无收,灾情惨重,哀鸿遍野,待哺嗷嗷。本省官绅,虽集全力以筹赈,而所得几如杯水,究无济于车薪。本会同人,观此情形,心胆俱裂,与工佐食之无力,矫令发粟而无权,此不得不疾呼求救于诸大君子之前也。今者剿□军事,大部虽以告成,而各地零星股匪,不时仍由出没,饥寒盗贼,易溺其心。是拯救鄂灾之请求,不独为单纯慈善事业,抑亦全国治安之根本问题也,万乞党政诸公,熟权利害,速拨巨款,赈此灾黎。志士仁人,恻隐为怀,尚希慷慨解囊,助兹善举。渴时甘露,滴滴皆恩,劫后余民,依依共戴,临电迫切,无任悚惶。

(《汉报》P144)

9.建筑国货商场莫衷一是,市商会主张在市中心区,市政府拟拨款萧家垸地皮

(1934 年 9 月 20 日)

市府拨款建筑国货商场案,商会昨已遵令呈复市府,其主要意见,认为修筑场屋需地皮一千方,且宜在闹市中心江汉路一带,并附带建议,如感建筑场屋困难,宜暂租用新华公司或新市场。在市府以新华公司已歇业,但因债务兹在诉讼期间,又新市场早经发还,现为私人经营游戏场所,均不便租用。关于建筑场屋,市府原拟拨款五万元及萧家垸地皮,照商会陈述意见,需建场屋一千方,估计一层建筑费,每方需洋三百元,共需三十万元,如建筑两层,即需五十万元,超过市府预算六分之五,或十分之九。此种差额至巨,倘商会能分筹若干,再以场屋为担保,向银行界息借若干,始能如数筹足。再萧家垸地不足一千方,但商会又嫌偏僻,如须在江汉路,或附近寻觅如此广阔隙地,在事实上殊为困难,容当提交市政会议并交参议会讨论,设法解除困难,务期最短期间实现。

(《汉报》P152)

10.(汉口市政府)令汉口市保险业同业公会:奉令准实业部咨以汉口市保险业公会一案业经函准中央民运会核复咨请查照令仰知照等因令仰遵照

(1934 年 9 月 21 日)

案查前准湖北省政府秘书处机要室函,暨奉湖北省政府令,为准厉楼雄函暨据太平保险公司等呈遽节略,以汉口市保险业公会系经纪保险业商人所组织,与保险业商人无混合可能,仰查明议复一案。节经函准中国国民党汉口特别市党务整理委员会指派职员张筱绪,由本府指派职员陈健会同查明事实;由本府呈请湖北省政府,由中国国民党汉口特别市党务整理委员会,函请中央民众运动指导委员会核示办理。本府并已奉湖北省政府建字第六一五八号指令,“……仰候转咨实业部会商中央民运会查核见复,再行饬遵”。等因,各在卷。兹奉湖北省政府建三字第三二二号训令略开:兹复准实业部商字第二八一零九号咨开:案准中央民运指委会

第七五九四号公函内开：案准贵部商字第二七四七四号公函开：为汉口市保险业组织公会嘱核复一案抄同原附各件请核复等由，准此。查汉口市保险业组织公会，发生疑义，前据汉口市党部呈请核示到会，经以该市各保险业所组织之原有同业公会，既未以公司行号为单位，于法根本不合，自不能援用人民团体整理办法，加以整理，应将现有之保险业公会，完全解散，重新派员指导改组，并调查如有外人经营及投资之保险业，不能加入公会，或组织公会，其公会组织，应依法有公司行号七家以上者为标准等语，函复在案。兹准前由，相应函复查照。等由，查此案前准贵省政府咨请查照办理到部，当经函请中央民运指委会核复，并咨复各有案。兹准前由，相应函请查照饬知为荷等由，准此。合行令仰该市政府知照。此令。等因。除函中国国民党汉口特别市党务整理委员会查照外，合行令仰该会遵照。此令。

市长　吴国桢

（《湖北省政府公报》第 54 期）

11.汉阳六厘团捐纠纷县府改为商铺捐，商会请取消

（1934 年 9 月 22 日）

汉阳县镇府将城区六厘团捐改为商铺捐，令汉阳商会转饬各商民，照旧遵缴，拨充区公所经费。该会于前日召开各业代表会议，一致决议七项理由，认为重复苛征，坚决否认，并呈请各高级机关，明令取消，以释民累。

（《汉报》P168）

12.汉口市商会公告

（1934 年 9 月 24 日）

案查本会前准本市银钱两业公会，将议定票据附属各问题之会议记录抄送到会，曾经分转各同业公会知照在卷。兹准该两业公会又将联席会议关于票据背书之图章方式分别责任各决议案，照抄送会请酌定，并将开始实行日期通告各帮暨登报公告，以期一律而免分歧。等因，前来。经于本会第四十次执委会议决，规定本年十月一日根据两业公会决议案实行，转知各帮并登报公告。等语，记录在案。除已分转各同业公会外，合将该项决议案摘录于后，即希一律查照办理为盼。

（《汉报》P180）

13.市长吴国桢氏昨日之谈话：举办商人小借款交通、金城等行对原则无异议，取缔有奖储蓄尚须加以考虑

（1934 年 9 月 27 日）

经济社记者，昨（二十六）日晤市长吴国桢，询以本市当前关系大众经济各问题，当荷拨冗见告。略谓，市党部函请取缔万国、中法两储蓄会一案，查有奖储蓄，危害市民经济，夙为公开事实。最近中央公布之储蓄银行法，已定专条查禁，在事实和法律上自应查照执行。但该两会

原有存户权益,应代为设法保障,而行政程序上,亦须加以考虑,容与市党部从详磋商后,再定进行办法,以期稳妥,而收实效。又提倡举办小本借款,原因各业公会在本府调查去年营业状况报告中,均一致期望银行信用放款甚殷。余为扶助凋敝市面,调剂小商金融起见,迭向各关系方面磋商救济法,结果银行如交通、金城等行,均愿试办小本借款,遂定办法十一项。交通现已表示赞同,金城对第三项最高借款额,主张由三百元改为一千元,在原则上无问题,不过第七项规定,借户除觅殷实铺保两家外,须由各该同业公会执委会调查出具证明书,并负第二担保责任,是否可行,业令商会列举意见,迄今尚未据复。市府拨款建筑国货商场,亦待商会提出办得通办法,以上两事均关系商人本身利益,稍缓当与该会负责人切实讨论后,即分别进行。

(《汉报》P211)

14.商会图书室,钱界慨捐千元

(1934 年 9 月 28 日)

汉口市商会年来对于有益商业事项,无不竭力进行。如创办商人补习夜校、商业学校及商业月刊等,成绩之优良,已为社会所公认。他如创设图书室一事,亦早在计划中。无如预订之室址(即大门前东楼之航空队址)为航空队所驻,迄未迁让,以致筹备多时之汉商会图书室,亦无从进行。本市钱业公会,于昨日捐助该会办理图书室洋一千元,该会已复函申谢,但不知何日能观厥成耳。

(《汉报》P218)

15.同业公会不加入商会,由商会劝导之,官署未便干涉

(1934 年 9 月 29 日)

汉商会第四次代表大会,曾讨论取缔不加入商会之同业公会或商店会员,经市府转呈省府,咨请实业部核示,兹已经实业部咨复来鄂。汉市府昨特转令汉商会,略以前据该会呈为工商同业公会与商会关系事项,拟具处理办法三项,祈鉴核饬遵等情,当经指令并将原第二项办法,呈奉湖北省政府转咨实业部核复在卷。兹奉湖北省政府训令,准实业部咨复,节开:查商会组织之宗旨,依据商会法第一条,为图谋工商业及对外贸易之发展,增进工商业公共之福利,故同法第九条尽列工商同业公会为商会会员之一种,并无强制加入之规定,如有已向商会报告成立,而不加入商会,请予登记之公会,只有由商会设法劝导,使其加入,当地主管官署,未便予以干涉,合行令仰查照。

(《汉报》P226)

16.(汉口市政府)令汉口市粮食行、杂粮号业同业公会:奉令会同规定各粮行经纪人抽收手续等费办法三项令仰转饬遵照

(1934 年 9 月 29 日)

案查前奉湖北省政府财字第二一一号训令内开:案奉行政院第四六三三号令内开:本院前

为救济国内产麦滞销经第一二一次院议决议，由实业、铁道、财政三部，南京市政府，农村复兴委员会，调查情形，设法补救在案。旋经各该部、府、会调查完竣，拟议紧急救济办法原则到院。该办法原则第六项载，各地粮行经纪人牙税手续费等，应饬令各地方政府尽量设法规定公平办法，以图减轻农民负担等语。查近年以来，农村经济，艰窘已极。各地粮行经纪人抽收牙税手续费等，在在足以剥削农民，亟应严加限制。该各部、府、会等所拟议上项办法原则，尚属切要。除分令外，合行令仰该省政府斟酌各当地情形，将粮行经纪人抽收牙税手续费等，妥定公平办法，并将办理情形，呈院备核，是为至要。等因，奉此。除呈复并分令财政厅外，合行令仰该府遵照会同妥拟具复，以凭核转。此令。等因，奉此。当经会同湖北财政厅详查以牙税为本省市正当捐税，纯系出自粮行经纪人，与买卖粮商无关，且已于牙帖章程明白规定，似无须另加拟议。至各粮行经纪人抽收手续等费，除各县方面由财政厅另案查明办理外，其本市情形，计分：（一）佣金，每石小麦，抽取买方手续费一角四分，为粮行主体人所得。（二）行员津贴，每石取卖方二分，为行员照料□货心劳所得，内提四厘办理私立毓德小学校。（三）号员津贴，每石取买方一分，为号员照料□货心劳所得。（四）内开销，每石取卖方五分，以二分属售货号员所得，以二分属进货行员所得，以三厘三属粮行扦筒人所得，以一厘七属粮行杂费之用，以五厘充粮食工人学校经费。以上四项，除粮行经纪人佣金，及扦筒开销，与毓德学校经费、工人学校经费等尚属正当外，其余行员津贴、号员津贴及其他内开销等费，均属陋规。又查本市粮行佣金均系按石抽收，一遇价格涨跌，即失公平。如近五年来小麦价格跌落不已，佣金虽由每石三角减为一角四分，按现在小麦每石三元四角计算，仍在百分之四以上，亦应加以取缔。乃由本府会同湖北财政厅分别规定为：（一）嗣后各粮行经纪人抽收佣金，一律不得超过经售货款百分之三。（二）各粮行合办之私立毓德小学校经费每石四厘，及粮食工人学校经费每石五厘，与扦筒开销每石三厘三，仍准照旧抽收，用资维持。（三）各粮食行号所用员司，应议定固定薪资，不准再向买卖双方另取任何手续费。以上各节，案经会同呈奉湖北省政府秘一字第九一号指令准如所拟办理。等因，到府。除布告各粮商人等一体遵照外，合行令仰该会即便遵照，转饬各同业，一体遵照办理为要！此令。

市长　吴国桢

（《湖北省政府公报》第 54 期）

17.汉商会呈请财部取消烟酒牌照税性质与营业税同，征收复苛重

（1934 年 9 月 30 日）

汉口市商会近据国药、杂货贩卖、食品制造、食品杂货、杂货店等业公会联函，以烟酒牌照税性质，与营业税无异，在营业税未兴办以前，烟酒牌照税，即系一种营业税，在营业税既办以后，若再征烟酒牌照，是一物两税矣，其为复税，固不待言。本年全国财政会议，决定废除苛杂六项原则，第三项即为复税，根据政府法令与纳税原则，此烟酒牌照税应行取消者一。民国十七年部章规定，以商店每月销货多寡，定纳税之等级，是时营业税尚未兴办，各商店每年完纳牌照税，仅上下两季。民国十七年后，部章变更，以甲、乙、丙、丁、戊等级不同，销货多少，按四季完纳，各商店已在无形中增加一倍。此种办法，根本不合实际商情，囫囵吞枣，担负不均，此烟酒牌照税应行取消者二。值此市面异常萧条情况之下，凡兼售烟酒者，中小商人居其多数，应

请转呈财政部,遵照全国财政会议决定之六项原则,取消烟酒牌照税,以恤商艰等情。商会据函,已于昨日备文转呈财政部,请俯准如请施行。

(《汉报》P234)

10 月

1.谈谈“小本借贷”问题

(1934 年 10 月 1 日)

小本借贷,是汉市劳苦大众所迫切需要的。经过市府一再提倡,才有由二三家银行试办的动机。能不能实现?实现后功效怎样?这都是和大多数市民今后经济生活的转变,有很密切的关系。经济社记者,特就市府规定办法,在事实上作一度的考虑,并且在比较范围内提供一个很浅薄的建议,给各关系方面参考。原文另刊于下:汉口市政府鉴于市场的不景气,又根据市商会第四次会员代表大会的建议,原拟组织信用式的合作推进委员会,由银行和钱铺挪一部分款项,分区贷放,救济一般小商店。这个动机,本可以取得社会上的欢迎,嗣后因事实困难,乃商请交通、金城等行试办小本借款,并订立办法十一项,其内容:借额二十元起至三百元止,用途以正当营业生产者为限,月息不得超过一分,期限至长一年。担保由借户提出相当抵押品或具殷实铺保二家,并由各该同业公会执委会调查借户款项用途是否正当及铺保是否殷实,出具证明书,并负第二担保责任。借户不按约届时偿还,由银行报请市府以行政处分饬押追还。如以房地产抵押,并应报请登记。如借户不如约偿还,银行得将该项抵押品收营。倘届满六月仍不清偿,准报请市府公告拍卖,不足时仍责令借户补偿。

小本借贷,到现在尚未实行。就记者浅薄的估量,这回市府的办法,将调查、监察等重大责任,委之于同业公会的执委,又将偿还的保障课诸行政处分,这两点觉得有点疑问:第一,同业公会的执委,是否负责?第二,执委是选举而来的,不是永久不变的代表,倘执委所代表的店铺因事中断,或者任期届满,这空泛的公会,谁负其责?再同业公会的会员,均是小有资产的,即或需要流动金,也非二三百元的款项,就可以济事的。至若行政处分,也有其难行之点。因为户籍行政,尚不是到了相当的程度。且中国人习惯,向不乐守新样的法令。从前特别市政府曾办过了贫民借贷一次,结果怎样?不难作为前车之鉴。尤其是小本工商业者,根本就没有公会的组织,要是由公会执委作第二担保,他们就没有机会了。况且今年商会四次代表会,有人提议设法邀请同业加入公会,足见中产以上的商店,还多有不加入公会的,要是这样,根本上哪里谈得到普及哩?

还有一点,市政办法完全注重在调剂小本商人。要晓得全市市民,小商民是不少,而小摊贩、小手工业者及一切一切的失业无苦的群众,还是大多数。站在市府救济市民的立场上说,应该顾虑到市民的全体。割裂的去做,容或一部分人可以得着实惠,却是社会经济基础,是整个人群生活的反映。多数人无饭吃,无衣穿,无房子住,试问一部分人的生产,教谁去消费?消费者不能生产,哪里有人的生活哩?现在本市作奸犯科的日益增多,倒闭收歇的商店也层出不穷。今后要为社会安宁着想,为市场繁荣着想,小本借款应该普遍,不过普遍到如何程度,办法怎样的周到,要仔细打量一下罢了!

记者谈到这个问题,觉得有几点值得注意的:

第一是资本的集合。这种借贷利息本属至微,而手续却最繁杂,起初办的时候,想教那一般借户涓滴的如约归还,本来没有绝对的把握,但是如果纯粹以营利为目的地来经营此种事业,挂一块招牌,处处顾虑到还款的稳妥,不能透视到大工商业者和一般有生产技能的人损益,其结果实等于零。目下市府如果要办的话,首先应该想到资本集合的方法。就记者的愚见,由市府呈请省府抽拨地方公债,为保本担保,向国营银行中国、交通二行及省银行四省农民银行借十万元,再向各会员银行借十五万元,各非会员银行借五万元,总计筹集六十万元,援北平金城银行借于北平市府小本贷金先例,一律月息五厘,并指定市税担保付息。此间各银行负责者,要皆热心社会事业,一经接洽,且具有确实担保,自易得银行界的允诺。资金既有了着落,月息又只五厘,以一部分基金,兼营普通放款,像房地产抵押等项,月息均在九厘以上,借此差额的利润,事业费即可迎刃而解。否则市府不总其成,利润又极低微而繁杂,责之普通银行去实施这种事业,我相信事业费的消耗,放款中的利润,决难抵补,而况借剩余价值为生的机体,哪里办得到哩!

第二是手续规定。贫苦大众缺乏普通常识,无可讳言。放款手续假如繁杂,借贷人决难体会,应仿办理合作社程序,完全由市府附设放款机关办理,只须说明一切程序让借款者知道就是,更有可注意者,就是担保人,不要互相保证,以防流弊。其他产业担保,可照普通习惯办理。

第三是贷放标准。贷放款项的标准,要以借贷者是否具有技能或劳力,并考察其有无不良嗜好和最近有无生产途径。贷放后,亦应随时抽查各借户工作情形和生活状况,并须负指导扶助之责,以免浮滥。换言之,就是处于监察地位,只要做到这一层,借贷人还本付息是有绝对把握的。此种调查和监护的责任,放款机关人员,在质量两方面,决难得怎样的严密和周到,应由市府令各公安分局户籍警随时切实协助。

这是记者思想所到的地方,市府当局假如要努力去做,本市最高党部及各机关方面,假如在旁一致协助进行。这个意见,或者是刍荛之献。其他详细办法,多关事务的组织,只好待办理的先生仔细研究了。

(《汉报》P6)

2.索偿存款,中央银行汉行存户推代表晋京请愿,汉商会转呈财部请了悬案

(1934年10月3日)

前中央银行汉口分行裕成典等六十五存户,曾于民国二十一年十二月,暨去年九月,先后函请商会,转呈财政部催请清偿。中间曾奉部批,着候清理就绪,妥筹办理,再行公告。现又将近二年,而此项清偿办法,犹未公布,以是该存户等特公推代表赴京向财部请愿,并函商会请转财部确立清偿办法。汉商会原呈略谓:据中央银行汉口分行存户裕成典等六十五户略称,各户存款于中央银行汉口分行,均执有存折或存单为凭,证据确鉴。依据现行民法,此项存款,一经存户催告,即应偿还。虽中央银行汉口分行为国家设立之机关,照其在私法上之地位,与个人

无异,亦不能拒偿存款。况该分行系营业性质,存款为其主要业务,设存入之款,不为偿债,其何以昭示国信?且恐于中行营业前途,大有妨害!今年政府对于军阀时代各项借款,均经先后清偿,则存入国家中央银行之款,断无不为清偿之理。惟此款即由财部清偿,诚恐部务纷繁,致将本案延搁,兹经各存户公推鄢霖生、李鼎安、李桂荪、余德馨、王兆祥、熊意超等为全体代表,赴部请愿。特此请大会转呈财政部,请迅将各户存捐本息清偿,以恤商艰等情,理合备文转呈钧部俯赐垂察,于该代表鄢霖生等踵前请愿时,确示清偿办法,即将各户存款,本息一律结还,以了悬案,而维国信。

(《汉报》P24)

3.贺衡夫谈救灾会目前急务在使灾民能一饱,贷款组下周成立,运送灾民要煤费

(1934 年 10 月 4 日)

记者昨晤救灾备荒会常务委员会贺衡夫。据谈,本省今受旱灾者最多,遭水灾者仅数县,且为期亦甚暂。至于赈济,目前急务,在使灾民能得一饱,饱而后可以劳作,庶能徐图生计矣。关于发冬衣一节,本会赈款有限,如欲制发,非数十万莫办,且旱灾与水灾不同,各县灾民,非必须寒衣,故现尚未计及云。

又该会计划组织贷款组,放款救济农人,简章现已拟就,定六日召开全体委员会议通过后,下星期即可成立。

又该会昨呈省府,以查江西省向四省农民银行押借款项成例,系将农村合作社贷放基金,统交四省农民银行存储,再向该行加借半数之辅券,专充贷放之用,即以对合作社贷出之债权为担保,并由省政府负责保证。至贷款办法,系由四省农民银行将应借之款,托由合作委员会代办,并经军事委员会委员长南昌行营令饬仿行。现各受灾县份,需用贷款,既如此甚急,特具文呈,请签核施行。

又建设厅昨函救灾会,对于车船免费运送灾民一案,据航政处签称,内河航轮,系代管性质,不能全免运费,如有大批灾民,经指定运送地点,可代雇民船或拖轮运送,酌收煤力,俾免亏累。

(《汉报》P32)

4.商人团体因逾期改选引起纠纷,司法院解释商会法条文疑义,汉商会奉市府令转各业查照

(1934 年 10 月 5 日)

汉口市政府,日前奉省府令,准实业部咨开:查商会法第十九条,及其施行细则第十九条,对于商会及工商同业公会之改选,及改选届期不能完成者,均已明白规定,而各地商人团体,因改选逾期引起纠纷者,尚所不免。最近司法院对于商会法施行细则第十九条疑义,复经详细解释如下:(一)商会现任职员届时不能完成改组或改选时,依商会法施行细则第十九条自应停止职权。(二)现任职员虽经停止职权,而依商会法第十九条规定,仍只改选半数。(三)被停止职员,仍得以会员代表之资格出席选举,但应改选者,受不得连任之限制,不应得连任之限

制；不应改选者，因任期未满，均不得复被选举。（四）现任职员虽停止职权，而该会款项文件之保管交代各事项，在改组改选未完成前，应由现任职员负责。对于以上解释所有改组或改选逾期之各商人团体，自应遵照办理。在地方主管官署此后尤应特别加以注意，毋使任意延期以重商运，而符法则等语。市府奉令，特于日昨转令商会各工商人团体查照。

（《汉报》P57）

5.印花税将恢复检查，省商联请准旧花使用或换领

（1934 年 10 月 5 日）

湖北省政府准财政部咨，略以改革印花税务各办法业经决定委托邮政局所代售，已定自十月一日起实行。嗣后所有检获之违反印花税法各案件，检查机关绝对不得擅自处罚，应一律送由当地法院或办理司法之县府，依照修正司法机关依印花税暂行条例课罚，及执行规则处理。至以前发行印花，商民如有余存，限本年十月底以前，照常贴用，旧花作废，惟邮局代售，并无强制性质。此后印花税收之盈绌，全视各地检查得力与否为衡。嗣后对于商民应贴印花之凭证，已否贴足，以及是否遵限结束旧印花，务须随时严密检查，勿稍松懈，以杜匿漏云云。省府准咨，已转令所属准照检查。

湖北省商会联合会，昨电财部，略以案准浙江全省商会联合会沁代电开：以废弃旧有印花办法公布后，有失国信，请一致恳请收回成命，准予继续行使。等请，到会。查印花税为最良税法，商民行使，业上轨道，今一旦废弃旧有，从事更新，在政法虽云扫除积弊，在人民则属无辜受累，似不仅自□信用，抑且动摇根本，应恳钧部俯念民困，准将已经发行之旧票照旧使用，以用完为止，如为更新起见，即准持旧票换领新票，亦属得便，更不能将旧票作废，致失国信，而增商困。

（《汉报》P40）

6.市府奉令解散保险业公会重新派员指导改组新会，外人经营投资不得加入

（1934 年 10 月 5 日）

本市保险业公会，前因发生疑义，市党部曾据情呈请中央民运会核示。旋奉令以汉市各保险业所组织之原有同业公会，既未以公司行号为单位，于法根本不合，自不能援用人民团体整理办法，加以整理，应将现有之保险业公会，完全解散，重新派员指导改组，并调查如有外人经营及投资之保险业，不能加入公会或组织公会，其公会组织，应依法有公司行号七家以上者为准等语。同时汉市府亦呈请省府转咨实业部核示，旋奉指令，以准实业部咨同前由，特于日前转令该业公会遵令解散。

（《汉报》P41）

7.昨举行五十一次市政会议汉市府决会同市商会建筑国货商场取缔奇装异服办法通过

（1934 年 10 月 6 日）

汉口市政府昨举行第五十一次市政会议，主席吴国桢。决议：（一）拟具本市取缔妇女奇装异服暂行办法，修正通过，并呈省府。（二）公安局呈赍正户籍员警服务规则草案，修正通过。（三）市商会呈，拟建筑国货商场办法，交第一科、第三科会同办理。（四）拟具民国二十三年下季义务赛马分配表，修正通过。（五）奉令妥定选用国产木材标准办法，于建筑规则内增加条文，并呈省府。（六）招商承制大批国旗，令市商会转知各同业公会，通告各商店，注意国旗之制造及使用办法，并令公安局转饬各分局，即日派警检查商店现有国旗，如有不合规定之方式者，饬其购置新旗，告以使用办法，并随时注意指导纠正。

（《汉报》P48）

8.（汉口市政府）据呈为准市商会函转猪鬃业公会请于换用市秤后仍旧保存潮绳绒灰等折合一案祈核示等情指令准照办令汉口市度衡检定分所（附原呈）

（1934 年 10 月 9 日）

呈悉。既据派员查明该猪鬃业改用市秤后，仍旧保存折合，非将市秤折旧制，系将货物去毛留净。核与换用市秤本旨，尚不背谬，应准照办。仰即转行遵照。此令。

市长　吴国桢

原呈文

案准汉口市商会函开：径启者，顷据本市猪鬃业同业公会函称，敬启者，案准汉口市度量衡检验分所度字第五七五号公函开：查猪鬃、牛皮、山货各业新制衡器检查日期，曾经本所于九月六日下午二时，邀集各业出席讨论，比经决议于十月十五日起，分别会同检查记录在卷。除呈报并分别函知外，相应函请贵会查照转饬所属同业切实遵换，以重功令，而免纠纷，至纫公谊。等因，准此。本会当即转知同业遵照换用矣。惟猪鬃原料，非与其他当买当卖无甚消耗物者可比，必须经人工十余次之整理，内中耗去潮绳绒灰约占半数，向例有折合之规定，但此次换用新制衡器，该旧有潮绳绒灰之折合，似不能同时废除，当有存在之必要。窃检查日期，行将迫近，不得不预为申明，庶免检查时发生误会，用特函请大会遵照，并希转函度衡器检定分所知照，至纫公谊。等情，到会。相应转函贵所希烦查照，为荷。等由，到所。比经派遣本所检验员周文彬前往查明该业所称旧有潮绳绒灰折合之实在情形如何，去后，兹据报称，窃职于本月二十四日奉派赴本市猪鬃业公会，查明该业旧有潮绳绒灰之折合实在情形如何，遵即前往晤处会刘君。据称，敝业猪毛原料，非与其他货料无甚消耗物者可比，必须经人工十余次之整理，内中耗去潮绳绒灰约占半数，向例有折合之规定，换用市秤后此种折合似不能废除，免买卖发生争执。盖此种折合，并非将市秤折合旧制若干，而系将货物原料去毛留净之谓也，等语。理合将鬃明该业潮绳绒灰之折合情形报请鉴核。等情，据此。该业使用新制衡器以后，旧有潮绳绒灰之折合可否准其存在之处，理合备文转请钧府鉴核示遵，实为公便。

谨呈

汉口市市长吴

汉口市度量衡检定分所主任检定员陈本忠

（《湖北省政府公报》第 55 期）

9.违反印花税案件仍由官商会审，法院手续繁密将来受累不堪，商会电财部力争并电国商联

（1934 年 10 月 10 日）

关于改革印花税，旧花定期作废一事，汉口市商会曾于本月江（三）日电请财部收回成命。昨（九）日该会又将来检获违反印花税法案件，送由司法机关处理，商民将不堪其累，特再电财部，请仍照准先行官商合组之审理委员会制度办理，一面并电沪全国商联会，请据理力争，不达目的不止。兹将两电分志于后：

电财政部：略谓，前准湖北印花烟酒水局转奉钧部训令，改革印花税一案，业于江日电恳俯恤商情，收回成命在案。旋于本月五日属会第四十一次执委例会提出报告，佥以次部令改组印花税办法，除旧花作废，未曾顾虑商民之损失外，尚有最关重要之一事，即所有检查印花税事宜，责成各省市县政府办理，其检获违反印花税法之案件，则送由当地司法机关处理是也。在政府整理税收，剔除积弊，一以法律为依归，未尝不出自恤商民之至意。惟印花税务，检为繁琐，而商民不明税法者，又所在多有，偶然漏贴，不过一分或数分之征，一经检获，即受法院之讯办。司法机关手续繁密，审理案件，辗转需时，将来受累，实有不堪设想者在。应请仍照现行官商合组之审理委员会制度办理，以期平实，而免羁延。至检查印花税事宜，前此办理不善，市面几于无宁日，甚至倒箧倾箱，酿成重大事变。今若改归地方政府办理，难免不仍蹈前辙，时起纠纷，应请责成各省市县政府，须与各当商人团体，会同检查，庶无任意出入之弊。

电国商联：略谓，财政部此次改革印花税办法，关于旧印花作废一节，业于本月三日电致财政部（文略）。又于本月九日电致财政部（文同上），用特并案电达贵会，即希据理力争，如所请不得要领，务乞召集会员代表大会，另谋救济，以期不达目的不止。

（《汉报》P80）

10.商会复各业公会换用新印花，税率如旧

（1934 年 10 月 12 日）

汉口市商会，日来迭据各业公会来函，以新印花税率奇重，政府限定十一月一日为施行之期，各地商会一致反对，在请愿无结果以前，对于实贴印花，究竟如何办理，请即指示。该会昨分别答复，略谓前准湖北印花烟酒税局转来财政部令，关于改革印花税办法，只规定自十一月一日起，实行贴用新印花税票，并未涉及税率，则税率仍旧，自无可疑。至立法院议决印花税法，税率奇重，系另一问题，各省市商会正在据理力争，政府尚未公布，自无遵行之必要。在此

案未有正当解决以前,贴用印花,仍应依据现行条例办理。

(《汉报》P192)

11.小本借贷可实现,三银行各筹十万元合组借贷处,章程业经拟订将再经一度会议

(1934 年 10 月 12 日)

汉市府以汉市商场,素称繁盛,自民国二十年大水以后,商场已大受打击,益以年来各属匪患,直接间接所受影响尤巨,遂令著称之商业中心,一落千丈,疲惫不堪,以是曾有举办小本借贷救济中小商人之议。第以兹事关系奇重,非慎加考虑不为功,因于昨日下午邀集汉商会主席陈经畬、上海银行行长周苍柏、交通银行行长浦心雅、金城银行行长王毅灵到府,会商贷款办法暨数额。会商结果,决由上述三银行各筹十万元,共三十万元,组设小款借贷处。市府方面除以现款三万元存于关系银行外,并另行提出相当保证。借贷处由市府总其成,派员主持,关系银行则各派一人,协同办理,负责调查责任及付款记账等事。至借款人须设有营业一年以上之店号为准绳,并须其同业公会执委二人负证明借户所填店东姓名及营业年限属实之责。借款数额以五十元至五百元为度,期限至多不得过六个月,月息不得超过一分,最低七厘。据商会主席陈经畬语记者,此项章程,市府业已饬科拟定,再经一度会议,即可定期实行。

(《汉报》P192)

12.前中央汉行存户代表赴京请愿,汉商会昨电财部孔请赐予接见

(1934 年 10 月 12 日)

前中央银行汉口分行存户裕成典等六十五户,以各该户存款至今数年,财政部迄无清偿表示,似此久延,不知何时可了,以是特公推鄢霖生、李鼎安、余德馨、王兆祥、熊意超等为代表,赴京向财部请愿,已志前报。兹悉该代表等,已于昨一日乘轮东下,并由汉商会电请孔财长予以接见。原电略谓,中央银行汉口分行各存户,因索还存款本息,推举代表赴钧部请愿。除另文呈请外,至乞赐予接见,无任感祷。

(《汉报》P92)

13.财部电复汉商会,旧印花准登记调换,十一月一日起不得贴用

(1934 年 10 月 15 日)

财政部发行新印花,于十一月一日起,由各地邮局代售发行。汉市商会以商人现有旧印花,积存甚多,迭经呈请财部准予将旧印花调换新印花,以恤商艰。兹悉汉市商会昨已奉到财部复电,略以印花税票为商民日常营业所必需,依照印花税暂行条例第四、第五两条之规定,应以随时实贴随时涂销为原则,商民平时果能依例实贴,则其所购印花,当已粘贴于凭证之上,并盖章或画押以涂销之,本不应有所积存,乃历年以来,除正当商人向知注重实贴,绝少积存外,其普通商民往往昧于实贴本旨,以为一经承购,即属已尽纳税义务,所有依贴印花之凭证,平时

或不注重实贴，以致应贴未贴之印花，时有积存，试观各地随时执行检查，检获违例之单据簿折，每案动辄百数十件，可为明证。是此项存花，既应贴而未贴之税票，本部自难准其留为今后厉行实贴之时期贴用，致使国库坐受无形损失。若谓印花与有价证券或邮票性质相同，未可任意作废，不知印花系属税票之一种，应随购随贴，并非有价证券，尤与寄递邮件之邮票性质迥殊，何得相提并论？兹察问各地商会来电所述印花积存之原因，大都指摘经征机关推销制度之不良，有以酿成之，或谓分支局所按日派销，或谓推销员司勒购代罚，以致商民存花愈多，无法贴竣等语。查派销勒购，固属有违定章，但究其症结，经征机关之所以派销者，未始非商民平时狃于恶习，不肯实贴，乐于认额包销有以致之。至勒购代罚，亦必先由商民漏贴有据，始有勒购和解情弊。且近年来据报告，各地每遇主管经征机关人员更替之际，屡欲厉行实贴，以明整顿。乃时有土豪劣绅从中把持，要求认额包销，以遂私图，积习相延，固属经征机关办理之不善，而不正当商人之不肯依例实贴，以及土豪劣绅之阻挠税政，亦属咎有难辞。本部深知此种积弊一日不廓清，即税务前途一日不能趋循正轨，而商民痛苦亦即一日无法以解除，是以考虑之至再，始订旧票限期贴用办法，以期彻底革新。良以正当商民对于印花大都随购随贴，纵有积存，究属有限，当可如期用罄。只有上述并不实贴之商民，以及把持包销之土劣，其积存应贴未贴之印花，为数较多，但本部不惜牺牲税收，提前布告，准将此项存花展至十月底截止贴用，期限并不短促。况印花税务之必须整顿，在五月间全国财政会议之时已有决议，九月间即应实行，因虑商民或有用余存花，特为展缓于九月初始行公布，至十一月一日起实行，事实上为期经五个月之久，是本部对于商民所存印花，已予不少贴用之便利。至于本部以印花税收入，大部分拨充各省市以为抵补裁减赋附加废除苛捐杂税之用，亦无非为减轻商民负担起见，业于布告内详晰宣示在案，此层尤为商民切身之利益，足见本部体恤商艰，已属无微不至，各商会商民表率，当明大义，果明了此次改革宗旨，应为多数商人利益着想，岂得误信平日把持包销之土劣，专谋一已之私鼓动构煽受其愚弄，以致不察事实，递起争议。本应查照原案执行，不稍通融，姑念年来，百业凋敝，商况奇艰，办法既有改革，其中不无正当商人，仍有少数用余存花，或不免略受损失，特再格外体恤，准将各地商民所存旧印花，截至十月底止，如有尚未贴竣者，另由本部规定登记办法，酌予分期调换新印花，其登记及调换方法，应候订定后送由遵照办理，惟十一月一日以后，即不得将此项旧印花贴用，违则定予严罚不怠。至布告所称十一月一日以后所立之凭证，务须贴用新印花，系指新订立之凭证而言，本年账簿系在十一月一日以前早经成立使用，其已贴旧印花，当然继续有效，各地商民对于此点，间有误会，并望一并转知为要。(日日)

(《汉报》P112)

14.（汉口市政府）检发整理码头有关规章及通告小册仰转发遵照令汉口市商会

（1934 年 10 月 17 日）

查本府奉令整理本市码头一案，前曾拟具汉口市码头业务整理办法及各项章程呈奉“豫皖鄂三省剿匪司令部”及湖北省政府核准照办，并经分别函令通告施行各在案。此次整理办法与雇主最重要者，即取消工头制度，以组长负责工作。虽工头制度取消，而于货物安全，绝无影响。且雇主以往给付力资百元者，今只付九十五元，减轻雇主负担，至为明显。本府为使雇主彻底明了起见，特将关于本案之通告及汉口市码头业务整理办法，汉口市码头工人组长执行业务规则汇订成册，以广宣传。为此检发该项小册九千五百册，令仰该会即便转发各业同业公会，分送所属商店行号，一体遵照办理，并将分配各业册数，列表具报备查为要。此令。

市长　吴国桢

（《湖北省政府公报》第 56 期）

15.立法院新订印花税法较现行高至百倍，汉商会昨电请纠正并复议

（1934 年 10 月 18 日）

汉口市商会，昨因报载立法院议决之印花税法，与上年该院通过之印花税法原则，颇多不符，其间有骤增至五十倍或百倍者，值此商业凋残，商民何堪负担，特于昨（十七）日分电中央政治会议及立法院，请迅赐纠正复议。略谓报载决议之印花税法第十六条内附税率表，自第一项至第三项，均系商界最普通之发货票、账单、银钱收据等等，其税率之规定，自三元以上至十元者贴一分，以后每满十元加贴一分，至一元为止，较之现行印花税条例所载，关于上开各项，以二分为止税率，骤增至五十倍之多。查上年通过之印花税法原则，其第五条内开，凭证之效力或权利，较为重大，或使用时间长久者，课税从重。其效力或权利较为轻微，或使用时间短促者，课税从轻。其第六条常有的行为之凭证，多采简而易行之定额税，稀见的行为之凭证，多采易于计算之累进税法，各等语。而上开各项其效力与权利均极轻微，使用时间又极短促，则课税自应从轻。今则加重至五十倍，显与原则第五条不符。至发货票等，本系常有的行为之凭证，理应采用简而易行之定额税，今则采用累进税法，又与原则第六条不符。若按照该法施行，则千元之货，自发货开账至收款，须贴印花三元，与现行条例不问其价格如何，只须贴花三分者，两相比较，高至百倍。其余各项，均加一倍至数倍不等。以现在商人之疲惫不堪，何能负此种重担，万恳俯恤商艰，迅赐纠正复议，俾得依据现行税率从轻课税，以符原则，而利推行。

（《汉报》P140）

16.湖北省政府为据汉口市政府转呈本市棉花行业同业公会改选名册并请鉴核存转等情咨实业部

（1934 年 10 月 19 日）

案据汉口市政府呈称，案据本市棉花行业同业公会呈称，窃属会于民国十九年八月选任之执行委员，迄今届满四年，业经呈奉指令，准予遵照法定，于八月六日正式改选，并蒙钧府监选员王国均暨汉口市党部指导员殷学渊当场指导监督票选。所有选举结果，除民国二十一年选任之执行委员吴克坤、余海平、高干卿、邱芝乔、方仲琪依法留任监察委员，艾锡五、汪少堂应予保留外，当经票选左幼齐、李泽阶、李建堂、姚文卿、林鸿甫、邱云樵为执行委员，曾松亭、戴月珊、潘森甫为候补执行委员，杨琨珊为监察委员，朱韵笙为候补监察委员。旋由留任执委与新选执委会同互选吴克坤为常务委员会主席，李泽阶、余海平为常务委员。除分呈外，理合将选举结果造具名册呈报钧府鉴核，准予转呈湖北省政府，分别存转备案，实为公便。等情，据此。

除将名册分别提存并指令外，理合检同原赍会员名册、当选委员名册各二份具文呈送钧府鉴核存转备案示遵办，该会章程业于第一次改选时呈准备案在卷，合并陈明，等情。附呈汉口市棉花行业同业公会会员名册及第二次改选委员名册各二份，据此。除指令，并将名册各提存一份外，相应检同原名册各一份，转咨贵部，即希查核办理见复为荷。并该会章程业于第一次改选时咨准备案在卷，应并叙明。

此咨

实业部

主席　张群

17.实业部准送汉口市棉花行业同业公会改选委员会员名册并准备案等由咨湖北省政府

（1934年10月22日）

案准贵省政府建三字第〇四三〇号咨，转送汉口市棉花行业同业公会改选委员会员名册，嘱查核备案等由。查该公会任期届满二年，依法举行第二次改选，所具名册复核大致尚合，应准备案。惟尚有应行饬遵事项，相应填列附单复请查照，转饬遵照单内所填各项办理为荷。

此咨

湖北省政府

18.据汉口市商会呈称烟酒牌照税与营业税是一物两税请取消等情，查烟酒牌照税与营业税性质虽同征收并不牵混，应予驳斥咨请查照办理

（1934年10月23日）

税字第九二〇〇号

案据汉口市商会呈称：“据本市国药业同业公会等略称，查烟酒牌照税一项，其性质与营业税无异。在营业税未兴办以前，烟酒牌照税即系一种营业税。在营业税既办以后，若再征烟酒牌照税，是一物两税矣，其为复税固不待言。本年全国财政会议决定废除苛杂六项原则，第三项即为复税。此根据政府法令与纳税原则，烟酒牌照税应行取消者一也。民国十七年部章规定，以商店每月销货多寡定纳税之等级，是时营业税尚未兴办，各商店每年完纳牌照税仅上下两季。民国十七年以后部章变更，以甲、乙、丙、丁、戊等级不问销货多寡按四季完纳，各商店已在无形中增加一倍。此种办法根本不合实际商情，囫囵吞枣，担负不均，此烟酒牌照税应行取消者二也。值此市面异常萧条情况之下，凡兼售烟酒者，中小商人居其多数，商等正欲吁恳政府取消复税，以符法令而恤商艰。讵烟酒牌照税稽征处挨店额加，为额加复税情事，时常发生争端，故国家税率有所滞纳，其原因皆由烟酒牌照税稽征处只知有加无已，以图税差生色，未本因时制宜之旨。况政府所得有限，实未涓滴归公，徒供靡费，此烟酒牌照税应行取消者三也。尤有进者，政府虽有凡营业烟酒为主体而兼营其他商品已经缴纳烟酒牌照税者，得剔除营业税一部分之规定，不过系对兼售烟酒为主业之较大商店而言，其余中小商人不能一律剔除，待遇

不公,莫此为甚。综上种种理由,烟酒牌照税万无存在之余地。除分呈外,理合呈请大会转呈财政部鉴核,赏准遵照全国财政会议决定之六项原则,取消烟酒牌照税,以恤商艰,实为公德两便。等情,到会。理合据情转呈钧部俯赐鉴核如请施行,实为公便。”等情,到部。查烟酒营业牌照税,系专指烟酒营业者而言,与各省征收之营业税性质虽同,征收并不牵混。本部前于民国二十年三月通行解释营业税征免办法第三项规定,凡专营烟酒业已由中央征收烟酒牌照税者,各省不得再向其征收营业税,等语。是缴纳烟酒牌照税者,并未重征营业税,本呈指为复税,实属误会。至征收烟酒牌照税章程规定分甲、乙、丙、丁、戊五级,原系体察商情,视营业之大小,定等级之高下,所称担负不均,亦属强词夺理,自应严予驳斥。惟据称鄂省对于兼售烟酒之中小商人,营业税既不能一律剔除,待遇不公等语,究竟是否属实?如果确有其事,似非持平办法,应请贵省政府转饬财政厅详切查明,令知经征人员遵照规定办法,秉公办理,俾免借口。据呈前情,除批示外,相应咨请查照办理为何。

此咨

湖北省政府

部长　孔祥熙

(《财政日刊》第1993期)

19.批汉口市商会呈一件为据情呈请取消烟酒牌照税以恤商艰由

(1934年10月23日)

呈悉。查烟酒营业牌照税,系专指烟酒营业者而言,与各征收之营业税,性质虽同,征收并不牵混。本部前于民国二十年通行解释营业税征免办法第三项规定,凡专营烟酒业,已由中央征收烟酒牌照费者,各省不得再向其征收营业税,等语。是缴纳烟酒牌照税者,并未重征营业税,何得指为复税,实属误会。至征收烟酒牌照税章程规定分甲、乙、丙、丁、戊五级,原系体察商情,视营业之大小,等级之高下,所称担负不均,亦属强词夺理。所请取消,万难照准。惟据称该省兼售烟酒之中小商人,营业税未能一律剔除,待遇不公,是否属实,应候咨请湖北省政府转饬查明,责令遵照规定办法,秉公办理,以昭平允。仰即转饬该公会遵照。此批。

部长　孔祥熙

(《财政日刊》第1996期)

20.检查汉钞,发行汉钞会员银行欢迎商会派员参观拆息微涨二分银钱收交仅十六万

(1934年10月23日)

汉口银行公会会员银行,发行汉钞准备,业于上月底开始检查公告,但与金融市场有关系之团体,希望援省银行及四省农民银行先例,柬请参加检查。记者因询银行界负责人,据称,各该发行汉钞银行,关于检查并公告准备金额,系援各该总行呈准财部方式办理,为昭公信起见,曾函告汉商会,并声明如届时派员惠临参观,表示无任欢迎。旋访商会负责人,据称,确接到上函,是否派员前往参观,须待执委会讨论。本月检查行将届满,用特披露如上。

至昨(廿二)日汉金融市,拆息因用方较殷,上升二分,银钱收交。浙江兴业收月底十一月半交八万,价一千元零二角五分;交通现交月底五万元,价九百九十三元五角;农商收月底对期三万元,价九百九十五元五角,共十六万元。场外成交均在外,钱业收盘,拆息二角六分,较上日涨二分;双元兑洋六串二百四十文,较上日涨四十文;申钞兑洋每千,整票找洋五元,较上日跌一角;零票找洋四元七角,较上日涨二角。电汇,九百九十五元,对期,(二十五)九百九十五元二角五分,(月底)九百九十五元七角五分,均较二十一日小二角五分。

(关金回涨八厘)江汉关公布:每金单位合洋一元九角四分三,较上周六回涨八厘。

(金饰兑价稳定)金业挂牌:赣浙两帮每两兑洋均为一百零一元,与上日同。

(外埠拆息汇率)拆息:上海六分,汇率,重庆划洋六百八十元,现洋七百四十元;万县钧洋七百五十元,现洋八百二十五元;成都八百二十元。

(《汉报》P186)

21.商会昨呈市府请从缓检查印花并请颁发印花暂行条例规则等

(1934年10月30日)

汉口市商会以此次改革印花税办法,关于检查印花暨审理违反印花税条例案件两案,曾以种种不合商情等情,电请财政部重加体恤,准予仍照现行办法办理在案。各省市商会,亦以纷电请求。昨以期限已届,特呈市府,要求在未奉部复以前,关于检查印花一节,恳请曲予维持,暂缓照案执行,以纾商困。至修正司法机关依印花税暂行条例科罚及执行规则,该会并未奉到,亦请发给一份,以资查阅。

(《汉报》P248)

22.旧印花登记,将另定办法,财部昨令知商会

(1934年10月31日)

自财政部定十一月一日起换用新制宝塔印花后,此间市商会曾电财部,请准商民将旧花掉换新花。昨该会奉财政部指令,略谓旧印花限在十月底以前贴用一事,迭据各地商会,请收回成命前来。本部为特别体恤商艰起见,拟另定登记办法,酌予分期调换新花。

又违法印花税审理委员会,所有积存案件,已审理完竣,准今(三十一)日实行结束。

(《汉报》P256)

23.令汉市商会:据呈请令饬转知各同业公会各厂商遵守蒋委员长鱼宥电不得借故毁弃旧有规约剥削工人等情合再令仰转知恪遵前电毋违

(1934年10月31日)

案据汉口市各业工会整理委员会呈称,案查蒋委员长有电,以"消灭工潮,安定社会,为现时豫鄂皖赣闽□□区,最为切要之图。而历次工潮发生,每一要求增加工资为主因;是消灭工潮,自以减轻经济上之痛苦为有效办法……须知减轻工人之支出,即无异增加工人之收入……"

又谓:“惟须查照鱼电,切实注意,不准厂主有虐待工人情事。倘有虐待情事,惟由该地工人,据实陈报省区地方长官,转呈本行营秉公处断,不得有所偏袒,务令劳资双方,各得其平,共安生业,以期同挽经济上之困难。”良以国家值此危急之秋,救危图存,端赖我全民族之联合一致,以共纾国难,否则不只无裨于国力之充实,与地方元气之恢复,甚且延长内乱,更陷国家社会于不可收拾之境地。我蒋委员长有见于此,故一面制止厂商,不得有虐待工人情事,一面以减轻工人经济上之痛苦,为消灭工潮之有效办法,而减轻工人经济上之痛苦,又从减轻工人支出,以增加工人之收入着手。其用意所在,无非以我工人之生活已至无可再减之最低限度,今欲使工人减轻经济上痛苦,又不能不设法增加工人之收入。而增加工人收入之方法,厥为增加工资,此就目前国内产业不景气之状况言之,实不可能。无已,乃令转饬各工厂工会,不得再向工人征收会费,苦心孤诣,至为明显。本会奉令成立,即秉斯旨,以领导汉口全市工人,务使劳资趋于一致,以努力与国家产业之发达,故一面禁止各工会负责人员,不得征收会费,一面切实查究,以期无悖于蒋委员长宥电。幸各级工会负责人员,深明法令,虽枵腹从公,亦遵行不渝。无如少数厂主,蓄意奸狡,罔顾时艰,竟借故违反规约,减少工人工资,极意剥削,企图厚利。本会虽多当调解,无如为生活所迫,难于理喻,如厂商方面,仍长久固执,虽免不激成事变,则影响所及,谁尸其咎?为此呈请钧府,准予令知汉市商会转令各同业公会,在此□□期间,不得借故毁弃规约,虐待工人,以符蒋委员长宥电之至意,而免发生意外事变,实为公便!等情,据此。除指令“呈悉。查本府前先后奉到湖北会政府令转军事委员长蒋鱼行治惠电,乃有行治惠电,饬注意工厂工人怠工罢工,及厂主虐待工人,与严禁工厂工会向工人征收费用,工人每日工作时间以十小时为标准,并不准厂主有虐待工人情事。各等因,业经分别转令遵照在案。兹据前情,除再令市商会转知各同业公会各厂商一体恪遵前令办理外,仰即知照。此令”。印发外,合行令仰该会遵照,转知各同业公会各厂商一体恪遵前令办理毋违。此令。

市长　吴国桢

(《湖北省政府公报》第 56 期)

24.汉商会谋发展对外贸易

(1934 年 10 月)

汉口市商会近奉实业部令,以据美华侨电告,美国刻因极力抵制日德货物入口,美人极望华货运往补充,以应日常之需要等情,务仰将该特产积极搜集,乘此时机,运美销售,以便恢复对外贸易,等因。现市商会已转知商界,遍搜鄂产优良油漆,及其他特产物品,开始运沪,转美推销。并悉该会为应沪商联络,尽量推销国产起见,亦已分行武汉各厂商,迅将出品货样寄由实业部核收汇转。此实我国年来经济衰落中,国货贸易之兴复机会云。

(《中行月刊》第 9 卷第 4 期)

25.汉商会召各业协助推销

(1934 年 10 月)

上海市国货陈列馆,现派推销营业股主任章锦来汉,筹设国货推销分处,事先并由沪商会致函此间市商会介绍，请予协助各情，已志前报。兹悉章锦业已到汉，市商会以事关推销国货，自应力为赞助，特于昨（十七）日下午五时召集布业、京苏广货业、电料业、食品杂货业、中外纸张业、制造毛笔业各公会主席举行谈话会，借资介绍。计到电料业王铭江、毛笔业焦秀安、食品杂货业迟恒道、中外纸张业蓝熙周，暨商会常委何文炳等数人。由何常委一一为之介绍，并报告召集谈话意义后，即由章锦申述奉派来汉，筹设推销分处之经过，暨国货衰落，亟应设法推销之必要等语。至推销分处货款之交纳，分三点办法：（一）现款；（二）担保；（三）信用记账。次由各业公会主席，相继发言。谈话结果，极为圆满。至七时许始散会。嗣后章锦语记者，本日谈话，以时间匆促，殊未详尽，今后当拟分往各业公会主席，详为研讨云。又讯，章锦已到达长沙，刻正向商界接洽，成立分处，预计营业必极发达云。

（《国货半月刊（上海）》1934 年第 19、20 合期）

11 月

1.商会昨电财部迅定印花调换办法审委员昨结束免议案件千余

（1934 年 11 月 1 日）

汉口市商会昨以财政部规定换用印花之期已至，而商家尚未贴竣之旧花，财部虽有候订登记办法，酌予分期调换新花之电示，但现届旧花截止贴用之期，究应如何登记，如何分期调换，亟待明了，以告各商，特于昨日专电财部请示。略谓，前奉钧部鱼代电，以旧有印花，在十一月一日以后，仍须遵照前令，不得贴用。惟截至十月底，各地商民所有旧印花，如有尚未贴竣者，另由本部规定办法，酌予分期调换新花，其登记及调换方法，应候订定，送由全国商会联合会，分别转饬办理等因。现届旧花截止贴用之期，所有商人购存旧有之印花，前未贴竣，究应如何登记，如何调换，如何分期，尚未奉令公布。各商纷纷来会，探询实际办法，以便登记调换。贵部体恤商艰，兼筹并顾，拟恳迅将办法规定，于新花实施贴用之日，同时宣示，以俾税政，而慰群情。

又汉市违反印花税条例审理委员会，已于昨日宣示结束。记者昨晤该会审委杨辉廷君，曾以结束情形相询，据谈在先该会原为每星期三、六审理违反税则案件，自奉部令结束后，以积案过多，乃自十月一日起三十一日止，逐日到会审理，本人为体恤商艰起见，建议凡轻微案件，概予免议，当剔出轻微者一千余件，则均如期审理完竣，如限宣告结束。

（《汉报》P6）

2.汉商会等四团体组土地征收审委会，市政会议通过并将呈省府核示

（1934 年 11 月 3 日）

汉市府昨日上午九时，开五十三次市政会议，议决：（一）业主集会办事处呈，请据情转请展第一区声请发照期限，照拟定办法，呈省府核示。（二）本府前拟具解决本市开辟各马路土

地给价征收费案,整个步骤,及办理土地给价征费案规则,业经呈准,指定市商会、律师公会、银行业同业公会、业主集会办事处各推代表一人,共同组织土地征收审查委员会,呈省府核示。(三)本市土地发照注册所呈请将本市征收契税规则,酌予修改,俾与发照注册规则连贯等情,经饬科会商修改办法具报,交秘书处第二科,税捐稽征处,会同审查,由第二科召集,提出下次会议讨论。临时决议:(一)据税捐稽征处呈报划准经投税如思堂所执江西清理官产处部照一案,应照通例办理,饬补缴上年税费。

(《汉报》P22)

3.汉业主会要求延展掉换公债期,停止征收房租

(1934 年 11 月 3 日)

财政厅发行之民国二十三年金融公债,汉口商业两会认销五十万元,其中商会之二十五万元系征收职工薪金一月,业主方面之二十五万元系征收房租半月,然后各以收条向财政厅换掉公债。现业主会方面因财政厅对于此项收条,谓自开始征收之日起,以两月为限,现已过期,不予掉换,同时二十五万元,早经收足,而财政厅犹继续征收,以是业主会认财政厅此种办法,深悖初旨,于前日推代表以二事向财厅请求:(一)照收足之日起,以两个月为收条掉换公债之期;(二)照规定二十五万元征收,现既收足,应不再收。

(《汉报》P22)

4.(汉口市政府)令汉口市典当业同业公会筹备会:据呈转集昌典请于赔偿四成内扣息等情仰仍转知该典遵照规则按当本以四成赔偿当户不得扣息,并仰克日拟定开始赔偿日期及地点具报

(1934 年 11 月 3 日)

呈件均悉。查汉口市典当营业规则第六条规定:“凡开设典当者,须在保险公司按当本加四成保险,如遇火灾,由该典商按当本以四成赔偿当户。”等语。原无扣息之规定。又当户应得之赔偿四成,平时已由当户本身出有保险费二厘,其所出费额,比较一般保险费率为重,至所称德和典失慎,其应付息金,系在所赔成数内扣除一节,查当时并无当本及加四成保险之规定,典当损失较大。现保险赔偿以及外加保险费等,既经规则明白规定,前案未便援以为例。仍仰转知该典遵照规则,按当本以四成赔偿当户,不得扣息!并仰克日拟定开始赔偿日期暨地点,呈报来府,以凭核转并布告周知为要。此令。(附件暂存)

市长　吴国桢

原呈文

呈为据情转呈事,案据集昌典清理处函称,敬启者,窃敝典被火之后,即应谨遵典当营业规则,并援照往昔典业成案,赔偿当户损失,以崇法令。只以审核账簿,辗转费时,保险赔偿,急难追索,遂致对于当户损失,无法赔偿,稽迟日久,寝馈难安。所幸保险公司一切侦查核算手续,现已大致办妥,给领赔款,自无问题。惟敝典被灾迄今已历数月,所有店员工食、赔款折扣、违

章罚金，暨登报、律师与将来赔当缴费解散员工，种种消耗，以及七月二十日（即被火日）以后免收典息之一切损失，综计业已超过五万元以上。虽将原有股本四万，尽数填补犹且不敷甚巨，彷徨焦忧曷极，但以四成赔偿当户，案关法令，无论如何困难，均应遵办。故拟觅借附近地点，即日实行遵章按照当本四成赔偿。对于利息一层，援照往昔德和典被火后赔当之办法，算至被火之日为止（即七月二十日），由赔偿四成之内照数扣除。自七月二十日以后，一概不算利息。兹特检奉德和典赔当之影印布告二张，函达大会请即据情转呈市政府核准颁赐布告，俾资保护，并乞令行公安局，委派检警莅场维持，不胜感盼之至。等情，附影印前夏口县布告两张。据此。窃查该典所称损失甚巨，原有股本，填补不敷各节，具系实情，拟遵规则按照当本以四成赔偿当户，及拟援案扣收未被灾以前利息，似属正当。兹据前情，理合备文连同影印布告，转呈钧府鉴核施行并乞训示祗遵，实为公便。

谨呈

汉口市政府市长吴

汉口市典当业同业公会筹备会

（《湖北省政府公报》第57期）

5.（汉口市政府）令汉口市度量衡检定分所：据呈为准山货行业同业公会函陈猪鬃、药材两帮不接受市秤交易情形转呈核示等情仰即遵照

（1934年11月3日）

呈悉。查本市衡器，早经明令限期实行新制，该猪鬃、药材两帮，何得独异。仍应照案由该所执行检查，如有沿用旧制，不换市秤者，着即依法严办。除令该山货行业同业公会转知各该帮遵照，并饬本市公安局转令各分局于该所派员执行山货行衡器检查时，派警认真协助外，仰即遵照！此令。

市长　吴国桢

原呈文

案准山货行业同业公会函略开：敝会自奉令换用新制衡器，曾屡召集议，结果，同行一律实行市秤市价，并通知各客帮查照施行。不意各客帮对换用市秤多数不予接受，此种困难情形，曾经敝会代表陈润南等陈奉钧所召集与敝业有关系各帮赐予调解，决定此后如有不换新器者，依法办理，规定十月十五日起检查山货行业。等由，由敝会通知全体同业遵照在案。兹据黄州帮全体同业联名函称：略以本帮客商如猪鬃、药材两帮不接受市秤，倘不设法解决，势必停顿交易。为此请求迅即转函市检定所，请示办法，以便遵行。等情，准此。爰特函陈察核，迅赐处理。等由，准此。查此案前准该会代表陈润南等到所当面称，同前由，经于九月六日召集该行业及有关系之猪鬃、牛皮、折药各行帮代表，商讨换用新制衡器后一切困难问题，当时除折药一业，因特殊情形，未派代表出席参加外，其余各行帮代表一致当场决议，于十月十五日起，由所派员会同厉行检查，并经本所如期派员会同执行检查各在案。惟猪鬃一业，曾经市商会函据该猪鬃业函请此次改用新制后，对于旧有潮绳绒灰之折合，不能同时废除。等由，经转奉钧府应准照办。等因，在卷。兹准前由，究应如何办理，抑或由钧府召集关解之处，除函复外，理合备

文转请钧长鉴核，迅即赐示祇遵，实为公便。

谨呈

汉口市市长吴

汉口市度量衡检定分所主任检定员　陈本忠

（《湖北省政府公报》第57期）

6.本市人民团体数量质量之统计团体商量商人最多，会员农会居首；男性百分之九九，距平等原则甚远

（1934年11月5日）

本市人民团体之组织，向极发达，会员人数，亦极众多。民国十五六年，虽不免有被□□煽惑而致轨外行动者，然自省执委会成立后，经锐意之整顿与严密之训练，组织已经健全，分子无不纯洁。记者昨晤省执委会某负责人，据云本省人民团体之总量，截至本年五月十五日止，共有一千二百七十个，内以商人组织最为发达，占百分之四十四有奇，农人团体次之，工人团体更次之，其他团体则不甚发达，要以渔会与妇女会最为少。至于会员数量，除团体会员一二五六个外，有据可资统计者，计个人会员四七八，三〇〇人，尚有团体二百四十六个之会员，因人数不详，无法统计。如综合此数，全省会员当在五十万人以上，约占全省人口之百分之二□，是本省民运，犹有待于努力推进之必要。各团体中会员数量，农人居最多数，占总数百分之八十以上，工商各团体次之，足征吾国以农立国，农人居多，非工商业国家可比。若就会员分布言之，则以武昌人数为最多，良以武昌团体较多，且为本省省会所在也。再就会员质量方面，约略言之：（一）以性别言，男性占百分之九十九强，女性尚不及百分之一，由此推知吾国男女在政治上、社会上、经济上，还距平等原则甚远。（二）以年龄言，差可构成一常态曲线，其均数、中数与重数，均集中于三十岁与四十岁之间，年富力强，颇堪负荷责任。（三）就会员中党员人数言，以文化团体居首，会员每百人中有党员二十人，工人每百人中有党员四人，农人每百人中党员尚无一人，故本党今后须积极吸收农工等团体中觉悟分子为会员，以充实革命力量，复兴民族。（四）就家庭经济状况言，家境富裕者，占百分之四强，仅足自给自者占百分之三十七强，入不敷出者占百分之五十三强，由此可知多数民众经济困难，生活维艰，急待于救济与生活改善。（五）就知识程度言，不识字者尚占百分四十一强，足征民众教育急待普遍，而识字运动，尤当积极推行云。

（《汉报》P35）

7.省商联电请中央修正新印花税法，现值商业凋残不堪重加负担

（1934年11月6日）

湖北全省商会联合会昨电中央政治会议、国民政府行政院、立法院、实业部，谓立法院通过之印花税法，与上年中央政治会议决定之原则，多不吻合，较之现行印花税条例，有骤增至十倍或百倍者，商情惶惑，已纷纷吁恳政府复议修正。现值商业极端凋残，实不堪重加负担，且恐因税章之细杂繁复，将引起后来办理者之重大扰攘，而予人民以无穷之累，伏冀俯顺舆情，采纳众议，将此次拟定税法，根据上年中央政治会议所定原则，斟酌改善，以利推行。又汉口市商会，

昨接长沙商会来函，略以财政部改制新印花税票一案，现已届十一月一日起发行期间，惟此间商人，因旧花掉换新花办法，至今尚未公布，坚决表示，在财政部未能实行作一次掉换以前，对于旧花当照常贴用，业经呈准湘省政府布告继续有效，并承咨行财政部查照办理在案。如此间各商与贵埠各行业往来，立有汇拨银钱各项单据，仍贴旧花，请即转知切勿误会，并盼代达检查机关，免予干涉。至贵处对于此案，现在情形如何，诸希详细示知云。

（《汉报》P42）

8.汉商会昨具呈市府请准所请印花新旧交替之期，检查应格外通融

（1934年11月7日）

关于财政部改革印花税一案，汉商会自接湖北印花税局转知改组办法后，即于十月三日电呈财政部，对于旧花作废一节，极端反对，请即收回成命，以恤商艰。同月九日，又电财政部，主张商人团体参加检查印花事宜。对于检获违反印花税条例案件送由司法机关处理，认为更与商情不合，主张仍照官商合组之审理委员会制度办理，一面致电全国商联会请据理力争，如所请万一不得要领，即请召集全体会员大会，共筹救济办法。同时并分呈汉市府暨地方法院，在此案未解决以前，对于检查审理等事宜，暂缓执行。昨日市商会接长沙商会来函，谓湘省商人，在财部未准旧花作一次掉换新花以前，对于旧花当照常贴用，对于汉市往来单据，仍贴旧花，请即转知，切勿误会。该会特于昨日具呈市府，以长汉两市场货款往来，极为紧密，而汇款单据，在在须贴用印花，彼仍其旧，我则仍旧违法，在此新旧交替之期，检查机关，似应格外通融，免滋误会。

（《汉报》P50）

9.（汉口市政府）为色布行业公会订立行规一案业经办理完结函复查照

（1934年11月8日）

案准贵会函开：据色布行业同业公会呈，以同业历受国货匹头店帮痛苦，请予维持等情一案，抄同原呈，函请核办。等由，准此。查此案前经本府召集各该业双方代表到府查询，并经派员调查。据报林协兴色布行经理林协甫声称，本业色布各行，对于卖客名义上虽扣行佣三分，但尚须代垫送货脚力保险费及洋纱贴息等项，实际仅取佣二分。等语，经查阅其账簿委系按三分扣佣，而色布行送货到匹头号，不再给付力资，亦属实情。至白布行麻夏行均系向卖客一方扣取佣金。等情，查全国财政会议议决整理牙税办法七项一案，前奉转行到府，业经分令该会遵照在卷。该办法第三项规定牙佣以百分之三为度。该色布行业，既向卖客扣佣三分，已达最高限度，且与色布行业务相同之白布行麻夏行，均无双方取佣之例，该色布行业，拟加收买客行佣一节，自由未合，碍难照准。业将色布行业同业公会原呈行规发还，令饬改订，并令国货匹头号业同业公会知照在卷。准函前由，相应录函复查照为荷。

此致

汉口特别市党务整理委员会

市长　吴国桢

（《湖北省政府公报》第57期）

10.（汉口市政府）令汉口市号栈业同业公会：据呈为新开竟陵号栈抗不入会请转饬公安局限令入会等情令仰知照

（1934 年 11 月 9 日）

呈悉。查同业之公司行号，均应加入公会，尽会员之义务，设有商号怠于履行入会之手续，仍不能因此而免除其应尽之义务。至会员义务中最主要者，为缴纳会费，对于不尽此义务者，自可适用上年五月司法院院字第九一四号解释，依法诉请给付。以上各节，业经实业部明白解释，咨复湖北省政府，令由本府转令汉口市商会转行各同业公会知照在案。据呈前情，应由该会根据该项令文，再行劝令该号即日加入该会，履行各项义务，否则依法诉请照给会费，仰即知照。此令。

市长　吴国桢

原呈文

为呈请事，缘属会为新开竟陵号栈抗不入会，曾经迭呈钧府恳请劝令入会，业奉钧府义字第九四四六三号指令，尾开：仰候湖北省政府训令到府，再行核办在案。兹奉市商会转下钧府义字第九六二七号训令节开：已呈奉湖北省政府准中央民运会函，查依工商同业公会法第三条第二项、第四条第一项及第七条之法意，同业公会之会员，即当地全体同业之公司行号，凡属同业，当然均应加入公会，均尽会员之义务，暨遵守会章，且除因停业迁移或除名外，并无退会或不加入之自由。等因，奉此。是竟陵既在汉市九如桥开设号栈，依法应加入本会，该栈竟蔑视法令不听劝告，蓄意破坏民众组织，似此情形，非请钧府令行公安局转饬该管分局限令该栈入会不可，理合备文呈请鉴核祗遵，实为公便。

谨呈

汉口市政府市长吴

汉口市号栈业同业公会主席　李瑞唐

（《湖北省政府公报》第 57 期）

11.（汉口市政府）令汉口市汾酒业同业公会：据呈为汾酒号任意折发工资一案仰查明依法办理具复

（1934 年 11 月 9 日）

案据本市各业工会整理委员会呈称，案据汉口市汾酒业工会筹备会迭次来呈略称，前据工友报告，“资方拟于废历中秋节借工友例假停工之时，即将工资一律九折发放，请迅予设法交涉”等语，前来。本会当以案情重大，未便擅自处理，经召集全体代表会议，提出讨论。佥谓，本业工友工资，向极微薄，自民国十六年全体增加一次后，迄今已有八年，分文未加。在资方固借生意萧条为口实，而实际上则每年盈余仍不在少数。工友工资固不能照店员标准由十余元加至数十元，但酌予增加数元，亦未为不可。要知年来社会经济日形衰落，百物飞涨，工友等一家数口，待哺嗷嗷，在此情形之下，已属痛苦难堪。若资方稍具天良，自应彼此兼顾，酌予增加工资，借谋救济。今不但不予增加，反骤然减成发给，且资方折减之数甚微，纵令生意亏折，亦非此小款所能弥补。似此对于劳方横加压迫,则不惟违背劳资协调之原则,且与天理人情亦殊不合。经本会向资方提议共同磋商,竟遭拒绝,而工人等乃誓不愿受此剥削,忿欲停工,由本会派员劝慰再三,始允暂时忍耐。若长此以往,恐不免酿成罢工险象,本会心所谓危,不敢缄默,理合备文呈请钧会迅予转呈层峰明令制止资方减成发给工资,以安生活而免纠纷,实为公便。等情,据此。经本会派员交涉,未能觅得解决办法,复由本会函请汉口市汾酒业同业公会推派代表二人到会谈话,详询一切。并请其调查九月一日以后有无折发工资情形。嗣准该会函开:代表等返会报告后,于十月二十三日召集各会员询问,并予劝导,据各会员云,"在许久以前,闻有工友自动减低工资者,近来则并无减低工资之事等语,相应函复贵会,请烦查照"等由,在案。惟据本会调查所得,汉口市汾酒业商号共计二十五家,而实行减低工资者,已达二十一家,内工人自愿减低工资者仅一家。由此足证该汾酒业同业公会隐瞒事实,欺骗劳工,坐令劳资争议,愈演愈剧,殊失工商合作之旨。设工友因生计压迫,痛苦难忍,致有轨外行动,则治丝益纷,谁尸其咎?据呈前情,理合备文转呈钧府鉴核,迅予令饬汉口市汾酒业同业公会转饬汉口市各汾酒商号,对于工人工资,须照原额发给,不得任意折减,以维生计而弭工潮,实为公便。等情,除指令,呈悉。查劳资双方协定工资,应属合意行为,自不能由一方任意增减。据称各情,如果属实,不但有违劳资协调,抑且与法不合,除令饬该汾酒业同业公会查明依法办理外,仰即知照并转饬知照。此令。印发外,合行令仰该会遵照迅予查明依法办理,以免纠纷。仍将遵办情形具报备查。此令。

市长　吴国桢

(《湖北省政府公报》第 57 期)

12.粮食同业延不遵用新制衡器,检定所呈请市府限期改换

(1934 年 11 月 10 日)

本市度量衡检定分所,以换用新制,早经实行,兹查本市粮食业,屡经召该会商讨实行日期,而该会称须与全体同业商妥后,再函请施行,但迄今多时,并经派员劝导,该会迄不接洽履行。值此厉行新制时期,实无可再缓,特呈请市府,统限于民国二十四年一月一日以前,须令赶备齐全,一届限期,若仍用旧制,即派员检查,严行照章没收。市府据情,昨特令该业公会整理委员会转饬所属,一律遵照办理。

(《汉报》P77)

13.电全国商联会请力争旧印花作废

(1934 年 11 月 10 日)

案查财政部此次改革印花税办法,关于旧印花作废一节,业于本月三日电致财政部文曰:顷准湖北印花烟酒税局抄奉钧部训令,以为改革印花税充裕国家税收起见,规定各省经征印花机关,及违反印花税条例案件审理委员会,统限于本年十月底一律结束。自十一月一日,另制宝塔图样新印花税票,委托各省邮政局所代售,以便人民自由购贴。所有现行旧印花税票,自邮局代售之日起,所立一切凭证,不得再行贴用,违即照漏贴例处罚。等因,奉此。查国税稽征之繁苛,以印花税为最。钧部为革除积弊起见,改为邮局代售,诚为法良意美,惟限自邮局代售

之日起,旧有印花,一律作废,揆之事实法律,两无所可。盖印花税票无论新旧,均系钧部之所颁行。自钧部对于经征机关之改组,制造税票之易图,固有所谓新旧之界,而商民使款购备,照章贴用,其时间效力当无新旧之可言。况武汉印花税自民国十六年以后,即希实贴实销,不但无包销制度,且区域业务各有严格之划分,如日法租界以及一二三特区之印花,不能适用于内地,而内地之于租界特区亦然。其他如船票游戏场堂条捐等之所用印花,各有不同,办法既非包销,则商民购备贴用之印花,自应不受时间之限制。今以新旧办法交替之时,随将旧花一律作废,只计政令之更新,不顾商民之损失。纵以经征机关徇情放任,致商人时有积存,此系考覆稽征人员,一种概观推测之词,何能依为旧花作废之事实根据?设移时因新法办理不善,再须改弦更张,则今日购备之新花,不又将成为旧有之废票乎?依此例推,如中央银行之纸币,内国公债之债券均有新旧式样之不同,又何尝不可以一纸令文,换新废旧,如此政令,其将何以昭信于人民?属会代表全市商民,利害切己,万望钧部俯察下情,收回旧花作废之命,准予照常贴用,如欲划清界限,免滋混淆,即准如数调换新花,以维国信,而恤商情,临电不胜迫切翘待之至。又于本月九日电致财政部文曰:前准湖北印花烟酒税局转奉钧部税字第七九五六号训令改革印花税一案,关于旧花作废一节,业于江日电恳俯恤商情,收回成命在案。旋于本月五日属会第四十一次执委例会提出报告,佥以此次部令改组印花税办法,除旧花作废未曾顾虑商民之损失外,尚有最关重要之一事,即所有检查印花税事宜,责成各省市县政府办理,其检获违反印花税法令案件,则送由当地司法机关处理是也。在政府整理税收,剔除积弊,一以法律为依归,未尝非出自恤商便民之至意,惟印花税务,极为繁琐,而商民不明税法者又所在多有,偶然漏贴不过一分或数分之微,一经检获,即须受法院之讯办。司法机关手续繁密,审理案件辗转需时,将来受累,实有不堪设想者,在应请仍照现行官商合组之审理委员会制度办理,以期平实,而免羁延。至检查印花税事宜,前此办理不善,市面几于无宁,甚至倒筐倾箱,酿成重大事变。今若改归地方政府办理,难免不仍蹈前辙,时起纠纷,应请责成各省市县政府须与各当地商人团体会同检查,庶无任意出入之弊。等语,记录在案。用特录案电请钧部俯赐察核,准予分别改正,以恤民隐,而利推行,临电不胜迫祷之至。各等语。用特并案电达贵会,即希据理力争,如所请不得要领,务乞召集会员代表大会,另谋救济办法,以期不达目的不止。临电迫切,无任盼祷。

(《汉口商业月刊》第 1 卷第 11 期)

14.电中政会请纠正立法院新订印花税率

(1934 年 11 月 10 日)

顷阅报载立法院议决印花税法第十六条内,附税率表,自第一项至第三项,均系商界最普通之发货票、账单、银钱收据等等,其税率之规定,自三元以上至十元者贴一分,以后每满十元加贴一分,至一元为止,较之现行印花税条例所载关于上开各项以二分为止之税率,骤增至五十倍之多。查上年钧会通过之印花税法原则,其第五条内开,凭证之效力或权利较为重大,或使用时间长久者,课税从重,其效力或权利较为轻微,或使用时间短促者,课税从轻;其第六条常有的行为之凭证,多采简而易行之定额税,稀见的行为之凭证,多采易于计算之累进税法,各等语。而上开各项其效力与权利均极轻微,使用时间又极短促,则课税自应从轻,今则加重至五十倍显与原则第五条不符。至发货票等本系常有的行为之凭证,理应采用简而易行之定额税,今则采用累进税法,又与原则第六条不符。若按照该法施行则千元之货自发货开账至收款须贴印花三元,与现行条例,不问其价格如何,只须贴花三分者两相比较,高至百倍,其余各项均加一倍至数倍不等。以现在商人之疲惫不堪,何能负此重担,万恳钧会俯恤商艰,迅赐纠正,俾得依据现行税率从轻课税,以符原则,而利推行。临电迫切,无任翘祷。

(《汉口商业月刊》第1卷第11期)

15.电财部请公布旧花掉换新花办法

(1934年11月10日)

前奉钧部鱼代电,以旧有印花,在十一月一日以后,仍须遵照前令,不得贴用,惟截至十月底,各地商民所存旧印花,如有尚未贴竣者,另由本部规定登记办法酌予分别调换新花,其登记及调换方法,应候订定,送由全国商会联合会分别转饬办理等因。现届旧花截止贴用之期,所有商人购存旧有之印花,尚未贴竣,究应如何登记,如何调换,如何分期,尚未奉令公布,纷纷来会探询实际办法,以便登记调换。钧部体恤商艰,兼筹并顾,拟恳迅将办法规定,于新花实施贴用之日,同时宣示,以裨税政,而慰群情,不胜迫切待命之至。

(《汉口商业月刊》第1卷第11期)

16.呈市府请暂缓执行检查印花

(1934年11月10日)

呈为呈请事案奉钧府训令,以奉湖北省政府财一字第一五六五号令准财政部税字第八八一二号咨附检查印花税规则,转饬遵照。等因,附规则一份。奉此。查属会对于此次改革印花税办法,关于检查印花暨审理违反印花税条例案件两案,曾以种种不合商情等情,电请财政部重加体恤,准予仍照现行办法办理在案。各省市商会亦已纷电请求,在未奉部复以前,关于检查印花一节,恳祈钧府曲予维持,暂缓照案执行,以纾商困。至修正司法机关依印花税暂行条例,科罚及执行规则,属会并未奉到,应请发给一份,以资查阅。奉令前因,理合备文呈请钧府俯赐察核准予分别饬办,实为公便。

(《汉口商业月刊》第1卷第11期)

17.据全国商联会来咨转各业函报印花存数

(1934年11月10日)

径启者,案查本会,前以湖北印花烟酒税局函转奉财政部令,定于本年十一月一日起一律换用宝塔图样之新印花税票,其旧有印花税票,限期截止作废。等因。当将旧印花不能作废理由电呈财政部请准继续有效,一面电达全国商会联合会,请予一致,据理力争,各在卷。兹准贵会代电,为请转呈准予旧印花税票掉换新印花税票,或延长有效期限一案,当经本会分电转呈国民政府行政院,财政部请求在案。本年十月八日,奉财政部鱼日代电内开:全国商会联合会鉴(文长从略)等因,到会,奉此。相应照录原电,函复贵会,即希查照转知为荷。等因,准此。

复查此项旧印花税票，既经转奉财政部电令，准予分期调换新印花税票，所有各业截至十月底止，未经用罄之旧印花税票，自应遵照暂行存储，一面将所存数额，及其种类，分别列表，先行报会，俟奉到财政部颁发，登记及调换方法后，再行通告，以便照办。除分转外，合先录电函达，即希查照办理见复为盼。

（《汉口商业月刊》第 1 卷第 11 期）

18.复金银业公会解释印花税率

（1934 年 11 月 10 日）

迳复者，昨接大函，具悉一是，查此案前准湖北印花烟酒税局，转来财政部令，关于改革印花税办法，只规定自十月一日起，实行贴用新印花税票，并未涉及税率，则税率仍旧，自无可疑。至立法院议决印花税法，税率奇重，此系另一问题，现时各省市商会，正在据理力争，而政府亦尚未公布，自无遵行之必要。在此案未有正当解决以前，贴用印花，仍应依据现行印花税条例办理。相应函复，即希查照为盼。

（《汉口商业月刊》第 1 卷第 11 期）

19.新印花购者寥寥，预计本月税收将受重大损失施行检查，商会要求派员参加

（1934 年 11 月 11 日）

印花改归邮局代售，鄂省遵令于本月一日起，实行改售宝塔式新印花，迄今旬日，邮局最近销售情况如何，各县市政府检查情形如何，各县市政府检查情形如何，尚未有详细记载。记者以此事关系国税及地方甚大，昨特走访有关系各方，得其详情如下：印花税票，本为人民应完之国税。过去印花税局，对于销售印花，多系派员施行劝销与检查。武汉方面，月销四万余元，各县市月销二万元左右。此次改组，各邮政支分局悬牌设座，派员兼售，每日上门购买者几寥若晨星，而市上购买物件，商店多未粘贴印花，纵有贴者，亦多系旧印花。北里姊妹，因堂条购花，不悉销花处何在，往往遍寻购花处不得。此为最近十日来之情形，揆其原因：一方面因新旧问题尚未解决，一方面则政府改用新章之始，劝销与检查，未能衔接。预料本月收入，恐不及以前十分之一二。再如印花检查，原系规定由各县市政府负责，再由省局抽查，财部督查，各县市政府奉中央令后，因中央改无明文规定办法，又未拨给按月检查经费，遂纷纷电省请示，省府又电请财部核办，公文辗转，动需时日，故新印花滞销，亦一主因。汉市府函须检查，昨日令知汉商会，即将派员施行检查。商会以未奉明文规定检查办法以前，商会须派员参加检查，详情是否允可，当不可知。各县劝销与检查，则更不知何日方可开始也。

全省商联暨汉商会昨（十）日接浙江全省商联会来函，略谓本会自废弃印花问题发生以来，迭经议定反对办法，据理力争，并始终主张继续通用，不必调换各在案。本月二日，沪杭各报披露财政部某要员谈“印花改革经过及感想”文，更觉财政部对于登记调换办法，毫无施行诚意，本会主张益为坚决，特此函达贵会，仍第一致主张，继续力争。

（《汉报》P86）

20.修正民法债篇，汉商会再电力争，省商联武阳商会亦一致力争

(1934 年 11 月 14 日)

关于民法债篇第六八一条规定合伙债务连带负责，权利、义务不相平衡，汉口市商会认为阻碍商业前途之发展，曾电呈财部请予修正，并分电各省市商会请一致力争。兹悉该会近又先后接全国商联会、上海市商会来电，均以此次民法两委员会举行联席会议时，特派员列席，乃据报告，关于该法第九条原草案为合伙人之姓名、地址及出资之种类、数额，如已由各该本人向营业所所在地之主管官署登记者，得于其出资限度内，负分担损失之责，股份有转移或变更时亦同等语，最为重要，现在尚未决定。列席代表对依法登记商店应采分担责任，陈述理由甚详，结果仍悬案未决。又合伙商业登记，主张有公会者由公会核转，无公会者由商会核转，以期保持商人与商业团体间之密接，而上次会议时，亦有异议。汉商会昨特电立法院，以民法债篇第六八一条规定，合伙债务连带负责，权利、义务不相平衡，各省市商会认为阻碍商业前途之发展极大，一致请求修正，仰候另订商业登记法，以为补救，并准予议订该法时，全国商联会得派代表列席参加各等因，是钧院对于该案之请求，认为正当。所谓另法补救者，当以分担责任为原则，如此次所提商业登记法原草案第九条之规定，方足以补弊救偏。今乃审查会议，尚有异词，以致案悬未决如竟有所更改，则民法六八一条既不予以修正，而商业登记法又无明确规定，则失自失，补于何补？年来全国商人一致之呼吁，不将等于画饼乎？至商店登记，本与商业团体有密切关系，其手续由公会或商会核转，衡之立法精神，并无抵触。理合电恳体察下情，赐照原草案第九条决议通过，并订定合伙商业登记，由商业团体核转，以资补救，而合商情。

又湖北全省商联会暨武昌汉阳两商会，自接据全国商联及上海市商会先后通电后，亦以兹事关系商业前途至巨，均一致分电立法院力争，务达原草案第九条决议通过并订定合伙商业登记，由商业团体核转之目的而后已。

(《汉报》P124)

21.(汉口市政府)令汉口市杂货店业同业公会：据呈报遵令查办海味糖业沿用旧衡器一案情形令仰知照

(1934 年 11 月 16 日)

案查前据该会呈，为海味糖业仍沿用旧制衡器，请严行查办，以资划一。等情，到府。当经令饬本市度量衡检定分所查明办理及指令在卷。兹据该所呈复尾称：“比即派本所检定员王达，会同该海味糖业公会或当地公安分局查明具报去后。旋据报称，窃职前奉派调查海味糖业沿用旧器一案，曾向该会负责人查询，据云：并无使用旧器，请随时派员调查，即可明了。等语。报告在案。复于本月一日奉批饬即会同该会或公安分局，执行检查。当即会同公安五分局警士，沿户检查。计查得华丰等二家旧器三件，除华丰旧秤二件系当街使用，经带所保存，其丰成一件，因不堪使用，当时毁销，其余各家，均经使用新器，理合将调查情形，报请鉴核。等情，附检查情形，及其结果一览表二张，据此。除将华丰旧秤二件予以没收外，理合抄呈该项检查情形，及其结果一览表一份备文呈报钧府鉴核。”等情，附呈检查情形及其结果一览表一份，据

此。除将原表存查暨指令外,合行令仰该会知照。此令。

市长 吴国桢

(《湖北省政府公报》第 58 期)

22.各业行规在继续审查中,完竣者廿余业

(1934 年 11 月 19 日)

汉市四通八达,商务素称繁盛,大小行业,不下百余种。汉口市政府以前各该行业行规,额多不合法则,特组织行规审查委员会,加以审查,以资整顿。昨据市府消息,刻下审查完竣者,计有旅栈、卷烟、杂货、贩运、新式皮鞋、棉絮卷花、冥纸、豆制千张、棉□行、药行、保险、堆栈、棉花行、五金、鱼行、折售旧室料、证券、麦粉店、西法洗染、国际贸易、肉业、国药、芦柴、茶叶店等二十三业。其余正在继续审查中。

(《汉报》P154)

23.汉商会改选,明日执监会商

(1934 年 11 月 20 日)

汉商会下届改选事宜,曾经会议决定,于举行四十二三两次执委会时,邀请监委参加,讨论筹备办法。嗣以到会委员,不足法定人数,以致搁置。现该会以筹备改选,势难再缓,昨特分呈各监委,请于明日举行第四十四次执委会时,参加讨论。

(《汉报》P162)

24.(湖北省政府)令各区专员:准函送各县市镇商会一览表令仰遵照转饬各县政府督促迅速办理备案手续具报

(1934 年 11 月 21 日)

本府建设厅案呈,准中国国民党湖北省执行委员会第二六一七号函开:案查本省各地商会,在本会请准发给许可证书,正式组织成立以后,依法报请政府备案者固多,因循不报者,恐亦不少。兹为切实考察起见,除通令各县民运指导员,从速指导各该商会办理备案手续外,特将已经本会许可组织之商会,列表函请贵厅查照,并希转饬各县政府从速呈报,以符法令为荷。等由,并附湖北各县市镇商会一览表一份,到府。查表内所列各商会,虽经党部许可组织,而依法具报章册,经本府转部核准备案者,实居少数。且各该商会同一区域内之各工商业,依法组织同业公会,具报章册,经部核准备案者,亦属无多。依据修正民众团体组织方案第二点“民众团体,必须先行组织基本团体,始得逐级组织上级团体”,及商会法施行细则第十条“本法所称虽有同业而无同业公会之组织者,系指同一区域内之同业不满七家者而言,已满七家时,不得以商店资格加入商会”各规定,整理商人团体,不仅未经保准备案之商会,应迅速办理备案手续,而各该商会同一区域内有组织同业公会之可能,尚未依法组织,具报章册,经不核准备案者,亦应先行遵照前项方案第三节规定组织程序,成立同业公会,依照法定手续报请备案。兹

转准前由,除分令外,合行抄发原表,令仰该专员转饬各县政府遵照督促迅办具报。此令。

计抄发湖北各县镇商会一览表一份。(载调查及统计栏)

主席　张群

(《湖北省政府公报》第58期)

湖北省各县市镇商会一览表

商会名称	成立日期	改选日期	负责人姓名	会员数目	备考
武昌县商会		二一.八.十六	陈承仁二十二人	7039	
汉阳县商会	十八.十.十五		萧登云等	1276	本年九月已改选尚未呈报
汉阳黄硖矶镇商会	二一.二		高风清等廿一人	160	
襄阳县商会	七.六		李植信等	7378	
老河口商会					正在筹备
宜昌县商会		二三.八.十	李坤元等十五人	357	
樊城市商会	二十.四.一		何树森等		
沙市商会	二一.六		何瑞麟		
江陵县郝穴镇商会	二三.三.十五		叶桐林等		
孝感县商会	二十.三		刘季山等	26	已改选尚未呈报
小河市商会	二十.八		余纲	392	
花园市商会	二一.十一		江文卿等	412	
孝感县三叉埠商会	二十.三		徐文卿等	366	
孝感县三叉港商会	二一.三		敖玉珊等	330	已改选未呈报
孝感县白沙铺商会	二一.四		杨晓溪	186	
应山县商会	二十.三.九		叶厚田等	31	
广水镇商会	二十.七.十		易昌周等	139	
蒲圻县商会		二一.八	魏秉衡等	49	
羊楼洞商会	二十.五		雷畅生等	83	
汀泗镇商会	二一.二.一		王辅仁等	104	
新店镇商会		二一.七	葛海如等	160	
蕲春县商会		二二.七.八	纪桂荪等	19	

（续表）

商会名称	成立日期	改选日期	负责人姓名	会员数目	备考
黄冈县商会	二十.三.五		李连城等	340	本年已改选尚未呈报
新洲镇商会	二十.二.二九		郭庸生等	173	
阳逻镇商会	二十.三.二一		吕香山等	231	
樊口镇商会	二十.三.十一		汪波臣等	124	
团风镇商会	二十.三.十一		方秀池等	548	
黄梅县商会		二二.六.廿三	聂醉仁等	252	
黄梅孔垅镇商会	二十.三.二六		王克念等	116	
广济县商会		二三.七.十	方翰芹等十五人	418	
武穴市商会	二二.十.三十		陈凤波等	299	
大冶县商会		二二.九.二四	李鉴堂十五人		
黄石港商会		二二.十一.十五	汪得深等十五人	27 个公会 63 人	
浠水县商会	二十.四.六		华兆师等	130	
浠水下巴河镇商会	二十.四.十二		王祖道等	85	已令改选
水兰溪镇商会	二十.四.二六		胡聘三等	63	
英山县商会	二二.十一.九		陈石山等	132	
麻城县商会	十九.八		黄少安等	1293	
黄陂县商会	二十.三	二二.九.二四			改选后未呈报
随县商会	二十.一.二七		聂焕三等	649	
随县环潭镇商会	二十.四.六		龚玉清等	128	已准改选未呈报
随县安居镇商会	二十.三.八		王秀山等	60	同上
随县塔儿湾镇商会	二十.四.十四		金丹池等	55	
随县均川镇商会	二十.五.十八		胡康卿等	184	
随县万家店镇商会	二十.四.八		李海泉等	51	
随县万山镇商会	二十.三.十九		敖资生等	174	
随县浙河镇商会	二十.四.八		周文屏等	222	

（续表）

商会名称	成立日期	改选日期	负责人姓名	会员数目	备考
枣阳县商会		二一.九.十三	郑康臣等	61	
钟祥县商会		二十.七	顾慎权等	5	同业公会会员五个
钟祥县石牌镇商会					该会正在筹备
应城县商会			魏兰廷等	200	该会二十年正式成立
汉川县商会		二三.二.十九	宴衡甫等	263	
汉川县分水咀商会		二二.十二.十五	周翼兆等	120	
汉川县系马口商会		二二.六.十	王文卿等	230	
汉川县城隍港商会	二三.四.十五		王经恒	78	
汉川县隔镇商会					该会正在筹备
汉川县蚌湖口镇商会					同上
云梦县商会		二二.二	左合吾等	248	
云梦义塘镇商会	二二.九.一		张瑞五等	65	
天门县商会	二二.六.二一		陈振卿等	700	
彭市商会			夏昇甫等	59	
天门县岳口镇商会		二二.六.二七	孙卓堂等	8	上数系公会会员
京山县商会		二三.七.五	袁昆等	203	
京山县多宝湾商会		二三.二.十	曾厚庵	100	
京山罗店镇商会					正在筹办
南漳县商会			夏云青	21	
南漳武镇商会			戴斌等十五人	94	
宜城县商会	十八.七		戴慎兹等	224	
当阳县商会	二十.三		黄石泉等	169	
当阳县河溶商会	二十.三		杜养之等	364	本年改选
当阳堉溪商会	二十.三		张左之等	259	
当阳慈化镇商会	二十.三		曹昆山等	138	
当阳双莲镇商会	二十.三		樊晓初等	125	

（续表）

商会名称	成立日期	改选日期	负责人姓名	会员数目	备考
荆门县石回桥镇商会					正在筹备
荆门石港镇商会					同上
潜江县商会	二二.十.十九		戴显亭等	126	
潜江张港镇商会	二二.十.廿六		毛凤翔等	155	
公安县商会	二三.九.十五		罗温阶等	1650	
沔阳县商会	二十.五.一		王声远等		
沔阳县新堤商会					正在筹备
沔阳仙桃镇商会	二十.三.二十	二三.五.二六	傅耀南等	27	
沔阳沙湖镇商会					正在筹备
沔阳彭家场商会	二十.四.一	二三.八.十	张伯阶等		
沔阳通海口商会	二十.四.十五		李醒民等		
嘉鱼县商会	二十.四.一		熊吉生等	134	
嘉鱼簰州镇商会		二二.三.十五	文固之等	138	
鄂城县商会	十七.四	二一.九.四	郑荣华等	437	
鄂城金牛镇商会	二十.三.八	二二.四.一	陈师善等	28	
鄂城县葛店镇商会	二十.六.二	二二.四	李孝班等	90	
咸宁县商会	二十.三.八		宋序丞等	110	
咸宁官埠镇商会	二二.四		余明心等	120	
阳新县商会		二二.十一.廿二	李锡禹等	727	
枝江县商会					正在筹备
石首县商会					同上
石首藕池镇商会	二三.九.十四		刘价屏等十三人	115	
安陆县商会		二二.八.十	陈征三等		

［《湖北省政府公报》1934 年（第 58 期，第 141—147 页）］

25.市府定期再商小本借贷，贫民借贷办法在草拟中

（1934 年 11 月 22 日）

汉市长吴国桢，因鉴于汉市商场之不景气，非从资金方面加以援助，难收救济实效，因是乃有举办小本借贷之议。但以事关放款银行本金，责任奇巨，又非从长审议详细计划不为功，以是前曾邀集汉商会主席陈经畬，银行界浦心雅、王毅灵一度协商。兹据市府消息，吴市长以计议已久，现在岁关日迫，正商家图整营业之时，自应早日成立，庶一般困于资金之中小商人，得资救济，于是乃定本月二十六日再请商会主席陈经畬，银行界浦心雅、王毅灵、周苍柏，钱业公会主席李德齐等到府，会商借贷办法。至贫民借贷一事办法已在草拟中，一俟拟就提经市政会议通过，即可实施，为期会当不远。

（《汉报》P180）

26.汉口市商会为分期调换旧印花税票一案致函

（1934 年 11 月 22 日）

敬启者，案准全国商会联合会代电内开：案查本会前奉财政部密电，为旧印花税票准予登记分期调换一案，发经本会于本年十月十五日第六十九号代电通告在案。十一月九日奉财政部税字第一四三二号齐日代电内开：全国商会联合会鉴，查各地商会请求将旧印花税票准予调换新票一事，本部为格外体恤商艰起见，准将各地商民用存旧印花税票。截至十月底，如有尚未贴竣者，另由本部规定登记办法，酌予分期调换，新花其登记及调换方法，应订定后送由贵会通告各省市商会，转饬各地商会，遵照办理，并电达查照在案。兹订定登记旧印花税票办法十条，随电送请查收，即希分发各省市商会转饬各级商会，通告商民遵照办理。除分别咨令外，特电查照。财政部齐印。等因，奉此。相应附具登记旧印花税票办法及申请书式样，电达贵会，即希查照办法翻印分发各业、商店，依法登记后，依限造具清册及原申请书，送请各省印花普法税总局，会同部派委员审核，亟为盼，祈附。等因，准此。除分知外，相应抄同登记旧印花税票办法及申请书一纸，随函送请贵会查照分转各同业商店，遵照办理为盼。顺颂，公绥。

汉口市商会启

27.（汉口市政府）令汉口市海味糖盐业同业公会据呈请令制止勒令登记长年做工等情指令转饬遵照

（1934 年 11 月 22 日）

呈悉。查本市码头业务整理办法第三条所载私人特定长年雇用契约之工人，系指雇主与工人特定契约，由雇主供给食宿，按月或其他定期支付工资之工人而言，与所称该业送货工人性质有别。再本市山货茶叶各行所用之内外班码头工人与该业送货工人情形正复相同，现山货茶叶各行工人，早已登记，该业送货工人，自应照例办理。仰即转饬遵照。所请未便照准。此令。

市长　吴国桢

原呈文

呈为呈请令行制止事,兹据本同业各号声称,本号等连日遣派长年雇工为客送货,有码头管理所武装兵士时加干涉,勒令前赴登记等情。查本同业各号向雇有长年雇工,手持发票或盖印簿及下货单种种为客送货。凡店大而在店中食宿者名曰内班,店小而在店外食宿者曰外班。无论内班、外班,专为本店送货前去带款回来,曾无另在码头工作情事。按诸汉口市码头业务整理办法第三条载称,凡在各水陆码头担任挑抬负荷及一切人力搬运之工作而无私人特定长年雇用契约者,均称为码头工人。应遵守本法之规定,则各该号所雇内、外班之长年雇工,自与码头工人迥不相同,即毋庸遵照汉口市二十三年码头工人登记颁发声请登记。据称前情,理合呈请钧府鉴核令行制止干涉本同业各号内外班长年雇工送货之工作,实为公便。

谨呈

汉口市政府

汉口海味糖盐业同业公会主席　何文炳

(《湖北省政府公报》第 58 期)

28.汉商会决议明年二月改选决力争审理违反印花税则权,水电减价案推周星棠等接洽

(1934 年 11 月 23 日)

汉口市商会昨日举行第四十四次执委例会,因待决要案甚多,特请各监委参加,共同讨论,兹将其最要决议案件,摘录于后:(一)关于本会此次改选满任委员,应行筹备各项事宜:(甲)定期二十四年二月二十日改选;(乙)推举代表日期,以十二月底截止;(丙)公推杨松圃、余蓉樵、喻燮卿、马煋垣、郑燮卿、杨辉廷、余服民七人为审查代表委员。(二)财政部批以据本会代电,请仍设审理委员会办理违反印花税案,并请责成各省市县政府,须与当地商人团体,会同检查等情一案。略谓,司法机关审理违反印花税法案,系照简易程序办理,上海特区地方法院行之有年,并无窒碍,至现订之检查规则,对于借端骚扰等情弊,亦经严密取缔,所请两点,应毋庸议等因,除由会力争外,再电全国各埠商会,一致力争。临时决议:水电公司减价一案,迄未解决,公推周星棠、邓以诚,与该公司接洽。

(《汉报》P190)

29.各业入会费额与资本额颇多参差,市府另拟办法令汉商会议复是否适合事实,商会推贺衡夫、何文炳等审查

(1934 年 11 月 25 日)

汉口市政府额以前规定本市各业同业公会会员入会费标准,曾奉省政府指令,凡已准备案各工会之入会费额,与其一般同业公司行号经济能力比较,再行分别等额,拟定资本在若干元以上者,可收入会费若干元,列表呈核,嗣后遇有请设公会者,即向营业税局查明其册列各公司行号资本数,案表核定其入会费云云,当经通令本市各业同业公会遵照,详查呈核。嗣据各公

会分别具报到府，除无入会费之各公会外，其余有入会费之各公会负责人，均经召集到府问话。问话结果，知本市各公会同业之公司行之号本资额系由数十元至数万元，公会入会费系由五角至两百元，但有资本多而出费少者，有资本少而出费多者，资本额与会费额，颇极参差。同时各个公司行号，彼此营业不同，因而各业利润与金融活动能力亦各不相系。如专就资本额而定，经济能力之比例，实欠准确，如调查各业获利情形与活动金融能力后，再定经济能力之比例，则事实上不易做到，以是特酌量情形，拟定本市各业同业公会入会费限制办法两项。但此项办法究竟是否适合事实，便利施行，殊未便臆断，昨特检同该项办法，令汉商会查核复议。商会奉令，当提交常会讨论，比经推定贺衡夫、何文炳、郑燮卿、杨辉廷、杨松圃五委员为审查员，定期审查。市府所拟两项办法如下：(一)凡新请设公会者，其会员会费按下规定标准：(甲)资本额不满五百元者，其同业公会得收两元以下之入会费；(乙)资本额在五百元以上不满一千元者，得收四元以下之入会费；(丙)资本额在一千元以上，不满五千元者，得收四元以下之入会费；(丁)资本额在五千元以上，不满一万元者，得收二十元以下之入会费；(戊)资本额在一万元以上，不满五万元者，得收五十元以下之入会费；(己)资本额在五万元以上者，得收一百元以下之入会费。(二)凡现有各同业公会原定之入会费额，曾经会员大会通过，业已实行者，仍照旧例收纳。

（《汉报》P206）

30.小本借贷，官商今日集议

（1934 年 11 月 26 日）

汉市举办小本借贷一事，宣传已久，迄未实现，良以兹事责任奇巨，非从长计议，不克以臻尽善。兹者吴国桢市长以岁云暮，正各业商人整顿营业之时，小本借贷亟应从速举办，以是特定今日下午召集市商会主席陈经畬，银行界王毅灵、浦心雅、周苍柏，钱业公会主席李德齐等到府会商办法。

（《汉报》P216）

31.商银钱三会电财部请求现金运鄂不加限制中央等三银行各电总行一致请求

（1934 年 11 月 27 日）

关于财政部训令沪江海关，凡运现金至汉口、青岛、厦门各埠，须领特别护照一事，此间市商会以鄂省内地各县，正值土货农产品外运之时，需用现金甚多，对于运鄂现金，如加以限制，则农产品出口贸易，必将大受打击。为谋救济计，特于昨日联合银钱两业公会，会呈财部请求特许通融，不加限制。中央、中国、交通三银行，亦各电该总行，请转电财部请求。

（《汉报》P224）

32.汉商界电请对运鄂现金免加限制

（1934 年 11 月 27 日）

(汉口)汉商会及银钱两业公会，二十六日联电财部，对于运鄂现金，免加限制，以免农业

出口贸易,受其打击。中央、中国、交通三行亦各电总行,向部请求。(二十六日专电)

(《申报》)

33.汉商会盼现币运往武汉

(1934 年 11 月 28 日)

(汉口)汉商会以现金限制运汉,致申汇狂跌,拆息骤高,影响至巨,二十七日电财部,请饬中交三行迅运巨量现币来汉,以挽危机。(二十七日专电)

(《申报》)

34.银拆昨又涨至三角　汉商请运巨量银币

(1934 年 11 月 28 日)

沪银前昨两日,运出六百余万,银拆昨又涨至三角,汉商请运巨量银币。

上海二十七日下午十时本报专电　查二十六、二十七两日,沪银运往香港、神户、伦敦者,五百零九万元;运往内地者,一百四十五万元。

上海二十七日下午十时本报专电　沪银拆二十七日又涨至三角。

汉口二十七日下午十时本报专电　汉市商会二十七日电财政部,谓自限制现金运汉后,全市惶惑,连日申汇狂跌,拆息骤高,际此地产登场,现金需要,恳迅饬中央、中国、交通三银行,运巨量现币来汉,以资救济。

(《益世报》)

35.平汉路粮运减价,汉商会请铁部展期:豫产芝麻黄豆运汉向以冬令为大字,目下商家正赴豫采办,减运又告期满

(1934 年 11 月 28 日)

汉市杂粮业公会,以平汉路局前此呈准铁道部将芝麻、黄豆运价按八五折收费,原定至本年十二月十五日满期,现距限期,已无多日,而豫产芝麻、黄豆运汉,向以冬令为大宗,芝麻为欧美出口贸易,本市各粮号与各洋行定期交货,上月自九日起至明年七八月间,黄豆为本市油厂原料,各厂均在冬季开工,亦须至来年七八月始停工,故当平汉路减低运价期间,又非旺月,各厂号纷纷赴豫交货之时,减价又告期满,以是特续具事实函请汉商会转呈铁道部酌予延展。商会据函以该会所请,委属事实上必要之请求,特于昨日具文呈请铁道部,请准予平价展限,以资发展农商。

(《汉报》P232)

36.现洋五百万将运汉钱业拆息缩小申钞平定,各银行收对期二十七万

(1934 年 11 月 28 日)

汉市出口贸易转旺,因而通货供过于求,致汉拆上升,申汇缩小,申钞继续暴跌,均打破历

年纪录,不仅关系商场荣枯至巨,于一般消费者亦有不可分离之影响。汉口经济电讯社,业将连日情形,提供阅者前,现在尚未平衡,于各方面关系及影响如何,在此变态下,月底比期将届,金融市况又如何,及商银钱三会请运现来汉之真相,均为一般人所欲知之者,就采访所得分述于下:

农村丰收出口特旺:今夏旱灾,本省原属局部的山区,现尚急待实际赈济。凡属滨江及襄河各流域,像棉花、芝麻、谷、麦、豆及鄂南之茶,均丰收,现已到汉概数,当在一千万担内外,而大多数尚在产地,或正在运输中。本市原为集散市场,就地消费有限,均陆续出口赴沪,应国际市场需要,或供上海、闽、粤消费。本市今秋以来,出口贸易畅旺,实为最近八年中所仅见,微如打包麻袋,以出口货需要超过常度,亦连带一再涨价,长江下行航轮。货运要皆满载,其获利又不待言。

通货紧缩,申汇低落:农作物产地运汉,其货款即已付给,频年"都市资金回到农村"之呼声,可谓实现矣。不过此款系贩运商向汉银钱业借贷,在运沪货款未解来抵偿前,即为本市通货差额之所在,农作物停滞产地尚多,又须继续的输送现金购买,当然通货紧缩,拆息上升。又本市通货,自十六年现金一度集中以后,硬币存底原薄,为代表上海现洋之申钞所替代,近年虽发行汉钞,为数究属有限。在贸易入超时,本市解款赴沪,申汇伸,申钞涨;今由入超转为出超,上海应解款来汉,申汇缩,申钞跌。在惯例说,此为一时现象。现历一周之久,汇率尚未平衡,纯受埠际的影响,即上海运现洋来汉,须受相当限制。

请运现洋五百万元:汉商会、银行公会、钱业公会,基于上述必要,电请财部,在上海运现洋出口,须领特别护照之状况下,对运现来汉,予以特别通融。此电于昨二十七日始行分别发出,银行公会并且声述运汉最低数为五百万元,将于一星期内运汉。据其他关系方面估计,在今后两个月内,须现洋两千万元,方能供应市面需要,至少需一千万元,用附及之,以供参考。

月比将届,金融市况:本月底比期将届,金融市场,一切收放,均待告一结束。银行仓库押款,上海约四百余万元,省银行、聚兴诚,亦约二百余万元,连同其他浙江兴业银行及邮政储金局,共在一千五百万元以上,月息向系八厘至九厘,现在继续抵押,尚络绎而来,降原有雇主利率照常外,新雇主亦均有酌加一二厘。又银行拆放钱庄本月短期款,利率每千向系四元五角,约合月息九厘。本届比期除收回外,转期及新放总数将约一百五十万至两百万之间,利率将由九厘增至一分或一分一厘。钱庄对外帮放款利率,亦由一分增至一分三四厘,此对信用专著而用途确属产生者,至信用稍弱用途不明之雇主,虽利率增至二分,或二分以上,实无借贷可能。就本市说,利率上升,物价提涨,最终均归消费者负担。就农村来说,出产虽多,销场疲滞,其贫窘仍难解除。一致盼望财部准许现洋运汉,否则固不仅申钞续跌已也。

昨各银行均收对期:昨二十七日汉金融市:钱业拆息因月底比期在迩,由四角缩至三角,较去年同月同日仍伸四分。市场收月底申对期尚旺,总数为二十七万元,计省银行四万元,又收下月五日八万元;大陆银行五万元,价均为九百九十元零五角;中南银行六万元,价九百九十元零二角五;农工银行四万元,价九百九十元零八角七分五。钱业收盘:拆息三角,较上日跌一角,双铜圆换洋六千四百六十文,涨二十文,申钞换洋每千补水十元,平,申对期九百九十元零七角五,回伸三元七角五,较去年同月同日九百九十八元七角五仍缩八元。

(《汉报》P234)

37.(汉口市政府)令汉口市海味糖盐业同业公会据呈复遵令办理流通巷码头工人阻拦宝成新记长年雇工转货一案情形抄呈调解笔录请备案等情抄发原笔录令仰知照

(1934 年 11 月 28 日)

案查前据该会呈,以据同业宝成新记函述流通巷码头工人阻拦长年雇工搬运货物,转请严加取缔。等情,到府。业经据情令行码头业务管理所查明制止暨指令知照在卷。兹据该所呈复尾称:"遵即派本所职员曾民魂前往制止。旋据报称,查宝成新号,运送莲子货物,原系长年雇工,该工人等并无工作习惯。惟宝成新号,愿将木耳一种,交与该工人等工作,该工人等尚未认可。等语,复经本所于本月二十一日午后一时,召集宝成新号代表刘成之、赵家源,流通巷工人代表赵之元等到所谈判,查询事实,拟具办法两条,得双方代表同意签押笔录在卷。除抄发笔录由双方代表执存,并令行码头工会知照外,理合将办理本案经过情形,并抄同笔录,一并赍呈钧府鉴核,准予备案。"等情,附抄呈笔录一份,据此。除指令准予备案外,合行抄发原附笔录一份,令仰该会知照。此令。

市长　吴国桢

(《湖北省政府公报》第 58 期)

38.棉花进口号业公会请设棉业取缔所汉商会转呈实业部请准如请施行

(1934 年 11 月 29 日)

汉口市商会,昨据棉花进口业暨棉花号业两公会呈,以商品检验局奉国府公布取缔棉花掺水掺杂暂行条例及施行细则定十一月十日施行一案,请转呈实业部,在湖北棉花掺水掺杂取缔所及分所未设立前,暂缓施行,并请省府令饬建设厅会同棉业统制会,早日设立湖北取缔所及分所。商会当分呈省政府及实业部云:呈为据情转呈事,顷据本市棉花进口业、棉花号业两同业公会略称,敬陈者,窃本会等前奉实业部汉口商品检验局转发国民政府公布取缔棉花掺水掺杂暂行条例施行细则各一份,并定于十一月十日实施一案,当经呈请转呈实业部,将汉口取缔棉花办法,在湖北棉花掺水掺杂取缔所及分所,未设立以前,暂缓实施,并呈请实业部迅予咨请湖北省政府令饬建设厅会同全国经济委员会棉业统制委员会,早日设立湖北取缔所及分所,以维棉业等情,各在案。兹奉实业部汉口商品检验局训令节开:奉实业部佳电开七日呈悉。该局开办取缔棉花掺水掺杂准予展期至本月底止,不得再延,令仰知照。复奉实业部批开:关于筹设取缔一节,已转湖北省政府核办,所请于未设所以前,对于汉口棉花暂停取缔,碍难照准,仰即知照。各等因,奉此。查政府颁布取缔棉花掺水掺杂暂行条例及施行细则,原为改良棉花品质,增加国际贸易竞争之效率,固为本会等所乐从,但立法自有真意,施行应分别先后俾新制得以推行,而人民不受扰累,庶几兼筹并顾。湖北产棉最丰,乡间轧户挑贩,向以掺水掺杂为渔利惯技,虽经汉口地方设局检验至今运口之花仍多难于合格。政府有见及此,故于设立各省取缔所及分所。在施行细则第二条至第七条严密规定,其用意在汉入产地实施取缔,以期根本改善,是以湖北取缔所改分所之设立,洵有刻不容缓之势。汉口实施检验取缔亦应在设立取缔所及其分所以后，乃能正本清源，施行有效。若不待产地设立，遽在汉口实施，则产地不良习惯，仍然如旧，汉口任何取缔，终无实益。虽经政府规定取缔如此认真，处罚如此甚严，而收买之花，既无纯良物质，运汉之花，可断定绝不合格，不仅引起无穷纠纷，而棉商周转不灵，贸易停滞，影响所及，势必演成市面不良之现象，阻滞农村经济之活动，其害何成胜言？徒使法良意美，结成无限恶果，且与订定取缔条例及施行细则原意不合。奉令前因，理合抄附取缔棉花掺水掺杂暂行条例及施行细则各一份，会陈大会体念商情，准予据情分呈南昌军事委员会委员长行营，暨"豫鄂皖三省剿匪总司令部"恩准电令湖北省政府，即饬建设厅迅速设立湖北棉花掺水掺杂取缔所及分所，并咨实业部令行汉口商品检验局，在湖北取缔所及分所未设立以前，汉口棉花暂缓施行取缔，以恤商情，而维市面，无任迫切待命之至。等情，到会。查该公会等所陈各节，系属实情，理合据情转呈，俯赐鉴核，讯准如请施行。

（《汉报》P240）

39.汉商会呈请总部省市府颁行债务紧急单行法，汉市商业凋敝肥骗亦一重要原因，欲恢复市面繁荣非制止欺诈不可

（1934年11月30日）

汉口市商会，前据华洋百货业公会函，以肥倒案件，迭出不穷，请转呈当局颁行债务紧急处分单行法，以资救济等情，曾记前报。嗣该会复据各同业公会联衔函称，自本年一月以来，各业批发，被往来各户卷骗倒欠之事，层见叠出，设不设法救济，则来日方长，商业前途，将来不堪设想。属会等迭据各同业商店来函申述被肥骗情形，为此转呈贵会提会核议，援照房产欠租单行条例，转呈湖北省政府俯念商艰颁定债务紧急处分单行条例，俾有所惩戒，以儆效尤，而振已衰之商业，岂徒敝业等之幸，实亦汉市商业前途之幸云云。汉商会据函，当据情分呈"三省剿匪总部"、省政府、市政府请准予颁行债务紧急处分单行条例，以资救济。原呈略谓据本市各同业公会联衔函称（原文见前略），查近来丧乱宏多，人心陷溺，商业道德，堕地无疑，以致诈骗货物肥卷潜逃之事，层见迭出，事后诉之法律，皆以寻常债权债务之关系，迁延莫决，贻累不堪。银行因此而不敢放款，钱庄因此而缩小范围，周转不灵，金融阻碍，汉市商业之凋敝，此为最重要之一因。如欲恢复市面繁荣，非借行政力量制止，此种诈欺案件，不易为功，如最近长沙粮食行倒闭巨款，幸由湖南省政府施以紧急处分，各放款银行方未被其逃骗。各业公会，利害切己，联衔申述前来，属会认为非常重要，除分呈外，理合据转呈钧□俯赐察核准予颁行债务紧急处分单行条例，以资救济，而挽颓风。

（《汉报》P250）

40.汉商会呈各机关请电财部维持盐运，盐为民食必需应由轮运利用厚生，徒顾船户片面生计事势绝不可能

（1934年11月30日）

关于淮盐运输问题，各界为反对帆运函电力争，迭志各报。汉口市商会据杂货贩卖业等同业公会公函，认为关系鄂省民食至巨，昨特呈请"三省剿匪总部"、"绥靖"公署、省政府，转电财部，

仍准鄂岸运商,一律由场用轮运岸,不再责商改办帆运。原呈略谓,人类进化,至于今日,一切事物,均日趋于轻利捷便之途,即就水上交通而论,轮船通行之后,则帆船在运输上,已失其重要地位,反而求之是谓逆行,必为时代所不许。今盐务机关,以为应付圩民之要求起见,责成运商,改办帆运以资救济。依此类推,则凡运输事业,均系夺之帆船。若徒顾及帆运船户之片面生计,必须禁绝运输而后可,揆诸事势,绝不可能。况盐为民必需之品,运输较为便捷,且可借以减轻成本,利用厚生,此为事实所不可掩者。请俯赐察核,迅电财政部,如请施行,以重民生,而维盐运。

(《汉报》P250)

41.汉市商会请运巨量现金

(1934年11月30日)

(南京)汉市商会二十七日电财部云:报载钧部颁发新令中,运往厦门、汕头、青岛、汉口等埠现金,均须领取护照。消息传来,举市惶惑,连日申汇狂跌,拆息骤高。际此土产登场,现金之需要尤切,来源受制,周转不灵,稍滞时机,变化莫测。沪汉息息相通,其影响所及,匪可言喻。万恳钧部熟权利害,迅饬中央、中国、交通三银行,装运巨量现币来汉。其他商业银行、钱庄,如须领用护照手续,亟宜简捷,以资救济而挽危机。

(《新闻报》)

42.汉商会电财部力争现金运汉,全市金融骚动救济难缓

(1934年11月30日)

汉口通讯:自财部颁发新令,对于运往厦门、汕头、青岛、汉口等埠现金,加以限制以后,汉口市场,发生重大骚动。申钞狂跌,每千元须补水十七元余,拆息亦骤形增高。全市金融机关,惶惶不可终日,其他商业亦受极大影响。汉口市总商会,以此事关系商务隆替至巨,特于廿七日电请财部,速运现金救济。电云:南京财政部部长孔钧鉴,钧部颁发新令,凡运往厦门、汕头、青岛、汉口等埠之现金,均须领取护照。消息传来,举市惶惑,连日申汇狂跌,拆息骤高。际此土产登场,现金之需要尤切,来源受制,周转不灵,稍滞时机,变化莫测。汉沪息息相通,其影响所及,匪可言喻。万恳钧部熟权利害,迅饬中央、中国、交通三行装运巨量现币来汉。其他商业银行钱庄,如须领用护照,手续亟宜简捷,以资救济,而挽危机,临电悚惶,无任翘待。又淮盐运输问题亦为汉市商界与财部争论之焦点,淮盐自改由轮运,有价低时速之利。财部近为顾及十二圩失业船户,责成鄂省盐商,改办帆运,运费既高,需时亦久,且影响民食甚巨。商会已电部力争,廿八日又呈"三省□□总部",略云人类进化至于今日,一切事物,均日趋于轻利便捷之途。就水上交通而论,轮船通行后,帆船在运输上,即失其重要地位。反而求之,是谓逆行,必为时代不许。今盐务机关,为应付圩民之要求,责成运商改办帆运。依次类推,则凡轮运事业,均系夺之帆船。若徒顾及帆船户之片面生计,必须禁绝轮运而后可,揆诸事势,绝不可能。况盐为民食必需品,轮运较为便捷,且可减轻成本,利用厚生,此为事实所不可掩。理合呈请钧座,俯赐察核,迅电财政部如请施行,以重民生,而维盐运。(二十八日)

(《申报》)

12 月

1.（汉口市政府）令汉口市典当业同业公会筹备会：据转呈集昌典觅定辅德里房屋于十二月一日起至三十一日止照章按当本以四成赔偿当户并不扣息等情准予备案

（1934 年 12 月 1 日）

呈悉。准予备案，除转令汉口市公安局派员监视，暨饬属逐日派警维持秩序，并由府布告周知外，仰即转饬知照，并将办理情形，具报查核，如逾期有未持票领取赔款者，届时仍须酌量延期具报为要。此令。

市长　吴国桢

原呈文

呈为转呈事，案据集昌典清理处函称，窃敝典前因保险赔款业经决定，曾即拟具遵章赔偿当户办法函，经大会呈奉市政府指令，饬将开始赔偿日期暨地点拟定呈报。等因，在案。当因保险赔款虽经决定而发给赔款尚无确期，故开始赔当之日期未敢贸然拟报。现在保险公司业已发下赔款一部，自应转赔当户。兹经觅定后花楼辅德里第十二号房屋，拟于十二月一日起，遵照典当营业规则，按当本以四成赔偿当户之规定开始赔偿，并不扣息，以十二月三十一日止为赔当截止之期，应恳大会即予转报市政府备案，请求布告周知，以利施行。等情，到会，据此。正拟转呈间，适奉钧府忠字第四一六号令催，伏查该典被火迄今已阅四月有余，乃蒙一再令饬迅即定期赔偿当户，而该典现在始将赔偿期限拟定，自应督促依期实行。除着该典即将开始赔偿当户日期及地点登报通告当户知照外，理合据函转呈钧府核准备案布告周知，并恳令行公安局饬派枪警逐日莅临维持秩序，实为公便。

谨呈

汉口市政府市长吴

汉口市典当业同业公会筹备会

（《湖北省政府公报》第 59 期）

2.国货商场定期开幕地址江汉路新华公司原址

（1934 年 12 月 2 日）

汉口国货市场，前经上海商界领袖虞洽卿、陈炳辉、张德斋等，发起组织，并曾一度派员莅汉，与各方接洽，因事实关系，未能一时开办。兹据商界确讯，关于该商场组织内幕筹备情形，现已具有端倪，至迟决在明年元月十五日以前，即可开幕。场址亦已勘定，仍借用江汉路新华公司房屋云。

（《汉报》P16）

3.行政院批汉商会债务清理条例，应向司法院呈请

（1934 年 12 月 4 日）

汉商会日前电呈行政院，以报载商人债务清理暂行条例，经钧院决议通过，乞迅赐公布施行，并咨立法院拟定正式条例，以挽颓风，等情。昨该会曾奉行政院批，以商人债务清理暂行条例，前经呈准备案试行，已令饬司法行政部并咨行立法院审议在案。现在司法行政部已改隶司法院，仰即径向司法院请可也。

（《汉报》P30）

4.汉口市旅栈业职业工会、同业公会整理委员会协议旅栈工友服务规约

（1934 年 12 月 6 日）

第一条　本规定名为旅栈工友服务规约。

一、工友须经介绍及取具殷实铺保；

二、工友须照章缴纳押金。

第二条　旅栈雇用工友时，由资方直接雇用，但所雇者如非工会会员，应令随时向工会登记，方得服务，但工会不得拒绝临时登记之声请。

第三条　工友有下列情事之一者，旅栈得自由辞退之，但得将辞退事由报告旅栈业同业公会函知旅栈业工会备查。

一、有特别嫌疑证明者；

二、犯有刑事经法院判决者；

三、收受旅客银钱及贵重物品不立时交柜者；

四、私售房间者；

五、私用房金者；

六、在本旅栈开房间抹牌嬉戏者；

七、受罚两次不知悔改仍犯过失者；

八、违反重大规定者。

第四条　工友有下列情事之一者，旅栈得酌予记过或处罚之，但罚金以一日至三日之所得为限，所罚工资由旅栈经理人处分之。

一、不受经理监督及领班之指挥者；

二、上下班不守时间任意迟到或早退者；

三、招待旅客态度傲慢报明柜上经证实者；

四、其他过失情节较轻者。

第五条　资方违背本协约辞退工友时，应酌量赔偿其损失，但所赔数目不得超过该工友二个月内之所得金，如旅栈因营业不振裁人减政时，不在此限制，有无裁人之必要，须经工商两会

证明。

第六条　工友因有他就辞退工作时，须得资方允许方可离开职守，但资方一经允许，工友退工应于十日之内，即将押金如数退还，否则，工友因此或受损失应由咨方负赔偿责任。

第七条　工友离职时，如有亏欠款项或损失器物情事，资方在押金内扣价。

第八条　押金之等级数目如下：

一、总领班押金：一等旅栈六百元，二等旅栈四百元，三等旅栈二百元。

二、工头押金：一等旅栈三百元，二等旅栈二百元，三等旅栈一百元。

三、工友押金：一等旅栈七十元，二等旅栈五十元，三等旅栈三十元。

第九条　前条拘束力仅限于本协约公布后之新开旅栈，原有旅栈之新进工友已经过去者，不在此限。

第十条　工友所得金，分别规定如下：

一、加一大账工友七成，店员三成，按月摊分，不得故意迟延；

二、娱乐小账劳资双方均分，但修理费用须先行扣除；

三、磅纸由工友承买承卖；

四、花条送力每张五分，归出店独得。

第十一条　其他娱乐品所得赢余，抽十分之一分给工友。

第十二条　日用品□把、毛巾、茶叶等项由资方购办交工友领用，至草纸、火柴则由工友购买。

第十三条　工友伙食由资方供给，其时间、次数照各旅栈旧例办理。

第十四条　工友宿舍仍照各旅栈旧习惯办理。

第十五条　旅栈所得红利每年年终结算时，由旅栈负责人酌量情形提出若干奖给工友，但不得超过红利总额百分之五。

第十六条　绝对禁止工头领班承包制，如有违反时，工会得依下列规定分别处分之。

一、没收其包金之全部或一部；

二、停止其工作；

三、开除其会籍。

第十七条　旅栈如发生债务诉讼时，由工会函知同业公会以会法手续协同划定该旅栈生财之一部分作为工友押金保证，一经两会划定后，不受他项债务之支配。

第十八条　旅栈如发生债务诉讼经法院扣押生财时，该旅栈工友仍照常服务，在此时期不得有措缴房金及怠慢工作情事，否则，得由该旅栈直接停止其工作，被停止工作之工友不得强迫退款，亦不得借故滋扰，其押金须俟诉讼终了时退还。

第十九条　各旅栈工友应出会费由工会派人收取，其延不缴纳者，各该旅栈负责人得在该工友应分大账项下代为扣除。

本条规定在蒋委员长禁止工会抽收会费电令未撤销以前，不生效力。

第二十条　本规约自呈奉汉口市政府核准暨汉口特别市党部核准备案之日施行，如有未尽事宜，得由工商两会协议修改之，但须呈准主管机关备案。

（本规约定于二十四年一月一日实行，经汉市府于十二月六日训令汉市旅栈业同业公会、职业工会遵照并转饬遵办）

（《湖北省政府公报》第 59 期）

5.税务司调查各关禁银情形

(1934 年 12 月 6 日)

(汉口)汉商会五日电财部,省府再请准许鄂省运现自由,并请将江汉关扣留武穴现款,从速发还,此后或请领护照,或由商会证明,即令放行,以资流畅而救农商。(五日专电)

(《申报》)

6.汉商会再电财部力争运现自由江汉关扣留现款请速发还

(1934 年 12 月 7 日)

汉口通讯:汉市金融,前因财部限制现金运鄂,引起极大骚动。业经总商会电呈财部力争,连日现金略有进口,形象稍佳,商场幸赖以周转。武穴商号前日运现来汉,突被江汉关扣留,又生波折。商会以汉市绾毂南北为华中重要商场,此案如不解决,全市商业必致由衰落而破产,特于五日再电财部,力争运现自由,并请立饬江汉关,将扣留现款迅速发还。该电略谓:查现金以流通为原则,一有阻滞,则市面金融,必至发生混乱现象。如鄂省每届秋收之后,土产登场,农民谬于习惯,每需现币成交,此时现金用途,尤以灵活周转为要。武穴系鄂属下游巨镇,且系产棉之地,与汉市商业上之往来,至为繁复,运现至汉,尚被扣留,则汉市商人必须携同现款至该地采购棉花,势必不能出口。推之运往各县市购买土货,以及由各县市运现至汉者,均属不能自由,则本省境内现金即不流通,土产无由上市,生活奇窘,调剂无方,其将何以救济农村,繁荣市面?似此金融整理之策,未免失之枯竭无源。属会心所谓危,未敢缄默,用特电恳钧部俯赐察核,迅谋救济,对于鄂省境内之现金流通,准予自由起运。万一为防流弊起见,则由汉轮运各县市之现金,准在江汉关请领护照。至各县市运现至汉,或由汉运往各县市者,则由各该当地商会公函证明,以资流畅,而救农商。同时呈请省府,转电财部,准如所请辩理,并令饬所属水陆沿途之军警机关暨各税收局所,对于本省境内往来转运之现金,一律查验放行,勿稍留难,以资救济,而免恐慌云云。(五日)

(《申报》)

7.湖北省政府为汉口市堆栈业同业公会第一、二两次改选章册请存转备案等情咨实业部

(1934 年 12 月 8 日)

案据汉口市政府呈称,案据本市堆栈业同业公会呈报,该会于本年十月二十六日召集会员大会,举行第二次执行委员改选及第一次监察委员改选。结果,计除第一次改选执行委员田炳卿、陈培之、吴震坤三人应依法留任外,当时票选陈万卿、沈汉彰、刘贵臣、郑晴豪四人为执行委员,张溢生、郭干之、萧□□三人为候补执行委员,又监察委员依法抽王□、□子炎、王金奎三人留任,并票选陈汉青为监察委员,李舜龄为候补监察委员,及当日宣誓就职各情形,请鉴核备案。等情,到府。当经指令造具第二次改选章册,并补造第一次改选章册各三份,呈候核转在

卷。兹据遵送前来,查核尚合。除指令并分别提存外,理合检同原赍章册各二份,具文呈乞钧府鉴核存转备案示遵。再本府前赍之本市各业同业公会一览表,载该公会成立时选举之执行委员舒松余、程石庵、徐海珊三人,业经先后退职,遗缺经以候补执行委员李舜龄、陈汉青、凌弼臣递补,又第一次改选执行委员闵子贞,亦经歇业离职,遗缺经以候补执行委员吴震坤递补,该会所选委员名册备考栏内业经分注,合并陈明。等情,附呈汉口市堆栈业同业公会第一及第二两次改选章程、会员名册、当选委员名册各二份,据此。除指令并将该会第一、二两次章册各提一份备查外,相应检同余件,咨请贵部查核办理,并希见复为荷。

此咨

实业部

8.商会电呈财部、省府,请准鄂境运现自由,江汉关扣留武穴现款从速拨还

(1934 年 12 月 9 日)

汉商会前因报载财政部规定,凡青岛、汕头、厦门、汉口等处运现,须领特别护照一事,曾电财部,请求特许通融,各情已志前报。不料当此之时,忽有武穴商号运现三千八百元来汉,被江汉关扣留一事发生。汉商会因据武穴商会来函,请转请当局发还,特于昨日分别电呈财部、省府,请准鄂省境内现金自由起运,或向江汉关请领护照,或由运现当地商会负责证明,并令沿途军警查验放行。兹将原文分志于后:

电财政部:(衔略)钧鉴,本月三日接准武穴商会函,据立昌和、正顺、汉记、信大等商号略以上月二十八日筹集现金三千八百元,由江新轮装运至汉,办货应市,突被江汉关税务司,将所运现洋,全数扣留,请为转恳体恤商艰,从速发还,以济眉急。等情,到会。当经据情转函江汉关税务司,请其查核放行在案。惟查现金以流通为原则,一有阻滞,则市面金融,必至发生混乱现象。如鄂省每届秋收之后,土产登场,农民谬于习惯,每需现币成交,此时现金用途,尤以灵活周转为要。武穴系鄂属下游巨镇,且系产棉之地,与汉市商业上之往来,至为繁复,运现至汉,尚被扣留,则汉市商人必须携同现款至该地采购棉花,势必不能出口。推之运往各县市购买土货,以及由各县市运现至汉者,均属不能自由,则本省境内现金即不流通,土产无由上市,生活奇窘,调剂无方,其将何以救济农村,繁荣市面?似此金融整理之策,未免失之枯竭无源。属会心所谓危,未敢缄默,用特电恳钧部,俯赐核查,讯谋救济,对于鄂省境内现金流通,准予自由起运。万一为防流弊起见,则由江汉轮运各县市之现金,准在江汉关请领护照。至各县市运现至汉,或由汉运往各县市者,则由各该当地商会公函证明,以资流畅,而救农商。迫切陈词,无任翘企,待命之至。

呈省政府:窃查本月三日,属会接准武穴商会函,据立昌和、正顺、汉记、信大等商号略称,以上月廿八日筹集现洋三千八百元,(原文见前从略)属会心所谓危,未敢缄默,业于本月五日电请财政部,对于本省境内之现洋流通,准予自由起运。万一为防流弊起见,则由汉轮运各县市之现金,准在江汉关请领护照。至各县市运现至汉,或由汉运往各县市者,则由各该当地商会具函证明,以免阻滞,而资流畅。此事关系武汉市面金融至巨,理合备文呈请钧鉴,俯赐核查,设法维持,迅赐电请财政部,准如属会所请办理,并令饬所属水陆沿途之军警机关暨各税收局所,对于本省境内来往转运之现金,一律查验放行,勿稍留难,以资救济,而免恐慌,实

为公便。

(《汉报》P46)

9.豁免灾区一切赋税,汉商会昨呈省府请迅赐施行,鄂东南各县抉择要筹设粥厂

(1934 年 12 月 9 日)

汉市商会昨接上海市湖北旅沪同乡会筹募本省水旱灾赈委员会来函,略谓本年鄂省水旱灾情奇重,约计受害区域,已达四十余县,人民财产损失,不可数量,迭准公私机关团体函电,商筹赈济,图挽浩劫。本会谊属桑梓,痛切剥肤,早经发起水旱灾赈委员会,共同筹募,所有赈款,正在积极催促。惟查上海筹募各省旱灾义赈许主席,前为浙江湖等省水旱灾情奇重,于十月宥日呈行政院,请明令各省政府转饬被灾各县查明受灾田亩,将所有应纳赋税及附加各税,一律豁免一案,已准行政院秘书处函复内称,奉院长谕,本案经饬据内财两部,分别呈复,已转咨各省政府饬属办理等语。似此,则吾鄂被灾各县田赋亩税及附加等项,应在一律查明豁免之列。诸公饥溺关怀,嗷嗷哀鸿,早蒙矜鉴,除将义赈会有电奉准各后情形,抄案呈请省府转饬所属查明被灾田亩,将本年应纳赋税及附加等项,一律豁免,以纾民艰外,相应抄同原件,函达贵会,请烦一致转请省政府照案施行,庶劫遗黎,得免追呼来年有秋元气深得,皆诸公之所赐也云云。汉商会昨特呈省府,请迅赐施行。

又讯省政府当局以严冬已届,鄂东南各县,灾区民众,饥寒交迫,亟应妥筹救济,抉择要筹设粥厂,举办冬赈。

又讯武阳两区小学生,以各县灾黎,无衣御寒,决自今日起,分区发募集寒衣,一俟募集有相当成数,即送往灾区散发。

(《汉报》P76)

10.汉商会昨呈市府商场总结束期仍旧并请在总结束前暂缓检查印花

(1934 年 12 月 9 日)

汉口市商会昨呈市政府,略谓汉口商场习惯,自遵照国民政府通令,实行国历年底结账以来,所有各业往来总收解日期,曾经奉准,以每年之次年一月末日为限。至新立账折,贴用印花税票,须在次年二月二十日以后,始能照章实行,并经函准湖北印花税局转知各检查员查照,在此期间,暂免检查,历经照办在案。兹因二十三年底转瞬即届,关于各业之结账及总收解,一切手续,自应仍照成案办理,经属会第四十五次执监会议决,本届应以二十四年一月末日为结束期,并以二月十五日实行更换账折,照章贴用印花,其旧用账折等件原贴印花,应请在二十四年二月十五日以前均为有效期,不贴加印花,并请在此期间,暂免检查等语。除分函湖北印花税局外,请准予备案施行。

(《汉报》P76)

11.汉商会昨宴杜锡钧，杨揆一等作陪

（1934 年 12 月 9 日）

前汉黄镇守使杜锡钧于日前由津来汉，下榻德明饭店。汉商会主席陈经畬特设昨（八）日下午六时在会内设席欢宴，并邀有杨揆一、曹振武等多人作陪，至八时始尽欢而散。

（《汉报》P76）

12.汉商会改选期近，昨函各业限本月底前推定代表

（1934 年 12 月 9 日）

汉口市商会以改选期近，昨特函催各业，略谓本会前以依法筹备第二次改选满任执监委员，并请定以二十四年二月二十日为举行改选之期，曾经分函各同业公会及各商店会员查照，一面分呈汉口市政府市党部核示各在案。复查前次决议案内关于各业会员更推代表，截止之期，原系以二十三年十二月底日为限，转瞬即届期满，请于本年十二月底日以前，将推定出席代表，依式填报过会。至同业会员共有若干，并请详细填明，以凭审核，而便汇报。

（《汉报》P76）

13.市府令商会自拟债务法呈候核夺

（1934 年 12 月 10 日）

汉市府前据汉市总商会呈请颁布紧急债务处理办法，昨特指令该会，略谓所请颁布债务紧急处理办法一案，仰遵迭令，即日自拟办法，呈候核夺。闻该会前系据华洋百货业呈请，昨已转特函该业自拟办法，以便转呈。

（《汉报》P86）

14.电财部请迅饬各银行运现金来汉

（1934 年 12 月 10 日）

南京财政部部长孔钧鉴，报载钧部颁发新令，凡运往厦门、汕头、青岛、汉口等埠之现金，均须领取护照。消息传来，举市惶惑，连日申汇狂跌，拆息骤高。际此土产登场，现金之需要尤切，来源受制，周转不灵，稍滞时机，变化莫测。汉沪息息相通，其影响所及，匪可言喻。万恳钧部熟权利害，迅饬中央、中国、交通三行，装运巨量现币来汉。其他商业银行钱庄，如须领用护照，手续亟宜简捷，以资救济，而挽危机。临电悚惶，无任翘待。汉口市商会主席陈经畬叩感。

（《汉口商业月刊》第 1 卷第 12 期）

15.电立法院请维护商业登记法第九条原案

（1934 年 12 月 10 日）

南京立法院院长孙钧鉴，顷准全国商会联合会代电，以据代表李奎安列席钧院民法、商法

两委员会,审查商业登记法,报告关于该法第九条原草案,为合伙人之姓名、住址及出资之种类数额,如已由各该本人向营业所在地之主管署登记者,得于其出资限度内,负分担损失之责,股份有转移或变更时,亦同等语。最为重要,现在尚未决定,嘱为电请照原草案通过,以资补救民法六八一条之失。同时接准上海市商会代电,以钧院民法、商法两委员会举行联席会审查商业登记法草案。据列席代表报告,对依法登记商店,应采分担责任,陈述理由甚详,而结果仍悬案未决。又合伙商业登记,主张有公会者由公会核转,无公会者由商会核转,以期保持商人与商业团体间之密接,而上次会议时,亦有异议。嘱为一致主张,俾能达到商人积年请求之目的。各等因,准此。查民法债篇第六八一条规定,合伙债务连带负责,权利、义务不相平衡,各市商会认为阻碍商业前途之发展极大,一致请求修正。比奉钧院令复,该条毋庸修正,仰候另订商业登记法以为补救,并准予议定该法时,全国商联会得派代表列席参加各等因,是钧院对于该案之请求,认为正当。所谓另法补救者,当以分担责任为原则,如此次所提商业登记法原草案第九条之规定,方足以补弊救偏。今乃审查会议尚有异词,以致案悬未决,如竟有所更改,则民法六八一条,既不予以修正,而商业登记法又无明确规定,则失者自失,补于何补?年来全国商人一致之呼吁,不将等于画饼乎?至商店登记,本与商业团体有密切关系,其手续由公会或商会核转,衡之立法精神,并无抵触。准电前因,理合电恳钧院体察下情赐照原草案第九条决议通过,并订定合伙商业登记,由商业团体核转,以资补救,而合商情。临电不胜迫切待命之至!汉口市商会叩。

(《汉口商业月刊》第 1 卷第 12 期)

16.电立法院请速议订债务清理暂行条例

(1934 年 12 月 10 日)

立法院院长孙钧鉴,查本年六月间,属会第四届会员代表大会,以据本市钱业公会,提请详订取缔肥倒办法,呈请军政长官严厉执行一案,经于第一次会议,照案通过,并一面呈请立法院,拟订破产法,以资制裁等语,比即据议分别呈请各在案。旋阅报载,实业部暨司法行政部,以我国破产法尚未公布,会同草具商人债务清理暂行条例六十二条,呈请行政院修正通过,由中政会据案施行,一面报据此项原则,送立法院拟订正式条例,在正式条例未公布施行前,适用此项暂行条例,并载此项条例经行政院决议后另附两点重要意见:(一)关于债务人之诈害行为,拟俟立法院审议本案时,由司法行政部直接函请为处罚之补充规定。(二)关于清理人之选任标准、选任程序等事项,拟由司法行政部另定之,各等语。迄今数月,前项暂行条例,未见公布施行,而正式条例,亦未闻提案订立,商情迫切,引领殊殷,缘夫商业本以营利为目的,而经营商业者,不能必其有利而无亏。历来商场习惯,因营业失败,倒闭商店者,须将历年账据,全行交出,经债权人清理核算,如果查明确系因亏歇业类皆本通情互助之义,予以折价偿还者犹不失为信义经商之一种道德行为也。迩来世变日剧,道德沦亡,居心倒骗之事,层见叠出。其运用手段,往往在未倒闭之先滥发支票,趸进货物辄至数十万元之巨,而仓卒闭倒,肥倒潜逃。此种诈骗行为,实已构成刑事犯罪。乃事后集商清理,每以匿账不交,或伪造亏累,以致无法即行。诉诸法律,又以寻常债务关系,迁延莫决,而破产无法,规避多方,所有债权损失殆尽。而卷肥倒骗者,反得以逍遥法外,享乐自由,事之不平,至斯已极,长此以往,人人自危。商业前途，何堪设想？惟以前项条例，专为清理商人之债务而设，在破产法未公布施行以前，尚可资为救济之法。伏乞钧院体恤商情，迅赐拟订，并恳对于立法院资附之重要意见两点，详细归纳于正式案例之内，以期严密，而挽颓风。临电悚惶，无任翘首待命之至！汉口市商会叩。

（《汉口商业月刊》第1卷第12期）

17.呈省市府请颁订债务紧急处分单行条例

（1934年12月10日）

呈为据情转呈事，顷据本市各同业公会联衔函称，窃自本年一月以来，各业批发被往来各户卷骗倒欠之事，层见叠出，诉诸法律，则延结无期。求诸调处，则血本无着，直令人有不可营业之苦。近则倒骗者，居心险诈，尤百出而莫可奈何，往往在未倒闭之前，预先滥发支票，趸进货物。所有产业，则先行过户顶替，预将值价货物现全隐匿他所，账目则为伪造亏蚀，且加入化名存款，于是或宣言破产，或避面不理。如借法律而彻底追求，彼则因手续之繁，时日之多，而萧然无事。如扭控其人，则借口债务，而诈欺刑事不能成立，甚或且为妨碍自由之反诉，即诉之民庭，诉追则交保，而清理无期。声请假扣押，又厄于负责指明现金担保之限制。以是种种，债权人既因营业无此余间与之周旋，不为诉讼之追求，反愿说账，忍痛了结。于是有一二成者，多亦不过三四成，仅此残余之货物摊派，而债务人之房金、电费、店伙薪金、营税、房捐，又必先行提出，结果所得只等于零，即或由扣折而分期缴还，又多不兑换之支票，事一终结，腰缠既满，犹是体面商人，或加记新开，或化名另作，稽延愈时，故态复作，以往既莫得追求，未来又无由防范，营业者灰心，投资者裹足。明知非法律不能救济，实现行法律不能有急切之据分，遂至倒欠者益肆然而无忌，而营业者，无往来即无营运，有往来则日处于倒欠陷阱之中，及今不亟为谋救济，将复兴商运终于无望。查本市积欠房租，习也成风。省市府为妨碍投资，影响金融，另行颁定单行法，限制欠租而予以惩罪。汉市商业之资金较诸房产之资金，其数目之倍蓰岂啻千万，倒欠者之扰乱金融，其影响于市面又何可数计，且汉市商业经水灾□患国难之后，益以本年之旱荒，早已挣扎为难，想早在省市当局洞鉴之中，若复任卷骗倒闭者相率效尤，而逍遥法外，商运前途，何堪设想！为此请求提会讨论，转呈省市府，要求俯念商艰，颁定债务紧急处分单行法，以杜奸骗，而维商运。于不敝是所至叩。等情，到会。查近年丧家宏多，人心陷溺，商业道德，堕地无遗，以致诈骗货物、肥卷潜逃之事，层见叠出，事后诉之法律，皆以寻常债权债务之关系，迁延莫决，贴累不堪，银行因此而不敢放款，钱庄因此而缩小范围，周转不灵，金融阻滞。汉市商业之凋敝，此为最重之一因。如欲恢复市面之繁荣，非借行政力量制止此种诈欺案件，不易为功。如最近长沙粮食行倒闭巨款，幸由湖南省政府施以紧急处分各放款银行，方未被其逃骗。各业公会，利害切己，联衔申述前来。属会认为非常重要，除分呈外，理合据情转呈钧座，俯赐察核，准予颁行债务紧急处分单行条例，以资救济，而挽颓风，不胜迫切待命之至！

（《汉口商业月刊》第1卷第12期）

18.取缔棉花掺杂案汉商会分电棉统会商品局掺杂请暂以二点五为标准,棉业统制会函鄂仍请迅设取缔所

(1934 年 12 月 11 日)

自取缔棉花掺水掺杂暂行条例及施行细则公布后,鄂省棉业买卖双方,均以此项限制过严,棉业前途将受极大影响,在旬日之前,曾由棉花进口及棉花号两业公会函请汉商会转呈财实两部,在取缔所未普遍成立以前,请暂缓施行,已志前报。嗣棉业买卖双方,以现正棉花上市之时,使无缓冲方法,以资过渡,则棉花买卖,势必备受掣肘,以是特于昨(十)日假汉商会公订棉花夹杂标准。出席者计有棉花号业萧达夫、张星垣、何祥林、阳泽周,纱联会汪镜清、张楲泉、周塄卿,裕华纱厂江汉章,棉花进口业彭华庭、谢少池、杨显卿,棉花行邱楚乔,新野号业萧让亭、郭国钧、尹寿仙等,参加人上海银行棉花堆栈崔恩恭,市商会杨辉廷。经两小时磋商,结果决定如下两点:(一)依据取缔棉花掺水掺杂暂行条例第八条双方协订,以买卖棉花在取缔所未经普遍成立以前,对棉花中之掺杂物,暂以百分之二点五为协定标准,能在市场买卖,且俟取缔所普遍成立以后,再行回复新章,当经双方认可无异。(二)凡棉商业经买进运途之棉花,须公请检验局斟酌各地方路途之远近,限期仍照旧章验放,准予在市场及运申买卖等语。决定后,即请由汉商会分电棉业统制会及商品检验局,请准允照办,兹录两电于次:

电统制会:上海九江路棉业统制委员会钧鉴,倾据棉业买卖双方,以为取缔棉花掺水掺杂暂行条例及施行细则,公订标准,限制过严,以湖北棉农知识浅陋,积习甚深,骤施严厉之取缔,必致棉业一溃不振。值此市面凋敝,银根奇紧之时,其影响所及,尤为重大,属会因应其所求,召集买卖双方,于本日到会共同集议。根据条例第八条之规定,双方公订,在取缔所未经普遍成立之先,本条所指夹杂物,暂以百分之二点五为双方约定之标准,准在市上及运申买卖,一俟取缔所普遍成立,即将是项临时办法撤销。属会审核地方情形,如无此项过渡办法,实不足以维持整个棉业之市面,务恳俯准所请,迅咨实业部电饬汉口商品检验局查照办理,不胜屏营待命之至。汉口市商会叩灰。

电商检局:实业部汉口商品检验局台鉴,本会为取缔棉花掺水掺杂一案,致棉业统制委员会一电,文曰(原文见前从略)等语,查本省产棉区域,非常辽远,新章施行之日,外县各乡镇势难同日实行。其在新章施行以前收进之棉花,揆诸法律,不溯既往之义,应请斟酌各地之远近,限期仍照旧章验放,准予在市场及运申买卖,限期截止,即行遵照新章检验。事属棉商整个困难,务恳准如所请办理,至为盼祷。汉口市商会叩灰。

(《汉报》P99)

19.(湖北省建设厅)令省会公安局局长、武昌县商会、汉阳县商会等:令发二十三年份省会冬账办法原签一件仰遵办具报、仰将该会应筹赈款赶速筹缴由

(1934 年 12 月 13 日)

查本年省会冬赈,业经本厅会同财政厅拟具办法,签奉省政府核准如拟办理。等因,奉此。

现天气渐寒,举办冬赈,刻不容缓。除分令武、阳两商会暨武昌业主会赶速筹款缴厅、省会公安局汉阳县商会武昌业主会、省会公安局武昌县商会业主会、省会公安局武阳两商会,并由省政府令饬湖北省救灾补荒委员会遵照拨款外,合亟抄发原签呈,令仰该局长,赶速遵照办理,随时具报。令仰该会,迅将应筹赈款五千元、二千元、二千元,赶速筹缴本厅,以凭转发。案关冬赈要政,切勿延误为要。此令。计抄发原签呈一件。(附后)

厅长　孟广澎

民政、财政厅原签呈:

查本省会冬赈,历年均在冬初着手筹办。兹查照历年成例,并参酌本年实际情况,拟具本年省会冬赈办法如下:

一、组织省会冬赈委员会:查去岁武阳冬赈,系由本民政厅,令饬省会公安局,召集武昌、汉阳两县县政府,商会善社联合会及武昌业主会、慈善会,组织武阳冬赈委员会,以省会公安局局长为主席,内部分事务、筹账、采办、调查、复查、发放、监视、弹压等八组。本年拟令饬省会公安局,先行笺请武阳党政军学及工商各界与热心慈善之绅富等会商,成立省会冬赈委员会,仍由该局长负责主持一切,以收驾轻就熟之效。

二、筹募赈款:查去岁武昌冬赈用款数额,计赈米二万零一百二十九元二角,贫民调查证印刷纸张费一百四十元,两共二万零二百六十九元二角。其收款数额,计省库先拨一万五千元,余米变卖一百七十二元零一分六厘,廿一年办理冬赈余存米款五百五十三元八角六分,武昌商会捐款九百九十八元,汉阳商会捐款七百元,武昌业主会捐款二百元,又省库续拨二千六百四十五元三角二分。惟查去年几所购赈米三千八百七十一石之价格为每石五元二角,兹询据实善米厂云:“本年同样之米,每石为八元四角。”若本年仍照去岁赈米数量预计,即本年赈米价格一项,较去岁约须多银一万二千四百元。又去岁筹款办法,系照向例,由本民政厅提请钧府委员会议,由省库拨款一万五千元,武昌商会筹款五千元,汉阳商会筹款二千元,并另责由武昌业主会筹款二千元。结果武昌商会只缴九百九十八元,汉阳商会只缴七百元,武昌业主会只缴二百元。欠缴之款,曾经一再令饬省会公安局,限期严催,并于该局开冬赈结束会议时,又经面催各该会主席、代表等,迅行筹缴,均以市面凋敝,筹措维艰,吁恳减免,只得照案呈经钧府核准,将不足之数,由省库如数筹拨。本年冬赈筹款办法,拟请钧府饬在湖北省救灾备荒会赈款内拨给二万元(省库拨给十七年一万元,十八年一万五千元,十九年至二十一年历年之数各二万元,二十二年一万七千六百四十五元三角二分),武阳两商会及武昌业主会则依向例派筹,一面商请湖北省救灾备荒委员会合作办理,或印发通启,向武阳各界尽量劝募(此系仿照汉口市历年冬赈成例)以收集腋成裘之效。

三、办赈种类:除购米发放外,得由冬赈会审度贫民需要与财力之所及,商办他种赈济事项。

四、开支经费:各委员及各承办人员,仍照向例,概不支薪,并照去年成例,开支经费,只以调查证印刷纸张费为限。

五、受赈贫民:查民国二十年汉口市冬赈,除设粥厂,用米一千六百五十九石八斗五升外,其散发赈米之贫民,共计六万九千百零九口,每口给米三升,总共散发赈米二千零九十四石二斗七升。去岁武阳冬赈受赈贫民,大小共十九万三千万三千四百五十二口,每口给米二升,共发赈米三千八百六十九石零四升(因贫民迁走,实发三千八百五十二石七斗八升)。本年受赈贫民,应酌量稍加限制,完全以救济贫苦之老弱、残废、妇孺为主要对象,而便增加真正贫民领受赈米之数量。兹划分次贫、极贫及大小口之标准如下：

（甲）家有壮丁，确系失业而不能维持其眷属之生计者，为次贫。

（乙）家无壮丁，仅余老弱残废妇孤寡而无力维持生计者，为极贫。

（丙）贫民年十二岁以上者为大口，十二岁以下者为小口。

六、调查贫民办法：

（一）初查，以两星期为限，由慈善团体人员及寺庙僧侣等，会同户籍警（调查人员出发之前一日，由冬赈会集合一次，指示调查应注意事项，以资划一），携带制发调查表（表内须注明贫民之姓名、年龄、籍贯、职业、详细住址及次贫、极贫种类，大小口数等项），按照各分局管辖区域，根据最近户籍册，挨户详确调查，并应大公无私，不得有徇情、混冒、遗漏等情事，查竣造具正式清册及统计表报会查核。

（二）复查，以三日为限，由钧府各厅处及省党部派员与各团体代表会同初查人员等，按照初查清册，依次详确复查，并填发两联式米票（米票号数，须注明调查表册内，并由领票贫民，加捺指印）。如发觉初查有漏列及迁居或不合等情事，得酌量增减。

七、购办赈米方式，或由冬赈会采办组直接购办，或投标方法，招商承办，统由冬赈会先行选定米样，调查米价标准，提会决定。并斟酌情势，于冬赈会成立后，即先行借款，定购赈米，以免受米价增涨之情形损失，减少赈济力量（按每年冬赈米，多系在废历腊月间，临时购买，是时米价，向多提涨）。

八、放赈日期，以国历廿四年一月二十六日至二月四日（即废历腊月下旬）十天内，任择三日为原则。

九、放赈地点，由冬赈会放赈组参照去岁成例，商定适宜地点。

十、施赈监视人员，由各机关团体派代表分往监视。

十一、办理冬赈人员之奖惩，依照行政院公布之办理赈务公务员奖惩条例、办赈团体及在事人员奖惩条例、办赈人员惩罚条例之规定办理。

十二、冬赈办竣后，须将办理情形，及收支款项账目，详细公布，以昭大公。

以上所拟办法，是否有当？理合签呈核示。

财政厅、民政厅签谨

（《湖北省政府公报》第 59 期）

20.德国限制华商汇款，汉商会请外部力争，恶例一开国际贸易关系匪浅

（1934 年 12 月 14 日）

汉口市商会，近据山东烟台发网花边业公会来函，以烟台所产发网、花边、绣花等货，自运销欧美以来，向无留难之处，乃现在德国政府，忽限制此项汇款，殊属出人意外。查上述各货，运往德国，其进口税从前每启罗征德币七元五角，现已增至三十元。按货品价值计算，每百元之货，约征税一百三十元。如此重税，已受莫大之损失。不料近又限制汇款，在前数月每人每月尚准汇五千元左右，嗣乃逐渐缩减至二百元，今则完全禁止。商人货款愈积愈巨，竟不得汇出分文，致华商束手坐困。贵处货品有运销德国者，谅必同受此种痛苦。查各国通商，均以互惠为原则，除已呈请外交部交涉外，请予鼎力援助等语。商会据函，以此项恶例一开，于国际贸

易关系匪浅，特据情呈请外交部，请据理力争，以维国际贸易。

（《汉报》P127）

21.武昌商会选举结果，程云卿当选执委，陈承仁等当选监委

（1934 年 12 月 14 日）

武昌县商会前（十二）日举行抽签改选，昨日揭晓，计当选执监委员姓名如下：程云卿、杨达夫、萧□山、苏时昌、邱益三、方耀轩、余少之当选为执委，宋伯珩、朱宅仁、谭卿舜、姚竟成、陈树棠（肉业）等五人当选为候补执委，陈承仁、唐筱山、吴竟成三人当选为监委，胡树楠、陈善长等为候补执委。闻俟推定主席后，再定期宣誓就职。

（《汉报》P127）

22.各县市商会过半数改选后，省商联即行改选，如俟全数改选事实上颇多困难，苏汰余谈未改选前本人决负责

（1934 年 12 月 16 日）

关于湖北全省商联会改选问题，在去年春季，该会即以任期届满，呈请湖北省党部派员指导筹备事宜。嗣以该会乃全省商界最高机关，各县市商会以灾患迭乘，组织胥不健全，依法须俟各县市商会改选完竣，则该会改选，始能有所根据，以是遂至搁置。记者昨晤该会主席苏汰余，曾以改选日期相询。据苏谈迟缓原因，大致已如上述，谓本人（苏自称）之于省商联，不惟已届任满之期，且种种事物，业集一身，亦势难兼顾，故现在复经呈改省党部会饬各县市商会从速请选，以期省商联得以依法改组，本人得卸仔肩。但全省一百余商会，如俟各该商会改选齐全后，本会再进行改组，则于事实上亦颇多困难。惟有俟各县市商会，改选已过半数，即进行改组事宜，庶几于法有据。但在尚未改组之前，本人无论如何忙迫，均当负起责任也云。

（《汉报》P147）

23.汉国货商场招商登记，商会昨分别转知

（1934 年 12 月 18 日）

汉市国货商场已假定江汉路新华公司原址为场址，刻下已在打扫布置之中。昨日，该场筹备处以开幕为期不远，特函汉商会，请转知各国货厂商，如有意在该场营业者，即至筹备处登记，商会据函，已据情分转各国货厂商矣。

（《汉报》P167）

24.汉口市商会为登记旧印花税票办法通告

（1934 年 12 月 19 日）

查本会奉财政部颁发登记印花税票办法一案，原以二十三年十二月底为截止之期，该项登

记办法早经照印分发各同业分会查照在案。兹因期限转瞬届满,并奉市政府派员督同办理前来,特将该项登记办法再行翻印多张分别转发,以便周知,一面将申请书一项照式印就存会,以备各业领用。复查本市各业商店其有未入公会者,尚属不少。今为便利登记起见,凡在本市区域内经营商业者,如有该项旧存印花税票,应一律查照登记办法于十二月底以前来会领取申请书照式填明,即日连同该印花税票送会验明盖章后,再予登记,用并照录登记办法如后,务希查照依限办理,幸勿自误为盼。

登记旧印花税票办法(略)。

(《汉报》P173)

25.商人债务清理条例,高等法院令所属遵照试行

(1934年12月22日)

汉商会此前电呈司法院,请转饬司法行政部,将商人债务清理暂行条例迅予公布施行。昨日汉商会奉司法院批,以该条例业经司法行政部,于本年十月十八日通令各省高等法院,暂予试行。同时据高院方面消息,该院奉令后,即分令所属各法院一体遵照施行矣。

(《汉报》P207)

26.汉商业月刊社组织服务团定元旦开始服务

(1934年12月24日)

汉市商会商业月刊社,近为实际服务社会起见,特组织服务团,凡国内外机关、团体、商店或个人,如对于汉口市场,有所征询,均可开列事由,函请该部代为调查答复。该部负责人员,业经推就。开始服务日期,亦定二十四年元旦。

(《汉报》P227)

27.取缔棉花过渡办法,实业部核准令商品局转知

(1934年12月26日)

本市棉业买卖双方,前因实业部颁布取缔棉花掺水掺杂实行细则,标准过严,特假汉商会会商决定,在湖北取缔所未成立以前,应暂以百分之二点五为过渡标准,在新章实行以前,棉商已购起运之货,应仍照章办理。议决后,即请汉商会代电实业部驻汉商品检验局,请转呈实业部核准施行。兹悉该局已奉到实部指令开:呈悉。查关于取缔棉花掺水掺杂,买卖双方,约定暂以百分之二点五为过渡标准一节,仰候全国经济委员会棉业统制委员会核转到部,再行饬遵,至所请在十二月一日以前,棉商已购起运尚未到汉,或已到汉之棉花,斟酌各地之远近限定期日,仍照旧章办理等情,为体恤商艰起见,应予照准等语。商品局奉令,已转函商会,请转棉商知照。

(《汉报》P247)

28.中央汉行存户再度会商催偿办法

（1934 年 12 月 26 日）

前中央银行汉分行存户裕成典等六十五家，前以此项存款，迄今数年，财部尚无清偿表示，在距今约两三月前，曾推举代表团赴京向财部请愿，现该裕成典等，以请愿后，今又数月，仍无清偿消息，现在年关日迫，势难再延，决即再请汉商会转电财政部代为催促早日清偿。

（《汉报》P249）

29.国货商场组织原则确定定名“商办汉口国货商场”，由武汉湘鄂厂商及沪商合组

（1934 年 12 月 28 日）

汉市党部昨午后二时为汉口市国货商场问题召集关系机关团体代表开会。缘上海国货厂商虞和德等，近拟假新华公司旧址，举办汉口市国货商场，内设场位一〇二处，酌收场位费，内部警业，完全系厂商合作性质，意在提倡国货，抵制外货，并由创办人共同筹资一万元，作为筹备经费，开幕后每月可有万元国货运来，日前并派代表张德奇到汉筹备，广征湘鄂及武汉国货厂商加入。市党部以此举关系国货运动甚大，为整齐步骤，增加效力计，于昨召集各关系机关团体代表开会，共同筹议。计到市政府代表易葆恂、市商会代表杨辉廷、湘鄂国货厂商联合会代表狄乃津、国货商场代表张德齐，市党部由林荣葵出席，结果决定原则三点：（一）定名为“商办汉口国货商场”；（二）由武汉厂商会、湘鄂厂商会及国货商场创办人代表三方面会商筹备；（三）由上述三方面订定章程，呈党政机关核准备案。至于详细办法，尚待续商。

（《汉报》P267）

30.（财政部）咨湖北省政府准咨以据汉口商会呈请转电对于本省现洋准予自由，起运一案咨请核办见复等由，查国内运现请照办法业经咨请转饬遵照在案即希查照前咨转饬该会遵照

（1934 年 12 月 29 日）

案准贵省政府财一字第五四四五号咨：“据汉口市商会呈请转电贵部对于本省境内现洋准予自由起运等情咨请核办见复”。等因，到部。查本部为便利国内运输现洋起见，业经规定详细请照办法，于本月二十七日钱字第一一一五七号咨请贵省政府转饬一体遵照在案。即希查照前咨，转饬汉口市商会遵照为荷。

此咨

湖北省政府

部长　孔祥熙

（《财政日刊》第 2053 期）

31.汉商会函市商会合法银币一律通用，不再差价、不许贴水，定明日元旦起实行

（1934 年 12 月 31 日）

上海市商会昨接汉口市商会函云：敬启者，案据本市银行业同业公会，暨钱业同业公会联衔公函内开云，敬启者，查自废两改元以来，硬币需要数量递增。我国硬币种类，原极复杂，重量成色，亦不一致，往往铸自甲省而乙省不能通行，甚至视为成例。就汉市言，近年通用硬币，仅限于孙总理像、袁徐两总统像、湖北省造与大清等数种银币，其他各省所铸银圆，概不能任意流通。似此情形，在不合法定色量者，固当加以限制，而漫无区别，悉予固拒，实有碍币制统一之进行。敝会等有鉴及此，认为一般合法银币，现在天津、上海各地，同等使用者，汉市亦应一律通用，不再差价，不许贴水。爰于本年十二月四日，由敝两会特开联席会议，议决照办，并定自二十四年一月一日起实行。除分别函呈外，相应函请贵会查照，迅予分电本省各县商会、湘豫苏皖赣各省商会，转行所属各同业，一体知照，无任感荷。等由，到会。除分转外，相应函达贵会，即请查照分别转知，并希见复为盼。此颂公绥。

主席　陈经畬

（《新闻报》）

32.汉商会电财部力争现金运汉，因全市金融骚动救济难缓

（1934 年 12 月）

白银出口征收后，上海存银得继续输出各埠。自财部颁发新令，对于运往厦门、汕头、青岛、汉口等埠现金，加以限制以后，汉口市场，发生重大骚动。申钞狂跌，每千元须补水十七元余，拆息亦骤形增高。全市金融机关，惶惶不可终日，其他商业亦受极大影响。汉口市总商会，以此事关系商务隆替至巨，特于十一月廿七日电请财部，速运现金救济。电云：南京财政部部长孔钧鉴，钧部颁发新令，凡运往厦门、汕头、青岛、汉口等埠之现金，均须领取护照。消息传来，举市惶惑，连日申汇狂跌，拆息骤高，际此土产登场，现金之需要尤切，来源受制，周转不灵，稍滞时机，变化莫测。汉沪息息相通，其影响所及，匪可言喻。万恳钧部熟权利害，迅饬中央、中国、交通三行装运巨量现币来汉。其他商业银行钱庄，如须领用护照，手续亟宜简捷，以资救济，而挽危机。临电悚惶，无任翘待。

（《经济旬刊》第 3 卷第 16 期）

1935 年

1 月

1.汉口市商会为订期召开会员大会改选第一届满任执监委员通告

（1935 年 1 月 1 日）

案查本会前以遵照商会法第十九条，执行委员及监察委员任期均为四年，每二年改选半数，不得连任之规定，所有上年第一次改选半数时签定留任之执行委员八人，及监察委员四人计扣至民国二十四年三月一日正均届四年任满，自应先期筹备改选以符法令。曾经召开全体执监委员联席会议决定民国二十四年二月二十日为改选之期，并以二十三年十二月底以前为各会员更推代表之期，等因。呈奉汉口市党部市政府指令，核准分别转知各会员查照在案，兹因廿三年十二月底日限期已经届满，而各会员代表名册尚未到齐，又经召集临时执监联席会议决定展限半个月至二十四年一月十五日为止，并登报通告俾使便周知，亦在案。除分函外，用特登报通告，各公会会员及商店会员一体查照，于有更推代表名册尚未造报者，务希于二十四年一月十五日以前赶速造齐，送会以凭核查而便汇转。幸弗再延致滋贻误，盼切祷切。

（《汉报》P6）

2.湘鄂国货厂商联合会暂行章程

（1935 年 1 月 5 日）

第一章　总则

第一条　（原文略）。

第二条　本会联合湘鄂两省国货厂商共同组织之，定名为湘鄂国货厂商联合会。

第三条　本会以发展国货产销，增进工商福利，巩固国民经济，及矫正营业弊害为宗旨。

第四条　本会设于汉口市,并设事务所于长沙。

第二章　会员

第五条　本会会员分下列二种:

一、凡湘鄂国货工厂赞成本会宗旨,经本会会员之介绍,由执监委会审查合格,提交会员大会通过者,得为本会基本会员。

二、凡各埠国货工厂,赞成本会宗旨委托其驻湘鄂分号或总批销处,或委托完全经营国货之商店,请求加入本会,得本会会员之介绍,经执委会审查合格,暨会员大会通过者,得为本会特种会员。

第六条　会员入会之手续:

一、填写入会志愿书。

二、缴纳入会费:

(甲)资本总额在国币一万元以上者,一次缴纳二十元。

(乙)资本总额在五千元以上者,一次缴纳十五元。

(丙)资本总额在五千元以下者,一次缴纳一十元。

(丁)特种会员,一次缴纳二十元。

三、特种会员入会,须取具本厂委托证明书。

第七条　会员之权利:

一、会员新发明或改良仿造出品,有请求本会转请主管机关发给国货证明书,及普遍宣扬介绍之权。

二、会员精美出品,有请求本会转请政府通令提倡,及享受种种奖励之权。

三、会员有优先参加本会所筹备,或参与国内外国货流动展览之权。

四、会员如有不平情事,有请求本会救济保护之权。

五、会员有请求本会代办公司商号商标注册专利免税,及一切商业文件之权。

六、会员与会员或非会员间发生纠纷事项,有请求本会代为设计之权。

(《汉报》P24)

3.商办汉国货商场改称中华国货商场

(1935 年 1 月 6 日)

市党部昨(五日)据虞德和等呈称,为撤销筹办商办汉口国货商场前议,更名中华国货商场,检同章程规约,请鉴核准。等由。到部。市党部据呈后,即批示两点,原批云,呈件均悉,所称改办中华国货商场,既属商营性质,准予备案,为谋促进国货运动,期收实效起见,兹并指示应注意事项如下:(一)关于陈列宣传事宜,应随时接受汉口市国货运动委员会之指导。(二)关于评价审查事宜,应与汉口市商会及本市各国货厂商团体,切实合作,附赍章程规约,毋庸备案,发还,仰即知照,此令。

(《汉报》P24)

4.鄂境运现汉商会□予以便利财部□由三行代运汉

(1935 年 1 月 7 日)

鄂境运现,汉商会□予以便利,财部□由三行代运,汉口六日下午七时本报专电,汉商会请财部□鄂省境内现金予以便利,财部复令中央中交三行会商运现办法,由三分行代运之,宜昌关□□布告,禁止成色不足之用币入境流通。

(《益世报》)

5.市党部函请市府设立商人教育机关

(1935 年 1 月 8 日)

市党部顷据第四区党部呈称:查汉口为华中重要商埠,拥有八十万人口,文盲占全市人口百分之八十以上,商民占全市民众百分之六十以上,故教育设施应注重民众教育,应以市民教育为中心,因商民健全,商业始能发展,社会始能繁兴。但汉口商业之情形,在世界经济不景气笼罩下,又加以会计制度之不改良,旧有习惯之难破除,商民道德之殁落,商民手腕之卑污,商民常识之缺乏,在形成破产局面,若不设法挽救,不仅汉口将来商业难以复兴,即将来汉口社会,亦不堪设想矣。挽救之道,舍实施商民教育而外,实无他法,政府当局对此虽因经济支绌,未能尽量推广,然亦不可因噎废食,应利用社会原有设备,规划举办,以达到繁荣本市之目的。查龙王庙一带地址适中,旧式商店,鳞次栉比,实为本市实施商教之唯一适当环境,而该处仅有一通俗图画馆,工作过于单纯,未能尽量利用环境以求效力之扩大与实际,殊为可惜,似可建议市党部转咨市政府仿照本市实验民教馆,在罗家墩附设农民教育馆例,以简单有效之组织,在民众通俗图书馆内,组织一商民教育馆,作为实施汉口商民教育之根据地。就该馆经费人才设备,设法扩充,俾民众于阅书报之外,可以求得其他知识,不特收效宏大,抑且易于推广。同时由市政府召集商界领袖及民众教育机关人员,设立商民教育设计委员会,从事商民教育之研讨,前者为一实施场所,后者为一规划机关,再由市党部市政府,予以有力之推动及援助,则汉口之商民教育可以普及矣,等由,到部。该部据呈后,以设立商人教育机关,不无见地,已于昨日函市府查照办理矣。

(《汉报》P52)

6.积极筹备中之湖北省第二届国展会

(1935 年 1 月 8 日)

湖北省第二届国货展览大会暨国货商场开幕通告如下:查湖北省第二届国货展览大会,经本馆会呈准定于一月二十日起,在武昌本馆举行三星期,于展览会闭幕后,即开放国货商场,凡参加展览厂商,必须认租商场场仕,继续在内营业,享有业务上一切优先权,并由本馆会设备货栈、宿舍、食堂、浴室、画报室、消防器械,以资便利周密。但在一年内,非请准本馆会同意者不得中途退出,以示限制。关于场务进行及场务费之支用,由厂商选举理监事自行管理,以昭大公。惟本馆房屋,年久失修,益以展览筹备,需款颇巨,应由本会认捐。兹规定参加厂商,每家捐助商场修理费十元,展览费五元,(尚未缴纳入会金者并须缴纳)登记时一次缴足,登记处设汉口泰宁街涵润里本会,定一月十七日截止,来函登记或向个人接洽者无效,参加须知,随时函阅可也,特此通告。又讯:湖北省建设厅国货陈列馆通告云,查本馆定于国历元月二十日举行湖北省第二届国货展览大会,即日修理商场,所有现时在场各商户,限于元月十日以前,一律迁尽,并将过去各月份欠租克日缴齐,以清手续,倘各该户却为厂商欲参加此次展览及商场,可径向汉口泰宁街涵润里湘鄂国货厂商会先行登记,领取许可证,再行分派场位,以便展览,特此通告周知。

(《汉报》P54)

7.五金机器业公会昨日成立选举执监

(1935年1月10日)

汉口市五金机器业同业公会筹备会,以筹备大致就绪,亟待成立,特于一月八日上午十一时,在利济巷会所开成立暨选举大会,出席筹委九人,会员一百三十八人,来宾有汉阳商会主席周文轩、律师向雄楚、市八小余传骥等。市党部派吴福祖莅会指导,市政府亦派李宝清监选,此外并到警卫部代表马玉山、公安局代表李思文、总商会代表黄南屏等。当推定主席团张鹄臣、余大德、向耀山三人,如仪开会后,即由余大德报告筹备经过,略谓:本会奉市党部许可组织,由上年九月迄今四月,中间呈报市府准予设立登记会员二百家,共收会费二百四十余元,所有开支,列表悬示,可请各个会员查核。近奉市府令准予召开成立代表大会,各会员热烈出席,本会精神,可见一斑云云。次指导员监选员相继训词,总商会代表,汉阳商会主席惠词,主席答词,即行选举,监选员报告选举结果,执委为张鹄臣、余大德、向耀山、彭云山、彭海波、罗相莲、熊长春、李继发、黄荣甫、彭玉宝、刘名贵等十一人。候补委员为周凤亭等五人。监委为陈惠卿、闵燮斌、余凤山、王岐铭等五人,候补监委范福阶一人,旋假慈善会全体摄影,以资纪念,回会聚餐,继续由市党政监督新任执监委员宣誓就职礼,并选举常务及主席,结果张鹄臣任主席,余大德、彭海波任常委。全体代表欢呼口号、鸣爆庆祝而散。

(《汉报》P72)

8.汉口市商会电财部请宽准现金内地流通

(1935年1月10日)

南京财政部部长孔钧鉴:本月三日接准武穴商会函:据立昌和正顺汉记信大等商号,略以上月二十八日筹集现金3800元,由江新轮装运至汉办货应市,突被江汉关税务司将所运现洋全数扣留,请为转恳体恤商艰,从速发还,以济眉急。等情,到会。当经据情转函江汉关税务司请其查据放行在案,惟查现金以流通为原则,一有阻滞,则市面金融,必至发生混乱现象,如鄂省每届秋收之后,土产登场,农民狃于习惯,每需现币成交,此时现金用途,尤以灵活周转为要,武穴系鄂属下游巨镇,且系产棉之地,与汉市商业上之往来,至为繁夥。运现至汉,尚被扣留,则汉市商人如携同现款至该地采购棉花,势必不能出口,推之运往各县市购买土货,以及由各县市运现至现汉者,均属不能自由,则本省内现金既不流通,土产无由上市,生活奇窘,调济无方,其将何以救济农村,繁荣市面?似此金融整理之策,未免失之枯竭无源!属会心所谓危,未敢缄默,用特电恳钧部俯赐察核,迅谋救济,对于鄂省境内之现金流通,准予自由起运,万一为防流弊起见,则由汉轮运往各县市之现金,准在江汉关请领护照,至各县市运现至汉或由汉运往各县市者,则由各该当地商会公函证明,以资流畅,而救农商,迫切陈词,无任翘企待命之至。

汉口市商会主席　陈经畬叩

(《汉口商业月刊》第2卷第1期)

9.汉口市商会电司法院请颁布商人债务清理条例

(1935年1月10日)

司法院院长居钧鉴:案查本年十一月十六日,属会呈请立法院代电一则文曰:立法院院长孙钧鉴:查本年六月间属会第四届会员代表大会,以据本市钱业同业公会,提请详订取缔肥倒办法,呈请军政长官,严厉执行一案(原文载本刊十二期从略)临电悚惶,无任翘首待命之至。并同日以情同前词电呈行政院,请将暂行条例,先行公布施行,以资救济各等情在案。兹奉行政院第511号批开,代电悉查商人债务清理暂行条例,前经呈准复案试行,已令饬司法行政部,并咨行立法院审议在案,现在司法行政部,已改隶司法院,仰即径向司法院呈请可也,此批。等因,奉此。窃以商人债务之纠纷,层出不已,苟无法以善其后,则卷骗肥倒,为所欲为,商业前途,莫知所届,伏乞钧院鉴核前情,迅饬司法行政部,检案赶办,以资救济,而挽颓风,临电不胜翘待之至!

汉口市商会主席　陈经畬叩

附上立法院电

立法院院长孙钧鉴:案查属会前为报载实业部暨司法行政部,以我国破产法,尚未公布,会同拟具商人债务清理暂行条例,呈经行政院通过一则,分电钧院,暨行政院,请将暂行条例,公布施行,并拟定正式条例,以期严密,而资救济等情在案。兹奉行政部第511号批开:代电悉查商人债务清理暂行条例,前经呈准复案试行,已令饬司法行政部,并咨行立法院审议在案。现在司法行政部,已改隶司法院,仰即径向司法院呈请可也,此批。等因,奉此。查商人债务纠纷不已,苟无法以善其后,则卷肥倒骗,为所欲为,商业前途,莫知所届,除分电司法院外,用特再电钧部,俯赐鉴核,迅准拟订正式条例,以资挽救,而正人心,实为切祷。

汉口市商会主席　陈经畬叩

(《汉口商业月刊》第2卷第1期)

10.汉口市商会函各同业转知部定运银领照办法

(1935年1月10日)

敬启者,民国二十四年一月四日案奉财政部钱字第10855号训令内开:查运现须请本埠核发护照,业已行之多年,近为防止辗转偷运出口起见,又经令饬各关必须凭照领放,无照不得私运,惟查银本位币国内仍应以自由流通为原则,现值土产登场之际,往来运输,尤应予以便利,兹规定领照办法如次：

一、首都上海区域内银钱业行号，暨普通商号请领运现护照时，仍向本部请领，但银行须附银行业公会保结，钱庄附钱业公会保结，商号附市商会保结，外商银行请由中央银行转请核发。

二、首都上海区域以外各地方，准各关监督向部预领空白运现护照，就近核发，按旬将运往地点、数列目表报部查核，原照用毕，并应缴部验销，所有照费，暨照上应贴印花，仍照定章办理。

三、银钱业行号暨普通商号，向就近关见复请领运现护照时，须备有当地商会或银钱业公会保结，该关监督查核明确，即予照发，如有互相勾结，假借此项护照偷运出口情事，一经查明，将该监督撤惩，领照行号及具结机关依照偷运出口处罚办理。

四、无海关地方运送银币数目在一千元以上者，应由当地商会或银钱业公会出具证明书，以备沿途关卡及军警稽查时呈验。

五、各项保结应担保确系国内往来，商业正当用途，并无辗转偷运出口情事，违则连带负责。证明书应证明运送数目、地点及确实用途，并无辗转偷运出口情事，违则连带责任。以上五项，系就现行办法量予变通，俾法令商情，兼筹并顾，即日试办，除分别咨令外，合行令仰该会转行各行商一体遵照，此令。等因，奉此。除已分转本市同业会外，相应录令函达贵会，即请查照为盼！

（《汉口商业月刊》第2卷第1期）

11.汉口市商会函各同业公函转知太平洋函告伦敦中日茶市情形并切谋改进出品

（1935年1月10日）

敬启者，顷奉湖北省政府本年元月五日建三字第2994号训令开：案准实业部商字第30725号公函开：案据本部汉口商品检验局呈称：案准汉口太平洋行来函：略以我国之功夫茶，在伦敦已有极多之存货，近来日本红茶复大批运至该都，攘夺我国功夫茶之营业，特送日本红茶一小盒，以资研究等由。查所称各节，与我国茶叶前途，有莫大关系，除该行所送茶样为数过少，无法检送外，理合抄呈原函及译本，呈请钧部鉴核！等情，据此。查该行函称各节，事关我国茶叶对外贸易，至堪注意！除分函湖南、江西、安徽、福建各省政府及全国经济委员会，并令行本部国际贸易局及上海商品检验局，暨指令该局将原送日本红茶化验品呈报外，合行抄同译件，函请查照。并希转知省内茶商，切谋改进。等因，附抄译件一份，准此。查国茶在英市价虽较日茶为廉，而销路反滞，品质似胜，而声誉反差，译件所陈各节，至堪注意！本省茶叶为出口大宗，亟应设法改进，挽回被夺市场！除分令外，合行抄同译件，令仰该会转知茶商，急谋改进为要，此令。等因，附抄原译件一份，奉此。除分知外，相应抄同原件，函达贵会，希查照办理为盼！

附译件一份

敬启者：兹送上日本红茶样一小盒，请查收。据闻伦敦对于贵国之功夫茶，虽已有极多之存货，然近来此种日本红茶，复大批运至该都。又据伦敦友人报告，日本红茶价值每镑七便士二五,连水脚保险费在内,照今日汇兑市价,每百市斤应合汉洋33元。贵国功夫茶照敝行所知,最近市价茶到伦敦提货上岸,每镑六便士七五,若茶由中国运至伦敦,连水脚保险费用在内,每镑价值只六便士,即每百市斤合汉洋26元,两相比较,中国茶价低廉,以致亏耗颇大矣。对于日本茶叶,伦敦买客之舆论,兹录如下:"日本红茶,较之中国大陆次茶或即中国台湾茶,均更有价值。"如日人对于制造红茶日久益加精良,且汇兑价低,将来出品更佳,价值又廉,其畅销可以想见!此次运到者系第三期红茶。查日本红茶本季运往欧美者,计有一百万镑以上,中国台湾茶商得以抢夺中国大陆标准功夫茶之营业,日本红茶因何受欧美买客之欢迎,胜过中国功夫茶,且愿以高价购办者,想贵局必所乐闻!故特奉上茶样,以资研究,窃以日本在市竞争,于中国茶叶有莫大影响,敢请贵局注意,对于茶商尤宜尽力改良,并须设法减轻成本,今岁贵茶市场所制少批红茶品质,以愚见实胜日本,惜买客不能加倍其价,如贵局能将茶叶前途危状,深印于茶商脑中,是所至盼!倘欲协助之处,自所乐为,以资合作。

太平洋行启　　11月9日

(《汉口商业月刊》第2卷第1期)

12.汉商会改选各代表资格

(1935年1月15日)

汉商会定期本年二月二十日,改选第一届满任执监委员,并展期接受会员代表报到,兹悉各会员报到,已逾三分之二以上,所有报到代表之资格,公推杨辉廷、杨松圃、郑燮卿、余服民、喻燮卿、余蓉樵、马煋垣诸委员为审查员,定明(十六)日下午五时,开审查会议。

(《汉报》P118)

13.鄂团体公宴杨永泰

(1935年1月15日)

汉口　省商联会汉商会暨银钱业公会五团体,十四日宴杨永泰,黄文植致词,提出商民不能担负营业税问题,请求考虑改善,以慰商民之望。(十四日专电)

(《申报》)

14.商民运现领照,应遵部定办法办理

(1935年1月17日)

财政厅,顷准汉口市政府公函,以准贵厅函,以核定商民请领运现护获照办法两项,已分别函知本市商银两会查照,嘱即转饬本市公安局知照等由,惟该两项办法,已否呈奉省政府核准备案,原函未准示及,且现奉财政部咨,以现值土产登场之际,于现行办法,量予变通,规定商人运现领照办法五项,嘱即出示晓谕,并转行各军警遵照,原定办法第二项,规定首都上海区域以外各地方,准各关监督向部预领空白运现护照,就近核发等语,是本省商民如因正当营业,运输现币,自应依原办法第三项之规定,请求本市银钱商会等会备具保结,向江汉关监督署请领财部护照,原函核定两项办法内第一项规定转请由厅发照之处,似与部办法稍有出入,如依原函

及部咨分令示，则办法不一，恐商民无所适从，准函前由，并奉咨前因，究应如何办理，相应抄同原咨函请查照核复，以便照办等因，当以上年十一二月间，市场金融受白银外流影响，财政部禁止运现出境，蒋委员长复电令无照运现应予扣留，武汉金融因而完全呆滞，本厅迭据汉口市商银两会函陈，现届土产登场之际，商人采办货物，端赖现币交易，若禁现出境，必致农商交受其困，请于救济前来，当经核定商民请领运现护照办法两项，暂以救济市面，维持商业，现在财政部既有变通办法，便利商运，自应遵照部定办法办理，特于昨日分函武汉警备部、汉市府、市商会、银行公会知照办理云。

（《汉报》P140）

15.（财政部）咨湖北省政府准咨据汉口商会等呈为申钞跌落请统筹救济等情咨请核办等

（1935 年 1 月 19 日）

案准贵省政府二十三年十二月三十一日财字第五六三三号咨开：案据汉口市政府呈称：据汉口市杂货贩卖业同业公会及汉口市商会等先后以申钞跌落金融紊乱，请设法救济等情到府。查汉口自受十六年中交汉钞一度停止兑现影响，金融极现呆滞，嗣赖申钞通汇，始呈活泼。连年鄂省天灾□祸，循环起伏，元气大伤，汉市商业，处此环境，即无其他波折，已难恢复旧观，倘通行已久，数额较巨之申钞，发生动摇，影响所及，何堪设想。月前本市申钞，一度惨跌，所有内河原料之出口交易，概行停顿，商场恐慌，几难名状，虽幸各方竭力维持，得于最短期间，未酿巨变，而商民无形损失，殆难数计，该会等在商言商，陈述苦难，核属实情。所请设法救济一节，委实刻不容缓，本府详察情形，深维余融关系綦巨，此次申钞影响，固仅一时，将来是否永不发生同一现象，殊无把握，与其维持于事后，不若防患于未然。惟发行申钞之行，远在上海，其准备金额，是否充实，各该行本身有无利用汇率涨落，从中操纵情事，决非汉口局部所能考察。兼之世界白银，价格步涨，外商银行及本国奸商，难免不私运渔利，是以预防方法，亦非汉口局部所能设计，似应请由财政部远瞩国际金融情势，近审内地需供状况，通盘筹划，厘订良规，庶可救济现在，预防将来，汉市困难，自可迎刃而解。据呈前情，除指令外，理合将本府思虑所及，抄同该会等原呈一并缕呈钧府鉴核俯予转咨财政部迅予核办，以奠民生，实为公便。等情，据此。除指令外，相应抄同各原呈，咨请查照，迅予核办见复。等由，并抄附原呈二件到部。查本部对于发行钞票各银行，监督素为严密，其发行数额，与准备实况，均饬按旬报部，并随时派员检查，历经办理在案。汉口为长江重要商埠，申汉间进出口货物极多，商业关系最巨，申钞因此贸易关系，自然流通于汉市，其价值之上落，纯以贸易状况为因果。来咨所称汉市申钞下落之时，上海各发行银行之准备状况，固与往者汉口申钞上涨之时无殊，即其证明，汉市各商，不乏熟悉金融情形之人，此中因果关系，当能了解。至于白银问题，以及各地金融需供实况，本部职责所在，自必随时密切注意，通盘筹划，决不对于任何地方有所轩轾。值此世界经济危机之时，各地商民，尤应以沉静之态度，明白之认识，奉行政府政策，共同维护各业，方足以救济现在，预防将来。准咨前由，相应咨请贵省政府查照。转饬该商会等知照，如有无知商人，或有误解，并希转饬市府随时切实开导，幸勿自相惊扰，以安市面。再汉市尚有未经本部核准，擅自发行之钞票流通，其流通数额，与准备实况，本部均不明悉，颇于金融有碍，并希贵省政府随时注意监督取缔,无任滥发为荷。

此咨

湖北省政府

部长　孔祥熙

(《财政日刊》第 2063 期)

16.汉阳县商会改组

(1935 年 1 月 20 日)

汉阳县商会自民十八年依法改组成立,迄今已历五载,其间因二十年大水成灾,商场尽成泽国,继以内忧外患,旋踵相乘,对于商会法所规定之每四年一届,两年改选半数,均未能如期举行,去岁时局,稍趋安靖,改组会,势难缓,适奉党政机关令催各民众团体,一律依法组织,改组或改选,该会遂召开执监联席会,提出讨论,佥以各业会员,变迁过多,而执监委员,又递补不少,若仍改选半数,不但于法未合,且感事实困难,结果决定全体改组。比由执行委员会依法筹备,并呈经省党部指令核准,关于旧任委员,均得连选,不受商会第十九条之限制。在筹备期间,办理法定各手续,约两月余,始获完竣,于前(十七)日上午十时开全体会员大会,出席代表计百余人,来宾到有武昌、汉口两商会代表,汉阳区指挥部李副官名显,暨省会公安局汉阳各分局局长万咸熙等,当由汉阳县党部干事吴正普与县政府派科长会曾昭伟莅会指导一切,大会主席团推定周文轩为主席,并报告过去会务概况,及此次筹备改组情形。次由党政长官训词,各界来宾惠词,旋由主席致答词毕,即讨论提案,因时间关系,仅将修正会章草案,提经大会通过,其他提案,暂行保留,容后订期召集临时代表会议再予分别讨论。继选举执监委员结果:周文轩、萧登云、陈吉安、周金山、胡仲芳、潘明安、邓森棠、杜少丞、罗汉卿、胡耀余、谢景明、刘劲诚、萧良正、胡元卿、常幼卿等十五人当选为执监委员,刘南陔、曾仁青、石焕文、王铁僧、胡璧臣、陈少露、张杏村等七人为监查委员,并于当日举行宣示就职典礼,旋即摄影散会。闻一般代表,均以此次当选得人,莫不认为结果满意。

(《汉报》P168)

17.汉口市商会初级商业职业学校招生广告

(1935 年 1 月 20 日)

一、名额:一上新生四十名,一下插班若干名。二、资格:完全小学毕业,或具有同等学力,年在十二岁以上,十六岁以下者。三、毕业年限:两年毕业。四、费用:不收学费,其制服、书籍,由学生自备。五、报名日期:自即日起至二月八日止。六、报名手续:缴毕业证书及最近二寸半身像片一张,报名费五角(取录与否概不退还)。七、考试日期:二月十日上午八时。八、考试程序:笔试:第一试国文算术常识测验,投考一下者加试商业簿记;第二试:国文,口试:笔试及格者始得应口试;体格检验:口试及格者始得受检验。九、考试地点:汉口中山路市商会内本校。十、本校毕业生由市商会介绍于本市各业商店充当练习生。

(《汉报》P171)

18.疏通汉贵间汇兑由广西银行组设贵阳汇兑总局，便利鄂桂间商旅俾谋发展实业市银行公会转各地商会知照

（1935 年 1 月 21 日）

市银行公会，顷准广西银行电告，以为便利鄂桂间商旅金融汇兑，俾谋实业之发展起见，特在贵阳组设汇兑总局，疏通汉上汇兑，请即转知各银行同业查照办理等由，爰于昨日分转武、阳、汉，及宜沙各地商会，传知各业商人一体知照云。

（《汉报》P180）

19.鄂湘国货厂商组织问题，决商同鄂湘政府及汉党部办理

（1935 年 1 月 25 日）

省执会于昨（二十三）日上午十时，举行第二百七十次会议，决议：（一）本会事务股呈赍上年十二月份计算书据，送财委会审核。（二）据烈士遗孤李昭呈，以该孤亡父每年恤金，奉省府批，以应依照中国国民党党员抚恤条例核准之恤金，自二十二年度改由党费项下开支等因，恳核转给领，以维生计等情，转中央。（三）浠水商船业同业公会准予组织。（四）据湘鄂国货厂商联合会筹备会呈，为奉湘鄂两省政府令，准实业部咨，以该会章程定名联合会，于法无据，未便备案，祈鉴核示遵等情。查该会会员即非同业，久无公会，所称联合会，于法实有未合。然该会提倡国货，宗旨尚佳，若困于法令，不准备案，而因此瓦解其组织，似又失本党民众运动之本旨，据呈前报，函湘鄂两省政府，暨湖南省党部，汉口市党部，商同办理。（五）荆门县沙洋镇竹木业同业公会准予组织。（六）天门县岳口镇五金业同业公会准予组织。（七）公安县酒业同业公会准予组织。（八）枝江县江口镇商会许可证书照发。（九）大冶县市箩筐工会应改为大冶县箩筐业职业工会，准予组织。（十）纪念会，推曾委员庆锡主席。

（《汉报》P218）

20.汉商会电财部请解释印花税

（1935 年 1 月 25 日）

汉商会电财部，请解释印花税法：汉口市商会以财部所颁新印花税法，其附表所列票据税率，核与上海法学编译社发行之法学周刊所载，悬殊过甚，莫由遵循，特电财政部请迅予解释，略谓奉市政府随令颁发印花税法一份，查阅该法第二章第十六条附表所列种类一二三分别载明发票收据账单，其税率均系规定每件在三元以上，至满十元者，贴印花一份，以后每满十元加贴印花一分，但最多以一元为限。而上海法学编译社发行之法学周刊，载该法关于一二三类，均系规定每件货价或金额满三元以上者，贴印花一分；满十元以上者，贴印花二分，满百元以上者，贴印花三分。又该法附表种类二十六，委托书据之税率，每件贴印花五角，而周刊则载明每件贴印花二角，两相比照，畸重畸轻，莫衷一是，用特电请核查，迅予解答证释，俾便遵循。

（《汉报》P218）

21.省府否认业主分外要求房屋租赁规则准照市府所拟修正

（1935 年 1 月 27 日）

汉口市业主集会办事处，前以汉市房屋租赁规则，规定租约使用期限为十二个月，现在二十三年租约瞬届期满，二十四年度新租约将次印行，对于现行租赁规则第三、第五及第十五各条，事实上认有未便，特申叙缘由，并修订意见，呈请市政府采纳施行，市府据呈，当以本市房屋租赁规则，乃斟酌地方情形，参考上海成案所拟订，原期减免业主及承租人将来引起纠纷，对于双方利益，均经明白规定，故上年四月公安局转据该办事处呈请变通三点前来，比经分别批示指令，转饬该会仰体兼筹并顾之本旨，不得再有分外要求，兹据前呈，比经分别提出不应修正及应行修正各点，提交第五十五次市政会议通过，并呈奉湖北省政府指令，对市府所拟仍照原定第三、第五两条规则办理，不必修正及第十五条增加七字，警署改为公安局分局等情，认为允当准予备案，市府奉令，特于昨日分令公安局税捐稽征处，业主集会办事处，市商会遵照。

（《汉报》P238）

22.汉商会函本会声明合法银币一律通用，不再差价不许贴水，定明年元旦起实行

（1935 年 1 月）

本会十二月三十日接汉口市商会函云，敬启者，案据本市银行业同业公会暨钱业同业公会联衔公函内开：敬启者，查自废两改元以来，硬币需要数量递增，我国硬币种类原极复杂，重量成色亦不一致，往往铸自甲省，而乙省不能通行，甚至视为成例，就汉市言，近年通用硬币仅限于孙总理像，袁、徐两总统像，湖北省造与大清等数种币，其他各省所铸银圆，概不能任意流通，似此情形，在不合法定色量者固当加以限制，而漫无区别，悉予固拒，实有碍币制统一之进行。敝会等有鉴及此，认为一般合法银币，现在天津、上海各地同等使用者，汉市亦应一律通用，不再差价，不许贴水，爰于本年十二月四日，由敝两会特开联席会议，议决照办，并定自二十四年一月一日起实行，除分别函呈外，相应函请贵会查照，迅予分电本省各县商会，湘豫苏皖赣各省商会，转行所属各同业一体知照，无任感荷。等由，到会，除分转外，相应函达贵会，即请查照分别转知，并希见复为盼。

（《商业月报》第 15 卷第 1 期）

23.汉商会函市商会合法银币一律通用

（1935 年 1 月）

上海市商会接汉口市商会函云，敬启者，案据本市银行业同业公会暨钱业同业公会联衔公函内开：敬启者，查自废两改元以来，硬币需要数量递增，我国硬币种类原极复杂，重量成色亦不一致，往往铸自甲省而乙省不能通行，甚至视为成例，就汉市言，近年通用硬币仅限于孙总理像，袁、徐两总统像，湖北省造与大清等数种银币，其他各省所铸银圆，概不能任意流通，似此情

形，在不合法定色量者固当加以限制，而漫无区别，悉予固拒，实有碍币制统一之进行，敝会等有鉴及此，认为一般合法银币，现在天津、上海各地同等使用者，汉市亦应一律通用，不再差价，不许贴水，爰于本年十二月四日，由敝两会特开联席会议议决照办，并定自二十四年一月一日起实行，除分别函呈外，相应函请贵会查照，迅予分电本省各县商会，湘豫苏皖赣各省商会，转行所属各同业一体知照，无任感荷。等由，到会。除分转外，相应函达贵会，即请查照分别转知，并希见复为盼。

（《钱业月报》第 15 卷第 1 期）

2 月

1.汉口市商会为转平汉路转运业同业公会请减轻豆饼运价呈实业部

（1935 年 2 月 10 日）

案据汉口市商会呈，据平汉路转运业同业公会陈称，为平汉铁路豆饼运价高昂，恳请转咨酌量核减或定专价，以示苏息一案，转请鉴核施行等情。查该会所请一节，系属贵部主管，除原文案据分呈不复抄送外，相应咨请察酌办理，见复为荷。

此咨

铁道部

2.汉商会昨电铁道、实业两部请求减低平汉路豆饼运价

（1935 年 2 月 12 日）

市商会昨据平汉路转运业公会主席林顺夏呈，以平汉路运输豆饼，定为五等货，运价按二十顿计算，如由明港运汉需银一百三十八元。附加一五银二十元零七角，共须一百五十八元七角，再加负责运输一成，尚未计算在内。运输黄豆，亦系五等货，运价亦一百三十八元，但系减收百分之十五，按二十顿计算，仅一百十七元三角，附加一百五十七元六角，共仅一百三十四元九角。两相比较，实欠公平。豆饼为农村唯一肥料，值此农村经济大不如从前，春耕播种之时，豆饼之需要尤切，请转呈铁道、实业两部，令饬平汉路核减等语。商会据呈，以该公会所陈各节，不惟农村得资救济，即工商各方面，亦借以周转，特据情分呈铁道、实业两部，请曲体下情，如请饬遵，以纾农困，一面并函平汉路局，请转部请求。

（《汉报》P77）

3.汉市商会改选，四公会不得参加

（1935 年 2 月 14 日）

市商会日前以改选期近，特造具会员代表名册，分呈市府党部备案，昨奉市党部指令，以所

呈公会会员代表名册，内有布袜业，粤汉路转运业同业公会，业经撤销，马车业及武昆山等所发起组织之保险业两同业公会，未经许可，依法均不得推派代表出席商会选举，其余之银行业等公会代表，及汉昌协记皂厂等商店会员代表一千三百五十五人，资格尚无不合，准予如期改选，并派本会职员殷学润、张筱绪两同志，出席指导筹备事宜。

（《汉报》P97）

4.财政部解答印花税表列税率

（1935 年 2 月 14 日）

汉口市商会，前以市府随令颁发之印花税法第二章第十六条附表所别一二三类贴花数目，暨凭证税率，与上海法学周刊所载不符，特于上月有（二十五日）代电财政部，请予解答，以便遵循。昨该会奉财部批云：有代电悉，查二十三年十二月八日国民政府公布之印花税法，其十六条税率表所载，（一）发货票，（二）银钱业货物收据，（三）账单各税率，均规定每件货价或金额满三元以上者，贴花一分，满十元以上者，贴印花两分，满百元以上者，贴印花三分，其二十六委托书据之税率，规定每件贴印花二角，察阅来电所称，市政府随令颁发之印花税法附表所载上项凭证税率，系属错误，现已由部函请该市政府即予更正，惟印花税法第二十四条规定（本法施行日期以命令定之）现在该法虽经公布，尚未定期施行，所有应贴印花之凭证，现仍适用印花税暂行条例，并仰知照。

（《汉报》P99）

5.（水电公司）函复汉口市商会为拟订条件，自当照办惟电度减价提前两月实行一节，倘能市面繁荣营业畅旺当提前办理由

（1935 年 2 月 14 日）

敬复者，案准贵会汉字第三二八零号公函内开：案查敝会前于民国二十三年六月五日召开第四次会员代表大会，据各业代表提议，请求贵公司将水电两费，恢复民十六年以前原有价格，并免收表租，及改良检查，各等情一案，曾经照录各该提案备函转达，一面由敝会执委会，推举经敝周委员星棠、贺委员衡夫、苏委员汰余、高委员伯常为负责代表，会同大会原推之代表高伯常、祝庸齐、石和湘、张竹屏、王静斋、殷裕山、叶观生、高坤山、陈凤鸣、袁树滋、宋椿庭、王叔槐、刘云生、余选臣、陈仁寿等，与贵公司刘总经理少岩、李副理获心，一再磋商办理各在案嗣据敝会代表报告，以此案现由三方负责代表经连日磋商之结果，其议定条件，分别开列于后：

一、电度减价，自民国二十四年七月一日起，照现价减一分（即每度贰角壹分），再自民国二十六年一月一日起，照贰角壹分之价递减一分（即每度贰角）；

二、表租在三安倍之表，每月租价贰角，五安倍每月三角，十安倍每月三角，十五安倍每月四角，自民国二十三年十一月一日起实行；

三、保证金，用表在三安倍十元正，五安倍表十五元，十安倍表二十元，自民国二十三年十一月一日起实行；

四、递减表度标准，另列表附后，亦自民国二十三年十一月一日起实行；

五、水费仍按公司现行法照行，马力属于特种营业，不在此限；

以上议定条件，均经三方面负责代表分别签署，作为草案，仍应由本会与水电公司互换正式公文，并呈请主管官厅备案，以资遵守，各等语前来，当以此案据敝会代表所述议定条件，核与原提案人请求各点，自未能谓为满意，非细察贵公司近年经济状况，暨营业不景情形，不能不曲为之谅，惟关于电度减价可否提前两月实行一节，曾经敝会执委会议，仍推周委星棠，再与贵公司继续商洽。昨据敝会周委员报告，谓此节已得贵公司刘总经理少岩之同意，允予照办，用特根据原订草案，暨此时接洽情形，并抄同附表，一并函达贵公司，即请查照，并用正式公函，迅予见复，以凭分别核转，等由，准此。查敝公司近年经济状况，暨营业不景情形，深蒙贵会曲予谅解，并承贵会代表主持公道，议订上开各条，以资遵守，借免纠纷，仰见贵会维护公用，保障营业之热忱，无微不至，敝公司实深感荷，自应遵办，至关于电度减价提前两月实行一节，既承周委员面商于前复承贵会函嘱于后，如果市面日增繁荣，敝公司营业畅旺，当可提前办理，以副雅意，准函前由，相应函复，至希查照为荷。

此致

汉口市商会

（《水电季刊》第 14 期）

6.钱业公会昨改选三届执监

（1935 年 2 月 16 日）

汉市标准钱庄六十二大家之集团，汉口市钱业同业公会，第二届执监委员，任期届满，特于昨十五日开第三届会员代表大会，改选执监委员。事先该会曾柬请各界出席指导，所定开会时间，为正午十二时，不料至下午一时五十分，始到七十余人，凑过半数，主席李德齐见已及二时，乃毅然宣布开会，行礼如仪后，主席煞费气力，读毕总理遗嘱，即开始报告，至禁银出口问题时，突现兴奋，谓：日前武穴来汉口的银子，被江汉关查扣，他们因为有钱可分，所以查扣特严，经本会努力反对后，才能罚钱了事，希望出席的党政代表注意，帮助本会。继谓：禁银出口，应该大家不买外国货，不送银子给外国人。报告毕，市党部代表殷学渊训话，其中一点，最值得注意，即谓：政府整理金融，系就整个的情形决定方针，各业各地情形不同，当有不周到的地方，应该向政府贡献意见。相继有陈经畬等演词，三时四十余分，乃进行选举执监委员，执委八人，候补五人，监委一人，候补两人，此种选额，系依法抽签去旧任之半者也。因旧任监委中有余晓浦，系均泰庄人员，现均泰庄已收歇，失去会员资格，遂以事实迁就法令，余作为抽去，以新选一人递补，由市政府代表陈健报告，经会众通过，最后投票选举。该会为酬劳会众计，并备有酒肴，全体会员实行同乐。至五时许开票，计第二届满任委员：李德齐、曹延祥、李仙洲、李养和、叶苑乡（益和庄收歇）、王溥澄、杨宝初（留任委员）、汪信夫、邱楚卿、董和卿、□宝珊、闵抚元、时似甫、陈翼德（监委）、汪石峰（常监）、全辅卿、余晓浦（均泰庄收歇满任）。选举结果执委孙坤山、萧凤章、王璧双、朱澹园、吴景垣、赵雨亭、周纯之、刘品三（监委）、李德齐（候补监委）、杨宝初、曹延祥（候补执委）、余伯璋、朱皋杨、舒梅卿、余凌宵、许升阶。并定于十八日正午十二时，开全体执监会互选常委主席云。

（《汉报》P119）

7.汉商会改选期前竞选阵容紧张

(1935年2月17日)

汉口市商会,现定本月二十日召集会员代表大会,选举第三届半数执监委员,自废历元旦后,即公开竞选,尤以近数日为最紧张,开历届改选先例。查该会为全市商人唯一法定团体,以图谋工商业公共福利为目的,此次改选结果,如能选贤举能健全组织,固属本市工商前途之幸!于国家经济前途,亦有密切关系。用将该会改选当前情形,依次另述于下:改选员额执委八人、监委四人,该会执委原为陈经畲(兼主席)、何文炳、杨辉廷、苏汰余、曹延祥(以上均兼常委)、刘少岩、郑燮卿、陶公迪、杨松圃、余服民(原为候补执委),因原任执委潘云鹏(病故出缺递补)、邓以诚、鲁方才、王春华、胡莘、喻燮卿等十五人,监委马煜垣、吴叔云、蓝熙周、朱瑞峰、贺衡夫、余蓉樵、周星棠等七人,依该会章程第二十三条之规定,均为四年,每二年改选半数,不得连任。执委陈经畲、何文炳、杨辉廷、刘少岩、郑燮卿、陶公迪、杨松圃、余服民,监委马煜垣、吴叔云、蓝熙周、朱瑞峰任期均满,此次改选员额,为执委八人,(留任执委中某君现已离汉)此次候补执委第一名,或可提前□补,监委四人,并由改选后全体执委推常委五人、主席一人。

执委竞选目标现逾三倍以上,本人态度消极,为全体会员代表推重者,计有精盐业黄文植、钱业李德齐、旅栈业高伯常。会员代表中以该会既为各业集团,认定银行界有当选必要,目标为中国银行经理赵仲宣、中国通商银行经理王蕙卿、上海银行襄理董明藏,尚有从事军政界多年,现在投资汉口商业及大中银行之刘菊村,又山货行业石和湘,煤焦业万凤逸、张东初、张鹏武,石灰厂业叶观生,印刷业王民仆,国际贸易马圻源、颜料业乐作霖,笔业焦秀安、宋春庭,五金业朱福田,布店业陈秀峰,油业张群叔,典业程稻荪,国产纸张业吴金波,航运业吴叔云,匹头业祝庸齐,亦均为竞选目标之一。凡属声望有限,无正面竞选能力者,则在大华、太平洋、南楼、交通、中央等旅社,连日开房间请客,吃大菜,沐浴,理发,叫妓女,吸收选举票,估计全部消耗,已达二万余元,此为历届改选仅有现象!

监委四缺,卸任执委呼声最高,监委无对外权能,仅负审查该会预决算及执行一切监察事宜,尚无竞选目标,据一般会员代表呼声,此次卸任执委陈经畲、杨辉廷、何文炳、郑燮卿,均有被选可能,如银行界在执委中仅能当选一人,则监委中亦有一人当选希望。

主席人选代表预测为苏、黄、李:第三届主席人选,当然俟新执委八人选出后,与留任执委七人开会决定,此时就一般会员代表预测,留任执委兼常委苏汰余,三届执委却能当选者,如黄文植、李德齐,均有希望,无论将来执委竞选结果如何,主席人选,亦不出此三人以外。

吾人认为竞选,原为最光明之事,凡属选举竞争愈烈,结果愈佳,而被选者对于会员所赋予之职责,亦将努力推进,庶不负竞选之意义。不过汉商会历任主席,因有此头衔,竟为各关系方面剥削之对象,如不必要之捐款之酬应,致私人损失甚巨,闻贺衡夫任内为四万元,黄文植任内为三万余元,陈经畲任内亦在一万元以上,即常委执委,亦不能例外,仅较主席损失减少若干成分,致真正商人,具有充分识力,而又热心公共事业者,视当选为畏途,要皆裹足不前,上述现为会员推重,本人尚持消极态度者,亦基于此种原因,于该会组织健全上发生最严重影响,深感后起无人焉。

(《汉报》P129)

8.商业职校参观记:设备整洁学生朴素,惜校址狭小,学生毕业后介绍各店充练习生

(1935 年 2 月 18 日)

汉口市商会,自陈经畲膺选主席后,以汉市为全国中心,商业人才,极感缺乏,特于二十三年春间,创办商业职业学校一所,开学已年余矣。记者昨往参观,承该校校务主任范励青君,盛意招待,兹将参观所得,志之如次:该校设汉市商会右边三层楼房内,计有一上、一下、二上、二下学生四班,约百五十余人。第一楼左为一上教室,右为校务处及教员憩息室,后为消费合作社。二楼左为一下教室,右为教职员寝室。三楼左为二上教室,右为二下教室。校侧操场一所,设有篮球架,体育用具等项,教室内讲台桌椅,概系柏本油漆,整齐清洁,颇合学生之用。而各班学生,一律着青布制服,整齐朴素,精神奕奕,受课时靡不专心致志,沉静无声。对于师长,礼节有加,毫无时髦恶习,使非教育有方,曷克臻此。记者又以该校组织课程、设施及学生毕业后出路相询,范君当谓本校系商会设立,另组织校董会经理其事,校董多为商业巨擘,校长一席,由市商会主席陈经畲氏担任,经费由商会支给。学生规定两年毕业,不纳学费,已备书籍,所有课程,完全侧重商业方面,因市面一般店员,知识浅陋,颇不适于现代趋势,故以国文、簿记、珠算、习字等科为主要。至学生文具食品,均由消费合作社供给,该社系师生出资合办,进货销货、经管出纳等事宜,则由学生轮流担任,重在实地练习,为将来服务社会地步。惜校址窄小,学生不克寄宿,教学方面,稍有缺憾,故每日课前举行朝读,课后加以复习,由训教指导躬亲督率,以补其缺。刻正筹划扩充校址,或可达到圆满目的,所有毕业生,则斟酌能力,由商会介绍本市各公司及商店充当练习生,俾有出路,借以改进商务,发展实业,此市商会创办斯校之本旨也云。

(《汉报》P140)

9.实业部因汉口市商会呈减轻豆饼运价一案等咨铁道部文

(1935 年 2 月 18 日)

案据汉口市商会呈,据平汉路转运业同业公会陈称,为平汉铁路豆饼运价高昂,恳请转咨酌量核减或定专价,以示苏息一案,转请鉴核施行,等情。查该会所请一节,系属贵部主管,除原文案据分呈不复抄送外,相应咨请察酌办理,见复为荷。

此咨

铁道部

10.实业部因汉口市商会呈减轻豆饼运价一案已咨铁道部核办送汉口市商会批文

(1935 年 2 月 18 日)

原具呈人汉口市商会,呈一件为豆饼运价高昂,转请酌量核减,或定专价,以示苏息由。呈悉。已据情咨请铁道部核办矣。仰即知照。此批。

11.湖北省政府为本市堆栈业同业公会呈复章程业已遵照更正咨实业部

（1935 年 2 月 18 日）

案查前准贵部咨，以准咨送汉口市堆栈业同业公会改选章册，准予备案，准章程条文尚有应行改正之点，请饬遵办具报，过府；当即转饬遵照改正具报在卷。兹据汉口市市长吴国桢呈称：案查前奉钧府本年元月七日建三字第一二四零号训令，准实业部商字第三一零八号咨复，以本市堆栈业同业公会章程第六条“堆栈”二字应删，第十二条“就”字下应加会员二字，请查照转饬遵照改正具报等由，仰转饬遵照改正具报等因，下府，遵经转饬该公会遵办在卷。兹据呈复略称，属会章程条文，应行改正之点，业已遵照改正，请鉴核转报。等情，据此除指令外，理合据情转呈钧府鉴核转咨。等情，据此。相应咨达贵部，即希查照为荷。

此咨

实业部

主席　张群

12.市商会改选，党政机关均重视，市党部加派人员协助，吴国桢决将亲临监选

（1935 年 2 月 19 日）

汉口市商会改选，党政当局，胥以汉市当九省通衢，为全国商业之重心，而该会又为全市商业之总枢纽，人才得失，至关重要，故对于该会之改选，异常重视，市党部方面，因据所派指导员殷学测、张筱绪报告，以该会是日出席选举之代表，多至一千三百余人，秩序恐不易维持，特加派职员陈之光、邹勋、田种玉、吴福祖、林荣葵、胡元寿等六同志，前往协助，至市府方面，闻市长吴国桢，尤为关心，届期决亲自前往监选。

又讯：该会主席陈经畬，以关于改选时一切手续，虽已筹备就绪，但为免临事仓促起见，特于昨日下午五时，召集选举时担任职务各人员，举行谈话会，商讨应办手续。

（《汉报》P149）

13.钱公会主席，孙坤山当选

（1935 年 2 月 19 日）

汉口市钱业同业公会，昨（十八）日下午二时，在本会召集新任各执监委员，互选主席暨常务委员，计选出孙坤山为主席，朱澹国、王璧双、吴景垣、汪信夫等四人为常务委员，当日即正式宣布就职，查孙坤山为德隆钱庄经理，在钱业界素富声誉，此番当选，将来对于钱业界，定有新的贡献云。

汉口市证券交易所经纪人公会，昨召集各董监，推选正副会长，当选出陈荣山为正会长，汪仲池、时似甫二人为副会长。

（《汉报》P151）

14.汉市商会今日改选,大会会场布置尽善,气象整肃,何成浚等均将莅临指导监选

(1935 年 2 月 20 日)

汉市商会第三届会员代表选举大会,定于今(二十)日上午十时,在该会大礼堂举行,礼堂布置,亦经就绪,正中悬总理遗像,暨党国旗,上覆红线彩绸,再上横悬红线一条,上嵌"汉市商会第三届会员代表选举大会"之金字,楼之四沿,悬白竹布标语十余幅,摘录于下:(一)健全商人组织,方能发展国际贸易;(二)选举真才方能领导商人增进福利;(三)工商团结一致实行中央实业救国的政策;(四)依法改选是实行总理民权主义的遗教。均为该会庶务胡茂珊所书,二门檐上,扎一松柏横额,上嵌"汉口市商会选举大会"字样,大门上亦有松柏横匾额一,满装电灯,气象至为庄严。今日大会,"绥靖"主任何成浚、省府主席张群、警备司令叶蓬等,均在被请之列。市府昨加派陈健、李宝清、韩万青等为监选,市长吴国桢亦将亲到监选。

大会秩序。(一)振铃开会;(二)奏乐;(三)全场肃立;(四)唱党歌;(五)向党国旗暨总理遗像行三鞠躬礼;(六)主席恭诵总理遗嘱;(七)主席报告;(八)市党部代表训词;(九)监选长官训词;(十)来宾惠词;(十一)会员致词;(十二)主席答词;(十三)投票、开匭、唱票;(十四)报告当选;(十五)茶点;(十六)散会。

职务分配,已于前晚临时谈话会决定,计主席团陈经畬、苏汰余、杨辉廷、何文炳、曹延祥,司仪黄南屏,秘书郭肇璜,记录周善夫、徐鼎,收出席证兼换票李蒙端、石铢青、黄明舟、庄执甫,监□员余蓉樵、吴叔云、王春华、余服民,监票员杨辉廷、苏汰余、何文炳、曹延祥,监督换票员鲁方才、喻燮卿,庶务员胡茂珊,扯票十二人,签票二十七人,由孤儿院派十人,商业职校十人,又派学生十人,月刊社派四人,秘书处派五人,共同担任。

提案两件。(一)为提议事,查本会关于征收会费办法,曾经订明本会章程第三十五条一、二两项内,分别施行在案,兹因接奉中国国民党汉口特别市党务整理委员会令知,以本会现行征收会费手续,于法不合,应按照本会章程第二十五条,加以修正饬即遵照等因,当以案关更变征费手续,自应提交本届会员代表大会讨论,用特说明缘由,提请大会讨论修正办法,公决施行。(二)为提议事,据本市药行业同业公会、国药业同业公会、折药业同业公会、药材店业同业公会、药材号业同业公会、茯苓业同业公会、参燕业同业公会联名公函,内称,敬启者,兹阅报载汉口市商会执委胡莘,因事辞职,不能到会工作,又悉银行公会代表,果无其人出席;是执委胡莘,因故出缺,业经证明,事实毫无疑义,若不依法即行递补,则此次改选大会,似欠基本健全,并与商会组织法,殊有未合,属会等有鉴于斯,未敢缄默,相应函请管照,务祈于改选期前,迅交执委会办理,否则于代表大会,首先提出讨论,以重职责,而免枝节。等由,前来。当以胡执委应否解任,即提交常务委员会议讨论,经决议应根据商会法第二十二条第二项"旷废职务经会员大会议决令其退职者"之规定,提交会员代表大会公决施行等语,记录在案,用特录案提请大会公决。

选举须知。一、本会现任执行委员系十五人,监察委员系七人,此次除应改选之满任执委为陈经畬、何文炳、杨辉廷、郑燮卿、杨松圃、刘少岩、陶公迪、余服民八人,又满任监委为蓝熙周、马□垣、吴叔云、朱瑞峰四人外,其余执委七人苏汰余、曹延祥、喻燮卿、鲁方才、王春华、邓

以诚、胡莘及监委三人周星棠、贺衡夫、余蓉樵均系连任。一、已经满任人执委八人及监委四人，自应照额分别投票另选，惟原系执委者，此次有被选为监委权，原系监委者，此次有被选为执委权，但于原任各职，即不得连选连任，以重法令。一、连任之执委七人及监委三人，既系依法继续任职，此次代表于投票时，不得再将其姓名填入执监选票，以免重复。一、原选候补执行委员及监察委员，此次依法须全数投票另选。

选举简则。一、本市商会执监委员之选举，应由会员代表大会用无记名连选法选出之。二、本市商会执监委员之选举权及被选举权之取得，应以本市商会登记合格取得证明书之会员代表为限。三、本市商会执监委员之选举，须有会员代表过半数之出席与指导人员、监选人员之到场，方得举行。四、本市商会执监委员之选举，应用本市商会制定之选举票，否则无效。五、本市商会执监委员之选举，应以得票多者为当选，票数相同时，用抽签法决定之。六、本市商会选出执监委员时，应另选候补执行委员及候补监察委员。七、本市商会选出执监委员之名次，应以得票多寡为序，票数相同时，用抽签法决定之。八、本市商会执监委员之选举，应由会场之主席，就出席代表中指定发票员、收票员、唱票员、记票员及监票员等各若干人，其开票须当场举行。九、选举人入场，须在签名簿上签名，并呈验本市商会登记合格证明书。十、选举人有下列各项之一者，由会场主席加以警告，不服警告者，由主席按情节轻重，征得监选员之同意，宣布取消其选举及被选举资格：甲、交换选举票。乙、乱离席次。丙、互相谈笑。丁、相互窥望。戊、夹带名单。十一、选举人不能填写选举票时，可先举右手请监选员代填，但填写完毕后，务须本人签名或盖章。十二、选举票有下列各项之一时，由监票员报告主席，征得监选员之同意，宣布无效：甲、一部分无效：子、被选举人之姓名，与会员代表册不符者。丑、被选举人之姓名模糊不能辨识者。乙、全部分无效：子、选举票非本市商会制定者。丑、字迹模糊不能辨识者。寅、填写不依定式，或夹写其他文字者。卯、选举人未签名未盖章，或其名章与会员代表名册上不符者。十三、本市商会执监委员之选举，应于办理完毕后，三日内通知各当选人，并将其姓名、籍贯、年龄、略历及通信地址，呈报汉口特别市党部及汉口市政府备案。

代表人数。银行业二十一人，钱业二十一人，棉花行业二十一人，机器杂色染业三人，印染花布业三人，潮糖杂货业三人，油业二十一人，报关业二十一人，杂货店业二十一人，色布行业五人，袋业七人，茶叶贩运业九人，熏皮业三人，水土果业三人，号栈业十五人，衣服贩运业二人，菜油贩运业十人，书业九人，鱼行三人，芦柴业七人，毛笔业三人，笔料杂皮业三人，铜器业五人，茶业行业九人，国药业十七人，金银首饰五人，蛋业三人，鞋业十人，证券业三人，进出口杂货业七人，纺纱业三人，剧场业六人，山货行业二十一人，黄丝木油行七人，瓷器业十二人，丝织行业三人，茯苓业三人，肠业三人，华洋百货业二十人，石膏业五人，中西菜馆业十五人，药行业十九人，杂货行业八人，宰坊业十人，猪鬃行业四人，煤油面粉业十三人，京苏广货业十二人，人力车业四人，中外纸业二十人，药材店业十人，青布业二人，皮业十九人，典当业二十一人，军服业五人，永电公司三人，招商局一人，中新商场一人，裕华纺织公司二人，民生兴记纱厂一人，三北轮船公司二人，石膏公司三人，汉昌协记皂厂二人，福新面粉厂一人，南洋烟草公司三人，楚胜火材公司一人，兴商茶砖公司一人，明星皂烛厂一人，华年石灰厂一人，广成和新记治坊一人，荆油公栈一人，吕方轧花厂二人，金龙面粉厂二人，保险业改选委员会十人。

琐事速写。主席陈经畬，昨上午九时即到会场办公，借以督率各职员，赶办一切事宜。秘书郭肇璜，承上启下，尤为忙碌，王伯庄、徐鼎新两秘书，亦埋头伏案，手不停挥，赶办各种文件。

周植岩书记，缮写红纸大字标签，当众挥毫，神态庄重。其他丁桂李姚书记，或缮请客帖，或书红绫符号，无不异常忙碌。

（《汉报》P159）

15.汉市商会昨改选，半数执监委顺利产生

（1935 年 2 月 21 日）

汉口市商会改选第三届执监委员半数，定期于昨（二十）日举行会员代表大会，乃天不做美，竟日阴雨，以常情测之，各方来宾及会员代表，当无上届踊跃矣。然事实竟出理想之外，上午十时许，各会员代表，已先后纷纷到会，汉市长吴国桢、市党部委员吴绍澍、警备部参谋长金巨堂等各长官，亦如时欣然莅临，来宾则有实业部商标局陈庶藻、统计处张家森、公安局王郁芬等，被请到会维持秩序者，计有警备部稽查处马玉山、公安局侦缉队田亚丹、七署巡官刘柱等。钟鸣十下，即于乐声悠扬中，举行开会，行礼如仪后，由陈经畬主席报告开会宗旨。略谓：今天本会依商会法举行改选，在上年十一月间即开始筹备，并呈经党政机关核准在案，一面函知各业同业公会推报代表，计共公会会员一百二十三个，商店会员二十个，共计代表一千三百六十五人，在筹备期间，复蒙党政机关派员指导，使本会得到圆满的结果，实深感激，现在报到会员八十五个，照法已超过三分之二以上，可以为合法之改选云云。

继由市党部委员吴绍澍训话。略谓：汉口市商会，自成立迄今，已有相当的历史和成绩，兄弟今天代表市党部来参加，非常荣幸，兹就个人意思，贡献各位。在此商业极度衰落之时，报纸上所载关于经济恐慌，商业不景气的消息，诸位想必均已看到了的，上年各地商业所受经济恐慌的影响如上海的南京路，倒闭商店，竟在三分之一以上，同时在报纸上看见许多很有地位的老店，因经济恐慌而关闭的也很多，究其原因，虽说是天灾人祸之余，市面不景气有以致之，但舶来品充斥，视我国商场为尾闾，要亦为一大原因，去年舶品入超达八万万四千余万元，而出口仅四万万余，两相比较，入口竟超越出口半数，长此下去，中国商业，安有挽救希望耶。故吾人如欲救济商业，惟有大家一致的负起责任来，但此乃中国商业整个的问题，而汉口方面虽说同样的受经济恐慌影响，商业远不如前，然比较起来，关门倒闭的却不多，这无非是商会负责人因时制宜，维持得力，所以此次改选，兄弟希望新产生的委员，秉上届委员的精神，倍加努力，领导商场，为全市商民谋利益云云。

继由汉市长吴国桢训词。略谓：今天是汉口市商会依照国民政府新法规改选的一天，刚才听到吴委员所讲的话，我们要想为什么入超这样多，生产为什么不发展，工商业为什么不发达，我们要晓得去年一年的入超，竟有八万万之多，自同治年以来，约有八十五万万之巨，这样的情形，国家何以不失败呢？目前中国唯一的出路，就是要发展工业商，汉口也是如此，汉口是过载码头，在十五年以前，每逢比期，非五千万现金不足以流通，现因交通日益便利，货物多从别的路走了，汉口的过载，也一天一天的减少，现在每逢比期，须用不到二千万的现金，这是诸位都已明白的。在现在的中国，是需要发展工商业，在现时的武汉，尤需要发展工商业。因为武汉居全国中心，销路材料，皆较各处便利，比如上海的出品，要运往西北，当不及武汉的出品运往西北为便利。所以我说现代的武汉需要发展工商业，目前的中国，也需要发展工商业。以前张文襄公在武汉所办的各种生产事业，现在都已停顿，这政府固然要负相当的责任，以后我们，应

当向光明的大路去努力,我们为了要努力发展工商业,当然要有组织完善的领导商人的机关,因此汉口市商会组织,非常重要,领袖的人选,关系尤其非常重大。兄弟是湖北人,汉口是全国的汉口,是全世界的汉口,我们切不要分出地区和派别,我们总要以贤明者为选举的标准云云。

次由警备部参谋长金巨堂惠词。略谓:适才吴委员、吴市长对于汉口商场的重要,已完全说过,现在兄弟以极诚恳的意见,向各位说几句话。今天诸位代表到会选举执监委员,所负的责任,是非常重大,希望诸位要秉大公无私之态度,选贤与能,然后才能真正代表商场,为商人谋福利,如谓某为某帮,某为某派,互用私见,那是不对的。兄弟今天到此,仅以十二万分诚意,希望诸位,以整个商场为前提,选任贤能云云。

次由主席答词。略谓:今天本会改选,承吴委员、吴市长、金参谋长及各界来宾,莅临赐训,非常荣幸,尤其在此天雨时间,更为感激诸位长官所训示的意见,兄弟谨以极诚恳之意,敬谨接受。

旋由市党部指导员殷学渊报告纠正和说明,并选举须知。共七点如下:(一)这次汉商会改选,为第二届第一次代表改选大会,并非第三界第一次改选;(二)代表人数,截至昨日止,为一千三百五十五人,今日加保险业十人,追加为一千三百六十五人;(三)候补委员任期,依据颁布改选法令,任期四年,须到第三届一次时,方能改选;(四)征收会费,是会员与出席人数作比例;(五)本任执行委员,应报告一年来工作,现因人多,暂从略,以后印寄;(六)选举票上,不能潦草,省笔可,不能别写;(七)商会选举,是不记名投票,非记名投票。

最后由陈经畬当场将大会中提案三则宣读,经一致决议如下:(一)前任执委胡莘,久未到会,依二十二条第八项,由前任候补执委补递。(二)以后征收会费,依照本会第三十五条修正后,交下届代表大会解决,在未解决以前,仍照旧案办理。(三)监委贺衡夫等提议,六年来,会方亏洋十余万元,应如何弥补,交下届执委会办理。

提案经大会通过后,即进行选举。此次选举应有代表一三六五人,缺席者二十九人,实到一三三六人,执委票收一三零八,计有二十八票弃权,监委票实收一二九一票,有四十五票弃权。至晚十时余,检票完竣。比(后)由市府监选员陈健报告选举结果,计当选执行委员颜料业乐作霖,八四五票;典当业程稻荪,七三八票;旅栈业王静斋,七一八票;水电公司江述之,六七五票;国际贸易马圻源,六三三票;精盐业黄文植,六二六票;匹头业祝庸齐,五八八票;杂粮行业邓希周,四九五票。当选候补执委绸缎业徐炽卿,四九二票;煤焦贩运业张东初,四八九票;剧场业王民仆,四三七票;旅栈业高伯常,四三三票;钱业李德齐,三四七票;染织纱布业刘菊村,三零三票;山货业石和湘,二七六票。又,当选监察委员陈经畬,六七三票;杨松圃,六五六票;成禹门,五二四票;郑燮卿,四二三票。当选候补监委杨辉廷,四零四票;何文炳,四零零票;余服民,二七三票。至此,汉口市商会第二届第一次改选初步,以告竣事。至主席人选,须俟该会定期互选后,再行报告,但以一般之观察,当以黄文植、苏汰余二人呼声最高。

(《汉报》P169)

16.汉市商会改选

(1935 年 2 月 21 日)

(汉口)汉市商会廿日举行三届代表大会,改选执监委。陈经畬主席、吴绍澍、吴国桢致词,谓民十五前,每月比期八千余万元,现仅二千万。当选出乐作霖、程稻荪、王静斋、江述之、马圻源、黄文植、祝庸齐、邓希周为执委,徐、陈、郑等为监委。

(《新闻报》)

17.汉商会举行会员大会

(1935年2月21日)

(汉口)汉商会二十日举行会员大会,乐作霖、江述之等当选执委。(二十日专电)

(《申报》)

18.加征洋米麦税,财实两部在会商中

(1935年2月22日)

(南京)汉商会请加征洋米麦进口税,经政院交财实两部核议,闻财部以洋米麦进口,完全以国之需要情形为定,倘供过于求,自无运进之情事,目前无增加之必要,俟会商后,即行呈复。(二十一日专电)

(《申报》)

19.汉市商会请加征洋米麦税

(1935年2月22日)

(南京)汉商会再电呈政院,请饬加征洋米麦进口税,以免倾销。并通令各省市严令商人,嗣后订购米麦须先向主管部局登记核准,方得购运。政院交财、实两部核议。

(《新闻报》)

20.市商会改选时别闻

(1935年2月22日)

汉口市商会改选,已于前(二十)日告一段落,新主席之谁属,俟明后(不是二十三便是二十四)动行互选,便见分晓,所有前日改选情形,已详志报端,不待再赘,惟关于改选时之花花絮絮,报端当付厥如,兹并改选后之昨日情形,分志于次:

汉市自有商会以来,迄今已十四届,历任会长主席,皆汉市商场声望隆重之士,即其他执监委员,亦在商场具有相当地位者,故历来选举,胥具礼让精神,而无竞选事情,独本届在改选之前,外间即有某也收买选票,某也运动某帮之传说,果也当各代表缮写选票时,有交头接耳谈某人包写选票者,有面红耳赤谓某某不应多事者,更有擦掌,准备厮打者,此写票时之怪现象也。

选举结果,既经当众报告,而当选执委邓希周与当选候补执委徐炽卿相差仅三票,因而吹毛求疵者遂谓邓希周。内有几票是邓希周,一时声势汹涌,几酿巨变,经陈经畬、贺衡夫、苏汰余等人负责清查结果,徐炽卿到底抢不过邓希周,而邓等诸人遂鼓掌相庆,因之贺衡夫乃发言曰,谓商会执委,一得一失,何关重要,诸位莫这样做,何必拍什么呢!至此鼓掌者遂无言,而吹

毛求疵者亦默然不语。

前天因选举人多,厨房里开的是流水饭,任是何人都得去吃,因之“你吃饭没有,去吃呀”的互问声,甚嚣尘上,秘书郭肇璜先生遂笑谓今天是“有饭大家吃”,所以看热闹的人也得混上去吃他一顿,但昨日又大不相同了,各职员因前天辛苦了,昨天都得休息休息,所以昨天的商会真的是鸦雀无声,清静得非常,公事房仅办了一件通知新选委员的公事,其文曰:

敬启者:查本会于昨民国二十四年二月二十日召集会员代表大会,举行第一届第一次改选半数执监委员,当由各代表依法投票选定新执委八人、新监委四人,所有当选执监各委员姓名,暨得票数目均经监选员当场分别报告,并列表宣布各在案,查台端系新当选执(监)委之一,相应连同名单备函奉达贵委员即请查照云。

(《汉报》P180)

21.汉商会定本月底推选主席暨常委

(1935 年 2 月 24 日)

汉口市商会改选执监委,倏已数日。昨据该会消息,关于推举常务委员及互选主席,业经磋商决定,准本月二十八日举行,并定三月四日为新主席暨执监委员等宣誓就职之期,刻下正在赶办互选主席暨宣誓就职之一切事宜。

(《汉报》P199)

22.鄂国货商场昨召开第一届厂商代表大会

(1935 年 2 月 25 日)

湖北省国货陈列馆,与湘鄂国货厂商会合办之湖北省国货商场,自省国展会闭幕后,即已开始营业,因场内重加编制修缮,筹备需时,于昨(二十四)日下午,始召开第一届厂商代表大会,选举理监事,出席代表四十一人。事先,曾由馆会,拟具国货商场章程,分呈省党部及建设厅核准备案,规定票选理事七人、监事四人,并由省党部、建设厅省商联会,各派一人为当然监事。馆会两方各派二人为当然理事。三时,如仪开会,推吴宾筹为总主席,到党部指导员林荣葵、建设厅监选员童鏖,选举结果:虎标永安堂卢祝安、牛同兴刀剪厂汪福堂、公一电木厂陆子槐、民实针织厂黄月卿、振环皮箱厂王树枝、万顺兴漆器厂黄裕康、儒瓶厂刘松山,当选为理事。华新羽绒公司熊润生、蚨顺祥柳锡舜、永信合女红厂彭方、天然艺石公司周锡光,当选为监事。志成瓷厂熊景清、广庆记梳篦厂罗炳炎、味清轩槟榔厂郑宗祥、三多药房黄云翔、协记织厂李勋楠、良清轩刘良清,为候补理事。龙泉茶庄施渐青,为候补监事。并悉省党部派魏绍征,建设厅派童鏖,省商联会派王开先,为当然监事。省陈列馆推吴实寿、郭维番,厂商会推沈家巷、焦秀安为当然理事。闻将定于日内即召集里监联席会议,推举常务理事及理事长,开始工作,并即筹组旅行团,出发鄂北及安徽等地展览。关于商场后面大湖,亦即着手修葺,开放游览。又灯彩宣传游行,仍将定期举行。

(《汉报》P209)

23.社论:如何健全商人组织

(1935 年 2 月 25 日)

在每一个民众团体成立时,我们必可听到“集中力量,健全组织”的动听的口号,但是,组织怎样便能健全,力量如何便能集中,却很少有具体的说明;既没有说明,更谈不到策进和表现了。

商会是居于民众团体领袖地位的,它在组织上,无疑更需要充分的健全,方足以因应今日繁复的世变,和经济的竞争,与其完成本身“图谋工商业及对外贸易之发展”的职责了。然而试问我国各大都市商会组织,果已臻于“健全”了吗?在今日现状下,恐任何人亦不敢为肯定答复吧!诚以商会组织,遵依现法,实以同业公会为其始基,而整个商会是否健全,即视同业公会之组织是否充实以为断,我们现在的同业公会,其现况是怎样?商民对它的认识又怎样?

关于以上的两点,我们虽没有精细调查,但闻多数商人,对于加入同业公会,并不明了其意义所在,以此徘徊瞻顾,甚而退缩不前,借词推诿,结果,致使所谓公会者,不能将各该同业全数包括于组织之内,已属最普遍现象,其尤甚者,乃不能包括同业半数或十分之三四,此不仅一埠为然,大抵各处情形都相类似;又不仅内地如此,即与外人接触较易,素称得风气之先的江浙都市,亦莫不如此!这可以说一般商人于其利害关系最密切的同业公会,简直还没有相当认识,那末,要求其在运用上,发生何等效力,便很难言了!

外国人常说“中国是一个没有组织的国家”,固然,是在侮辱我国人!但同时事实所昭示,我们确可以看到外人遇事组织的完密,而因其组织的完密,故关于经济的斗争,辄胜利,不必旗鼓相当,吾人已披靡败北了。例如:一般资本主义国家里,商会的势力,同业公会的权威,均有联系紧密的阵线,于发展贸易上,常能充分活跃,成为经济战云弥漫中的一支生力军,就是在苏联,除了对外贸易的大权,是由政府掌握,其进出口的专责,依然给予二十八个经营的贸易公司,一方面关于处断商务纠纷,仍可见到保持着无上权威的“全俄商会”的实力。

我们看人家的组织健全,才明白自己是怎样脆弱。碰到人家实力坚强,更应知自己是如何微薄。今试举一二例证,如:我人欲调查某一项货物,在当地产销情形,与该业在本市交易增减状况,而以同业未尽加入公会,即无从确定数字,虽欲为之推进或改善殆不可能!又如:连岁减价倾销,成为风气,商会欲加劝阻制裁,而不入公会者即可不遵告诫,自由行动,试问这样的公会,怎能控制同业,又怎能执行决议呢?对内尚无法运用,更不必论及对外了!而不知冥冥中商人本身,固遭受极大损失;而于国家在经济方面的努力,亦不啻予以严重打击,是以吾人愿以至诚普告商人,自动地迅速加入同业公会,其有态度消极的,商会亦应设法劝诱,挽此颓势,必也下层基础,建立巩固,而后商会的组织,方得日形健全,以发挥其能力,就是在对外关系上,有了事实的证明,那“无组织”的侮辱,也可不待辩而自洗涤无余了。

(《汉报》P209)

24.商人应与教育切实合作

(1935 年 2 月 25 日)

省民教馆,为推行省民教育起见,于昨(二十四)日下午一时,在该馆举行商教实验区店主联欢会,计到各界来宾,暨兰陵街、芝麻岭、平阅路三街道店主共三百余人。主席王义周。行礼如仪后,即由主席报告开会意义,首申述过去商人与教育不能切实合作之害,次阐述政府提倡商人与教育应切实合作之意旨,及举行商教实验区与实施商教之意义,最后并报告关于今后实施商教之步骤,希望各商人今后应竭诚合作,与教育打成一片,注重商业道德,增加商人知识谋商业之发展,以期国民生计与国民经济,均能得充分的发达,而达到民族复兴的境地,次由省党部代表方锡涛致词,对各店主此次踊跃参加的精神,表示钦佩,并勉各店主今后对商教应切实合作,对一切实施计划,应诚恳接受,将此种热烈参加之精神继续保持。继由市民教馆代表、省公安一分局代表暨各店主相继演说商教在现时代之重要与应行合作各点,阐述极为详尽,至三时半始毕,拟即举行游艺大会,表演节目,计有平剧国术、对口相声等游艺,至下午六时,各店主始尽欢而散。

(《汉报》P210)

25.省民教馆定明日举行商民教育设计会议

(1935 年 2 月 27 日)

省民教馆为积极实施商民教育起见,虽于日前举行商教区店主联欢会,现该馆以关于商教一切事项,均须亟待实施,已决定于本月二十八日举行商教设计委员会议,讨论实施办法及进行方针。除已分函各设计委员准时出席外,所有商教区办事处全体职员,届时均须出席,共策进行。

又讯:省民教馆为改良评书事业起见,虽经布告招生,并于上周举行考试,现应试各项放绩。业经评定,计取录学生宗圣、李鸿洲、刘善、魏华元、筱帆、龙腾云、朱佐卿、孙瑞璋、巴敬清、杨炳焜、陆轩群、余平安、陈鉴初等十三名,决再继续招考,一俟足额,再行定期训练。

(《汉报》P230)

3 月

1.汉商会新委员就职

(1935 年 3 月 1 日)

(汉口)汉商会新委员二十八日就职,推定黄文植为主席。(二十八日专电)

(汉口)汉商会二十八日开二届首次执监联席会,选黄文植、祝庸齐、曹延祥、王春华、苏汰余为常委,并选黄为主席,三时摄影散会。(二十八日中央社电)

(《申报》)

2.黄文植当选汉商会主席，全体执监委昨午行宣誓礼

（1935 年 3 月 1 日）

汉口市商会昨日正午十二时，在该会大礼堂举行第二届第一次执监委员宣誓就职典礼，到省政府代表李范一，绥署何主任代表陈光组，警备司令叶蓬，市党委吴绍澍，市长吴国桢，公安局代表王郁芬，银行公会代表浦心雅，市党部市政府监选员殷学渊、陈健，及商会全体执监委员并来宾等，共计约二百余人。前任主席陈经畬因病未到。

杨辉廷主席致开会词。略谓：今日本会第二届第一次执监委员宣誓就职，前任主席陈经畬氏因病未到，嘱兄弟代表致词。陈氏谓，两年以来，本会多承党政长官随时指导，及商界同人之互助，使会务能勉强渡过难关。此次改选，赖全体会员代表谨慎将事，故结果至为圆满，尚望以后党政各界仍随时指导，更望同人一致互助，拥护新任执监，群策群力，使会务日益发达，商业日见繁荣，不胜厚望云。

党政军长官分别训话。次党政军长官先后训话。（一）市党委吴绍澍致词，谓商人在武汉占最多数，希望商界负改良武汉不良风俗之责，照蒋委员长训示，倡导一种真诚风气，为全国模范；（二）市长吴国桢致词，希望汉口为全国工商业中心区，成为东方芝加哥，商界对投资工业，须先加一番精密调查与研究，并希望商界与政府密切合作；（三）绥署何主任代表陈光组致词，希望商界从大处着眼，负民族复兴之责；（四）警备司令叶蓬致词，希望汉商会组织之精神与形式，完全对外，精诚团结，成为商人健全之领导机关，作国际贸易上之竞争，随时研究商战对策，为中国商业谋出路云云。

黄文植当选商会主席。次由苏汰余领导全体执监委员举右手宣誓，即行投票选举常委，结果黄文植（十三票）、祝庸齐（十二票）、曹延祥（十一票）、王春华（十票）、苏汰余（六票），五人当选为常委，并选黄文植为主席，全场一致鼓掌欢迎。最后由杨辉廷及商会新主席黄文植致词答谢，迄三时许摄影散会。

（《大光报》P11）

3.商会新旧执监委会商交替

（1935 年 3 月 2 日）

【新声社讯】市商会改选，于上月二十八日下午三时余完全告竣，新主席、新委员亦当场宣布就职。昨该会以关于新旧交替事宜，亟待商洽办理，特召集新旧全体执监委员于午后五时，举行临时谈话会，商洽一切交替手续云。

（《大光报》P23）

4.（汉口）市商会交替展期，新主席昨晚东下，旧主席力疾从公

（1935 年 3 月 3 日）

【新闻社讯】汉口市商会自新主席产生后，前主席陈经畬氏，即以身兼数职，不暇兼顾，加以日来又小有不适，亦宜稍事息养。今商会方面新主席既已产生，付托有人，亟思早日移交，俾

卸仔肩，以是特定本月四日为新旧交替之期。然新主席黄文植，亦以在故乡（江西）创办之两学校，暨其他公益事宜，在在均须亲自料理，经于前日新旧执监委员全体会议时，一再声明，要求展期视事。于是乃复决定以本月二十四日，为新主席正式视事之期。商议既定，黄主席遂于昨晚乘招商局江轮东下返□，约本月二十左右向汉，至商会职务，仍由陈经畲主席暂为负责处理，因陈主席清恙未痊，已于昨日起由会派人将往来文件送至陈之寓邸披阅。至应行例会，则在此期间，新旧委员均须出席，共同讨论云。

（《大光报》P35）

5.（汉口）市商会三机关公宴满任执监委陈经畲有恳挚的演说

（1935 年 3 月 5 日）

昨日市商会商业学校、商业月刊社、商人补习学校全体同人在一江春西茶馆公宴该会第二届满任执监委员，并邀请未满任与候补各委员及该会郭秘书长等作陪，车水马龙，颇极一时之盛。下午五时入座，首由三机关公推月刊社李肇民、商夜校黄桂森为总招待。酒一巡后，即由李肇民报告公宴意义，黄桂森宣读公宴辞，续经陈经畲、杨辉廷、郑燮卿、郭肇璜等氏先后答词。演说至七时始尽欢而散云。兹将演词分志于次：

陈经畲演词：近日承各先生公宴满任执监委员，经畲谨代表同人致谢，顷聆公宴献词，更觉悍愧多多，兹执举办月刊补校职校三事，业之动机为诸先生告：一、汉口居全国商业重要地位，商会为商业法团，政府方面，异常重视，频年每以货物销售生产统计租询，本会因案少整理工作，无从置答，殊觉未当，旋经公推苏汰余先生负责筹办统计，并先拨行商业月刊。二、年来政府为谋商业改进，一再令会转知本市各商应采用新式簿记及新式会计组织，然以人才缺乏，更张不宜，故筹办商人补习学校，利用业余时间，输以相当技术。三、现在世界交通竞争日甚，各国商人，多受有高深教育，以新方式经营商业，故能获得商战的胜利。反观我国商人知识落后，道德沦没，生产衰退，中场零落，而一般研习商学人士，又以环境关系，未能参加旧式商店。本会为培养基本人才计，故创设商业职业学校，授以商业学识，毕业后即由本会介绍至各业商店充当练习生，以期改造旧式商业，从事国际贸易。今天本会各委员命经畲代表致词，用特略述三项事业之因果。最后满任同人自应仍本初衷，尽力帮助各位先生完成上项事业的使命，决不稍存退缩，就此祝诸先生健康。

（《大光报》P59）

6.汉口市商会代电为闻沪商暗向外商订进大宗洋米麦请制止等情候查明核办

（1935 年 3 月 13 日）

代电汉口市商会陈主席（赋字第一九八七号）汉口市商会陈主席经畲览，据觉代电为汉口杂粮业公会等函电称，闻沪地商阀，暗向外商订进大宗洋麦洋米，请予加征洋米麦进口税，并通令各省市，严令商人嗣后订购米麦，必须先向主管部局等级核准，方得购运，转请鉴核等情，查所称沪商方面，订进大宗洋米麦一节，虽属传闻，惟关系米麦倾销与农村生产问题，究竟有无其事，应候咨行上海市政府,转饬社会局调查具复,再凭核办,至进口米麦,自施行征税后,按海关册载,以二十三年与二十二年比较,数量业已锐减,益以上年水旱偏灾,区域渐广,国内粮食,不无恐慌,就现时情形,尚无增加关税之必要,自应毋庸置议,并转该杂粮业公会等知照,财政部赋元印。

(《财政日刊》1935 年第 2113 期)

7.一百万元筑路借款成立,汉商会即召集各业商认购办法

(1935 年 3 月 18 日)

湖北省政府为应建筑公路需要,特呈准中央发行建设公债六百万元。关于印制公债票事,刻经武汉印书馆加工赶印,业于本月十五日将千元票面三百万元印齐交付财政厅,百元票面二百万元,可于本月底印竣,并将十元及五元票面各印一部分,下月十日前则可将十元及五元票面各五十万元,印齐交厅备用。关于开始劝募办法,省主席张群曾于本月十一日召集武、阳、汉商会团体各领袖到府,宣布拟请武、阳、汉三镇商店之一个月职工薪金,业主之一个月房租金额,为认购建设公债标准办法,期于最短时间内,募齐应募额数,以应修筑鄂西鄂北公路之需。请商业领袖转告各商店住户,共体政府苦衷,踊跃认购。旋由财政厅以正式公函,分致武、阳、汉商业各会查照办理。刻汉商会以此事系当前急务,拟于日内召集各业代表开会,商讨认购办法,并决劝谕各同业,于可能范围内尽量认购,借期兼筹并顾。至发行日期,闻省府已决定下月一日开始,刻正由财政厅积极筹备发行,各项应行准备手续,并已请由禁烟督察处自三月一日起,开始代向特税招募,以募足五十万元为止。又财厅为应筑路迫切需要,除已向交通银行、湖北省银行,先行共借款六十万元,拨交建设厅,作为铺筑汉宜路经费外,旋复以建债票面二百万元,向汉银界抵借百万。业经财政厅与汉银行洽商妥当。计承借银行为汉口中国银行十二万七千元;金城、中南、浙江兴业、四明、中国农工、盐业、大陆、浙江实业、上海、中国通商等十银行,各六万三千元;中国实业、中国国货、聚兴诚、广东等四银行,各三万二千元;交通银行十一万元五千元。日内即可正式签订合同,利息按月一分。于合同正式订定后,各银行即分四期交款。第一期为本年四月底,第二期为五月底,第三期六月底,第四期七月底。每期交付现款二十五万元。至还款期限,订明以十三个月次第还清,计本年五、六、七三个月,每月月底各还本二万元;八月至二十五年元月,每月各还本金十万元;二十五年二、三、四、五四个月,各还本金八万五千元,及其利息云。

(《大光报》P215)

8.鄂省汉市发行建设公债,省府借款一百六十万筑路,市债用于修建市府及校舍

(1935 年 3 月 20 日)

汉口通讯,湖北省政府为应修建公路需要,前经呈准中央发行建设公债六百万元。关于劝募办法,省主席张群曾召集武、阳、汉商会业主会领袖,一度会商,决以武、阳、汉三镇商店职工一个月薪金,业主一个月房租金额为认购公债标准,并定四月一日,开始发行。但此项公债,为额较巨,一时自难募足,而□□期间,修筑公路,又刻不容缓,除已由财厅向交通银行、湖北省银

行、借款六十万元，先修汉宜路外，现决以建债票面二百万，向汉口银团抵借一百万元，连日筹议此事，已有头绪，承借银行共十六家，计中国银行十二万七千元，金城、中南、浙江兴业、四明、中国农工、盐业、大陆、浙江实业、上海、中国通商等十行，各六万三千元，中国实业、中国国货、聚兴诚、广东等四行，各三万二千元，交通银行十一万五千元，利息按月一分，分四期交款，十三个月还款。日内即由财厅当局，与银团领袖，正式签订合同。在省建设公债行将发行之时，汉口市政府亦发行市建设公债一百五十万元，其用途早经决定，以三十万元建筑市政府新址，四十万元建筑职业学校及小学校舍，其余八十万元，为修筑马路民房拆迁费用，此种公债，已呈准中央交由立法院审议，至迟两个月内当可发行。（十七日）

（《申报》）

9.商业两会订期会商认购建设公债武昌业主会要求减收半月

（1935 年 3 月 22 日）

【导群社讯】汉口市商会，准湖北财政厅函，请转告各业，认购湖北省建设公债，规定商店职工薪金，暨业主房租金额各一月为标准，当以兹事关系繁重，特于昨日举行第五十次执委会时，提出讨论。结果，决定本月二十七日召集业主会，举行联席会议，共同商讨认购办法。散会后，即致函业主会暨商会全体执委，届时到会出席。又讯：武昌业主会，因迭据各业主请求，以年来各项临时公益等捐，接踵而至，已苦无法负担，而房租之收入，则以市面萧条，较以前益行减少。请转呈财政厅，垂念武昌情形特殊，准予仍照二十三年半个月房租成案，募收建设公债。并准依照历来办法，凡房租在十元以下，及闲空之房屋，概予免收，以示体恤。该会已于昨日据请转函汉商会，请转财厅请求。汉商会决于二十七日联席会议时，一并提出讨论云。

（《大光报》P263）

10.中国国民党汉口特别市党务整理委员会准汉口市商会函以各团体制佩证章应遵通令办理由

（1935 年 3 月 22 日）

敬启者，顷奉中国国民党汉口特别市党务整理委员会通令开：案奉中央执行委员会民众运动指导委员会通告第九四三六号内开：案准江苏省执行委员会呈，为据如皋县执行委员会呈，请规定人民团体证章样式，转请核示等由。查关于人民团体证章样式，国民政府于二十年一月召集首都各机关举行证章方式讨论会，经有决议，惟该项办法，仅限于首都方面，兹准该会呈请核示前来，应准援照该项议决案第二项，关于民众团体之规定办理，为须先将色彩绘图，呈报当地党部暨主管机关备案后，方得铸造。除函复江苏执行委员会外，相应抄同证章方式讨论会决议案一份，通告知照，并转所属一体知照，等因，准此。除分函外，合亟检同证章方式讨论会议决案一份，令仰知照，为要，此令。等因，附证章方式讨论会议决案一份，奉此。除分知外，相应抄同原案，函请查照为盼，此颂公绥。

附证章方式讨论会决议案：

一、党政军各所属机关,均一律用直径三生的米达之圆形证章。

二、民众团体,用长五生的米达,宽二生的米达之横长方形;教育团体,用三生的米达之等边三角形;商店及其他团体,为必需用证章时,可用长六又二分之一生的米达,宽四生的米达之盾形,但仅能镌印店名及号码。

三、各项证章之质料及颜色,由各机关自行绘制。

四、党政军各机关之证章,可由印铸局代制,以杜流弊;民众等团体之证章,应先将色彩花纹绘图呈报警察厅备案,再由证章店承造。

五、凡佩证章者,只能佩带本机关之证章为限,如有事赴其他机关,得同时佩带所赴机关之证章,但事毕后,即须将章收藏。

六、凡至各娱乐场所戏院书楼游艺场等,不得佩带任何证章。

七、自规定各机关证章后,须呈由国府命令首都卫戍司令部及首都警察厅,随时依案取缔,以昭郑重。

(《水电季刊》第 14 期)

11.既济水电公司准汉口市商会函以电度减价办法请提前两月实行由

(1935 年 3 月 22 日)

径启者,前接贵公司本年二月十四日公函,以关于水电两费议定条件,自当遵办,惟电度减价提前两月实行一节,倘能市面繁荣,营业畅旺,当可提前办理,等因,准此。经于三月二十日提出本会执行委员会第五十次例会讨论,一致决议函请水电公司提前两个月实行电度减价,以符周星棠先生调停原议,等语,记录在案,查周君所拟调停办法,关于电度减价提前两月实行一节,原属肯定之词,并未含有酌量情形之意在内,用特录案函达贵公司,即请查照依据原议准予提前两个月实行电度减价,并希见复为荷。

此致

既济水电公司

(《水电季刊》第 14 期)

12.汉商会新主席黄文植昨就职

(1935 年 3 月 25 日)

陈光祖、贺衡夫等致欢迎词,定明日开首次执监联席会

【四维社讯】新任汉市总商会主席黄文植于昨(二十四)日上午十一时在市商会大礼堂举行就职典礼,计到新旧执监委员,各同业公会代表,及各界来宾约三百余人,颇极一时之盛。事前市商会推派杨辉廷、徐炽卿、朱松珊、萧纯卿等四人,乘车赴黄宅欢迎。稍缓,黄乃与欢迎人员同乘车莅会。黄莅会时,该会商业学校及补习夜校,全体学生鹄立两旁,全体执监委员,均鼓掌欢迎,同时鸣放炮竹,以志庆贺。黄下车后,向欢迎者一一致谢,旋孤儿院音乐队奏乐开会,行礼如仪,后由前主席致欢迎词。

(《大光报》P299)

13.旅栈业向商会呼吁救济

(1935 年 3 月 25 日)

旅栈业昨联合向商会恳请救济,呈各机关转恳委座,文中列举五个理由。

本市旅栈业奉令废除烟赌娼后,为期已逾十日,在各旅栈业方面营业,莫不冷落异常,大有不能支持之势。旅栈业公会,除于日前,向各关系机关发出恳请救济呈文外,公会主席王静斋,复于昨日前十一时率全体委员,及会员一百余人,乘商会举行欢迎新主席暨监委视事就职之初,要求新旧主席,设法转请各当局救济。黄等当告以必为尽力办理,王乃率会员退去。闻旅栈业公会,复于昨午举行。

会议公推公会主席王静斋,委员丁竹卿、殷裕素、陆子樵、戴芹甫、孙兼棠、刘楚卿、龙焕章、胡国斌、高伯常、徐子祥及张春山等十二人,于今(二十五)日午前八时渡江,向武昌行营。省政府中央宪兵团等机关请愿,请转电重庆蒋委员长,迅即颁发救济办法。兹将公会,日前向各机关发出之请愿文,探录如次:

案奉汉口市公安局,本月十四日,政字第二二九四号通告,内开:查本市各旅栈旅客,狎妓打牌等等,早在取缔之列,近闻各旅栈内烟赌娼各项,故态复萌,殊与行旅安宁诸多妨碍,兹奉层峰严令查禁:(一)各旅栈经理人等,以及旅客,一律不准在旅栈,开灯吸烟;(二)各旅栈内,绝对禁止赌博打牌;(三)各旅栈内,不准容留及招领娼妓。以上各项,统于本月十四日,一律实行,除令饬本局内外各属,严厉查案,暨分别通告各旅栈经理遵照外,合亟检同原通告二份,通告该公会遵照,转饬各旅栈经理,以及来往客商人等,一体遵守,毋得故违干究为要。等因,奉此。窃烟赌娼三项,危害社会至深且巨,值此厉行新运之际,凡属国民,咸应仰体蒋委员长救国救民之意旨,革除不良习惯,实践规矩生活,方足以树刷新政治,复兴民族之基。本会曷敢以业务关系,妄渎聪听,唯念禁令施行以后,社会上既曲予误解,执行时复漫无限制,既使衰落之事业益将奔赴水深火热之中,靡所底止,事关数万商人生计,芒刺在背,不得不将困苦情形,谨为钧座陈之。发售鸦片,政府早应厉禁,唯以禁烟督察处,规定一种旅行执照,间有旅客携带药膏,因病吸食,各旅栈每加劝止,辄以持有执照为言,兹奉严令查禁,本业自当一体遵守,唯请转恳。对于旅行执照,同加取缔,以免客商有所借口,旅栈难于应付。此其一。

赌博种类,为输盘、骰子、牌九、扑克等。汉市早经禁绝,唯雀牌在社会习惯上,视为游戏工具,里巷居民,及正当商户,莫不置备一副,以作业余消遣、宴会助兴之品。欧美社会,此类游戏同一风行,至行旅客商,每于杯酒言欢之余,交易接洽之后,共作雀战,借破岑寂,较之输盘,骰子、牌九、扑克等,其用意在赌博者,不可一概而论,且雀牌游戏,不在五人以上,自不得视为赌博行为,应请转饬明令地方长官,对于此类游戏,特予通融,在不妨碍行旅安宁原则下,重新限制,俾作改革社会不良风习之初步。此其二。

取缔娼妓,本案自奉"豫鄂皖三省剿匪总司令部",二十一年九月二十八日副字第四一八号"娼妓确因有事,偶在旅栈茶馆出入,不干禁条,唯借词假借,故违取缔条例者,仍须严加查禁"批示之后,早经一体遵行,绝无容留情事,唯其自由出入,不干禁条,自非招引可知。且妇女服装,竞尚奢华,了无限制,以致招摇过市者,谁属良善,谁为娼妓,殊难辨认,诚恐一律执行检查,必致引起误会,发生意外纠纷。此其三。

本业以旅客往来，商场交际，婚丧宴会，为营业对象，若游戏种类悉行取缔，妇女出入一律检查，行旅商贾，视为畏途，本业势必同归于尽。本会同业，数逾百家，所有资本，以及工友押金，均消耗于生财装修之上，一日歇业，亏累无法偿补，押金无法退还，势之所至，直接引起劳资纠纷，间接断绝数万工商生计，转贻社会无穷之累，应请转恳明令地方长官，对于取缔各项，斟酌事实，分别限制，应于执行禁令之中，畀本业以徐图改进之机会。此其四。

汉口为通商大埠，华洋杂处，商贾辐辏，自与其他省会环境不同，关于新生活之推进，每因行旅往来无定，一时难收整齐划一之效，抑更有进者，旅栈相率歇业，菜馆、卷烟、水果、化妆，以及人力车夫各项业务，必将连带衰落，影响市面繁荣，实非浅鲜，兼之汉口日法租界，尚未收回，行旅商贾，群趋租界之内，华界不景气之现象，行见更甚。此其五。

综上明陈，均属本业实在困苦情形，心所谓危，难安缄默，为此□恳迅予电达蒋委员长，俯鉴下情，明令地方长官，对于取缔事项，斟酌事实，分别执行，以弭纠纷，而维生计，不胜惶悚待命之至云。

（《大光报》P299）

14.商会两主席拜访各当局

（1935年3月26日）

汉口市商会新主席黄文植，业于前日视事，昨（二十五）日下午二时，特与原任陈主席联袂乘车分赴“绥靖”公署、市政府、市党部、武汉警备司令部，拜访各当局，约五时始行返会。并定今（二十六）日联袂渡江拜访行营张主任、省府张主席，暨民、财、建、教四厅长，暨其他各机关长官。

（《大光报》P311）

15.汉市商业两会昨议摊募公债问题

（1935年3月28日）

胡治初提议：要求减为半月。黄文植建议：邀财厅长会商。

【四维社讯】财厅募集本年建设公债，汉市商业两会于昨（二十七）日下午五时在汉市商会举行联席谈话会。计到：黄文植、陈经畬、余蓉樵、苏汰余、喻夑卿、柴海楼、陈春亭、祝庸齐、黄绍昆、朱葆三。武昌业主会列席：黄式如、夏富海、胡治初、周少垣、黄寿松、龙莞如、陈济川、夏子文等。首由陈经畬报告，略谓：本年财厅募集建设公债，以充筑路经费之需，查照成例以一个职工薪金及房租金额为标准募收。日前省主席邀请武汉商业两界，到府嘱谕此事，按一月职工及房租限以一百万之数，当时商业代表，以不景气之情形及市面之困苦，向主席要求减收，援二十二、二十三两年半月办法，而张主席仍以勉为劝募为最后之决定云云。次由胡治初提议，略谓：汉市商业凋敝情形，张主席已甚明了，但最后总以勉募一月为目的。不过武汉商务既不景气，房租收入又复减少，可否仍以困难状况，呈恳省府改为半月云。继由黄文植建议，略谓：筹募建设公债，向政府要求改为半月，以现在时局而论，漫言半月，虽在最少数亦难负担。但筑路经费问题，亦至为重要，可否定期再召集武、阳商业两界会议，并请财政厅贾厅长出席，再商办法云。后全体决议:俟与贾厅长接洽后再召集武、阳、汉三镇商业两界正式会议,并由汉口商会负责召集。毕即散会。

(《大光报》P335)

16.汉口市商会赠南京孤儿院匾额

(1935 年 3 月 28 日)

汉口市总商会现赠南京孤儿院楠木对一副,匾额一方,甚为雅致,所需二百余元之谱。其文曰:广厦起龙蟠煞费经营底是仁人多庇荫,高风树珂里兼施教养从兹社会少孤儿。其匾额为:仁者爱人。

(《大光报》P335)

17.商职学校举行周年恳亲大会

(1935 年 3 月 29 日)

陈校长报告商会创办商校意义,市府代表致训词对陈大加奖励。

【导群社讯】汉口市商会创办之商业职业学校,昨日为周年纪念之期,该校特开会纪念,并举行恳亲大会。届时计到有汉市长吴国桢、科长杜季书等来宾,及学生家长共约三百余人。按照开会秩序如仪开会后,首由校长陈经畬报告,略谓:今日为本校周年纪念之期,同时并举行恳亲大会,承各界来宾及各家长踊跃莅校参加,异常荣幸。商会创办本校动机系为适应现代商业化之需要,且现在世界任何国家,均极注重工商业,并且均已达到工业科学化,今后商业,亦非科学不能幸存。在十九世纪以前陈法,现在是已归于天然淘汰,因此汉口市商会特地创办斯校,以造就商业干部人才,以应需要。再本校并于今日举行恳亲大会,意在促进学生家长与学校教职员相互切取联系,来管理学生,换言之,就是要求学校家庭化,家庭学校化。随地随时的督促学生向上,以达到造成干部商业人才,来改进汉市商场云云。继由市府科长杜季书致词,略谓:今天为贵校周年纪念,仅将所见贵校事实作一诚恳报告。记得去年有一次得晤贵校陈校长于中山公园,陈校长当以很诚意的态度向本人说,渠有一事要求,谓商会现已办了一个学校,希望市府常常派人前往考察,兄弟当时发生一种感想,即市府对于公私各校,考察向严,并有人说,市府考察各校过于苛求,各校教职员颇多不满,乃陈校长希望多多派人赴校考察,由此一点,即可证明校长是实事求是地把学校办好。那末陈校长用心这样良苦,这在政府方面,家长方面,均当感佩其人。希望诸位同学,各本良心努力学业,不负期望云云。次孤儿院主任李嘉禾、商会黄主席、校董余蓉樵、学生家长先后演说,语多勖勉之词。最后由学生代表盛骏声答词,语极诚恳。词毕,遂宣告礼成,摄影散会。

(《大光报》P348)

4月

1.新任建设厅长刘寿朋今晨视事,昨谒张群请示建设方针,旧任开会讨论移交手续,商联会苏主席致电祝贺

(1935年4月6日)

建设厅长李范一辞职照准。中央简任刘寿朋继任。省府主席张群,以建设事业,机关重要,未可一日停顿,特促刘氏早日视事。兹闻刘氏已决定今日上午九时先行到厅视事,昨已派张赵潘等为秘书及股长。张等于午后二时赴建设厅,晤前任秘书邱致泽,商洽接收事宜,旋由邱陪同赴各科室参观一周,约一小时始辞出。旧任结束事宜,业经赶办完竣,昨日午后四时,秘书处特召集各科股长会议,讨论移交手续,至五时许始散。

又讯:新任建设厅长刘寿朋,昨日午后四时赴省府谒张主席,请示今后整理建设方针,至五时许辞出,闻对用人行政,已与张主席商定办法,以人才为主,一秉大公云。

又讯:新建设厅长刘寿朋定于今日到厅正式视事,湖北全省商会联合会,昨特电刘氏致贺云:欣悉荣膺简命,式焕新猷,建设为救国初基,我公实苍生属望。补偏救弊,起疮痍百孔之工商;治本穷标,开荆楚大部之财富。台星耀彩,兴颂甚欢,谨布贺忱,伏乞垂察。湖北全省商会联合会主席苏汰余叩。按刘氏籍隶江西,为日本明治大学法科毕业,历任农商部秘书、江西实业厅长、三省总部政务处长、现任禁烟督察处副处长、全国经委会公路专任委员等职云。

(《大光报》P444)

2.市商会昨再电立法院请速颁商业登记法补救民法债篇第六八一条

(1935年4月10日)

汉口市商会昨(十)日再电南京立法院,请速通过商业登记法公布施行,补发民法债篇第六八一条,以恤商情。原电云:南京立法院院长钧鉴:案查属会关于民法债篇第六百八十一条规定合伙债务,连带负责,窒碍难行,请求修正一孙案,迭奉钧令允另订商业登记法,以资补救。并由民法、商法两委会会同起草。查该草案第九条规定合伙人之姓名、住址及出资之种类、数额,如已由各该本人,向营业所所在地之主管署登记者,得于其出资限度内,负分担损失之责,股份有转移或变更时亦同。此种规定最合商人之要求,而上年十月三十一日会议审查时,尚有力持异议,致未决定。属会以此案关系商业前途极巨,曾于同年十一月十五日电请照该法草案第九条原文通过,以资补救等情。奉批:交民法、商法两委员会参考等因。事越数月,未闻再度议及,长此搁置,则商人由民法六八一条所引起之纠纷,将无法以善其后,值此商业凋残,金融破产,合伙商店势必日少一日,而旧有商场之组织,实有根本摇动之虞。属会代表本市全体商民,视为利害切己,故敢一再哓哓,伏乞钧院体察下情,赐照原案提前通过,公布施行以恤商情,

而维法治，临电不胜迫切待命之至。汉口商会主席黄文植叩灰印。

（《大光报》P504）

3.汉口市商会请免二十二业扯计课税法呈省府文

（1935年4月10日）

呈为据情转呈事：窃查属会前于民国二十二年十二月三十一日，接准汉口营业税局公函，以奉财政厅训令，拟自民国二十四年三月份起，将国产纸张行等二十二业，一律改照上年营业金额计算课税，以资整顿。等因，转会查照，并嘱转知各该业知照。等因，准此。当即分别转知去后，随据各该业同业公会先后复函，并推派代表来会，环请转达：仍准按照当年营业金额，计算课税，实销实缴，期盼公允。并谓本年税收不能畅旺，系由于商业不振，市面萧条之所致，于税收方法，实毫无关系。转恳财政厅体念商艰，准予收回成命，照旧征收，以符原案各等情。据经照录原函，汇转财政厅，请予查核维持在案。嗣准复函，仍嘱转向各该业剀切开导。等因，曾由属会于三月十四日，召集各该业代表到会，一再劝导。惟据该代表等佥称：查各业前变更征收营业税办法之初，系因当日改进营业税为三级制，所订税率，均较从前加增数倍，曾迭次要求核减，未蒙照准，加以汉口商业，频年以来，因受水、匪两灾之影响，已有每况愈下之势，如果本年纳税之标准，仍须依照上年营业金额计算，则各业既感税率加重之苦，又增多缴空税之虞，商力几何，实觉难于负担！似不如变更征税办法，实销实缴，庶几两得其平。故为税务、商情双方并顾起见，始有改照当年营业金额计算课税之办法，呈奉核准在案。且原案中并有前项纳税办法，一经财厅核准，永为定案，不得随意变更之语。今施行已经两年，官商尚称便利。而汉口商业之萧条，仍复如前，设一旦将前经核准之定案，严令取消，在各业既力难支持势不至相率歇业不止。揆之政府体恤商艰之德意，当亦不忍出此。应请转恳湖北省政府曲鉴下情，令饬财政厅，仍准维持原案，借纾商困，等语前来。属会详加查核，该代表等缕陈各节，以原案言，既已如彼，以商情论，又复如此，似未便壅于上闻。其应如何设法维持之处，出自逾格恩施，理合据情转呈钧府，恳赐鉴核！批示祗遵。实为公便！

汉口市商会主席　陈经畬

附注

二十二业为：国产纸张行业、海味糖盐业、匹头贩运业、煤焦贩运业、纱业、漆业、杂货店业、机器米业、电料业、报关行业、瓷器业、皮革业、皮业、西药业、染织纱布业、营造业、五金旧货业、杂货贩卖业、食品杂货业、布匹店业、笔料杂皮业等。

（《汉口商业月刊》第2卷第4期）

4.黄主席文植就职通函

（1935年4月10日）

敬启者：查本会依照商会法第十九条执行委员及监察委员之任期均为四年，每二年改选半数之规定。曾以本会第一届执监委员，前于民国二十二年二月第一次改选半数时，其签定留任之执委8人、监委4人,计至民国二十四年三月已满四年任期。当于二月二十日召集会员代表大会,依法举行第二届第一次之改选,是日先由会员代表当场投票分别选定执行委员乐作霖等8人,暨监察委员陈经畲等4人,并选定候补执行委员徐炽卿等7人,候补监察委员杨辉廷等3人,旋于二月二十八日由全体执行委员互选文植与祝庸齐、曹延祥、王春华、苏汰余5人为常务委员,复就常务委员中选任文植为主席,所有开会期间,均经呈蒙汉口市党部、市政府派员莅会指导监选各在案。文植猥以铨才,谬膺斯选,深惧弗胜,只因公益所关,众情相属,固辞不获,已于三月二十四日偕同执监各委员到会视事,除分别呈报函咨外,相应检同各委员姓字表,备函奉达贵会,请烦查照是荷。

主席　黄文植

汉口市商会现任执监委员一览表　1935 年 3 月

职别	姓名	年龄	籍贯	住址	商业行号	备考
主席	黄文植	57	江西南昌	汉口特三区洞庭街	通益精盐公司经理	新选
常务委员	祝庸齐	42	湖北孝感	汉口梳子街	复茂祥匹头号经理	新选
常务委员	曹延祥	46	浙江上虞	汉口寿贻里	新德钱庄经理	留任
常务委员	王春华	42	湖北咸宁	汉口鲍家巷	裕丰海味糖盐号经理	留任
常务委员	苏汰余	49	四川巴县	汉口特三区湖南街商业银行三楼	裕华纱厂经理	留任
执行委员	乐作霖	37	湖北黄陂	汉口花布街	协泰鸿颜料号经理	新选
执行委员	程稻荪	44	安徽休宁	汉口特三区湖北街	福生典当经理	新选
执行委员	王静斋	35	江苏江宁	汉口中山路	大华饭店经理	新选
执行委员	江述之	43	江苏上元	汉口特三区江汉路	既济水电公司电厂厂长	新选
执行委员	马圻源	47	浙江鄞县	汉口特三区中孚里	南星贸易公司经理	新选
执行委员	邓希周	52	湖北汉口	汉口宗关河边	邓隆盛粮食行经理	新选
执行委员	邓以诚	33	广东番禺	汉口关帝庙街	忠信昌茶庄经理	留任
执行委员	鲁方才	60	湖北武昌	汉口特三区郧阳街	汉兴昌营造厂经理	留任
执行委员	喻燮卿	51	湖北汉阳	汉口交通路	嘉福百货军服公司经理	留任
执行委员	陈春亭	48	湖北汉阳	汉口沈家庙	宾源药材行经理	留任
监察委员	陈经畲	56	江苏江宁	汉口武圣庙正街	汉昌协记肥皂厂经理	新选
监察委员	杨松圃	63	湖北黄陂	汉口草纸街	杨裕隆夏布麻行经理	新选
监察委员	成禹门	50	湖北通山	汉口武圣庙正街	裕大成国产纸张行经理	新选

（续表）

职别	姓名	年龄	籍贯	住址	商业行号	备考
监察委员	郑爕卿	56	湖北武昌	汉口小夹街	元记生药材号经理	新选
监察委员	贺衡夫	48	湖北汉口	汉口后花楼正街	怡利油行经理	留任
监察委员	余蓉樵	53	安徽休宁	汉口晒台街	裕昌煤号经理	留任
监察委员	周星棠	58	浙江绍兴	汉口特二区兰陵路	公兴存转运公司总经理兼商业银行总经理	留任
候补执行委员	徐炽卿	52	江苏吴县	汉口祭家巷	徐协盛绸缎号经理	新选
候补执行委员	张东初	38	湖北黄陂	汉口特三区洞庭街	同和煤焦公司经理	新选
候补执行委员	王民仆	52	湖北武昌	汉口中山路	新市场戏业经理	新选
候补执行委员	高伯常	37	湖北武昌	汉口兴隆街	荣泰牛皮行经理	新选
候补执行委员	刘菊村	46	湖北武昌	汉口三善巷	远东染织纱布厂经理	新选
候补执行委员	李德齐	61	湖北汉口	汉口特三区鼎安里	协成银号经理	新选
候补执行委员	石和湘	45	湖南益阳	汉口芦席街	石宏大山货纸张行经理	新选
候补监察委员	杨辉廷	52	湖北汉口	汉口大水巷河边	星记新棉花堆栈经理	新选
候补监察委员	何文炳	50	湖北咸宁	汉口打扣巷	丰成海味糖盐号经理	新选
候补监察委员	余服民	50	湖北孝感	汉口交通路口	豫升恒布匹店经理	新选

（《汉口商业月刊》第2卷第4期）

5.商业职业学校周年纪念暨恳亲会

（1935年4月10日）

本会初级商业职业学校，系二十三年三月二十八日成立。迄至本年三月二十八日为一周年纪念之期，爰于是日在本会大礼堂举行周年纪念暨恳亲会到来宾家长等二百余人。首由陈校长经畬致词，略谓：今天是本校成立一周年的纪念，同时举行恳亲会。本人以校长的地位来向诸位报告举行纪念的意义。本会感觉现在世界各国，科学昌明，一日千里，而其工商业，亦随科学进步而进步。我国商业受其侵夺，即由于我们缺乏高深的学识和技术来应付现在商战。我们现在想在商场立足，非以新的学识来改造旧的环境不可。就汉口商业来讲，外国商店从事经营的人员，多半受过相当教育。他们用新的头脑，新的方法，来与我们周旋，我们如何能够与他们对抗？我们为汉口商业前途计，必须造就相当商业专门人才！所以本会排除万难，毅然创办商业职业学校，造成干部人才，以谋改进未来市场。本校每月约需经费洋900元，每年约需一万余元。市商会方面，经济困难，本无力量来负担，但因为环境的需要，不得不多方设法，罗掘应付。本校去年开学的时候，其他各校已经上课多日，我们教学的课程，恐怕不能完结，故每天延长授课时间一小时,减少各种假期,以作补救。至举行恳亲会的意义,亦有两点:第一,本校自成立迄今已有一年,平时与各位家长见面的机会很少,所以在这恳亲会的时候,请各位家长来校一谈,并可检阅我们一年来工作成绩和缺点。第二,我们学校的房屋,是由市商会拨用,房屋狭小,办公尚不敷用,对于学生宿舍,实无办法可想。所以学生在校的时间,各位师长当然负责管理,至散学后,就是各位家长的责任。应请随时注意学生有无不良的行为,和在家能够用功自习,是否按时归家。所以今天请各位家长来校举行恳亲会,也就是想将学校和家庭联络起来,双方负责严厉的管束的意思云云。继由市府杜科长季书致词,略谓:学生要立定志向,专心求学,不要荒废学业。不劳而获,是不可能的。今天向大家所勖勉的,就是在求学的方面,要劳而后获,在做人的方面,要行而后言。将来方可在社会上成就一番事业云云。次由汉口孤儿院李主任嘉禾致词,略谓:今天我要谈到的,是各位同学的出路问题。诸位的环境,有的固然很好,但有的一定很苦。出路问题,自是重要,但诸位同学在此修业期间,努力用功,多求学问,则出路自不成问题也云云。复次由本会黄主席文植致词,略谓:本校乃本会前任陈主席根据商会法来兴办的事业,创办这个学校的动机,是看到中国经济现在处于极危险的地位,例如外国人经商总具有相当的学识,日本商人且有能懂三国文字才来中国贸易的。现在世界经济恐慌,外国人愈设法将我们的金钱吸收出去,我国再不起来挣扎,真是人为刀俎,我为鱼肉。所以我们创办商业学校,小则振兴汉口商业,大则发展国际贸易。现在商场如同战场,我们造就基本人才,就是我们商场的海陆空军。希望各位同学努力!现在汉口社会环境异常恶劣,望学校先生和家长严格地管理学生。鄙人忝居校董的地位,有两点希望:(一)就是发扬旧道德,实行新生活。我们学校要纪律化,学生要服从校长及各位先生的命令。各位家长亦要注意学生往返的时间,免其养成不良习惯。我常说人无钱不为穷,不读书无才方是真穷。我在九江也曾办了两个小学,我时常勉励学生立定志向去救地方、救国家。今对本校亦然。十年以后,盼各同学到社会上、商场上,均作第一流人云云。再次由本会监委余蓉樵、秘书郭肇璜相继致词。语多勖勉盼望。末由校长答词,略谓:对于诸位来宾、各家长及商会黄主席的惠词,本校同人当然诚恳接受,并盼对于学校有何缺点的地方,随时加以指教云云。最后由学生代表盛骏声答词,略谓:今天是本校成立的一周年纪念,同时又是本校第一次的恳亲会。承各位先生的不弃,光临赐训,我们感觉得十二万分的荣幸!这些金石的良言,我们应当诚恳接受。从今以后,要努力求学,以副各位老师同各位家长的期望,以达到商会各位委员先生兴学育才的目的云云。遂即散会。

(《汉口商业月刊》第 2 卷第 4 期)

6.本会欢迎新任黄主席文植暨全体执监委员就职视事时陈前主席经畲、余委员蓉樵演辞

(1935 年 4 月 10 日)

三月二十四日下午一时,本会前任主席暨执监委员举行欢迎新任黄主席文植及全体执监委员就职视事典礼,到新旧全体执监委员、来宾、各业公会主席等 200 余人,外本会日夜校全体学生 200 余人亦整队参加,礼堂布置,至为庄严整肃。开会致辞后,并举行授印礼,至五时始散会。兹将前主席陈经畲、监委余蓉樵演辞录后:

陈主席经畬演词，略谓：今天是本会欢迎黄主席暨全体执监委员荣任视事的佳期，并举行移交印信典礼。黄主席已往对于本会之成绩，早经卓著社会，毋庸经畬赘词。惟黄主席人格之高尚，学识之渊博，暨对于社会慈善、公益、教育之热心，在在足为吾人之模范者。兹略举例言之：回忆黄主席前任本会主席时，正值中央西征之际，当时桂军虽慑于中央声威，兵不血刃，全部退却，然黄主席奔走游说之力实居多。其次当时主持鄂政者，力欲举办营业税，武汉商人以当时中央尚无此法令，请愿废止，终未能达到目的，比经黄主席趋谒总司令，面呈得道多助，失道寡助之旨，当蒙立即废止，此黄主席呼吁之功也。是年陕西奇旱，湖北奇寒，黄主席恻然悯之，登高一呼，巨款立集，赴陕放赈暨在汉设立粥厂，一时全活甚众。以上不过记忆所及，其记忆不及之类此者正多，其尤足令吾人钦佩不止者，即黄主席在籍兴办学校两所，捐资至三十余万，而武汉之慈善、教育、恤孤诸事业，亦无役不从，且每皆慨捐巨资，不稍吝啬，是黄主席不仅为商界完人，直可谓慈善家兼教育家矣。以黄主席之如此人格，兼之辅以新选暨留任执监委员，此后萃集一堂，精诚团结，对于日就衰落之市场，定有恢复繁荣之希望，经畬代表全市商民，谨以十二万分之至诚，欢迎于无既也。至经畬等在此两年当中，学不足以处事，才不足以应变，滥竽充数，惭愧极多，虽勉力维持原状，赖党政军各长官之训诲，各前任会长主席之指导，各同业公会主席之推免，及本届执监委员之匡助，幸免陨越。然抚躬自问，抱歉良多矣。今幸仔肩得卸，但回顾过去行而未当者必夥，应请黄主席加以纠正，议而未行者亦复不少，应请各同业公会主席原谅，此则尤为经畬私心所默颂者也云云。

余监委蓉樵演词，略谓：今天是本会欢迎黄主席及各执监委员视事的一天，大家叫兄弟上来说两句话，觉得非常愉快！我们知道本会有三十多年的历史，因为无论国家社会一切事业成功或失败，均有其历史背景，所以兄弟要借这个机会，向各位谈谈本会历史，但是详细来说，恐怕非短促时间说得完，只有简单地分几个阶段来讲，比较容易。兄弟把本会过去分作六个阶段，在民国纪元以前为第一个阶段，在这一个阶段中，处于前清专制政体之下，民众是无说话的余地的，更谈不到参与政治活动，随后因为受了帝国主义不平等条约的束缚，及甲午、庚子两次战争的损失，当时民怨沸腾，不得已对于民众的束缚才稍微放松一点，于是在商人当中，有一个商务总会出现，但是这一个团体，是没有力量的，他的工作是遇有宴会，或较大的店铺开张，或讲账时，请请这两位总协理坐首席，其他是无所事事的。这就是第一个阶段的写真。民国元年一直到十五年上半季，这是第二个阶段，本来这一个阶段的时间很长很长，又在民主政体旗帜之下，兼加民智开发，应该做出许多伟大的事业来，但何以反无特殊发展呢？我们仔细想一下，是什么原故？因为商会及工商同业公会法不甚完善，失掉了组织的精神，不但无系统可言，反变成各自为政、各不相眸的坏现象来！在这一个时间的当中，本会几位会长，本来想做一番事业，因其限于商会法窄狭范围的束缚，无能为力，所以这一阶段的商会，只可说是似是而非罢了。十五年至十六年，这是第三个阶段，这一个阶段为最危险的时期，总商会的命运，不绝如缕，幸亏本会的周星棠、郑燮卿两位会长，抱定大无畏的精神，与此险恶环境奋斗，而萧纯卿、贺衡夫两先生不避艰险，赞助左右，亦属难能可贵，兄弟不才，也时追随骥尾。周会长在当时他是不惜个人牺牲，才把这一个空前未有的难关渡过来了，真是不幸中的大幸。十七年至十九年，移转到第四个阶段，就是目前新主席黄文植先生主持的汉口特别市总商会，黄主席的最大长处，就是事业心重，办事认真，刷新会务，不遗余力，把一个旧式商会变成崭新的商会，这是黄主席任内的一个最大的成绩。此外还有一椿非常的功绩就是在桂系军队离开武汉，中央军未达到以前，武汉形成了无政府的状态，在这个危险时期中，黄主席沉着应付一转瞬间转危为安，使武汉民众不受惊扰，这种伟绩是值得永久称颂的。二十年至二十一年是第五个阶段，这一届主席是贺衡夫先生膺选，贺主席抱定多做实际工作的宗旨，把商会本身应做的事，都一椿一椿的都做到，不幸八十多年未见过的大水，突然发生，汉市八十万民众，一个一个浮家泛宅，颠沛流离，贺主席悲天悯人。对于垂危的灾民，尽量地救济，因之活人无算，佛祖曰慈悲，基督曰博爱，贺主席差不多兼而有之，这是值得我们钦仰的。当时因水患□患，两重挟攻，农村的经济破坏无余，汉口市面亦随之衰落异常，所以贺主席决定应做的事业，都因救灾不暇而陷于停顿。陈经畲先生荣任主席是在二十一年至二十三年，已经走向第六个阶段中，在这一个阶段，是建设时期，陈主席决定以埋头去干把商人迫切期望的商人补习学校、初中商业职业学校、商业月刊，都一一成立起来，这一点是使人崇拜万分的。归纳起来，把本会过去历史分为六个阶段，逐一说明，就是要使各位明了本会历史，准备共同努力，更要发扬光大过去精神。这一届黄主席东山再起，群情胪欢，我们在复选的一天会场的热烈空气中，早经看出群情属望了，我相信此后一定有惊人的事业，用以满足工商业的期望的，完了。

（《汉口商业月刊》第 2 卷第 4 期）

7.贺衡夫谈鄂南灾情

（1935 年 4 月 10 日）

（汉口）沪旱灾义赈会鄂查放主任贺衡夫视察鄂南灾赈返汉。据谈，上年鄂灾较民十七八年陕灾尤重，灾民以树皮、竹青、草根充饥，致多病死，阳新一县灾民死亡不下千人，现存民众壮丁，仅百分之二，余皆老弱妇女，情形尤惨。（九日专电）

（《申报》）

8.汉口市商会为呈送会员名册及理监事简历表致汉口市银行商业同业公会函

（1935 年 4 月 11 日）

敬启者，顷准贵会本月五日函，以奉汉口市政府市社字第二九七八号训令转饬各同业公会，迭送会员名册及理监简历表各五份及章程五份，送会转呈等由，附上名册式样一份，□此。查本案正奉市府三月十四日市社字三一六七号指令，为□径呈上项名册等件。兹奉本会会员各册及理监市简历表各一份，送请查照，备查为荷。

此致

汉口市商会整委会

汉口市银行商业同业公会启

9.汉市商会昨日成立财专委员会

（1935 年 4 月 12 日）

汉口市商会自前去两年，先后成立补习职业两校及商业月刊后，每年用项突增六万元，而收入项下则各业欠缴事务费房租寫欠等，为数殊夥。且过去数年透支之数，达十万元以上，在前主席陈经畬任内，即有设法整理之拟议，徒以事务殷繁，不遑计及。近自黄文植主席视事后，亦以再不从事整顿，则前途茫茫，危险殊甚。以是特决定组织财务专门委员会，加以整理。该会业于昨日正式成立，除推定全体执监委员为财委会委员外，并公推陈经畬为主任委员，负责处理整理事务。当经决定整理财务纲要于下：①整理旧欠，扩充新收。②整理期间以五月底为限，在整理期间，一律停止收费。③每星期六下午五时为例会之期，必要时得临时召集云。

（《大光报》P516）

10.市政府令市商会遵照新法贴用印花，并饬所属一体知照

（1935 年 4 月 14 日）

市政府昨令市商会云：案奉湖北省政府本年四月二日训令开，案准财政部咨开，案据宜昌县商会东代电称，顷奉宜昌县政府训令，转发新印花税法一份，令仰知照，并转饬各商遵照，等因，下会，查阅税法第十六条第一种发货票税率，仍系二十三年十月十二日立法院会议首次通过之原文，与后报载十一月立法院例会修正通过者不同，并修正时于第三章罚则第十六条内增加一款并未加入，以致无所适从。且春节已届，各商营业在即，自应遵照新法纳税贴花，不容延缓。理合抄同报载立法院修正原文，电恳钧部核示祗遵。如修正属实，即乞电令转饬更正，以免歧异，而便遵循。等情，据此。查二十三年十月八日国名政府公布之印花税法，内中第十六条税率表所载发货票、银钱、货物收据账单三项税率，及第十八条条文，均系依照二十三年十一月二十三日立法院议会修正通过案公布，该宜昌县商会代电所称该县县政府令发之印花税法，仍系二十三年十月十二日立法院会议首次通过之原文，当属错误。本部前据汉口市商会电呈汉口市政府亦有此种错误情事，业经函请该市政府更正在案。兹据前情，相应检同登载印花税法之国民政府会报一份，咨请贵省政府查照，即希迅予分饬所属各县市政府更正。再印花税法虽经公布，但尚未依照原法第二十四条之规定定期施行，现时应贴印花之凭证，仍适用印花税暂行条例，并希一体转知，实纫公谊。等因，准此。自应照办，除分令并咨复外，合行抄发原公报所载二十三年十二月八日公布印花税法一份，令仰该市政府即便知照。并转饬所属一体知照，此令。等因，奉此。除分别函令外，令仰该会即便知照。此令。

（《大光报》P540）

11.汉口市商会整理委员会为送整理即定期改选成立并造表册致手工卷烟商业同业工会函

（1935 年 4 月 15 日）

送达机关：手工卷烟商业。

事由：函请送令整理即定期改选成立并造表册，送会以□存转由。

主任委员：菊

常委兼主任秘书：□□

常委兼股主任：张吉六

助理秘书:柏森

民国二十四年四月十二日拟稿,四月十五日分发。

发文:理字第八七七号。

案奉汉口市政府市社字第四一九零号训令内开□本市手工卷烟业代表云云□。今函令仰出照等用,专此相应函请查照,成立整理即行定期改造、成立正式工会并造具职员表及会员名册各三份,送会以定存转为荷。

此致

手工卷烟商业同业公会

(会戳)启

12.汉口市中国药业同业公会函送本会第五届当选理监事略历表

(1935 年 4 月 17 日)

事由:函送本会第五届当选理监事略历表请查核转呈备查由。

查本会奉令整理就绪,业经选举正式成立,并承各主管机关与贵会派员莅临指导。兹因会章、会员及代表名册尚在赶办中,随后送上。特将本会当选理监事略历先行填具表单四纸,随函送达,即希查核,并祈转呈备查为荷。

此致

汉口市商会整理委员会

理事长　徐海珊

附当选职员略历表四纸

13.省商联会、汉市商会再电立院提早颁商业登记法

(1935 年 4 月 17 日)

稳定合伙商店发展投资,利害切己以免根本动摇。

省商联会昨电呈立法院云:(衔略)窃查关于民法债篇第六八一条规定:"合伙债务连带负责"办法,不符应用一案。业经钧院允另订商业登记法补救,并由民法、商法两委员会会同拟具草案,因尚待再度审议,故未决定。查该草案第九条原文,极合商人希望,曾经属会,于上年十一月铣代电恳予早日通过,迄今未奉钧令,亦未闻再度集议,值此市面萧条,亟应稳定合伙商店,发展投资,似未便令该案久悬,致商人失所依据,而滋纠纷。理合电恳迅赐提前办理,实为商便。湖北全省商联会主席苏汰余叩咸。

市商会电立法院云:(衔略)钧鉴:案查属会关于民法债篇第六八一条规定,合伙债务连带负责,窒碍难行,请求修正一案。迭奉钧令,允另订商业登记法,以资补救。并由民法、商法两委员会同起草。查该草案第九条规定合伙人之姓名住址及出资之种类数额,如已由各该本人,向营业所在地之主管署登记者,得于其出资限度内,负分担损失之责,股份有转移或变更时亦可。此种规定最合商人之要求,而上年十月三十一日会议审查室,尚有力持异议,致未决定。

属会以此案关系商业前途极巨，曾于同年十一月十五日电请照该法草案第九条原文通过，以资补救等情。奉批交民法、商法两委员会参考，等因。事越数月，未闻再度议及，长此搁置，则商人由民法六八一条所引起之纠纷，将无法以善其后，值此商业凋残，金融破产，合伙商店势必日少一日，而旧有商场之组织，实有根本动摇之虞。属会代表本市全体商民，视为利害切己，故敢一再哓哓，伏乞钧院体察下情，赐照原案提前通过，公布施行以恤商情，而维法治，临电不胜迫切待命之至。汉口市商会蒸。

（《大光报》P18）

14.汉商会今日召开联席会讨论筹集省建设公债办法汉银行界暂押借百万元

（1935 年 4 月 18 日）

鄂省府发行之建设公债，前由省府令汉市商会业主会，限期募集。乃商界以市面营业不旺为词，日前推商会黄文植、业主会胡治初等，渡江向财厅要求展缓期限。遂由贾士毅厅长，偕往省府，向张主席述请求延期理由。张主席以此项公债，系用以修筑公路，未能延缓，仍嘱黄、胡回汉，勉为劝导。现闻定于本（十八）日在汉商会召集联席会议，讨论筹集借款提前认购办法云。

又讯：财厅贾厅长已向汉银行界商定，以建设共债票面二百万元，押借一百万元，拨交建设厅，为公路用途，业已商妥，自本月底起至下月底止，分三期交付云。

（《大光报》P30）

15.市保险同业公会昨开成立大会郭莘民等当选执监委员

（1935 年 4 月 18 日）

本市保险同业公会原为保险经纪人所组织，于法不合。前经市党部命令取消，派员另行改组，并规定会员资格，以曾在国民政府实业部登记注册，领有营业执照之华商保险公司，方得加入为会员。现计本市会员公司，计有永安、中国、太平、安平、天一、四明、先施、肇泰、华安、华兴、中央、通易、宁绍、联保、泰山、宝丰、丰盛等一十八家。业经登记完毕，于昨日假铭新街银行同业公会会址，开成立大会，出席会员代表计有三十余人，市党部、市政府、警备部、公安局、市商会均派代表出席指导，当选郭莘民等十一人为执委，胡荫康等三人为监委。

（《大光报》P30）

16.破产法，武汉商业两界设会征求意见定下月十日呈部采纳

（1935 年 4 月 19 日）

武汉商业两界为奉司法院令，征求破产法意见，均以事关债务债权之保障，对于破产立法，未能予以漠视。现悉省商会决于本星期内，联合汉口商会，共同发起，通知业主商业两界，组织破产法讨论委员会，俾资依照原颁草案，公开研讨。如有补充修改之处，统限下月十日以前，列案呈送中央采纳云。

（《大光报》P42）

17.筹募建债,商业两会决要求半个月,贾厅长希望踊跃承销,各代表仍旧要求减低

(1935 年 4 月 19 日)

关于筹募建设公债一案,汉市商业两界,昨(十八)日下午六时在市商会再开联席会,共同商讨承销数目及缴款办法。出席者商界方面,各业代表及全体执监委员,业主方面到各业主共有百三十余人。首由主席黄文植报告召集开会意义。继由贾厅长致词,略谓:募债筑路,实出不得已之办法。因公路全部需费约三百六十余万,故援二十年、二十一年之例,请商业两界摊销公债,募集现金,以应急需。现下修筑公路,对于军事上、治安上,均有重要关系,希望商业两界体谅政府苦衷,踊跃承销云。后由秘书夏赋初报告,略谓:鄂省所修筑之公路,概未铺沙,如遇天雨,车不能行,交通梗阻,仍是等于未修。此项募债,曾经再三考虑,对于商情之困苦,亦所深知。不忍令商人多此负担,所以计划决定以商业两界,按房租、薪金各募一个月,实属万难再减,特将以上情形加以补充,俾各位明了云云。继由黄文植发言,略谓:贾厅长、夏秘书说的话,想大家都很明了,但前日向省主席要求之时,主席意甚坚决,并谓此次公债,发出定有六折以上之价格,至于缴款之期自五月起至十月内,先缴本个月至阳历年底为止。下半月缴齐,再迟恐不出阴历年底。但此次负担募债之后,预料市府可以另行设法,不得再令汉市地方重加负担云云。贾厅长及夏秘书旋即退席。而各业代表纷纷发言,仍请黄主席再向省主席要求减轻,以募半个月为原则,未得确实结果而散。

(《大光报》P42)

18.武汉商联会请迅分布商业登记法

(1935 年 4 月 19 日)

(南京)武汉商联会主席苏汰余十八日电立法院,请迅颁《商业登记法》,以补救《民法》合法债务连带负责之规定,俾商民有所依据,放心投资。(十八日专电)

(《申报》)

19.市商会函各公会,劝令同业一致入会,本年事务费酌量增加

(1935 年 4 月 21 日)

汉市商会,以开支甚巨,经费时虑不敷,特组织财务委员会,以资整理。昨函各业公会云:敬启者,查本会前以会务增繁,兼之所办职业及补习两学校,并商业月刊等项开支益巨,以致本会经费,时感不敷。曾提经第二届第一次执委会决议,组织财务委员会,俾资整理;并经前推之二十三位委员,将财务委员会组织成立,推定陈委员经畬为主任。拟定办事细则十条,以整理旧欠,扩充新收,期于本商会之财政收支适合为标准,整理期限以五月底为率。业于四月十六日起,先由财务委员会二十三位委员,就所代表二十三业,着手整理各在案。兹据财务委员会提议,以各同业公会,对于本会此次整理财务情形,尚未周知,应先通函各公会,请将全体同业

逐一查开牌名,凡未经加入本会者,劝其一致加入;其已经加入本会者,对于每年原缴之事务费额,并请体念本会经费支绌情形,按照注册各等级分别酌量增加;一面汇开牌名,及加缴数目单,函送本会,以凭审核,此为初步之整理。俟本会审核后,再行订期分邀各该同业公会主席到会公同商定。似此分途办理,庶可依限完成等语,通过记录在案。除分别通知外,价应录案函达贵公会,即希查照上次办法,迅予施行,以资协助。

(《大光报》P66)

20.银行贷款法确定后,省商(会)昨再谒银行界

(1935 年 4 月 26 日)

放款标准须顾及当地环境,实施贷放可于短期内解决。

省商会为谋救济中、小商人,复兴武昌市面起见,前经一再派员向银行界接洽贷款;并为保障商业信用,另行组设专会,讨论放款标准与偿还办法。各情以志前讯。现该会以查中央对于银行救济商业,已有整个计划,核与武昌之凋敝情况,亟待实现放款。特于昨(二十五)日再派代表柯舜卿、周振宇、杨达夫等数人,前往交通银行,会同该行主任苏时昌,分访上海、中国、大陆、金城各银行当事人,作最后之讨论。闻已决定放款利率及保证,悉照中央之规定。惟需顾及当地实际环境,预料实施贷款,当可于短期内解决云。

(《大光报》P127)

21.(全国民营电业联合会)函汉口市商会为五月十日午后一时开股东定期会请借会场并派员莅会指导由

(1935 年 4 月 27 日)

敬启者,查敝公司股东定期会,照章每年召集一次,历经办理无异,兹届应开本年股东定期会之期,业由敝公司董事会议决议,拟定五月十日午后一时,假贵会会场举行,并经通告各股东暨呈由市政府转请驻鄂"绥靖"公署核准在案,相应函达贵会,请烦查照,届期派员莅会指导为荷。

此致

汉口市商会

(《水电季刊》1936 年第 14 期)

22.鄂各团体力争拒签中法越约

(1935 年 4 月 28 日)

(汉口)鄂省商联会、汉商会、煤业公会分电中央及外实财各部,力争拒签中法越约,否认法方减轻越米、煤入口税率之要求,仍照原订税率施行,以全民命,而维国脉。(二十七日专电)

(《申报》)

23.全省商界电中央拒绝签订中法越附约

（1935 年 4 月 28 日）

反对减轻越米、煤入口税率，请仍照原率救济垂危农矿。

米、煤两项为国民食用之日需品，我国产量素称丰富，足供国人之需求。无如受外来米、煤侵销，已受极大之压迫，以致农村日趋破产，现金日益外流，演成今日经济恐慌危险局面，当局正力谋挽救之中。现中法越约附约中，法方要求将越煤入口税率减至每吨九毫关金，越米入口税亦照现行税率折半征收，我政府已有允许之意，全省商界闻讯，惊骇万状，若此举成事实，我国米、煤市场□将被外货侵夺殆尽，无异置国产米、煤于死地。关系国家经济、国民生计至巨。特于昨日分别急电中央，对此项附约，坚持拒绝签订，以维国脉而保民生。兹将省商联会、汉商会、汉市煤业公会电文探志于下：

省商联会电文曰：南京行政院汪院长，外交部汪兼部长，实业部陈部长，财政部孔部长钧鉴：阅报载，中法越约中，关于煤之入口税率，拟减至每吨九毫关金，米税方法要求每百公斤减为八毫二五关金等语，莫名骇异，查年来国煤、国米价格低落，政府方图发展矿业复兴农村，正宜以关税政策，增高外货价值，保护本国垂毙之产业，盖安南、红崎等矿之煤及西贡等地食米，皆素以产量丰品质优良著称，即使关税如常，本国煤、米已不堪其大量之压迫，若更开门揖盗，似无异恐其倾销之不力而减税以加起速率，况煤、米为国民食用所必需，我国物产，近来无一不为外商所夺，倘并此必需之煤、米，亦使仰给于外，我政府纵不为商人计，其如国家整个经济何？属会为民众团体，痛切剥肤，私心希冀其说之不真，而又恐万一竟成事实，若鲠在喉，不吐不安，伏望审慎将事，对于此类非法要求，悉力拒绝。以全民命，而维国脉。并恳明白指示。不胜悚惶待命之至。湖北全省商会联合主席苏汰余叩宥印。

汉市商会电文曰：南京国民政府行政院长兼外交部长汪，财政部长孔，实业部长陈钧鉴：窃维鄂省出产食米及无烟煤均为大宗。自外米、外煤倾销以来，原有销路多被侵夺，农村经济，日见崩溃，而其最大劲敌，莫如法属安南之无烟煤及其食米。从前关于安南煤入口税，每吨关金二元九毫，米税亦定为每百公斤关金二元六角五，该米、煤因其成本非巨，仍不免于入口侵销。刻闻政府对于中法越约附约中，有允将越煤税率减至每吨九毫关金，而米税亦照现行税率，折半征收。各报宣传，不为无因。如果所传非虚，则鄂省之无烟煤，向恃苏、浙、闽、粤为最大销场者，非被其夺尽不止。而积谷伤农所谓复兴农村亦将成绝望，闻悉之下，惊骇莫名。万恳钧座俯鉴前请，将此项附约拒绝签订，仍照原定税率施行，以救垂毙之农矿，而塞外溢之满卮。迫切陈请，无任惶悚。汉口市商会主席黄文植叩宥印。

煤业公会电：南京抄送行政院汪院长，外交部长汪，实业部长陈，财政部长孔钧鉴：报载中法越约附约，关于煤之入口税，每吨拟减至九毫关金等语，阅之不胜惶惑。伏查年来煤价低落，属会等已属竭蹶难支，推原其故，皆由安南、红崎等矿产销质优，大量压迫所致。我苏、浙、闽、粤市场几被其完全垄断。现在税率每吨关金二元九角，尚不能减其入口，如果减税成为事实，更可任意倾销，无异置国煤于死地。且与政府保护矿业之用意，不免背道而驰，况外煤入口过巨，现金流出益多，关系国家整个经济尤大。属会等痛关切肤，万难缄默，迫切电陈，务恳坚持拒绝法方减税之提案，勿稍退让，临电惶悚，不胜待命。汉口市煤业公会，河南中原公司，大冶富源,富华,利华煤矿公司叩宥印。

(《大光报》P151)

24.纱业公会请仍照原案课纳营业税

(1935 年 4 月 28 日)

如按上年营业金额课税,纱业所受空税累害更深,市商会已转呈行营省府核示。

汉商会,前据本市国产纸张业等二十二公会代表呈:以此次财厅整顿营业税,变更向例,改定上年营业金额课税办法,致难受空税负担之苦,请转呈省府,体恤商艰,仍按当年营业金额计算课税一案。当转经省府财政厅函复,以此案经签呈省府,转奉委员长行营,指令照准在案。所请按当年营业税金额课税一节,应毋庸议。等由,到会。比即函知国产纸张业及纱业等公会查照后,兹又据纱业同业公会呈略称:查此项变更课税办法,各业实有剥肤之痛,不沐政府逾格矜全,收回成命,则纱业前途决难生存,情迫不已,特再将痛苦情形,向大会陈之。查敝会各同业,前请变更征收营业税办法,原为救济营业上之困难,解除负担空税之痛苦,因近年来汉口商业,受灾祸频仍之影响,已有每况愈下之势,尤以纱线一业,所受之痛苦最深,如果本年纳税之标准,仍须按照上年营业金额计算,是所受负担空税之累,有不堪言状。兹为税务、商情双方兼顾计,似应仍维原案,期于实销实征,庶几两得其平,营业上之困难得资救济。盖此项纳税办法,一经财厅核准,即为定案,不得随意变更。今施行一经二年,官商向称便利,设一旦前经核准之定案,严令取消,在纱线既力难支持,势不至相率歇业不止;揆之政府体恤商艰之德意,亦不忍出此。应请仍维原案,使担负空税之痛苦,获以解除云云。商会据呈后,以该会所称各种困难,委系实情,昨已据情转呈委员长行营,暨湖北省政府,详察核示,准予饬照原案维持,以恤商艰云。

(《大光报》P151)

5 月

1.筑路公债今日开募,建债收款处派员挨户收款,商业两会今通告遵章应募

(1935 年 5 月 1 日)

筹募建设公债收款处,今日在汉市业主会正式成立,收款员昨已派定二十六人,今日分途出发,各照指区域内街里,向商店住户挨户收款。汉市商会及业主集会办事处,今(一)日会同通告商业两界遵章应募文云:为通告事,案奉湖北省政府财政厅公函节开:查本省奉国民政府军事委员会委员长蒋电令,赶修鄂西鄂南各公路,所有筑路经费,业经议发民国二十四年湖北省建设公债,呈奉中央核准,并援照二十年募债成案,向武、阳、汉商业两界,商店以一个月职工

薪金,业主以一个月房租金额为认销标准,亦经层峰核定,由厅函达在案。兹定于五月一日开始募收,以体恤商艰起见,凡商店职□(由店东担任)及业主房租(房主担任或住客代缴向房主抵租)均准分两期缴款,于本年五、六、七、八四个月内缴清前半个月债款,九、十、十一、十二四个月内缴清后半个月债款,并在汉口设立建设公债收款处,派员挨户收款,随给本厅正式印收,以凭持向湖北省银行掉换债券,相应函请查照转知各户遵照等因。查此次政府募销建设公债,本会等迭以目下市面萧条,商业两界生计艰窘,财力困难各情形,一再屡晰陈明,并请求援照上年募债半个月办法,勉为应募,无如政府当局,屡以奉令筑路,需费甚巨,待用孔殷,劝我商业钱界同人,共体时艰,踊跃认销等语相勖勉,不得已即先开两会临时联席会议两次,复开商业两界代表联席会议一次,反复磋商,苦无善法,在政府固有势非得已之处,在两界确有力难担负之虞,但以事关要需,并为双方兼顾起见,始经最后议定,勉照一个月,应募之数分为两期筹缴,自五月一日开收之日起,至本年十月底止,此六个月内缴清前半个月债款,再至十一月一日起至二十五年二月十五日止(即阴历本年年底),此三个半月内缴清后半个月债款,以纾商力,借资筹措等因,由本会等转请财政厅准予照办,用示体恤在案。兹准前因关于分期缴款一节,除函请准照前议办理,静候财政厅函复核夺外,相应先为通告,凡我商业同人,务希遵章应募建设公债,俾得完成政府筑路大计,以表同人拥护之诚,借答政府体恤之意。是所至盼,特此通告。

(《大光报》P6)

2.汉市冬赈会昨结束

(1935 年 5 月 1 日)

未收捐册一律登报声明作废,余款存省银行,折由商会保管。

汉口市冬赈委员会,昨(三十)日在该会会议室开结束会议。全体委员均出席,主席吴国桢,行礼如仪后,主席即指定文书股报告,执行第七次常会决议案情形。次由文书股报告筹备结束情形,会计股报告本届收支概况,散放股报告本届放赈概况毕,进行讨论事项。一、稽核股报告审查本会各项赈据情形请讨论案。决议,将本届散赈情形呈报市政府备案,并函市党部查照。二、本会未收回捐册应否登报声明作废,请讨论案。决议,再函催一次,统限五月内交还,逾期登报作废。三、本会员可否照例加发薪工一月以资津贴,请公决案。决议,照案办理。四、本会所收各私人请赈函件,应否焚毁请讨论案。决议,焚毁。五、准汉口市政府函:据张公堤黄家大湾农民杜良仁、戴守礼等呈为上年防旱抽水救苗耗用工料洋五百四十一元二角,无力摊派,请在冬赈项下拨付,以恤灾黎,商由冬赈余款项下照拨,等因,请讨论案。决议,准予照拨。六、本会赈款尚有盈余甚多应如何保管,请讨论案。决议,余款统以定期存款(明年元月底期)存省银行,折交市商会保管。七、本届查票票根暨本会印信文卷如何处置请讨论案。决议,关防截角呈市府缴销。票根等保存三年。文卷等项交市商会。

(《大光报》P6)

3.汉商会对破产法草案意见

(1935 年 5 月 8 日)

债权债务贵在平等保护,已条陈立法院核议修正。

汉总商会，前准全国商联会转颁破产法草案初稿到会，嘱即精密研究，发抒意见等情，已志各报。顷悉该会连日已召集各业公会主席开会，对该草案逐条缜密讨论，拟就意见书一本，条陈立法院修正公布施行。兹特探志意见书于后：

破产法草案：（一）查第五十三条第一项规定：债务人不履行和解条件时，经债权人过半数而其所代表之债权额，估无担保总债权额四分之三以上者之声请，法院应撤销和解。等语，惟民事一经和解，双方均应受其拘束，故和解，有使与事人取得和解契约所订明权利之效力，而所谓和解条件，即系订定债务人偿还债款之方法，债务人不履行和解条件，即系对于欠款不为清债，于此场合，自应规定债权人得声请法院依照和解条件强制执行，方为允当，方为合法。若复撤销和解，宣告破产，已觉迁延时日，曲予优容；即令对债务人特别宽恕，不为强制执行，而撤销和解，必须债权人过半数，其所代表之债权额，为无担保总债权额四分之三以上，尤觉对债权人限制过严，盖多数之债权人，大都散处各地，聚会甚难，设不能聚会过半数之债权人；或人数过半，而其所代表之债权额，不足四分之三以上，即债务人不履行和解条件，亦不能声请撤销和解。是债权人即陷于无法受偿，殊失债权债务平等保护之旨，此应请修正者一。（二）查破产法草案第七十三条规定，破产人有逃亡或隐匿毁弃其财产之虞时，法院得签发押票，将破产人羁押，羁押期间，不得超过一个月，等语，债务人对其所欠债款，依法应为清偿，其宣告破产，以不能清偿债务者为限。所谓不能清偿，自系以基于正当事由，受不能避免之损失，致实无力清偿债务者而言，是破产之宣言，乃法律上特殊之救济，若破产人有逃亡或隐匿毁弃其财产之虞，则是该债务人显怀恶意，欲借破产以达其骗债之目的，对此类之破产人，若仅予以一个月之羁押，殊不足以儆肥骗，而遏刁风，虽同条第二项，但书有经破产管理人提出正当理由时，法院得准予展期，而每次展期，仍以一个月为限，设破产管理人怠于注意，未将正当理由提出，则此类刁骗之破产人，仅受一个月之羁押，仍得逍遥法外，殊非事理之公平，且其逃亡或隐匿毁弃其财产之虞，亦将无法防止，此羁押期间，必须延长，应请修正者二。（三）查破产法草案第一百三十八条规定，法院如认为调协条件公允，应以裁定认可调协，又同法第一百三十九条，调协经法院认可后，对于一切债权人，均有效力等语，依本法之规定，系因和解不成，始宣告破产，而于破产程序进行中，又许破产人提出调协计划，未免又过于延滞，使债权人不易受偿；且如前引条文认可调协之权，完全操之法院，债权人几无可主张之余地，虽同法第一百三十五条有调协计划，应送交破产管理人审查，由破产管理人提出债权人会议之规定，而法院为认可调协之裁定，并未载明，以必经债权人会议可决为前提，似觉忽视债权易滋流弊。拟于一三八条法院为认可裁定之先，加以经债权人会议对调协条件可决定之规定，庶调协系得债权人之同意，而与法相符，此应请修正者三。（四）查破产法草案第一百四十八条之规定，破产财团于最后分配表公告后，复有可分配之财产的，破产管理人经法院之许可，应为追加分配；但其财产于破产终结之裁定公告之日起，二年后始发现者，不时分配等语。查破产人之财产，除法律规定特许保留者外，原应全部列入破产财团，以供其破产日清用偿之。终结之裁定公告日起，二年后始发现之财产，如为破产人破产劳力后所得之新收，利益自然不得追加分配。若其所发现者为破产前之财产，则破产人于破产时，显有隐匿之行为，倘以期经过二年后法定之期间，虽明知为隐匿财产之发现，亦不得重新分配，则破产人尽可肆为隐匿，只须经过二年期间，而债权人即无如之何。如此规定，适足使破产人借为护符，以逞其隐匿财产之狡计，而破产法之精神，将无从彻底实现，故凡破产人隐匿之财产，无论何时发现，均应追加分配，此应修正者四。（五）查破产法草案第一百五十条规定,破产债权人,依调协或破产程序,已受清偿者,其债权未能受清偿之部分,视为消灭等语。查破产必因债务人之财产,不能为满足之清偿,故一般债权人,无论依调协或破产程序,而受清偿,其债权额必有未能受清偿之部分,此即为破产所与债权人之损害,若就其未能受清偿之部分,视为消灭,则债权人之损失,再无回复之望,而债务人见破产之举,足以消灭一切债权,往往不顾社会信义,不守经济原则,任意为所欲为,而利用破产以为最后之得计,是未受清偿之部分,视为消灭,将使债务人之破产者日多,债权人之受害者日烈,故宜参酌习惯,及普通民事执行之规例而定为未受清偿之部分,由破产人书立认还字样,如兴隆字之类,俟有能力偿还时,仍须偿还。庶使债务人不以破产为利,而破产事件之发生,自必减少,此应请修正者五。(六)查破产法草案第一百五十一条规定,破产人未依第一百五十五条,或第一百五十六条之规定受刑之宣告者,得于破产终结二年后,或于调协履行后,向法院为复权之声请等语。东西各国,凡宣告破产之人,均降落其在社会上之地位;盖于维持债务人之中,仍寓惩戒之意。若一经履行调协,或破产后仅历二年,即许其声请复权,则曾经破产之人,无所惩戒,诚足以长社会怠工浪费,及刁骗之风,关系诚非浅鲜。若谓破产人未依第一百五十五条,及第一百五十六条受刑之宣告,即可许其复权,则不知破产人之诈欺,破产与诈欺和解,于二年内之短时间,诚不易发觉,是复权之声请,至少须在破产终结五年后,此应请修正者六。(七)查破产法草案第一百五十五条规定,破产人在破产宣告前一年内,或在破产程序中,以损害债权人为目的,而有下列行为之一者,为诈欺破产罪,处一年以上,七年以下有期徒刑。①隐匿或毁弃其财产,或为其他不利于债权人处分者。②捏造债务,或承认不填实之债务者。③毁弃或捏造账簿,或其会计文件之全部或一部,致其财产之状况不真确者等语,既明白规定,在破产宣告前一年内,或在破产程序中,有本条一二三等款所列之行为者,始成立诈欺破产罪。则债务人为避免犯罪计,自可于破产宣告一年前,而为本条所列一二三各款之行为,其足以长社会刁骗之风,无待深论,是本条所载,在破产宣告前一年内,或在破产程序中等字样,必须删去,方免流弊,此应请修正者七。

(《大光报》P90)

4.汉商业两会通告建设公债缴款办法,函复武昌业主会以汉市为范围

(1935 年 5 月 9 日)

关于劝募汉市建设公债一项,汉总商会与业主集会办事处,前经会商决定,并会衔通告周知在案。顷悉汉商会,接准武昌业主会函询与财厅定期不同之由,该会昨当复函,略云:查此案关于汉口方面,分期缴款办法,系由商业两界会商决定,自五月一日起,至本年十月底止。此六个月内,缴清前半个月债款。再自十一月一日起,至廿五年二月十五日止(即阴历本年年底),缴清后半个月债款。随准财厅来汉,所叙第一期,定于本年五、六、七、八等四个月收齐。第二期定于九、十、十一、十二等四个月内收齐。本会核对不符,当即商准财厅,仍以本会所定之期限为便。此本会与业主集会办事处,会衔通告所叙缴款期限,与财厅定期不同之由来。至会商缴款办法,当时未即函约贵会出席,实因以汉口市为范围,是以武昌商会与贵会当亦必有同一之商洽故耳。

(《大光报》P102)

5.市府转地方法院关于债务紧急处置受理办法

（1935 年 5 月 10 日）

案据本市公安局呈称，案准汉口地方法院第 3565 号函开：案奉湖北高等法院本年四月九日训字第 5626 号训令略开：案准湖北省政府本年三月二十三日秘字第 3598 号公函，略以据汉口市政府转据汉口市商会呈请颁行债务紧急处分单行条例一案，经指令嗣后该市商场遇债权人对于债务人认为有逃避或搬藏动产之虞，不及向法院请求救济时，可由该债权人觅具铺保，径向该地公安局报告，由该局考查属实，将该债务人拘送法院，或暂将动产扣留，同时令债权人向法院起诉。已转饬汉口市公安局遵照办理。并请转行法院以免阻滞，而利进行。等情，据此。相应函达贵院查照，并转行各法院知照为荷。等因，准此。合行抄同原件令仰该院知照，此令。等因，奉此。查民事诉讼以不告不理为原则，在债权人未起诉之先，本院自不便受理。嗣后如有前项情形，请注意原指令同时起诉字样，论令债权人随同所拘送之债务人到院起诉，以凭核办。并请转行各分局知照为荷。等因，到局，除分令各分局遵照办理外，理合备文呈请钧府鉴核。等情，到府。除指令外，合行令仰该会知照，并转饬所属一体知照为要。此令。

（《汉口商业月刊》第 2 卷第 5 期）

6.（汉口市商会）函全国商联会请对于减轻外煤税率一案一致力争

（1935 年 5 月 10 日）

敬启者，案据本市煤业公会、河南福中煤矿公司、大冶富源、富华、利华煤矿公司联衔函开：查中法越约中，关于安南、红崎等煤之入口税问题，敝会等电恳政府拒绝减税，并乞酌量增加以保国矿。嗣奉外交部批令解释法方并无减税之提议，敝会等方幸关税保持原态，国矿差可支撑，不料近日报章又有安南煤进口税率减至九毫关金之消息，敝会等以命脉所关，群情惶惑，于上月宥日电呈政府恳予坚决主持保留原订税率。兹将切要利害关系，向贵会缕悉陈之：

一、照国内煤业市场需要与供给之情势，不宜减轻外煤进口税率，以摧残矿业也。方今我国关税收回自主，对于进口税率之增减，自应观察国内市场需要与供给之情势以为伸缩。查我国白煤如湘、鄂、晋、豫、皖等省产量，为数甚巨。市场充斥，已有供过于求之势，值此煤价疲滞，矿业不振之时，政府为防止外煤之侵略，保护国矿之生存计，对于外煤进口，只能酌量增税，何能减税？

二、金价跌落，外煤成本已轻，不宜再减关税，以陷国煤于绝境也。查红崎煤原税率关金二元九角，照以前关金换算率一元九角至二元计算，约合国币五元八角，现在关金已跌至一元六角，只合国币四元六角四分，即不减税，无形中已减去一元一角六分。倘果减为关金九毫，仅合国币一元四角四分，按以前比较，实减去国币四元三角六分。况该煤运华成本，照从前金价约合国币五元五角。现时金价跌落，其成本目亦随之而降低。如以关税九毫计算，再加运费二元数角，其来华总成本，不过国币八元左右。回顾国煤方面，无论如何改进技术、减轻成本，但运至沿江各省埠，仍须十元上下。成本轻重之间，已有差异，且以该煤品质之优，较我煤品高二三元。成本愈轻，更可尽量倾销。似此情形，国煤何能立足？

三、照现时国煤产销情形，不宜减轻外煤税率，致丧失国煤整个之销场也。依据现在国煤之产销情形而论，如中福方面，每年产量达一百万吨，因恃有关税之保障，始渐能经块煤推销下游，而末煤仍无法推销。至于大冶三矿，投资近六百万元，每年所产白煤屑，达五十万吨以上，除鄂销十余万吨外，其余均以苏、浙、闽、粤为唯一销场。现因金价跌落，外煤成本扯轻，已有不能支持之势，设再受外煤减税之压迫，则华南市场，中福与大冶三矿之煤，势将完全绝迹。征特敝会各矿等之大宗资本牺牲，数万工人失业，而国内其他煤矿如湘、皖、晋等省，所产巨量白煤，亦将受同等影响。究其终极，不至国内煤矿整个破产不止。

四、世界关税壁垒森严，不宜自抉藩篱，致启多方之觊觎也。现值关税自主权收回未久，政府正宜沉着审慎，以杜外人窥伺之心，倘此次曲徇法方减税之请求先例一开，势必有接踵而至者，白煤之摧残，固无论矣，独不虑烟煤亦将受其波及乎。

综上所述，均系事实扼要之点，亦即矿业存亡之际，方今政府奋发图强，对于国内矿业方提倡扶植之不暇，何忍将已著成效者，拱手以供他人之蚕蚀。且外煤倾销，现金外溢，于国家整个经济问题，关系尤重。情急势迫，痛切剥□。除吁恳政府拒绝法方要求，维持原订税率外，相应函请贵会转函全国商会联合会转呈行政院暨外交、财政、实业三部，恳予坚决主持，务期达到维持原税之目的，至纫公谊！等情，到会。复查外煤减税，关系国矿整个存亡。事机危迫，刻不容缓。据函前情，相应函请贵会一致援助，迅向院部力争，以保矿业，而维国本，实纫舟谊！

此致

中华民国全国商会联合会

主席　黄文植

（《汉口商业月刊》第 2 卷第 5 期）

7.（汉口市商会）函汉口地方法院请对误贴印花商号免予处罚

（1935 年 5 月 10 日）

敬启者：查敝会前据各业以奉汉口市政府训令，转准财政部函，附抄印花税法一份，随令颁发，因之对于应贴印花之凭证，多有照新法贴用印花情事，嗣以接到敝会通告，为查阅上海法学编译社发行之法学周刊，所载之印花税法与市政府所抄发者，微有出入，曾于一月二十五日电呈财政部请予解答证实，以便遵循。等由，一案奉财政部税字第 4520 号批开：有代电悉，查民国二十三年十二月八日，国民政府公布之印花税法，其第十六条税率表所载，一、发货票；二、银钱货物收据；三、账单；各税率均规定每件货价或金额满三元以上者贴印花一分，满十元以上者贴印花二分，满百元以上者贴印花三分。其二十六，委托书据税率，规定每件贴印花二角，察阅来电所称市政府随令颁发之印花税法，附表所载上项凭证税率，系属错误。现已由部函请该市政府即予更正。惟印花税法第二十四条规定，本法施行日期，以命令定之，现在该法虽经公布，尚未定期施行，所有应贴印花之凭证，现仍适用印花税暂行条例，并仰知照，此批，等因。以后始知前此照新税法贴用之印花与该项暂行条例两相比较，有少贴者，亦有多贴者，此纯由于误会之所致，但将来遇有检查，不无抵触之处，应请转函湖北印花税局，预为声明，各等情，到会。正拟核转间，并据食品制造业同业公会，函称，该同业会员亨利吴兴记等，前因不明法律手续，竟误会新税法，业经实行，致将簿册单据，均按新章贴用，现被税局查出，谓为漏贴，并须处罚。

窃以此等误会之处，当非本会一业，亦与漏贴情形不同，况簿账系按新章贴用印花，尤可证明并非出自故意漏贴，应请转恳原情，令其按率补贴印花，不以违章论，借恤商艰，等语，据此。当经据情转达湖北印花烟酒税局查照，去后，旋准公函复开：查亭记等未贴印花各件，前据本局印花税抽查员检获到局，当经据送汉口市政府，照章转送汉口地方法院，依法审理，究竟责令补贴，抑或照章处罚，本局未便过问，至三元以下之发货票，自当嘱令本局印花税抽查员，嗣后于再检获时，责令照例补贴印花，仍希转知各业商人随时留心补贴等因，奉此。比即转知该食品制造业公会查照，一面分转各同业公会知照，各在案。兹据各同业公会代表纷纷来会声述，以各该同业前因误会漏贴或少贴印花之凭证，现经税局查出，转送地方法院，依法审理者，为数不少，诚恐法院未悉前情，照章处罚，则商民不免有受累之虞！应请由会函达地方法院，请予维持，准照印花税局，所拟办法，凡系误照新法贴用印花之凭证，令其按例补贴，免予处罚，以示体恤！等情，前来。复查该代表等所产陈各节，其情实有可原，相应检同敝会翻印之新印花税法一份，一并据情函达贵院，即请查照，予以维持，仍希赐复，同深感盼！

此致

汉口地方法院院长

主席　黄文植

附送印花税法一份

按：新印花税法，虽经颁布，但尚未定实施日期，本市商号多有误以该法业已施行，遂照新章贴用者，致被印花税局查出百余家，认为漏税，一律转函市府解送法院办理，因此受累者不少。法院对于此案，判决少贴印花一分，罚洋二十元，多则类推。本会应各业公会请求，迭函各方解释，但法院以案经判决，不便撤销，惟有听被告人抗告。至尚未判决者，则准声明理由，按章补贴。故未判决及市府准备送审各户，得免讼累。刻下此案经本会力争后，市府、法院、印花税局各方面，已准误用者照章补足，不再拘罚矣。

（《汉口商业月刊》第2卷第5期）

8.本会（汉口市商会）黄主席文植就职视事时答词

（1935年5月10日）

各位先生：今日兄弟来会就职，承蒙陈主席暨各位先生热烈欢迎，真正是万分惭愧，万分感激，并承各位惠赐宏词，过加奖饰，尤令兄弟忐忑不安。窃陈主席在职两年，对于本会一切会务，勤勤恳恳，不遗余力，而交友以诚，泛应曲当，所以官商相与间，并无一点隔开，尤其是创办商业月刊，灌输商人的智识，使中外各市集，均得明了本市商情。同时开办商人补习学校，使现在服务商店之店员学生，有业余求学的机会。又有初级商业职业学校的设立，为本市培植实际应用的人才。此种尽筹硕划，非才识过人，焉能一一实现。至于他个人的品格学问，兄弟敢大胆说一句，实超越寻常一等。兄弟前曾当过本会主席两年，碌碌无所短长，已是抱歉不了，此次改选，又推兄弟为主席，回想我的年力就衰，经验学识，均感缺乏，再为冯妇，将来贻误必多，所以再三力辞，不获众谅，这本是诸公期望兄弟之心甚切，人非木石，何敢矫情！只有本着愚诚，牺牲精神，牺牲金钱，不牺牲人格地接受做去。好在留任及新选各委员，都是商界的闻人，经验学识,均甚丰富,以后还望随时不客气地指教,这是兄弟馨香拜祷的一件事。再者兄弟自从民国十年到汉口后,看见商会有三个特别时期,第一是非常时期,正是周星棠、郑燮卿两位会长总理会务的时候,适值武汉政府厉行□产,人人谈虎色变,几乎草木皆兵,在这种大恐怖的当中,周、郑两会长,沉着应付,委曲求全,能使商民渡此难关,无有损害,此不能不令人景仰者也。至周、郑两会长苦心求去,兄弟承乏其间,这算是承平的时候,无非照料例行公文,看看门户而已,无足道也。迨民国二十年,兄弟交卸于贺衡夫主席,又是非常时期,洪水滔天,泛滥不已,不但湖北全境,沦为泽国,而水势就下,沿江各省,一律成为灾区,那时武汉三镇,一片汪洋,饥民达五六十万之多,嗷嗷待哺,情势迫切,若非贺主席秉承中央及地方长官,设法救济,岂独武汉一隅受害！所以兄弟常说,有非常之事,必有非常之人,此又不能不令人景仰者也。洎乎陈经畬主席被选之后,已入建设时期,所以遵照商法创办月刊,建立商业文化的基础,开办学校,已树兴学育才的先声,此又不能不令人景仰者也。今天恰又到了承平时期,兄弟还是按部就班的,看看门户而已,他则非兄弟所敢自诩也。(4 月 24 日)

(《汉口商业月刊》第 2 卷第 5 期)

9.美考察团来汉期迫,汉招待处筹备忙,欢迎人员一律长袍马褂,昨日详细规定招待程序

(1935 年 5 月 14 日)

美国经济考察团,来汉期近。汉口招待处连日筹备招待事宜,极形忙碌,现正赶编备忘录,以便该团咨询。欢迎人员,穿本国衣服者均须一律着长袍马褂。该团莅汉时拜访参观,及宴会程序,现已详细规定如下:

拜访机关团体及日期钟点:市政府吴市长,五月十八日上午九时;汉市商会、银行业同业公会,五月十八日上午九时半;警备司令部叶司令,五月十八日上午十时;“绥靖”公署何主任,五月十八日上午十时半;国民政府军事委员长行营张主任,五月十八日上午十一时半;省政府张主席,五月十八日上午十二时。

参观地点及日期:武汉大学及裕华纱厂,五月十八日下午;汉口广播电台、申新纱厂、水厂,五月十九日。

宴会机关团体及日期钟点:招待处,五月十七日晚;张主任、张主席,五月十八日午;商会、银行公会,五月十八日晚;美国商会,拟五月十九日晚,由招待组与该商会接洽;市政府,于五月二十七、二十八两日之间各宴一次;招待处,日期临时再定。

(《大光报》P162)

10.招待美考察团,汉筹备处二次会议,议决招待办法及参观程序

(1935 年 5 月 15 日)

汉市各界招待美国经济考察团筹备处,昨(十四)日上午十时在汉口总商会开第二次会议,出席人李国伟、谢奋程、吴国桢、卢伯、郭泰祯、王慎名、陈图南、冯少岩、席德炳、徐维荣、吴任之、宋如海、张培均、刘廷钰、王宠佑、曹典琅、谈公远、沙凤梧、黄文植、饶引之、李鹏祥、马圻

源、赵仲宣、宋立峰、杨光泩。主席杨光泩报告:(甲)招待处计分三组:(一)招待组;(二)事务组;(三)讨论组。(乙)解释成立讨论组之意义如下:召集熟悉华中商务实业出产经济情况之人员,组织讨论组,使各专门人员,于美考察团抵埠时谈话,将华中商务实业各种情况详细告知该团,其目的系使该团明了一切。(丙)推定谢奋程为讨论组主任。(丁)顷接美考察团团长福勒斯来电称十七日下午六点钟,有五位团员夫人、一位团长秘书到汉。另有一位团员及夫人,十九日到汉。又有三位团员,系由上海来汉,何时可到,已由主席电沪询问。总计到汉团员各九位,二夫人,一秘书。(戊)已同美商会接洽招待美考察团时间,并请美总领事商会会长及各主要会员,一同参加。(己)总干事宋如海报告招待考察团拜客及参观各名胜工厂秩序云。

(《大光报》P174)

11.汉商会今日再召各业主席会议,讨论整理财政办法

(1935年5月17日)

汉总商会,近以会务曾繁,兼之所办职业补习两学校,并商业月刊等,开支较巨,曾依据执委会决议案,组织财务委员会,按期邀集各同业公会主席,及各商店会员代表,共同商洽整理各在案。惟前于会议期间,屡有多数公会主席,或会员代表,未莅会参加,谅系因事务繁忙,不克分身所致。顷悉该会以此案整理期,原系议定以五月底为率,现因为日无多,急待各业整理办法,一律规定,俾资结束。爰经议定今日下午五时,再开第十三次会议,昨已分函各业公会主席,查照前情,无论如何公忙,须抽数小时之暇,准时莅会,以资商洽云。

(《大光报》P198)

12.汉总商会与百五十八业公会电援旅暹侨胞请中央严禁暹米入口

(1935年5月18日)

汉市总商会,暨全市一百五十八业同业公会,昨(十七)日电呈南京中央党部,国民政府,行政院、外交部,声援在暹侨胞,并请权其利害,从速严禁暹米入口,以促觉悟,并通电全国各法团,一致呼吁。原文分志如次:

电呈中央。顷阅报载,暹罗政府实施排华政策,苛待华侨,无所不至,如重征入境税,居留税,封闭华侨学校,强迫华侨子女一律转入暹校,受其同化教育,以及钳制华报言论,任意杀害华侨等等,无非欲使旅暹华侨,脱离祖国关系,完全蜕化为暹罗之奴民而后已。查暹罗本属为我国藩属,千余年来,入贡无间,国人移植,与日俱增,归服怀柔,历史深远,文化虽异其趣,感情累世相通,共存共荣,毫无隔阂。慨自清政不纲,暹罗竟离我而独立。此后所谓中暹邦交,举在若即若离之间,而旅暹三百余万之侨胞,即已沦为无约国之人民矣。今既施行种种苛暴手段待我华侨,如不采用有效对策,则旅暹侨胞,将有日渐消灭之虞。惟是今世外交,有强权而后有公理可恃,有利害而有正义可言。暹罗系产米区域,故其出口货物,实以米为大宗,而运销中国之暹米,约占其出口总数二分之一。万恳政府,权其利害,从速严禁暹米入口,促其觉悟。并一面严重交涉,改善华侨之一切待遇,订立正式邦交,协约保护。既有相互之利害关系,则彼方有所顾忌,自不难就我范围,有效对策胥于是赖。临电愤极,伏希鉴核施行。

电各法团。全国各法团钧鉴,顷上中央党政机关一电文曰:(文同前略)等语,侨胞受害,祖国贻羞,血气尊亲,同深愤慨。务望一致呼吁,并拒绝运销暹米,以资援助,而利外交。实为至祷。

(《大光报》P210)

13.美考察团昨晚到汉,各界代表亲赴车站热烈欢迎,团长谈称对于各地印象极佳

(1935 年 5 月 18 日)

美国经济考察团,十五日晚十一时五十分,由北平搭挂包车南下,十七日午后六时五十分到达汉口大智门车站。同来者共八人,计有团长福勃斯、副团长卡罗尔、会计希佛利、团员琼斯威克汉夫妇、罗杰士、别克斯佩。沪招待处派夏鹏、廖钟秀夫妇,干部派专员汤德华,沿途照料同来。此外行营外事组长沈祖同,亦同车南下。武汉招待处,及军政各界事前闻讯,昨日赴车站欢迎者,有行营戎纪五、姜水润,绥署陈光组,警部周均量,市府李绍汉,公安局长陈希曾,特三区管理局长郭泰祯。招待处由杨光泩率领,招待委员吴任之、徐维荣、杨思廉、张培均、王宠佑、席德炳、王慎名、董明藏、谢奋程及程其保夫人、武汉大学桂夫人等百余人在站欢迎,均佩欢迎符号,美领卓思麟夫妇及大来洋行买办、慎昌洋行买办亦到站迎候,列车入站后,杨光泩及美领夫妇均登车问候,团长福勃斯,旋即偕团员,下车与欢迎人员握手为礼,并在站留影,以资纪念。稍息,由各招待委员陪同团员乘汽车,赴德明饭店休息。据廖钟秀君语记者,美考察团在平考察印象极佳。一部团员并到长城一游。该团临行时,平市长袁良,曾将北平建筑游览区计划,交该团参考,团员曾在平汉车上一度研究,极感兴趣。今日来汉团员,共计八人。尚有劳杰士来默等四人,约十九日可由沪抵汉。团员照预定日程,留汉两天,即定十九、二十两天分两批乘飞机赴重庆。有四人拟到成都。尚有数人想往贵阳一行,将来仍定二十七、二十八两日,由渝分批返汉转沪云。

又讯美国经济考察团团员荷尔曼昨日午后二时,由沪乘邮航机到汉,招待处由总干事宋如海代表,前往欢迎,当陪同赴花旗银行休息。

发表谈话。又讯:团长福勃斯语记者,谓余曾来中国凡四次,旅居北平凡四年之久。此次率领团员过汉赴川,拟先征蒋委员长同意,再往昆明一行,约在二十七日可转汉返沪。但到沪后,日程现尚未决定,本团有少数团员,拟往菲律宾考察商务。余等在平已耽延六日,在车中亦称安适。另有一部团员,已乘平绥路车赴绥远。余等在平时,多承政商各界代表帮助,深为感谢。至津青两地经济组织情况,印象颇佳。此次出发,纯系考察性质,并无执行权限,本团所负任务,为将考察结果,及各方意见,作一报告,建议本国政府采纳;期望增进中美两国贸易关系,并以表现合作精神云云。

昨晚欢宴。昨晚八时三十分,招待处在汉口商业银行大楼,设宴洗尘,并以招待处全体及经济界商业同人作陪,九时许,宾主始尽欢而散。

今日拜访。上午九时拜访吴市长。九时半银行同业公会。十时武汉警备司令叶蓬。十时半绥署何主任成浚。十一时半渡江赴行营拜访张主任学良。十二时半访省府张主席群。下午二时,参观武汉大学及裕华纱厂。五时返汉,赴金城银行开座谈会,商讨中美经济关系,及白银

问题，由各专家交换意见。晚八时赴盐业银行应银行公会、钱业公会、总商会三团体公宴。

（《大光报》P210）

14. 美考察团昨分访我当局，午后参观并出席座谈会，晚应三团体宴赴川展缓

（1935 年 5 月 19 日）

美经济考察团一行，昨日上午九时，由徐维荣、吴任之、王宠佑、谈公远、夏鹏、汤德华、宋如海等陪同拜客。分乘汽车六辆，由德明饭店出发，先至市府访市长吴国桢，谈半小时辞出。继至商会，由黄文植、赵祖武等接待，相谈甚欢。十时辞出赴绥署后，转往警部，由叶司令亲自接待，入该部外宾室茗谈。迄十时半，全体团员，由一码头乘差轮渡江，拜访省主席张群，亦谈半小时。即赴徐家棚洋园拜访行营张主任。

张宅午宴。十二时，张学良、张群，在洋园设宴欢迎该团。请有杨光泩、吴国桢等作陪，宾主共二十人，因系非正式宴会，席间并无演说。团员颇关心川黔交通，向张主任询问颇详。迄二时许始散。时该团长福勃斯，因患感冒，先辞返汉口。其余团员，即依照日程赴裕华纱厂，及武汉大学参观，团员抵武大后，该校备茶点招待，并导游各处，团员对该校亦多好评。迄午后五时许，始乘轮返汉。

开座谈会。午后五时，该团在金城银行二楼，与本市银行界、工商界人士举行座谈会。分交通、金融、物品三组谈话。交通组：由该团副团长卡罗尔与我方王金职、卢伯、王慎名互谈，该团对由华发电至美价格过高为虑；并询公路建筑情形与平汉路整理概况。金融组：由该团团员希佛利与我方沈诵之、陈肇章、周苍柏、杨季谦等互谈，商武汉方面中美金融界合作事，我方希望美对川汉路及武昌水电事业投资。物品组：由该团团员琼司、威克汉二人与我方徐维荣、吴任之、谢奋程、席德炳、王宠佑、宋立峰、李国伟等互谈，对棉、麦、丝、茶均有谈及。谢奋程并说明财部现行税制，及废除苛杂情形，面粉入口税，较美麦为高，其原因一系原料，一系制造品。故含有保护性质。席德炳根据去年海关数字报告，谓美货去年入超甚巨，中国出口品仅及二十分之一，希望考察团此来，使中美交易双方发展云云。迄六时半始散会。

晚间宴会。昨晚八时，汉银行公会、商会、钱业公会，宴考察团于盐业银行大楼。到该团团员，及美领卓思麟及沈祖同、吴国桢、杨光泩等，以及主人招待委员共约五十余人。团长福勃斯因病未克出席。席间由黄文植致辞，由徐维荣翻译，原词云：贵考察团自上月二十二日抵沪，迄于今日到汉，为时已四星期，历地自京沪而南至闽粤，北经青岛而抵平津，今乃至我华中之汉口，各地概况，贵考察团想已具相当收获。今敝人谨代表汉口市商会、银行公会、钱业公会全体同仁，借一堂欢晤之机会，向我远道莅止之嘉宾，略献菲词，聊表欢迎之微忱。并盼贵考察团诸君有以教之，幸甚。汉口昔有九省通衢之称，扼居横贯敝国东西之扬子江腹部。北有平汉路，即顷贵团诸君所经过之铁路，南有粤汉路，地位适中，轮轨辐辏，有拟之为东方芝加哥，虽繁盛有愧不如，而形势则仿佛似之。邻近各省之土货出口，及洋货进口，靡不以此为聚散之市场，其在贸易上地位之重要，谅贵团诸君固已习闻之矣。就武汉之工业言，有兵工厂、钱厂、纱厂、面粉厂、香烟厂、蛋厂、水电厂、火柴厂、茶砖厂、打包厂、织布厂等之设立。且各具相当之历史，其他较小规模之厂家，取得实业部规定之资格者亦不在少。以言国际间进出口贸易进口，应以煤油居首位。次则木材、匹头、五金、烟业、糖等属。出品桐油、芝麻为大宗。次则苎麻、干蒸蛋、

白、黄、生黄、牛皮、羊皮、红绿茶砖、猪鬃等项。今姑就以往之事实,依据目前之趋势,作将来之推测,有可得言者,我国现正从事于生产建设,如粤汉路于明年底,即一九三六年通车。川滇路亦正在进行中。鄂省与邻近各省交通公路之建设及航空线之展布,均方兴未艾。嗣后对于铁路材料,均有大量之需要。他若农村之复兴,棉麦之改良种植,凡此种种华中区之繁荣,有待于友邦之物力辅助者正多,惟敝国出口贸易,既因受世界经济之影响,显然日呈衰落!目下入超数已达万万,窃思贸易惟能维持平衡,方足以谋久远。否则,一失均衡,对于入超者之购买力,势必日形减色,而有渐妨及相互间繁荣之可虑。此乃有赖贵团诸君,以考察之所得,本互助之方式,共谋一合作之硕划。俾敝国出口贸易方有同样的展望,岂非盛事!

此外尚有一言,不得不附带为贵团诸君告者,自白银价格因人为的抬高以来,敝国受创实深。窃思贵国所定之白银政策,原为刺激远东衰颓之市场,而期其繁荣。但事实竟恰得其反,谅贵团匝月来之所闻所见,当可断斯言之匪诬,若不亟谋改善,实为中美贸易前途之障碍。贵团诸君均具伟大之眼光,将来考察团归国,定当有中肯的建议,上于贵国政府,以排除此不良之障碍。中美贸易,赖以日进,岂仅敝国之幸,助人者即为自助,行见贵国诸君,不复虚此一行,而获空前的成功!敬举一觞,为诸君祝。黄氏致辞毕。该团由副团长卡罗尔答词,由王慎名汉译,卡氏略谓:今日承此间银行公会、商会、钱业公会款待,盛情甚感。所抱歉者,敝团团长因病未克参加。敝团此次来华,颇愿深入中国内地,考察商务,不但希望美货销华推广,亦望华货销美发展。例如中国茶叶与桐油,美人极为欢迎。虽美国近亦试植桐树,但油质不及中国产之佳。鄙人前侨居汉□九载,深知汉口与中美商务前途极有关系。卡氏次并代读福勃斯氏演词:对此次该团来汉,承官厅及商界银行界诚意招待,颇为感谢。该团此次来汉,纯为商业之考察,并无政治与外交的意味。在日本留二周亦然,美国政府对中国一向尊敬。故首先退还庚子赔款,办理文化与教育事业。白银问题,所到各地,均有闻及,将来返国时当报告政府。该团以为中美使节升级,今晨阅报,知即可实现,诚为中美两国前途之庆云云。十一时始散。

行期展缓。该团原定今晨一部团员乘机赴渝,因福勃斯抱病,需要休养,故行期拟展缓一二日再行西上。今日即全体照日程参观水电厂,及各面粉厂,待福氏病愈,全部同时入川。沪招待处代表廖钟秀夫妇,及夏鹏、汤德华等定今晚先行乘轮返沪复命云。

(《大光报》P222)

15.汉市茶出口业公会请保护旅暹侨胞电行政院恳采有效对策

(1935年5月19日)

汉口市茶业出口业同业公会,顷为暹罗虐待侨胞,电行政院汪院长云:首都行政院长汪钧鉴,窃以暹罗向为我国藩属,遣使入贡,历久不渝,慨自逊清季年,怀柔失策,贡使遂绝。我国侨胞,被暹罗政府横施摧残,已非一日。近年以来,其高压手段,愈演愈烈,如新移民律,新经济政策,及强迫学生改入暹校等等,报章所载,不一而足。披览之余,发指眦裂。当此危急存亡之秋,若不积极保护,不独三百万侨胞沦为异族,设各国尤而效之,其将何以立国于世界。查暹罗出口货物,以粮食为大宗。尤以我国为最大销场,虽交易有年,而中暹商约尚未订立,于法律上毫无根据,如我国乘此时机,禁止暹米入口,则暹罗深感痛苦,必能俯首就范。用特电恳钧座,令饬外交部,采取有效对策,与暹罗订立正式邦交,要求暹政府改善待遇,俾旅暹侨胞,得资保障。事极迫切,伏乞鉴核施行。

(《大光报》P222)

16.汉口市商会主席为减轻豆饼运价一案准将平汉路豆饼运价比照黄豆酌减两等或另定较廉专价呈实业部

(1935 年 5 月 22 日)

呈为据情续呈事,据汉口市平汉路转运业同业公会盖章陈称,敬陈者窃以平汉铁路豆饼运价高昂,妨害农村经济暨工商交受其敝情形,前经先后两次缮具,节略。陈请转呈铁道、实业两部并分函平汉路局酌予核减或另定专价,以纾民困等由一案。嗣奉大会抄录实业部商字第三二四一一号暨商字第三三七一三号批示,函饬查照等因。兹计为日已久,尚未奉有铁道部暨平汉路局公文,遂使农工商业痛苦日增,民间经济益趋衰败,其所以形成社会生活不安定之局,原因固不止一端,然以平汉铁路豆饼运价过于高昂,要为此中重要原因之一,试就极显而易见者言之。例如明港汉口间,每二十吨车黄豆运价为一百三十四元九角,而豆饼运价反需一百五十八元七角,查豆饼为黄豆榨油后遗下之废物,乃其运价转较黄豆运价高出二十三元八角之多,反之黄豆运价可转较豆饼运价少出五分之一,两相比较,足知豆饼运价过于高昂,与其高昂影响在农村经济上及工商业者所受之痛苦与弊害皆已不难想见。诚以此项榨油废物,本无若何价值,徒以勤苦农民尚知废物利用,顾亦仅能肥田际。兹农村破产生活困穷,民间盖藏早空,甚至食蕨餐土不绝,尽其无购买力之可言,毋宁为人世至悲极惨之事,与其高唱救济农村复兴农村,羌无确实可行方案,何若对于农村生产万不可少而又无力购买之肥田豆饼,不使为不合理之高昂,尚可实惠均沾。况在豆饼运价高昂情况之下,自为无力购买之农民所能问津,无非使榨油工业者之豆饼无运出销售之希望,即有商人贩运亦必受滞销之恶果。殆缘运价既高,成本加巨,农民购买力弱,只有望望然去,焉得而不滞销,此实农与工商交受其困,未如之何者矣。吾国今犹尚系以农立国所恃,以自给自足者,当以农产是赖,不有肥料何以生产。现在春耕方始,正是需要豆饼之时,若使运价涨为不合理之高昂,农村生产之寥寥落,可见欲图社会生活之安定斯,实有不容忽视之至理存焉心。所谓危难安缄默,谨再缮具,节略。沥陈如上缘由,恳祈俯赐鉴核准予据情转呈铁道部、实业部,并函咨平汉铁路管理局俯依前请,准将平汉铁路豆饼运价比照黄豆运价酌予减低两等或另定较廉专价,饬令遵行,以示苏恤,同深公感等情,到会。伏查该公会缕陈各节不禁呼吁,再三请代为转呈其万不获,已迫不及待情形,谅蒙酌量恩施,曲加体恤,俾农与工商业者免致交受其困,续据前情,理合呈祈钧部俯赐鉴核,准予转咨,迅饬施行,并恳批示祗遵,实为公便。除分呈外,谨呈国民政府实业部部长陈。

汉口市商会主席　黄文植

17.汉商会昨呈行营请救济军服工人请拨本年秋季服装一部分,归汉商承制以维工商生计

(1935 年 5 月 26 日)

汉总商会,昨分呈行营蒋委员长暨军政部文云:据本市军服业同业公会函称,查敝会同业,

前以营业困难状况,及工友失业无法救济情形,曾经去岁八月,据情函请大会分呈南昌蒋委员长,暨军政部,准予将秋季服装,分拨汉商承制,救济工商生计,并奉批示在案。为此据情函请大会,准予分别转呈蒋委员长及军政部,俯念工商困苦,将本年秋季服装,准拨一部分归汉商承制,以维工商生计,实为至感,等情到会,查该业本以制造为范围,若无军装服饰可供制造,则营业现状,不易支持。该公会所述情形,委属实在。理合据情呈请钧鉴座,俯赐鉴核,准予所请饬遵,实为公便。

(《大光报》P306)

18.实业部因减轻豆饼运价一案仰径铁道部核示送汉口市商会批

(1935 年 5 月 31 日)

原具呈人汉口市商会,呈一件为前请减轻豆饼运价一案,续请转咨迅饬施行由。呈悉。查此案迭据来呈,节经咨请铁道部核办去后,旋准复开:准咨,并据该商会呈请,业经令行平汉路核议在案。近又据该商会续陈前情,复经电令该路迅速呈复,以凭核办等由在案。前据前情,既经分呈,仰径候铁道部核示可也。此批。

6 月

1.商会财务会展期一月,明日继续开会

(1935 年 6 月 5 日)

汉口市商会,自黄文植接任主席后,即成立财务委员会,整理会中财政,原定至五月底整理完竣,现该会以每次财务会议,各业公会主席,有屡邀而未一到者,或已到而对于商洽办法未经确定者,势难如期中辍。以是特于第十九次会议决定,继续展期一个月,由该会(即财务会)公推与各业主席相近者,分途接洽,并定明(六)日下午五时召集第二十次常会,以便确实处定各该同业入会注册,及担认商会事务、事业两费各办法,以归一后云。

(《大光报》P427)

2.汉商会健全商人组织

(1935 年 6 月 6 日)

有国货匹头十五业未入会,推贺衡夫等九委分途劝勉。

汉商会主席黄文植,前为健全商人组织,发展会务,曾成立财务整理委员会,并推定二十三业公会主席,为财委会委员,积极进行整理各节,兹因原定整理期限至五月底为止,查仍有少数之各业公会主席,屡邀未到。除已定于今(六)日继续召开第二十次会议外,并由财委会公推各该主席相近者,分途接洽,婉为劝勉。用将负责劝勉各委员,与指定被劝各业列下:计祝庸齐

国货匹头业，石和湘色布业、杂货业，邓希周茶叶行、广货、杂粮杂货等业，王静斋药业，贺衡夫中外纸张业，余蓉樵柴炭业，鲁方才机制业、红砖瓦业，江述之卷烟业。

（《大光报》P8）

3.（汉口市商会）函各业公会转发取缔棉花掺水掺杂各种规程

（1935 年 6 月 10 日）

敬启者，案奉汉口市政府忠字第 7711 号训令内开：案奉湖北省政府本年五月二十七日建三字第 6331 号训令，抄发湖北省棉花掺水掺杂取缔分所组织规程，及棉花掺水掺杂取缔所查验办法，与棉商登记办法各一份，令转饬所属各机关知照。等因，奉此。除分令外，合亟抄同原件各一份，令仰该会知照。此令。等因，奉此。除分知外，相应抄同原件各一份，函送贵会查照！

6 月 7 日

汉口市商会启

附湖北省棉花掺水掺杂取缔分所组织规程一份。湖北省棉花掺水掺杂取缔所查验办法一份。湖北省棉商登记办法一份。（见附件一）

附件一

（a）湖北省棉花掺水掺杂取缔所查验办法（修正案）

一、本办法依据棉花掺水掺杂暂行条例（以下简称条例）施行细则（以下简称细则）第 13 条之规定订定之。

二、凡在本省境内买卖运销之棉花，悉依照本办法办理。

三、凡本所设有分所之各地棉花，须于装运前报请该管分所查验，经验讫领有运销出境通知单后，方准运销出境。

四、凡本所未设分所之各地棉花，不论棉商、棉农，本所得随时派员抽查，如不服从时得请当地法院或兼理司法之县政府依法究办。

五、棉商报请查验时，须填具报告单，载明下列各项：

1.商号及登记号码

2.商标

3.经手花行登记号码

4.棉花种类

5.包装

6.件数

7.重量

8.价格

9.运销地点

六、报告单向本所或该管分所领取之，本所或分所按接到报告单之先后，依次派员查验，至迟于扦样后两日内施行完竣。

七、报请查验之棉花在二十公担以内者，免予扦样，但查验人员不能断定其是否不足二十公担时，仍须扦样带所查验。

满二十公担者，须扦样二筒，每筒以半公斤为限，二十公担以上按比例递加，其零数不满二十公担者，以二十公担计算。

八、扦采样棉，应由本所扦样人员随意扦取，报验人不得指定或阻止之。

九、凡经扦采样棉之棉包，由扦样人员于棉包上加盖标记，以资识别。

十、扦样人员如有故意违反本办法多取样棉情事，得由报验人报告本所或分所查明惩处。

十一、验余之样棉，应于报验人领取运销出境通知单时发还。

十二、棉花经查验合格后，应逐包加盖验讫棕印，并发给运销出境通知单，运销出境通知单之有效期间为两个月，其式样另定之。

十三、凡查验不合格之棉花货主，得于摊晒整理后，再请查验。

十四、经查验合格之棉花，如沿途查有货单不符，或事后掺水掺杂情事，得随时禁止出境，并请当地法院或兼理司法之县政府依法究办。

十五、经查验合格之棉花，如须改包出境时，应先呈报该管分所，派员监视，必要时仍得再行查验。

十六、经查验不合格之棉花报验人，如有疑义，得申请复查，但以一次为限。

十七、棉花经本所各分所查验者，运至汉口或沙市后，仍须依照取缔细则第二条之规定报请实业部汉口商品检验局或沙市分处查验。

十八、凡对本所职员行使贿赂者，应送请当地法院或兼理司法之县政府依法究办。

十九、本所或分所职员出外工作，须佩带证章，如有受贿渎职、徇私舞弊或故意留难情事，除撤职外，并依前条规定办理。

（b）湖北省棉花掺水掺杂取缔分所组织规程修正案

第一条　本规程依取缔棉花掺水掺杂暂行条例施行细则第五条规定订定之。

第二条　各分所取缔区域如下：

第一分所：设老河口——光化榖城均县郧县

第二分所：设樊城——襄阳宜城南漳

第三分所：设枣阳——枣阳随县应山安陆

第四分所：设沙洋——荆门钟祥京山当阳

第五分所：设岳口——沔阳潜江天门嘉鱼蒲圻

第六分所：设江陵——江陵枝江宜都松滋宜昌远安

第七分所：设孝感——孝感黄陂云梦黄安

第八分所：设汉川——汉川汉阳武昌应城

第九分所：设新州——黄冈麻城鄂城浠水蕲春黄梅广济

第十分所：设监利——监利石首公安

第三条　分所设主任一人，技术员一人，检查员四人至八人，雇员练习生各一人或二人。

第四条　主任由所长委任，呈请省政府备案，承所长之命，办理各该区域取缔棉花掺水掺杂与棉商登记，及宣传指导等事项。

第五条　技术员、检查员由所长委任，雇员由主任雇佣呈报备案。

第六条　各分所取缔区域内集散市场，如有设办事处之必要时，得呈请设立之。

第七条　本规程自公布之日施行。

(c) 湖北省棉商登记办法修正案

一、本办法依取缔棉花掺水掺杂暂行条例施行细则第六条订定之。

二、凡在湖北省境内之棉商，须遵照本办法呈请登记后，方准营业。

三、棉商分下列三种：

(甲)花商：凡以买卖棉花为营业者。

(乙)花行：凡代客买卖棉花，看货过秤，收取佣金者。

(丙)轧户：凡自备轧机轧花贩卖，或代客轧花者。

四、棉商登记应向棉花掺水掺杂取缔所(以下简称取缔所)或分所申请，如当地未设分所，得向县政府申请之。

五、棉商申请登记时，应填登记表正、副本各一份，登记表式另定之。

六、县政府及各分所接受棉商申请登记后，应即查明备文，汇同登记表送湖北省棉花掺水掺杂取缔所分别核发登记执照棕印铜牌。

七、棉商登记概不收费，但棕印每个应缴工料银一元，铜牌每枚应缴工料银二角。

八、棉商登记后，除将登记执照悬挂于营业处所外，花商应于运销棉花时，在棉包上加盖棕印，轧户应于售卖棉花时，携带铜牌，花行应于经手买卖之棉包上加盖棕印，以备查验。

九、棉商违反本办法第二条及第八条之规定者，取缔所或分所得随时禁止其买卖，或运销，并请当地官厅依法惩办。

十、棉商登记后，如有变更登记表上所载事项，应随时申请变更登记。

十一、棉商登记后，如有停业者，应申请停业，并将登记执照棕印或铜牌缴销。

十二、登记执照棕印及铜牌，如有遗失，或损坏时，得申请补发。

十三、办理登记人员，如有需索舞弊，或其他不法情事者，除撤职外，并移送法院惩办。

十四、本办法自公布之日施行。

(《汉口商业月刊》第2卷第6期)

4.(汉口市商会)函各业公会转发商店新生活办法

(1935年6月10日)

敬启者，本月九日准汉口市新生活运动促进会公函开：本会为推行商店新生活起见，曾经拟定商店厉行新生活办法，提交二十次干事会议通过，并分报在案。兹将检同原办法450份，函请查照酌发各同业公会，转饬各商店按条施行，由各该同业公会随时派员视察纠正。并请登载入贵会主持刊行之商业月刊中，以重新运，而广宣传。等由，附商店厉行新生活办法到会。准此。除照登本会商业月刊，以备随时随地注意外，用特检同原印办法，函请查照分发各同业一律实行遵照，是为至盼。除分知外，顺颂时绥。

汉口市商会启

5 月 10 日

附送原发办法印单三纸（见附件二）

附件二

汉口市商店厉行新生活办法

一、出售之各种货物，不得以假混真，欺骗顾客；

二、各种货物，均须标明一定价格，不可临时增让；

三、国货洋货须分别陈列，切不可将洋货改换牌号，冒充国货；

四、广告字体须写正楷，不可有诲淫或奇怪之字句及图画；

五、招牌字体须写正楷，不得书写洋文，如有字迹脱落或油漆污毁者，须立即修整擦抹；

六、外墙须粉刷并继续保持整洁，不得随意张贴广告标语及涂写字画；

七、门前人行道须负责打扫清洁；

八、店内陈设用具，须用国货，力求俭朴；

九、厨房与厕所须要远隔，并时常整理注意卫生。

店员须知

十、前天清早起床后要漱口、刷牙、洗脸、洗头；

十一、头发要常梳理，指甲要常剪，更要时常洗澡；

十二、衣服要整洁，纽扣要扣好，鞋跟要拨上，不可赤脚赤膊；

十三、对顾客要和婉有礼；

十四、顾客购买货物时，须将货物之牌号等差及价目详细说明，切不可因顾客选择货物而表示不悦之颜色；

十五、如顾客对货物不满意，买卖不成时，也要客气，且不可冷嘲热讽，有失礼貌；

十六、顾客如有掉换货物时，如系本店所卖之原件未经损坏者，须和颜悦色准许掉换；

十七、要劝导顾客尽量购买国货；

十八、招待顾客时不要大声叫喊，不要吸纸烟和打喷嚏吐痰；

十九、顾客吐痰时，须请其吐入痰盂内；

二十、有空的时候必须阅书报和练习书算。

汉口市新生活运动促进会

（《汉口商业月刊》第 2 卷第 6 期）

5.铁道部为汉口市商会呈减轻豆饼运价一案业经电令平汉路迅速核复在案咨复实业部

（1935 年 6 月 16 日）

案准贵部本年四月十六日商字第三三七一二号咨开：略以据汉口市商会续请减轻豆饼运价一案，前据来呈，业经咨请察酌办理在案。嘱为查照迅予核办见复等由，准此。查此案前准贵部商字第三二四一零号咨，并据该商会呈请，业经令行平汉路核议在案。近又据该商会续陈前情，复经电令该路迅速呈复，以凭核办，兹准前因，相应咨复查照为荷。

此咨

实业部部长　顾孟余

政务次长　曾仲鸣　代行

6.函复汉口市商会造送出席代表姓名由

（1935 年 6 月 26 日）

敬复者，前准大函，以本届改选之后，对于各业公会所属之会员商店，及单独注册之商店会员，例须造送清册，由贵会分别填发登记证，以资凭信，等由，嘱为查照办理，等因，兹已遵示填造，相应将该项清册专函送达，伏希查照，是为至荷。

此致

汉口市商会

计开

牌名：商办汉镇既济水电股份有限公司

经理姓名：正经理刘少岩，四十五岁，浙江嘉兴县人；副经理李荻心，四十七岁，江西吉安县人

出席：雷言午，四十五岁，湖北松滋县人

代表：王荣卿，五十一岁，湖北汉口市人

姓名：江述之，四十二岁，南京人

营业地址：本市江汉路一百零五号

（《水电季刊》第 14 期）

7.商会为安定汉市金融（请政府银行无限接济）

（1935 年 6 月 28 日）

（汉口）汉口金融界仍未安定，永茂银号倒闭。廿七日，□□两银行提存紧张，商会长黄文植当谒市长吴国桢，请各政府各银行对同业无限押借，正在商洽中、交等由沪运现接济。

（汉口）市长吴国桢召钱业界谈话，咸认卅日比期尚有严重性。卅日值星期日，应请银行照常办公，尽量放款。市长令各钱庄周转不灵时，应请公会救济，在未经市府核准，不得宣告清理。

（《新闻报》）

7 月

1.汉钱业临时金融调剂会撤销

(1935 年 7 月 3 日)

(汉口)汉商会定四日召银钱等业代表开会,商讨振兴商业计划,再召各业代表详商,又钱业临时金融调剂会因金融稳固,二日已撤销。(二日专电)

(《申报》)

2.安定金融,汉商会筹组振兴市场委员会

(1935 年 7 月 3 日)

距今约一周前,因源裕银号之倒闭,波及通商银行,发生挤兑风潮。时值六月底大比期将近,汉市金融遂呈险象。嗣幸政府处置灵敏,银钱两业之合力救济,乃得转危为安,六月底大比平安渡过,钱业公会所组织之临时金融调剂会,中、交等五银行所组之临时公库,咸以金融难关已经渡过,于前昨两日先后宣告结束。据钱业某君谈:金融会虽已结束,但各同业对于外业放款,仍取松动主义,俾市面得资周转。本(二)日各庄汇划颇为活跃,此大比后之金融状况也。

又讯:汉商会监委余蓉樵,以汉市金融难关虽已渡过,而市场枯涩,亦犹人之痼疾已深,非谋彻底办法,殊不足以言挽救。以是特于日前建议商会,主张由会召集银钱两业,会商根本救济办法。黄文植主席,以此种建议,实属目前切要之图,特委托曹延祥、祝庸齐两常委,于昨日下午五时,先与余监委为初步之磋商。首由余申述意见,略谓:现在市场不景气,原属普遍现象,非独汉市为然。但上海市面不佳,财部特发行金融公债二千五百万元,以维持之,汉市既不为中央所垂注,那末,商会为整个商场最高机关,设法救济,责无旁贷。嗣曹常委报告月底大比平安渡过情形,并对于余监委之意见加以补充。结果,决定组织一“振兴市场委员会”,分两步进行:第一步,定明(四)日下午五时,召集银钱两业主席开一谈话会,讨论组织办法。第二步,定期召集各业公会主席,征询各该业营业状况,以便振兴市面有所根据云。

(《大光报》P102)

3.苏汰余谈省商联会无法改组原因

(1935 年 7 月 4 日)

湖北全省商会联合会,自二十年春间改选后,依法至二十二年春即应改组,但迄今又逾年余,虽经省商联一再呈请改组,依然无法进行。记者昨晤该会主席苏汰余君,曾以滞选原因相询,据苏氏语记者云:省商联会系根据湖北全省各县市一百十余商会合组而成,自二十年改选,至二十二年即告满期。迭次具呈省党部、建设厅,请求准予改选,胥以各县市商会组织,大多数

不健全而罢。盖各县市商会自二十年大水后,差不多已根本不存在,本人以事务繁多,势难兼顾,又除一面呈请省党部、建设厅,请转令各县市商会从速依法组织,俾省商联改组有所依据外,同时并由会分函各县市商会催促,自后虽进行改组者,但又多数不合法,因此复由本人呈请省党部、建设厅,定一标准公文程式,俾资遵循,乃结果又多不合。最近综计全省各县市商会,合法者不过二十余会,职是之故,本人乃不得不遵照省党部、建设厅命令,勉维现状云。

(《大光报》P114)

4.财部清查未印成钞券纸张,汉商会奉令转印刷业知照

(1935 年 7 月 5 日)

汉口市商会,昨奉财部训令云:查各印刷业购买纱券用纸,须先呈经本部核准后,托由中央银行信托局代为购买。业经本部于本年五月三十一日通令各商会转知各印刷业一体遵照在案。关于各印刷业所存未印成钞券之纸,应即迅将该项纸张之种类暨数量,据实呈部核办,除分令外,合行令仰该商会于文到日,即便转知各印刷业,速急据实具报该会转呈本部查核云。商会奉令后,已转印刷业公会遵照办理矣。

(《大光报》P126)

5.汉商会谋振兴商业

(1935 年 7 月 5 日)

(汉口)汉商会四日开谈话会,决定振兴商业办法,日内再召各业代表详商。(四日专电)

(《申报》)

6.振兴市面,汉商会决定两办法钱庄与商号照常往来,各银行尽量接受押款

(1935 年 7 月 6 日)

汉口市商会,以六月底大比,已平安渡过。为谋振兴市面起见,复于前(四)日下午六时,召集银钱两业,讨论振兴市面办法,计到银行业浦心雅、赵仲宣,钱业李德齐、汪信夫、朱澹园、王璧双,商会出席人苏汰余、曹延祥、祝庸齐、王春华、贺衡夫、周星棠、陈经畬、郑燮卿等,由苏汰余主席报告开会意义,略谓:汉市金融,自源裕银号,发生风潮后,又值六月底大比期近,收款较多,遂发生不安现象。嗣幸市府会同本会召集银钱两业商讨救济办法,由银钱两业,各集巨量现金,从事救济,市面遂告安定,此本会应代表全市商民银钱两业诸君应谢者;但自金融发生恐慌后,银钱两业采取紧缩主义,因之市面遂又觉艰涩,无可讳言。为未雨绸缪计,似宜进一步而谋市面之振兴。然振兴市面,其道甚多,亦犹人之有病,须对症下药,此次商业之病,自由金融停滞而起,所以邀集银钱两业,共同讨论,谋所以振兴之道云。继由贺衡夫发言,略谓:此次市面发生恐慌原因,由于裕源之风潮,加以外面又有现金集中之谣,以致人心惶惶相惊伯有,遂令市面陷于不安状态。但实际上所谓集中现金,并无此事,凡此皆神经过敏者之捕风捉影,纷

向银行钱庄提取存款,以讹传讹,致市场益觉不安。在此种情状之下,只要商界同人心中勿存疑异,自然恢复常态,须知凡属商场中人,谁也不肯把现钱放在屋里,而不拿出来活动;不过在市场紧急时,金融界为预防存户提举,当然也要准备准备,无足责怪云云。继由周星棠、浦心雅、汪信夫、赵仲宣等相继发言,中以赵仲宣所言最为诚恳,其言略谓:汉市金融安定,本人可担保不再有危险;不过一般不明事理者,庸人自扰,恒将存在本国银行之存款提出,转而存入外国银行,一若凡属本国银行皆不可靠者,其愚诚不可及云云。至此乃决定以下二点为谋振兴市面之初步:(一)各钱庄对各业商号,应仍照常往来;(二)各银行仍照平时尽量接受押款。最后,希望舆论界对汉市金融已入安稳状态,应尽量宣传,俾市民不再相惊相扰云。

(《大光报》P136)

7.武汉商人广告观

(1935 年 7 月 7 日)

武汉商人也知道广告对于商场有重要性,但是会利用广告的和知道广告的,是很少的。我们每天走在街上,在广告栏上,可以看到寥寥的广告,不但寥寥,也可以说没有,每一方广告牌上,大都是电影的广告,我们再掀开报纸来看,广告是很多,而最多的还是假冒洋药的中国药商的广告,然而除壮阳补肾而外真是宜传良药者,又不多见。其他杂货商、绸缎业的广告,非到彼此为着营业竞争到了极点,则不登广告,由此可证武汉商人的广告知识落后。

谁人都明白,一个国家的强盛,非有百战百胜的军人不可,而军人所持者是利器,什么飞机啦,大炮啦,唐克车啦,鱼雷啦,以及……一切利器。倘如器不利,任你拥兵几千万万,也被少数人吞并而凌你,商人对于商场的获胜利,也是如此。

商人所恃者是资本,资本充足,货物完备,没有广告宣传,而雇主也不能按户搜求用品。所以商场的利器,惟一的是广告。然而广告得如何而使其发生效验呢?这是属于广告学技术方面的。武汉商人对于广告,除报纸而外,期不多见,而对于报纸广告,似乎是重视,其实因为广告知识不充足,每逢登广告,则大家争着抢登报纸封面。这种广告的常识,不能不说是浅鲜。因为封面广告,形式上是一目了然,可是必得有广告的技巧,才能发生效验;不然是徒劳无功。所谓报纸之封面广告的技巧,是辞句少,明了恰当,图案鲜明,才能生广告的效力。若是恐怕广告费用得可怜,作上几千言文章,不但不生广告效验,而令读者讨厌已极。所以武汉商人对于报纸封面广告以为是地位好,而其实这样作法等于不登广告。

以上是武汉商人对于广告重视者,其他尚有以广告为应酬者,囫囵塞责,便可了事。所以武汉商业实在谈不到竞争,谈不到有广告,不过是彼此互相嫉妒而已。

我认为商人没有广告,任你资本怎样雄厚,货物怎样齐全,也无人过问。等国家有兵,有人民,而没有兵器一样。可是有兵器而不利也不行。所以广告不是敷衍了事,可以行的。必得明白社会的心理学。要把雇主当做阵线,在虚的方面攻。不明白社会的心理学,不成一位健康的广告家。只知道一两句文言白话,几句经典,拿出来作广告,绝不会成功的。寄语武汉商人,若在商场上竞争,都得有相当的武器。武器是什么?武器是广告。

(《大光报》P146)

8.商会将组保险赔款公断会,昨函保险业参加讨论

(1935 年 7 月 7 日)

汉口市商会,前据保安公益会函,为组织保险赔款公断委员会事,请派员参加讨论。该会据函,以此案马圻源、乐作霖两委员,早经提议在先,正在商酌进行。特定本月十日,召集中西保险业公会,暨马、乐两委员,届时到会参加,兹录其原因于次:

敬启者,本月五日,本会第七次执委例会。关于讨论事项第一案,保安公益会改组委员会函,为该会叶委员观生提请组织保险赔款公断委员会,请本会推派代表联合讨论等由,应如何办理,请公决案。当场讨论,佥以此案关系重要,本会已由马委员圻源、乐委员作霖联名提案在先,正在商酌进行,定于七月十日召集中西保险业,暨保险业经纪人来会讨论办法,应将此意函复保安公益会,并请其届时推派代表出席参加等语,决议记录在案,除分知外,相应录案函复贵会,即希查照,并请届时推派代表参加讨论云。

(《大光报》P150)

9.长江水势呈险象,各方正努力防护抢救。张学良率员巡视各堤,行营今日开防汛会议

(1935 年 7 月 7 日)

(汉口)近日江水盛涨,又兼上下游雨水过多,因之波涛汹涌,水位现已超过二十年之纪录,虽沿岸堤防,较前增高,然如继涨不已,则溃决依然可虞。行营张主任对此极为轸念,迭次面谕第六处处长陈振先,随时视察武汉附近各段堤防,并将各方关于报告水位之文电,逐日审阅,刻更拟召集防水会议。特于六日上午十时亲率同陈处长及技正兼科长杨景真等,于文昌门渡江在江汉关登岸,分乘汽车上至桥口沿张公堤而下,经姑嫂树戴家山直至谌家矶,始折由丹水池沿途江岸而回。沿途见水有已上岸者,因恐防护稍疏,再蹈二十年之覆辙,故决先召集武汉各机关部队,及武、阳、汉商会,定于七日上午八时在行营大礼堂开防汛会议,对抢堵救灾防务交通诸大端,均将于会议中缜密讨论。参加会议者,除行营由第一三五六各处,陆军整理处、政训处、交通处、卫生处各处处长或副处长暨百零五师谭旅长外,计有"绥靖"公署何主任、海军曾司令暨湖北省政府秘书处、民政厅、建设厅、保安处、水上公安局、武汉警备司令部、武昌市政处、省会公安局、汉口市政府、市公安局、江汉工程局、宪兵第一团、武阳夏三商会及武昌汉阳两县政府等机关负责人,至会议方案,系由行营第六处拟订。(六日中央社电)

(《申报》)

10.汉长丰北垸崩溃,鄂各公路被水冲毁,武惠堤张家墩浸水,省府召开防水会议

(1935 年 7 月 10 日)

(汉口)行营八日再召开防汛会议,张学良出席训示,谓防汛须分积极、消极两方面,防灾

应与防汛并行,决即组武汉各界水灾救济联合会,指定行营处长甘乃光,海军司令曾以鼎,商会主席苏汰余,负责召集,九日可成立。汉商会亦开紧急会议,讨论预防水灾救济金融办法。(八日专电)

(《申报》)

11.汉口市商会函各业公会转知救济金融办法

(1935年7月10日)

敬启者,案奉汉口市政府本年六月二十八日和字第8943号训令开:本府前以本市源裕等钱号停业,通商银行钞票挤兑等事,召集各商业团体来府会议讨论救济金融办法,比经议决:(一)由钱业即日成立公库,凡欲以货物抵押现款者,可将货物提单送钱庄加具本票,由公库盖印负责向银行贷款。(二)由中央、中国、交通、中国农民、湖北省银行五银行担认无限制放款。(三)有货商人与各银行有来往者,仍可由各银行直接接洽抵押放款等原则,由银钱两业依照进行。查上项办法,为本市银钱两业团结力量,活泼金融,安定人心之应急方案,尤宜辗转宣传,以期共喻,借免嗣后轻信浮言,自相惊扰,该会领袖各业,声息俱通,务即分别转行,俾各知照,除分呈委员长行营暨湖北省政府外,合行令仰该会即便遵照办理为要。此令。等因,除分知外,相应录令转达,即希查照为盼。

汉口市商会启

6月28日

(《汉口商业月刊》第2卷第7期)

12.汉口市商会函各业公会转知车辆登记办法

(1935年7月10日)

敬启者,案准汉口公安局汉口市税捐稽征处公函内开:敬启者,案照本年七月一日至十五日,系本局处办理车辆登记及征收车辆照牌费时期,应即援照成案,如期举办,以符定章。惟自备汽车一项,拟照上季改订办法,自七月一日起至五日止,在警察第十署本局外事股内办理登记换照等事宜,其余各种车辆,仍在本局处府西一路原设办公处所照旧办理,所有该季需用各种新照牌,业经呈请汉口市政府制发,除将举行日期分别呈报布告,并登报通告,暨分函外,相应函达查照,并希转饬所属知照为荷。等因,准此。除分知外,相应录函转达,即希查照是荷。

汉口市商会启

6月23日

(《汉口商业月刊》第2卷第7期)

13.本会(汉口市商会)常委祝庸齐出席各业公会改选大会演辞汇纪

(1935年7月10日)

(1)四月十二日在保险业公会致词

贵会今天选举执监委员,兄弟代表汉口市商会前来参加,非常愉快!在过去时代经营保险事业的，都是一些外国商人，他们赚了我们不少的金钱，利权外溢，实在可惜。后来我们中国有资产的商人，看见保险事业，一方面是一种可靠的商业，同时也是一种社会事业，不甘听外人独自经营，大家起来组织保险公司。但因组织不完善，办理欠周到，同时国人信仰外人心理又太甚，因此我国保险公司的营业，总不能和外人抗争。

末后另外又有一班具有远大眼光和有财力的同志，出来组织保险公司，组织力求完善，办事力求敏捷，赔款力求迅速，因此信用在社会上逐渐增大，逐渐稳固，投保险的人们得到这个信仰才日见加多。到现在中国保险公司，才能和外国保险公司抗衡，漏卮日见缩小。这一点不能不钦佩和归功于这一班从事于保险业的同志们的努力。今天在座的各位同人的功绩，当然获得荣誉不少，值得兄弟今天来表扬的。刚才说过我们的保险业，现在已不比从前了，现在已逐渐发展了，足以与外国保险公司抗衡了，但是兄弟敢断定，如果各位同人往后更加努力的话，我们保险业一定可以排除外人在华的保险势力。这话并非兄弟的武断，是有事实可以证明的。

第一、国人知爱国，人人愿向本国保险公司投保。

第二、外国保险公司已不如从前顾全信用，对于出了事应赔偿的款子，往往借故迁延不赔，如果交付公断，而公断势力完全在外人手中把持，所以公断的结果，多是外人胜利，我国被保的人们失败。

第三、如果不服公断，则须向外国领事府起诉，而我国人们不懂外国法律，又请不起外国律师，结果往往含忍不起诉，情愿吃亏了事。这种痛苦，确是向外国保险公司投保人们的所同感觉的。若是向中国保险公司保险，则绝无此种痛苦。所以兄弟敢断言，我国保险营业将来一定能发展，能排除外人在华的保险势力，就是这个道理。

现在兄弟希望贵会同人的是：努力保险事业，巩固保险信用，以排除外国在我国保险势力。（完了）

（2）四月二十日在皮业公会致词

兄弟代表汉口市商会前来参加贵会选举大会，非常愉快。我国国际贸易，自从前清同治三年以来，到现在有 70 年。在这 70 年当中，没有哪一年不是输入超过输出的，其中尤以民国二十一年为最可怕。据海关的统计，民国二十一年的输出仅 49264 万多两，但是输入却有 104924 万多两。两相比较，输入竟超过 55660 多万两。假使用一个人来数这一年的入超数目，每天做 12 小时工作，每二分钟数洋一百元，一个人从生下地来数起，必须得 56 年才数完。诸位！你看这是一个多么可惊人的数目！如果现在不想法子救济，设若将来国际贸易仍如过去的 70 年一样，年年入口超过出口，那么，中国真要穷到不堪设想了。救济的方法：一面奖励货物出口；另一方面尽量提倡国货，服用国货，使进口货物日渐缩小。这样，中国才可以免受经济压迫之危亡，才可望得救。

贵会是皮业的集团，牛羊皮出口是我国货物中的一大宗，每年吸收了不少外国人的洋钱进来，足以填补我国对外贸易的一部分损失，这是很可庆幸的事！同时亦足以表现各位同人对外贸易竞争的努力，的确是值得赞扬值得钦佩。兄弟说到这里，一面希望各位同人以后对于出口贸易更加努力，使数目增加；同时更进一步希望各位同人筹设制皮厂，制出各种熟货以应国人的需要。因为现在皮革的用途一天一天地扩大，如普通人日常所用的皮鞋、皮带、皮箱、皮车篷、机器上所用的皮件及军事上所用的各种皮件，在在都需用牛羊皮。制皮的方法，中国是用老法，制出来不但不大美观，而且不耐用，所以销行不广。现在市上最流行的，大半都是舶来品。外国人把我们的生牛皮买回去,用新法和机器制造出来,又贩进我国来卖,一转手之间,就赚了我们的许多钱,这真是一件可痛心的事！所以兄弟的意思,对于制好了的商品,希望能够尽量输出,对于未制造原料品,希望国人能够设厂制造,以所剩余的原料品,再行输出,这才是合乎国际贸易竞争的原则。综括起来说一句,兄弟的意思,希望贵会同人努力货物的出口,同时更筹设制皮厂,制成熟皮,以应国人的需要。

(3)五月十三日在进出口杂货业公会致词

今天兄弟代表汉口市商会前来参加贵会改选大会,非常高兴！贵会是属于进出口杂货业的一个公会,详细点说,就是对于本国杂货向外国输出,同时将外国杂货也向本国输入,所谓“商通中外,利达五洲”这一句话,赠与贵会同人,是最恰当没有的了。

在过去的国际贸易,据海关的记载,从同治三年到现在有 70 年,在这 70 年当中,没有那一年不是入口货超过出口货,其中数目最少的竟在六万万元以上。若是把 70 年的入超数目总加起来,照兄弟上次在皮业公会所讲的方法,用一个人来数这个数目,必须得 3920 年方数得完。

我国本是用银子国家,外国多半用金子。在过去金子贵银子贱的时候,我国受不少的影响,吃了许多的亏。照说反转来,银子贵金子贱,我国是可以得到很好的利益了,但是现在究竟是一个什么景象呢？现在不是万国在极力收买白银,提高银价,恰当的到了金子贱银子贵的时期吗？无论我国要得到利益,何以我国不见受益反而大受影响,全国金融因之发生恐慌呢？我国政府屡向美国抗议,反对美国提高银价,这种事实,在表面看起来,非常的奇怪,但过细从实际调查起来,确是有他的真道理。这是什么道理？这个道理就是中国每年入超六万万元,必须将现金输出,弥补入超,银价若高,白银即将源源流出,存银流出过多,则国内金融界即要发生恐慌,所以无论银子贵,或者银子贱,中国都不得了,这个原因,就是每年有五六万万元的入超所致。

救济的方法,有的主张禁止现银出口,有的主张增加平衡和出口税,有的主张抗议美国提高银价,但据兄弟看来,这些主张都是治标的办法,不是治本的办法。治本的办法,就是要国内多设制造厂,努力制造各种商品,供应国人的需要,减少外货的输入数量,使银子不往外流,同时奖励货物出口,使外国的银子转向中国流入。这样一来,无论银子贵也好,贱也好,我国都受不着影响,中国才有希望。不然,头痛医头,脚痛医脚,终不是根本方法,而且永远得不到安宁。这是兄弟对于救济银子贵贱一种见解。因为贵会是经营进出口杂货业的一个团体,与国际贸易,至有关系,所以兄弟才说了前面的一段话,同时希望贵会努力杂货的出口,减少杂货的进口,以尽救济目前金融恐慌的一部分责任,这是兄弟今天所希望的一段话,同时也就是兄弟所要说的话。

(4)五月二十日在药业公会致词

贵会是属于饮片业的一个公会,就是通常口头所说的药铺业。谈到药铺的营业,我们只要从街上走一走,看一看,就知道中医的招牌多和西医房的店家多,就可以断定药铺的营业,被西药抢夺去了不少的生意。为什么西药能够抢夺中药的生意呢？这当然有许多原因。我们晓得了这些原因后,尽量地把中药改良,使西药的好处我们中药也有,我们的好处,西药不见得都有。这样一来,药铺的营业自然要发达,自然可以抵制西药了。我现在把西药能够畅销,中药营业所以不振的原因,和中药尚不致完全被西药打倒的原因说出来,希望各位同人都明了这种原因。我们晓得药的行销,与医生医院亦有关系。所以兄弟把医生和医院,也列在原因的当中。

第一、西医开设有学堂，招收学生，有一个医学校的学生几百人，甚至上千人，好多人都是从大学毕业，或是出过了洋留学回来的，所以西医往后走就越兴旺。

中国是怎么样呢？既没有学堂的组织，又没有受过同样的训练，仅凭个人私传一两个人，人数又很少，所以结果不及西医的多。这是西药能畅销、中药营业不振的一个原因。

第二、西医有医院的设备，他的设备非常地完全，病人到医院比在家里舒服，所以人病了，多愿意到医院住。我们中医却没有医院的设备。这是西药畅销、中药营业不振的第二个原因。

第三、西药另外设有研究院，专门研究医理和发明新药品，假使发明了新道理和特效的药，就在新闻纸上公开登载，以供后人的参证，所以新药一年多一年，而其销行也特别的多。中医就没有这种研究。纵然有一两个聪明的医生得着秘方，或者发明了新方，都不肯公开告诉人，都是很秘密的守藏着。等到人一死了，就失了传。这是西药畅销、中药不振的第三个原因。

第四、西药分量很少，随身可以携带，服食方便，容易下喉，病人喜欢些。中药就不同，分量很多煎出来一大碗，味道又不好，病人多不愿吃。这是西药畅销、中药不振的第四个原因。

第五、西医西药对于外科和花柳科有特效，只用针灸，不吃多药就可以治好。中药对于花柳病纵然能够治好，必须经过许多时期、吃过许多苦药才能得到效果。这是西药畅销、中药不振的第五个原因。

因为有这五个原因，所以西药在我国是进化的，中药是退化的。去年中央要人中甚至有人主张废去中医中药，赖贵会同人罢业表示反对，此议方才打消，然则可知中医在现在的地位了。中药虽然不振，不能得到许多人的欢迎，但依兄弟的见解，决不会消灭，决能保存。其原因亦有五：

第一、中医行医，不要多少本钱，只要有一间房子，有一张桌子、几张椅子，加上笔墨砚纸张，就可以挂牌子行医，不像西医须先拿出许多钱制办器具和设备，始能行医。所以中医行医顶容易。这是一个原因。

第二、学中医，只要买几本书看看，找一位先进医生指点指点，在家用几年功夫就可以当医生，比不得学西医要住学堂，要花许多钱。这是第二个原因。

第三、中医的脉金和中药的药价都比西医西药便宜得多，好多人请不起西医买不起西药。这是第三个原因。

第四、中药的销行有4000多年的历史，深入百姓人民脑筋中；西药年代很浅，普通人都不相信。这是第四个原因。

第五、西医治病方法，中国人好多害怕。为害发烧症的病人请西医诊治，西医只知道用凌冰放在病人身上，这种方法极为危险，是中国人顶不赞成的。中医则不然，以去火抽薪方法，用退烧的药从内里慢慢退烧。因为有这几个原因，所以兄弟敢断定中药是永远存在的，不会消灭的。但是想同西药竞争的话，那就非设法改良不可。所谓改良，就是兄弟刚才所说的人家的长处学一学，自己的短处改一改，自己固有的长处更加改进，那就可以竞争了。不然，中药虽然可以永远存在，但是老无进步，也是很可悲的事。好在新近医药两界组织了一个国医研究馆，对于医药钻研改良，将来必有成功的一天，中药营业，必然大振，前途亦可得到光明。这就是兄弟今天对于贵会同人的希望，同时也是对于医界同人的希望！

(5)六月十日在证券业公会致词

今天是贵会改选执监委员的一天，兄弟代表汉口市商会前来参加，心中非常愉快！贵会是证券业组织的一个团体。依兄弟的眼光观察,兄弟觉得:在现在我国国家的经济和国民经济发达的路途上,贵业是一个不可少的营业,而且是一种很重要的营业,往后走必定一天更加发达一天。让兄弟把这个理由来说明。我国现在和欧美国家比较,无论从军事方面比较,或者从交通方面比较,或者从教育方面比较,或者从各种建设方面比较,都赶不上人家。我国要想赶上人家,就非要从不及人家的地方,赶紧建设起来不可。因为要建设的地方很多,所以需要的经费数目也就非常的巨大。这种巨大的经费数额,用什么方法来筹措呢?计算起来,不外发行纸币,增加国内租税,增加关税,筹借外债,募集公债几个方法。但是发行纸币,须有一定的准备金额,不能随便滥发。要是超过一定准备金,则纸币信用就不能维持,其弊害极大。关于增加国内租税,也要考察人民的负担力。在现在天灾流行,商业萧条,农村破产的时候,租税只能减轻,何能加重。关于关税也是不能随便增加的,一则有条约的关系,不能随意增加;二则要顾虑国际和国内情形,也不能随便增加。至于谈到筹借外债,外人未必肯借。即令肯借,而条件苛刻,结果利少害多,也不宜于滥借。试看美麦和美棉的借款就可知道了。只有募集公债一层,有利无害,易于举办。除要国民十足照价认购有点困难外,则绝无其他问题。筹款的方法必为发行公债无疑。现在中央公债自发行到现在约有八万万元。除已收回二万二千万元外,尚有六万万元。这些公债票面不是在银行库存中,即在一般人民的手头中。再加本省已发行的公债约有一千九百万元,除已还三百万元外,尚有一千六百万元,当然的也在人民手中。还有其他各省发行的公债亦不少。像这样巨大的数目存在人民手中,假使没有一种营业,能够使这种公债流通,可以自由买卖,则公债就少信用的价值了。如果没有证券交易所辗转买卖,人民的经济就感受了困苦,国家的经济也就受了影响,一切的建设都谈不上。假使社会上设立一种营业,能够使存有公债票的人们,无论在什么时候想把公债卖掉,就可以卖掉,这就是说不愿卖可以拿息钱,愿意卖就可以得现钱,这就很便当了。这样一来,人民就不感受公债票的痛苦,国家的公债票亦容易发行,建设也容易实施,国家和人民两受其利了。所以这种使公债流通的一种营业,在现在我国国家财政上和国民经济上是一种很重要的营业。

贵业就是这种营业,就是使公债票流通的一种营业。所以兄弟开着就说,贵业在现在我国国家的经济和国民经济发达路途上,是一个不可少而且是一种很重要的营业,就是这个道理。当然,贵业所经营的是各种有价证券各种公司股票,刚才所谈的公债票不过是其中的一种,兄弟不过把公债票举出来做一个例子罢了。贵会自钱业诸公参加扩大改组以来,嗣经孙坤山先生及各位委员,并前任主席陈荣山先生几番筹划,几番整顿,方才发展到这种田地,而最著名的汉口证券交易所,亦在这个时期安全产生,足见得贵会诸公苦心孤诣,努力会务,实在令人钦佩!我国百般都待建设,公债的发行一天必多一天,而贵业营业的发达,必定如旭日东升,这就是兄弟今天可作预贺的。

(《汉口商业月刊》第 2 卷第 7 期)

14.汉商会主席来沪

(1935 年 7 月 12 日)

汉口市商会主席黄文植,于前日来沪,接洽商业事务。昨日中午,本市商会公宴于银行俱乐部,到有王晓籁、王延松、俞佐庭、徐寄庼、郭秉文、陈蔗青、金润庠、柯干臣、潘光迥、严谔声等,对沪汉工商业发展事务,有所商议。

(《申报》)

15.江水续涨八寸,武汉形势危迫

(1935年7月14日)

(汉口)汉商会十二日开紧急会,决议:一、筹赈救灾;二、请警部备划五百只;三、由会备旗千份,请警部盖印通行,以便救护灾民。(十二日专电)

(《申报》)

16.黄文植由沪电汉,救济金融已得结果,赈济水灾尚待接洽,市府向银界商得放款救济

(1935年7月17日)

汉商会代主席苏汰余,日来因救济汉市金融暨水灾事,曾迭电上海黄文植主席,请其就近与宋部长、孔部长及各银行洽商,昨得黄氏复电,在沪分谒宋、孔两部长与中、中、交三银行总裁,对汉市金融已允极力扶助,关于救济水灾,已允筹款赈济。兹将黄氏原电,及市府令文分志如次:

沪各界同情鄂灾,黄文植昨由沪电苏汰余。略谓:在沪分谒孔部长、徐次长,对于汉市金融,蒙允救济,今早复晤徐次长。据云:孔部长已于前夕电令汉口银行公会,接受货物抵押之办法,以二百万元为限。惟此事经弟声明,由市府与商会负责,务请市府通力维持,共同负责,且此种货物抵押办法,系照市面行情,定一相当折扣,原无丝毫危险,不过市府与商会再有负责表示,更足以壮银行之胆,以促此事之成功。弟今早面晤中央银行陈副总裁、交通银行唐总经理,均允分电汉口,上午再访宋部长,亦请其再发一电,看来此事必无问题。至省农两行方面,应请吾兄邀同市长,前往一洽为幸。汉水既已成灾,甚望勿再扩大,连日分谒各团体,对于筹赈救济,均表同情,闻许静老决乘江安轮赴汉视察灾情,何日到汉,务请妥为款待,并将各处被灾情形,预备面告。弟本拟即返,现以灾情严重,须向各慈善团体,再作一度接洽,两三日后即返汉云云。

三银行允放押款,市府为维护汉上金融,于昨日令知市商会云:本府因长江水位突破记录,为汉市安定金融,镇静人心起见,曾于七月十四日电请中央、中国、交通银行三总行仍本上次扶助钱业精神,对于抵押放款,尽量承做,以资活泼,并电请财政部部长,转饬遵办各在案。兹按该三总行七月十五日电开:寒电敬悉。汉市水势增涨,社会金融不安,尊拟设法镇静,极佩尽惩。承商抵押放款一节,如属敝行等照章可以承受之抵押品,而保障又属安全,自可照做。除转知敝汉行外,特此奉复。等由,合行令仰知照。

(《大光报》P270)

17.叶蓬辞防汛督办，两商会分电挽留

（1935 年 7 月 18 日）

武汉警备司令叶蓬氏，自奉令督办汉市防汛，统一指挥，遂即不分昼夜。驻堤督促数万兵工，将已发生之险象之张公堤各段，渐次抢堵复原。顷者，闻叶司令有恳辞督办汉市防汛之讯，群情惶悚，汉商会湖北全省商联会，特于昨日联衔致电叶司令，要求照常负责，俾竟全功。同时并电呈行营张主任、绥署何主任、省府张主席，请迅赐挽留。兹分志原电如次：

武汉警备司令叶钧鉴：此次洪水暴发，江汉滔滔，而保障汉市之张公堤，逐段发漏，危险万分，自我公奉委为防汛督办而后，整饬工作，统一指挥，昼夜抢防，不辞劳怨。尤以姑嫂树一带，堤身崩塌，岌岌可危，幸赖我公督工抢护得力，现将转危为安，一发千钧，稍纵即逝。忽闻我公因故辞职，群情惶惑不安，窃恐防堵稍疏，功亏一篑。除分电挽留外，万恳我公以汉口八十余万人生命为重，仍准照常负责俾竟全功。临电不胜惶悚待命之至。

武昌国民政府军事委员会委员长行营主任张，湖北省政府主席张，汉口驻鄂"绥靖"主任何钧鉴：此次洪水泛滥，继涨增高，江汉滔滔，形势险恶，而所恃以为汉市保障之张公堤，防不胜防，逐段发漏，昼夜抢筑，彼溢此倾，险象环生，惧将不免为二十年之续。自叶司令奉委为防汛督办之后，整饬工作，统一指挥，连日在堤督率，劳怨弗辞，尤以姑嫂树一带堤身崩塌，岌岌可危，因叶司令督工抢护得力，现将转危为安。百尺竿头，稍纵即逝，顷闻叶司令因故辞职，惶悚莫名。窃恐防堵稍疏，功亏一篑，万恳钧座迅赐挽留，令即照常负责，用竟全功，迫切陈词，伏希鉴核施行，不胜翘待之至。

（《大光报》P282）

18.（武汉警备司令）叶（蓬）复两商会电

（1935 年 7 月 19 日）

武汉警备司令叶蓬氏，以张公堤已发生险象各段，业经以军法督令兵工，不分昼夜，高速抢堵，一律竣工，抢险既过，今后自应再由江汉工程局继续增筑强固，故已请准张主席解除临时统一指挥责务。汉商会，湖北全省商联会，闻讯以张公堤此次险象，全得叶司令昼夜辛勤，督工抢筑，全市始能赖以得安，今忽言去，人心惶悚，特联衔致电叶司令挽留，要求继续照常负责，叶司令据电后，即于昨日电复该两商会云：（衔略）公鉴：筱电诵悉，查自元日奉张主席令，赴张公堤统一指挥，督率抢险，各崩裂浸漏之处，均经以军法督令兵工，不分昼夜，高速抢堵，于筱日一律堵筑完竣，即姑嫂树西端闸眼港，及泾口两最危险处，亦不过再加椿抛石，更期强固而已。且张公抢身各弱点，而可发生危险之处，既均已一一出现堵筑，正如人身疮痍，既均已疡溃，而遍加治疗，故崩漏堵筑之处，若是之多，此后当不致再发生新险。况连日江汉水位，均已下降甚多，压力减轻，危虑更少。依以上所述各情，故张公堤已无危险，实堪认定，若有危险，蓬自亦不肯片时离开，蓬既已精诚抢险，自亦不虚伪欺人，所望我市民安心无虑者也。惟堤工本有专责，抢险既遵，自应再由堤工主管机关负责，继续增筑强固，以保安全。若仍由蓬统一指挥，或反妨碍工之进行与企图，故已请准张主席解除临时统一指挥责务。然为增强工事程度计，仍合警备旅

副旅长沈澄督率必要部队，继续协助工作，万一尚有新险须抢，蓬亦自不必待令，而行亲赴险地，协助江汉工程局督兵抢险云。

（《大光报》P294）

19.（汉口市政府）令汉口市商会、机器米业同业公会、杂粮号业同业公会、公安局准函请禁米商居奇抬价等由除分别令遵外仰转各同业禁止抬价随时密查严办

（1935 年 7 月 22 日）

案准平汉铁路特别党部执行委员会第四七一四号公函开：案据本会第七区党部七月十四日呈称，查日来江水高涨，市民正在极度恐慌之中，而汉市各米商，则以为有机可乘，故意将食米居奇，掯不售出，市民向之购米，若非素有往来者，则竟称无米，即素识者，亦以无人送米为辞，若不得已而售出，则类以四号米作头号之价，每担暗中增一二元。其对于贫民之零购者，则常日每升售六百文者，此时竟增至八百文。以此之故，一般市民，咸怀粮食恐慌之心。惟查汉市食米，来源尚旺，存积亦多，乃彼辈米商，居心不良，故意造成粮食恐慌之现象，以遂其高抬米价之图！本会有见及此，不敢缄默，经第三十三次常会议决：呈请上级党部转函汉口市政府，切实限令米商，不得居奇食米，高抬米价；并函请汉口市党部，注意汉市食米价格，或设立食米公卖处、平粜处等，以免贫民重受米商高价之剥削，俾于此极度恐慌之中，再受剥削之苦，则幸甚矣。是否有当，理合备文呈请均会鉴核转请施行，并祈指令示遵，实为公便。等情，据此。相应函请贵府查照办埋，并希见复为荷！等因，查防汛期间，禁止米、面、煤炭各业居奇抬价一案，早经本府分别令遵在卷。兹准前因，除分令本市商会、机器米业同业公会、杂粮号业各同业公会禁止居奇抬价，公安局随时密查严办外，合行令仰该会即便转知各同业禁止居奇抬价切切！该局随时密查严禁为要！此令。

市长　吴国桢

（《湖北省政府公报》第 119 期）

20.汉商会今日召麻袋商开会，评议麻袋价格

（1935 年 7 月 22 日）

日前江患猛涨，各堤岌岌可危，麻袋为防水主要对象，汉市府深恐麻袋商人，乘机居奇，有碍灾防，乃取断然处置，令由公安局将各麻袋号所有麻袋，一律封存，以便随时提取应用，一面令由汉商会，秉公评价。兹者江襄水势日落，各堤工程，均将告竣，汉商会特定今日下午二时，召集各麻袋业商人开会，评议价格。

（《大光报》P330）

21.黄文植谈中、交等行集款二百万流通市面

（1935 年 7 月 24 日）

即召开慰劳抢险官民大会，沪善团对赈鄂灾均表同情。

汉商会主席黄文植氏,于本月上旬返九江原籍公干,旋即赴沪,向财部当局及中、交等行领袖,洽商援助振兴汉市商业,流通金融事项,比复接汉商会同人电告:鄂省本年又重罹水灾,惨重异常。特就近向上海各界,呼吁乞赈。兹以各事已获有圆满结果,业于前晚由沪乘江华轮返汉。记者昨晤黄氏于商会,叩以在沪洽商收获,当承见告如下:

黄氏谈话,余(黄自称)抵沪后,即晋谒财部孔部长,经委会宋常务委员,并饬中、交等银行领袖,由予申述请求援助振兴汉市商业,流通金融事项,各当局以汉市迭受水旱灾影响,实有援助必要,允予由中、中、交三行,各电汉行,共集二百万元现金,活动市面,其在沪接洽经过,已迭次电汉报告,毋庸赘述。余于沪自得鄂省复罹水灾电后,甚为焦虑,比即分访上海各界筹募旱灾义赈会干事屈文六、黄涵之,济生会李寿珊、朱叶尘,及华洋义赈会红十字会等各慈善团体领袖,请求救济,均邀表示深刻同情。余原定十五日与许委员长世英,同轮返汉,嗣因要务缠身,乃改乘江华轮西上,沿途所见,江苏灾情比较为轻,安徽芜湖及安庆下游等地灾情,比较为重,但至上游以近汉口,一片汪洋,尽成泽国,返汉后,更悉汉口以至沙宜、鹤峰等地,沿襄河两岸各县,无不遭受惨重水灾,真有令人不忍闻、不忍言者。余于沪时,由阅报而得悉张公堤之未出险,汉市之未被淹者,系由叶司令督率数万兵工,不分昼夜,拼命抢护,始克化险为夷,保全汉市生命财产,叶司令劳苦功高,实令全市市民敬佩莫名。予决定明日(即今日)代表全市商民,前往慰问,并拟集合全市商民,举行慰劳大会,慰劳党军政各长官,及十余万人抢险员工民伕。至振兴本市商业,流通金融,日前已承张主席召开会议,决定办法。关于押款事宜,现已定期二十五日召开临时执监联席会议,详讨确定办法,并组织审查委员会,从事审查货物价格,以便押借云云。

(《大光报》P354)

22.武汉大风,长江水势涌汹

(1935年7月24日)

(汉口)汉商会以官民军警护堤抢险,劳苦功高,决开慰劳大会,黄文植已返汉主持筹备,至救济金融,由中交五行集资二百万贷押,即施行,并由商会负货物审查介绍押贷之责。(二十三日专电)

(《申报》)

23.黄文植昨日慰问叶(蓬)、吴(国桢)

(1935年7月25日)

汉商会主席黄文植氏,以汉市此次幸未惨罹水灾原因,厥为叶司令蓬与市长国桢,督工抢护得力,始克化险为夷,人民生命财产,得以保全,特于昨日午后偕同该会监察委员贺衡夫,前往警备部、市政府,代表全市商民,慰问叶司令、吴市长。

(《大光报》P366)

24.保险赔款公断会昨成立并开首次会，会中经费决在赔款项下抽收

（1935 年 7 月 25 日）

由市商会召集之汉口市保险赔款公断委员会，于昨日下午五时在市商会成立；并举行第一次会议，出席人市商会苏汰余、乐作霖、喻燮卿，保安公益会叶观生、陈邦本，业主会胡治安，律师公会黄灿，参加人保险业武昆山。首由主席乐作霖报告，略谓本会系根据叶观生、马圻源两委员之建议而组织，会经上次筹备议决，由市商会、保安公益会、业主会、律师公会、会计师公会，分别推员参加。其间因会计师公会，正在筹备，须俟其正式成立后，方能推举外，其余均已推定云云。

讨论事项：（一）本会组织简章应如何拟定案，决议：推苏汰余、黄灿、陈邦本三委员会同原提案人起草，由苏委员召集。（二）本会地址应如何觅定案，决议：暂假市商会办公。（三）本会经费应如何规定案，决议：暂以赔款总数在不满万元者，抽收百分之二。一万元至五万元，抽收百分之一五。五万元以上者，抽收百分之一。（四）本会应如何备案案，决议：俟简章拟定交下次会通过后，即呈请市政府备案。

（《大光报》P367）

25.汉商会今日开会讨论流通金融振兴市面案，并请金融耆宿莅会指导

（1935 年 7 月 25 日）

汉商会定今日下午三时，召集临时执监联席会议，讨论振兴商业，流通金融办法。并请金融界耆宿莅会参加，指示一切。昨已分别函知，请准时出席，兹志原函如下：（一）致全体执监委员函：敬启者，兹因关于维持本市金融一案，特定七月二十五日下午三时，开临时执监联席会议，讨论办法，俾利进行。除分别通知外，相应函达台端，即希查照，届日准拨冗莅会，以资集议，幸勿吝玉，至为企盼，顺颂台绥。（二）致李德齐、熊寿征、余德馨、万泽生、李鼎安函：敬启者，兹因敝会，对于维持本市金融一案，有讨论进行办法之必要，已定本月二十五日下午三时，召集全体执监委员开临时联席会议，夙仰台端，对于金融情形，研究有素，经验宏富，而维市面又极热心，务祈届时莅会参加，指示一切，俾资遵循云云。

（《大光报》P367）

26.商会电蒋大使动以桑梓之情，请向委座乞赈樊城灭顶人皆鱼游大地陆沉尽成泽国，务恳转请中央特别援助

（1935 年 7 月 26 日）

汉商会以本省迭遭天灾人祸，农村破产，商业凋敝，今年赴罹水灾，哀鸿遍野，嗷嗷待哺，决非少数款项所能拯救。爰于昨日，致电在川公干之蒋大使作宾，暨参谋团主任贺国光等，请悯念桑梓，就近转呈蒋委员长，迅赐特电中央，特别援济，以维鄂局，而惠灾黎。原电

如下：

成都探投蒋大使雨岩、参谋团贺主任元靖、晏主任殿翘、万师长武樵、戴参议经尘、邱参谋伯衡公鉴：本年夏汛时期，淫雨不止，洪水泛滥，继长增高。迨至本月初旬，江汉雨水，同时暴涨，沿江各堤，多被溃决，尤以襄河奔放，平地风波，十丈急流，横决无阻。

樊城灭顶不及攀缘，居民转入洪涛而死者，约以数十万计，随流漂没，触目皆尸，见者伤心，闻者掩鼻，而幸庆生存者，又以粮食绝源，奄奄待毙，武汉当合流之冲，滔滔皆是，形势险恶，固不待言。而保障本市之张公堤，逐段发漏，岌岌可危。惟经武汉警备叶司令，奉命督饬兵工，昼夜抢堵，辛苦无虞。然四面环流，几同海市，以本市一隅之现状而论，固较二十年水位稍低，然各地堤防，尽行崩溃，田庐冲毁，荡拆离居，实较二十年灾情为尤重。窃以鄂省腹心之地，年来遭致水□两灾，农村破产，商业凋残，去岁继之以大旱，颗粒无收获，十室九空。今又降此鞠凶，遍野哀鸿，嗷嗷待哺，以言急赈，则杯水无济于车薪；以言善后，则桑田已沦为沧海，老弱转乎沟壑，不过见者伤怀；而壮者散于四方，每易流为盗寇。饥寒所迫，无怪其然。伏念蒋委员长，入川□□，联夕无暇，较之武侯五月渡泸，深入不毛，尤为劳苦。其目的所在，则以为国为民也。鄂省以地理历史上之关系，动系大局之安危，胡天不吊，累岁灾祲，地方如此其苦矣，灾情如此其惨重，后患又如此其可虞，非得中央特别拯救，则饥民啸聚，影响治安，将见委座之救国救民，动多掣肘，诸公公忠体团，桑梓情殷，万恳鉴谅前情，就近转呈委座，迅赐特电中央，特别救济，以维鄂局，而惠灾黎。临电涕泣，无任感祷。汉口市商会主席黄文植暨全体执监委员叩有(二十五)日。

(《大光报》P5)

27.金融审查会，市商会将扩大组织，发言者甚多，假定三项办法，俟征银行业意见再行讨论

(1935 年 7 月 26 日)

汉口市商会主席黄文植，以流通汉口市金融一事，业已在沪与孔财长，暨中央等银行领袖，接洽就绪，电请汉上中、交等银行以二百万元，放做押款，流通市面。但审查押款货物，应否由商会组织审查委员会，及如何进行组织，则关系甚大，亟应详加讨论。以是于昨(二十五)日下午三时，召集全体执监委员举行流通金融联席会议，首由黄文植主席报告在沪接洽经过，继续发言者多人，结果由主席归纳各委员意见，而决定以下三点：(一)假定审委会委员七人，市府一人，商会三人，银行公会三人。(二)请吴市长同至银行征询意见。(三)俟征询银行公会意见后，再召集大会，讨论实行组织办法。

(《大光报》P6)

28.汉商会为鄂灾请求救济

(1935 年 7 月 26 日)

鄂灾民逾七百万，受灾区域计四十九县，被淹四百余万平方里。(汉口)汉商会电蒋作宾、贺国光等，以鄂灾惨重，后患可虞，非特别救济，议民啸聚，影响治安，请就近呈请委座，转电中

央援救，以维鄂局，而惠灾黎。（二十五日专电）

（《申报》）

29.汉商会昨开流通金融联席会议

（1935 年 7 月 26 日）

（汉口）汉商会十五日开流通金融联席会议，决组货物审查会，请市府银会参加。（二十五日专电）

（《申报》）

30.鄂灾惨重，黄文植建议应扩大募捐

（1935 年 7 月 27 日）

孟广澎谈实施急农工赈，需款千九百万，望各界努力捐输以救灾胞。

汉商会主席黄文植，此次被推为水灾救济会劝募组主任，当以事关慈善，义不容辞，自应积极劝募，以尽职责。兹以本省大水为灾，被淹区域，达四十余县之多，受灾人民，约有数百万。关于赈济一项，除请中央拨发公帑，俾贤筹办外，非向省外军政机关，及各慈善团体暨鄂籍同乡，广为劝募，汇集赈款，不足以资拯救而利事功。爰拟具提案，建议水灾会，请用大会名义，定期召集武汉军政绅商各界，开扩大募捐会议，当场分请担认募捐事宜。至开会之日，恳请张主任、张主席、何主任，莅临指导。并请任发起名义，以引起各界注意，一方面将捐册分寄省外各军政机关，及慈善团体，请予代募捐款，似此分途并进，或可募集成数，俾灾民得以苟延残喘。同时，并以滨临江汉各县堤垸，自被洪水溃冲以后，凡属农村，均被冲毁，而农产物品，现多无存，其灾之惨重，较之二十年实尤过之。初步施赈，当以筹办急赈为要着。然急赈只能救济于一时，究非善后之图。现在水势已渐退落，关于各农田可以补种秋粮者，自应预为查明，其已溃各堤之决口，一俟水涸，亟应分别修复，亦特拟具提案。建议水灾会，即日严令各县县长，详查水退以后，补种秋粮，应需何项种籽，以及如何赶筑塘堰，切实具报省政府、民政厅，庶急赈之后，得接办农工各赈，以资补救，而惠灾黎。（下略）

（《大光报》P17）

31.流通金融案，商银两会决定办法，由银行界组织货物审查会，市政府、商会共负担保责任

（1935 年 7 月 28 日）

汉商会对于振兴商业，流通金融，曾于前日召开临时执监委员联席会议，决定组织货物审查委员会原则，昨日吴市长国桢，黄主席文植，特先后前往银行公会，与该会负责人，对审委会组织，详加讨论，经官商会同详商结果，是项货物审查委员会，决由银行公会单独组织，市商会则负责介绍与担保，黄主席于返归商会后，召开临时常务会员会议，报告在银行公会洽商经过。比决定，定于二十九日下午四时，再行召开临时执监委员联席会议，一面漏夜通知各同业公会，

转询各商号,是否需此项押款,如属需要,限于二十九日以前,将拟押货单,开送本会,以便转交银行,公会货物审查委员会审查,押放款项。

(《大光报》P30)

32.(湖北财政厅)呈省长为转来商会联合会修订货税报验所简章祈鉴核备案文

(1935 年 7 月 30 日)

呈为转来商会联合会等函送修订货税报验公所简章仰祈鉴核施行事,案准湖北全省商会联合会、武昌汉口总商会、汉阳商会函开:案准贵厅复函以敝会等前送拟定组设货税报验公所简章,尚有应行修订之处,缕叙理由,分条签注,请即查照。克日议决见复等因。当以原拟简章所载斛以汉抬斛为准秤,以海关秤为准,曾经贵厅代表到会之科长在敝汉口总商会当场认可,仅量尺一项,双方磋议迄未决定,且尚有附加税款亦未经商定办法。特函请贵厅长莅会当面商量,共同妥议,本月按日承贵厅长驾临敝汉口总商会出席会议,业将上述情形当面陈明,仰荷曲体商情,斛秤两项允照原拟定,惟量尺则遵照前函,以复农商部校准通令者为准。至其他应行修改各条,亦已查照一律修正。准函前因和将此次修订报验公所简章另缮清折一份,函送贵厅长,请烦查核备案,仍悉见复。等因,准此。查所送该公所简章,核与此次会议事理相符,条文亦与原送无异,除函复外,理合抄录章程备文呈请,兼宪府赐鉴核施行谨呈。

(《湖北财政月刊》第 17 期)

33.汉口商会乞赈

(1935 年 7 月)

汉商会以本省今年复罹水灾十室九空,遍野哀鸣,嗷嗷待哺,特电在川之蒋作宾、贺国光就近请向蒋委座为灾民乞赈,并转电中央特别援济,以救灾黎,蒋委员长轸念鄂灾,电农行拨五万救济,水灾会今日决议建议省府电经委赶修襄河溃口,预防秋汛,武昌武惠堤百孔千疮,前晚崩塌七里许,经抢筑后,幸获安全,但仍未脱险,平汉路聂叙江岸间被水冲毁后,因便于宣泄河水,前未修筑,现河水低落,经该路当局商定,连夜赶修,念六日晨修竣,当日全路恢复交通。

(《兴华》第 32 卷第 29 期)

8 月

1.汉口商会介绍职校生工作已函裕华纱厂设法

（1935 年 8 月 1 日）

汉口市商会，所办之商业职校第一届毕业生，计有朱仲翔、胡贤成等十余名，成绩均甚可观。校长陈经畬，特依照该校创立之宗旨，请商会黄主席分别介绍至裕华等纱厂充当练习生，昨已由会分别函介矣。

（《大光报》P7）

2.武汉各界举行救灾募捐大会，当场募集赈款五万余元

（1935 年 8 月 5 日）

（汉口）武汉各界，四日下午四时，在汉商会举行救灾募捐大会，到各界代表五百余人，孟广澎主席、张群等先后致词，当场募赈款共五万余元，并决定由救灾会推派代表赴京，陈述灾情，请愿救济。（四日专电）

（《申报》）

3.湖北全省商会联合会会衔电各机关团体请赈鄂灾

（1935 年 8 月 10 日）

南京国民政府、行政院、财政部、赈务委员会、司法院居院长、教育部王部长、中执委石蘅青先生、立法院彭临九先生、监察院刘禺生先生、旅京湖北同乡会、上海全国经济委员会采委员长、成都蒋委员长钧鉴：上海市商会、旅沪湖北同乡会，并转各慈善团体钧鉴：窃以本年夏汛时期，淫雨为患，洪水暴发，泛滥无涯。迩来江汉两水同时增涨，沿岸提防尽行溃决。尤以汉水上游之樊城、襄阳俱遭灭顶，水高十丈，人尽其鱼。千里天沔，沦为泽国，急流奔放，居民逃避不及，转入洪涛而死者，约以数十万计。随流漂没，触目皆尸。是诚见不忍见，闻不忍闻之惨痛也。武汉当二水合流之冲，形势险恶，已可概见。原有各堤，均属岌岌可危，昼夜抢防，今尚未能脱险，纵可苟全，不过一隅之无恙。而灾情奇重，已较二十年而有过之。被灾救灾，自苦无力，奄奄者众，急济尤难。万恳诸公怜鉴前情，大施恻隐。或拨公帑以办急赈，或解私囊以惠孑遗。发政施仁，同声呼吁。临电迫切，无任驰忱！汉口市商会湖北全省商会联合会同叩条。

（《汉口商业月刊》第 2 卷第 8 期）

4.汉口市商会电成都蒋大使等请转呈蒋委员长筹赈鄂灾

（1935年8月10日）

成都探投蒋大使雨岩，参谋团贺先生元靖，晏主任殿翘，万师长武樵，戴参议经尘，邱参谋伯衡公鉴：本年夏汛时期，淫雨不止。洪水泛滥，继长增高，迨至本月初旬，江汉雨水，同时暴涨，沿江各堤，多被溃决，尤以襄河奔放，平地风波，十丈急流，横决无阻。襄樊灭顶，人尽其鱼。千里天沔，尽成泽国，树梢屋顶，不及攀缘，居民卷入洪涛而死者，约以数十万计。随流漂没，触目皆尸。闻者伤心，见者掩鼻。而幸庆生存者，又以粮食绝源，奄奄待毙。武汉当合流之冲，滔滔皆是，形势险恶，固不待言，而保障本市之张公堤，逐段发漏，岌岌可危。虽经武汉警备叶司令奉命督饬兵工，昼夜抢堵，幸告无虞，然四面环流，几同海市。以本市一隅之现状而论，固较民国二十年水位稍低，然各地堤防，尽行崩溃，田庐冲毁，荡析难居，实较民国二十年灾情为尤重。窃以鄂省腹心之地，年来遭致水匪雨灾，农村破产，商业凋残，去岁继之以大旱，颗粒无获，十室九空。今又降此鞠凶，遍野哀鸣，嗷嗷待哺。以言急赈，则杯水无济于车薪，以言善后，则桑田已沦为沧海。老弱转乎沟壑，不过见者伤怀，而壮者散于四方，每易流为盗寇，饥寒所迫，无怪其然。伏念蒋委员长，□□□□，昕夕无暇，较之武侯五月渡泸深入不毛，尤为劳苦，其目的所在，则以为国为民也。鄂省以地理历史上之关系，动系大局之安危，胡天不吊，累岁灾祲。地方如此其疾苦，灾情如此惨重，后患又如此其可虞，非得中央特别拯济，则饥民啸聚，影响治安，将见委座之救国救民，动多掣时。诸公公忠体国，桑梓情殷，万恳鉴谅前情，就近转呈委座，迅赐特电中央，特别援救，以维鄂局而惠灾黎。临电涕零，无任感祷！汉口市商会主席黄文植暨全体执监委员同叩。

（《汉口商业月刊》第2卷第8期）

5.汉口市商会函各业公会转发调换印花办法

（1935年8月10日）

敬启者，案准湖北印花烟酒税局函开：案奉财政部1935年7月有日代电开：查各省市办理登记旧印花税票之申请书册，已据陆续呈部，行将审核完竣，自应定期调换，以昭大信。兹订定调换旧印花税票办法六条公布施行，除分电外，合将原办法随电颁发，仰即遵照办理！至商民贴用旧印花应如何处置，仰候另电饬遵。等因，附调换旧印花税票办法一份。奉此。自应遵办。除俟新印花税票奉发到局，再行函知外，相应抄录调换旧印花税票办法一份，函请贵会查照。等因，附抄送调换旧印花税票办法一份。准此。除分知外，相应抄同原办法一份函送贵会，即希查照为盼。

汉口市商会启

调换旧印花税票办法

一、各省市（市以直隶行政院者为限）业经核准登记之旧印花税票，由7月份起，依下列标准调换新印花税票。

1万元以内者，仅一个月调换

2 万元以内者,分两个月平均调换
4 万元以内者,分三个月平均调换
6 万元以内者,分四个月平均调换
10 万元以内者,分五个月平均调换
10 万元以上者,分六个月平均调换

二、各省市业经核准登记之旧印花税票,除数目在一万元以内者应一次缴换外,其数目在一万元以上者,应由各省市商会先行汇集,并会同各该省印花烟酒税局详细点验,仍封存于各该商会内,以备按月依照第一条之规定换领新印花税票。

三、各省市每月应换之新印花税票,应由财政部照第一条规定之标准核明发交各该省印花烟酒税局换领。其每月收回之旧印花税票,并应列表缴部销毁。

四、每月换领新印花税票时,应由各该省市商会同省印花烟酒税局依照第一条所定之标准数目,在封存之旧印花税票内,如数检出,缴由省局分别给领缴销。

五、各商店每月应换之数目,应由各该省市商会视其存花之多寡支配之。

六、各省市应换之新印花税票,应一律由财政部加盖各该省名,以示区别。此项新票只准各商店自用,如有私擅发售情弊,经查明属实者,应将其印花税票没收之。

(《汉口商业月刊》第 2 卷第 8 期)

6.汉口市商会函各业公会转发二十三年关税公债条例

(1935 年 8 月 10 日)

敬启者,案奉汉口市政府和字第 9236 号训令开:案奉湖北省政府省秘一字第 458 号令开:案奉行政院第 3729 号训令开:案奉国民政府民国二十四年六月二十九日第 529 号训令内开:为令知事:查民国二十三年关税公债条例,现经制定明令公布,应即通饬施行,除分令外,合行抄发该条例暨附表令仰知照,并转饬所属一体知照。此令。等因,奉此。除分行外,合行抄发原件令仰知照,并转饬所属一体知照。等因,附条例及表格一份。奉此。除分令外,合行抄同原附件令仰知照。此令。等因,计抄发民国二十三年关税公债条例暨附表各一份。奉此。除分饬外,合行抄发原条例及附表令仰该会遵照,并转行知照。此令。等因,计抄发原条例及附表各一份。奉此。除分知外,相应抄同原件函达,查照是盼。

汉口市商会

附原条例及附表

民国二十三年关税公债条例

1935 年 6 月 29 日

第一条　国民政府为弥补民国二十三年度总预算收支不敷,因财政部换回销毁民国二十三年关税库券票面五千万元,腾出基金发行公债,定名为民国二十三年关税公债。

第二条　本公债定额为国币一万万元,于民国二十四年六月三十日发行。

第三条　本公债按票面九八发行。

第四条　本公债利率定为年息六厘,每年三月、六月、九月、十二月之末日各付息一次。

第五条　本公债债期定为十年,每年三月、六月、九月、十二月之末日各还本一次。第一年还总额 4%,第二年、第三年各还 6%,第四年还 8%,第五年至第八年各还 12%,第九年、第十年各还 14%,至民国二十四年六月三十日本息全数清偿。

第六条　本公债应还本息基金,以换回销毁之民国二十三年关税库券票面五千万元原有基金移充外,其不敷之数,在新增关税项下照数补足,由财政部命令总税务司,依照还本付息表所载应还本息数目,按月平均拨存中央银行,列收国债基金管理委员会账户,专款存储备付。

第七条　本公债票面分五千元、千元、百元三种,均为无记名式。

第八条　本公债指定中央银行为经理还本付息机关。

第九条　本公债债票得自由买卖、抵押。凡公务上有须缴纳保证金时,得作为替代品,并得为银行之保证准备金。

第十条　对本公债有伪造及毁损信用之行为者,由司法机关依法惩治。

第十一条　本条例自公布日施行。

民国二十四年关税公债还本付息表

年月	现负债额	期次	还本数	付息数	本息共计	原有基金数	增发基金数
1935 年 9 月	100.000.000	1	1.000.000	1.500.000	2.500.000	2.107.500	392.500
1935 年 12 月	99.000.000	2	1.000.000	1.485.000	2.485.000	2.085.000	400.000
1936 年 3 月	98.000.000	3	1.000.000	1.470.000	2.470.000	2.062.500	407.500
1936 年 6 月	97.000.000	4	1.000.000	1.455.000	2.455.000	2.040.000	415.000
1936 年 9 月	96.000.000	5	1.000.000	1.440.000	2.440.000	2.017.500	422.500
1936 年 12 月	95.000.000	6	2.000.000	1.425.000	3.425.000	1.995.000	1.430.000
1937 年 3 月	93.000.000	7	1.000.000	1.395.000	2.395.000	1.972.500	422.500
1937 年 6 月	92.000.000	8	2.000.000	1.380.000	3.380.000	1.950.000	1.430.000
1937 年 9 月	90.000.000	9	1.000.000	1.350.000	2.350.000	1.927.500	422.000
1937 年 12 月	89.000.000	10	2.000.000	1.335.000	3.335.000	1.905.000	1.430.000
1938 年 3 月	87.000.000	11	1.000.000	1.305.000	2.305.000	1.882.500	422.500
1938 年 6 月	86.000.000	12	2.000.000	1.290.000	3.290.000	1.860.000	1.430.000
1938 年 9 月	84.000.000	13	2.000.000	1.260.000	3.260.000	1.837.500	1.422.500
1938 年 12 月	82.000.000	14	2.000.000	1.230.000	3.230.000	1.815.000	1.415.000
1939 年 3 月	80.000.000	15	2.000.000	1.200.000	3.200.000	1.792.000	1.407.500
1939 年 6 月	78.000.000	16	2.000.000	1.170.000	3.170.000	1.770.000	1.400.000

（续表）

年月	现负债额	期次	还本数	付息数	本息共计	原有基金数	增发基金数
1939 年 9 月	76.000.000	17	3.000.000	1.140.000	4.140.000	2.247.500	1.892.500
1939 年 12 月	73.000.000	18	3.000.000	1.095.000	4.095.000	3.210.000	885.000
1940 年 3 月	70.000.000	19	3.000.000	1.050.000	4.050.000	3.165.000	885.000
1940 年 6 月	67.000.000	20	3.000.000	1.005.000	4.005.000	3.120.000	885.000
1940 年 9 月	64.000.000	21	3.000.000	960.000	3.960.000	3.075.000	885.000
1940 年 12 月	61.000.000	22	3.000.000	915.000	3.915.000	3.030.000	885.000
1941 年 3 月	58.000.000	23	3.000.000	870.000	3.870.000		3.870.000
1941 年 6 月	55.000.000	24	3.000.000	825.000	3.825.000		3.825.000
1941 年 9 月	52.000.000	25	2.000.000	780.000	3.780.000		3.780.000
1941 年 12 月	49.000.000	26	3.000.000	735.000	3.735.000		3.735.000
1942 年 3 月	46.000.000	27	3.000.000	690.000	3.690.000		3.690.000
1942 年 6 月	43.000.000	28	2.000.000	645.000	3.645.000		3.645.000
1942 年 9 月	40.000.000	29	3.000.000	600.000	3.600.000		3.600.000
1942 年 12 月	37.000.000	30	3.000.000	555.000	3.555.000		3.555.000
1943 年 3 月	34.000.000	31	3.000.000	510.000	3.510.000		3.510.000
1943 年 6 月	31.000.000	32	3.000.000	465.000	3.465.000		3.465.000
1943 年 9 月	28.000.000	33	3.000.000	420.000	3.420.000		3.420.000
1943 年 12 月	25.000.000	34	3.000.000	375.000	4.375.000		4.375.000
1944 年 3 月	22.000.000	35	3.000.000	315.000	3.315.000		3.315.000
1944 年 6 月	18.000.000	36	4.000.000	270.000	4.270.000		4.270.000
1944 年 9 月	14.000.000	37	3.000.000	210.000	3.210.000		3.210.000
1944 年 12 月	11.000.000	38	4.000.000	165.000	4.165.000		4.165.000
1945 年 3 月	7.000.000	39	3.000.000	105.000	3.105.000		3.105.000
1945 年 6 月	4.000.000	40	4.000.000	60.000	4.060.000		4.060.000
共计	100.000.000		36.450.000	136.450.000	48.867.500		87.582.500

（《汉口商业月刊》第 2 卷第 8 期）

7.汉口市商会函各业公会转发海口出口新税则

(1935 年 8 月 10 日)

敬启者,案奉汉口市政府训令内开:案奉湖北省政府民国二十四年七月十一日,省秘一字第 0191 号训令开:案奉行政院民国二十四年六月二十九日,第 3611 号训令内开:案奉国民政府民国二十四年六月二十五日,第 518 号训令开:为令知事:查海关出口税则,前经修正公布在案,兹将该税则再加修正,应即通饬施行。除公布并分令外,合行抄发此次修正海关出口税则令仰知照,并转饬所属一体知照,此令。等因,奉此。除分令外,合行抄发修正海关出口税则令仰知照,并转饬所属一体知照。等因,奉此。除分令外,合行抄发原修正税则令仰知照。此令,等因,计抄发海关出口税则一份。奉此。除分令外,合行抄发原修正税则令仰该会知照,并转行知照,此令。等因,计抄发海关出口税则一份,奉此。除分知外,相应抄同原修正税则函请查照是盼。

海关出口税则

1935 年 6 月 20 日修正公布

现行出口税则号列	货名		单位	税率国币银圆
一	动物之生活者	(甲)家禽	从价	5%
		(乙)其他	从价	7.5%
二	猪鬃	(甲)漂白	从价	5%
		(乙)其他	从价	7.5%
三	蛋及蛋制品	(甲)干蛋白、干蛋黄、黄白不分之干蛋	从价	2.5%
		(乙)冰湿蛋白、冰湿蛋黄、黄白不分之冰湿蛋(秘制蛋品在内)	从价	2.5%
		(丙)鲜蛋(鲜冻蛋在内)	从价	2.5%
		(丁)皮蛋、卤蛋	千	0.50%
七	蜂蜜(未净野蜂蜜在内)			免税
九	鲜冻肉	(甲)家禽野味	从价	5%
		(乙)其他	从价	7.5%
一〇	制过肉	(甲)散装整只火腿	百公斤	3.80%
		(乙)罐头肉		免税
		(丙)其他	从价	5%

（续表）

现行出口税则号列	货名		单位	税率国币银圆
一一	骨碎骨废骨		从价	7.5%
一二	牛皮胶			免税
一三	牛角及未列名角		从价	7.5%
二〇	牲油		百公斤	1.40%
二二	未列名动物产品			免税
二七	未列名生皮、熟皮制品	（甲）熟皮及熟皮制品	从价	5%
二八	海参	（甲）黑海参		免税
		（乙）白海参		免税
二九	鱿鱼、墨鱼			免税
三十	干鱼			免税
三一	鱼胶			免税
三二	鱼肚			免税
三三	咸鱼			免税
三四	鱼皮（鲨鱼皮在内）			免税
三五	淡菜			免税
三六	虾干、虾米			免税
三七	鱼翅	（甲）黑鱼翅		免税
		（乙）肉翅（即净鱼翅）		免税
		（丙）白鱼翅		免税
三八	碎虾米			免税
三九	未列名鱼介海产品	（乙）其他		免税
五二	子饼（碎饼粉在内）	（戊）未列名子饼（各种子饼子仁糠麸等混合而成之饲料或肥料在内）	百公斤	0.083%
五五	靛	（甲）干靛		免税
五七	姜黄	（乙）水靛		免税

（续表）

现行出口税则号列	货名		单位	税率国币银圆
五八	未列名植物性染料			免税
五九	栗子			免税
六〇	黑枣			免税
六一	红枣			免税
六二	荔枝干			免税
六三	桂圆干			免税
六四	桂圆肉			免税
六五	橄榄	（甲）鲜		免税
		（乙）咸及制过		免税
六六	橘子			免税
六八	未列名果品	（甲）蜜制及罐头果品		免税
		（乙）苹果		免税
		（丙）梨		免税
		（丁）柿		免税
六八	未列名果品	（戊）柿饼		免税
		（己）其他		免税
八九	八角油		从价	2.5%
九〇	豆油		百公斤	0.26%
九一	桂皮油		百公斤	14.00%
九二	革麻油		百公斤	0.90%
九三	棉子油		百公斤	0.24%
九四	花生油（生油）		百公斤	0.24%
九五	麻子油		百公斤	0.24%
九六	胡麻子油		百公斤	0.24%
九七	苏子油		百公斤	0.24%

（续表）

现行出口税则号列	货名		单位	税率国币银圆
九八	采油		百公斤	0.24%
九九	芝麻油		百公斤	0.24%
一〇〇	茶油		百公斤	0.24%
一〇二	未列名植物油		从价	2.5%
一〇三	柏油		百公斤	1.00%
一〇四	树蜡(漆油)		百公斤	1.00%
一〇五	花生	(甲)带壳花生	从价	0.10%
		(乙)仁(去皮花生仁在内)	从价	0.20%
一一八	未列名含有酒精三饮料			免税
一三一	雪茄烟纸烟			免税
一三三	烟丝			免税
一三四	未列名烟			免税
一三五	木耳	(甲)黑木耳	百公斤	3.00%
		(乙)其他	从价	2.5%
一三六	蒜头		百公斤	0.13%
一三七	金针菜		百公斤	0.70%
一三八	香菌		百公斤	5.50%
一三九	大头菜、咸罗葡干		百公斤	0.26%
一四〇	未列名干鲜咸菜蔬		从价	2.5%
一四一	腐乳			免税
一四二	饲料(青草干草)			免税
一四三	酱油			免税
一四四	粉丝、通心粉			免税
一四五	未列名植物产品			免税
		(乙)其他	百公斤	0.10%

（续表）

现行出口税则号列	货名		单位	税率国币银圆
一五二	柴		从价	5%
一七七	火麻		百公斤	2.30%
一七九	茕麻		百公斤	1.30%
一九〇	未列名纺织纤维		从价	5%
一九三	卷抽缝纫用棉线（长不过四六公尺）			免税
一九四	未列名棉线			免税
一九五	棉纱			免税
二〇〇	毛纱绒线			免税
二〇一	棉布			免税
二〇六	未列各匹头			免税
二〇七	棉毯、线毯			免税
二〇八	毛毯、棉毛毯			免税
二一〇	毛巾			免税
二一三	未列名纺织品	（甲）破布	从价	7.5%
		（乙）其他		免税
二一六	黄铜及其制品			免税
		（乙）箔		免税
		（丙）钉		免税
		（丁）丝		免税
		（己）锭块旧废黄铜（镕化旧黄铜在内）		7.5%
		（庚）其他		免税
二一八	紫铜及其制品	（甲）锭块旧废紫铜（镕化旧紫铜在内）	从价	7.5%
		（乙）片条钉		免税
		（丙）其他		免税

（续表）

<table>
<tr><th>现行出口
税则号列</th><th colspan="2">货名</th><th>单位</th><th>税率
国币银圆</th></tr>
<tr><td rowspan="3">二二一</td><td rowspan="3">铅及其制品</td><td>（甲）块条</td><td></td><td>免税</td></tr>
<tr><td>（乙）片</td><td></td><td>免税</td></tr>
<tr><td>（丙）其他</td><td></td><td>免税</td></tr>
<tr><td rowspan="3">二二三</td><td rowspan="3">锡及其制品</td><td>（甲）箔</td><td></td><td>免税</td></tr>
<tr><td>（乙）锭块</td><td>百公斤</td><td>3.90%</td></tr>
<tr><td>（丙）其他</td><td></td><td>免税</td></tr>
<tr><td rowspan="2">二二四</td><td rowspan="2">锌及其制品</td><td>（甲）白铅</td><td></td><td>免税</td></tr>
<tr><td>（乙）其他</td><td></td><td>免税</td></tr>
<tr><td>二三〇</td><td>砖瓦</td><td></td><td></td><td>免税</td></tr>
<tr><td>二三一</td><td>水泥</td><td></td><td></td><td>免税</td></tr>
<tr><td>二三二</td><td>大理石</td><td></td><td></td><td>免税</td></tr>
<tr><td>二三五</td><td>未列名泥土
砂石及其制品</td><td></td><td></td><td>免税</td></tr>
<tr><td>二三六</td><td>青矾</td><td></td><td></td><td>免税</td></tr>
<tr><td>二三七</td><td>明矾</td><td></td><td></td><td>免税</td></tr>
<tr><td>二三八</td><td>信石</td><td></td><td></td><td>免税</td></tr>
<tr><td>二三九</td><td>各种墨类</td><td></td><td></td><td>免税</td></tr>
<tr><td>二四〇</td><td>红丹铅粉黄丹</td><td></td><td></td><td>免税</td></tr>
<tr><td>二四一</td><td>碱（碳酸钾）</td><td></td><td></td><td>免税</td></tr>
<tr><td>二四二</td><td>雄黄</td><td></td><td></td><td>免税</td></tr>
<tr><td>二四三</td><td>松香</td><td></td><td></td><td>免税</td></tr>
<tr><td>二四四</td><td>家用及洗衣肥皂</td><td></td><td></td><td>免税</td></tr>
<tr><td>二四五</td><td>香皂</td><td></td><td></td><td>免税</td></tr>
<tr><td>二四六</td><td>碱（碳酸钠）</td><td></td><td></td><td>免税</td></tr>
<tr><td>二四七</td><td>火酒</td><td></td><td></td><td>免税</td></tr>
</table>

（续表）

现行出口税则号列	货名		单位	税率国币银圆
二四九	未列名化学品及化学产品			免税
二五五	蜡烛			免税
二五六	蜜饯糖果糖食			
二六一	石膏			
二六七	火柴			
二七〇	本税则未列名货品			

（《汉口商业月刊》第 2 卷第 8 期）

8.本会常委祝庸齐出席各业公会改选大会演辞汇纪

（1935 年 8 月 10 日）

（1）五月十八日在号栈业公会致词

今天是贵会改选执监委员的一天，兄弟代表汉口市商会前来参加，兄弟是非常愉快的。刚才市党部的指导员和市政府的监选员，说了许多的话，都是很有道理和有见地的。现在兄弟也循例说几句。

谈到我们的汉口，是我国的五大商埠中的一个大商埠，人口有八十多万，正式商店有二万多家，水路有轮船上通四川下达上海，陆路则有火车，北通平津，南通粤汉湖南，加之汽车路与襄府河民船可达汉中各州各县。最近新添有航空线，用飞机送运往来客商，交通更为利便，所以各地商人都聚集在汉口这个地方。因为客商多的缘故，所以贵业的号栈，就成为了客商极需要极便当的寓所，因之在过去贵业的营业非常地发达。但自民国二十年大水后情形，就不如从前了。这当然是受了农村破产经济崩溃各地商人无钱来汉口办货的影响。但是兄弟在前几天，看见报纸载有粤汉铁路快要完成，至迟年底可以通车，如果这消息成为事实，那时汉口更成了热闹市场，往来客商，比从前越发要加多，贵业的营业，一定能恢复到从前的兴旺，一定可以更加繁荣，这是兄弟今天代贵业可预为庆幸的事。适才看见贵会的会员名册表有会员 169 家，在商会所属的 136 个同业公会内中不能不算得一个会员最多的一个公会。但是一查贵业在商会注册的牌号，仅只有 11 家，尚有 158 家未向商会注册。希望贵会此一次改了选之后，尽量来商会注册，以谋商人的团结。如若说到市商会的本身，本来是完全建筑在各个同业公会的上面，如若同业公会健全坚固，市商会也就得到了健全坚固，同业公会有力量，市商会的力量也就随之增大。所以兄弟极希望贵会在这次改选当中，选出执监委员，对于会务特别努力，以期增大同业公会的力量，同时市商会也就得着帮助不小，这就是兄弟今天的盼望，也就是市商会的希望。

（2）七月十三日在印刷业公会致词

贵会是属于印刷业的一个团体，谈到印刷，兄弟马上感觉到有两点：第一，是我国在世界上的荣誉;第二,是从事于印刷业的人的功劳。

一个国家能够享受世界的荣誉,不在他的富强,也不在他的地广人多,而在他能够发明对于人类有利益的东西。我们一谈到欧美国家,觉得他们有莫大的光荣,这正是因为他们能够发明有利于世界人类的东西的原故,例如电灯、电话、有线无线电报、汽船、火车、飞机等类的发明,都是于人类有极大的益处,都是欧美国家发明的,所以欧美国家在世界上享有很大的荣誉。

我国近代没有什么发明,所以国际上的名誉,远在欧美之下。但是在古代或中古时候,我国却有发明,却于人类很有利益。贵业的印刷就是我国发明的一种。

原来在古时,我们要一本书,必须用笔抄写,费时很长,费工夫很大。到了隋朝,才发明用木板刻字印书,不过比较的便利。到了宋朝,更进一步发明活字板印刷书籍,比较木板更为便利。那个时候,尚没有美国,欧洲各国也不知道印刷是件什么东西,所以活字板的印刷是我国发明的,这不能说不是我国在人类中的很大的贡献,同时在世界上也享有相当的荣誉,这是关于第一点的说明。

我们又晓得世界文明的进步,一方面要保存已有的智识,一面要力求发明,同时另一方面要把这种智识和发明,传播到人们中间去,使人们能够了解,这样世界的文化,才能进展,人类才一天一天的进步。担任这种传播工作的人,从事于印刷业的,就是其中的一部分。就拿现在的报纸来说,国内、国外的消息和头一天发生的事情,我们坐在家里都晓得,就是依赖有报纸,而报纸能够印成,就是全靠从事于印刷业务的人。照这样说来,这种传播文字的功劳,却是不小,这是任何认识字的人所不能不感激的。这是在于第二点的说明。

各位同人,印刷虽然是我国发明的,但是达到现在这样精巧便利的程度,却是外国人改良的结果。我相信印刷尚有缺点,希望各位同人,加以研究,逐渐改良,做到尽善尽美的地步,那末,我们发明,我们改良,那就更有荣誉了。最后是希望贵会同人努力。

(3)七月二十日在卷烟业公会致词

贵会是贩卖卷烟的一个团体,卷烟的名词普通称为香烟。谈到香烟,在我国与外国尚未通商以前,中国还无这个名称,那个时候,我国丝烟极为盛行。不但各大市镇,都以丝烟待客,就是穷乡僻壤地方,没有哪一家不是以丝烟款待来宾的。所以那时丝烟铺,几乎无地不有。制造丝烟工人,到处皆是。那时人们吸烟,虽是属于消费的一件事,但是消费的钱,都花在本国商人和工人方面,因之商人和工人,反赖这些消费来接济生活。所以那时国家和社会,非常安定,利权也谈不到外溢。这个原因,就是以国货来卖国人的钱,以国人的钱来买国人货,不像现在的纸烟有外货掺杂,一部分金钱流入外国,我们看看现在的香烟,有一部分是英美烟草公司制造的,英美烟草公司,是外国人开办的。有一部分香烟,是我国资本制造的。但是英美烟公司的势力,在中国很不小。就拿现在销行的香烟来说,我们可以把香烟分作上、中、下三等来比较:上等香烟,如小炮台、大炮台、黄炮台、加力克、三五,阔一点的人都吃他,都是英美烟公司出品。中国烟公司,都没有一种能敌得住他的。所以阔人吸的香烟,都被外国公司夺去了。中等香烟,英美公司出品,有前门、红锡包。中国烟公司的,幸有白金龙、和美丽,还可相敌。下等的烟,英美公司有大小哈德门,中国公司有金磅、金斧、金鼠、金库、大香宾、船牌等等,可以相敌,但是均不及哈德门销行的普遍。照这样看起来,可以说英美烟公司的势力,现在在我国社会上还是有极大的力量,而且他们推销的每一个香烟片子,能够经过很长久的时期不消灭,这是很值得我们注意的一件事。

其次再谈香烟的销数,关于香烟一年的销数有多少,虽无精密的统计,若照去年完纳统税每月平均计算,政府要收650万,一年的总数,有7900万,还有外国直接进口烟税若干及每年征收2000万烟酒捐在外。照这种统税数目推算起来,卷烟销行的数量至堪惊人。这样巨大数量内中有一大半是外人完纳的,是外人在我国所享的利益为数极大,这真是一件可痛心的事。

兄弟常望贵业同人,把英美烟公司的烟,所以能够销行,能够受吸烟人们欢迎的原故,以及自己售烟经验的所得,关于中国烟应该改良的地方,尽情地告诉中国烟草公司,使中国烟草公司采纳改良,扩大势力,以期打倒外国香烟,使国货香烟完全占据我国固有的市场,到那时才是各位同人提倡国货,功绩成功的一天,同时也是我国国家富强开始的一天。

(《汉口商业月刊》第2卷第8期)

9.汉口银行同业公会为调剂市面放款一案致汉口市商会函

(1935年8月10日)

敬启者,查调剂市面放款一案,迭呈贵会黄主席文植、曹委员延祥向敝会协商并经敝会于七月三十日集议决议,此项放款办法如下:

(一)放款时期,以八月份一个月为度;

(二)押品种类,请汉商会将工商业拟做押款之货品,开单提交本会研究决定能否受押;

(三)担保责任,关于此项放款由汉口市政府、汉口市商会共同负担责任,并以书面证明;

(四)用款期限,以二个月为标准,至多不得过三个月押款,到期应一律以现款取赎。

除已由敝会赵委员仲宣面达贵会查照见复以凭办理是荷。

此致

汉口市商会

10.商会昨呈财厅请照现计法课税,官商相持五月余仍未解决

(1935年8月10日)

汉市营业税自二十二年十月起,实行现计法,行之两年。官商称便,本年春营业税局,为煤增加收入起见,对于匹头贩运、海味糖盐、暨纱布等营业税,欲改照扯计法征税,而各该业,又咸以扯计法,颇多窒碍,请求仍照现计法课税,官商相持,迄今五月余,尚未解决,现各该业公会,以长此相持,殊非久计,复于日前联函汉商会,要请转呈财厅,仍照现计法施行,以维商业,按实评税一案,迄今时逾五月,未蒙厅令核准,在此五阅月中,商业对于营业税遵缴,则负担空税过巨,力有未能不缴。则旷日持久,将蒙以抗税之罪名,业务上之窘困,将因而益深,务恳大会转呈财厅体恤商艰,仍准照现计法原案课税,以资救济,否则危殆将不堪设想等语。商会据函,以汉市商业不景气,已达极端,今又遭兹水患,商场之疲困,更难言状,以是特于昨日,转呈财政厅,请矜念商人痛苦,准予维持原案,仍照现计法课税云。

(《大光报》P116)

11.汉口市商会为调剂市面放款一案致汉口银行同业公会函

（1935年8月14日）

敬启者，案准贵会函开敬启者查调剂市面放款一案，照录本会去函，以凭办理是荷。等因，准此。查关于此次抵押放款办法，既经贵会集议公决，敝会自应赞同。惟放款时期一节，如能展至九月底为止，在各业固感便利，否则仍依照原议办理。准函前因用特具函证明即希查照为荷。

此致

汉口市银行业同业公会

汉口市商会启

12.违反印花税则案，市府令商会速解决，商会函税局请由会转饬补贴

（1935年8月16日）

汉市印花税，以前凡关违反税则案件，系由印花税审理会秉公评议，自实行改归邮局发售后，所有违反税倒案，概须移送法院审理。汉商会主席黄文植，以此项案件一经移送法院，于商业前途必多纷扰，曾面谒吴市长要缓移送，最近市府以为时已数月，尚未据呈报解决办法，特于昨日训令市商会，迅即呈复以凭核办，商会奉令，当转函印花税局，以商人于新旧税法，变更之时，不免有所误会，情有可原，请将移送市府之违反税例案件，发交商会转饬补贴，庶几于情于理，两得兼顾云云。兹将市府令文转志于次：

市府原令，查前据该主席面陈本市各商号违反印花税条例事项，如概予移送法院审理，于商业深滋妨害，请将湖北印花烟酒税局，查获各商号违反印花税条例案件，暂缓函送法院办理，以便径向印花烟酒税局呈商补贴，免罚办法各等语。本府当为体恤商艰起见，姑予照准，并将检获各违反证件，暂缓送审理在案。惟为时数月之久，迄未据将呈商解决办法报府，现准湖北印花烟酒税局函催迅速依法执行，所有本府以前姑准暂缓送审之件，势难再行延搁，究竟此案该主席已否与印花烟酒税局呈商，定有解决办法。合行令仰迅即呈复，以凭核办云。

（《大光报》P186）

13.保险赔款公断委员会成立

（1935年8月18日）

会址暂设市商会内，经费由赔款中抽取。

关于汉市保险赔款公断委员会之组织，自市商会分别函呈市府、警部、公安局、业主会、银行公会、保安公益会，根据中央颁布之保险法，切实讨论，严订公断规章，旋即召集会议，一致决定现已组织成立，并举行第一次会议。出席人商会苏汰余、乐作霖、喻燮卿，保安公益会叶观生、陈邦本，业主会胡治安，律师公会黄灿，参加人保险业武昆山。首由主席乐作霖报告，略谓：本会系根据叶观生、马圻源两委员之建议而组织，曾经上次筹备会议决，由市商会、保安公益

会、会计师公会，分别推员参加，其间因会计师公会，正在筹备，须俟其正式成立后，方能推举外，其余均已推定。次即决议要案如下：(一)本会组织简章应如何拟定案，决议：推苏汰余、黄灿、陈邦本三委员，会同原提案人起草，由苏委员召集。(二)本会地址应如何觅定案，决议：暂假市商会办公。(三)本会经费应如何规定案，决议：暂以赔款总数在不满万元者，抽收百分之二，一万元至五万元者，抽收百分之一五，五万元以上者，抽收百分之一。(四)本会应如何备案案，决议：俟简章拟定，交下次会议通过后，即呈请市政府备案。

(《大光报》P210)

14.汉商会考虑发行金融公债

(1935 年 8 月 25 日)

(汉口)汉各业公会建议商会，请中央援救济沪金融先例，发金融公债二千万，责成银行举办工商业钱业小本贷款，以维汉市面，商会正缜密考虑中。(二十四日专电)

(《申报》)

15.汉商拟开办交易所

(1935 年 8 月 26 日)

(南京)汉商呈请准予援助上海先例，特许开办证券物品交易所，经财部详加审核，已准予依照交易所法备具章程表册，呈部再核。(二十五日专电)

(《申报》)

16.救济汉市商业，商会分两步进行

(1935 年 8 月 29 日)

拟具办法再向当局请求救济，呈请市府早日成立小本借贷。

汉市杂粮油饼等三十八业公会，为谋复兴商场起见，于日前联函建议汉商会，请转呈政府，仿照救济上海工商业办法，而救济汉口方面。汉商会特于昨(二十八)日下午五时，召集临时执监联席会议。出席者：黄文植、陈经畬、苏汰余、周星棠、余蓉樵、乐作霖、杨松圃、王春华、邓希周、喻燮卿等数十人。首由主席报告开会宗旨，略谓：杂粮油饼等卅八公会，建议本会，救济工商业意见，语重心长，确有见地。但鄙意以为汉市商会之衰落，其原因有如人之得了闭病，其病虽重，使能流通其血脉，未尝不能转机。换言之，则是并非不治之症。故欲谋商业之兴复首须流通金融，但是流通金融，又须分两步办法。何也？盖现在汉市最困苦者，厥为一般小商人，其需要活动时，亦不过三五百元，而此三五百元，便能使其整个营业因之停滞。今日开会应请诸君尽量发挥意见，共谋一妥善之方云云。继起发言者，有苏汰余、乐作霖、杨松圃、余蓉樵、王春华诸委员。对于救济商业意见，立论均极警惕，结果决定以下两种办法：(一)救济整个商业案。公推陈经畬、周星棠、苏汰余、余蓉樵、杨松圃、郑燮卿、邓希周、喻燮卿、贺衡夫九委员拟具办法，再向政府请求拨款救济。定三十日，由苏委员汰余召集。(二)汉市长吴国桢，原已向银行公会各会员银行商妥以二十万元办理小本借贷，现在可由会呈请市政府，早日成立，以资救

济中小商人。

临时动议各委员以汉市营业税，现在官方对于海味精盐等二十二业，欲以扯计法课务，而各该业，则以本年市面远逊以前，力难担负，要求以现计法课税，商民宛转呻吟，迄未得官方允许；而本市商情日趋困难，对于营业税，无论现计、扯计，均难负担，拟请政府暂予缓征，众口一词，大有非达目的不可之势，而黄主席文植，以兹事体大，为慎重计，乃反复讨论，结果，决即定期召集各业公会主席，举行一各业主席会议，以便提出讨论，而谋公决云。

（《大光报》P331）

17.（汉口）市商会等呈请中央疏浚长江

（1935 年 8 月 31 日）

禹疏九河以后向乏研求之方，急谋根本治水免成黄河之二。

汉口市商会主席黄文植，以自二十年大水后，甫经四载，今又复遭水患，且较二十年尤有过之，揆厥原因，实缘水床日益增高，江流日行狭隘，设不谋根治之方，将成黄河第二，而根治之方，舍疏浚水床外，别无较善之法，以是拟即联名各团体，呈请中央，请设一总局，统制办理疏浚事宜，呈文业已拟就，日内即由市商会领衔呈递，兹录其原文如次：

商会呈请原文：窃以长江流域，各省华洋荟萃，轮轨辐辏，商务繁盛，与全国经济有莫大关系，惟每当春夏之交，淫雨绵绵，山洪暴发，同时江水盛涨，顺流而下，势不可当。盖自禹疏九河而后，向乏研求疏浚之方，仅谋修筑堤防之法，不知水床日益增高，江流日形狭隘，人与水而争地，水不由地中行，是以奔流澎湃，横决漫溢，堤垸冲溃十之八九，牺牲无数之金钱，莫获充分之保障，生命财产，漂没无算，哀鸿遍野，赈济维艰，华洋商业亦受莫大影响，自民国二十年大水以后，甫经四稔，竟复以水灾闻，而灾情之重，视二十年尤为过之，抚今思昔，诚恐年年有洪水之患，人人存自危之心，若再不急谋根本治水之法，将成黄河第二，不独长江流域，各省均受其害，全国经济，亦难免受绝大之影响。查现在长江流域各省，对于水利，各自为政，既无整个计划，又乏相当联络，所筑堤垸，未免有顾此失彼，利己损人之弊，应由中央设一总局统制办理，多用专门人才，审度上下游地形水势，或加以疏浚，或建筑水库，或修固堤防，务期各得其宜，事半功倍。至疏浚费用，虽云较巨，然事关公益，利害与共，但使款不虚靡，功归实际，即就地筹措，应非难事，且较之抢险救灾，岁靡巨款为益尤多。筹款之法，似应由长江各海关一律附收堤工捐，（自重庆至上海）专款存储，永远作为兴办水利之用，无论何项需要，不得挪移，并以此项捐款，预计收入总数，作为担保品，先向他处押借大宗款项，以应急需，一面设立水利委员会，担任计划及指挥等事宜，以专责成，一面组设捐款保管委员会，准由各该地中外商会派人参加，以昭众信，似此通盘筹划，统制办理，庶几观成有日，而长江流域之无穷水患，或可从此永远免除矣。所有拟请疏浚长江以图根治各缘由，是否有当，理合呈请俯赐鉴核施行。

（《大光报》P354）

18.汉商会请疏通长江

（1935 年 8 月 31 日）

（汉口）汉商会联合各团体，电请中央疏通长江，由中央设总局，统制办理，或加疏通，或建水库,或修堤防,并建议由海关附征堤工捐,另设水利及保管委会,分担计划及保管。

(《申报》)

19.××庄为请转咨汉口市商会调查源裕银号股东姓名及资本数目函上海市商会

(1935 年 8 月)

径启者,顷准元字同行××庄函称:敝庄于四月底,放与汉口源裕银号长期款三千元,期定十月底归还,每届转期,历有年所,至本年六月期止,计欠洋三千零五十七元三角五分。兹阅报载,该号业已委任陈琢律师,与谢霖会计师办理清算,其该庄出名营业之合伙股东,在钱业公会或钱业公所登记之年月、姓名及资本数目,敢请贵会转呈市商,函咨汉口市商会详细查明,迅予见复,以便追诉而保债权至纫公谊。等语,到会。用特据情转恳钧会俯赐转咨汉口市商会,请烦向汉口钱业公会或公所,将该源裕银号之合伙股东姓名,及资本数目查明见复。无任感盼!

(《钱业月报》第 15 卷第 8 期)

20.本月六日为接上海市商会复函查明汉口源裕银号股东姓名及资本数目函××庄

(1935 年 8 月)

(24 日)径启者,本月六日接展来函以××庄放与汉口源裕银号长期款三千元,该银号现在办埋清算嘱为转函汉口市商会查明该银号股东姓名,暨资本数目等情,经备函转询汉商会去后,兹于本月二十三日接该会复函内开:准函,经询,据本市钱业同业公会复称,查该源裕银号系民国十八年开业,至二十一年十一月改组,股东为王蕙卿资本一万两,时似夫资本五千两,合计一万五千两。其经理为王蕙卿自行担任,请为查照,转知等语前来,相应据情函复,即希查照转致为荷。

(《钱业月报》第 15 卷第 8 期)

9 月

1.鄂发公债尚待审酌

(1935 年 9 月 4 日)

(汉口)孔、宋复张学良电,对救济汉市金融,由银行接收货物押款,表示赞成。惟汉商会请发公债五百万,因所发债券均指定用途,实无余额可拨,若发行流通券,则流弊尤多,尚须审酌。(三日专电)

2.救济汉市金融，孔、宋表示意见

（1935 年 9 月 5 日）

货物押款已饬中央三行承做，金融公债均定用途实无余额，发流通券流弊滋多尚须审酌。

汉口通讯：汉市金融，在水灾前后，发生恐慌。商会为谋紧急救济，拟具办法三项，除第一项由中央、中、交三行接受货物贷款，业已自八月起施行外，第二项为请中央援照救济上海工商业先例，发给金融公债五百万元，救济汉市工商业，第三项为请求发行流通券，分呈省市政府，转呈行营鉴核，行营张主任学良。以事关财政，未便遽行办理，当转财政部部长孔祥熙、全国经济委员会常委宋子文二氏核办，孔、宋二氏顷复函张主任，表示意见。两函大要如下：（一）孔祥熙函云：汉口市商会，请转令中央、中、交三行汉口分行，对于商人以货物押款，一律予以通融一案。前据该商会及汉口市政府电请到部，业以"如果提出之押品确实，又与各行定章相合，应即量力承做，以维市面等语"，电转中央、中、交三行转知汉口分行遵照并分别电复在案，至该会所请援照沪市救济工商办法，拨给公债五百万元一节。现中央库币支绌，所发债券，均经指定用途，实已无此余额，此中困难，当蒙吾兄洞鉴，若拟发行流通券，则流弊尤多，未便准行，似应仍由该会遵照本部前电办理，较为便利。（二）宋子文函云：承示汉商会所请以货物担保，向银行抵借款项一节，凡属抵品确实，保障安全，与行章符合者，自可联合押做，以维市面。吴市长亦以此事电商中央、中、交三行，曾经会复在案，拨给公债一层，如财部果有余额，可以酌拨，自可裨益市面周转。至于流通券办法，似尚须审酌，诚恐实现后，市场紊乱，转多窒碍也。（三日）

（《申报》）

3.汉典业公会呈市府，请准缩减当期

（1935 年 9 月 6 日）

原文列举四端申述困苦情形，汉市商会执监联席会决议援助。

汉口市典业公会，现因各典大都受满货压积，无法销售之影响，亏累甚巨。特缕举四大原因，具呈市政府，请转呈省府，准予援照江浙成例，缩减满当期限，以资救济。同时并函汉商会，请俯念典业痛苦，予以援助。汉商会特于昨提交执监联席会议讨论，决定予以援助，并由典业公会主席程稻荪出席申述典商年来种种困苦情形。兹将典业会原呈照于次：

典业公会呈文：呈为满货积压难售，亏累月积日深，加之环境恶劣，业务愈难撑持，仰乞垂查艰苦，赏准专案提出省府委员会议，核减满当期限，以救危急事；缘典业向遵规章束缚，在安定时期，庶可平稳营业。偶遇时变，即受重大亏损。盖无拆息，涨至若何程度，须仍照定例取息，绝无随势变通，自谋补救之可能。是以年来，重受物价倾跌，及装饰奇变之影响，各省典业，莫不亏折累累，倒闭纷纷。故浙江省府现有减期（三分之一）加息（共二分四厘）之明令，而苏省亦有同样之拨议，此可见有急救典业之必要也。本市典业，历受打击，此种损耗，其何以堪。果如往昔物价安定，衣式经久不变，当期虽长，亦复何害。因时制宜，应恳缩减当期者一也。（一）银行每个月收清利息一次。典业收息，必待九个月后，出进相差，筹垫殊难。加以春当皮

棉衣服,(四五等月)扣至冬季满当。(十二月一月)冬寒已过,谁肯购买,必搁至次年秋季出卖,虽系九个月满当,实则搁置经年。不特货变陈旧,当本又亏长期空息,更增加周转上绝大困难。加以六个月满当,春当秋满,物当其时,夏葛冬裘,求售自易。既可减少衣式之变样,价格因以增高,尤较他省为重。本金小而亏折大,早感不支之苦。讵意入夏以来,时变更亟。以前一分二三厘之拆息,因银根呆紧,超出常情。春间折本,当可出售满衣,今则无人过问。情况至此,有死无生。为此迫将营业难支与请求缩短当期缘由,敬为钧长逐一陈之:(二)查满衣价值,随绸棉为涨跌,又以款式是否合时为滞俏。乃近年绸布逐步下落,服装式样,不时改易,故当期越长,款式越旧,而不取者愈多,价值愈贱。因之亏折愈大,先以一元当进之衣,满后合息,虽半价亦难售脱。且可借资周转。稍即变通,收效甚宏。应恳缩短当期者二也。(三)江浙典业,因受满衣损害,倒闭十有七八。故省府特组改进典业委员会,以谋救济。浙江省府业颁加急,减期之明令,真为对症下药。汉典各种状况,及资力皆较浙典为逊。是救济本市典业,尤不可缓。此应恳者三也。(四)金价时涨时跌,当期愈长愈难估料,减短当期,聊可维持典商,确与当户无丝毫妨碍。盖期限愈短,备款赎当愈易,当价自较长期为高。即令满期无钱赎取,只付少数利息,仍可转票。故加息则有关负担。而当户对于期长期短,并不注意。此应恳缩短当期者四也。处此金融极度昂滞之日,如少挚一元存货,即多得一元之活动。欲谋满衣随满随卖,与金融周转及减轻亏损,均非减期不可。是减期或能维持一部典肆生存,否则难免同归于尽。(已有吉和裕源等典,因周转与满衣折阅各困难,宣告停业)倘不急予救济,势必接踵停业。令为市面繁荣,及贫民便利计,谨作治标请求,伏乞钧长垂怜典业,深刻艰苦情况,恩赐维持俯准专案提出省府委员会,察核典业衰敝□结,修改典当营业规则,暂予核准当期,以资补救。

(《大光报》P242)

4.汉商会昨电中央,请禁粤苛征内地油饼捐

(1935 年 9 月 7 日)

粤省苛征内地油饼捐一案,昨日汉商会,特根据本市杂粮油饼业之请,电呈中央各部会,及蒋委员长,设法禁止,历陈五大病害:(一)摧残国内新兴工厂,阻塞国产销路;(二)断绝各省黄豆、花生出路影响国计民生;(三)连带绝灭油类生产,增加外货入超,白银流出;(四)加重粤省蔗田肥料负担,妨害粤糖销路;(五)牵累最高学府名誉,损害贤明当局威信。查国内各省所产黄豆,大都为饼油原料,每年销数甚巨,倘因抽捐,致被外货排挤,不独厂商垂危,关系国计民生,实非浅鲜云。

(《大光报》P254)

5.(汉口市政府)令汉口市商会为正明义记与各栈内班为缝包工作争议案已调解并准缝包工人呈请依第二项办法办理分别令示遵照仰转知

(1935 年 9 月 7 日)

查该会前呈:据正明义记汉庄呈以各栈内班横占缝包工作,请予保障,并依法裁决等情一

案,当令码头业务管理所并案查明依例办理在卷。嗣据该所呈报案经调解,决定办法两项:(一)在正明义记未正式挂牌以前,该号上车缝包工作,归码头内班工人工作;(二)如正明义记经市政府批准挂牌后,该号上车缝包工作,归粮食缝包工人工作。由双方同意签字等情。正核办间,复据汉口市粮食业职业工会呈据缝包工人罗家慈等报称"正明义记业经本市商会注册,应依调解办理第二项执行,惟恐再滋纷争,检同该号在商会注册照片请转饬遵办"等情,前来。查本市各商号设立,原未限定非呈经本府核准不可,该号既在商会注册,自应准照该调解办法第二项之规定办理。除分别令示外,合行令仰该会知照,并转饬知照。此令。

市长 吴国桢

(《湖北省政府公报》第 133 期)

6.汉口市钱业公会紧要通告

(1935 年 9 月 8 日)

案准市商会函送国民政府公布之印花税法暨施行细则,现已奉令于本年九月一日施行。兹查税法第十六条第四种类支票一项,每件须贴印花二分,应由立据人照章遵贴并于税票与原件骑缝处押盖印章或签字于上,否则恐其处罚此属法令所关不得率尔遗漏,致滋贻误。设有漏贴或未签押盖印等情,兑票人依法不负责任,恐未周知,特此登报通告,除分知外,即希公鉴。

(《大光报》P262)

7.汉口市商会振兴商业流动金融之实施运动

(1935 年 9 月 10 日)

(1)银行联合放款已实行

(2)市府议决复兴办法三项

(3)杂粮油饼等 38 业建议具体办法

(4)市商会决议两项步骤(第 94 页)

汉市杂粮油饼等 38 业公会,为谋复兴商场起见,联函建议汉商会,转请呈政府仿照救济上海工商业办法而救济汉口市面后,汉商会于二十八日下午五时,召集临时执监联席会议,出席者黄文植、陈经畬、苏汰余、周星棠、余蓉樵、乐作霖、杨松圃、王春华、邓希周、喻燮卿等数十人,首由主席报告开会宗旨,略谓杂粮油饼等 38 业公会建议本会救济工商业意见,语重心长,确有见地。但鄙意以为汉市商业之衰落,其原因有如人之得了闭病,其病虽重,使能流通其血脉,未尝不能转机,换言之,即是并非不治之症。故欲谋商业之兴复,首须流通金融,但是流通金融,又须分两步办法,何也?盖现在汉市最困苦者,厥为一般中小商人,其需要活动时,亦不过三五百元,而此三五百元,便能使其整个营业因之停滞,今日开会应请诸君尽量发挥意见,共谋一妥善之方云云。继起发言者,有苏汰余、乐作霖、杨松圃、余蓉樵、王春华诸委员,对于救济商业意见,立论均极警惕,结果决定以下两种办法:

(一)救济整个商业案,公推陈经畬、周星棠、苏汰余、余蓉樵、杨松圃、郑燮卿、邓希周、喻燮卿、贺衡夫九委员拟具办法,再向政府请求拨款救济,定三十日由苏委员汰余召集。

(二)汉市长吴国桢原已向银行公会各会员银行商妥以 20 万元,办理小本借贷,现在可由会呈请市政府早日成立,以资救济中小商人。

(《汉口商业月刊》第 2 卷第 9 期)

8.汉口市商会建议政府请筹专款疏浚长江

(1935 年 9 月 10 日)

窃以长江流域各省,华洋荟萃,轮轨幅辏,商务向称繁盛,与全国经济有莫大关系,惟每当春夏之交,淫雨缠绵,山洪暴发,同时江水盛涨,顺流而下,势不可当。盖自禹疏九河而后,向乏研求疏浚之方,仅谋修筑堤防之法,不知水床日益增高,江流日形狭隘,人与水而争地,水不由地中行,是以奔流澎湃,横决满溢,堤垸冲溃十之八九,牺牲无数之金钱,莫获充分之保障,生命财产,漂没无算,哀鸿遍野,赈济维艰,华洋商业亦受莫大影响。自民国二十年大水以后,甫经四稔,竟复以水灾闻,而灾情之重,视二十年尤为过之,抚今思昔,诚恐年年有洪水之患,人人存自危之心,若再不急谋根本治水之法,将成黄河第二,不独长江流域各省均受其害,全国经济亦难免受绝大之影响。查现在长江流域各省,对于水利各自为政,既无整个计划,又乏相当联络,所筑堤垸,未免有顾此失彼,利己损人之弊,应由中央设一总局统制办理,多用专门人才,审度上下游地形水势,或加以疏浚,或建筑水库,或修固堤防,务期各得其宜,事半功倍。至疏浚费用,虽云较巨,然事关公益,利害与共,但使款不虚靡,功归实际,即就地筹措,应非难事,且较之抢险救灾,岁靡巨款,为益尤多。筹款之法,似应由长江各海关一律附收堤工捐,(自重庆至上海)专款存储,永远作为兴办水利之用,无论何项需要,不得挪移,并以此项捐款预计收入总数,作为担保品,先向他处押借大宗款项,以应急需,一面设立水利委员会,担任计划及指挥等事宜,以专责成,一面组设捐款保管委员会,准由各该地中外商会派人参加,以昭众信,似此通盘筹划,统制办理,庶几观成有日,而长江流域之无穷水患,或可从此永远免除矣。所有拟请疏浚长江以图根治各缘由,是否有当,理合呈请俯赐鉴核施行。

主席　黄文植

(《汉口商业月刊》第 2 卷第 9 期)

9.汉口市商会函各业公会转发妨害国币惩治条例

(1935 年 9 月 10 日)

径启者,案奉财政部本年八月一日钱字第 17539 号训令开:案奉行政院民国二十四年七月二十日第 3960 号训令内开:案奉国民政府民国二十四年七月十五日第 574 号训令开:为令知事,查妨害国币惩治暂行条例,现经制定明令公布,应即通饬施行,除分令外,合行抄发该条例令仰知照,并转饬所属一体知照,此令。等因,奉此。除分令外,合行检发该条例令仰知照,并转行各同业一体知照,此令。计抄发妨害国币惩治暂行条例一份,等因,奉此。除分知外,相应抄同原条例函达贵会,即希查照是荷。

汉口市商会启

8月6日

附妨害国币惩治暂行条例

1935 年 7 月 15 日公布

第一条　意图营利，销毁银币，或中央造币厂厂条者，处一年以上七年以下有期徒刑，得并科一千元以下罚金。

第二条　意图营利，私运银币，中央造币厂厂条，或银类出口者，处死刑，无期徒刑，或七年以上有期徒刑，得并科币额，或价额五倍以下罚金。

第三条　伪造，或变造中央造币厂厂条，或减损其分量，或行使，或意图行使而收集，或交付者，分别依刑法伪造货币罪各条之规定处断。

第四条　销毁，或私运出口至银币厂条，或银类，不问属于犯人与否，没收之。

第五条　本条例之未遂犯罚之。

第六条　本条例施行期间定为三年。

第七条　本条例自公布日施行。

（《汉口商业月刊》第 2 卷第 9 期）

10.汉口市商会函各业公会转发整理四川金融库券条例

（1935 年 9 月 10 日）

敬启者，案奉汉口市政府本年八月十七日和字第 9507 号训令开：令汉口市商会，案奉湖北省政府省秘一字第 1376 号训令开：案奉行政院第 4162 号训令开：案奉国民政府民国二十四年七月二十六日第 594 号训令内开：为令知事，查民国二十四年整理四川金融库券条例，现经制定，明令公布，应即通饬施行。除分令外，合行抄发该条例，暨附表令仰知照，并转饬所属一体知照。此令。等因，奉此。合行抄发民国二十四年整理四川金融库券条例，暨还本付息表令仰知照，并转饬所属一体知照。此令。等因，附发条例及表各一份，奉此。除分令外，合行抄发原附件令仰知照，此令。等因，计抄发民国二十四年整理四川金融库券条例，暨附表各一份。奉此。除分饬外，合行抄发原条例，暨附表令仰该会遵照，并转行知照，此令。等因，计抄发奉颁原条例，暨附表各一份到会。奉此。除遵照并分别知照外，相应照抄并录各分转，统希查照为荷。

汉口市商会启 8 月 20 日

附民国二十四年整理四川金融库券条例

1935 年 7 月 26 日公布

第一条　民国政府为整理四川金融，便利□□进行，发行库券。定名为民国二十四年整理四川金融库券。

第二条　本库券定名为国币 30 万元。

第三条　本库券于民国二十四年八月一日，按照票面九八发行。

第四条　本库券利率定为按月五厘。

第五条　本库券偿期定为 64 个月。自发行日起，每月末日偿还本息总数 55 万元，息随本减，至民国二十九年十一月三十日本息全数还清。

第六条　本库券应还本息，以中央所收四川部分统税，及印花、烟酒税，月拨 55 万元为基金。由财政部命令税务署，按月照数拨交中央银行，收入国债基金管理委员会本库券户账，专款存储备付。

第七条　本库券券面分为五千元、千元、百元三种，均为无记名式。

第八条　本库券指定中央银行为经理还本付息机关。

第九条　本库券得自由买卖抵押，凡公务上须缴纳保证金时，得作为替代品，并得为银行之保证准备金。

第十条　对于本库券有伪造及毁损信用之行为者，由司法机关依法惩治。

第十一条　本条例自公布日施行。

民国二十四年整理四川金融库券还本付息表

年	月	日	现负数	次数	还本数	付息数	本息总数
1935	8	31	30,000,000.00	1	400,000.00	150,000.00	550,000.00
	9	30	29,600,000.00	2	402,000.00	148,000.00	550,000.00
	10	31	29,198,000.00	3	404,010.00	145,990.00	550,000.00
	11	30	28,793,990.00	4	406,030.05	143,969.95	550,000.00
	12	31	28,387,959.95	5	408,060.20	141,939.80	550,000.00
1936	1	31	27,979,899.75	6	410,100.50	139,899.50	550,000.00
	2	2	27,569,799.25	7	412,151.00	137,849.00	550,000.00
	3	31	27,157,648.25	8	414,211.76	135,788.34	550,000.00
	4	30	26,743,436.49	9	416,282.82	133,717.18	550,000.00
	5	31	26,327,153.67	10	418,364.13	131,635.77	550,000.00
	6	30	25,908,789.44	11	420,456.05	129,543.95	550,000.00
	7	31	25,488,333.39	12	422,558.33	127,441.67	550,000.00
1936	8	31	25,065,775.06	13	424,671.13	125,328.87	550,000.00
	9	30	24,641,103.93	14	426,794.48	123,205.52	550,000.00
	10	31	24,214,309.45	15	428,928.45	121,071.55	550,000.00
	11	30	23,785,381.00	16	431,073.10	118,926.90	550,000.00
	12	31	23,344,307.90	17	433,228.46	116,771.54	550,000.00

（续表）

年	月	日	现负数	次数	还本数	付息数	本息总数
1937	1	31	22,921,079.44	18	435,394.60	114,605.40	550,000.00
	2	2	22,485,684.84	19	437,571.58	112,428.40	550,000.00
	3	31	22,048,113.26	20	439,759.43	110,240.57	550,000.00
	4	30	21,608,253.83	21	441,958.23	108,041.77	550,000.00
	5	31	21,166,395.60	22	444,168.02	105,831.98	550,000.00
	6	30	20,722,227.58	23	446,388.86	103,611.14	550,000.00
	7	31	20,275,838.72	24	448,620.81	101,379.19	550,000.00
	8	31	19,827,217.91	25	450,863.91	99,136.09	550,000.00
	12	31	6,312,787.70	53	518,436.06	31,563.94	550,000.00
1940	1	31	5,794,351.64	54	521,028.24	28,971.67	550,000.00
	2	2	5,273,323.40	55	523,633.34	26,366.62	550,000.00
	3	31	4,749,690.02	56	526,251.55	23,748.45	550,000.00
	4	30	4,223,438.47	57	528,882.81	21,117.19	550,000.00
	5	31	3,694,555.66	58	531,527.22	18,472.78	550,000.00
	6	30	3,163,028.44	59	534,184.86	15,851.14	550,000.00
	7	31	2,628,843.58	60	536,855.78	13,144.22	550,000.00
	8	31	2,091,987.80	61	539,540.06	10,459.94	550,000.00
	9	30	1,552,447.74	62	542,237.76	7,762.24	550,000.00
	10	31	1,010,209.98	63	544,948.95	5,051.05	550,000.00
	11	30	465,261.03	64	465,261.03	2,326.30	467,587.33
总计					30,000,000.00	5,117,587.33	35,117,587.33

（《汉口商业月刊》第 2 卷第 9 期）

11.汉口南瓷商会为国产南碗本轻税重请免税呈财政部

（1935 年 9 月 13 日）

呈为国产南碗，本轻税重，出产销路两有妨害，为此依法请愿，顾恳免税，明令通饬，以期解除农工痛苦，而维国产实业，以重民生事。窃南碗俗称湖南泥巴碗，历以十个为一仝，计分大碗、中碗、小碗之别，其价每仝值国币五六分至一角不等，因与赣瓷洋瓷物质攸分贵贱悬殊，形象之粗劣,价值之低廉,故不用于贵族富室之家,完销贫苦工农之户,而为日常盛菜饭之用,原以劳工制造之物,又为平民需要之品。民国十七年,曾蒙政府减免厘税有案,嗣为民国二十年,政令裁厘,湖北省单行法营业税新章,将湖南泥碗并在赣瓷之例,遂至共同免缴千分之五税率,在此忍痛尝试三年中,即以汉口征税而言,碗商之贩运,碗店之推销,已感两重纳税之苦,从而辗转贩运,流于通商县市,及于乡村市镇有六七番之推销,即苦六七次之税捐,层叠级磊,成本极高。若按本加价,则销路停滞,无人上市,他种陶瓷洋瓷及化学机制类似陶瓷之品,乘时充销,致将南碗抵制仅尽,其影响之源,迩来机器发达,各物制造不假人力,成本甚微,惟南碗完系手工制造。近日工食昂贵,成本极高,既苦重叠税捐,复居有限价值,所征之税虽曰纳之于商,完之所取,完系劳工汗血资也。近年湖南衡州醴陵两县产碗之区,遭此打击,窑场数百余户,苦工数万余人,嚎腹愁眉,实业生活已濒绝境,运商推商恒苦折本,向隅浩叹。不然营业纳税为商人应尽义务,夫复何言。缘此情形,万难蚁负。若不设法挽救,将何以维农工生活而副先总理提倡实业,保障农工利益主义,除呈困难各由外,兹更举平民国货出品,已蒙政府免税成案,分条呈明于下,俾此国产南碗同享免税权利:(一)伏查前内务部九一四号训令,凡属手工业制造称为国货者,一律准其免税,按湖南泥碗,形成破产,已于上述,既为平民手工制造,又为平民用品,正适合于内政部训令规定免税者一。(二)查江苏宜兴有援照工人制造陶瓷免税之成案,浙江嘉兴有援照仿造机制米粉免税之通令,湖南有织染土布免税之成案,按南碗物质程度,应有同享免税权利者二。(三)查湖北省单行法营业税新章,施行于裁厘之后,而南碗曾蒙免税于裁厘之前,况此营业税重叠不已,其负担甚于厘金,致有失业破产之势,论之情况应请免税者三。(四)查南碗制造原料,完为泥坯土墨,价值全在手工,所征之税,完为农工汗血,在免税者四。综上成案各由,及各困难情形,除分呈实业部外,为此备文,并附南碗式样一匣,以资考证,上恳钧部察核,准将国产南碗,按照免税成案,实行免税,通令湘鄂两省产销区域内,所属各税局,一体查照免税,俾此国产南碗,产销相安,得以尽力推行,以维实业,而重民生,伏恳示遵,深为感戴。

谨呈

国民政府财政部长孔钧鉴

汉口南瓷商会代表　刘慎三

南碗同业副署人:同万福、福裕厚、兴丰义、复发祥

12.汉商会昨开各业代表大会

(1935年9月18日)

(汉口)汉商会十七日开各业代表大会讨论维持工商业,决呈中央,照上海成案拨借巨量公债,并推贺衡夫等向省当局呼吁,又决请政府对营业税分别免减缓征及变通办理,以恤商艰。(十七日专电)

(《申报》)

13.鄂水灾会举行扩大募捐会议

（1935 年 9 月 18 日）

（汉口）水灾总会十七日假汉商会举行二次扩大募捐会议，孟广澎主席报告：水灾五十一县，最重者四二县，旱灾八县，最重者五县。现值秋凉灾民同赋无衣，在饥寒交迫中，不免奸徒煽惑，有到武汉就赈标语出现，应竣力募赈，以救灾民，维治安。次黄文植、贺衡夫，相继报告赈务，决由各界代表分□劝募，限月底缴会。又云樵路管巷工人谢恺生，将毕生积蓄百元捐赈，全场感动。（十七日电）

（《申报》）

14.小本借贷具体办法，行政处分保障债权未便施行，市府函请商会重新拟妥见复

（1935 年 9 月 20 日）

市府拟办小本轻利借贷一案，前曾召集商银钱三界领袖讨论，佥以对于借贷原则，甚表赞同；但须政府予以切实保障，力免赔累。以是特由市府拟具本市小本轻利借贷保障办法，以行政处分保障债权。经抄呈省政府转呈"豫鄂皖三省剿匪总部"核示。嗣奉指令，以所拟办法，用意未始不善；惟以行政处分保障债权，若不变更方式，妥切斟酌，究嫌侵越司法权限。应即转饬重行拟定。以是市政府特于昨日检同原拟办法，函请市商会重拟具体办法见复，以便俟浦心雅回汉，即召集详细讨论进行云。

（《大光报》P55）

15.国际问题研究会组织海外考察团

（1935 年 9 月 22 日）

周游各国考察其经济等状况，汉商会是否参加将开会讨论。

京、津、沪、汉商界金融界领袖，组织赴日经济考察团，暨汉方团员黄文植，业已先期东下各情，已详志前报。昨日汉商会又准国际问题研究会来函，以该会因鉴于各国公私团体之来华考察者甚多，而我国团体之赴外考察者则甚少，为谋借镜，并推进国际贸易起见，特发起组织海外考察团周游日、美、英、法、德、俄、意等国，考察其工商业与经济市场各状况，并草拟简章，征求团员，委派郭秉文、陈蔗青、戴志骞三人为筹备员，筹备一切。兹事意义深长，幸请贵会赞助，派员参加，同往各国考察等语。商会据函，决即提会讨论，其简章所订团员资格，计分两种：（一）实业界或金融界推派之人员；（二）自身创有事业或长于专门学识之人员。其预定行程，系先至日本，后赴美、英、德等国。如经济时间有余，即由德转俄，然后到意大利考察后，即在威尔士地方上船回国。否则即由德经意考察即回。估计行程，约四个月至五个月云。

（《大光报》P77）

16.汉市府训令汉口市商会、各业同业公会

（1935 年 9 月 23 日）

据呈为规定所有旧制标准统限于本年十月一日以前悉送市民教馆陈列，违则以有意行使论，仰转饬各行户厂店一体遵办。

案据汉口市度量衡检定分所呈称，查废除本市各业行店暨度量衡制造厂店原有旧制标准一案，曾于二十三年九月七日呈奉实业部全国度量衡局指令，以此项旧制标准，应按照废除度量衡旧制器具办法办理，并照该办法第七条之规定，可将该项旧制标准，送交该市博物馆，或民众教育馆，或其他相当之处所存留，加以标志，以资民众观览，而作历史之参加。等因，到所。比经呈奉均府普字二八二号令准通令各业同业公会转饬遵办，暨令市实验民众教育馆知照有案，乃事来年余，迄无一人遵办，长此延展，不独有违定章，抑且易滋流弊，兹规定所有各业公会及行户厂店原有旧制标准，统限于本年十月一日以前悉数径送市实验民众教育馆陈列，逾期之后，如仍有私藏此项旧制标准者，一经查获，即以有意行使，依法处理。案关重要，拟请再予通令遵照，是否有当，理合备文呈请钧长鉴核，俯准通饬遵行，实为公便。等情，据此。查废除本市度量衡旧制标准，依法应送本市实验民众教育馆陈列各节，早经据呈通令本市各业同业公会转饬各行户厂店遵办在案。惟事隔年余，迄未见遵照办理，殊属非是，兹据前情，除指令并分行外，合行令仰该会即便遵照转饬所属各行户厂店一体依限遵照办理，无任再延切切！此令。

市长　吴国桢

（《湖北省政府公报》第 137 期）

17.财政部因汉口南瓷商会为国产南碗请免税批文（附汉口南瓷商会呈文）请湘鄂两省主管机关核示饬遵

（1935 年 9 月 24 日）

中华民国二十四年九月二十四日

批赋字第 7235 号

具呈人：汉口南瓷商会代表刘慎三

呈一件：恳准将国产南碗通令湘鄂两省产销区域内所属各税务局一体查照免税由。

呈悉。查营业税系仅对行为征税，且属地方合法税捐，此项南瓷应否免征营业税，仰分别呈请湘鄂两省主管机关核示饬遵可也。此批。

18.汉商会呈请市府变更保险登记法

（1935 年 9 月 26 日）

典商存货多赖押款周转，无保单不借营业便停顿。

本市典业公会，以市政府最近订颁之火险登记新法，不但征费过重，且须将保险单存公安局备查，俟半月后，始行发还，对于押款周转，殊多窒碍，特提出两点理由，函请汉商会，转呈市

政府，予以变更，以资救济。商会已于昨日，据情转呈，兹录其两点于次：（一）典业每家存货数十万元，多赖押款周转，必将保险单，速同货物，一并指交银行之后，始能付给押款。盖银行以保险单为保险，有货无单，即不放款。故保险单存局备查之日，即典商周转停顿之时。（二）各典货物，多系开幕之时，零星陆续投保，所存数十万元衣物，亦系逐当逐保，嗣后每年保单满期，又不能照数转保，赎取时货量减少，又须退保，故欲合供保险，共成保单一张，势所不能。若每张保单登记，以五元计，则每年所费，竟与法定典当税相等，殊非现在之典商所能担负云。

（《大光报》P123）

19.商会函各业催缴水灾会捐款

（1935年9月27日）

汉口市商会，昨为催缴水灾捐款，分函各业劝募捐款人云，敬启者，查本月十七日，湖北省水灾救济会劝募组，假本会会议厅，邀集诸大善士开会，催请各将经募捐款，迅予分别缴送到会，俾使汇同办理，以资救济，经过情形，早荷台洽。至是日会议结果，关于缴送捐款期限，系议定以九月底日为止，凡未缴送捐款者，应请速为多多募集，其已缴过捐款者，而为数较少者，议请酌量增加，均限于九月底日以前，一律交会转送，等因，一致通过在案。现在九月期限，转瞬届满，而缴送捐款来会者，尚属无多，迭准水灾救济总会函请，代为转催前来，实因被灾区域恃赈孔殷，函电交驰，情势至为迫切。如捐款能早到一日，即可多救一人之命，务请合照前情，本悲悯之怀，宏胞与之量，速将募获，即日汇齐送会，以应赈需□□□。

（《大光报》P135）

20.播送灾情劝募捐款，孟广澎、吴国桢商由广播电台办理汉商会水灾会代为收转赈款赈品

（1935年9月28日）

水灾总会，为扩大募捐运动，广为宣传灾区情况，引起各界人士踊跃捐款起见，特由孟厅长广澎与汉市长吴国桢商定，即日起由汉市广播电台，每日规定时间二次或三次，报告灾区惨痛，秋凉以后，衣事艰难情形。并劝请各界捐款助赈，二角三角随意捐送，三元二元亦可，十元八元尤为欢迎。其余破旧棉衣，医用药品等等皆所欢迎。并指定送由汉口市商会，武昌水灾总会代收，汉市广播电台，已于即日起播送云云。

酌拨赈款，救济旱荒，电义赈会，请拨赈款。本年因干旱成灾者，鄂省共有十五县，已经赈务机关联席会议，决议由水灾总会，设法赈济各情，以志前报。昨据水灾总会消息：决于全部赈款内，酌拨一部分，赈济旱荒各县。上海义赈会，拨鄂赈款十五万元，已由查放处，会同各赈务机关，将联席会确定分配原则各情，已志前报。兹悉查放处，特于昨日，将联席会议分配情形，各县数目，呈报上海义赈总会鉴核，请求早日将赈款汇鄂，以便分拨各县。同时并将秋后复水成灾，各县旱荒情形，详细报告，请求再颁赈款，救济灾黎云。

津水灾会，又助一千，加拨房县，千五百元，沔阳急赈，实发四千，公安赈款，散发情形。省

救灾会,昨准中国银行函,转天津水灾救济会,托汇第五次赈捐洋一千元,赈济鄂灾等由,该会准函后,定今日派员前往中行领取,转发救济云。

水灾会昨电房县财务委员会,暨各法团云:养电悉,该县业经本会加拨急赈洋一千五百元,令县并同前款办理,报核在案,仰即知照,同时并电复十一区专员查照。

水灾会昨电沔阳县闻县长云:元代电悉,该县急赈,实发四千元,李委员拟拨之二千元,因程委员电告已拨二千元,遂不再给领,仰即知照,并转行该县水灾救济分会知照。

水灾总会,前据公安人民呈报水灾会云:将急赈变为工赈,意图分赃,急恳严令退回赈款,散发灾民,并惩治主办人员等情。昨特电令该县长方扩军,略谓:前曾电令将应修各堤溃口大小,及需工土方若干,补助标准,迅即呈复云。

电复宜都,妥为救济。水灾会昨电复宜都县政府云:接电知秋水为灾,惨重万分,惟先后已拨发急赈款三千五百元,种子费一万一千四百三十九元,仰就该款妥为救济云。

(《大光报》P147)

21.省府令商会征集国货样品,送首都展览以助国货销行

(1935 年 9 月 28 日)

省政府昨(二十七)日令武、阳、汉三商会,暨全身商联会云:案准南京市政府第〇四九七五号咨开:案据首都各界提倡国货委员会呈称,查本会前为使市民对国货有深切之认识,助国货之销行起见,曾决定举办全国国货样品展览,并经拟定征集样品,暨审查出品等规则,呈准钧府及市党部,实业部备案在案。兹除将各项规则,分寄各省市政府商会,请转令各国货厂商,照章检送样品外,特再专呈前来,恳俯准转函各省市政府,请令饬该省市商会,暨国货厂商,迅将样品寄会,俾观厥成,等情据此。除指令照准,并分行外,相应剧情咨请查照,转饬遵照办理。径函该会为荷,等由准此,除分令汉口市国货运动委员会,转知各国货商场遵照办理外,合行令仰该会,遵将各种国货样品,直接检送为要,此令。

(《大光报》P147)

22.救济省会市面金融,四公会建议省商会

(1935 年 9 月 29 日)

省会晋商贷款业、电料业、米业、肉业等四公会,以查武昌连年承灾患之余,商业萧条,日渐崩溃,特于昨日联名条陈救济省会市面方案,向省商会建议,请准召开会员大会,讨论救济办法。闻该会据情后,定于下周举行执监联席会议,将该案提出讨论云。

(《大光报》P157)

23.汉商会请改善营业税,汇述各业意见,提出四项办法

(1935 年 9 月 30 日)

汉口通讯:在天灾人祸中汉市商业,日即萧条。各业公会,认为此种现象,捐税太重,亦为主要原因之一,乃纷请商会转呈政府,改善营业税。经商会召集各业代表大会讨论,归纳意见

四点，为免征、缓征、减轻，甚至根本取消而代以他税。商会顷根据此项议案，呈请财部核示，大要略谓：汉市商场，年来因受天灾人祸之影响，商业大逊于前。益以本年春夏之际，始则被银潮激动，金融遽起恐慌，继又大水为灾，货运停滞，以致各业在外之账款，既苦难收，而欠人之货金，艰于应付。前者虽蒙政府订有准以货物向银行抵押借款之一法，但以银行定章，限制过严，难得普遍之救济。即此时已援照上海维持工商业成案，再向政府恳予拨借大宗债款，俾资补救，固为各业所赖以续命；而必蒙政府之所核准施行者，惟恐文牍往返，不免多需时日，则待西江之水，以苏涸泽之鱼，亦属缓不济急，只因各业现在之生计艰难，已如上述，而又负担种种捐税，商力实有难胜，其最为商民之累者，莫过于营业税一项。兹将各业对于营业税之意见，缕析陈之：

（一）拟请转呈准予免征。查营业税开办之初，虽为抵补厘金而设，然同时关税即已增加，则本省政费之所需，在中央自可拨款，予以协济，又况上海一埠，并无此税之征收，而武汉情形，本属特殊，援例要求，谅蒙体恤，此其一。

（二）拟请转呈暂予缓征。窃以免税之请，万一不能达到目的，则以本年之灾情论之，即较二十年之大水为重，亦应援田赋缓征之例，转请准将本年各业未缴之营业税，一律缓至来年商业转好时，再行查酌情形，订期开征。俾商力得以稍纾，而民命不至垂绝，此其二。

（三）拟请转呈减轻税率。查免征缓征办法，无论能否得如所请，而本省现行之营业税率，失之过重，确有急于减轻之必要，因原订税率尚属适中，乃自改照三级制征税以后，所加不止倍蓰，例如棉花一项，前仅征收千分之二五者，继乃改征千分之十，嗣经一再求减，仍改为千分之八，其余之苦繁重，而感困难者，尤难枚举，又何况当时对于棉花一项，系征千分之二，即询之他省，亦无此等重税，阻碍商业，莫甚于此，要求核减，尤应提前，此其三。

（四）并请转呈改善征税办法。查营业税率即请减轻，而关于课税之标准，亦应请改善，以利进行，如照扯计法，则多纳空税，商民受累不堪；如按现计法，则实缴实收，官商两得其便。其中详细情形，曾经纱业等迭次陈明有案，凡所声述，各业均表同情，倘蒙维持，应请一律办理。抑更有陈者，除此营业税以外，设有较善之税法，或改办产销税，或改征统税，但求于公有益，于商无扰者，各业无不乐于赞成。应请并案转呈恳予分别修改，此其四。属会查核上述各情，均属实在，理合呈请核示遵。（二十八日）

（《申报》）

24.汉口市商会调查二十三年度全市工商业状况

（1935 年 9 月）

汉口市商会调查二十三年度全市工商业状况计一百一十业八千二百二十家，在此一年之内因亏本而倒歇者占百分之十。（详见劳工社会环境类）

（《国际劳工通讯》第 12 期）

10 月

1.致国家于富强须提倡新工业,商联会请铁实两部减轻国产机器运费

(1935 年 10 月 2 日)

全省商联会,昨(一)日据汉阳县商会呈称,据机器业同业公会函开:略谓,机器一业,为建设之基础,为百业之利器。可以增加生产能力,对外可以抵制经济侵略;尤能补天然之缺陷,利用天然之原料。若夫美利坚以穷土僻壤之殖民地,自一千七百八十九年立国后,致力于工业,不百年一跃而为世界一等制造国,甲富全球;日本以枯囧穷苦之岛屿,自明治维新,鼓励制造,不数十年而骤增隆盛,富强媲乎欧美,要皆政府尽力提倡于上,人民刻苦经营于下。回顾吾国,以五千年文化之古国,幅员与美利坚相埒,而四十倍日本,人口四倍美国,八倍日本,然生产之殖,仅及日本百分之六十。美国百分之五,产业衰败,霄壤相隔若此,但查每年机械输入额,达二千三百二十八万元之巨,(据民九调查)漏卮莫塞,若不亟图建设,势将陷于经济破产之运命。然建设之方,在人民固应考求科学技能,致力于机器业,以为前驱,政府若不负责保护,则□□无力之人民,虽欲经营,岂可得乎?此请铁部照规定之机器,按原定等级减低一等核收运费,以示提倡者一也。查我机器工业得李鸿章、张之洞之创办,风发云涌,归乎今日,则粗具规模之汉阳铁厂,与扬子机器公司,无法维持,先后停闭。甚至武汉极小工厂,近因天灾人祸多数倒塌,此应请铁部,照所规定之机器,按原定等级减低一等核收运费,以资挽救者二。查我国机器制造需用原料,多仰给于欧美。其原料由外输入,与其整副之机器,由外输入纳税相同,我工厂将其原料造成,整副之机器,其成本已与外货相等,我政府又加以重税,致货价提高,较外货为昂,此所以外货充斥,国货不畅,而本国工厂不能生存。此应请铁部照所规定之机器,按原定等级,减低一等核收运费,以资援助者三。夫手工政策,不足致我国于富强,而必致力于新式工业,非提倡机器制造者,莫能奏效。如德国对于制造机器事业,曾颁有免税及奖励法令,英国因之订一单行条例,美、日、法、奥诸国,亦有专文以保护之,揆此办法,较诸普通工业,显有特别提携之处。兹值提倡国货之际,应请援引邻国先例,按原定等级减低一等核收运费。借臻发达者四,兹铁道部于十年十二月真业电,通令各路,所有沿线国资工厂,不能新建或扩充,其所置机器一项,减低一等核收运费,等因,但各厂所造机件,多数售于国资工厂,少数售于贩卖商人。既蒙提倡,对于国资工厂所制造之机件,务恳铁道部令对国资工厂贩卖商人,依所规定之机器,按原定登记减低一等核收运费,在政府今日短少有限,沧海一粟,无济于事,在人民裨益制造将来发达无穷。为此披沥陈词,仰恳大会,转陈省商联会,分呈铁部、实业部核准。等因,到会。查我国机器产销,向称落后,欲求抵制外货,仍赖政府之扶助,不蒙核减运费税款,无以减轻成本,便利推销,相应函达贵会,乞予转呈铁、实两部。准予所请,通令施行等因,省商联会据函后,以所陈尚属实情,即分别呈请铁道部、实业部,准予减低运费,以利工业云。

(《大光报》P18)

2.绸缎、呢绒、布匹三业兼营商店划分课税

（1935 年 10 月 6 日）

绸缎业请仍以主要业税计征，商会据情转呈财厅收回成命。

汉口市商会，顷据本市绸缎业公会呈：为福康商店纳税一案，前奉省府，财政厅核示，兼营绸缎、布匹、呢绒三业之商店，应按三业税率分别计算，并拟自民国二十五年三月份起，即饬令实行，按三业分别计征。等因。当经召集同业讨论，佥以湖北省营业税征收细则第七条，有“凡一户兼营数业，税率轻重不一者，按主要业之税率计算”之明文，本会同业，系以绸缎为主要，营业金额占六成以上，布匹、呢绒仅为兼售，无可划分，又何能按数业税率分别计算。应请转呈速予收回成命。等因。该会据此，昨（五）日已转呈省府、财厅，请予核准，以恤商艰云。

（《大光报》P66）

3.谋救市面萧条，省商（联会）组设商业复兴会，廿三年度清算终结，武、阳商店共倒闭约二百家

（1935 年 10 月 7 日）

省商会为据贷款，电料及米、肉等四业公会，暨酒饭面点业公会，先后条陈救济武昌市面金融一案，于昨日下午四时，召集全市各业公会主席，各单独商店会员及该会全体执监委员，举行联席会议。计到各业代表共五十余人，由张群叔主席。当经决议组织武昌商业复兴委员会，并推定张晴舫、陈善长、张群叔、杨达夫、吴竟成、胡树楠、易兰生等七人为筹备委员。由张群叔、陈善长负责草拟组织章则，即日着手筹备成立云。

吾鄂承灾患之余，百业破产，即就武阳而论，官方调查结果，截至本年七月份止（二十三年度终了时期），武昌、汉阳歇闭之商店家数如下：计武昌倒闭七十九家，就中因缺乏资本者一家，生意清淡者七十家，无人经理者一家，改营他业者两家，其他原因五家。又汉阳倒闭一百零九家，就中因缺乏资本者一家，生意清淡者九十一家，无人经理者四家，改营他业者二家，股东不和者一家，其他原因十家。

（《大光报》P78）

4.鄂谋改善全省营业税

（1935 年 10 月 10 日）

（一）本会提改善办法（第 97—98 页）

汉口市商会为各业请免营业税一案，于 17 日根据第二次代表大会所议决，分呈财政部省市府，请俯念商艰，核示饬遵。特觅志其呈文大意于次：本市商场，年来因受天灾人祸之影响，商业大逊于前。盖以本年春夏之季，始则被银潮激动金融遽起恐慌。继又大水为灾，货运停滞，以致各业在外之赈款，既若难收，而欠人之货金，艰于应付。前者虽蒙政府订有准以货物向银行抵押借款之一法，但以银行定章，限制过严，难得普遍之救济。即此时已援照上海维持工

商业成案,再向政府恳予拨借大宗债款,俾资补救,固为各业所赖以续命,而必蒙政府之所核准施行者。惟恐文牍往返,不免多需时日,则待西江之水,以苏涸泽之鱼,亦属缓不济急。只因各业现在之生计艰难,已如上述。而又负担种种捐税,商力实有难胜。其最为商民之累者,莫过于营业税一项。兹将各业对于营业税之意见缕析陈之。

(1)拟请转呈准予免征。查营业税当开办之初,虽为抵补厘金而设,然同时关税既已增加,则本省政费之所需,在中央自可拨款,予以协济,又况上海一埠,并无此税之征收,而武汉情形,本属特殊,援例要求,谅蒙体恤,此其一。

(2)拟请转呈暂予缓征。窃以免征之请,万一不能达到目的,则以本年之灾情论之,既较二十年之大水为重,亦应援田赋缓征之例,转请准将本年各业未缴之营业税,一律缓至来年商业转好时,再行查酌情形,订期开征,俾商力得以稍纾,而民命不至垂绝,此其二。

(3)拟请转呈减轻税率。查免征与缓征之两项办法,无论能否得如所请,而本省现行之营业税率,失之过重,确有急于减轻之必要。因原订税率尚属适中,乃自改照三级制征税以后,所加不止倍蓰。例如棉花一项,前仅征收千分之二五者,乃改继照千分之十。嗣经一再求减,仍改为千分之八,其余之苦繁重,而感困难者,尤难枚举。又何况当时对于棉花一项,系征千分之二。即询之他省,亦无此等重税,阻碍商业,莫甚于此,要求核减,尤应提前,此其三。

(4)并请转呈改善征税之法也。查营业税率,既请减轻,而关于课税之标准,亦应转请准予改善,以利进行。如照扯计法,则多纳空税,商民受累不堪。如按现计法,则实缴实收,官商两得其便。其中详细情形,曾经纱业等迭次陈明有案,凡所声述,各业均表同情,倘蒙维持,应请一律办理。抑更有陈者,除此营业税以外,设有较善之税法,或改办产销税,或改征统税,但求于公有益,于商无扰者,各业无不乐予赞成。应请并案转呈,恳予分别修改,核示饬遵此其四。属会查核上述各情,均属实在。理合呈请核示遵行云。

(二)省府豁免灾区营业税(略)

(三)财厅重订各税局比额(略)

(《汉口商业月刊》第 2 卷第 10 期)

5.省市公债近况

(1935 年 10 月 10 日)

(1)七年来省市债发行还本数额(略)

(2)75 行号催索旧债(略)

(3)本会请缓征二期建债

汉商会日前准财政厅函,为募收建设公债期间与原议不符,嘱转各业尽先勉力购缴。嗣据各业陈述种种困难,特致函财厅,请准予展缓。原函云:径启者,案准贵厅函开,为募收建设公债期间与原议不符一节,说明经过,嘱为转导各商店,尽先勉力购缴,等由到会。当以此案前据各业陈述种种困难情形,并请将第二期债款,准仍照原案,自十一月起,至民国二十五年二月十五日止,为缴纳期间,或再酌予展缓,俾得借舒商力各节,业已转达在案。兹既准函前因,只得分转各业知照。惟据各业代表声称,第二期应缴之债款,果为商等力能办到,则提前缴纳,抑又何妨。无如现在市面萧条,已达极点,除已因亏歇业不计外,多系勉力支持。常有终日开门,而无一人过问者。此即每日之缴费开支,尚苦无出,何有余力以缴债款,此种现象,并不止一业为然,在官厅方面,固可以调查而知也。仍应请据实转达,恳予曲赐体恤,按照原案展宽限期,俾得从容筹措,以维现状,同深感祷,各等语前来。敝会详加调查,所呈各节,各属实在,自未便壅不以闻,其应如何兼筹并顾之处,在贵厅长必有以维持也。合再据情转复,即希查核实行。

(《汉口商业月刊》第 2 卷第 10 期)

6.汉口市商会函吴达铨先生已转促黄主席文植来沪

(1935 年 10 月 10 日)

敬启者,顷奉来电,敬悉一是。敝会黄主席文植已于前数日至南昌料理私事,业已转电催促起程,当可如期来沪。外南祝二君定于今晚乘平和轮东下,计程二十八日可到,为此函复,即希查照是荷。

此致

吴达铨先生

汉口市商会

9 月 25 日

附来电

商会黄文植先生鉴:本会筹备赴日经济团事务,议定各项如下:一、各地团员本月三十日前到沪会齐,商议一切,十月初准由沪起程。二、团员概系自费,先交日金一千元与团秘书汇总办理舟车旅舍事务,以期一律。三、除团秘书等费用由团开支外,团员自带之秘书人员等费用,由团员自给。四、团长推定吴达铨先生担任。特闻。查本会前经推定阁下为团员,业承弦诺,即希赐察办理一切,希与吴君接洽。如拟带秘书人员前往,并请预告吴君汇办。起程来沪日期,亦盼电告。赴日经济考察团筹备委员会筱。

(《汉口商业月刊》第 2 卷第 10 期)

7.汉口市商会函各业公会转知取缔非盐及酱制之酱油名称

(1935 年 10 月 10 日)

敬启者,案准鄂岸榷运局盐务稽核处公函第 562 号开:案奉财政部本年九月盐字第 18349 号训令开:盐务署案呈据上海市酱园业同业公会代表吴饮之等具呈:无税毒质伪品酱油混销各地,恳请重申禁令。又续呈请通令所属严予取缔,并出示广谕民众,随时举发,凡不用食盐或酱油制成者,不得混用酱油及各酱园旧有名称各等由。查盐课以酱销为大宗,历来关于取缔酱坊办法,规定甚严,其用盐酱制成之液体始称酱油,顾名思义,自不容稍有混淆。前据松江运副呈复遵查酱油精及豆美汁各情形一案,附抄天德酱油精厂等呈称,各厂情愿更正适当名称,又德明工业社呈称,遵将豆美汁酱油改称豆美汁调味品,各等语。当以各厂号所制酱油精,均非用盐及酱油制成,自不得混用酱油名称,致妨酱销课税,应转饬迅速改正名称,报由该运副核明转报备查,一面随时察查各该厂号如有影射诋毁,妨及酱销情事,严予纠正,以重鹾纲,于上年十二月盐字第 9155 号指令该运副遵照在案。兹据该代表等具呈前情，应由该管盐务各机关查照前案随时取缔，凡非酱盐制成之调味品，概不得混用酱油、酱油精及其他影射酱油之名称，并印发布告，俾众办理。等因，奉此。除分令及布告取缔外，相应函请贵会查照，希即转饬关系各商一体遵照为荷！等因，到会。查此事业经局处遵令布告取缔有案，合就录达贵公会请即分知贵同业一律遵照。

此致

本市各业同业公会

汉口市商会

9 月 21 日

（《汉口商业月刊》第 2 卷第 10 期）

8.汉口市商会函各业公会转知部派印花督查专员到鄂

（1935 年 10 月 10 日）

敬启者，案奉汉口市政府本年九月二十六日征字第 19 号巡令开：案奉湖北省政府本年九月二十一日省财三字第 5748 号巡令开：案准财政部税字第 18655 号咨开：案查督查印花税规则，前经本部订定，并资行贵省政府查照在案。该规则第一条内载财政部为督促各市县政府执行检查印花税及各印花烟酒税局执行抽查印花税起见，委派督查委员，执行督查职务等语，所有前项督查印花税委员，业经本部遴员委任，以便轮流饬赴各省市分别督查，兹派本部税务署督查印花税委员韩立德，前赴贵省区执行督查印花税职务，除分令饬遵外，相应咨请贵省政府查照。并希转饬所属各市县政府遵照。如遇该委员到境执行职务时，务应随时切实协助，俾利进行，并盼见复，至纫公谊。等因，准此。自应照办，除咨复并分令外，合行令仰该市长即使转饬所属一体遵照，此令。等因，奉此。除分令外，合行令仰该会即使转饬所属一体遵照，此令。等因，奉此。合亟录达，即请查照分知为盼。

此致

各业同业公会

汉口市商会启

9 月 30 日

（《汉口商业月刊》第 2 卷第 10 期）

9.市商会昨宴叶蓬，陈继承定期就职

（1935 年 10 月 12 日）

武汉警备司令兼警备旅长叶蓬，业经行营呈准军委会免本兼各职，遗缺将由第一军长陈继承继任，至警备旅长职务，则由前副旅长升任。各方皆已证实，明令即可发表，该部自昨日起，已令饬所属各处，赶办移交事宜。闻新任武汉警备司令陈继承氏，现已由浦圻原防来汉，昨曾谒行营钱参谋长，有所请示，并定本月十四日在汉就职云。

又讯：武汉警备司令叶蓬，于昨（十一）日上午九时在部召集所属官员训话，劝勉有加，下

午五时,汉口市商会特设宴为叶氏饯别,并邀请该部全体官佐参加云。

(《大光报》P137)

10.省业商两界代表联请缓修中正路,行营表示毫无成见,建设厅允谋双全之策

(1935 年 10 月 14 日)

武昌业商两界,因武昌市政处限期拆让房屋,翻修中正路,连日特分赴各高级机关,请求展期,于民二十五年兴工。兹据该请愿代表杨达夫等,详述各机关请求情形,分志如后:

行营方面:省业商两界代表夏子文、杨达夫、张源亭、陈善长、周振宇、董锦轩等十余人前日赴行营请愿展期筑路,首先陈述大灾之后,市面萧条,仅冬季商业,尚有一线希望,恳准展至废历年外,以示体恤,绝非反对建设等语。当由甘乃光处长代为接见,表示筑路本为行营功令,但未限期兴工,行营对此,绝无若何成见,准将商民苦衷,转达省府酌办云。

省府表示:该代表等于行营请愿后,复赴省府谒张主席,当由省府派某秘书接见,对翻修中正路问题,原由市政处主办,但为兼顾商艰起见,准转达张主席,传知李处长到府协商,并将原案交由建设厅核议具复,以凭办理云。

建设厅意见:该代表等复于昨日赴建设厅请愿,亦经该厅派由主管科某君接见,对各代表陈述上项情形,准转达到厅长酌量办理,并表示本案已由省府饬交到厅,日内当即根据省会实际情形,与不违背筑路功令原则之下,两谋兼顾云。

(《大光报》P162)

11.复兴汉市,汉商会筹组承兑票据机关,已分函钱银两公会征询办法,一俟复到即开会议讨论进行

(1935 年 10 月 23 日)

汉口市商会,为谋复兴汉口市面起见,前曾具呈财政部,请援照维持上海市面为例,拨借大宗债款,俾苏积困等情,已迭详前讯。昨该会奉财部批,以汉口市面,业经本部迭次维持,已获安定,所陈汉市各业需款状况,自属实情,值兹世界凋敝之际,国内各地情形,大致相同,汉市各业,果能依照银行之定章,提供相当担保,银行自亦乐予放款,至发行流通券,足以扰乱金融,未便准行,倘能推行商业,承兑票据,自可活泼金融,应由该会各同业妥商办理云云。商会奉批,比经开会决定组织一承兑票据机关,已分函银钱两公会,征询办法,一俟复到,即召集开会,讨论进行云。

《大光报》P286)

12.财政部批汉口市商会呈请减轻营业税及其改善课税方法迅予维持施行并请批示祗遵由

(1935 年 10 月 23 日)

(赋字第七五七五号批汉口市商会)

二十四年十月一日呈一件为据情再请本市各业代表等,此次所请减轻营业税及其改善课税方法迅予维持施行并请批示祇遵由。

呈悉,查营业税为地方合法收入,凡以营业为目的之一切营业,依照营业税法规定,均应征缴纳营业税,鄂省改订三级税制,前经鄂省府呈奉"豫鄂皖三省剿匪总部"核准并咨由本部转呈。

行政院核准备案,自属未便轻予变更,所请减轻营业税率及改善课税方法各节,即据分呈省市政府,自应静候核示,并仰知照。

此批

部长 孔祥熙

(《财政日刊》第2304期)

13.汉市商会昨欢宴陈继承、沈澄,列席高级长官共百余人,联络官商感情宾主尽欢

(1935年10月25日)

新任武汉警备司令陈继承、警备旅长沈澄,视事业已多日,汉口市商会为联络官商感情起见,特于昨(二十四)日下午六时设筵欢宴,计到警备司令陈继承、警备旅长沈澄,暨警备部警备旅各高级长官,共百余人,由商会全体执监委员作陪,席间首由苏汰余起立致欢宴词,旋由陈司令、沈旅长相继致答词,宾主尽欢,散席时,已八句余钟矣。

(《大光报》P308)

14.公债本期还本二百余万元,市府令商会转各业知照

(1935年10月26日)

汉口市政府,以民国二十年,金融短期公债第十五次还本。民国二十年江浙丝业公债第七次还本,及民国十八年裁兵公债第二十一次还本,业于十月五日,在上海银行同业公会,执行抽签,特于昨(二十五)日将债票抽中数目,令饬市商会,转饬各业知照。计二十年金融短期公债中签债票五千元票,一百三十六张;五百元票,一千一百九十张;五十元票,一千七百张,共合本银一百三十六万元。应缴附带息票,自第十六号起至第三十九号,共二十四张。二十年江浙丝业公债中签债票,计千元票三千一百五十张,又百元票三万一千五百张,共合本银三十万元。应缴附带息票,自第十号起至第二十二号共一三张。十八年裁兵公债中签债票,计万元票十张;千元票一百七十张;百元票、十元票、五元票各二千张,共合本银五千万元。应缴附带息票,自第二十二号起至五十号,共二十九张。所有应还本银,二十年金融短期公债及二十年江浙丝业公债,均定于十月十五日起;十八年裁兵公债,定于十月三十一日起,开始付款。除二十年江浙丝业公债,系由中央、中国、交通、国货四银行经付外,余仍由中央、中国、交通三银行经付,以三年为期,期满不再给付云。

(《大光报》P322)

15.财政部送达汉口市商会为请减轻税率及改善课税方法迅予维持施行批文(附汉口市商会呈财政部稿)

(1935 年 10 月)

据呈为据情再请本市各业代表等,此次所请减轻营业税率及其改善课税方法,迅予维持施行等情,既分呈仰静候核示批示知照。

批汉口市商会

二十四年十月一日呈一件,为据情再请本市各业代表等,此次所请减轻营业税率及其改善课税方法,迅予维持施行,并请批示祇遵由。

呈悉。查营业税为地方合法收入,凡以营利为目的之一切营业,依照营业税法规定,均应缴纳营业税。鄂省改订三级税制,前经鄂省府呈奉"豫鄂皖三省剿匪总部"核准,并咨由本部转呈行政院核准备案,未便轻予变更,所请减轻营业税率及改善课税方法各节,既分呈省市政府,自应静候核示,并仰知照。此批。

财政部

16.汉市党部会同商会组织国货巡回推销团

(1935 年 10 月)

汉口市党部顷接准中央民运会函,略以吾国工业落后,外货在国内市场中,久占重要地位,近来国货销路虽渐畅旺,而多限于交通便利之商埠,内地各商镇仍不克与外货争衡。凡各工商业区之党部宣传科,会同商会组织国货巡回推销团,征求国货推销者,联合输送各地,一面展览,一面推销,流动各地,其办法可以补救国货展览会之缺陷,至该国组织及巡回办法,贵党部可尽量贡献意见,俾收集思广益之效云。

(《国货月刊(上海)》第 10 期)

11 月

1.昨日实行法币办法,武汉市面安谧

(1935 年 11 月 5 日)

蒋委员长电令保护各地银行,军政机关发出布告一律遵行,银钱各业开会收支概用法币。

财政部为保存全国准备金,谋金融之安定,避免通货膨胀,取缔高抬物价起见,特改进物币政策,并公布法币办法六项,于四日起全国一律实行,记者以武汉为华中各省金融总汇之区,实行法币状况及社会情形极关重要,特分访各关系方面,用志所得消息如后:

蒋委员长电令到汉。武汉高级军政机关，于昨日上午十一时接奉蒋委员长电令，原文如下："全国各行营主任，各'绥靖'主任，各路总指挥，各省市政府，顷据财政部电称，自今年世界经济恐慌，(与昨日本报电讯栏所载财政部布告原文相同故略)请即通电所属各军政机关切实协助，并对各银行严密保护等情，事关整顿币制，活动金融，救济工商，安定人心，对于该项办法亟应协助实行，以期普及，惟当宣布之初，深恐一般人民不明真相，易滋误会，致令不肖分子乘机造谣，扰乱治安，务仰即日转饬所属军警，对于各地银行妥为保护，并剀切晓谕，俾明实情，是为至要，军事委员会委员长蒋中正江(三日)印"。

军政机关布告周知。"绥靖"公署奉到电令后，当即转令各军师遵照，警备司令部奉令后，亦转饬各警备机关妥为协助，并召汉市公安局长陈希曾，省会公安局长蔡孟坚，及特三区警察署长到部指示保护各银行办法，另令各侦缉机关注意防范不肖分子乘机造谣，省政府奉电后，当赶办文稿通令各厅处、各区专员、各县县长，切实遵办。汉市府奉电后，即赶印布告通令市民人等务须自即日起，一体遵行，不得造谣生事，并希图投机，高抬物价，如敢故违定即依法严惩不贷。

汉银行业通宵集议法币办法。在三日夜十时许，汉上金融界即接上海金融界非正式电告，当由银行公会主席浦拯东召集各会员银行到会集议，至十一时各会员银行经协理一律到会，由浦主席即报告所接上海消息，请商讨实施办法，并计议财部布告未到汉时四日各行之营业。至四日晨二时仍无具体办法决定，乃请汉市长吴国桢出席会议指导，吴氏本已就寝，当即起床赶至银行公会出席指导。有人提议在财政部布告未到汉时，四日暂停营业，吴市长及商业银行周星棠等，以正在改进货币之时，不宜停业，无论如何，必照常营业，惟在其办法中加以考虑。正在众议纷纷，无法决定之时，汉中央银行无线电台收到财部发出布告之原文，众遂停止讨论，守候电文。至五时半将财部布告全文收到，即决议由银行公会呈请市府发帖布告于各银行，一律遵照实行，吴市长即赶至市府，拟定布告，于八时分交各行，一律照原定时间照常营业。

存汉现银约二千万。据银行界中人谈：汉市各行所存现银仅我国银行业约共二千万上下，昨已分别照库存数目自行封存，准备掉换法币，各行支付款项概用法币，往来情形，一如平昔，状况极为平安，至各钱庄营业亦如常态。

中交三行兑出百万。汉市中央、中国、交通三行，昨应本埠同业之需要，收进现银，兑出各该行法币钞票共约一百五十万元，预料今日当仍有兑出也。至开办不动产抵押，现正候总行电示办法进行。

武汉市面交易如常。武汉市区内，除银行、钱庄两业外，其余各业营业，交易如常，买进卖出，皆以通常使用之中央、中国、交通三行法币钞票及其他各行原有钞票行驶，毫无异常状态，惟三日之申钞暴落，四日申钞现洋同市，一般投机商人，得利不少。

货物市价分有涨落。在此货币改进时期，一般商人对于货物市价多乘机涨落，以求于中取利，昨日据商场中人谈，日用品货如食米杂粮等物价皆向上伸涨，原料品如棉花等物市价则现下落。

吴国桢对记者谈话。吴市长国桢对光明社记者发表谈话如下：财部改进货币，规定法币办法，自今日起实行，此种办法与民十七年之武汉集中现金情形不同，因其时系局部的，现时是统一的，法币在美英各国久已实行成绩良好，我国现当经济艰难之时，惟有此种办法才能安定金融，发展经济，人民应明了政府维护金融之政策，切实遵行。以期政府于人民合作中收到更好之效果。

银行家谈今昔情形。记者并访汉市各银行家,据谈:今日之法币办法与民十六七年武汉集中现金办法不同之点有二:民十七年武汉集中现金中外不一致,中国人用钞票,外国人用现洋,所以武汉有钞票、现洋两种行市,现时之法币中外一律通行,此不同之一点。民十七年时汇水高涨,致武汉洋价低物价高之势,现时全国统一,关金价格稳定,此不同之二点。

各业商人放出眼光。商界人士对此情形,皆能明了,但间亦有少数商人,不知经济原理,对于法币办法,尚欠明了者,或者囤货,或者涨价,但其结果必致亏累,因其囤货涨价之后,市面安稳如常,不久仍须寻谋售主,以市价售出也。

苏汰余谈商人拥护。汉口商会代主席苏汰余对记者谈:汉钱业公会,于昨日上午召集各同业开会讨论,大概对财部此次限制办法,均亦明了,且关系金融要图,决一致拥护,商会方面,诚恐不明事理者,从滋纷扰,特于下午召集会议,决定四项办法:(一)电请财政部根据令颁办法设立准备金保管委员会;(二)布告全市商民对部颁六点办法加以解释;(三)汉市筹码不足,电请上海中、中、交三总行速由飞机先运钞币六七百万元以资周转,并请根据部定办法增设不动产抵押放款银行;(四)即召集会议,报告财部此次改变币制宗旨。

武汉商会召开会议。武昌商会于昨日下午二时召开紧急会议,到乐佩兴、张源亭等二十余人,省会公安局派萧国斌出席,由乐主席讨论良久,决将法币办法,向民众切实解答,俾能明了政府政策,遵照实行。汉口总商会亦定今日下午五时召集各同业公会主席代表举行会议,并请市长吴国桢出席讲解法币办法,以期全市商人彻底了解云。

请求即办抵押放款。南京财政部部长孔钧鉴:顷奉汉口市政府布告以奉钧部布告,改进货币政策,不准行使现金,规定以中央、中国、交通三银行所发行之钞票为法币,并颁发办法六条,饬即一致遵行。等因,奉此。查此种改进政策,系为保存全国准备金,而谋安定金融之最善办法,事关救济要政,自当积极拥护,用促通行,惟以骤经改革,各业商店昧于政策实施之情况,纷纷提取存款,不免发生恐慌,虽经市府暨属会同时布告,说明政策之有利无害,似非空言所能解释,值此推行政策之过渡时期,政府应有实际援助之办法,俾得从容应付,安定人心。拟请根据钧部预备增设不动产抵押放款银行,及宣言内所载,拟供给各银行以再贴现之便利办法,电令中、中、交三银行总行转饬汉口分行,立即施行,以资救济,而维市面云。

商会通告解释办法。为通告事:案奉汉口市政府令,以转奉财政部办法布告,为保存全国准备金,以谋货币金融之永久安定起见,业经规定办法六项,自本年十一月四日起,全国一致遵行,饬即遵照通告周知。等因,奉此。查此次财政部对于改进我国货币政策,发表宣言,其意义至为明显,惟其所定办法六项,诚恐外间稍有误会,不免发生纷扰,除将布告照录分送外,兹再按照原文分别说明于后:(一)关于以中央、中国、交通三银行所发行之钞票,定为法币一节,此系为统一币制,巩固金融起见,是此项法币,即无异于现金,故一切公私款项之收付,均应以法币为限;(二)关于曾经财政部核准银行之银行钞票,现在流通者准其照章行使,亦系为便于市面商情起见,故由部规定该项钞票,此后不得增发,一面限期逐渐以中央钞票换回,并对其流通总额之法定准备金及已印未发之新钞,与已发收回之旧钞,悉数交由发行准备管理委员会保管以期统一;(三)关于法币准备金之保管,及其发行收换事宜,设发行准备保管委员会办理一节,此尤为昭确实而固信用之明证,故委员会章程内规定商会银行钱庄公会均得推派代表;(四)关于凡持有银本位币或其他银币生银等类者,应交由发行准备管理委员会或其指定银行兑换法币一节,因此次既系限定以法币为交易之货币,则其他之银类,当然不能同时行使致涉纷歧；(五)关于有以银币单位订立之契约，应照原定数额，于到期日概以法币计算，收付一节，亦因法币既系现金，则以法币给算收付自不能别生问题；(六)关于由中央、中国、交通三银行无限制买卖外汇一节，是使法币对外汇价照目前价格，更足以臻稳定。以上办法，实为政府改善币制，巩固金融之良好政策，亦为恢复国民经济之唯一要图，国计民生，两有裨益，日系全国整个办法，尤与从前局部情形迥不相同，凡我市民自当认明斯旨，一致拥护是项政策之施行，幸勿稍生疑虑，自相惊扰，亦不得借故高抬物价，致启纠纷，维持市面以安人心，窃愿与各同业共勉焉，特此通告云。

(《大光报》P346)

2.统一币制实施后，武汉各界拥护法币

(1935 年 11 月 6 日)

汉市外商银行遵用法币，商会开会解释中央法令。

武汉实施法币后，市面情形已志昨日本报。兹悉各界人士，对此均极拥护，并闻举办抵押贷款，尤为欢欣，汉市英国汇丰、美国花旗两银行亦接奉总行电令，遵照我国法令，改用法币，中央银行并奉令核查各行库存现银，兹将各情分志于次：

财部电汉指示办法，文曰：本部本日布告规定自十一月四日起，以中央、中国、交通三银行所发行之钞票为法币，所有完粮纳税及一切公私款项之收付，概以法币为限，不得行使现金，违者没收，并规定持有银币生银等银类者兑换法币等语，业经分别布告函令通行在案。惟念我国幅员辽阔，交通又多不便，中、中、交三行钞票及其他银行钞票，未必各地方均有流通。为谋各地方人民之便利均能切实奉行布告规定办法起见，特函令中、中、交三行及各银钱行号，迅将法币输送各地方，使之均足敷用。其一期无法兑换法币各地方，姑准暂时保持市面原有习惯，迅由各公会、各税收机关将银币生银类，暂时收换，即以收得之银币生银等银类，运赴有法币地方，兑换法币，以免人民日常使用稍感不便。中、中、交三行及各该银钱公会、商会，更须就地方实在情形，妥筹便利人民及切实奉行法令，随时商承当地政府办理。国家法令，原为利民，凡属稍有困难，本部无不体念顾及，尚希各本斯旨，切实办理具报等语。特电请查照转行知照，财政部长孔祥熙支云。

省府布告人民周知：省政府昨发出布告云：案准财政部孔部长江沪处电开，(原文见四日电讯)用特专电密达。即希转饬所属，剀切晓谕，俾众周知，并分令各军警机关，对于各国立银行，及其他商办银行，切实保护。等因，准此。除分行外，合亟布告周知此布。

武汉商会调查存银：关于此次实施通货管理，并规定中、中、交三行钞票为法币，已予明令公布外，昨(五)日武汉两商会，及汉银行钱业两公会，又奉到财部电开，查中交三行钞票，定为法币，业经公布施行，并分别电令知照在案。所有各地银行钱庄，截至十一月三日止，库存钞票种类数目及现金数目，无论各该行庄自有或系代人保管，均应查明。除设有中央银行地方，应由中央银行负责人，召集当地银钱业，迅速报告中央银行，汇报本部外，其无中央银行地方，由中国、交通两银行，负责召集办理。其无中、中、交三银行地方，则由县府会同商会负责办理转报本部查核。除分别函令外，特电遵照，并转行同业知照云。

外商银行遵用法币：汉市美国花旗银行及英国汇丰银行，已奉到各该总行电告，均皆一律

遵照我国政府新定金融政策。为使中、中、交三行法币，昨日有武昌某煤商分持该两行现银支票前往兑款。各该行即以中、中、交法币兑给该持票人，并声称此票转奉贵国（按指中国）政府命令，一律行使中、中、交三行法币，至该行收进各款，亦照收法币云。

举办抵押市面受惠：近数年来，汉市市面，日见衰落，其原因虽甚多，然不动产不能抵押，银行停止放款，要亦为最大原因。现在中央实施货币统制，并即兴办抵押放款，武汉各界人士，皆现欣慰之容。因汉市为全国重要都市，土比金贵，只因不能活动，故市面日益萧条。前此各业商人曾一再请求政府转商银行，收押不动产，但迄无相当结果，现实行法币，举办抵押放款，武汉当先得其惠也。

汉总商会讲解真相：汉总商会于昨（五）日下午五时召集各业公会主席开会，并请吴市长国桢出席讲解改良币制真相。到会者汉市长吴国桢，市党部郭衡，该会委员周星棠、陈经畬、贺衡夫及各业公会主席百余人。由苏汰余主席报告召集开会意义，继由吴国桢市长演讲，略谓：今天因国家改良币制，苏主席要我来说几句话。本来兄弟因恐诸位对于政府此举，有所隔阂，也要向诸位谈谈，现在兄弟所欲言者，计有二点：（一）世界经济统制，首先实行经济统制者，便是英国。他在四五年前，就采取这种政策，所以现在世界各国的经济状况，以英国为最好。因为英国的工商业，自从改制以后，远胜于前，进口减少，出口增多。在这世界不景气状况之下，英国的货物能向外倾销，便是得到改良币制的好处，所以美国日本，均继起仿效。（二）美国购银政策，美国货物，素以中国、印度、墨西哥为市场，为提倡国外购买力起见，故提高银价，使人家乐于购买他的货物，因之年来美国进口减少，出口逐渐增多。我国财政部亦因鉴于这种情形，认为非改良币制不可。诸位要知道此次改良币制，与十六年现金集中不同，因为十六年是局部的，此次是全国中外人士一致的。所以十六年因为是局部的，故钞票价格有高低之不同的，且自十六年后，不动产不能抵押，今则财市规定，不动产亦可抵押活动，相信市面只会一天天好而不会坏的。但现在所应顾虑者，亦有二点：（一）使为一般普通人怀疑着物价要涨，要知此时稍涨，乃暂时应有的象现，此因为待法币规定后，再将十九年至二十三年之各种货物价格，加以平衡的规定。（二）人们日所必需的油盐柴米，闻已稍涨，物价之涨跌，亦所时有，倘商家任意地涨，至于没有范围，则政府自有办法，以济民食。希望各位，转向各同业详加解释政府改良币制的好处，并协助政府完成此法良意美的新政策云。继由浦心雅、郭衡、周星棠、苏汰余等相继演讲，兹节录词旨于次。浦心雅之言曰：关于币制改革问题，兄弟是银行界中人，知道是适合世界经济原理，而为富强国家之要图。周星棠之言曰：现在中央毅然改革币制，是因为硬币输出太多，不得不采取此币制政策，借以增加出口贸易之发展，诸位万勿怀疑。不须一个月，相信诸君便知道改制的好处。

（《大光报》P5）

3.武汉使用法币后，外商实行拒收银币，少数奸商操纵铜圆市面颇形紊乱，当局决采有效方法处置从严惩罚

（1935 年 11 月 7 日）

武汉实行使用法币后，外商极表赞同，昨日汇丰、花旗两银行，实行拒收银币，一律改用中行钞票。武汉对实行法币，各界均认为此举，确属巩固币制之要图，一致拥护，遵令尽量使用，

以至日来金融异常稳定。自四日起，市民藏有银币者，均踊跃持赴中央、交通、中国三银行兑换法币。昨日午后一时，记者亲赴三行视察，各界持银币前往兑换者，接踵而至，大有应接不暇之势。惟有少数中等商人，罔识大体，吸收铜圆，乘机高抬物价，以致小贩业贸易困难。兹将昨日所得各方情形，分志如次：

武汉市面安定如常：武汉至四日起，奉到财部命令，实行法币后，市面安定如常，并无纷扰现象，经过极为良好。本市各银行自接到中央银行分行通知后，昨日起已将库存现银及十一月三日止发出钞票数目详细填报。外商在汉银行，如花旗银行、汇丰银行，虽有华人存款，但日来提取者甚少。闻汇丰方面，昨日有人前往提取存款者，该行即以现银向中央银行换取法币付给。此外麦加利银行、日商横滨正金两银行，华人存款数目极少。至国际汇兑以法币向中央银行或外商银行汇往国外，汇率完全相同。又查汉市硬币，为数约达一千万元，中央汉行，昨已由总行运到法币数百万元，以便随时尽量换用。对于各商业银行存款，若提取拥护，中央银行亦随时以法币协助。连日外商洋行办货，虽有一部观望，但此种停顿，不过数日而已。市面物价抬高，及缺乏铜圆，尚系商民不明内情所致，或受十六年余惊。大约数日内亦可完全平息。对于不动产抵押一层，财部虽有电令到汉，惟刻下三行尚未注意及此，准备保管委员会，汉市不需要成立，商会亦无此项要求。并闻省内各地如宜沙等处，市面亦极安定云。

少数奸商操纵铜圆：武汉自实行法币办法后，日来市面安定如常，乃于昨（六）日起，因一般中小商人不明真相，将铜圆操纵，从中渔利，使市面周转不灵。于是武汉轮渡，收授票价之铜圆，均感困难。有持钞洋一角，向售票处购票一张者应找钱四百，售票员即将临时发行之通用二张与之，以作下次渡江之用。现航政处睹此情形，除一面向各钱庄收买铜圆外，并派陈课长赴钱业公会商洽救济办法。昨日因市面铜圆多被奸商吸收，周转不灵，零星小账，人力车夫，生活顿失保障，有多数巷里妇女，购买杂菜，因无铜圆找出，致起争端者。停置街旁之人力车夫，因无铜圆，亦鲜有人乘坐。

警政当局调查物价：民政厅长孟广澎以整顿币制办法，业已实行，少数奸商，不顾大体，暗中高抬物价，搜藏铜圆希图乘机渔利，殊甚痛恨，特派科员杜启贤，调查改制后物价之变动情形，以便相机处理云。又省会公安局对于此项问题，现在正加以密切之注意。对于各项民生必需物品之价格，以及银钱行情且私定暗盘，高抬货价，循是以往，将使市面金融归于停滞，民生益蹙，民用益艰。国家改革币制，原为挽救危机，复兴经济，而一般人民，未能全明真相，遂致不良分子，乘机居奇，如不速予制止，小之破产币制，大之影响治安。瞻念前途，殊甚危险，着由该司令市长迅即会同汉口市商会负责人员，妥筹办法，速复原状，如查有囤积铜圆，希图渔利，并抬高物价，踩低法币情形，即以危害民国罪处治，事关治安，非同浅鲜，除分令外，合行令仰该司令市长会至祷云。

市府规定铜圆价格：自中央改革币制明令颁布以后，一般奸商，从中操纵，市面铜圆，不敷周转。吴市长特于日昨（六日）下午六时，召集本市银钱行业领袖及商会负责人，在市政府会商救济办法，结果决定两项，并已漏夜分别呈函，布告周知矣。办法如后：（一）禁止铜圆流出武汉市区以外，违者究办，铜圆充公。（二）铜圆法价，永久规定每国币一元调换双铜圆六串文，违者以扰乱金融论罪。倘有故意私藏多数，操纵市面者从严惩办。

（《大光报》P17）

4.汉口市商会为请求给茶叶公会还款宽限三个月致汉口银行同业公会函

(1935年11月8日)

敬启者,本年十一月七日,据汉口市茶叶行业同业公会函称,敬启者顷,据敝会会员郎兴泰行来会声称,该行前于八月十五日,蒙贵会盖印保证,向银行公会代表银行,中国银行以怡和与所存省银行汉阳堆栈老茶式千八十一色抵押借款,洋六千三百元。又以泰记阜昌栈花香壹千四百色抵押借款,洋壹万元,上项押款均于本月十五日到期。现因茶市依然疲滞,该货尚未谋得受主,特请敝会转函贵会恳祈函咨银行公会,相商展期三个月。但在此三个月之中,该货能否受脱,即发随时备款取赎等情。据此查该行所称各节尚未实在,相应备函奉达,务祈贵会鉴核,准予特函。银行公会将该郎兴泰行前项货物押款通融,展期三个月,在展限期内,该货物如谋有出路,并准随时取赎以恤商艰,实所盼祷,等情。前来查该即与泰行所请收前项货物押款,恳准通融,展期取赎各节。既据该业公会函请转达,用特据情函商贵公会,即祈查约见复,以凭转知为荷。

此致

汉口中国银行

汉口市商会

5.财部不准减轻营业税

(1935年11月8日)

(南京)汉商会前据各业吁请减轻营业税率,并改善课税方法,特转呈财部核示,财部以营业税业经依法核准备案,未便轻予变更,已批示遵照。(七日中央社电)

(《申报》)

6.国府通令实施新货币制

(1935年11月9日)

(汉口)汉商会以连日来市面铜圆缺乏,七日晚曾开会,请省府交财厅饬省银行赶印铜圆小票,行使市面,以资周转。八日上午九时即由黄文植、周星棠等渡江赴省府商洽,适省府开会,黄等即列席报告,并请省府速行救济,闻省府当经决定交财厅转饬省行,赶印百文及二百文铜圆纸票,以济市面。(八日中央社电)

(《申报》)

7.省市改革币制中,各方努力稳定市面

(1935年11月9日)

商场往来票据一律改书国币,三行法币不分地名一致使用。

乘机抬高物价兑换不遵法定均按危害民国治罪。

省银行正赶印一百文、二百文铜圆票,武阳商会筹集铜圆供给输渡及市面。

武汉遵用法币后，因少数商人不明改进货币政策，抬高物价，操纵铜圆，以致市上零星小卖，极感困难。经官商合力维持后，铜圆已渐宽松，物价亦趋稳定。省府昨日召开委员会议，当即通过武汉物价评议委员会简章，即日召集开会，正式成立，并决议由省银行赶印一百文、二百文两种铜圆券，活动市面，但武汉一般情形，皆已恢复正常状况，此种余波，日内即可平静。兹志各方情形如下：

省府决议评议物价：省府昨（八）日上午开委员会议，出席委员卢铸、贾士毅、李书城、程其保、孟广澎、刘寿朋、吴国桢。由卢铸主席，当由主席提出武汉物价评议委员会，各委员多发表意见，佥以改进币制，物价上涨，虽系短时期现象，但极应成立物价评议委员会，加以防止，对于原拟简章，略加以修正通过。组织机关加入武昌市政处、全省商联会、汉口公安局、省会公安局等机关，地点将改为汉口，即日召集会议，正式成立。

由省银行发铜圆票：关于发行铜圆票案，省府会议亦提出讨论，各委员皆发言，佥以武汉铜圆，原敷周转，现因遵用法币，无知商人收藏，以致不敷流通。但各县铜圆，本即缺乏，自各县市票取缔后，迄感不便，决议由省银行发行一百文、二百文铜圆票两种，由财政厅会同办理，即日考察市面需要，赶速印发，以资流通。又省府议决发行铜圆票后，即由卢、贾两氏召见省银行副行长王惭磐到府指示，赶速印发，以维市面。

武昌开会决定办法：武昌市政处，昨（八）日下午三时召集武阳商银钱各界人士到处开会，计到武昌商会主席张群叔，委员杨达夫、陈善长，汉阳商会主席周文轩，武昌省银行行长孙瑞伯，汉阳县长陈志纯，汉阳米业公会石焕文，武昌县政府黄理平，武昌市政处处长李捷才，技正洪维清，科长张宝瑢，股长黄乃真，武昌水电厂副厂长张培均，航政处主任陆伟。当推李捷才主席，行礼如仪后，即由主席报告，略谓：中央实行新货币政策，已历五日，全国上下已一致遵行，惟事属创见，在实行之始，少数无知商人，不明了实际情形，多抬高物价，操纵铜圆，以致市面，感受影响，民生亦大有妨碍，此事之发生，实为庸人自扰，相信此种无意义状态，在最短期间定可平息。今天请各位来商量一稳定金融、平定物价办法，紧急实施以渡过现时难关，安定社会，并希各位尽量发表意见，提出讨论，旋由各代表发言：

当经议决各项办法：甲、关于稳定金融：一、由水电厂、武阳商会，尽量筹集铜圆，供给武汉轮渡应兑。二、法币每元换六串文，严禁奸商踹价，并禁囤积居奇。乙、关于平定物价：一、由市政处、省会公安局、武阳商会，组织评定物价委员会。二、由宝善米厂，购大宗食米，平价发售，并在武阳各处分设零售处。三、每日各种物价行情，由武阳商会逐日呈报市政处公布。

省公安局发出布告：省会公安局，昨（八）日呈准省政府，布告如下：查本月四日，财政部颁布之改革币制办法，原在统一纸币发行，集中纸币准备，借以稳定金融，挽救国民经济之危机。凡我国民，允宜共体斯旨，确切遵守，对于法币，不容存有丝毫怀疑，倘有乘机抬高物价，或每法币兑换铜圆，不足六串文者，即视为扰乱金融，破坏治安，决即拿解主管机关，按照危害民国紧急治罪法处治。除令行所属严审查察外，特此剀切晓谕，仰省会商民人等一体禀遵勿违，此布。

商会开会决议两项：省商会为奉令评定物价，于昨日上午十二时，召开各业紧急联席会议。到各同业公会负责人张继武、陈树堂、张晴舫等及该会全体执监委员杨达夫、吴竟成等五十余人，由张群叔主席，其决议如下：（一）函请全省商会联合会，转知各县商会，解释法币法令，评定物价。（二）请各同业公会分别召集所属同业，切实解释法币法令，不得抬高物价，及收藏铜圆。

财孔电汉赶铸辅币：昨八日汉市府奉孔部长齐电云：阳电敬悉，折现扣银，业经制止，现无贴水情事，市况良好，至为欣慰，规定每法币一元，换双铜圆六串，与沪市所定每元换单元三串，亦属相合。除已函请中央银行积极推行辅币券，调剂市面外，并将赶铸新辅币，以利民用云。

铜圆宽松，物价将跌：昨八日市上对于法币之使用，更见普遍，中外各银行，皆以现金至中、中、交三银行掉换法币使用，市上铜圆情形，较前(七)日更觉松动，贸易找零，已可应付。惟兑换仍不能照常，至物价方面，已无再涨情事，且有回复正常状态之趋势，社会情形一切皆已照常。

法币不分地名使用：每法币一元，兑换铜圆六串之法价，汉市官商会议规定后，汉市方面，竟乘机涨至三元二三角。米平时售洋十元零六角一担者，亦涨至十二元七八角。他如油烟小菜之类，亦有增涨。市场上购买货物或借口无铜圆找零，将角洋减低五百七八十文一角以作交易，似此奸商昧良图利，玩忽禁令，影响民生前途和整个治安者甚巨。若不予以严禁，其何以儆效尤，谨将近日调查所得，报请鉴核等情，据此。查近日物价飞涨民生堪虞，奸商操纵铜圆，极尽剥削之能事，据报前情，用特函请贵府查照，迅予设法严厉取缔制止，以轻市面，而安人心是荷云。

(《大光报》P41)

8.武汉即成立物价评委会

(1935 年 11 月 10 日)

组织规程省府修正通过，省府函各机关速派代表。

省政府秘书处昨函省市党部、警备部、银行公会、武汉两公安局、武昌市政处、武、阳、汉三商会、省商联及汉口市政府，请派定代表，以便组织武汉物价评议委员会。又武汉物价评议委员会组织规程，经省府一七六次会议修正通过如下：第一条，本会为维持物价平衡，防止过度高涨组织之。第二条，本会由省市党部湖北省政府，武汉预备司令部，汉口市政府，汉口市公安局，武昌市政处，省会公安局，全省商联会，武、阳、汉三商会，汉口市银行业同业公会，各派代表一人组织之。第三条，本会设常务委员一人之，以省政府代表任之。第四条，本会会议由常务委员召集之。第五条，本会开会时，得召集有关各业之同业公会代表列席以备咨询。第六条，本会应制定物价表，并指定各机关团体派员随时调查报告。第七条，本会认为某项物价过渡高涨时，得请主管官厅取缔之。第八条，本会认为某项货物缺乏时，得商由主管机关会同当地商会设法集资采购，以资调节。第九条，本会办事细则即另定之。

(《大光报》P53)

9.省市商会推进商业复兴运动

(1935 年 11 月 10 日)

(1)省商会决组商业复兴会

省商会为据电料、米、肉等业公会，暨酒饭面点业公会，先后条陈救济武昌市面金融一案，于昨日下午四时，召集全市各业公会主席，各单独商店会员，及该会全体执监委员，举行联席会议。计到各业代表共 50 余人，由张群叔主席，当经决议组织武昌商业复兴委员会，并推定张晴舫、陈善长、张群叔、杨达夫、吴竟成、胡树楠、易兰生等 7 人为筹备委员，由张群叔、陈善长负责草拟组织章则，即日着手筹备成立云。

(2)汉商会筹组承兑票据机关

汉口市商会,为谋复兴汉口市面起见,前曾具呈财政部,请援照维持上海市面成例,拨借大宗债款,俾苏积困等情,已迭详前讯。该会奉财部批,以汉口市面,业经本部迭次维持,已获安定,所陈汉市各业需款状况,自属实情,值兹世界凋敝之际,国内各地情形,大致相同,汉市各业,果能依照银行定章,提供相当担保,银行自亦乐于放款,至发行流通券,足以扰乱金融,未便准行,倘能推行商业承兑票据,自可活泼金融,应由该会各同业妥商办理云云。商会奉批,比经开会决定组织一承兑票据机关,已分函银钱两公会,征询办法,一俟复到,即召集开会,讨论进行云。又讯:汉口市商会,前准海外考察团筹备委员郭秉文、陈蔗青等来函,以国际问题研究会鉴于各国公私团体来华考察者日多,而我国团体之赴外考察者则甚少,为谋借镜并推进国际贸易起见,特发起组织海外考察团,周游日、美、英、法、德、俄、意等国,考查其工商业与经济市场各状况,并附征求团员简章,请派员参加同往考察,汉商会特于昨日分函各业公会请派员参加。

(《汉口商业月刊》第 2 卷第 11 期)

10.汉口市商会函各业公会转发电政公债条例

(1935 年 11 月 10 日)

径启者,案奉汉口市政府征字第 404 号训令内开:案奉湖北省政府秘一字第 3317 号令开:案奉行政院民国二十四年十月五日第 5290 号训令内开:案奉国民政府民国二十四年九月三十日第 737 号训令内开:为令知事,查民国十八年交通部电政公债条例及民国十九年交通部电政公债条例,现经明令废止,应即通行饬知。除分令外,合行令仰知照,并转饬所属一体知照。此令,等因,奉此。除分令外,合行令仰知照,并转饬所属一体知照。等因,奉此。除分令外,合行令仰知照。此令,等因,并奉省秘一字第 3316 号令开:案奉行政院民国二十四年十月五日第 5289 号训令内开:案奉国民政府民国二十四年九月三十日第 738 号训令内开:为令知事,查民国二十四年电政收公债条例,现经制定明令公布,应即通饬施行,除分令外,合行抄发该条例及附表令仰知照,并转饬所属一体知照。此令。等因,奉此。除分令外,合行抄发原件令仰知照,并转饬所属一体知照。等因,奉此。除分行外,合行抄发原件令仰知照,此令。等因,计抄发民国二十四年电政公债条例,及附表各一份,先后饬遵下府。除分饬外,合行抄发原件条例及附表,并案令仰该会遵照,并转行知照,此令。等因,计抄发原条例,及附表各一件。奉此。除分知外,相应抄同原件,函请查照为盼。

汉口市商会启 10 月 26 日

附抄原条例及附表各一件

民国二十四年电政公债条例

1935 年 9 月 30 日公布

第一条　国民政府为整理及扩充电报电话及无线电,由财政部会同交通部发行公债,定名为民国二十四年电政公债。

第二条　本公债定额为国币一千万元。

第三条　本公债定于民国二十四年十月一日按票面额九八发行。

第四条　本公债年息定为六厘。

第五条　本公债还本付息，指定在交通部国际报费项下，除已指定拨付：(一)中央庚款董事会各项借款本息；(二)邮政储金汇业局代理收付合同每月透支之款，及按月结账找款外之余款为基金，设有不足，另由交通部在其他电政收入项下拨补足额，由交通部命令国际电信局依照还本付息表所载数目，每月二十五日平均拨存中央银行，列收国债基金保管委员会本公债户账，专款专储，备付到期本息。

第六条　本公债每三个月还本付息一次，于每年三月、六月、九月、十二月之末日行之。

第七条　本公债分七年半还清。第一年至第三年每年共还总额12%；第四年至第七年每年共还14%；第八年之半年共还8%；至民国三十二年三月三十一日本息全数偿清。前项还本于每次到期前20日以抽签定之。

第八条　本公债指定中央银行为经付本息机关。

第九条　本公债债票为五千元、千元、百元三种。均为无记名式。

第十条　本公债债票得自由买卖、抵押。凡公务上须缴纳保证金时，得作为替代品，并得为银行之保证准备金。

第十一条　对于本公债债票有伪造或损坏信用之行为者，由司法机关依法惩治。

第十二条　本条例自公布之日施行。

民国二十四年电政公债还本付息表

年	月	日	现负债额	期次	还本数	付息数	本息合计
1935	12	31	10,000.000	1	300.000	150.000	450.000
1936	3	31	9,700.000	2	300.000	145.500	445.500
	6	30	9,400.000	3	300.000	141.000	441.000
	9	30	9,100.000	4	300.000	136.500	436.500
	12	31	8,800.000	5	300.000	132.000	432.000
1937	3	31	8,500.000	6	300.000	127.500	427.500
	6	30	8,200.000	7	300.000	123.000	423.000
	9	30	7,900.000	8	300.000	118.500	418.500
	12	31	7,600.000	9	300.000	114.000	414.000
1938	3	31	7,300.000	10	300.000	109.500	409.500
	6	30	7,000.000	11	300.000	105.000	405.000
	9	30	6,700.000	12	300.000	100.500	400.500
	12	31	6,400.000	13	300.000	96.000	396.000
1939	3	31	6,100.000	14	400.000	91.500	491.500
	6	30	5,700.000	15	300.000	85.500	385.500
	9	30	5,400.000	16	400.000	81.000	481.000
	12	31	5,000.000	17	300.000	75.000	375.000

（续表）

年	月	日	现负债额	期次	还本数	付息数	本息合计
1940	3	31	4,700.000	18	400.000	70.500	470.500
	6	30	4,300.000	19	300.000	64.500	364.500
	9	30	4,000.000	20	400.000	60.000	460.000
	12	31	3,600.000	21	300.000	54.000	354.000
1941	3	31	3,300.000	22	400.000	49.500	449.500
	6	30	2,900.000	23	300.000	43.500	343.500
	9	30	2,600.000	24	400.000	39.000	439.000
	12	31	2,200.000	25	300.000	33.000	333.000
1942	3	31	1,900.000	26	400.000	28.500	428.500
	6	30	1,500.000	27	300.000	22.500	322.500
	9	30	1,200.000	28	400.000	18.000	418.000
	12	31	800.000	29	400.000	12.000	412.000
1943	3	31	400.000	30	400.000	6.000	406.000
共计					10,000.000	2,433.000	12,433.000

（《汉口商业月刊》第 2 卷第 11 期）

11.汉口市商会函各业公会转发印花税则释疑

（1935 年 11 月 10 日）

敬启者，案准全国商会联合会民字第 65 号代电开：案查自印花税法及印花税法施行细则于本年九月一日施行以后，各地商人对于该法条文多有不明了之处，函电纷驰，请求本会解释。本会为求免除各商会询问，及本会逐一答复之麻烦计，兹将关于各商会询问怀疑之各条，制成印花税法及施行细则释疑，相应附其电达贵会，即希查照公布周知，以免误解为荷。件附。等因，准此。除分知外，相应抄同印花税法及施行细则释疑一份函达，即希查照，分转各同业一体知照为盼。

汉口市商会启

10 月 22 日

附抄印花税法及施行细则释疑一份

印花税法及施行细则释疑：

（一）印花税法第八条所称："同一凭证而具有两种以上性质。"例如第十六条第一、三两款发票或账单，顾客付款后，店铺于发票或账单上书明此款收讫字样，则此发票或账单同时又可作为银钱收据。又如顾客购买货物后，令店铺送出，货物送到，顾客于发票上书明此货收到字样，则此发票同时又可作为货物收据。而发票、账单、收据税率相同，不必加贴印花。

（二）印花税法第九条所称："因事实变更而修改原凭证继续使用。"例如第十六条第十四款保险单，原保为一千元贴印花二分，其后加保若干，不另立保险单，即于原保单上添注加保数目，继续使用，则此保单应照加保数目，补贴印花。

（三）第十六条第一二三款：发货票、银钱货物收据、账单、税率栏内尾开："满百元以上者贴印花三分。"三分即为最高额。以后数目增加，印花不再加贴。

（四）印花税法第十六条第二款，银钱货物收据性质栏内"凡收到银钱或货物后所立之单据皆属之"，则凡银钱、货物收据，皆一律须贴印花。普通店铺所用送货回单簿，照旧条例毋须贴花。现在须逐户由收件人照第十六条第二款贴印花。

（五）印花税法第十六条第二款性质栏内"但金融业存款收据除外"，其意关于金融业存款收据，已规定在同条第四款内，应照此款贴花，并非金融业存款收据不须贴印花。

（六）印花税法第十六条税率栏内："每件按金额若干元贴印花若干。其超过之数，不及若干元者，亦以若干元计"。又免税栏内："每件金额未满若干元者免贴"。其超过数目，虽未逾免税规定，亦须加贴。例如第十五款承包单据，每件金额满一百元贴印花二分，如果金额为一百零一元，则应贴印花四分。

（七）凡在印花税法施行以前，已照旧条例贴足印花，而印花税法之税率已经增加者，在其有效时期，毋须加贴。例如各种簿折，旧条例每年贴一角，印花税法每年须贴二角，簿折已照旧条例贴一角者，可用至年终或其会计年度终了之时，不必加贴。

（八）印花税法施行细则第十三条所称："例如发货票，其货价如满三元者，须贴印花一分。如满十元者，须贴印花二分，如满百元者，须贴印花三分。余类推。"其"余类推"三字，系指以此第一款发货票，类推其余第二、三款。所谓满若干元者，俱连本数计数，即谓此三款，数目满三元即须贴印花，不必须数目满三元零一分始贴印花。

（《汉口商业月刊》第 2 卷第 11 期）

12.汉口市商会函各业公会遵令取缔潮茶

（1935 年 11 月 10 日）

敬启者，案奉汉口市政府忠字第 7486 号训令内开：案奉湖北省政府建三字第 2367 号训令内开：案准实业部商字第 37567 号咨开：案准全国经济委员会秘书处函开：案准本会农业处函开：查本会复兴茶叶计划，原有提高茶叶品质一项，近年我国茶叶恒带焦酸，以致品质锐贬，出售时每遭挑剔，售价亦自低落。查茶叶最忌焦酸，于茶叶销路影响甚巨，考其焦酸原因，皆由于毛茶含水过多所致。是以潮茶售卖，亟应严禁，拟请大处函商实业部通令全国产茶各省，对于潮茶应予取缔，凡毛茶含水超出 45%以上者一律禁止买卖，其水分在 30%以下者酌予奖励，相应函陈敬祈查核办理为荷。等由，准此。相应函达即希贵部查照核办见复。等由，准此。除函复并分咨外，相应咨请查照转饬主管官厅遵照办理为荷！等由，准此。除分令外，合行令仰该市政府遵照并转饬所属一体遵办为要！此令。等因，奉此。除分令外，合行令仰该会遵照并转饬所属一体遵照办理！此令。等因，奉此。相应录令函达，即希查照为盼！

汉口市商会启 10 月 15 日

（《汉口商业月刊》第 2 卷第 11 期）

13.汉口市商会函各业公会征求海外考察团团员

（1935 年 11 月 10 日）

径启者，顷准海外考察团筹备委员郭秉文、陈蔗青、戴志骞等函开：敬启者，国际问题研究会鉴于各国公私团体来华考察者甚多，而我国团体之赴外考察者甚少，为谋借镜并推进国际贸易起见，发起组织海外考察团，周游日、美、英、法、德、俄、意等国，考察其工商业，与夫经济市场各状况。草拟简章，征求团员，嘱由秉文等筹备一切。此事意义深长，度为贵会乐予赞成。谨将简章奉阅，幸祈派员加入同往考察，以收实效，曷胜盼企，静候裁示是荷。等因，准此。查此种集团行动，不轻在发展国际贸易之政策上为必要，而对于国际问题之研究，尤有深刻之意义。准函前因，相应抄同该项简章函达贵会，即希查照，详加考虑。如团体或个人有愿参加同往考察者，请将参加人之履历见告，以便汇复，是为至盼。

汉口市商会

附抄简章一份

国际问题研究会海外考察团简章

一、缘起

年来外国公私团体来华考察者络绎不绝，其所费无多，而收益实大。返观吾国，则仅政府偶然派遣或一二私人之以游历性质赴外考察者，外团体考察甚属希有，其何以撷长补短，奋勉图存。本会爰用发起组织海外经济考察团，周列海外各大邦，考察其工商业及经济状况，以资观摩，并考察其市场之需要，为国货兑销路，物价之升降，备进口商作借镜。

二、团员资格

（甲）实业界或金融界推派之人员。

（乙）自身创有事业，或长于专门学识之人员。

三、组织

本团设团长一人，综理本团一切事务，对外代表本团。设文书会计事务干事若干人，协助团长兼理团务。职员均由团员公举，纯为互助性质，不支薪金。

四、行程

预定先至日本考察，后赴美、英、法、德。如经济及时间有余，即由德转俄考察，然后到意大利考察若干日，在威尔士地方上船回国，否则即由德经意考察而回。估计行程约为四个月至五个月。

五、费用

费用分公共交际费及旅费二种。公共交际费，一部分由本会筹措，一部分由团员分担。连同旅费,每人暂六千元。将来有余发还,不足补缴。甲项团员之费用,由所派推之机关担任。乙项团员费用归本人自任。此外须各自另带费用若干,视其本人习惯定之。

六、收费办法

本团成立举出团长后,由团长向殷实银行开立本团户头,团员各先缴费二千元,或直接存入,或交由团长存入,余在动身之前一星期缴足。将来动身时,由会计干事开列用途,会同团长签字支用。并得先支若干,交由事务干事备零星之用。如本团发生故障不能成行时,所收费用一概发还(如已定购船票则应除去退票折扣)。团员中如有中途因事不能同行而退出者,其所缴费用,倘无退票折扣或其他费用之不能退回者外,余并照数发还。本团交际费及旅费等项之账目,俟返国后,由团员公推一人至三人审核之。

七、行李

团员行李皆由本团代为照料,惟除免费行李外,所有关税运费等项,皆须自理。团员如带有货样,本团当代为要求出入口时免税权利。但为全体名誉起见,如有利用此项利益以为私运货物之用者,一经查出,当由团长予以严重之警告。如再故意违犯,得将其团员名义取消。

八、考察报告

团员考察返国后,应将考察所得推举一二人选具报告,分送政府及有关系之机关或团体,以备采择。

(《汉口商业月刊》第2卷第11期)

14.汉口市商会函各业公会注意上海虚设公司商号

(1935年11月10日)

径启者,案准全国商会联合会民字第61号代电内开:全国内外各商会公鉴:案查上海现有一般虚设公司商号名义,利用广告登报或散发传单,广事宣传,以劣等货物妄言价值数百数十,现在减售数元数角,专以引诱外埠顾客贪其便利,每易入壳,迨至汇去货款,收到货物,始知受欺,甚至有货款汇去后,杳无消息,几经交涉,而该公司商号已经迁移或关闭,无从寻觅。本会迭准各地商会函请追究或调查,关于此种事件甚多,而彼等施行诈骗之徒,布置周密,结果殊少弋获。为此通电各商会查照,即希贵会将此电公布或转登当地报纸,布告周知,以后对于该种公司商号,拟欲交易而有所怀疑者,可由当地商会转请本会调查,俾免受欺为荷。等由,准此。除分知外,相应录电函达,即希查照为盼。

汉口市商会

10月23日

(《汉口商业月刊》第2卷第11期)

15.汉口市商会函海味糖盐业转知税局碍难处罚密报不实人员

(1935年11月10日)

敬启者,案准汉口区营业税局,税字第1568号公函开:准贵会公函,以据本市海味糖盐业同业公会函:为裕丰、丰成两海味号,再请将密报不实之举发人,送请法办,一面呈请于税法中增设处罚诬告之规定等情一案。据情转请查照,准将该案密报人依法移请法院办理,以明是非,而维商业。等由,准此。查本案原密报人举报不实,既经本局查明该两号尚无漏税情事,大公无私,人所共见。该密报人虽有诬指之嫌疑,惟税章系奉财政部及省政府颁定之法律,并无诬告反坐之明文,送究一节,殊无依据。至增设处罚诬告之规定,事关修改法律,手续繁重,本局尤无权办理。准函前由,相应复请查照转知是荷。等因,准此。查此案,前接贵公会来函,曾经分转汉口营业税局,暨湖北税捐监理委员会,请予分别核办在卷,除俟接到税捐监理委员会复函,再行转知外,兹准前因,合先转达贵公会,即希查照分知为盼。

汉口市商会启

(《汉口商业月刊》第2卷第11期)

16.武汉党政军商会同评议物价

(1935年11月10日)

六日特电:汉市长吴国桢、公安局长陈希曾从严取缔,电云:此次统一发行集中准备,实为安定金融、复兴经济之要图,各省市均一致遵行,汉口商会早有全体遵办之复电,顷闻汉市有钞票贴水之说,想系少数奸商,希图乘机牟利,务希两兄切实查禁,并剀切晓谕,倘再有违背法令者,请即依法惩办,以儆效尤,而利施行。

(《申报》)

17.物价评议会各机关代表大致派定本周在省府开成立会

(1935年11月11日)

省政府为平定物价,已决定组织武汉物价评议委员会,业经分函各机关团体,推派代表,以便早日成立。兹闻各机关团体准函后,已大致分别派定,准于本周内,在省府开成立会,会址将设省府内,武昌市政处原拟会同省会各机关,组织物价评议委员会,兹以省府已有是项组织,闻拟不再另行组织云。

市面铜圆益趋活动。武汉市面铜圆,日来经官方向各商人剀切晓谕,已渐渐活动,物价亦已渐趋稳定,昨日各杂货店,均有大批铜圆流通,铜圆法价,均照六串计算。

武阳即设临时米厂。武昌市政处,有防止米价高涨,决即督饬宝善米厂,购办大批米粮,廉价出售,即将在武阳两区内,择定相当地点,设置临时售米处,廉价出售云。

皮皓白讲币制原因。汉口市政府,为使民众明了实行币制真义起见,特请经济专家邹宗伊于昨午在省民教馆讲演,前往听讲者,达数千人。又武昌市政处市政讲座,今晨十时请武大教务长皮皓白,讲演币制原理,各机关各业公会,均派代表参加云。

扩大宣传法币政策。武昌县商会,因实施法币后,城市民众,虽渐明了,但一切土产物品,多数来自乡间,且乡民教育落后,恐尚未切实明了,特于昨日派该会委员杨达夫、董锦轩等,前赴省公安局及武昌县政府分别承商,请扩大宣传,以期法币政策,深入乡村,以坚定民众对法币之信仰云。

(《大光报》P65)

18.汉商会呈财部,报告改用法币

(1935 年 11 月 12 日)

改革伊始经过情形乃必然现象,经多方解释市面稳定人心大安。

汉口市商会昨(十二)日将汉市遵用法币经过情形,备文呈报财政部云:呈为呈报事,本月九日,奉钧部本年十一月四日钱字第一九九七二号及一九九七九号两训令,以规定自十一月四日起,以中央、中国、交通三银行所发行之钞票为法币,所有完粮纳税及一切公私款项之收付,概以法币为限,不得行使现金。颁布办法六项,饬令一体遵照,并以各该银钱公会,更须就地方实在情形,委筹便利人民及切实奉行法令办法,随时商承当地政府办理。各等因,奉此。查属会自本月四日奉汉口市政府奉转钧部改革货币布告之后,当即根据布告所规定之办法六项,逐项加以详细说明,通告全市各业商店,一体查照奉行,一面发出传单,于本月五日,召集各业公会代表临时紧急会议,并请本市吴市长莅会解释实行新币制之有利无弊,以谓此种改进货币政策系为保存全国准备金而谋安定金融之最善办法,事关救国要政,无不积极拥护,共促进行。惟以骤经改革,各业商店尚多昧于政策实施之情况,纷纷提取存款,不免发生市面之恐慌,已于当日纷电钧部暨中、中、交三银行总行准予即日实至重贴现办法,及不动产抵押放款,以资救济,其余影响所及,以及市面铜圆不敷流通,亦经属会呈奉市政府规定,办法两项:(一)禁止铜圆流出武汉市区以外,违者究办,铜圆充公;(二)铜圆法价,规定每法币一元,掉换双铜圆六串文,违者以扰乱金融论罪。值此改革伊始,上述情事,亦属必然之现象,嗣经属会多方解释,市面日趋稳定,人心亦已大安,奉令各前因,除分别所属各业公会切实遵照办理外,理合将属会奉行法令之经过各情形,备文呈报钧部俯赐鉴核备查,实为公便。

沪商会告金价涨因。汉商会于本月三日以现在金价增涨,是否由谣言所致,应如何设法挽救等情,致函上海市商会。昨准沪商会复函,以其时财政部以中央、中国、交通三行钞票为法币之布告,尚未发表,外间不免多所揣测,金价飞涨,或由此起,现在币制革新,真相已明,同时对于外汇价格,亦由三行力谋稳定,以前一切之波动,当可渐复常轨云。

财部电告赶铸辅币。汉商会昨奉市府令云:案查改革币制后,本市少数愚民,收藏铜圆,以致市面铜圆,不敷流通,经将召集商银钱三会规定铜圆法价布告周知,督令该会遵照,并转饬所属一体遵照在案。本月七日奉财政部孔部长鱼电,以闻汉口有钞票贴水之说,嘱切实查禁剀切晓谕,倘再违背法令者依法严惩等因,当将制止折现扣银规定铜圆法价各情形,电请速定辅币办法,以资通行。兹奉复电开阳电敬悉,折现扣银,业经制止,现无贴水情事,市况良好,至为欣慰,规定每元换双铜圆六串,与沪市所定每元换单铜圆三串,亦属相合。除已函请中央银行积极推行辅币券调剂市面外,并将赶铸新辅币以利民用,等因。除呈报,暨分行外,合行令仰知照并转饬所属一体知照,商会奉令,已分转各业同业公会知照矣。

省行钞票准备充足。省政府昨发出布告略谓：省银行原发行之一元、五元、十元及一角、二角、五角等六种票额，准备充足，信用昭著，刻下照旧流通市面。倘有拒绝使用，或者暗中折扣，破坏信用，或伪造涂改者，一经查觉，即予依法严惩，不稍姑宽云。

市政处商发乘车券。武昌市政处为依照本月八日调剂铜圆会议决议，对于乘坐人力车，由市政处召集武阳商会、车业工会、车夫工会，妥定办法，爰于昨日下午三时，召集上列各团体举行会议，闻决由市政处草拟发售人力车乘车券办法，再行召开会议，商讨实施云。

米价渐稳，煤价照常。武汉米市，在开始实施法币时，价格颇有增涨，昨据省会米业公会消息，法币信用日臻巩固，连日外埠米商，进货极形踊跃，月潮浙两帮米商，在前数日内囤积之谷米，刻因长江下游价格低落，绝少出口，并多在汉转卖，故日来米价渐趋平稳。惟本年天灾过重，各地收获不丰，欲回到未涨价以前之米市，恐难办到。至煤炭市价，自省煤业公会成立后，为抑平秤价，即已于本月一日起，规定市秤每担七角，业由该会函请省公安局，转向民众解答。又省公安局为谋抑平物价，于昨日分函武阳商会，请各自即日起，转知各业商人，务将日用物品行情单按日检寄一份送局，俾便查核云。

武昌方面抄获铜圆。武汉自实施法币后，政府为救济铜圆恐慌，已定有取缔办法，但在此过渡期间，仍不免有少数商人乘机操纵，昨日午后三时许，武昌芝麻岭街先后发生广万元及益昌两钱摊，为找换铜圆与顾客争闹，当经分别投明当地岗警，在该两店抄获大批铜圆，遂一并带局讯究云。

(《大光报》P77)

19.市面稳定铜圆活动

(1935 年 11 月 14 日)

下周内先发行铜圆票十万串，湖北省银行钞票准照常行使，拒绝行使或暗中折扣破坏省钞信用者即依法严惩。

省府为维持改用法币后铜圆缺乏问题，曾经省务会议决议，由省银行印发铜圆券活动市面，各情已志前报。昨据省银行消息，日来市上铜圆，已见活动，一切情形，皆已照常。故前议印发铜圆券一百串之议，现因市面需要情形，现已决定暂印十万串，计一百文票四十万张，二百文票三十万张，共计七十万张，已绘定票样，由武汉印书馆承印，大约本月二十日前后，即可印竣发行，印费共约二千余元云。

湖北省政府昨(十三)日发出布告云：案查财政部公布改革币制办法，自年十一月四日起，以中央、中国、交通三银行所发行之钞票定为钞票，现在流通市面者，准其照常行使，由财部酌定期限，逐渐以中央银行钞票换回等因，业经本府照录部电布告周知在案。现湖北省银行发行之一元、五元、十元兑换券及一角、二角、五角辅币券，准备充足，信用昭著，自应照常行使，所有各地完粮纳税及一切公私款项，仍照常收受，以利流通，而维金融，倘拒绝行使，或暗中折扣，破坏信用以及伪造涂改等情，一经查明，定即依法严惩，合亟布告，一体遵照云。

武昌商会昨呈财部云：呈为呈复事，案奉钧部支豪两电令，等因，奉此。属会以此种改进政策，为谋货币金融永久之安定，值兹推行过渡期间，更恐各业商店一时不能明了，发生恐慌，遵即录令通告，一面订于本月八日召集会员来会报告，并将钧部复兴经济、改进币制之及规定六项办法，当众详细解释，各会员均深明大义，一致积极拥护，本市商业情形，亦极安定，奉令前因，理合将遵办情行，具文呈请鉴核。

又讯：武汉改用法币后，迄昨（十三）已历时九日，一般商民，对于币制革新之意义，现已全部明了，故市面人心，均愈□安定。各商铺对于铜圆调换，皆按每角六十文法价，无限制交兑，一如往日。惟日用物价，仍多有高抬者，武汉公安当局，对此类奸商，已饬各公安分局，严密调查，以便加以惩处云。

（《大光报》P93）

20.汉市实施法币，平抑物价

（1935年11月15日）

商会逐日填物价行情表，汉发行准备管理会成立，各银行兑换法币拥挤。

省会公安局，暨武昌市政处，为抑平物价，扫除实施法币障碍起见，业经制发物价调查表，分函武、阳两商会，按日查填。现悉该两会已于昨日起，依照原表，翻印转发逐日填报，送交该局处备核，其表式规定如下：（一）出入情形，其售出、购入之物品种类两栏，均分列十等：米暨面、麦、高粱、黍子、港煤、萍煤、焦煤、麻油、茶油、洋油、板炭、木柴等项；（二）每担价格；（三）售出情形如何；（四）来源是否畅旺；（五）现在存货若干；（六）备注。

发行准备管理委员会汉口分会，已于前日遵财政部令，假中央汉行开成立会，各情已志前报，该会特于昨日分函武汉各机关团体云：案奉财政部青钱沪电开：查发行准备管理委员会业于上海成立，兹该会以天津、汉口、广州为通商巨埠，为便利市面，昭示大信起见，请于天津、汉口、广州各设分会，并请派黄文植、浦心雅、赵祖武、南夔、舒志观、徐继庄、周苍柏、谈公远、席德柄为发行准备委员会汉口分会委员，业由部照准令派，并指定席德柄为主席，所有一切事物，仍商承上海发行准备管理委员会办理，以明系统，而利进行。除电知中央汉行经理分别转知外，合电仰遵照，迅即组织成立为要，等因，奉此。遵即克日组织。经于十一月十一日下午四时，在中央汉行开会成立，并暂借中央汉行为会址，除已报部备案，暨函呈上海发行准备管理委员会外，相应函达。

武汉自实施法币后，迄昨（十四）已历时十日，市面益趋稳定，铜圆亦较前活动多多。关于中央、中国、交通等行，兑收现银情形若何，颇为各界人士所注目。记者昨特分至上述各行，调查究竟。首至中央银行，甫入室，即见持银圆兑换法币之人甚为拥挤，银行人员均忙碌异常。中国、交通两行情形，亦类中央。据中行其负责人谈称，“自本月四日，中交三行，开始接收现银圆，兑换法币以来，每日至各行，以银圆兑换法币之人颇多，近数日中，较前更甚。令人最感欢欣者，为四乡农民，亦不稍迟疑，多持银币，实为一最好现象。至各银行号等，自行封存之银币，以俟中央颁到送库办法后，即可依法归存国库”，云云。兹将各行，自四日起，至十四日止，在此十日（总理诞辰及星期日，曾休假两日）中，收入之现银圆数目列下：中央银行二十万零数千元，中国银行二十万元。至交通银行方面，据某负责人云“本行收入银圆数目，现在并不晓得”等语。度其意，似不欲外界明了该行收入之数目真相云。

又讯：金城银行，顷奉财政部命令，由即日起，亦按照颁布兑收银圆办法，接收商民银圆。故该行已自前日起，实行收受商民银圆，兑以法币。据云，在此两三日间，已行收入银圆五千余元云。武昌市政处长李捷才,昨十四日午后二时,应省民教馆函请,出席讲解币制问题,到听众五百余人,其词意如下:一、我国货币向不统一,其币色与质量之紊乱,分量之不齐,演成一般奸商之操纵。二、近数年来,虽已改定银本位,但社会上一般习惯,仍重银质,以与外国金本位发生贸易关系,致我工商实业,影响匪浅。三、此次中央实施法币政策,今后货币完全统一,其价值自可平衡,永无涨跌。四、金融安定后,凡百货价,亦必稳定划一,于平民生活,尤有裨益。五、今后对于国际贸易,统由政府主持外汇,更有赖官方力量,调剂金融,并阐明我国法币与外国统制金融不同之点云。

(《大光报》P105)

21.财政部批:请将违反印花税法案件改由行政机关处理由

(1935 年 11 月 18 日)

批汉口市、陕西长安县、绥远归绥县、山东济南市、江西南昌市、江苏铜山县、山西太原市、江苏江阴县、江苏高邮县、四川重庆市商会、江苏全省商会联合会代电一件,请将违反印花税法案件改由行政机关处理由,各代电悉。查此案前于本年四月,据北平市商会真代电,呈以关于印花税违反条例案件,在新法未施行前,仍以交公安局处理为宜,免致法院延累,请予批准施行。当经本部批示,查印花税票,因改归邮局代售,将各地印花税分机关及审理委员会一律裁撤,所有检获违反印花税条例案件,概送由当地司法机关审理,法院对于检查机关所送案件,系依照修正司法机关依印花税暂行条例科罚及执行规则审罚,与新印花税法施行与否,根本并无关涉。至于以前违例案件,由审理委员会审核议罚,往往有轻重偏畸,或滥罚苛索情事,爰为矫除夙弊起见,改归法院审理,俾期公平,在法院受理此项案件,多系由简益庭审判,程序简单,较之以前,由审理委员会开会审议,再送县政府或公安局执行处罚之办理手续,更为简捷,有何延累之虞,所请碍难照准。嗣又据该商会本年九月经代电,陈请前情,请对于寻常违反印花税案件,仍交行政官署处理。复经由部批以:印花税违例案件之改归法院审理,无非为矫除以前审理委员会审核处罚之轻重偏畸或滥罚苛索情事,以期公允,现在新印花税法业已实行,凡载在税法之各种凭证,均应遵照贴花,负有纳税之责者,正不仅商界一部,事关全国通案,未便更变。至谓对于寻常案件,及由行政官署处理一节,姑无论凡系违犯印花税法之案,性质皆属相同,何谓寻常,难以判辨,徒生纷扰,无俾实际,且同一定案,亦不宜有两种办法,致滋分歧。况印花税罚则,系对于偷漏贴花者而设,人民依法贴花何虞法院处罚,公正商民,当然以守法纳税,遵贴印花,为原则上应尽之责,不能以违法偷税为常事,断无日日干罚涉讼之理,该会又何事专以此为虑。不惮烦琐,一再渎陈,所请仍难照准,等语,批复各在案,兹据代电前情,事同一律业经批示有案,所请应毋庸议。仰即知照。

此批

部长　孔祥熙

(《财政日刊》第 2328 期)

22.鄂晋交换推销国货

（1935 年 11 月 26 日）

武昌商会检呈鄂产晋无各种样品，市政处开管商联会商定交换办法。

武昌市政处，为奉令与山西交换推销国货经再度召集武、阳两商会负责人开谈话会，决定交换办法两项：（一）由武昌市政处呈请省府转函山西省政府将来表所列物品式样、价格、运费，分别开列检寄，以便通知商会转知各同业选购，一方面妥为陈列，以示提倡，并圈定应请开列检寄物品为煤炭、棉花、粮食、棉纱、布匹、绒毛、药材、核桃、纸等类；（二）由商会通知各同业将本省出产，山西所无物品，分开价格、运费，并悉同式样汇寄山西建设厅，饬属选购，以资互换，并悉该处已于昨日呈请省府转函山西省府。即将该处商谈圈定物品分别开列检寄，以便转令选购陈列，一面分令武阳商会遵照，将本省出产山西所无物品，分别开列检呈，以凭转寄选购云。

（《大光报》P237）

23.小本借贷，市府拨款试办，每人可借五元

（1935 年 11 月 27 日）

汉市府曾应市民之请求，令汉商会及银行公会会同筹办小本借贷，以救济中小商人，并经银行公会拟定办法，呈候核定施行，现该项办法尚在审核中。市府以严令已届，小贸商人待救孔急，决先由市库筹拨二千元，交市民众教育馆先行试办，每一小商人如缺乏资本时，可以向该馆免利借贷五元以下之资本，约期归还，如将来办理顺利时，或再加拨款项，扩大范围，现正草拟办法，短期内即可实行云。

（《大光报》P249）

24.法币实施后，防止白银外流

（1935 年 11 月 28 日）

严查奸商图利收买白银，饬令警察处置币制纠纷，汉商会请取消国币运输办法。

市政府以汉口自实行法币以后，各项商业，均承好转，现在根据财部订定办法，按步施行，惟以法币之实施，原为防止白银外溢，以保国家元气，本市乃华洋杂处，良莠不齐，诚恐一般奸商刁民，只知贪图渔利，收买白银，种种不法殊堪痛恨，业已令饬公安局转饬各分局长警，对于上项情事，应严密拿办云。

警察注意货币纠纷。武汉自实行法币以后，各关系机关均已发起币制宣传，如省市民教馆之新货币宣传周及市党部聘请专家讲演法币各情，在均使吾人明了法币之使用与其利益，而利法币之推行。现省会汉口两公安局奉令转饬所属警察，对于市上掉换法币而起纠纷，应加以注意，侦悉奸商，有无抬高或低落两价情事，及少数民众，间有不明了情形者，不收法币，各该警察，均应遵照规定办法，注意处置云。

请取消国币运输法。汉口市商会，日前准棉业公会函，以建设厅航政处，所订旅客携带国

币二百元以上者,即须征收运费,于来往客商,殊多不便,应转呈湖北省政府予以制止,以利商业,该会据函,昨特具呈省政府请予取消云。

董明藏讲演改后日。市民众常识指导会,原定于昨日下午请上海银行副行长董明藏,假市民教馆讲演厅,讲演“改革币制人民应有之认识”,兹因天雨,已改定于后(三十)日下午一时半仍在民教馆举行云。

(《大光报》P261)

25.汉市银楼业联合各地方分头请愿私运白银处罚办法,迭颁法令核与法币抵触者一律取消故存隐匿意图偷漏出口者依法惩处

(1935 年 11 月 30 日)

汉口市商会昨奉财部令,以本部规定自本年十一月四日起,以中央、中国、交通三银行所发行之钞票,定为法币,不得行使现金一案,业经通令饬遵在案。自此项命令公布以后,所有迭次通行运输银币银类请领护照及限制人民携带银币银类各法令,核其性质与行使法币通案抵触者,均应一律取消,并另定运输银币银类请领护照及私运私带处罚办法六条,以利施行,除分咨代电并通行外,合行抄发应行取消各项法令案由清单及新定运输银币银类请领护照及私运私带处罚办法各一份,令仰遵照云云。商会奉令,当即转令所属各业公会知照,兹录其办法于次:

财部颁布处罚办法。第一条,凡运送银币银类,应由中央、中国、交通三银行运输,前项规定各银行运输银币银类,均应持有财政部准运护照,方得起运,沿途关卡或军警凭验部照放行。第二条,在中央、中国、交通三银行未设有分支行或代理处地方,经委托各银行、钱庄、典当、邮政、铁路、轮船、电报各局、国地税收机关、县政府及其他公共机关,或公共团体,收换之银币银类,应即送交距离各该兑换机关最近之中央、中国、交通三银行或其代理行号兑换法币。在运送时,并应由各兑换机关备具证明书,开明银币或银类数目,兑换法币行名,以供沿途军警查验。并一面通知距离最近之兑换法币银行,以资接洽。但通过海关关卡时,应凭财政部护照验放。第三条,凡依照银制品用银管理规则购买银料者,其运送时,应由发售银料之银行给予证明书,以供查验,但通过海关关卡时,应凭财政部护照验放。第四条,凡未请领部照或未携有兑换机关证明书,私行运输银币银类者,经军政警机关或海关查获即予没收充公。前项缉获之银币银类,如查有故存隐匿,意图偷漏出口者,并应将人犯送由当地法院按照妨害国币惩治暂行条例惩处。第五条,各地人民,在兑换法币期限以内,得携带银币银类向距离最近之兑换机关兑换法币。第六条,除第一、第二、第三、第五各条所规定者外,凡出洋或往来国内之旅客及舟车员役等,概不准运输或携带银币银类,违者依第四条之规定分别办理云。

各地银楼联合请愿。汉市银楼业同业公会,以财部颁布实行之银制品用银管理规则,关系整个银楼业之存亡,特于日前具文呈请商会转呈财部救济。各情已载前讯,兹悉该会昨接上海银楼业大会函云:径启者,敝会于本月十九日接奉上海市商会函开:奉财政部令遵管理银制品用银规则十二条,颁发到会,饬即分转所属,一体遵照等由。并将该规则第四条之规定,依限于一月内办竣为要。等因,到会。敝会刻经呈请市商会转呈财政部,恳请第十一条但书以下之核准备案,兹商于法律家,据云:联合呈请,不如各地同业各就当地商会呈转财部之有力;呈请修改规则,不如就第十一条之但书以下请求批准之为速。兹将敝会呈文印刷附呈,至于速即召集同业向就地商

会作同一步骤之呈请,以冀增加力量,愈速愈妙,如已进行,请将经过文字,汇寄敝会,是所至盼云。

董明藏氏今日讲演。汉口市民众常识指导会,原定本月二十七日下午一时假民教馆,敦请董明藏先生讲"改革币制人民应有之认识",因是日天雨,致未举行,兹悉该会改定今(三十)日下午一时半,仍假民教馆敦请董明藏先生公开讲演云。

(《大光报》P285)

12 月

1.汉口市商会电上海发行准备管理会请增加汉口分会委员人选

(1935 年 12 月 10 日)

上海中央银行转发行准备管理委员会勋鉴,昨由汉口中央银行分行,抄奉孔部长来电,以贵会业经成立天津、汉口、广州各设分会,迅即组织成立,等因。关于汉口分会方面,敝会亦在参加组织之列,自应遵照。惟查组织章程,钱业公会可以参加,兹拟请将湖北省商联会主席苏汰余,钱业公会主席汪信夫,一律准予参加组织,用昭大信,以利进行,如承台允,即希电知汉口分会查照,是所至祷,仍祈赐复为盼,汉口市商会叩真印。

(《汉口商业月刊》第 2 卷第 12 期)

2.汉口市商会函各业公会转发新定运输银类银币办法

(1935 年 12 月 10 日)

敬启者,本年十一月二十八日案奉财政部钱字第 20397 号令开:案查本部规定自本年十一月四日起,以中央、中国、交通三银行所发行之钞票定为法币,不得行使现金一案,业经通令饬遵在案。自此项命令公布以后,所有迭次通行运输银币银类请领护照及限制人民揣带银币银类各法令,核其性质行使法币通案抵触者,均应一律取消,并另定运输银币银类请领护照及私运私带处罚办法六条以利施行。除分咨代电并通行外,合行抄发应行取消各项法令案由清单,及新定运输银币银类请领护照及私运私带处罚办法各一份令仰遵照。此令。等因,附抄件二份。奉此。除分转外,相应录令并照抄附件函达。查照为盼。

汉口市商会启

11 月 30 日

附抄件二份

应行取消各项法令案由清单

一、二十三年四月六日钱字第 4501 号部令,运输银两及其他可供铸币银类须领护照方准起运案。

二、二十三年八月一日钱字第 7032 号部令，由内地运输银两至上海、天津、汉口三处者，由各关依照向例办理，其由上海、天津、汉口三处运往内地者，须依照前令，呈准本部发给护照，始准起运案。

三、关务署二十三年十一月二十一日第 210 号通令，各关遇有报运现币，务须验明部照方准起运，如无护照运输，以私运论，货物照章没收案。

四、二十三年十二月十二日关字第 10508 号部令，规定旅客揣带银圆数目，军警查护无照，私运现币如超过一千元，即予扣留案。

五、二十三年十二月二十六日钱字第 10858 号通令，第 1157 号通咨，规定国内运输现银，请领护照五项办法。

六、二十四年一月十日关字第 11235 号部令，规定旅客前往国内各地每人揣带银币以一千元为限，出洋旅客概不准揣带国币三项办法。（令各关监督）

七、二十四年三月关字第 16010 号署令，规定船员水手准带银币数目案。

八、二十四年五月七日第 2220 号代电，铁道部转饬施行之北宁铁路取缔辗转私运银币银类出关办法。

九、二十四年五月，本部核准北平市查禁私运现银出境暂行办法。

十、二十四年五月二十四日，本部核准胶海关监督呈请青岛赴大连之劳工贫民揣带川资在五十元以内，经关员查询时，自行呈出，可饬其向中国交通两银行购买汇票，准予放行案。

十一、二十四年五月二十五日，本部核准威海卫陆路出境旅客揣带银币数目案。

十二、二十四年五月二十八日钱字第 14576 号指令，总税务司无照运输银币溯流而上无偷运外洋之企图者，科以二成罚金案。

十三、二十四年六月十九日，本部核准津海关监督凡天津出口工人揣带现洋在二十元以内，经关员查询自行呈出者，饬其购买中、交两行汇票放行案。（令总税务司转饬遵办）

十四、二十四年六月二十八日，钱字第 16700 号部令，规定行驶海面之帆船准带银币一百元，逾额无照即予没收案。

十五、二十四年十一月一日本部钱字第 19502 号，咨复河南省政府核定修正取缔私运现银出境办法。

十六、二十四年五月十六日钱字第 15612 号，咨河北省政府核定河北省查禁私运现银出口暂行办法。

十七、二十四年五月二十一日，部电北平袁市长所拟限制旅客出境揣带现洋办法。

运输银币银类请领护照及私运私带处罚办法

第一条　凡运送银币银类，应由中央、中国、交通三银行运输。前项规定各银行运输银币银类，均应持有财政部准运护照方得起运，沿途关卡或军警，凭验部照放行。

第二条　在中央、中国、交通三银行未设有分支行或代理处地方，经委托各银行、钱庄、典当、邮政、铁路、轮船、电报各局、国地税收机关、县政府及其他公共机关，或公共团体收换之银币银类，应即送交距离各该兑换机关最近之中央、中国、交通三银行或其代理行号，兑换法币。在运送时，并应由各兑换机关备具证明书，开明银币或银类数目，兑换法币行名，以供沿途军警查验，并一面通知距离最近之兑换法币银行，以资接洽。但通过海关关卡时，应凭财政部护照验放。

第三条　凡依照银制品用银管理规则购买银料者，其运送时，应由发售银料之银行给予证明书以供查验。但通过海关关卡时，应凭财政部护照验放。

第四条　凡未请领部照或并未揣有兑换机关证明书，私行运输银币银类者，经军政警机关或海关查获，即予没收充公。前项缉获之银币银类，如查有故存隐匿意图透漏出口者，并应将人犯送由当地法院，按照妨害国币惩治暂行条例惩处。

第五条　各地人民在兑换法币期限以内，得揣带银币银类，向距离最近之兑换机关兑换法币。

第六条　除第一、第二、第三、第五各条所规定者外，凡出洋或往来国内之旅客及舟车员役等，概不准运输或揣带银币银类，违者依第四条之规定，分别办理。

（《汉口商业月刊》第 2 卷第 12 期）

3.汉口市商会函各业公会转发二十一年湖北善后公债条例及附表

（1935 年 12 月 10 日）

径启者，案奉湖北省政府财一字第 10301 号训令内开：案准财政部民国二十四年十月二十六日公字第 20230 号咨开：案奉行政院民国二十四年十月十五日第 5448 号训令内开：案奉国民政府民国二十四年十月八日第 754 号训令开：据立法院民国二十四年九月二十八日第 320 号呈称，案准行政院民国二十三年九月二十八日咨送修正汉口市政府公债条例并附还本付息表请审议转呈公布，等由，准此。迭经饬由本院财政委员会审查，并于本院第四届第十一次会议议决，应由湖北省政府另拟条例送院审议追认，咨复查照饬遵去后，旋据该院第 221 号咨开：兹据财政部民国二十四年七月三十日第 1348 号呈复，略称遵经录令咨请湖北省政府查照办理，并往返咨商，兹准湖北省政府咨送改拟公债条例，及还本付息表前来，所拟将此项汉口市第二期市政公债名称，改为民国二十一年湖北省续发善后公债，暨条例内各条文经部审核均尚妥适，理合抄同所拟公债条例，暨还本付息表，并备油印件具文呈请鉴核，转咨立法院审议追认等情。据此。经提出本院第 224 次会议决议通过。除指令外，相应抄同原赍 1932 年湖北省续发善后公债条例，暨还本付息表，咨请审议追认，以符法定手续。等因，准此。复经饬据本院财政委员会审查呈称，遵经提出本会第四届第十八次会议，详细讨论，当经决议：民国二十一年湖北省续发善后公债条例修正通过，请提院会公决等情前来，于民国二十四年九月二十日本院第四届第二十九次会议议决：照审查报告通过。理合录案并缮具条文附表呈请鉴核施行。等情，据此。除指令：呈件均悉。应予照办，仰候令行行政院查照饬可知也。此令。印发外，合行抄发该项公债条例及附表，令仰该院查照，并转饬知照，此令。等因，查此案前据该部呈送到院，经提出院会通过咨送立法院审议追认，并指令知照在案。兹奉前因，合行抄发该项公债条例及附表，令仰该部知照，并转行湖北省政府知照。此令。等因，奉此。查此案前奉行政院指令，经会议通过，业于八月十六日以 18236 号，咨请贵省政府查照在案。兹奉前因，相应录令并抄同公债条例及还本付息表，咨请贵省政府查照办理，并希饬厅拟具掉换新票办法，送部查核为荷。等因，附民国二十一年湖北省续发善后公债条例及附表。准此。查汉口市第二期市政公债，系本府前委员会第七次会议议决，依据汉口特别市政府市政公债条例，由财政厅于民国二十一年七月发行。嗣迭准财政部咨转奉行政院令，以此项公债发行机关，与担保基金，均有变更，与原公布条例不符。又汉口市第二期市政公债，经立法院审查议决，已在原公布150万元条例范围之外，应由湖北省按照实际情形改为省债，重定名称，另拟条例，送院审议追认，以符法定手续。等因。即经改定汉口市第二期市政公债名称为“民国二十一年湖北省续发善后公债”，并按照原第二期市政公债之总额、利率、基金、担保、偿还期限，另拟条例，提经本府委员会第147次会议议决通过，咨部转呈在案。兹准前因，除仍照案还本付息以重债信，并赶印民国二十一年湖北省续发善后公债新票，以备换回旧票，及制定掉换新票办法，另案公布，暨分行布告外，合行抄发民国二十一年湖北省续发善后公债条例及附表令仰知照，并转饬所属，知照。此令。等因，奉此。除分知外，相应抄同原件函请查照是盼。

汉口市商会启

11月23日

附抄民国二十一年湖北省续发善后公债条例及附表

民国二十一年湖北省续发善后公债条例

第一条　湖北省政府为办理□区善后，续发善后公债，换回划由省政府经管之汉口市第二期市政公债，定名为民国二十一年湖北省续发善后公债。

第二条　本公债定额为国币150万元。

第三条　本公债定于民国二十一年七月一日发行。

第四条　本公债利率定为年息八厘，每年付息二次，以六月及十二月末日行之。

第五条　本公债前三年只付利息。自民国二十四年十二月起，用抽签法分五年偿还。每年抽签二次，每次抽还金额，依照还本付息表之规定，至民国二十九年六月底止，本息全数偿清。前项抽签，于每年六月十五日及十二月十五日，由财政厅于省政府所在地举行，并分别呈财政部、审计部、省政府及武汉商会、汉口银钱业两公会派员或代表莅场监视。

第六条　本公债还本付息，指定汉口市普通营业税收入为基金。依照还本付息表所载，每期应付本息数目，按月仅先拨交湖北省债基金保管委员会指定银行，专储备付。

第七条　本公债债票分千元、百元、十元、五元，均为无记名式。

第八条　本公债基金保管，及监督还本付息事宜，由湖北省债基金保管委员会任之。并指定中央银行及湖北省银行为经理还本付息机关。

第九条　本公债得自由买卖抵押，凡本省公务上须缴纳保证金时，得作为替代品。其中签债票，到期息票，并得完纳一切省税。

第十条　对本公债如有伪造及毁损信用之行为者，依法惩办。

第十一条　本条例自公布日施行。

民国二十一年湖北省续发善后公债还本付息表

年	月	日	余存本金	还本次数	应还本金	付息期数	应付息金	本息共计	备考
1932	12	31	1.500.000		无	1	60.000	60.000	指定汉口市普通营业税收入为还本付息基金
1933	6	30	1.500.000		无	2	60.000	60.000	
	12	31	1.500.000		无	3	60.000	60.000	
1934	6	30	1.500.000		无	4	60.000	60.000	
	12	31	1.500.000		无	5	60.000	60.000	
1935	6	30	1.500.000		无	6	60.000	60.000	
	12	31	1.500.000	1	150.000	7	60.000	210.000	
1936	6	30	1.350.000	2	150.000	8	54.000	204.000	
	12	31	1.200.000	3	150.000	9	48.000	198.000	
1937	6	30	1.050.000	4	150.000	10	42.000	192.000	
	12	31	900.000	5	150.000	11	36.000	186.000	
1938	6	30	750.000	6	150.000	12	30.000	180.000	
	12	31	600.000	7	150.000	13	24.000	174.000	
1939	6	30	450.000	8	150.000	14	18.000	168.000	
	12	31	300.000	9	150.000	15	12.000	162.000	
1940	6	30	150.000	10	150.000	16	6.000	156.000	
共计					1.500.000		690.000	2.190.000	

（《汉口商业月刊》第2卷第12期）

4.汉口市商会函各业公会转发水灾工赈公债条例

（1935年12月10日）

径启者，案奉湖北省政府训令省财一字第11406号内开：案奉行政院民国二十四年十一月七日第5848号训令开：案奉国民政府民国二十四年十一月一日特字第7号训令内开：为令饬事，查民国二十四年水灾工赈公债条例业经制定明令公布，应即通饬施行。除分令外，合行抄发原附条例暨附表令仰知照，并转饬所属一体知照。此令，等因，奉此。除分令外，合行抄发原附条例，暨附表令仰知照，等因，计抄发原附民国二十四年水灾工赈公债条例，及还本付息表各一份。奉此。除分令外,合行抄发原附条例,暨附表令仰知照,并转饬所属一体知照。此令。等因,奉此。除分知外,相应抄同原件函请查照是荷。

附抄发原件

汉口市商会启

11 月 27 日

民国二十四年水灾工赈公债条例

1935 年 11 月 1 日公布

第一条　国民政府为救济水灾办理工赈发行公债,定名为民国二十四年水灾工赈公债。

第二条　本公债定额为国币二千万元。

第三条　本公债定于民国二十四年十一月一日按票面九八发行。

第四条　本公债利率定为年息六厘,每年四月及十月末日各付息一次。

第五条　本公债偿还期限定为十二年。自发行日起,前五年只付利息。自第六年起,分七年还本,每年四月及十月末日各还本一次。第一次至第十二次各还总额 7%,第十三次及第十四次各还总额 8%,至民国二十六年十月三十一日全数偿清。前项还本以抽签法行之。

第六条　应付利息基金,在国库拨存救灾准备金项下拨充,后七年应还本金基金,指定在新增关税项下拨充,由财政部命令国库及总税务司,依照还本付息表所载应还本息数目,分别按月平均拨交中央银行收入国债基金管理委员会户账,专储备付。

第七条　本公债票面分十元、百元、千元三种。均为无记名式。

第八条　本公债指定中央银行为经理还本付息机关。

第九条　本公债得自由买卖抵押,凡公务上须缴纳保证金时,得作为替代品,并得为银行之保证准备金。

第十条　对于本公债有伪造及毁损信用之行为者,由司法机关依法惩治。

第十一条　本条例自公布日施行。

民国二十四年水灾工赈公债还本付息表

年	月	日	现负数	次数	还本数	期数	付息数	本息总数
1936	4	30	2,000.000			1	600.000	600.000
	10	31	2,000.000			2	600.000	600.000
1937	4	30	2,000.000			3	600.000	600.000
	10	31	2,000.000			4	600.000	600.000
1938	4	30	2,000.000			5	600.000	600.000
	10	31	2,000.000			6	600.000	600.000
1939	4	30	2,000.000			7	600.000	600.000
	10	31	2,000.000			8	600.000	600.000

（续表）

年	月	日	现负数	次数	还本数	期数	付息数	本息总数
1940	4	30	2,000.000			9	600.000	600.000
	10	31	2,000.000			10	600.000	600.000
1941	4	30	2,000.000	1	1,400.000	11	600.000	2,000.000
	10	31	18,600.000	2	1,400.000	12	558.000	1,958.000
1942	4	30	17,200.000	3	1,400.000	13	516.000	1,916.000
	10	31	15,800.000	4	1,400.000	14	474.000	1,874.000
1943	4	30	14,400.000	5	1,400.000	15	432.000	1,832.000
	10	31	13,000.000	6	1,400.000	16	390.000	1,790.000
1944	4	30	11,600.000	7	1,400.000	17	348.000	1,748.000
	10	31	10,200.000	8	1,400.000	18	306.000	1,706.000
1945	4	30	8,800.000	9	1,400.000	19	264.000	1,664.000
	10	31	7,400.000	10	1,400.000	20	222.000	1,622.000
1946	4	30	6,000.000	11	1,400.000	21	180.000	1,580.000
	10	31	4,600.000	12	1,400.000	22	138.000	1,538.000
1947	4	30	3,200.000	13	1,600.000	23	96.000	1,696.000
	10	31	1,600.000	14	1,600.000	24	48.000	1,648.000
共计					20,000.000		10,572.000	30,572.000

（《汉口商业月刊》第2卷第12期）

5.财部准汉各业借款

（1935年12月31日）

南京　汉商会前请财部援维持沪市市面例，拨借债款，或发行流通券，或准予各商业出立承兑票据，以资活动金融。财部现已批示，各业能照银行定章，提供担保，银行自乐予放款，发流通券事，未便照办，至出立商业承兑票据则照准。（三十日中央社电）

（《申报》）

1936 年

1 月

1.新年对于商场之希望(黄文植)

(1936 年 1 月 1 日)

国事日亟,岁序如流,多难之民国二十四年,转瞬已成陈迹。缅怀往事,瞻念前途,有不能不令人感慨与兴奋者! 目前国难严重,无论为政治,为经济,均有系千钧于一发之势。此后国民概将直负兴亡之责,值此举世惶惧之一九三六年来临之际,能无愈懔于薄冰深涧乎! 文植在商言商,愿罄数言,借与商场同人共勉焉!

慨自工业革命以来,世界商战胜于武力,而经济侵略尤胜于炮舰政策。盖商战为无形,而武力为有形;经济侵略出于自由方式,而武力凭凌则属于强制行为。故各先进国家,莫不于无形之中,不知不觉,以商战乘人之虚,以经济侵略攻人之隙。海开以来,我产业落后之国民经济,遂于此无形之中被人摧残,不知不觉任人鱼肉矣。迩者我朝野上下,业知警觉惕励,思有以自图振拔祛弊革新,锐意经营,虽云成效尚鲜,然苟能本一贯之精神,坚强之毅力,乘此群情望治之际,努力迈进,则前途未始不无一线之光明也。

至我商人所负之使命,则较一般人民更为艰巨,盖现代商人在国计民生中所站之地位实较任何阶级人士为重。其使命为何?

(一)对于政府之新政策及措施,应竭力拥护之。如年来蒋委员长提示之国民经济建设,劳动服役等等,其目的在奠定国基,巩固国本,充实国民力量,以谋工商业之向上发展。又如最近财部颁布之法币政策,实部筹设之标准局等,其目的在稳定金融,划一标准,以为工商发展之重大助力。凡此种种,均我商人所应竭诚拥护者也。

(二)对于社会人士,应提倡节约运动,使之服用国货。一方杜塞漏卮,一方储蓄资力。并应倡导储蓄保险,以培植民族资本,养成储蓄心性。

(三)对于商人自身,应谋切实改进,如引用商业人才,以树企业宏规。灌输商业知识,以为经济活动之资□。厉行科学管理以节约浪费。推行承兑票据,以活泼金融。他如巩固同业团体,以避免无味之竞争,搜罗统计资料,以备政府之咨询参考。凡此诸端,皆为商场当前之要图,暨商人救国之良举。凡我同人,其共勉诸!

(《大光报》P6)

2.汉口市小本借贷,废年内可实现

(1936年1月9日)

酝酿经年之汉口市小本借贷,因组织大纲,贷款章程之拟定,辗转往返,费时甚久,直至上年十二月二十三日吴国桢市长召集商银两会主席到府会同审查银会所拟定组织大纲暨贷款章程,并拟定原则五点,函复银会请根据审查意见修正后,迄已旬余。昨据市府消息:银会方面,业已根据审查意见,修正函复到府,并由市府呈请省府备案,一经核准,即可开始贷款,废年以内,当可实现。另据市府某负责人语记者:小本借贷之组织,原以救济小工商业为主旨,为免泛滥起见,故贷款用途,不得不从严限制,贷款数额,定自三十元起至五百元为止。贷额不满百元者,按月取息八厘,一百元至二百元者,则按月取息九厘,超过二百者,则按月取息一分。凡住在本市年满二十一岁以上,有确定住址,而素为正当小本工商业,需要营运资金者,均可照章申请借贷,但以下列四点为限:(一)批购货物或原料;(二)添购工作或应用器具;(三)推销国货垫款;(四)其他生意用途。至定期贷款,如提前归还一部或全部者,仍当按月计息。但借贷处为明了借款人之营业内容起见,得随时查阅其账簿,盖此项贷款,系救济市面性质,如借款人宣告清理或破产时,则借贷处有优先受偿之权,不与寻常债务等也。至借贷处之组织,系由市府与银会方面,共同派员,但市府仅居监督保证地位,一切营业上之责任,即由银行方面担负云。

(《大光报》P74)

3.湖北省政府为据汉口市政府呈赍该市棉花出口业同业公会第一、二次改选名册及修正章程并请核转等情咨实业部

(1936年1月10日)

案据汉口市政府呈称,案据本市棉花出口业同业公会二十四年十二月五日呈称,查本会第二次改选业于十一月二十日举行,曾蒙钧府派员监选在案。惟按属会第一次改选当选之执委五人,迄今只有两人依法由候补执委递补,但候补执委三人只剩二人,同于改选满任执委六人外,再当补选执委二人。又监察委员名额,经会员代表大会决议扩增至五人,当将会章加以修正。至第一次当选之监察委员亦已缺额一人,候补监委早经停业,无仅递补连增加名额应再补选三人,计此届留任执委顾鹤卿、胡泽黎,递补执委张森祥、徐赓源及留任监委黄少山、周愕卿等,应照章选执委六人、补选执委一人、监委三人,当经投票结果,计鲁寿安、季守先、李雨亭、张承汉、胡焕章、唐晴峰及补选王星垣等七人当选为执行委员。同时互选鲁寿安、季守先、顾鹤卿为常务委员,鲁寿安为主席,并补选罗伯良、谢有标、林德麒等三人为监察委员。至候补执监委员以会员人数甚少,不敷分配,经党政代表许可暂缺。兹除将此次留任暨当选执监委员名册、修正会章、改正会员名册,并补呈第一次改选之会员名册及执监委员名册各三份外,理合将选

举各情具文呈请鉴核，赐予备案。等情，据此。查该会系于十九年十二月二十日组织成立，二十二年十一月十日举行第一次改选，其第一届当选之执行委员，本为罗伯良、谢伯勤、刘悠宽、黄少山、赵明生、张粹如、刘香陔、俞明甫、林德麒、朱苏吾、冯愚安等十一人，业经该会造具名册，呈由前汉口特别市政府社会局转呈实业部核准备案在卷。本府前呈之本市各业同业公会一览表，误将该会执委谢伯勤、刘悠宽二人漏列，并将赵明生、黄少山、张粹如、刘香陔、冯愚安等五人姓名误缮为赵明堂、黄少三、张秤如、刘青陔、冯万安。兹据前请，除指令并提存外，理合检同原赍章册各二份备文转呈钧府鉴核存转备案示遵。再该会第一次改选委员名册内载留任执行委员谢有标、黄汝舟二人系同该会第一届当选执行委员，赵明生于二十年十月辞职，俞明甫于二十一年十一月离职他往，而候补执行委员又均已歇案，经会员大会议决选补具遗缺者，又该会监察委员会系于第一次改选时增设，当时候选委员三人，至本次改选扩增为五人，合并陈明。等情，附赍章程第一、二次改选委员、会员名册各二份，据此。查该公会组织章册前准贵部商字第一九八四二号咨，复核准备案。兹据前请，除指令并提存外，相应检同章册各一份，咨请贵部查核办理为荷。

此咨

实业部

主席　杨永泰

4.汉商会电请制止沪日侨发行纸币

（1936 年 1 月 16 日）

汉口航讯：汉口市商会因报载上海日侨有在沪发行日元纸币二百万元情事，此举殊足紊乱我国币政，特电京请制止，文云：南京国民政府行政院院长蒋、财政部部长孔、外交部部长张钧鉴，顷阅报载，在沪日侨，请其本国政府，在沪发行日元纸币，数额暂以二百万元为限。凡日侨在沪所办之工厂发给工薪，及向我国商店购物，俱可使用此项纸币。并闻该国政府，业已准如所请办理，在正按照所定步骤，逐一实施等语，查日元纸币，号称以金为本位，与从前外商在我国商埠以银为本位而发行钞票，情形绝对不同。况从前外商银行所发之钞票，均已渐次收回，现在几于绝迹，今日本悍然不顾，策进其大连金融建设之故智，施之沪市，破坏我国币制之整理，紊乱世界互市之公场，是可忍孰不可忍。属会本拥护国家主权之诚，未敢缄默，用特电恳钧院部立即交涉阻止，并严密采取有效之防止办法，□□□□，而续国声，临电不胜迫切待命之至。汉口市商会叩。

（《新闻报》）

5.各商会改选疑点，中民训部解释

（1936 年 1 月 21 日）

中央民众训练部，为解释商会改选疑点三项，顷函复湖北省党部云：案查接管前中央民众运动指导委员会卷内，准贵会第三六五零号公函，为商会改选发生疑义五点，除一、二两点已解释外，其余第三、四、五各点，转□解释，以便饬遵等由，兹将三、四、五各点，分别解答如次：

(三)已去职之人员,如未经原学派之公会会员,或商店会员撤换,并依商会法施行法第十三条之规定,经审查合格者,其代表资格当然存在;(四)代表资格存在,当然有选择权;(五)留任之执监委员,因原系会员代表,并未丧失其资格,自应参加选举。准函前由,相应函复查照饬遵云。

(《大光报》P218)

6.废历年关渡过汉口商场黯淡大部变成灾商收歇多

(1936年1月30日)

武汉废历年关,除军政机关仍照常办公外,商场则于本月二十三日废历除夕办理总结果。银行为对工商业或钱业,钱业对工商业暨工商业中批发商对零售商,凡属长期债务,均分别归结。间有付利转期者,其债倒欠巨影响市面之事,侥幸避免,但此难关得以安全渡过者,盖自去春以来,由物价低落,形成金融恐慌,迄未谋得救济方策,卒致增加淘汰作用。资本不足或营业亏累之商店,早已相率歇业,而不能待至年终矣。本月二十四日至二十七日,全市商店,完全休业,二十八日开市,过去一年之盈亏,尚无确数,然大致可知者。银行业略有获利,下此皆亏折不堪,将来或改组,或歇业,或缩小范围、截退职工,其结果必致直接减低市面繁荣,间接影响社会安定。就目前论,商界之异动者,银行业无增减,钱业新开恒祥一家,改组永元一家,收歇联益、协兴、鼎新、滋康四家,增资长裕一家,其他各业,收歇咸多于新开。据商会主席黄文植谈,本市商人在不景气长期高压之下,大都变成灾商,足证将来市况之黯淡云。又去年六月底,引起金融恐慌狂潮之裕源银号倒闭案,自经财部派专员沈质清清理后,计负债一百五十万元,以三成偿还,须四十五万元,沪方股东已摊认十六万元,连同在汉督收现金十四万,先行偿还二成,余俟该号经理王慧卿恢复自由,再行赴沪筹措,大致已告一段。此外,停工许久之武昌第一、震寰、民生三纱厂,近传当局积极筹划复工,俾两万失业工人得以维持生计,惟闻内容复杂,困难滋多,能否如愿以偿,或复工后能否长期延续,在此公私交困之时,殊未敢逆料也。(二十八日)

(《申报》)

7.小本借贷,武、阳两地商会建议七项办法

(1936年1月31日)

武、阳两商会,鉴于废历年关虽已渡过,两市各业商店,多受历年灾患影响,生意清淡,不堪年关比期之追呼,因而倒闭者,颇不在少。为谋救济起见,经已向武昌市政处建议举办小本借贷七项办法,其办法内容,规定集团借款,以中小手工业为对象,以一业为单位,如某业有贷款必要,须先报由该管同业公会,交付审查后,转请当地商会复核,方准借款。其贷款数额,各按营业大小,与实际需要,分为一百元、五百元及一千元三种,所借款项,按月息六厘,分十个月本息均摊还,如超过还款时间无力偿还,其破产程序,须先偿还贷款。

(《大光报》P278)

8.实业部准转送汉口市棉花出口业公会第一、二两次改选委员会员名册及章程并恳请备案咨湖北省政府

（1936年1月）

案准贵省政府省建三字第四一三六号咨，转送汉口市棉花出口业公会第一、二两次改选委员会员名册及章程，嘱查核办理等由。查该公会委员任期届满，两次举行半数改选，所据章册查核大致尚合，恳请备案。惟王星垣于备考栏内所注“新选”二字，应改为“留任”。又张森祥、徐赓源、王星垣究竟递补何人，应饬查报，相应复请查照为荷。

此咨

湖北省政府

2月

1.集团贷款，两商会陈意见，市政处允采纳

（1936年2月2日）

武阳两商会，为谋救济两市中小手工业起见，业经会拟集团贷款意见书，暨贷款概算表，呈请市政处采择施行，现悉该处对于该两商会所拟集团贷款办法，认为尚有见地，已于昨日分令该两商会知照，俟小借贷基金商有端绪，准予留供参考云。

（《大光报》P18）

2.市府改组汉市劳资仲裁委会，令商会各业团工会推派代表

（1936年2月2日）

汉口市政府以本市二十三、二十四两年劳资仲裁委员任期已满，所有二十五、二十六两年劳资仲裁委员，业经照章呈奉省政府令准改选，特于昨日分令市商会各业公会各工会限期推选代表，计市商会三人，各同业公会各一人，各工会各二人，兹录其令文于次：查本府于二十二年十二月，奉令办理推选之本市二十三、二十四两年劳资仲裁委员，任期业已届满，所有二十五、二十六两年之劳资仲裁委员，亦经呈奉湖北省政府令准仍照部定办法推选，等因。自应照案办理，除分行外，合行抄发实业部规定，推定仲裁委员暂行办法，乃本府订定汉口市推定劳资仲裁委员办法各一份，令仰该会遵照，迅即推选代表□名，于本月十五日以前，将名单呈报本府，以便定期召集，推选仲裁委员，如逾限不报，即认为放弃权利，将来定期推选仲裁委员时，即不召集，以示限制云。

（《大光报》P42）

3.桃汛期近,汉商会请全修张堤

(1936 年 2 月 4 日)

冬令水涸时未及动工修筑已属失计,设再不为根本之图后患将不堪设想,宜未雨而绸缪毋临淹而防水。

汉口市商会,现以转瞬桃汛即届,本市张公堤为全市民命之所寄托,关系至重,特于昨日具文分呈省市两府,请转知江汉工程局将该堤整个堤身一律加高培厚,同时并拟具提案,以备市参议会开会时提出讨论。因该会主席黄文植乃市参议会会议员之一,兹录其原呈于次:

呈省市府原文:呈为汉口张公堤,关系重要,应转知江汉工程局须将整个堤身,一律施工加高培厚,以期巩固,而资保障,具呈仰祈鉴核事,窃维汉口后湖地方建筑张公堤以来,全市之生命财产皆得有所保障,水源木本,是乃张文襄公之功德在民,虽没世而不能忘者也。但查该堤在民国二十年间经大水漫溢之后,工程当局对于堤身之有缺陷者,不过略事补葺,并未大加修葺,以致上年复汛江河盛涨之时,险象环生,危如累卵,比蒙湖北省政府张主席、汉口市政府吴市长与武汉警备司令部叶司令,督奉兵民,日夕驻堤,防堵抢险,辛苦异常,卒赖以转危为安,此亦不幸中之大幸也。兹因本年春节已过,桃汛之期,转瞬即届,关于该堤之应如何预为拨款培修,在江汉工程局自必有极精密之计期,而人工方面,据最近报端所载,已蒙蒋委员长令调行营感化队队士,约二千数百人到汉,担任此项工作,并业经兴工斯诚至可欣慰之事,只以该工程计划,未见宣布,不知是否就整个堤身一律加高培厚,抑系按段酌修,或系择要修葺,碍难悬揣,是同隐忧。窃谓张公堤一堤,既属全市商民之所托命,关系至为重要,而全市商民每年担认之巨额堤费,即在商业萧条之日,尤复照常筹缴,未敢稍缓者,诚恐有误工程之需要也。兼之该堤堤身,又因年久失修,缺陷既多,罅漏不少,前当冬令水涸时,未及动工修葺,已属失计,转瞬桃汛届临,设再不为根本之图,则后患何堪设想。属会详察过去,悬想将来,心所谓危,难安缄默,惟有拟恳钧座俯鉴前情,迅赐派员详细履勘,一面转知江汉工程局,对于前项工程计划,务须通盘合算,将张公堤之整个堤身,同时一律加高培厚,庶足以期巩固,而保安全,汉市之幸,不止汉市之幸也,理合具文呈请钧府鉴核施行,并祈批示祗遵云。

(《大光报》P42)

4.汉商会呈请中央整理宜昌辅币,农民省行破券尚有支行掉换,中央农工辅币破烂即成废纸

(1936 年 2 月 7 日)

汉口市商会,昨准宜昌商会来函,略以辅币券之作用,在于增加贸易筹码,活泼市面金融,俾法币得化整为零,适应社会经济需要,假使运用失宜,则影响国计民生诚非浅鲜,宜市流通之辅币券,品类不齐,最多者为农民及湖北省两行,其次为中央与农工等银行所发行,农民及省银行因有支行,破烂辅币,得资掉换,中央与农工之辅币券,则一经破烂,即成废纸,各银行概予拒绝收受,日积月累,商人所受损失至巨,且上述辅币券,各该本行又不予汇兑,辗转行使,信用日渐低落,致铜圆枯竭,纸币充斥,零星交易,极感困难,匪特不能增加贸易筹码,活泼金融,且反

影响城乡经济组织,殊与发行辅币原来宗旨背道而驰,商场前途,实堪隐忧。敝会管见所及,拟请政府对于辅币券实施通货管理政策,勿使漫无限制,并应委托各地银行代为掉换破烂币,暨通汇外埠,庶几信用巩固,人民利赖,业经十五次常会讨论决定呈请给上级机关呼吁,相应函请贵会转呈当局,迅予补救等语。汉商会据函,当以宜昌为鄂西重镇,商业繁盛,影响所及,于汉市商业不无关系,以是特于昨日具呈财政部,请对宜昌市辅币券复杂情形,迅即设法加以整理,以资补救。

(《大光报》P78)

5.汉市商会定期举行大会

(1936 年 2 月 7 日)

汉口市商会现以该会定章每年须开会员大会一次,第二届执行委员会系于上年四月改选成立,扣至本年四月已届一年,本年会员大会自应订期举行,特于昨六日提交第二十一次例会讨论决定,以四月八日为举行会员大会之期,现已着手筹备一切。

(《大光报》P78)

6.张公堤工程决先就重要地段兴工

(1936 年 2 月 9 日)

所需经费市府请经委会拨用,黄文植提案分交各参议研究,汉市堤防分期实行计划。

汉口市商会主席黄文植,日前因鉴于上年伏汛期间,张公堤已濒极度危险,当时设非军政各长官督促兵民,防堵得力,则整个汉市,势不免陆沉之虞,况廿年之覆辙,前车不远,当此桃汛瞬届,自应未雨绸缪,以是特此分呈省市政府,详陈张公堤之得失利害,请转江汉工程局,迅筹整个培修计划,及早兴工,同时并以市参议资格,拟具提案,于昨(八)日第二十九次会议提出讨论,当经决议,由市政府电请全国经济委员会,迅拨二十二万元,先就比较重要三特一、二两区及下太古分金炉堤角等处之□岸,一面将黄之原提案,分交各参议研究,至此二十二万元,其间兴修上述地段工程费计十七万余元,市民役费二万余元,其余二万余元,则为购备民役工具费用云。

汉口市位居要冲,握长江上游金融之枢纽,经上年大水之警告,深如环周堤防,实有重加培修之必要。曾由汉口市堤工委员会拟定设计标准,由江汉局及市政府派员兼任该会之工程组正副组长,分别设计。经费概估,照甲种计划,张公堤顶与海关尺六十一尺齐平,则为二百一十三万余元;乙种计划,张公堤顶与海关尺五十八尺齐平,则为一百八十一万余元。经由江汉局详加审核,认为扼要,惟以本年湖北堤工经费,仅岁修及复堤工程,已在四百五十万元以上,有赖于中央之补助者实多,且沿江沿汉工程关系,赋命兴汉市堤防,工程同属重要,在此状况之下,不得不兼顾经济情形,分期举办。当经拟具意见,除江汉关至打扣巷防水墙因地势尚高,及打扣巷至桥口闸须拆迁房屋,经费浩大,拟留待下届再行培修外,余如张公堤照乙种计划,交由兵工承修,分金炉至堤角及水厂之桥口一带土工,由江汉局供给工具,交由人民服役办理,特一二区下太古防水墙暨分金炉至堤角石工,均请在本届办理。请经委会省政府及江汉局复估委员一并复估，并请经委会核准张公堤准予即行兴修，土木业于本月一日由兵工建设委员会正式开工，石工亦已登报招标，即日举办，至沿江沿汉堤防，令就原有计划及复估意见，统筹比较经济易于分期实施办法，并具修正图表，呈会察夺，兹已由江汉局拟分为三期进行。

第一期　因特一区及下太古防水墙墙身较低，漏水较甚，先行修筑，分金炉至堤角先靠里面加筑子并加修内坡，连同水厂至桥口闸土工，统由人民服役办理。

第二期　完成特二区及江汉关至打扣巷，防水墙及打扣巷，至桥口闸一带堤防。

第三期　修筑分金炉至堤角石工并用人民服役完成该段土工。

按照以上计划，第二期工程完成之后，当可全市成圈防御二十年洪水位而有余，其修正防水墙设计，拟留闸槽，以便临时加板，该局刻正赶制详细修正图表，呈请经委会核办，以便兴工云。

（《大光报》P102）

7.汉沪航线太古提议增加运费，汉商业团体反对致函六公司请求取消，否则呈交通部核办

（1936年2月9日）

汉沪间航线，原由国营招商，商办三北宁绍，与英商太古怡和，日商日清公司协定联合营业，已属次殖民地航运之唯一变态；讵本年太古值年，竟提议自本月五日起，运货包皮，一律须收运费。直接增加商人负担，间接阻碍贸易进展。本市报关行业，出进口杂货业，代办杂货业，杂粮业，及粤、津、浙、闽、旅汉各帮，一致反对。纷致函该公司要求取消，必要时即呈交通部核办。兹将汉市代办杂货业公会致该公司函录后："兹据报关行向敝会员报告，现下轮船六公司，定于即日（五日）起，所有各货，概照毛货过磅计算水脚等语，不胜诧异。此种办法，对于办货人受损非小，而我代办同业，亦必受甚大之影响，故经本日敝会召集同业会议，一致表示反对，要求本会转函贵公司等注意。此举不啻剥削客商，倘如此实行，势必趋客商完全改装民剥之一途，为此奉告，务希取消成议，免碍彼此营业之进展"云云。

（《大光报》P104）

8.救济工商业，汉市举办小本借贷

（1936年2月10日）

一切规章已经省府指令核准，资金廿二万市府与银行界摊认。

鄂省灾祸连年，农村破产，汉市工商业，因之一落千丈，而尤以经营小本工商业者，为最艰苦，汉市府为图谋救济起见，近商得银行界同意，决举行小本借贷，资金定为二十万元，市府担任四分之一，余由各银行公认，并决由市府与银行界合组汉口市小本借贷处，所有组织规程及贷款章程，均经拟呈省府鉴核，省府顷已指令照准，大约最近期内，即可组织成立，预定放款期限为两年，省府指令如下：两呈暨附件均悉，兹将原赍汉口市小本借贷组织大纲及贷款章程，分别修正，随令附发，仰即遵照办理，此令。附汉口市小本借贷处组织规程及贷款章程：

组织规程

汉口市小本借贷组织规程：

第一条　本处由市政府与本市各银行共同组织之。

第二条　本处基金由市政府担任五万元，各银行担任十五万元，共为二十万元。

第三条　本处设理事会，由市政府指派二人，各银行推举三人，共同组织之。

第四条　理事会为本处最高机关，主持一切事宜，设常务理事一人，由市政府指派之理事任之。理事会章程另订之。

第五条　本处置经理一人，由银行公会推荐，秉承理事，会办理日常事务，并得视事务之必要，酌用办事员练习生。

第六条　本处设于市中心区，但为业务上之便利，经理事会议决，市政府核准，得在四郊设代办所，委托商店代办借贷事宜，或设分处直接办理之。

第七条　市政府担任之基金，不计利息，各银行担任之基金，由市政府保息，年息五厘。

第八条　本处借贷，以本市市民小本经营工商业之缺乏资本者为限。

第九条　本处借贷，每户以国币三十元至五百元为限。

第十条　本处借贷利息，自月息八厘起，最高不得逾月息一分。贷款章程另定之。

第十一条　借贷人向本处申请借款时，由各该同业公会协助调查，经理事会审核通过后贷给之。

第十二条　借款如到期不还，得报请市政府按行政处分饬押追债。

第十三条　放款如遇倒欠，或其他意外损失时，先尽公积金借下抵押，如仍不足，再以市政府担任之基金拨抵。

第十四条　本处每日缮制借贷表及收支报告表，由常务理事核签公布，并分送市政府及各银行查核，市政府与各银行认为必要时，得随时商同派员查核。

第十五条　本处除开支外，其盈余先付银行基金利息，如开支不敷，由市政府酌予补助，每半年决算时支付一次。

第十六条　本处每年于六月三十日暨十二月三十一日各决算一次，由市政府指定会计师查核。

第十七条　本处年终结算，如有纯益，除提百分之二十为职员奖励金外，其余悉作公积金。

第十八条　本处以两年为期，自成立之日起算。

第十九条　本规程由市政府呈请湖北省政府核准施行，并转知法院查照。

贷款章程

汉口市小本借贷处贷款章程：

第一条　本程依本处组织规程第十条规定订定之。

第二条　本章处贷款以下列用途为限：

一、购买货品原料或工作器具；

二、推销国价垫款；

三、其他生产用途。

第三条　凡居住本市，年满廿一岁以上，有确定住址，经营正当小本工商业，需要营运资金者，均得依本章程之规定，向本处申请借款时，须先填具申请书及调查表，送由各该同业公会核明属实，加具证明，转送本处派员复查属实，并提经理事会通过后，通知照办借款手续，并出具借据为凭，本处复查时，得会同公安局协助办理，如无同业公会者，应觅请其他同业公会代表代为介绍。

第五条　本处贷款，分活期、定期两种，均得用分期摊还办法，期限最长不得逾半年，但有特殊情形，经本处理事会认可者，得酌量延长之。

第六条　本处贷款数额，每户自三十元起至五百元止。

第七条　凡向本处贷款者，必先觅具殷实□保或担保人，经本处认可，始予贷款，必要时并得嘱贷款人提供相当抵押品，前项抵押品，本处照给抵押品收据，但必须本处经理签章，方为有效。

第八条　本处利息，贷款不满一百元者，月息八厘；一百元至二百元者，月息九厘；超过二百元者，月息一分。

第九条　定期贷款，提前归还一部或全部者，得按日结算利息。

第十条　贷款到期，借款人必须将本利全数清偿，其订明分期归还者，如有一次愆期，即视作全部到期，立即追偿其所欠全部本息。

第十一条　担保人或担保商号与借款人负同等责任，如借款人不能履行契约时，经本处通知，须立即将借款人所欠本息，及本处因此而损失之一切费用，如数代为清偿。

第十二条　借款人与担保人或担保商号，如有迁移，应各自随时通知本处，否则一经察觉，得随时追偿其借款之一部或全部。

第十三条　借款人所借款项，不得用作不正当之用途，或转贷他人，从中渔利，否则一经察觉，得随时追还其借款之全部。

第十四条　本处为明了借款人之营业内容起见，得随时查阅其账簿。

第十五条　借款人限借一户，不得以一人捏造二名，或数户蒙混多借。

第十六条　借款人以动产或不动产作抵时，本处应调查鉴定其价格，其所需费用，应由借款人负担。

第十七条　抵押之不动产，以有永续确实收益者为限，其借款数额，不得逾本处估定价格十分之四。

第十八条　抵押之不动产必须登记及保险，其费用由借款人负担，所有该不动产之契约，应据登记保险单，及其他附属文件，均应缴由本处收执。

第十九条　借款未还清以前，保证人或保证商号，不得自动退保，但依本处之便，通知借款人换保时，借款人应即照办，在新保未经换妥以前，原保仍负完全责任。

第二十条　借款人与保证人或保证商号，如不履行契约时，本处得报请市政府径以行政处分饬押追债。

第二十一条　如借款人违反第十六条之规定，一经察觉，应立即追还本息，其保证人及介绍之同业公会，均负连带偿还责任。

第二十二条　借款人宣告清理或破产时，本处得优先受偿。

第二十三条　本章程由市政府呈请湖北省政府核准施行，并转咨法院查照。

（《大光报》P114）

9.市政府商会电经委会请饬江汉局迅修张公堤

（1936 年 2 月 11 日）

汉市商区民役改二十日开工,劳动奖惩办法经省府核准。

汉市商区民役,原定二月一日开工,嗣因是日为废历正月初九,一般市民,以习俗关系,尚在“过年”期间,故展期至十一日(今日)开工,不料又因江汉工程局忽于事前数日反悔业经承认之工程经费暨购办工具费,致使临事又复中止,市政府暨民役会特召集各关系机关团体开会讨论,结果决定再度展期十日,至二十日开工,一面以张公堤关系全市生命财产,由市政府、市商会,分别致电全国经济委员会,请俯念全市生命财产及大局之安危,迅饬江汉工程局赶速培修,并照案购具拨款,以免延误,昨日报载汉市商区民役,今日开工,与事实稍有出入,至民役会前拟之劳役奖惩办法,业经省府指令核准,兹并市商致经委员电,分志于次:

商会昨呈经委会电。南京全国经济委员会钧鉴:汉市沿江沿河堤防,与张公堤,至关重要,近年河床日高,水灾迭现,自非加高堤岸,不足以资防堵,去岁防汛用款,近五十万元,临时张皇;实由事前疏于修筑,倘再有疏失,危险不堪设想,市民曾受创痛,难安缄默,查汉市府与江汉工程局商定加修水厂至桥口分金炉至堤角各段堤岸暨特一二区下太古防水墙工程,并利用人民服役填土,实属最低限度办法,未能再事省略,务恳垂念全市生命财产及大局安危所关,迅电江汉工程局赶速培修,并照案购具拨款,以免延误,不胜惶悚待命之至,汉口市商会叩蒸。

(《大光报》P126)

10.各县商会限期改选成立,以备改组商联

（1936 年 2 月 16 日）

湖北全省商会联合会,自民十九年六月改组,照章至二十三年六月任期已告届满,依法即应改选,但自二十年大水后,各县市百余商会,除少数比较重要县市外,大都一盘散沙,有名无实,虽经该会暨建设厅省党部一再函令严催,终以鞭长莫及,无法促其改选,致省商联改选问题,竟以基础会员之不健全,迟迟无法进行,现该会以长此因循,不惟于法不合,且恐贻误事机,特缕具种种困难情形,呈请建设厅核示,建设厅亦以各县市商会之零负复杂,殊非所宜,除分令各县市地方当局,限期督促改选成立外,并转呈省府咨请实业部核办云。

(《大光报》P186)

3 月

1.经委会核定培修汉张公堤计划

(1936 年 3 月 3 日)

民役秩序欠佳决定整顿办法,省教育界商定参加劳役日期。

汉口市商会,前因鉴于历年大水,张公堤关系全市安危,为图一劳永逸计,特拟定培修计划,呈请市政府转函江汉工程局核办,此项计划,业经全国经委会湖北省政府派员会同复估,并奉经委会核定,由江汉工程局,交由行营兵工建设委员会订约承修,其核定办法(略)。

汉市民役。汉市人民服役管委会,昨举行第五次会,出席吴国桢、焦秀安、董克仁、陈泽荣、张耀僧、汪华陆、郭贞梁,主席吴国桢,讨论案两件:(一)商区民役,业已开工旬日,就逐日考察所得,秩序颇不见佳,成绩亦不甚好,日前第六分局发现服役人,于散工时,挤上平汉路火车。致失组旗二面。后复接江岸车站电话,亦经服役人随意上车,请予制止。(二)英商颐中烟草公司经理函称,其内子乘汽车经过服役地段,有人跳上泥板唾垢等情事,而道路妇女,被多人调戏者,乃时有所闻。至工作方面,或迟至十一时以后到工,或任意偷懒,或早早散工,一队如此,他队效尤,一日早散他日必定更早。若不及早设法救济,则不独工程方面不能达到预定目的,而风纪所关,尤为重要,究应如何救济,请公决案。决议:(子)函公安局各分局:(一)各部队长队附率领服役人,务须每早八时以前出发。(二)距工作地点较远之分局,最迟须于早十时之前达到,十时以后到者,不发工具,作为无效。(三)服役人每日工作用包方法,如定方数未做完而自动散工者,全日工作作为无效。(四)若有不法行为及不守秩序者,由队长队附责成组长指名报告,以凭究办,如徇隐不报者,罚其组长。(丑)函请警备司令部派队巡查,严加防范。(一)雇船运土用服役人起卸太慢,拟改用包工制,是否可行,提请公决案。决议:通过。

服工人数(略)。

省校民役。武昌市政处为推行省会学校教职员及中等以上学生参加国民劳动服务,昨日(二日)下午二时在该处会议室召集有关机关开谈话会,出席人教育厅代表马安溪、省公安局代表郭茂莲、市政处代表方刚,主席方刚,讨论事项:(一)服工役期间原拟在春假后分十个星期日举行,惟查十个星期日倘遇雨天延期非至三个月不能举行完毕,时期过久,不独管理困难,而教职员及学生方面亦感不便,可否另订举□行期间请讨论案,决议:利用春假七天及春假后三个星期日举行。(二)关于工具应如何领用请讨论案,决议:由管理处按照各学校各单人数支配,工具由各学校事先分别具领应用,于施工完毕后如数交还。(三)各学校造送编制名单,应于何日送齐请讨论案,决议:最迟三月二十日以前,由教育厅汇齐送到管理处。以上三点请为代表签请教育厅酌核函复管理处以便进行。

(《大光报》P75)

2.湖北省政府为据汉口市政府呈该市棉花出口业同业公会递补委员情形并请核转等情咨实业部

（1936 年 3 月 10 日）

案查前准贵部商字第四零七八三号咨，以汉口市棉花出口业同业公会第一、二两次改选章册应准备案，并嘱转饬查报。等由，过府。当经令饬汉口市政府转饬遵照在卷。咨据该市政府二十五年二月二十六日呈节称：遵经转饬该公会遵办在卷，兹据呈复略称：查本会第二次改选，照章留任执委为熊濂汉、浦朗眉、徐菊堂、顾鹤卿、胡泽黎等五人，候补执委为张森祥、徐赓源、刘士嘉等三人，但留任执委熊濂汉、浦朗眉、徐菊堂三人及候补执委刘士嘉已经停业，除由张森祥递补熊濂汉，徐赓源递补浦朗眉二人外，候补者尚缺其一，所有执委徐菊堂之额，无从递补，因公决再票选一人，俾符定额，结果王星垣当选为执委，除尊令将新选二字改为留任外，理合将张、徐、王三委员递补情形，呈复鉴核。等情。据此。除指令外，理合备文呈乞钧府鉴核转咨。等情，据此。除指令外，相应咨请贵部查核办理见复为荷。

此咨

实业部

主席　杨永泰

3.继续劝募建债，商业五团体昨日开联席代表会

（1936 年 3 月 15 日）

贾厅长说明劝募意义与必要，各代表意见由五团体呈省府。

汉口商会为继续劝募建设公债事，特遵财厅贾厅长复函，于昨（十四）日下午四时召集武昌、汉阳两商会，汉口、武昌两业主代表在汉商会大礼堂开联席会议，请贾厅长出席说明继续劝募意义与必要，并分请市党部、市政府、市公安局长官，莅会监视，届时计划财政厅长贾士毅、秘书夏赋初、市党部代表殷学渊及三商会、两业主会代表苏汰余、陈经畬、鲁方才、余蓉樵、石焕文、唐晓珊、朱福田等六十余人，公推苏汰余主席，按照开会秩序如仪开会后，首由主席苏汰余报告，略谓：政府为筑路需款迫切，杨主席曾于上月邀请武、阳、汉商业五团体代表在省府谈话，请体谅时艰与政府苦衷，援照廿四年份成例，继续劝募建设公债，以应急需，当时汉商会主席黄文植等君曾再三要求体谅商业凋敝，地方萧条，准予免募或减少数额，当承杨主席答复，谓政府对地方之穷苦，商业之不振，均所深悉，惟筑路系完全为便利商民交通，欲求商业之振兴与货物之畅运，又端赖交通之便利，欲求交通之便利，自须先行完成交通，应请人民与政府合作踊跃认购公债，俾能提早完成全省交通，旋又接奉财政厅长函云。查本省修筑公路，所需工款，经中央核准发行建设公债六百万元，内以一百五十万元归还前垫筑路经费及救灾用款外，余充筑路经费，并定募集办法呈奉行营核准施行在案，兹查武、阳、汉三镇业商两界二十四年份照规定标准仅募起债款六十八万三千余元，现在二十五年份筑路经费，待拨之款甚巨，自应仍照上年办法继续劝募，以资济用，经拟募集法三项如下：

一、武、阳、汉三镇业主商店各照一个月房租金额及职工薪金标准认募公债，分两期缴纳，

原一次清缴者,仍由本厅公债收款处派员募收,其二十四年份内应募未缴各户,一并带收。

一、特税方面,每担搭募公债二十元,上年三月一日开募,未定额数及截止期限,今仍由禁烟督查处继续募收。

一、宜昌沙市、老河口、樊城、武穴、新堤、沙洋七埠业主商店,各照一个月房租金额认募公债,由各该管营业税局募收,二十四年份应募债额,仍一并带收。

上拟办法,经签奉主席批准照办,所有武、阳、汉业商两界应募二十五年份本省建设公债,除饬由本厅公债收款处遵照,于四月一日开始募收,并分行外,相应函请贵会查照,转知各商店遵照,踊跃认缴,俾济要需。其上年份应募未缴各户,并饬一并带缴,以昭平允云。汉商会接奉上函后,当经邀同武昌、汉阳两商会暨武昌、汉口两业主会各委员于本月四日在汉商会集议,公决定期召开五团体联席会议,并请财政厅长届时莅会出席说明,旋即转商贾厅长准后,即请通知于三月十四日下午四时在汉口市商会开联席会议,届时即亲自到会出席说明,因此特于今日邀请诸公集此,举行联席代表会,贾厅长现亦躬亲到会,即请贾厅长向诸公详加说明云云。

继由财政厅长贾士毅说明,略谓:关于募收建债筑路经过及办法,已由苏汰余先生详细报告。在政府方面,深知商业凋敝,农村艰困,实无多大余力,政府如无必要之需亦决无募债之拟,大家须知□不肃清,农村即难得到安宁,则即影响于商业甚巨,加之上年水灾,各属灾民均待赈救。建筑公路,一方面是便利□□,一方面是救济灾民,两方面间接的对象,均是有益于商业的。本席在鄂三年,无论何项政费,虽在极度艰困中,均系自行筹给,决未向人民筹借,因筑路而劝募建债,系完全拨充筑路之用,决未挪用分文,不但未分文挪用,且财厅并已□垫约二百万元,查自筑路而募债,前后共约募收二百五十万元,财厅拨给数额则有四百五十万元,因政府方面只要能有办法可设,决不至向人民举债,各位既知筑路是便利人民的、商业的,应一致体谅政府万不得已之苦衷,踊跃认销,以应筑路需要云云。贾厅长词毕,因另有要公即退席,继由汉商代表陈经畬,补充在省府洽商情形,与政府深望商民协助之殷切,及商民对认销建债之意见,继由商业各代表陈意见。

(一)汉商会朱代表福田云:筑路募债,人民自应赞助,惟房客拖欠房租,应请政府对业主加以保护,并请政府减轻营业税,商业得以渐趋发展。(二)武昌商会代表唐晓珊云:武昌精华之长街现在折除,商业一落千丈,人民对政府募债筑路,自应绝对拥护,惟武昌现居特殊情形之下,尚祈政府加以特别体谅。(三)苏汰余云:武昌业主会现已撤销,原有负责人均不肯出面,拟请政府仿汉口办法,准武昌成立业主集会办事处,以期有人负责。(四)汉阳商会代表石焕文云:汉阳偏穷,又有县与市之各项捐税,人民负担甚重,人民对政府劝募建债自应绝对拥护,惟请政府原谅汉阳情形特殊,予以适当劝募。(五)汉业主会代表黄寿松云:现不日开始募收二十五年份筑路经收,应请政府将二十四年份未缴清者准予免收。(六)杨代表松圃云:劝募公债拨充筑路经费,人民自应踊跃认销,惟人民现亦艰困万分,应请稍缓十日开募,俾能充分筹缴。(七)主席苏汰余云:政府因筑路需款迫切,原拟一次收足,嗣为体谅人民决定八月开始募收,兹综合各代表所述意见,约分为请稍缓开募日期,及武昌、汉阳之特殊情形,刻请财厅夏秘书,向诸公答复。继由财厅秘书夏赋初答复,略谓:各位所陈各项意见,兄弟尽情向贾厅长报告,惟政府因筑路需款之殷切,就兄弟个人窥测,除了分两期募足一个月不能让外,其他请求政府保护催收房租等项意见,兄弟当尽情报告厅长云云。词毕,最后由苏汰余主席综合各代表意见,提出决议案,即系将各代表意见均详拟于呈复文中,由五团体会衔呈复政府,并提付表决,全体到会代表,均无异议,通过宣告散会。

(《大光报》P207)

4.汉市小本借贷四月一日开幕

（1936 年 3 月 15 日）

汉市小利借贷，经官、商两方长时筹备，现已就绪，定以四月一日开幕，已觅定本市保元里前边业银行旧址为小本借贷处之地，并聘定前利丰钱庄经理罗丙炎君为经理。该处设调查、会计两组，各组职员均已雇定，共约五六人，至借贷金额之规定，以三十至五百元为限云。

（《大光报》P207）

5.湖北省政府为据汉口市政府呈拟该市堆栈业公会递补委员情形并请查核办理由咨实业部

（1936 年 3 月 23 日）

案据汉口市政府呈称，案据本市堆栈业同业公会本年三月九日呈称，呈为呈拟补候选委员仰祈鉴核备案，事窃属会常务委员沈汉彰以脱业离职，爰于举行会员大会对依法递补候补执行委员张滋生为执行委员，复由执行委员互选张滋生为常务委员，理合具文呈拟钧府赐察核备案，实为公便。等情，据此查核，尚属依法办理，除指令外，理合备文转呈钧府鉴核，核咨部备案示遵。等情，据此。查该公会第一、二次改选委员名册，前准贵部商字第三一零八四号咨复核准备案在卷。兹据前情，除指令外，相应咨请贵部查核备案为荷。

此咨

实业部

主席　杨永泰

6.小本借贷开幕期近

（1936 年 3 月 25 日）

借贷处发表贷款之目的，希望小本商人认清贷款宗旨，勿借去不还致妨碍商业发展。

连年天灾人祸，更受国外影响，以致全国商场一蹶不振，汉口市政府为救济本市中小商人发展商业起见，经成立汉口市小本借贷处，基金定为二十万元，由该府担任五万元，各银行担任十五万元，组织理事会，掌理其事，兹已筹备就绪，准于四月一日开幕。记者昨晤及该会常务理事沈质清，询其借贷办法，据答：本处之贷款用途，以购买货品原料或工作器具，推销国货垫款，及其他生产用途为限。凡居住本市年满二十一岁以上，有确定住址，经营正当小本工商业，需要营运资金者，均得向本处申请借款。申请借款时，须先填具申请书及调查表，送由各该同业公会核明属实，加具证明，转送本处派员复查属实，并提经理事会通过后，通知照办借款手续，并出具借据为凭，本处复查时，得会同公安局协助办理。如无同业公会者，应觅请其他同业公会，代为介绍。贷款分活期、定期两种，均得用分期摊还办法，期限最长不得逾半年，但有特殊情形，经理事会认可者，得酌量延长。贷款数额，每户自三十元起至五百元止，不满一百元者，月息八厘；一百元至二百元月息九厘；超过二百元者月息一分。定期贷款提前归还一部或全部者,得按日结算利息。贷款到期,借款人必须将本利全数清偿,其订明分期归还者,如有一次愆期,即视作全部到期,立即追偿其所欠全部本息。如借款人不能履行契约时,并须清偿本处因此而损失之一切费用。借款人所借款项,绝对禁止作不正当之用途,或转贷他人,从中渔利,否则一经察觉,得随时追还其借款之全部。并为明了借款人之营业内容起见,得随时查阅其账簿。借款人限借一户,不得以一人捏造二名,或数户蒙混多借。借款以动产或不动产作抵时,本处应调查鉴定其价格,其所需费用,应由借款人负担。抵押之不动产,以有永续确实收益者为限,其借款数额,不得逾本处估定价格十分之四。所有之契约证据登记证保险单及其他附属文件,均应缴由本处收执,借款人与保证人商号,如不履行契约时,本处得报请市政府径以行政处分饬押追偿云云。最后复谓:本处借款宗旨,纯为救济商人,发展商业,希望本市各小本商人,认清本处借贷意义,此处属救济性质,而将款贷去,即当放赈看待,借去不还,此固须受行政处分,而妨碍发展商业尤为重大云。

(《大光报》P327)

7.小本借贷明日开幕

(1936年3月31日)

内部布置就绪今日接收基金,吴国桢等决亲到场招待来宾。

汉市府为帮助本市小本商人,调剂市场金融起见,特组织小本借贷处,觅定保华街边业银行旧处址为址,委罗丙炎为办理,并组织理事会,聘沈质清、王郁芬、南经庸、董明藏、赵仲宣为理事,经积极筹备,兹已办理就绪,准于明(一)日开幕。昨已收到各方贺礼甚多,记者昨赴该处访罗经理,据谈:汉市府因鉴于连年天灾,一般小本商人均感资本周转不便,乃筹备小本借贷处,本处贷款章程,限制虽严,但原先难而后易则好办,若先易而后难则束手,然如各小本商人认清为调剂机关,不以救济看待,到期还款,只要进行顺利,信用显著,将来有可通融办理,至押不动产一项,贷款章程内虽有规定,但本市各银行均作此项营业,本处资金有限当重于信用放款,现在虽未开幕,而申请书业经发出千余份,此事在北平、南京等处均办有良好成绩,汉市将来如何,固待本处努力,尤望商人顾全信用。再至基金二十万元,市府担任五万,银行公会十五万,均于今日接收,以便明日应用云云。又理事会于昨日下午二时举行第三次会议,全体理事,并参观小本借贷处,经会议决定,不举行开幕仪式,请吴市长暨全体理事到处,招待来宾云。

(《大光报》P54)

4月

1.汉市小本借贷处今日开幕,下午开始借贷

(1936年4月1日)

汉口市小本借贷处,业经银行公会市政府派员共同筹备就绪,觅定保华街边业银行旧址为

处址，该处借贷基金亦已经如数领到，定于今日举行开幕典礼，分函各界莅临指导，并定是日下午开始借贷，昨(三十一)日前往索取借贷简规者，极形踊跃，诚为汉市小本商民福音云。

(《大光报》P6)

2.汉市小本借贷处，四千余人索简章

(1936年4月3日)

汉口市小本借贷处成立后，一般经济困乏小本商人群众，莫不欢欣异常，自前(一)日迄昨，共两日间，前往保华街借贷处取借贷简章者，竟达四千余众，在昨日交递借贷书者，已在千人以上，借贷处方面，特派职员二人，分出调查声请人状况，是否与声请借贷书相符，如无舛错，即便借与贷款云。

(《大光报》P30)

3.汉商会拟定提倡国货四项办法

(1936年4月7日)

自今日始非本国衣不服，非本国物不用，无论外货如何价廉物美绝对拒不购买，某委员谈此方法决提大会讨论。

汉商会对于提倡国货，素具热忱，现复拟定有效方法四项，备于明日提交五次大会讨论，昨该会某委员对于此事，曾语记者云：我国当此国难严重之秋，而频年之人祸天灾，又复层见叠出，农村恢复既已无从，生产建设益不可能，是国民经济已日趋于极度困难之境，设不汲汲于国货之提倡，而仍惟外货之推销，则是以有限之金钱，源源向外输送，自斩国脉，何以图存？若人身然，既知所患为贫血矣，而犹不谋所以保身之道，且日事戕伐，则其亡固可立而待也。惟年来提倡国货之声，又何尝不洋洋盈耳，然一考其成绩，直等于零。何以言之？我国国际贸易，近年来入超之数实足惊人，而入口货中，除米、棉、煤油、卷烟纸、机械等项以外，如人造丝及其制品、海味、糖酒饮料、脂粉、装饰品等等，亦均为入口大宗，每项每年总值由数百万元至数千万元不等。此种货物，既非日用之所必需，我国且均有出品为替代，又何必舍本国之货而不用，而专为外货是销，甘作他人之忠实顾主，是诚何心？殊不可解。要知彼之挟经济势力，日以侵略我国为事者，固无所不用其极，而国货有限之销售，势非被其占尽不止，危险何堪设想。当此之时，倘再不幡然改计，设法自救，恐一至国破家亡之日，即欲自救，亦为势所不能，以是特拟定下列数项办法，备于明日提交大会讨论：(一)拟请由中央政府，迅速树立强有力之关税制度，分别采用“提高关税”“比例输入”“禁止输入”等有效办法，以谋经济之自卫。(一)拟请由各县市组织统制购买机关，购入本县市所需要之货物，再行批卖县境内之零售商人，除特种需要外，不得采购外货，该项机关，由官商合组，并请金融机关予以资金之协助。(一)拟请由各地党部，及新生活运动促进会，会同订定各界宣誓服用国货及考察各办法，以期普遍与久远，一面由本同人首先改用国货之学生服装，或工人服装，既可以振作精神，又可以提倡体育，似为一举两得。(一)拟请由中央政府规定办法，凡属进口货物，及国内中外各厂出品，均须每件标注产地厂名，俾易辨识。总之此事固有赖于

政府之施行保护关税政策，俾资提倡，而唯一有效方法，仍在我国人士，各尽匹夫有责之义，共懔祸至无日之危，急起自动结大团体，下大决心，自今日始，非本国之衣不服，非本国之物不用，无论外货如何价廉，如何物美，绝对拒不购买，由一人而至十人，由十人而至百千万人，一致实行，始终不懈，久之自成习惯，而民族复兴之道，国家富强之基固不待他求矣。

（《大光报》P78）

4.昨日开幕之汉市商会五届代表会

（1936年4月9日）

黄文植主席并报告一年来会务，提案分四组审查今午开审查会，推定法规经济实业税务等四组委员。

汉口市商会，昨日（八日）上午十时举行第五次代表大会，到市党部特派员陈泮岭、绥署代表陈光组、汉市长吴国桢、警部代表黄联宾、市公安代表刘汉基，及该会全体执监委员，各业会员代表到者达千余人，济济一堂，颇极一时之盛。十时半开会，由黄文植主席，行礼毕，主席致开会词后陈泮岭致训词，略谓：汉市居全国中心，交通便利，为工商业条例最完备之地区，希望商界一致团结，提倡国货，挽救国难。次吴国桢训话，述汉市失业人民达廿七万人，乞丐一项，政府年需十万元救济。今后复兴市面，在政府方面，应负安定市面，不加捐税，维持社会秩序责任，对于新办工厂，拟设法减半捐税，以示提倡；在商人方面，应放大眼光，改良商品品质，增高国际信用，一面发展工业，并望商界踊跃筹款购机寿蒋，增厚国家自卫力量。次陈光组训话，述近来米入超虽减，但沿海走私甚多，培养国力，应各界一致努力，并望商会各业，多办教育事业，增进商人知识。次警部公安局代表致词，最后主席黄文植答词毕，由商会常委祝庸齐，曹延祥报告一年来之会务及经济情况。正午聚会，午后讨论提案，决定分组审查，约今日开审查会，明日正式讨论，会期三日闭幕。提案达五十余件。重要者有：（一）提倡国货；（二）减轻房租；（三）组织商事公断处；（四）购机祝蒋委员长寿；（五）改良营业税；（六）组织工商贷款团；（七）呈请财部速成立不动产银行等项。兹将各重要报告及审查案列后：

重要报告会务，略谓：本会自民国二十四年三月二十四日，即第二届执行委员会成立之日起，至二十五年四月四日止：（甲）关于收发文件之件数：（一）收进文函，共计三千余件。（二）发出文函，共计一千三百余件。（乙）关于会议之次数：（一）执委会例会，共开过会议二十五次。（二）执监临时联席会，共开过联席会议三次。（三）监委会例会，共开过会议三次。（四）常会例会，共开过会议三十九次。（五）代表临时谈话会，共开过会议四次。（丙）关于本会经费之预决算：（一）本会自民国二十四年一月起，至十二月止，决算表一件。（二）本会自民国二十五年一月起，至十二月止，预算表□件。（丁）关于本会办理重要事项之经过情形：（一）呈请市政府，对我各业在新印花税未实行以前，凡有漏贴印花案件，准免送审处罪，一律令其补贴一案。（二）呈请财政部，准将各业在二十三年十一月一日，改用新印花税票以前，所有旧存印花税票，一律掉换新印花税票一案。（三）本会在二十四年六七月间，协助政府，办理防水救灾一案。（四）本会在二十四年六七月间，协助政府，办理救济金融，维持市面一案。（五）本会在二十四年十一月间，拥护政府，实施改进货币政策，安定金融，以维市面一案。（六）本会分请省政府，暨湖北省银行，对于各地商号发兑款项，准予减轻利率，以维农商一案。（七）本会遵令会同汉口市国货运动委员会，办理山西、湖北交换推销国产物品一案。（八）本会呈请省政府，暨建设厅转饬航政处，将内河航输所定国币收费办法，准予取消，以利商旅一案。（九）本会照准税捐监理委员会，转请财政当局将妄报瞒税案件，经检查不实者，于章程内，增订实究虚坐条文，以杜奸邪，而安商业一案。（十）本会对于整理财政，及缩减经费一案。（十一）本会呈请财政部准援维持上海商场成例拨借大宗借款，以救济汉口市面一案。（十二）呈请省市政府转知江汉工程局，将汉口张公堤加高培厚，以资保障一案。（十三）本会遵令筹购飞机庆祝蒋委员长寿辰一案。（十四）本会电请院部加铸一厘或二厘半铜币，以资调剂而利平民一案。继由曹延祥报告二十五年度全年收支总预算。

推审查员黄文植发言谓：各业提案四十余件，连同本会所提共计五十余件，而提案中颇性质相同者，若逐件讨论，未免费时，可否仍照上届办法，由大会会员公推二十四人组织审查委员会，分法规、经济、实业、税务四组审查，然后再行讨论。结果全体赞成，乃开始公推审查员二十四人，计被推者：杂货贩卖业黄相昕、电料业邹懋棠、卷烟业陈仁寿、印刷业龚少斋、华洋百货业钟益亭、广货业杨杏村等六人为法规组委员。卷烟业宗椿亭、中外纸张业余选臣、国药业邓文卿、纸业蓝熙周、绸业王宝泰、棉花出口业鲁寿安等六人为经济组委员。西式皮鞋业郭青山、华书田，纸业端汉卿，茶叶业汪绳式，杂货业刘子峰，食品杂货业高煌垣等六人为实业组委员。皮货业黄寿松、石灰厂叶观生、皮业马伯常、印刷业唐性夫、中西馆业何锦成、纺纱业张竹屏等六人为税务组委员。商会方面，推定苏汰余为经济组召集人，祝庸齐为税务组召集人，定今（九）日下午一时分别召集审查各提案，限本日审查完竣，明（十）日上午召集大会开始讨论云。

分组审查法规组：为拟续发商业月刊案；为复议纺织商事公断处案；为修改章程，变更征收会费办法案；为请设法取缔不入会之同业案；为组织维持各业行规委员会及取缔抗不加入公会办法案；为对于怠不入会行号及欠缴会费会员，妥订有效办法案；为转请对于保险登记只办登记，不取费用案；为转请严禁擢摸经纪滥价戕夺案；为各业公会决议事件，无论已、未入会同业均应遵守案；为转请将保险单登记取费，仍照首都办法案；为转请扩大收容乞丐案；为转请取缔不入会商店，无登记执照不准营业案；为转请设法强制会员入会案；为转请取缔无登记执照商店，不准营业一案；为取缔不入公会同业办法案；为取缔会员不纳会费办法案；为转请对于租屋担保，须减轻保人责任案；为转请对于检查新旧衡器解除痛苦案；为转请修改行规准则，规定新开距离案；为速成立保险赔款公断委员会，俾保户得有安全之保险案。经济组：为拟援例组织工商贷款团案；为请向水电公司交涉灯水电价案；为请政府将长江下游各地铜圆规定划一价格案；为转请农民银行迅予实行信用透支借款案；为转请减轻房租案；为转请从速成立不动产银行案；为转请各银行长期收回破烂钞票案；为转请从速成立不动产银行活动市面案；为转请对于房租按原价酌减二三成案；为转请减少电灯费办法案；为请组织减租运动委员会，促成减租实现案。实业组：为实行提倡国货案，为特订取缔各业行号炫夸广告办法案，为转请各轮公司恢复二十年以前轮栈租价案，为转请将粗烟丝与伪造卷烟丝分别办法案，为转请核减码头工友力资案，为转请将军部春秋两季服装召集汉商参加投标分制案，为转请知冰厂不能骤增冰价案，为转请电话局对电话费一律照普通商店缴纳案。税务组：为转请将棉纱营业税改照资本额课税案，为转请将棉纱营业税仍照当年实销金额课税案，为转请将营业税酌量减轻案，为转请减少广告市招商标等捐额案，为转请对于国产手工制品特别减轻营业税率案，为转请将营业税改照千分之五征收案,为转请稽征处将筵席捐改由处派员征收案。

(《大光报》P102)

5.汉市小本借贷处,贷出款项已达万余元

(1936 年 4 月 10 日)

拨付基金及开支利息办法,贫民借贷短期内即可就绪。

汉口市政府昨呈湖北省政府以查该府筹办本市小本借贷处,自拟具章程,呈奉省府指令核定后,即经转行银行公会。并经遵照组织规章,由该府与各银行签订担任该处基金合同,指派科长沈质清、汉口市公安局督察长王郁芬为理事,沈质清为常务理事,会同银行公会推举之理事湖北省银行经理南夔、上海银行副经理董明藏、中国银行经理赵仲宣,及推举该处经理罗炳炎等,着手筹备,业据呈报于四月一日正式开幕,所有该府及各银行担任之基金,均经届期如數拨足。惟该府担任之五万元,因本年度预算,无款动用,基金拨付,万难延缓,遂由银行透支,以资应付。是项支出,属于该府投资,与消耗者有别,为表示本市收支精确计,拟请省府准予编具临时收支预算,以昭实在。又该透支利息以九厘计,月需四百五十元,本年度一个月,拟于债务费节余项下开支,本年度再于债务项内正式列支。特将该处组织情形,及该府拨付基金与开支利息办法,检同担任基金合同,呈请备案,担任基金数目如下:市府五万元,省银行一万四千,兴业八千,金城八千,中南八千,农民一万,盐业八千,大陆八千,上海八千,实业八千,聚兴诚八千,四明六千,通商六千,中实六千,农工八千,国货八千,共二十万云。

又讯:汉市小本借贷处,自本月一日成立以来,处务进展甚速,现已发出申请书五六千份,连日放出款项计达一万余元。据该处经理罗炳炎谈:最近甚感调查困难,申请人对本处认识多不明了,时有误会为营业性质,其实本处系专以周转小本商人经济、繁荣汉口市面为主旨,希望小商人能得实惠,办理小商人借贷手续,甚愿迅速,以免多延误事。但最近有人对本处手续繁重,颇有非议,意谓故意刁难,无如其中情形甚多,决非外人明悉,所能谅解,兹为慎重业务计,决于每星期二、五举行理事会一次,以资核定款项贷出等事,至于贫民借贷事,据吴市长意拟即筹办,在最短期间,全市即可分置就绪,以达救济初衷云。

又讯:汉口市小本借贷处自本月一日成立以来,本市各商民,因市面萧条,周转不灵,前往该处,取阅贷款章程及申请书者,络绎不绝。兹因该处办事人有限,照应不暇,业于日前该处已将贷款章程及申请书调查表,已送本市各同业公会,代为转发,嗣后凡各商民,索取章程者,即向其所属之公会取阅可也云云。

(《大光报》P114)

6.汉商会开代表大会

(1936 年 4 月 10 日)

(汉口)汉商会第五次会员代表大会八日开幕,九日午后一时,分法规、经济、实业、税务四组,审查提案,至四时许审查完竣。十日上午十时举行大会,下午即闭幕。(九日中央社电)

(《申报》)

7.汉市商会五次代表大会闭幕

（1936 年 4 月 11 日）

庆祝蒋寿，飞机办法已决定可购两架，商事公断处交执行委员会斟酌办理，减低电费推定九人负责交涉。

汉口市第五次会员代表大会，昨（十）日上午十时继续召集会议，讨论各提案，主席团黄文植、苏汰余、祝庸齐、曹延祥、王春华暨贺衡夫、陈经畬等，到会代表八百余人，市府监视员陈健，市党部指导员殷学渊，讨论提案，计法规组十三件，税务组十三件，经济组九件，实业组九件，连同临时收到各业提案，共计六十余件。首由黄文植报告希望慎重考虑，略谓：各业提案，业于昨日分法规、税务、经济、实业四组加以审查，连同临时收到提案，共约六十余件，商会代表大会，为汉市商人最高法定会议，凡平日执委会所不能解决之重要案件，皆须于是会解决之，故本日会议，责任非常重大，希望诸位讨论提案，务须加以慎重之考虑，为全市商人谋福利云云。词毕，即讨论提案，发挥意见颇多。至下午五时许，始讨论完毕，筹备临时之第五次代表大会，至是即宣言闭幕，但讨论提案时，法规组如组织商会公断处，成立保险赔款公断委员会暨商会修改章程；税务组中如各业请减或请免营业税；经济组中如筹购飞机庆祝蒋寿，减低水电费，减轻房租；实业组中提倡国货等案，各代表发挥意见颇多，兹将各组提案决议情形，分志于次：

法规组要案组商事公断处。本组各案由苏汰余主席，提出讨论：（一）本会执行委员提，为拟续发商业月刊案，审查意见：续办月刊，每年经费限定不出四千元。决议：通过。（二）本会执行委员会提，为复议组织商事公断处。审查意见：原则赞成，交商会执委会斟酌办理。决议：通过。（三）本会执行委员会提，为修改章程，变更征收会费办法案，审查意见：修改章程认有理由，惟每加代表一人增收年费若干，请大会决定。决议：每加代表一人，收年费十五元。（四）（甲）棉花出口业同业公会提，为请设法取缔不入会之同业案；（乙）照相业同业公会提，为组设维持各业行规委员会及取缔抗不加入公会办法案；（丙）皮货业同业公会提，为对于怠不入会行号及缴会费会员，妥订有效办法案；（丁）鞋帽洋货业同业公会提，为转请取缔不入会商店无登记执照不准营业案；（戊）瓷业同业公会提，为转请设法强制会员入会案；（己）军服同业公会提，为转请取缔无登记照商店不准营业案；（庚）茶叶行业同业公会提，为凡同业公会抗不入会及会员欠缴会费者，拟请政府以权方推行法令案。以上共七条并议，审查意见：汇集各提案意见，分呈党政机关、立法院暨全国商联会，请颁强制入会法。决议：通过。（五）（甲）营造业同业公会提，为取缔不入会同业公会办法案；（乙）营造业同业公会提，为取缔会员不纳会费办法案。以上两案并议，审查意见：照转。决议：通过。（六）□纱业同业公会提，为转请严禁擢摸经纪滥价戕夺案，审查意见：照转。决议：通过。（七）□纱业同业公会提，为各业公会决议事件、无论已未入会同业，均应遵守案，审查意见：应由各同业公会先行依据商业法规议定章程，呈请政府立案。决议：通过。（八）中西茶馆业公会提，为转请对于租屋担保须减轻保人责任案，审查意见：仍应依据租赁规约办理。决议：通过。（九）食品杂货业、卷烟业、杂货店业、杂货贩卖业等四公会提，为转请修改行规准则，规定新开距离案，审查意见：照转。决议：通过。（十）（甲）纱业公会提，为转请对于保险登记，只办登记，不取费用案；（乙）参燕业公会提，为转请将保险登记取费，仍照首都办法案。以上两案并议，审查意见：并案照转，惟文字上加取费减轻意见。决议：先呈市府请免，否则请照首都办法办理。（十一）参燕业公会提，为转请扩大收容乞丐案，审查意见：转呈市府。决议：通过。（十二）叶代表观生提，为请速成立保险赔款公断委员会案，审查意见：原案提大会讨论。决议：此案前已拟有办法，由叶观生、马圻源、乐作霖等原提案人分期督促实现。（十三）堆栈业公会提，为转请取缔码头额外需索，以符旧规，而利运商案，审查意见：转呈市府。决议：通过。

税务组各案，要求减轻营业税。本组各案，大部分系要求减轻或减免营业税，由祝庸齐主席报告，查此次大会交下关于营业税问题十案，审查内容约可分为四项，计：（甲）市面萧条，感受营业税担负过重，要求营业税额税率比例减低；（乙）因货物已纳统税，要求免除或减轻税率；（丙）因主附业纳税比率不同，要求以主业纳税；（丁）因营业逐年情形不同，要求按卖售额纳税。以上报告情形，请诸公逐案分别审查：（一）关于纱业公会提，为转请将棉纱营业税改照资本额课税一案，审查意见：此案核与税则不合，应并入请求减案办理。决议：通过。（二）关于煤油面粉火柴业公会提，为请求免征营业税一案，审查意见：此案格于定章，未能单独请免，仍拟并入减轻案办理。决议：交营业税评议委员会核办。（未完）

（《大光报》P126）

8.汉市商会本年度缩减经费两万余元

（1936 年 4 月 13 日）

因会费紧张，诸事撙节。

汉口市商会，以政府规定之会计年度，原自每本年七月一日起，至次年六月三十日止，该会系全市商人最高之集团，所有收支各项，均与商场息息相关，苟不妨碍政令实施设施，自不得不斟酌交通，从其习惯，故会计年度，仍本国历计年之顺序，自一月一日起，至十二月底日为止，取其便于适应环境之推移也，该会自二十二年度起，创设商人补习学校一所，初级商业职业学校一所，以及办理商业月刊，事业费用之剧增，在在须先确定预算之范围，方能迅速措施，不遗余力，惟现时办理预算，无论政府机关，人民团体，均须量入为出，为原则。该会上年度收入共计四万五千五百余元，支出项下，则共计六万三千二百余元，结透一万六千七百余元；本年度收入四万八千余元，支出七万二千六百余元，结透二万四千六百余元，核计收入方面，逐年难略有增加，而事业设计之进层，需费甚巨，实不足以资弥缝，故在半年度内，本量入为出之旨，特设财务委员会，整理会费之收入，以期事无偏废，款不虚靡，无如市面萧条，百业衰落，征集会费异常困难，所得结果，透支尤大，长此以往，将更无法以善其后，故于编造二十五年度预算时，再三查核，仍以量入为出为计算之标准，预计收入三万九千二百余元，支出四万七千七百余元，两抵仍须透支八千五百余元，此种核计，系从严格减轻着手事务方面，如裁减职薪，增节特别开支，事业方面，如暂行停办商业月刊，缩减商职补习两校之经费，较之上年度之支出，共计减少二万四千九百余元，收支虽未完全适合，而透支则较历年为最少，倘市面稍趋稳定，各业会员，在精神上得以履行平均负担之义务，则预计收入，最低限度，亦可达到收支适合，将有不期然而然者矣。

（《大光报》P152）

9.汉市府训令(汉口市商会)据呈报调查小本贷款人营业状况困难情形请令转核实证明等情检发各章则令仰遵照

(1936 年 4 月 15 日)

案据汉口市小本借贷处呈称:案据本处调查员江波臣、张渭清等报称,波臣等连日调查申请贷款各户,深感种种困难,调查时除只能审看各户现有货物估价多少及检阅日常流水查悉营业数目收入外,至其营业年度填报是否属实,营业人平时信用及能力若何,借款作何用途,均非短时所能详查核阅,本处贷款章程第四条有同业公会介绍须核实证明一语,似应函请各同业公会遇有各同业商请介绍借款时,务须切实负责证明以利进行。等情,据此。查本处自成立以来,申请借款者颇形踊跃,连日登记计已达二千余户,而提交理事会审核照准酌予借贷者,尚不到二十户,揆厥缘由实由各公会多系不负责任之证明,本处调查员为策贷款安全起见,自不敢贸然贷放,因是责难日至苦无解决办法,窃查各该公会与该业申请借款人,既系同业准予介绍该贷款人平时营业情形与夫借款用途是否确有偿还能力,当可询问明白再作负责之证明,果能如此办理,本处调查人员仅做复查工作,贷款自可迅速办理,复兴市面,端赖群策群力,通力合作,此事方克有济,经提交本处第三次理事会讨论议决,将上项情形呈报钧府令行商会转知各该同业公会,嗣后如借款人申请借款,除盖介绍印章外,应将各该借款人营业情形,按照定章核实凭明以免稽延而利进行等语,记录在案,理合备文呈乞钧府鉴核函准予令行汉口市商会转知各该同业公会遵照办理,实为公便。等情,据此,查本府与本市各银行共同组设该处,原为救济区内中小工商各业,资本总额,只二十万,试办期间,虽仅二年,意图于施行有效之后,逐渐扩充,直接援助工商,间接繁荣汉市,是以该处开支务□节缩,营业力求稳健。果如来呈所称,则调查困难,影响贷款迅速与安全者,实深且巨,殊失该处设立之意,所请令由该会转行各同业公会核实说明一节,核属可行。除指令照准外,合行检发该处组织规程贷款章程各二十份,令仰改会即便遵照分行为要。此令。

附检小本借贷处组织规程,及贷款章程各二十份(载第一七四期公报内)。

市长　吴国桢

(《湖北省政府公报》第 194 期)

10.小本借贷调查详情困难,放出仅百之一

(1936 年 4 月 16 日)

筹备经年之汉口市小本借贷处成立已经半月,申请借贷者,多至二千余户,但经审核准借者,尚不到二十户。考其原因,由于该处据借户申请表后,须派员调查,而调查时除察看各户现有货物估价多少,及检阅日常流水,查察营业收入数目外,至其营业年度填报是否属实,营业人平时信用及能力若何,以及借款作何用途,均非短时间所能详查,该处为期贷款安全起见,故不敢贸然贷放,因之责难备至,苦无解决办法,现该处以各业公会于申请借款人,既以同业关系而予以介绍,则对于该贷款人平时营业情形,与夫借贷作何用途,暨是否确有偿还能力,当可询问明白,再作负责之证明。以是特提交第三次理事会讨论,决将上项情形呈报市府令行商会转知

各同业公会,嗣后如借款人申请借款时,除盖介绍印章外,应将各该借款人营业情形,按照定章核实证明,市府据呈,当以该府与各银行共同组设小本借贷处,原为救济市区内中小工商业,资本总额二十万元,试办期间,虽仅两年,原期于施行有效之后,逐渐扩充,直接援助工商,间接繁华汉市,是以该处开支务期节省,营业力求稳健,以是特于昨日报据原呈训令市商会分转各同业公会遵照云。

(《大光报》P186)

11.实业部因汉口市商会请增发中、中、交行一元法币以利流通等情咨财政部文

(1936 年 4 月 18 日)

案据汉口市商会庚日代电,为本市流通法币,以五十元为多,于买卖诸形不便,请转饬中、中、交三行多发一元法币,以资周转而利商场,等情。事关金融,除原文业据分呈见复抄送外,相应咨请贵部查核办理,见复为荷。

此咨

财政部

12.实业部因汉口市商会请增发中、中、交行一元法币以利流通批文送汉口市商会

(1936 年 4 月 18 日)

二十五年四月八日庚代电一件,请转饬中、中、交三行多发一元法币以资周转而利商场由。庚代电悉。已据情咨请财政部核办,矣仰即知照。此批!

13.减租问题,市商会昨开联席会

(1936 年 4 月 19 日)

当场决定办法三项,业主会须召开大会后再推负责代表,各代表先后发言归纳意见亦有三点。

汉商会第五次代表大会,各业公会所提减轻房租一案,经推定唐性夫、高伯常、叶观生、殷裕山等九人为代表,并由市商会致函业主会,请派代表,于昨日开联席会,以便商洽各节,迭经半载。昨(十八)日已届开会之期,出席者,除大会推定之九代表暨商会主席黄文植外,商会委员祝庸齐、程稻荪、邓希周、喻燮卿等均出席参加,业主会方面,据该会某负责人语记者,自接据商会请派出席代表函后,即于(十七)日召开理事会,讨论结束,以推举代表便须负责,在未征求全体业主意见之前,推派代表大会,由大会公推负责代表出席,庶几易于解决,于是乃根据此意,函复市商会,声明缓派代表原因,故昨日之会,业主方面,并无代表出席。黄文植主席,以各减租代表已到齐,乃开会报告上述情形,并征求代表意见,首由黄文植报告开会意义,略谓:今日为第五次代表大会所决议要求减租一案,召集联席会议,但据业主会来函,须俟召集代表大

会后,始能推派代表,各位有何意见,尽可提出商量。惟本人今日有一言须向各位声明,自大会通过此案,经报揭载后,曾有人询问文植,谓此种案件,属于法律范围,商会何能受理,本人当向之解释云,商会根据各业提案,以市面不景气,为维持营业,而要求减租,事属振兴商业,当然出任调解,并非如司法机关之受理讼案可比,此各位须特加注意者,再则吾人办事须设身处地,双方利益均应顾及,□本人有两点意见贡献各位:(一)二十年大水后,是否已减过租,如已减过,似应斟酌。(二)此次要求减租,须以善意的协商为原则。至是继起发言者,有唐性夫、叶观生、高伯常、殷裕山等诸代表,归纳其意见,计有如下三点:(一)唐性夫主张业主会方面,既允召集大会推派代表,最好待该次会代表产生后,与商会所推之九代表,组织混合委员会,由该会以第三者之立场,调解减租纷争。(二)高伯常主张商会所推之九代表对外无法定之立场,此案应仍由商会主持,九代表居于协助地位。(三)叶观生主张,已减过者普通再减,事实当难办外,最好估计建筑价值,地价租金,酌量折减。经反复研讨,最后乃决定以下两办法:(一)由商会再函业主会询问,推派代表确明。(二)请由业主会召集开会。(三)如一再去函无结果,再由商会召集各代表讨论救济办法。至是遂散会。

维护业主案。前因募集二十五年建设公债,业主会即乘机以业主种种痛苦,函请市商会转呈财厅请求维护,并分别缓免募收公债,其间关于所请维护各节,财厅当转函汉市府查照,市府当以房捐应由房主负担,为民法第四二七条所规定之原则,现在曾有少数地方,将房捐费由房主、房客分别负担办法,要非法律所许可,该商会所请修正本市房捐捐率一节,应毋庸议。

房捐缴纳期间,在首都规定按月征收,乃因其捐款系属分担,房屋既应纳捐,自以按月征收为宜,其情形与本市概归房主负担者不同,殊不能援以为例,且上海市房捐,亦系按季征收,与本市办法,并无一致,如就月捐数目,较季捐为少,房客易于垫缴而论:在表面观之,似不无理由,但详核内容,季捐虽系将三个月之捐款一次缴收,实只占一个月租金十分之三,房客垫纳不能谓为有何困难,若谓改为月捐,即易于办理,是不知房客之能依约付给一个月之租金者,自能垫缴季捐,否则即改为月捐,仍属不免积欠,全在房客之减否,与市民是否奉公守法问题,而非一改月捐,即足以增进效率者。至关于解决积欠房租案,本府以前迭据汉口市业主集会办事处之呈请,业经先后呈奉湖北省政府,及函商湖北高等法院核定处理办法,综其大要,于积欠租金案之未发生诉讼者,由公安局拘留勒迁,及对勒迁不遵之房客,发封其房屋,其已向法院起诉者,如调解不成立时,即厉行言词起诉,并以法院职权宣示假执行各种程序办理,以期速结,最近本府复令饬公安局,对于欠租案,酌量情形,加传保人,并按照汉口市房屋租赁规第三条之规定办理,是本府对于各主之收益,于行政及司法两方面,故属保护周密,较之该商会所谓,尤有过之,自亦毋庸再改变办法办理等语,函复财厅查照,该处已于昨日指令市商会矣。

(《大光报》P214)

14.汉市商会五次代表大会闭幕(续)

(1936 年 4 月 20 日)

(三)关于瓷业公会提,为转对于国产手工制品,特别减轻营业税率一案。(四)关于编爆业公会提,为转请减轻营业税率一案。(五)关于中西茶馆业公会提,为转请将营业税改照千分之五征收一案。(六)关于堆栈业公会提为转请将营业税的量减轻一案。(七)关于参茸业公会提为转请减轻营业税一案。审查意见:查三、四、五、六、七案,应组织汉口市商会营业税改进委员会提案人与税务委员及商会全体执监委员向政府交涉改进。决议:交商会执委会办理,如办理不通再召集审查人及原提案人另拟办法。(八)关于绸缎业公会提,为转请照主要营业征税一案。审查意见:交商会执委会转请营业税评议委员会办理。决议:通过。(九)关于纱业公会提,为转请将棉纱营业税仍照当年实销金额现计课税一案。(十)关于匹头业公会提为转请将匹头货物照当年实销金额现计征税一案。审查意见:九、十两案,应并入减轻案办理。决议:甲、减半;乙、减轻;丙、现计课税。(十一)关于参燕业公会提为转请减少广告市招商标等捐额一案。审查意见:交商会执委会补充理由转呈市府酌量减轻。决议:通过。(十二)关于中西菜馆业公会提为转请稽征处将筵席捐改由处派员征收一案。审查意见:事关苛捐,应请大会讨论办法。决议:交原提案人修改文字后照转请求免捐。(十三)关于卷烟业公会提为转请核减卷烟牌照税一案。审查意见:照案转。决议:通过。

经济组案中飞机可购两架。本组主席曹延祥,讨论案件如下:(一)为筹备飞机庆祝蒋委员长寿辰一案(本会执行委员会提)。审查意见:以此次省政府所收二十五年前半个月建设公债凡已按半月房租额及半月薪俸额缴过之款,将其收据变卖后即作为购机之用。决议:通过。此案黄文植复报告谓本会迭奉省市府令,并口头催促,其实吾人为表示尊敬领袖及增强国防起见,亦应积极筹办,请诸位加以协助,照审查办法,当可购得两架云。(二)为拟援例组织工商贷款团案(钱业公会提)。审查意见:分呈财政部,省政府切实予以提倡。决议:通过。(三)为转请农民银行迅予实行信用透支借款案(□纱业公会提)。审查意见:由本会尽量介绍借款。决议:通过。(四)为转请从速成立不动产银行案(鞋帽业军服业同业公会提)。审查意见:呈请政府早日组织之。决议:通过。(五)为转请各银行长期收回破烂钞票案(瓷业同业公会提)。审查意见:转函各银行办理。决议:通过。(六)为转请政府将长江下游各地铜圆规定划一价格案(人力车业公会提)。审查意见:说明本会已经呈请财政部加铸二厘半铜币矣。决议:通过。(七)为转向水电公司交涉水电价案(国药业参燕业广货业同业公会提)。审查意见:(一)对于减电费一案,请水电公司将所议定之二十六年一月一日起,每度电费减一分一节,应提早与二十五年七月一日实行;(二)请免收表租;(三)用户所缴之保证金应请给息:决议:(甲)请商会交涉,恢复一角八分原价;(乙)请商会负责办理,通知各业,如认为不满意,再召集各业主席讨论;(丙)组审查会审查电表快慢。(八)为转请减轻房租案(参燕业中西菜馆业广货业食品杂货业同业公会提)。审查意见:由本会去函业主会劝其念市面萧条万分,自动酌减租金。(九)为房租纠纷及呈请撤销业主集会办事处案(新式皮鞋皮件业同业公会提)。审查意见:(一)关于调解房租纠纷一案,依照行政院公布之办法,应由政府组织调解委员会。(二)呈请市府转令公安局停止受理房租案件。(三)团体应否取消在政府自有权衡,本会毋庸呈请。以上两案合并讨论。决议:公推王静斋、殷裕山、唐性夫、叶观生、高伯常、熊瀛洲、华书田、龚少斋、郭青山九人为委员,负责交涉减租事宜。

实业组九案组国货展览会。本组由王春华主席,讨论以下各案:(一)提倡国货案(执委会提)。审查意见:此案应请由大会通过后,交执委会照案办理。决议:(甲)组织国货展览会,(乙)由商会执委会祥拟服用国货办法,召集各业主席讨论,(补充意见一高委员煌垣)第一点,对于服装所需原料,应以国产布纱为主,并请政府援助厂商在产布最多之外分设纱厂,已有者加以维持,未有者力予提倡;第二点,纸张一项,用途最大,应请政府将造纸厂设法改良;第三点，国糖出产以中国潮州暨四川省为最多，应转请政府减低税率；（补充意见二郭委员青山）凡属手工业制品其税率应请格外减轻，至舶来品税率则应请加重。（二）取缔炫夸性广告案。审查意见：此案所订办法关于第三项应请修改，应以呈请主管理机关处理为宜，其余各项，似尚可行，应请由大会通过后，交执委会办理。决议：通过。（四）粗烟丝与伪造卷烟丝分别办法案。审查意见：此案请由大会通过后，交执委会办理。决议：通过。（五）军部服装，请准汉商参加投标分制案。审查意见：此案请由大会通过后，交执委会办理。决议：通过。（六）请转知各冰厂，不得骤增冰价案。审查意见：此案请由大会通过后，交执委会办理。决议：通过。（七）馆业电话费，应与普通商店缴纳案。审查意见：此案请由大会通过后，交执委会办理。决议：推苏汰余、王春华，至电话局考察，同时调查外省电话费情形。（八）取缔擢摸，以安行商业。审查意见：此案请由大会通过后，交执委会办理。决议：并法规组办理。（九）请派员合组考较电表委员会案。审查意见：此案应交涉灯水电价案并办。决议：通过。

（《大光报》P138）

15.汉口市商会为请将平汉路货车卸货时间延长以恤商艰等情呈实业部

（1936年4月20日）

呈为呈请事案，查属会前据本市堆栈暨杂种各业公会函，以平汉路自改办负责运输以来，商民咸称便利，惟货车到站规定卸车时间不分昼夜，以六小时为限，逾时即照章罚，爰此种限制深感困难，曾将所陈各节陈铁道部恳予令饬平汉路设法改良，以资救济在案。嗣奉铁道部二十三年十二月二十九日批示内开：呈悉。查各路卸车向皆不分昼夜，不独平汉一路为然，更不独汉口一站为然，所请转饬平汉路将深夜十二时以后所到之车改至翌日六时起卸一节，有违货车运输通则第三十一条之规定，实属未便，转饬照办，至所陈各项困难情形，除令平汉路设法规定，夜间卸车脚夫之力资标准，并随时加派路警严密防止商货在站被窃暨增多货台各处电灯，以便商人对于装包货物之藤篓或麻包遇有损坏或渗漏时，易于察觉，以资救济外，仰即知照，此批，等因。当经分转各业知照去后，兹据各该业纷纷来函陈述，以遵奉部定货车到站限六小时卸车办法，一年以来，所受痛苦并未少减，于前因卸车时间不分昼夜，均以六小时为限，此在天气晴和之日，尚可勉为照办，惟一遇狂风暴雨之际，无论深夜不能依限卸货，即在白昼人力亦属难施困苦，商情何堪罚累，兼之本年夏令已届，风雨尤所时有，不蒙酌予变通之法，实有阻碍商业之虞，盖以在此不景气之市场，端赖政府实施保商政策，方足以资挽救而谋生存，否则外货既得以倾销，土货益形其停滞，不惟商业莫由发展，即欲保持现状，恐亦甚难，应请转恳政府委念前项特殊情形，准将卸车时间酌予延长，以恤商艰，借维商务，各等情。前来伏查该业等所请，于路章并无大抵触，而商业赖以维持，自未便壅于上闻理合据情转呈钧部，俯赐鉴核，准予所请施行，无任迫切待命之至。

谨呈

实业部部长吴

汉口市商会主席　黄文植

16.汉市府指令汉口市商会呈一件为第五次会员代表大会据广货业公会提议取消房捐滞纳罚金呈请施行由(附原呈)

(1936 年 4 月 24 日)

呈悉。并据分函市参议会,查本市房捐,规定系由业主负担,至住户不过负垫缴之责;且因系季捐,所有本季房捐,迟至次季缴纳者,始认为滞纳,而分别予以罚金之处分。是每季缴纳房捐之期限甚长;在期限内遵缴者,亦不致受滞纳罚金之处分;与正捐性质,课征办法,均显有不同,并早经本市征收房捐规则第四条内规定滞纳处罚办法有案。该广货业同业公会所称对于房捐之稍延缴纳者,在正捐之外,另立名目曰滞缴罚金,避苛杂之嫌,行加征之实各等语,殊属误解。且本市房捐,系按租额征收十分之一,每季捐额仅占一个月租金十分之三,在奉公守法之住户,垫缴应无何困难,即至滞纳处罚,亦属政府加重住户责任,以期达到垫缴之目的,尤不啻减轻业主之负担,更不致有借口之余地。该商会所称各节,似亦未尝深喻此旨。所请取消房捐滞纳罚金办法,未便照准。除报告市参议会外,仰即遵照,并转饬遵照为要。此令。

市长　吴国桢

原呈文

呈为呈请事,案查属会于本年四月八日开第五次会员代表大会,据本市广货业同业公会提议书内称,缘汉市萧条,实百年未有之苦况,幸政府已能洞悉其艰,屡有取消苛捐杂税之命令。不意汉口市税捐稽征处现在新订办法,对于房捐之稍延缴纳者在正捐之外,另立名目曰滞纳罚金,避苛杂之嫌,行加征之实。揣其用意,虽因收捐困难借用此策期收效益,然当此百业衰落之日,商力已疲,民困尤深,额外之需,实难担负,应请大会转呈市政府曲赐体恤,准将此因滞纳房捐而另订之罚金一项迅予取消,以裕民生而安市面。等情,据此。当交大会讨论,佥以房捐一项,虽系业主担任,多由住客垫缴。惟现在商业萧条,民生凋敝,前项捐款常有未能依限照缴者,亦实有万不得已之苦衷。若因此而加以罚金,在住客既力有难胜,在业主更有所借口,不惟主客之纠纷莫解,而市民之痛苦益觉不堪,即应由会转请市参议会向市政府建议取消此项办法,以示体恤,一面呈请市政府核准施行等语,经决议通过并记录在案。除分转外,理合录案呈祈钧府俯赐鉴核准如所请施行,并恳批示祗遵,实为公便。

谨呈

汉口市政府市长吴

汉口市商会主席　黄文植

(《湖北省政府公报》第 199 期)

17.商会呈省市府请组织工商贷款团

(1936 年 4 月 24 日)

上年金融变态各业停顿甚多,为维持工商计似有组织必要。

市商会前据钱业公会函,以晚近以来,市面日行凋敝,皆由经济破产,工商业不振,有以致之。加以天灾人祸，皆逼叠乘，现在欲求市面复兴，似非挽救工商殊无发展之可能，且于国计民生，具有莫大之关系。溯忆上年六月，因金融变故，影响商场，至为重大，尚幸官商合力维持，得免发生意外，但各业经此打击，无形停顿者，指不胜□，本会同业，受创最深，大幸自组织调剂会，以资调剂，始得平安渡过，回顾前途，不寒而栗。若不早谋救济之方，将有整个破产之虞，似宜绸缪未雨，先事筹维，拟援他埠成例，组织工商贷款团，如遇金融紧迫，市面恐慌之时，有此贷款机关，俾免临渴掘井。其组织法，以简略言之，应由中、中、交三法行及省银行，预定资金若干，待严重之际，得以票据贴现，或信用投资，或抵押借款，借资周转等语。商会据函，特于四月八日举行第五次代表大会时，提出讨论，交经济组审查，审查结果，以当此市面不景气之时，工商业原有资金，已极薄弱，一旦金融告紧，即不免发生恐慌，若有此项贷款机关为之随时调剂，庶足以资周转，而保安全，为维持汉市工商计，似有援例组织工商贷款团之必要，以是特将该案连同审查意见，于第二次会议时决议通过，业于昨（二十三）日根据上述各情，备文分呈财政部暨省市政府，请予切实提倡，组织工商贷款团，俾资救济云。

（《大光报》P274）

18.减租问题业主会昨开理事会减租亦所赞成但须偿还欠租

（1936 年 4 月 24 日）

本市各业公会，前因市面不景气，各商营业，大都难维持现状，特于商会第五次代表大会，提出减租之建议，并当场推定□代表，以为商会当局办理本案之助。嗣由商会于日前召集会议，并请业主方面推派代表出席，复因业主未派代表，复由商会再函业主会询问推派代表确期等情，已迭详前讯。昨据业主会主席胡治初谈，该会对于推派出席代表一事，须召集全体大会始能推派，但召集全体大会殊非容易，因之已定本日（今日）先行开一理事会，讨论召集办法后，方能有所决定。至于减租一事，本人亦所赞成，不过商场困苦，业主又何尝不困苦，既要减租，则所有住户以前欠租，业主方面，亦拟要求在减租前一律偿清，庶几略事弥补，商场不乏明达，对此当能容纳云。

（《大光报》P274）

19.商会昨电行政院请再展收兑银币期限

（1936 年 4 月 25 日）

属于银行钱庄者固已掉换一新，普通商民非贩非藏只不以为意，愚夫妇贵银贱纸不易彻悟怀璧其罪，甚至一元半两之征肇荡产倾家之祸。

汉口市商会，昨奉市府转颁财政部筱电，以本部委托各省市政府在辖境内，办理收兑银币银类，原定二月三日期满，嗣为便利内地偏远人民兑换起见，复延长三个月，准至五月三日为止。现在为期复将届满，自应如限截止收兑，俾重法令等情，已详前日各报，商会奉令后，当以收兑银币银类额，虽已一再展期，但默察商场情实，势难如限收清，特电行政院，请再特别宽限，俾穷乡僻壤，得有从容掉换之时机，并请勿以兹事责为县长考成，以杜吏胥诈索之渐，一面分电全国商联会暨京沪平津各商会，请一致主张，期收风雨同舟，艰难共济之效。兹分录其原电如次：

电行政院。行政院院长蒋钧鉴：（前录财部筱电已见报故略）中央实行管理通货，禁用硬币以来，收兑银币银类，固已体察民隐，一再展期，限至本年五月三日，瞬将届满，为商场情实，势难如限收清。缘以大宗银币，属于银行钱庄之出入范围，固必早为之所，掉换一新，而普通高民，零星积集，非贩非藏，居恒不以为意，一旦逾期使用，即使受严格法令之制裁，窥测人情，实有不胜动辄得咎之感，甚或军警机关办理此案，未能依据法定程序，影响所及，人人自危，此非通都大邑而言也。至于边远之区，交通梗阻，愚夫愚妇，积习相沿，改革币制之交，虽已三令五申，而贵银贱纸之心，举无法以使其豁然彻悟，似此限期过促，收兑维艰，若列为县长考成，尤足以启吏胥诈索之渐，怀璧其罪，匹夫无知，肆意求吹，黠者不免，甚至一元半两，反以殃民，此非顾虑过深，亦乃陋俗之恒有，况年来匪患水灾，农村破产，贫民流离，不复有如囊昔埋窖现金优游自在，所有平民之日常所费，不过衣食之必需，收兑现金，骤难成效，持之以渐，收效必宏。厉属拥护法币之推行，具有真诚之□感，惟以商艰民隐，未敢壅于上闻，用特电恳钧座俯察下情，再予特别宽限，俾彼穷乡之僻壤，得有从容掉换之时机。对于县长办理收兑一节，只可令其督权，不宜责以考成，尤以军警机关查有故意收藏，违反禁令之案，尤须责其成立法院办理，以免轻重倒置，悖法病民，凡兹所陈，诸祈察纳，临电迫切，无任主臣，汉口市商会叩敬。

电各商会。全国商会联合会、南京市商会、上海市商会、天津市商会、北平市商会均鉴：（中略）敝会以案关收兑银币银类，在在与商业利害相关，风雨同舟，艰难共济，尚希贵会一致主张，宽展限期，俾资救济，汉口市商会敬印云。

（《大光报》P286）

20.汉商会请宽限兑换法币期

（1936 年 4 月 25 日）

【中央社廿四日汉口电】汉商会以兑换法币期限，至五月三日为止。廿四日分电国府政院财、实两部，请求特别宽限，俾穷乡僻壤有从容掉换时机，同时并电全国商会联合会暨沪商会，请一致主张。

（《新闻报》）

21.汉口市商会请增发中、中、交行一元法币以利流通呈行政院、财政部、实业部电

（1936 年 4 月 25 日）

国民政府行政院院长蒋、财政部部长孔、实业部部长吴钧鉴：四月六日属会临时执监联席会议临时动议，以本市商场自中央管理通货禁用硬币以来，市面流通之法币以五十元者为最多，而一元之法币几不多见，以致买卖诸形不便时，或发生纠纷，应如何设法救济，声请公决案，当场详加讨论，众以此事影响市面，殊非浅鲜，应请政府转饬中、中、交三行多发一元法币，以资周转而利商场等语。一致决议并记录在卷。用特录案，电请恳钧院部俯赐察核准，即电饬三行遵照施行，无任翘祷。汉口市商会叩庚。

22.商会呈市府严禁擢摸经纪请减广告市招商标捐

(1936 年 4 月 26 日)

擢摸经纪:滥价戕夺偷税瞒捐;广告商标:含炫夸性应严取缔。

沿街乞丐嗷嗷不已,应请扩大收容。汉口市商会第五次代表大会,通过各业公会提案,多至六十余件。此项案件均关系汉市商场兴替甚巨,该会已分别执行,昨(二十五)日又有关于整顿市场,维持商业之要案三件,分别具呈市府,请予鉴核施行,兹分录其案由于下:

严禁擢摸经纪。原提案以近年世界不景气,本市商业因购买力弱,以致商场滥价戕夺之风愈炽,在已入公会同业,尚可以行规约束,所最无法整饬者,即各业中失业店员,恃其无牌号店缴及流动之住所,实行擢摸经纪,出其滥价之伎俩,行其偷税漏捐之手段,以致正式商店,门可罗雀,地方正税,被其偷漏,设行政官署不加整顿,商业失败,将不如伊于胡底等语,经大会交付审查,以欲谋商业之复兴,此项擢摸经纪,实有呈请主管机关,严加整顿之必要,复连同审查意见,提交大会二次会通过,于昨日照案具呈市府,请予鉴核施行云。

请酌减三项捐。市商会昨呈市府,以根据大会通过参燕业提,请转呈市府,准将规定之广告招商标等项捐额,酌予减少一案,经审查,以近年市面萧条,营业不振,负担过量,商力实有难胜,又况关于商业上所需之广告市招及其商标等项,无非为宣传作用,以广告招徕起见,除广告之含有炫夸性,或市□商标之式样各异,确有碍于市容□,应请严格取缔外,至其普通需要之类有原定捐额,应请酌量核减,俾经商人之担负,借谋市面之繁荣,审核情形委属实在,复经二次会通过,理合具文呈请鉴核饬遵云。

扩大收容乞丐。市面乞丐,有增无减,此次市商会举行第五次代表大会,各业提请设乞丐收容所,或扩大现有场所,尽量收容乞丐一案,多至十余件,经大会交付审查,审查结果,以年来水患凶灾,人民之流离失所者比比皆是,沿街乞食,情殊可悯,嗷嗷不已,彼去此来,昼夜傍门,纷扰滋甚,应照案呈请市府设法收容,复经二次会通过,于昨日根据上述情形,具呈市府矣。

(《大光报》P298)

23.财政部因汉口市商会请增发中、中、交行一元法币以利流通咨实业部

(1936 年 4 月 27 日)

事由:准咨据汉口市商会庚代电,请转饬中、中、交三行多发一元法币等情,咨请核办见复等由。查此案业据分电,经分别函令中、中、交三行迅行洽办,并批示知照在案,咨复查照由。

案准贵部二十五年四月十八日商字第四二九九二号咨,据汉口市商会庚日代电,请转饬中、中、交三行多发一元法币以资周转而利商场。等情,咨请核办见复等由。准此。查此案业据分电前来,经于四月十七日分别函令中、中、交三行,迅行洽办,并批示知照在案,准咨前由,相应咨复查照为荷。

此咨

实业部

财政部长　孔祥熙

24.实业部因汉口市商会堆栈、杂粮各业请延长平汉路卸车时间以恤商艰等情咨铁道部

（1936 年 4 月 30 日）

案据汉口市商会呈称：前据本市堆栈暨杂粮各业公会函云云，至无任迫切待命之至。等情。查原呈所陈前情改良卸车限制各节，本部无卷可稽，函请延长卸车时间。汉口既属商业巨埠，又为平汉路终点，可否酌予通融，将该站卸车时间稍事延长，以核办见复，以便饬遵为荷。

此咨

铁道部

25.实业部因汉口市商会呈转据堆栈、杂粮各业请延长平汉路卸车时间批文

（1936 年 4 月 30 日）

具呈人汉口市商会：二十五年四月二十日呈一件，据堆栈、杂粮各业请转，恳将平汉路火车卸车时间延长，请鉴核施行由。呈悉。已据情转咨铁道部核办，仰已复到后饬遵可照。此批。

26.商会呈请调整盐税

（1936 年 4 月 30 日）

精、粗、膏三盐比较以精盐纳税最高，应请一视同仁援例津贴俾免偏枯。

汉口市商会昨据精盐业公会函，以鄂岸食盐，向分精、粗两种，精盐按石收税，颗粒无遗；粗盐运销，每石正盐以外，加给包皮津贴五斤，消耗津贴四斤，他岸姑不列举，即以鄂岸而论，年约销盐一百万石，少完税银在九十三万余元以上，致使精盐销数，年减一年，迭经具呈呼吁，并于解释加税案内，会同湘皖西三岸精盐公会代表详查精粗盐完税相差各数列表比较，请求援例给予同等之津贴，迄未上邀鉴准。而上年二月间盐税稽核总所，对于精盐借口划一包装，明令每袋应装正盐市秤二百斤，给皮重市秤三斤，不给消耗；对于粗盐，又借口除皮售净，于每石原给包皮津贴之外，另外再加给皮重三斤连前共为十二□，比较精盐，又少完税银三十一万余元，合共一百二十四万元有奇，税率既不平均，成本自因而差异。当此农村破产，购买力弱之时，人民计较锱铢，孰肯舍贱而买贵，影响所及，足使精盐营运，无形感受其束缚驯至不能生存。更奇者，鄂属应城之膏盐，从前产额年不过数万石，行销地点，只限于应城、京山、天门三县。现闻越境冲销，逐年扩充，近达至五六十万石，约占全鄂食盐三分之一，关于税率，仍系按炉算缴，每石核计实只五角，由鄂省政府经收，较之精盐，每□□纳正附税十元四角，相差二十□之多，比精盐少完税银，年在五百万元以上，以致精盐遵例制售，方诸粗盐待遇，既显分厚薄，较之膏盐税率，更判若天渊，诚不审我政府果操何种政策，以致于此。但精、粗盐斤，及应城所产，究系同一食盐，同一销场，同一政府管辖之下，自应一视同仁，何以有益卫生之精盐，竟受畸形之待遇，窃

所不解。惟有请求政府按照膏盐课税办法,行之精盐,俾资救济。设以膏盐正在设法整理期间,碍难比附,亦应恳请援照粗盐成例,给予同等之津贴,俾免偏枯等语。该会据函,已据情转呈行政院暨财政部核示矣。

(《大光报》P346)

27.汉口市商会、汉口市业主集会办事处关于应募湖北省建设公债致通告

(1936 年 4 月)

为通告事,案查前准,湖北省政府财政厅公函即开:查本省奉令修筑公路,所需公款,经中央核准发行民国二十四年湖北省建设公债六百万元,并核定二十四年份募债办法,公布在案。现查二十五年份筑路经费,待拨之款甚巨,自于应仍照上年成案,继续劝募,由本厅建设公债收款处,派员募收。其办法以武、阳、汉三镇业主商店,各照一个月房租金额及职工薪金标准,认募公债。分两期缴纳,愿一次清缴者,至二十四年份内,应募未缴各户,一并带收,并定于四月一日开始募收,等因。当经本会等,于召开联席会议之后,曾将商场凋敝、业主痛苦各情形,缕晰陈明,拟请展缓一二月实行。并请将二十四年份,未缴各户,准予免收在案,旋准函复。以上年应募公债各户,大半均已缴纳,倘少数业户,因滞纳而得豁免,深恐相沿成习,影响将来,拨之负担平均原则,亦有未合,所请免收一节,碍难照准。至本年续募期间,本应自四月一日开始,兹为特别通融起见,准予展缓半月,至四月十六日开募。相应函复,即希查照,转知各户遵照,等因。准予查前请展缓之期,本系议定五月一日开始募收,现因奉令筹购飞机,庆祝蒋委员长寿辰,复经公议,以蒋委员长为国为民,劳苦功高,此时购机呈赠,不惟表示崇报之忱,即为巩固国防计,亦当赶速筹办,借扬国威。是以商会方面已于第五次会员代表大会时议定,以此次财政厅募收二十五年前半个月建设公债。凡已按半个月职工薪金额缴过之款,将其收据按数作价,移为购机之用。业主方面,亦经开会议决,同一办法,按半个月房租额缴纳款收据移购飞机,以期便利,并免另筹之困难。职是之故,即将开始募收之期,改为四月十六日实行,准函前由用特会通告。凡我商业两界同人,务希遵章,赶速应募建设公债,俾得早日完成。政府筑路大计,并得以缴款之收据,作价购买飞机为蒋委员长寿。既表同人拥护之诚,尤为一举两得之计,是所至盼。特此通告。

汉口市商会主席 黄文植

汉口市业主集会办事处理事长 胡治初

5 月

1.实业部因汉口市商会请增发中、中、交行一元法币以利流通咨复财政部通知送汉口市商会

（1936 年 5 月 1 日）

前据该会庚代电，请转饬中、中、交三行多发一元法币以资周转而利商场等情，当经据情咨请财政部核办，并批示在案。兹准财政部咨复内开：案准贵部二十五年四月十八日商字第四二九九二号咨据汉口市商会庚日代电云云，相应咨复查照为荷。等由，特此通知。

2.汉市府指令令汉口市商会呈一件为根据第五次会员代表大会议决请将规定之广告市招商标等项捐额酌减由

（1936 年 5 月 4 日）

呈悉。查本市广告，依管理广告规则之规定，分为传单、游行广告、普通广告、特许广告、播音广告等五种。该参燕业同业公会所称之市招商标等广告，既不在上列五种之内，且依规则第六条“凡商店在本店范围以内建设之招牌标志，作为非广告，但其设置离地须在七尺以上，并不得越出店面墙脚四尺以外”之规定，亦不收捐。至审查报告内所请取缔之广告，在规则第四条内，已列有妨碍秩序安宁，有伤风化，攻讦个人，含有诈欺意义，盗用他人商标，及其他与法令抵触各情形，禁止其广告之规定，其取缔意义及范围，较该会审查报告尤见周密。原呈所称各节，或系于本市管理广告规则未尽详悉，致有误会。仰即知照，并转饬知照为要。此令。

市长　吴国桢

（《湖北省政府公报》第 199 期）

3.汉商会电请：请撤销皖红茶运销会

（1936 年 5 月 5 日）

运销会志在省营专卖与民争利，皖茶栈迫不得已现已止兑歇业。

本市茶业出口业公会，前日接上海洋庄茶业公会函，以皖省府设立红茶运销委员会，统制祁红运销，志在省营专卖，与民争利，请一致呼吁，要求撤销。该会据函，比电汉商会，请予转电中央，即令皖省府收回成命。商会据电，当电行政院、实业部、皖省府，请俯恤商情，即将该运销会撤销，顾全茶农茶商之生计。兹将各电原文，分志于次：

茶业出口业电。汉口市商会主席黄鉴：顷接上海市洋庄茶业公会函开：皖省统制祁红运销，志在省营专卖，与民争利，而其对我同业先后表示，又极尽奇谲变幻之能事，始则电允不妨

碍茶栈放款,继则对请愿代表所提委曲求全四项办法,面允容纳。讵旋允旋翻,并一面派员前赴祁门等地,积极放款于已领茶栈放款之茶号,使茶栈新旧债权,立失保障,日将同业数十年相沿之放款业务,售茶业务,剥夺无遗,致使茶栈迫不得已,于四月二十三日止兑歇业等由,准此。窃华茶衰微,并非运销不良之故,其主要原因,外则世界经济不景气,购买力大减,日本印锡之茶,以廉倾销,内则各产区□□未靖,种植荒芜,品质不能提高,积此种种,以致茶业一落千丈。当兹存亡绝续之交,政府应如何设法救济,督促茶农茶商,增进生产,保障营业,以达农村复兴之主旨,岂可一手包办,与小民争利,阳借统制之名,阴行攘夺之实,造成茶业空前未有之恐慌,此例一开,倘各省效尤,百业如此,衷我商民,尚有何业可营,况沪市茶栈,经营放款,多历年所,各茶号积欠债务,不可胜计。若将茶栈与茶号脱离关系,则茶栈债权无着,势必破产,而制茶业亦以连带关系,无法营业,其他间接受累生计断绝者,更复不知凡几,有百害而无一利,则国家保障合法营业及提倡生产建设之旨,大相背戾,岂贤明当局所宜出此。属会以同业关系,见闻较切,特睹心伤,未忍含默,理合电恳钧座,俯赐察核,据情函请层峰,并咨请安徽省政府收回成命,撤销红茶运销委员会,维持销归官办原议,以昭大信,而维垂绝之生计,曷胜迫切待命之至,汉口市茶业出口同业公会主席吴瑞端叩江。

商会电行政院。行政院院长蒋、实业部部长吴钧鉴:(前略),窃统制贸易,东西各国,或因救济一时,定为国策,然其基本观点,则在整理货运,救济农商,决非剥夺其权利,摧毁其业务。兹据电述各情,旨在省营专卖,皖省并行有利,他省继之,只图政府增加收益,不顾茶业农商之生计摧颓,民既不能聊生,国计亦何所益。用特据情电恳钧座,俯察下情,转令撤销茶红运销委员会,以维茶业,而恤商艰,无任祈祷,汉口市商会叩支。又致皖省府电原文,大致相同,故不重赘云。

(《大光报》P397)

4.取缔棉花掺水掺杂条例,商会呈实部请缓施行

(1936 年 5 月 6 日)

鄂省滨河地质潮湿天然水分太重,取缔所未普及棉种亦未改良划一。

本市棉花号业、棉花出口业两公会,近以国民政府公布修正取缔棉花掺水掺杂条例,其中第二、第五、第九各条颇多窒碍,特具呈市商会,请转呈实业部从缓施行,原呈大意,略谓:鄂省为长江流域,地质潮湿,所产棉花,天然水分太重,较之北地高亢之区,自属不同,且本省产棉之区甚广,取缔所虽成立已久,究未普遍,各县镇所用轧花机,多属旧式,棉种亦未改良划一,故于此次修正取缔棉花掺水掺杂条例之第二、第五、第九等条,似有扞格难行之处,尤以第五条所述各节,大感困难,盖商人万一不慎,遇有此种棉花,既不能转卖于厂家整理,则除全部废弃外,别无救济方法,其中危害,不堪设想。前以取缔条例过严,曾于上年元月,由商会先后电呈实业部暨棉花统制会,转呈行政院核准,在取缔所尚未普遍设立以前,暂以百分之二点五,为双方约定杂质标准有案,现在本省取缔所仍未普及,而地质之潮湿,轧花机之旧式,棉种之混杂,均仍如故,若遽尔实施,困难殊甚,惟有仍请转呈实业部,暂缓施行等语,市商会业于昨日据情转呈实业部暨棉业统制会矣。

(《大光报》P407)

5.财政部因汉口市商会请增发中、中、交行一元法币以利流通咨复实业部

（1936 年 5 月 6 日）

案查前准贵部二十五年四月十八日商字第四二九九二号咨，据汉口市商会庚日代电，请转饬中、中、交三行多发一元法币。等情，咨请核办，等由。当经咨复此案，前据分电到部，经分别函令中、中、交三行迅行洽办，在案。兹准中央银行同中国、交通两行于四月二十三日函称：查敝三行对于汉市所需一元券及辅币券，向即尽量供给，今后当再陆续运往发行。等语，前来贵部查照。

此咨

实业部

财政部长　孔祥熙

6.国民大会中，商会电中央请增加汉市代表

（1936 年 5 月 8 日）

如格于暂时行政系统未便变通，则请依权利义务相等原则另以法律规定，平汉党部亦电请增职业代表。

此次中央规定国民大会各省市代表名额，多至一千三百名，而汉市独付阙如，市党部特于四日以六点理由电呈中央执委会，请对于汉市应与各特别市一例待遇，分派代表名额，庶于法理事实两得其平，其原文已见报载。汉口市商会，亦以汉市人口数逾百万，进出口货之关税统计，每年均占全国各口岸之第二或第三位不等，总理实业计划，指为东方之芝加哥，乃此次中央规定代表名额，汉市独抱向隅，揆之法理，岂得谓平。以是特于昨日以四项理由，电呈中央党部，国民政府暨行政立法两院，请重行分配，俾慰群情，同时并电市党部、省市政府，请俯察舆情，为民请命。兹分录其电文于下：

汉口市商会请增代表电。南京中央党部、国民政府、行政院、立法院钧鉴：顷阅报载，国民大会代表名额业已分别规定，而汉口市未获列名，展览之余曷胜惶惑。查立法院分配职业选举之代表名额，系以各省及直隶行政院之市为标准；意以汉市现非直隶于行政院，依照立法程序，应归纳于省区职业混合选举之内，其未规定名额，固不得谓为无据。然汉市人口已达百万以上，情形向属特殊，十五年革命军兴，即已规划为特别市。自二十年大水之后，灾情惨重，鄂省府为调剂省市政务起见，呈准改为普通市，此不过一时行政系统之变更，而实质上仍与京沪之特别市无异，证诸党务之推进，代表之选举，区分擘画，已属显然。况汉市人民协助革命，消极方面，则有辛亥年之重大牺牲，十六年之金融破产；积极方面，则推销公债，担负税捐，比较任何都市为重，是汉市对于国家所尽之义务，不为不私，而参考政权之分配，则视同化外，天下不平之事，孰有甚于此者，此应请另行规定者一。汉口据长江上游，绾毂南北，为全国五大商埠之一，其他各埠均已特标名额，固属法理之当然，即青岛西京，在任何关系上，均较汉市为次，亦已各得分配其代表名额三名，而汉口独付阙如，优劣互差，相形见绌，立法偏执，何以服人，此应请另行规定者二。汉市为内地最重要之出口岸，华洋贸易，转运要枢，进出口货之关税统计，每年

均占全国各口岸之第二或第三位不等,总理实业计划,指为东方之芝加哥,遗言尚在,岂无所见而云然,近虽市面凋残、工商衰落,此不过一时之现象,未来建设,要不失为全国经济之中心,法制时有变迁,事实不容摧毁,此应请另行规定者三。查上届国民会议,全国代表总额为五百二十名,已特许汉市选出三名,与京市名额相符,此次代表总额,定为一千二百名,而汉市竟无一名之规定,前例尚在,后顾多忧,况此次选举法,既系采用区域、职业两种制度,汉口市职业团体,组织完备,人数集中,自非其他普通市所可同日而语,有此多数职业团体之集合,而亦以常例视之,更与立法之本旨不符,此应请另行规定者四。以上所陈,并非属会代表全市人民,徒在主观上要求片面之法益,而政府运用民权之公,注意职业之旨,更不宜使政治、经济、历史、文化各种关系均较重要之汉口,沦为不足重轻之市区,万恳中央俯察舆情,重加考虑,另行规定汉口市职业选举之代表名额,俾得与平津京沪等量齐观,始终以格于暂时之行政系统,未便变通,则请依据权利义务实相对等之原则,另以法律规定此后汉市人民,对于国家之一切负担,特别减轻至最低限度,盖徒责以勉尽义务,而权利则断而不予,法律不得其平,群情汹汹,誓难甘服,临电迫切,伫祈察施行,汉口市商会叩虞。

(《大光报》P431)

7.商会呈中央撤销转口税,改善关税制度

(1936年5月8日)

各国咸树立关税壁垒以御外货,主要为提高进口税减免出口税,电全国商会请一致主张。

汉口市商会,当上月举行第五次代表大会时,各提案中,要以提倡国货为最多,该会以提倡国货,首须裁撤转口税暨提高进口税,减免出口各税,方克有济,特于昨日电呈国府行政院,财、实两部,暨财部关务署长,请即如请施行,一面并分电全国商联会各县市商会,请一致主张,迅予分电院部,促请早日实施。兹录其原电于次:

电国府行政院。南京国民政府行政院蒋院长、财政部孔部长、实业部吴部长、财政部、关务署郑署长钧鉴:窃查属会于本年四月开五次会员代表大会,据各代表提议,以值兹世界经济恐慌之时,各国为自卫起见,类皆树立关税壁垒,以御外货之倾销,盖其势使之然也。我国关税,虽称自主,而原有制度未能改善,不惟外货得以尽量输入,竞争销场,即土货之在内地行销者,反受转口税之限制,而不克自由,以致国人虽具有提倡国货之心,终难抵外货倾销之势。国计民生,交受其困,长此以往,危虑滋生。亟应呈请政府,速树立强有力之关税制度,分别采用提高关税比例及禁止输入等有效办法,以谋经济之自卫,借挽商业之危机。一面请将海关之转口税,先行裁撤,因此项转口税,确为一种杂税。阻碍国货之销路,莫甚于此,实有首先取消之必要,各等情。提经大会公决,即日分别呈请立赐施行,俾资救济等因,记录在卷。窃谓国产货物之不克畅销,固由外货侵略之所致,而内则困于海关转口税之重重束缚,使之不得通行无阻,实为一重大原因。当兹提倡国货之时,律以关税保护之义,则施行提高进口税并减免出口税及转口税各政策,委实当前切要之图,万恳钧座权衡轻重,毅然主持,先将转口税即日明令裁撤,一面改善关税制度,将进口货物中其为国人所需要者,分别需要之程度,比例输入;其不需要者,提高关税,或禁止输入,用示限制;至出口土货税率之重者并恳均予减免,以资提倡。以此分别规定,庶国货得有转机,金融得以安定,经济建设,实利赖焉。迫切电陈,伏祈鉴核,即请施行,

无任盼祷等因，案关请求改善关税制度暨提倡国货推行方法，贵会夙钦热抱，仰荷赞同，务希一致主张，速予分电财部，请在最近期间立即实施，借慰众望，至纫舟谊，同深感盼。汉口市商会叩。

（《大光报》P445）

8.实业部为汉口市商会请增发中、中、交行一元法币以利流通咨复财政部送汉口市商会通知

（1936年5月11日）

案准财政部钱字第二五八九一号咨开：案查前准贵部二十五年四月十八日商字第四二九九二号咨，据汉口市商会云云，相应咨请查照。等由。查此案前据该会呈请函部，当经咨准财政部分别函令中、中、交三行迅行洽办，经已通知该会在案，兹准前由，特此通知。

9.筹集赈款，贾士毅向银界商洽变卖公债二百万

（1936年5月13日）

议定作价成数预计可获六十万元，拨款四千五百办理边区三县急赈。

省水灾救济会，为筹集赈款，救济各县春荒及办理工赈急赈，拟将中央拨发之工赈公债票面二百万，除作价偿还上年赈灾借款一百万元外，其余所剩概行变卖现款，以应急需。昨据关系方面消息：此项债票变卖问题，前经财厅贾厅长一度与汉银界商洽已有结果，贾厅长为谋此事即早成熟，昨复与银界作进一步之接洽，议定作价成数，预定可获六十万元，俟将议定办法，呈请省府核准，即行签字交款云。

昨日常会。又讯：水灾救济会于前日举行第八十次常会，出席委员沈肇年、黄文植、周星棠、贺衡夫、孟广澎（王开化代）。列席委员王开化，主席贺衡夫，记录周英。开会如仪后，即进行讨论事项。决议要案如下：一、长阳县长麻电复被灾最重区域及待赈灾民口数请拨款赈济案。决议：拨款一千五百元交县政府具领会同水灾救济分会核实查放，造册具报。二、省政府抄交保安团队指挥官阮齐，俭电为礼山县五岳山一带灾情奇重，请拨款赈济案。决议：应由该县就所领春赈款内统筹办理，呈复省政府。三、省政府抄交七区专员东电，为巴东县春荒奇重请拨款赈济案。四、省政府令据一区专员呈为鄂城县属河桥箭楼一带民食维艰，请予赈济等情，仰查核办理具报案。五、省政府令据黄冈县长代电请拨款救济春荒等情，仰设法救济案，以上三案并案讨论。决议：仰该县自行设法救济，呈复省政府。六、阳新县长冬代电，为冰雹狂风暴雨成灾请拨款赈济案。七、兼郧县长鱼电为县属二四两区暴风冰雹成灾请拨款赈济案。以上两案并案讨论。决议：仰该县自行设法救济。八、宜城县长感代电然增拨工赈款完成堤防案。决议：仰以国民劳动服务办法办理。九、秭归县长佳电复春荒待赈灾民口数请拨款赈济案。决议：拨款一千元交县政府具领，会同水灾救济分会核实查放造册具报。

（《大光报》P491）

10.市面铜圆慌，对于大体无关，商会再请加铸厘币

（1936年5月15日）

去年十一月间，财政部改革币制时，汉市铜圆，以奸商之操纵，曾一度发生恐慌，但以官商之维持得力，未几即告平复，嗣财部颁行之新辅币，亦即行使于市，市面金融，遂更趋稳定。讵前日市商会据食品杂货业公会函谓，最近又有奸商私运铜圆出境，致市面周转发生困难，请转呈当局严行查禁等语。记者以兹事关系金融甚巨，特于昨日走访市商会常委曹延祥君，叩询真相，曹君为汉市金融巨擘，知之较详，当语记者云：日来铜圆发生恐慌事，本人尚无所闻，以意度之，或系小商人偶尔抑勒，亦未可知，决无关乎整个金融。但食品杂货公会，既有上项来函，商会自然不容漠视，当调查真相，若果有其事，当依照去年官商会订之两项办法，呈请官厅查究。但旧式铜圆，在改革币制中，财部原有渐次收回之规定，自新式铜镍辅币行使市面后，商会因恐周转不灵，曾呈请府部加铸一厘及二厘半辅币，嗣奉复电允俟旧辅币（双铜圆）收回至相当成分时再铸，现既发生上项风谣，当在电财部重申前情，俾应需厘币，得以早行于市，而免周转不灵云。

（《大光报》P515）

11.华北走私已波及汉市，商会电中央请采有效办法取缔

（1936年5月16日）

损失税款全年在一万万元以上。

汉口市商会，日来迭据各业纷纷函告，以华北走私，日益猖獗，现在汉市亦有私货来源，特于昨日电行政院蒋院长暨外财实各部长，请采有效办法，严厉取缔。兹觅录其原电于次：南京行政院蒋院长、财政部孔部长、外交部张部长、实业部吴部长钧鉴：华北走私，日益猖獗，顷据本市各业纷纷来会报告，以走私之货，初止及于河北，次则倾销于鲁豫苏陕，近则汉市亦有私货之来源矣。查报载冀东各海口登岸之私货，多由北宁运津，再由津转运至各地销售，自上年八月至本年四月，统计走私之货，若照海关税率计算，损失税款，全年约在一万万以上，海关缉查，动遭掣肘，外商质问，徒托空言，举国工商，同深惶骇，其危害吾国生产事业，至深且巨。际此商业凋残，农村破产，维持现状，尚属非易，何堪受此重大打击，循此以往，不独国货市场，俱被掠夺，而冀东一带，完全成为自由贸易之区域，领土虽为我有，主权已扫地无遗。属会心所谓危，未敢缄默，用敢雷恳君院部，迅采有效办法，严厉取缔走私，以保主权，而维国货，临电不胜迫切待命之至，汉口市商会叩删。

（《大光报》P6）

12.国民大会汉市代表，商会电京杨主席，请就近呈请规定

（1936年5月17日）

汉市所以称巨埠自有各种重要地位，非一时行政系统变迁能贬历史价值。

国民代表大会代表名额，汉市以行政系统之变迁，独抱向隅，市党部、市商会前以汉市政务

改归省府管辖，原系一时权宜，而固有之地位，并不因之贬损，曾分别电请中央，俯顺舆情，另行规定。昨（十六）日汉商会以兹事关系于商场地位者甚大，特再电旅京鄂主席杨永泰，请为民请命，就近转呈蒋院长立咨立法院，另行规定，以免偏枯，兹录其电文于次：南京外交部转湖北省政府杨主席钧鉴：前阅报载国民代表大会代表名额，业经立法院分别规定，关于职业代表名额，他埠均有分配，而汉口独付阙如，属会曾于本月九日分电中央党部、行政院、立法院，根据事实法理，请为另行规定汉市名额，并请钧座俯察下情，为民请命在案。查汉口本系直隶行政院之市，徒以调剂省市政务，暂时改归省府管辖之故，即抹煞其历史，贬摘其地位，不另行规定名额，与一般县市相提并论，归纳省区职业团体混合选择之内，立法不正，群情愤慨。夫汉口之所以成为巨埠，自有其军事政治经济文化之各种重要地位，决非一时行政系统之变迁，所能贬损其历史价值。况吾国未来之经济建设，尤当以本市为中心，国民大会代表之选举，既系兼采职业制度，则汉市职业团体之集中，当与津沪并驾齐驱，而此次立法轻重倒置，竟将汉市摒诸化外，属会代表全市人民，誓难甘服，用特电恳钧座，察纳舆情，为民请命，就近转呈蒋院长，立咨立法院，另行规定汉口职业代表名额，以符法实，而免偏枯，引企都门，伫候明训，汉口市商会主席黄文植叩铣云。

（《大光报》P18）

13.汉商会电商联会请一致主张减免转口税

（1936 年 5 月 21 日）

全国商会联合会昨接汉口市商会代电。文云：敝会于本月庚（八日）日上国民政府行政院蒋院长、财政部孔部长、实业部吴部长电文曰："窃查属会于本年四月开五次会员代表大会，据各代表提议，以值兹世界经济恐慌之时，各国为自卫起见，类皆树立关税壁垒，以御外货之倾销，盖其势使之然也。我国关税，虽称自主，而原有制度未能改善，不惟外货得以尽量输入，竞争销场，即土货之在内地行销者，反受转口税之限制，而不克自由，以致国人虽具有提倡国货之心，终难抵外货倾销之势。国计民生，交受其困，长此以往，危虑滋生。亟应呈请政府，速树立强有力之关税制度，分别采用提高关税比例及禁止输入等有效办法，以谋经济之自卫，借挽商业之危机。一面请将海关之转口税，先行裁撤，因此项转口税，确为一种杂税。阻碍国货之销路，莫甚于此，实有首先取消之必要，各等情。提经大会公决，即日分别呈请立赐施行，俾资救济等因，记录在卷。窃谓国产货物之不克畅销，固由外货侵略之所致，而内则困于海关转口税之重重束缚，使之不得通行无阻，实为一重大原因。当兹提倡国货之时，律以关税保护之义，则施行提高进口税并减免出口税及转口税各政策，委实当前切要之图，万恳钧座权衡轻重，毅然主持，先将转口税即日明令裁撤，一面改善关税制度，将进口货物中其为国人所需要者，分别需要之程度，比例输入；其不需要者，提高关税，或禁止输入，用示限制；至出口土货税率之重者并恳均予减免，以资提倡。以此分别规定，庶国货得有转机，金融得以安定，经济建设，实利赖焉。迫切电陈，伏祈鉴核，即请施行，无任盼祷等因，案关请求改善关税制度暨提倡国货推行方法，贵会夙钦热抱，仰荷赞同，务希一致主张，速予分电财部，请在最近期间立即实施，借慰众望，至纫舟谊，同深感盼。汉口市商会叩。"该会据情后，已转电财政部鉴核矣。

（《新闻报》）

14.省商联会电请收回区署用令成命

（1936 年 5 月 21 日）

旨促行政县府咫尺命令朝发夕至，多一承转即多一延宕及推诿之机会，商联改组本年内当可实现。

行政院通令各省，嗣后各县区署，对于农工商团体行文用令一案，汉口市商会，前以似此办法，不过徒增一承转机关，于公务之进行，反多窒碍，除电呈行政院暨内政实业两部，请收回成命外，并分电全国省市县商会，请一致力争。湖北全省商联会，亦以此举关系农工商团体之发展甚巨，于昨日电京声援。兹录其原电于次：南京行政院院长蒋、内政部部长蒋、实业部部长吴钧鉴：伏读行政院二十五年四月二十三日第二五〇六号训令，关于福建闽候县长转据第三区署区长呈，为区内农工商团体与区署行文，应用何种程式，请核示一案，应照内政部意见，一律用令，以期便利等因。查各县士农工商团体，依法皆取得法人资格，各代表本部分之职业民众以自成一独立机构，不直接于地方行政系统，既有县政府为其主管官署，各该团体只需在不违反国家政令之下，即可任其自由发展，以运用其机构之本能，然后始有团体卫国之可言，正不宜多方面束缚，层层压抑，使其顾前虑后，形成一官样具体，而作行政官厅之附庸。行文程式，本无关宏旨，区署用令，未必即贬损团体之人格，然令我者，即可以上级机关自豪，而我所言所求者，将不为所重视，不肖者甚且从而践踏之矣。兹事虽微，其弊甚大，若谓便于督促施政计，则县府监临咫尺，命令朝发夕至，亦不需此叠床架屋之区署命令，况多一承转，即多一延宕及推诿之机会，究未见其为利也。尚乞俯鉴下忱收回成命，仍照向例非直辖之区署及农工商团体相互间之行文，均一例适用公函，以昭平明之治，而免窒碍，无任叩祷，湖北全省商会联合会主席苏汰余叩号。

又讯：湖北全省商会联合会，任期早经届满，依法在前年即应改组，徒以年来各属灾患迭乘，各县市商会，类多一盘散沙，致该会以基础会员之组织不健全，因为无法进行，月前该会以长此因循，殊非久计，特具呈建设厅，分令各县就近督促各该商会改组，迄今月余，呈报改组者，约近三十县商会，此外向多继续呈报，俟呈经建厅转呈实业部，认为合法核准备案者，有四十个县商会，则省商联即可依法改组，照现时情况观察，本年内当可实现云。

（《大光报》P66）

15.汉商会电请一致主张减免出口转口税并请政府树立坚强关税制度

（1936 年 5 月 21 日）

全国商会联合会，昨接汉口市商会代电云，敝会于本月庚日上国民政府行政院蒋院长、财政部孔部长、实业部吴部长电。文曰："窃查属会于本年四月开五次会员代表大会，据各代表提议，以值兹世界经济恐慌之时，各国为自卫起见，类皆树立关税壁垒，以御外货之倾销，盖其势使之然也。我国关税，虽称自主，而原有制度未能改善，不惟外货得以尽量输入，竞争销场，即土货之在内地行销者，反受转口税之限制，而不克自由，以致国人虽具有提倡国货之心，终难抵外货倾销之势。国计民生，交受其困，长此以往，危虑滋生。亟应呈请政府，速树立强有力之关税制度，分别采用提高关税比例及禁止输入等有效办法，以谋经济之自卫，借挽商业之危机。

一面请将海关之转口税,先行裁撤,因此项转口税,确为一种杂税。阻碍国货之销路,莫甚于此,实有首先取消之必要,各等情。提经大会公决,即日分别呈请立赐施行,俾资救济等因,记录在卷。窃谓国产货物之不克畅销,固由外货侵略之所致,而内则困于海关转口税之重重束缚,使之不得通行无阻,实为一重大原因。当兹提倡国货之时,律以关税保护之义,则施行提高进口税并减免出口税及转口税各政策,委实当前切要之图,万恳钧座权衡轻重,毅然主持,先将转口税即日明令裁撤,一面改善关税制度,将进口货物中其为国人所需要者,分别需要之程度,比例输入;其不需要者,提高关税,或禁止输入,用示限制;至出口土货税率之重者并恳均予减免,以资提倡。以此分别规定,庶国货得有转机,金融得以安定,经济建设,实利赖焉。迫切电陈,伏祈鉴核,即请施行,无任盼祷等因,案关请求改善关税制度暨提倡国货推行方法,贵会夙钦热抱,仰荷赞同,务希一致主张,速予分电财部,请在最近期间立即实施,借慰众望,至纫舟谊,同深感盼。汉口市商会叩。”该会据情后,已转电财政部鉴核矣。

(《申报》)

16.汉商会三电中央,力争国民大会名额

(1936 年 5 月 22 日)

市称特别市民之担负固重,市为普通市民之担负未轻。

市保安公益会亦通电争汉市代表名额。

汉口市商会暨各党部,前以国民代表大会名额,汉市独付阙如,曾分别电请中央,重行规定,以昭平允,并电京请杨主席就近为民请命各情,业详前讯。昨日汉商会以前项请求,业已电京多日,悬望至今,未奉中央核准明令,时机不再,稍纵即逝,特再电中央党部暨蒋孙两院长,一面分电汉口市党部,省市政府呼吁,请为民请命,又市保安公益会因此事电京,并分电武汉党政当局暨旅京鄂同乡会,请一致援助,兹录各电于次:

电一。南京中央党部、行政院蒋院长,立法院孙院长钧鉴:窃查属会前为中央规定国民大会代表名额,汉市独付阙如,分电呈请另行规定,以符名实,并因湖北省政府杨主席公干来京,电恳俯察舆情,就近为民请命各等情在案,悬望至今,惶惑无已,查国民大会代表之代表选举,既已兼采职业制度,则汉市为职业团体集中之区域,依其地理历史政治经济之种种关系,应与平津京沪等量齐观,而立法诸公,仅以一时行政系统之变迁,将汉市阙而不论,其采用职业选举之谓何?况第一次国民大会,负有通过宪法改造政制之重大使命,亦即作政府运用民权之开端,汉市在全国职业区域之地位重要,举世知之,今竟消极使其贬值,不得谓非中央立法之一大缺点,或谓前此国民会议,以其为特别市也,故有代表名额之规定;此次代表选举,以其为普通市也,故不合法定之标准。然此项代表权之取得,其最重要之因素,当以对于国家实际所尽之义务程度为断,所谓特别普通,不过重要与地方划分管辖之问题,初与汉市本身无丝毫轻重之可言。犹是汉口也,犹是汉口之市民也,市称特别,市民之负担固重,市为普通,市民之担负未轻,义务则始终一贯,权利则先后互差,揆之法理,岂得谓平?属会依据事实法理,应当获得之代表权,万难甘心放弃,用特再电钧部院,详加考虑,迅赐核办,另以汉市为一职业选举区,规定代表名额,以昭公允,而重民权,不胜迫切待命之至,汉口市商会叩马。

电二。南京中央执行委员会、国民政府、行政院、立法院钧鉴:顷读公布国民大会代表选举

法暨附表各规定,对汉口市并未分配代表名额,仅列入鄂省第一选择区共同选举,无任骇异。汉口在中国之地位,以人口言,则数逾百万;以商务言,则比隆津沪;以义务言,则举凡摊销公债输纳捐税及政府一切设施,有所取给予人民者,汉口市民莫不一致踊跃输将,惟恐或后。其于民国二十年由特别市改为普通市,乃因鄂省受水灾影响,为舒展省府财力之一种权宜办法,系统虽有变更,地位究未低减,今分配国民大会代表名额,竟视同普通村镇,不惟与地位并重之天津上海判若霄壤,即与地位相差之青岛西京,亦大相径庭,责以义务,而不予以权利,揆诸情理,讵可谓平?查表载区域选举,鄂省划分八区,代表规定额四十名,第一区连汉市在内,分配七名,如以人口比例推计,则汉市一隅之人口,将及鄂省第一区七县之半数,以多数之选名,争少数之选额,在汉市既感偏枯,在各县更滋误会,中央准情酌理,当亦不忍听其引动纠纷也。伏查前此国民会议,汉市代表名额,曾与首都市相符,今国民大会代表之分配,竟置汉市于无足比数之列,市民百万,同深愤慨,本会为地方公益团体,依照法令组成,会员达二十万人,分会共三十九所,协助政府,办理公益,三十年来,未敢稍懈,兹为求支持立法平衡暨选政进行顺利起见,用敢不揣冒昧,披沥上陈,伏乞鉴察,汉口市实际地位,准按照全市现有人口数量,与职业团体种类,增定国民大会汉口市代表名额,以昭公允,而利选政,无任惶恐待命之至。汉口市保安公益会叩。

电三。南京旅京湖北同乡会、武昌湖北省党部、湖北省政府、汉口驻鄂“绥靖”公署、汉口市党部、汉口市政府钧鉴:本会□日电中央执行委员会、国民政府、行政院、立法院。文曰(见前电)等语,夙仰钧座爱护地方,平衡至当,岂忍因选额分配失平,摇动汉市地位,务恳俯察舆情,挽回天听,俾达到增定汉市代表名额,国家幸甚,地方幸甚,谨电陈词,伏祈垂鉴。汉口市保安公益会叩。

(《大光报》P78)

17.汉市发现走私货物,汉商会电中央市府,请核准取缔办法

(1936 年 5 月 23 日)

无税票呈验之私货一律不得代运,已经运到者不准提取并没收充公。

举国惶然之华北走私问题,始及鲁苏陕豫,今已及于全国中心之汉口市矣,此间市商会日前曾电呈中央各院部,请严定有效取缔办法,以维主权,是电原文,业详前讯。近该会复据各业公会声称,前项私货,如人造丝、小儿玩具等,现在汉市已有发现,查其来源,系由平汉路输入,亟应由会先行呈请市政府函达该路遵照政府颁定取缔办法,凡属无税票呈验之私货,一律不得代运,其已经代运者,即到达运销地点,亦不准其提取,并将私货全数没收充公等语,该会据报,以上项办法,实为取缔私货之要着,除立电中央各院部请核准备案外,并具呈市府,请核准施行,兹分录原电呈文于次:

电各院部遵照取缔请备案。南京行政院蒋院长、财政部孔部长、外交部张部长、铁道部张部长、实业部吴部长钧鉴:窃属会前据各业报告,华北走私,日益猖獗,河北及鲁苏陕豫,均有私货倾销,而汉市亦有私货之来源,因该私货自冀东各海口登岸,多由北宁路运津,再由津转运至各地销售,不惟危害吾国生产事业,而于我国之领土主权,影响甚巨,曾于五月铣日电呈钧院部,迅据有效办法,严厉施行在案。兹又据各业声称,前项私货,如人造丝、小儿玩具等,现在汉市已经发现,查其来源,系由平汉路输入,亟应由会先行呈请汉口市政府函达平汉路管理局,务

请遵照政府颁定取缔办法，凡属无税票呈验之私货，一律不得代运，其已经代运者，即达到运销地点，亦不准其提取，应将该私货交出，全数充公，以资惩儆，而遏来源。一面分别电呈行政院、财政部、外交部、铁道部、实业部，恳予核准备案，令饬遵照办理等语前来，当以所请实为取缔私货之切要办法，除分别电呈外，应恳钧院部鉴核，迅赐如请施行，同深盼祷，汉口市商会叩养。

呈汉市府请函平汉路照办。呈为呈请事，窃查属会案据本市各业代表纷纷来会报告，以近日华北走私，益形猖獗，该项私货，初仅及于河北，近则倾销与鲁苏陕豫各省，汉市地当冲要，又有平汉路运输之便利，则随时皆有运汉之可能，因查报载，冀东各海口登岸之私货，多由北宁路运津，再由津转运至各地销售，其势至易，所有上年八月至本年四月走私之货，为数颇巨，若照海关税率计算，损失税款，全年约在一万万以上，海关缉查，动遭掣肘，外商质问，徒托空言，举国工商，同深惶骇。际兹商业凋敝，农村破产，维持现状，尚属不易，何堪受此重大打击，循此以往，不独国货市场，俱被掠夺，而冀东一带，完全成为自由贸易之区域，领土虽我有，主权已扫地无遗，应由大会即日电呈行政院、财政部、实业部、外交部，恳予迅采有效办法，严厉取缔走私，以保主权，而维国货。等情，据此。当于五月十六日，据情分别电呈在案。兹又据各业报告，前项私货，如人造丝及小儿玩具等，汉市方面，业已发现，查其来源，系由平津路输入亟应由会呈请汉口市政府，迅予函达平汉路管理局，务请遵照政府颁定取缔办法，凡属无税票呈验之私货，一律不得代运，其已代运之私货，达到运销地点，亦不准其提取，应将该私货交出，全数充公，照此办法，庶足以杜私运，而遏来源等情前来。复查所请各节，实为取缔走私之切要办法，除再分电院部外，理合具文呈请钧府鉴核，迅赐施行，并祈批示祗遵。

又讯：迩来走私货物到处充斥，国际商业受其震撼，国货厂商营业岌岌可危，虎标永安堂、华成烟公司、五洲药房、冠生园、中华珐琅厂、民生药房等特组织中华国货宣传展览旅行团，拟先在汉口武昌汉阳宣传展览，然后推及各县镇，借使爱国同胞以识国货，尽量购用，刻已呈请党政机关备案，并予保护云。

（《大光报》P90）

18.汉商会电行政院，粤汉总局请仍设武昌

（1936 年 5 月 24 日）

湘鄂段路局设徐家棚已三十余年，事实需要当就武昌原局扩充为宜。

粤汉路通车，本年双十节，即可见诸事实，惟关于该路总局地点问题，有谓设置广州者，有谓设置衡州者，汉口市商会以鄂省当九省通衢，案为全国商业之中心，设路总局之设置，依事实上之需要，当以武昌为最适宜，以是特于昨日电呈行政院蒋院长，暨铁道部张部长，请就湘鄂路局原地点，扩而充之，勿轻事移动，兹录其电文于次：

行政院暨铁道部、南京行政院院长蒋，铁道部部长张钧鉴：窃维武汉据长江上游，绾毂南北，为全国交通之中心，如平汉、粤汉、川汉，均以此为会通之点，平汉路局设在汉口，已在通交史上占有重要地位，川汉尚未动工，姑存勿论，惟粤汉铁路分段修筑，湘鄂一段，早已通车，所谓湘鄂路局，即设在铁路终点之武昌徐家棚，该路经营三十余年，全路敷设，现已完成，正在分段试车，本年下期即须接轨通行，则粤汉铁路之工程，至是始告完竣。而粤汉路局之改组，依据路章之规定，与事实之需要，当在武昌徐家棚原有湘鄂路局之规模扩而充之，因利乘便，固无疑

矣,近闻有移设衡州之议,事势既有所不许,理论更难以兼通,纵以一时之形势特殊,便于管理,而总局之所在,决不宜轻易变更商业交通,利害相关,既有所闻,未敢缄默,用特电恳钧院部,坚持原定之计划,不为浮议所动,以维路务,而奠局基,实深仰祷,汉口市商会叩漾。

(《大光报》P102)

19.汉市政府指令:令汉口市商会呈一件为据本市杂货贩卖业杂货店业食品杂货业卷烟业等同业公会提议请求在行规准则中规定新开同业距离以维商业转呈鉴核由

(1936 年 5 月 25 日)

呈及附件均悉。查本府自二十一年六月成立各业行规审查委员会后,所有各同业公会所定行规及类似行规之帮规规约等,无论已否经过备案,均应一律呈府厅候交付审查,核准施行,在此审查行规期间关于各业呈送行规内,涉及限制同业新开店铺隔离旧有店铺若干家以外各规定,因于法无据,均经删去,去岁本市茶叶店业同业公会对于本府此项办法,申明异议,仍请维持该业行规原定限制条文,以恤商艰等情到府。当以事关重大,曾据情转请湖北省政府转咨实业部核示。旋奉省政府二十四年元月二十九日建三字第一九二二号指令内开:呈悉。查该同业公会拟定行规限制新开店铺隔离家数,与人民营业居住自由之原则不合,五中全会提案,中央只宜规定法制原则大纲,富有伸缩之议,自不在此范围以内,不得任意援引,所请转咨核示一节,应毋庸议,仰即转饬遵照!此令。等因。除当经转饬遵照外,其余各业同业公会,事同一律,自应一致遵照办理。再原呈所引本市理发业办理成例,已成过去,现时未便认为有效。所请碍难照准。仰即转饬知照!此令。附件发还。

市长 吴国桢

(《湖北省政府公报》第 205 期)

20.救济武阳工商业,复兴会建议贷款意见

(1936 年 5 月 26 日)

以集团为原则,利率规定六厘,待救五百户,共需十四万余元。

武昌市政处为谋救济武阳工商业起见,经已秉承省府意旨,积极筹办小本借贷,现该处据省会商业复兴委员会拟呈武阳中小工商业集团贷款意见,核阅内容准予留备参考,其意见书如次:(一)流通金融,复兴工商,似宜偏重于扶助中小阶级工商业为本旨,凡属零星贩卖与手工制造者,切可集团贷款,指定专作营业上之流动金,不得务作其他用途。(二)集团货款,应以商会及各同业公会之会员为限,每业合为一组,或分数组,每组至少应合同业五户以上,十户以下,会同贷款,所贷金额,纯视该组各户业务之情况,资本之厚薄,酌定标准,约分百元、五百元至千元,其不及五户或单独贷款者,应盖具其他连环殷实铺保五家,方准贷用,但仍以集团贷款为原则。(三)集团贷款,每组应联名立券,平均摊用,互相担负偿还本息之责,单独贷款者,其保户应共负贷户偿还本息之责。(四)集团贷款或单独贷款,应经各该同业公会之审查,商会之复查,然后申请放款机关核准,以昭复实,而杜流弊,遇必要时,得由放款机关或商会暨公会,

监督其营业。(五)各贷户因市面影响,营业亏折时,除其他债权占有优先权外,应尽先提还本贷款,有不敷者,仍归该组各贷户或保证债务人负责清偿。(六)各贷户如有余款,应准随时存入原放款机关,开折行息或给支票活期支取,其存款利率仍与贷息相等,以示优异。(七)贷款利率定为按月六厘,贷款限期定为十个月,自贷款成立之日起算。(八)还款办法,以每个月之末日平均摊还本息,如有延欠,应责其补偿息金,并视其延欠时之远近,另科重息,以儆效尤。

待救情形。武阳待救商人计:机器米业六十户,需款二万五千五百元;煤炭业八十户,需三万一千五百元;榨坊油盐业五户,需五百元;杂货业九十五户,三万九千五百元;布匹业十户,五千元;鞋帽业四十五户,八千五百元;京货杂货业四十五户,一万七千五百元;香烟面粉业五十五户,一万三千五百元;针织袜业五户,五百元;国药业二十户,六千元;制造毛巾业二十户,七千元;酒菜馆业二十五户,皮鞋业二十五户,□万一千元。共五百户,需十四万七千元。

(《大光报》P126)

21.走私问题,商会决再电中央呼吁

(1936 年 5 月 28 日)

稍一不慎,国家财政、国民经济,以及关税自主权俱陷于万劫不复之境。

走私问题,始于华北,今日及于全国,此间市商会已两电中央请严讨取缔办法,并通电全国各商请一致呼吁各情,已迭详前讯。昨据会接沪商会来电:大意谓敝会于本月二十二日会同地方协会,银行钱庄两公会上蒋院长,暨财部孔电,文曰:海关走私事件,关系国家税收、国民经济,至为严重,顷阅报载:政府主张决不减低关税,以维国产,工商各界佩慰之下,一致拥护此项主张,尚冀始终贯彻,同时吁恳严密执行,中央政治会议议决惩治透漏关税暂行条例,务使私货绝迹,税收恢复,而国民经济,不至于垂绝之余,重被摧残,此事稍一不慎,国家财政、国民经济,以及数十年力争之关税自主权,俱将陷于万劫不复之境,敬祈贵会迅起表示,形成全国舆论,以挽危局等语,汉商会据电,决即再电中央,为沪商会之声据云。

(《大光报》P150)

6 月

1.铁道部因汉口市商会呈转据堆栈、杂粮各业请延长平汉路卸车时间咨实业部

(1936 年 6 月 5 日)

案准贵部本年四月三十日商字第四三三三二一号咨,以据汉口市商会转据堆栈、杂粮各业公会请延长平汉路卸车时间。等情,咨请核办见复等由,准此。正核办间,复准行政院秘书处函同前由,并据该市商会径呈到部,当经并饬平汉路局核议具复去后,咨据该局呈称:案奉钧部

业字第二零零一号训令,以汉口市商会呈请延长卸车时间,饬核议具复等因,奉此。经饬据车务处签呈称:遵查各商不分昼夜装卸货车,原为避免车辆之虚縻,俾车辆得以周转迅速,尽量运用,借收运输敏捷之效,而货商货物得以免除慰藉,此种办法,路商俱有利益,沿线各商,亦咸能明了此旨,均能遵照办理,复查汉口各站岔道大都没有电灯,装卸工人亦均住在附近,夜间装卸并无若何窒碍,至汉口市商会所陈遇狂风暴雨时,不能按时装卸完毕一节,自系特殊情形,此种特殊情形实不多见,倘因狂风暴雨确属不能工作时,临时自可按照实在情形,酌将不能工作之时间扣除,似不成问题,总上所述各情,实无将夜十二时至晨六时之时间,改作不装卸时间之必要,仍依照向来办法不分昼夜装卸为宜。等情,前来。查核尚属实情,奉令前因,理合备文呈复。等情,前来。除回复并批示外,相应咨请查照转饬为荷。

此咨

实业部

部长　张嘉璈

2.行政院准函送汉口市商会马电请划为一职业选举区一案

(1936年6月6日)

案准贵处二十五年五月二十九日第三九七九号公函,以奉院长论:"汉口市商会马电,为中央规定国民大会代表,汉市独付阙如,恳另行规定汉市为一职业选举区一案,应仍交内政部。"函达查照等由,抄附原电一件,准此。查此案前准。

贵处第三八二九号函,以奉论:"湖北省政府呈据汉口市商会代电为国民大会职业团体代表名额,汉口市未获列名,请另行规定一案",交办到部。当经本部以"汉口市早已改隶于湖北省政府,其地位自与南京、上海等直隶于行政院之市不同,未能据以为例,且职业代表名额,业经明令公布,似未便率尔改定"等语,于五月三十日以民字第二四六一号函,复请转呈。核夺在案。准函前由,相应函请。查照转陈为荷。

此致

行政院秘书处

(《内政公报》第9卷第7期)

3.武汉国货厂商积极筹备赴川展览昨理监联席会决定筹备手续

(1936年6月7日)

武汉国货厂商联合会,昨(六)日下午二时举行第四次理监联席会,出席人:南洋床厂沈家相,锦纶工厂王治非,新月光厂孙荣锺、焦林魁,笔店焦秀安,南洋烟草公司徐豪生,精美公司熊友瑞,公一电木厂章福基,天竹公司张义全,宝兴工业社宋椿庭,明星肥皂厂丁焕卿,振兴饼干厂程云山,保生堂张懋堂,民生药房喻涣亭,市党部指导员廖应钟,主席宋椿庭。行礼如仪后,即由主席报告开会宗旨,略谓:本会各厂商前此赴湘赣等处,举行流动展览,颇获相当成绩。嗣本会为期国人对于国货咸有相当认识,以资提倡起见,拟继续赴川展览。但究应如何进行筹备现在请廖指导员指导。于是廖即继起发言,谓:川省地方,以交通之不便,任何物件均感缺乏,欲谋国货之普遍，确需从重速筹备前往，以慰该省人民欢迎国货之渴望，且川省素称天府之国，地大人多，诚为推销国货之唯一市场，不过蜀途辽远输大量国货前往展览，欲期进行顺利，端赖党政各机关之协助，关于此点，应如何进行，即请诸位讨论云。

讨论结果，决定以下三点：（一）由会具呈党部市府暨“绥靖”公署，请转川省各地当局予以协助。（二）俟川中党政军机关复文到汉，即开始办理参加厂商登记。（三）一切展览办法，根据成案办理云。

（《大光报》P78）

4.实业部因汉口市商会呈请延长平汉路卸车时间咨复铁道部送汉口市商会通知

（1936年6月10日）

案准铁道部业字第一〇一七号咨开：案准贵部本年四月三十日商字第四三三三二一号咨，相应咨请查照转饬。等由。查此案前据该会呈请到部，当经咨请铁道部核办，并批示在案，兹准前由，特此通知。

5.汉口市商会第五次会员代表大会辑要

（1936年6月10日）

本会第五次会员代表大会，依法应于本年四月间召集，经执委会第二十一次例会决议，定于四月八日举行，先期分呈各主管机关备案，暨通告各公会会员及商店会员，推举代表，届期出席各在案。八日上午十时大会开幕，出席代表八六零余人（报会代表一三一三人），政府机关，到市长吴国桢，市党部特派员陈泮岭，“绥靖”公署代表陈光组，警备司令部代表黄联宾，公安局代表刘汉基及各界来宾五零余人，大会主席团为贺衡夫、陈经畬、祝庸齐、曹延祥、黄文植，开会后首由主席团主席黄文植报告出席代表超过法定人数，依法开会。继由陈特派员、吴市长等相继致训，次由祝常委庸齐报告会务，曹常委延祥报告收支。随即讨论提案，大会以提案甚多，讨论费时，且多有性质相同者，一致主张推举提案审查委员，先将提案交付审查，再付大会讨论，当公推黄寿松、张竹屏、郭青山、叶观生、高伯常、蓝熙周、宋椿亭、端汉卿、钟益亭、黄相昕、唐性夫、王宝泰、邹懋棠、费少齐、杨杏村、陈仁寿、邓文卿、华书田、何锦城、刘子峰、余选臣、汪绳武、马煜垣等24人为审查委员，分法规、经济、实业、税务四组，分别开会审查，时已一时，随即休会。九日下午一时，开审查会议，法规组由常委苏汰余召集，经济组常委曹延祥召集，实业组常委王春华召集，税务组常委祝庸齐召集。法规组归纳为一三案，经济组九案，实业组一零案，税务组一三案，当经分别审查完竣，五时散会。一零日上午十时接开代表大会，讨论提案，共通过要案五零余件，交执行委员分别负责办理，时已六时，遂由黄主席文植致闭幕词闭会，兹将大会情形分类辑要如下：

一、大会开幕

开会如仪后，主席团主席黄文植致开会词，略谓：今日为本会第五次会员代表大会，蒙党军政各委员各长官光临指导,各代表踊跃出席,无任荣幸!文植接任主席以来,已逾一载,在此一年中未代各业解除若何困难与痛苦,虽说环境使然,亦可说有愧厥职。但是我们做事,无论环境如何艰难,我们应该秉着我们的意志努力向前做去,成败又为一事。今日到会各代表,以公会单位说,已超过三分之二以上,依法可以开会。在未报告会务前,请各党政军长官赐训,以为我们此后进行的指针。

市党部陈特派员泮岺训词,略谓:兄弟今日参加大会,觉得非常荣幸!今天借此机会与各位谈谈。诸位要晓得我们国家已到生死关头,帝国主义者不断地侵略我们,总理指示我们的帝国主义者有武力侵略、文化侵略、经济侵略三种。而其最毒辣者,尤为经济侵略。我们现在社会经济崩溃之期不远,若不积极发展工商业巩固我们的经济地位,便没有生存希望。武汉为工商业的中心区,何以武汉为工商业中心呢?因为天津、上海、胶州诸沿海岸商埠,照目前国际情形而言,都是不安定的。武汉位居长江中部,比其他大商埠安全。又欲求工商业发达,必须交通便利,汉市以前所谓九省通衢,系仅指水道。现在川汉粤汉均将次第完成,每省新开公路,亦衔接通车,是交通便利,为他省所不及。又出产丰富,土地肥沃,原料供给无虞其缺乏,尤其粮食,本省出产固丰,各省来源亦夥,无论人口如何增添,无丝毫顾虑。武汉因有上述之美满条件,故可说为工商业中心区。但是现在武汉工商业据兄弟近日考察,适得其反,求其症结所在,皆由于农村破产,货物不能畅销有以致之。中国工业不发达,商业不开展,因之农村生产,得不着相当价值,工人失业者众,挽救此种颓势,必要条件要使国货销行畅达,农村经济复兴,购买力增加,方能有济,此乃循环道理,希望各位不要以个人利益为前提,努力地提倡国货,同时尤须注意唤起"民族意识",使贩运外货商人了解民族之重要,牺牲目前利益,向远处大处着想,大家都有民族观念,则发展工商业自然容易。希望各位对第一个提案一致躬行实践,造成中心工商业的武汉。兄弟刚才说的目下以武汉最安全,可谓得"天时"。交通比任何省方便,可谓得"地利"。各位今日真诚团结,齐向发展工商业一路前进,又得着"人和"。兄弟希望各位努力,以造成全国中心的工商业区域。

吴市长国桢训词,略谓:兄弟与各位见面,今为第三次,今日会场标语,使人最注目的是"挽救汉市危机",现在汉市商业衰落,凋敝已极,就政府一方面说:实亦未尽挽救之责。兄弟今日参加斯会,也觉得惭惶交集。近来为振兴市面所办的"票据贴现""小本借贷""贫民借贷"等,虽努力进行,似觉仍无济于事。谈到挽救危机,须官商切实合作,在今日世界不景气,整个经济压迫,本属无法避免之事,在历史看来,经济本有衰落时期与复兴时期,即就水灾来说,洪水威胁,我们只有加高堤防,以冀避免,但不能说以后没有水灾。现在不能根本解决的不提,就政府力量可以做到的来说:(一)使市面稳定,在这种商业衰落时期,政府决不加税,因为减税关乎政府经常开支,事实上办不到,消极的只有不加。(二)安定社会秩序,政府应尽力使工商协调,各安其业,譬如码头工人之管理,现在办理尚未尽善,以后政府当认清利弊,改善管理办法。(三)提倡工业,兄弟现拟有方案,对新办工厂,关于营业税与房捐,在五年之内概减半征收,以期本市工业有相当发展,至于各位应该做的:(1)眼光不要太小,商人要具世界眼光。兄弟看本市商人,完全仰洋行鼻息,如桐油山货,靡不以洋行需要与否为行市疲俏依归。再商人贪图近利,不顾商标信用,以致对外贸易一落千丈,各位看茶叶衰落到如何景象?俄国向来办华茶,近来改向日本采办。欧洲各国昔日向华采办红茶,出口数字惊人,今完全改向锡兰去办。皆由于我国人不争气,不努力,不知改良种子,不明贸易方法,以致到此地步!再一班商人,对国内生意拼命竞争，而对国外贸易绝少注意研究，等于以前军阀时代军人勇于内争，怯于外战。又我国商人工于作伪，如棉花杂粮掺杂掺潮，虽政府尽力取缔，仍不能悉除其弊，为最羞耻痛心的事。(2)要商业工业化，不能恃贩运为根本业务，要知道目前情形，就是世界商业不凋零，别埠商业不凋零，汉口也要凋零的。因为汉口码头的商业，可以说取买路钱式的商业，以前交通不便利，由南至西的货物，须在此地一度囤转，由北至南的货物，也要经过本市方能转往别埠，居间贩运者，自然不愁事做。现在交通一天便利一天，市面则一天凋零一天，譬如陕豫货物，从前必须由平汉运汉，转船去申者，今则陇海路可以海陆联运，直到上海，无须经过汉市一层剥削。说到轮运，从前上海运四川货物，必须经过汉口，现在亦有直输之轮。不惟商人无贩运可做，即码头工人亦无起卸事做。但是反转来说，五十年一百年后武汉成为国内大都市亦说不定。以贩运为业，其不能久于存在，固如上述，但各改贩运为制造工业，则前途亦未可限量。因为武汉天生为工业区域，外国称誉汉市为美国之芝加哥，可见外国之重视。各位要明白这一点，就是非工业不能挽救本市商业的危机。同时附带说明买机祝蒋先生的寿，固然是表示敬意，但实在是充实自卫力量，闻上海定买六架，汉市固不比上海，然亦望各位踊跃多购。

“绥靖”公署陈代表光组训词，略谓：近来海关入超数字，已较前减少，以此点观察，似可乐观，何以市场衰落仍如故呢？要知现在海关入超，不能为正确统计，因为现在华北沿海岸等处统税关税，查漏很多，又有外国浪人包庇走私者为数亦夥。我们不能以海关入超减少，视为好现象，尤其不可存得过且过心理，不努力向前做点事业。以兄弟意见，商人知识太薄弱，要多办补习学校，使商人教育化，各业知识分子可充义务教师，其余所花经费亦有限，纵花少数金钱，将来收获必大，此乃兄弟贡献的一点意见。

组警备部代表，公安局代表惠词，文从略。

主席答词，略谓：刚才承蒙陈特派员、吴市长、“绥靖”陈参议、警备部黄代表、公安局刘分局长指示，阐发过去工商业不能发展的原因及今后努力之途径，我们十分感谢暨诚恳接受。现在汉市好比不健康之老人，一派衰象。外人欺负我们一天甚一天，甚至同种同文的邻国也异常欺负我们，日本土地很小，出产不丰，为什么这样强，没有国家观念所致。兄弟上年到日本，看见七岁小孩，即懂爱护国家，服用本国货物，自幼到老，都是如此。兄弟见了实在又佩服又惭愧！各位要本诸天良，从今日以后，都要实地使用国货，使金钱不致外溢，至于国家多外患不足为忧，有外患方使国民有警惕之心，不致放纵骄奢，古圣贤所谓“无敌国外患者国恒亡”，就是这个道理。至于提高商人知识，亦属最要紧之事，刚才陈主任训示我们要我们多办补习学校，我们应当积极办理，本会所办的职业学校与夜校，因扼于经济，今年范围尚较上年为小，希望各位充实本会经济，庶能扩而充之。江西熊主席式辉每星期三六向商人谈话，先问各商店加入商会未，如未加入者均令加入，以资团结，并力促各业办补习学校，其一业力量不及者，得由数业合办之，此种办法甚为恰当，望各位亟起仿行。文植代表今日出席各会员，向各长官来宾致谢，以后还希望多多指导，使工商业得到发展地步，使汉口市场得到复兴机会，社会幸甚，国家幸甚。

二、议程一览

(一)为实行提倡国货案；

(二)为恢复商业月刊案；

(三)为复议组织商事公断处案；

(四)为筹购飞机庆祝蒋委员长寿辰案；
(五)为修改章程变更征收会费办法案。
(以上本会执行委员会提。后列为会员提案。)
(一)为拟援例组织工商贷款团案；
(二)为请向水电公司交涉灯水电价案；
(三)为请设法取缔不入会之同业案；
(四)为组设维持各业行规委员会及取缔抗不加入公会办法案；
(五)为请政府将长江上下游各地铜圆规定划一价格案；
(六)为对于怠不入会行号及欠缴会费会员妥订有效办法案；
(七)为特订取缔各业行号炫夸广告办法案；
(八)为转请对于保险登记只办登记不取费用案；
(九)为转请将棉纱营业税改照资本额课税案；
(十)为转请将棉纱营业税仍照当年实销金额课税案；
(十一)为转请各轮公司恢复二十年以前轮栈租价案；
(十二)为转请将粗烟丝与伪造卷烟丝分别办法案；
(十三)为转请严禁擢摸经纪滥价戕夺案；
(十四)为各业公会决议事件无论已、未入会同业均应遵守案；
(十五)为转请农民银行迅予实行信用透支借款案；
(十六)为转请将营业税酌量减轻案；
(十七)为转请核减码头工友力资案；
(十八)为转请减轻营业税案；
(十九)为转请减轻电灯费案；
(二十)为转请将保险登记取费仍照首都办法案；
(二十一)为转请减少广告市招商标等捐额案；
(二十二)为转请扩大收容乞丐案；
(二十三)为转请减轻房租案；
(二十四)为转请从速成立不动产银行案；
(二十五)为转请取缔不入会商店无登记执照不准营业案；
(二十六)为转请对于国产手工制品特别减轻营业税率案；
(二十七)为转请设法强制会员入会案；
(二十八)为转请各银行长期收回破烂钞票案；
(二十九)为转请从速成立不动产银行活动市面案；
(三十)为转请将军部春秋两季服装召集汉商参加投标分制案；
(三十一)为转请取缔无登记执照商店不准营业案；
(三十二)为取缔不入公会同业办法案；
(三十三)为取缔会员不纳会费办法案；
(三十四)为转请将营业税改照千分之五征收案；
(三十五)为转请稽征处将筵席捐改由处派员征收案；

(三十六)为请转知各水厂不能骤增水价案;
(三十七)为转请电话局对于电话费一律照普通商店缴纳案;
(三十八)为转请对于房租按原价酌减二三成案;
(三十九)为转请对于房屋担保须减轻保人责任案;
(四十)为转请减轻房租案;
(四十一)为转请减少电灯费办法案;
(四十二)为转请减轻房租案;
(四十三)为转请对于检查新旧衡器解除痛苦案;
(四十四)为转请修改行规准则规定新闻距离案;
(四十五)为速成立保险赔款公断委员会俾保户得有安全之保险案;
(四十六)为转请组织减租运动委员会促成减租实现案;
(四十七)为转请将营业税仍准按实销营业金额课税案;
(四十八)为转请将绸缎业兼售布匹呢绒缴纳营业税办法仍照原案办理案;
(四十九)为转请酌减营业税率案;
(五十)为转请准将已完统税之火柴面粉免征营业税案;
(五十一)为转请派员合组较电表委员会案;
(五十二)为转请取缔擢摸以安行商案;
(五十三)为转请设法取缔不入公会之同业及不缴会费案;
(五十四)为转请规定兼营棉花进出口业之会员对于义务员担缴纳会费及遵守决议案;
(五十五)为转请将码头额外需索各恶例即予废除案;
(五十六)为转请将现行营业税率办法酌量修改案;
(五十七)为转请交涉减轻灯水两价并组织审查电表委员会案;
(五十八)为转请准予取消五斗抬斛以昭划一案。

三、大会决议

(甲) 法规组

(一)本会执委会提恢复商业月刊案。(决议文略)
(二)执委会提为复议组织商事公断处案。
审查意见:原则赞成,惟地点与经费尚无把握,请执委会斟酌办理。
大会公决:照审查意见修正通过,交执委会办理。
(三)执委会提为修改章程变更征收会费办法案。
审查意见:修改章程认有理由,惟每加代表一人,增收年费若干,请大会决定。
大会公决:每公会除法定代表一人外,加代表一人增收年费十五元。余照原案通过。
(四)(1)棉花出口业公会提为请设法取缔不入会之同业案;
(2)照相业公会提为组设维持各业行规委员会及取缔抗不加入公会办法案;
(3)皮货业公会提为对于怠不入会行号及欠缴会费会员,妥订有效办法案;
(4)鞋帽洋货业公会提为转请取缔不入会商店,无登记执照,不准营业案;

(5)瓷业公会提为转请设法强制会员入会案;

(6)军服业公会提为转请取缔不入会商店不准营业案;

(7)茶叶行业公会提为凡同业抗不入会及会员欠缴会费者,拟请政府以权力推行法令案;

以上共七案并议。

审查意见:汇集各提案意见,分呈党政机关设法救济。

大会公决:根据审查意见分呈党政机关及全国商联会实业部立法院,并函请津沪各商会一致主张请速颁强制法以资救济。

(五)(1)营造业公会提为取缔不入会同业办法案。

(2)营造业公会提为取缔会员不纳会员办法案。

以上两案并议。

审查意见:照转。

大会公决:通过。

(六)绉纱业公会提为转请严禁擢摸经纪滥价戕夺案。

审查意见:照转。

大会公决:通过。

(七)绉纱业公会提为各业公会决议事件,无论已、未入会同业均应遵守案。

审查意见:应由各同业公会先行依据商业法规议定章程呈请政府立案。

大会公决:通过。

(八)中西菜馆业公会提为转请对于租屋担保须减轻保人责任案。

审查意见:仍应依据租赁规约办理。

大会公决:通过。

(九)食品杂货业、卷烟业、杂货店业、杂货贩卖业公会提为转请修改行规准则规定新开距离案。

审查意见:原则通过照转。

大会公决:候补充意见再办。

(十)(1)纱业公会提为转请对于保险登记只办登记不取费用案。

(2)参燕业公会提为转请将保险登记取费仍照首都办法案。

以上两案并议。

审查意见:并案照准。加述取费减轻意见。

大会公决:通过。

(十一)参燕业公会提为转请扩大收容乞丐案。

审查意见:转呈市府。

大会公决:通过。

(十二)叶代表观生提为请速成立保险赔款公断委员会案。

审查意见:原案提大会讨论。

大会公决:根据原则请提案人叶观生、乐作霖、马圻源而利运商案。

审查意见:转呈市府。

大会公决:通过。

（乙）经济组

(一)执委会提为筹购飞机庆祝蒋委员长寿辰一案。

审查意见:以此次省政府所收二十五年前半个月建设公债,凡已按半月房租额及半月薪俸额缴过之款,将其收据变卖后,即作为购机之用。

大会公决:通过。对于房租部分,建议业主会请其同意。

(二)钱业公会提为拟援例组织工商贷款团案。

审查意见:分呈财政部、省政府切实予以提倡。

大会公决:通过。

(三)绉纱业公会提为转请农民银行迅予实行信用透支借款案。

审查意见:由本会尽量介绍借款。

大会公决:通过。

(四)鞋帽业、军服业公会提为转请从速成立不动产银行案。

审查意见:呈请政府早日组设之。

大会公决:通过。

(五)瓷业公会提为转请银行长期收回破烂钞票案。

审查意见:转函各银行办理。

大会公决:通过。

(六)人力车业公会提为请政府将长江上下游各地铜圆规定划一价格案。

审查意见:说明本会已经呈请财政部加铸二厘半铜币矣。

(七)国药业、参燕业、皮货业公会提为转向水电公司交涉水电价案。

审查意见:(1)对于减电费一案,请水电公司将所议定之二十六年一月一日起每度电费减一分一节,应提早于二十五年七月一日实行。(2)请免收表租。(3)用户所缴之保证金应请给息。

大会公决:请商会执行委员先行办理恢复每度一角八分。如无结果,先请各业主席磋商。必要时,再召集各同业公会讨论办法。电表与保证金照审查通过。

(八)参燕业、中西菜馆业、皮货业、食品业、杂货业公会提为转请减轻房租案。

审查意见:由本会去函业主会劝其念市面萧条万分自动酌减租金。

大会公决:并第九案讨论。

(九)新式皮鞋皮件业公会提为房租纠纷及呈请撤销业主集会办事处案。

审查意见:(1)关于调解房租纠纷一案,依照行政院公布之办法应由政府组织调解委员会。(2)呈请市府转令公安局停止受理房租案件。(3)团体应否取消,在政府自由权衡,本会毋庸呈请。

大会公决:推举九人辅助商会与业主会协商,当由大会公推九人,事毕即行解职。推定王静斋、殷裕山、高伯常、唐性夫、郭青山、熊瀛洲、华书田、龚少齐。订期四月十八日召集开会。

（丙）实业组

(一)执委会提为提倡国货案。

审查意见:此案应请由大会通过后交执委会照案办理。

补充意见一:

第一点,对于服装所需原料,应以国产布纱为主,并请政府援助厂商在产花最多之处分设纱厂。已有者加以维持,未有者力予提倡。

第二点,纸张一项用途最大,应转请政府将造纸厂设法改良。

第三点,国糖出产,以中国潮州暨四川省为最多,应转请政府减低税率。

补充意见二:

凡属手工业制品,其税率应请格外减轻,至舶来品税率则请加重。

另附药委员意见书:

大会公决:拟详细办法再召集各业主席讨论推行,并成立国货展览会以资标识。

(二)皮货业公会提为取缔炫夸性广告案。

审查意见:此案所定办法,关于第三项应请修改,应以呈请主管机关处理为宜。其余各项,似尚可行。应请由大会通过后交执委会办理。

大会公决:通过。

(三)五金铁业公会提为恢复二十年以前各轮栈租价案。

审查意见:此案应力争。请由大会通过后交执委会办理。

大会公决:通过。

(四)丝烟业公会提为粗烟丝与伪造卷烟丝分别办法案。审查意见:此案请由大会通过后交执委会办理。

大会公决:通过。

(五)军服业公会提为军部服装请准汉商参加投标分制案。

审查意见:此案请由大会通过后交执委会办理。

大会公决:通过。

(六)中西馆业公会提为请转知各冰厂不得骤增冰价案。

审查意见:此案请由大会通过后交执委会办理。

大会公决:通过。

(七)中西馆业公会提为馆业电话费应与普通商店缴纳案。

审查意见:此案请由大会通过后交执委会办理。

大会公决:通过。并推苏委员汰余、王委员春华先向电话局调查情形。

(八)绉纱业公会提为取缔擢摸以安行商案。

审查意见:此案请由大会通过后交执委会办理。

大会公决:通过。

(九)旅栈业公会提为请派员合组考较电表委员会案。

审查意见:此案请由大会通过后交执委会办理。

大会公决:通过。

(十)堆栈业公会提为请核减码头力资案。

审查意见:此案请由大会通过后交执委会办理。

大会公决:通过。

（丁）税务组

(一)纱业公会提为转请棉纱营业税改照资本额课税一案。

审查意见:此案核与税则不合,应并入请求减轻案办理。

大会公决:通过。

(二)煤油面粉火柴业公会提为请求免征营业税一案。

审查意见:此案格于定章,未能单独请免。仍拟并入减轻案办理。

大会公决:转交营业税评议会向当局力争。

(三)瓷业公会提为转请对于国产手工制品特别减轻营业税率一案。

(四)编爆业公会提为转请减轻营业税率一案。

(五)中西菜馆业公会提为转请将营业税改照千分之五征收一案。

(六)堆栈业公会提为转请将营业税酌量减轻一案。

(七)参燕业公会提为转请减轻营业税一案。

审查意见:查三四五六七各案,应组织汉口市商会营业税改进委员会,以提案人与本税务组委员及商会全体执监委员为委员,向政府交涉改进。

大会公决:先由执行委员办理,如不能通,再照审查意见进行。

(八)绸缎业公会提为转请照主要营业征税一案。

审查意见:交商会执行委员转请营业税评议委员会办理。

大会公决:通过。

(九)纱业公会提为转请将棉纱营业税仍照当年实销金额现计课税一案。

(十)匹头业公会提为转请将匹头货物照常年实销金额现计征税一案。

审查意见:九、十两案应并入减轻案办理。

大会公决:通过。

(十一)参燕业公会提为转请减少广告市招商标等捐额一案。

审查意见:交商会执委会补充理由转呈市府酌量减轻。

大会公决:通过。

(十二)中西菜馆业公会提为转请稽征处将筵席捐改由处派员征收一案。

审查意见:事关苛捐,应请大会讨论办法。

大会公决:请原提案人将文字修改照办。

(十三)卷烟业公会提为转请核减卷烟牌照税一案。

审查意见:照案转。

大会公决:通过。

（戊）未经审查各案

(一)棉花出口业提为请规定兼营棉花进出口业之会员对于义务负担,缴纳会费及遵守决议案。

大会公决:凡此业兼营彼业之棉商,即应加缴彼业会费,以示公允。由会分函查照。

(二)米业公会提为请取消五斗抬斛案。

（三）电料业公会提为转请政府减轻本业兼营业税案。

大会公决：并案办理。

（四）杂货业公会提为房捐在二十五年三月以后欠捐未缴者，市政府处以滞纳罚金，请呈市政府从宽豁免案。

大会公决：照办。

四、提案摘要

（一）本会执行委员会提请提倡国货并筹切实有效方法案

查我国当此国难严重之秋，而频年之人祸天灾又复层出迭现，农村恢复既已无从，生产建设益不可能，是国民经济已日趋于极度困难之境矣。设不汲汲于国货之提倡，而仍惟外货之推销，则是以有限之金钱源源向外输送，自斩国脉，何以图存，若人身然，既知所患为贫血病矣，而犹不谋所以保身之道，且日事戕伐，则其亡也，固可立而待也。惟年来提倡国货之声，又何尝不洋洋盈耳，然一考其成绩，直等于零，何以言之？我国国际贸易，近年入超之数实足惊人。而入口货中，除米、棉、煤油、卷烟、纸、机械等项以外，如人造丝及其制品、海味、糖、酒、饮料、香水、脂粉、装饰品等，亦均为入口大宗。每项每年总值由数百万元至数千万元不等。此种货物，既非日用之所必需，我国且均有出品为替代，又何必舍本国之货而不用，而专为外货是销，甘作他人之忠实顾主。是诚何心？殊不可解！要知彼之挟经济劳力日以侵略我国为事者，固无所不用其极也。最近报纸宣传，如某国者，又利用私运货物以倾销我内地矣。使果成为事实，则不惟我国之关税收入从此将大受影响，即以此项无税之私货，与我成本较重之国货相竞争，而国货有限之销场，势非被其占尽不止。危险之处，何堪设想！当此之时，倘再不幡然改计，设法自救，恐一至国破家亡之日，即欲自救亦为势所不能。言念及兹，不寒而栗。自救之法，约举数端于下，以备讨论。

（1）拟请由中央政府迅速树立强有力之关税制度，分别用“提高关税”“比例输入”及“禁止输入”等有效办法，以谋经济之自卫。

（2）拟请由各县市组织统制购买机关，购入本县市所需要之货物，再行批卖县境内之零售商人。除特种需要外，不得采购外货，该项机关，由官商合组，并请金融机关予以资金之协助。

（3）拟请由各地党部及新生活运动促进会，会同订定各界宣誓服用国货及考察各办法，以期普遍与久远。一面由本会同人，首先改用国货之学生服装或工人服装。既可以振作精神，又可以提倡体育，似为一举两得。

（4）拟请由中央政府规定办法，凡属进口货物及国内中外各厂出品，均须每件标注产地厂名，俾易辨识。

总之，此事固有赖于政府之施行保护关税政策，俾资提倡，而唯一有效方法，仍在我全国人士各尽匹夫有责之义，其懔祸至无日之危，急起自动结大团体，下大决心，自今日始，非本国之衣不服，非本国之物不用，无论外货如何价廉，如何物美，绝对拒不购买。由一人而至十人，由十人而至百千万人，一致实行，始终不懈，久之，自成习惯，而民族复兴之道，国家富强之基，夫固不待他求矣。是否有当，仍希公决！

（二）为提议修改章程变更征收会费办法以符法令案

为提议修改章程,变更征收会费办法,以符法令,而利会务之进行事。案查本会所需之事务事业两费,原系按照会章第三十五条之规定办法,分向各业公会所属之商店直接征收。此项章程,曾经呈奉党政机关核准有案。惟以上年本会举行第一届第二次改选大会之时,奉市党部训令,以本会对于前项经费,直接向各业公会所属之商店收取,于法未合,仰即于其代表人数,及资本额比例征收等因。当以事关变更章程,提经大会议决,交由新任执监委员,按照原则加以修改,拟具草案,俟下届大会通过施行。惟在大会未通过以前,仍照原章办理,等语记录在案。现届本会第五次会员代表大会开会之期,关于修改会员担认会费办法一案,业经第二十四次执监联席会议,根据商会法第三十条,由会员比例于其所派代表之人数及资本额负担之规定,并参酌上海市商会章程,决定修改原则。兹特依据该项原则,增加并修改条文如下:

1.本会章程第二十六条之后,增设一条,条文为:

会员有下列各款情事之一者,经会员举发监察委员会,查有实据,提交会员大会通过后除名。

(1)欠缴会费一年者。

(2)不遵守会章及一切决议,或其他破坏本会之行为者。

2.修改原第三十五条,其条文为:

本会经费分左列二种:

(1)事务费:事务费之标准分甲、乙、丙三项如下:

甲:确切查实资本额者,以资本额比例征收。其比例方法另定之。

乙:在呈报资本额经审查认为不实者,暂以该业公会所属之会员多寡,及其营业范围,估计资本额缴收之。

丙:公会会员及商店会员,依照本章程第十二、第十三两条之规定,除代表一人不计外,每增加代表一人各应增收年费三十元。

(2)事业费:事业费之标准,各按事务费之数额,照缴二分之一。

3.第三十五条之后增设一条,其条文为:

前条规定之会费,每年度开始前,由常务委员会根据各项规定之会费,每年度开始前,由常务委员会根据各项规定之标准,分别比例或估计方法,拟定等级,提交执行委员会决议后征收之。但须提请下届会员大会追认。

说明一:本会会员资格之取得,除依法定手续登记注册外,其最重要者,为担认会费,遵守会章,及一切决议案之服从。缘以权利义务本相对待。如有人焉,既不履行应尽之义务,则法律上之权利赋予应即消灭。同业公会虽已加入本会为会员,然不履行缴纳会费之义务,则是违反为权利而尽义务之基本原则,其会员资格依法即无存在之余地。至于不遵守会章,或有其他破坏团体之行为者,则更无论矣。本会章程原无此项规定,故应增设一条,以示限制。

说明二:本会会员之担认会费,原章规定仅就资本额比例征收,对于代表人数未曾配分负担。现既奉令修改征收会费办法,自应依照商会法第十三条之规定,由会员比例于其所派代表之人数及资本额分别负担。查上海市商会章程所载,除当然代表一人不计外,每增加代表一人,增收年费五十元,本会斟酌本市各业情形,凡公会会员及商店会员除依本章程第十二、第十三两条之规定所派代表一人不计外,每增加代表一人,各应增收年费三十元。似此规定,担负庶可平均,而会费亦易于征集矣。

说明三:查本会会费原由本会直接向各业公会所属之商店征收,历办已久,简便实多。今既奉令修改办法,侧重会员资本金总额之比例负担,而调查资本,统计总额,手续极为繁重,决非短时间所能办竣。在资本之调查统计未能办竣以前,仍须照旧征收,以资救济。其征收手续,拟由本会出具收据,加盖同业公会之会章,分向各业公会所属之商店直接收取,以符名实,而免分歧。以上所拟修改并增加本会章程各条文,分别予以说明,是否有当,提请大会公决施行。

（三）为请复议组织商事公断处一案

查前于第四次会员大会,据煤业公会提议请恢复商事公断处一案,曾经大会决议通过,交执行委员会依法办理。随开执监联席会议,详加讨论,佥以依照商会法第三条第四项所载关于工商业之调处及公断事项,原为商会职务之一,惟应否设立商事公断处,并未明白规定。至其他商会此时有无商事公断处之组设,似应分别函询,以资参酌等语。当即分函转询之后,旋准各省市商会先后复函,有已奉部令取消而另设商事调解委员会者,有仍旧设立而内部办法稍有变更者。情形不能一致。复经函请全国商会联合会转呈实业部,请予核示祇遵。昨准全国商联会代电开,以奉实业部商字第四一五七四号批,查商事公断处章程,前经司法院院字第八四九号解释,不因商会法施行细则第四二条规定而失效等语,自应继续有效,仰即知照等因,转会查照办理,并附修正公断处章程,及办事细则一本前来。当经第二十五次执监联席会议,推定马执委圻源、陈监委经畬、祝常委庸齐,筹备地点及一切进行办法。兹据三委员报告,已于四月三日召集筹备会议,并调阅以前组设商事公断处案卷,查该公断处系于民国十三年八月一日组织成立,原设处长一人,评议员二十人,调查员六人,书记员六人,处长系由评议员投票互选,评议员、调查员系由现任会员投票选举,均为义务职。至书记员六人系有给职,由公断处处长同商会会长酌量任用。就十四年全年收支项目言之,除义务职委员不计外,聘雇人员有文牍一人,书记五人,内分录事、管卷、收发等项。杂役传达四名,共需薪水、辛工、伙食及一切杂费约支八千五百余元。至全年收支之公断费,仅仅一千元,其余不敷之款,均由商会补贴。根据上项情形,核与本会现在经济万分竭蹶之状况,究竟有无此项余力足资供给,应请执行委员会查核,或提交本届代表会讨论等语。查本会现任经费支绌异常,前项商事公断处究竟应否设立,如果认为有设立之必要,其应需之经费应如何筹措?统希大会公决施行。

（四）为遵令筹购飞机庆祝蒋委员长寿辰案

查本会案奉湖北省政府训令内开,案准中国航空协会总会俭代电开:本会筹设各省市分会,前经函请贵省政府邀同当地各团体组织成立,予以倡导,谅荷协助。本年欣值蒋委员长五十寿辰,亟应届期庆祝,借扬国威。本会于敬日开第三十次常委理事会,经议决由本会在上海市筹集五十万元,购飞机六架,以资提倡,并请各省市政府及本会分会至少各筹购一架。除已电陈委座鉴察,并电请各省市政府从速筹募外,相应电达,务请贵省政府查照前函,迅饬当地各团体成立贵省分会,并祈在分会未成立前,先行主持筹募此项购机之款,解交本会,以备呈请分别拨机,届期命名呈赠,并希电复等因。准此。查此案迭经以省建三字第二四五七号、第三〇三七号、第三九六九号训令,分饬迅予筹设在卷。兹准前因,除关于募集款项交财政厅会商防空协会拟办并分令外,合亟令仰遵照迭令,迅予筹设具报,此令。等因。并奉汉口市政府令同前由。当即提交第二十四次执委会例会并案讨论,经议决遵照办理在案。除关于组设航空分会一节另案筹办外,所有本会对于此项购机之款,应如何筹集?并购飞机若干架?兹事体大,用特提案,即请大会讨论办法公决施行。

(五)钱业同业公会提请组织工商贷款团案

为提议事,窃惟晚近以来,市面日形凋敝,皆由经济破产,工商业一蹶不振有以致之。加以天灾人祸,相叠乘,日下江河之势,固已无可讳言,现在欲求市面复兴,似非挽救工商,殊无发展之可能。且于国计民生,具有莫大之关系。溯忆上年六月因金融变故,影响商场至为重大,尚幸官商合力维持,得免发生意外,各业经此打击,无形停顿者指不胜屈,本会同业,受创最深,尤幸自组调剂会以资调剂,始得平安渡过,回顾前途,不寒而栗,若不早谋救济之方,将有整个破产之日,似宜绸缪未雨,先事筹维,拟援他埠成例,组织工商贷款团,如遇金融紧迫,市面恐慌之时,有此贷款机关,俾免临渴掘井,其组织法简略言之,应由中、中、交三法行及省银行预定资金若干,待严重之余,得以票据贴现,或信用投资,或抵押借款,借资周转,况国省各银行,负有调剂金融维持市面之责,自应予以组织,以备不时之需,既可安定社会,尤能巩固金融,于工商固称便利,于国家可裕税源,市面挽救,悉赖于斯,值兹贵会召集第五次会员大会,惟有吁请赐予研讨,以维市面而利工商,是否有当?伏候公决施行!

(六)堆栈业同业公会提请筹议核减起卸力资案

呈为呈请提议事,窃以工商调协,而后可望振兴产业,维系民生,固市政进化之要素也。一经畸重,不免偏枯演变迁流,将见工商交受其病,关系自非轻矣。本市自十六年以来,各堆栈码头工友,对于客货增加力资,已历数次,所求稍不遂意,即起纠纷。敝同业畏其怠工阻货,只得代向客商要求担负,而客商欲谋货物之安全,亦不得不降心忍受。积习相沿,究非善计,遂由出产地直运销售处。货物既难流通,力资何由发达。劳工生活,终必受其影响,殊非工商两利之道。近日汉阳内河堆栈,谷米杂粮起力每包原为一百五十文,卸力每包原为一百八十文,各码头工友自动愿减去三十文,现每包起力为一百二十文,卸力为一百五十文,厂方如五丰厂起力原为一百四十文,愿减去三十五文,现为一零五文,其他杂货等,每件一百斤作杂粮一包扣算,实行已久。是各工友中业已深明趋势,防工作之渐蹙,觉今是而昨非,知非减少力资,不足以图补救。而各路运商亦因是而感既往之烦难。本市栈方如永孚栈杂粮,民国二十年以前,起力为一百三十文,卸力为一百五十文,现加至起力为一百五十文,卸力为二百文是。起而谋适当之整理,纷纷央请各栈,援照五丰等例核减力资,双方意思渐趋接近,惟无洞悉其端着,出为具体之倡导。兹经同业集议,佥谓为兴盛本市商业及顾全劳工生活计,务在双方调协,方可日起有功。上述汉阳方面各工友,既经自动实行,征时至今日,力资实有核减之必要,倘能因势利导,本市杂粮等起卸力资,得援照五丰厂等例核减,使商业进展,市面繁荣,劳工生活借资安定,诚工商调协,双方便利之良机也。为此陈请大会提付讨论通过,转呈上峰核准施行。曷胜祷盼。

（七）五金铁业同业公会提请交涉减轻各轮栈租案

敬启者，查上海各轮栈租，每担货租洋，头一日六分，第二月四分，期长则递减。露天堆货，其栈租更廉。惟汉口各轮栈租，在民国二十年大水以前，每担租银二分五厘，现竟涨至一角，且不分露天与否。较之上海已增加一倍以上。其期限如逾十四天，即照一个月计算。似此重重剥削，汉地商人何堪负担。查各业各货均悉重大件头，并有身价极轻者，何能受此高大致栈租。租金一高，各货成本必定加大，关系销路，诚非浅鲜。况汉口商业前途势必愈趋愈下，岂能与他埠并驾齐驱耶。限十四天出货，多过一天即照一个月计算，在各轮栈用意，原以催促存货家迅速出货，不知汉口自遭逐年天灾以后，商业凋敝已极，金融又异常枯窘，何能受此苛刻之条件。如能将十四天期限延长，或将多过一天即照一个月计算改宽，不独汉地商人免感困难，且各轮栈营业上，未始不可因此日臻发达。敝会有鉴及此，曾于去年六月间函请大会转函各轮公司，迅速恢复二十年以前租价，改变其租期，以轻负担，而维商业在案。但已否照准，未蒙赐复。今值会员大会之期，特重行提出，陈请大会准予编入议事日程。如荷采纳，恳祈召集太古、招商、怡和、日清、三北、宁绍六公司到会会议，或派委员往英国商会直接谈判为祷。

（八）机器米业同业公会提请转呈取消五斗抬斛案

查本市河下所用五斗抬斛，与坡上所用二斗五升之四斛，均已改换新制，而抬斛较之四斛每石带小两升，曾于上年九月十九日缕述抬斛之弊害，函请贵会代为转呈省市两政府请求取消抬斛改用市斛，以昭划一，而除积弊等情在卷。事逾半载，未蒙省市两府核办，殊甚惶惑不解！查五斗抬斛非常笨重，须二人抬执，故曰抬斛，且为方梯形，底大口小，故易舞弊。虽蒙贵会与度量衡检定所公同较量只小四合，而工人在河下使用手术，不易察觉，故往往短少，有冤难伸，不若四斛之轻便，因每斛只二斗五升也。而四斛为圆锥形，底面相差甚微，故不易取巧，况取消抬斛，改用四斛，不过更换器具而已，于工人生计毫无影响，且换用四斛之费，敝同业愿意负担，均经呈明有案。在此革故鼎新之际，不予铲除，以苏民困，民食前途，受害不知伊于胡底！缘本市每年约销齐米二百五十万石，以每石小二升计之，每年此项损失约米五万石，合洋约四十万元，名虽米店直接吃亏，实则米店不能不加诸米价之上，间接皆由市民负担，敝会之所以一再请求者，实为民众请命，欲为市民减轻负担也。且湖南、江西、芜湖各产地均为四斛，独汉口河下有此五斗抬斛，不独于政府划一度量衡器之本旨不合，仰且产销两地，因斛斗不同，纠纷迭出，商业前途影响甚巨，兹逢贵会召集五届代表大会，为特函请贵会提交大会，转恳省市两政府，解除民众痛苦，准予取消五斗抬斛，改换二斗五升四斛，以除积弊，而昭划一，不胜迫切待命之至！

（九）棉花出口同业公会提请取缔不入会之同业案

按公会法第七条载，同一区域内之同业公司行号，均应为同业公会会员。又二十二年五月司法院解释对于不纳会费义务者，得依法诉请给付。前者虽有立法而无严厉之制裁，丝毫不能发生效力，后者不入会之同业日渐增多，如诉诸法院则诉不胜诉。近来敝业不入会之同业，竟超逾入会者全数以上。公会所争得之各项权利，得于无形中享受，而无会费及义务之负担。如是情况，使入会者灰心，每起效尤之念。今值所以能存在，幸赖明达者之维持耳。否则瓦解矣。上述各节，非独敝会一业之痛苦，恐各业中类是者比比也。窃念市商会以各业公会为基本，还当再谋佳策设法巩固。为特提交大会讨论,迅筹取缔办法,并指示良途为幸!

（十）照相业同业公会提请组设维持各业行规委员会案

查各业定立行规,原所以杜同业之弊害,谋公共之福利,既经行规审查委员会审查通过,复经市政府核准备案,即希本市一种单行规法,自应切实遵行。乃狡黠之徒,弁髦法令,视行规若具文,只图自私自利,不顾同业公益。对内则违背行规,对外则用破坏同业方法,吸引顾客,或广贴标语曰不顾成本,减价拍卖;或借名歇业,牺牲底货;或谎称纪念,另送赠品。整月如斯,整年如斯。其实标榜歇业者,并未歇业,谎称纪念者,长年纪念,且所售货品劣质诸多,价值并不低廉。演此自欺欺人之滑稽剧,无非广招来术骗顾主耳。违背商人道德,扰害同业业务,莫此为甚! 而同业中受其扰害,庭可罗雀。因之忿忿,乃不顾一切,大大减价,与之相竞。一人作俑,纷起效尤。本属正当商业,竟作争斗之武器。由是钩心斗角,互相倾轧,出奇制胜,尽力排斥,此为近年本市之习恶,亦即商业衰败之重要原因。在不与相争者,固多关门停业,而互相减价,彼此倾轧者,久而久之亦皆偃旗息鼓同归于尽。似此情形,商业有愈趋冷落之虞,市面无复兴之望。欲制止上项弊害,应请以维持各业行规入手。不特此业,更有狡狯商人,为避一切义务与公私负担及行规约束起见,抗不加入公会,以致业经入会之会员烦言啧啧,谓公会为不公,故拒纳会费,自请退出公会者,日见加多,遂使公会失却信仰,不但经费支绌,而且威信扫地。此为普遍现象,倘不维持公会威权,则公会空有其名,形同虚设。用是敬提办法两项如下:

(1)拟请大会召集各同业公会主席,公推多数人员成立汉口市维持各业行规委员会。遇有违反该业行规案件,经查实后,初以和平纠正,倘不服纠正,或阳奉阴违,或一犯再犯,轻则呈请主管官署处法,并强迫制止,重则移请法院惩办,不稍瞻徇,庶可惩一儆百。

(2)抗不入会一案,上年曾经中央解释,既无强制入会明文,但本市为通商大埠,似应另立单行法以资救济。须由大会呈请市政府市党部分令本市各机关及地方法院,对于本市正大商店,所上呈文禀帖,无论因何事故,均须该业公会加盖正式图记,方为有效,否则拒却不予受理。倘该业尚未成立公会,应加入商会。如经商会加盖正式图记,方为有效。否必拒却不收。果蒙核准通饬施行,以此消极方法敦促,未有不加入各该同业公会者。是否有当,敬请公决!

（十一）皮货业同业公会提请取缔含有炫夸性之广告案

此种炫夸广告,每每涉及同业,甚有借文字而为攻讦者,除各种奇异怪诞特别庞大之市招牌匾,有碍市容,自有违警处分外,但因炫夸致令顾客收讫欺蒙者,实属有妨同业声誉,抑亦破坏商人道德。虽各业订有取缔方法,载在帮规行章,惜多失效。可否由大会特定取缔办法,呈准市府备案后,转知各业公会严切执行。大会制定取缔办法其内容:1.不得攻讦隐诋同业;2.不得炫夸以欺诈顾客;3.不得有怪诞妨害市容之庞大市招牌匾。一经违背,其示罚办法:1.警告;2.罚钱;3.停业。示悔由各公会自由伸缩处理之。俟呈奉备案后,分知各公会遵照办理。各公会据此,全市商人公议的规约,再行分知同业知照,则同业商店当知警惕。不独以往嫉恶纠纷减少,顾客少受欺骗,而商人道德亦可渐行提高矣。

（十二）纱业同业公会提请转呈省政府改善营业税课税方法案

为提议事,查棉纱一项,为平民衣被及手工机织业原料必需品,且在厂完有统税,而纱业商号贩卖,须按照营业金额课征千分之五营业税。虽曾蒙厅令核准各半征免,然仍不足以救济营业上之艰困。以棉纱成本之大,利益极微,如仍按照每年营业金额课税,大者月缴六八百元,小者月缴百数十元,其负担之奇重可知。因此始有厂家之直接运销,与客帮之直接购买。业务蒙其影响,销路因而断绝。设不特予救济,纱业终难生存,税收必日形削减。为兼筹并顾计,是纱业情形特殊,营业税因时制宜,实有改照以资本额课税之必要。为此提交大会呈请湖北省政府俯赐核准施行以苏商困敬候公决。

(十三）丝烟业同业公会提请交涉改善检查组丝烟案

为备具提案请求转呈救济以维业务事。窃属业古今以来,发售货品,概分为粗细两种,粗丝应旱吹之需,细丝充水吃之用,从无变异。自欧化东侵,品尚奇便,属业多被挤落。现存各商店正力图进展,以为最后之挣扎,讵统税局兴,因取缔伪造卷烟丝,而属业之粗丝货品,常认为混珠之鱼目,屡遭没罚,救济无术。长此以往,势非摧残殆尽不已。查卷烟丝为叶质所制,而属业发售之粗丝乃土叶质所制,迹虽相近,质实不同。但非专家鉴别,无从分辨。兹经属会研讨救济办法,一面由属会领导营业自治,随时派员向各会员商店检查粗丝货品,如发现伪造卷烟丝,一次焚毁,二次送局没罚,三次勒令停止业务。一面呈请钧会转呈湘鄂赣区统税局,嗣后凡对各会员商店实施检查粗丝有无伪造卷烟丝情事,当场须知照属会派员鉴别,不得轻率带局没罚,以明经济,而昭慎重。其马路外新开各商店,概未入会注册,检查伪造与否不在其列,是否有当,伏乞编入议事日程,提请鉴核,予以救济为叩。

(十四）绉纱业同业公会提请增高同业公会职权案

为提议事,查同业公会为法定商业团体,行使权限,部法虽有明文规定,惟因近来人心不古,对内则犯规违法,视为故常,对外则无法实施决议,太阿倒持。现当国家注重职业团体,以期统制经济时期,允宜对于同业公会主席委员,稍加权限,俾限权责相当,用资地方行政之臂助。否则对内既无职权,对外自难负责任。是以提请大会交付讨论嗣后各业公会决议时间,无论入会会员及未入会同业,皆须一致遵守。倘有违抗等弊,呈请主管机关究办时,各长官须予以严厉执行。是否有当,敬候公决施行。

(十五）鞋帽洋货业同业公会转请呈财政部从速成立不动产银行案

自去岁国府明令颁布集中现金行使法币以来,商民遵从,交易虽称便利,而与市面金融逐渐紧缩,各种营业萧条,推其原由,虽因农村破产,灾匪频仍,更受外货侵入,国货不振,有产业者不能押贷,遂致市面不能活动,农工商界日告失业,民不聊生,欲求救济之法,极力要求财政部克速成立不动产银行,以期救济民生,调剂市面,俾失业者得谋生路,商业可望繁荣。是否有当,提请公决。

(十六）瓷业同业公会提请对于国产手工制品特别减轻营业税率案

查我国现应提倡国货,而对于手工制品尤应加以特别保护。因我国机器现尚不甚发达,国内货品多系手工制成,成本当较机器所制造之货品昂贵。若营业税率不予以特别减轻,则国产手工制品势必摧残殆尽,人民生计亦必因之困难。应请政府对于国产手工制品特别减轻营业税率,以恤商艰,而惟人民生计。是否有当,敬希公决。

(十七)军服业同业公会提请呈请军政部将春秋两季服装召集汉商参加投标分制两案

查军政部春秋两季大批服装,历来召集京沪汉三地商号参加投标分制,颇有成绩。迨民国二十二年北平被服厂移武昌后,汉商投标向隅,迭经呈请力争,并奉军事委员会蒋委员长批令,准予转令军政部查照办法办理。等因,在案。而军政部措词不予召集投标,故本业近年以来,厂商及工友蒙受直接影响。而本省各地产棉之区及武汉各纱布厂亦受间接影响。近查武昌被服厂制造服装有供不应求之势,而军政部已召京沪两地商号投标制办,置之汉商于度外。盖京沪汉商人同在国民政府统辖之下,同是国民分子,待遇自应一律,方昭平允,何厚于彼而薄于此,不平则鸣,人之常理。况鄂省交通便利,□□军队林立,又系产棉产布为大宗,出品价廉质良。若果军政部依照蒋委员长批令准予召集汉商投标分工制造,事半功倍,以免武昌被服厂制办不及,有误时机。直接救济工商生活,间接受益武汉各纱布工厂及各地产棉之区,市面亦蒙受活动繁荣。要求大会议决分呈行政院暨军政部,俯顺商情,准予秋季召集汉商参加投标制办服装。是否有当,提请公决。

(十八)国药业同业公会提请向汉口济既公司交涉取消表租押款案

查水电所需纯赖煤炭供给。考近年百货减价,而煤炭一项,其价亦将减去三分之一。电流原料既已降低,电价自应随之减少,迩来其他各省各地俱已减让甚多,至本市以前所减电价其数未免过于微末,敷衍了事而已。再各户所装电表流,如商店所用之度量衡器,此系该公司用以测电度之多少而收电费,安有以已用之器具,而向雇主收费,事近强制,不平孰甚,前闻天津市商界已经交涉将表费取消,并追缴以前历年所收,办理公益事项。今已时经三载,有例可援。又该公司所收电表押款,每户二十元或十五元,该款应生法定利息二分,是公司对于用户每年于无形之中剥夺数元。此种押款应给付合法利息。况该公司系以私人股本经营,地下安置水管,地上树立电杆,空中架布电线,已取得全市公有特殊利益,对于本市用户,宜以公平合理之旨而营业。况此际市面萧条,商业困窘,即现时政府捐税尚能要求减轻。是故应请极力交涉,以维全市整个商业。如该公司执拗不悟,随即设法对付。是否有当,敬请公决。

(十九)卷烟业、食品杂货业、杂货店业、杂货贩卖业同业公会等提请在行规准则中规定审酌新开距离案

查汉市门市商店所营货品性质,多系零星物品,只能供给附近居民临时需要,毫无客路及远处生意。若比邻而设,分其利润,生意来源同在一处,是供过于求,调剂失均。往往新开同业,与旧有同业,无距离限制,比邻而设,两败俱伤同归于尽。其收歇原因皆由于此。欲矫正同业营业弊害,非援理发业成例,审酌新开距离不惟有效方法。然共同约定新开距离,即系营业自由,新开旧设互蒙其利。兹各业现行行规于改进业务毫无裨益,且以杂货业为尤甚,此为无距离规定,同业衰替原因之大概情形也。拟请大会请求政府转请实业部修改行规准则,俯允汉市有特殊情形之各业公会,公同议定新开距离,如远处以违约罚金。惟此项罚金只能充作各业补习学校教育基金,无补习学校者,作为筹备学校,不得移作别用。是否有当,敬希公决。

（二十）代表叶观生等提请速成立保险赔款公断委员会案

查本市保险事业，近年来在不景气市面中，畸形发达，其关系地方治安及商民生命财产，至为重要。倘保户不幸一旦被焚后，每因赔款问题，时起纠纷。其公断权衡，我政府从未注意，一任保险商交付西人所组织之三义会计所武断处理。是非曲直，保户未敢过问也。较之我国法院裁判，尤为森严。而华商保险公司，亦狃于积习，交付西人公断，其甘心丧权，言之痛心。若不亟谋挽救，我何以维商艰，前者商会执委马圻源、乐作霖曾提出建议，同时观生亦建议保安公益会，比经召集各关系团体开联席会议讨论，均认为有组织保险赔款公断委员会之必要，一致公决。巨时逾半载，未见实现，殊甚惶惑，用再提出，可否由本大会推举代表三人参加，促成早日实现，俾保户得有安全保障，敬请公决。

五、本会会务报告

甲、关于收发文函之件数

自二十四年三月二十四日起，至二十五年四月四日止计：(一) 收进文函，共计三千余件。(二) 发出文函，共计二千三百余件。

（按收发文函，均经逐件摘由，按日分载于收发各文簿内，其有应行转知各业者，亦已随时油印分转各业公会查照有案，兹不赘录，以省繁牍。）

乙、关于会议之次数

(一) 执委会例会，共开过会议二十五次。（每次均有监委参加）

(二) 执监临时联席会，共开过会议十三次。

(三) 监委会例会，共开过会议三次。

(四) 常委会例会，共开过会议三十九次。

(五) 代表临时谈话会，共开过会议四次。

（按执委会例会，照章每月五日及二十日，各开会一次，遇有紧要事件，即召集临时执监联席会议，本届为便于会务之进行起见，每次开例会时，均请有监委参加，常务委员会，因各常委系分股任事，均逐日到会办公，随时可以商洽，故会议之期，改为每星期一日，举行一次，至代表谈话会，系因临时有待商事件，由执委会，随时定期召集，关于各该会议议决之案，均经载明议事录，其有应行转知各业者，并经随时分转各业公会查照，在案。）

丙、关于本会经费之预决算

(一) 本会自二十四年一月起，至十二月止，决算表一件。

(二) 本会自二十五年一月起，至十二月止，预算表一件。

（按以上各表，所列数目均先由常委会核明后，要送执监两委员会分别审查有案。）

丁、关于本会办理重要事项之经过情形

(一) 呈请市政府，对于各业在新印花税法未实行以前，凡有漏贴或误贴印花案件，准免送

审处罚，一律令其补贴一案。

查此案系因财政部于二十三年十一月一日起，改用新印花税票，而印花税法，适先于十月十二日，经立法院通过，并奉准市政府，暨湖北印花烟酒税局，先后抄送印花税法到会，由会转发各业在案，职是之故，多有误会改用新印花税票，即照印花税法贴用者，而检查人员，遇有此项漏贴或误贴之单据，即谓为违反印花税条例，由局转送法院，照章处罚，每件无论税额之多寡，均处以二十元之罚金，商民不堪罚累，纷纷来会陈诉。本会查得其情，一面函商印花税局，以后查获前项因误会而未贴印花之单据，即责令补贴，不以违章论，一面呈请市政府，对于印花税局所送前项案件，免予送院罚办，一律责令补贴，其已送法院审理者，则请法院按照情节之轻重，处以相当之罚金，用示体恤，经此三面之请愿，而各业乃得免于巨额之罚累矣。

（二）呈请财政部，准将各业在二十三年十一月一日，改用新印花税票以前，所有旧存印花税票，一律掉换新印花税票一案。

查此案，前因财政部定于二十三年十一月一日起改用新印花税票（即宝塔式税票），其旧有印花税票，截至是年十月底止，不准再行贴用，是十月底以前，各业商店，未经用完之旧式印花税票，即无异于作废，商民何堪受此损失，曾经本会与各省商会，迭电财部，据理力争，准予一律贴用，以恤商情。嗣奉财部核定掉换新印花税票，并先登记旧印花税票各办法，令由各省市县政府，督同各商会分别办理。本会奉令之后，即遵照登记办法，先行登报通告，一面分函各同业公会，查照转知，随据各业商店，将用存旧印花税票，迭会申请登记，并经市政府暨印花税局派员到会，会同验明，分别加盖戳记，以备掉换。一面造具清册，连同各业申请书，送请印花税局，汇案报部，计已登记书存印花税票，共合票面，约国币六千五百余元，现在应行掉换之新印花税票，已由本会向印花税局领到，转发各业商店，分别照换矣。

（三）本会在二十四年六七月间协助政府办理防水救灾一案。

查上年六七月之间，因鄂省所属襄樊等处，山洪暴发，大水为灾，而襄河附近之天门汉川各县堤垸，尤多被冲溃，灾情极为惨重。至汉口原有之张公堤，亦因江汉同时盛涨，而堤身缺陷过多，险工迭出。幸经前叶司令与吴市长，日夜在堤，督率兵民，竭力抢堵，始得转危为安。本会在此期间，遵奉党政机关训令，召集各委员及各业代表，迭开会议，一方筹款购办食物送往堤次，接济抢险工人及附近灾民。一方征集全市所有麻袋，以备堤工之用。关于已经征用之麻袋，其价款均由该麻袋业同业公会按照议定价值，转向市政府暨江汉工程局，分别请领矣。

（四）本会在二十四年六七月间协助政府办理救济金融，维持市面一案。

查本市自上年源裕等钱号，相继停业，而通商银行钞票，发生挤兑以后，市面金融，非常紧缩，各业周转，均感困难，加以附近各县，多被水成灾，以致货物不克流通，商场几陷停顿，因一面商承市政府，令由钱业同业公会，即日成立公库，并订定办法如下：(1)凡欲以货物抵押现款者，可将货物提单送钱庄，加具本票，由公库盖印负责，向银行贷款。(2)由中央、中国、交通、中国农民、湖北省银行五银行，担任无限制放款。(3)有货商人与各银行有来往者，仍可由各银行直接接洽抵押放款等原则，由银钱两业依照进行，嗣后又由本会，商准银行公会，公同拟订以各业通常货物，抵押借款办法，分知各业查照办理，至是，而市面金融之难关乃得以从容渡过矣。

（五）本会在二十四年十一月间，拥护政府，实施改进货币政策，安定金融，以维市面一案。

查本会自上年十一月四日，奉汉口市政府令，转财政部颁订改革货币制度之布告以后，即根据布告内所规定，以中央、中国、交通三银行，所发行之钞票为法币，不得行使现金之办法六项，逐项加以说明，通告全市各业商店，一体遵照办理。一面召集各同业公会代表，开临时紧急会议，并请吴市长莅会解释新货币政策，系为保存全国准备金，而谋安定金融之最善办法，自应一致拥护，以利推行。惟以骤经改革之际，各业商店间有未尽明了者，遂致纷纷提取存款，不免发生市面之恐慌，当经本会分电财政部，暨中、中、交三银行总行，准予即日实行重贴现办法及不动产抵押放款，以资救济。同时因市面铜圆缺乏，零星买卖，多感不便，又经呈奉市政府，规定办法两项：(1)禁止铜圆出境。(2)规定铜圆法价，每法币一元，掉换双铜圆六串，此后市面日趋稳定，人心亦已大安，嗣奉财政部批示，谓不动产抵押放款银行正在积极筹设，至供给各银行以再贴现之便利，亦正由中央银行妥筹办理，比因兑换法币，原定三个月期限，过于短促，复经本会呈请省政府，咨准财政部复电，业已展限三个月，至本年五月三日为止，各等因，均经分转各业知照，在案。

(六)本会分请省政府暨湖北省银行，对于各地商号拨兑款项，准予减轻利率，以维农商一案。

查此案，系据棉花号业同业公会来函，以湖北省银行，近在外埠各地，设立办事处，办理放款等事，商农咸称便利，惟于商号拨兑，每千元除汇水外，按日计息，有高至四角或五角者，证之汉市各银行，其于棉花放款，按月活期，只取息八九厘，均无如此重利，转请将各地拨款利息，迅予减轻，以资救济，等情。当经本会据情分转。去后，旋奉省政府训令，转据省银行呈复，以该行各地办事处，多僻在乡间，运输不易，对于汇水月息，无不衡量市况，以期平允，若乡镇放款，依照汉口银行放款息率取息，碍难照办。惟已令饬各地办事处，嗣后放款取息，不得超过月息一分二厘，以惠农商，等因。令由本会转知该业查照，在案。

(七)本会遵令会同汉口市国货运动委员会，办理山西湖北交换推销国产物品一案。

查此案，系奉汉口市政府训令，为准山西省政府函，请交换国货物品，以资调剂一案，仰即遵照，会同汉口市国货运动委员会办理，等因。经提交本会第十六次执行委员会例会，决议，推请本会喻执委燮卿，与国货运动委员会接洽办理。一面派员调查湖北重要土产，可与山西交换者，如生漆、石膏、茯苓、木油、皮油、老茶、茶末、红青茶、苎蔴等共计十种，将其每年产量、单位价格，汇列一览表，会同国货运动委员会，呈请市府转函山西省政府查照，以资提倡，在案。

(八)本会呈请省政府暨建设厅转饬航政处，将内河航轮所定国币收费办法，准予取消，以利商旅一案。

查此案，系于二十四年十一月间，据棉花号业同业公会函，以航政处内河航轮，所定规章，于对人对货之外，复征收国币运费，照多寡递加，不惟长江航轮，均无此前先例，即国营铁路，亦无此项办法，又况施行检查，犹易启匪徒之觊觎，商旅深感不便，应转请准予取消，以利航政而安商旅，等情，前来。当以该公会所陈各节，委属具有理由，且不止于一业之事，当即分呈省政府、建设厅请饬修改。去后，随奉指令，谓已由航政处令饬所属各航轮员司，嗣后不分法币通货，除大批装运重逾十公斤者，作为一等货物，收取运费外，其在十公斤以内随身携带者，概不收费，等因。奉经转知该业公会查照，在案。

(九)本会函准税捐监理委员会，转请财政当局，将妄报瞒税案件，经检查不实者，于章程内，增订实究虚坐条文，以杜奸邪，而安商业一案。

查此案，系据海味糖盐业同业公会函，以该同业裕丰、丰成两海味号，现银汉口营业税局，据检举人之密报,谓该两号历年纳税不实,有隐匿情事,经派员两次调查账据,毫无瞒税情事,显见该密报人意图诈欺,妨碍该号等营业名誉,应请转函营业税局,依法实究虚坐,以儆将来,等情。当即转函营业税局,请予查照核办。旋准复函,以税章并无明文规定,本局自无从办理,等因,到会。又经本会函致税局,请于税章中,增设处罚诬报之规定,一面函请税捐监理委员会,转咨财政部,饬厅将营业税征收条例内,增设实究虚坐一条,以资救济。嗣准税捐监理委员会函送财政厅将修订营屠牙当等税章程内,关于前项举发人,如有挟嫌妄报,经征机关检查不实,致被举发人受有损害时,该被举发人得依法诉请反坐一节。已分别补订于各原文之后,并由财政厅呈请省政府,咨经财政部核准备案,在卷。

(十)本会对于整理会内财政,及缩减经费一案。(文略)

(十一)本会呈请财政部,准援维持上海商场成例,拨借大宗债款,以救济汉口市面一案。

查此案系于二十四年八月间,据本市杂粮汕饼业等各同业公会联函,以汉口市面,因受频年天灾人祸之影响,各项营业几于一蹶不振。加以本年鄂属各县又罹水患,农村破产,随地皆然。遂致货物不能流通,金融益形停滞,虽承政府电令汉口中、中、交三行,拟订货物不能流通,仅属一时之救济,究非根本之办法。兼职房产不做押款,周转更感困难。非假政府援照维持上海市面成例,拨借大宗债款,不足以挽危机而生积困,等情,前来。当经本会先函上海市商会,请将该项借款全案,抄寄到会,复经公同审查,情事相同。一面召开代表临时谈话会,征询意见,一面呈请财政部,准予援案施行,俾资救济,去后。旋奉部批,谓值兹世界经济凋敝之际,国内各地情形,大致相同,汉市各业,倘能推行商业承兑票据,自可活泼金融,应由该会各同业,妥商办理,等因。比经提交第十四次执委例会,决议,先行录批转知钱业同业公会,并函请银行业同业公会援照上海,组织承兑汇票机关,俟双方复到,再行集议。随据钱业公会函复表示,并据银行业同业公会复函,谓承兑票据,关系重要,现在推员详加研究,俟有具体意见,自当随时贡献,以供参酌。

(十二)呈请省市政府,转知江汉工程局,将汉口张公堤,加高培厚以资保障一案。

查此案,系因张公堤,自二十年间,经大水满溢之后,工程当局对于堤身之有缺陷者,不过略事补苴,并未大加修葺,以致上年夏汛,江河盛涨之时,险象环生,危如累卵。幸经政军长官,督率兵民,日夕驻堤,防堵抢险,始得转危为安。兼之该堤年久失修,缺陷既多,缺漏不少,前当冬令水涸之时,未及动工培修,已属失计。转瞬桃汛届临,设再不为根本之图,则后患何堪设想。本会有见及此,曾经拟具提案,向市参议会建议,一面分呈省市政府,请即转催江汉工程局,从速拨款兴工,将全堤一律加高培厚,期臻巩固,借资保障。一面推举委员数人,会同履勘,并分途接洽,催促进行。嗣又以汉口沿江沿河堤防,与张公堤同关重要,且因近年河床日高,水灾迭现,势非加高堤岸,不足以资防堵。其加修水厂至桥口,分金炉至堤角,各堤岸暨特三区太古防水墙工程各办法,业由市政府与江汉工程局商定有案,现常开工在即,并经电请全国经委会,迅电该局赶速培修,并照案购具拨款,以免延误,借策安全。旋奉全国经委会复电,谓已转饬照办,并奉省市政府先后令知,关于江汉工程局所复,培修张公堤等整个计划及其详细情形,各等因。复经本会于第二十四次执委例会提出报告,公议,除张公堤以外,尚有钟祥等处堤工,亦关紧要,当推定委员数人,并函请水灾救济会,派员会同前往各该堤视察,以昭郑重,在案。

(十三)本会遵令筹购飞机庆祝蒋委员长寿辰一案

查此案,系奉湖北省政府,暨汉口市政府,先后训令,以准中国航空协会总会,代电内开:本市欣值蒋委员长五十寿辰，亟应届期庆祝，借扬国光，本会于敬日，开第三十次常务理事会，经议决，由本会在上海市筹集五十万元购飞机六架，以资提倡，并请各省市政府及本会分会，至少各筹购一架，分别呈赠，转饬从速筹募，等因。转会遵照办理，当即提交第二十四次执委例会会议，经决议，照办在案。

（十四）本会电请院部，加铸一厘或二厘半铜币，以资调剂而利平民一案。

查此案，系准江苏全省商会联合会代电，略谓，新铸辅币五种，最低定值半分，而新订辅币条例，且明定旧有辅币，由部收回销毁。较之最近部定市价，每一法币得兑铜圆三百枚，每法币一分约合铜圆三枚之标准，而铜圆仍以钱文计数者，似颇不符于社会一般现实生活。已分呈部院加铸一厘或二厘半铜币，以济其穷，而利平民，请一致主张，等因，到会。当经提交第二十二次执委例会会议，佥以鄂省之生活指数，原与江苏略有出入，惟以钱文为计数之标准，则无二致。此次新铸辅币五种，最低定值半分。以鄂省规定双铜圆之法价，每双铜圆六串，兑换法币一元计之，则半分辅币，应值三十文，而生活指数向以当二十文双铜圆为单位者，已无形提高三分之一。况旧有辅币收毁之后，以钱文计数之标准，亦即随之而消减，核与农村用钱之习惯，困难尤多。苏省商联会所请补救办法，本会极表赞同，一致呈请，并应说明本会意见加铸二厘半铜币，不能比半分面积再小，应就其中间开一眼孔便于引绳，即以眼孔所余之质放大币身，期与半分面积相等，而质量又可以减轻，较易推行，等情，分呈院部，去后。旋奉财政部批示，以苏省商联会请求原案业已批令，暂毋庸议，仰即知照，等因。又经提交第二十四次执委例会讨论，一致主张，应再呈请院部，以取消半分，改铸二厘半或一厘为适宜，并已照案分别电呈矣。

以上个案，系择其工作之最关重要者，特提出报告，其他工作甚多，未便缕列，以省繁牍，合并注明。

（《汉口商业月刊》新第 1 卷第 1 期）

6.（财政部部长孔祥熙）致行政院秘书处函

（1936 年 6 月 12 日）

案准贵处第四零六九号函开：奉院长谕："北平市商会电陈，汉口市商会请改善关税制度，取消转口税等情，恳迅准实施一案，应仍交财政实业两部等因。查此案前据汉口市商会径行电呈到院，业于本年五月十六日，奉交贵部暨实业部在案。兹奉前因，除分函外，抄同原件，函达查照。"等因。查此案前据北平市商会五月哿日径电到部。当经本部以裁撤转口税，本部曾于上年提议规划只以裁税损失綦巨，原议加税抵补税法，未能实行，遂致此案尚未实施，一俟国家税收起色，政府财力充裕，自当力谋其实现等语，于六月歌日电复北平市商会知照。至汉口市商会电请提高进口税，并减免出口税及转口税一案，前准贵处本年五月十六日函交到部，业经本部抄录复该商会原电，于六月五日函复贵处在案。兹准前因，相应复请贵处查照转陈为荷。

此致

行政院秘书处

部长　孔祥熙

（《财政日刊》第 2509 期）

7.汉市商会电恳团结御侮

（1936 年 6 月 13 日）

汉市商会，昨（十二）日为西南擅动干戈，特发出文电通，劝其听命中央，一致团结御侮。并通电中央国府及全国各地商会，请为一致主张，共赴国难。兹探录各电于次：

致西南电文云：广州西南政务委员会陈总司令，南宁李总司令、白副司令钧鉴：顷阅报载，粤桂部队，陆续开湘。飞机集中，从新编配。则是连日西南异动之说，已由谣言而成为事实。忧自东北沦亡，外侮日亟。冀察虽特开局面，委曲求全。而通州另树政权，联同伪国。走私之猖獗，增兵之自由，在在蔑视吾国之主权，凡属国人，无不痛恨。此时而借口抗日救国，谁不同情。惟以遭际非常，国难严重，集中全力以共赴，尚恐不足以图存。今若偏激一时，不谋而动，切恐抗日适足以资口口，救国适足以速其亡。正所谓渔人伺旁，安容鹬蚌。黄雀在后，岂让螳螂。古哲明言，可发深省。伏乞诸公，勒马悬崖，一切听命中央，本精诚团结之素怀，为一致御侮商榷。死则同死，生则同生。万众一心，誓为后盾。临电涕泣，无任神驰。汉口市商会叩，文（十二）。

此外重致云南电，中央党部及各商会等云。

（《大光报》P140）

8.奉（行政院）令关于汉口市商会等电呈各县区署对于农工商等团体行文用令请予更正一案

（1936 年 6 月 13 日）

案查前据汉口市商会、湖北全省商会联合会、湖北英山县商会、湖北石首县藕池镇商会、江西南昌市商会、开封商会、湖南长沙市商会、北平市商会、陕西长安县商会，先后电呈，各县区署，对于农工商等团体行文用令原案，请予更正，仍用公函各等情，到部。经本部虽请行政院核示，并分别批示知照在案。

兹奉

行政院二十五年六月九日第二零六二号指令内开：呈悉。查现在区署制度，已成官治性质，各县区署对于农工商等团体行文用令，对于各该团体人格并无影响，仰即转行各分区设署之省政府一体知照，此令。等因，奉此。除分行知照外，相应咨请贵省政府查照，并转饬一体知照为荷。

此咨

河南、湖北、安徽、江西、陕西、福建、四川、甘肃、贵州、湖南省政府

中华民国二十五年六月十三日

（《内政公报》第 9 卷第 6 期）

9.汉口市总商会为汇款收条应照银钱收据贴花致汉口银行业同业公会函

（1936 年 6 月 19 日）

敬启者,案准湖北印花烟酒税局公函开:案奉财政部二十五年五月二十九日税字第二五七六四号训令内开:案据上海市商会庚日代电称,本月六日奉钧部税字第九三九九号批示,汇款收条与汇票性质不同,应照银钱收据贴花。江苏省农民银行不问金额多寡,概令收款人贴用印花二分,自有误会,等因。剖析精详,莫名钦服。惟该行此种办法非自属会所收或经汇款为始,其领款人遵照该行误解三指示,而误贴者恐已不少,且此项概贴二分办法亦恐不独行一行为然。领款人但求早日领款到手,何暇为此项细而争执,其中不应贴而多贴者,此时无从退回,姑不深论。但其中当亦有汇款满百元而依该行之指示只贴二分者。在该行既自居于指示地位,责令概贴二分,其少贴之责任自不应由领款人负之。将来如果一经检查人员按页查出,究应如何处理,方及其平仰祈。钧部妥筹办法,分令印花税抽查人员及银行业同业公会一律知照,俾有遵循。等情,据此。核办间复。据该商会青日代电称,查汇款收条应照银钱收据,全额满三元者依法贴用印花,不应照税率表第四目汇票之例,不拘金额多寡,概贴二分。

业于五月六日奉钧部税字第九三九九号批示在案,近来陆续发现此项办法不独江苏省农民银行一家为然,即中国银行上海商业储蓄银行送来之汇款收条,亦均印就概贴二分字样。强令领款人照办,属会核其情形,恐系各银行间共同之误解,而事前又未呈请钧部核示,遂至讹谬相仍此类情形。当尚不止沪市一处之银行为然,在汇款琐细者领款人概贴二分,固属法外负担,在汇款满百元者,令其概贴二分,尤属损及国家税收,且使将来检查处罚发生责任。谁属问题自上年九月一日印花税法施行以来,已逾八个月之久,此类错误必已不少。特以领款人均无瞒为税制之研究,而属会甫于最近期内接到汇款数起,是以发现较迟,不究,不请钧部迅为普遍之纠正,请通令京沪苏杭平津汉市各处银行公会分函所属银行迅予改正,以符税法。等情,到部。查照款收,系条文收到汇款之收据与金融业有款收据性质不同。依印花税率表第二百,银钱收据例贴用印花,不应依第四目支取或汇兑银钱之单据,例不拘金额多寡,概贴印花二分。

盖金融业存款收据系指金融业发给存款人以取回存款之单据而言,汇款收条系收到某银行由某处汇来银钱若干后所立之单据而言,前者含有支取银钱性质,应属于税率表第四目支取或汇兑银钱范围;后者含有收受银钱性质,应属于税率表第二目银钱货物收据范围。为恐金融业有所误会起见,故税率表第二目性质内声明金融业存款收据除外,印花税法施行细则第十四条亦阐明金融业存款收据除外之意义。惟各地银行多有再汇款收据内印就备贴印花之地位,并加印印花二分,四字系根处银行学会编印之贴用印花问题一书所载汇款收条税率办理。殊不知该书系由该学会附设之银行实务研究会所编,借为供银行同业及一般学者研究之用,其中谬论之处,尚多不足引以为据。

银钱业所用凭证如何贴用,印花自当以印花税法为准。今各地银行既有汉会,亟应予以纠正。除饬本部税务署将贴用印花问题一书,逐一审核,分别予以纠正,并批复上海市商会暨咨请各省市政府转饬检查员及会饬督查员一体知照外,合行令仰该局。即便录令转饬该省各地银行业同业公会,通告各地银行嗣后对于汇款正收条一项,应令收款人依照税率表第二目所定税率满三元以上者,贴印花一分;满十元以上者,贴印花二分;满百元以上者,贴印花三分。不得令收款人,不拘金融多寡,概贴印花二分,并将汇款正收条所印花二分字样删除,以符税法。至以前收款人对于银行送来之汇款,正收条有应贴印花三分而只贴二分,如经查明原收条上确印用印花二分字样,则收款令等贴印花系原出于误会,姑准从宽免予深究,否则仍由收款人负责,并仰通饬所属抽查人员一体知照。此令。等因,奉此。自应遵照办理,除分别令致外,于应函达即希,查照转知银行业同业公会,通告各银行一体知照为荷,等因。准此相应函转贵会即希,查照办理为盼。

此致

银行业同业公会

汉口总商会启

10.汉商会讨论防止走私

(1936 年 6 月 21 日)

(汉口)汉市走私猖獗,商会二十日开会讨论防止,闻将组检举会及采联保办法。(二十日专电)

(《申报》)

11.汉商会决组商界缉私协会

(1936 年 6 月 28 日)

(汉口)汉商会决组商界缉私协会,除商会全体执监为当然委员外,并推商民代表十六人为委员,定三十日正式成立,将与江汉关切实合作缉私。(二十七日专电)

(《申报》)

7 月

1.汉市商界缉私协会今日举行第二次会议

(1936 年 7 月 4 日)

正严密侦查走私蓝靛,航政局严禁轮船走私。

汉商界缉私协会,定今日举行第二次会议讨论会章,宣言经费预算及内部职员分配等事,该会经费,系由商会垫用,至该会全体委员态度,均以走私影响国税及正当商人出路甚巨,为国家前途计,为本身利益计,决不避艰难,向前奋斗,并以人格担保,对贩卖私货同业,决不徇情,有所偏袒,将来办事,可一秉大公,迅收成效。又查汉市颜料业,外国运来原桶颜料,均须在汉重新装箱,其装制之精美,与外国入口者无异。此项改装颜料,虽其原料业已完税,但运往内地,铁路均须凭海关税票始能装运,因此感受不少困难,现拟照上海办法,请由江汉关指定栈房，作为指定栈房，先将改制颜料，送法定栈房储存证明，然后始可运往各地出售。外传华北走私猖獗时，汉市曾运到私货蓝靛二百箱，缉私协会对于此事，将加以严密侦查云。

（《大光报》P340）

2.汉缉私协会今日二次会议

（1936 年 7 月 6 日）

增加常委名额，通过工作人员。

汉口市商界缉私协会，原定前四日举行第二次委员会议，旋因经费问题，以致延期各节。业志昨报，记者以汉市为商业中心地点，近月以来，私货充斥，缉私工作，匪特为当之急需，征诸事实，尤属刻不容缓，特于昨（五）日晚走访该会负责人，询及一切，据云经费一项，商会决允月拨千元作为缉私会开支，今后工作自可以资挹注。惟兹事体大，非群策群力，难收成效，已准定本晚五时，召开第二次缉私委员会议，讨论会务进行方案，增加常委名额共同负责，为增进工作效率起见，并拟通过秘书室及各处工作人员，以利工作之进行云。

（《大光报》P5）

3.市府令市商会设法指导各业防私

（1936 年 7 月 7 日）

汉口市商会，昨（六）日通知各业公会云：略谓，案奉汉口市政府训令开：案奉湖北省政府令开：准实业部咨开，案准财政部咨开：以汉口市商会及上海市商工会等，先后电请取缔华北走私，以维国货等情，嘱并案核办见复。等因，附抄件，准此。查政府对于私运，前已颁行防止路运走私办法及施行细则，暨惩治偷漏关税暂行条例，稽查进行货物运销章程，皆为防止私运起见，业经先后令饬遵办，并咨达实部在案。惟各工商业，亦应本爱国之诚，怀切肤之痛，对于私货，相戒不予购销，则上下相维，私货自无形绝迹，不独国库税收，可资俾益，即各工商业本身亦可赖以维护，此则深盼贵部设法指导，俾各工商业咸了然斯义，切实奉行，庶几于国于民，均有利益，准咨前因，相应咨转查照办理，等由。查华北私运一事，不独损害国库，计工商业亦受重大打击，政府为设法防护起见，业经指定前项章则，公布施行。此后之工商各界，自应本爱国之热忱，作消极之抵制，互相劝戒，停止购销私货，则私运自绝，不独于国有益，亦即为工商各业本身之利。准咨前因相应咨请查照，转饬所属，对于各商会及各同业公会设法予以指导，以利共同防止，（略）合亟令仰该会知照，并转饬所属各同业公会一体知照。

（《大光报》P17）

4.缉私协会开始办公

（1936 年 7 月 8 日）

省党部派员考查缉私办法，江汉关提高查获私货价格。

汉商界缉私协会，六日晚举行第一次常务委员会议，由何文炳主席首讨论工作分配事宜，当决定叶观生为第一处主任，办理宣传交际诸事；高伯常为第二处主任，办理通信缉私检查诸事；马圻源为第三处主任，办理调查登记统计审查诸事。对于内部职员，亦已决定函聘胡亦愚为秘书，刘勋成为总干图，该部为策动武阳商人，从事缉私工作起见，特派该部干事郑乾元同志，前往市缉私协会，垂询缉私进行步骤与办法，俾资借鉴，昨已函达市商界缉私协会届时于郑君接洽之便利云。

（《大光报》P29）

5.汉市缉私会加紧缉私工作

（1936 年 7 月 13 日）

函江汉关协商缉私进行事宜，播音讲演唤起全市商民注意，同业登报声明誓不买卖私货，强制同业入会严密工商组织。

汉口市商会缉私协会，自开始办公以来，各项情形，已见前报。兹悉该会以汉口为华中重镇，万商云集，兼之华洋杂处，良莠不齐，近月以来，所到私货，自不在少。为求工作彻底，借收宏效，势必事先与各有关机关，切实联络，特于前（十一）日致函江汉关，协商缉私进行事宜，并请将办理私货办法，详细函后，以便工作之进行云。

又讯：该会缉私工作，首在宣传，唤起全市商民之注意，准由常委叶观生即日前往本市广播电台播音讲演云。

又讯：汉商会前据五金铁业同业分会函，奉大会函开：案查本会开执委会第二十九次例会，以现在华北走私，日形猖獗，本市因平汉路运输之便，亦时有私货之侵入，除原文有案，免予全录外，尾开相应录案函达，即请查照。将如何应付方案，详述意见，迅予见复，以凭汇案核办，俾利推行。等因，奉此。敝会当召集全体同业到会讨论，佥以私货之输入，影响我国税收，妨害正当商业，所关甚巨，兹公同议决应付办法：（一）同业誓不买私货，并发报郑重声明。（二）请大会予以协助，派员外严密调查，如查有购运私货情事，轻则处罚，重则将该私货完全充公，似此庶足以资防范而杜来源，是否有当，理合呈请大会核办。同时又据编爆业同业公会函，敬复者，兹准大会函，以华北走私日形猖獗，征求有效应付办法一案到会。查走私问题，严重已极，本会管见，凡有关各业公会须出具切结，不买卖私货，设有违犯，甘受严厉制裁，并组织缉查组，各对本团体时常检举，严密防范，补助政府遏止走私之不足。极力赞同浙江商联会请求修正现行工商同业公会暨商会法，强制同业入会，借以严密工商组织，而免散漫。是否有当，相应函复。现汉口缉私协会成立，闻决采纳该等会之意见，派员四出缉查私货，同时汉商会强制同业入会，以后缉私工作，次第推行，汉市商业渐趋好转也。

（《大光报》P77）

6.缉私会、江汉关会商汉市缉私办法

（1936 年 7 月 15 日）

商会讨论制发分销执照手续，省府通令各县保护缉得私货。

汉口市商界缉私协会常务委员高伯常、叶观生、殷静深，昨日下午会同市商会代表主席苏汰余，前往江汉关监督公署，访晤席德炳，监督会商汉市缉私办法，结果甚为圆满，闻该会近日工作调整极为努力，定于十八日起即开始协缉私云。

又讯：汉商界缉私协会常委叶观生，原定昨日下午一时半在市广播电台讲演商人对缉私应有的认识，嗣因大雨，未克届时前往出席讲演。

又讯：本市五金铁业颜料等同业公会，前以运销进口货物，均皆完纳关税，但转请他处分销，尚乏执照，可资凭证，特纷纷函请市商会核示办理。兹悉市商会据情后，以此事关系商运，至为重大，决定本月十七日下午五时，召集各业主席会议，讨论制发分销执照手续，并函请缉私协会，推派常委参加指导，借利推行。

又讯：市缉私协会，现以缉私工作，亟待推进，最重要者，则惟各有关之同业公会，办理各该业运销执照号数起运日期，运货商人之姓名住址等项登记，以及制发分销执照问题，准定今（十五）日下午五时召开紧急常委会议，并分请各有关同业公会主席参加，分别讨论进行云。

又讯：省府顷准财部电，以关于海关缉获之私货，关员因人力单微，无力保存，应请转饬所属，予以切实保护，以免再被私贩抢夺，而收缉私实效等由，特于昨日分令各县一体遵照，切实协助办理云。

（《大光报》P101）

7.中国国民党中央执行委员会民众训练部函汉口特别市党部该市煤商组织应依据修正商人运动指导纲要及商会组织之原则及新商会法运用方法要点各项之规定

（1936 年 7 月 15 日）

九、函汉口特别市党部

中国国民党中央执行委员会民众训练部公函三一五零号。

案准贵部函请核示本市煤商组织一案，查修正商人运动指导纲要第二款第七项第一目规定：同一区域不得组织两个同级或同一性质之商人团体。又细释商会组织之原则及新商会法运用之方法要点案第三款，同业公会之组织以包括"东西家""大小行"为重要原则。该汉口市煤焦贩运业与煤业柴炭业三公会，其会员明系东西家大小行之关系，其营业性质实完全相同，依法实应合并为一个团体。至炭行业既系牙业性质，自可另成一公会，相应函复查照。

此致

汉口特别市党部

1936 年 7 月 15 日

（《中央民众训练部公报》第 7 期）

8.汉商会代表来沪洽商缉私

（1936 年 7 月 16 日）

（汉口）汉市商会顷接沪市商会来电，定本月廿日上午九时，在沪邀集十五省市商会代表，集议合作缉私办法，汉商会已派代表余蓉樵、殷静深、高伯常三人，定十五日晚乘轮前往出席，省商联会亦派罗辉宗就近代表，在沪出席，并带去提案多件。（十五日中央社电）

（《申报》）

9.关于缉私,市商会代表赴沪,五金铁货准放行

(1936 年 7 月 16 日)

汉口市商会顷接上海市商会来电,定本月二十日上午九时在沪邀集十五省市商会代表集议合作缉私办法,汉商会已派代表余蓉樵、殷静深、高伯常三人,定今晚(十六)乘轮前往出席,省商联亦派罗辉宗就近代表在沪出席,并带去提案多件。

又汉商界缉私协会,昨日午后五时,举行临时常会,并邀各有关机关之同业公会主席出席,研究实行缉私后,各同业公会发给分销执照办法。

又讯:汉商界缉私协会,前准市商会函,据长沙商会及本市五金铁业会先后函呈,以近来运销湘省五金铁货,被当地各团体扣留,系为一种误会。况汉口海关,以五金一项,不在查缉之列,未便发给纳税证及运销照。请转函湘商会,分知当地各团体详释,并将所扣货物放行各节。兹悉市缉私会已于昨日复函市商会,决定办理,其文末开:查该原函仅称五金一项不在查缉之列,所称被当地各团体扣留,亦未说明被扣货物之名称数量,然既据海关以五金不在查缉之列,应查照财部二十五年六月四日第二六八七一号咨送各省政府,依照稽查进口货物运销暂行章程,分别规定第一项办理,该所被扣之货物,如不在该第□项规定之列,自应予以放行,不得留难,准函前因,相应函复,请烦查照,分别转知云。

(《大光报》P113)

10.十五省市缉私会议,汉市提案四项

(1936 年 7 月 17 日)

汉市商会代表殷静深、高伯常、余蓉樵,昨十六日晚九时,由汉乘吴淞轮赴沪,参加沪市商会召集十五省市缉私合作会议,带去提案四件:(一)请统一全国缉私团体,组织全国缉私总会,各省市设分会,各县市设支会,俾收行动一致联络便利之效。(二)请建议政府在海关处理私货所得项下,按月拨出若干,作为各地缉私团体固定经费。(三)请确定民众缉私团体处理缉获分销走私货物临时办法。(四)请建议政府,明令指定各地缉私分会有权稽查各同业公会商号工厂及转运公司之簿册,并办理处罚事宜。汉商会昨晚六时,曾借银行公会为殷等设宴饯行。

又据缉私协会第二处主任高伯常□:该会前晚召集本市有关之各同业公会主席谈话,决定发给分销执照,以后由同业公会负责办理,并负连带责任,凡货物无分销执照者,即认为私货,缉私协会,对无照货物即予扣留,各同业公会主席均表接受。高君并称:昨晨偕苏汰余、殷静深与平汉路路运缉私分处主任接洽结果圆满云。

(《大光报》P125)

11.汉市加紧缉私,汉商会昨召各业商缉私办法

(1936 年 7 月 18 日)

缉私会编就运销须知及标语。

汉口市商会,以缉私协会成立后,将积极进行缉私,特于昨日(十七)午后五时召集有关之同业公会主席四十余人到会,讨论由同业公会负责发给分销执照办法,并请各同业公会主席,对于国难之点申述意见,以便设法解除。开会后由苏汰余、叶观生等说明缉私之重要及缉私协会规定之办法,商讨一小时余,其中以五金电料、颜料等业困难最多,盖因进货为整批,而分销须经装制,或配备之手续证明不易也。最后结果,则大体决定如下:(一)本月 20 日前即由各同业公会发给分销执照,无同业公会之商号由商会发给分销执照。(二)分销执照由缉私协会照规定式样印制,发给各同业公会时,须由同业公会主席盖章请领并照印刷费付价。(三)此项分销执照上应盖缉私协会及商会之图记以免□发。(四)对于进口货物如人造丝、安尼林染料、电气材料等共二十一种货物照部颁章程,须有海关之运销执照为根据,由同业公会发给分销执照外,其余如国货或二十一种外之货,诚恐沿途缉私机关发生误会,得由商会发给证明书,以利运销,其样式亦由缉私协会制备,再由各公会备价领用。上述办法,各业均无异议,至六时半散会。

又讯:汉口市商界缉私协会为便利商民运销起见,特由第一处编就运销须知□种,印就一千余份,备由各业取阅,兹将该项运销须知录志如下:(甲)运销进口货物应办的手续:(一)运销货物,如由内河轮船、汽车等装载,应向海关缴验纳税证据,并请领运销执照。(二)运销货物,如系由火车装载,除缴验纳税证据,请领运销执照外,并须加领完税路运凭证。(三)领有海关完税凭证之货物,向铁路报运时,应先将凭证交由驻站关员查验后,持向路局托运。(四)所领运销执照于货物到达指运地点时,应将运销执照送交当地同业公会(如无同业公会者送交当地商会)收存登记(同业公会登记货物式样附后)。(乙)分销经同业公会登记货物应办□手续:(一)向同业公会或商会报明分销货物情事。(二)请同业公会或商会查核分销货物名称数量与原登记情形是否相符。(三)请发给分销执照。(四)分销执照于路程限期满后,三日内寄还原发之同业公会或商会注销。(五)运销或分销货物,在转运时,所持执照,均得由沿途军警关卡及缉私团体查验。(丙)商号工厂及转运公司应注意的事项:(一)趸销购用转运进口货物,应向财政部指定机关注册领照。(二)趸销购用转运进口货物,均应分别将其来源销售存储转运各情形,备具簿册,详细记载。(丁)商人违反左列情事者应受的制裁:(一)运销货物到达地点后,不将运销执照送交当地同业公会或商会收存,又再运经同业公会或商会登记之货物,向其他地方分销,不报明查核者,按情节轻重处以所运货价二成以下之罚金。(二)商号工厂及转运公司,不向财政部制定机关注册领照,按情节轻重处二百元以上五千元以下之罚金。(三)商号工厂及转运公司,趸销购用或转运进口货物,不设簿登记或为虚伪之登记者,按情节轻重处一百元以上三千元以下之罚金。(四)违反中央政治委员会第十四次会议通过之"惩治偷漏关税暂行条例"第一、二、三各条之规定者,按该条例分别法办。

又讯:汉口市商界缉私协会为扩大宣传,使各界明了走私缉私之利害起见,特拟具标语八则,呈请市党部备案,兹将标语原文录后:

缉私标语:(一)防止走私是保障我国海关行政主权。(二)缉私货是保护正当商业的唯一途径。(三)拒绝买卖私货是保护民族工商业的有效办法。(四)防止走私,即是发展商人的经济、维护国家的税收。(五)私货猖獗是正当商人的致命伤。(六)防止走私,必须全市商民一致拒绝买卖私货。(七)买卖私货就是买卖赃物。(八)贩运私货,就是商界蟊贼,社会公敌。

(《大光报》P137)

12.十五省市缉私大会今晨开幕

（1936 年 7 月 19 日）

此间商界均表示热烈欢迎，希望有一贯缉私政策实现，高伯常等今晨可抵沪参加，汉市海味业贡献缉私意见。

华北走私问题日益严重，亟应有一贯之防止方法，湖南、湖北、江西、江苏、浙江、安徽、河南、福建、广东、河北、山东、南京、上海、天津、青岛等十五省市代表举行之联合缉私大会，定今晨开幕，本省赴沪出席代表高伯常等今晨可抵沪。此间商界对大会均表示热烈欢迎，希望有一贯之缉私政策实现挽救此工商业不振之市面。

汉海味业贡献意见。又讯：汉口市海味糖盐业公会，顷向汉商会贡献缉私意见，原则大要如下：（一）自走私问题发生以来，本会同业决议一致盖印切结，不买卖私货，已经市党部派员查明在案。惟对于尚未加入之同业，实防不胜防，应请严切注意。（二）依照财政部所颁稽查进口货章程，凡属国货，皆可自由运销，当无待言。乃稽查人员，因未能辨识何为国货，何为洋货，对于国货亦常加以阻留，实有碍于同业之营业不少，应由各该同业公会，出具国货运输证明书，请查验放行。（三）各同业将进口货提回分售，若一一向海关领单，不独手续繁复，缓不济急，且恐唛头派司，偶有错误，为求便利起见，应求转请准予遵照财政部所颁章程，由该各同业公会，出具分运凭单，以资证明，毋庸记载唛头，以免无辜受累。（四）各同业事先出回之进口货，应求转请准由该同业公会出具证明书，以利运销，而已经在路上被扣留之货，亦应请转咨稽查机关，准予查照该各同业公会之证明公函，即予放行。

（《大光报》P149）

13.武汉商界努力缉私

（1936 年 7 月 20 日）

武昌、汉阳两商会自动组缉私机关。

武阳两商会，因鉴于迩来走私猖獗，影响国产货物推销，至深且巨，其爱国之心不输后人，兹为力谋挽救起见，特自动筹备，联合组织武阳商界缉私会。进行以来，已具端倪，刻正草拟组织规程及取缔贩运私货办法，委员人选亦正在物色中，不日即举行代表会，推定负责人员，并将于下周正式成立。关于经费之筹措，闻由两商会分摊，至昨报载省党部领导一节，殊非事实，据记者探明各情，大致如上，用特并志于此，以昭翔实云。

又讯：汉口市商界缉私协会，日前已借市商会职业学校为会址，开始办公，经费业经市商会允筹给一月，各处及秘书室刻正拟具办事细则、工作计划，日内即可开会提出讨论。据闻该会须至本月十八日起方能开始协助缉私，因财政部颁发之缉私条例，系于上月二十八日公布，照例须经过二十天，由各海关另行公布后，始可发生效力云。

（《大光报》P65）

14.(汉商会)吁请政府缓征所得税

(1936 年 7 月 22 日)

值此民穷财尽安有所得税之言,汉商会电十五省联会力争。

自财政部决定征收所得税后,其暂行条例正待修正施行。惟各地商会,以值此民穷财尽之□□政府另□新税,殊苦无力负担,纷纷表示反对。汉口市商会昨□江苏吴县商会青(九日)代电,请一致□□要求政府暂缓施行。该会据电,比提经第三十二次执委会讨论,决定电请沪商会,乘此十五省市商会协议缉私期间,专案提出讨论,一致力争,兹录其原电于次:

电沪商会原文。上海市商会鉴:顷接吴县商会青电,以所得税暂行条例,正待修正施行,值此民穷财尽之时,应请暂缓施行,稍纾喘息,请为一致主张等由。提经本日本会第三十二次执委会议,佥以工商衰落,百业凋残,国民经济,行将破产,所有商店勉维现状,而未致于倒闭者,已属万幸,安有所得之可言。政府诸公不思加意体恤,培厚生机,反欲强行所得税,民力疲惫,救死不暇,何堪负此重担。本市如此,各地想有同然。上海商会正在邀集十五省市协议缉私,急宜电请据吴县商会青电专案提出讨论,决议力争,并电本会出席代表余蓉樵等,据电说明提案理由,以期贯彻主张,不达到暂缓施行之目的不止等语,记录在案,用特录案电达贵会,即希提出讨论,并转本会代表余蓉樵等查照为荷,汉口市商会哿(二十)云。

(《大光报》P185)

15.平汉路上缉私有成效,完税日货源源运汉

(1936 年 7 月 23 日)

自缉私总处成立以来,私货南销路线已被截断,平汉路一带查缉尤为严密。计自六月一日起,大智门、信阳、驻马店、许昌、郑州、新乡、石家庄、长辛店均设分处,沿途截断私货南销路线,无运销执照者,均被扣留。结果查获私糖、脚踏车零件、安尼林染料、人造丝,为数已可惊人。刻下正由海关请示总处如何处置。缉私总处方面,并派副处长黎寿彭到汉主持一切。刻下武汉中国商人多已觉悟,视贩运私货无非自取罪戾,不但对不起自己良心,甚至遗害子孙于无穷,且因中途破获损失甚巨,故大部已自动终止。私货既减少来源,市场所需要征税之日货则觉迫切,最近已由日轮运到汉口,例如长江日轮,三个月来,并未运糖进口,最近则源源而来,前日到汉之洛阳丸,即运到白糖四千包,由此可见因中国当局之缉私,实直接促进中日两国正当贸易之发展云。

(《大光报》P197)

16.五个月来之市小本借贷处

(1936 年 7 月 25 日)

救济中小工商业贷出十万余元,小本借贷处必要时得扩大组织。

本市小本借贷处,自开幕以来,迄将半载,究其营业状况及与市面金融助益如何,殊为社会上人士所重视。记者昨晤该处经理罗丙炎君,承告贷款情形颇详,爰志如次:

贷本处非救济事业。据谈：本处成立伊始，一般人士多不明了，误认本处为办理救济事业之机关。要知小本借贷，完全站在流通市面之立场，本处援照平京成例，组织成立，但贷款范围，北平居第一位，南京居第二位，本市居第三位。现在因值暑期，各项小本商业大多采取紧缩或告停歇，以致贷款少而还款多。俟秋凉后，借贷申请必渐繁复，本处于必要时得酌量扩大组织，以应环境需要。

已贷款项约十万元。本处规定贷款程序，必须经各所属公会证明，由借款人填具申请书送处审核。派员调查填表存案，由各公安分局户籍警盖章，提经本处会议后，方准发款。计在本年蒲节比期内，每日请贷之户达六千余元，本处为体恤商艰起见，均经随到随办当日贷款。截至现时止，共计贷款一千零五十户，平均每户约一百二十元，综约十万余元。关于货物押款，规定每户不得超过五百元，经已转商银行□互助办理，杂货业占最高贷额。截至现在止，已贷出款项，计工业方面，国货匹头业占贷额第一位，洋伞业次之，五金机器业又次之。商业方面，杂货贩卖业承接一万五千元，豆制食品业占第二位，广货业居第三位。其贷款用途，用于购置原料者，占百分之十五；囤积货物者，占百分之十；扩充营业范围与装修门面者，占百分之二十；筹备营业者，占百分之十；偿还高利贷利息者，占百分之二十；其他调查不明者，约占百分之二十五。即就杂货贩卖业而论，自本处开幕以后，店铺只有增加，绝无关闭情事发生。

处理抗偿公私兼顾。本处自开始贷款以至现在，虽秉经政府意旨，对于申请之户，详细调查，始予发款，间有少数不良分子，仍不免规避展延。所幸本处员工大都熟悉汉口社会内容，每遇发生抗偿情事，即就实际环境，分予和平处理，务以公私两全为原则。因此五个月来，本国营业，并未有若何纠纷云。

（《大光报》P221）

17.商会代表返汉，汉市将成立商会检私委员会

（1936年7月30日）

汉口市商会出席各省市商会联席会代表余蓉樵、高伯常、殷静深等，业于昨二十九日乘新宁兴轮返汉，记者特访于轮次，余蓉樵、高伯常等首谓：同人等此次奉市商会之推派，代表赴沪，出席各省市商会联席会议，于十六日起程，十九日抵沪，二十日会议开幕，到会代表五十余人，所代表之商会，单位凡二十一会，除边僻省份以路途遥远，未能赶到者外，这次会议，总是我国商人最盛大的聚会，足见全国商人看清楚了谋我者倾销私货的毒计，一致协助政府，拒销私货的决心。各代表提案计六十余件，依其性质可分为协助政府缉私、健全商人组织、改良税制三类。此次在沪已成立中华民国各地商会缉私总会，期给全国商人力量，作一致行动，本市代表高伯常被推为常务委员，虽以个人业务纷繁及在汉市缉私会所负之责任重大，未能常驻沪办公，然本市为内地工商业重镇，握一切货品流通之咽喉，缉私工作尤为繁重，自当就近努力，为内地各省市之楷模。至于健全商人组织，业经建议政府，请将商人团体法规予以修正，明定其系统，确定其权限，立法当局亦深表同情，最近即可望实现。再关于税制改良问题，最重要者为汉市所提出之请暂缓施行所得税一项，同人等对此全世界公认之最良善的直接的所得税制极为赞同，惟以我国工商业会计制度尚未推行尽善，营利所得征税，在会计手续改革以前颇难实行，且法权尚未统一，一旦施行直接税，必使资本逃避，上海营业税之未能开征者，即其一例。

至于年来,商界感受不景气影响,市场凋零,营业清淡,政府自实行废除苛捐杂税以来,各地财政当局,遵照办理者固属不少,但尚有许多类似苛杂之附税及重征税等等,尚在续征中,于商人影响甚巨。在所得税开征前,亟望能将此种捐税,彻底废除,俾最良善的所得税开征时进行顺利。此项意见,已蒙财政当局采纳,业予展期开征矣。至于民法债权篇六八一条,合伙员连带无限责任之规定,与我国商业习惯殊不适合,本市商会早已专案请求修正。此次同人等乘此次全国商人代表聚议之时,特提出以求实现,业由大会主席团与谋我者可乘之机,尚望本市商人,本自相救国之热忱,万众一心,完此任务云。

又汉商界缉私协会,将改称汉市商会检私协会,本星期五(三十一日)开会商讨改组后,即着手积极进行云。

(《大光报》P279)

18.检私协会,市缉私会改称,昨商改组办法

(1936 年 7 月 31 日)

汉口市商界缉私协会决改组为检私协会,以符全国商界联席大会决议案,该会并定于今日下午五时在市商会召开全体委员会商讨改组事宜,并由出席商联会代表高伯常、余蓉樵、殷静深等出席报告参加会议经过情形。据关系方面称缉私等工作已成过去,因走私情形,现已逐渐敛迹,我国一般商人均已觉悟,日方因种种关系,亦未便使一般走私浪人肆行无忌,刻已定有办法,将予严厉制止,目前各地走私货已不见往时活跃,商界检私工作固可不必进行,但无妨借此机会警惕商人自觉,促进团结力量云。

(《大光报》P291)

8 月

1.汉市检私委员会,五日由商会派员正式接收

(1936 年 8 月 2 日)

汉市商界缉私协会,自七月一日成立以来,迄今月余,初因经费之商磋及各项章则之拟订,并与各有关之同业公会互商缉私办法,需时甚久,且因此种协会,事属草创,汉市又为全国商业中心,姑无论六月二日以前,有无私货到汉,对于发给分销执照及土货证明书,不可不加以十分慎重。在商人方面,所希望者因路运缉私甚严,货物非有凭照不得行销内地,所有完税之单据,均已缴还海关,故一致盼望由各同业公会发给分销执照,如非二十一种洋货则由商会发给土货证明书。此项办法规定后,适沪市商会发起召集十九省市商会代表开会,组织全国检私委员会,办法既变更,而私货行销之形势亦迥非昔比。盖因六月二日以后,因平汉全线路运缉私得力,私货南销路线截断,水运方面、海关方面亦倾全力办理,虽有某方运载□□船只,仍出入黄

石港一带,但私货之来源,确□逐渐□落。据闻七月份完税白糖运汉者,共为一万□千九百包,此种数字,较之三个月前,诚不啻天渊之别。商界有见于此,同时派沪出席会议之高伯常、余蓉樵等□□返□□前□□会讨论结束,对于汉市检私委员会,决□交商会负责主持,定本月五日由商会派员正式接收。前缉私协会□□卷文件,则推定殷静深、高伯常、叶观生、乐作霖四人□□□,□□□私,大约将分为两个路线,一方面清理各业货物,如确非私货,再发给分销执照,将来派员在各交通路网检查有分销执照及土货证明书者,一律放行,如此则货物得迅速流通,市场亦可欣欣向荣矣,至商会发给分销执照及土货证明书,每张可照规定收费四分,故经费一层,亦已不成问题云。

(《大光报》P74)

2.湖北省政府为据汉口市政府呈报该市堆栈业公会递补执委并选补常委情形请核办等情咨实业部

(1936年8月3日)

案据汉口市政府呈称,案据本市堆栈业同业公会二十五年七月十六日呈称,呈为呈报补选委员,仰祈鉴核备案。窃属会常务委员田炳卿以脱业离职,爰于举行大会时,依法递补候补执委郭干之为执行委员,复由执行委员互推郭干之为常务委员,理合具文呈报钧府,俯赐察核备案,实为公便。等情,据此。查核尚合。除指令外,理合备文转呈钧府,鉴核咨部备案示遵。等情,据此。查核尚合,除指令外,相应咨请贵部查核备案为荷。

此咨

实业部

主席　杨永泰

3.商会昨函告各业,请注意商人选举权

(1936年8月6日)

胪列应行注意事项三点,请照规定人数补推足额。

汉口市商会,昨函各业商会,以国民大会代表选举法第三章职业选举,第二十三条内载,各省职业团体,应出之国民大会代表,由各该职业团体,有本法所定选举权之会员,依第六条之规定选举之,所谓有本法所定选举权之会员一语,在商人团体则系以各业同业公会所属之会员代表为选举人,是凡已入各业同业公会之公司行号会员代表,方能享有商人职业选择之选举权,亦即参加商人职业团体选举之基本单位,关系至为重要,盖以商人选举权之有多寡,即以各业公会会员代表人数之多寡为标准,此应请各业公会之特别注意者一。现闻市政府已依照选举法施行细则第二十条通告各业公会,造报会员名册,即系为将来散发选票数之根据,则各业公会对于此项会员名册,务将所有入会之公司行号会员代表全体姓名,依式造报,径送市政府审查转呈,万不可稍有遗漏,致丧失其应享有商人职业选举之选举权,并一面将此项名册另造一份,送交本会,以备查对,此应请各业公会之特别注意者二。至各业公会之会员,按照同业公会法第七条,即系同业之公司行号,所推派之代表,此项代表,依照同业公会法施行细则第十条,

每一公司行号得推派一人至二人，以经理人或主体人为限，但其最近一年间，平均店员人数在十人以上者，得增派代表一人，由各该公司行号之店员互推之，此项由店员互推之代表，不得逾三人，连同经理及主体人二人，共不得逾五人，所有公会现在已入会之会员，不知是否按照上项办法及其人数推派，如有未经依照上项规定人额推足者，应即令催各该同业公司公号，迅为补推足额，送由各业公会一并列入会员名册内造报，以免丧失商人应享有之选举权，此应请各业公会之特别注意者三。以上三项，均关系国民大会职业选举本市商人之选举权，极为重要，兹为郑重意见，用特专函奉告，务望查照迅速办理云。

（《大光报》P122）

4.商会检私会改组成立

（1936年8月7日）

商会方面加推常委两人，检私会内部组织将缩小，分销执照开始发售。

汉市商界缉私协会，本月五日由商会派员接收，正式改组为检私委员会，除原有常委余蓉樵、高伯常、叶观生、乐作霖、马圻源、何文炳、梅云章七人照常连任外，商会方面，并加推苏汰余、祝庸齐二人为检私委员会常务委员。至检私会内部组织，亦将缩小，将来即设检查鉴定两组，并为谋办事便利起见，于常务委员九人中，推主席委员一人。刻下汉商会所发之分销执照及土货证明书，均已由各同业公会开始发售，每百张取费五元，如是各货得畅行无阻。但闻检私会成立后，对于六月二日以前华北运来之私货，仍将彻底予以清理，盖因分销执照之发售，大家仍系保护正当商人者也。

（《大光报》P134）

5.实业部准汉口市堆栈业同业公会呈报递补执委及推补常委情形并准予备案咨湖北省政府文

（1936年8月7日）

实业部咨案，准贵省政府省建三字第一五七九一号咨：转据汉口市堆栈业同业公会呈报递补执委，并推补常委情形，嘱查核备案。等由。除准予备案外，相应复请查照，饬知为荷。

此咨

湖北省政府

6.检私会今开首次会

（1936年8月9日）

讨论一切进行事宜，组织章程十三条已草定。

汉口市商会接收检私委员会，已志前报，兹悉检私委员会，定今（九）日举行首次全体会议，讨论一切进行事宜，其组织系统及章程，草定如下：

组织系统。汉口市商会检私委员会，设常务委员会及主席常委，下设第一、第二两组。第一组设主任一人，干事一人，助干二人，调查员二人，检查员六人，通讯员二人。第二组设主任一人，干事一人。此外并设秘书室，设主任一人，秘书一人，干事一人，助干一人，录事三人。

组织章程。汉口市商会检私委员会组织章程，第一条，本会根据全国各省市商会联席会议之决议组织之。第二条，本会定名为汉口市商会检私委会。第三条，本会以督促各业协助政府查缉私货，鼓励市民告密维护正当商品之运销为宗旨。第四条，本会委员除由市商会全体执监委员为当然委员外，并由关系各业公会各推代表一人及市商会会员大会推定代表若干人参加组织之。第五条，本会设常务委员九人，组织常务委员会，互推主席常委一人，处理日常事务。第六条，本会设左列各室组：（一）秘书处；（二）第一组；（三）第二组。第七条，除秘书主任由汉商会聘任外，第一、第二两组主任就常务委员中互推担任云。第八条，本会之任务如下：（一）检查进出口货物有无漏税情事。（二）维护商品之运销。（三）指导并稽查商人团体办理检私及严密组织事项。（四）办理商人告密及临时处理缉获私货事项。第九条，各室组之职权如下：（一）秘书室秉承常务委员之命，督促各组工作进行，办理文书记录收发保管会计庶务诸事宜。（二）第一组办理检查通讯调查指导宣传交涉诸事宜。第十条，常务会议，每两星期举行一次委员会议，于必要时，由常务会召集之。第十一条，本会各项规则及办事细则另定之。第十二条，本章程如有未尽事宜，得提出委员会议修改之。第十三条，本章程自委员会议议决后施行。

（《大光报》P158）

7.汉市商会检私会昨日举行首次会议

（1936 年 8 月 10 日）

推定苏汰余为主任委员，武昌检私会定后日成立。

汉市商会检私委员会，昨九日午后五时，举行首次会议，除通过组织章程外，并推定苏汰余为主任常委，殷静深为秘书主任，高伯常为第一组主任，叶观生为第二组主任云。

武昌商界检私委员会，经已推聘柯舜卿等为委员，并呈奉省党部令准，于后（十二）日成立，同时派蔡谦为指导员，其组织章程亦经修正颁发，兹分志各情于后：

组织章程。该会由武昌县商会全体委员暨各公会主席组织，并请省党部派员指导，会内设常委五人，由全体委员中推任，指导员常川驻会，指导常委及秘书主任，办理一切事务，常委下设秘书室一至三股，秘书室设主任及秘书各一人，干事录事各若干人，各股设正副主任各一人，由全体委员中互推，干事录事若干人，由常委商承指导聘任。

规定任务如下：（一）遵照政府迭次颁布之缉私条例及办法，协助政府办理检私事宜。（二）调查商人有无违反稽查进口货物运销暂行章程第四、第六、第十、第十一各条规定之情形。（三）检查纳税证据、路途凭证、运销及分销执照。（四）关于贩运走私，及检获私货之处理。其各室股职权如下：秘书室撰拟文书、记录、收发文件及保管印信事宜。第一股办理宣传交涉事宜；第二股办理通讯检查事宜；第三股办理调查、登记、审查事宜。该会常委会议每星期举行一次，主席由各常委轮流担任，全体委员会议指导员出席指导，于必要时，得由常务委员商承指导员临时召集，其经费由武昌县商会筹集，并另定其他各规则及办事细则。

（《大光报》P170）

8.尚志:读本刊《汉口市商会第五次会员代表大会辑要》后

(1936 年 8 月 10 日)

本市商会第五次会员代表大会,依法于四月八日上午十时在商会大礼堂开幕。出席代表达 860 余人,党政军及各界参加代表达五十余人。开会时间历三日之久,讨论议案达六十三件之多。壮严热热之情状,当可想见。惟作者愧非会员代表,未能参加盛会,殊为可憾!兹根据本刊新一卷一期之《汉口市商会第五次会员代表大会辑要》所载,略抒读后之感想如后:

汉市商场之危机已至最严重之时期,此为不可讳言之事。其原因除由于普遍的不景气无法可以避免外,实由于国内交通年来长足的发达进展,致汉市失去过去重要的地位者居多。就陆路言,以前豫陕产品之出路,多由平汉路运达本市,再由本市轮运赴沪,现在北方产品则由陇海路转运上海,将来连云港成,更可直接由海州出口。就水路言,过去上海运输内地货物,以及川湘黔产品求出路者,均赖本市为集散地,今则皆可直运。是若干交通线,过去为本市营养线者,今则反戈成仇矣。本市商场日形凋零,以致造成今日之最严重危险状态者,此实为其主因。汉口商会会员大会为商场最高且强有力之集会,竟对此根本问题毫未注意及之,殊不免于明足以察秋毫之末,而不见舆薪之讥。在交通状况尚未形成前,本市商场未能注意,研讨有效之防止,已属失策之至,今已造成而不谋有以补救,尤属失策中之失策者。目前最严重之问题,为川湘路之兴筑,暨与浙赣路接轨,如果成为事实,则不仅川湘滇黔之货物与汉口绝缘,而粤汉路之通车,反足为汉口之累矣。川汉铁路路基早已测定,且已动工一部分,何以今日舍川汉而谋川湘?此则汉口商人所应誓死力争者!乃大会见不及此,仅有要求减税减费之告哀文章,务近忽远,逐末舍本,诚为遗憾!盖交通状况不加改造,汉市商业永无振兴之可能也。

大会提案,除商会执行委员会提出者外,其余各同业公会提出者不外三类:(一)强化同业公会;(二)纠正不合理的营业竞争行为;(三)减免营业税及其他负担。除第三项外,第一、第二两项,实足表现各同业在此数年之折磨中,已有极进步之认识。盖知:(一)同业公会不加强化,不能负担其任务,借谋同业之幸福,纳市场于正轨;(二)不合理的营业竞争行为不加以纠正,商人之道德,市场之信誉,均无法恢复提高。此为本年代表大会最良好之收获。

(《汉口商业月刊》新 1 卷第 3 期)

9.(汉口市商会)函各业公会请造具选民册送会

(1936 年 8 月 10 日)

敬启者,查此次国民大会代表选举法前奉汉口市政府令转发到会,早经印送各同业公会查照。至关于本市公民宣誓登记办法及宣传大纲,亦已由会分别印送,并请各同业公会召集会员详为解说各在案。诚以国民大会代表之选举,按照法令所定,系分区域选举与职业选举、特种选举三项。商会为职业团体之一,其选举人即以各同业公会会员为其基本,则是凡属同业公会之会员,均应参加商会团体之选举,不能参加其他团体,意义至为明显,即就商会本身言之,平日对于政府所尽之义务已多,而所享之权利仅仅此全省共出代表六人之名额(查从前汉口特别市曾有专额三名,现在争既不得,殊为遗憾!),则对于此项代表之选举,自应由各同业公会会员有选举权者一致参加，慎重选举，以期选得其人，为我商界谋幸福。因为商会团体所选出之国民代表，始能代表商会争得应享之权利也。惟现闻各同业公会会员中，多未明了此旨及其自已之身份，竟有加入其他团体者，实属根本上错误，急须纠正！应请由各同业公会即日召集各会员详加解释，以免误会，而资团结，一面请各同业公会迅将全体会员姓名、年龄、籍贯及其从事该职业之年期，造册送会，以便汇同转呈选举监督审核备案，庶资格可以确定。而选举得期胜利，幸勿任其放弃选权，或漠不关心，致为其他团体所窃笑也。（并请注意后开各点）除分别通知外，相应函达贵公会，即希查照办理，盼切！祷切！

附开：

一、各商店经理、店员，凡从事该职业一年以上领有公民证者，皆有选举权。

二、各公会会员具有选举人之资格，年满二十五岁，其从事该职业满三年以上者，皆有被选举权。

三、各国每届选举之时，对于选举权非常重视，并有停止一切工作参加其选举者。现在我国举行初次国民大会代表之选举，机会极为难得，所有公民宣誓登记时及正式选举时，均应热情参加，以表现新国民之精神，而享应有之权利。

（《汉口商业月刊》新1卷第3期）

10.（汉口市商会）电上海市商会请一致力争缓行所得税

（1936年8月10日）

上海市商会鉴：顷接吴县商会青电，以所得税暂行条例正待修正施行，值此民穷财尽之时，应请暂缓施行，稍纾喘息，请为一致主张。等由。提经本日本会第三十二次执委会议，鉴以工商衰落，百业凋残，国民经济行将破产，所有商店勉维现状而未至于倒闭者，已属万幸，安有所得之可言。政府诸公不思加意体恤，培厚生机，反欲强行所得税，民力疲惫，救死不暇，何堪负此重担。本市如此，各地想有同然。上海商会正在邀集十五省市商会协议缉私，急宜电请根据吴县商会青电专案提出讨论，决议力争，并电本会出席代表余蓉樵等据电说明提案理由，以期贯彻主张，不达到暂缓施行之目的不止等语，记录在案。用特录案电达贵会，即希提出讨论，并转本会代表余蓉樵等查照为荷。汉口市商会咿。

（《汉口商业月刊》新1卷第3期）

11.函各业公会抄发土地登记施行细则

（1936年8月10日）

径启者，案奉汉口市政府本年七月二十二日政字第三一号训令开：令汉口市商会，案查前奉湖北省政府令转奉行政院暨内政部咨，以土地法、土地法施行法，业经明令规定，自本年三月一日起施行，各省市地政施行程序大纲，亦经制定公布，汉口市已办土地发照注册，应即依照该程序大纲第十六条之规定，改办土地登记，饬即遵办一案。遵即于本年四月十五日起，依法改办本市土地登记，分别函令及布告周知，并将改办登记日期及本市土地登记施行细则与地籍等图呈报备案各在案。兹奉湖北省政府省民土字第二三二七〇号令开：案准内政部二十五年七月一日发〇〇〇九四一号咨开:案查前准贵省政府二十五年五月二十九日省民土字第一九七五四号咨,为拟定汉口市土地登记开始日期,附送汉口市土地登记施行细则与地籍等图,嘱查照等由,当经本部将汉口市土地登记开始日期,抄同汉口市土地登记施行细则呈请行政院鉴核备案,并将地籍等图由部备案,复请贵省政府查照各在案,兹奉行政院二十五年六月二十七日第二三六五号指令开:呈件均悉,准予备案,仰即知照。此令!等因,奉此,相应咨请查照。等由,准此。合行令仰知照。此令,等因,奉此。除分别函令及布告周知外,合行抄发核准细则一份,令仰该会知照,并转行知照。此令。等因,计抄发汉口市土地登记施行细则一份到会。奉此。除遵照暨分知外,相应录令照抄,转请查照。

计附发抄件一份

汉口市商会启

7月20日

附汉口市土地登记施行细则

第一条　本细则依各省市土政施行程序大纲第十九条之规定,根据土地法及土地法施行法订定之。

第二条　本市土地登记,由市地政局办理。在成立前,暂由市政府设科办理,以市政府为主管机关。

第三条　本市土地权利,在登记程序进行中发生之争议,由土地裁判所裁判之。在成立前,暂由法院受理。

第四条　地政机关办理土地登记所备簿册,应按内政部颁格式制定之。

第五条　地政机关办理土地登记,所备地图,应依内政部颁土地测量实施规则第一九九条至二三四条之规定绘制之。

第六条　登记簿应依次编列号数,记明于簿面,依土地法第四十八条划分区域者,其号数应按各区域编列之。

第七条　登记簿面应记明开始之年月日,其全部用纸登记满了时,亦应记明其年月日。

第八条　收件簿之号数,应于每年一月一日更新之。

第九条　各项档案簿,应每年分为别册,依收件号数之次序编订之。

第十条　声请书有数页者,声请人应于其骑缝处盖章,但声请人为多数时,仅由一人为之。

第十一条　图式以地政机关实测图为准。如土地有分割、合并、增减、埋没或其他变更时,地政机关于收到声请书后,除依土地法第七十八条规定即行调查,制作调查笔录外,并应复丈绘具地图。

第十二条　复丈时,声请人应约同利害关系人到场。指丈量结果,应由声请人及利害关系人签名或盖章证明。

第十三条　土地经复丈后,应按左列规定编定地号:

一、土地分割为数地段时,应就原编地号,顺次编为某号之一某号之二等地号;

二、土地一部合并于他土地时,其残余部分应仍用原编地号;

三、土地全部合并于他土地时,该土地原编地号即为缺号;

四、土地有增减时,原编地号不变更;

五、土地埋没时，原编地号即为缺号。

第十四条　凡土地有显明之道路、沟渠、堤防或区划界线等之间隔，或种类不同者，不得合并，但毗连之土地其种类虽不同而面积之大小悬殊者，得因声请人之请求，酌量合并。

第十五条　土地权利书状内所附分段图，应按复丈更正后之经界面积种类地号绘载，并记明复丈年月日。

第十六条　在登记用纸各事项栏就标示或权利事项分行记载，而其下有余白时，应作勾画，但最后一行之下仅加盖名章。

第十七条　各事项栏登记完毕时，应于其后记载声请文件档案簿之册数及页数。其附呈有图式时，应于标示事项栏，记载图式档案簿之册数及页数。

第十八条　为前条记载后，应分别于标示先后及标示事项二栏，或权利先后及权利事项二栏，作纵线以与余白分界。

第十九条　土地法施行法第二十条情形，应于前用纸登记号数左侧记载第一字样，于新用纸登记号数左侧记载第二字样。其有第三以下之新继续用纸者，则依次记载第三第四等字样。

第二十条　登记用纸截止时，应于标示事项栏记载截止之事由及其年月日，由登记职员于其下加盖名章，并涂销该土地之标示事项、标示栏数及登记号数。

第二十一条　登记用纸截止时，应于索隐簿之备考栏说明其事由。

第二十二条　以前本市施行之发给土地执照规则及土地移转变更，注册规则自土地法施行之日起废止之。

第二十三条　土地法施行前之声请事件应依以前规则完结之。

第二十四条　凡在本市办理土地注册发照期间，无人声请给照之土地，业经市政府收管者，仍依汉口市政府收管无土地办法结束之。

第二十五条　凡在本市办理土地注册发照期间领有执照之土地已满一年者，应由权利人填具声请书持同原领执照，向地政机关声请换给土地权利书状。地政机关接收前项声请后，应即调查，如有纠纷，应即依法解决。如无纠纷，应即依法记载于登记簿，并换给土地权利书状，不收登记费及书状费。

第二十六条　本细则如有不适宜时，得呈由湖北省政府咨准内政部修正之。

第二十七条　本细则自呈准公布之日施行。

（《汉口商业月刊》新1卷第3期）

12.汉检私会开会

（1936年8月10日）

（汉口）汉商会检私会，九日开首决会，推祝庸齐为主席，苏汰余为常委，高伯常、叶观生为一、二组主任，工作计划已拟订，即加紧缉私。（九日专电）

（《申报》）

13.检私会派员访谒李桐华，商讨检私问题

（1936 年 8 月 13 日）

财政部防止走私总稽查处副处长李桐华由平来汉，各情已志昨报。兹悉汉口市商会检私委员会，以该会今后检私工作，极为重要，并亟须与李商讨，特推定委员叶观生、高伯常二人，于今日上午十时前往晤谈后，并转访海关防止路运走私总稽查处长黎彭寿商洽一切，借利进行云。

又讯：汉口市商会检私委员会，现以检私工作开始关于各业运输货物情形，亟待明了，特定于明（十四）日下午一时，召集本市报关业同业公会、永记转运公司、平汉路转运业同业公会、信通转运公司、湘鄂转运公司、汉永义转运公司各经理人，商讨一切，借利进行云。

（《大光报》P206）

14.汉市检私工作今日起实行

（1936 年 8 月 17 日）

查明确系私货即送海关处理，人造丝有分销执照始能通行。

汉市商会检私委员会，定于今日（十七）起，实行检私工作，分别派员赴汽车站内河轮船运输码头，检查货物，凡无该会所发之分销执照及土货证明书之货物，均将扣留，如确系私物，将送海关处理。又本市绸缎业公会，以海关布告，所有人造丝织品，亦在二十六种货物之内，须分销执照始能通行，昨日特召集会议，讨论发照办法。

又讯：汉口市商会检私委员会，昨（十六）日分函汉轮船公司，汉口湘鄂货栈，建厅内河航输管理处云：查本会自遵照中华民国各地商会检私总会章程改组以来，关于检私工作计划，亟待逐步推行，兹定自本月十七日起，出发各地段，对于进出口货物开始检查，除分别通知暨函请各机关协助外，相应函达，请烦查照，随时予以便利云。

（《大光报》P254）

15.汉各业检私会成立

（1936 年 8 月 21 日）

（汉口）汉匹头业、绸缎业、糖盐海味业、布业等，已将各该业检私分会组织成立，并派定检查员若干人，呈请汉商会检私会备案。（廿日中央社电）

（《申报》）

16.所得税目苛细，汉商会吁请修改所得税

（1936 年 8 月 26 日）

营利税与营业税毫无区别，所得税施行，营业税即应废。

汉市商会，昨电呈财政部孔部长，以查七月二十一日公布之所得税暂行条例二十二条，对于各类所得之起征额规定过低，殊嫌涉及苛细，而第一类营利事业所得之课税，与营业税之课，

营业收益及资产收益者正同,尤嫌重复科征,爰为蒿目时艰,谨为钧部约略陈之。(一)暂行条例规定,第一类资本满二千元,第二类薪给报酬月达三十元者,均须课税,起征额实过低。查资本二千元之营业,每年纵有纯益合资本实额百分之五,则终年辛勤所得不过百元,每月平均尚不足十元,而以之完纳千分之二十之税,剥及事蓄之资,宁为事理之平。第二类每月平均所得自三十元至六十元者,每十元课税五分,数虽微细,情实难安。我国大家庭制度,迄犹盛行,年来失业骤增,谋生不易,八口之家,仅恃一人薪给报酬三十元维持生活者比比皆是,此一角五分之税,在政府则九牛一毛,在纳税者则衣食所系,况三十元起税,虽人力车夫亦不能免,是岂我政府推行直接税之本旨也乎?又第三类凡公债公司债股票及存款利息之所得,均课以千分之五十之税,亦嫌过当。查公债公司债股票价格时有涨落,保有者不能不负担风险,利息所得,正所以资补价,今课以千分之五十重税,恐将令投资于信用市场者裹足。至于存款利息所得,则已于收益时完纳所得税矣,今复课以千分之五十之税,不能不谓为过重。总之,所得税税率过于苛细,殊背良税之旨,拟恳钧部俯徇浙江全省商联会请求提请立法院修正,准予将第一类起征额改为资本五千元以上,第二类起征额为百元以上,第三类公债公司债股票利息所得免税,存款利息所得税率减轻,全国幸甚。(二)暂行条例第一类营利事业所得课税,与现行之营业税毫无差别者,营业税与地方税所得税为中央税而已,值兹商场不景气愈趋深刻之际,中央、地方双重课征,商力几何实难堪令。查所得税推行最善之英美二国,均将营业税包括于所得税之中,不闻所得税外复有营业税,即其他各小国,于所得税推行之后,亦无不免除营业税之一部分,盖为培养税源计不得不如此也。我国营业税开办未久,征税方法未臻完善,商民至感困苦,今宜于施行所得税之日,明令废除营业税,借裕国库,而苏民困,设营业税因地方政府抵补无着,难以废除,则请暂缓开征所得税,庶商场得免于落井下石之惧,而政府亦免于竭泽而渔之讥。总之,所得税本属良税,然仍须顾及社会环境及国民生计,若涉及苛细,重复课征,则殊失世界各国推行直接税之本意,钧部年来改善税制,不遗余力,上陈各节,谅亦早在洞鉴之中,尚乞俯顺舆情,提请立法院修正公布,并在营业税未废除以前暂缓施行,不胜企祷之至云。

(《大光报》P5)

17.省府颁发各县工商会组织准则

(1936 年 8 月 29 日)

商会须图谋发展贸易,工会须增进公共利益。

省政府顷奉行政院令,以各地转送商会及工会同业公会章程名册,往往内容复杂,未尽妥善,殊感不便,兹经中央执行委员会民众训练部制定商会工会同业公会两种章程准则,借供各地党部指导,抄发原件,仰即知照等因,特于昨日分会各区专员各县长,转饬一体知照,兹摘录两项准则如下:

商会组织。各地商会,以图谋工商业及对外贸易之发展,增进工商业公共之福利为宗旨,各会之职务如下:一、筹议工商业之改良及发展。二、关于工商业之征询及通报。三、关于国际贸易之介绍及指导。四、关于工商业之调处及公断。五、关于工商业之证明及鉴定。六、工商业统计之调查及编纂。七、创办商品陈列所、商业学校或其他工商业公共事业。八、遇有省市面恐慌等情,有维持及请求地方政府维持之责任。

会员。各会会员分下列两种：一、公会会员，凡本区域内各业同业公会依法加入者。二、商店会员，本区域内商业的法人商店，会员不遵守章程决议或其他破坏之行为者，得予以警告，或停止其应享之权利及除名等处分，同业公会会员代表，每会举派一人，超过十五人者，得增加代表一人，惟至多不得逾二十一人，商店会员每店举出代表一人，每满十五人得增加一人，至多不得超过三人，有如褫夺公权，反对革命行为，受破产宣告尚未复权无行为能力者，不得充会员代表。

职权。商会组织及职权，商会设执行委员、监察委员，由会员大会选任；各会设常务委员，由执行委员会就执委中互选；各会设主席一人，由执委会就常委中选任，执行委员及监察委员任期均为四年，每二年改选半数，不得连任。各会委员，有下列情事者应即解任：一、因不得已事故经会员大会议决准其退职者。二、旷废职务，经委员大会议决令其退职者。三、于职务上违背法令营私舞弊，或有其他重大之不正当行为，经会员大会议决，令其退职，或由实业部或由地方最高行政官署，令其退职。四、发生第十六条各款情事之一者。

工会章程。各工会以维持增进同业之公共利益及矫正营业之弊害为宗旨，各会应办理之事务如下：一、关于主管官署及商会委办事项。二、关于同业之调查研究整理及建设事项。三、关于兴办同业劳工教育及公益事项。四、关于会员营业上弊害之矫正事项。五、关于会员营业必要时之维持事项。六、办理合作第三条所揭宗旨之其他事项。凡在本区域内经营某业之公司行号，均应为本会会员，会员代表由各会员推派一人至二人，以经理人或主体人为限，如有褫夺公权，反革命行为，受破产之宣告，尚未复权，无行为能力，均不得为本会会员代表。

组织。各会设执行委员，由会员大会就代表中选任，常务委员由执行委员会就执行委员中互选，执行委员任期四年，每二年改选半数。不得连任，第一次改举时，以抽签定之，各会委员有下列各款情事之一者，应即解任：一、因不得已事故，经会员大会议决准其退职者。二、旷废职务，经会员大会议决令其退职者，三、于职务上不遵会章违背法令营私舞弊或有其他重大情节，经会员大会议决令其退职，或实业部及地方最高行政院官署，令其退职者。

（《大光报》P29）

18.汉口市商会提请建议政府统筹缉私团体固定经费案

（1936 年 8 月）

查汉口市商界缉私团体开办经费系由本会临时筹垫。按照财政部二十五年六月江代电之规定，处理私货所得提成奖金，应归眼线人或举发人受领。该会并无经常收入可资挹注，势非筹拨固定经费，工作进行自难持久。拟请大会建议财政部指定在海关处理私货所得项下，按月拨出若干作为各地缉私团体固定经费，至各该团体预算则由大会核准，转呈财政部明令拨发。是否有当，敬请公决。

（《商业月报》第 16 卷第 8 期）

19.汉口市商会提请确定处理缉获分销走私货物临时办法案

（1936 年 8 月）

查缉获走私货物，依据财政部稽查走私货物运销暂行章程第八、第十八等条之规定，又财政部二十五年六月江代电第二项规定，凡缉获私货均须移送海关处理，惟是民众缉私团体工作对象大半以本地分销者为目标。此项缉获私货，在时间上、事实上势必不能立时移送海关。关于临时处理办法，应有明确规定，俾便执行缉拿私货时，须请军警协助。则此项处理职权，亦须规定详明，以免发生误会，引起争执。拟请大会确定民众缉私团体处理缉获分销私货临时办法，建议政府通令遵令。是否有当，敬请公决！

（《商业月报》第16卷第8期）

20.汉口市商会提请建议政府明令指定各地缉私分会，稽查所有同业公会、商会、商号工厂及转运公司设备之簿册办理运销章程第十三、十四、十五各条应行处罚事宜以利工作进行案

（1936年8月）

查各地缉私团体工作之始，每因权限问题，不能引起商人注意，关于缉私进行非与商人团体随时发生密切关系殊难收其实效，兹为□分会力量起见，拟请大会依据运销暂行章程第十二条第十九条之规定，建议政府即将稽查簿册及处罚事宜各职权，明令指定由各地分会办理，以利工作进行。是否有当，敬请公决。

（《商业月报》第16卷第8期）

21.汉口市商会提请建议政府明令各地军政当局转知，各军警机关及民众团体对于不在部令规定应行稽查之列各项货物，不得任意留难，以免影响正当商业案

（1936年8月）

查各地军警机关以及民众团体，近因走私猖獗，侵入腹地，对于进出口货物，无论应行稽查之列之货物，无法请领运销执照而运往邻省或本省内地，辄因无照呈验致被扣留，请求证明前来。此种误会在缉私组织尚未统一之先，若不明令解释，势必纷乱日增，商业停滞，殊与缉私原旨不相符合。拟请建议政府明令各地军政当局转知各军警机关及民众团体，对于不在规定应行稽查之列各项货物，不得任意留难，以免影响正常商业。是否有当，敬请公决。

（《商业月报》第16卷第8期）

22.汉口市商会提议统一全国缉私团体组织俾收行动一致联络便利之效案

（1936年8月）

查民众缉私团体，近据报载消息：凡通商大埠，多已次第成立。良以走私猖獗，渐及内地。民众方面若不采取有效方法自动防止，做政府之后盾，殊难挽救民族经济当前之危机，唯是组织之不统一，则行动参差，影响所及不仅私货来源无法杜绝，正当工商业之发展反将增多滞碍。拟请组织全国缉私总会，设会址于重要都市，下设各省市分会、各县市分会，依次指导监督，作系统上之统一步骤，一致联络便利。庶私货无偷漏之虞，检查获指臂之效。是否有当，敬

请公决！

（《商业月报》第 16 卷第 8 期）

9 月

1.（汉口市商会）呈财部请修改所得税税率

（1936 年 9 月 10 日）

呈为所得税税率苛细，恳请修改，并暂缓施行；借恤商艰，而苏民困事！窃查我国税制不良，负担不均，障碍实业及国民经济进步，为世诟病，无可讳言！幸经钧部历年努力改善，逐渐纳入正轨，如二十年一月明令裁撤厘金，二十三年七月明令废除苛杂及正在准备中之转口税废除，均便商裕民，福利实多！近更创办各种直接税，借符租税公平划一之原则，仰佩盖筹，莫名欢慰！惟查七月二十一日公布之所得税暂行条例二十二条，对于各类所得之起征额规定过低，殊嫌涉及苛细。而第一类营利事业所得之课税，与营业税之课自营业收益及资产收益者正同，尤嫌重复科征！夫所得税本为良税，然不顾及国民生活，涉及苛细，则少取之亦虐！而在各种苛杂未能完全取消以前，遽行所得税，则捐税重重，尤为竭泽而渔之举！属会蒿目时艰，难安缄默，谨为钧部约略陈之：

（一）暂行条例规定，第一类资本满二千元，第二类薪给报酬月达三十元者，均须课税，起征额实属过低。查资本二千元之营业，每年纵有纯益合资本实额百分之五，则终年辛勤所得不过百元，每月平均尚不足十元，而以完纳百分之三之税，剥及事蓄之资，宁为事理之平。第二类每月平均所得自三十元至六十元者，每十元课税五分，数虽微细，情实难安。我国大家庭制度，迄犹盛行，年来失业骤增，谋生不易，八口之家，仅恃一人薪给报酬三十元维持生活者比比皆是，此一角五分之税，在政府则九牛一毛，在纳税者则衣食所系，况三十元起税，虽人力车夫亦不能免，是岂我政府推行直接税之本旨也乎？又第三类凡公债公司债股票及存款利息之所得，均课以百分之五之税，亦嫌过当。查公债公司债股票价格时有涨落，保有者不能不负担风险，利息所得，正所以资补偿，今课以百分之五之重税，恐将令投资于信用市场者裹足。至于存款利息所得，则已于收益时完纳所得税矣，今复课以百分之五之税，不能不谓为过重。总之，所得税税率过于苛细，殊背良税之旨，拟恳钧部俯徇浙江全省商联会请求提请立法院修正，准予将第一类起征额改为资本五千元以上，第二类起征额改为百元以上，第三类公债公司债股票利息所得免税，存款利息所得税率减轻，全国幸甚。

（二）暂行条例第一类营利事业所得课税，与现行之营业税毫无差别，所差别者，营业税为地方税，所得税为中央税而已，值兹商场不景气愈趋深刻之际，中央地方双重课征，商力几何实难堪令。查所得税推行最善之英美二国，均将营业税包括于所得税之中，不闻所得税外复有营业税，即其他各小国，于所得税推行之后，亦无不免除营业税之一部分，盖为培养税源计不得不如此也。我国营业税开办未久，征税方法未臻完善，商民至感困苦，今宜于施行所得税之日，明令废除营业税,借裕国库,而苏民困。设营业税因地方政府抵补无着,难以废除,则请暂缓开征所得税,庶商场得免于落井下石之惧,而政府亦免于竭泽而渔之讥。总之,所得税本属良税,然仍须顾及社会环境及国民生计,若涉及苛细,重复课征,则殊失世界各国推行直接税之本意,钧部年来改善税制,不遗余力,上陈各节,谅亦早在洞鉴之中,尚乞俯顺舆情,提请立法院修正公布,并在营业税未废除以前暂缓施行,不胜祈祷之至!

谨呈

财政部部长孔

汉口市商会主席　黄文植

(《汉口商业月刊》新1卷第4期)

2.湖北全省商会联合会电立法院请通过商业登记法第九条原文

(1936年9月10日)

立法院孙院长钧鉴:查关于民法债篇第六八一条,规定合伙债务连带负责办法,窒碍难行一案,业经钧院允另订商业登记法以资补救,并由民法商法两委员会会同起草,该草案内第九条:"合伙人之姓名、住址及出资之种类、数额,如已由各该本人向营业所在地之主管官署登记者,得于出资限度内负分担损失之责,股份有转移或变更时亦同。"此种规定,最合商人要求。乃二十三年十月三十一日会议审查时,因有力持异议者,致未决定。惟此案关系商业前途至为重大,属汉口市商会,曾于同年十一月十五日电请照该法草案第九条原文通过,属湖北全省商会联合会于同月十六日所请亦同,均奉钧批交民法商法两委员会参考在案。嗣后属会等屡有吁恳,迄未闻再度决议,搁置至今,计又一年有余,而环顾商业凋残,金融滞结,合伙商店日少一日,旧有商场组织根本动摇,揆厥其故,无非"连带负其责任"之规定有以致之。盖商场习惯,合伙营业之负责者,多为企业家,而投资者则为资本家。投资者因经营殊夥,多不过问店务,今乃强其负连带责任,则投资者在在有牵一发而及全体之虞,于是遂群视投资于合伙营业为畏途,游资既感无处投放,企业人才亦苦乏路请缨,此年来商店之所以只见关闭而不见新设者也。查各国立法例,固多倾向于连带负责之规定,然彼此国情不同,商业发达途径亦异,曷可削足适履,强求条文上之进步乎。目前国民经济建设,正在举国推行,建设纲要之流畅货运,调整金融,端赖扩张商场组织,尚乞解除此过分之束缚,以诱起繁荣。属会等代表全省全市商民,痛切剥肤,用敢不惮辞费,旧案重提,伏乞钧院俯赐鉴核,采纳舆论,仍照原草案第九条提前通过,以恤商艰,不胜迫切待命之至。湖北全省商会联合会主席苏汰余。汉口市商会主席黄文植同叩。感印。

(《汉口商业月刊》新1卷第4期)

3.汉口市商会函金银首饰业转饬停制币形饰物

(1936年9月10日)

径启者:顷准中央银行汉口分行函开:案奉敝总行业字第二十七号通函开:案奉总裁论:查迩来上海市各银楼制有一种圆形赤金饰物,状类英美通用之金币,其正背面花纹似仿英国或美国之国徽,及我国银本位币所刊之船形,以供顾客之购用。查此项饰品,在法虽无禁制明文,但形同货币，深恐易滋混淆，应由该局通知该业，迅速停制销毁，如不遵办，再由本行函请财政部核办。等因，奉此。除已函知上海市银楼业同业公会遵照外，诚恐外埠银楼业亦制有同样之饰品，用特通函奉达，即希查照，就近转知当地商会知照各银楼业遵办。等因，奉此。查形同货币之饰品，武汉各银楼如有此种制造，极应遵照通函，迅速停制销毁。除分致外，相应函达，即希查照转致各银楼业遵照为荷。等因，到会。今就函达贵公会，即请查照分知贵同业一律遵照为盼。

汉口市商会

8月1日

（《汉口商业月刊》新1卷第4期）

4.汉商会电呈院部请展所得税实施期，省商联会亦电京为一致要求

（1936年9月26日）

汉口通讯　汉口市商会，以所得税政府业已定于十月一日及廿六年一月一日，分别起征。查十月一日，即旧历八月间，正花穀登场之后，商业正忙于营运，明年一月一日，即旧历十一月间，距离大结束之期尚远。若分别依期起征，商业均感不安。除已于前日分函各业，请一致主张要求一律展至明年三月一日起实行外，并于昨日分电行政院蒋院长，暨财政实业孔吴两部长，请俯念商艰，准如所请。而全省商联会，亦将为一致之要求，兹录汉商会电，于决南京行政院院长蒋、财政部部长孔、实业部部长吴钧鉴。

案奉汉口市政府转发所得税暂行条例施行细则下会，并奉明令，该条例第二类公务人员薪给报酬之所得，及第三类公债及存款利息之所得，先自二十五年十月一日起征。其余各项，均自二十六年一月一日起征，令仰知照等因，奉此。查属会前此奉到所得税暂行条例后，详加研究，以税率苛细，不得不请求修改，商力疲惫，不得不请求暂缓施行。曾于八月廿一日，罗列事实理由及种种困难情形，分呈恳准如请再案，惟此案关系商场营业，极为重大。值此商业凋残，民生憔悴之际，仍恳俯察下情，准照属会前呈，一面修改税率，暂缓施行，以恤商艰，而苏民困。万一为整理国家收入，碍难缓办，则本年十月一日及二十六年一月一日分期起征，均足使商场生极大之纷扰。盖十月一日即旧历八月间，花穀登场之后，商业正忙于营运，明年一月一日，即旧历十一月间，距离大结束之期尚远。若先后依期起征所得税，则商业均感不安，属会在商言商，其痛苦实属不堪言状，应请一律展至二十六年三月一日施行。庶商场习惯，大结之后，百业从新顺序进行，无多顾虑，此则属会所引领拜祷者也，肃此电呈，伏希察纳是幸，汉口市商会叩梗。

10月

1.（汉口市商会）呈行政院请通令纠正国内医院星期例假

（1936年10月10日）

呈为医院星期日停诊，贻误实深，拟请通令纠正，以重人命事。窃维星期例假，本属普通作

业之常，中外同风，无可非议，惟医院之组设，含有慈善性质，与人群患病者之生命息息相关，情形既属特殊，自不应有星期例假之休息。乃国内各医院积习，星期日例均休息停诊，虽有特别挂号之规定，而主要医师均已离院，致重病患者呼吁无方，束手待毙，病者亲属无不痛心疾首，其消极之违反人道，又奚待言！查每一年度计有五十二星期，在三百六十五日中，即有五十二日被删除于医院日历之外，此五十二日中所贻误之人命，当不可以数计，其于国家社会之损失为何如耶！夫个人幸福实寄托于人群幸福之中，医师以救人为宗旨，何得坐视病患者痛苦呻吟，而惟图自身优敬暇豫之乐耶！星期日虽只一日，而此二十四小时中贻误之处，实属不可胜言。兹谨撮要为钧院陈之：(1)若干病患，设非即时施以急救处置，则病者多无生望，如脑溢血、真性虎列拉、胃血管破裂等，病虽未必可救，而医治则不可不早，若格于星期例假，被摒于医院门外，则病虽可治亦不能治矣。不第此也，如遇服毒、难产、重伤等病，则根本不能待之次日，医院之门尚未及敲，生命之火即已告炉，处今日科学昌明之世，不能及时获医药之惠，人之不幸，孰逾于此！(2)上述尚系指未就医者而言。至若缠绵重病，住院日久，临时忽生变化，而时值星期，医师离院，急救无人，回春乏术，因之饮恨死者，尤属极人间惨痛之至。盖已托命于医师，而卒为医师所弃，死者应难瞑目，生者当尤痛心。区区一日之差，常铸九州之错！其星期停诊之害，有如此者！属会触目惊心，不只一次，用敢渎陈钧院，伏乞通令纠正，废除医院星期例假，以重人命。至于外人在国内开设之医院，则居常既以慈善相号召，兹举应尤能得其同意，并祈令饬外交部咨请驻华各使馆通令一体遵照，国家幸甚！社会幸甚！

　　谨呈

行政院院长蒋

汉口市商会主席　黄文植

呈内政部卫生署文同前

（《汉口商业月刊》新1卷第5期）

2.（汉口市商会）函各业公会转知向外洋各厂或洋行购办货物应在提单加注在中国国营码头卸货

（1936年10月10日）

径启者，顷奉汉口市政府本年九月三日训令内开：案奉湖北省政府二十五年八月二十四日省建三字一六八七一号训令开：案准交通部航船字第八五二号咨开：案据国营招商局二十五年七月十一日呈称：案据本局栈埠管理处兼经理谭伯英呈称：查各国政府向国外购买货物通例，均应由买主自办水陆运输及堆栈转运等手续，并于购货合同内明白详载，列为根本条件之一。现在我国政府，每年在外国购办货物为数至巨，对于上述运输堆栈等事未加规定。因我国航运落后，外商内河航行权尚未取消，本国船只为数不多，如租船承运，恐得不偿失，目前在无办法之中，只得暂时放弃一部分权利。但码头之停靠，堆栈之使用，转运之承办，似应归我国仅有之招商局办理。查中北华三栈地位优越，栈房宽大，码头水深，能泊两万吨以上之船只，服务亦尚称周到，承办上述业务，似尚相宜，拟请准予呈请交通部转呈行政院分令各购料机关，凡直接向外洋各厂或间接向各洋行购办货物在上海交货时，合同上专载一条，所有购办货物之提单上，必须加注“在中国国营码头卸货”。因此种应享权利弃之可惜，如能办到，实属名正言顺，挽回利权，于营业不无裨益，仰祈迅赐转呈，实为公便！等情，据此。谨查对于中央及地方各机关购买材料或专营专卖之物品，一律交本局优先承运，并仅先停靠本局码头，推卸本局仓栈一案，经呈奉钧部指令转呈行政院核示，仰候奉令再行饬遵，等因。据呈前情，理合备文呈请鉴核迅赐转呈，实为公便！等情，据此。查前据该局呈请对于各机关购买材料或专营专卖之物品，一律交由该案。兹据前情，经又呈奉行政院二十五年七月二十九日第二七六四号指令开：呈悉。仰径由该部函请各机关查照办理可也。此令。等因，奉此。除分别函咨外，相应咨请查照办理，并分行知照为荷。等由，准此。查前奉行政院二十三年八月四日训令，以据交通部呈请将政府所用公物运输统由招商局负责办理一案，当经分令饬遵在卷。兹准前由，除咨复并分令外，合行令仰该市政府遵照，并转饬所属一体遵照。此令。等因，奉此。查此案前奉湖北省政府建字第六九一五号训令，当经本府以信字三七六〇号分令在卷。兹奉前因，合行令仰饬属一体遵照，此令。等因，奉此。除分函外，合就录令转达查照，并转知一体遵照为盼。

汉口市商会启

9月8日

（《汉口商业月刊》新1卷第5期）

3.函各杂货业转知买卖糖精等物应遵令办理

（1936年10月10日）

敬启者，案奉汉口市政府二十五年九月七日兼字第319号训令内开：案奉湖北省政府二十五年八月二十二日省民禁字第26607号训令开：案奉国民政府军事委员会委员长兼禁烟总监二十五年八月十日禁统字第2588号训令开：查咖啡精、乳糖等物，为制造毒丸之配合物，无水醋酸则为制造海洛因之必需品。我国近年以来输入数量骤增，第十八届国联禁烟会议开会时，各国代表以我国输入此项物品几全数为制毒之用，认为情形严重，曾经提出质问。而铁道交通两部，又一以平汉路常有外商由北平报运大宗咖啡精、乳糖等物至沿线各站，到站被获时起纠纷，一以各地官厅扣留及邮局停止收寄糖精、乳糖、咖啡精等包裹，经捷克、英、美、德等国使馆提出异议，均一再函请核办见复。本兼总监以此项物品，其本身虽无毒质，而确为制毒之辅佐物品，国联各国代表质问于先，铁道交通两部以国内办法纷歧，先后函请核办于后，似应规定暂行限制输入数量办法，以杜制毒物品之来源。当经饬由禁烟总会拟具限制输入原则八项，提交该总会第一次常会讨论，决议函行政院转饬有关各部署妥议办法，经即依照决议案转函行政院查照办理在案。兹准行政院第3266号公函开：案查前准贵处公函，以关于咖啡精、糖精、乳糖及无水醋酸等物，亟应限制输入以杜制毒物品之来源，请转饬有关各部署商定划一办法等由过院，当经交卫生署先行拟具草案呈核，嗣据该署陈述意见，并拟具防范方法三点，请鉴核等情，复经交内政财政实业交通铁道五部及卫生署审查，并通知禁烟委员会总会派员参加讨论各在案。兹据报告审查意见前来，经提出本院第272次会议决议，照卫生署意见办理。除分令外，相应抄同原件函请查照。等由。附抄送卫生署原函一件，原审查会议记录一份。准此。查卫生署所拟三项意见：第一项为严密查缉麻醉药品不法输入，以断绝毒品必要成分之来源；第二项为厉行药商登记与管理，以稽查药品之数量与销路；第三项为地方政府或查缉机关，如果因药品辨认或管理药商之执行发生疑难问题，请随时商询卫生署办理，以收禁毒实效，庶正当用品不致枉受限制,启外商之诘难。除第二项厉行药商登记与管理事属卫生署主管范围,已函卫生署查照办理外,其第一项查缉问题,本兼总监于本年五月十九日已以禁政字第 1354 号训令详晰饬遵有案,其第三项关系辨认药品之技术事项,应即由该省政府通令禁烟主管机关随时遵照实施。除分令外,合行抄同原附卫生署原函、原附审查会议记录各一份,随令附发,仰即切实遵照前今各令办理,并通饬所属一体遵办为要。此令。等因,计抄发原附卫生署原函一件,原附审查会议记录一份。奉此。自应遵办。除分别函令外,合行抄发原附原函暨会议记录令仰该市长遵照,并转饬汉口市公安局遵照办理。此令。等因,计抄发卫生署原函一件暨原附审查会议记录一份,奉此。除分别函令外,合行抄发原件令仰该会转告各杂货商遵照。此令。等因,计抄发原函原会议记录各一份。奉此,除分知外,相应抄同原件,函请查照是盼。

汉口市商会启

9月9日

附卫生署原函

案准贵处二十五年二月二十四日第 1383 号笺函开:奉院长论:军事委员会委员长兼禁烟总监函:为关于限制输入无水醋酸、咖啡精等品,业经禁烟委员会总会第一次常会决议,请转饬有关各部署迅计划一办法一案,应交内政财政交通铁道实业各部及卫生署会同审查,函请禁烟委员会总会派员参加讨论,并着卫生署先期拟具草案呈院,以便交付审查,等因。相应抄件函达,希拟具草案送院,以便召集审查等由。抄送原函及原附抄各件过署。准此。

查药品中具有麻醉效能者,种类甚多。在我国签字之限制制造,及调节分配麻醉药品公约中,举列颇详。而红丸、白面等毒品,则全恃吗啡、高根、海洛因等麻醉药品为其必要成分。至其他配合之物,无关毒品之效能。换言之,即配合毒品各物之配合体,如不掺以吗啡、高根、海洛因等,则根本不发生毒品之效用,无论其配合物之为何物也。缘毒品中所含其他物品,或属于赋形剂,或属于矫味剂,并不限定为某药,亦不限定某药之具有某种效能,且往往舍其药之本能,而利用效能以外之部分。盖毒品之所以需要配合物者,乃以吗啡、高根、海洛因等之剂量甚微,故配以其他物品,以增多其分量而已,并非不配合他物,即不得成为毒品也。

是以制造毒品者,于毒品之配合物,但求其可用则用之,并无一定不易之品类。兹就原附各抄件所列举,认为应予限制之药品言之,计有咖啡精、糖精、乳糖、盐规(鸡那素盐强奎银)、无水醋酸、石的年、诺费客因等数种言之。按糖精属于矫味剂,乳糖属于赋形剂,于医药上均无治疗伤病之效能。又如盐规应系盐酸奎宁之简称,其味甚苦,医药上用为近热及治虐之剂,但在红丸、白面中,只因其苦味,以适合嗜毒人之惯性。至咖啡精则为强心提神剂,石的年应系 Trychnine 之译音,系属强壮剂。诺费客因应系 Novocnines 之译音,系属局部止痛剂,非惟均不属于麻醉药品,即与毒品配合并不发生共力的(Synergis effect)作用。是以上项各药,如经限制或取缔,而制造毒品者,未尝不可取白糖以代糖精,取淀粉质以代乳糖也。

配合毒品之药物,得相互代替以为用,既如上述,则虽经制定某某等药若干种以限制取缔之,而制毒者随时仍可舍此而谋彼,在势既不得尽所有之药品统予限制或取缔,又未可随时增加其品类。是以限制或取缔之策,实无补于禁毒,反使医疗正当药品动受其影响矣。

基上理由,此项制毒配合物,如果明文限制或取缔,窒碍殊多。但当此毒焰盛炽之时,似亦不能不有所防范，窃以为毒品之为用，既完全由于麻醉药品之效能，似应（一）严密查缉麻醉药品之不法输入，以断绝毒品必要成分之来源也。查制毒者所需之麻醉药品，多系私运入口。其伎俩之巧黠，有非查缉人员所易窥破者，应广置眼线，以破露其私运，而绝其来源。（二）厉行药商之登记与管理，以稽查其药品之数量及销路也。查以前交铁两部关于所属局站发生拒运糖精、咖啡精等之纠纷案件，追其原因，实由于各地药商未能完全执行登记之所致，不然，但查明各该批药品是否为药商所购运，自不生应拒应受之问题。再由地方政府委派药科专门人员依照管理药商规则之规定，随时执行检查，则各项药品自不致流于不法之途径。（三）地方政府或查缉机关，如果因药品之辨认或管理药商规则之执行发生疑难问题，可随时商询本署办理，庶可收禁毒之实效，而正当用品亦不致枉受限制，至启外商之诘难。

至无水醋酸，在医药上用途甚少，而在工业中应用颇广。制造海洛因亦所必需，如果美代表在国联禁烟会议报告上海输入之数量属实，其间确有可疑，已由本署派员分向江海关及南洋化学工业制造厂查询无水醋酸之输入商及其销路，俟据查复，再行核办函达。准函奉交前由，相应函复，是否有当，即请查照转陈见复为荷。

此致

行政院秘书处

卫生署启

（《汉口商业月刊》新 1 卷第 5 期）

4.湖北省政府为棉花行业同业公会改选名册备案咨实业部

（1936 年 10 月 20 日）

案据汉口市政府二十五年十月十四日武字第六三七四号呈称：案据本市棉花行业同业公会二十五年十月四日呈称：为呈报事，窃以属会于民国二十三年八月第二次改选留任之执委，迄今届满二年，业经呈奉指令，准予遵照法定，于本年八月八日正式改选，并蒙市党部指导员殷学渊，钧府监选员王国均当场指导监督票选。所有选举结果，除二十三年选任之执行委员李泽阶、李建堂、邱云樵、姚文卿、林鸿甫、曾松亭依法留任及监察委员杨琨珊应予保留外，当经票选彭演哉、王焕庭、王书田、叶可亭、张觉先为执行委员，朱韵笙、熊绍先为监察委员，戴月珊、艾锡五、王少臣为候补执行委员，邱芝樵为候补监察委员。旋由留任执委与新选执委会同互选彭演哉为常务委员兼主席，王焕庭、叶可亭为常务委员，均已于九月十三日宣誓就职，除分呈外，理合将选举结果造具名册呈报钧府鉴核准予转呈湖北省政府存案，并转咨实业部备案，实为公便。等情，附赍委员会员名册各三份。据此。查核无误，除指令并提存外，理合检同原赍委员会员名册各二份，据情转呈钧府鉴核存转备案示遵等情，据此。查该公会上次改选名册，前准贵部二十三年十月二十二日商字第二九六二四号咨，复核准备案在卷。兹据前情，除指令并提存外，相应检同原件各一份，咨请查核办理为荷。

此咨

实业部

主席　杨永泰

5.中国国民党特别执行委员会为蒋寿辰致同业公会、职业公会文

(1936 年 10 月 25 日)

中国国民党特别执行委员会通知:十月三十一日为总裁蒋公六秩寿诞,遵照中央规定表示崇敬与不耗费原则,爰定是日(十月三十一)□上午八时起至下午六时止,在本部(黄陂路汉口特别市党部)举行签名致敬。用特通知遵照,并即转知所属全体同志集会来部签名事,□向元首致敬,幸勿有误为要。

同业公会、职业公会

主任委员　袁雍

6.实业部准送汉口市棉花行业同业公会第三次改选委员会员名册并准备案咨湖北省政府

(1936 年 10 月 31 日)

案准贵省政府省建三字第二〇〇三七号咨,送汉口市棉花行业同业公会第三次改选委员会员名册,嘱查核办理,等由。查该公会所送名册大致尚合,应准备案。惟委员名册所列留任委员曾松亭原系第二次改选时之候补委员,此次所称留任究于何时递补及补何人?遗缺未据,呈报有案,应请转饬查明补报,以凭查核。准咨前办,相应复请查照饬遵为荷。

此咨

湖北省政府

11 月

1.汉商会请省市府暂禁米粮出口

(1936 年 11 月 6 日)

(汉口)武汉米粮存积无多,市价增涨,汉商会请省市府暂禁出口。(五日专电)

(《申报》)

2.从各业赢亏调查中观察汉口商场病态

(1936 年 11 月 8 日)

各业盈亏调查中,观察汉口商场病态,在省县政人员训练所附设统计训练班讲演。

(一)前言。讲到本题之先,觉得有几句话该先提出来。就个人的见闻和观察,似乎国内中学以上的学生和社会的一般人,平常看书报杂志很少注意到正当的事情。如看报只注重文

艺和社会病态新闻,对于国内外时事反而不甚注意,亦不求甚解,至于经济新闻,则根本不看。对于杂志,则书报及文艺刊物为必读品,略为专门的刊物即不寓目。这是中国社会的一个很严重的病象,也可以说是过去教育失败的地方。因为文艺美术一类的东西,不费脑力就可以懂,而且看的目的是在消遣,正如看到两性的社会新闻一样。至于国内外时事和各种专门事务,如果要弄清楚,就非平日有观察,有修养和费脑力去思索不可。根据这个理由,就可以知道上面说的病象是中国人不求长进的结果。同时也可以证明过去的教育(也可以说现在)仍然是在受中国传统的"士人心理"的支配。我们要明白一国的文野之分,不在文学美术的发达与否,而视国民生活程度的高下为定。一个国家,若果人民生活程度低到吃树皮,嚼草根,饿殍载道,同时纵然有少数的文学家、艺术家,这个国家,在外人看来,无疑仍然是一个未开化的国家。中国过去误认人类文化就是文学美术,专门去在诗赋、骈文、散文及字画上努力,视国计民生为俗务,为不值研究,流毒所至,遂使社会既不进步,学术亦不发达。这种传统思想不料到现在尤有变本加厉之势。这是忧国者不能不认为严重的事情,外国人谓中国人"太实际了"也"太不实际了",就是说中国人见钱就想捞摸,见利就想沾润,不管是不是分内的,这是"太实际了"的缘故;但是一般人说的都是不着边际的格言,学的都是不着边际的文学,与实际生活毫不相干,这显然又为"太不实际了"。其实这种矛盾的现象是有线索的,因为中国的文艺、美术、哲学,究竟解决不了现实生活,解决现实生活的还是衣食住等的工具。然而文艺、美术、哲学,并未告诉一般人怎样去取得这些工具,于是乎生存成了问题,贫穷永远包围,最后遂不得不去运用求生的本能。而"见利忘义""见钱红眼"了。文艺、美术、哲学,当然是文化的一部分,但是文化的具体,还是国民整个生活的表现。而且也只有生活优裕的民族,才能产生真的文艺、美术、哲学。话说得太远了,也说得太多了,但是有不得不说的苦处,个人感觉中国现在情形,好比一个叫花子,一天到晚徘徊在古玩铺的门外,醉心于每一个的古董玩器,却闻不着隔壁小饭馆的饭香,不合理到了这种地步。所以讲到正题之先,劝各位平日除了功课外,多注意点"柴米油盐酱醋茶"的事情,少读点罗曼斯的小说、戏剧、诗歌,比较要有益多了。

(二)二十四年份汉口各业赢亏调查。

(A)材料之来源与可靠之程度。汉口市政府自二十三年份起,于每年开始的时候,印制上年份营业调查表,分发汉口各业同业公会照规定栏次填明陈报,然后由市政府汇齐统计发表。本讲即根据此项材料。但是我们知道各种调查统计材料,不尽是可靠的,就盈亏调查说,真实性尤少,因为商场上有许多顾忌,赚了钱又不能说赚钱的苦处,亏了本又不能说亏本的苦处。甚至在某种场合自称赚了钱,换一种场合又说亏了本,这种情形也多。要想调查确实,异常困难。好在市政府的调查方式,是制表交由同业公会填报,而且只注明该业赢亏及收歇家数,故比较容易办。同业公会以第三者的地位,估计本业赢的家数若干,亏的家数若干,另外说明赢亏原因,最后提出救济意见,论理大致是可靠的。

(B)各业赢亏情形。汉口已成立的同业公会,约共有一百五十余业,但是填二十四年份调查表的只有九十业,仅占总数之百分之五十七,但各业情形大致相仿佛,以此例彼,是不会差得很远的。这九十业包括已入会的商号五千三百六十七家,二十四年份的情况如下:(未完)

(《大光报》P34)

3.(汉口市商会)呈市府遵令调查谷米市价情形

(1936 年 11 月 10 日)

案奉钧府本年九月二十三日武字第 6023 号训令,以准汉阳兵工火药厂区党部执委会函,以奸商囤积新谷,任意操纵,致令时贱时贵,妨害民生,请予制止等情,令即查明实在情形具报,以凭核办。等因,奉此。当即派员切实调查,兹据报称,奉派查案,遵即前往粮食行业公会查询底细,据该会负责人声称,目前河下来源最贱谷价亦须二元五六角,毛谷两担方能整得齐米一担,齐米价格,亦有五六元者,至齐米成熟,须打七折,最低市价,亦非六元不可。况米店须加入上下力资及杂缴店缴,故门市每担照河下须加一元以上,方可保顾血本。复向机器米业公会查询,据该会负责人云,湖南谷目下市价自二元八九角至三元一角不等,齐米则自五元四五角至六七元不等,湖北谷二元五六角,齐米五元五六角,至最次亦有四元五六角者,再门市九月底至十月初,市价最低六元至十元,中等价目出入不等,最上者以十元零四角为止,比较谷米价值大都有蚀无盈。所查情形如此,录请鉴核等语,前来。属会复核无异,理合据实呈复钧府,俯赐鉴核,实为公便。

谨呈

汉口市政府市长吴

主席黄文植

10 月 3 日

(《汉口商业月刊》新 1 卷第 6 期)

4.(汉口市商会)函各业公会转请采用国产电石

(1936 年 11 月 10 日)

敬启者:案奉汉口市政府本年十月三日武字第 6201 号训令开:令汉口市商会,案奉湖北省政府二十五年九月二十八日省建三字第 18936 号训令开:案准实业部二十五年九月十九日工字第 17107 号咨开:案准行政院秘书处二十五年九月十日第 648 号笺函开:奉院长谕:据中国工业炼气公司董事长郭承恩呈:以创制国产电石,不堪外货排挤,请分令用货各部会及各省市政府,通饬所属尽量采用等情一案,应交实业部核办,等因。相应抄同原件,函达查照等由,并附抄呈一件,查该公司前以在上海市河涧路设厂制造电石,依照工业奖励法呈请奖励前来,当经审查合格,由本部准予专制权,免征转口税,并减国营交通事业费运输费,以示奖励有案。此次呈请提倡尽量采用,应准照办,除函复并分行外,相应抄同原呈咨请查照,通饬所属尽量采用,以维国货为荷。等由,附抄呈一件,准此。除分令外,合行抄发原件,令仰该市府知照,并转饬所属遵照为要。此令。等因,附抄发原呈一件,奉此。合行令仰该会转知各业遵照采用为要! 此令。等因,附抄原呈一件到会,奉此。除分别通告外,相应录令照抄函达,统希查照酌量采用为盼。

汉口市商会启

10 月 6 日

计附抄件

具呈人中国工业炼气股份有限公司董事长郭承恩,住上海辽阳路537号。

呈为创制国产电石,不堪外货排挤,恳请分令用货各部会及各省市政府,通饬所属尽量采用,以示提倡,而资救济事。窃公司成立有年,制炼养气、炭轻气、淡气等工业原料,早经呈准中央各部会通行所属尽量采用各在案,嗣因电石一项,为工业原料之必需品,尤于国防上关系甚切,向用外货,为数极巨,而环顾国内尚无自制出品,漏卮不杜,殊堪痛恨,且动受外货挟制,影响工业前途,又非浅鲜,乃于数年前由公司筹议自制,惨淡经营,始于本年二月间成立,品质甚纯良,无异舶来之货,价求低廉,冀减用户之苦。惟因成本上用电一项,几占半数,而较之外国用水发电,其价值相差不啻三四倍,成本既殊,自未足与言竞争。因念公司创制此项电石,确为国内独家,而所用原料,又皆全为国产,不得已于本年三月间按照工业奖励法呈请实业部恳求予以奖励,俾资救济。业经该部准予专利在案,现在外货乘机倾销,大肆活跃,因知公司出品电力成本较彼为大,即转口能邀免税,而计此所得,尚不足偿其所失,于是挟其轻本之优势,施以中伤之阴谋,故意跌价倾销,以达其扑灭此唯一国产之目的。公司处此种种压迫之下,实有难于支持之势,一再筹思,除吁请政府设法保护之外,别无图存之路,伏思钧院正在厉行国民经济建设运动,对此举国仅有之国货工业,势必乐于扶掖,以资提倡,为特恳请俯恤商艰,并念公司出品确系首创国货,准予设法维持,即为分令用货各部会,如军政部、海军部、实业部、交通部、铁道部、建设委员会、航空委员会等,以及各省各市政府通饬所属将公司出品电石尽量采用,以示提倡,而资救济,庶国货工业得以维持,外货倾销得以抵制,理合备文呈请钧鉴,伏乞迅予核准施行,至深德便。

敬呈

行政院院长蒋

中国工业炼气股份有限公司董事长郭承恩谨呈

(《汉口商业月刊》新1卷第6期)

5.(汉口市商会)函各业公会转发整理广东金融公债条例

(1936年11月10日)

敬启者:案奉汉口市政府本年十月八日为字第5503号训令开:令汉口市商会,案奉湖北省政府省秘一字第15162号令开:案奉行政院二十五年九月二十四日第5612号训令内开:案奉国民政府二十五年九月十九日第685号训令内开:为令知事,查二十五年整理广东金融公债条例,现经制定明令公布,应即通饬施行,除分令外,合行抄发该条例令仰知照,并转饬所属一体知照。此令。等因,奉此。除分令外,合行抄发原附条例,令仰知照,并转饬所属一体知照。等因,奉此。除分令外,合行抄发原件令仰知照。此令。等因,计抄发二十五年整理广东金融公债条例及还本付息表各一份,奉此。除分饬外,合行抄发原条例及附表,令仰该会遵照,并转行知照!此令。等因,计抄发原附条例及附表各一份到会,奉此。相应录令照抄函达,统希查照。

汉口市商会启

10月9日

计附抄件

民国二十五年整理广东金融公债条例

1936 年 9 月 19 日公布

第一条　国民政府为整理广东金融充实国库准备发行公债，定名为二十五年整理广东金融公债。

第二条　本公债定额为国币一万二千万元。

第三条　本公债定于二十五年十月一日发行。

第四条　本公债利率定为年息四厘，每年三月三十一日及九月三十日各付息一次。

第五条　本公债期限定为三十年，每年三月三十一日及九月三十日各还本一次，前二十年每年还本百分之三，后十年每年还本百分之四，至一九六六年九月三十日本息全数偿清。

前项还本以抽签行之。

第六条　本公债应还本息基金在征收粤区统税项下指拨，由财政部令行税务署依照还本付息表规定，每次应还本息数目按月平均拨交中央银行收入国债基金管理委员会，本公债户账专款存储备付。

第七条　本公债指定中央银行经理还本付息事宜。

第八条　本公债票面分为十元、百元、千元、万元四种，均为无记名式。

第九条　本公债债票得自由买卖抵押，凡公务上须缴纳保证金时得作为替代品并得为银行之保证准备金。

第十条　对于本公债有伪造及毁损信用之行为者由司法机关依法惩治。

第十一条　本条例自公布日施行。

民国二十五年整理广东金融公债还本付息表

年次	年月日	现负数	期次	还本数	付息数	本息合计
一	1937.3.31	120,000,000	1	1,200,000	2,400,000	3,600,000
	1937.9.30	118,800,000	2	2,400,000	2,376,000	4,776,000
二	1938.3.31	116,400,000	3	1,200,000	2,328,000	3,528,000
	1938.9.30	115,200,000	4	2,400,000	2,304,000	4,704,000
三	1939.3.31	112,800,000	5	1,200,000	2,256,000	3,456,000
	1939.9.30	111,600,000	6	2,400,000	2,232,000	4,632,000
四	1940.3.31	109,200,000	7	1,200,000	2,184,000	3,384,000
	1940.9.30	108,000,000	8	2,400,000	2,160,000	4,560,000
五	1941.3.31	105,600,000	9	1,200,000	2,112,000	3,312,000
	1941.9.30	104,400,000	10	2,400,000	2,088,000	4,488,000

（续表）

年次	年月日	现负数	期次	还本数	付息数	本息合计
六	1942.3.31	102,000,000	11	1,200,000	2,040,000	3,240,000
	1942.9.30	100,800,000	12	2,400,000	2,016,000	4,416,000
七	1943.3.31	98,400,000	13	1,200,000	1,968,000	3,168,000
	1943.9.30	97,200,000	14	2,400,000	1,944,000	4,344,000
八	1944.3.31	94,800,000	15	1,200,000	1,896,000	3,096,000
	1944.9.30	93,600,000	16	2,400,000	1,872,000	4,272,000
九	1945.3.31	91,200,000	17	1,200,000	1,824,000	3,024,000
	1945.9.30	90,000,000	18	2,400,000	1,800,000	4,200,000
一〇	1946.3.31	87,600,000	19	1,200,000	1,752,000	2,952,000
	1946.9.30	86,400,000	20	2,400,000	1,728,000	4,128,000
一一	1947.3.31	84,000,000	21	1,200,000	1,680,000	2,880,000
	1947.9.30	82,800,000	22	2,400,000	1,656,000	4,056,000
一二	1948.3.31	80,000,000	23	1,200,000	1,608,000	2,808,000
	1948.9.30	79,200,000	24	2,400,000	1,584,000	3,984,000
一三	1949.3.31	76,800,000	25	1,200,000	1,536,000	2,736,000
	1949.9.30	75,600,000	26	2,400,000	1,512,000	3,912,000
一四	1950.3.31	73,200,000	27	1,200,000	1,464,000	2,664,000
	1950.9.30	72,000,000	28	2,400,000	1,440,000	3,840,000
一五	1951.3.31	69,600,000	29	1,200,000	1,392,000	2,592,000
	1951.9.30	68,400,000	30	2,400,000	1,368,000	3,768,000
一六	1952.3.31	66,000,000	31	1,200,000	1,320,000	2,520,000
	1952.9.30	64,800,000	32	2,400,000	1,296,000	3,696,000
一七	1953.3.31	62,400,000	33	1,200,000	1,248,000	2,448,000
	1953.9.30	61,200,000	34	2,400,000	1,224,000	3,624,000
一八	1954.3.31	57,600,000	35	1,200,000	1,176,000	2,376,000
	1954.9.30	58,800,000	36	2,400,000	1,152,000	3,552,000

（续表）

年次	年月日	现负数	期次	还本数	付息数	本息合计
一九	1955.3.31	54,000,000	37	1,200,000	1,104,000	2,304,000
	1955.9.30	55,200,000	38	2,400,000	1,080,000	3,480,000
二〇	1956.3.31	50,400,000	39	1,200,000	1,032,000	2,232,000
	1956.9.30	51,600,000	40	2,400,000	1,008,000	3,408,000
二一	1957.3.31	48,000,000	41	2,400,000	960,000	3,360,000
	1957.9.30	45,600,000	42	2,400,000	912,000	3,312,000
二二	1958.3.31	43,200,000	43	2,400,000	864,000	3,264,000
	1958.9.30	40,800,000	44	2,400,000	816,000	3,216,000
二三	1959.3.31	38,400,000	45	2,400,000	768,000	3,168,000
	1959.9.30	36,000,000	46	2,400,000	720,000	3,120,000
二四	1960.3.31	33,600,000	47	2,400,000	672,000	3,027,000
	1960.9.30	31,200,000	48	2,400,000	624,000	3,024,000
二五	1961.3.31	28,800,000	49	2,400,000	576,000	2,976,000
	1961.9.30	26,400,000	50	2,400,000	528,000	2,928,000
二六	1962.3.31	24,000,000	51	2,400,000	480,000	2,886,000
	1962.9.30	21,600,000	52	2,400,000	432,000	2,832,000
二七	1963.3.31	19,200,000	53	2,400,000	384,000	2,784,000
	1963.9.30	16,800,000	54	2,400,000	336,000	2,736,000
二八	1964.3.31	14,400,000	55	2,400,000	288,000	2,688,000
	1964.9.30	12,000,000	56	2,400,000	240,000	2,640,000
二九	1965.3.31	9,600,000	57	2,400,000	192,000	2,592,000
	1965.9.30	7,200,000	58	2,400,000	144,000	2,544,000
三〇	1966.3.31	4,800,000	59	2,400,000	96,000	2,496,000
	1966.9.30	2,400,000	60	2,400,000	48,000	2,448,000
共计				120,000,000	78,240,000	198,240,000

（《汉口商业月刊》新 1 卷第 6 期）

6.一日所得贡献国家,沪商会请省商会倡导,正商讨扩大宣传办法

(1936 年 11 月 11 日)

省商会顷准上海市商会函,以鉴于方今形势,非充实防空,无以立国,创导以一日所得贡献国家之议,国内同胞,闻风响应,极为热烈,太原商会首先集款五千元,即日汇交,尤见当仁不让。敝会以为当兹时艰,人民咸能竭忱自献于国家,即为我民族未可蔑视之明证。此方寸一念之转移,即足为国家无形之干城,机括甚微,关系甚大。方今国际竞存,以全民族自觉心之深浅,定其国家最后之兴替,孟子有言,舜何人?予何人?有为者亦若是,敝会敢援此语。吁请贵会大声疾呼,广为号召当地,所集巨款,统由贵会予以便利,代收转解,庶几小额捐款,不致因汇寄不便而疑阻。以贵会之热诚倡导,收效必有可观,谨为国家前途庆焉等由。该会准函后,对于上项原则,自予赞同,并即提请执监联席会议,商讨扩大宣传办法,期增效益云。

(《大光报》P70)

7.汉市商界全体一日所得贡献国家

(1936 年 11 月 14 日)

并募皮衣五万套犒劳绥东守土将士,市同业公会办事员同学会响应举办。

汉口市商会以国难日急,外患日深,凡属国民,应共负兴亡之责,决由商界全体以一日所得贡献国家,并以匪军侵绥,警讯时间,兹冬令已届,塞北苦寒,守土将士,辛苦备尝,拟募集皮衣五万套,送军队犒劳。兹已定于本月十七日下午二时,在该会召集各业同业公会开会,商讨具体办法云。

又讯:汉口市各业同业公会办事员训练班同学会,于前(十一)日下午七时,举行第四次干事会议,出席干事:程澄、王汉志、纪啸骊、汪厚清、汪志熙、汪源品等,由汪厚清主席,开会如仪。甲:报告事项(略)。乙:讨论事项:除决议会务进行案件多起外,并以国难当头,外侮日亟,同人本国家兴亡匹夫有责之义,拟通告全体同学,以一日所得,贡献国家,俾便集腋成裘,尽国民之天职,做政府之后盾,当否请公决案;经决议通过后,闻该会近已分别通告各同学遵照云云。

(《大光报》P94)

8.一日所得贡献国家,商会定期召开联席会

(1936 年 11 月 15 日)

汉口市商会,以□□侵绥,外侮日亟,为慰劳前方将士起见,决定募集大批皮衣,以为守土各军御寒之用,及发起一日所得贡献国家运动,特定本月十七日召集各业公会,各商店会员及业主界举行联席会议,各情已志昨报。兹悉该会,除已于昨日分函各业公会、各商店会员,暨全体执监委员、业主集会办事处,请准时出席外,已分别呈函绥署、市府、市党部、公安局请届时派员出席指导云。

又讯:汉口市职业学校全体教职员及学生四百余人,以国乱严重,特于前(十三)日绝食一日,将省节之粮食费六十余元,集合呈献国家,以便应用云。

又讯：值兹国难当头，外侮日亟，各界人士，俱本其国家存亡，匹夫有责之天职，群起兴奋，以一日之所得，贡献国家，以示热忱，是以连日以来，国人多有如此一日运动，汉口市立第九小学校，全体学生，亦为良心所激发，特于昨（十四）日节省糖果价洋计十元零一角六分五厘，贡献国家，以作为一日之运动。

（《大光报》P106）

9.四个月来汉检私工作

（1936年11月15日）

先后破获私货案件共三次，情形复杂，检私工作甚困难。

汉市商界检私会，自七月一日成立以来，迄今四月有余，各项检私工作，颇为各界所注意，兹据记者调查所得，分录如下：

破获私货处理经过。查检私会四个月以来，先后破获私货案件三次，第一次在锦春里破获私货自行车九辆，因当事人在法院呈诉，法院初欲密报人对质，文件往返者甚久，继而研究是否私货问题，亦费不少时间，更因物主上诉，迄今尚在法院未决案中。第二次凤阳丸八月中旬在黄州卸下私货八大件，分装网篮，由黄州用帆船秘密运至汉口公安十四分局地段，登岸时被检私人查获，均系洋广货物，价值约两千元，系汉口怡园一带注明之商店偷运者，检私会即照章送海关处理，此项私货，业已拍卖，但须完全拍卖完毕，始能提奖。而将全案告一结束，现闻尚有二百余元之私货，未得售主，故此案结束亦需相当时日。第三次私货，即最近查获之私油五百二十箱，汉市有火油业造商十七家，此项火油，并非国产，乃系美孚油船底层之黑油，系供四乡碾米机器或电机马达之燃料，亦有小轮船公司用作燃料以资节省者，惟此项黑油中仍有若干煤油成分，因之有人从上述轮船公司或电机厂中，辗转设法购得各公司各厂剩余之黑油，而加以提炼，再和以真牌之火油出售四乡，从中渔利。十七家火油制造商，仅三光一家得在实业部注册，此种火油，既无海关分运执照，亦非国货而可用土货证明书，三光又自以奇货可居，不容同业混用其三光牌号。因之检私会即将其他三十六家私制火油扣留，未数日达五百余箱，嗣经鲁仲连者出面调解，并声述此五百余箱之私油，有经理美孚洋油太昌分销号之发票，既有发票，自应放行。检私会为息事宁人计，姑不论太昌分销号究在何处，以后凡有发票之私油，均一律放行，此绝大风波，亦已风消云散矣。

检私工作几点困难。检私会的工作，自然处处要根据条例和法令，但是根据条例去做，有许多地方，也感到不少的困难。譬如照条例来讲，在六月三十日以前，用存货证明书，纯粹的土货用土货证明书，证明土货经专家鉴别后容易办理，但存货的登记和清理，实在不是一件容易的事。检私会办理此事的经过，外界人尚未能知其大概，此外六月三十日以后进口的新货，在二十六种货物应行稽查之列者，归海关发给分运执照，又类似应行稽查货物而无海关税单由邮包寄递者，则□同业分会检私分会自行负责。因此海味业与匹头业，即有多有少邮包寄递来汉，虽为类似应行稽查之货，但发给分销执照，均由各同业公会自办，其中有否流弊，检私会亦无法考查也。最近天津高阳帮新在汉口设庄多家，以推销人造丝为主要业务，大部又多向长沙推销，此种货物之来，所凭证者惟潍县高阳各县商会所发给之证书，并未按照海关规定手续，或统税单而已，海关运销执照亦须严密注意其关名，甚至有冀东伪组织之关单，岂亦可同一视之乎？

检私经费不成问题。检私会成立之初,经费似感困难,赖商会一度垫借,嗣因发土货证明书及分销执照,照规定章程收费,迄十月底止,共得三千余元,除每月开支五百余元外,刻尚颇有结存,今后闻尚拟再为缩减云。

(《大光报》P106)

10.各方对守土将士踊跃输将

(1936年11月17日)

(汉口)汉商会十六日电傅作义慰劳抗敌将士,并定十七日开会,商募衣款。(十六日专电)

(《申报》)

11.商会今日开委员会议,筹商慰劳绥军暨一日所得运动

(1936年11月19日)

汉口市商会,前日召集各业公会主席,暨业主保安两会代表,讨论慰劳绥远前敌将士,暨一日所得运动,当场推定委员十九人,会同该会全体执监委员,商筹募捐办法,定今(十九)日开筹备会,并讨论一日运动进行方法各情,已志昨讯。兹悉该会已于昨日分函各委员请准时出席,其募捐启,亦经拟就。

函各委员:敬启者,查本会昨开各业谈话会,讨论关于慰劳绥远前敌将士,暨一日运动所得之爱国运动两案,全体主张,以两案性质,原属相同,准斟酌情势,应先募集捐款十万元,购备寒衣,即日运往前方抗敌将士,以表慰劳之意,借明同忾之心。当经推定委员十九人,会同本会全体执监委员,商筹分途募捐办法,即订于十一月十九日下午四时为会议期间,并将一日运动之进行方法,附带讨论。一面由会拟就募捐启事,及捐款收据式样(议定以湖北省银行为收款机关),俾便实行各等因在案,除已分别通知外,相应录案抄单,函达贵委员,即请查照,于是日(十九日)下午四时到会商洽办理,事关紧要,亟待进行,务希如约准临,至为企盼。

(《大光报》P150)

12.市检私会发起一日所得贡献国家

(1936年11月20日)

商界方面,市商会今日开会讨论。

自上海立报首倡以一日贡献国家运动后,各省市均已闻风响应,此间市商会检私会委员高伯常、叶观生、王伯良、刘醒尘、傅清皮、胡伯瞻、潘善忱、王伯华、师元冲、胡亦愚等,亦于昨日发起,以一日所得贡献国家,并分函各分会,征求同意,兹录其原因函于后:

函各分会:敬启者,自上海立报首先倡导以"一日所得贡献国家"运动后,各地闻风响应,极为热烈。良以国步艰难,存亡关键,系于人心之生死,国之不存,家于何有?输一日所得,作爱国之表现,属在国民,应表赞同。观生等发起捐集本会全体同人一日所得,送请汉口市商会,转解中央,并请广为宣传,领导实行,如何赞同,希于二日内即将台捐款,送交本会会计处,以凭汇送云。

商会方面：市商会方面，自接沪商会代电后，当以兹事有俾于国家者甚大，各地同胞均已闻风兴起，足见全国民众咸具自觉之心，国家盛强之机，已象征于此。但汉市各业公会多至一百有余，此项一日所得究应如何征集，决于今日开会讨论，以期步骤之一致云。

（《大光报》P82）

13.汉市各界一日运动推行会

（1936年11月21日）

市党部责成谢澄宇筹备，日内召集各界组织成立，市新运会召集工商讨一日运动。

国民贡献一日运动所得运动推行办法，中宣部已函各地党部积极进行。汉市推行委员会，已责成由谢澄宇筹备一日内召集各界组织成立，推行办法除（一）薪资一日所得；（二）公司行号一日营利所得；（三）各机关团体之一日办公费外，并将请社会名人家资富有者以身作则，为社会倡导。

又讯：汉口市新生活运动促进会劳动服务团近鉴于国难日深，边事益急，爰本劳动服务之精神，作轮财教边之义举。特召集各工厂特别团于昨（二十）日下午二时，在市党部大礼堂召开谈话会，讨论进行办法，计划各工团队长有水电公司阮耘心，水厂李辉光，电厂宋廉卿，申新纱厂李关伟，福新面粉厂华运英，福兴漂染厂刘稻秋，裕隆面粉厂张永康，太平肥皂洋厂曹仙洲，福源油厂方柏舟，隆昌染厂倪嶙时，南洋烟厂陈容贵，楚胜火柴公司金联桓，善昌染厂王穉青，三合玻璃厂孙义坤，和兴布厂李仲平，德记布厂邓庭株，亚东布厂杨芸樵，志成玻璃厂王崇林，冠昌机器厂章福如，中国煤器厂李玉潘，武汉印书馆王芝瑞，华丰机器厂□造华等二十余人，由该会设计股股长刘文柱代表主席，当经决议：一、各工厂全体职工一日所得捐助慰劳前敌将士。二、一日所得抽取办法由各工厂主办。三、所有各工厂捐款统交指定银行（中国银行）保存，并将收据报会登记，俟收齐后汇办，并登报公布。四、抽取款项限本月底办竣。闻南洋烟厂全体职工业已扣出一月所得计洋百二十一元六角交市新运会收存矣。

（《大光报》P174）

12 月

1.全国商会联合会为重印全国商会名录检送调查表致全国各县政府电

（1936年12月1日）

全国各县政府公鉴：查全国商会名录，尚系民国十八年间由敝会电请各县政府调查辑印，迄今八年，其间变迁甚多，亟应重行调查更正付印，以符实在。相应附具调查表，电达贵府查照，即希将所属各县市镇商会依表填注，见复到会，至为盼祷。

全国商会联合会主席　林康侯　叩先印

2.市党部令商会详查物价暴涨原因四区党部谓恐有奸商从中操纵

（1936 年 12 月 3 日）

汉口市党部据第四区党部呈,以本市近日各物暴涨,尤其匹头一物,每匹原价八元,另涨四元,棉纱每亦增加数角,粮食及各种日需品,相继而涨,如此看来,关系社会安宁,影响法币低落。考查其原因,各地农产丰收,销售力较强,有应接不暇之趋势,少数奸商遂趁此机会,暗中操纵涨价,而各埠商贩知识浅鲜,睹此情状,恰中奸商之计,认为法币无形低落,牵动物价膨胀,市面突呈纷扰紊乱状态等情,请予设法制止。该部当以近月以来,各地久旱未雨,秋收颇减,委属物价上涨之由,至是否有人趁此机会,暗中操纵,冀图私利,致影响法币低落,则殊堪注意,据呈前情,特于昨日训令市商会详查据报云。

（《大光报》P98）

3.检私声中汉检私会忽告停止

（1936 年 12 月 4 日）

内中原因以发还走私火油为重,汉口各界将另行组织继续工作。

汉口市商会检私委员会自成立迄今,阅时五月,中间该会对于检私工作的进行,及一度改组的经过,曾散见前报。不意值此全国各地厉行检私声中,该会于上月三十日第十二次常会决议突然停止活动,解散职员,外界不明真相,深滋疑惑,并以此事转相诘询,记者闻讯,特于昨（三）日分往各有关方面刺探究竟。据熟悉内容者谈该会组织系统原隶属于中华民国各地商会检私总会,会中负责分子,悉皆本市商界闻人,且大半系市商会委员兼充。就情理言,在商言商,协助检私,当称便利。事实方面,大谬不然,究其原因,汉市乃通商大埠,有关检私之商界同胞,热心爱国运动,对于奸商进口私货,自动不买不卖不运者,固大有人在。而迫于个人环境之窘迫,贪图走私利益者,难保绝无其人,日久变生,该会负责委员亦复感觉环境困难,检私工作,无济推进,形成有名无实之空洞团体。再该会常委共计九人,内中除高伯常（牛皮业）、余蓉樵（煤炭业）、叶观生（石灰业）等三人,本身业务与走私无关外,其余祝庸齐等或业匹头,或营海味,或经颜料,对于财部规定应行稽查之二十六种货物,关系颇巨,本身业务如此,推及全市商人。

（《大光报》P110）

4.汉口市检私会重行改组

（1936 年 12 月 7 日）

汉口市商会检私委员会,以该常委高伯常等,因发放走私火油一事,愤而辞职,以致会务停止活动各情,俱志本报前讯。兹市委市商会主席黄文植氏,自披阅检私会停止活动函件后,以检私工作目下未便遽然结束,特于前（五）日提交执监会议,详加商讨,当经决定重行改组,并另推陈经畬、江述之、王静斋、余蓉樵、苏汰余等五人为改组委员,定期开始工作云。

（《大光报》P146）

5.（汉口市商会）呈省市政府请防止粮食出口

（1936 年 12 月 10 日）

呈为据情转呈事：案据本市机器米业同业公会函称：敬启者，窃年讥用不足，调剂为主，民生首要，以食为先，比迩年早稻虽庆丰稔，而大地登场，不过歉折收成。历年农村印象，天灾人祸，迭受刺激，虽告收获，实系外强中干，亡羊补牢，何能恢复原状。兼入秋以来，旱魃为虐，晚稻已经失望，来源虽云畅旺，售销不无疑虑。盖近来源除武汉民食供给外，其剩毫无余数存积之可言，值此来源市价逐步增涨，或因出口影响涉及，长此而弗制止，民食后顾何堪思议。查东北地大物博，歉收业已成灾，民食恐慌，而内地移民移粟，调剂犹恐不足，年外春荒，何以为继。本会原体政府调剂民食之至意，洵恐倾销受无形出口之隐患，为此函请贵会，转呈省市两政府测量时艰，侦察制止，防患于未然，免生民食恐慌，恳切陈辞，即希查照。是为至盼。等情，到会。查调剂民食，本为内政最要之策划，而食粮价格之涨落，犹非局部商人所能任意操纵，现时武汉米价逐步增涨，考其实际不外该业公会所陈大概情形，事关民食，亟应未雨绸缪，据函前情，理合备文转呈钧府俯赐鉴核，准予设法防止，以资调剂，而免恐慌，实为公便。

谨呈

湖北省政府代理主席卢、汉口市政府市长吴

汉口市商会主席黄文植

11 月 3 日

（《汉口商业月刊》新 1 卷第 7 期）

6.（汉口市政府）函粮食行等业请拟具防止粮食大宗出口妥善办法

（1936 年 12 月 10 日）

敬启者：案查本月二日奉湖北省政府第 32192 号训令开：案据建设、财政、民政三厅签呈称：查本年各属粮食丰收，谷价低落，前为救济谷贱伤农起见，已奉令饬会同派员分赴各地采购粮食，以资准平。而剂盈虚在案，兹事体大，似宜组织粮食调节委员会办理，庶于采购储存保管，暨审核收支等事项，均得专其责成，以赴事机，是否有当，理合拟具委员会组织规程，签请核示。等情，计呈湖北省粮食调节委员会组织规程一份，据此。提经本府委员会第 221 次会议，决议：修正通过。除公布分令外，合行抄发湖北省粮食调节委员会组织规程，令仰该会遵照，等因，计抄发湖北省粮食调节委员会组织规程一份，奉此。正拟转知间，本月十一日复奉湖北省政府第 32991 号训令内开：查本省粮食调节委员会组织规程，业经本府委员会第 221 次会议修正通过，并公布暨分行遵照在卷。现该会进行事项，业经民政、财政、建设三厅会同签呈前来，核尚可行，应指定该会主席黄文植，为湖北省粮食调节委员会委员，俾资组织成立，除分行外，合行抄发原签呈，令仰遵照。等因，计抄发原签呈一件到会，奉此。查粮食调节委员会之设，原以本年湖北各属米谷，虽曰丰收，而入秋以来，因旱成灾，杂粮仍属歉薄，故一方感谷贱伤农之苦，一方有粮食缺乏之虞。调节云者，意在裒多益寡，酌盈剂盈，使内地米谷得以照常流通，而本省民食，不至发生影响，缘武汉地方，向恃湘赣等省，以为接济，本年秋收既歉，而又素鲜盖藏,则为维持来年春荒计,自不能不预为筹备,以裕民天。此后本省粮食于运销内地之外,设遇有大宗出口之数额,应如何斟酌地方情势,量为办理,以期双方兼顾之处。在贵业熟悉市面需要情形,知必有妥善之办法,足资参考,用特照录原件,转询贵公会,即请查照。于三日内发抒意见,函复过会,以便转陈,用备采择,事关维持民食,务希迅予见复,至为企盼。

此致

粮食行业同业公会、油饼杂粮号业同业公会、机器米业同业公会

汉口市商会启

11 月 14 日

(一)附杂烟油饼业函复意见

敬启者,顷奉大会函转湖北省粮食调节会成立经过及组织规程,并奉湖北省政府第 32991 号训令内开:各等因,尾开以本省谷米,虽曰丰收,入秋以来,因旱成灾,杂粮仍属歉薄,一方感谷贱伤农,一方感粮食缺乏,应如何调节,俾民食不生影响,粮食照常流通。此后本省粮食,于运销内地之外,设遇有大宗出口,如何斟酌地方情势,量为办理,以期双方兼顾之处。嘱为三日内发抒意见,以资参考,等因,准此。当即召集各会员,开会讨论,结果佥以本年湘鄂两省丰收,秋末虽云因旱成灾,实际收成比较上前两年似觉倍蓰,各地农区,于收时第一批售出,得价较优。以故现在各地市面日需百货,渐形发达,皆因丰年农村购买力增加所致。随后农村登场之粮食,因农村人民不感需用缺乏,善藏待沽,所以湘鄂等省,乡间积存谷米、杂粮,实较往年为多。目下各大埠市面粮食稍涨,职此之故,此即我国生产统计不一,未能彻底调剂有无,以致一方感觉谷贱伤农,一方感觉缺乏民食之畸形现状。诚如贵会所论,近观报载,中央实业财政两部经委会,对于本国整个粮食问题,曾召集会议,对于全国粮食已有通盘计划,大宗出口问题,不久有统筹兼顾之国策。惟查本省地位,为上游各省粮食集中市区,国内调节盈虚,懋迁有无,莫不以本市为总汇。迩者粤汉通车,向恃洋米为民食之百粤,近则以湘、鄂、赣、皖国产接济矣。上海为苏、浙、闽等处转运之区,因本年内地丰收,沪闽客庄,进一步来汉设庄采办矣。此皆本省市以前数年粮食不景气,至今年渐趋繁荣之现象,此不独本业之盛衰,本省市农商业之经济,国内各省民食之调节,均有莫大之关系。以现市情形而论,粮食稍涨,不外下列原因:(一)小麦美国歉收,缺货进口,致豫鄂各地存积之农商,不无居奇观望。(二)谷米杂粮因湘鄂产地,农村目前不感需用缺乏,暂时不愿出售,以上原因,皆属暂时性质。第二项观望尤较第一项为薄弱,本业各会员之预测,以为临冬岁逼,农民需用必殷,各地贮积之余粮,势将集中本市,运销全国,来年春荒实属不成问题。兹承贵会殷殷下问,用敢详以奉告,盖本市为内地运销总汇,对外出口,中央有整个计划施行。内地运销,为省市渐趋繁荣,复兴农村之愿望,尤不宜有所阻滞,敝会之意,不过如此,嗣后如有所见,更愿随时贡献于省调节会及大会,以资采择,准函前由,相应据情函达贵主席,请烦查核采择为荷。

此致

汉口市商会主席黄

汉口杂粮油饼业同业公会主席　黄云卿

（二）附粮食行业函复意见

敬启者，昨准大会函尾开：用特照录原件，转询贵公会，即请查照于三日内发抒意见，函复过会，以便转陈，用备采择，事关维持民食，务希迅予见复。等由，附湖北省粮食调节会签呈并组织规程各一件，准此。查汉口为粮食集中地点，本年湘鄂两省丰收，各地农村，均于早收时，各将所收粮食售出，辗转运汉。而各地买客，亦乘时来汉购运，观于粤汉通车，向恃洋米为食之百粤，近则以汉口与湘、皖、赣等处为接济矣。上海为苏、浙、闽转运之区，因鄂省今岁丰收，沪闽客庄，进一步来汉设庄采办矣，是买卖粮食客商，无不以汉口为总汇，而汉口市面，所以渐形发达者，固由年岁丰收，农村购买力增加，而买卖粮食客商源源而来，实为繁荣市面之总因也。倘禁止粮食出口，则前次在汉买货客商，势必改赴宜昌沙市及长沙等处，设庄收买直接装运出境，所有各产地粮食，自不得运汉售卖，而汉口市上粮食来源行将减少，此不惟市面受其影响，且不免有民食缺乏之虞。可见禁止粮食出口殊非善策，然使任其大宗出口而漫无限制，亦非良法，此后本省粮食如遇大宗出口之数额，必须查明售货地点。除出口之外，其所存数量，确能维持民食，且预料嗣后尚有来源，始准出口。如此办理，然后民食不生影响，粮食照常流通，自有双方兼顾之效。兹承下问，谨就管见所及，函达大会，即希核准为荷。

（《汉口商业月刊》新 1 卷第 7 期）

7.（汉口市商会）函各业公会转知商号呈领护照文件须由商会证明

（1936 年 12 月 10 日）

敬启者，案奉汉口市政府本年十一月五日，武字第 6764 号训令开：令汉口市商会，案奉湖北省政府，二十五年十月三十日，省秘字第 15985 号训令开：案奉行政院二十五年十月二十日，第 6152 号训令开：案据上海市商会呈以该会第五次执行委员会议决议，请行政院通令各部会，凡法令规定各地商号，呈领护照文件，应由商会证明者，必须经由商会办理，或由同业公会转请当地商会办理。其他团体，概不得越俎代谋，录案呈请鉴核，俯赐施行，等情。经饬交实业部核议去后，兹据核复，略以商会为工商业之法定团体，依商会法之规定，关于工商业之证明，为商会职务之一，至何者应由商会证明，自应视各该法令之规定而定。凡法令规定商人呈请案件，须取具当地商会证明者，自应经由商会证明，不得听由商人别觅其他团体代替，以为规避之计。但商会亦不得任意留难，借故稽延或存心操纵，滥用职权，致违法令本旨。其有此种情事，得由商人除诉主管机关，查明严惩。至违法令之本旨。其此种情事得由其他团体证明者，自应从其规定等语，查核所议，尚属妥适，应准照办。除分令并批示上海市商会知照外，合行令仰遵照。并转饬所属一体遵照，此令。等因，奉此。除分行外合行令仰遵照。并饬属遵照，此令。等因，奉此。除分行外，合行令仰遵照并转饬各业商人一体遵照。此令。等因，奉此，除遵照暨分别知照外，相应录达，即请查照，并一律遵照是盼！

汉口市商会启

11 月 6 日

（《汉口商业月刊》新 1 卷第 7 期）

8.(汉口市商会)函各业公会转知造报国货种类名称

(1936 年 12 月 10 日)

敬启者,案奉汉口市政府二十五年十一月十四日,普字第 964 号训令内开:案奉湖北省政府二十五年十一月三日,省建三字第 20574 号训令开:建设厅案呈奉实业部二十五年十月二十一日,工字第 17471 号训令内开:案奉行政院第 5020 号训令内开:案据该部等报告,审查上海市国货运动联合会常务委员林康侯等呈请重申政府机关,购用国货前令,凡已有国货代替品,而仍购用外货者,应不准报销一案,意见到院。查本案事关提倡国货,应由该部从速拟具切实办法,以期迅速施行,审查会所拟办法,恐涉迟缓,并希注意。除分令外,合行抄发原审查会记录,令仰遵照。等因,奉此。查此案自十七年六月,前工商部奉国民政府第 266 号,令据审计院,呈请通令全国各机关,所用物品,如有国货,可以适用。而仍购用洋货者,应依照审计法第十二条,以不经济支出论,令饬遵照。二十三年七月,本部准行政院秘书处第 3010 号函,奉交上海市商会呈请令饬各机关学校团体,除少数特殊绘图,非用舶来品笔墨不可外,似可明定标准,凡可用国产笔墨,而用舶来品笔墨写作者,得退回令其重缮。二十五年四月,又奉行政院第 2016 号训令,为各机关嗣后购用纸张,非有不得已情形,皆须购用本国出品,以前业经购备之外国纸张,使用完罄后,不得再行购用,各等因。业经先后转饬遵照各在案,兹奉前因,复查公务机关通用物品,除纸张笔墨外,所有各项文具、器具及其他物品,种类甚多,在各机关采购于市面,每对国货外货,无从分别,或并不知该项物品有无国货,此实为对于购用国货,推销鲜效之一重要原因。为督促实行起见,应将此项通用物品,造具国货清册,分送各机关,俾便选购,惟全国国货工厂出品,素无完全汇录,除呈经本部发给国货证明书、工厂登记及核准奖励有案之国货工厂,业经造具国货清册,连同拟具公务机关,购用国货办法,呈请行政院鉴核,转呈国民政府通令施行外,仰该厅迅即转饬本地商会,暨各工商同业公会、工厂、联合会,详为查明,并转知各国货工厂,依法呈经本部,核准工厂登记,或发给国货证明书,以便陆续造具国货清册,分送各机关采用,是为至要。此令。等因,到府。除分令外,合行令仰该市政府,即便转饬遵照办理为要。此令。等因,奉此。除分令外,合行令仰该商会遵照,转饬各有关国货同业公会,查明国货出品具报,以资推销,此令。等因,奉此。查提倡国货,重在实际推销,而推销国货,尤须使人人识别国货出品之种类,本案关系重要,非例行奉转者可比,相应函达贵会,即希查照。关于同业所出之货品、种类、名称,务须切实造具清册,详为列报,以凭汇转,是为至盼。

汉口市商会启

11 月 19 日

(《汉口商业月刊》新 1 卷第 7 期)

9.(汉口市商会)函各业公会请参加组织华南参观团

(1936 年 12 月 10 日)

敬启者:查本会案奉湖北省政府建设厅公函,为请派员于十一月十六日到厅开会,人员抄送建设厅,由建设厅照料一切,其旅费归团员借商组设鄂省华南参观团事宜,等由一案,当即推请本会曹常委延祥，前往出席。兹据报告，关于华南考查团事，已在建设厅开会议决，由本会暨商联会负责邀集团员，于最近期间成立，团员自备出发日期至迟下月一日为限，等因，在案。本会昨于开谈话会期间，曾将建设厅公函照录原件，当场分送各同业公会主席查阅，并请推定团员，以便转报。比经公议，由会通知各同业公会，分别推举团员，并限三日内函报本会汇转，等因，亦在案，除分别通知外，相应函达贵会，即希查照。将前项团员，迅速推定，并将该团员姓名、略历，于本月二十日以前函报过会，俾便转报建设厅备案伫候复音，无任企祷。

汉口市商会启

11月19日

（《汉口商业月刊》新1卷第7期）

10.汉商会请（财政部）否准粤减洋米税

（1936年12月12日）

（汉口）汉商会十一日电财孔，对粤省府请减免洋米进口税，表示异议，谓粤运输极便，民食不须外来，而各地丰收，供可应求，如减免洋米进口税，影响内地农村至巨，请予否准。（十一日专电）

（《申报》）

11.湖北省政府为据汉口市政府呈报棉花行业公会第三次改选委员递补情形并请核转等情咨实业部

（1936年12月12日）

案查前准贵部二十五年十月三十一日商字第四九四九八号咨，以汉口市棉花行业同业公会第三次改选委员名册有应查明补报处，请饬遵，等由。当经令行汉口市政府转饬遵办具报在卷。兹据呈复一节称：遵经转饬该公会遵办在卷，兹据呈复略称：查曾松亭于二十三年八月第二次改选时被选为候补执行委员，嗣以该次改选执委左幼齐因改业于二十四年九月辞去委员职责，当即依法以候补执委曾松亭递补，奉令前因，理合呈覆，鉴核准予转呈备案。等情，据此。除指令外，理合据情转呈钧府鉴核转咨。等情，据此。除指令外，相应咨请查核办理为荷。

此咨

实业部

兼代主席　卢铸

12.汉市商会率百四十余公会电张请悬崖勒马

（1936年12月16日）

蒋委员长被困西安，举国震愤，汉口市商会，以当此外侮日亟之时，张学良忽有此背叛举动，悲愤殊深，特于昨日率同全市商界一百四十余公会电张，晓以大义，请从速护送委座回京，兹录其原电于次：

电张原文。西安张汉卿先生赐鉴:东北沦亡,先生固以祖宗之庐墓之所在,守土责任之攸归,而激愤有异于常人者,然既含垢忍辱于当时,尤须公忠体国于此后,乃绥远之追奔正急,而西安之构变非常,委座被围,举国震恐,先生此举,纵或激于一时抗敌之愤,而劫持统帅,破坏纪纲,丛启内纷,增重外患,是惟恐亡国之不速也。国破家亡,身败名裂,天下后世将谓先生为何如人乎?况委座统筹全局,救国有方,领导群伦,刻苦奋进,陡遭困厄,谁不为之痛心。万恳先生勿以全国人心为敌,悬崖勒马,改正主观,从速护送委座回京,以安人心,而维国本。关于御侮救国之荦荦大端,政府诸公,当必从长计议,共策万全,期无负于国民之重托也。临电涕泣,无任盼祷,汉口市商会各同业公会叩感印。

(《大光报》P242)

13.汉各业公会请(财政部)展所得税实施期

(1936 年 12 月 19 日)

积习相沿,多在废历年底结账,请展期至总结期满后再实施。

汉市海味、糖、盐等数十业同业公会,以所得税一项,原定自二十五年十月一日起施行,后以银行业之请求,已经财部令准展期至二十六年一月一日起施行,但查银行业系以国历十二月底为总结账期,其他各业,则多以废历十二月底为总结账期,习惯不同,情形自异。盖银行业以外各业,多系与各乡镇往来,积习相沿,非至废历十二月底,不能与各乡镇结账,其盈亏即无有计算。盖各业之中,或则因时间性不同,而流水各异,或则因淡旺月不一,而生意有别,若宽从二十六年一月一日起,一并开始征收所得税,则在本年废历十二月底以前四十余日之盈亏得失,即无法计算,况所得税暂行条例施行细则第八条有(第一类甲乙两项营利事业之所得,得依各业习惯,每年结算一次)之规定,以是特联函汉商会请转呈财政部准将银行业以外,而关于废历年底结账各业之所得税,展期至二十五年废历十二月底之总结期满后施行。

(《大光报》P278)

14.钟表店违背行规,市府令局惩处

(1936 年 12 月 19 日)

汉口市政府,因据本市修理钟表业同业公会呈,以查本市中山路二五七号保久钟表店,违背行规,宣传减价,请依照本市各业商号减价拍卖取缔办法严予处惩等情,当经查核实在,乃于日昨令行公安局,依照行政执行法第四条所规定,予以十元以下之罚款处分云。

(《大光报》P280)

15.实业部准转汉口市棉花行业公会补报第三次改选委员递补情形并准予备案咨湖北省政府

(1936 年 12 月 20 日)

案准贵省政府二十五年十二月八日省建三字第二二四八九号咨,转据汉口市棉花行业同

业公会补报该会执委曾松亭系于二十四年九月左幼齐辞职时所递补等情，嘱查核办理等由，前来。应准并予备案，相应复请查照饬知为荷。

此咨

湖北省政府

16.汉口市国民贡献一日所得运动推行委员会汉口市业主集会办事处通告

（1936年12月）

查汉口市国民贡献一日所得，充实国防，并捐款慰劳前方剿匪守土将士，乃系爱国人民应尽之义务，各界已经分别热烈推行。业主界亦于目前在业主集会办事处举行会议，议决捐输房地产租金二日，以一日贡献国家，以一日慰劳守土将士，并由汉口市业主集会办事处组织劝募委员会，负责劝募，其办法由住户垫缴一月租金三十分之二，分别掣取本会处收据，缴于房东，抵作租金。期于二十六年二月十五日以前办理完竣，以便汇解中央及前方，事关救国运动，务希踊跃输缴，共襄义举，除分函汉口市政府汉口市商会转知所属外，合行通告周知。

1937年

1月

1.汉商会改选,昨举行二次筹会

(1937年1月7日)

汉口市商会定三月二十五日改选半数满任执监委员,业奉市党部指令核准,并饬造报代表名册备核,该会特于昨日举行第二次筹备会议,兹志其决议要案于次:(一)关于本会变更征收会费章程,曾经第五次会员大会,修正通过,并呈奉党政机关核准备案,此次改选似应将该章程先行印送各公会,暨各商店会员,以备查阅,请公决案。决议:赶紧印发。(二)前奉市党部发来本市各同业公会一览表,内共有公会一百六十二个,其已入会者,只一百二十八个,此次改选应发通知,凡未加入本会之各公会,一律来会依法登记,请公决案。决议:照案通知,并请确报资本。(三)前奉市政府发关于中央民众训练部与实业部会商决定公会会员名册及商店会员名册各式样,应填各项,甚为详细,此次改选,通知各该会员,推派出席代表,似应翻印册式随函分送,以便依法填报。而审查代表资格时,亦得有所根据,请公决案。决议:照印分发。(四)定七日下午五时召集筹备委员举行第三次筹备会议。

(《大光报》P18)

2.汉市商会尊重选权,提倡文化函未入会公会赶速入会,楼下房两间辟为图书室

(1937年1月10日)

汉市商会定三月二十五日改选半数执监委员各情,已迭详前讯。现该会以商会组织之基础,原以公会会员及商店会员为单位。惟查本市各业公会已经加入商会为公会会员者,共有一百二十八个,其无同业公会之组织,依法加入为商店会员者,共有二十个,均经推有出席代表。此外并有已经成立之公会,而尚未加入商会者,为数亦属不少。兹当改选之际,为谋组织健全

起见，特于昨日分函各未加入之同业公会，请其依法到会办理入会登记手续，再行照章推派出席代表，以重选权云。

又讯：汉口市商会为提倡文化起见，在两年之前，即拟组织一图书馆，钱业公会且捐洋千元，以为之助。嗣以该会左廓房屋，为空军新生社借用，无余房可为馆址，故至今年尚未实现。兹悉该会，已决定先就楼下小议厅前面房两间辟为图书室，陈列书报，俟有余屋，即扩充为图书馆，管理员已决调该会补习学校事务员王献之兼任云。

（《大光报》P46）

3.武昌商会今日集会改选，七百代表出席

（1937年1月10日）

武昌商会定今（十）日上午十时，举行第二届第一次会员大会，改选执监委员，出席代表计有银行、广货、米、布、煤、肉等五十余业及各单独商店共七百余人。省党部派定民训科长莅会监选，武昌县府及市政处亦各派员指导，各帮提案，均已交付审查。计通电方面，有攀留蒋委员长如期回京，主持中枢，暨拥护中央处置陕变办法，通电各界普及一日运动及慰问绥远守土将士等共四起。提案方面，有建议政府扩大武阳小本借贷及请中央拨运大宗一分辅币，维护武汉金融，暨请政府协助取缔不入商会之商店行号，与整理会费、维持会务等案云。

（《大光报》P46）

4.（汉口市商会）电呈行政院请修改积谷大纲

（1937年1月10日）

南京行政院钧鉴：案准浙江全省商会联合会上月寒日电，为钧院通过修正各地建仓积谷办法大纲第十六条之规定，载募集方式，应按照田赋营业税、房捐及其他产业上之浮息比例收取，力求简易、公平等语。内中以营业税为比例一节，商人负担过重，拟请修改。以营业纯益为其派募依据，俾与其他派募标准较为适应，而昭公允，等情。属会极表同情，用特电恳钧院，俯赐察核，准予所请提议修正，俾无畸轻畸重之弊，而符公平简易之真，无任翘祷之至，汉口市商会叩。

附函沪商会等请一致主张

敬启者，案准浙江全省商会联合会寒代电开：阅本月十一日沪杭各报登载行政院第287次会议，修正通过之各地方建仓积谷办法大纲，于国际民生兼筹并顾办法，至为严密，标准亦极臻公平，际兹国难时期，积谷原为应办之要政，凡我商人于义自难容辞。惟查原大纲第十六条之规定"募集方式，应按照田赋营业税、房捐及其他产业上之浮息比例收取，力求简易、公平"等语，细绎以营业税为比例一项，自系指派募于商人而言，似觉负担独重，与简易、公平之原则，尤未尽合，而揆诸其他产业上之浮息比例亦复难免轩轾。本会业经真日代电行政院，请将原大纲酌予修改，所有派募商人积谷捐款，依照第十六条末段，其他产业上之浮息为比例之规定，以营业纯益额为其派募依据，俾与其他派募标准，较为适应，请予采纳，迅赐重行核议，以树良规，而

昭公允,等语在案。如蒙赞同,尚希有所表示,径行呈院修改,借收宏效,而便实行,除分电外,相应电达,即希查照为荷,等因,准此。查浙省商联会对于该项办法大纲提出意见,请求修正,贵会是否赞同主张,理由如何,用特函请详为见复,以便一致声援,是为至盼。

此致

全国商会刘靖基、上海市商会。

汉口市商会

12月7日

(《汉口商业月刊》新1卷第8期)

5.(汉口市商会)函复盐务稽核处盐商不适用统一会计制度

(1937年1月10日)

敬复者,案查前准贵处函嘱转致各零售盐店,其现用账簿,究分几种,其情形如何,账中四柱如何分别,详为查明,并检取各种账簿空白式样、页数加以说明。更须列举实例一二则,至各商号能否适用一种统一会计制度及制度规定之后,在实行上有无困难,均须抒陈意见,送呈转核等因,准此。当即转函本市海味糖盐业同业公会查照办理见复。去后兹据该工会复函一节称:查本会各商店兼售盐斤多系零市,与专卖者不同,其所用账簿,皆为旧式,因杂货海味名目繁多,零售盐斤,难立专账,绝对不能适用统一会计制度,若与专卖视同一律,其困难即莫可言状,准函前因,相应函复大会,请烦核转为荷。等情到会,相应函转贵处,请烦查照是荷。

此致

财政部鄂岸盐务稽核处处长刘

汉口市商会主席黄文植

12月21日

附本会致海味糖盐业原函

敬启者,案准鄂岸盐务稽核处二十五年十二月十五日第3918号公函开:案奉财政部盐务稽核总所,本年十二月一日第863号通令开:案据会计科案呈,准缉私督察处函,转据督察员张益烈呈,以各处盐栈账簿大都参差不齐,甚至并无每日结存,易生流弊。值此整理场产之际,管理盐商,尤不可缓。故于账簿一项,应有一定款式,始便查核。拟将盐商账簿,予以改革,由公家规定格式尺寸及页数,两页之间,盖以骑缝关防,由盐务机关印发盐商使用,等语,请核示等情,前来。查所陈各节,不无研究之价值,该处对于盐商,比较总所接近,对其实际营业情形,自较明了,究竟其账目应如何改革,各种盐商能否适用统一会计制度,暨制度规定之后,在实行上有无困难,仰即详加研究,并拟具盐商适用会计制度纲要,呈复来所,以凭汇核办理。等因。除本岸各运商已令饬淮盐公会查报外,兹以各零售盐店,其所用账簿,亦须查明,相应函达贵会,即希查照。转行油盐业同业公会将各零售盐店,现用账簿究分几种,其情形如何,账中四柱系如何分列,详为查明,并检取各种账簿空白式样、页数,加以说明,更须列举实例一二则,至各商号能否适用一种统一会计制度及制度规定之后,在实行上有无困难,均须抒陈意见,一并送交贵会,转函见复,至纫公谊。等因,准此。相应函达贵会,即希查照来函所指各点，详述意见，连同各种账簿空白式样、页数，加以说明，并复过会，以凭汇转，是为至盼。

此致

汉口市海味糖盐业同业公会

汉口市商会启

12 月 16 日

（《汉口商业月刊》新 1 卷第 8 期）

6.（汉口市商会）复会计师公会推曹常委接洽改良簿记事项

（1937 年 1 月 10 日）

敬启者，案准贵会二十五年十二月十二日第 64 号公函：为录案函嘱召集各同业公会代表合组改良簿记委员会，请烦查照核议见复等由，准此。当经提交本会第 42 次执委会议决，推曹常委延祥先为接洽，再行核复等语，记录在案。相应录案函复贵会，请烦查照于本会曹常委前来面洽时，赐予详谈为荷。

此致

武汉会计师公会

汉口市商会主席黄文植

12 月 23 日

附武汉会计师公会原函

敬启者，十一月二十二日敝会第九次理监事联席会议讨论事项第二项：涂理事正萃提议所得税施行期近，日后商界委托稽核账目之事必多，拟由本会函商汉口市商会召集各同业公会推举代表合组改良簿记委员会，就各同业原有之中式账册加以改良，以增进会计上之效能，可否如此办理，请公决案。经决议函知商会并请函复，等语，记录在卷。查改良簿记，实为目前切要之图，矧敝会涂理事所提议改良办法，系就各同业原用之中式账册参酌改进，自属易于推行，此举谅为贵会所赞同，用特录案函达贵会请烦查照，并希核议见复，是所至荷。

此致

武汉会计师公会常务理事　苏时昌、谢霖、唐德桂

（《汉口商业月刊》新 1 卷第 8 期）

7.武昌县商会昨举行会员代表会

（1936 年 1 月 11 日）

执监委员一部改选，对外发出要电三件。

武昌县商会第二届第一次会员代表大会，昨日（十）上午十时在该会举行，并改选执监委员。到会者省党部指导员黎瑞麟，市政处监选员李廷芳，湖北高等学院院长郗朝俊，武昌县党部干事邓纯五，汉口市商会代表余蓉樵，武昌业主会代表夏子文，省商联会代表易宾臣，警备旅

代表彭干廷,武昌县政府代表冀积慈,保安处代表李松琳,武昌地方法院代表周世昌,省会警察局侦缉队代表□□翘,捐□油同业公会代表杨尧阶等,出席会员五百六十八人,主席柯舜卿,开会如仪。首由主席报告开会改选意义后,并将该会自民国二十四年一月份起至二十五年十二月份止收支概况,作书面报告,次由省党部黎瑞麟,市政处监选员李廷芳,武昌县政府代表冀积慈,武昌县党部干事邓纯五等相继训词,来宾汉口市商会代表余蓉樵,省商联会代表易宾臣,亦相继致词,词毕,进行讨论事项:

(一)请用大会名义电敦劝蒋委员长销假供职领导民众案。决议:通过。(二)请用大会名义电慰劳绥远□□抗敌□□将士案。决议:通过。(三)请用大会名义电各省市推行一日所得贡献国家复兴民族案。决议:通过。转请决定整□会者办法案人(易兰生、吴炳臣、唐亚声、盛龙轩、傅寿庵提)。决议:交新选执监委员会讨论。(五)拟更改县商会名称为湖北省商会案。决议:交新选执监委员会讨论。(六)各同业公会如有请求公文转呈事项,商会必须在四十八小时以内转出,如有特别情形不在此例案。决议:通过。(七)各同业公会如有委托事件来会,应迅速、便利办理案。决议:通过。(八)商店公司应按照制裁办法强制加入同业公会及商会案。决议:通过。讨论完毕,进行选举,由省党部指导员黎瑞麟,市政处监选员李廷芳监视点名散票,李撲生、乐佩兴、方耀萱、萧鑫山监票,张源亭、赵少卿发票,吴竟成、余少之、唐晓山、程云卿唱票,陈震文、李次怀、戴玉麟、秦龄九记票,截至本社发稿时止,唱票尚未完毕。该会留任执监有方耀萱、邱益三、萧鑫山、程云卿、余少之、杨达夫、苏时昌七人。留任监委有唐晓山、吴竟成、陈承仁三人,此次仅改选半数。兹将大会各项电文录下:

电委员长。浙江奉化县政府转呈国民政府军事委员会委员长蒋钧鉴:报载钧座因陕变一再请辞本兼各职,业奉中央命令慰留,给假一月休养,属会同人,始闻而骇,终而喜,盖庆领袖续主中枢之有日也。窃思我国不幸,忧患频仍,深赖我公领导民众,捍患御侮,一发千钧,复兴可期,若遽高蹈,谁膺重寄?代表等谨率武昌全体会员肃电攀留,务恳钧座党国为怀,如期销假,蔽京供职,无任切祷,敬祝康复。武昌商会第二届第一次会员大会代表等六百余人同叩灰。

电绥将士。绥远执政府主席傅钧鉴,并转前方剿匪将士公鉴:此次匪伪扰边,幸赖我公领导前方诸将士,誓死守土,卒能击退顽敌,先后收复庙地,捷报频传,全国欢腾,同人等闻命雀跃,钦佩无似。现在绥远匪氛,表面虽在沉寂,但其侵略计划,仍甚积极。属会同人,远居后方,惟有共本救亡同情,各尽所能,为国效命。尚乞前方诸将士代致慰问之忱,并恳□期抵抗,进而收复失地。代表谨率武昌全体会员誓为后盾,谨电奉陈,诸希鉴察。武昌商会第二届第一次会员代表等六百余人同叩灰。

通电全国。全国各省市党部各省市政府众团体钧鉴:此次匪伪侵绥,深赖前方将士,誓死捍卫,卒能击退顽敌,先后收复庙地,各地民众,纷纷发起,以一日所得贡献国家,聊尽匹夫救亡之责。此项运动,推行以来,颇著成效。讵自陕变结束,适届新年,同时绥边匪氛,暂告沉寂,全国民众于热烈庆祝蒋委员长回京及新年狂欢之余,对输财助边之举,亦渐消沉,似此安而忘危,乐而忘忧,其何以捍患御侮。试观目下绥边风雪,涓滋暗长,隐忧曷极,代表等顾后瞻前,杞忧无似,务望全国各界人士,对于一日运动积极普遍推行,俾资唤起国人救亡之同情,而聚腋成裘,汇寄前方,以表慰劳剿匪将士于万一。谨电掬诚,敬悉谅察,武昌商会第二届第一次会员大会代表等六百余人同叩灰。

(《大光报》P56)

8.汉小本借贷九个月来之贷款概况

（1937 年 1 月 11 日）

借贷者一四四四户共贷出廿万余元，收回本金十二万余元，息金三千余元。

本市小本借贷处，自去年四月一日成立，迄今已九月，记者昨以二十五年业已终了，特往访该处罗炳炎主任，以成立以来之贷款情形相询。据谈除信用贷款外，押放方面，四十户左右，共二万余元，至信用借款以杂货贩卖业居多数，其次便为人力车业，各借户均能依照定章按期还款，故绝少纠葛发生。按照贷款章程，借款人还款期间，原以六个月为限，但为便利借款人起见，均于借款时契约内订明分期摊还，其期二、三、四、五、六个月不等，故每月还款户数，有多于借款户数者，职是故也。兹志其九个月来每月收贷详数于后，四月份计一七九户，共贷出二万二千一百十元，因系第一个月，故无收款。

五月份：计二三五户，贷出三二·八七〇·〇〇，还清者四户，摊还者一〇三户，计收回本金三·三九九·一二，息金三四〇一，共计三·四三三一三。

六月份：计贷出一一六户，共款一八·二六〇·〇〇，还清者三户，摊还者二九七户，计收本金七·七三四·一二，息金一一〇·〇八，共计七·八四四·二〇。

七月份：计贷出八九户，共款一二·三八〇·〇〇，还清者一四户，摊还者四三二户，计收本金一二·三五八·二六，息金二六六·二七，共计一三·六二四·五三。

八月份：计贷出六七户，共款九·九〇〇·〇〇，还清者二〇户，摊还者四六五户，计收回本金一五·三一二·五八，息金三八七·二四，共计一五·六九九·八二。

九月份：计贷出一七三户，共款二九·八八〇·〇〇，还清者五五户，摊还者五三五户，计收本金一六·〇三八·九四，息金五二九·六三，共计一六·五六八·五七。

十月份：计贷出一五五户，共款二四·九七〇·〇〇，还清者一八〇户，摊还者五五二户，计收回本金二一□·五九〇·〇一，息金七二六·〇四，共计二二·三一六·〇五。

十一月份：计贷出二〇八户，共款三二·六〇〇，还清者一七〇户，摊还者五二二户，计收回本金一九·九〇四·八二，息金六二八·三四，共计二〇·五三三·一六。

十二月份：计贷出二二二户，共款三六·二〇〇·〇〇，还清者一〇九户，摊还者七六一户，计收回本金二四·八二六·六六，息金七一一·七四，共计二五·五三八·四〇。

合计：贷出户数一四四四，款额二一九·一七〇·〇〇，还清者五五五户，摊还者三六九五户，收回本金一二二·一六四·五一，息金三·三九三·三五，共本息一二五·五五七·八六。

（《大光报》P56）

9.武汉积极推行一日运动劳军捐款

（1937 年 1 月 12 日）

市商会昨讨论捐款分配法，交部优待运送劳军物品，枣阳蕲春推进一日运动。

汉市商会于昨（十一日）下午四时，在该会大礼堂，召集各业公会主席，暨一日推行会委员及各界募捐慰劳绥远将士会全体委员会议，讨论捐款分配办法，计到市党部委员谢澄宇，市政府张镜怀，一日推行会郭少仪，警备司令部伍金榜，市商会主席黄文植，暨各业公会主席百余人，由黄文植主席，引导行礼如仪后，即由主席报告。略谓：市商会自经成立各界募捐慰劳将士委员会以来，曾经收到各方捐款共计六万九千余元，除于前直接汇寄二万元慰劳前方将士外，特于今日召集各主席委员商讨其余捐款分配办法，再者本会现经中央规定，结束在即，但仍尚有多处未将认捐之款交下，除分函催缴外，特提出大会商决，报告毕，继由市党部兼一日推行会主席谢澄宇氏，报告一日推行会组织大纲及办法之意义。略谓：一日推行会组织及办法，乃遵照中央之规定，并经中央示，推行方针、办法则分为两点：一为慰劳前方将士，一为贡献国家，充实国防。推行会自成立以后，承各界爱国热忱，纷纷协助进行，成绩颇为卓著，近并由妇女界发起组织劝募委员会，向妇女界劝募化妆费，贡献国家，以充作国防之用，最后并希望各界继续努力协助进行云云。词毕，即由大会决议，前市商会所经收之捐款六万九千余元，除前已汇绥二万元外，现所存之四万九千余元，以二万元存市商会，备作将来国家于非常时期之用，其他二万九千余元，即日交由一日推行会核收，分作慰劳与国防之用，嗣经全体通过，至五时半始宣告散会。

又讯：鄂省府以准军政部咨，以各省市运送绥远剿匪将士慰劳品，奉令交部统筹办理，经已拟定径送慰劳绥远前方将士物品办法，呈请核准。相应抄同办法咨请查照，转饬遵照等因，用特令所属遵照。兹志各地机关团体输送慰劳绥远前方将士物品优待办法如下：（一）凡由国营各铁路优待运输，慰劳绥远前方将士物品，以合于前方需要者为限。（二）前项优待，系专指铁路运费一项免收而言，经行首都渡输，仍应行会通告，改组为一日运动推行会枣阳县分会，爰于本月五日召集当地各机关团体学校在县党部开会依法改组，公推孟平、柯存明、王幼训、王寿民、袁隆斋、刘明源、末中海、郑兴、杨文明、刘道经、邱正狱十一人为委员，并互选柯存明、孟平、王幼训为常务委员，于七日开始办公。该会兹复继续募得捐款三百元，汇交省推行会收转矣。

（蕲春通讯）省一日运动推行分会前于去年年底，遵令组织成立，自开始劝募以来，各方踊跃输将，已先后募捐七百五十二元七角九分，汇省转解。

（《大光报》P64）

10.鄂所得税进行顺利，办事处印发薪给报酬税额表，市商会组研究所税委员会

（1937 年 1 月 22 日）

查财政部创办所得税，已于本月一日全部实行开征，本省自部派宁恩承来鄂开办以来，连日与各界领袖接洽，进行极为顺利，公务员薪给报酬所得税，去年十月一日，业已开征。自由职业及其他从事各业者之薪给报酬所得税，亦于一月二日实行，各界至中央银行报缴者，甚为踊跃，足见吾国人民热诚爱国群趋一致。湖北所得税办事处，欲使各界明了纳税手续起见，昨将关于薪给报酬所得税额表及各项申报及税率表等件，函送市商会及银钱两公会及会计律师各公会等转发照式翻印备用。兹觅得原函照录如后：查关于薪给报酬所得税，除公务员部分已于上年十月一日起征，其自由职业及其他从事各业者，亦于本年一月一日全部开征，经奉财政部登报公告，并由本处分别函知布告各在案。现在前此所得税，转瞬即至缴纳之期，各商店行号工厂及其他从事事务人员薪给每月在三十元以上者，均应依率课税，所有纳税手续，应填薪给报酬所得税扣缴清单及第二类薪给报酬所得额报告表，现在依式印就，自应照案分发，以资应

用。除分函外,相应检同前次清单及报告表函送贵会,查收转发,至纫公谊。

又讯:汉口市商会以所得税业已开办,各项手续,异常复杂,究应如何灌输商人纳税常识,以利推行之处,特于昨日提交第四十四次执委会讨论,结果决定组织研究所得税委员会,公推陈经畲、周星棠、郑燮卿、贺衡夫、曹延祥为委员,负责办理云。

(《大光报》P146)

11.汉检私会提出奖金五成,鼓励努力员司

(1937年1月22日)

去年八月中旬,有凤阳丸自沪运来私货八网篮,在黄州用帆船秘密运公安十四分局地段,经汉检私会查获,送江汉关处理,此项私货,均系洋广货品,价值约两千元,系怡园一带著名商店偷运者,海关虽屡次拍卖,因未得售主,迄今事隔半载,始完全拍卖完毕。海关特提出百分之二十五奖金一百十一元七角五分,送检私会转发此案出力员工,经该会决议,提百分之五十归公,余数发给前任职员,今日可按数分配。日昨发出通知,原文如下:敬启者,查本会第三次委员会议,关于收到海关交来拍卖移送洋货,按十分之五提成奖金一百十一元七角五分,应如何处理案。经决议:查本案无举发人及承办人,所收奖金,除提十分之五归公外,余十分之五平均分给前办事职员,以资鼓励在卷。相应通知,即希来会领取所得奖金为荷。

(《大光报》P146)

12.汉市商会行营指令定期改选

(1937年1月27日)

汉市商会以查本会此次依法改选,业经定期预为筹备,并将改订章程,连同部颁会员各册式样及代制之同业调查表等件,函送各同业公会查照,于二月十五日以前填报送会,以凭审查合格再行汇造会员名册,依限呈送市党部政府审核,俟示祗遵各节。惟原定期限,系以二月十五日为止,乃环距期限不远,而关于审查代表资格及缮造会员名册手续,极为烦琐,自应积极进行,以免延误。正拟催问,兹又奉到市政府亨字第二五三号训令内开:前据该会呈,以议定于本年三月十五日,在本会召集执监委员改选大会,请予核准,等情。当经指令,并呈国民政府军事委员会委员长武汉行营核示在卷。兹奉指令,呈悉,准予开会,并饬警察局知照可也,此令。等因。除令本市警察局知照,并派本府职员陈健,届时前往监视外,合行令仰该会遵照,再该会会员代表名册,仰于改选期前,呈府察核为要。等因,奉此。除分别函催并派委员接洽外,昨(二十六)日特再录令函达各业同业公会,查照前送会员名册及同业调查表,分别填列明晰,准于二月十五日限期以前送会,以便依法审查,汇齐造报,法令攸关,选权为重,万祈赶速办理,以固商团,幸勿自误云。

(《大光报》P194)

13.汉商会再电请政院修正建仓积谷办法仍以营业纯益额为派募依据

（1937 年 1 月 29 日）

建仓积谷办法自公布后，关于征募方法，系规定以营业税为比例，汉口市商会曾于上年十二月十八日电呈行政院，请以营业纯益为派募依据，至今未奉批示。昨该会准江苏省商联会代电，嘱再申前请，特电呈行政院云：南京行政院钧鉴，案查属会前于上年十二月十八日电请钧院修正建仓积谷办法大纲内，关于征募办法，以营业税为比例一节，改以营业纯益为其派募依据一案，未奉回示意，企祷殊深。兹准江苏全省商会联合会代电，以钧院转据内政部否准所请，已再陈述理由，电请仍以营业纯益额为募集仓谷比例，嘱为继续请求。等情，到会。查依据营业纯益额募集仓谷，即系对于商业方面，折本亏耗之公司店号减免负担，律以建仓积谷办法第十八条下半条文"有贫乏之户，应予免除，荒岁并应酌量减免"之规定，用意相同，理合再电钧院，俯赐查核，准予饬部改正，以示公允，而恤商情，不胜翘称之至。汉口市商会叩俭。

（《大光报》P218）

2 月

1.（汉口市）机器染业公会昨开大会，改选执委推定主席

（1937 年 2 月 3 日）

市机器染业同业公会，昨（二）日下午二时，假市商会大礼堂举行第一届改选大会，到市党部指导员张□绪，市政府监选员李实清，市商会代表余蓉樵，市警察局余耀明等，暨该会会员代表熊荫庭、李绍庆、沈慕敬等二十九人，由李绍庆主席，开会如仪。首由主席报告开会意义，继由指导员、监选员及各机关代表先行致词，最后进行改选，改选半数执委，至五时许方始完竣，当推定主席及常委，俟定期宣誓就职云。

（《大光报》P30）

2.汉口市商会电（团体基金存款利息得声请退税）

（1937 年 2 月 8 日）

上海市商会鉴：查所得税一项，已奉明令公布施行，关于会内存款公债是否缴纳所得税，烦为查明电复是荷。汉口市商会叩庚。

3.（汉口市商会）电西安张汉卿请护送委座回京

（1937 年 2 月 8 日）

西安张汉卿先生赐鉴：东北沦亡，先生固以祖宗庐墓之所在，守土责任之攸关，而激愤有异

于常人者，然既含垢忍辱于当时，尤须公忠体国于此后，乃绥远之追奔正急，而西安之构变非常，委座被困，举国震恐，先生此举，纵或激于一时抗敌之愤，而劫持统帅，破坏纪纲，丛启内纷，增重外患，是惟恐亡国之不速也。国破家亡，身败名裂，天下后世将谓先生为何如人乎？况委座统筹全局，救国有方，领导群伦，刻苦奋进，陡遭困厄，谁不为之痛心。万恳先生勿以全国人心为敌，悬崖勒马，改正主观，从速护送委座回京，以安人心，而维国本。关于御侮救国之荦荦大端，政府诸公，当必从长计议，共策万全，期无负于国民之重托也。临电涕泣，无任盼祷。汉口市商会暨各同业公会叩感印

（《汉口商业月刊》新1卷第9期）

4.电蒋委员长请续膺艰巨

（1937年2月10日）

南京委员长钧鉴：报载钧座以西安事变一再引咎辞职，闻讯之下，惶悚莫名，窃维钧座总握兵符，革命救国，十年劳苦，盖世功高，方今统一告成，寄内政于军令，救亡有策，树建设之宏观，残口未清，尚资威肃，外患正急，尤赖雄图，况西安事变之过程，正钧座伟大之昭示，至诚感召，如日月之重新，大信允孚，犹磐石之永固，国基已奠，民德攸关，兴复之机，勃于此矣。万恳钧座以国家民族为重，续膺艰巨，推行已定之国策，挽回既倒之狂澜，以慰舆情，以维国脉，临电迫切，不胜翘首待命之至。汉口市商会主席黄文植暨全体执监委员同叩世。

（《汉口商业月刊》新1卷第9期）

5.（汉口市商会）电中央党部国民政府请积极推行陕甘善后办法

（1937年2月10日）

南京中央党部国民政府钧鉴：中央公布陕甘善后办法，于整饬纪纲之中，寓宣扬德化之意，权衡至当，举国同钦。乃明令已越两周，杨子尚无表示，西安混沌之局传闻又趋于极端，共□乘机思逞，尤为腹心之患。万恳中央积极推行既定办法，恩威并用，弭患无形，聚精会神，团结御侮，国家幸甚！民族幸甚！临电迫切，无任主臣。汉口市商会叩。

（《汉口商业月刊》新1卷第9期）

6.（汉口市商会）西安杨虎城兰州于孝侯请遵命就职

（1937年2月10日）

西安杨虎城先生，兰州于孝侯先生赐鉴：陕甘善后，中央折中至当，于整饬纪纲之中寓宽大诱进之意。先生眷怀国本，应如何曲体枢府之苦心，力图报称于此后。乃明令早颁，迄无表示，疑云满布，道路纷传，负隅抗命之有图，市虎杯□之可畏。先生革命救国，久著殊勋，际兹外侮纷乘，正宜爱惜国本，巩固边防。尚望仰体时艰，遵命就职，团结御侮，共救危亡。临电涕泣，无任切祷！汉口市商会叩。

（《汉口商业月刊》新1卷第9期）

7.（汉口市商会）函各业公会转知军政部变卖军需旧废品

（1937 年 2 月 10 日）

敬启者，案奉汉口市政府二十五年十二月三十一日普字第 102 号训令开：令汉口市商会，案奉军政部二十五年十二月公函内开：案查本部处理第二次军需旧废品业经审定就绪，所有应行变卖大宗旧废物品亟待招商承销，请转知贵市各同业公会，如有愿意承销此项军需旧废品处理委员会，先行登记，俾便参加竞投。用特检同变卖旧废品品种清册函达贵政府查照办理，并希见复为荷。等由，附抄发变卖军需旧废品品种清册一份到会。奉此。相应录令照抄转达，即请查照，除分知外，顺颂年绥。

计附抄件

汉口市商会启

1 月 5 日

附军政部军需旧废品品种清册

品名	品名	品名
呢风帽	青布帽	胶布雨帽
黄棉大衣	棉背心	呢军帽
蔴土布帽	红帆布帽	呢军衣裤
夹背心	棉风帽	游泳帽
草帽	棉军衣裤	夹军衣裤
灰军帽	作业帽	帽签
伤兵棉衣裤	青夹裤	伤兵夹布帽
油布雨衣	帽带	草绿粗布棉衣/夹马裤
蓝夹衣裤	草绿军帽	黄哈叽军帽
呢大衣	旧棉衣裤	灰斜纹夹衣裤
黄军帽	黄斜纹军帽	皮大衣
蓝棉衣裤	士兵军帽裤	蓝便帽
黄粗布军帽	棉大衣	青棉衣裤
黄粗布夹衣裤	伤兵蓝布帽	勤务劳布帽
夹大衣	伤兵蓝棉衣	黄夹衣裤
灰军衣裤	白绒布衣裤	夹袜

（续表）

品名	品名	品名
棉被	腰皮带	伤兵灰单衣裤
油布雨衣	棉絮	武装带
绿单衣裤	胶布雨衣	单袜
夹被	杂式皮带	黄单衣裤
帆布雨衣	黄枕套	军毯
草席	蓝单衣裤	红帆布雨衣
枕套	蚊帐	枪背带
青单衣裤	呢绑腿	枕头
伤兵麻布床	炒米袋	麻土布单衣裤
灰绑腿	白被单	头账
灰布包袱	白袜衣裤	草绿绑腿
白垫套	帆布鞋	布子弹带
伤兵白袜衣裤	黄绑腿	白褥套
皮鞋	干粮袋	卫生衣
黄线绑腿	棉褥	马靴
伕役臂章	作业衣裤	蓝绑腿
黄垫套	跑冰鞋	识别旗
识别带	帆布水桶	十字皮囊
发令枪	柳条布袋	面粉皮
官用皮囊	皮子弹带	马肚带
小布	小白布袋	背包
木壳枪皮带	雨笠	担架床布
大小油布	马鞍附件	枪皮带
雨笠帽圈	马号	党国旗
马齿皮带	圆锹套	木驮鞍

（续表）

品名	品名	品名
小圆钟	什色旗	皮驮鞍
包针	木驮鞍架	闹钟
值日带	皮乘鞍	大刀
木乘鞍	掛钟	圆营帐
马鞍	指挥刀	行军床
铜笔架	方营帐	马驮鞍
背刀	手术衣	订书机
帆布草料带	马鞍垫	白铁水壶
诊察衣	墨盒	帆布马槽
纸皮马垫	白铁饭盒	前巾
摇铃	铜夹	大小铁锅
水杓	旗杆铁脚	独轮车
铅笔□	汽油炉	水瓢
剪刀	脚踏车	洋剪
锅铲	铁杓	菜刀
美孚灯	叫人铃	煤铲
煤炉	铁瓢	洋铁簸箕
大勒衔	火钩	煤耙
大斧	洋铁桶	马踏蹬
火钳	铁汤罐	辣刀
洋铁痰盂	钢板	火□
铁锹	磅秤	洋铁牌
钢笔	火盆	电话楼
班嚼	洗菜桶	行军锅
炉条	握刀器	裁纸刀

（续表）

品名	品名	品名
洋铁菜碗	行军灶	铁柜
标枪	簪子	洋铁箱
行军锅	煤气灯	旗杆铁头
火盤	洋铁浴盆	洋铁水炉
白铁水壶	印色盒	小砂罐
托盘	白铁泸水桶	焚秽炉
瓷饭碗	美孚灯罩	案板
送文箱	公文箱	瓷菜碗
砚池	砧板	白铁桶
白铁菜桶	调羹	三脚架
木桶	白铁水杓	淘米桶
磁菜盆	风箱	木水桶
桅灯	消毒瓶	菜碗
茶几	淘米圈	白铁浴盆
消毒锅	瓦罐	手术木床
饭水桶	白铁茶桶	洋油桶
压书玻璃	棚布交换台	木饭碗
白铁饭桶	洋铁水桶	余器试验器
沐浴盆	木饭铲	铲白铁箱
面盆	二百瓦量杯	火盆木架
木提篮	木圈铁锅	水盂
盛水瓶	水瓢	淘锅圈
淘锅木圈板	木面盆	锅盖
木饭桶	木杓	木饭瓢
小木架	床架	书架

（续表）

品名	品名	品名
鼓架	洋大鼓	药架
面盆架	掛药架	玻璃橱
玻璃药橱	木橱	木箱架
冰箱	木箱	木药柜
木床	木板	衣钩板
病室名牌	小条桌	高凳
小木凳	木椿	木椅
三斗桌	九斗桌	方凳
讲台	讲台桌	条桌
拉刀器	方桌	长方桌
二斗桌	小二斗桌	放大尺
丁字规	黑板	值日牌
小秤	皮球	药橱
打气筒	乒乓球拍	乒乓网柱
油印机	标杆	网球拍
跳栏	算盘	木马槽
面盆架	菜抬盒	切纸夹
木牌	竹筐	洗米筐
竹杆	竹铺凳	竹铺面
竹扁担	簸箕	长竹铺凳
蒸笼	竹床	竹茶几
讲义夹	竹椅	竹凳
竹厨	竹筷	米达尺
竹菜箱	竹笛	竹箫
洋伞	洗马毛栉	

（《汉口商业月刊》新1卷第9期）

8.（汉口市商会）函各业公会转知迅将国货出品呈请实业部发给证明书

（1937 年 2 月 10 日）

敬启者，案准全国商会联合会二十五年十二月一日董代电开：全国内外各省区商会联合会各商会公鉴：顷准上海市国货运动联合会函开：敬启者，案奉实业部十月二十一日通知内开：奉行政院交办该会呈请重申政府机关购用国货前令，凡已有国货代替而仍购用外货者，应不准报销一案，令由本部从速拟具切实办法，以期迅速施行。等因。查各机关通用物品，所有各项文具器具及其他物品，种类甚多，在各机关采购于市面，每对国货外货无从分别，或并不知该项物品有无国货，此实为对于购用国货推行鲜效之重要原因。为督促实行起见，应将机关通用物品造具国货清册分送各机关俾便选购。惟全国国货工厂出品，素无完全汇录，除呈经本部发给国货证明书，工厂登记及核准奖励有案之国货物品业经本部造具国货清册，连同所拟公务机关购用国货办法呈请行政院鉴核，转呈国民政府通令施行外，所有未经依法呈部有案之国货物品为数尚多，仰该会迅为切实查明并转饬各国货工厂依法呈经本部核准工厂登记或发给国货证明书，以便陆续造具国货清册分送各机关采用，是为至要。等因，准此。查实业部指示办法甚为切实，如能由全国国产厂商迅将出品呈请实业部发给国货证明书，由部编入国货清册通行各机关采用，则收效必有可观，除分函外，相应函请祭入，即祈转示各省市区商会查照办理为荷。等由，准此。相应电达贵会，即希查照。转知各国厂商迅将国货出品呈请实业部发给国货证明书，是为盼祷。等由，到会。除分别通知外，合就录电转达，即请查收办理见复为盼。

此致

武汉国货厂商联合会、国货运动委员会

汉口市商会
1 月 8 日
（《汉口商业月刊》新 1 卷第 9 期）

9.（上海市商会）复汉口市商会电

（1937 年 2 月 16 日）

汉口市商会鉴：庚代电悉。依据财政部所得税事务处规定，暂作为征收标准之第三类证券存款所得税征收须知草案第五条内开，以公债作为基金或抵押品者，其由公债所得之利息，应照扣所得税。但教育慈善机关或团体之基金，得提出监督或管理机关或其他确实证明文件，向主管征收机关声请退税。敝会用作基金之公债，将来拟即援照该条规定，声请退税。至基金存款，依照同案第四条之规定，应由存款机关于收授存款时或开征前一个月补报，始可援照，暂行条例第二条定款免收。敝会已据此函知收授基金之中央信托局，请其补报矣。惟“教育慈善机关或团体之基金”一语，解释上尚有问题，将来办理至如何程度，当另函奉闻。上海市商会叩铣。

（《商业月报》第 17 卷第 4 期）

10.实业部解释各业公会改选疑义
(1937年2月22日)

省政府昨令省商联会云:案查前据该会呈,为准龙坪镇商会函请解释改选疑义四点,转呈核示一案,当经咨部解释,并指令在卷,兹准实业部咨复节开,兹为分别解释如下:(一)执监委员之任期,在商会法第十九条业经明白规定,自难变通办理。(二)工商业同业公会委员改选时,其会员代表人数,不足被选名额,又不能另行推派代表时,现行法令上尚无救济方法,前经司法院院字第一一七一号解释在案。(三)商会之候补委员,依商会法施行细则第十五条第一项,遇有缺额,依次递补,其任期以补足前任期为限,则候补委员之候补期间,自应以其同期委员之任期为准,亦经司法院委字第一二三四号解释有案。(四)商会法施行细则第九条,对于工商同业公会,并不在准用之例,如以其技能从事生产及工业工作者,均属工人,前经中央民众运动指导委员会,电复广西省执行委员会有案,原呈所称或从事技艺,或用劳力工友,自不能认为店员,当推派代表之资格,准咨前由,相应复请查照饬知为荷。等由,到府。合行令仰转知,此令。

(《大光报》P158)

11.汉口市商会为第三次改选半数满任执监委员订期召开会员大会通告
(1937年2月23日)

案查本会前以遵照商会法第十九条执行委员暨监察委员任期均为四年,每二年改选半数,不得连任之规定,所有第一次改选半数时其依法新选之执行委员七人及监察委员三人计叩至民国二十六年三月均届四年任满,自应先期筹备改选,以符法令。曾经召开执监委员联席会议决定以民国二十六年三月二十五日为第三次改选之期,等因,呈奉。

汉口市党部政府指令核准并分别通知各会员须于二十六年二月十五日以前将推派出席代表,姓名一律报会以便汇造会员名册呈送党政机关审核备案在卷。兹因二月十五日限期已经届满,而各会员代表名册尚未到齐,又经召集临时执监联席会议公决展期至二月底止并派员分途催造前项名册以利选举之进行,亦在案除分函并派员面洽外,用特登报通告本市各公会会员及商店会员一体查照,如有尚未依法加入本会者,并希先行来会办理登记手续一面各将推派出席代表名册务于本年二月底日以前赶速造齐送会,以凭审核而便汇转,事关选权,幸弗再延,致滋贻误盼切祷切。

(《大光报》P167)

12.汉商界考察团下月赴粤桂
(1937年2月25日)

汉口二十四日中央社电:汉商界组织之华南考察团,定三月二日由苏汰余、曹延祥率领前往粤桂香港澳门考察,汉剧团一行八十余人,亦定三月二日赴粤表演云。

(《益世报》)

13.汉商界组实业考察团下月赴粤桂

（1937 年 2 月 28 日）

（汉口）汉商界组华南实业参观团，推苏汰余为团长，定于三月五日出发，参观地点为广州、香港、澳门、衡阳、梧州，至株洲后即返汉。（三十七日中央社电）

（《申报》）

14.去岁汉市商场各业结账均获盈余

（1937 年 2 月 28 日）

各地丰收，农村经济逐渐复兴，市面繁荣为近十年来所罕见，钱庄新增两家开始营业。

汉市居全国中心，执长江上游商业之牛耳，自二十年水灾以后，农村经济日趋凋敝，各种商业一落千丈。市面满布萧条景象，商店收歇，日有所闻，即去岁春间，仍未脱不景气之氛围。迨至端午节后，因春季气候适宜，雨水调和，农村丰收，物价高涨，农民收入甚丰，农村经济逐渐复兴。中元节后，农产品相继登场，交易开始发动，市况顿呈欣荣，故年底结束，各业均获盈余，此种情形，为近十年所罕见，兹将去岁各业概况，分别披露于后：

银行钱庄。本市金融业自前年六月源裕银号倒闭后，金融市场征受波动，经政府当局处置得力，不旋踵即恢复常态，去年银钱两业，以商场贸易畅旺，营业连带繁荣。惟因商场信用工具尚未普遍完成，故对于授信方面，仍持审慎。因之年终结账，各有盈余，今年复增设钱庄两家，一为裕安钱庄，系江西帮所组织，集资十万元，地点在祥贻里，已推定蔡鼎新任经理。一为祥和钱庄，系安徽帮及本帮所组织，资本五万元，以徽帮股款占多数，地点在金□里，推定任佩齐为经理。以上两钱庄，现均布置就绪，正式开始营业。

绸缎匹头。去年本市各业，获利最丰者，匹头业亦占其一，查本市匹头批发商号不下三十余家，在民国十五年以前，生意颇称发达，二十年水灾以后，百业萧条，该业独能支持，未受若何亏损。迨至去年农产丰收，贸易特旺，盘价高涨，大有恢复往年黄金时代之概。资本雄厚者，固大沾利益，生力较薄者，获利亦属可观。据闻有数家匹头商号年终结账，盈余达一二十万元之巨。又征闻其中有某浦包匹头号，因贩运某国私货，获利尤巨。至于绸缎业，过去因受水灾影响，营业一蹶不振，加之价格惨落，暗受亏耗，为数不赀，虽经四五年之勉力挣扎，元气犹未恢复。幸上年商场转入欣荣阶段，绸缎销路始渐趋活跃，各绸缎号如九华、九福、华华、鸿彰永、悦新昌、怡和、谦祥益、老介纶、永大等均有无绌。

纱业棉花。在去年一年之过程中，本市纱业颇称发达，复兴民生，震寰即大成等纱厂相继复工后，因销场广泛，纱价狂涨，各厂营业蒸蒸日上，裕华、大成、民生等厂均获利甚厚。其中以第一纱厂锭子最多，出品较涌，利润所得，当推首屈一指。至于棉花业，其营业之盛衰，与纱业有连带关系，去年纱业欣荣，棉花业自不待言。查去年新花收成极佳，品质亦较往年为优，本市各纱厂复工后，销场顿见开展，复以湖南、九江等厂及申帮出口花号与日商日信、东棉、太安等均强，致各花号营业突飞猛进，各产粗细绒来源到达虽涌，但截至废历年底本市存货无多，足证贸易欣荣，年终结账，各花号均有盈余，洵商场中难得之佳象也。

谷米杂粮。本市米业向分采运、米行、砻坊、粮米数帮,近数年来因受洋米侵销影响,致米市一蹶莫起。去岁农村丰收,新米上市后,各帮争先恐后购办,米市异常活跃。嗣因粤省当局电请中央减免洋米进口税,潮帮会一度停办。迨后粤省发生米荒,广潮帮及各粮号复大量吸纳,各米厂亦踊跃争购,米市复呈活跃景象,各产米价步步上涨。截至年终,各粮号米厂均有相当盈余。又杂粮业在去年一年中,因日商大量吸纳,兼之华北各省歉收,需要粉麦甚殷,以致销量日趋畅旺,如小麦、乍豆、尺水豆、黄豆、白黄芝麻等,每月均有大量走动,市价虽时有起伏,但较诸前年,则为坚昂。故经营杂粮之商人悉获巨利,前年所受之亏损,于此已足弥补矣。

其他各业。此外尚有煤油、油业、颜料、药业、丝业、衣业、杂货、海味等业,大都有盈无亏。惟茶业商人,去年除少数略获利润外,大多数皆受相当亏折,至于皮业,亦各有亏蚀,能维持缴用者,即属幸事云。

(《大光报》P218)

15.团体基金存款利息得声请退税

(1937 年 2 月)

汉口市商会来电(1937 年 2 月 8 日)。

上海市商会鉴。查所得税一项,已奉明令公布施行。关于会内存款公债是否缴纳所得税,烦为查明电复是荷,汉口市商会叩庚。

本会复汉口市商会电(1937 年 2 月 16 日)。

汉口市商会鉴:庚代电悉。依据财政部所得税事务处规定,暂作为征收标准之第三类证券存款所得税征收须知草案第五条内开,以公债作为基金或抵押品者,其由公债所得之利息,应照扣所得税。但教育慈善机关或团体之基金,得提出监督或管理机关或其他确实证明文件,向主管征收机关声请退税。敝会用作基金之公债,将来拟即援照该条规定,声请退税。至基金存款,依照同案第四条之规定,应由存款机关于收授存款时或开征前一个月补报,始可援照,暂行条例第二条定款免收。敝会已据此函知收授基金之中央信托局,请其补报矣。惟"教育慈善机关或团体之基金"一语,解释上尚有问题,将来办理至如何程度,当另函奉闻。上海市商会叩铣。

(《商业月报》第 17 卷第 4 期)

16.汉口市商会图书馆拟建立

(1937 年 2 月)

汉口市商会为提倡文化起见,在两年之前,即拟组织一图书馆,钱业公会且捐得千元,以为之助,嗣以该会左廊房屋,为空军新生社借用,无余房可为馆址,故至今尚未实现,兹悉该会已决定先就楼下小议厅前面房两间辟为图书室,陈列书报,俟有余室,即扩充为图书馆,管理员已决调该会补习学校事务员王献之兼任云。

(《中华图书馆协会会报》第 12 卷第 4 期)

3 月

1.武汉商界华南考察团定期出发

（1937 年 3 月 3 日）

武汉商界华南考察团团员姚玉堂、姚夫人、余海平、叶南山、余仰高、张粲如、张夫人、胡慕伊、曹琴萱、苏汰余、苏夫人、程醒吾、程本安、程子菊等十四人，推定苏汰余为团长，程本安为庶务兼会计，于五日首途。黄主席绍竑昨（二）日已分电湘粤桂三省主席饬属予以便利，原电如下：长沙何主席、广州黄主席、桂林黄主席勋鉴：兹由武汉商界重要人士组织华南考察团，赴长沙、衡阳、株洲、广州，转香港至澳门、梧州一带从事实业调查，同行共十四人，定歌日起程，请转饬各该地机关暨商团体分别予以便利为荷，黄绍竑冬（二日）建叩。

又讯：武汉华南实业考察团，定五日晚出发各情，已详前讯。兹悉赣省考察团一行八人，业已到汉，决于五日会同鄂团联袂出发，汉商会主席黄文植以该团此行，关系工商业至巨，特于昨日下午四时，设筵宴饯，席为西餐，杯盘交错，颇极一时之盛。

（《大光报》P146）

2.（汉口市商会）函各业公会转知国民政府所发京赣铁路建设公债条例

（1937 年 3 月 10 日）

敬启者，案奉汉口市政府二十六年一月二十九日吉字第 311 号训令内开：案奉湖北省政府省财一字第 67546 号令开：案奉行政院二十六年十二月二十六日第 07618 号训令开：案奉国民政府二十六年十二月二十二日第 968 号训令内开：为令知事，查二十六年京赣铁路建设公债条例，业经制定，明令公布，应即通饬施行。除分令外，合行抄发该条例及附表，令仰知照，并转饬所属一体知照，此令，等因，奉此。除分令外，合行抄发原条例及附表，令仰知照，并转饬所属一体知照。等因，奉此。除分令外，合行抄发原附条例及附表，令仰知照，并转饬所属一体知照。此令。等因，计抄发二十六年京赣铁路建设公债条例及附表各一份，奉此。除分饬外，合行抄发原条例及附表令仰该会遵照，并转行知照。此令。等因，奉此。除分令外，相应抄同原件，函请查照是盼，顺颂时绥。

汉口市商会启

2 月 1 日

附件一

民国二十六年京赣铁路建设公债条例

（1936 年 12 月 22 日公布）

第一条　国民政府为展筑自宣城至贵溪铁路，由财政部铁道部会同发行公债，定名为二十六年京赣铁路公债。

第二条　本公债定额为国币 1400 万元。

第三条　本公债定于二十六年一月一日按票面九八发行。

第四条　本公债年息,定为六厘,每年六月三十日及十二月三十一日,各付息一次。

第五条　本公债定期十年,每年六月三十日及十二月三十一日,依照还本付息表规定数额,各还本一次,至三十五年十二月三十一日全数还清,前项还本于每次到期前二十日,以抽签行之。

第六条　本公债还本付息,指定以下列各款为基金。

一、由铁道部与管理中英庚款董事会订立合同借用,由完成粤汉铁路借款项下,自二十六年起,至三十五年止,归还中英庚款之本金。

二、京赣铁路开始营业后之收入。

前项基金,由铁道部依照还本付息表所载,每次应还本息数目,按月拨交本公债基金保管委员会,专款存储备付,有不敷时,由铁道部补足之。

第七条　本公债基金保管委员会,由财政部审计部管理中英庚款董事会,与经理本公债之银行,各派代表一人,铁道部派代表二人,共同组织之。其组织规程,由铁道部拟订,呈行政院核准备案。

第八条　本公债还本付息事宜,由本公债基金保管委员办理,并指定中央银行经付本息机关。

第九条　本公债专充第一条规定之用途,不得移作别用。

第十条　本公债债票分千元、五百元两种。

第十一条　本公债债票为无记名式,得自由买卖抵押,凡公务上须缴纳保证金时,得作为代替品,并得作为银行之保证准备金。

第十二条　对于本公债有伪造及毁损信用之行为者,由司法机关依法惩治。

第十三条　本条例自公布日施行。

附件二

民国二十六年京赣铁路建设公债还本付息表

年月日	公债余额	还本	付息	本息合计
1937.6.30	14000.000	280.000	420.000	700.000
1937.12.31	13720.000	280.000	411.600	601.600
1938.6.30	13440.000	140.000	403.000	543.200
1938.12.31	13300.000	140.000	399.000	539.000
1939.6.30	13160.000	700.000	394.800	1094.800
1939.12.31	12460.000	700.000	373.800	1073.800
1940.6.30	11760.000	700.000	352.800	1052.800

(续表)

年月日	公债余额	还本	付息	本息合计
1940.12.31	11060.000	700.000	331.800	1031.800
1941.6.30	10360.000	700.000	310.800	1010.800
1941.12.31	9660.000	700.000	289.800	989.800
1942.6.30	8960.000	700.000	268.800	968.800
1942.12.31	8260.000	700.000	247.800	947.800
1943.6.30	7560.000	840.000	226.800	1066.800
1943.12.31	6720.000	840.000	201.600	1041.600
1944.6.30	5880.000	980.000	176.400	1156.400
1944.12.31	4900.000	980.000	147.000	1127.000
1945.6.30	3920.000	980.000	117.000	1097.600
1945.12.31	2940.000	980.000	88.200	1068.200
1946.6.30	1960.000	980.000	58.800	1038.800
1946.12.31	980.000	980.000	29.400	1009.400
共计		14000.000	5250.000	19250.000

(《汉口商业月刊》新1卷第10期)

3.(汉口市商会)函各业公会转知国民经济建设运动委员会征集各地方特殊产品以资展览

(1937年3月10日)

敬启者,案奉汉口市政府二十五年十二月五日武字第7292号训令内开:案奉湖北省政府本年十一月二十八日省建三字第21871号训令内开:案奉国民经济建设运动委员会总会条代电开:本会现为研究发展地方特殊产品起见,定于二十六年五月一日在首都举行全国手工艺品展览会,由中正自任会长,现已成立展览会筹备委员会着手进行。除委派该省刘厅长为该会专任委员,负责征集各该省范围内各种手工艺品并另案饬知外,兹检寄该省范围内各种手工艺品,并另案饬知外,兹检寄该会章则三种,计一百二十份,应仰迅行翻印,饬厅转发各地支会,暨各县政府应用,并督饬所属切实办理征集产品,务以有推广改进之价值者为原则,不可疏漏,亦不可过滥。限于二十六年三月三十一日以前汇齐送至本会,再依征集出品规则第四条之规定,各省市政府得自办手工艺品初展会。如该省拟办初展会,并须提早征集,以免迁延为要,等因。附章则三种,计一百二十份到府,除分令暨由建设厅检同原颁章则各一份,函请粤湘鄂赣四省特产展览会湖北筹备委员会负责征集汇转外，合行检发原颁章则三种各三份，令仰该市政府遵照。限于二十六年二月底以前，征集汇送本府，勿延为要。此令。等因，附章程三种，奉此。合将原颁章程三种，各检二份令仰该会分别转饬各该商厂，将应征出品，依限送由该会，汇转湖北省政府建设厅为要。此令。等因，奉此。除分知外，相应抄同该会征集出品规则及种类表各一份，函达即希查照。迅将应征出品，如限送会，以凭汇转为盼。顺颂

时绥

附抄征集出品规则及种类表各一份

汉口市商会启

2 月 23 日

附件一

全国手工艺品展览会征集出品规则

第一条　本会征集出品以本国手工艺品为限，由各省市建设厅长、社会局长分别征集之。

第二条　本会征集出品，分为十类：(1)服用品；(2)饮食品；(3)冶炼品；(4)陶器品；(5)化学品；(6)手工机械品；(7)竹木漆器；(8)文化品；(9)美术品；(10)其他。(见附表)

第三条　本会征集出品，得免运费及税捐，其数量限制如下。

以匹计者，每品以一匹至五匹为限；

以打计者，每品以一打至五打为限；

以件计者，每品以一件至五件为限；

以套计者，每品以一套至五套为限；

以斤计者，每品以一斤至五斤为限；

以量计者，每品以一量至五量为限。

应征物品逾上列限制而不超过三十单位者，其运费税捐由本会商情关系部会减半核收。

第四条　应征品均应由出品人交由所在地商会汇送本会，当运送时，须先由商会填具出品目录书，通知本会。

如省市政府，拟自办于手工艺品初展会时，应征之品应由出品人送初展会，先行展览一星期至二星期，再由初展会选择汇送本会，办法与由商会转送同。

第五条　出品者无论为公司商号或个人，须按照本会印行之出品愿书及出品说明书，分别填就，签名盖章，交由所在地商会汇寄本会备查。

第六条　出品送到会，准予陈列后，即由本会按照该品部类填发收据，交由商会转给出品人收执。

第七条　陈列品之橱架及应有之装饰，均由本会预备，如欲特别布置或装饰者，应由出品人自行预备，并须先绘成图样，得本会之许可。

第八条　本会征集出品，以民国二十六年三月三十一日截止。

第九条　本规则自公布之日施行。

附件二

全国手工艺品展览会征品种类表

(一)服用品

手工棉织品,丝织品(绸缎织锦刺绣),毛织品(毛毯品),麻织品,编织品,皮毛品,鞋帽,其他。

(二)饮食品

制茶,制糖,酿造品(酱油酒醋豆豉乳腐),制油,茶食品,罐头品,淀粉制品,腌腊品,饮料品,其他。

(三)冶炼品

旧法冶炼法,金属器具,金属美术品,其他。

(四)陶瓷品

陶器,瓷器,玻璃品(附料器),珐琅器,其他。

(五)化学品

制纸及纸品,皮革及皮品,颜料染料品,烛皂品,油漆品,盐品,化妆品,其他。

(六)手工机械品

手工机械(如水轮风车等)零件,配件,农具,工具,车辆模型,其他。

(七)竹木漆器(附骨藤草棕制品)

木制品,竹制品,藤制品(包括柳条制品),草制品,棕制品,纯漆制品,木质漆器,竹质漆器,其他。

(八)文化品

笔,墨,乐器,印刷,其他文具。

(九)美术品

玉器,扎花,雕刻,饰品,其他。

(十)其他

扇,伞,灯,香烟等。

(《汉口商业月刊》新1卷第10期)

4.(实业部)呈行政院据武昌商会主席左仁亲等电恳制止围筑天祜垸堵塞鄂属藕池各口水道一案既据分呈有案拟请与杨练文一案并案讨论呈乞鉴核由

(1937年3月11日)

案准钧院秘书处二十六年三月一日查字第三十二号函,以奉院长谕,全国经济委员函据湖南省南县第三区泰安垸堤务局主任杨练文等呈请严令制止天祜垸兴工一案,应召集内政、财政、实业三部,湖南、湖北两省政府,并函请全国经委会派员共同会商,兹定于三月十九日下午三时在院开会,嘱查照等由,准此。兹复据武昌商会主席左仁亲等二月梗代电电恳制止湘民围筑天祜垸,以免堵塞鄂属藕池各口水道等情,并据分呈钧院有案,似可与杨练文一案同时并案讨论,是否有当,理合备文呈乞鉴核。

谨呈

行政院

实业部部长 吴鼎昌

(《实业公报》1937年)

5.汉口市银行业同业公会公告各银行存款人注意

(1937年3月15日)

查所得税暂行条例第二条第三款寅目"教育慈善机关或团体之基金存款",又同款卯目"教育储金之每年所得息金未达一百元者",依法均得申请免税。兹为上两项存款人利益起见,特将申请免税手续公告如下:

(一)教育慈善机关或团体之基金存款,应由存款人于存款时向该存款银行领取免税申请书,依式填明签字盖章,交由该存款银行加章证明转送汉口所得税办事处(以下简称办事处)核办。

(二)教育储金之每年所得息金未达一百元者,应由存款人于存款时向该存款银行领取办事处定之免税申请书,依式填明并经两人以上之负责证明人一并签名盖章后送请办事处核办。

上列两项存款如系在二十六年一月一日以前加入者均应依照上开手续补行申请,其期间以二十六年三月三十一日为限,逾限不报即照普通存款利息课税,再上列第一项已存之款倘有存入时不用该机关或团体户名者亦应依限补报改正。上列两项存款在未奉核准免税以前各该有款银行应仍按照规定税率暂行扣缴所得税,俟核准后再办退税手续。除通告本公会各会员银行查照外特此登报,公告敬希前项存款人注意办理,是所切盼。

(《大光报》P26)

6.汉市商会明日改选,大会职员推定

(1937年3月24日)

汉口市商会定明(二十五)日上午十时,召集会员代表大会,举行第三次改选半数满任执监委员,业经按照党部政府审定代表名额,制成出席证,送由各同业公会转发代表,以便届时持证到会出席。昨(二十三)日复以事关选举大典,除呈请市党部市政府派员至期莅会指导监选,以昭郑重外,并通告各代表,准时到会出席,以重选权云。

又讯:改选筹备会,昨开会推定大会职员于次:主席团黄文植、祝庸齐、曹延祥、王春华、苏汰余,换票员杨□延、乐作霖、王静斋、马圻源,监票员陈经畬、邓希周、程稻荪、鲁方才,检票员曹延祥、成禹门、陈春亭、杨松圃,签票员三十人,招待员全体执监委员,秘书郭肇璜、汪伯庄,记录徐鼎新、周善夫,司仪黄南屏,杂务胡茂珊。

(《大光报》P81)

7.(汉口)市商会明日三届选举

(1937 年 3 月 25 日)

传竞选人员发现贿买事,陈泮岭昨召商界人训话,主席贺衡夫有望。

汉口市商会今日(二十五)上午十时举行第三次选举大会,市党部特派委员陈泮岭,汉市长吴国桢,将亲自出席监选。此外市党部并派殷学渊、张筱绪,市府派李实清、陈健、谢宾宇、陈华浚,届时到会指导选举事宜。市党部特派员陈泮岭,以报载此次汉商会选举满任执监委员十人,竞选人员中有不肖分子,竟以十五元代价,贿买选举票一张,并联合活动,竟有已收买选举票五百余张之谣传。商会方面业已否认,但为谋健全该会组织机构起见,陈特派委员于昨日午后五时,召集各同业公会负责人训话,勉各代表认清选举意义,抱定选贤与能精神,注重平素信念,以事业为前提,谋商业之发展,不可采不合法手段竞争选举。闻商会此次选举执委七人,活动最力者为贺衡夫、周星棠、何文炳、余海屏、张绍堂、唐性夫、李梦初、李荐廷、鲁寿安、高伯常等十余人。监委三人,活动最力者余蓉樵、石和湘、喻燮卿、吴叔云等数人。下届主席以贺衡夫呼声最高。

(《大光报》P93)

8.汉口市商会紧要通告

(1937 年 3 月 26 日)

查本会定于民国二十六年三月二十五日上午十时召开会员代表大会,举行第三次改选半数满任执监委员,曾经按照此次呈奉市党部市政府审定代表名额,制就出席证先行送由各同业公会分别转发,俾便各代表届日持凭此证到会出席,并换领选举票,当场填投在案。惟事关选举大典,除已呈请市党部市政府派员至期莅会指导监选,以昭郑重外,用再登报通告,务希各代表查照,届日准时到会出席以重选权,是为至盼。

(《大光报》P102)

9.汉市商会昨日改选

(1937 年 3 月 26 日)

旧委黄文植、陈经畬等均留任,贺衡夫、周星棠等当选新执委,陈泮岭、吴国桢等首要昨均亲往致词。

汉口市商会在昨二十五日上午十时举行第三次选举大会,出席各同业公会代表共一一八人,市党部特派委员陈泮岭、汉市长吴国桢到场致词。市府派陈健、李实清、谢宾宇、陈华浚,市党部派刘文柱、殷学渊、张筱绪、廖应钟到场监选指导。各机关团体来宾,有市警察总局督察长王郁芬,律师公会王兆麟等。会场内外由警察第七分局警察弹□,孤儿院乐队奏乐。出席各业公会代表均佩戴代表证入场。十一时开会,黄文植主席行礼后报告开会意义,略谓:各位长官,各位代表,今天是汉口市商会举行第三次改选大会,蒙陈特派员、吴市长,各位来宾光临指导,同人非常感激,非常荣幸。关于本届改选的执监委员,其留任与满任的姓名,均已标明张贴主席台之侧，应请各位代表注意的就是满任的执行委员不能被选执委，满任的监察委员不能再被选监委，但满任的执委可被选为监委，满任的监委可被选为执委，以符合法令的规定。今日本会举行改选大会就是本会的新生命产生。应先请陈特派员、吴市长训示并指示一切，再继续进行投票云云。

陈泮岭训词，略谓：主席，各位代表，各位来宾，今天是汉口市商会举行第三次选举大会，兄弟来此参加非常感觉得荣幸。兄弟到汉口已经有一年多了，在此一年当中所见到汉口市一般情形都是极有进步的，尤以汉市商业的进展。现在汉市商业，要在内地各大商埠口占极重要的位置，汉市一般情形的好转，其中最大的原因，是全市商民都能本着商业利益、人民利益、国家民族利益，经营各种事业。绝少发现一切非法违害全市商业国家民族的事件。由此可见商界同胞认识了自己的责任，按着正当途径，力图商业的发展。但其他各商埠为何很少此种良好的成绩发见，这多半是因为商民对自己的责任无正确的认识，无严密的组织，以致各方吃亏颇多。大家要知道一个地方的商业，要求发展，须得各个商民共同□□正确的目标，严密本身组织，如能照此□去，则□□市面即可有长足进展。过去汉市的商业其所以有如此良好的结果，全因商会组织严密，所选出的代表能够负责办事的缘故。各位须知一个地方商业可否发达，于选举的□□，总有莫大的关系，因此各位今天对于此次选举，□□本着各位的良心，选举贤能，那么汉市商业才会有□日□□发展之势。大家要注意，今后能否维持以往的局面，全在各位今天一念之差，选举代表的身上，含有其他作用，则此次选出的人，就不能替汉市商业谋进展，则汉口市整个事业就要吃大亏了。所以在今天，大家务必要平心静气想一想，本着自己的良心来选举。再□到选举本是一件好事，国民革命创造出的民主国家，就是要注重在全民的选举。选举不良，则贻害国家民族特大。过去人民对选举因无正确的认识，曾经酿成许多不正当的纠纷。常因选举不良，以致各种事业失败。选举成绩的不良，全因选民认识不清。一般□借选举来争夺本身的利益，当然不能选举贤能，这也是就选举的害处。这次商会的选举亦然。各位如不能本着良心选举，利用种种卑劣的手段来竞选，则影响汉口市的商业就特别大了。大家看看今天会场所悬挂的大幅标语说"一要健全商人组织，须选举贤能同舟共济；二要发展工商业，须团结一致，合力进行。选举系神圣事业，应以人资为标准"就可见这次选举的重要，希望各位今天务必团结一致统一信仰，千万不要为私人利益争夺，如此方不致影响选举前途。大家要知道，一个民主国国民的选举权是极高尚的，如选举权被人夺去，无异失去了个人的人格。如马利诱而出卖选举权，即无异出卖自己的人格，如放弃选举权即无异放弃自己的人格。各位要认为今天的选举是神圣的事情，要本着良心选举贤能，为商界为社会为国家民族利益着想，切切不可为人利用，如果像这样选出来的人，一定是可为商人谋福利，为汉市商业谋发展的一定是能代表商人的。最后希望各位今天务必本着良心选举贤能，不然对不起各位商界同胞，对不起社会国家民族了。

吴国桢训词，略谓：今天是汉市总商会第三届改选大会的一天，以前二次改选，皆是兄弟代表市政府参加，今天第三届改选，也还是兄弟代表参加。这在兄弟个人，是非常高兴的一件事。这次改选的要点，刚才陈特派员已经讲得很详细，诸位都已听得很清白，兄弟来监选也无多的贡献，不过汉市为国中心，对内外的关系非常重要，尤以商会为汉市商界同人的一个集团，对内负有振兴实业的责任，对外负有贸易的介绍。因为商会有这样重要的责任，所以改选的时候，我们要慎重选举真正的人才，不要发出纠纷。听说最近有换票卖票的情事，这种情形，我们是不准许的，要换票要卖票的一定是不良分子，我们一定要□□□谓的。□□有一点，就是有一个人代表□数人为□的，或是交头接耳，或是私相请托，破坏会场秩序，这种情形，也是法律所不许的，我们也要□□□。总之，我们希望今天选举的结果，竞争圆满，选出的人才是真正公正□□的分子，使汉口市商会成为汉市的模范团体云云。

各来宾惠词，昨日来宾惠词，□律师公会代表王兆祥，说明汉商会第三次选举。值得纪念，如天时地利人和谓之三光，黄河长江珠江谓之三大流域，无非恭维一番，喜祝三多，希望汉商会自第三次选举以后，自强不息。会员表示对选举之意见，有电料业代表林良栋起立发言，为此次汉商会改选满任之执监委员，外闻传说竟有不肖分子以十五元代价，贿买选举票，希望各代表听了陈特派员及吴市长训话之后，发现天良云云。又有书业公会代表唐性夫起立，对不记名投票是否符合商会选举规则及候补执监委员当选为正式执监委员时，候补执监委员缺额，是否补充，由市党部指导员殷学渊答复，仍照中央规定，以不记名投票。若候补执监委员选为正式执监委员，所有候补执监委员遗缺，留待必须补充时，再行补选。因汉商会候补执监委员系于二十四年选出，任期有四年，尚未满期故也。

黄文植答词，此次商会选举，外面谣言传说，竟有人以金钱贿选的不良举动，昨天市党部陈特派委员及吴市长，因此特别召集全体执监委员及各同业公会主席常务委员在市党部训话，想各位都已参加陈特派委员和吴市长对于商会此次选举（下略，模糊不清）。

当选执监委。汉市商会执委十五人，有八人留任，为黄文植、祝庸齐、乐作霖、程稻荪、王静斋、江述之、马圻源、邓希周。监委七十人，有四人留任，为陈经畲、杨松圃、成禹门、杨辉廷。昨日当选之执监委如下：执委贺衡夫、周星棠、李荐廷、鲁寿安、余蓉樵、高伯常、何文炳，监委石和湘、龚亦遂、喻燮卿。

（《大光报》P104）

10.汉商会改选执监

（1937年3月26日）

（汉口）汉商会二十五日开执监选举会，选出贺衡夫、周星棠、余蓉樵、鲁寿安、高伯常、何文炳、李荐廷等执委，石和湘、龚亦遂、喻燮卿监委，主席再定期改选。（二十五日专电）

（《申报》）

11.（汉杂粮业）呼吁制止取消洋米税，汉代表赴京

（1937年3月28日）

粮商昨开联席会，三代表赴京请愿，黄文植等昨谒黄主席。

汉市杂粮油饼业同业公会，以粤省将于四月一日实行取消洋米税。除日前电呈行政院及财部制止外，二十七日上午十时，复召集联席会议，以粤省取消洋米进口税关系重大，当议决（一）由各公会推代表赴市商会，请黄文植偕同赴省市政府请愿，并请省市政府转电中央，从速制止。（二）由粮商公推代表三人，赴京向行政院财政部请愿，并推定黄云卿、包均安、谢俏茂为赴京请愿代表。散会后，由农会代表林尧钦、韩勤予，粮行业代表李秉钧、邓希周，粮食号业

代表黄云卿、陈树林、戴永钊、姚维章、包均安、胡祖良、俞岐生邀同市商会主席黄文植，赴省政府，晋谒黄主席绍竑，恳请转电中央制止。赴京代表黄云卿等三人，于二十七日晚乘龙安轮晋京。闻粤省取消洋米税消息传出后，湘、鄂、赣、皖四省及沪市粮商，均一致呼吁制止，上述各省代表，定三十日在京集合，向行政院及财政实业两部请愿云。

向报界呼吁，汉杂粮业为粤市豁免洋米税，请报界主张正义，原电云：中央通讯社，转全国各报馆公鉴，顷据报载，粤省洋米入口税，财部已准全数豁免，并定下月一日实行。查粤省产米，每年本属不敷，向借长江各省运米接济，本年粤省米荒，虽较往年尤烈，幸值长江各属，丰收之后，以此之盈，挹彼之虚，足供调剂。行政院有鉴及此，爰于一月二十日暨廿六日议决办法，对于粤省洋米入口，只准半税进账。一面饬财实铁三部，设法奖励国米运粤以资救济，施行以来，因米商与运输机关之合作已日久，成效仅以汉口一埠而论。运往粤省以来，已近百万组，而陆续持运者，尚不在少数。则不但南荒可纾，即华中四省农村，亦可因国米销路旺盛，增加繁荣，且利源既不外溢，税收亦无损减。而运输机关，亦同沾利润，一转瞬间，造福于整个国民经济者，殊不在少。万一洋米竟获全部免税，则米价暴跌，国米限于成本，决难与竞争，华南整个市场，势将全为洋米所占，不但米商裹足，即华中四省农民，亦必同蒙惨酷牺牲，且洋米大量进口，势将增加入超，最后结果，必将危及外汇平准基金，后患更难设想。敝会管见所及（下略，模糊不清）。

（《大光报》P113）

4 月

1.市商会新委昨日就职，黄文植连任主席

（1937 年 4 月 8 日）

贺衡夫等五人当选常委，陈泮岭、傅向荣均有讲演。

汉口市商会新任执监委员昨日上午十时宣誓就职，并选举当局委员及主席，并全体执监委员，各同业公会主席百余人，各机关长官到者有市党部陈泮岭，行营傅向荣，警部金巨堂，市府吴国桢，汉阳商会周文轩等。开会后由黄文植报告开会意义及第三届选举满任执监委员之经过。

连任商会主席之黄文植，新任全体执监委员，即举行宣誓就职，旋即开始票选常务委员及主席。因执委周星棠、马圻源请假，故投票者仅江述之等十三人。选举结束，贺衡夫、黄文植、余蓉樵、高伯常、何文炳五人当选为常务委员，黄文植为主席。

选举毕，由市党部特派委员陈泮岭训话，略谓：主席各位执监委员，各位来宾，今天是汉口市商会第三届执监委员改选就职典礼，在前几天改选的情形与结果甚好，可见各位商人是为了商人利益来秉着良心来选举的。由今天选举常委及主席的票数集中，看来尤可证明商人是在选贤与能，最难得的是当选者竟彼此谦让，正合中国礼仪的精神，洵为各处选举中所鲜见者。

此次商会改选充分地表现出服务精神。以服务为目的,不是以夺取为目的,实在难得,兄弟甚为欢欣。在过去二年中,汉口市商会对一切事业均极努力,尤以爱国运动,勇往直前,不落人后,足见本市商民能明白大义,爱国情绪热烈,能够切实负责的缘故。此次改选,执监委员及主席均甚得人,洵可钦佩。今特代表全市民众祝贺。

次行营代表傅向荣致词:主席各位委员,各位来宾,今天汉口市商会新任主席执监委员举行就职典礼,行营何主任预备前来观礼,因为要接见美国舰队司令,不能分身,临时派鄙人参加,躬逢盛典,不胜荣幸。鄙人向不会说话,尤其对于商界情形隔膜,更不敢贸然说话。但是既承指定了我,义不容辞,只好简单地陈述□点意见。有一种流行名词,就是资本家。譬如遇见一两个商人是有资本的,暗含着忌刻的意味,即或没有资本的,也要呼之为资本家,表示一种揶揄的态度。像这种人我敢誓定毫无理智,姑勿论中国现在的社会都是大贫小贫,说不上甚么资本家。就说资本罢,无管流动的固定的,它的本身总没有罪恶。因为经济是社会的命脉,资本与劳力同是经济的要素,且看高唱反资本主义的苏俄,他两次五年计划,还是要利用外资,可见这资本是断不可少的东西。再说资本家,现今世界除苏俄外,无一国不是保护私人资本。至于吾国政府,保护私人资本,三中全会明白宣言更是人人知道的。这样看来,今日资本家实已非前此的托拉斯,但知挟持资本的威力,剥削劳工,垄断商场,而且有精密的计划来运用资本与劳工合作,安良劳工的生活,一面改良工业制造,又美又良的货品,无形地抵制外货,使帝国主义者不能用其资本力量压迫我们,视中国为次殖民地,岂不是实行民生主义、民族主义吗?这种资本家,确是总理的信徒,确是有功党国,我们方且欢迎不暇,哪里还有忌刻揶揄的道理。汉口商界诸君都是信仰党义、爱护国家的,无论何人都不能否认。随便举个例子,如前次举办飞机捐,是其明证,此外贺委员历年经办灾赈,救人很多,希望更与各位执监委员,循此途径,继续努力。对于工界商界的同人,尽量援助,促进工商业的发展,融化劳资的阶级,把大贫小贫都变为不贫,等到大家都取得了资本家的资格,再自动地节制私人资本,积极地助长国家资本,民生主义就部分地实现了。这个时候,我们中国的经济力量逐渐膨胀,可以抵抗,甚或超过帝国主义者的经济力量,又谁敢向我国进攻,于是民族主义也可实现了。这个责任,完全要商会各位委员担当起来做个模范,这个目的还要于最短期间完全达到。何主任所希望的在此,鄙人焚香窃祷者也在此。不会说话,请各位原谅。

次警部代表金巨堂,市府代表陈健,汉阳商会代表周文轩相继致词,末由黄文植答词,十二时摄影散会。

(《大光报》P56)

2.建设厅案呈奉令准外交部咨为运越运滇货品应注意并改正事项一案令仰知照并转饬注意改正令湖北全省商会联合会、汉口市商会

(1937年4月10日)

建设厅案呈实业部二十六年四月一日工字第一九零二二号训令开:案准外交部二十六年三月十五日国字第二一六六号咨开:据驻河内总领事馆呈称:查(一)现在我国实业,并不十分发达,在我国自制货物内,有时不能不采本国所无之外国原料。惟因该原料上印有"在某国制造"之字样,以致越南海关时常因此发生麻烦。如去年上海商务印书馆运至云南分馆之自制

风琴,因钢簧上有“德国制”字样,海关不允作为华货,坚持须作别国货上税。又如滇商张绍曾前向江苏省立农具制造所购运至滇之十二匹高压力柴油引擎机三部,内有细件系购自德国,字迹未去,越关亦须全部作为外国货上税。虽有法领事之签证亦难生效。(二)我国新出之货各种化妆品,如孩儿面、花露水等,所用原料虽完全为我国出产,但商人因欲迎合顾客心理,一切装潢标题处处仿照洋货,即使“在中国制造”之中洋文字样,亦不书写,越关不知底蕴,均以外国货上税。(三)至于完全外国出产之货物加以装潢包扎,充作华货运往越南,越关终须照外国货上税,例如五洲药房所出之鱼肝油,因鱼肝油均为挪威出产,不独我国所无,即法国亦无此产。关于此种情形,与海关发生之争执不一而足,希望我国商人注意及此,自动予以更改。如对于运销南洋尤其是越南一带之我国货物,若其中一部分原料须用外国出产者,务须设法转知原出品厂商,切勿印有“在某国制造”字样。再运云南之化妆品,如并不注明“在中国制造”,或标题说明书等均用洋文者,均应注明“在中国制造”字样。庶海关易于鉴别,争执自可减少,至于改头换面之外国货物如鱼肝油等,因我国并无此项出产,自难责人以国货上税。等情到部,相应咨请贵部查照,转饬各地商会转知各厂商予以注意并改正为荷。等由,准此。除咨复暨分行外,合行令仰该厅遵照转饬所属各商会转知各厂商注意并改正为要。等因,到府。除分令湖北全省商会联合会、汉口市商会外,合行令仰知照,并转饬各厂商注意改正为要。此令。

(《湖北省政府公报》第293期)

3.本会第三次代表选举大会特辑

(1937年4月10日)

本会第二届执监委员就任之期系始于二十四年三月,故至本年三月二十四日,任期恰值两年。本会爰遵商会法每二年改选半数之规定,经于三月二十五日举行代表选举大会,选定兹届满任之执委七人,监委三人,复于四月七日举行主席及常委之复选。其间各事之筹备,历时寖越三月,计虑既不惮纂翻,手续尤至周密。汉市市党部市政府且会衔令知本会全体会员训释选举各义,至详至尽,是均见本届改选大会意义之重大也。兹将筹备经过及大会情形,分项详志如后:

(甲)筹备经过

本届选举大会,自提经去年十二月二十一日第四十二次执监联席会议议决举行后,旋于同月二十七日召集全体执监委员举行第一次筹备会议,当即推定曹延祥、喻燮卿、王静斋、余蓉樵、成禹门五委员负责筹备大会一切事宜。此外并决定三月二十五日为本届选举大会日期,并先呈请市党部市政府核准,又议决通告本会各会员。兹届出席代表之登记,除法定代表一人外,凡加代表一人,应增缴年费十五元,盖即遵行上次大会决议办法也。

是后,筹委会为代表资格之审核,更正式成立审查委员会,并推举江述之、邓希周、杨松圃、程稻荪、王春华五位为审查委员,一面通告各会员限期清缴以前欠费,并将出席代表造报,以便汇转党政机关备案。惟其间因会员名册未能如限送齐,曾一再延展限期至三月十日,一面更分函广征未入本会之公会,请其依法加入,意在集中力量而扩展会务之组织也。迨各公会填报名册汇齐后,三月十二日仍颁发各会员代表之出席证。一面又呈请各党政机关于大会期日派员莅会指导监视，至是筹备各事乃告一段落。

（乙）会场规则

（一）大会秩序

（1）振铃开会；（2）奏乐；（3）全体起立；（4）唱党歌；（5）向党国旗暨总理遗像行三鞠躬礼；（6）主席恭读总理遗嘱；（7）主席报告选举筹备经过；（8）市党部答辩训词；（9）监选长官词；（10）来宾训词；（11）会员致词；（12）主席答词；（13）投票，开柜，签票；（14）报告当选；（15）茶点；（16）散会。

（二）选举简则

1.本市商会执行委员监察委员（以下简称执监委员）之选举，依本简则之规定行之。

2.本市商会执监委员之选举，应于十日前通知各选举人，五日前呈请市党部派员指导，市政府派员监选。

3.本市商会执监委员之选举，应由会员代表大会用无记名连选法选出之。

“附注”查本市商会执委名额系十五人，监委名额系七人，此次改选半数，为第三次应另选执委七人，监委三人，尚有留任执委八人及监委四人，至各委员姓名，已分别注明于选举须知单内。

4.本市商会执监委员之选举权及被选举权之取得，应以本市商会登记合格取得证明书之会员代表为限。

5.本市商会执监委员之选举，须有会员代表过半数之出席，与指导人员监选人员之到场，方得举行。

6.本市商会执监委员之选举，应用本市商会制定之选举票，否则无效。

7.本市商会执监委员之选举，应以得票多者为当选，票数相同时，用抽签法决定之。

8.本市商会选举执监委员时，应另选候补执行委员及候补监察委员。

9.本市商会选出执监委员之名次，应以得票多寡为序，票数相同时用抽签法决定之。

10.本市商会执监委员之选举，应由会场之主席就出席代表中制定发票员、收票员、唱票员、计票员及监票员等各若干人，其开票须当场举行。

11.选举人入场须在签名簿上签名，并呈验本市商会登记合格证明书。

12.选举人有下列各项之一者，由会场主席加以警告，不服警告者，由主席按情节轻重，征得监选员之同意，宣布取消其选举及被选举资格。

甲.交换选举票；

乙.乱离席次；

丙.互相谈笑；

丁.互相窥望；

戊.夹带名单。

13.选举人不能填写选举票时，可先举右手，请监选员代填，但填写完毕后，务须本人签名或盖章。

14.选举票有下列各项之一时,由监票员报告主席,征得监选员之同意,宣布无效。

甲.一部分无效:

子.被选举人之姓名与会员代表册不符者。

丑.被选举人之姓名模糊不能辨识者。

乙.全部分无效:

子.选举票非本市商会制定者。

丑.字迹模糊不能辨识者。

寅.填写不依定式或夹写其他文字者。

卯.选举人未签名未盖章或其名章与会员代表名册上不符者。

15.本市商会执监委员之选举,应于办理完毕后,三日内通知各当选人,并将其姓名、籍贯、年龄、略历及通信地址呈报汉口特别市党部及汉口市政府备案。

16.本简则前由汉口特别市党部临时整理委员会议决呈请中央执行委员会核准施行。

(三) 选举须知

1.本会现任执行委员系十五人,监察委员系七人,此次依法改选半数,除满任之执委苏汰余君、曹延祥君、王春华君、邓以诚君、鲁方才君、喻燮卿君、陈春亭君七人。又满任之监委周星棠君、贺衡夫君、余蓉樵君三人,均应依法改选外,其余执委八人,为黄文植君、祝庸齐君、乐作霖君、程稻荪君、王静斋君、江述之君、马圻源君、邓希周君及监委四人。为陈经畬君、杨松圃君、成禹门君、邓燮卿君,依法均系留任。(查郑监委燮卿现已出缺,依法以杨辉廷君递补。)

2.已经满任之执委七人及监委三人,自应照额分别投票另选,惟原系执委者,此次有被选为监委权,原系监委者,此次有被选为执委权,但于原任各职,即不得连选连任,以重法令。

3.留任之执委八人及监委四人,既系依法继续任职,此次代表于投票时,即不得再将其姓名填入选票,以免重复。

4.原选之候补执行委员及监察委员,于此次改选时,依商会法施行细则第十五条之规定,自应全数另选,惟另选方式,拟仍照上两届成案,即以此当选执监委员,得票次多数者,分别照额选出,以备递补。

(四) 大会职员

主席团:黄文植、祝庸齐、曹延祥、王春华、苏汰余

换票员:杨辉廷、乐作霖、王静斋、马圻源

监票员:周星棠、江述之、贺衡夫、余蓉樵、喻燮卿、王春华、成禹门

监察员:陈经畬、邓希周、鲁方才、程稻荪、邓以诚

检票员:曹延祥、成禹门、陈春亭、杨松圃

签票员:40 人

招待员:全体执监委员

秘书:郭肇璜、汪伯庄

记录:徐鼎新、周善夫

司仪:黄南屏

庶务:胡茂珊

(丙)大会盛况

三月二十五日上午十时开会,出席者全体会员代表,市党部陈特派员泮岭,汉口市政府吴市长国桢,指导员殷学渊、张筱绪、王忠年、廖应钟。监选员陈健、谢宾宇、李实清、陈华浚。各机关团体来宾,有市警察总局督察长王郁芬,律师公会王兆祥等。会场内外由警察第七分局警察弹压,孤儿院乐队奏乐。出席各业公会代表均佩戴代表证入场,十一时开会如仪后,首由主席黄文植报告开会意义,略谓:各位长官、陈特派员、吴市长、各位代表,今日是汉口市商会举行第三次选举大会,蒙各位长官莅临指导监选,同人等非常感激。本会此次系改选半数执监委员,其留任与满任姓名均已标贴,请各代表注意满任执委不得被选举执委,满任监委不得被选监委,但满任执委可被选为监委,满任监委可被选为执委,以符法令之规定。今日改选就是本会新生命产生,应先请陈特派员、吴市长训示指导,再举行投票云云。继由陈特派员泮岭训词,略谓:今日是汉口市商会举行第三次选举大会,兄弟来此参加,非常荣幸,同时感觉得非常之欢欣。因为兄弟到汉一年以来所见,得知汉口工商业一般情形极有进步,尤其是商业进步快捷,其原因是有奋发精神,故能努力向前进展。所以兄弟鉴得知如此极为欣庆,汉市商业在内地各大商埠要占重要位置,其所以造出好转的情形,由商人能整个团结以谋发展,而求国利民生,因为大家有整个认识,方得有如斯良好景象,而无违害商业国家之事发生。亦因商界同胞明白自己责任,力图正轨发展,不似其他商埠少有此种良好成绩,以致自己吃亏。揆我汉口商业之能有良好成绩者,其原因系由上届领袖得人,而得人之原因,全赖选举时有正确的认识,正当的组织,所选出代表能够负责为商业谋发展,为国家谋利益,方不负此选,故对于选举有莫大之关系,所谓选贤与能,古有明训,如果一念之差,含有其他作用,即选出之人,不能秉公正之心为商人谋利益,则汉口市整个事业吃亏就大了。所以今天大家要本着自己的良心,平心静气,仔细思想,在过去有不明选举意义关系之如何重要,曾经酿成许多不正当的纠纷,是皆因选举不良以致种种失败,今天希各位代表本选举贤能之心,要达到选举好的结果,务铲除一切不好的习惯,幸勿借选举来为个人夺名利,专用卑劣竞选的手段,影响汉口市商业不能发展,其害就大了。请看会场所悬三幅标语,一要发展工商各业,须团结一致合力进行;二要健全商人组织,须选举贤能,同舟共济;三选举系神圣事业,应以人格为标准,可见选举是非常重要而又极尊荣的事,切不可为私人争夺利益,并为人所利用,方不违背选举意义也,就不失自己人格,今日选举是神圣事业,须要选举贤能,才对得住商界,才对得住社会,才对得住国家。

至是,市长吴国桢训词,略谓:汉口市商会今日改选是第三次,以前两次改选,皆是兄弟参加,这是非常欣幸的事,而商会组织健全,又是非常欢喜的事。对于改选要点,适才陈特派员已经说得很详细,也毋庸多说。不过汉口市为全国中心,对内对外,均有重要关系,尤以商会为商人全体集团,对内负有振兴商业之责,对外负有国际贸易介绍之责。商会既有如此重要责任,对于此次改选,我们务要本诸良心,慎重选举。须得真正人才,以为商人之领袖,近闻有一种换票买卖情形,这是为法律所不许可的,要有这种行为,就是不良分子,我们必要加以制裁。如有一个代表换领数票,或私相请托,交头接耳,有紊会场秩序,我们亦必要严加取缔,总希望今天选举结果,所选人才,能为汉口工商业谋进展,使汉口市商会为一种模范团体。

继之,律师公会代表王兆祥致词,略谓:今日汉口市商会第三次改选大会,兄弟参加非常荣幸,贵会改选为第三次,三为阳数,且天地人为三才,人居三才之一之卦。举凡事业,皆以得人为贵,易经乾卦为三画之卦。象解曰,君子终日乾乾,自强不息,兄弟以贵会今日当选委员,定是行健君子,领袖商人,堪为预贺。

最后主席答词,略谓:刚才陈特派员、吴市长所指导训示我们的话,我们应诚意接受,而又非常感激,但此次选举,外面谣言传说,竟有贿选运动不良行为。昨天市党部陈特派员及吴市长,特因此事召集本会全体执监委员及同业公会主席党务委员,在市党部训话,想各位参加都已知道。在陈特派员、吴市长的意思,为爱护商人起见,恐仓促之间不易考查,主张将选举之期暂缓,经同人请求恐其反生误会,所以才得如期举行,想本会历届选举都是顺顺畅畅的,此次谣言当非无因,实是不幸之至!希望各代表要明白选举的意义,不要自丧其人格,自背其良心,我们接受陈特派员、吴市长的训示,要有警觉,假使以前有种种不对行为,譬如昨日死,以后种种今日生的精神,方不负今日党政长官之训示。

(丁)临时动议

(一)书业代表唐性夫询:以选举简则第十四条,卯项有:选举人未签名未盖章,不生效力之记载,此次选举是否采用记名投票。

市党部指导员殷学渊解释:此系根据十三条:选举人不得将选举票请人代填而言,商会选举系采不记名式。

(二)书业代表唐性夫询:候补执监委员当选为正式执监委员时,候补执监委员缺额,是否应补充。

指导员答:不能补充,以后另选。此次仅选执委七人,监委三人,无候补。

(戊)选举结果

本届参加选举办法,乃规定各代表以先期领取之出席证,换取选举票,本会原送发出席证,计一千一百一十八张,而当场换出选举票计只一千零七十五张,因有四十三人,自行放弃其代表资格也。选举结果:计开出执委票一千零六十五票,监委票一千零六十五张,其自行弃选权者十人。当即选出执委七人。计贺君衡夫九百二十九票,周君星棠九百零九票,李君荐廷七百票,鲁君寿安六百四十六票,余君蓉樵五百四十二票,高君伯常四百八十七票,何君文炳四百四十五票。监察委员三人,计石君和湘四百五十八票,龚君亦遂四百四十二票,喻君燮卿四百三十五票。本届留任执委计有八人,为黄君文植,祝君庸齐,乐君作霖,程君稻荪,王君静齐,江君述之,马君圻源,邓君希周。监委四人,为陈君经畲,杨君松圃,成君禹门,杨君辉廷。

(己)宣誓就职

四月七日上午十时,举行第三次新任执监委员宣誓就职典礼,到全体执监委员,各同业公会主席百余人,各机关长官到者,有市党部陈特派员泮岭,行营代表傅向荣,警备司令部金参谋长巨堂,吴市长国桢,汉阳商会主席周文轩等。开会如仪后,主席黄文植乃报告开会意义及第三届选举满任执监委员经过后,始举行新任全体执监委员宣誓就职。继即开始常委及主席之复选,选举毕,由市党部陈特派员训话略谓:今天是汉口市商会第三届执监委员改选就职典礼,在前几天改选的情形与结果甚好,可见各位商人是为了商人利益来秉着良心选举的。由今天选举常委及主席的票数集中看来,尤可证明商人是在选贤与能,最难得的是当选者竟彼此谦让,正合中国礼让的精神,洵为各处选举中所鲜见者。此次商会改选充分地表现出服务精神,以服务为目的,不是以夺取为目的,实在难得,兄弟甚为欢欣。在过去二年中,汉口市商会对一切事业,均极努力,尤以爱国运动,勇往直前,不落人后,足见本市商民能明白大义,爱国情结热烈,能够切实负责的缘故,此次改选,执监委员及主席均甚得人,洵可钦佩,今特代表全市民众祝贺云云。

次由行营傅代表向荣训词,略谓:今天汉市商会新任主席、执监委员举行就职典礼,行营何主任本预备前来观礼,因为要接见美国舰队司令,不能分身,临时派鄙人参加,躬逢盛典,不胜荣幸。鄙人向不会说话,尤其对于商界情形隔膜,更不敢贸然说话,但是既承指定了我,义不容辞,只好简单地陈述一点意见。有一种流行名词,就是资本家,譬如遇见一个商人,是有资本的,暗含着忌刻的意味,即或没有资本的,也要呼之为资本家,表示一种揶揄的态度。像这种人我敢断言他毫无理智,姑勿论中国现在的社会都是大贫小贫,说不上什么资本家,就说有资本罢,无论流动的固定的,它的本身总没有罪恶,因为经济是社会的命脉,资本与劳力同是经济的要素,且看高唱反资本主义的苏俄,它两次五年计划,还是要利用外资,可见这资本是断不可少的东西。再说资本家,现今世界除苏俄外,无一国不是保护私人资本,至于吾国政府保护私人资本,三中全会明白宣言,更是人人知道的,这样看来,今日资本家实已非前此托拉斯,但知挟持资本的威力,剥削劳工,垄断商场,而且有精密的计划来运用资本与劳工合作,安定劳工的生活,一面改良工业,制造又美又廉的货品,无形地抵制外货,使帝国主义者不能用其资本力量压迫我们,视中国为次殖民地,岂不是施行民生主义民族主义吗?这种资本家确是总理的信徒,确是有功党国,我们方且欢迎不暇,哪里还有忌刻揶揄的道理。汉口商界诸君,都是信仰党义、爱护国家的,无论何人都不能否认。随便举个例子,如前次举办飞机捐,是其明证。此外,贺委员历年经办灾赈,救人很多。希望更与各位执监委员,循此途径,继续努力,对于工界商界的同人,尽量援助,促进工商业的发展,融化劳资的阶级,把大贫小贫都变为不贫,等到大家都取得了资本家的资格,再自动地节制私人资本。积极地助长国家资本,民生主义就充分地实现了,那个时候,我们中国的经济力量逐渐膨胀,可以抵抗,甚或超过帝国主义者的经济力量,又有谁敢向我国进攻,于是民族主义也可实现了,这个责任,完全要商会各位委员担任起来做个模范。后次警部代表金参谋长,市府代表陈健,汉阳商会代表周文轩相继致词,最后由主席答词,十二时摄影散会。

(庚)主席决定

本届新任常委及主席之推选,系于宣誓后举行,计出席委员十三人,请假委员周星棠、马圻源二人。选举结果黄委员文植、贺委员衡夫、余委员蓉樵、高委员伯常、何委员文炳当选为常务委员,黄委员文植以全体委员一致之通过连任主席。虽黄委员再三谦辞,然以全场一致坚决挽留,终未获允云。

(辛)代表题名

银行业:朱仲宣、朱金寿、游舫、连仲伦、谷兆兰、王以恭、曾明章

钱业:汪信夫、曹延祥、萧凤章、王璧双、王溥澄、萧和卿、赵雨亭、金辅卿、康步云、周纯之、

龚榕庭、连澄甫、萧道卿、萧宾珊、闵抚元、金砥澄、舒梅卿

纱业：周衡卿、朱松珊、潘用五、陈紫安、方圣澄、吴雨亭、邓廷诊、周养吾、杨汉卿、萧和卿、黄丽生

绸缎业：王宾泰、徐炽卿、宋诚哉、胡笑如

布匹店业：萧泽如、李纯卿、高雪甫、张少泉、余服民、高峻峰、余汉卿、纪星五、童春峰

金钱首饰业：姚胥玉、邻静轩、田骏珊

匹头贩运业：白纯臣、余福阶、李汇东、徐一诚、汪云廷、罗济生、周少贤、黄佐贤、余尧臣、梅云章、谈成采、徐雷轩、李树棠、陈涤凡、张四维、苗芙荪、刘宅三、祝庸齐

典当业：程稻荪、王徽耀、张韶轩、刘静菴、林少云、吴丽生、邹润之、程九皋、吴舜臣、胡绸丞、邹静轩、陈松山、贺瑞庭、邹济之、殷琢如、杜俊卿、刘仲宣、吴耀南、邱子诚、方子纯

颜料洋货业：胡少周、彭少安、程翔浦、孙养齐、乐作霖、毛谦三、汪汇安、夏肇殷、章伯衡、刘殿卿、项少之、蒋丽生、陈植安、龙荣阶、汪悦先

苎蔴夏布行业：胡鹏程、杨松圃、葛瑞庭、董幼珊、饶植三、杨怡卿、胡汉卿

鄂岸淮盐业：陈子显、王文达、萧筱畲

精盐业：谢瀛初、匡劲亭、黄文植、余鉴清、朱渭渔、方新之、陈子绣

国际贸易业：文昆山、钱心如、朱翔苐、胡万春、张性人、刘心如、马圻源、涂堃山、杨振声、王守铭、姜德田、王蔼臣、涂瀛洲、曹晓梅、潘恕菴、闵绍骞、黄厚卿、刘柏寿、范华堂、胡敬之、庞梓青

参燕业：祝剑秋、熊英三、徐仲卿、李福生、张子钰、程松山、王理臣

平汉路转运业：周星棠、林顺夏、朱少香、龚海洲、吴云阶、萧丽川、蓝福田、涂志清、赵伯皋、饶稚臣、喻福田、丁煜臣、胡仰卿、田义侣、程树亭、谢锦堂

海味糖盐业：胡鼎华、何文炳、王春华、董铢余、何庆镛、袁钦臣、周鸿卿、陈钟彝、程赓山、郑廷扬、姚仲实、余少藩、周纯如、黄幼云、胡甫文、晏贤楷、丁子衡、张嘉霖、刘成之、杨砚臣、杨林章

堆栈业：陈万卿、杨辉廷、孙镔文、罗伯良、颜子衡、陈培之、刘贵臣、郭干之、郑晴豪、赵海峰、丁泌栖、王德辅、盛遽年

华洋百货业：丁文轩、叶叔勋、钟益亭、王文三、李锦章

五金铁业：朱福田、耿均三、胡次桥、丁端丞

鞋帽洋货业：余少卿、史月辉、招介年、余仁卿、张士珍、胡德祥、丁佳林、喻燮卿、李馥齐、陈春和、赵捷臣

茶叶出口业：吴瑞珊、朱翔苐、戴海鲲、康鉴三

药材行业：马锦云、陈春亭

机器米业：计锦章、张百先、程云樵、韩星五、张杏村、陈苐珊、许久莾

煤业：宋则臣、毛晋阳、罗玉珊、余蓉樵、沈采庭、罗宝珊、李汉卿、高坤山、车礼堂、陶燮臣、李春山、胡德山、谢香九、罗翔夫、乐子涛、苏瑞五、程星三、张云卿、宗越齐、刘松山

机器染业：李梦初、陈福椮、盛云樵

棉花号业：陈树生、林厚周、王文卿、陈海珊、匡星垣、汪秋舫、何祥林、萧让亭、李俊卿、晏少述、胡俊庭、杨辅丞、阳泽周、蔡百川、凌弼臣、卢琴舫、张吟秋、鲜晴峰、吴崇明、萧达夫、陈海清

杂粮油饼业：黄云卿、姚维章、陈乾元、谢伯勤、陈树霖、连亦方、林厚周、刘裕华、包均安、戴永剑、林朗评、余进阶、包和卿、陆述甫、王馥齐、沈汉彰、陈焕章、戴浴尘、俞歧生、胡颂轩、潘明安

进出口杂货业：袁永年、赵明生、范伯棠

药油行业：刘椿良、萧舜卿、潘瑞亭、舒尧卿、柳华山、熊玉亭、周寿山

照相业：李炳声

号栈业：李瑞唐、傅良甫、王茂卿、江香亭、刘耀庭、王明迁、伍汉忠、刘稚袁、张鑫堂、王宇丰、方教亭、常吉亭、孙孝平、李玉山、陈云骞、杨寿山

瓷业：罗震干

棉花出口业：鲁寿安、谢有标、顾鹤卿、季守先、黄少山、林德麟、唐晴峰、周仰兴、李衡平、杨焕阶、钱箴言

代办杂货业：胡伯英、李春霖、顾鉴权、王雨庭

报关业：吴鹤亭、卢吉辅、李鹤生、王桂庭、文有恒、汪瑞臻、王德钦、汪良轩、俞惟一、孙富祥、徐炳泉、陈凤歧、张濂清、张德阶、陈润夫、万钰山、雷春波、郭云程、赵明生、邓志华、杨义学

书业：唐性夫、徐铭堂、高子约、高膺寄、赵寄梅

药材号业：邓少坪、文植三

棉花行业：戴月珊、姚文卿、高干卿、宋汉卿、詹春阶、吴克坤、李建堂、王书田、杨琨珊、艾锡五、朱韶笙、余海平、赵森阶、王清华、彭演哉、王焕庭、叶可亭、李瀛洲、张觉先、王少臣、林鸿甫

国药业：邓文卿、李荐廷、熊瀛洲、徐仲年、徐海珊、乔瑞麟、杨葆荪、朱瑜亭、赵善、胡济武、周茂之、叶汉钦、吴汉周、王品三、金道五、沈文楼、王竹楼、萧晴山

卷烟业：吴仁钦、张福善、王直哉、韩新圃、吴秋舫、刘子荣、祁斌臣、王镇昆、汪侣周、彭乐庭、宋椿庭、罗培根、金心明、笪海山、黎松山、曾章府、范春云、陈仁寿、余少甫、叶钰山、张秉诚

茶叶贩运业：黄雨辰、熊心广、唐兰谷、沈筱波、周慕溪、石海青、王正明

黄丝木油行业：余希俊、刘竹青

煤炭行业：皮干臣、陈烈元、刘南陔、朱显城、熊玉亭

漆业：谌振作、邓宝齐、谌寿山、简锡侯、刘秀山、文之庸、贾瑞芳、刘成之、刘锦堂、刘柏耆、刘紫青

印刷业：易荣卿、陶菊泉、王序坤、李湘庭、赵义高、靳明璋、杜澄波、胡钦臣、邵筱奇、蔡怀民、唐牲初、汪锡珊、吴浚泉、白纯文、龙少齐、靳玉珊、涂泮香、杨纯青、陈庆生、范献臣、刘常舫

鞋业：舒炳山、杨九卿、程焕阶、胡季廷、杨舜民、陈汉卿、陈明山、程敬轩、孙云山、熊锦堂、杨海清、喻耀卿、刘爕臣、张绍唐

制造南酒业：方华初、罗钟珊、余耀卿、方焱森、吕任卿

棉花进口业：杨显卿、黄玉峰、鲍殿丞、吴泮香、谢少池、程沸澜、程子菊、谢幼煁、鄂芹香、张乔龄、彭扫尘

中西菜馆业：张泽鎏、袁士奎、何锦城、余伯颜

针织袜业：喻炳川、王松山、徐巨川、刘普裕、曾栋臣、杨振藩、程怡然、但衡卿、刘泉洲、夏玉廷、程少堂、宋玉卿、王承义、刘昆山、叶文卿、王坤山、凌金堂

帽业：夏海清、阮雨泉、彭瑞珊、朱楚卿、丁子卿、桂耀庭、刘玉山

广货业：杨杏村、汪振夏、胡耀棠、王子衡、刘炳臣、陈楚三、章仪堂、周梅生、周仲臣、吴春先

猪行业：刘惠林、蒋效先、乐英陔、胡少亭、韩鹤亭、杨生阶、徐梅生

丝茧行业：蔡松泉、宁绥之、胡晓轩

铜器业：郑金章、阮华廷、钱敬齐、成紫卿、郑介眉、陈淦卿、鲁啸一

茶叶行业：车续堂、张仲丞、汪绳武、刘斌德、王少山、程源廷、王玉阶

营造业：鲁方才、潘焕维、袁湘波、阮舜亭、沈祝三、陈楷亭、潘益卿、张华堂、舒喜亭、杨文秀、韩少轩、周世昌、项惠卿、庞福卿、彭曜棠、李丽泉、袁子春、孙干康、石振华、康忻生、钟延生

折药业：李柏青、钱尧卿、钱云程、吴华廷、周毓成、李瑞卿、吕致中、阚敦仁、邹盛东、陈淦川、徐莲甫、刘幼龄、徐葵轩、刘玉泉、董翼如、杨炳轩

药材店业：程青山、黄锦轩、黄尧臣、萧南竹、戴培山、张华轩、陆燮浩

食品杂货业：迟宝卿、邰松轩、孙钧山、陈竺山、陈西园、汪子泉、朱意诚、陈兆斌、郑国卿、汪青舫、戴灿华、庞成章、王鼎丞、贾雨生、王瑞森、姚福田、陈运三、徐冠英、谢树滋、邰源泉、汪少峰

五金旧货业：胡仪亭、徐怡臣、冯文福、萧竟臣

食品制造业：周西琴、祝鸿裕、李炳炎、周瀛洲、姜惠菴、江英杰、杨钦才、穆凯椿、周文斌、林达康、吴兆焕

茯苓业：胡捷三

油业：余常青、张吉六、吴佩鑫、王彩臣、万秉卿、阮砚生、徐文珊、俞秀庭、朱有孚、王心齐、张群叔、徐养吾、王宏海、陈仲良、叶教菴、夏汉清、陈华卿、徐筱山、陈经畬、田珩堂、李子卿

药油贩运业：徐霭龄、姜鹿荪、张宾廷、沈子良、关仲煌、徐菊生、杨伯常

贸易、人力车商业：杜贤达、祝洪权、韩幼卿、陈化哉

山货行业：陈润南、石和湘、罗亚侯、胡瑞卿、罗润生、罗芷卿、陈永安、刘炳三、朱振声、陈尧轩、殷纯齐、石永清、熊幼珊、吴干臣、孙锡三、杜星洲、邓培之、陈东卿、程少卿、王乐庭、张希麟

证券业：胡云程、史福荪、朱西垣、郭浩然、张绍唐

杂货店业：黄润田、严佑卿、曹云阶、朱康臣、丁海泉、左履亭、毛秉诚、舒心齐、刘子峰、傅清波、刘宾亭、钱黎卿

杂货行业：余景梁、胡子安、余慎五、戴耀卿、舒子寿、刘条祺

国产纸张号业：薛文青、徐洪文、花滋圃、黄道安、吴镜波、毛思翔、涂蔼夫、骆凡笙

猪鬃业：林厚舒

鱼行业：柯汉丞

保险业：钱家泰

木器业：沈家相、柴祥云、姚人杰、齐建永、陈华堂、史美璿、黄裕财、包礼银、邵美生、邵耕友、贺德生、杨友发、胡永清、陈本和、高汉卿、胡裕祥、胡汉春、李荐廷、杨村耕、邹云生、裴德章

新药业：虞禅卿、陈言之、王仲南、李尧阶、张丽生、喻汉庭、郑雨青、郑润霖、程朗寰、赵升宾、陈丰镐、彭仲仪、严锡章、郑仲诚、李允中、张明才、孙奂林、叶吉勒、方达夫、董康年、张润生

白布行业：陈静山、杨越侨、李钧轩

蛋业：陈汉卿、吴文轩、郑才性

石膏业：陈家仁、胡之敬、陈楚甫、蓝志齐

丝线绉纱业：张竹屏、陈蔚章、梁南圃、曾蓝田、张仲明、朱济川、叶季芗、熊福庭、萧金城、雷

烈臣、萧泽生、沈文斌、姚海珊、张德善、邱华堂、艾泽生

国产纸张行业:成禹门、徐尧卿、张椿廷、任赵轩、刘性成、伍林山、成廷柱、吴继贤

国货匹头业:郑彬如、鲁福田、冯烺先、王子卿、汪炳臣、杨有章、孟云卿、徐寿如、孔振川

机制红砖厂业:余松龄

色布行业:陈寿卿、舒觉先

麻袋业:朱馥棠、方子鸿

军服业:喻燮卿、游宾珊、万冠群、曾树屏、张振远

编爆业:刘云鹤、罗亮成、胡学明、丁泗航、彭兰芳、黄友滨

汾酒业:郑晋卿、罗桂堂

笔料、杂皮业:宋仁卿、周瑞馨、邹文宽

钟表、眼镜、唱机业:郑荣甫、裘欣木、董元祥、王文荣、张云桐、沙梅生、冯顺海

茶叶店业:齐俊夫、程经甫、汪佩之、车鹏九、田俊卿、汪南亭、萧俊良、黄洪山、易礼堂、胡桂森、吴培堃、汪绳武、车焕堂、曹揖三、朱品山、项铭卿、王玉阶、蓝次安、田金成、唐寿臣、田楚臣

皮货业:黄寿松、马汉三、盛怀亲、孙西园、黄竹生

制造毛笔业:焦秀安、邹续珊、邹竹如

煤油、面粉火柴业:黄子权、王兰山、刘金珊、曾小峰、殷恺臣、刘南陔、王文齐、吴伯宽、刘冬青、吴仁钦、张星齐、王少卿、吴秋舫

染织纱布业:邓廷珍、余荣亭、刘仲文、王国柱、许沛之、程迪宇、王枫林

电料业:王铭江、钱步云、吕少秋、林良栋、廖荣甫、杨汉卿、黄鑫武、沈德甫、严贵棠、罗子简、周榜业、严斌棠、乐颂云、韩秀郎、朱江福、夏健庵、董际昆、周椿龄

肉业:吴紫高、蔡耀卿、沈子达、马德臣、彭华山、密鑫山、熊云卿、吴开武、章瑞廷、李振卿、喻竹平、潘智亭

剧场业:陆桐圃、王民仆

中外纸业:蓝熙周、邬维英、沈盛甫、余选臣、端汉清、萧竹君、王春林、曹心田、张彬城、陈性安、刘济川、屠康才、韩茂之、陈乐三、曹子久、柯顺成、冯积善、冯宾森、龙焕章、刘义万、董元德

煤焦贩运业:张东初、唐惠卿、王次铭、刘云生、熊信诚、苏汰余、陶公迪、黄师让、吴叔云、万凤逸、刘卫卿、郑寿昌、钱义臣、毛哲人、张鹏舞、程钰奎、谭叔芳、周亚东、余蓉樵、龚亦遂

旅栈业:高伯常、王静斋、张春山、徐幼云、陆子樵、刘楚卿、殷裕山、孙弗棠、刘魁庭、谭楚伧、李炳齐、胡志清、戴芹甫、李福廷、戚子侯、丁竹卿

潮糖杂货业:杨静吾、陈士芳、黄衡石

皮业:高伯常、刘炳文、陈子云、刘星亭、丁彬廷、林选臣、俞少臣、李家才、方佩臣、蒋燮堂、张碧泉、陈丽堂、杜树棠、张星菴、赵锦卿、高叔常、李寿存、张少臣、江文卿、熊汲三、李敬之

粮食行业:邓希周、贺尧阶、王希卓、韩瀛洲、杨藻卿、刘俊卿、陈锡五、陈汉三、江鸿轩、吴德卿、曹宾珊、涂云卿、王彩青、蒋云程

印染花布业:潘春山

丝烟业:潘松亭

玻璃料器业:胡志英

橘饼业:雷敬齐、辛则三

酒酱业:虞青阮

衣服贩运业:王万忠

火油制造业:胡秉城、雷心佛、胡彝诚

水土果业:汪鉴廷

染坊业:涂礼臣

棉籽行业:齐启山、王惠轩、余燮丞、王培绪、胡昌烈、李介卿、黄少庭、齐海清、黄秀坪、陈古秋、陶子余、李坤城

杂货贩卖业:李仁山、屈秉臣、周金楷、刘子荣、陈北达、祁斌臣、秦翰卿、陈鹤卿、杨济平、吴珩五、黄相昕、宋春山、姚华甫、田锡堂、尹端臣、周耀清、陈春芳、李松筠、钱杰三、吴方鑫、吴吉臣

油饼行业:陶子余

新式皮鞋皮件业:张玉田、郭青山、华书田

南碗业:刘慎三、刘祥云、张肖愚、林万盛、杨大枢

五金机器业:张鹄臣

石灰业:曾荣卿、聂惟善、田心安、杜炽堂

民船业:焦耀东、万海泉、万韶泉、史尧阶、阮聚诚

芦柴业:游书田

熏皮业:易华臣、韩福堂、黄熙如

茶馆业:邓世新、朱燮卿、屠玉山、汪福堂、韩春山、余友谦、雷志卿、闵福山、丁开文、余守运、江秀山、李禹卿、林良栋、冯洪甫、何永康、姚旭东、万春山、叶坤山、王春山、缪继正、王树臣

圆木油桶业:张松山

华洋桶篓杂末业:徐守人

炒坊业:屠玉山

柴炭业:周亚东、余海峰、潘玉亭、杨硕夫、王涵清、傅元吉、周裕卿、潘凤山、刘茂兴、徐幼阶、周良臣

沙泥碎砖石业:朱福田、伍云高、傅子伟、何南廷、萧松廷、冯春山、林宝臣

扇面业:李鑫臣、余启文、曾祥麟、陈星齐、胡幼如、黄紫荆、蔡贤舜、岳盖先、夏兆昌

豆芽坊业:李泽甫、林传文

青布业:彭燮煌

废旧洋铁镕化铁器业:喻谷轩

新式制革业:夏志成、高功才、倪顺兴、李建华、林凤山、魏龙源、许少南、张兴旺、许德余

拆售物料业:胡朝志、胡福山、郭家喜、胡禹九、梅汉卿、严兴发、胡幼文、张成文、袁成宽

(共计一百三十五会)

商店会员代表列后:

汉口复兴事业股份有限公司:贺衡夫、黄师让、朱仙舫

裕华纺织股份有限公司:苏汰余、孙瑞尘

申新第四纺织印染公司:张棫泉

福新第五面粉公司:华栋臣

鼎新股份有限公司:李鼎安、王吟生
应城石膏股份有限公司:李福五、郭培生
三北输埠公司:高秉衡、曹子嘉、黄国成
裕龙源记面粉厂:姚维章
兴商茶砖股份有限公司:黄皓芸
中国南洋兄弟烟草有限公司汉口分公司:胡英初、陶志一、丁紫封
华丰石灰厂汉口总经售处:叶观生
国营招商局汉口分局:殷惠昶
金龙德记面粉厂:龚静齐
中一信托公司汉口分公司:胡芹生、朱澹园
商办汉镇既济水电股份有限公司:刘少岩、李荻心、江述之
楚胜火柴公司:黄子权
吕方记轧棉花机器厂:吕志超、张敬菴
宁绍商轮股份有限公司:史祖培
广成和冶坊:李少青
明星烛皂厂:丁焕卿
大成纺织染公司:金纬镛、刘丕基、刘寿生
荆油公栈:李幼轩
汉昌肥皂无限公司:陈经畬
民生纺织股份有限公司:鲁履安、汪镜清、鲁寿安
福润化学制胶厂:黄华实

(《汉口商业月刊》新 1 卷第 11 期)

4.本会(汉口市商会)为所得税呈财政部文

(1937 年 4 月 10 日)

呈为呈请事,案查现行之所得税,原为直接税之一种,实合乎现代财政原则之良税,在欧美各国,早已办有成效,而亦为其人民之所乐从,盖以担负公平,征收简便,各就纳税之能力,以定课税之等差,法至良,意至美也。我国推行此税,尚属创办期间,其所订税率,虽较之他国,略有差异,惟新税既增,而旧税未减,在人民甚觉其担负之加重,不知其优点之如何,只以在国难重重之今日,凡属国民,自应各竭其力,各输所得,以为国家财政之补助,借以解当前之困难,然在此开办之初,关于厘定一切章则,亦必须除其繁复,力主宽平,庶几上下相维,俾国用得以资其挹注,而国民经济,乃有徐谋建设之可能,故自所得税暂行条例及其施行细则,与夫各类征收须知草案,分次颁布以后,本市各业同业公会,对于其中滞碍之处,纷纷陈述意见,转请设法维持,前来,兹将其请求各点,谨择要为钧部陈之。

(甲)关于请求准将所得税暂缓实施之意见

捐税之苛杂,要以我国为最,名目繁多,又复有加而无已,今如极不良之盐税,约值一而抽五十,税率之重,实所罕见,至其他之统税、转口税、印花税以及各省各自为政之营业税、土地

税、产销税，并种种附捐等，所取又属匪轻，是他国之所有者，我国均逐一仿办，至他国之所无者，我国则早已施行，是以人民只苦其担负之增加，莫知其税制之良否，即以所得税而论，在欧美各国，莫不认为良税，因其开办之时，已将不良各税，分别予以减免，使人民乐其办法之宽，勉尽输将之力，良税之称，盖有由也，今我国推行此种新税，应请先将重复苛杂之捐税，切实减免，以维国信，俾利进行，至最低限度，亦应请各省所办之营业税一项即予停止，兼之上海市原无营业税，而汉口之营业税，每年担负，不下二百数十万元，尤有减免之必要，庶于国税商情，双方兼顾，此各业之转请赐予设法维持者。

一

（乙）关于请求准将所得税暂行条例及其施行细则，酌予修改之意见。

（子）暂行条例第三条，对于第一类营利所得，系以利息五厘为起征点，范围未免过严，而所定税率，仅分五级，每级累进课税，除第一级与第二级相去千分之十外，第二级起至第五级止，每级增税千分之二十，其距离亦似觉过大，且系采用全额累进制，与第二类，薪给所得之采用超额累进制，两相比较，更觉有失公平，应请准将第一类甲乙两项营利所得，改从合资本实额百分之五，提高至百分之十为起征点，级数酌为加增，距离分别缩短，一律采用超额累进制，并请准字总结束后，即民国二十六年二月十一日起征税，以示宽大，而恤商艰，此各业之转请赐予设法维持者。

二

（丑）暂行条例第五条，对于第二类薪给所得，系以每月所得满三十元为起征点，此种规定，似觉过低，缘我国大家庭制度迄犹盛行，以现在生活程度日高，无论都市平民，其每月所得之仅有此数者，不能谋一家之温饱，即使所得能至百元以上者，又何足以资事畜。是以欧美各国，对于家庭生活负担，曾有免税之规定，此项良税，足资取法，值我国财政艰绌，开办之初，固难遂议及此，而对于课税方式，似不妨从宽厘定，应请改从五十元为起征点，并请酌加级数，缩短距离，以昭公允，此各业之转请赐予设法维持者。

三

（寅）施行细则第七条第二项，有公积金者，得按其总额，以三分之一并入资本计算，似此规定，殊与商情不合，而办法实欠允当。盖以此项公积金，系将各股东应分之利益，而提存于公司或商店，以供周转运用之需，借以增加其资力，与投入之资本，原属无异，且资力既已增加，不惟营利事业之基础，且臻稳固，而因以增进其收益，于税收方面，亦并无不利，准情酌理，应请准其全数，并入资本计算，以期两有所全，此各业之转请赐予设法维持者。

四

（丙）关于请求准将第一类营利事业所得税征收须知草案，酌予修改之意见。

（卯）征收须知草案第五内载，施行细则第七条二项所称之公积金，以依法令所规定之公积金为限，照此解释，似与细则原条文之本旨不符，查原条文所称有公积金者，本已包含非公司之其他组织在内，并未加以限制，应请准予删除“以法令所规定之公积金为限”一语，另行厘定宽大条文，俾无论公司行号，凡系提存公积金或盈余滚存，其性质与公积金相类者，均得以公积金论，一律准其并入资本计算，以顺商情，此各业之转请赐予设法维持者。

五

（辰）征收须知草案第十二条，列举不能认为营业上之必要合理费用及损耗，计有七款，兹将其请求准予作正式开支之理由，分述如下。

第一款，为资本之利息。

查此项利息，即商店之所谓官利，按之商场习惯，实属正当开支，其利率通常在一分以下，为数亦属有限，且为各股东最低限度之收益，今若认为不合理之费用，未免令股东失望，合资营业，更受影响，此各业之转请赐予设法维持者。

六

第二款，为经协理及其使用人所摊分之利益。

查此项利益，即系各工厂商店，于每年终提给店伙工友之一种奖励金，例应作为正式开支，缘奖励金之作用，系为鼓励各伙友，增进工作之效率及酬其终岁之勤劳起见，盖以工作效率，既已增进，营利事业，乃得发展，则全年之收益必巨，纳税之能力自增，既有益于商情，并无损乎国税，此各业之转请赐予设法维持者。

七

第三款，为自由之捐赠。

查捐赠原属两种，凡用于地方公益，或慈善事业者为捐，如年来购机祝寿捐款，慰劳绥军捐款，贡献一日所得捐款，以及各种赈灾捐款，皆是，惟此项捐款，多系采用摊认办法，故虽名为自由捐助，实则含有强制性质，而论其功用，又莫非营利事业者，为保存商誉之必要之支出。至论赠款，则系对于使用人在营业上有特殊劳绩及服务年久之关系，遇有疾病伤亡等事故，其临时支出赠予金，此固为雇用机关之自由赠款，亦无非为过去劳务之报酬。是捐赠两项，胥与业务有关，而直接间接均有增加营业收益之可能，且就赠款一项言之，在支款人方面，虽因作为业务费用而免纳所得税，而在收款人方面，仍须按报酬所得而照缴其税，于税收固无碍也，此各业之转请赐予设法维持者。

八

第四款，为营业上扩充或改革设备之费用。

查当此商业竞争时代，关于营业上之力谋扩充，及设备上之力求改进，洵为切要办法，尤属正当开支，盖以通商巨埠，为中外互市之区，设不如此，实不足以角胜商场，匪惟无利可图，且恐影响所及，将有陷于难以支持之势，其关系于工商业者，诚非浅鲜，此各业之转请赐予设法维持者。

九

第五款，为房屋工厂、仓库机械、工具器具及船舶等之修理费用。

查此款与第四款所列，同属工商业者为求业务之日有进步，万不可减少之开支，虽有改革与修理之分,究不能概认为足以增加其原有价值。例如普通商店,因其所租铺屋之门面过于简陋,不足以招徕顾客,特予装修,皆为事所恒有,则此项费用虽曰与营利之效用有关,然不能取偿于业主,亦与支销无异,且系临时特别支出,并非经常用款,亦非每个公司行号均有此项支销,似应请从宽规定,以昭平允,此各业之转请赐予设法维持者。

十

第六款,为经营本业及附业以外之损失。

查此条文义,既已说明为经营本业及附业矣,而又加“以外”二字,是否指于附业之外,还营有其他附业者而言,设系如此解释,则凡属兼营其他业务者,如有所得,当然依率课税,设不幸而有所损失,即认为不合理之损耗,而于计算纯益时,将其剔除,似非情理之平,此各业之转请赐予设法维持者。

十一

第七款,为水火风暴之损失,受有保险赔偿金之部分。

查此条意义,系以为水火风暴之损失,本属合理之支销,可以列入损益计算书中,惟已受有保险赔偿金之部分者,应于计算纯益时,将其剔除,理论虽觉近是,而按之实际情形,殊欠允当,盖保险之家,为减少保费计,多有保未足额者,而发生损失之后,即使全部受有赔偿金,固已得不偿失,今于仅受有赔偿金之一部分者,必须列入收益,而令其纳税,至其他部分之无所取偿者,即任其终于受损,而不准为之弥补,似觉有失公平,此各业之转请赐予设法维持者。

十二

(巳)征收须知草案第十五条,对于上年度营业之亏损,不得列入本年度计算。此项规定,不惟与现行公司法一七一条“弥补损失”之文义相抵触,即与所得税,就能力纳税之原则,亦有未符,且查欧美各国所定税制,关于营业人历届之亏损,均有准其在本年盈余内,照数扣除,然后依其纯益,计算课税者,盖一以维护商业,一以培养税源,法至善也。我国推行此税,似须酌予采用,以示宽大,应请准将此条删去或另行规定,使无论公司行号,其应纳之所得税,须自实有所得之日起征,例如甲年度之有亏损,须将乙年度之盈余弥补之,设乙年之盈余不敷弥补其亏损时,则必俟至丙年或丁年之获有余利年份,照数补足后,再行依率课税。如能照此办法,庶商业得有发展之机,而税收可达踊跃之望,此各业之转请赐予设法维持者。

十三

(午)征收须知草案第十八条,因实地盘存所生之消耗,不得超过账面盘存数额 5%。

查第十七条,既有得酌量减低其估价之规定,而本条,又复加以限制,匪惟于商情不便,而事实上亦属难行,盖商人盘存货物时,有将货值,根据原进价格或比例时价,盘存至十之八九折,甚至六七折不等,揆其用意,一方面增厚本身事业之基础,一方面防范未来时价之降落,不致因此遭受降落价格之损害,已为一般商店之心理及习惯,若实地盘存不得超过账面盘存额数 5%,则限制过严,将使征收人员感于条文限度之拘束,而发生困难,势必经过审查委员会之仲裁,方能决定其纯益额,似此多费手续,双方不便,不如请将此项条文改为实地盘存所生之消耗,不得超过账面盘存数额,自百分之几起,至百分之几止,俾征收人员,得有伸缩审查之余地,如实际上,纳税商号与征收人员仍有争执时,再经审查委员会之仲裁,亦觉易于解决矣,此各业之转请赐予设法维持者。

十四

以上所陈,系就各业公会提出之意见,分条缕列,实有转恳俯赐采纳之必要,理合具文呈请钧部鉴核施行。

(《汉口商业月刊》新1卷第11期)

5.粤洋米进口免税影响农商,鄂商会请中央收回成命

(1937年4月12日)

【汉口十一日中央社电】湖北全省商联会,汉口市商会及各团体,十一日联电中央,请制止洋米免税进口,原电云,行政院代理院长王,财政部代部长邹,实业部长吴钧鉴,切上年华中丰收,农村破产,渐臻恢复,各省稍见繁荣,最近因洋米免税入粤,舆论哗然,佥以我国系以农立国,百业工商咸以农是赖,自应深切研究,谨将见闻确情,电呈于下,以备采纳。

一、四省余粮,足供粤省需要,察湘、鄂、皖、赣余粮,据最近确实估计,湖南存米二百五十万担,湖北存米二百万担,江西存米二百万担,安徽存米二百五十万担,乡村尚有存积,在就现在粤省需米实际,只缺两百万包,长沙各团体庚(八日)电已证明矣,非特绰绰有余,即于过去宜传米荒最甚,运输极感困难之时,亦未见匮乏,则目下运输畅远,决可更无不足之虑。

二、粤省实非米荒,而在米贵,一因毫币低落,二因过去运输阻滞,况一、二、三月各省运粤国米,已超一百八十万包,合市担二百二十万担,市价渐平,嗣后只需国米源源供给,币制管理提高,洋米进口却非必要,至因洋米免税进口,形成农商凋敝,影响实非浅鲜,中央高瞻远瞩,定能烛照,伏请俯颐舆情,垂念民疾,毅然收回成命,以恤农商,而固国本,不胜迫切待命之至,湖北全省商会联合会率全省各县商会,汉口市商会率各市同业公会、武昌商会、汉阳商会、汉口市各区农会同叩真(十一日)印。

【南京十一日中央社电】中委俭实次程天固,奉命赴粤,解决粤省粮食根本办法,并至琼崖发展树胶等专业,程已在粤事陵,并在桂两湖赣等省视察各省事业建设,约两月后方返京,程于十一日晨出京赴沪,候轮南下。

(《益世报》)

6.国民经济建设运动委员会总会训令中国国货联合营业股份有限公司

(1937年4月15日)

案据中国国货联合营业股份有限公司筹备委员会秘书处转呈汉口市商会二十六年四月七日函称:查关于中国国货联合营业股份有限公司招股一案,前奉大会函发招股简章并奉汉口市政府转令敝会速为招募股款。等因,奉此。当即分转各国货公司工厂查照,一面由汉口市政府召集各公司厂商分别认股并议定各将股款交由敝会代收转解各在案。嗣经复兴、裕华公司等

十五处先后认定入股数额,惟现据照缴认股证据金者仅有复兴实业公司、裕华纺织公司、大成纺织第四厂、大冶利华煤矿公司、机器染厂营业联合处内隆昌、福兴两厂、南洋烟草公司、应城石膏公司、源华煤矿公司,共计九处,共计国币五百二十五元。兹已由中国银行先行电汇尊处,即希查收登记是荷。至其他各公司工厂,现已分别催缴,一俟认股证据金交到,再行续缴,合并陈明。等情,到会。连同认股证据金先后两次电汇复兴实业公司等九户共法币一万一千元,并附缴甲种认股书九纸。据此,查该公司第一期应募股份二千股,业经认募足额,该商会所请认股一节,按照公司章程第八条之规定,应予由官股拨让。仰即在本会前由中国银行汇发官股二十五万八千五百元内扣拨,并将该项股款收据依据认股书所列款目先行开具(内一股尚未据报),径寄该商会转发,合行检同该项认股书,令仰遵照办理。此令。

(《实业公报》第332期)

7.四省商会代表今开所得税研究会

(1937年4月16日)

到四省商会代表卅余人,汉各业公会主席亦参加。汉商会发起召集之粤、湘、赣、鄂四省商会代表所得税研究会,将于今日上午十一时举行,四省出席代表三十余人,以湖北江西两省人数较多。湘粤两省寥寥无几,湖南广东两省全省商联会,甚且无人出席。昨日继续报到者有广州市商会代表毛少植、赵燮辰,衡阳县商会代表欧炳堃,武昌商会左仁亲、苏时昌、易兰生、胡树楠、陈善长,汉阳县商会周文轩、萧登云、陈吉安、潘明安,因此邀请各同业公会主席参加观礼。此会之目的,表面似在研究所得税,实际上恐不止此,即据汉商会委员表示,拟将滞碍难行之处,提请政府体恤商艰,加以改正,即可知此会之用费矣。同时对于所得税第一类营利事业征收须知草案,亦有所商讨,但其他各界均不拟出席,湖北省所得税办事处专员宁恩承,认为此会并无若干意义,将来研究恐亦无良好结果,盖汉市商会前次呈请财部关于所得税各点,事前均未曾对所得税条例,细加研究,认识不足,词不达意,前后矛盾,贸然从事。汉商会主席黄文植,诚恐商人不明条例,昨日特亲访宁恩承,希望在研究会中,宁氏出席指导,以免误会。昨据宁恩承称,所得税施行以来,暂行条例及施行细则,均经立法院通过,不能更改。申报资本,亦已展至本年三月底为止。现在晋桂冀察及各省,均认所得税为官税,且为非常时期之财政基础,均无异议。粤、湘、赣、鄂四省商会中,不乏明达之士,自不应要求展缓实施。若以体恤商艰为理由,根本不能成立。商人若因艰难,即无纳所得税之义务,此点财政户批"应毋庸议"。其次,汉商会请求将所得税暂行条例及施行细则酌予修改,财部亦以事关变更法令,未便照准。此外,汉商会对第一类营利事业所得税征收须知草案提出意见,其中二点财部早已参酌条文,其余均据□批驳。总之,汉商会对请求修改所得税各点,未经一番详细研究功夫,诚属可惜云云。又四省商会代表在汉举行所得税研究会,曾由汉商会呈报市府,市府业已转呈省府鉴核,尚未奉到批示。惟闻官方对于此事认为商人开会研究所得税征收须知草案则可。另据一般观察,全国商联会对所得税已无甚意见,而汉市商会召集四省商会代表开会研究,似对中央税收原理尚未明了,且鄂省公务员、各银行、各纱厂、各煤矿公司,对所得税均已照章进行,并无提出异议。今汉商会若再召集研究会,徒引起已纳税者之怀疑,于国家整个财政前途实有不良好之印象,此点尤望商会负责诸君加以注意云。

(《大光报》P106)

8.高秉坊召开税务会议

(1937 年 4 月 20 日)

(汉口)汉商会召集之粤、湘、赣、鄂四省商会代表所得税研究会,连开四日,所有提案均研究完毕。定二十日闭幕,党政当局为重视中央税政,嘱汉商会速将结果呈报,免外方怀疑,影响国家财政政策。(十九日专电)

(《申报》)

9.实业部批原具呈人湖北武昌商会主席左仁亲等电恳制止湘民围筑天祜垸堵塞鄂属藕池各口水道由

(1937 年 4 月 25 日)

前据电呈,当经本部录呈行政院请与杨练文等一案并案讨论,兹奉行政院二十六年四月三日第一七七九号训令开:查兴修湖南天祜垸一案,前经召集该部及财政、内政两部,湖南、湖北两省政府并函邀全国经济委员会开会审查,兹据报告审查意见"天祜垸暂停修筑,应由中央主管水利机关依照整理江湖沿岸农田水利办法大纲第一条划定洞庭湖界限,以为沿湖土地放垦与否之根据,因天祜垸停筑而所受之损失,由湖南省政府呈请中央酌予补助"等语。核尚可行,应准照办。除电饬湖南省政府查照办理,并函请全国经济委员会查照办理及分行外,合行令仰该部知照。此令。等因,奉此。合行录案批示知照。此批。

部长　吴鼎昌

(《实业公报》第 329 期)

10.各商号货价毋庸由各业公会议定,市政府昨令商会知照

(1937 年 4 月 28 日)

汉口市政府昨发(咨字第一一四九号)调令各业同业公会,内开:查本市各业行规准则,前据本市各业行规审查委员会,拟定呈准施行有案。其第七条"凡本埠售卖货品,如经议定,划一价格者,各商店不得私自增减,规定各业公会,每根据该项原则,加入该业行规之内,呈准核准,划一货价通告遵守",用意在为整齐各业之步骤,俾免有滥价戕夺之情事。讵料施行以来,成效未睹,而流弊滋多,姑撮举其要就货物言之,虽属一种,而质料优劣、成本高低,各号不必尽同,其物应售某价,何时应涨,何时应落,惟各个商人,始能彻底明了。而斟酌损益,若由各该业公会代表议定,强制同一价格,无论如何,必难尽合各个商人之心理。现查各业议定价格,各该商号多不遵守,其原因即在于此,虽迭经各该公会,呈请依照行规罚办,终觉未洽商情,且亦不合营业自由之原则。再者本市市场情况,变动无常,货价涨落,要因时制宜,公会议价,手续似觉迟缓,决不能适合市场需要。物价当廉,固难应时而贬值,物件当贵,或反乘机以牟利,以致百物翔贵,生活高昂,尤其是各种日需之品,继续增高,市民感受痛苦尤深。再商号方面而言,货价过昂,则雇主购买力弱,甚至观望不前,市场必呈冷淡状况,货物必将停顿。资本大者,尚

可勉强挣扎,藏货待时,至如小本经营,利在周转灵活,一遇货流不畅,定将亏折不堪。本府根据以上两点,认为各业行规准则,第七条应予删去,此合各种货价,应由各业公司行号按照市情,随时规定发售,毋庸再由各业公会代为议定。除本市各业行规准则,第七条业予删去。凡各业行规类似规定条文,应候另案修正,并分别函令外,令仰该会知照,并转饬所属一体遵照云。

(《大光报》P214)

5 月

1.(汉口市商会)函各业公会转知粮食运销应令自由流通以谋调节

(1937 年 5 月 10 日)

敬启者:案奉汉口市政府二十六年三月十六日亨字第 1421 号训令内开:案奉湖北省政府二十六年三月三日省民三字第 39912 号训令开:案奉行政院二十六年二月十六日第 00888 号训令开:案据财政部二十六年二月六日第 2737 号呈称:案据粮食运销局局长郑宾照呈称:窃查国内粮食运销,应令自由流通,借使产销供求,得有自然调节。我国粮食生产及消费数量,虽无精确统计,盈绌与否,论据不一,然依实业部中央农业实验所、各省市地方政府,以及国内外农业专家之调查估计,除荒歉年份,产销当可自给,即有不足,差额甚微。惟查国外粮食之输入,二十年至二十四年之五年内,每年平均进口量米谷 21363906 市担,小麦 17267297 市担,面粉 3976887 市担,杂粮 136824 市担,四者合计,几达五千万市担。我国粮食生产及消费估计,既属可以自足,则国外粮食进口,乃竟若是之巨,本局缜密研究结果,除关于粮食生产品质之应求改进外,厥为粮食运销问题。概略分析,约有二端:(一)国内各省市地方政府擅行米禁,以致分配不均,失却盈虚调节之功能;(二)国外粮食商品化,品质齐一,运输便利,适于大宗购买。总言之,国内粮食失却自由流通,大宗购买不易,致使各方每多采购国外粮食,而国外粮食之易于输入,益使国内粮食深感无法运销。是以为统筹我国民食计,除就粮食生产求改进品质及增加产量外,当谋全国粮食自由流通以为供求盈虚之调节,借可抑制外国粮食进口,减低对外贸易入超。况各省市地方政府,每以粮价飞腾,禁止粮食出境,为本省民食计,自属无可厚非,但历次粮价飞腾,多半出于粮商之囤积居奇及投机操纵,各省市当局设于产销供求未作精密调查,徒依目前事实,适中粮商奸计,病国害农,莫此为甚!去年行政院鉴于各省禁止粮食运销出境之非是,明令颁布食粮调节暂行办法,高瞻远瞩,统盘筹划,惟是按诸事实,各省市地方政府复多阳奉阴违,或施行变相禁运办法,如安徽签发运出证等,致素以缺米昭著之广东省,迭请减免洋米入口税以济民食,本局职责所在,再四思维,拟请钧部鉴核转呈行政院,重申全国粮食应绝对自由流通之前令,严饬各地方政府不得禁止粮食运销出境及其他类似之限制,即使各省果有必须调节或禁运之事实,亦应事前咨商钧部协助办理,是否有当,理合备文呈请鉴核转呈,并乞指令祇遵,等情,到部。查全国粮食自由流通,早有成案可循,上年复奉钧院颁布粮食调节暂行办法,亦经通行各省市遵照在案,兹据该局长所称,各省市地方政府仍多阳奉阴违,或施行变相禁运办法,当此粤省迭告米荒之际,对于目前粮食运输,尤有绝对流通之必要,可否仰祈钧院准如该局长所请,再行严饬各地方政府一律遵照之处,理合据情陈请鉴核指令祗遵。等情,据此。查粮食在全国境内应听其自由流通,前经本院通令遵照有案,据呈前情,除指令并分令外,合再令仰该省政府切实遵照办理为要。等因,奉此。查粮食在全国境内应听其自由流通一案,前奉行政院令行到府,经以省民三字第 34628 号训令转饬所属遵照在案。兹奉前因,除分令外,合行令仰该市长遵照,并转饬所属遵照,此令。等因,查粮食在国境内应听其自由流通一案,前奉省政府令转到府业经饬知在卷。兹奉前因,除分令外,合行令仰该会知照,此令。等因,奉此。除分知外,相应录令函达,希即查照是盼。

此致

各业同业公会

汉口市商会启

3 月 19 日

(《汉口商业月刊》新 1 卷第 12 期)

2.(汉口市商会)函各业公会转知输印植物苗种应严格按照规定办理

(1937 年 5 月 10 日)

敬启者,案准实业部汉口商品检验局本年四月十日常字第 7616 号公函开:案奉实业部二十六年四月一日商字第 53115 号训令开:准外交部咨开:准英大使许阁森照称:奉本国外部大臣训令:嘱代印度政府达请贵部长,烦将下列各节转知中国政府主管机关查照,缘由植物及苗种数批由外输入印度境内,或无卫生证书,或虽有证书,但与二十六年七月二十日印度管理教育卫生土地事宜局所颁公告内第三项规定卫生证书之程式不符,印度政府虽已表示对于该公告内之各项规定定须严重遵守,惟以有关方面必需颇久时日方能得悉规定之内容,故决定对于植物及苗种入印,截至本年一月三十一日止未携带合于规定程式卫生证者,可于熏蒸后,由印度卸货口岸之海关放行,其在该日以后,则必须严格按照规定办理,印度政府并于上年十二月十五日将此事登报发表矣。相应照达,即希查照办理。等因。相应抄录洋文来照,并检同附送令文咨请贵部查照可也。等由,附抄英使来照暨印度政府命令各一件,除咨复并分行外,合行抄发原附件令仰知照,并转行当地有关输出商知照,此令。等因,附送英使来照,暨印度政府命令各一件。奉此,相应抄同原附件函请查照,并转行有关输出商知照为荷。等因,到会。除将英文附件存查外,用特录函转请贵公会查照。顺颂。时绥。

汉口市商会启

4 月 17 日

(《汉口商业月刊》新 1 卷第 12 期)

3.建厅令运越滇货品应注意改正事项

(1937 年 5 月 10 日)

建设厅案呈实业部二十六年四月一日第 19022 号训令开:案准外交部二十六年三月十五

日国字 2166 号咨开:据河内总领事馆呈称:查(一)现在我国实业并不十分发达,在我国自制货物内,有时不能不采本国所无之外国原料。惟因该原料上印有"在某国制造"之字样,以致越南海关时常因此发生麻烦。如去年上海商务印书馆运至云南自制风琴,因钢簧上有"德国制"字样,海关不允作为华货,坚持须作别国货上税。又如滇商张绍曾前向江苏省立农具制造所购运至滇之十二匹高压力柴油引擎机三部,内有细件亦系购自德国,字迹未去,越关亦须全部作为外国货上税,有法领事之签证亦难生效。(二)我国新出之各种化妆品,如孩儿面、花露水等,所用原料虽完全为我国出产,但商人因欲迎合顾客心理,一切装潢标题处处仿照洋货,即使"在中国制造"之中洋文字样,亦不书写,越关不知底蕴,均以外国货上税。(三)至于完全外国出产之货物加以装潢包扎,充作华货运往越南,越关终须照外国货上税,例如五洲药房所出之鱼肝油,因鱼肝油均为挪威出产,不独我国所无,即法国亦无此产。关于此种情形,与海关发生之争执,不一而足,希望我国商人注意及此,自动予以更改。如对于运销南洋尤其是越南一带之我国货物,若其中一部分原料须用外国出产者,务希转知原出品厂商,切勿印有"在某国制造"字样。再运云南之化妆品,均应注明"在中国制造"字样,庶海关易于鉴别,争执自可减少,至于改头换面之外国货物如鱼肝油等,因我国并无此项出产,自难责人以国货上税。等情到部,相应咨请贵部查照,转饬各地商会转知各厂商予以注意并改正为荷。等由,准此。除咨复暨分行外,合行令仰该厅遵照转饬所属各商会转知各厂商注意并改正为要。等因,到府。除分令湖北全省商会联合会外,合行令仰知照,并转饬各厂商注意改正为要。

4 月 12 日

(《汉口商业月刊》新 1 卷第 12 期)

4.粤、湘、赣、鄂四省商会代表所得税研究会特辑

(1937 年 5 月 10 日)

自中央财部颁布所得税各项法规并定期征收后,各地先后设会研究以及呈请修改者颇多,商界方面,如上海市商会组织之所得税研究会,定期为六个月,且经组织专门委员会,作分类之讨论。盖税制之颁定,事关国家永久立法,稍或窒碍,亦即影响国民之生计至巨,故必多方审慎,庶臻尽善,而便推行者。此次粤、湘、赣、鄂四省商会,因同感所得税之举办,关切工商之前途尤密,缘取上海市商会办法,乃推遣代表来汉,组织所得税研究会,假本会大礼堂为会场,自四月十六日至十九日,举行研究会议凡六次,参加之代表凡三十六人,按程讨论,不厌其详。实纯以拥护国家立法之旨趣,研究公平合理之征收,冀贡刍荛,备政府参酌采纳也。兹特将该会会议经过情形,并呈院部原文,分项辑载于后,洵亦今日之大事记也。

一、会议经过

开幕典礼

粤、湘、赣、鄂四省商会代表所得税研究会,于四月十六日上午十时在汉口市商会大礼堂举行开幕典礼。计各省出席代表:广东省商联毛少植、赵燮辰,广州市商会黄兴亚,长沙黄伯常、陈槛生、王葭生,常德王新民,衡阳欧柄堃,江西省商联王明选、漆履堂、陆期然、曾章桂,南昌市商会余建丞、胡敏伯、周子实、徐少相,又钱业万竹村、陈希陶,湖北省商联苏汰余、朱松珊、陈吉

安、徐莲甫、易宝臣，武昌商会左仁亲、苏时昌、易兰生、胡树楠、陈善长，汉阳商会周文轩、萧登云、潘明安，汉口市商会黄文植、贺衡夫、陈经畬、曹延祥、余蓉樵等 36 人。列席者：汉商会常委高伯常、何文炳。参加者：计本市各业公会主席一百余人，会计师雷迅。秘书长郭肇璜，秘书陈叔瑞。财政部所得税驻鄂办事处处长宁恩承亦出席参加，十一句钟振铃开会，由孤儿院铜乐队奏乐毕，即公推毛少植（粤）、黄伯常（湘）、王明选（赣）、苏汰余（鄂）、黄文植（鄂）为大会主席团，并推黄文植为总主席。

行礼如仪后，即由黄文植报告开会意义，略谓：今日为粤、湘、赣、鄂四省商会联席会议，研究所得税问题，我们开会的意义，第一是要拥护中央实行所得税，即因为所得税，实为现行之良税，此种新税之特征，在能注意经济能力，而按照所得额的多寡，用累进法以定课税的多寡，适合公平合理的原则，所以凡属商人，均当拥护。但当此创办之初，中央于所得税之章则厘定，虽经集合多数专家审慎从事，但千虑一失，此次中央所颁之各项条例细则，或许因为耳目难周，仍有于商场不甚便利之处，故须加以研究，请求政府能体察商场之艰苦及实况，酌为采纳改善。这就是我们四省商人发起组织研究会，拥护政府财政立法之真义。至于此会议发起，缘上月四省特产展览会，在广东开会时，适见江浙两省在上海成立所得税研究会，并且规定研究期间为六个月，同时政府一秉宽大为怀之旨，听许商人贡献研究意见，真至足钦佩。不过上海之研究会，参加者仅江浙两省，因此当日参加四省特产会之各省代表，乃同感所得税研究会有组织之必要。关于开会地点问题，因各省市代表，以汉口交通较为便利，故主张在汉开会。再者，兄弟觉得四省商界同人，今日在此开会，诚为难得之机会，希望四省同人暨武汉商人，除研究所得税征收须知草案外，并尽量地提倡国货。盖提倡国货，就是提倡工商业，调剂农村，复兴中华民族的唯一步骤。诸君爱护国家素具热忱，当必赞许云云。旋由财政部驻鄂所得税办事处处长宁恩承致词，旋各省代表相继登坛致词，均于此次所得税研究会意义有淋漓详尽之演说，至正午十二时乃休会。

第一次会议：十六日午后二时半开第一次研究会，计出席代表：王明选、王新民、曹延祥、陈希陶、余建丞、徐少相、漆履堂、陆期然、曾章桂、左仁亲、胡树楠、陈善长、易兰生、苏时昌、朱松珊、易宝臣、徐莲甫、陈吉安、苏汰余、余蓉樵、贺衡夫、陈经畬、欧柄堃、王葭生、黄文植、毛少植、赵燮辰、黄兴亚、周文轩、萧登云、潘明安、胡敏伯等三十二人。会计师雷迅。秘书长郭肇璜，秘书陈叔瑞。记录周善夫、丁隆昌。主席：王明选。

讨论事项：

一、每日开会时间应如何规定案。

决议：规定每日上午九时半至十一时半，下午二时至五时为会议时间，星期日不休会，逐条研究暂行条例细则及须知。

二、查本会所收到各方提案，数达一百二十余件，其内容意见相同者，拟请组织提案审查委员会，审查归并。

决议：通过。除主席团五代表为审查委员会当然委员外，并请各省加推代表一名，计推定赵燮辰（粤）、欧柄堃（湘）、余建丞（赣）、陈吉安（鄂）四代表参加审查。

审委会会议：十六日下午五时开提案审查委员会，计出席委员：毛少植、黄伯常、王明选、余建丞、欧柄堃、黄文植、赵燮辰。列席者：南昌商会代表徐少相，会计师雷迅，秘书长郭肇璜，秘书陈叔瑞。记录周善夫、丁隆昌。主席：毛少植。

讨论事项：

一、提案应如何归并案。

决议：请秘书处审查归并，分载议事日程。

第二次会议：十七日上午九时半开第二次研究会，计出席代表：王明选、王新民、曹延祥、陈希陶、余建丞、徐少相、漆履堂、陆期然、曾章桂、左仁亲、胡树楠、陈善长、易兰生、苏时昌、朱松珊、易宝臣、徐莲甫、陈吉安、苏汰余、余蓉樵、贺衡夫、陈经畬、欧柄堃、王葭生、黄文植、毛少植、赵燮辰、黄兴亚、周文轩、萧登云、潘明安、胡敏伯、黄伯常等三十三人。会计师雷迅，秘书长郭肇璜，秘书陈叔瑞。记录周善夫、丁隆昌。主席：黄伯常。

甲、报告事项：

（一）宣读十六日研究会决议案。

（二）报告审查会开会经过。

乙、讨论事项：

研究所得税暂行条例条文。

（一）第一条营利事业所得："甲：凡公司、商号、行栈、工厂或个人资本在二千元以上营利之所得。"

决议：呈请将"二千元以上"改为"五千元以上"。

（二）第一条第二类："证券存款所得，凡公债、公司债、股票及存款利息之所得。"

决议：呈请免征股票之所得税。

（三）第二条第二类子："每月平均不及三十元者。"

决议：呈请改为每月平均不及五十元者。

（四）第二条第三类丑："公务员及劳工之法定储蓄金。"

决议：呈请于"劳工"下增加"职员"二字。

（五）第二条第三类寅："教育慈善机关，或团体之基金存款。"

决议：呈请解释本条所载团体所指称之范围，是否凡属团体之基金存款，均应免税，并根据所得税暂行条例第二条：一、不以营利为目的之法人所得，免纳所得税一条之规定，请财政部将凡不以营利为目的之团体基金存款免税。

（六）关于第三条第一类甲乙两项所定之税率及分级办法，应如何请修正。

决议：本条规定之税率及级数，即提交审查会研究。

（七）关于第五条第二类所定之税率，应如何请修正。

决议：并第六案，即提交审查会研究。

（八）第六条第三类所定应课之税率为千分之五十。

决议：呈请按照部令，改为千分之四十。

（九）第十二条："主管征收机关，对于所得额之报告，发现有虚伪隐匿或逾限未报者，得径行决定其所得额。"

决议：呈请于末句"得"字下加"会同审查委员会"七字，并删除"径行"二字。

（十）第十七条第二项："审查委员会设委员三人至七人，为无给职，由财政部于当地公务员，公正人士及职业团体职员中聘定之，任期三年。"

决议：呈请财政部于设置审查委员会时，多聘任工商业团体职员为委员。

(十一)第十八条:“不依期报告或怠于报告者,主管征收机关,得科以二十元以下之罚款。”

决议:呈请将末句改为“科以十元以下之罚款”。

(十二)第十九条:“隐匿不报或为虚伪之报告者,除科以二十元以下之罚款外,并得移请法院,科以漏税额二倍以上五倍以下之罚金,其情节重大者,得并科一年以下有期徒刑或拘役。”

决议:呈请将原条“二十元以下”改“十元以下”,“二倍以上五倍以下之罚金”改“一倍以上三倍以下之罚金”,并请将“其情节重大者,得并科一年以下有期徒刑或拘役”二句删除。

(十三)第二十条:“纳税义务者或扣缴所得税者,不依期限缴纳税款,主管征收机关得移请法院追缴,并依下列规定处罚之。1.欠缴税额全部或一部,逾三个月者,科以所欠金额30%以下之罚金。2.欠缴税额全部或一部,逾六个月者,科以所欠金额60%以下之罚金。3.欠缴税额全部或一部逾九个月者,科以所欠金额一倍以下之罚金。”

决议:呈请将欠缴逾三个月者,改科以所欠金额15%以下之罚金,欠缴逾六个月者,改科以所欠金额30%以下之罚金,欠缴逾九个月者,改科以所欠金额二分之一以下之罚金。

第三次会议:十七日下午二时半,开第三次研究会,计出席代表:王葭生、黄伯常、陈槛生、王新民、易宝臣、徐莲甫、苏汰余、朱松珊、陈善长、苏时昌、周文轩、王明选、曾章桂、漆履堂、余建丞、胡敏伯、陈希陶、徐少相、欧柄堃、易兰生、毛少植、赵燮辰、黄兴亚、陆期然、陈吉安、萧登云、潘明安、黄文植、余蓉樵等二十九人。会计师雷迅,秘书长郭肇璜,秘书陈叔瑞。记录周善夫、丁隆昌。主席:黄伯常。

讨论事项:

研究所得税暂行条例施行细则。

(一)第七条第二项:“有公积金者,得按其总额以三分之一,并入资本计算。”

决议:呈请准改以全部公积金,并入资本计算。

(二)第八条第一类:“甲乙两项营利事业之所得,得依各业习惯,每年结算一次,其不满一年者,就其营业期间之所得,计算课税。”

决议:呈请于“依各业习惯每年”下加“或三年”三字。

(三)第二十六条第一项:“第一类甲乙两项,纳税期限,应依各业每年之结算期,于每年三月一日起,至五月末日止,或八月一日起,至十月末日止,一次缴纳之,丙项所得,于结算申报时缴纳。”

决议:呈请于“应依各业每年”下加“或三年”三字,又“于每年三月一日起”句中之“每”字,请改“该”字。

(四)第三十四条第二项:“申报人对于前项要求怠不履行时,当地主管征收机关,得依调查,或其他方法,径行决定其所得额及纳税额,并通知之。”

决议:呈请于“得依调查”句中“得”字下加“会同审查委员会”七字,“依”字删除,“径行决定”之“径行”二字亦请删除。

(五)第四十二条:“申报人对于明知不实之所得额,故为申报者,除依暂行条例第十九条罚款或论罪外,其有触犯刑法伪造文书罪之情形者,主管征收机关,并应报请法院法办。”

决议:呈请将“依暂行条例第十九条罚款或论罪外”句中之“或论罪”三字删除。

研究第一类营利事业所得税征收须知。

（一）第十三项下半段："至公积金已达资本总额二分之一者，其所提之公积金，不得作为法定公积金。"

决议：此下半段之规定，因与公司法相抵触，应请完全删除。

（二）第十四项："下列各款，不能认为营业上之必要合理费用及损耗，如纳税义务者，列入损费项下，应于计算纯益时，将其剔除。"

决议：此条所列七款应交审查会研究。

第四次会议：十八日上午九时半，开第四次研究会，计出席代表：朱松珊、曹延祥、曾章桂、王明选、左仁亲、黄文植、贺衡夫、王葭生、黄伯常、陈槛生、欧柄堃、萧登云、余建丞、漆履堂、胡敏伯、陈希陶、徐少相、毛少植、赵燮辰、黄兴亚、余蓉樵、徐莲甫、陈经畬、苏汰余、易宝臣、王新民、陈吉安、陆期然、周文轩等二十九人。会计师雷迅，秘书长郭肇璜，秘书陈叔瑞。记录周善夫、丁隆昌。主席：毛少植。

甲、报告事项：

一、宣读十七日第二次第三次研究决议案。

乙、讨论事项：

研究第一类营利事业所得税征收须知。

一、第十七项："上年度营业之亏损，不得列入本年度计算。"

决议：请求将"不"字删除。

二、第二十五项："第一类甲乙两项纳税义务者，遇主管征收机关调查或复查时，未能提出该营业年度，或前二年度营业上，各种必要账簿文据者，主管征收机关，得径行决定其资本额所得额及其应纳税额。"

决议：下半段"主管征收机关等"下请加"会同审查委员会"七字，并将"径行"二字删除。

第五次会议：十八日下午二时半，开第五次会议，计出席代表：王新民、苏时昌、徐少相、徐莲甫、易宝臣、王葭生、陈槛生、黄伯常、欧柄堃、周文轩、左仁亲、胡树楠、毛少植、赵燮辰、易兰生、朱松珊、黄文植、陈吉安、苏汰余、陆期然、余建丞、胡敏伯、陈希陶、王明选、余蓉樵、陈经畬、贺衡夫、潘明安、曾章桂等二十九人。会计师雷迅，秘书长郭肇璜，秘书陈叔瑞。记录周善夫、丁隆昌。主席：毛少植。

讨论事项：

研究第一类营利事业所得税征收须知，所附资产估价方法条文：

一、第七项："纳税义务者，对于估价不能提出确实证明文件时，主管征收机关得径行估定其价额。"

决议：请于"主管征收机关得"之下加"会同审查委员会"七字，并将"径行"二字删除。

二、第八项："因加工改良，或改造修理，而增加资产之原有价值或效用者，其支出之费用，应加入原价计算。"

决议：请将"而增加资产之原有价值"下之"或效用"三字删除。

研究第二类薪给报酬所得税征收须知：

一、第十二项最末句："其所得实额不满三十元者免税。"

决议：请将"三十元"改为"五十元"。

研究第三类证券存款所得税征收须知：

一、第二项："股票利息，以股份有限公司及股份两合公司之股息为限。"

决议：根据十七日第二次会议议决，"呈请免征股票之所得税"，请求将本项完全删除。

二、第四项："银钱业之放款及银钱业同业间，或其本分支店间之往来款项，其所生之利息，应归入营业收益项下计算，毋须由支付利息机关，代为扣缴所得税。"

决议：本项请求改为"银钱业及其他营利事业之放款，或往来款项，其所生之利息，应归入营业收益项下计算，毋须由支付利息机关代为扣缴所得税"，以示与银钱业享受同等待遇。

三、第五项："银钱业外其他营利事业，本店与分支店之资本及营业，非完全独立者，其本分支店间往来款项之利息，准用前项规定。"

决议：根据呈请修改上一项之决议，本项亦应请完全删除。

四、第二十项："股份有限公司之董事或股份两合公司之无限责任股东，应于每届发给股息时，在所付息金总额内，先扣千分之五十所得税款，缴送当地中央银行，或其所委托之代收税款机关，掣取收据，并填具第三类丙种所得额报告表，报告当地主管征收机关。"

决议：根据第二次会议第二案"请免征股票之所得税"之决议，本项应请完全删除。

五、第二十一项："收受存款之行号，应于每次结算利息时，在息金内先扣千分之五十所得税款，缴送当地中央银行，或其所委托之代收税款机关掣取收据，并填具第三类丁种所得额报告表，报告当地主管征收机关。"

决议：呈请将"千分之五十"，改为"千分之四十"。

六、第二十三项："扣缴公司债息股息之机关。"

决议：根据免征股票所得税之请求，本项"股息"二字应请删除。

临时动议：

一、请将十七日第三次会议，决议之"所得税第一类征收须知十四项所列各款，不能认为营业上之必要合理费用及损耗，交审查会研究"一案，重付研究。

决议：呈请将该项第一、第二、第四、第五各款列为营业上之必要合理费用及损耗，并请将本项条文中该四款删除。

第六次会议：十九日上午九时半，开第六次研究会，计出席代表：毛少植、赵燮辰、黄文植、苏汰余、曹延祥、陈经畬、陈吉安、贺衡夫、王明选、曾章桂、陆期然、漆履堂、余蓉樵、朱松珊、余建丞、陈希陶、胡敏伯、徐少相、易宝臣、王葭生、陈槛生、黄伯常、欧柄堃、左仁亲、胡树楠、易兰生、王新民、萧登云、陈善长、徐莲甫、潘明安等 31 人。会计师雷迅，秘书长郭肇璜，秘书陈叔瑞。记录周善夫、丁隆昌。主席：王明选。

甲、报告事项：

一、宣读 4 月 18 日上午第五次、下午第六次研究会记录：

乙、讨论事项：

一、审委会拟定所得税第一类甲乙两项所得，应课之税率分级表，应如何决定案。

(一)所得合资本实额 10%，未满 15%者，课税千分之三十。

(二)所得合资本实额 15%，未满 20%者，课税千分之三十五。

(三)所得合资本实额 20%，未满 25%者，课税千分之四十。

（四）所得合资本实额 25%，未满 30%者，课税千分之五十。

（五）所得合资本实额 30%，未满 35%者，课税千分之六十。

（六）所得合资本实额 35%，未满 40%者，课税千分之七十。

（七）所得合资本实额 40%，未满 45%者，课税千分之八十。

（八）所得合资本实额 45%，未满 50%者，课税千分之九十。

（九）所得合资本实额 50%以上，一律课税千分之一百。

决议：通过。请求财政部照拟表修正。

二、审委会拟定所得税第一类丙项所得，不能按资本实额计算者，依其所得额课税，其税率分级表，应如何决定案。

（一）所得在一百元以上，未满一千元者，课税千分之三十。

（二）所得在一千元以上，未满二千元者，课税千分之三十五。

（三）所得在二千元以上，未满三千元者，课税千分之四十。

（四）所得在三千元以上，未满四千元者，课税千分之四十五。

（五）所得在四千元以上，未满五千元者，课税千分之五十。

（六）所得在五千元以上，每增一千元之额，递加课税千分之十。

前项所得之课税，其最高税率，以千分之二百为限。

决议：通过。请求财政部照拟表修正。

三、审委会拟定所得税第二类所得应课之税率，应改为"每月平均所得，自五十元至六十元，每十元课税五分"，应如何决定案。

决议：通过。请求财政部照案修正。

讨论各省市提案：

一、请求将营利事业所得税，缓期起征共八案。

决议：请求于二十六年二月十一日以后起征。

二、请改正盘存之计算共七案。

决议：此案已奉财政部批令修正，应毋庸议。

三、请规定官息，为合理开支，共四案。

决议：通过。

四、请从宽拟定薪给报酬之所得，共七案。

决议：通过。

五、请改正纯益额计算，共四案。

决议：通过。

六、请免予重征营业产销等税，共九案。

决议：请求中央将地方之营业产销等税取消，并请划拨所得税一部分抵补之。

七、请改定第一类营利事业所得税征收须知第十四项附列各款为合理费用，共二十一案。

决议：通过。

八、请准将上年度亏损，在本年度纯益额内剔除，共六案。

决议：通过。

九、请重新规定所得税征收率，共十案。

决议:通过。

十、请免征往来款项之利息,共九案。

决议:通过。

十一、请准将合理预测之呆账损失在开支项下剔除,共五案。

决议:通过。

十二、请准将公积金全部并作资本计算,共四案。

决议:通过。

十三、请免予重征,减除苛细,共四案。

决议:照转。

十四、请从宽拟定罚则,共三案。

决议:修正通过。

十五、请改定资产估计方法,共二案。

决议:修正通过。

十六、请改善调查方法,共二案。

决议:修正通过。

十七、请重新规定折旧率,共二案。

决议:通过。

十八、请缓征所得税二案。

决议:保留。

十九、请改善申报手续一案。

决议:保留。

二十、请求改进审查委员会组织,共五案。

决议:修正通过。

二十一、请组设所得税评议委员会一案。

决议:保留。

二十二、请求免征资本薄弱之所得税一案。

决议:保留。

二十三、请求改善关于兼营业务之分计一案。

决议:修正通过。

二十四、请联合贫瘠省份,一致请求改进所得税征收一案。

决议:保留。

二十五、请责令外商一律遵缴所得税一案。

决议:照转。

二十六、请详加解释所得税施行细则第六条一案。

决议:通过。

二十七、请组织请愿团赴京案。

决议:如本次所请不得要领,再组织请愿团,赴京请愿。

二十八、请求修改所得税施行细则第二十二条及第一类征收须知第十八项之规定案。

决议:呈请财政部,准予所请实行。

临时动议:

一、此后应否组织研究委员会案。

决议:组织,并定名为:粤、湘、赣、鄂四省商会所得税研究委员会,以原有代表三十六人为委员,以原有主席团五人为常务委员。经费由常委会决定,归四省分担,并设秘书处。其职员人数及经费,由常委会办理,研究期间,暂定六个月,会址暂设湖北省商会联合会。

闭幕典礼

十九日下午一时举行闭幕典礼,出席全体代表,主席团:毛少植、黄伯常、王明选、苏汰余、黄文植。参加者:汉口市商会初级商业职业学校全体师生。由主席团公推黄文植为总主席,行礼如仪后,即由黄主席致词,略谓:各位代表,各位来宾,各位教师,各位同学,今天是粤、湘、赣、鄂四省商会所得税研究会行闭幕礼,我们此次研究的目的,一方面是拥护中央实行所得税,因为所得税是良税,有所得才纳税,无所得并不纳税,一方面是要所得税便利商人,但是中央颁布的条例中,也有些不便商人的地方,所以要研究,有研究就有贡献。盖此会代表在四省特产展览会聚合广东时候,因见上海市商会成立所得税研究会,期定六个月,集江浙两省商会,共一百二三十个单位,所以四省代表也要成立此研究会,大家都以为汉口交通便利,主张在此开研究会。这次经过四日之工夫,对于所得税各种条文,分门别类,详细研究,贡献意见很多,一方面整理税源,一方面将便利商人的意见,请求政府采纳,这是对于政府及商人均有利益的。但是将研究结果,用书面请求政府采纳之后,我们还是要本诸原来目的,就是一方面拥护中央实行所得税,一方面便利商人,刚才各代表决议,仍继续组织研究委员会,即是这个意思。今天本席是站在地主的地位,对于招待设备等不周到的地方,希望各位代表原谅!再敝会所办职业学校,本想造成商界新人才,或因办理不善,今幸各代表共聚一堂,请各位同学对各位代表致敬,同时还希望各位代表不吝珠玉,予以训示,俾得共同勉励,共同遵守。旋由各代表相继致词,并对全体学生勖勉有加,辞长不赘。至二时三十分,摄影散会。

二、呈院部文

呈为呈请事:窃查所得税之意义,系就人民之能力纳税,以公平合理为原则,以直接简便为依归,各国先行之税制,无不以此为主要之税收,盖以其最为合乎优良税制之条件也。我国税制,历代相因,截至今日止,其主要之税源,如关、盐、统税等,重重转嫁,弊窦丛生,亟须改正主观,得由转嫁而渐进于直接,以斩征收积弊之清肃,人民担负之减轻,则实行所得税为汲汲不可稍缓之一途也。惟是创办伊始,法制未备,论理与事实之悬隔,任何事业之创始,比比皆然,抑亦情势之不可避免者也。况所得税现已施行,旧税又依然存在,社会一般之观念,以为恶税未去,而良税加之,尤见重床叠架,繁扰不堪,故自所得税暂行条例及其施行细则,与夫各类征收须知,先后颁布以后,各省市商民,纷纷以力不能胜任为虑,盖以良税与恶税混为一谈也。属会同人有见及此,因乘前此参加粤、湘、赣、鄂特产展览会,在广州开会之便,发起组织,并自四月十六日起至十九日止,在汉口市商会集合研究,日无暇晷,其主要宗旨,在拥护所得税之实施,冀以研究所得,关于例则条文,有繁重重复之处,则拟呈请立法院予以修正,关于征收手续,有窒碍难行之处,则拟呈请财政部核准通融。至于商人之有怀疑误解者,则竭诚劝导,使其了然于非常时期之财政政策，得以推行尽利，稳固税源，总期民力国课，两能兼顾，此不惟四省商民之迫切要求，想亦政府乐闻此一得之愚见也。兹特将此次集会研究之结果，逐案附以理由，汇成意见，备文赍呈钧院部俯赐详察，分别核准修正施行，以利税制，以利推行，而保税源，而苏民困，实为公便。谨呈

附呈所得税研究意见

粤湘赣鄂四省商会代表所得税研究委员会

所得税意见

甲、关于研究税暂行条例之研究

一、请免征第一条第三类所列“股票”之所得税。

理由：查本条第一类甲，既已规定征收公司营利之所得，而此项又将公司之股票并入证券存款再征所得税，实嫌重复。在立法意义上，以为公司为营利法人，固应征税，而股票则属于个人所有，既有所得，亦应征税。实则公司组织与其他之法人不同，盖股东为公司组织之分子，公司所缴之税，即系征之于股东，两者均由资本产生，而为同一性质，自不应一税两征，故请将第三类项下“股票”二字删除，以免重征之弊。

二、请将第二条第二项子，改为“每月平均不及五十元者”。

理由：按现今生活程度，无论都市平民，以月入三十元者，而供给最简单之家庭，如夫妇二人之所需，已虞不足，遑论我国大家庭之制度，仍极盛行，更何足以维持温饱，即谓政府之课税甚微，而平民之力，实难胜任。况就事实言之，月得三十元者，每年课税六角，其申报、缴纳、登记与调查种种手续，缺一不可。平民所感之纷繁，可勿论矣，即政府因此多增劳费，所得将不偿所失矣。故请将本项免税额提高至五十元，则课税之范围缩小，调查费用减少，无繁复苛碎之弊，于国税民艰，双方均可兼顾。

三、请于第二条第三项丑所列“劳工”下增加“职员”二字。

理由：按储蓄原为社会最优良之制度，所以备为将来不时之需，或便于投放生产建设之途者，故各国于储金保险，多已规定其免税或减税，今本项规定，仅宽免公务员及劳工法定储蓄金之所得，独不及于公司行号之职员，诚有所失之偏袒，而不足以奖进一般人之储蓄，故请于本项劳工下增加“职员”二字，以昭公允。

四、请将第二条第三项寅，修改为“凡不以营利为目的之机关或团体基金存款”。

理由：查本条第一项，既已规定不以营利为目的之法人所得，免征所得税，而第三类寅，又限定教育慈善或团体之基金存款，则一般不以营利为目的之团体基金存款，仍须征税，实剥夺本条第一项规定之权利，而有理论上之缺憾，是允宜一并免税也。

五、请修正第三条第一类甲乙两项所得应课之税率分级如下：

（一）所得合资本10%，未满15%者，课税千分之三十。

（二）所得合资本15%，未满20%者，课税千分之三十五。

（三）所得合资本20%，未满25%者，课税千分之四十。

（四）所得合资本25%，未满30%者，课税千分之五十。

（五）所得合资本30%，未满35%者，课税千分之六十。

（六）所得合资本 35%，未满 40%者，课税千分之七十。

（七）所得合资本 40%，未满 45%者，课税千分之八十。

（八）所得合资本 45%，未满 50%者，课税千分之九十。

（九）所得合资本 50%以上，一律课税千分之一百。

理由：查所得税为世界通行之良税，其征收自应以公平合理为原则。而本条对于第一类甲乙两项之所得，系以五厘为起征点，范围未免过严。其所定税率，又仅分五级，每级累进课税，除第一级与第二级相去千分之十外，第二级起至第五级止，每级则增课千分之二十，其距离过大。于纳税义务者，既有畸轻畸重之感，且采用全额累进制，而增重商人所负之税额，故请将甲乙两项课税率，提高至合资本实额百分之十为起征点，并自所得合资实额百分之十，至百分之五十为八级，每级增税千分之五，至所得合资本实额百分之五十以上者，一律课以千分之一百，并一律改用超额累进制计算，庶符公平合理之纳税条件。

六、请修改第四条丙项所得，不能按资本计算者，依其所得额课税，其税率分级如下：

（一）所得在一百元以上，未满一千元者，课税千分之三十。

（二）所得在一千元以上，未满二千元者，课税千分之三十五。

（三）所得在二千元以上，未满三千元者，课税千分之四十。

（四）所得在三千元以上，未满四千元者，课税千分之四十五。

（五）所得在四千元以上，未满五千元者，课税千分之五十。

（六）所得在五千元以上者，每增一千元之额，递加课税千分之十。

前项所得之课税，其最高税率以千分之二百为限。

理由：查本条对于第一类所得，不能按资本额计算者，其税率仅分四级，其级与级间之距离，又分千分之十至千分之二十两种，距离太大，而中级所得者之负担，比较最重，为免除上项缺憾起见，故请将丙项所得之距离缩短，而分为六级，每级增税千分之五，一律采用超额累进制，以求公允易行也。

七、请将第五条第一项，改为“每月平均所得，自五十元至六十元者，每十元课税五分”。

理由：与第二条第二项子之申请者同。

八、请将第六条第三类所得应课之税率改为千分之四十。

理由：查本条规定之税率，已由上海银钱业同业公会请准，银钱业所收存款之利息，其税率改为千分之四十，但银钱业外，其他营利事业所收存入款项之利息，视同一律，应请准予援例改为千分之四十，以昭划一。

九、请于第十二条末句“得”字下加“会同审查委员会”七字，并删除“径行”二字。

理由：查本条规定主管征收机关，对于所得额之报告，发现有虚伪隐匿或逾限未报者，得径行决定其所得额，惟值此所得税创行伊始，商业情形又异常复杂，所得额之稽核更非容易，故为求处理手续之周密详备，在主管机关，遇有前项情事发生时，须会同审查委员会进行办理，方可以昭大公，而杜争议。

十、请依据第十七条第二项之规定，设置审查委员会时，多聘任当地工商职业团体职员为委员。

理由：查审查委员会之设立，原为确定权责之仲裁机关，惟因各地工商业实际情形与税法条文实多扞格不入之处，事属创举，势有必然，故为该项委员会之组织，促进人民与政府合作起见,应请于设立该项委员会时,多聘任当地工商职业团体职员为委员。

十一、请将第十八条末句,改为"得科以十元以下之罚款"。

理由:查本条规定不依期限报告或怠于报告者,得科以二十元以下之罚款。惟值此新税开征之初,征收手续,极为繁复,纳税义务者,既未十分了解,自不免有迟回审顾之虞,政府临民以公,似应本宽大之旨,从轻科罚,庶可敦进合作,推行尽利,故请于抵触上项规定者,改科以十元以下之罚款。

十二、请将第十九条原文规定之"二十元以下",改为"十元以下","二倍以上五倍以下之罚金",改为"一倍以上三倍以下之罚金",并将"其情节重大者,得并科一年以下有期徒刑或拘役"二句删除。

理由:查本条原文规定之各罚则,未免失之过严,请求改轻之理由,已于前条申述,兹不再赘。惟末段其情节重大者,得并科一年以下之有期徒刑或拘役,显与刑法相抵触。盖刑法对于人民犯罪之行为,分析极严,必不违反刑法,即不得为犯罪纳税义务者,希图避免纳税,苟已构成刑法上之犯罪行为,一经主管机关之察觉或告发,则法院自当科以应得之处分,似不应于税法罚则内,赘以科罪之条文,况"情节重大"四字过于抽象,不但在文字上不易解释其程度,且徒引起民间争议,想亦非政府之所乐闻,故请将下段原文删去。

十三、请将第二十条处罚之规定,修改如下:

(一)欠缴税额全部或一部,逾三个月者,科以所欠金额百分之十五以下之罚金。

(二)欠缴税额全部或一部,逾六个月者,科以所欠金额百分之三十以下之罚金。

(三)欠缴税额全部或一部,逾九个月者,科以所欠金额二分之一以下之罚金。

理由:与第十八条第十九条之申请相同。

乙、关于所得税暂行条例施行细则之研究

一、请将第七条第二项,改为"有公积金者得并入资本计算"。

理由:查公司或商店所提之公积金,要皆以股东应得之纯益,提存公司或商店之公积,以供运用之部分,其功用与实缴之资本无异,故公积愈多,则营业资金愈厚,营业所得之收益亦愈多。而税源亦得因之以拓展,今若限以三分之一,作为资本计算,将使公积多者,多纳税款,商民视提存公积为不利,势必日渐减少,其影响营业前途,实非浅鲜,故拟请从宽规定,改以全部公积金,并入资本计算。

二、请于第八条"得依各业习惯每年"下加"或三年"三字。

理由:查本条规定,对于甲乙两项营利事业之所得,依各业习惯,每年结算一次,实嫌呆板,毫无伸缩之余地。以吾国工商会计之陈旧简略,若一律以一年结算,强为限制,实多窒碍难行之处,盖吾国商场习惯,营业期限,大抵以三年为总结之期,故请增"或三年"三字于"每年"之下,以增强其弹性也。

三、请于第二十六条第一项,"应依各业每年"下加"或三年"三字,并将"每年三月一日起"句中之"每"字,改为"该"字。

理由:与第八条之申请者同。

四、请于第三十四条第二项"得依调查"句中"得"字下加"会同审查委员会"七字,"依"字删除,"径行决定"之"径行"二字,亦请删除。

理由:与暂行条例第十二条之申请相同。

五、请将第四十二条,“依暂行条例第十九条罚款或论罪外”句中之“或论罪”三字删除。

理由:“或论罪”三字,似为本条衍文,请求删去,所采理由与暂行条例第十九条之申请者相同。

丙、关于第一类营利事业所得税征收须知之研究

一、请将第十三项下半段,“至公积金已达资本总额二分之一者,其所提之公积金,不得作为法定公积金”之规定完全删除。

理由:查法定公积金,乃为法律所强迫提存,仅限以弥补亏损,故公司法规定,在公积金未达资本总额二分之一者,不得任意分派股息,其超过资本总额二分之一者,则容许其先派股息。但绝非限制其再提公积金,而本项下半段之原文,将其比附而为限制之规定,实违法意,故请将其完全删除,以符法法相乘之实。

二、请将第十四项第一、第二、第四、第五各款,列为营业上之必要合理费用及损耗,并请将本项条文中之该四款删除。

理由:

(一)资本之利息,即商业上之所谓官息。查此项官息,为吾国商业习惯上之正常开支,而合资商店,往往必订载于合同,盖商店之组织,无非资本与劳力之合成,劳力之雇员所得,按月均有薪工之报酬,而股东辛勤最低之收益,则为资本之利息,抑即恃此以为生活之资。今若不认此为合理费用,实剥夺股东之利益所望,则有资财者,将裹足于生产事业之投资,而竞相储存资金于银行以图利息,其影响工商业之发展,实非浅鲜,故请将资本利息,列为合理费用。

(二)股东、董事、监察人、经协理及其他使用人,所摊分之利益,查此项分摊之利益,应就纯益分配,有公司法专条之规定。而国内一般商店,因资力薄弱,平日对职工之薪给,多属至菲,逮年终稍给摊提之利益,实不啻资方予以劳力以不定额之薪金,原有奖励辛勤,而增进工作效率诸种意义在,实不能认此为非合理开支也。

(四)营业上扩充或改革设备之费用,足以增加其原有价值者,查原案所认为必要开支者,只包含维持费,未包含改进费,似未允当。盖值此工商业竞争日烈,外商对于业务上一切设备,力求刷新进展之时,我国工商,若仍固步自封,但以维持旧况为目的,则又将以角胜商场,故关于营业与设备上之扩充改进,洵为切要之图,故本类各项费用,应请改列为合理开支。

(五)房屋、工厂仓库、机械、工具及船舶等之修理费用,足以增加其原有之价值者,查本款与第四款所列,同属工商业者,为求生产事业之进展繁荣,本款各项费用,亦为事实上所必需,盖虽有改革与修理之分,究不能认为足以增加其原有价值。如染织工业所用之机器,米厂所用之马达,随时损毁,修理添配,每年为数不赀,然而此项机器或马达,其出品均有固定标准,绝不能认为因损毁之修理添配,即能改良扩充。又如商店铺面,或因简陋而加以装修,虽曰与营业之效用有关,但不能取偿于业主,亦与支销无异,凡此种种修配用费,皆系普通易见,而无法避免之损耗,故应请将本款各项费用改列为合理开支。

三、请将第十七项,“上年度营业之亏损,不得列入本年度计算”之“不”字删除。

理由:查上年度亏损不得列入本年度计算,此虽为截清年度起见,然实与现行公司法第一百七十一条“弥补损失”之法文相抵触,抑且违背所得税就能力纳税之原旨。查英国法制,六

年以内之亏损，准其在本年盈余内抵除，实为培养税源之唯一良法，且事实上若令商店于其所受之损失，无从弥补，转成讳莫如深，亦即无异奖励其掩饰亏耗，欺骗债权，终必演成商业信誉扫地无遗之恶果也。故应请将“不得列入本年度计算”之“不”字删除。

四、请将第二十五项下半段，“主管征收机关得”下增加“会同审查委员会”七字，并将“径行”二字删除。

理由：与暂行条例第十二条之申请者相同。

五、请于资产估计方法第七项，“主管征收机关得”下加“会同审查委员会”七字，并将“径行”二字删除。

理由：与暂行条例第十二条之申请者相同。

六、请将资产估计方法第八项，“增加原有价值”下之“或效用”三字删除。

理由：本项对于加工改良或改装修理，而增加资产之原有价值或效用者，“或效用”三字之规定，既失之抽象，且亦与事实不合。例如机器工具，因不能使用，始加修理，虽或效用增加，然实际上断不增加其价值，若于估价时，必将此项支出之费用，加入原值计算，而增加商人之税额负担，实不公允，故请将本项条文中“或效用”三字删除。

丁、关于第二类薪给报酬所得税征收须知之研究

一、请将第十二项末“其所得实额不满三十元者免税”之“三十元”三字，改为“五十元”。

理由：与暂行条例第二项子之申请者同。

戊、关于第三类证券存款所得税征收须知之研究

一、请将第二项，“股票利息”之规定完全删除。

理由：因请求免征暂行条例第一条第三类所列股票之所得税，已于该条详为说明，故本项规定应请完全删除。

二、请将第四项修改为“银钱业及其他营利事业之放款，或往来款项，其所生之利息，应归入营业收益项下计算，毋须由支付利息机关代为扣缴所得税”。

理由：查本项规定，仅以银钱业之放款，或其分支分店间之往来款项所生之利息为限，其他营利事业之商店不在其列，待遇两歧，颇欠公允。盖我国商场，以信用贷款为主体，故各业商店，大都以少数之资本，凭借个人信用，以酌盈剂虚，向外活动。此类商店，虽有若干月为存账，可得少数利息，然而有若干月即转为透支，且须付大宗欠息，故利息一项，无不亏贴，即偶有存放所生之利息，乃以转付他人，并非己有，与取得利息为目的之存款，确有所得而确为己有者，截然不同，譬有某商店向某甲借款一万元，作为活动资本，以半年为还期，按月利率一分，即以此款购进大宗货物待价出售，希图厚利，迨过三个月后，该项货物，市价照常，且有日就低落之势，此时某商店，为顾全债务资本起见，不得不扫数脱售，免受重大之亏损。其所售得之货款，若以归还某甲，则尚未到期，因将该存放钱庄月可活息六厘，就钱庄方面而言，某商店固为其存户，而某商店以其存款所生之利息按月转还某甲之借款利息，尚须亏贴四厘，倘此项信用往来款项之利息，亦令扣税，实有亏贴亦税之嫌，且与所得税有得则税之原则相背，故请求准予普通商号间之往来款项利息，得援照银钱业之规定，归入营业收益下计算，毋须由支付利息机关代为扣税，以示平等而昭划一。

三、请将第五项完全删除。

理由：根据前项之申请，本项无规定之必要，故请删除。

四、请将第二十项全文删除。

理由：根据暂行条例第一条之申请免征股票所得税，已于该条详为说明，故本项无规定之必要。

五、请将第二十一项规定“千分之五十”，改为“千分之四十”。

理由：与暂行条例第六条之申请者同。

六、请将第二十三项规定之“股息”二字删除。

理由：与暂行条例第一条之申请者相同。

己、关于各省市商会暨各同业公会提案摘要如下

一、请将第一类营利事业所得税，改定于民国二十六年二月十日以后起征。

理由：查第三类存款利息所得税，原定于民国二十五年十月一日起征，嗣因上海银行业之请求，改定于民国二十六年一月一日起征，足见政府体恤商情，无微不至。人民以纳税义务之所在，理应遵行，断无迟回审顾之余地。惟查中国之商场习惯，多以废历十二月底为总结账期，而施行细则第八条，既已规定得依各习惯，每年结算一次，足征政府于立法时，即已深知各业多有于废历年底结账之习惯，而起征时期，亦即应受该条之规定拘束，故请准将民国二十五年废历年底结账前，各业之所得税豁免，改至民国二十六年二月十一日以后起征，则在时间上虽已延迟四十余日，亦不过创办时之一次，以后并不发生此项问题，不独无损于国税，且亦合于施行细则第八条立法之本旨而便利商情也。

二、请将各省地方之营业产销等税取消，并请划拨所得税一部分以抵补之。

理由：查二十三年中央财政会议，决定所得税施行前四种步骤，第一即有废除苛捐杂税之决议。而二十四年五中全会，中央更有明令废除苛捐杂税，今既明令实行所得税之新税，则理应先行取消地方之营业产销等税，以示平衡，而全政府之信诺。盖不以是否获得盈余而从事课征，性质上虽属地方之间接税，而实际均系就营业而课税，确为重复，且所得税暂行条例，对于商营事业之资本申报、存款利息、薪给报酬以及盈余红利、公债保险诸端，靡不分类扣缴，而成为国税之主要源泉。今中央之财政基础，既日臻稳固，纵各省地方政府筹款不易，亦宜请划拨所得税一部分，以为抵补之计。若各地方之营业产销等税不能取消，而又增加所得税，则重床叠架，匪独商民不堪负担，实与财政立法之原旨不符也。

三、请在所得税创办时期，免征第一类所得税征收须知。第十八项，超过原有资本实额之超过部分所得税。

理由：查本项规定甲乙两项营利事业，因合并、解散、歇业、转盘，经清算或清理后，其剩余之财产额，除已课所得税者外，超过原有资本实额者，就其超过部分，照暂行条例第四条税率课税。如所得税施行年久，此项规定，原属不成问题，但开创之初，遽行课税，未免与法律不究既往之原则相背。盖商店有在所得税未施行以前，提存公积金或存货折抵，店底培厚，以后解散清算之时，定有超过原有之资本实额者，此项超额乃在所得税施行以前所积，似不应补缴前项超过额之所得税也。

（《汉口商业月刊》新 1 卷第 12 期）

5.划分市区工商行政管辖范围案(附管理人民团体办法)

(1937 年 5 月)

商会章程准则、工商同业公会章程准则、名册式样

商会章程准则

(二十六年四月十日修正)

第一章　总　则

第一条　本章程依据商会法及商会法施行细则订定之。

第二条　本会定名为某县/市商会。

第三条　本会以谋工商业及对外贸易之发展,增进工商业公共之福利为宗旨。

第四条　本会以某县/市行政区域事务所设于某处。

第二章　任　务

第五条　本会之职务如下:

一、筹谋工商业之改良及发展事项;

二、关于工商业之征询及通报事项;

三、关于国际贸易之介绍及指导事项;

四、关于工商业之调处及公断事项;

五、关于工商业之证明及鉴定事项;

六、关于工商业统计之调查编纂事项;

七、得设办商品陈列所商业学校或其他关于工商业之公共事业,但须经该管理署之核准;

八、遇有市面恐慌等情有维持及请求地方政府维持之责任;

九、办理合于第三条所揭宗旨之其他事项。

第六条　本会得就有关工商业之事项建议于中央或地方行政官署。

第七条　本会应答复政府及自治机关之咨询并接受其委托。

第三章　会　员

第八条　本会会员分下列两种:

一、公会会员,凡本区域内各业同业公会依法加入本会为会员者属之;

二、店员会员,凡本区域内商业的法人或商店别无同业或虽有同业而无同业公会之组织,依法单独加入本会为会员者属之。

前项所称“虽有同业公会之组织”者系指在本会区域内之商店同业不满七家者而言。已满七家时,不得以商店资格加入本会。

第九条　公会会员及商店会员均得举派代表出席,本会称为会员代表,会员代表以在本区域内之本国商人年在二十五岁以上者为限。

第十条　凡曾经依法立案之同业公会或曾经依法注册之商店,愿依照第八条入会者,应备具入会声请书,先向本会登记送由常务委员交付审查合格后给予证书。

第十一条　会员须遵守本会章程服从本会决议案,并按时缴纳各种会费。

第十二条　会员不得无故出会,设因公会解散或商店迁移于本区域外营业及倒闭等情必须出会者,须声叙理由填具出会书送交本会审查乃可。

第十三条　会员不遵守本会章程决议或有其他破坏本会之行为及欠缴会费者,得由会员大会决议予以警告或除名等处分。

第十四条　同业公会会员代表每公会举派一人,但其最近一年间所属商店使用人,平均综合计算超过十五人者就其超过之人数,每年满十五人得增加代表一人,惟其代表人数至多不得逾二十一人。

第十五条　商店会员每店举出代表一人,但其最近一年间之平均使用人数超过十五人者就其超过之人数,每满十五人得增加代表一人,惟其代表人数至多不得逾三人。

第十六条　有下列各款情事之一者,不得充本会会员代表:

一、褫夺公权者;

二、有反革命行为者;

三、受破产之宣告尚未复权者;

四、无行为能力者。

第十七条　会员代表经会员举派后应给以委托书,并附具履历送经本会审查,合格后方能出席,代表有表决权、选举权和被选举权。

第十八条　会员代表得由原举派之公会会员或商店会员随时撤换之,并应书面通知本会,但当选为本会职员者非有依法应解任之事由不得将其撤换。

第十九条　会员代表丧失国籍或发生第十六条所列各款情事之一者,原举派之会员应撤换之。

第二十条　会员代表有不正当行为致妨害本会之名誉信用者,得以会员代表大会之决议将其除名,并应受除名处分之会员代表,自除名之日起三年以内,不得充任会员代表。

第四章　组织及职权

第二十一条　本会设执行委员〇〇人,监察委员〇〇人,由委员会大会就代表中用无记名选举法选任之,以得票最多数者为当选。

选举前项执监委员时应另选候补执行委员〇〇人,候补监察委员〇〇人。

第二十二条　本会设常务委员〇人,由执行委员就执行委员中用无记名连选法互选之,以得票最多数者为当选。

第二十三条　本会设主席一人,由执行委员会就当选之常务委员中,用无记名单记法选任之,以得票满投票人之半数者为当选。若一次不能选出,应就得票最多数之二人决选之。

第二十四条　执行委员及监察委员均为名誉职。

第二十五条　执行委员及监察委员之任期均为四年,每二年改选半数,不得连任。

前项第一次之改选以抽签定之,但委员人数为奇数时,留任者之人数较改选者多一人。

第二十六条　主席及常务委员缺额时,由候补执监委员依次补选之,其任期以补足前任任期为限。

第二十七条　执监委员缺额时，由候补执监委员依次递补，其任期以补足前任任期为限。

第二十八条　候补执监委员为递补前，不得列席会议。

第二十九条　本会委员有下列各款情事之一者应即解任：

一、因不得已事故，经会员大会议决，准其退职者；

二、旷废职务，经会员大会议决，令其退职者；

三、于职务上违背法令，营私舞弊或有其他重大之不正当行为，经会员会议决，令其退职或由实业部或由地方最高行政官署，令其退职者；

四、发生第十六条各款情事之一者。

第三十条　本会事务所得酌设办事员。

第三十一条　执行委员会依本章程之规定及会员大会之议决行使职权。

第三十二条　常务委员依本章程之规定及执行委员会之议决行使职权。

第三十三条　主席对外代表本会。

第三十四条　监察委员会之职权如下：

一、监察执行委员会执行会员大会之决议；

二、审查执行委员会处理之会务；

三、稽核执行委员会之财政出入；

四、决议执行委员会提出之处分会员案件。

第五章　会　议

第三十五条　会员大会分定期会议及临时会议两种，均由执行委员会召集之，定期会议每年至少开会一次。临时会议于执行委员会认为必要或经会员代表十分之一以上之请求或监察委员会函请召集时召集之。

第三十六条　会员大会之决议以会员代表过半数之出席，出席代表过半数之同意行之，出席代表不满过半数者，得行假决议，将其结果通告各代表于一星期后，二星期内重行召集会员大会，以出席代表过半数之同意，对假决议行其决议。

第三十七条　下列各款事项之决议以会员代表三分之二以上之出席，出席代表三分之二以上之同意行之，出席代表逾过半数而不满三分之二者，得以出席代表三分之二以上之同意行假决议，将其结果通告各代表于一星期后，二星期内重行召集会员大会，以出席代表三分之二以上之同意，对假决议行其决议：

一、变更章程；

二、会员或会员代表之除名；

三、职员之退职；

四、清算人之选任及关于清算事项之决议。

第三十八条　执行委员会每月至少开会二次，监察委员会每月至少开会一次。

第三十九条　执行委员会开会时，须有委员过半数之出席，出席委员过半数之同意，方能决议可否，同数取决于主席。

第四十条　监察委员开会须有委员过半数之出席，临时互推一人为主席，以出席委员过半数之同意决议一切事项。

第六章　会员及会计

第四十一条　本会经费分下列两种：

一、事务费，由会员比例于其所派代表之人数及资本额负担之，如下表：

资本额 总缴月金 代表人数		四百元以下者	一千元以下者	二千元以下者	五千元以下者	一万元以下者	两万元以下者						十万元以下者
1													
2													
3													
……													
21													

二、事业费由会员大会议决筹集之。

第四十二条　会计年度以每年一月一日始至同年十二月三十一日止。

第四十三条　本会经费之预算成立与决算审核须经会员大会决议之。

第四十四条　本会之预算每年须编辑报告刊布之，并呈由地方主管官署转呈省政府，转报实业部备案。

第七章　附　则

第四十五条　本章程未规定事项，悉依商会法及商会法施行细则之规定办理之。

第四十六条　本章程如有未尽事宜，经会员大会之决议，呈准某县/市党部及某县/市政府修改之并逐级呈报备案。

第四十七条　本章程呈准某县/市党部及某县/市政府备案施行并逐级转报中央民众训练部及实业部备案。

说　明

一、本章程准则系供各地党部指导各该地商会订立章程之参考。

二、各地商会订立章程应参照本准则并按照各该地方实际情形，根据法令规定之。

三、区镇商会依照本准则订立章程，其名称应定为某县/市商会，其区域应订为以某县某区/镇行政区域为区域。

四、职员人数应根据各商会实际情形遵照法令明白予以规定，并应注意执行委员至多不得逾十五人，监察委员至多不得逾七人，候补执行委员及候补监察委员人数不得逾各该项委员名额之半，执行委员会常务委员至多不得逾执行委员额之三分之一。

工商同业公会章程准则

（二十六年四月十日修正）

第一章　总　则

第一条　本章程依据工商同业公会法及工商同业公会法施行细则订定之。

第二条　本会定名为某县/市某某同业公会。

第三条　本会以维持、增进同业之公会公共利益及矫正营业之弊害为宗旨。

第四条　本会以某县/市行政区域为区域事务所设于某处。

第二章　任　务

第五条　本会应办理之事务如下：

一、关于主管官署及商会委办事项；

二、关于同业之调查研究整理及建设事项；

三、关于兴办同业劳工教育及公益事项；

四、关于会员营业上弊端之矫正事项；

五、关于会员营业必要时之维持事项；

六、办理合于第三条所揭宗旨之其他事项。

第三章　会　员

第六条　凡在本区域内经营某业之公司行号均为本会会员。前项会员推派代表出席本会称为会员代表。

第七条　本会会员代表由各会员推派一人至二人，以经理人或主体人为限，其最近一年间，平均店员每超过十人时，应增派代表一人，由各该公司行号之店员互推之，但至多不得逾二人。

第八条　有下列各款情事之一者，不得为本会会员代表。

一、褫夺公权者；

二、有反革命行为者；

三、受破产之宣告尚未复权者；

四、无行为能力者。

第九条　会员应享之权利如下：

一、发言权、表决权、选举权及被选举权；

二、本会举办各项事业之利用。

第十条　会员应尽职义务如下：

一、遵守本会会章；

二、服从本会决议案；

三、按时缴纳会费；

四、不侵害同业间之营业；

五、应尽本会所举办各项事业之义务。

第十一条 会员不遵守本会章程决议,或有其他破坏本会之行为,或欠缴会费者得由会员大会予以警告或除名等处分。

第十二条 会员入会手续如下:

一、填写入会志愿书及调查表;

二、领取会员证。

第十三条 会员不得无故出会,其因商店解散或迁移本区域外营业及商店倒闭等必须出会者须声叙理由,填具出会书,送交本会审查认可。

第十四条 会员推派代表时应给以委托书,并通知本会改派时亦同,但已当选为本会职员者,非有依法应解任之事由不得改派。

第十五条 会员代表有不正当行为致妨害本会名誉、信用者,得以会员大会之决议,将其除名并通知原举派之会员。

第十六条 受除名处分之会员代表,自除名之日起三年以内,不得充任会员代表。

第四章 组织及职权

第十七条 本会设执行委员　　人,由会员大会就代表中,用无记名连举法选任之,以得票最多数者为当选。选举前项执行委员时,应另选候补执行委员　　人。

第十八条 本会设常务委员　　人,由执行委员会就执行委员中互选之。以得票最多数者为当选,并就常务委员中选任一人为主席。

第十九条 执行委员及常务委员各组织委员会以行使职权。

第二十条 执行委员会之职权如下:

一、执行会员大会议决案;

二、召集会员大会;

三、决议第二章列举各项事务。

第二十一条 常务委员会之职权如下:

一、执行执行委员会议决案;

二、处理日常事务。

第二十二条 执行委员任期四年,每二年改选半数,不得连任,第一次改选时以抽签定之,但委员人数为奇数时,留任者之人数得较改选者多一人。

第二十三条 执行委员缺额时,由候补委员依次递补,其任期以补足前任任期为限。

第二十四条 候补执行委员未递补前不得列席会议。

第二十五条 本会委员有下列各款情事之一者应即解任:

一、因不得已事故经会员大会议决准其退职者;

二、旷废职务经会员大会议决令其退职者;

三、于职务上不遵会章、违背法令营私舞弊或有其他重大情节,经会员大会议决令其退职或实业部及地方最高行政官署令其退职者;

四、发生第八条各款情事之一者。

第二十六条 委员均为名誉职,但因办理事务得核实支给公费。

第二十七条　本会酌用办事员若干人。

第五章　会　议

第二十八条　本会会员大会分定期会议及临时会议两种,均由执行委员会召集之。定期会议每年至少开会一次,临时会议于执行委员会认为必要或经会员代表十分之一以上之请求召集时召集之。

第二十九条　召集会员大会应于十五日前通知之,但因紧急事项召集临时会议时,不在此限。

第三十条　本会执行委员会议每月至多开会二次。

第三十一条　本会常务委员会议每星期至少开会一次。

第三十二条　会员大会开会时,由常务委员组织主席团轮流主席。

第三十三条　本会会员大会之决议,以会员代表过半数之出席,出席代表过半数之同意行之,出席代表不满过半数时,得行假决议,将其结果通告各代表于一星期后二星期内重行召集会员大会,以出席代表过半数之同意,对假决议行其决议。

第三十四条　下列各款事项之决议,以会员代表三分之二以上之出席,出席代表三分之二以上之同意,对假决议行其决议:

一、变更章程;

二、会员或会员代表之除名;

三、职员之退职;

四、清算人之选任及关于清算事项之决议。

第三十五条　执行委员开会时,须有委员过半数之出席,出席委员过半数之同意,方得议决可否,同数取决于主席。

第六章　经费及会计

第三十六条　本会经费分下列两种:

一、事务费由会员比例于所派代表之人数及资本额负担之,如下表:

资本额 应缴总数 代表人数	在四百元以下者	在一千元以下者	在两千元以下者	在五千元以下者	在一万元以下者	在二万元以下者							在十万元以下者
1													
2													
3													

二、事业费由会员大会决议审查集之。

第三十七条　会员出会时,会费概不给还。

第三十八条　会计年度以每年一月一日始至同年十二月三十一日止。

第三十九条　本会经费之预算成立与决算、审核须经会员大会决议之。

第四十条　本会之预算决算每年须编辑报告刊布之，并呈由地方主管官署备案。

第七章　附　则

第四十一条　本章程未规定事项，悉依工商同业公会法及工商同业公会法施行细则规定办理之。

第四十二条　本章程如有未尽事宜，经会员大会决议，呈准某县市政府修改之并逐级呈报备案。

第四十三条　本章程呈准某县市党部及某县市政府备案施行，并逐级转报中央民训部及实业部备案。

说　明

一、本章程准则系供各地党部指导各该地同业公会订立章程之参考。

二、各地同业公会订立章程，应参照本准则，并按照各该地方实际情形，根据法令规定之。

三、区镇同业公会依照本准则订立章程，其名额应订为各某县某区镇同业公会，其区域应订为以某县某区镇行政区域为区域。

四、本章程准则第六条所称"经营某业之公司行号"，例如经营米业之公司行号均应为米业同业公会会员。

五、委员人数及应否设置候补委员，可根据各该同业公会实际情形遵照法令，明白予以规定，并应注意执行委员须为七人至十五人，候补执行委员不得逾执行委员名额之半，常务委员须为三人至五人。

六、各业同业公会，如经会员大会认为有设置监察委员之必要，可自由订定于会章，并适用商会章程准则（第廿一、廿四、廿五、廿七、廿八、廿九、卅四、卅八、四十各条）关于监察委员之规定。

七、各业同业公会会员分担事务费办法不必完全适用本章程准则第三十六条第一款之规定，可由会员大会斟酌实际情形决定，并订定于会章。

一、商会委员名册式样

○○○○○商会第○届当选委员名册（附候补）

○年○月○日选举

○年○月○日填报

职别	姓名	别号	性别	年龄	籍贯	营业种类	所属公会名称或商店牌号	在公会或商店之职务	教育程度	是否党员	住址	备注

说明：凡属改选委员名册应于备注栏内注明"留任"或"新选"字样，并于标题改称第○次改选委员名册以便识别。

二、商会会员名册式样

甲、公会会员名册式样

○○○○商会公会会员名册

○年○月○日填报

商店牌号	营业主或经理人	营业种类	资本金额（元）	使用人数	代表									店址	备注
					人数	姓名	别号	性别	年龄	籍贯	在店职务	教育程度	是否党员		

乙、商店会员名册式样

○○○○商会商店会员名册

○年○月○日填报

商店牌号	营业主或经理人	营业种类	资本金额（元）	使用人数	代表									店址	备注
					人数	姓名	别号	性别	年龄	籍贯	在店职务	教育程度	是否党员		

三、工商同业公会委员名册式样

○○○○○○○○○○业同业公会第○届当选委员名册

○年○月○日选举

○年○月○日填报

职别	姓名	别号	性别	年龄	籍贯	营业种类	所属商店	在商店之职务	教育程度	是否党员	会址	备注

说明：凡属改选委员名册应于备注栏内注明“留任”或“新选”字样，并于标题改称第○次改选委员名册以便识别。

四、工商同业公会会员名册式样

○○○○○业同业公会会员名册

○年○月○日填报

商店牌号	营业主或经理人	营业种类	资本金额(元)	使用人数	代表									店址	备注
					人数	姓名	别号	性别	年龄	籍贯	在店职务	教育程度	是否党员		

6 月

1.铁道部批:具呈人汉口市商会:通孚合记堆栈托运稻米,因西安事变,全部损失,仰转知径向铁路请求退还运费

(1937 年 6 月 8 日)

铁道部批　业字第三三七号

事由(通孚合记堆栈托运稻米,因西安事变,全部损失,仰转知径向铁路请求退还运费。)

具呈人汉口市商会

二十六年五月六日呈一件,请饬平汉路赔偿通孚合记堆栈托运之稻米损失,以恤商艰由。

呈悉。据呈诉各节,经饬据平汉路查复略称:该项稻米,系于上年十一月二十一日由汉口起运,同月二十四日运抵郑县,当即移交陇海路接收,因陇海路路栈拥塞,延至十二月六日,始予接收续运,等情。查该项稻米,在平汉路运输途中,尚无延滞,陇海路因公运繁忙,路线拥塞,致未能立即接收转运,亦属实情。至关于损失赔偿一节,查托运货物所受损失,属于天灾、战事、群众暴动或其他意外事变,非人力所能抵抗者,铁路照章不负赔偿责任。此次西安事变,商货被受损失,自应照章办理。惟念商货损失奇重,为体恤商艰起见,特准将运费免收或退还,如该项稻米经已缴付运费,仰即转知径向路局请求退还所缴运费可也。此批。

1937 年 6 月 8 日

部长张

(《铁道公报》第 1803 期)

2.(汉口市商会)函各业公会转知国民政府所发特种工业保息及补助条例

(1937 年 6 月 10 日)

敬启者,案奉汉口市政府二十六年五月一日普字第 1159 号训令开:案奉湖北省政府二十六年四月二十七日省秘一字第 21276 号训令内开:案奉行政院二十六年四月十七日第 2116 号训令开:案奉国民政府二十六年四月十二日第 260 号训令内开:为令知事,查特种工业保息及补助条例,业经制定,明令公布,应即通饬施行。除分令外,合行抄发该条例,令仰知照,并转饬所属一体知照。此令。等因。计抄发特种工业保息及补助条例一份,奉此。除分令外,合行抄发原条例,令仰知照,并转饬所属一体知照。等因,附发特种工业保息及补助条例一份,奉此。除分令外,合行抄同原件,令仰知照,并饬属知照。此令。等因,计抄发特种工业保息及补助条例一份,奉此。除分令外,合行抄发原件,令仰该会知照,并转饬所属同业,一体知照。此令。等因,计抄发特种工业保息及补助条例一份,奉此。除分知外,相应抄同原件,函请查照为盼。顺颂。时绥。

附抄原条例一份

汉口市商会启

5 月 10 日

特种工业保息及补助条例

1937 年 4 月 12 日公布

第一条　凡中华民国人民,所办下列各工业实收资本额,在国币 100 万元以上者,得依本条例呈请保息或补助。

一、制造各种原动力机;

二、制造各种电机;

三、制造各种工作机器;

四、冶制各种金属材料;

五、采炼各种液体燃料;

六、制造各种运输器材;

七、其他经政府认为应予保息或补助之重要工业。

第二条　保息及补助方法如下:

一、保息之限度,实收资本年息五厘,债票年息六厘,至多以七年为限;

二、补助依各品类每年生产费及市价为标准,酌量给予现金。

第三条　凡呈请保息或补助时,除备具呈请书,载明下列事项外,并应附送财产目录及资产负债表,制造方法及制品成本,计算之详细说明书,全部机器装置设计书,工厂建筑图,各种注册及登记证件,呈请实业部核办。

一、工厂之种类及名称;

二、董事经理或厂主及负责办理技术事项主要职员之履历;

三、工厂及总办事处所在地;

四、资本定额及实收额;

五、创立之经过及最近业务；

六、制品种类；

七、每年产额及销场情形；

八、原料、名称、产地及每年用量。

第四条　实业部接受呈请书，应交特种工业保息补助审查委员会审查，前项审查委员会，以实业部及有关系部会所派委员组织之，其组织规程及审查标准，由实业部拟定呈请行政院核定。

第五条　凡经审查合格之呈请案件，由实业部呈报行政院核准。

第六条　凡新成立之工厂，经呈准保息或补助者，其保息或补助之开始，自正式出品之日起实行。

第七条　凡工厂呈准保息者，其每期应付息金，除由营业余利项下优先拨付外，按照第二条所定息金，不敷之数，请领保息金补足之。所领保息金，于保息期满后之次年起，应照已领总额，每年摊还十分之一，如营业尚有盈余时，应加增摊还金额，提前偿清。

第八条　凡受保息或补助者，于停止业务期间，应停止其保息或补助。

第九条　凡以诈伪方法，蒙请保息或补助者，除追缴原领金额外，并依法惩治。

第十条　凡受保息或补助者，由实业部随时派员视察其业务，并查其簿据。

第十一条　凡受保息或补助者，应于每年营业年度终了时，编造厂务及营业报告书，连同损益计算表，呈送实业部查核。

第十二条　凡受保息或补助者，于管理上技术上，应遵照特种工业指导委员会之指导改善之。前项委员会，由实业部延聘专家组织之，其组织规程，由实业部拟定，呈请行政院核定。

第十三条　凡受保息或补助者，如增加资本、添募债款、变更业务或停止业务，应呈请实业部核准行之。

第十四条　凡受保息或补助者，违反本条例之规定，或其他有关系之法令时，经特种工业保息补助审查委员会审查决定后，由实业部呈请行政院撤销。

第十五条　本条例自公布日施行。

（《汉口商业月刊》新 2 卷第 1 期）

3.（汉口市商会）函各同业公会请协助本会商务调查统计事

（1937 年 6 月 10 日）

敬启者，查现代商业，日新月异，一切技术上之改进，均须适应环境事实之要求。本市为全国五大商埠之一，且为内地最重要之市场，举凡金融市况之畅滞，进出口货之转输，各种物价之涨跌，工商业务之异动，在与省际暨国际贸易影响甚巨，非有精密分类之调查统计，不足以资因应，而策繁荣。本会系全市商人最高之集合体，对于本市商业之统计，筹之既久，于创办商业月刊之始，即注意各业实际情形之调查记载，办理数年，不无相当成绩，只以经费与人事之限制，未克遽窥全豹，实用歉然。现值国民经济运动之急进，此种工作，尤为迫切之图，因特设统计专员，将商业月刊社原有之调查部，扩充为统计调查部，增加效率，以期事半功倍，并拟将整理统计之结果，分类编制简明图表，按期于商业月刊发表，借占汉市经济发展之实际情形，而供各方研究之参考。惟兹事体大，工作繁重，一切进行方法，非得各业同人之协助，恐难骤臻完善。除分知外，相应函达，即希查照。于本会统计调查员到会调查时，务请尽量协助，俾竟全功，是所至盼。此颂。时绥。

汉口市商会启

5 月 22 日

（《汉口商业月刊》新 2 卷第 1 期）

4.（汉口市商会）函省市各机关请协助本会商务调查统计工作

（1937 年 6 月 10 日）

敬启者，查现代商业，日新月异，一切技术上之改进，均须适应环境事实之要求。本市为全国五大商埠之一，且为内地最重要之市场，举凡金融市况之畅滞，进出口货之转输，各种物价之涨跌，工商业务之异动，在与省际暨国际贸易影响甚巨，非有精密分类之调查统计，不足以资因应，而策繁荣。本会系全市商人最高之集合体，对于本市商业之统计，筹之既久，于创办商业月刊之始，即注意各业实际情形之调查记载，办理数年，不无相当成绩，只以经费与人事之限制，未克遽窥全豹，实用歉然。现值国民经济运动之急进，此种工作，尤为迫切之图，因特设统计专员，将商业月刊社原有之调查部，扩充为统计调查部，增加效率，以期事半功倍，并拟将整理统计之结果，分类编制简明图表，按期于商业月刊发表，借占汉市经济发展之实际情形，而供各方研究之参考。惟兹事体大，工作繁重，一切进行方法，非得先进专家之匡教，恐难骤臻完善，素仰贵办理统计，卓有成效，特派敝会统计调查员□□□君前来就商，务希赐予协助，并指导一切，至为感荷。

此致

汉口市商会启

（《汉口商业月刊》新 2 卷第 1 期）

5.湖北省政府为据汉口市政府呈送该市堆栈业同业公会章程及第三次改选名册并请存转备案咨实业部

（1937 年 6 月 21 日）

案据汉口市政府二十六年五月三十一日呈称：据本市堆栈业同业公会呈称，“为呈拟改选结果暨修改章程、缮具名册，祈鉴核转呈备案事当属会委员任期届满，于本年五月依法改选，惟临兹改选，最近之前应行留任，监委陈汉青因改业出缺，而候补监委李舜龄又因病故，以改递补无人，经新选举，再本会会员较前添加，会务较前益繁，原定执委名额七人，经主席专提交会员大会决议增至九人，谨造具章册，呈请鉴核。”等情，据此。查核无误，除指令并提存外，理合检同原章册各二份，备文转呈钧府鉴核存转备案，示遵等情，附呈章程暨会员名册、委员名册各二份。据此。除指令并提存外，相应检同原呈章册各一份，咨请贵部查核办理，见复为荷。

此咨

实业部

主席　黄绍竑

6.汉口市业主集会办事处、汉口市商会紧要通告

(1937年6月22日)

案查本处本会前奉令,摊认武汉防空筹备处经费一万元,筹缴维艰,经邀集有关团体开联席会议公决:暂由本处会等分别设法,借款垫解,用济要需,一面在本市业商各户应缴认募之建设公债款内,按数提扣,以资归还,并已呈奉,汉口市政府核准在案。兹因此项摊认之款,业已分别照数筹缴,而关于归还垫款办法,并经商承。湖北财政厅函复准在二十六年募收省建设公债项下,按照汉口市区业商各户所缴第二期债款数额,于应发之债票内,提扣百分之三(第一期不扣),以为归还前项垫款之用。例如应发公债百元者,即提出三元,实发公债九十七元,多寡类推。照此办法,在各户既摊认无多,而一万元防空会之垫款,即得以照数归还,公益攸关,事轻易举,当亦为业商两届同人所乐予赞助也。除分别函达外,用特登报通告,以期周知,并希公鉴。

(《大光报》P238)

7.不加入公会商店勒令停业,市府昨令遵照

(1937年6月23日)

汉市府昨训令各同业公会云,案奉湖北省政府训令内开:案奉行政院训令开:案准中央执行委员会民众训练部函送,不入同业公会及缴纳会费之公司行号制裁办法,请作暂时救济办法,通饬各省市政府公署参考,等由,准此。查原送办法,尚属可行,在同业公会法规,未修正公布之前,应准照办。除函复并分令外,合行抄发原办法,令仰该市府参考办理,此令,等因,奉此。查本府前为各业公司行号,抗不入会,会同市党部,拟定划一强制各业公司行号加入同业公会办法,呈奉核准施行,现在仍应继续有效。惟该同业公会于限期通知入会,应参照此项分颁办法,予以警告。经过十五日后,如何不接受,始准呈请本府核办。至不缴纳会费之同业,得由公会以法人名义,依民事诉讼法普通程序,或督促程序,向该会员请求给付一案,前奉省府转令到府,经以义字第二二四三号训令,通饬遵照在案。此次奉颁办法第四项,既经明白规定,自应遵照办理。但如用前后办法,经本府罚办后,仍不遵办者,仍得照前项办法,诉请给付。除分令外,合行抄发原办法,令仰该会遵照,此令。附抄发不加入同业公会及缴纳会费之公司行号。

制裁办法:(一)各业商店均应依法加入本业同业公会。(二)各同业会,对于会员入会手续,务求简单迅速,至入会费,应尽量减少,由各该公会拟定专案,呈请当地党政机关核定后施行。(三)未加入同业公会之商店,由各该同业公会限期若干日正式加入,逾期不遵办者,即予警告,自警告之日起,十五日内仍不接受,即报由商会,转呈主管官署,依据行政执行法罚办。罚办仍不入会者,呈请勒令停业。(四)不缴纳会费之同业,逾期若干日,即由各该公会予以劝告,再逾若干日,则予以警告,警告后逾期若干日,仍不缴纳者,报由商会转呈主管官署依据行政执行法罚办。

(《大光报》P254)

8.实业部准咨送汉口市堆栈业公会第三次改选章册咨文应候遵饬具报再核复请饬遵咨湖北省政府

（1937 年 6 月 28 日）

实业部咨案，准贵省政府二十六年六月二十一日省建一字第三一三四八号咨：转送汉口市堆栈业同业公会第三次改选委员会员名册及修正章程，并据声叙应行留任监委，陈汉青出缺，无人递补，经新选举，执委由七人增为九人等情形，嘱查核办理等由。查该公会应行留任，监委陈汉青出缺，既无人递补，自应依法先行选举监委一人，以补足其任期，然后再行改选，所请备案，应饬遵照办理具报，再行核办，相应复请查照饬遵为荷。

此咨

湖北省政府

7 月

1.省商联会严密防范杜绝私货电请各商会加紧缉私工作，按检私工作纲要切实执行

（1937 年 7 月 1 日）

湖北全省商会联合会，顷准中华民国各省商会检私总商会电开：案对镇江商会检私委员会敬代表内开：华北走私震惊中外，浪人汉奸凭借特殊袒庇，以扩展势力，深入腹地，破坏我关政，损失我税收，国产货品销路几为私货所夺，各地工商业所受影响最显著，义愤所激，莫不痛心。近阅报载，天津私货登记各业观望不前，并以租界未登记为借口，个中情形，殊难推想，当此严重事态之下，我商人自应本自救救人之旨，拒绝贩运私货。惟本会职责所在，利害攸关。爰经提会决议，除电请天津市商会领导各业先予登记，并协助海关办理外，用特报请贵会通电各地商会检私委员会加紧工作，严密防范，以杜私销而维商业等语。到会□查走私之风，已自华北而渐及内地，若不严为防范，殊足妨害我国商会之进展，务祈按照本会所订检私工作纲要各点加紧工作，切实执行，以挽狂潮等由，昨已电请各地商会查照办理为荷云。

（《大光报》P6）

2.鄂内销棉花掺水掺杂自昨日起由省取缔所检验，鄂棉市场监理处有成立说

（1937 年 7 月 2 日）

鄂省产棉，每年平均约二百万公担，过去因有掺水掺杂情形，故实业部于民国十八年在汉

设商品检验局，办理棉花内外销检验事宜。凡各地棉花到汉，均须先向该所登记报验，经检验合格，始能在市场行销。如经检验不合标准，仍由棉商自行整理，报请复验，各纱厂及打包厂中，商品检验局亦派员监视，故数年以来棉质日见良好。查棉花检验标准，每百斤含水分不得超过十二斤，掺杂质每百斤不得超过二斤。据商品检验局统计，最近七个月来，湖北棉花掺水检验合格者，占 78.19%，较之以前 57.98%，改进程度增加 20.21%。对于棉花掺杂检验，最近七个月来，合格者占 88.92%，较之前者 48.22%，改进程度增加 40.70%，现在实业部为统一内销棉花检验起见，自七月一日起，所有内销棉花检验事宜，均归国产检验委员会棉花检验监理处办理，并将棉业统制会中央棉花掺水掺杂取缔所接收。惟因汉口方面，向来对于棉花内外销检验事宜，系由商品检验局主办，且鄂省已有棉花掺水掺杂取缔所之设立，故实部刻已规定，除外销棉花仍由商品检验局办理外，鄂省内销棉花自七月一日起，由湖北省棉花掺水掺杂取缔所办理。

又讯：鄂省建设厅前为发展棉业，取缔棉伪作弊，特成立之本省棉花掺水掺杂取缔所，兹以本省棉市场监理处即行成立，一切取缔掺杂事宜，均由该监理处办理。棉杂所自无存在之必要，一俟正式发表后，建厅即将该所撤销，人员并监理处办公云。

（《大光报》P18）

3.（武汉国货厂商联合会）奉市政府令各厂商向国外推销货品应呈由主管机关核转请查照转知由

（1937 年 7 月 10 日）

案奉汉口市政府二十六年六月九日亨字第 3340 号训令内开：案奉湖北省政府二十六年五月二十五日省建一字第 29892 训令开：建设厅案呈奉实业部二十六年四月二十九日商字第 54977 号训令开：案查前准外交部咨，以据驻瑞典使馆，呈请转咨通令全国出口厂商，凡请求驻外使领馆协助贸易事项，应呈由主管机关核转一案，业经本部于本月三日以商字第 54084 号训令该厅，转知各厂商，一体遵照在案。兹据上海市商会四月十四日代电略称，查商会法第三条第三款关于国际贸易之介绍及指导事项，本为商会法定职权之一，拟请转咨外交部，转饬驻瑞典使馆，嗣后凡有由商会转请介绍之件，应与国际贸易局所请者，同样受理，以符法令。等情，到部。查原代电所请一节，尚属可行，除咨请外交部转饬各驻外使馆遵照，并分令外，合行令仰该厅转知各厂商一体知照，等因，到府。除分令外，合行令仰该市政府，转饬各厂商一体知照，此令。等因，奉此。合行令仰该会知照，并转行各厂商一体知照，此令。等因，奉此。相应录令转达，即希贵会查照，并转知各厂商一体知照为盼。

此致

武汉国货厂商联合会

汉口市商会启

6 月 12 日

（《汉口商业月刊》新 2 卷第 2 期）

4.全国商联会代电为各埠客商采办货物特设询问代办二部希查照转知将名册抄录一份径寄由

（1937 年 7 月 10 日）

案准中华民国全国商会联合会，民字第一七号快邮代电开：全国内外各商会公鉴，查本会为谋各埠客商采办货物之便利及各地厂号推销出品之进展，特设询问代办二部，专门办理此项事务，凡各埠客商，如询问价目，代办货物，均可函托该二部办理，业于本年四月一日东代电通告转知在案。复查此项事务，实为我商会应尽之职务，亦为发展工商业之唯一途径，现在本会为扩大宣传及直接介绍起见，须调查全国内外各地工厂店号，以便分发各种价目表，以为采办货物之标准，相应电达贵会查照。如有同业公会之各业，即希转知该业公会，将该业公会会员名册，抄录一份，径寄上海香港路 59 号本会，以免周折延迟，如无同业公会之各业，即希贵会抄录一份，迅寄本会，本案务请注意办理，至为盼祷！全国商会联合会主席林康侯先印。等由，到会准此。除分知外，相应照录函转即请贵公会查照办理，径行抄寄，为盼！此颂。台绥。

汉口市商会启

6 月 17 日

（《汉口商业月刊》新 2 卷第 2 期）

5.（汉口市商会）准交通部供应委员会函请代为调查木业行商情形见复由

（1937 年 7 月 10 日）

案准交通部供应委员会本年六月二十三日函开：敬启者，本会兹为明了汉口市及汉阳各木业行商情形起见，请贵会代为调查各木业商行牌号、地址、电话号数、负责人姓名、年龄、籍贯及资本额、详细列表寄会，至纫公谊，等因，准此。相应函达贵会请烦查照来函，所指各项详细调查，列表填复，以见转答为荷。

此致

汉阳木行业同业公会

汉口市商会启

6 月 28 日

（《汉口商业月刊》新 2 卷第 2 期）

6.湖北省政府据汉口市政府呈报该市证券业同业公会递补及补选职员情形请核办咨实业部

（1937 年 7 月 19 日）

案据汉口市政府呈称：案据本市证券业同业公会二十六年六月二十六日呈为本会主席吴诚安辞职，常务委员陈荣山代表之，商店正大执行委员方甫之代表之，商店仁昌曹延祥代表之，商店新选候补执行委员萧和卿代表之，商店云记监察委员舒梅卿代表之，商店鼎新余砥澄代表之，商店宝兴均歇业退会，陈荣山复另营正大荣记证券商店，并被派为该商店代表。业经本年五月二十九日召开会员大会照准，除以候补执行委员孙燮泉递补方甫之遗缺，郭浩然递补陈荣山遗缺，候补监委杨月亭递补舒梅卿遗缺外，并补选执行委员张绍唐补吴诚安遗缺，陈荣山补曹延祥遗缺，监察委员李勇卿补余砥澄遗缺，又加选陈珍安、闻禄中、朱鹤亭为候补执行委员，复由执委会选举朱西垣、陈荣山为常务委员，并选举朱西垣为主席情形，请鉴核示遵。等情。查核尚属依法办理，除指令外，理合备文，呈请钧府鉴核，咨部备案示遵等情。据此。除指令外，相应咨请贵部查核办理，见复为荷。

此咨

实业部主席

黄绍竑

7.汉商会电慰吉星文团长为国牺牲群情感痛

（1937 年 7 月 22 日）

（汉口）汉商会廿一日电吉星文团长云：本日报载我公奋勇抗敌，身负创伤，为国牺牲，群情感痛，我公英雄本色，粉身碎骨，固所不辞。然大敌当前，战云密布，尚乞我公善自珍卫，备作前驱，北望燕云，同深愤慨，专电慰问，不尽依依。（廿一日中央社电）

（《申报》）

8.河北作战声中侨汉日本军民动态，日租界戒严，侨民纷纷返国，粤汉路发现汉奸破坏铁路

（1937 年 7 月 31 日）

汉口通讯：自日军先后袭击卢沟桥廊坊各地后，时局情势，日趋严重。武汉为我国中心，扼平汉铁路两段之终点，日人辟有租界，驻有领事，兵舰复可自由往来，故北方战幕一开，武汉即首受影响。最初日本驻汉副领事松本，访我政府当局，要求切实保护日侨，我政府当允为通令所属。但日租界方面，独不减少其紧张情绪，如警察加岗、海军登陆，连续举行防空演习、作战演习。租界内日陆战队队本部，屋顶架设炮位，江岸防水堵，炮位如林，界口之电网沙包，亦已准备。自二十八日起，宣布戒严，江面停泊军舰，有八重山号旗舰，鸟羽、保津驱逐舰，共计三艘，驻兵约四百名，皆装上钢板，安设重炮，俨然战时配备，司令谷本马太郎，驻旗舰指挥，皆可见其动态一斑也。

当日军袭击卢沟桥之始，日外务省曾训令北平、天津、保定、太原、郑州五地日侨返国，除平津日侨外，保定、太原、郑州之日侨，已先后由平汉路南下，过汉赴沪。现以形势严重，长江上游之万县、重庆、宜昌、沙市、长沙各地日侨，亦纷纷来汉集中，将与旅汉侨民之妇孺，经沪返国。其在汉青年侨民，即一律留住，准备必要时，编成五百壮丁队实行武装，在此日租界极度紧张之下，日副领事松本，二十八日再度访我当局，重申护侨之请，其在日租界内之华人，因不受日人之检查与监视，业已纷纷迁出。湖北省与汉口市先后成立抗敌后援会，嗣为便利工作计合而为一，其组成分子，有农会、工会、商会、教育机关、新闻团体，该会曾电请中央，毅然对日宣战，各

县组织分会者,亦如云而起,汉商会各业公会,昨开联席会议,议决四案。

一、对已定之仇货牺牲定款,断绝往来,由汉商会组织提倡国货委员会,各业公会组织分会。

二、通告厂商不得提高货价。

三、将国货品名,登报宣传。

四、制止奸商从中牟利,总之武汉目下治安,俨如平时,惟平汉铁路全线断绝多日,虽一度恢复全线通车,仅两日复生障碍,现仍只通至长辛店,路局损失,截至现在止,已逾百万。粤汉铁路,发现某方收买汉奸,企图破坏,为首之许国兴,已在岳州捕获,解武昌总局讯办,同党多名,则被免脱。该局已通令全路严密防范,以策安全。(二十八日)

(《申报》)

8 月

1.(汉口市商会)函杂粮行业等公会请会同拟具国米管理等项改善办法

(1937 年 8 月 10 日)

案奉汉口市政府二十六年七月一日亨字第 3954 号训令内开:案奉湖北省政府本年六月二十五日省民三字第 49446 号训令内开:案奉广东省政府江处二民电开:国内如此,互相盈虚,切合国策,利源自不外溢,谷贱自不伤农,广潮闽浙及内地运商,果见粤市有倾心向国内米之企图,业务所关,自然如水就壑,孰不争向农村购运,以应需要。况目下强敌压境,将来水运阻碍,自在意中,而唯一运道,全在粤路,为粤商当局计,亦宜督促粤商,迅与华中运商合作,以资不虞。汉口绾谷上下游,川、湘、鄂、豫、赣、皖粮米集中之地,自粤线贯通,尤为国产南输之枢纽。此次粤省府吴主席,特电本省政府研究运销国米,实为扼要之策,以敝会等商讨结果,其在粤地应举办之计划,主要在建仓设厂(已详上述),而在华中产米市区之计划,须有下列各要点:

一、水陆运输

(甲)粤汉路须多备车辆、篷布,尽量优先运米,沿站多设货栈,不得中途抛置,并保持长期低廉运价之时限。

(乙)招商局及各华输,须特定廉价运输,现在每担比粤路高四角,无论水道直运,或间接运汉转陆运粤,均一律保持低价。

二、金融周转

(丙)国立私立各银行及农本局须尽量放款国米运销抵押(无论水陆),并在长沙、汉口、九江、芜湖设大规模国米仓库,以资随时存货押款。

三、品质改良

(丁)华中所产稻米,有下各品运销粤省。

1.谷:粤省如建仓存储,须采运干谷,可资耐久。

2.齐米:此项齐米,为除壳未退衣之米,最合各地设厂制造之用,并除细糠以供农场需要。

3.机米:有机油、机晚、熟米各种,均系机器制造,品质均佳,如粤地一时缺米,随时运粤,即可应市。

以上三种,可由产区省政府,设谷米检验所,鉴定品质,以资合格运销。

以上所陈三点,均属切要,尤盼望粤政府及产区各省政府,电达中央行政院,财政、实业、交通、铁道四部,分令国营机关、国立银行,分别施行,并一面由粤省政府转令当地米商与产区粮商,相见以诚,势遵国策,内地国米,可供需要,决不订购外米,若能如此,粤省民食自可充足,亦可舒南顺之尤矣。是以联名盖章,函请大会查核转呈,是为至荷。等情,前来。经属会审议所陈各节,认为切合实际之需要,理合据情呈报钧府赐察核转呈,实为公便。

谨呈

汉口市政府市长吴

汉口市商会主席　黄文植

7 月 27 日

(《汉口商业月刊》新 2 卷第 3 期)

2.(汉口市商会)函卷烟业公会转发修正纸烟进口税率表

(1937 年 8 月 10 日)

案奉汉口市政府二十六年七月二十日吉字第 2513 号训令开:案奉湖北省政府本年六月二十六日省秘一字第 23178 号训令开:案奉行政院二十六年六月十六日第 3637 号训令开:案奉国民政府二十六年六月十四日第 480 号训令内开:为令知事,查海关进口税则,前经公布施行在案。兹将该税则内纸烟进口税税率酌加修正,应再通饬施行。除公布并分行外,合行抄发修正纸烟进口税税率表,令仰知照,并转饬所属一体知照,此令,等因,奉此。除分令外,合行抄发原附修正纸烟进口税税率表,令仰知照并转饬所属一体知照等因,附抄修正纸烟进口税税率表一份,奉此。除分令外,合行抄同原表令仰知照,并饬属知照者,此令。等因,计抄发修正纸烟进口税税率表一份,奉此。合行抄发原表令仰知照,并饬有关各同业公会知照为要,此令。等因,计抄发修正纸烟进口税税率表一份,到会奉此。相应转达贵会查照,并分转贵同业一律知照为盼。

此致

本市卷烟业同业公会

汉口市商会启

附税率表一份

修正纸烟进口税税率表

1937 年 6 月 14 日公布

税则号列	货名	税率	
		单位	金单位
四二〇	(甲)每千枝植过 10 金单位及无商标纸烟	千枝	8.00
	(乙)每千枝植过 6.4 金单位不过 10 金单位	千枝	7.60
	(丙)每千枝植过 4.8 金单位不过 6.4 金单位	千枝	5.80
	(丁)每千枝植过 3.3 金单位不过 4.8 金单位	千枝	4.00
	(戊)每千枝植过 1.6 金单位不过 3.3 金单位	千枝	2.50
	(己)每千枝植过 1.6 金单位或以下	千枝	1.40

(《汉口商业月刊》新 2 卷第 3 期)

3.(汉口市商会)函各业公会请一致提倡国货

(1937 年 8 月 10 日)

敬启者,查提倡国货一案,昨由本会召集有关各业同业公会主席暨常委诸君到会谈话,并商筹有效办法共策进行。比经公议,以当此国难严重期间,自非实行服用国货,不足以御外侮,而图生存,一致主张,由本会组织提倡国货专门委员会,并拟定组织规则,分函各业同业公会一律设立分会借收群策群力之效,以奏同仇敌忾之功,具见诸君子爱国热心,同深钦佩。兹已由本会拟定组织提倡国货各业分会规划十五条,除油印分送,并请于三日以内,一律将分会组织成立,函报本会,以备查考外,相应检同该项规则草案一份,函送贵公会,务希查照办理,迅予见复,至为企盼。

此致

贵业同业公会

汉口市商会启

7 月 29 日

附规则草案一件

汉口市商会提倡国货专门委员会〇〇〇(原文如此,〇〇〇表示×××即某业公会)业分会组织规则草案

第一条　本分会依据汉口市商会提倡国货专门委员会组织大纲第十一条之规定设立之。

第二条　本分会定名为〇〇〇业提倡国货分会。

第三条　本分会以提倡国货自产自制自用,务使利源不致外溢以达国货救国之目的为宗旨。

第四条　本分会委员名额由本业同业公会执监委员分任。

第五条　本分会委员得互推三人至五人为常务委员,并由常务委员互推一人为主任。

第六条　本分会设干事若干人,由常务委员就同业中聘任之。

第七条　本分会每星期开常会一次,由主任主席必要时得开临时会。

第八条　本分会会议以委员过半数之出席,出席委员过半数之同意行之。

第九条　本分会会议其议决事项须报告市商会提倡国货专门委员会备查。

第十条　本分会常务委员分组办事如下:

(一)总务组:办理分会不属其他各组一切事宜。

(二)宣传组:指示国货商标、劝导买卖国货等事宜。

(三)调查组:调查同业国货之产销状况、报告本业有无推销国货之障碍各事宜。

第十一条　本分会职权只能行使于本业会员及非会员,不负他业责任。

第十二条　本分会委员干事均义务职,但视事务繁冗得设事务员若干人,酌给薪资。

第十三条　本分会办事细则另定之。

第十四条　本规则经汉口市商会提倡国货专门委员会通过后施行。

第十五条　本规则如有未尽事宜得提请汉口市商会提倡国货专门委员会修改之。

(《汉口商业月刊》新2卷第3期)

4.(汉口市商会)电慰卢沟桥抗战守土将士

(1937年8月10日)

北平冀察政务委员会委员长宋,北平特别市市长秦,保定河北省政府主席冯,天津特别市市长张,察哈尔省政府主席刘钧鉴:报载日军在卢沟桥挑起事件,再接再厉,公然侵掠,愤慨同深,幸赖我驻军奋勇抗战,血汗成流,为民族争一线之生存,为国家保万年之疆圉,粉身碎骨,万死不辞。凡我血气之伦,当誓为诸公之后盾,溯自九一八事变之后,东北四省沦为伪国,华北腹地,威胁频施,至此已忍无可忍、避无可避矣。惟有举四万万人之生命,拼死于卢沟桥畔,以保我黄炎五千年历史之光荣,浩气可壮河山,瓦全不如玉碎,千钧一发誓共图之。临电涕泣,不知所云,伏希垂鉴不尽。汉口市商会率本市各业同业公会同叩文。

(《汉口商业月刊》新2卷第3期)

5.(汉口市商会)通电全国商界为抗敌将士后援

(1937年8月10日)

上海全国商会联合会、上海市商会、南京市商会、北平市商会、天津市商会、青岛市商会、广州市商会、各省商会联合会并转各县市商会钧鉴:报载日军在卢沟桥挑衅事件,再接再厉,业已证明,其出于预定计划,必欲以武力占领我华北而甘心。连日以来,虽赖我驻军誓死抗战,敌未得逞,然调集师团,着着进逼,形势极为险恶,决非和平交涉所能恢复其常态。则我中华民族,在此存亡呼吸之间,举国上下,应即一致奋起,本生则同生、死则同死之精诚团结,为我前方守土将士之后援。溯自九一八国难发生以来,我中央政府为维持东亚和平起见,始终欲以同文同种共存共荣之正义人道,期其反省自觉,乃彼狼鸷成性,悔祸无心,至此已忍无可忍、避无可避之余地矣。窃以国于天地,必有与立,与立者何,民族精神而已,宁为玉碎,毋为瓦全。古训昭垂,可资殷鉴。前敌将士,既已粉身碎骨而不辞,而我后方民众,宁忍逸居安食,坐待灭亡。传曰,皮之不存,毛将焉附,简衣缩食,亦足以弥补军需,自力更生,使金钱不致外溢,庶免敌人吸我膏血,转以制造利器戕杀我同胞。御侮救亡,责无旁贷,作弦高之犒劳,效卜式之输财,各尽其力之所及,共赴国难,俾黄炎嗣续,不致由此而斩,临电涕零,伫候明教。汉口市商会暨本市各业同业公会叩同。

(《汉口商业月刊》新2卷第3期)

6.(汉口市商会)通电全国一致主张抗敌并尽量宣传

(1937年8月10日)

全国各报馆惠鉴:敝会元日致各省市商会通电:文曰,上海全国商会联合会、上海市商会、南京市商会、北平市商会、天津市商会、青岛市商会、广州市商会、各省商会联合会,并转各县市商会钧鉴:报载日军在卢沟桥挑衅事件,再接再厉,业已证明,其出于预定计划,必欲以武力占领我华北而甘心。连日以来,虽赖我驻军誓死抗战,敌未得逞。然调集师团,着着进逼,形势极为险恶,决非和平交涉所能恢复其常态。则我中华民族在此存亡呼吸之间,举国上下,应即一致奋起,本生则同生、死则同死之精诚团结,为我前方守土将士之后援。溯自九一八国难发生以来,我中央政府为维持东亚和平起见,始终欲以同文同种共存共荣之正义人道,期其反省自觉,乃彼狼鸷成性,悔祸无心,至此已忍无可忍、避无可避之余地矣。夫国与天地,必有与立,与立者何,民族精神而已,宁为玉碎,毋为瓦全。古训昭垂,可资殷鉴。前敌将士,既已粉身碎骨而不辞,而我后方民众,宁逸居安食,坐待灭亡。传曰,皮之不存,毛将焉附,简衣缩食,亦足以弥补军需,自力更生,金钱不致外溢,庶免敌人吸我膏血,转以制造利器戕杀我同胞。御侮救亡,责无旁贷,作弦高之犒劳,效卜式之输财,各尽其力之所及,共赴国难,俾黄炎嗣续,不致由此而斩,事急煎迫,望急图之,临电涕零,伫候明教。汉口市商会暨本市各业同业公会叩同。等因。拍发外,素仰贵报主持正义,爱国热心,御侮救亡,匪异人任,务祈一致主张,作有力之宣传,俾群起而救国,同仇敌忾,实利赖之,迫切电陈,并希垂教。汉口市商会叩。

(《汉口商业月刊》新2卷第3期)

7.(汉口市商会)函各业公会筹款慰劳抗敌将士

(1937年8月10日)

敬启者,查本会昨以日军在卢沟桥挑衅行为,极行严重,虽经当地驻军奋勇抵抗,未能得逞。而日方尚在积极增兵挑衅不已,情势尤为险恶,凡我民众,自应一致奋起,共赴国难以救危亡。曾经召开执监委员临时会议,议定即日筹集捐款贰万元,先行寄至前方,慰劳守土将士,借资声援,等因,在案。兹特订于七月十八日下午二时召集本市各业同业公会主席及各常委,暨各商店会员代表开谈话会,报告一切,并协商捐款办法,俾利进行,除分呈市党部、政府届时派会莅员指导监视外,相应函达台端,即请查照届日准时莅临,以便集议为盼。

此致

〇〇〇业同业公会

汉口市商会启

7 月 15 日

(《汉口商业月刊》新 2 卷第 3 期)

8.(汉口市商会)电请宋哲元等坚决主张平则和,不平则不和,以维国脉而保疆土

(1937 年 8 月 10 日)

北平冀察政务委员会委员长宋,并转北平特别市市长秦,河北省政府主席冯,天津特别市市长张钧鉴:日军在卢沟桥挑衅事件之和平谈判,以至最后关头,本日报载,我公返平坐镇,并发表国家立场、民族立场及中央旨意三大原则,以平则和,不平则不和为折中之标准,事急煎迫,态度光明,遂听之余,无任感佩。惟道路传闻,谓有人力主接受其屈辱条件,以为苟且偷安之计,幸我公长城战役,早著盛名,民族英雄,举世称誉。处此间不容发之际,权衡利害,成竹在胸,本毋庸属会葸葸过虑,但环境逼迫,智者或昧于一时,秦桧之力主和金,在又何尝不自谓委曲求全,以图事后之补救。然证之世界史例,亡国容易复国难,一念之差,遗臭万古。日本处心积虑,计欲亡我中国者久矣,卢沟桥之日本挑衅,本其预定之计划,如果不平而和,则领土主权无法完整,河山破碎,国族陵夷,存亡系于一身,功罪决于俄顷。尚祈我公力排异议,坚决主持,能平则和,不平则抗,政府民众,当一致与我公共牺牲,古诗云,千秋万岁名,日暮身后事,戚继光之史迹尚在,岳武穆之典祀犹存,没世不称,君子所疾,危亡呼吸,敢贡愚诚。汉口市商会暨全市各业同业公会同叩。

(《汉口商业月刊》新 2 卷第 3 期)

9.(汉口市商会)电慰吉星文团长抗敌负伤

(1937 年 8 月 10 日)

河北省宛平县城吉团长星文先生勋鉴:本日报载我公奋勇抗敌,身负创伤,为国牺牲,群情感痛,溯自敌军挑衅,旬日以来我公固守危城,奋不顾生之计,身先士卒御侮保疆,浩气已壮河山,战略足寒敌胆,在我公英雄本色,粉身碎骨,固所不辞。然大敌当前,战云密布,痛饮黄龙之誓,追奔黑水之间,还我河山早成众志。尚祈我公善自珍卫,备作前驱,复兴民族之功勋,胥有赖于三军之健者,北望燕云,同深愤慨,专电慰问,不尽依依。汉口市商会暨全市各业同业公会叩。

(《汉口商业月刊》新 2 卷第 3 期)

10.(汉口市商会)电呈蒋委员长拥护对卢案发表四项主张

(1937 年 8 月 10 日)

南京军事委员会委员长蒋钧鉴:恭读钧座对卢案发表四项主张,强毅宽和,举国振奋,救亡

御侮,敌忾同仇,江汉朝宗,尤深拥佩,恳即严饬平津当局确切遵守,不得私签屈辱协定损害主权,民族国家实深利赖。汉口市商会暨全市各业同业公会叩漾。

(《汉口商业月刊》新2卷第3期)

11.鄂商讨战时粮食管理法

(1937年8月11日)

(汉口)鄂省粮食管理局十日召集武汉三镇各粮食行商公会,商讨粮食管理办法,各代表对政府战时粮食管理极表赞同,并定十一日继续商讨。(十日中央社电)

(《申报》)

12.(湖北省政府)令汉口市商会呈一件为据本市杂货贩卖业杂货店业食品杂货业卷烟业等同业公会提议请求在行规准则中规定新开同业距离以维商业转呈鉴核由

(1937年8月16日)

呈及附件均悉。查本府自二十一年六月成立各业行规审查委员会后,所有各同业公会所订行规及类似行规之帮规规约等,无论已否经过备案,均应一律呈府厅候交付审查,核准施行。在此审查行规期间,关于各业呈送行规内,涉及限制同业新开店铺和旧有店铺若干家以外各规定,因于法无据,均经删去。去岁本市茶叶店业同业公会对于本府此项办法,申明异议,仍请维持该业行规原订限制条文,以恤商艰。等情,到府。当以事关重大,曾据情转请湖北省政府转咨实业部核示。旋奉省政府二十四年元月二十九日建三字第一九二二号指令内开:呈悉。查该同业公会拟定行规限制新开店铺隔离家数,与人民营业居住自由之原则不合,五中全会提案,中央只宜规定法制原则大纲,富有伸缩之意,自不在此范围以内,不得任意援引,所请转咨核示一节,应毋庸议。仰即转饬遵照。此令。等因。除当经转饬遵照外,其余各业同业公会,视同一律,自应一致遵照办理,再原呈所引本市理发业办理成例,已成过去,现时未便认为有效。所请碍难照准。仰即转饬知照。此令。(附件发还)

市长　吴国桢

(《湖北省政府公报》第331期)

13.黄文植捐五万元慰劳将士

(1937年8月21日)

(汉口)武昌第一纱厂董事长黄文植捐款五万元慰劳抗敌将士,该款已交鄂民众抗敌后援会转汇政府。该会以黄踊跃捐输,已予嘉勉。(二十日中央社电)

(《申报》)

9 月

1.（汉口市商会）函各业公会转知安定金融办理

（1937 年 9 月 10 日）

案奉汉口市政府民国二十六年八月十八日吉字第 2922 号训令内开：案奉财政部删钱电开：兹由部制定非常时期安定金融办理七条如下：（一）自八月十六日起银行钱庄各种活期存款，如须向原存银行钱庄支取者，每户只能照存款余额，每星期提取 5%，但每存户每星期至多以提取法币 150 元为限。（二）自八月十六日起，凡以法币支付银行钱庄续存或开立新户者，得随时照数支取法币，不加限制。（三）定期存款未到期者，不得通融提取，到期后如不欲转定期者，须转作活期存款，但以原银行钱庄为限，并照本办法第一条规定办理。（四）定期存款未到期前，如存户商经银行钱庄同意，承做抵押者，每存户至多以法币一千元为限，其在二千元以内之存额，得以对折作押，但以一次为限。（五）工厂公司商店及机关之存款，为发付工资，或与军事有关，须用法币者，得另行商办。（六）同业或客户汇款，一律以法币收付之。（七）本办法于军事结束时停止。除电各省市商会银钱业公会遵办外，特电请查照布告一体遵照为荷！等因。正遵办间，旋奉霆密电开：查本部公布非常时期安定金融办法，业经电请布告在案。此项办法，原系节制资金外流，对于人民生活，一般工商业与机关为发放工资及军事所需之款，仍许另行上班，俾资兼顾。至各银行，经本部核准，并随时受部监督检查，一切表报，遵令呈送查核者。现虽限制提存，而各该行内容本部既已明了，则人民储存于该行之各种款项，政府自应予以保障，不使稍受损失。各存户自可安心毋虑，其内地各埠与上海金融休戚相关，且现入全面抗战时期，自应一体照办共策安全，尚希贵省市政府晓道人民，是所至盼。等因，奉此，除布告暨分令外，合行令仰该会遵照，并转知该会各公会会员一体遵照。此令。等因，奉此。除遵照并分知外，相应录令转达，即希查照为盼。此颂。公绥。

汉口市商会启

8 月 20 日

（《汉口商业月刊》新 2 卷第 4 期）

2.（汉口市商会银行公会银业公会）电请南京、上海财政部变通第五条

（1937 年 9 月 10 日）

急南京上海财政部钧鉴：昨准中央银行抄转钧部公布非常时期安定金融办法七条，事关安内攘外，自应切实奉行。惟办法第五条工厂公司商店及机关之存款规定得另行商办，但又冠以发付工资，或与军事有关之限制，如果严格执行，则必至发生下列种种情形：（一）工厂公司商店，陆续以售货款项存放银行钱庄，备作应付货款者。（二）以卖出货款存放银行钱庄，一面又

买进新货，备付货价者。（三）以卖出货款存放银行钱庄，开出汇票指以兑付者。诸如此类，若一律依照本办法第一条办理，不独债权债务辗转牵涉，必致引起纠纷，而影响所及，实足以整个市面演成停顿，决非钧部维护后方，安定金融之原旨，属会等认为条文简单，必须呈请解释，并予救济。除商呈地方政府，准将未奉钧部核示以前，先行遵照奉颁办法办理，其八月十五日比期起，应行收付款项，并一律至八月二十日照理，布告周知，转度困难外，为此电恳钧部，俯赐迅予核夺，电示遵行，不胜迫切待命之至。汉口市商会银行公会银业公会同铣叩。

（《汉口商业月刊》新2卷第4期）

3.财政部电复（汉口市商会银钱业公会）安定市面金融办法文

（1937年9月10日）

汉口市商会银钱业公会公鉴：查非常时期安定金融办法，业经公布施行，关系内地各都市市面资金之流通，仍应设法维持。而银钱业之组织，既多不健全，其营业方法，又多未能悉合法定，上海银钱业同业汇划办法，既万不可仿行于内地，而各地情形又各不尽同。兹为安定整个金融，并维持各地市面流通起见，业经由部函请中中交农四行，先就设有分支行之重要都市，各设联合办事处，即日成立。责成体察当地情形，妥拟适当办法，报请核定施行，除分别函电外，特电查照。财政部巧钱印。

附四行联合办事处办法

一、汉口中中交农四行遵照部令即日成立联合办事处附设于汉口交通银行。

二、工厂公司商店及机关八月十六日起之新往来存款照部颁办法一律照常无限制收付。

三、工厂公司商店及机关八月十六日以前之往来存款应声明用途并用收款人抬头之横线支票支取（凭折往来者用取款凭条），由银行或钱庄入收款人账，其系发付工资者须开明工资字样得以法币支付之。

四、工厂公司商店以八月十六日以前之往来存款向内地购办棉花、杂粮、桐油等之农产必须法币应用者，得由其本业公会或请由商会查实证明送经联合办事处审定后支付之。

五、各银行钱庄对于八月十六日以前之存款以法币支付者，应将支票户名数额用途逐日列表抄报联合办事处审核表式另定之。

六、个人八月十六日起之新存款照部颁办法一律照常无限制收付，其八月十六日以前之存款缴纳中央或地方税捐者，得开收款机关抬头之横线支票无限制支取，由银行或钱庄入收款机关之账。其第一次支取照部定比例不足150元者亦得支取150元。

七、凡拨解外商银行或商店等款项之支票不问工厂公司商店机关或个人，亦不问八月十六日以前后之存款，均须先行商明用途经联合办事处核定后方明照付。未经审核手续拨解者由联合办事处报请政府制裁之。

八、银钱业同业间之收付一律照常。

九、财政部认为必要时得令由联合办事处随时查阅银行钱庄或与外商往来之工厂公司商店机关及个人之一切账据。

十、联合办事处办事规则另定之。

（《汉口商业月刊》新2卷第4期）

4.（汉口市商会）通知本省商民支票完税办法

（1937年9月10日）

敬启者，案奉汉口市政府，本年八月二十三日，吉字第2969号训令开：案奉财政部皓电开：汉口市政府公鉴：顷准湖北省政府篠电开：本省商民，以支票完税，未便拒绝，拟请变通。凡征收机关收受支票，不论数目多寡，准予持赴银行照兑，以期兼顾一。等因。查税款收支，自应予变通，凡商民以支票缴纳税款及税收机关以支票解税款，均得不受安定金融办法第一条之限制。但为预防流弊起见，此项支取，仍应依照部颁格式填具声请书，送经当地中中交农四行分支所组织审核委员会审核证明。其未设有审核委员会地方，得由取款者提出证明文件，方得支取。除电复并分行外，相应电达饬属一体照办。财政部皓钱印。等因，奉此。查本年八月十九日，本府奉财政部巧电，召集本市中交中农四行会同商定非常时期，安定金融适当办法十项，内第六项个人八月十六日起之新存款，照部颁布办法一律照常无限制收支，其八月十六日以前之存款缴纳中央地方税捐者，得开收款机关抬头之横线支票，无限制支取，由银行或钱庄入收款机关之账。其第一次支取，照部定比例不足150元者，亦得支取150元之规定。该规定之意义，与皓电内饬预防流弊之处，实相吻合。且该项办法，业经中交等四行径呈财部，并由本府分别公告遵循各在案。在此期内，所有本市商民以支票完纳税款者，自应仍依该项办法办理，以免繁复，奉电前因，除呈报湖北省政府鉴核，并分饬外，合行令仰该会遵照，并转行知照。此令。等因，奉此。除遵照并分别知照外，相应录令函达，即希查照一律遵照为盼。此颂。时绥。

汉口市商会

8月25日

（《汉口商业月刊》新2卷第4期）

5.（汉口市商会）转告人民以银行钱庄之支票缴纳税款应照常支付

（1937年9月10日）

案奉湖北省政府民国二十六年八月二十日省财一字第104361号紧急命令内开：案查部颁非常时期安定金融办法第五条，规定工厂公司商店及机关之存款，为发付工资或与军事有关，须付法币者，各银行钱庄，应即照常支付。业经布告在案，本有各项税款，与应募公债，以及公产租金收入，均与军警政费有关，嗣后人民，如以银行钱庄之支票，缴纳以上各款，凡记名政府机关者，自与普通收付性质不同，各该行庄，应即依照前项办法第五条，照常支付。除分令外，合亟令仰遵照，并转行遵照，此令。等因，奉此。除遵照并分知外，相应录达，即请查照，并一律遵照，是为至盼。此颂，公绥。

汉口市商会启

8月21日

（《汉口商业月刊》新2卷第4期）

6.四行函索本会印鉴文

（1937 年 9 月 10 日）

敬启者，查八月二十日汉口市政府布告办法第四条规定：工厂公司商店以八月十六日以前之往来存款，向内地购办棉花、杂粮、桐油等之农产，必须法币应用者，得由其本业公会或请商会查实证明，送经联合办事处审定后支付之。等因。自应遵办，特此函请查照。将贵会图章印样及负责人印鉴，检掷一份，俾便存验为荷。

（《汉口商业月刊》新 2 卷第 4 期）

7.（汉口市商会）函送本会图章及主席印鉴请查收存验由

（1937 年 9 月 10 日）

敬复者，顷准贵处公函内开：敬启者，查 8 月 20 日汉口市政府布告办法第四条规定工厂、公司、商店，以八月十六日以前往来之存款，向内地购办棉花、杂粮、桐油等之农产，必须法币应用者，得由其本业公会或请商会查实证明，送经联合办事处审定后支付之。等因。自应遵办，特此函请查照，将贵会图章印样及负责人印鉴，检掷一份，俾便存验。等因，准此。兹将敝会图章印样及主席印鉴，另纸印就，备函送请贵处，查收存验为盼。

此致

中中交农四行联合办事处汉口分处

附本会主席印鉴

本会图章印样

汉口市商会启

8 月 25 日

（《汉口商业月刊》新 2 卷第 4 期）

8.（汉口市商会）转市政府令对于米粮暂行禁止出口

（1937 年 9 月 10 日）

敬启者，本月九日奉汉口市政府本年八月七日亨字第 4854 号训令内开：案奉财政部鱼电内开：奉行政院令米粮暂行禁止出口。等因。除分电外，仰即遵照。等因，奉此。除分令外，合行令仰该会转饬各会员一体遵照为要，此令。等因，奉此。合亟录达，即请贵公会查照，并一律遵照为盼，除分函外。此颂公绥

汉口市商会启

8 月 9 日

（《汉口商业月刊》新 2 卷第 4 期）

9.（汉口市商会）转知米粮禁止出口系指米谷而言

（1937 年 9 月 10 日）

敬启者，案奉汉口市政府本年八月二十四日亨字第 5376 号训令开：案奉湖北省政府二十六年八月二十二日省民三字第 54305 号训令内开：案准财政部元关代电开：查前奉行政院令，米粮禁止出口，等因。当经分别电知在案。嗣据总税务司电询米粮是否仅只米一项而言，复经据情咨请实业部查核见复，去后。自准实业部代电称：本案所谓米粮，系指米谷而言，而其他粮食及杂粮，现在小麦面粉，已先米谷禁止出口，杂粮一项，似可稍待再酌，等因。除分行外，特电查照，等因，准此。查米粮暂行禁止出口一案，经以省民三字第 53547 号训令，转饬知照在案。兹准前因，除分令外，合行令仰知照，等因，奉此。查此案，本府前径奉财政部鱼电，当于本年八月七日，以亨字第 4854 号令仰转饬遵照在卷。奉令前因，除分令外，合行令仰知照，并转饬知照为要，此令。等因，奉此。查本月七日，曾奉市政府亨字第 485 号训令，当经分别录转在案。兹奉前因，合再转达贵公会，即请查照为盼。

此颂

公绥

汉口市商会启

8 月 25 日

（《汉口商业月刊》新 2 卷第 4 期）

10.（汉口市商会）转知各业对于民生日用品不得任意涨落

（1937 年 9 月 10 日）

案奉汉口市政府民国二十六年八月十七日，亨字第 5126 号训令开：案奉湖北省政府本年八月十二日省建四字第 35654 号训令开：建设厅案呈奉实业部民国二十六年八月五日商字第 58823 号代电开：查现值时局严重，关于各地民生日用品之价格，诚恐因奸民投机操纵，致发生不正当涨落情事，亟应设法防止，以安民生。合行电仰该厅饬属市县遵照，予以密切注意，随时斟酌当地情形施行，适宜措置，并具报察核为要。等由，到府。除分令外，合行令仰该市政府切实遵照办理具报，为要。此令。等因，奉此。自应遵办，除令行汉口市警察局，转饬各分局，随时注意取缔，勿任市面发生上项情事，并呈复外，合行令仰该会遵照，转饬各该业公会及各该厂商，务须共体时艰，对于民生日用品之价格，不得有乘机操纵任意涨落情事，以维民生，并将遵办情形具报为要。此令。等因，奉此。除分知外相应录令转达，即希查照转饬各同业切实遵办具复，以凭汇报为盼。

此颂

时绥

汉口市商会启

8 月 19 日

（《汉口商业月刊》新 2 卷第 4 期）

10 月

1.(汉口市商会)函各业公会转发战时粮食管理条例

(1937 年 10 月 10 日)

敬启者,案奉汉口市政府民国二十六年九月一日亨字第 5612 号训令内开:案奉湖北省政府民国二十六年八月二十七日省秘字一字第 25391 号训令内开:案奉行政院民国二十六年八月二十日第 5054 号训令开:案奉国民政府民国二十六年八月十八日第 622 号训令开:为令知事,查战时粮食管理条例,业经制定明令公布,应即通行饬知,除分令外,合行抄发该条例令仰知照,并转饬所属一体知照,此令。等因,奉此。除分令外,合行抄发该条例令仰知照,并转饬所属一体知照。等因,附抄条例一份,奉此。除分令外,合行抄同原附件,令仰知照,并饬属知照。等因,附抄发战时粮食管理条例一份,奉此。除分令外,合行抄发原条例一份,令仰该会,转饬各同业公会知照为要。等因,附抄发战时粮食管理条例一份,奉此。除分转外,相应照抄原条例一份,函达察阅,并希知照为盼。

此致

各业公会、各公司、各商厂

附抄战时粮食管理条例一份

汉口市商会启

9 月 4 日

战时粮食管理条例

1937 年 8 月 18 日公布

第一条　战时粮食管理依本条例行之,本条例所未规定者仍适用其他法令。

第二条　战时应受管理之粮食,其种类由国民政府以命令定之。

第三条　为按管理战时粮食事,宜设战时粮食管理局,直隶于行政院,必要时,得于各省市重要地点,设分局直隶于管理局,其组织规程由行政院定之。

战时粮食管理局关于战时粮食管理事宜,得发布必要之办法或规章。

第四条　战时粮食管理局管理之事项如下:

一、生产;

二、消费;

三、储藏;

四、价格;

五、运输及贸易;

六、统制及分配。

第五条　本条例之施行及停止日期以命令定之。

（《汉口商业月刊》新 2 卷第 5 期）

2.（汉口市商会）函各业公会转告修订救国公债条文

（1937 年 10 月 10 日）

案奉湖北省政府本年八月省财一字第 106278 号训令内开：案准救国公债劝募委员会总会宋会长宥电开：救国公债条例兹经修订如下：（一）国民政府为鼓励救国捐输起见发行公债定名为救国公债；（二）凡个人或团体以现金或有价物品缴充救国之用者，按照其所缴数额以本公债给予之；（三）本公债总额五万万元，于民国二十六年九月一日照票面十足发行；（四）本公债年息二厘，自民国二十七年起每年八月底一次付给；（五）本公债自民国三十年起还本分三十年还清，每年抽签还本一次；（六）本公债还本付息基金由财政部于国库税收项下指拨之；（七）本公债债票分万元、千元、百元、五十元、五元六种，均为无记名式；（八）本公债由财政部委托机关经募并公告之；（九）对于本公债如有伪造及毁损信用之行为者，由司法机关依法惩处；（十）本条例自核准日施行。兹恐邮递延阻，特先电达，即祈转饬各地分支会暨各经募机关知照，并请饬各报登载公告周知，等因。并准艳电以救国公债第四条年息二厘，现已改为四厘。等因，准此。除布告并抄送各报公告及分行外，合行令仰该会即便知照，并转行周知，此令。等因，奉此。除分知外，相应录请查照，为盼。此颂时绥

汉口市商会启

9月 8 日

（《汉口商业月刊》新 2 卷第 5 期）

3.（汉口市商会）函请（救国公债劝委会）参酌仿行上海商会电述募债办法

（1937 年 10 月 10 日）

案准上海市商会代电开：此次对日抗战关系全国存亡，政府发行救国公债五万万元实为厚集财力，持久制胜之准备，意义重大，无待烦言。就国民安危与共之本分而言，此时毁家纾难，正所以求续命之汤，譬之父母患病方棘，□□女子对于延医服药之资，虽典衣鬻物，亦当无所顾惜，何况三十年还本年息四厘垂之条例，但使敌人驱出国外，则投资仍旧收回，与完全捐助者不同。敝会顷已成立救国公债上海市商界劝募总队，其募集办法，商店以就资本额承购 5%，公积款项承购 10% 为标准，其有特殊情形者，并得公决增减，店员月薪满五十元者承购 10%，不及五十元者，自由承购。用将沪市现拟办法，分电奉达，借供贵会参考，惟祈领导贵处商界参酌仿行，俾得克日继承巨款，收士饱马腾之效，曷胜企盼。等因，准此。查该会就商人立场拟定劝募救国公债办法公私兼顾，本省市似可仿行，准电前因，相应函达贵会请烦查照参酌办理为荷。

此致

救国公债劝募委员会湖北分会

主席黄文植

（《汉口商业月刊》新 2 卷第 5 期）

4.(汉口市商会)电复上海商会对于募债办法表示赞同

(1937 年 10 月 10 日)

上海市商会公鉴:先代电诵悉,暴日侵略抗战开始,非持久不足以溃敌,非全力不足以图存,所谓有力出力,有钱出钱,大难当前无可幸免者也。政府欲发行救国公债五万万元,此间民众,均有踊跃购买之倾向,在省方则已成立救国公债劝募委员会湖北分会,汉口则已成立支会,正在严密联络,积极进行。其所会商劝募办法,与贵会大致相同,总期多多益善,完成有力之抗战后援,准电前因。除函请募债分会参酌办理外,用特电复查照,伏维贵会诸公深陷战区,躬冒危险,举皆奋勇不顾,努力购销,要与毁家纾难之真忱,毫无二致,怅望春申,尤深感奋,尚希随时赐教,俾作南针,不尽依驰,统希垂察,汉口市商会叩。

(《汉口商业月刊》新 2 卷第 5 期)

5.救国公债劝委会鄂分会通知(工商各业)认购公债应照股本额 5%摊认

(1937 年 10 月 10 日)

查本会第四次常会讨论事项,拟定工商各业认购公债数目,案内第五项决议:同业公会除上列各业(银钱业、五金纱厂)已有认定外,其余各业,按资本额 5%摊认,其有特别盈利者酌量增加等语,记录在卷。相应录案函达查照,分转各业公会,切实遵办为荷。

(《汉口商业月刊》新 2 卷第 5 期)

6.(汉口市商会)通知各同业认购公债改为摊募办法

(1937 年 10 月 10 日)

敬启者,案奉救国公债劝募委员会湖北省分会本年九月二十五日经字第 20 号公函内开:查本会第五次常会,讨论事项第三案,经募组提为第四次常会议决:第五案第五项,各同业公会,按资本额 5%认购公债,缓不济急,拟改为摊认,以利推行,并检同汉口市各同业公会认购公债数目清单,请公决案。经议:(甲)改为摊认。(乙)凡未加入同业公会商店,应归入各该同业,一体认购。(丙)公债正式收据,应按各商店牌号填发,以便复查。(丁)案由本会通知商会,召集各同业公会,照另单办理。等语。记录在卷,查该清单内,附列武昌汉阳两商会及各同业认购数目,除分函该两会转知照办,并应届期出席贵会会议外,相应录案。检同各同业公会认购公债数目清单一份,一并函达,查照办理,克日召集同业会议,并通知武阳两商会参加,踊跃认购,依照总会电示,于三个月内,如数缴足,至纫公谊。等因,附各同业公会认购公债数目清单一份,到会,奉此。查此项公债经劝委员会分会议查:认购改为摊派,我商人同具爱国思想,亟应踊跃输将,尽国民天职,安危所系,巩固后方,谅为同人深悉,特订于 9 月 30 日(星期四)午后四时,开全体大会,一面呈请行营主任何,省府秘书长卢,市政府市长吴,如期莅会训话,俾众周知。除将摊派公债数目清单照印,俟开会时当场散发外,事关重要,务请届时早临,不胜盼祷之至。

此致

各业同业公会主席暨全体常委先生

汉口市商会启

9月28日

(《汉口商业月刊》新2卷第5期)

7.(汉口市商会)为摊派救国公债函请钧座出席参加

(1937年10月10日)

敬肃者,本月二十七日,奉救国公债劝募委员会湖北分会公函:关于摊派公债一案,饬即定期召集,本市各业公会暨商店特别大会,当场散发数目清单,以便按数进行,等因。自应遵照,兹订于九月三十日(星期四)召集会议,拟恳钧座俯准于是午后四时半莅临训话,俾商众晓然当务之急,依次祗遵,现合先行陈明,伏祈鉴察。谨呈

武汉行营

省政府

市政府

汉口市商会谨肃

9月28日

(《汉口商业月刊》新2卷第5期)

8.救国公债劝委员湖北分会函知(各县市支会)公债债款指定四行收解

(1937年10月10日)

案查救国公债债款,业经中央指定中央、中国、交通、农民四行及邮政储金汇业局,经收转解在案。惟本省地域辽阔,四行分社支行无多,若多县市支会募集债款必交由四行代收,事实亦困难殊多。兹为救助起见,所有各县市支会及其他经募机关,募得之款,即可就近缴由湖北省银行总行及其所属支行或办事处核收转解。其有境内既无中中交农等行,复无省行支处者,关于募得债款,即由各该县县长负责保管,俟集有成数,再送交附近指定各行收解,以资救济。除电报总会备案及函达湖北省行查照并分函外,相应函请查照办理为荷。

附各业公会摊派公债数目

纱业同业公会	四万元	
绸缎业同业公会	二万五千元	
布匹店业同业公会	三万元	
金银首饰业同业公会	三万五千元	
匹头贩运业同业公会	三万元	
典当业同业公会	三万元	

（续表）

颜料洋货业同业公会	四万元	
苎麻夏布行业同业公会	五千元	
国际贸易业同业公会	一万元	
参燕业同业公会	一万元	
平汉路转运业同业公会	五千元	
海味糖盐业同业公会	六万元	
堆栈业同业公会	七千元	
华洋百货业同业公会	八千元	
鞋帽洋货业同业公会	三千元	
茶叶出口业同业公会	一万元	
机器米业同业公会	一万元	
煤业同业公会	五千元	
机器染业同业公会	二万元	
棉花号业同业公会	一万元	
杂粮油饼业同业公会	一万元	
进出口杂货业同业公会	一千元	
药油行业同业公会	二千元	
照相业同业公会	二千元	
号栈业同业公会	一千元	
瓷业同业公会	一千元	
棉花出口业同业公会	三万元	
代办杂货业同业公会	一千元	
报关行业同业公会	五千元	
书业同业公会	二千元	
药材号业同业公会	二千元	
棉花行业同业公会	五千元	
国药业同业公会	一万元	

（续表）

卷烟业同业公会	二千元	
茶叶贩运业同业公会	一千元	
黄丝大油行业同业公会	一千元	
煤炭行业同业公会	一千元	
漆业同业公会除谌裕泰	五千元	
印刷业同业公会	五千元	
鞋业同业公会	一千元	
制造南酒业同业公会	一千元	
棉花进口业同业公会	三万元	
中西菜馆业同业公会	五千元	
针织袜业同业公会	一千元	
帽业同业公会	一千元	
广货业同业公会	一千元	
猪行业同业公会	二千元	
丝茧行业同业公会	一千元	
铜器业同业公会	一千元	
茶叶行业同业公会	五千元	
营造业同业公会	一万元	
折药业同业公会	一千元	
药材店业同业公会	一千元	
食品杂货业同业公会	五千元	
油业同业公会	三万元	
药油贩运业同业公会	五千元	
贸易人力车商业同业公会	五千元	
山货行业同业公会	一万元	
证券业同业公会	五千元	
杂货店业同业公会	五千元	

（续表）

杂货行业同业公会	二千元	
国产纸张号业同业公会	五千元	
猪鬃业同业公会	三千元	
木器业同业公会	一万元	
新药业同业公会	二万元	
白布行业同业公会	一千元	
蛋业同业公会	五千元	
石膏行业同业公会	一千元	
丝线绉纱业同业公会	一千元	
国产纸张行业同业公会	三千元	
国货匹头业同业公会	五千元	
机器红砖厂业同业公会	二千元	
色布行业同业公会	二千元	
麻袋业同业公会	三千元	
军服业同业公会	五千元	
编爆业同业公会	二千元	
汾酒业同业公会	二千元	
笔料杂皮业同业公会	一千元	
钟表、眼镜、唱机业同业公会	五千元	
茶叶店业同业公会	五千元	
皮货业同业公会	三千元	
制造毛笔业同业公会	一千元	
煤油、面粉、火柴业同业公会	五千元	
染织纱布业同业公会	五千元	
电料业同业公会	五千元	
肉业同业公会	三千元	
剧场业同业公会	三千元	

（续表）

中外纸业同业公会	一万元	
煤焦贩运业同业公会	八万元	
旅栈业同业公会	二千元	
潮糖杂货业同业公会	五千元	
皮业同业公会	三千元	
粮食行业同业公会	五千元	
印染花布业同业公会	一千元	
丝烟业同业公会	一千元	
玻璃料器业同业公会	三千元	
酒酱业同业公会	一千元	
火油制造业同业公会	一千元	
水土草药同业公会	二千元	
棉籽行业同业公会	一千元	
杂货贩卖业同业公会	二千元	
五金机器业同业公会	二千元	
茶馆业同业公会	一千元	
新式制革业同业公会	二千元	
各面粉厂福新等在内	三万元	
应城石膏公司	三万元	
南洋兄弟烟草公司	一万元	
中一信托公司汉口分公司	二万元	
楚胜火柴公司	五千元	
吕方记轧花机器厂	一千元	
滇昌肥皂公司	一万元	
启新洋灰公司	五万元	
曹祥泰肥皂厂	二万元	
义记烟行	二万元	

（续表）

永泰和烟行	二万元	
武昌商会及各同业公会	七万元	
汉阳商会及各同业公会	一万五千元	
李饮记　住小祭家巷内	五千元	
可大　住四官殿同春纱号内	五千元	
庆丰　住戴家巷	一万元	
丽新　住特三区江汉村	一万元	
大成　批发庄住昇平街内	一万元	
通成　特三区金城里	一万元	
中棉　特三区怡和街	一万元	

（《汉口商业月刊》新2卷第5期）

9.（汉口市商会）函转（各商店店员）劝募公债办法

（1937年10月10日）

案准救国公债劝募委员会湖北分会，本年九月二十九日总字第38号公开函：查本会第三次常会贾孔等八委员报告，审查劝募救国办法，拟具意见，请公决案，经议决修正通过，等因。查原案第二项店员认购，订明各商店店员，一律以薪资一个月，认购救国公债，先由店东一次垫缴，再分期扣还。复经第四次常会提出报告，关于店员认购公债，函财政厅代收，并须尽先催收救国公债款，等语，记录各在卷。所有武昌汉口汉阳各商店店员，应查照原案规定，一律以一个月薪资认购公债，其款即由店东代垫。一次缴纳足额，并应恪遵总会寒电所定，限期自九月份起，尽三个月内缴纳完结，不得稍有迟误，否则严予罚办，除分函外，相应函请贵会查照，迅速转知各商店店员，一体遵办为荷。等因，准此。除分知外，相应函达即希查照，一体遵办，为盼。此颂。时社。

汉口市商会启

10月1日

（《汉口商业月刊》新2卷第5期）

10.（救国公债劝募委员会湖北省分会）通知各同业催缴债款

（1937年10月10日）

案准救国公债劝募委员会湖北省分会总字第41号函开：案奉委员长蒋九月沁电开：查各省募收救国公债已于阳日分别电达后，已据先后电复，正在如额积极筹募，粤浙两省，均允照原定之额，加增千万以上，粤、皖、滇各省，并经有垫解之款，体念公忠，俱堪慰佩。惟现值军用浩繁,库储支绌,需要接济,急于星火,务请须将已收之款,迅即解交总会,余额严定最短期限,悉数缴清,以资应用,至深企盼。等因,奉此。自应遵办,查本省承募公债标准额数及募齐期限,均经先后函达查照在案,兹奉前因,所有贵会所属各同业公会认购债款,希照案于三个月以内缴解清结,如能提前缴清,尤所厚盼。事关救国军事,万勿稍事迟延,除分函外,相应函请查照办理,并将分次缴纳日期,先行见复为荷,等因,准此。除分知外,相应函达查照,切实遵办为盼。此颂。时绥。

(《汉口商业月刊》新2卷第5期)

11.(四行联合办事处汉口分处)转知(汉口市商会)粤桂钞票折兑办法

(1937年10月10日)

敬启者,案准中中交农四行联合办事处汉口分处快邮代电开:汉口市商会鉴:奉四行联合总办事处,蒸电开粤桂军队遇境,如揣有下列各钞票商兑法币,除广东毫洋,应按一四四折兑法币一元,广东大洋券,按一二折兑法币一元收兑外,桂币一项,未经规定,可按每月折兑法币五角,并希随收随即函报,等因。除遵办并转知武昌中中交农四行一体办理外,敬祈鉴察,为荷。中中交农四行联合办事处汉口分处叩真。等由,准此。除分知外,相应录转,统希查照为盼。此颂。时绥。

汉口市商会启

9月14日

(《汉口商业月刊》新2卷第5期)

12.(汉口市商会)转告财政部抄发真伪辅币说明书

(1937年10月10日)

案奉财政部民国二十六年九月十六日,钱字第40853号训令开:案查前准宪兵司令部函,以查获浦口中西旅舍旅客日人皆川万治,揣带伪镍币一案,检同伪镍币函请核办,等因。当以此项伪币之成色、重量、直径以及磁铁不吸等状态,经化验结果虽与真币不同,但非凭恃机械无从分别,一般人民,收受势必难于辨认真伪。现值推行新辅币之际,发现此项伪币,殊与币政影响甚大,经即令饬中央造币厂草拟该厂铸造镍币与伪镍币不同点之说明,以期易于辨认镍币真伪而维币政,兹据该厂遵拟呈送前来,查核尚属详晰,除指令并分行外,合行检同,中央造币厂镍币与市上发现之镍币不同点之说明二份,令仰知照,并转行同业一体知照,此令。等因,附说明二份到会,奉此。除分知外,相应录令相抄函转,即希查照,并一律遵照是盼。此颂。时绥。

汉口市商会启

9月27日

计附奉发真镍币与伪镍币不同点之说明一件

中央造币厂镍币与市上发现之伪镍币不同点之说明

中央造币厂镍币之特点：

一、原料为纯镍，有吸引力可用吸铁石吸起；

二、用高压力机印成花纹，字迹皆甚明了；

三、币面有特殊光泽，永不变暗；

四、五分十分两种哑木无声，廿分一种敲之有声；

五、非极高热度不能熔化。

伪镍币之种类：

分为二类，一机器铸造，二翻砂翻成，前者几可乱真，较难识别，后者粗制滥造，殊易辨认。兹将该两类伪币与真币不同之点分别说明于后。

一、用机器铸造之伪镍币

1.原料惟铜镍锌合金，无吸力，吸铁石不能吸起。

2.花纹字迹与真币无异。

3.币面虽有光泽，日久变暗。

4.五分哑木无声，廿分敲之有声，均与真币无别。惟十分伪币敲之有响声，而真币哑木无声，然不同最易辨别，查市上发现之伪镍币概为十分、五分、廿分，仅属稀见，如市民能注意此点，则真伪不难识别。

5.质地相当坚硬。

二、用翻砂翻成之伪镍币

1.原料大率为锑、锡、铅混合，吸铁石不能引起。

2.圆案模型虽与真币相同，但花纹模糊，线条不清。

3.币面晦涩呈死灰色并有微细砂眼，光边粗糙不匀。

4.质地柔软，可用小刀刮去或齿啮成痕，极易熔化。

总之，识别真伪镍币要点有三，胪列于下：

一、伪币之粗劣者，花纹字迹不甚精细，质地柔软，齿啮有痕且币面晦涩呈死灰色，光边粗糙不匀，一辨即知。

二、伪币之精细者，花纹字迹与真币无异，惟币面虽有光泽，日久变暗，市上发现者十分居多，可以声音辨之，真者哑木无声，伪者有尖响声，其五分哑木无声，廿分敲之有声，均与真币无别，惟十分伪币敲之有尖亮响声，而真币哑木无声，显有不同，最易辨别，查市上发现之伪镍币以十分居多，五分、廿分仅属稀见，如市民能注意此点，则真伪不难识分。

三、真币可用吸铁石吸起，伪币吸铁石不能吸引。

（《汉口商业月刊》新 2 卷第 5 期）

13.食粮资敌治罪暂行条例

（1937 年 10 月 10 日）

案奉汉口市政府本年九月十八日亨字 6149 号训令内开：案奉湖北省府民国二十六年九

月十一日省秘字第 25840 号训令内开:案奉行政院民国二十六年九月三日第 5162 号训令开:案奉国民政府民国二十六年八月三十一日第 365 号训令开:查粮食资敌治罪暂行条例,业经制定,明令公布,应即通饬施行,除分行外,合行抄发该条例,令仰知照,并转饬所属,一体知照,等因,计抄发食粮资敌治罪暂行条例一份,奉此。除分行外,合亟抄发该条例,并转饬所属,一体知照。等因,附发食粮资敌治罪暂行条例一份,奉此。除分令外,合行抄同原件,令仰知照,并饬属知照。等因,计抄发食粮资敌治罪暂行条例一份,奉此。除分令外,合行抄发原附件一份,令仰该会转饬所属,一体知照,此令。正转知间,又奉汉口市政府民国二十六年九月十八日亨字第 6148 号训令开:案奉湖北省政府民国二十六年九月十一日省秘一字第 25839 号训令开:案奉行政院民国二十六年九月三日第 5163 号训令开:查食粮资敌治罪暂行条例,业奉国民政府命令公布施行在案。兹经本院制定食粮资敌案件没收食粮及罚金处理规则,并以院令公布,应即通饬施行,除分行外,合亟抄发该规则,令仰知照,并转饬所属一体知照。等因,附发食粮资敌案件没收食粮及罚金处理规则一份,奉此。除分令外,合行抄同原附件,令仰知照,并饬属知照。等因,计抄发食粮资敌案件没收食粮及罚金处理规则一份,奉此。除分令外,合行抄发原规则一份,令仰该会转饬所属,一体知照,为要!此令。各等因,附抄发食粮资敌治罪暂行条例暨食粮资敌案件没收食粮及罚金处理规则各一份,到会,奉此。除分知外,相应并案录令照抄转达,统希查照,并一律知照,为盼!此颂。时绥。

汉口市商会启

9 月 23 日

附抄奉发食粮资敌治罪暂行条例暨食粮资敌案件没收食粮及罚金处理规则各一份

原抄

食粮资敌治罪暂行条例

1937 年 8 月 31 日公布

第一条　凡以食粮资敌依本条例治罪。

第二条　本条例所称食粮为谷米麦杂粮及其他可充食粮之物品。

第三条　凡以食粮供给敌军者处死刑。

第四条　非常时期私运禁止出口。在十万斤以上者以资敌论,犯前项之罪而数量未满十万斤者处无期徒刑或七年以上有期徒刑。

第五条　包庇或纵容前二条之罪者以共同正犯论。

第六条　犯第三条、第四条之罪者没收其所运之食粮并科以食粮价额同等之罚金,如罚金不缴纳得拍卖其财产抵押。拍卖财产得委托该管行政机构行之,但须呈报中央最高军事机关备查。

第七条　第三条、第四条之未遂犯罚之。

第八条　预备或阴谋犯第三条之罪者处七年以上有期徒刑,犯第四条之罪者处一年以上七年以下有期徒刑。

第九条　犯本条例之罪者由有军法权之机关审判,呈经中央最高军事机关核准后执行之。在作战区域因交通断绝或时机迫急时得由就近有军法权之最高军事机关代核实后补报备案。

第十条　本条例自公布之日施行。

（《汉口商业月刊》新 2 卷第 5 期）

11 月

1.财部制定金类兑换法币办法

（1937 年 11 月 10 日）

案奉汉口市政府本年十月二日吉字第 3501 号训令开：案奉财政部三十钱电开：汉口市政府公鉴：兹由部制定金类兑换法币办法七条，提经行政院会议。决议：通过。办法全文如下：（一）凡以生金、金器、金饰、金币或新产之金块、金沙等金类兑换法币，或换算作为法币存款者，悉照本办法规定办理。（二）金类兑换法币机关，由财政部委托中央、中国、交通、农民四银行，邮政储金汇业局，邮政局及其分支行四局处或其委托代理机关办理之。（三）金类兑换法币，按其实含纯金成分，依照中国银行逐日挂牌行市计算。（四）以金类交由第二类规定兑换机关兑换法币者，依下列规定，给以手续费。（1）十两以下者，给 3%。（2）十两或十两以上者，给 4%。（3）五十两或五十两以上者，给 5%。前项手续费，由财政部负担。（五）以金额交由中中交农四行换算作为法币存款，定期在一年以上者，除依第四条之规定加给手续费外，并照银行规定利率加给利息周息二厘。（六）以金类购买救国公债者，得不依本办法第四条之规定，毋论多寡，一律加给 6%。（七）本办法自公布之日施行。除由部公布并分电外，相应电请查照，即希饬属一体知照，并布告周知为荷。财政部三十钱印。等因，奉此。除分饬并布告周知外，合行令仰该会遵照，并转行遵照，此令。等因，奉此。相应录转，即希查照，并一律遵照为盼。顺颂。时绥。

汉口市商会启

10 月 5 日

（《汉口商业月刊》新 2 卷第 6 期）

2.（汉口市商会）函典当业将满当金类器物尽量兑换法币

（1937 年 11 月 10 日）

案奉财政部第 8218 号快邮代电开：汉口市商会转典当业公会览，查本部为充实抗战力量，集中现金起见，前经制定金类兑换法币办法七项，提请行政院会议通过，由部公布施行，嗣为便利推行起见，复经制定金类兑换法币办法施行细则及通电各省市政府督劝人民，以金兑换法币，电文先后通行各在案。惟我国幅员辽阔，为求在短时间内唤起民众注意，借收宏效起见，尚赖各方面共同协助，广为宣传，并积极推行贡献金救国运动，庶一般持有金类器物者，均能踊跃参加兑换，除原办法业经由部分电各省市政府布告不另附发外，特电仰该会劝告各该地典当业尽量将满当金类器物兑换法币，以利推行，而宏实效，财政部养印。等因，奉此。相应录电转达，即希查照遵办，分转各同业一律遵照办理为荷。

此致

汉口市典当业同业公会

汉口市商会启

（《汉口商业月刊》新2卷第6期）

3.（汉口市商会）转财部制定金类兑换法币施行细则

（1937年11月10日）

案奉财政部蒸钱电开：汉口市商会公鉴：兹由本部制定金类兑换法币办法施行细则，内文如下：（一）揣带金类前往兑换机关兑换者，军警机关应予保护，不得留难。除私运金类出口及在沿海地方私带金类，意图偷运出口，经海关查获，仍照禁止现金出口通案处办外，至本部前定内地带运用金，取具起运地商会证明书办法，应予停止。（二）中央银行纯金，逐日挂牌行市，应分电中央、中国、交通、农民四行，各省分支行，抄送各级邮政局或邮政储金汇业局及其他委托代理机关，于门口悬牌公告之。其交通不便地方，函电到达迟缓者，以收到最后所报告之行市为标准，予以兑换。（三）计算金类重量，悉以标新衡制为准，不得沿袭习惯，以旧衡秤量。（四）兑换机关，如无相当人员估定金类成色时，得就地选用公占人员办理，务使公平确当，不得抬高或抑低。（五）兑换机关，应将金类兑换法币办法，应在该机关门口或显著地方揭示之。（六）凡依照金类兑换法币之规定，以金类兑换法币或换算作为法币存款者，兑换机关应予以充分之便利，务于最短时间办完手续。（七）人民以金类请求兑换，无论数量多少，兑换机关均应竭诚接待，尤不得稍有留难轻慢。（八）兑进金类，由兑换机关，十日列报一次，送由各该管机关，转送财部查核。（九）兑换机关，得按照收兑金类价额，施用百分之一手续费，作为估色秤量运输之用。前项手续费，由财部负担。（十）兑换机关，收兑金类程序优良者，由财部颁给奖状，以资鼓励。（十一）本细则，自公布之日施行。除由部令公布外，电仰知照，并转各会员各同业，一体知照，财政部蒸钱。等因，奉此。相应录电转达，即请查照，并一律知照，是盼。顺颂。时绥。

汉口市商会启

10月15日

（《汉口商业月刊》新2卷第6期）

4.行政院规定人民捐赠金银物品收受及保管办法

（1937年11月10日）

案奉汉口市政府本年十月二十六日吉字第3713号训令内开：案奉湖北省政府省秘一字第26803号令开：案奉行政院十月八日第5670号训令内开：查人民捐赠金银物品收受及保

管办法,现经制定,以院令公布应即遵饬施行,除分行外,合行抄发办法,令仰遵照,并转饬所属一体遵照。等因,奉此。除分令外,合行抄发原办法令仰遵照,并转饬所属一体遵照。此令。等因,计抄发人民捐赠金银物品收受及保管办法一份,附收据格式,奉此。除分饬外,合行抄发原办法及附式,令仰该会遵照,并转行知照,此令。等因,附抄发原办法一份,附收据格式,到会,奉此。除分转外,相应录令照抄函达,统希查照,并一律知照,为盼。此颂。时绥。

汉口市商会启

10 月 27 日

计附奉发抄件一份

人民捐赠金银物品收受及保管办法

一、凡中华民国人民愿以所持有之金银物品交付国家者,应以之购买救国公债,照救国公债募集办法及各经收机关收解债款规则办理,其声明不便收受公债者依本办法办理之。

二、前条所称金银物品包括硬币、外币、生金银及其制成品如首饰、器皿等。

三、人民捐赠金银物品以救国公债各经收机关为收受机关,以中央银行及救国公债劝募委员会设置之保管库为保管机关。

四、收受机关对于人民捐赠之禁烟物品应鉴定成色、重量,填给捐赠收据,将捐赠者姓名及所捐物品名称、质别、件数及秤定量、鉴定成色等一并详细填明。

前项收据制定式样交收受机关印制编列号数计份三联,第一联由收受机关签印并盖经手负责人印章,交捐赠人收执。第二联报告均由经收机关签印,逐日汇送当地劝募委员会。第三联存根由收受机关存查。

五、收受机关所收捐赠金银物品应即日送交中央银行或救国公债劝募委员会设置之保管库存储保管,听候统一处理,其未设中央银行及保管库地方即送交中央交通中国农民四行或其他指定机关存储保管。

六、收受机关于收受捐赠金银物品后应于最近期内在当地出版之著名刊物将收据内所填各项详细公布。

七、捐赠金银物品人民如声明不便披露姓名者,收受机关应仍填给编号收据,但公布时除姓名不公布外余仍照前条办理。

八、各地劝募委员会应于每星期六将当地收受机关所送第二联报告单汇列总表一式四份,以一份留存,备查三份送劝募总会,由总会以二份送财政部,再由财政部以一份送军事委员会查核,保管机关于每星期六亦应照此程序列表报告。

九、捐赠金银物品价值在五千元以上者援照购募救国公债奖励条例及办法比例给予奖励,在一千元以上者由行政院给予奖状,五百元以上者由省市政府给予奖状,五十元以上者由县市政府给予奖状。

其捐赠金饰者并得由劝募总会给予政府颁发之荣誉代用品。

十、凡友邦人士愿以金银物品充作捐赠者均参照本办法办理,其国外收受及保管机关由劝募总会指定之。

十一、本办法自公布之日施行。

（《汉口商业月刊》新 2 卷第 6 期）

5.国产货物在国内运输概须征收转口税

（1937 年 11 月 10 日）

案准江汉关税务司本年九月三十日第 1004 号函开：案奉政府令饬：凡国产货物，在国内运输，不论起运或到达地点，亦不论系由民船、铁路、公路、轮船或飞机运输，其在设有海关或海关分卡之任何地方装卸或经过者，该项货物，概须征收转口税。惟已在他处海关完纳关税，或已完统税、破产税、烟酒税之货物，得免征转口税。至于已完转口税之货物，如转运外洋，则该货物已完之转口税，与应完之出口税之差数，应按照现行办法，分别加征或予以退还。上述办法，自本年十月一日起试办。等因，自应遵办。业经以第 853 号布告公布周知，并于本月二十七八等日，先后将该布告登载于本市《武汉》《扫荡》《大公》等报，各在案。查关于此事在民船方面之报关完税事项，本关顷已通告周知，兹特将该项通告，附送一份，以便参阅。除上述通告内所规定之分卡及分所外，在平汉粤汉两路，遇必要时，本关并拟设立若干分卡，兹分列于下：

平汉铁路

玉带门车站　循礼门车站　大智门车站　三阳路平汉铁路堆栈　江岸车站　谌家矶车站

粤汉铁路

徐家棚武昌东站　武昌总站　鲇鱼套车站

凡货物在上述各站装卸或经过者，概须办理报关手续，至于一切应办手续之细则，一俟拟就，即当送请查照，是项新税，因系创办伊始，一切筹备，稍费时日，预计于十月五日以前，恐尚不克开始征收，俟定期后，当再行布告。值兹国难严重之秋，此种收入，与战时费用，有莫大关系，应请贵会多方予以协助，并将此意旨转告贵会各会员知照，务望共体时艰，与本关竭诚合作，庶几本关对于新税之征收，得以推行无阻，实所厚望也。相应函达，即希查照，为荷。等因，并通告一份，准此。除分知外，相应抄同原通告一份函达，即希查照，转致各同业商号，一体知照，为盼。此颂。时绥。

汉口市商会启

10 月 2 日

附抄原通告一份

江汉关通告

案奉政府令饬，自本年十月一日起，凡经由民船、小输、铁路等运输之国产货物，概须征收转口税。等因，自应遵办。本关经以第 853 号布告公布周知，并于本月二十七八等日，先后将该布告在本埠《武汉》《扫荡》《大公》等报，各在案。本关兹拟在汉口、襄河口、龙王庙及桥口地方，各设立分卡一处；汉阳河泊所及武昌下新河地方，各设立分所一处。所有在长江或襄河流域贸易之民船，如往来或经过本口时，概须在上述各分卡保关完税，倘驶经各分所，并须向各该分所呈报。至关于呈报之详细手续，日内即可拟定，届时可来本关或民船公会索阅，嗣后则可径向各该分卡及分所索取，仰各民船船主，一体遵照。

特此公告

税务司安期逖

1937年9月29日

（《汉口商业月刊》新2卷第6期）

6.财部整理转口税办法

（1937年11月10日）

案奉汉口市政府本年十月二十二日吉字第3654号训令开：案奉财府部民国二十六年十月，条电节开：本部前为补助非常时期财政起见，经将转口税酌定整理办法，定期于十月一日起施行，业于九月俭日电请查照在案。兹查原修订转口税则内之米谷小麦，均与民食有重要关系，应予特准免征转口税，除令关遵办外，相应电请查照。等因，奉此。查此案前奉俭电，当经本府以吉字第3473号训令该会知照，并一体协助在案。兹奉前因，除分令外，合行再令知照。此令。等因，奉此。相应录令续转，统希查照。顺绥。公绥。

汉口市商会启

10月25日

（《汉口商业月刊》新2卷第6期）

7.（汉口市商会）转发修正取缔棉花掺水掺杂暂行条例施行细则

（1937年11月10日）

案准湖北省棉花掺水掺杂取缔所第1417号公函开：案准实业部国产检验委员会棉花检验监理处民国二十六年九月二十二日公字第41号公函开：案奉实业部国产检验委员会产字第95号训令内开：奉实业部商字第59204号训令开：案奉行政院民国二十六年八月六日第61148800号训令内开：案奉国民政府民国二十六年八月二日第605号训令内开：查《取缔棉花掺水掺杂暂行条例》施行细则，前经制定公布，并经明令修正各在案。兹将该细则再加修正，应即通饬施行，除公布并分行外，合行抄发修正条文，令仰知照，并转饬所属一体知照。此令。等因，计抄发修正《取缔棉花掺水掺杂暂行条例》施行细则一份，奉此。除分令外，合行抄发原件，令仰知照，并转饬所属一体知照。此令。等因。附抄发修正《取缔棉花掺水掺杂暂行条例》施行细则一份，奉此。除分令外，合行抄发原件，令仰知照，并转饬所属一体知照。此令。等因，附抄发修正《取缔棉花掺水掺杂暂行条例》施行细则一份，奉此。合行抄发前项细则一份，令仰遵照办理。此令。等因，附抄件，奉此。除分行外，相应抄附前项细则一份，函请查照办理，并转饬所属遵照办理为荷。等因，附修正《取缔棉花掺水掺杂暂行条例》施行细则一份，奉此。除分别函令布告外，相应抄同原件，函请查照，并饬属一体遵照为荷。等因，附抄发原细则一份，到会，除分转外，相应照抄原细则一份，函达贵公会即请查照并希转知各同业一体遵照为盼。

此致

棉花业同业公会

汉口市商会启

10 月 8 日

附送修正《取缔棉花掺水掺杂暂行条例》施行细则一份

修正《取缔棉花掺水掺杂暂行条例》施行细则

第一条 本细则依据《取缔棉花掺水掺杂暂行条例》之规定订定之。

第二条 实施《取缔棉花掺水掺杂暂行条例》(以下简称本条例)之机关为:

(甲)实业部国产检验委员会棉花检验监理处(以下简称监理处)及其办事处。

(乙)经实业部核准由国产检验委员会棉花检验监理处会同关系省主管官署合办之棉花掺水掺杂取缔所(以下简称取缔所)及其分所。

第三条 纱厂花行或其他棉商收买含有水分或杂质超过最高限度棉花之经办人应依本条例第五条第一项一并处罚之。

凡水分杂质超过最高限度之棉花出卖或转运者得依本条例第五条第一项之规定停止其出卖或转运。

第四条 本条例第三条准予买卖之黄花、红花、脚花、废花须由货主或其代理人事前声明,并在色上加盖黄花、红花、脚花、废花各字样,查明属实准予运销。如于原含杂质外故意掺入石粉或其他杂质,或次花用药品熏白,或有其他蒙混情事,仍按本条例第四条处罚之。

第五条 中棉种与美棉种在送轧前或上轧时混杂轧花,经取缔机关查获,应依本条例第九条处罚之,但在中美棉区毗连处棉种原来混杂者不在此限。

第六条 中棉区轧美棉,或美棉区轧中棉,或中美棉种原来混杂之棉花,应向取缔机关报明理由,并附缴混棉花之证明证据。如匿不声报,经查明确系意图不法利益,应依本条例第九条处罚之。

第七条 棉商或棉农如有违犯本条例第四、第五及第九、第十、第十一之规定,经人向取缔机关告发,或由取缔机关检查得有确据者,由该取缔机关封存物证,并派员向货主或其代理人所在地之警察局声请派警,将该货主或其代理人拘局转送或径行送请司法机关依法办理。

第八条 违犯本条例第四、第五及第九、第十、第十一条之规定应由监理处及其办事处暨取缔机关检举之,人民或团体不得假借名义借端索诈,并不得设立类似取缔机关,如有违犯者,由各该地方司法机关依法办理。

第九条 棉商或棉农藏有掺水或掺杂之器具一经查获,应由取缔机关予以扣留销毁。

前项应予取缔之器具其类别及名称应由监理处及取缔所视各地实际情形酌量规定,并先期布告之。

第十条 依本细则第七条所送各该地方司法机关办理案件得函,请其将判决正本送各该取缔机关。

第十一条 依本细则第七条封存之棉花须经各该取缔机关之核定发还货主或其代理人自

行整理，并由取缔机关派员监督，俟经整理完毕查验合格方准买卖。

第十二条　取缔机关执行取缔职务应在纱厂、轧厂、打包厂、花行贩户及其他棉商暨运输处所。经营棉花打包之机器打包厂应由取缔机关派员莅厂查验之。

第十三条　本条例第六、第七两条规定棉花之买卖其成交契约上除价格外对于水分杂质含有量应载明依本条例办理，如不载明契约或载明而不履行，或因扣价补偿发生争执时，得声请公证机关证明，关于公证机关及其办法另定之。

第十四条　棉花经原运输地取缔机关发给合格证书转运其他各地时，各地取缔机关应验证放行，但于必要时得酌量抽查，如查有中途搀水搀杂确据或原取缔机关查验疏忽情事，应按照本细则第八条办理或通知取缔机关核办之。

第十五条　监理处及其办事处暨取缔所查验棉花不收任何费用。

第十六条　取缔机关所在地之棉商登记由各该机关办理，其他产棉各县之棉商登记及宣传事项由各该县县政府负责办理之。

第十七条　产棉各区之县政府及警察局应负责协助取缔机关关于本条例施行事项。

第十八条　各省棉花搀水搀杂查验棉花通则及办理棉商登记通则另定之。

第十九条　本细则自修正公布之日施行。

（《汉口商业月刊》新 2 卷第 6 期）

8.（汉口市商会）函请（上海市政府）防止日寇运来伪满钞票及辅币券

（1937 年 11 月 10 日）

案奉中国国民党汉口特别市党部本年十月十一日宙字第 1009 号训令内开：案奉中央执行委员会训令：关于上海市党部呈以日本现运大批伪国钞票辅币券，着日商纱厂于发放华工工资时，按成夹用，请予防止一案。复经本部查核，以近值时局多事之秋，为彻底防止敌人扰乱我金融起见，凡属敌伪钞券，尤应严禁人民收受行使。如敢故违，即依危害民国紧急治罪法惩办。函请上海市政府密饬当地商会转知各同业公会，密告全体人民一体遵照，并令各地钱兑业同业公会会员举行不收受“伪满”钞票及不买卖私货宣誓，以为道义上之防范。等情。自应照办，仰即转饬所属各钱兑业同业公会并转知有关各机关团体一体注意遵照办理。等因，奉此。除分行外，各亟令仰遵照转饬所属一体注意为要。此令。等因，奉此。除分知外，相应录转，即请查照，一律注意为盼。顺颂。时绥。

汉口市商会启

10 月 13 日

（《汉口商业月刊》新 2 卷第 6 期）

9.（汉口市商会）分函各同业筹募捐款慰劳前方将士及来汉伤兵所需衣被

（1937 年 11 月 10 日）

敬启者，案查本会前以连奉武汉行营，暨省市政府，并武汉防空司令部，湖北征募委员会，先后另函，饬即筹募关于慰劳前方将士及来汉伤兵所需衣被等物，并本市防空监视哨棉风衣以及救济难民等捐款为数极巨，待用孔殷，曾于本月十六日，召集各业公会主席，开临时谈话会，协商筹款办法，并于二十日，开执委会例会时，推出接洽摊派捐款委员数人，专办其事。复于二十六日，续开执监委员临时联席会议，并请有各业国货分会之主任参加，业将统一征募捐款办法，暨分帮摊派捐款情形，详细报告，统一致通过，各在案。只以当此全面抗战之时，无论前方后方，凡所需要，关系甚重，加以冬令晌届，天气渐寒，舍曰无衣，何以御侮，是以迭奉电催，前项捐款，须于三数日内照数募齐，赶为制备，以应要需，情势甚殷，万难再缓，除已先行定制各项衣被，并令依限交件外，用特按照拟定各业摊派捐款数额，分别函达，俾便筹缴，借资应用，共济时艰。查派款单内，所有请由贵业担任募集之数，祈查照前情，在原定三日限期之内，赶迅照数筹缴，以凭汇办。素仰诸君子情殷救国，不肯后人，本同仇敌忾之心，为推食解衣之举，必能依限赶办，有以慰我前方后方各忠勇将士之辛劳也。除分致外，相应备函布达，统希台察，积极办理，至盼至祷。

此致

各同业公会

汉口市商会启

10 月 29 日

（《汉口商业月刊》新 2 卷第 6 期）

10.（汉口市商会）函转湖北建设公债条例及还本付息表

（1937 年 11 月 10 日）

案奉汉口市政府民国二十六年十月二十五日训令开：案奉湖北省政府民国二十六年十月二十日省秘一字第 26804 号训令内开：案奉行政院民国二十六年十月八日，第 5678 号训令开：案奉国民政府民国二十六年九月二十九日第 688 号训令内开：为令知事，查《民国二十六年湖北省建设公债条例》，业经制定明令公布，应即通饬施行。除分令外，合行抄发该条例及附表。令仰知照，并转饬所属一体知照。此令。等因，奉此。除分令外，合行抄发原条例及附表，令仰知照，并转饬所属一体知照。等因，附发《民国二十六年湖北省建设公债条例》及还本付息表各一份，奉此。除分令外，合行抄同原附件，令仰知照，并饬属知照。等因，附抄发《民国二十六年湖北省建设公债条例》及还本付息表各一份，奉此。除分行外，合行抄同原附件，令仰该会知照，并转行各公会会员一体知照，此令。等因，附抄发《民国二十六年湖北省建设公债条例》及还本付息表各一份，奉此。除分转外，相应抄同原附件，备函送达，即请查照，为盼。此颂。时绥。

汉口市商会启

10 月 29 日

附抄件

民国二十六年湖北省建设公债条例

（1937 年 9 月 29 日公布）

第一条　湖北省政府为续筑公路整理内河航业拨缴银行股本办理武昌市政建设及省内非

常时期之建设发行公债,定名为民国二十六年湖北省建设公债。

第二条　本公债定额为国币 500 万元。

第三条　本公债定于民国二十六年十月一日换照票面九八发行。

第四条　本公债利率定为年息六厘,每年三月三十一日及九月三十日各付息一次。

第五条　本公债偿还期限定为 12 年,每年三月三十一日及九月三十日各还本一次,以抽签行之。每次抽还数目依还本付息表之规定,前项抽签于每年三月十五日、九月十五日由财政厅于省政府所在地行之。抽签时由财政部、审计部、省政府各派员,武汉商会银行钱业两公会各派代表莅场监视。

第六条　本公债还本付息以本省营业税收入除拨充前发公债基金之外之余款及内河航业收入年拨 12 万元为基金,由财政厅及主管机关依照还本付息表之规定,每期应还本息数目按月拨交中央银行汉口分行列收湖北省公债基金保管委员会本公债基金户账专储备付。

第七条　本公债票面分千元、百元、十元三种,均为无记名式。

第八条　本公债得自由买卖,抵押及本省公务上须缴纳保证金时得作为替代品,中签债票到期息票并得抵纳本省一切租税。

第九条　对本公债有伪造或毁损信用之行为者由法院依法惩办。

第十条　本条例自公布之日施行。

民国二十六年湖北省建设公债还本付息表,年息六厘

年	月	日	现负数	期次	签数	还本数	付息数	总数
1938	3	31	5,000,000	1	3	150,000	150,000	300,000
	9	30	4,850,000	2	3	150,000	145,500	295,500
1939	3	31	4,700,000	3	3	150,000	141,000	291,000
	9	30	4,550,000	4	3	150,000	136,500	286,500
1940	3	31	4,400,000	5	4	200,000	132,000	332,000
	9	30	4,200,000	6	4	200,000	126,000	326,000
1941	3	31	4,000,000	7	4	200,000	120,000	320,000
	9	30	3,800,000	8	4	200,000	114,000	314,000
1942	3	31	3,600,000	9	4	200,000	108,000	308,000
	9	30	3,400,000	10	4	200,000	102,000	302,000
1943	3	31	3,200,000	11	4	200,000	96,000	296,000
	9	30	3,000,000	12	4	200,000	90,000	290,000
1944	3	31	2,800,000	13	4	200,000	84,000	284,000
	9	30	2,600,000	14	4	200,000	78,000	278,000

（续表）

年	月	日	现负数	期次	签数	还本数	付息数	总数
1945	3	31	2,400,000	15	4	200,000	72,000	272,000
	9	30	2,200,000	16	4	200,000	66,000	266,000
1946	3	31	2,000,000	17	5	250,000	60,000	310,000
	9	30	1,750,000	18	5	250,000	52,500	302,000
1947	3	31	1,500,000	19	5	250,000	45,000	295,000
	9	30	1,250,000	20	5	250,000	37,500	287,500
1948	3	31	1,000,000	21	5	250,000	30,000	280,000
	9	30	750,000	22	5	250,000	22,500	272,500
1949	3	31	500,000	23	5	250,000	15,000	265,000
	9	30	250,000	24	5	250,000	7,500	257,500
总计						5,000,000	2,031,000	7,031,000

（《汉口商业月刊》新 2 卷第 6 期）

12 月

1.禁止使用冀察省钞

（1937 年 12 月 10 日）

案奉汉口市政府民国二十六年十一月十二日训令开：案奉国民政府军事委员会委员长武汉行营鄂总计字第 437 号训令内开：案据中央银行汉口分行函称：案奉中央、中国、交通、农民四总行十月二十八日电开：顷奉财政部感电，奉委座贺电节开：查冀察两省现在混乱状态中，其省钞应一律禁止使用，希即分饬遵照为要。等因。自应遵照办理。所有冀察省钞流出省外者，应即一律禁止使用，除电豫、鲁、晋、陕、甘、宁、青各省政府转饬所属暨银钱业同业公司商会遵照，并电河北、察哈尔两省政府转饬发钞行局迅速设法清理收兑外，特电查照，并转行所属一体遵照。等因。自当遵照办理。除分电外，特电查照遵办。等因，奉此。查敝行时有伤兵执持河北省银行钞票请求兑换之事，以在通行时期，均经通融掉换，兹奉电令冀察省钞一律禁止使用，敝行自应遵照办理，用特录电奉达，即希钧洽，并请转饬伤兵机关及伤兵医院查照为荷。等情，据此。除分令外，合行令仰知照，并转饬所属一体知照。此令。等因，奉此。除分行外，合行令仰该会知照，并转行各会员一体知照。此令。等因，奉此。相应录令转达，即请查照并一律知照为要。此颂。时绥。

汉口市商会启

（《汉口商业月刊》新2卷第7期）

2.（汉口市政府）非常时期征收印花税办法

（1937年12月10日）

案奉汉口市政府本年十一月二十九日元字第5652号训令内开：案奉湖北省政府本年十一月二十六日省财三字第119518号训令开：案准财政部民国二十六年十一月十日税六字第42803号咨开：案查非常时期征收印花税暂行办法，业经咨请转饬遵照在案。其第四条规定呈文，申请书、诉愿书、保结、甘结、切结，每件贴印花二角，自应责令商民遵照办理。惟各税收机关规定，商人关于纳税应行使用之各项申请书，以及关于申请尽纳税义务，或为已尽纳税义务请求发给证照应行使用之申请书，系属国家为征税所定应有之手续，核与商民专为主张其私人权益之申请书性质不同，自可毋庸贴花。至商人对于各税收机关请求免税、退税事项之申请书，以及关于非纳税事项如申请登记及请求某种事项之申请书，既含有主张其权益之作用，仍应一律遵贴印花。除分别咨令外，相应咨请查照，即希转饬所属一体遵照。等因，查非常时期征收印花税暂行办法，前准财政部来咨，经即分令饬遵在案。准咨前因，除分行外，合行令仰遵照并转饬所属一体遵照。此令。等因，奉此。查非常时期征收印花税暂行办法，前经本府令发遵照在案。兹奉前因，除分令外，合行令仰遵照，并转饬所属一体遵照为要。此令。等因，奉此。除遵照并分知外，相应录令转达，统希查照，并一律遵照为盼。此颂。时绥。

汉口市商会启

（《汉口商业月刊》新2卷第7期）

3.（汉口市商会）转知各同业公会实行贴用印花日期

（1937年12月10日）

案准财政部鄂豫区税务局本年十一月二十日第442号公函开：案准贵会民国二十六年十一月十二日事字第1442号公函：以据各业公会陈请将非常时期征收印花暂行办法一案，以本年十一月十五日为本市施行贴用之期，俾归化一，以便遵循。等情，嘱即查核。准予所请施行，并希见复。等由，准此。查此案现奉财政部民国二十六年十一月文日代电开：查民国二十一年十二月二十三日国民政府公布之日施行者，首都以刊登该法律如国民政府公报之日或公布该法律之命令依限应到达各主管之日起，各省市以刊登该法律之公报或公布该法律之命令依限应到达该省市最高主管官署之日起发生效力。等语。本部本年十月十一日公布非常时期征收印花税暂行办法之命令，依照上述规定，自应以法律施行达到日期表所定限期应到达最高主管官署之日起发生效力（例如江苏省规定十五日为到达期，则上项办法应自十月二十六日起发生效力）。各省市商民凡在本年十月十一日起至法律施行到达期，各督查、抽查、检查等人员检获时,概应免予送罚,倘因事变而致上项命令不能到达之地方,依照法律施行日期条例第四条之规定,应自命令到达之翌日起发生效力。故凡在上项命令未到达之前,商民如有违反暂行办法情事,并应免予送罚。至簿折所贴之印花时效,业经印花税法施行细则第十条规定,应截至年终商业总结束为止,是凡在暂行办法发生效力以前所立已贴印花之簿折,自可不必加贴。诚恐执行检查时有所误会,合将法律施行到达日期表随电抄发,仰为通饬所属各抽查人员一体遵照。等因,附抄发法律施行达到日期表一份,奉此。自应遵办,除分别函令外,相应抄录奉发法律施行达到日期表一份,函达贵会,即希查照办理为荷。等因。除分知外,相应抄表函达,即希查照是盼。此颂。时绥。

汉口市商会启

附抄表一件

法律施行达到日期表

1932 年 12 月 23 日国府公布

甲、首都

五院三日;各部会七日。

乙、各省区

江苏十五日;浙江、安徽、山东、河南二十日;江西、河北、湖北、福建二十五日;山西、湖南、广东、吉林、辽宁、察哈尔三十日;绥远、热河三十五日;黑龙江、陕西四十日;广西、宁夏、甘肃、青海、四川六十日;贵州、云南九十日;西康一百日;新疆、内蒙古、西藏一百二十日。

(《汉口商业月刊》新 2 卷第 7 期)

4.(中央)颁发慰劳前方将士募制寒衣办法

(1937 年 12 月 10 日)

案奉汉口市政府民国二十六年十一月二十二日普字第 1435 号训令内开:案奉湖北省政府民国二十六年十一月十三日省民一字第 61206 号训令:案奉行政院民国二十六年十月二十八日总字第 5957 号训令开:案准中央执行委员会秘书处本月二十二日孝字第 12858 号公函开:兹经中央决定慰劳前方将士募制寒衣办法十项:(一)由各省市党政当局,督促各县市下级机关,策动救国团体(如抗敌后援会救济会民众组织委员会等)举行大规模之募制寒衣运动。(二)募制寒衣之种类,应以各该地所产原料为标准,得分为皮、棉、丝棉等三种。(三)寒衣之尺寸须依照军事机关之规定办理之。(四)募制寒衣之数量得依各该省市人口多寡及地方财富为标准,由最高党政当局确定之。(五)各省市人民有捐赠原料或捐款制定购制寒衣者,得由地方当局策动纺织工人及家庭妇女制造之。(六)人民捐赠寒衣,每人满五百件者,由地方政府给予感谢状;满一千件者,由地方政府呈请省政府明令奖勉;满一万件者,由国民政府特奖之。(七)募制成绩优良之地方党政机关得由其上级机关奖励并作为重要考成之一。(八)各地方机关团体及公务人员,须首先应募,以资表率。(九)各地方募制寒衣事项,应于最短时间完成,政府机关并应认为重要政务,不得延误。(十)各地方募集之寒衣,应以最迅速之方法解送省市当局,以使统筹支配。等由,准此。除分令外,合行令仰知照,并转饬所属知照,此令。等因,奉此。除函请湖北省党政军联席会议查照办理并分行外,合行令仰知照,并转饬所属一体知照。此令。等因。正遵办间,复奉同月十五日省民一字第61388号训令开:案奉行政院民国二十六年十一月三日陆字第6015号训令开:案准国民政府文官处民国二十六年十月二十七日第6993号公函开:准军事委员会秘书厅民国二十六年十月二十二日公函:为请通饬各地方团体机关,嗣后对于前方部队,购送慰劳物品,必须采用国货,借免金钱外溢,并符提倡国货之本旨,函达查照转陈核办,等由,准此。经即转陈,奉主席论,由处分函各机关通行知照,等因。除函复外,相应抄同原函,函达查照,并转饬所属一体知照,等由,准此,自应照办。除分令外,合行抄发原附函,令仰知照,并转饬所属一体知照,此令。等因。计抄发原附函一件,奉此。除分令外,合行抄发原附件,令仰知照,并转饬所属一体知照。此令。等因,计抄发原附函一件,奉此。除分令外,合行抄发原附件,并案令仰知照,并转饬所属一体知照。此令。等因。计抄发原附函一件奉此,除分知外,相应抄同原件,函请查照,为盼。顺颂。时绥。

汉口市商会启

附抄发原附函一件

抄原函

敬启者,奉委员长论:据报,前方部队所收后方慰劳物品,多系采用外货,似此情形,不惟有使金钱外溢之虞,抑且大背提倡国货之旨。伏恳钧座转请上峰通饬各地方团体机关,凡有购送慰劳品者,必须采用国货,庶免金钱外溢,借表爱国热忱等情,应准照办,由秘书厅分函通知,等因,奉此。除函行政院查照办理外,相应函达即希查照,转陈核办为荷。

此致

国民政府文官处

(《汉口商业月刊》新2卷第7期)

5.(汉口市商会转发各同业公会)购送慰劳物品必须采用国货

(1937年12月10日)

湖北省党政军联席会议民国二十六年十一月二十三日军字第33号训令内开:案准湖北省新生活运动促进会促字第541号公函内开:案奉新生活运动促进总会产字第34号通告:案准国民政府军事委员会秘书厅俊字第526号公函内开:敬启者,奉委员长论:据报,前方部队所收后方慰劳物品,多系采用外货,似此情形,不惟有使金钱外溢之虞,抑且大背提倡国货之旨,伏恳钧座转请上峰通饬各地团体机关,凡有购送慰劳品者,必须采用国货,庶免金钱外溢,借表爱国热忱。等情,应准照办,由秘书厅分函通知。等因,到会,特此通告,并希转知所属一体知照。等因,奉此。除通告各县市新运会遵照外,相应函达贵会转饬所属一体查照为荷。等因,准此。除分行外,合行令仰该会即便遵照办理为要,此令。等因,奉此。除由本会遵办暨分知外,相应录令转达，即请查照。顺颂。时绥。

汉口市商会启

11 月 26 日

（《汉口商业月刊》新 2 卷第 7 期）

6.（汉口市商会）函各机器厂商尽量购用中国煤气车

（1937 年 12 月 10 日）

案准武汉三镇液体燃料管理委员会函开：案奉国民政府军事委员会第三部民国二十六年十月二十四日秘字第 201 号训令开：案奉军事委员会本年十月十六日技字第 558 号训令开：案准全国经济委员会第 4968 号公函内开：案准贵会执二字第 1513 号公函，抄附后方勤务会议通过管制汽车以利交通案。第二、第三两项决议，嘱迅速统筹办理，并将办理情形随时见告。等由，准此。查关于煤气车部分，本会业与汉口中国煤气机制造厂签订制造推行煤气车代油炉合约，由会代向银行界拆借十万元，以为该厂流动金，并先行借垫五万元，俾速进行。现该厂已积极筹备制造，又本会为预防燃料缺乏充实国防交通起见，复经会同资源委员会及全国公路交通委员会共同组织，中央煤气车推广委员会，订定统一煤气车推广事宜合作办法，共策进行。所有该厂将来出品，拟请贵会通饬所属暨各省市政府尽量优先购用，借资提倡，等由。查值此全面抗战时期，汽油、柴油入口均感困难，代油炉之制造推行，确属急要，仰即遵照，并转饬所属尽量采用，以资提倡。此令。等因，奉此。除分令外，合行令仰遵照，切实推行。此令。等因，奉此。除分函外，相应函请贵会查照，转饬各使用机器商知照为荷。等因，准此。除分知外，相应函达贵厂即希查照是盼。此颂。时绥。

汉口市商会启

（《汉口商业月刊》新 2 卷第 7 期）

1938 年

1 月

1.汉口市银行业公会为银行往来借款利率致湖北汉口地方法院函

（1938 年 1 月 8 日）

敬复者，案准贵院民字第二二四九号来函，祗悉一切。查银行对于往来借款，来于契约载明利率者，其利息均份按照当时市拆推算，但实规定一分二厘之标准。至往来借款满期后，收前期利息，滚入次期作为本金计算一节，除计算日期，原有契约规定，或经特别约定外，通常均以每届半年结算利息时，收所结利息，并入次期作为本金。准函前因，相应函复，即希贵院查照为荷。

此致

湖北汉口地方法院主席浦

2.（汉口市商会）拥护蒋委员长抗战到底之宣言

（1938 年 1 月 10 日）

国民政府军事委员会委员长武汉行营转呈委员长蒋钧鉴：顷阅报载钧座自前线发表宣言全文，体国公忠，同深感奋，仰见措置咸宜，指挥若定，秉坚忍不渝之毅力，具抗战到底之决心，为民族争生存，即为世界树正义，精诚所至，金石为开，从此复仇雪耻，自必得最后之胜利。属会代表全市商民，誓以赤诚拥护最高国策，一致抗战到底，不达收回失地之目的不止。谨致敬意，恭聆凯音，伏候戎绥，并希勋鉴。汉口市商会暨各业同业公会同叩巧。

（《汉口商业月刊》新 2 卷第 8 期）

3.(汉口市商会)转知各业依限申报纳税

(1938 年 1 月 10 日)

案准财政部所得税事务处湖北办事处民国二十七年一月一日鄂字第 2611 号公函内开:查所得税条例规定:第一类甲乙二项营利事业之所得,应由纳税义务者于每年结算后,将所得额依规定格式,报告于主管征收机关,经核定所得额及应纳税额后,缴纳税款。现在民国二十六年业已终了,各纳税义务者于结算后,自应依限申报纳税。贵会会员各业商号,凡资本在二千元以上营利事业之所得,如已于民国二十六年年终结算者,无论有无所得,均应填具第一类甲种报告表,寄送本处审核。经核定所得额及应纳税额后,将税款径送当地中央银行或代收税款之邮局。值此全面抗战之际,国库需款孔亟,凡属国民均应踊跃输将,负有纳税义务之各业商号,尤应遵照规定申报缴纳,即希贵会转知各业商号,遵照办理毋得迁延,如有隐匿不报或不依期限报告者,定即依法处罚。除登报公告并分函外,相应检同第一类甲种报告表样式一百六十张函请查照转知,并希见复为荷。等因,附甲种报告表到会,准此。除分知外,用特检同随函转达,即请查照办理为荷。此颂。时绥。

汉口市商会启

1 月 5 日

(《汉口商业月刊》新 2 卷第 8 期)

4.(汉口市商会)请照向例更换簿折贴花日期

(1938 年 1 月 10 日)

案查本会昨以上年年底结束,援据历年成案,变通换簿贴花日期,呈请市政府暨函达鄂豫区税务局核准在案,兹奉汉口市政府民国二十七年一月三日吉字第 4680 号指令:本会呈一件,为民国二十六年商场总结束日期,限在民国二十六年一月三十日,须至二月十五日,更换簿折贴用新印花,援奉呈请,在此期间,暂免检查抽查,祈鉴核由,内开:呈悉。查所请该与向例应准照办,除函请财政部鄂豫区税务局查照外,仰即知照此令。等因,奉此。相应转录,即请查照为盼。此颂。时绥。

汉口市商会启

1 月 6 日

(《汉口商业月刊》新 2 卷第 8 期)

5.粤省糖厂制酒精请(各界)介绍采用

(1938 年 1 月 10 日)

案奉汉口市政府民国二十六年十二月二日亨字第 8012 号训令开:案奉湖北省政府建设厅省建四字第 4281 号公函内开:案奉省政府交下广东省营产物经理处物字第 1089 号公函内开:查酒精为工业及医疗上不可缺少之用品,平时尚可仰给舶来,惟在此非常时期,来源稀疏,市价飞涨,影响抗战前途殊非浅鲜。本省各糖厂所制之酒精,力度极高,价格相宜,甚合各种工业及医疗之需，相应函达查照，烦请介绍各界采用，至纫公谊。等因，到厅，除分函外，相应函达查照，并予介绍各界采用为荷。等由，准此。除分令外，合行令仰该会即便遵照，转饬所属酌量采用为要。此令。等因，奉此，除分知外，相应函达，即希查照，酌量采用为盼。此颂。时绥。

汉口市商会启

12 月 3 日

（《汉口商业月刊》新 2 卷第 8 期）

6.市府转知各省钞券通用办法

（1938 年 1 月 10 日）

案奉汉口市政府民国二十六年十二月二十二日吉字第 4529 号训令内开：案奉湖北省政府省财一字 124890 号代电开：汉口市市长，顷据宋埠镇商会电，询中中交农四行以外各银行纸币，是否通用，有无省界分别，等情。查前准财政部支汉钱电，据报近来各部队出发抗敌，当揣有省银行或地方银行钞券或辅币券，沿途使用，并分向各地中中交农四行兑换，时起纠纷，等情。查省银行或地方银行发行之钞券，只能在该省境内流通，况中央所发各部队军饷，概系法币，则各部队携带出发在各地方行使者，亦应均为法币。如各部队经理人员将法币调换搭配其他钞券者，应由军政部严加查究，并通饬各部队于出发时一律发给法币携带行使。至四行业已兑入之省钞，应于收兑后向原发行行换回法币，除分函军政部暨四行查照办理外，特电请查照转饬各银行遵照。等因，到府。当经分令湖北省银行及汉口市银行业转饬各银行遵照在案。据电前情，以各银行钞券，除他省立银行发行之钞券及辅币券，应以省份为范围外，余均通用，仰连通告商民，毋得妄生疑虑，以维后方金融为要。等语。电复暨分行外，值此非常时期，倘有乘机造谣，意图扰乱后方金融者，应予查拿严惩，仰即遵照办理，并布告商民人等一体周知，毋得妄生疑虑为要。省政府皓财印。等因，奉此。除分饬并布告周知外，合行令仰该会遵照，并转行知照，此令。等因，奉此。除分知外，相应录令函达，即希查照是盼。此颂。时绥。

汉口市商会启

12 月 25 日

（《汉口商业月刊》新 2 卷第 8 期）

7.江西裕民银行设处兑换辅币券

（1938 年 1 月 10 日）

案准江西裕民银行汉口办事处函称：敬启者，查自财部通电各省市府，各省地方银行钞券，祗遵在省境流通，各部军队不得揣至省外以来，各省地方银行钞券向来流通汉市面者，因此各行业类皆拒绝行使，本行辅币券亦复不能例外。敝处自成立以来，对于本行辅币券，业经继续尽量兑换。汉地各行业自属不必与其他各省地方银行钞券等量齐观，有所顾虑，唯恐或未周知，拟请贵会通告本地各行业，对于本行辅币券，继续收入积满一元者，在每日上午九时至下午三时（星期及例假除外），随时可径向敝处充分兑换法币。相应函请查照办理见复为荷。等由，到会。查该行函请各节，系为流通市面免生顾虑起见，自应分别通告，俾便周知，准函前由，用特录达,统希查照办理为盼。除分致外,顺颂。时绥。

汉口市商会启

12 月 15 日

(《汉口商业月刊》新 2 卷第 8 期)

8.汉口市银行业同业公会为法院询查二十二年七月到二十六年六月市拆利率致汉口市钱业同业公会

(1938 年 1 月 15 日)

敬启者,案准汉地方法院来函,因受理案件函待调查二十年七月一日起到二十二年六月三十日止,市折率共最高度与最低度,各为若干数字并属加以统计,为以一分二厘为标准是否公允,速即见复。等因。查本市逐日市拆率,贵会对于此项市拆向有详确记载为此特函,奉托即希贵会迅为查照,前项期间内之利率共最高度与最低度之数字,并统计是否能以一分二厘为标准,克日赐后,以凭转宣。

此致

汉口市钱业同业公会

9.(财政部所得税事务处湖北办事处)民国二十六年终了商店应缴税隐匿逾限者处罚

(1938 年 1 月 19 日)

【本市消息】财政部所得税事务处湖北办事处,以民国二十六年业已终了,各纳税义务者,于结算后,自应依限申报纳税,武汉各业商号凡资本在二千元以上营利事业之所得,如已于民国二十六年年终结算者,无论有无所得,均应填具报告表寄送该处审核,经核定所得额及应纳税额后,将税款径送当地中央银行或代收税款之邮局列收,并函武汉商会转知各业商号遵办,如有隐匿不报或不依期限报告者,定依法处罚。

(《申报》汉口版)

10.湖北汉口地方法院为查明公债行情(致)汉口市银行业公会函

(1938 年 1 月 21 日)

查益丰华行与淮南大通煤铺联合营运处为返还价金假扣押事件。本院业经裁定,其主文略载:"准声请人以二十四年湖北建设公债,按汉口市证券业同业公会行市,扣足国币贰千壹百元,提供担保。"准予假扣押,查该项债券现在市面行情每百元折合国币若干元,相应函请贵会查明,迅予见复为荷。

此致

汉口市银行业公会

院长　余毅

11.财部拨发巨额铜币交武汉商会兑换杜奸商操纵之弊

(1938 年 1 月 29 日)

【本市消息】每届庆年期间,因市民需用铜辅币之故,一般奸商乃乘机操纵,高价兜售,以致市面周转不灵,财政部为严切取缔,救济市面计,除饬属查禁外,昨并拨发巨额铜币,分交武汉两商会,直接与各业商办理兑换,借以杜绝操纵之弊。

(《申报》汉口版)

12.湖北汉口地方法院为银行往来借款利率致汉口市银行业公会函

(1938 年 1 月)

查本院近受理本市各银行求偿往来借款事件甚夥,据银行方面陈述计算利率之标准,胥以市面金融涨跌不一,故利率随之亦有高下之差。所以银行对往来借款各户,关于利率,均不明载于契约中,为银行界向来之习惯,大概往来借款有每月一分一厘、一分二厘、一分三厘不等,而每月以一分二厘为平均利率,则为各银行所共同之准则。又陈述银行对往来借款,以六个月为结算期,满期即将前期利息滚入次期作原本计算,虽契约内未曾明白订定,亦为各银行之习惯,可以调查,等语,据此。上述各习惯,本院有调查之必要。相应函请查照,希就前开契约内未载明利率者,本市各银行是否有平均每月以一分二厘为标准利率及每届六个月期满后,将利作本之各习惯等情形,详细查明,迅即见复,实纫公谊。

此致

汉口市银行业同业公会

院长　余毂

2 月

1.市府令发应征入营士兵家庭救济暂行办法

(1938 年 2 月 10 日)

案奉湖北省政府民国二十七年一月八日省秘一字第 29131 号训令内开:案查前奉行政院民国二十六年十月二十五日第 5922 号训令开:案据内政军政两部呈送应征召入营士兵家庭救济暂行办法到院,除指令准予备案并分令外,合行抄发原办法令仰知照并转所属一体知照,等因。附发原办法一份到府。经以原办法第四条,有救济所需款项,准在县市政府预备费项下作正开支或借支之规定,本省各县县政预备费均异常支绌。如依上项规定办理,事实上殊多窒碍,兹拟由各县市先行调查所属应征入营士兵若干,估计应需款项数目,再由县市劝导殷实富户,按其劳力分等缴纳捐款,统筹办理,似此酌予变通,庶几易于推行。可否准予通融办理之处，理合具文呈请鉴核示遵，等语，准请核示在案。兹奉行政院汉字第 491 号指令内开：呈悉。应准变通办理，仰即知照。此令。等因，奉此。除分令外，合行抄同原法令知照，并饬属知照。此令。等因，计抄发原办法一份，奉此。除分行外，合行抄发原办法，令仰知照。此令。

第一条　凡应征（召）入营士兵之家庭救济事项，适用本办法之规定。

第二条　凡应征（召）入营士兵家庭有下列情形之一者，得请求救济：

一、家庭赤贫非依本人不能维持生活者；

二、患病无力医疗者；

三、死亡不能埋葬者；

四、生产子女不能善后者；

五、遭遇意外灾害者；

六、被人非法侵害者；

七、耕作事忙者。

前项救济，应由征（召）士兵之直系亲属，依附式之规定，呈经当地保甲长，按级转呈县（市）政府为之。

第三条　救济之种类如下：

一、生活扶助。

甲、给予金钱，每人每日以一角以内为度。

乙、给予粮食，每人每日以一斤为度。

前项扶助费之给与，以三个月为限。

二、职业扶助。

甲、资金借贷，凡小本经营各种工商业需用资金者，得呈经当地保甲长，转请合作社或乡镇公所借贷之。

乙、物品借贷，如种子农具之类，由保甲长酌量情形，于地方公物借予，或劝由地方富有者借用之，限期交还。

丙、势力帮助，由保甲长酌量地方情形，劝派人力或畜力帮助之。

三、临时捐之豁免，凡地方有临时捐费，概予豁免。

四、子女学费之豁免，凡士兵子女入地方私立学校者，其学费概予豁免。

五、工役之豁免，凡地方有临时老役征工，准予免派或减免一名。

六、医疗优待，凡地方设有私立医院者，得呈经保甲长按级转呈县市长核准，免费住院治疗或酌给二元以上十元以下之医药费（省立医院应呈请省政府核准）。

七、埋葬费，在营士兵之直系亲属死亡，无力埋葬者，给予埋葬费十元。

八、助产费，凡在营士兵眷属生产子女，确系无力维持善后者，得酌给五元或十元之助产费。

九、赈恤，士兵家庭有受意外之非常灾害时，得酌给全家二十元以下之赈恤金。

十、权利保障，凡在营士兵之直系亲属被人侵害时，得呈经保甲长，按级转呈县市政府保障之。

第四条　前项救济所需款项，准在县（市）政府预备费项下，作正式开支或借支之。

第五条　凡士兵直系亲属请求救济时，如合于本办法规定者，当地保甲长应署名盖章，按级递呈区（乡、镇）长转呈县（市）政府，不得故意延误或有所需索。

第六条　士兵家庭有下列各款情事之一切，不得享受本办法之救济：

一、士兵已不在营者；

二、士兵在营受刑事处分在执行期中者；

三、士兵直系亲属有丧失国籍者；

四、士兵直系亲属有被夺公权者。

第七条　请求救济，如有假冒及伪证者，依下列各款办理之：

一、关于领款或借款部分，请求人及证明人，各科所领或所借之款三倍以上五倍以下之罚金，其征领用或借用之款，由署名盖章之保甲长，如数摊还，区（乡、镇）长，分别记过或撤惩。

二、关于其他部分，请求证明人各科五元以上十元以下之罚金，保甲长记过或撤惩。

第八条　本办法自呈准公布之日施行。

（附式略）

（《汉口商业月刊》新 2 卷第 9 期）

2.市府令发优待出征抗敌军人家属办法

（1938 年 2 月 10 日）

案奉湖北省政府民国二十七年一月二十六日省秘一字第 2952 号令开：案奉行政院民国二十七年一月二十日汉字第 650 号训令开：案据军政部呈送优待出征抗敌军人家属办法草案，请鉴核通饬施行等情到院，经提出本院第 346 次会议决议“修正通过”，除呈请国民政府备案，并函达军事委员会暨分会外，合行抄发修正办法，令仰遵照办理，等因，附发优待出征抗敌军人家属办法一份，奉此。除分令外，合行抄同原附件令仰遵照办理，并饬属知照，等因，附发出优待抗敌军人家属办法一份，奉此。查应征（召）入营士兵家庭救济暂行办法，曾经本府于本年一月十六日以享字第 9042 号训令转发该会知照在案，兹奉前因，该项暂行办法，应即作废。除分令外，合行抄发原办法一份，令仰该会知照。此令。

第一条　凡出征抗敌军人家属，其所在地之县（市）政府及法团，应照本办法予以优待。

第二条　享受本办法权利之出征抗敌军人家属，以直接参与作战之军人之配偶及其直系亲属为限。

第三条　对于出征抗敌军人家属之优待事宜，由各县（市）政府组织出征抗敌军人家属优待委员会（以下简称优待委员会）办理之，以各县（市）长为委员长、各公法团负责人员及当地绅士为委员。

第四条　优待委员会对于本县（市）出征抗敌军人之家属状况，庶调查明确列册备查。

第五条　出征抗敌军人家属，除担负法定赋税外，得酌量减免其摊派各项临时捐款。

第六条　出征抗敌军人家属，应准免服劳役，并准优先享受一切公益设施。

第七条　凡出征抗敌军人家属,有下列情形之一者,得由保甲长或径向优待委员会请求救济:

一、家庭赤贫不能维持生活者;

二、患病无力治疗者;

三、死亡不能埋葬者;

四、子女生产不能抚养者;

五、遭遇意外灾害者。

第八条　前项请求优待委员会查明属实后,应酌量予以金钱或物品之扶助及权利之保障。

第九条　凡出征抗敌军人,因作战阵亡或受重伤致成残废时,除按照陆海空军抚恤条例呈请抚恤外,得将其忠烈事迹,编入志乘或给匾刊碑,以褒扬之。其家属并得继续享受本办法之权利,至其子女成年为止,无子女者,至其配偶死亡为止,无配偶及子女者,至其父母死亡为止。

第十条　关于救济所需基金,得由优待委员会,按地方情形,酌量捐募,负责保管,不足时由县(市)政府负责募集,呈由省政府核准施行。

第十一条　凡出征抗敌军人或其家属,有受徒刑处分及被夺公权者,不得享受本办法之权利。

第十二条　如有假冒抗敌军人家属,希图规避各种劳役或减少担负及请求救济者,一经查明,应由县(市)政府予以惩罚。

第十三条　各县(市)政府办理本办法所规定各事项,应按月列表,报由省政府汇报内政军政两部查核。

第十四条　直隶于行政院之市,其优待委员会之组织及关于优待出征抗敌军人家属事项,应比照本办法之规定办理。

第十五条　本办法之实施细则,由各省市政府斟酌地方情形订定,咨报内政军政两部备案。

第十六条　本办法施行后,应征(召)入营士兵家庭救济暂行办法应即废止。

第十七条　本办法自公布之日施行。

(《汉口商业月刊》新 2 卷第 9 期)

3.鄂岸盐务办事处函议定鄂岸食盐临时平价零售处办法

(1938 年 2 月 10 日)

查本处据报本市食盐贩商零售价格,近日猛涨不已,核其售价超出牌价甚多,若不严予限制,影响民食前途甚巨。经令饬准盐公会设法开办零售发售处,平价发售在案,兹据该公会本年一月十八日鄂字第 13 号呈节称:遵经召集属会第 42 次大会共商办法,当经决议:定名为鄂岸食盐临时平价零售处,零售价格,每斤连皮一角六分,并拟定本市江汉路为第一零售处,由大陆鼎昌长裕川承办;民权路以上为第二零售处,由聚安实记承办;华景街为第三零售处,由大济义记承办;法租界为第四零售处,由裕和承办;武胜庙为第五零售处,由裕盛承办。俟据情呈处核准,并请办法布告后,即由承办各号,克日实行等语,记录在卷,所有遵令议订鄂岸食盐临时平价零售处办法,理合备文呈请钧处鉴核备案,并恳颁发布告,俾便实行发售,以平盐价而维民食。等情,前来。查所定价格,尚属适中,当不致影响贩商营业,除令准照办,暨分别函令查照及布告外,相应函达查照。

此致

汉口市商会

处长　刘宗翼

(《汉口商业月刊》新 2 卷第 9 期)

4.市府令发粤汉铁路运送战区难民办法

(1938 年 2 月 10 日)

案准粤汉铁路管理局民国二十六年十二月二十七日运字第 427 号公函内开:案查本路运送战区难民,由本路运输处办理各节,迭经本局以 154 及 205 号函,先后函复贵府查照在案,顷奉铁道部令饬将本局所拟本路运送战区难民暂行办法十条加以修正,准予实行。等因,奉此。除分行外,相应检同该项修正办法一份,随函送请查照办理为荷。等因,附粤汉铁路运送战区难民暂行办法一份,准此。除分令外,合行抄同原附暂行办法,令仰知照。此令。

第一条　为遵照部令救济战区难民越出火线地带,或遣送回籍,径由本路运送或经本路联运者,须按本办法办理。

第二条　凡发生战事火线区域内之难民,持有当地各政府机关或慈善团体所发之战区难民证书者,得照本办法记账运送。

第三条　前项难民,应由请运机关或团体,备具正式印函,将难民实在人数、起讫站名、起运日期详列函内,预先派员持函起站接洽,由站长负责运送。

第四条　凡依照本办法运送之难民,应由起运站凭据函,填用政府记账客票,记内政部账,并随时列表呈报运输处转报,难民起运后,应由各请运机关或团体,补报内政部或账务委员会,咨行铁道部备案。

第五条　战区难民径请本路运送或由本路联运者,限以当地政府机关及慈善团体所备正式印函为凭,但联运尚须凭起运路起运站于难民所持当地政府机关或慈善团体证明上,所该乘车日期及起讫站点以为根源。

第六条　凡与本办法第三、第五两条不符者,本路得拒绝运送,但小站中事起仓促,情势危急,如有难民须即时退出,无请运机关备具印函请运者,得由站长由难民中指出代表数人签名,作为请运者,事后再补具正式手续。

第七条　关于难民运送上下车时及中途管理,应由当地宪警及请运机关或团体派员负责,上车时,须即时引导登车,不得集聚车站,下车后,亦须即刻引导离站,不得在站停留,以免混乱与空炸危险,但押运宪警及请运机关或团体所派人员,在车不得涉及行车事项,并应受稽查及站长之指导。

第八条　凡难民揣带物件,借以随身轻便行李及简单衣食用具为限,其他如家具及庞大杂铁等,一概不准揣带。

第九条　凡运送难民,应乘用本路指定车辆,不得占用其他车辆,并除本办法规定者外,关于本路一切路章,均应遵守。

第十条　本办法自公布之日施行,如有未尽事宜,得随时增修之。

(《汉口商业月刊》新 2 卷第 9 期)

5.汉口市银行业同业公会为市拆利率致汉口地方法院函

(1938 年 2 月 11 日)

敬启者,案准贵院民字第二三五四号公函,嘱将廿二年七月一日起至廿六年六月三十日止之市拆利率,其最高度与最低度各为若干数字,加以统计,如以一分二厘为标准,是否公允,希即函复,以资核办,等因。业于二十二年七月份起至卅六年六月份止,每月市拆之最高、最低数列表统计,陈述附本,即希查照。此致。

依据汉口市钱业同业公会通行市银行放款利率,通常恒钱铺业为低,相应函复,并请台洽为荷。

此致

汉口地方法院主席浦

6.(汉商会讨论各业)清缴慰劳款物

(1938 年 2 月 26 日)

【本市消息】汉商会,以前次征募慰劳物品,需款甚巨,至今结算尚筹垫十余万元,定三月四日召集各业主席常委开茶话会,讨论各业清缴慰劳物款办法,昨并呈请市党部市政府派员莅会指导。

(《申报》汉口版)

3 月

1.汉口市银行业同业公会为统计营业额等事项致中国农工银行函

(1938 年 3 月 3 日)

敬启者,准汉口市商会函开:案准,财政部所得税事务处湖北办事处二十七年三月二十三日税字第〇四五九号公函开:案奉财政部二十七年三月十七日第七四一号令内开:查所得税暂行条例施行细则第六条规定,本店及其分支店营业所同在中华民国境内而其资本互为划分者,应分别计算其所得额。又第一类营业额营利事业所得税征收须知第三项规定,施行细则第六条所称,本店及其分店之资本互为划分者,系指分店之资本及营业完全独立者而言。就此项规定加以引申,则营利事业之本分支店同在国境内,其资本与营业未完全划分独立者,均应合并计算,其所得额迭经解释饬知在案。但自全面抗战以来,营利事业本店或分支店之一部陷于战区,以致簿册遗散,人事变动,合并困难,报缴无从,自所难免。兹体察实际情形,兼顾营业负担及国库税收,制定第一类所得税征课临时补充办法九项,以资救济,除分令外,合行抄发原办法。令仰公告周知,并遵照办理为要。此令。等由。抄发第一类所得税征课临时补充办法一份,奉此查营利事业所得税,早已开征所有武汉地区及本省境内之本分支各商店,应行报缴之所得税,自应克速依照法定手续申报缴税,毋得迁延。误除登报公告并分别函令外,相应函请查照通饬各业商号遵照为荷。等因。附第一类所得税征课临时补充办法一百八十份到会,准此。除分别转发外,合就呈函检同,送请查照办理为盼。等因。除分致外,相应照抄原附件,转送贵会,即希查照是荷。

此致

中国农工银行

汉口市银行业同业公会启

2.(汉口市商会)函请(各业公会)尽量采用江西石城横江毛边

(1938年3月10日)

案准江西省农矿工商调整委员会函开:径启者,案准江西省农村合作委员会函开:查本省石城横江毛边为著名特产,品质坚韧,色泽光洁,在国产纸张中,当推上乘。年来经江西省农村合作委员会,在当地组织合作社,充分贷放资金,运用合作方式,指导经营,故产品益臻精美,复于去年全部委托本处代售,以期统一市价,免除中层剥削。经销以来,颇为购者所乐用,不意卢案发生,时局巨变紧张,纸张销路至此大减。近闻汉、渝、陕等埠,以外洋报纸,来源断绝,新闻纸类逐渐改用国纸。因此本处存货,拟请贵会代为向外埠推销,或介绍各关系方面寄售,借以开发邻省市场,增进农民收益,除饬本处南昌分处分行送上毛边纸样本50份外,相应检同货价表一份,送请查照办理为荷。等由,附货价表及样本到会,查非常时期,后方各种破产,亟应设法维护,以谋物力之充实,相应抄录原价单,并附样本,函请贵会查照,广为介绍,如有颇为代理者,本会尤所欢迎也。等因,附售价一览表暨赠送样本各一件,到会,准此。除将原寄样本存会备查外,用特据函介绍,并抄同售价表一并转请贵公会查照,酌量办理为盼。

此致

各业公会

汉口市商会启

附抄表

南昌市横江毛边售价一览表

（1938年1月30日）

品名	标记	产地	单位	单价	整篓刀数及其价格		附注
					整篓	价格	
毛边	月记	石城县横江区	刀	2.80	六刀半	18.20	
毛边	月记	石城县横江区	刀	2.40	六刀半	15.60	
毛边	星记	石城县横江区	刀	2.20	六刀半	14.30	
毛边	辰记	石城县横江区	刀	1.80	六刀半	11.70	
重纸	日记	石城县横江区	刀	3.50	五刀	17.50	
重纸	月记	石城县横江区	刀	3.30	五刀	16.50	
重纸	星记	石城县横江区	刀	3.00	五刀	15.00	
重纸	辰记	石城县横江区	刀	2.80	五刀	14.00	

（《汉口商业月刊》新2卷第10期）

3.抄发战时农矿工商管理办法

（1938年3月10日）

案奉汉口市政府二月十二日吉字第1501号训令开：案奉湖北省政府民国二十七年二月八日省秘一字第29691号训令开：案奉行政院民国二十七年一月二十日伦字第220号训令开：案奉国民政府渝字第26号训令开：为令知事，查战时农矿工商管理条例，现经制定明令公布，应即通饬施行，除分行外，合行抄发该条例令仰知照，并转饬所属一体知照。此令。等因，奉此。除分令外，合行抄发该条例，令仰知照，并转饬所属一体知照。此令。等因，计抄发战时农矿工商管理条例一份，奉此。除分行外，合行抄发原条例令仰知照，并转饬所属知照。此令。等因，计抄发战时农矿工商管理条例一份，奉此。除分行外，合行抄发原条例令仰该会知照。此令。等因，计抄战时农矿工商管理条例一份到会，奉此。除分致外，相应录令照抄转达，统希查照为荷。此颂，时绥。

汉口市商会启

附抄战时农矿工商管理条例一份

第一条　军事委员会在战时对农矿工商各企业依本条例管理之。

第二条　前条所称为农矿工商各企业谓经军事委员会指定下列各类物品之企业。

第一类　燃料、金属及其制品、酸碱及其化合品、水泥、酒精及其他溶剂、橡胶、交通器材、电气及动力器材、其他续经指定之矿产品及重工业物品。

第二类　食粮、植物油、棉毛丝麻及其制品、纸及印刷教育文化品、皮革及其他畜产品、茶、盐糖、酿造品、油茶、药品、木材、火柴、陶瓷砖瓦、其他续经指定之农产品及轻工业物品。

前项第一类所列之企业由军事委员会第三部管理,第二类所列之企业由同会第四部管理。

第三条　军事委员会得设立各项物品管理机关管理或直接经营之。

第四条　军事委员会第三部、第四部对于各省市县农矿工商主管官署处理战时农矿工商事务有指导监督之权,于必要时得呈请军事委员会饬令暂行改组。

第五条　军事委员会第三部、第四部对于各地农会商会工商同业公会渔会及其他农矿工商各业团体得发布关于战时管理上必要之明令,其未经依法设立者,得令地方主管官署督促设立。

第六条　军事委员会第三部、第四部对于生产或经营业经指定物品之各企业得就下列各事项予以协助。

一、经济之周转;

二、材料之供给;

三、设备之补充;

四、技术之指导;

五、动力之供给;

六、产品之销售;

七、材料及产品之运输;

八、治安之维持。

第七条　军事委员会第三部、第四部对于生产或经营业经指定物品之各企业得就下列各事项规定适当之标准。

一、生产或经营方法;

二、原料之种类及存量;

三、工作时间及劳工待遇;

四、品质及产量;

五、生产费用;

六、运输之方式及途径;

七、销售之方式及范围;

八、售价;

九、利润。

第八条　军事委员会第三部、第四部对于生产或经营业经指定物品之各企业得令其增资或合并。

第九条　军事委员会第三部、第四部对于业经指定物品之各企业得令其售出或储存或定价收买或规定办法支配之。

第十条　军事委员会第三部、第四部对于业经指定物品之消费及输出输入得规定办法支配之。

第十一条　军事委员会第三部、第四部对于生产或经营业经指定物品各企业之土地房屋机器动力工具材料得暂行代管或酌给补偿移用之。

第十二条　军事委员会第三部、第四部对于生产或经营各种奢侈品或其他必需之企业得限制或禁止之,并得依前条之规定移用其土地房屋机器动力工具材料。

第十三条　凡生产或经营业经指定物品之各企业如欲停止或停业,应呈由当地主管官署转请军事委员会第三部、第四部核准。其前经停工或停业之各企业,军事委员会第三部、第四部得令其复工或复业。军事委员会第三部、第四部对于前项各企业之员工,应禁止其罢工、怠工、罢市或其他不合理之要挟行为。

第十四条　对于业经指定物品之各企业有下列各款情事之一者,处死刑、无期徒刑或十年以上有期徒刑。

一、以原料或物品供给敌人者;

二、为敌人刺探各企业之秘密;

三、毁坏农仓、农场、矿场或工厂致令不堪用或受极重大之损害者。

犯前项之罪者并没收其私有财产。本条之未遂犯得减轻其刑。

第十五条　对于业经指定物品之各企业有下列各款情事之一者处七年以下有期徒刑得并科一万元以下罚金。

一、擅行停工停业致影响市场需要者;

二、煽惑罢工、怠工或罢市者;

三、垄断市场妨害各业之原料物品致缺乏者;

四、毁坏农场、矿场或工厂之产品或机器致妨害业务进行者;

五、妨害各业之产运销者。

第十六条　违抗军事委员会第三部、第四部依本条例第七条至第十三条所发布之命令者处三年以下有期徒刑拘役或三千元以下罚金。

第十七条　本条例之罚则于农场、矿场、工厂、公司、行号或职业团体行为时适用于各该场厂行号或团体之负责人员。

第十八条　犯本条例之罪者由军事委员会第三部、第四部查明事宜送由军法机关审判后呈经军事委员会核准执行之。

第十九条　军事委员会第三部、第四部得依本条例分别制定各类物品管理章则,呈经军事委员会核准施行。其以前颁行之农矿工商一切法令与本条例不抵触者仍适用之。

第二十条　本条例自公布之日施行。

(《汉口商业月刊》新 2 卷第 10 期)

4.军需局调查粮服资源

(1938 年 3 月 10 日)

案准军政部驻鄂军需局,民国二十七年二月十三日需字第 977 号函开:案奉军政部需鄂豫丙字第 405 号训令节开:查抗战以来,海口封锁,国外军需品来源势尽断绝,此后接济,专仰国内富藏,所有该局管区内粮服资源,除供当地民众使用者外,有无剩余,着即切实调查具报。等因,奉此。自应遵照办理。惟武汉市场栉比,个别调查,殊非易易,兹制定表格一种,烦请贵会通知米业、面粉业、纺织业以及粮行各同业公会，转发各行厂，依照调查事项，分别填注，于一星期内填齐汇交本局，俾明最近实在市况，而资转报，相应函达，并派科员张生愚前来面洽，即希查照予以协助为荷。等因，附调查表二百份，准此。除分知外，相应检同原调查表一份函送贵会，即希查照分饬各同业行厂，逐项切实填注送会，以凭汇转，案关军事急需，望勿延搁为盼。

此致

各业公会

汉口市商会启

（《汉口商业月刊》新2卷第10期）

5.会商廓清敌货办法

（1938年3月10日）

案查本会奉令办理敌货登记为时甚久，事实极为繁重，近因外间不谅，啧有烦言，拟即召集与该货有关之各业公会主席常委，会商廓清办法，以资结束，而免纷击。兹定于本年三月二日午后五时，召集开会，除分知外，相应函达贵会主席常委，一体查照，届期准时到会，事关重要，望勿吝玉为盼。此颂。公绥。

汉口市商会启

（《汉口商业月刊》新2卷第10期）

6.汉口市商会函请汉口市华洋百货业公会推销辛亥伤军工厂所制之牙刷

（1938年3月10日）

案奉汉口市政府民国二十七年二月二十四日亨字第9557号训令开：案据辛亥首义伤军维持会实业工厂推销主任李正钧呈送所制牙刷样品五种，每种二只，请予备案暨推销。等情，据此。除指令外，合行检同原呈样品牙刷五种各一只，令仰该会予以提倡为要。此令。等因，奉此。相应检同原样品牙刷五只，函达贵会，即希查照分转各同业尽量推销，以资提倡为荷。

此致

本市华洋百货业公会

汉口市商会启

（《汉口商业月刊》新2卷第10期）

7.汉口银行同业公会为转汉口市商会关于防范敌人进攻等事项三函致汉口农工银行函

（1938年3月29日）

敬启者，案准汉口市商会来函三件：

一件：案奉汉口市政府二十七年三月二十一日元字第七一九九号训令开：奉案湖北省政府二十七年三月十八日省民三字第七〇三〇五号训令开：案奉国民政府军事委员会委员长蒋

〈1212〉令,一利鄂电令内开:据字司令长官〈1012〉参谋电节称密,近日在八斗岭合肥东北察觉敌人将类似卤形毒质混合食盐内,廉价出售民众,不料贩卖食后发现肿胀病态。惟查淮盐经烈火炼过,颜色变灰黑色,即含毒质。等情。仰即转饬部队与民众周知,注意为要。等因,奉此。除分令并呈复外,和承令仰该府迅即转饬注意检查为要,此令。等因,奉此。除分令合行外,令仰迅即转饬注意检查为要。此令。等因。

二件:奉案汉口防护团本部二十七年三月廿日防行字第一号函以奉武汉防空司令部令,为照明及用水准备,已派员检查完竣,汇列请评并将应行改良之点饬转。令改正一案,除分令各区团,切实遵办外,关于用水方面,明矾准备一项,查照办理见复。等因,准此。查饮料澄清及消毒之最简便方法,莫过于明矾一物。向由水土叶业及杂货店业经售。除分函俟业等分量订购发售外,相应函达,即希查照分转各同业一律预为购备以防御为盼。

三件:案准汉口市警察局廿七年三月廿一日政字第三六五号公函开:查互通汽车各省市汽车驾驶人统一执照章程第七条规定,驾驶人应于每年四月一日至六月三十日将执照送请各省市任何处照机关,审验一次并缴手续费一元。等语。现届廿七年四月,亟应照章规定,自四月一日起至六月三十日止,为驾驶统一执照审验日期,过期即行照章除罚。除分别函呈各机关转饬各自用汽车司机人知照外,相应函请转饬各汽车驾驶人,须依法照规定来局审验,等因。相应转达,请烦查照并分知各同业查照办理。各等因。除分致外,相应并录原函转达贵会,即希查照是荷。

此致

农工银行

汉口市银行业同业公会启

4月

1.汉商会致电前方将士慰劳

(1938年4月8日)

【又讯】湖北学生抗敌工作联合会昨庆祝鲁南大捷,发动各校全体学生和数万人,作大规模游行。汉市民教馆亦派宣传队携带大批宣传品,分在各茶楼、难民收容所、民众学校,讲述鲁南大捷情形。又设胜利讲座,由钟可托等演讲。政治部定今日抗战宣传日,扩大抗战胜利宣传,汉商会率领三十万民,致电前方将士慰劳,并电蒋委员长致敬。

(《申报》汉口版)

2.武汉民船工会政治部切实整理

(1938年4月26日)

【本市消息】军委会政治部,为切实整理武汉民船工会,曾于二十一日召集民船工会负责人及组长会议。惟以过去会务不振,到会人数甚少,该部乃派员偕同各码头代表,分赴各码头宣传整理意义,并举出组长,现武汉六十四码头,已举出组长百廿余人,定今晨八时在汉商会集合,会间一切,由政治部刘科长出席指导。

(《申报》汉口版)

5 月

1.调整商业经济,武昌商会拟即设所办贷款抵押保险等项

(1938 年 5 月 3 日)

【本市消息】武昌商会以现值抗战紧张时期,后方工商业与经济之调整极关重要,拟即组织省会市区商业经济调整所,该所主要业务:办理贷放、抵押、小本贷、保险、仓库等。关于资金,则依财部颁布之调整地方金融办法之规定,呈请领用一元券及辅币,现已拟具该所组织大纲,俟提交会议通过,即可实行。

(《申报》)

2.商业登记法则施行细则(附抄修正条文)

(1938 年 5 月 19 日)

第一条　本施行细则依商业登记法(以下称本法)第二十八条之规定制定之。

第二条　所营商业有依法令须主管该事业之机关核准者,应于核准后申请登记,并附呈核准之证件。

第三条　本法第二条之主管官署,在隶属行者院之市为社会局。

第四条　主管官署得因特殊情形呈复上级机关,或依上级机关之命令限制其商业,非先经核准登记不得创设、变更、转让或废止。

第五条　商业登记之申请,得委托合伙中之一人或代理人为之相应附具委托书。

第六条　依本法第四条视为商业之营业,以不背于公共秩序善良风俗者为限。

第七条　本法第五条所称小规模营业,以资本不满三百元者为限。

第八条　商业登记期限本法规定者外,应于十日内为定。

第九条　商业登记之申请书应载明下列各项,由当事人或代理人答复盖章。

一、当事人姓名、住址、代理人申请、考其各住址;

二、登记之目的及事项;

三、登记费。

登记机关(即主管官署)

年　月　日

第十条:商业创设之登记事项如下:

一、商号名称;

二、营业;

三、资本;

四、独资或合伙;

五、所在地。

支店创设之登记应叙明本店所在地并附送本店登记之正本或抄本。

第十一条　商业创设以外其他事项之登记,以该事项所应详确叙明者为登记事项。

第十二条　为本法第六条第一项之登记者,应加具法定代理人允许之证件。

第十三条　为本法第六条之登记者,应加具代理资格之证件。

第十四条　经理人或代办商之登记,除本细则第九条规定各项外,须载明商号名称营业及营业所在地,选任时并须有所受权限之证件。

第十五条　合伙登记,除本法第九条第一项规定外,并附送合伙契约之正本或按抄本。其变更时,亦同前项。登记与商业之创设或变更登记同时为之。

第十六条　代办商货合伙在本法施行前未经登记者,应于本细则施行后三个月内补行登记。

第十七条　为商号转让之登记者应由让受双方联名申请,并附送转让契约正本或抄本。

第十八条　为商号之经承登记者应加具证明继承人之文件。

第十九条　前二条之登记应附缴登记证申请换发商业或商号,变更时亦同。

第二十条　商业迁移于原登记官署之管辖区域以外时,应向原主管官署申请撤销登记,并向迁移区域之主管官署申请商业创设之登记。

第二十一条　主管官署接受登记申请书后,应于一星期内,将登记事项办理完竣。除依法公告外,其创设之登记发给登记证,其变更、转让、继承之登记换发登记证。

第二十二条　商业登记法第六条至第九条之登记除依法公告外,以□□之。

第二十三条　商业登记之申请有违法令者,主管官署应于饬令更正后始行登记。

第二十四条　主管官署应依式备置下列各登记事项登记,等式附后。

一、商业登记等;

二、限制行为能力人之登记等;

三、法定代理人登记等;

四、经理人或代办商店登记等。

第二十五条　主管官署应将商业登记案,每月分别缮表二份,呈报上级主管机关,并转报经济部备案。

第二十六条　主管官署对于同一当事人以数商号申请登记,应就各商号分别登记。

第二十七条　当事人于登记后确知其登记事项有错误或遗漏时,得呈请主管官署更正。

第二十八条　商业登记后废止其营业时,应撤还登记证申请撤销登记。

第二十九条　主管官署对已撤销登记之申请,应注销登记证并公告之。

第三十条　凡因行政处分,或法院判决禁止营业,或破产者经处分之官署,或法院通知后,主管应撤销其登记。

第三十一条　商业创设之登记费每件法币五元，其他事项之登记费每件法币二元。登记证遗失时，得叙明事实申请补发，每件法币一元；申请创设或换发补发，应附缴法定之印花税。

第三十二条　登记证由主管官署依部定格式自行印制（登记证式附后）。

第三十三条　凡向主管官署请求查阅登记等及附属文件，每次应缴纳查阅费法币一元。如需抄录者，每千字应缴抄录费五角。

第三十四条　他人登记前业经使用之商号，不受本法第二十一条、第二十二条之限制，但须有创设在下列之证明。

第三十五条　主管官署办理商业登记，由违反法令者当事人得依法提起诉愿。

第三十六条　本法施行前依法令注册之商业，除依本细则第十六条应补行登记者外，有□依本法登记同一之效力。

第三十七条　本细则自公布之日施行。

附抄修正条文　三十六年十月十二日部令公布。

第三十一条　商业创设之登记，应随文缴纳登记费，按其资本额每二千元一元计算，并缴登记证费五百元，其他事项之登记，每件缴登记费一百元。换发登记证者，应附缴登记证费五百元。登记证遗失时，得叙明事实声请补发，每件缴登记证费二百五十元，声请创设或换发或补发登记证时应附缴法定印花税。

第三十二条　凡向主管官署请求查阅登记簿及附属文件，每次应缴纳查阅费法币百元。如需抄录者，每千字应缴抄录费五十元。

6 月

1.近一周间由港运入内地货物锐减，汉口商号停止向本港订货

（1938 年 6 月 10 日）

最近一周来，由港巡入内地货物，数字大告低跌。究其原因，则以两三月前，汉口居民大量增加，商业亦随而繁盛。各种日用货物，如匹头、洋货、食粮等，需要极多。该项货品，俱系由港运入，约计本年三四月间，该项货品入口者，每月总数达二百余万，较诸平时，每月入口总值几超过一倍。但最近一周来，汉口方面，居民疏散，地方商业亦连带受影响，因此货物需要大减，是以汉口商号，已停止向本港订货，本港人口贸易，遂大为跌减。据经□此项生意之商人估计，目下港汉间贸易之冷落程度与战前之情形相类似。

（《申报》）

2.鄂省府公布办法，调剂武汉民食，粮商缺乏资金由银界押借调剂会筹拨款项办理平价

（1938 年 6 月 27 日）

【本市消息】鄂民政厅为调剂武汉粮食，经拟定详细办法，呈请陈主席核准，公布施行，指定汉市长吴国桢、汉商会主席黄文植、汉银行公会主席浦心雅为常委，令饬即日召集成立武汉市粮食调剂委员会统筹办理。该会委员，昨已分别派聘，除常委外，并派民财建三厅长，市政处长为当然委员，聘贺衡夫、南夔、计绵章、黄云卿、甘助予、魏季良、田克明、许复七等为委员。其调剂武汉民食暂行办法大要：一、武汉粮商应尽量贩运囤积大宗米粮，如资金缺乏，得请求调剂会转各银行办理押借。二、运米船只，由粮商报请商会呈请省府转函卫戍总司令部发给护照或旗帜以资保护。三、运到米粮，如粮商确系无力继续囤积，致市场滞销，价跌亏本时，得由调剂会按照适当价目，暂筹十万至二十万元作收买运用资金。四、购存米粮，于武汉民食缺乏时出售接济。

（《申报》汉口版）

7 月

1.汉口市银行业同业公会因杂货店业公会转呈要求处理川省银行发五十铜圆办法以免纠纷致中国农工银行函

（1938 年 7 月 24 日）

敬启者，准汉口市商会函开：案查前接杂货店业公会等先后来函为请转呈处理川省，发五十铜圆办法以免纠纷等情一案。曾经据情转请汉口市政府核示，饬遵在卷，旋于七月四日奉市府召集谈话，经本会与钱业公会各代表前往出席，当日谈话结果，系派令该代表等先指湖北省银行调查施南等。处当五十元铜圆市价情形，再行核议，等因。嗣据该代表等报称，谓询□湖北省银行所云施南等处对于当五十铜圆之市价，系每法币一元，可换当五十元铜圆十串文，每当五十铜圆一枚，可做半分辅币之用。本市拟暂照施南市折合其当一百及当二百之川币，本省现时流入不多，汉市亦暂不定价。亟于当二十铜圆，仍照法定价值，每法币一元换当二十元铜圆，六串文应请将查询情形转报市府鉴核，等语。当今会同钱业公会□情量，请市府鉴核示遵去后，兹奉汉口市政府二十七年七月十六日吉字第七四一二号指令，呈悉。准为拟布告，并分别呈报财政部，湖北省政府备案分行时属各机关遵照矣。仰即知照，并转饬各公会会员，一体知照。此令。等因，奉此。除分知外，相应录案一并转达即希查照，等因。除分致外，相应函达贵会即希，查照是荷。

此致

中国农工银行

汉口市银行业同业公会启

9 月

1.汉商会银行公会举行徐、胡追悼大会

(1938 年 9 月 5 日)

【汉口四日电】汉市商会银行公会共同发起之追悼徐新六、胡笔江大会,四日在商会举行。武汉各银行均下半旗一日。上午九时公祭开始,各银行同人及商界领袖依次献花致祭。十一时许,举行追悼会,由周星棠主席致词,对徐、胡生前事迹称颂备至,并特别提出抗战以来两氏对于安定金融之努力,沈迓代表亲属致词答谢,继即散会。

(《新闻报》)

2.湖北地方法院为银行对于往来借款致汉口市银行业同业公会公函

(1938 年 9 月 13 日)

案准贵会本月八日复函略称:查银行对于往来借款,未于契约内载明利率者,其利息均按照当时市折推算,但无规定一分二厘之标准。等由,准此。查利息既均按照市折推算。贵会为银行同业金融之汇合总体,对市折自有详细之统计,特再行函请查照,烦就二十二年七月一日起至二十六年六月三十日之折利率,其最高度与最低度各为若干数字,加以一分二厘为标准,是否公允,希即函复过院,至纫公谊。

此致

汉口市银行业同业公会院长　余縠

11 月

1.劫后武汉商务完全停顿,货物被抢一空

(1938 年 11 月 10 日)

(重庆九日电)汉口外讯,自日军占据武汉以来,所有商务完全陷于停顿状态,租界以外,各地更为凄惨,除少数之纸烟店及粮食店外,各店均已关闭,在日军占据汉口一星期后,各乡农民始有来汉出售菜蔬者。现武汉尚有中外居民二三十万人,每日运入之菜蔬,不敷甚巨。航运

除日运输舰往来搬运军需品外，已陷于停顿，上航之运输舰，皆运军需品，下航者均运日军在武汉所抢劫之实物，日军用其他车辆搬运抢劫物品下运。日军在汉对于交通限制极严，故中外人等往来异常不便，而武汉之交通工具非常缺乏，因所有车辆及船只，均在日军入市前，均已先期撤退。日军对于□来武、阳、汉三镇之限制太严，故往来者极少，私人欲渡江赴武昌，尚不可能，迄今仅有少数之□人汽艇行驶武汉之间，现汉口对外之交通，仅限于外国军舰借无线□报而已。至于武汉三镇之被火区域，似不甚大，仅日租界后方之城区被焚毁而已，该区系日军纵火，因彼等恐该区内有中国游击队藏匿，故出此下策。特一区背后之房屋，亦以同样原因被日军焚毁。另有若干巨厦，系于华军退出时，自动炸毁，日军陆续抵汉后，情形日趋恶劣，若□□屠杀等事，随时有之。自本月一日起，日军开始检查往来之华人，各方对于难民区委员会接受日方要求，特区难民已于本月十一日以前全部移入新区，特区内已无难民，现各难民之待遇如何，皆无从知悉。各方以为在特区设难民区之目的，在保外侨财产，现目的已达，故难民之状况已不引起外侨之注意。日军在汉口之人数，尚无法判明，但自占领汉口之第一星期内，至少有三万人抵汉口，陆续到达者尚不在内，故其人数无法统计，日军在汉之运输甚忙，平均每日有十五只至二十只之万吨运输舰在汉卸货。合众社记者顷乘飞机绕市飞行，见上游开驶之日运输舰甚多。在汉之日军多数驻于模范区及江汉路一带，各军均休息数日，即向上游开去。飞机场停日机一百架左右，终日轮流起飞，毫无宁息云。（中央社）

（《申报》）

2. 日军一手包办日伪维持会办事处，设汉口商业银行，体面商人亦参加伪组织

（1938 年 11 月 21 日）

汉口傀儡政府机关报《武汉报》昨日发表武汉治安维持会之职员名单，议会现设办事处于汉口商业银行，悬五色旗及日本旗。该会乃由日军特务部一手创设者，其职员名单如下：会长稽国臣（译音，以下名字同此）、财政专员李鼎安、社会事务专员刘辉廷、警察局长刘干玉、参谋长罗方昌、秘书长高培玉。前此杨绍龙之治安维持会，业已解散，据可靠方面消息，李鼎安为湖北省汉阳县人，为著名之保险掮客，在前英租界中置有地产。（美联社十九日电）

（《申报》）

12 月

1. 汉口市商会因商业登记法施行细则致汉口市各业同业公会函（附商业登记法施行细则）

（1938 年 12 月 25 日）

案奉汉口市政府市社字第 1882 号令抄发商业登记法施行细则到会，除分行外，相应抄查

仰即知照。

此致

附抄商业登记法施行细则一份。(略)

汉口市各业同业公会

汉口市商会启